版权声明

Copyright © 2015 by Cengage Learning.

Original edition published by Cengage Learning. All rights reserved. 本书原版由圣智学习出版公司出版。

版权所有，盗印必究。

China Light Industry Press is authorized by Cengage Learning to publish, distribute and sell exclusively this simplified Chinese edition. This edition is authorized for sale in the People's Republic of China only (excluding Hong Kong SAR, Macao SAR and Taiwan). No part of this publication may be reproduced or distributed by any means, or stored in a database or retrieval system, without the prior written permission of Cengage Learning.

本书中文简体字翻译版由圣智学习出版公司授权中国轻工业出版社独家出版发行。此版本仅限在中华人民共和国境内（不包括中国香港特别行政区、中国澳门特别行政区及中国台湾）销售。未经圣智学习出版公司预先书面许可，不得以任何方式复制或发行本书的任何部分。

ISBN: 978-7-5184-1260-0

Cengage Learning Asia Pte. Ltd.
151 Lorong Chuan, #02-08 New Tech Park, Singapore 556741

本书封面贴有Cengage Learning防伪标签，无标签者不得销售。

The Voyage of Discovery
A Historical Introduction to Philosophy (Fourth Edition)

哲学的历程

西方哲学历史导论

（第四版）

［美］威廉·F. 劳黑德（William F. Lawhead） 著

郭立东　丁三东　译

中国轻工业出版社

图书在版编目（CIP）数据

哲学的历程：西方哲学历史导论：第四版／（美）威廉·F. 劳黑德（William F. Lawhead）著；郭立东，丁三东译．—北京：中国轻工业出版社，2017.3（2025.5重印）

ISBN 978-7-5184-1260-0

Ⅰ.①哲⋯ Ⅱ.①威⋯②郭⋯③丁⋯ Ⅲ.①西方哲学－哲学史－教材 Ⅳ.①B5

中国版本图书馆CIP数据核字（2016）第322589号

保留所有权利。非经中国轻工业出版社"万千教育"书面授权，任何人不得以任何方式（包括但不限于电子、机械、手工或其他尚未被发明或应用的技术手段）复印、拍照、扫描、录音、朗读、存储、发表本书中任何部分或本书全部内容（包括但不限于光盘、音频、视频等）。中国轻工业出版社"万千教育"未授权任何机构提供源自本书内容的电子文件阅览、收听或下载服务。如有此类非法行为，查实必究。

责任编辑：陈　珵　　　责任终审：杜文勇
策划编辑：孔胜楠　　　责任校对：刘志颖　　　责任监印：吴维斌

出版发行：中国轻工业出版社（北京鲁谷东街5号，邮编：100040）
印　　刷：三河市鑫金马印装有限公司
经　　销：各地新华书店
版　　次：2025年5月第1版第6次印刷
开　　本：889×1194　1/16　印张：41.5
字　　数：730千字
书　　号：ISBN 978-7-5184-1260-0　定价：98.00元
读者热线：010-65181109
发行电话：010-85119832　　010-85119912
网　　址：http://www.chlip.com.cn　http://www.wqedu.com
电子信箱：1012305542@qq.com
版权所有　侵权必究
如发现图书残缺请拨打读者热线联系调换
250753Y2C106ZYW

译 者 序

哲学史著作不仅是史实的记述,而且体现着作者对哲学的理解和思考。正因为如此,新的哲学史著作不断产生。这并不只是因为随着历史的延续需要增补新近的材料,更是因为不断有人要表达自己对哲学的理解和自己的哲学史观。威廉·F. 劳黑德(William F. Lawhead)的《哲学的历程:西方哲学历史导论》就是一部较新的哲学史著作。它自问世以来已经多次重印再版,本书就是以2014年最新出版的第四版为蓝本翻译出版。

作者给哲学下了一个平实的定义:"人类企图系统地研究我们整个经验的最基本结构,以便达到概念上尽可能清晰、经验上尽可能被确证和理性上尽可能融贯的信念。"哲学并不是闭门造车编制出的空中楼阁般的玄思,而是要立足于人类经验。而经验并不是像有些经验主义者认为的那样,只是感官接受刺激而产生的感觉印象,而是包括了人类生活方方面面的丰富内容。因而,哲学问题并非远离我们的日常生活,而是隐藏在我们的日常言谈和思维方式中。哲学史的讲述不是像博物馆的展品陈列一样将历史上形形色色的哲学家的思想加以罗列,而是要在一定意义上把哲学看作一个从古到今延续着的统一的事业,一个古往今来的哲学家们向一个共同目标而不懈追求的旅程。作者的目的不仅是展示哲学的历史,而且希望通过对哲学史的展示,引导读者参与哲学思考。因此,这本书不只是"哲学史的导论",更是"哲学的历史导论"。

然而,作者把哲学定义为一种"人类的企图",是想表明哲学不是一个可以一劳永逸地彻底完成的事业,不会达到一个作为绝对真理的终极结论。哲学是一个不断修正和改进我们信念的永久过程。21世纪的哲学家不太会像近代的某些哲学家那样,把哲学中无休止的争论和辩驳看作哲学踟蹰不前的表征或混乱不堪的标志,而是视为哲学的本性和活力所在。哲学的进步不是表现为积累起越来越多的"定论",而是不断深入的探索和反思。

因此,虽然本书的作者采取了哲学史著作的常用模式,即以时间为顺序、人物为线索进行阐述,但不是把哲学史描述为关于基本问题的各种意见的集合,而是力图展现哲学家们如何论证这些观点,并且激发读者对这些论证进行思考和评估。除了展示各个哲学家思想的内在理路之外,作者也注重哲学史的连续性。不过,作者并不像黑格尔那样把哲学的发展视为某种先天的固定逻辑秩序的展现,而是把哲学史看作绵延数千年的对话,既有对旧有话题的回应,又有新话题的开启。对话的方向也不是单一的,而是沿着多方向发展。

学习哲学史往往是哲学专业学生和哲学爱好者进入哲学的最初门径。本书作者有数十年西方哲学史的教学经验,因而能把哲学史写得深入浅出。由此,本书既能激发读者的学习兴趣,又便于读者理解和掌握哲学史的基本知识,同时培养哲学思维。

大多数哲学史的写作都是以人物为中心,也有一些是以问题为中心来写作。本书仍然采用了以人物为中心的写作模式，但是采用了一致的叙述构架，对于各个哲学家的思想，尽可能按照知识论、形而上学、道德和政治哲学、宗教哲学等主题来加以论述，从而方便读者比较对于同一主题有哪些不同的哲学观点，使读者不仅了解各个哲学家的思想，而且也能逐渐熟悉和理解这些问题领域。

与那些主要以专业同行为读者对象的著作不同，本书要面向哲学专业学生和哲学爱好者。在不失论述的准确性和一定的解释深度的前提下，作者特别注重内容的易于理解性。表述极为明晰，是本书的一大特色。作者善于提炼总结各种哲学思想的要点，删繁就简，提纲挈领。即使是克尔凯郭尔和尼采这样以文学风格表达思想的哲学家，他们的思想也被表述得条理分明。作者还善于使用贴近生活的例子和类比来阐述哲学思想，这样的叙述有助于让读者感到哲学并非那么枯燥抽象，不食人间烟火。

本书的另一大特点是附有习题。这些习题分为三类，一类是穿插在正文中的思考练习，它们旨在激发读者在阅读过程中参与对哲学问题的思考，与正在介绍的思想形成对话。另外两类是附在每一章末尾的理解题和思考题。前者让读者复习这一章中的主要思想和重要术语，后者则要求读者对本章所介绍的哲学思想进行评价和延伸思考。显然，这样的编写方式使得本书非常适合作为哲学史教材使用。

本书的第 1 章到第 6 章由丁三东翻译，其余部分由郭立东翻译。由于本书要面向普通读者，因而术语的翻译力求与通行的翻译一致，即使通行的翻译值得商榷。然而，某些术语的翻译并不统一，有些术语在不同哲学家那里意思差别很大，现有的中文文献往往对不同哲学家的术语采用了不同的翻译，而本书作为一部哲学通史，需要术语统一，不得不有所取舍。处理不当之处，敬请读者批评指正。

译者

2016 年 12 月

前 言

本书产生于几十年的西方哲学史教学。我热爱这门课的教学。我发现,哲学史发展了学生的批判性思维技能。与这门课程同行一段时间,并追随伟大哲学辩论的正方和反方的步调后,学生们开始在觉察思想家立场的假设、强度、问题和意蕴方面表现出某种突破。而且,哲学史给学生提供了重要术语、学说、范畴和批判性问题的储备,让他们能理解他们在历史、文学、心理学、政治甚至电视上遇到的密集观念。

教哲学的回报之一是看到如下情况,即当学生在一个或多个历史上的伟大心灵中发现了相似的精神,发现这些心灵与他们自己对荒谬和合理的评估一致,他们发展出了对自己的新的自信。通过让学生接触到骇人听闻、令人着迷、使人困惑、让人希冀、令人不安、引人入胜、让人困扰、令人振奋的陌生观念,哲学史帮助他们重新获得孩子般的好奇心,教他们用新的眼光看待世界。最后,在整个哲学史中,学生们经常发现解放性的和挑战性的观念,引领他们走上在这门课开始时甚至不存在于他们的概念地图中的令人兴奋的道路。我希望这本书将是这种理智之旅的有效的航行指南。

指导本书写作的目标

教授一门课许多年后,教授们开始产生一种"理想"教科书的感觉。对于我,一个效果良好的哲学史教科书应该达到以下目标:

- 使得哲学家的观念对一般人尽可能清晰和易于理解。一本对学生友好的哲学教科书不应该读起来像包含着密集而扼要的事实信息的百科全书式文章。
- 提供策略,清理哲学史上遇到的浩繁的对立观念。
- 在专业精确性、易于理解与范围的广度、解释的深度之间找到恰当的平衡。
- 传达哲学不仅是关于基本问题的意见集合这一事实。理解哲学家的论证和知道哲学家的结论一样重要。
- 鼓励读者评估所讨论的思想。哲学史应该不只是品酒会式的理智对应物,在那里,哲学家"作为样品被提供出来"只是为了供人们享受他们的不同风味。虽然这肯定是学习哲学史的乐趣之一,并应该被鼓励,但评估哲学家思想的强项或弱点同样重要。
- 厘清长达若干世纪的哲学对话的连续性。哲学史课程不应该像是玻璃柜中不同哲学展品的陈列。对于我,指导性的图像是,哲学是一个庞大的聚会,在那里,新的对话不断开启,而随着新参与者加入谈话,以前对话的主题被拾起来并沿不同方向发展。

本书特点

- 引论部分为学习哲学提供了工具。它(1)激发对哲学史的学习，（2）提供评价哲学主张的标准，（3）讨论分析论证的程序，和（4）概览主要哲学问题的类型。另外，在"阅读哲学的策略"部分中，提供了一个四步方法，带领学生从获得事实开始，然后进入探查和批判性探究，最后亲自参与那个立场的交锋。

- 使用一致的结构。为了一致和易于比较，大部分章节按照相同的基本模式：

  （1）哲学家的生平和时代。

  （2）哲学家试图完成的主要哲学任务。

  （3）知识论。

  （4）形而上学。

  （5）道德和政治哲学（有相应者时）。

  （6）宗教哲学（有相应者时）。

  （7）评价与意义。

- 提供哲学论证的分析。为了强调哲学是一个过程而不仅是一系列结果，我讨论了激发一个哲学家立场的理智问题，和给它提供支持的理由。本书分析了23个清晰勾勒的不同哲学家的论证，提供了哲学论证和分析的模型。例如，在第15章，我陈述和分析了笛卡尔对上帝的因果论证和他的本体论论证。在第21章，我陈述和分析了休谟关于所有因果推理都是谬误的论证。除了这23个形式论证外，在整本书中，我还非正式地讨论了很多其他论证。

- 强调对思想的评价。大多数章以简短评价所讨论的哲学问题作为结尾。然而，这些评价不是作为对该哲学家的决定性"反驳"提出来，让读者不需要进一步思考的。相反，这些评价是根据需要处理的难题和需要回答的问题提出的。只要可能，我就给出该哲学家的同时代人和后继者的评鉴，使这一节成为历史对话的一部分。例如，在第27章，我就请读者考虑，尼采假设，如果信念对我们的主观需要有吸引力，它就必然不与客观实在相对应，这是否正确。

- 强调思想的意义。每一章的结尾也展示哲学家思想的直接意义和长远意义，并让读者准备下一回合的哲学对话。它讲明哲学观念如何能导致顽强的生命力，使它的延续远远超出其作者的时代。例如，在第5章总结亚里士多德的意义时，我讨论了他对后来的文学人物和基督教哲学家的影响。

- 把哲学家与他们的文化背景相联系。每个主要的历史时期（希腊、早期基督教到中世纪、文艺复兴和宗教改革、启蒙运动、19世纪和20世纪）都用简明的一章来介绍，讨论了为这个时代的哲学家提供场景的思想－社会环境。关注的问题是：推动历史上各个时期的支配性关切和假设是什么？不同的哲学家如何回应他们时代的主要思潮？他们如何影响他们的文化？

- 图表。14幅图和3个表格提供了不同哲学家思想要点的视觉呈现。例如，在第20章，我形象地表现了笛卡尔和洛克关于感知的观点与贝克莱的观点之间的不同。

- 想一想。思考练习在本书的各处散布，向读者提出挑战，去与刚刚介绍的观念互动。这些不是复习题，而是参与对材料的反思。例如，在第8章讨论了奥古斯丁对恶的问题的处理之后，我请读者设想一下，是否某个时候一件事令人痛苦，但被证明服务于一个长远的良好目的。在第22章，讨论康德伦理学时，我请读者评价康德的这一主张，即行为的后果对于做道德判断不起作用。

- **当代联系。** 在每章的结尾,有一个关于每个特殊哲学家或历史时期的当代相关性的讨论。这是试图展示威廉·福克纳(William Faukner)的主张:"过去没有死亡。事实上,它甚至没有过去。"例如,在第5章结尾,我讨论了亚里士多德对文学批评、当代德性理论和关于人类本性是固定还是可变的争论的影响。在第19章结尾,我讨论了当代认知科学家的争论,涉及洛克抛弃天赋知识是否正确,或者理性主义者主张存在天赋的心灵结构是否正确。
- **术语表。** 在书的末尾提供了一个术语表,使整本书中使用的术语得到清晰和严格的定义。书中以黑体出现的词可以在术语表中找到。
- **理解题和思考题。** 在每一章的末尾有两个问题表。理解题更多的是事实性的,让读者复习他们对重要观念和术语的理解。思考题要求读者通过做出他们自己对哲学家思想的评价以及得出它们的意蕴来参与到哲学中。
- **教师手册。** 除了包含测验题和论述题之外,这个手册还提供了研究性论文的建议题目,介绍了每个哲学家和激发对其兴趣的小贴士,每章的讨论题,和每个哲学家思想的当代意蕴。教师可以通过访问 www.cengage.com 找到教师手册并下载下来。下载手册需要教师具有访问权限;如果你没有权限,请联系出版社。

建议使用本书的方式

本书可以用于已经熟悉主要的哲学问题和立场,现在需要把这些观念放入它们的历史背景中的学生。然而,因为它不假定任何对这个科目的预先了解,它也可以用于通过哲学的历史描述向学生第一次介绍哲学。我已经努力表明哲学是进行中的对话,哲学家在其中回应他们前人的洞见和不足。不过每章有足够的独立性,教师可以使用节选的章组成一门课。例如,关于阿奎那的章可以用作中世纪的代表,而笛卡尔可以用来代表近代理性主义者(跳过斯宾诺莎和莱布尼茨)。对于讨论了很多哲学家的章,可以只指定某些节。例如,为了快速和部分地概览分析哲学涉及的广大领域,学生可以只读关于早期和后期维特根斯坦的节。虽然跳过关键的哲学家不理想,但教学是时间限制和尽可能深地涉及尽可能多的材料的欲求之间的持续斗争。

教师手册包含的客观题和论述题可以被用来组合成测验。另外,第一部分包括了更多的供讨论用的思考题和论文任务。我鼓励教师在课堂上使用这些问题以强调哲学不是"什么人说了什么话"的清单,而是还包含着对伟大观念的评价和应用。而且,因为在每一章的结尾,学生将有这样那样的题目作为思考题,所以可以让他们在课堂讨论之前思考他们对这些问题的回应。

第四版的新特点

在本版中,我增加了一些简短的一手阅读材料,附有需要研习的问题以指导读者进入文本。这些新的阅读材料如下:

- 第3章:"怀疑主义与走向成功的关键"包含了苏格拉底和塞拉西马柯关于正义本性的辩论,来自柏拉图的《国家篇》。
- 第4章:"柏拉图:寻求终极的真理与实在"包含柏拉图的洞穴寓言,来自《国家篇》。
- 第11章:"圣托马斯·阿奎那:亚里士多德哲

学与基督教思想",现在包括了他对上帝的五个论证,来自《神学大全》。
- 第 15 章:"勒内·笛卡尔:近代哲学的奠基人"通过增加来自《沉思 1 和沉思 2》的材料补充了关于他与怀疑论斗争的讨论。
- 第 21 章:"大卫·休谟:苏格兰怀疑论者"通过纳入来自《人类理解研究》的相关段落,使得对他关于因果推理的怀疑论论证的讨论更加具体。

我还增加了五篇"哲学中的女性"特写及历史简介,补充了由于历史和社会原因而由男性主导的标准哲学史。这些思想家分别选自四个历史阶段,20 世纪的女性哲学家选取了两位。这些新特写如下:
- 我在引论中简要讨论了在哲学的历史解释中女性哲学家的缺席。
- 第 6 章:"亚里士多德之后的古典哲学"包括了亚历山大城的希帕提娅的历史简介。
- 第 10 章:"11 世纪和 12 世纪的哲学与神学"现在纳入了宾根的希尔德嘉德的历史简介。
- 第 19 章:"约翰·洛克:近代经验主义的兴起"扩充了玛丽·沃斯通克拉夫特的历史简介。虽然洛克和沃斯通克拉夫特不是同时代人,但洛克对沃斯通克拉夫特的思想的影响,使得这里是讨论她生平和哲学的最佳所在。
- 第 32 章:"现象学与存在主义"现在纳入了西蒙娜·德·波伏娃的历史简介。
- 第 33 章:"新近哲学问题"包含了对玛莎·娜斯鲍姆的历史简介。

我希望每个使用本书的人会发现它既有益又有趣。我鼓励教师和学生既和我分享他们对本书的体验,又分享改进的建议。给我写信到:Department of Philosophy, Uniersity of Mississipi, University, MS, 38677-1848。你还可以给我发电子邮件到:wlawhead@ole miss.edu。

致 谢

(略)

威廉·F. 劳黑德

目　录

引　论　简明哲学导览 / 1

第一部分　古　代

第1章　希腊文化背景：从诗到哲学 / 15
　　诗歌的角色 / 15
　　西方哲学的诞生 / 18
　　古典哲学纲要 / 19

第2章　苏格拉底之前的希腊哲学 / 21
　　米利都学派的哲学家 / 21
　　　　泰勒斯 / 21
　　　　阿那克西曼德 / 23
　　　　阿那克西美尼 / 24
　　　　米利都学派的方法小结 / 25
　　　　米利都学派的形而上学小结 / 26
　　毕达哥拉斯学派：数学家与神秘主义者 / 26
　　　　毕达哥拉斯：数学家与神秘主义者 / 26
　　　　毕达哥拉斯学派的意义 / 28
　　色诺芬尼 / 29
　　　　神话的破坏者 / 29
　　　　知识理论 / 29
　　　　宗教哲学 / 29
　　　　色诺芬尼的意义 / 30
　　赫拉克利特 / 30
　　　　悖论爱好者 / 30
　　　　理性是通向知识的道路 / 31
　　　　作为变化与冲突的实在 / 31
　　　　道德与社会哲学 / 33
　　　　赫拉克利特的意义 / 34
　　巴门尼德与埃利亚学派 / 34
　　　　巴门尼德：严格的理性主义者 / 34
　　　　实在是不变的 / 34
　　　　理性对感官 / 36
　　　　埃利亚的芝诺：捍卫巴门尼德 / 36
　　　　埃利亚学派的评价与意义 / 38
　　多元主义者 / 38
　　　　多元主义者的任务 / 38
　　　　恩培多克勒 / 39
　　　　阿那克萨戈拉 / 40

德谟克利特与原子论者 / 41
　　存在 / 41
　　生成 / 41
　　现象世界 / 41
　　知识论 / 42
　　伦理学 / 42
　　原子主义者的意义 / 43
　　前苏格拉底时期的哲学家小结 / 43

第 3 章　怀疑主义与走向成功的关键 / 45
　智者 / 45
　　怀疑主义与走向成功的关键 / 45
　苏格拉底 / 50
　　苏格拉底受审 / 50
　　苏格拉底的任务：揭示无知 / 52
　　苏格拉底的方法 / 53
　　苏格拉底的知识论 / 56
　　苏格拉底的形而上学 / 57
　　伦理学与好生活 / 58
　　政治哲学 / 60
　　苏格拉底的遗产 / 61

第 4 章　柏拉图：寻求终极的真理与实在 / 68
　柏拉图生平：从学生到大学校长 / 68
　柏拉图的任务：全面发展哲学 / 69

　知识论：理性对意见 / 69
　形而上学：阴影与实在 / 75
　道德理论 / 83
　政治理论 / 88
　柏拉图的宇宙论：意图与偶然 / 90
　评价与意义 / 92

第 5 章　亚里士多德：理解自然世界 / 96
　亚里士多德生平：生物学家、私人教师与
　　哲学家 / 96
　柏拉图与亚里士多德 / 97
　知识论：在特殊者中发现普遍者 / 99
　形而上学：理解此时此地的世界 / 103
　伦理学：使事情保持平衡 / 110
　评价与意义 / 116

第 6 章　亚里士多德之后的古典哲学 / 119
　向希腊化哲学及罗马哲学过渡 / 119
　犬儒主义 / 120
　伊壁鸠鲁主义 / 121
　斯多亚主义 / 125
　怀疑主义 / 131
　学园派怀疑主义 / 132
　普罗提诺与新柏拉图主义 / 134

第二部分　中世纪

第 7 章　文化背景：基督教思想的发展 / 145
　希腊思想与基督教思想的遭遇 / 145
　信仰与理性问题 / 146
　挑战异教徒与厘清正统 / 150
　未来的议程：基督教的哲学综合 / 154

第 8 章　圣奥古斯丁：服务信仰的哲学 / 156

奥古斯丁生平：从热情的寻欢作乐到热情的信仰 / 156
奥古斯丁的任务：理解人类的困境 / 158
知识论：真理是内在的 / 159
形而上学：上帝、创造、自由与恶 / 163
历史与国家哲学 / 168
评价与意义 / 171

第 9 章　早期中世纪哲学 / 174

从罗马世界到中世纪 / 174
中世纪早期概览 / 174
拜占庭帝国与伊斯兰帝国 / 175
中世纪哲学概观 / 176
早期中世纪哲学 / 177
重返黑暗 / 182

第 10 章　11 世纪和 12 世纪的哲学与神学 / 184

中世纪的兴盛 / 184
经院哲学的兴起 / 185
圣安瑟尔谟 / 192
彼得·阿伯拉尔 / 194
伊斯兰哲学家 / 198
犹太教哲学家 / 201
亚里士多德在欧洲的再发现 / 202

第 11 章　圣托马斯·阿奎那：亚里士多德哲学与基督教思想 / 205

怒吼的公牛 / 205
托马斯的任务：整合哲学与信仰 / 206
知识的本性：理性加工经验 / 209
形而上学：从世界到上帝 / 210
道德哲学：人类本性与神圣法则 / 217
政治哲学 / 220
评价与意义 / 220

第 12 章　中世纪综合的解体 / 224

约翰·邓·司各脱 / 225
　精细的苏格兰哲学家 / 225
　知识论：限制理性 / 226
　形而上学：偏离经院哲学 / 226
　道德哲学与意志的优先性 / 227
奥卡姆的威廉 / 228
　奥卡姆的论辩人生 / 228
　奥卡姆的两个任务 / 229
　知识论：否定共相 / 229
　奥卡姆的唯名论 / 230
　形而上学与理性的限度 / 231
　道德哲学：激进的意志主义 / 232
　对奥卡姆的总结与评价 / 233
科学方法的变革 / 234
神秘主义 / 235
中世纪哲学的衰落 / 236

第三部分　近代时期

第 13 章　文化背景：文艺复兴、宗教改革与近代科学的兴起 / 243

人文主义 / 243
宗教改革 / 246
社会与政治变革 / 247
近代科学的兴起 / 248
新基调中的哲学 / 251

第 14 章　早期经验主义者：弗朗西斯·培根与托马斯·霍布斯 / 255

弗朗西斯·培根 / 255
　弗朗西斯·培根的兴衰 / 255
　培根的任务：重建一切知识 / 256
　知识之路：从偶像到归纳 / 256
　培根的科学人文主义 / 258
　培根的评价与意义 / 259
托马斯·霍布斯 / 260
　霍布斯生平：矛盾与革新 / 260
　霍布斯的任务：让物理学统治哲学 / 260
　知识的物理学 / 261
　形而上学：一切运动都是被决定的 / 263
　伦理运动 / 264
　政治物体物理学 / 264
　霍布斯的评价与意义 / 267

第 15 章　勒内·笛卡尔：近代哲学的奠基人 / 270

笛卡尔生平：世界游历者与理智探索者 / 270
笛卡尔的哲学议程 / 271
方法的发现 / 272
发现知识的基础 / 273
形而上学：上帝、世界、心灵与物体 / 280
评价与意义 / 288

第 16 章　贝内迪特（巴鲁赫）·斯宾诺莎：理性主义者与神秘主义者 / 292

斯宾诺莎生平：异端、镜片磨制与哲学 / 292
任务：从奴役中获得自由 / 293
斯宾诺莎的几何学方法 / 294
知识论：必然性规则 / 294
形而上学：神是唯一的实在 / 296
伦理学：如何从奴役中获得自由 / 301
评价与意义 / 304

第 17 章　戈特弗里德·莱布尼茨：乐观的理性主义者 / 308

莱布尼茨生平：外交官、科学家与哲学家 / 308
任务：寻求统一与和谐 / 309
方法：逻辑是钥匙 / 309
知识论：解开理性的真理 / 310
形而上学：上帝是神圣的编程者 / 313
评价与意义 / 321

第 18 章　文化背景：启蒙与牛顿时代 / 325

牛顿科学的影响 / 325
牛顿风格的哲学活动 / 327
对宗教造成的后果 / 328

法国启蒙运动 / 330

启蒙运动的总结 / 331

第19章　约翰·洛克：近代经验主义的兴起 / 333

医生、政治顾问与哲学家 / 333

洛克的任务：发现我们能知道什么 / 333

洛克的观念分析法 / 334

洛克的经验知识论 / 335

形而上学：显象背后的实在 / 339

什么是道德知识的来源？ / 340

经验的宗教哲学 / 341

启蒙的政治哲学 / 343

评价与意义 / 346

第20章　乔治·贝克莱：沿经验主义之路前进 / 353

哲学家、教育家与主教 / 353

贝克莱的任务：与怀疑论和无信仰战斗 / 354

贝克莱对经验主义的改革 / 355

形而上学：作为心灵与观念的实在 / 360

评价与意义 / 366

第21章　大卫·休谟：苏格兰怀疑论者 / 369

休谟生平：追求文字名声的激情 / 369

任务：解开人性的奥秘 / 370

知识论：理性与世界的鸿沟 / 370

形而上学：关于实在的怀疑论质疑 / 373

伦理学：激情统治——理性受奴役 / 380

宗教哲学：寻求我们不能发现的东西 / 383

评价与意义 / 385

第22章　伊曼努尔·康德：发现心灵的能力与限度 / 389

康德生平：一个有革命性思想的按部就班者 / 389

任务：避免独断论与怀疑论 / 390

知识论：心灵使经验可能 / 391

形而上学：冲撞理性的界限 / 399

伦理学是理性学科 / 404

评价与意义 / 409

第23章　19世纪文化背景：浪漫主义、科学与历史感 / 413

克服康德的二元论 / 413

德国唯心主义 / 414

浪漫主义 / 418

历史的重要性 / 420

关于理性与主观性的问题 / 423

19世纪议程概要 / 424

第24章　G.W.F.黑格尔：世界精神的传记作者 / 427

黑格尔生平：从平庸的学生到举世闻名的哲学家 / 427

任务：整合历史与实在的碎片 / 428

知识论：理性显示实在 / 429

形而上学：理性成为自我意识 / 434

伦理学与共同体生活 / 437

政治哲学：对国家的赞颂 / 439

历史哲学：我们是历史游戏中的棋子吗？ / 441

评价与意义 / 444

第25章　卡尔·马克思：为了改变世界的哲学 / 448

马克思生平：一个激进分子的形成过程 / 448

马克思的背景与影响 / 449

任务：达成现世的拯救 / 451

早期马克思：人类异化的悲剧 / 453

历史唯物主义 / 455

马克思对资本主义的分析 / 462

共产主义：新的人类与新的社会 / 464

评价与意义 / 465

第26章　索伦·克尔凯郭尔：宗教存在主义的奠基人 / 468

克尔凯郭尔的人生阶段：从充满激情的浪子到充满激情的基督徒 / 469

任务：让生活更艰难 / 470

克尔凯郭尔的方法：间接传达 / 471

克尔凯郭尔论知识：真理与主观性 / 472

反形而上学者克尔凯郭尔：存在、时间与永恒 / 475

生命之路的阶段 / 477

作为悖论与谬论的基督教 / 481

评价与意义 / 482

第27章　弗里德里希·尼采：世俗存在主义的奠基人 / 486

尼采生平：孤独的预言家 / 486

任务：从黑暗到黎明之旅 / 487

尼采的知识论：视角与本能 / 487

没有形而上学希望的生活 / 492

道德价值与人格类型 / 495

评价与意义 / 499

第28章　19世纪经验主义：孔德、边沁与密尔 / 504

奥古斯特·孔德 / 505

孔德生平：科学、社会与宗教的改良者 / 505

孔德的任务：从迷信走向实证科学 / 506

孔德的科学宗教 / 507

孔德思想的评价与意义 / 508

杰里米·边沁 / 509

边沁生平：一个政治改革者的产生过程 / 509

边沁的任务：道德与政治的科学基础 / 509

边沁的道德哲学：快乐是唯一的价值之源 / 510

边沁的社会哲学：改革的科学指南 / 512

约翰·斯图尔特·密尔 / 513

密尔生平：公司管理人员与哲学家 / 513

密尔对功利主义的改进 / 514

密尔的社会哲学：自由的重要性 / 516

密尔的其他贡献 / 518

功利主义的评价与意义 / 518

第四部分　现代时期

第29章　20世纪文化背景：科学、语言与经验 / 525

生活在康德的阴影中 / 525

哲学：零散分析还是把握宏大图景？ / 526

科学在哲学中的角色 / 528

语言与经验在哲学中的角色 / 528

第30章　实用主义：思想与行动的统一 / 532

实用主义的起源 / 532

查尔斯·桑德斯·皮尔士 / 534

　著名哲学的不知名创始人 / 534

　探究的本性 / 534

　意义理论 / 536

　真理与实在 / 537

　可错论 / 538

威廉·詹姆士 / 539

　从生理学家到哲学家 / 539

　詹姆士与皮尔士 / 539

　真理的现金价值 / 539

　信念的主观正当性 / 541

　自由意志与决定论 / 542

　信仰的意志 / 543

约翰·杜威 / 544

　实用主义的巡回大使 / 544

　杜威的任务 / 545

　杜威思想所受的影响 / 545

　工具主义 / 545

　真理概念 / 546

　解决问题的伦理学 / 547

　教育、社会哲学与宗教 / 549

　实用主义的意义 / 550

第31章　分析哲学与语言学转向 / 553

转向语言与分析 / 553

伯特兰·罗素 / 554

　罗素生平：数学家、哲学家与变革者 / 554

　背景：背叛黑格尔主义 / 555

　罗素的任务：发展逻辑上完善的语言 / 556

　罗素的逻辑原子主义 / 556

　罗素的逻辑构造论 / 558

　可证实性原则 / 561

　伦理学的地位 / 562

　逻辑实证主义的问题 / 563

路德维希·维特根斯坦 / 564

　维特根斯坦生平：从工程师到哲学家 / 564

　早期维特根斯坦：从逻辑到神秘主义 / 565

　后期维特根斯坦：转向日常语言 / 567

概念分析 / 573

　吉尔伯特·赖尔 / 573

　约翰·奥斯汀 / 575

　分析哲学的意义 / 578

第32章　现象学与存在主义 / 582

埃德蒙德·胡塞尔 / 583

　一个永远的初学者的生平 / 583

　胡塞尔的任务：把哲学发展为严格的科学 / 583

　作为经验之科学的现象学 / 584

　现象学方法 / 584

　先验现象学 / 586

　转向生活世界 / 587

　胡塞尔的意义 / 588

马丁·海德格尔 / 589

　海德格尔生平 / 589

　海德格尔的任务：理解"是"的意义 / 589

　海德格尔的激进现象学观 / 590

　我们的生存是"是"的窗口 / 590

　在－世界－中－是 / 591

"Dasein"的样态 / 594

基本划分：本真的生存与非本真的生存 / 595

"是"的呼唤 / 598

海德格尔的意义 / 601

让-保罗·萨特 / 602

与书相伴的生活 / 602

萨特的任务：人类中心本体论 / 603

两种实在：对象与人 / 603

空虚的宇宙 / 604

存在先于本质 / 605

异化与他人 / 608

异化中的乐观主义 / 608

萨特的马克思主义转向 / 609

存在主义的意义 / 610

第33章 新近哲学问题 / 616

重新思考经验主义 / 616

重新思考哲学：后现代主义 / 620

重新思考哲学：女性主义 / 625

地球村中的哲学 / 631

心灵哲学中的新问题 / 631

伦理学中的新问题 / 633

结束语 / 634

术语表 / 639

引论　简明哲学导览

哲学不是你生活中可有可无的经验

存在于意想不到之处的哲学观念

我们的文化中充斥着大量有关哲学的奇怪观念。许多人把哲学看作一件可有可无的事情——智识精英或社交障碍者的一个超然的、博学的爱好。例如，有人曾经把哲学家定义为"描绘不可能者、证明显而易见者的人"，有的人怀着同样的鄙夷，把哲学史视为一座布满灰尘的博物馆，充斥着以往年代过时了的遗物。然而，哲学史的呈现远比我们可能以为的更加富于生气。如果你仔细地倾听，你将会发现隐藏于日常谈话中的哲学假设、问题和论点。试试看，你能否找到以下场景中隐藏的哲学话题。

1. 两个6岁的孩子，玛吉和娜塔莎，在争论海滩上的一座沙堡。娜塔莎说："你不能玩我的沙堡。我费了好大劲才堆好它，它是我的！"玛吉回应说："沙子属于所有人。你不能够拥有它。还有，我们又不是在学校，所以并不存在什么规则。我可以为所欲为。如果你不让我玩这个沙堡，我就敲你的脑袋。"娜塔莎回嘴说："你要是这么做，我姐姐就把你揍个鼻歪口斜。"

2. 琳达·佩里教授是一位行为心理学家，她一直以来都在研究顽固不化的罪犯，考察是他们童年的什么事件致使他们发展出了反社会人格。在去往教堂的路上，她开始忧虑，她自己的宗教、道德和职业选择是否也是先前原因不可避免的结果，也是她人格的内嵌特性。

3. 天文学家格雷戈里·克拉克博士计算，如果宇宙的膨胀率比实际的大或小十亿分之一，那宇宙就不能够维系生命。这使他感到很奇怪，这样一个完美调试、精致平衡的系统居然可能不是一个智能设计的产物。因而，他认为宇宙可能只是随机的物理事件盲目相互作用的幸运产物。

4. 行为主义心理学家B. F. 斯金纳主张，我们的所有行为，包括语言的获得，都是经验的产物。根据他的理论，婴儿学会语言，是因重新发出父母说话的声音而受到赞许的结果。然而，著名语言学家诺姆·乔姆斯基论证说，除非一生下来心灵就已经具有组织婴儿的语言经验材料的天赋结构，否则孩子不可能学会语言。

5. 卡洛斯·威廉斯对他12岁的儿子说："你不应该违背你帮助学校资金筹集人的承诺。如果每个人都随心所欲地违背他们的承诺会怎样？没有人会再相信他人的承诺了。"

6. 安德鲁说："多琳·汤普森教授似乎不在乎我们学会没有。我希望我再不要遇到另一个像她一样的老师。"苏珊回答说："你称她为老师？她不是一个真正的老师。一个真正的老师会关心他的学生，并且会努力帮助他们理解课程。"

7. 参议员戴尔·马隆论证说："电视上有太多性和暴力镜头。我们不允许工厂毒害我们呼吸的空气。但人们的心灵和他们的身体一样重要。我们必须保护公众不受这种道德污染。"参议员朱莉·弗里曼回答说："我同意电视上有很多垃圾。然而，在一个自由社会，我们不能审查任何形式的表达，因为这会限制观念的自由流动。最终真理会成为这种压制的牺牲品。"

想一想

引论1 关于这七个场景，是什么使得所讨论的问题成为哲学问题？

在其中的每个场景里，哲学问题都潜伏在日常事件中。更重要的是，不论每个说话者认识到与否，他都在表达本书中所讨论的一个或几个哲学家的立场。让我们返回每个场景，辨认一下呈现出来的是哪位哲学家的观点。

1. 娜塔莎持有洛克的财产理论。洛克会部分同意玛吉的观点，即公共海滩的沙子属于每一个人，但这只是在它处于它的自然状态的时候。然而，他会支持娜塔莎对沙堡的权利。他说，当一个人把他的劳动和自然相混合时，他创造的产品是他的财产。相反，玛吉站在托马斯·霍布斯一边。他说没有一个统治权威，就没有规则。缺失了民法，每个人都对一切东西拥有权利，并且不可能有私人财产。霍布斯说，因为这个理由，我们需要达成社会协议。否则（正如娜塔莎和玛吉将要展示的），我们将处于持续的战争状态，并且生活将"孤独、贫穷、污秽、野蛮和短促"。（见第14、19章）

2. 佩里教授纠结于我们的选择是自由的还是被作用于我们的原因所决定这一问题。托马斯·霍布斯等人会说，我们的行为是我们所处环境中的原因的必然结果。戈特弗里德·莱布尼茨相信，我们的所有行动都必然地源自我们的给定性格。相反，勒内·笛卡尔和让-保罗·萨特则会说，我们的选择是真正自由的，因为人类意志是自由之岛，周围是被因果决定的自然事件的世界。（见第14、15、17和33章）

3. 如果克拉克博士判定世界存在一个要求解释的设计，那么，他同意托马斯·阿奎那对上帝存在的其中一个论证。如果他判定关于设计的证据是不确定的，那么他采取了大卫·休谟的怀疑论立场。（见第11、21章）

4. 这个场景总结了两位真实存在的科学家之间在现实生活中关于认知和语言获得的争论。斯金纳的立场是经验主义（主张我们的所有知识都来自经验）的一种形式。他立足于一个悠久的传统，这个传统在近代由约翰·洛克和大卫·休谟开启。乔姆斯基的立场是理性主义的一个例子。这种主张认为，心灵在经验之先就包含着某种天赋的理性内容，如逻辑原则。乔姆斯基的观念与历史上诸如柏拉图、勒内·笛卡尔和戈特弗里德·莱布尼茨这样的理性主义者的观念有亲缘关系。（见第4、15、17、19和21章）

5. 在责备他的儿子违背承诺时，威廉斯先生正在提出一个伊曼努尔·康德关于我们的道德责任的论证。康德说，我们必须总是问，我们是否能让我们照之行事的规则是我们能一致地希望所有人遵循的规则。（见第22章）

6. 通过提出汤普森教授尽管有教师的头衔，但不是一个"真正的"教师，苏珊是在呼应柏拉图的观点。柏拉图相信，终极实在由每类事物的完美理念构成，并且特殊的个体，例如汤普森教授，在不同程度上分有了这些理念的相。（见第4章）

7. 参议员马隆同意柏拉图的观点，即善的社会是让他的成员尽可能善的社会。如果艺术作品能让我们高贵，它们也同样能腐蚀我们。所以，立法者要保护社会以防范会使人变坏的艺术、文学和音乐。参议员弗里曼支持约翰·斯图尔特·密尔的立场，即个体自由和表达自由对一个善的社会必不可少。（见第4、28章）

一旦你了解了哲学史并且让你的耳朵倾听，你就能在日常对话中、报纸社论中、广告中和人们表达他们的意见、希望、恐惧、理想和价值的任何地方，听到这些伟大哲学人物的声音。这些过去的哲学家的观念之所以会出现在当代语境中，原因有两个。第一，这些哲学家处理的问题对于人类的经验来说非常具有根本性，因而每个人都必须面对它们。因此，既然我们都会问许多同样的问题，那么普通人的思想会沿着他人探索过的相同路径就不足为怪了。第二，人们今天的思维方式和历史上伟大哲学家的思想之间常常有直接联系。例如，虽然柏拉图已经去世两千多年了，他的观念依旧活着。这是因为它们深深地渗入到西方的传统中，很多个世纪以来塑造着人们的思维方式。不论你是否阅读过柏拉图甚至是否听说过他，他的某些观念都还活着并且活跃在对你思考世界的方式的构建中。我希望哲学为什么不是你生活中可有可无的经验这一点开始变得明了了。我们不断地与哲学观念、假设打交道，不论我们是否知道这一点。我们可以以从事哲学为业，或者我们可以以一种闲散随便的方式从事哲学，但我们不能选择完全不从事哲学。

为什么观念像感冒？ 哲学观念能不知不觉地影响我们这一事实引起了一个重要问题。我们无意识地获得我们的大部分信念、概念、价值和态度。换言之，我们像得感冒一样"得"我们的信念、价值。当你醒来后咳嗽并伴有头昏脑胀和充血，你知道你得了感冒。然而，通常你不知道你什么时候或怎样感冒的（当然，除非一个非常亲密的朋友一个星期前得了感冒）。原因是，感冒病毒飘浮在你周围的环境中，你只是吸入了它，它现在就是你内部系统的一部分了。类似地，观念和价值飘浮在你周围的文化中。你只是吸收了它们而没有思考它们，但它们现在是你的信念和你的价值。通过历史地学习哲学，你将能够（1）获得关于你自己的信念的一幅更清晰的图景，（2）理解它们的起源，并且（3）可以看到他人在其中发现的强项和弱点是什么。以这种方式，你将处于一个更好的立场来决定你是否愿意有意识地持有这些信念。因此，学习哲学史就像阅读消费者杂志来发现其他人对一个你想要买的产品的经验。

看待它的另一种方式是说，学习哲学是一种发展你的理智肌肉的方式。你不可能通过挤压软糖和举泡沫塑料砖来变得强壮和身体健康。我们通过让肌肉与某种提供阻力的东西相抗衡来发展我们的肌肉。类似地,只要我们让自己被其观念与我们自己相似并且令人舒适的人和书所包围,我们就依然是理智上孱弱的人。本书中讨论的哲学家提出的观念是挑战性的、陌生的,或许是荒唐的和有时令人愤怒的。不过,他们也提供了你为什么应该接受他们的结论的论证。通过让你的理智肌肉与他们的论证交战,你将发展批判地分析他人的观念以及清晰地表述和捍卫你自己的观念的技能。这些技能能推广和应用到其他课程和工作中。

虽然我强调了学习哲学的实践好处,但需要补充的是,观念的学习本身就能有回报。当一个记者问登山家乔治·马洛里为什么冒着生命危险和花费巨资要成为第一个登上珠穆朗玛峰的人时,他简洁地回答道:"因为它在那里。"攻克一位重要思想家的哲学的最佳理由不是它将训练你的心灵来为上法学院做准备(虽然它会做到这一点),而是因为"它在那里"。哲学观念就像高山一样,包含着挑战、美、神秘、宏伟和我们因其自身而欣赏的艺术,超过了它们可能拥有的任何实践效用。

> **想一想**
>
> 引论2 考察你自己的信念和价值,找到你以"得感冒"的方式无意识地获得其中一些信念和价值的例子。如果你认识到你以这种方式获得了某些信念和价值,它们会以何种方式改变或不改变你对它们的态度?

到底什么是哲学?

关于哲学的通常概念。 人们经常认为,哲学就是一个人关于生活的一般观点。例如,一个足球教练有一次说,他的哲学是:"问题不是你赢还是输,而是你如何踢球。"然而,另一个教练说:"赢不是最重要的事情——它是唯一的事情。"公司有时在广告中表达它们的哲学:"我们的公司哲学是'提供可靠的产品和优质服务'。"当然,这些陈述中包含着很多哲学问题。运动和竞争在人类生活中的角色是什么?目的是否能证明手段正当?"优质服务"是什么意思?谁决定它是好是坏?然而,潜伏在这些声明中的"哲学"概念达不到对这个术语的恰当理解。这些人中的每一个都陈述了他们的信念,但没有为它们提供辩护。除了是一个一般观点或方针,哲学还试图为我们的结论提供论证或好的理由。正如第一部分所述,我们都有从我们的文化环境中获得的哲学观念。然而,在我们开始澄清、评价和为我们的信念辩护的工作以及对比相反的观点来考察它们之前,我们还没有开始从事哲学。

哲学家与爱人。 或许是给哲学一个更直接的介绍的时候了。我们可以把哲学定义为:

> 人类企图系统地研究我们整个经验的最基本结构,以便达到概念上尽可能清晰、经验上尽可能被确证和理性上尽可能融贯的信念。[1]

这个定义中的每个词项都有其重要性。然而,特别重要的是理解说哲学是"人类企图"承担我们永远不能完成的任务意味着什么。它的意思是,我们永远不会放弃哲学,哲学也永远不会放弃我们,并且我们最深挚地持有的根本信念永远需要修正和改进。这很难接受,因为我们喜欢结束、完成和快速解决。我们生活在一个30分钟电视节目、光速计算机、速溶咖啡和微波快餐的世界里。然而,把寻求哲学理解和培植有意义的关系进行比较是有助益的。当两个人决定他们已经明确了他们的关系并且不需要再经营它了，这一关系就变质了。在关系和哲学中，都总是有要面对的新问题和要用新方式处理的老问题。恰当地说，"哲学家"一词的字面意思是"爱智慧的人"。*让一个人成为成功的爱人和成功的哲学家的素质是类似的。成功的爱人从来不厌倦探索彼此个性的方方面面。同样，成功的哲学家无休止地探索新观念和旧观念的新维度。因此，寻求理解我们的朋友或哲学地领悟我们的经验是一种一直进行而永不完结的探索。然而，这不意味着沿着这条路我们不能有新的进展。

哲学标准。我已经说过，在这个词最全面的含义上，哲学是对我们的观念和他人的观念进行评价和辩护的活动。对此，我们应该怎样做？刚才给出的定义包含评价我们自己的观念和他人的观念的三个标准。我们可以用简化的形式陈述以便让它们容易记忆，它们是清晰性、确证性和融贯性。可能还存在其他标准，但这三个肯定是最基本的。我们可以用这三个标准评价某个哲学家做出的个别主张以及评估某种作为整体的哲学体系。在后面的章节中，我们将应用这三条标准来评价哲学家的论证。

概念清晰性是我们应该用于哲学的第一条标准。概念和语词是观念的载体。但如果我们的载体没有调整好，我们就无法取得进展。这里是两个有争议的主张和为了让这些主张清晰我们需要问的问题。

1. "电脑现在达到了真正的思维机器的地位。"在此被假设的思维的标准是什么？思维仅仅是正确的输出跟随在输入之后吗？能存在没有意识的思维吗？

2. "生活中唯一被人们认为有价值的东西是快乐。"说话者用"快乐"表示什么意思？理智的享受算是快乐，还是只有身体的感觉算快乐？政治上的烈士或为他人牺牲的人是在追求快乐，这种说法怎样才能说得通？

经验确证性是哲学必须通过的第二项检验。既然哲学的目的是澄清经验，那么除非某种哲学"符合"经验，否则它将是不充分的。这意味着哲学必须不与任何广泛接受的事实相冲突，将被经验所支持，以及将使我们的经验更可理解。然而，大型的哲学理论通常不像"这块糖能溶于水"那样能被单一的经验支持或反驳。相反，这个经验标准要求我们判定某种哲学解释广泛的人类经验的充分程度。我们也依据经验衡量科学理论。在如何应用这一检验上，科学和哲学理论之间存在差异。通常，科学理论让我们产生可检验的后果。如果实验结果如科学理论预测的那样，那么理论获得了某种程度的经验支持。与此相反，哲学理论太一般化，不能用这种方式实验地检验。它们的目的是提供对人类共同经验的最好诠释，而不是预测特定的新的物理事件。

我们可以用苏格拉底的学说来展示这种检验的应用。苏格拉底论证说，如果我们知道什么是善的，我们就自然会做善的事。他由此断言，如果某人做了错误的事，一定是这个人不知道什么是真正的善。然而，很多人会同意亚里士多德对此的观点："这显然与观察到的事实相矛盾。"我们的共同人类经验暗示，我们经常知道什么是善但因为意志软弱而没有

---

* 在英语中，"philosophy（哲学）"一词来自希腊词 *philia*（爱）和 *sophia*（智慧）。就我们所知而言，著名哲学家和数学家毕达哥拉斯是第一个称自己为"philosopher（哲学家）"的人。让这个词流行开来的人是苏格拉底和柏拉图。

去做。*

理性融贯性是第三个标准。这个标准最低限度地要求一种哲学不包含矛盾或它不与自身冲突。即使一种哲学根据该哲学家直接说的话，不包含明显的矛盾，但它仍然可能陷入不融贯的指责。我们可能在哲学家做出的未明言的假设中，或在从他的核心主张逻辑地得出的结论中，发现矛盾。例如，怀疑论者提出"不存在绝对真理，即使存在我们也无法知道"。然而，苏格拉底和奥古斯丁在他们自己的时代通过指出怀疑论自相矛盾来与怀疑论作战。怀疑论者断言，"我们不可能知道什么是真的"，但提出这个主张时，我们必须假设他们相信"怀疑论哲学是真的"。因为这个理由，他们批评怀疑论者的主张瓦解了其自身。融贯性标准的一个更微妙的应用是，认识到一种哲学可能没有明显的逻辑矛盾，但它的主张仍然可能没有很好地"结合在一起"。例如，有神论者坚持上帝是慈爱和全能的，同时无辜的人在我们的世界中受苦。同样，有些哲学家主张我们的所有行为和选择被不受我们控制的心理原因所决定，同时坚持我们在道德上对我们的行为负责。要避免不融贯的指责，有神论者和决定论者都要做艰苦的工作。他们必须表明表面的冲突可以被消解并且相异的观念在他们的体系中能成功地组织在一起成为一个和谐整体。

我们已经给出了这三个标准如何被用来批判普通哲学立场的例子。然而，从这些简短的讨论中，一个人不应该假设这些立场被决定性地驳斥了并且现在被扔进了哲学史的垃圾堆。在本书的后面，我们将看到每个立场的拥护者如何寻求避免针对他们所持立场的指责。

评估论证。虽然这三个标准在评估一种作为整体的哲学上让我们有很大进展，但我们需要特别注意评估论证。在提出一种哲学立场时，哲学家通常利用很多论证来建立他们哲学的主要支柱。然而，一个作者可能没有清晰地陈述他的论证。在这种情况下，可能要进行某些搜寻并重述主要要点来提取一个精确表述的论证。无论如何，论证很可能被找到。即使有"非理性主义者"名声的哲学家通常也试图表明他们有合理的根据来拒斥理性。

一个论证由一个或多个被称为"前提"的陈述构成，它们被用作证据、根据或理由来断言另一个被称为"结论"的陈述。有一种让人患上"最终结果"综合征的诱惑。这就是仅仅肯定地或否定地回应作者的结论，而不分析哲学家是否为相信结论提供了好的理由。但这废弃了哲学的一个主要目标——察看我们的信念和他人的信念是否得到了辩护。例如，安瑟尔谟提供了一个论证，称为"本体论论证"，它的结论是"上帝存在"。然而，虽然高尼罗，一个安瑟尔谟的同时代人和基督教同道，同意这个论证的结论，但他批评安瑟尔谟用以达到这个结论的理由。需要认识到，证明一个论证有缺陷时，我们并没有证明作者的结论是假的。我们只是表明作者给我们的支持结论的理由没有保证结论为真。不过，如果能够发现的支持结论的唯一论证是个坏的论证，那么就没有理由假设结论是真的。

在逻辑上讨论用于分析论证的所有技巧要用一整本书的篇幅，所以在这个题目上略说几句就够了。关于论证，有两个基本问题：

---

* 苏格拉底的捍卫者指出，一旦我们理解了他使用"知道什么是真正的善"这些词的特殊方式，他就能避开这一反对意见。

1．前提能被接受吗？
   a. 它们清晰吗？
   b. 它们有道理吗？
2．前提给结论提供了足够支持吗？

第一个问题考察前提的清晰性和合理性。第二个问题问推理形式的可接受性。仅当对两个问题的回答都是肯定的，论证才为相信它的结论提供了好的理由。

回答问题 1 要求两个步骤：（a）把清晰性标准应用于每个前提以确保每个前提都提出了有意义的主张。（b）判定根据客观标准每个前提是否很可能为真。要做到这一点，你需要考虑作者为什么相信每个前提为真。有若干可能性。作者可能主张前提是（1）逻辑真理，（2）一个定义，（3）以经验为基础，或者（4）由之前的论证确立。评价前提的真必须基于所做出主张的类型。

如果一个论证有一个或多个虚假前提，那么它不能为相信结论提供根据。然而，即使所有前提都是真的，仅凭这一点并不使一个论证是一个好的论证。考虑以下论证：

所有美国总统都是著名的。
乔治·华盛顿是著名的。
因而，乔治·华盛顿是美国总统。

虽然这个论证的前提和结论都是真的，但它不是一个有说服力的论证。许多人都是著名的，但不是总统。所以，从华盛顿是著名的得不出他是美国总统。因此，除了关于前提的问题 1，我们还必须问问题 2 并审查所使用的推理形式。

逻辑学家已经发展了很多专门的技术来回答问题 2。然而，着手这个问题的一个简单方式是问你自己："想象所有前提都是真的但结论是假的有多容易？"这将显示前提对结论的支持有多强。根据推理形式，有两种论证是可接受的。第一，如果一个论证的前提为真而结论为假是绝对不可能的，那么我们说这个论证是**演绎有效的**（deductively valid）或称之为**有效论证**（valid argument，或简称为"有效的"）。一个前提为真的有效论证称为**可靠论证**（sound argument）。第二种类型的可接受推理是前提使结论高度可能的论证。我们说这种论证是**归纳强的论证**（inductively strong argument，或简称为"强论证"）。一个前提为真的强论证是**有说服力的论证**（cogent argument）。一个有说服力的论证并不（像可靠论证那样）绝对保证结论，但它的确给我们很好的理由相信结论。相反，前提真而结论假的可能性越多，论证越弱。

我们可以通过把它们应用于一个具体例子来展示这些评价论证的技术。考虑以下论证：

（A）在整个人类历史中，大多数人信仰上帝。
（B）因而，上帝一定存在。

评价这个问题要问的问题 1 是，前提是否可接受。步骤 1a，对于这第一个问题，问问前提是否清晰。前提（A）中作者用"上帝"表示什么意思？如果某种文化相信树有精神，这是否算"信仰上帝"？世界上许多伟大的宗教（如各种形式的佛教、儒教、道教）信仰非人格的精神维度，他们称之为"不可定义者"。这算"信仰上帝"吗？在整个世界上有许多形形色色的冲突的宗教观。因此，没有一个所有社会和时代都同意的上帝的单一定义这一事实，使得如上所述的前提（A）表达了有意义的或无歧义的主张这一点令人怀疑。如果一个前提不清晰，就不可能继续步骤1b去判定前提是否为真。

问题2问前提是否充分支持结论。在当前的论证中，前提不支持结论。仅仅报告人们相信什么是事实，即使人数非常多，也不是支持关于实在本性的结论的充分证据。即使所有人类都相信存在上帝，还是可能每个人都错了。在类似的事例中，大量的人在整个历史上都持有关于天文学、灾难原因或繁殖本性的错误信念。

在论证中增加第二个前提：

（A′）如果大多数人相信存在上帝，那么上帝必定存在。

这样将使得论证有效。然而，虽然两个前提逻辑地蕴含着结论，但没有理由相信第二个前提（A′）是真的。所以，这个论证在我们评价论证的步骤1b上失败了。

虽然任何有神论哲学家都显然会接受"上帝存在"的结论，并且很多人会说这个结论可以被证明，但是即使是大多数有神论者也会同意这个特殊论证并不支持结论。再说一次，哲学不仅与我们的信念有关，而且与我们给这些信念提供了理性支持有关。

成为一个积极的阅读者：战术与战略

哲学、骑自行车与棒球卡。开始学习哲学接近学习骑自行车而不是从一本百科全书中记忆事实。哲学初学者和学骑车者之间，除了可以用摇晃、摔倒和重新骑上去来做详细类比外，主要的相似性是他们都致力于一种活动。一个人在自行车上保持平衡的物理公式如下：让自行车弧形转弯，它与不平衡除上速度平方的比率成比例。显然，坐在你的扶手椅上学习这个公式不会教你如何骑自行车。类似地，哲学是某种我们做的事情，而不是某种我们学的东西。它是我们能够发展的一种以理性方式思考事情的技能。通过让你能观察和学习那些在若干世纪中实践这种技能的人，本书能够帮助你发展这种技能。换一个比喻，阅读哲学史不同于收集棒球卡，在那种情况下，我们只是把不同的人物分类并在卡片背面阅读关于他们的事实。正如下一段将要表明的，学习关于哲学家的事实只是哲学自身的开端。

阅读哲学的策略。要做一个投入的阅读者，系统的策略是有帮助的。为了帮助你聚焦于你学习的哲学家和运动，请在心里记住 *FOCUS*（聚焦）这个词的五个字母。它们代表 **Facts**（事实）、**Outlook**（观点）、**Critique**（批判）和 **Undergoing Self-examination**（经历自我审查）。这些活动在通向某种特殊哲学的客观路径和主观路径之间交替。我们将依次解释。

事实。当你开始熟识每个哲学家时，你将首先想要知道关于那个思想家的基本问题，诸如何处、什么、为何和谁。以柏拉图为例，你将想要找出：

（1）柏拉图在他那个时代的文化、思想运动中居于何处？

（2）柏拉图试图解决什么问题？柏拉图用什么方法攻克问题？他提供了什么解决方法？

（3）柏拉图为何认为他的解决方法是一个好的解决方法？（他的论证是什么？）

（4）谁影响了柏拉图并且他又影响了谁？

这种问题牵涉到对柏拉图哲学的客观考虑。

观点。努力同情地走进柏拉图关于世界的观点。当我们透过柏拉图哲学的镜头看世界时，世界是什么样子？如果你采用了柏拉图的看法，你的生活观点会有什么不同？关于今天的新媒体，柏拉图会说什么？关于世界上、我们的国家里和你的校园里当前的争议,柏拉图的见解会是什么?如果你给柏拉图打电话,你会问他什么问题?这种方法要求对该哲学家的主观认同。

批判哲学家的观念和论证。这是阅读哲学最重要和最困难的环节。很容易被观点的多元性弄得眼花缭乱,并且把哲学看作只是变化的、竞争的立场的万花筒。批判这个词不是表示简单的批评。它来自一个希腊词,意思是"分离"或"筛分"。批判一个哲学家意味着探查他的观念,找出哪些地方它们是坚实的,哪些地方它们不能支撑它们被认为能承受的重量。前面提到的三个标准(概念清晰性、经验确证性和理性融贯性)可以在这里发挥作用。另外,记住以下考虑。寻找该哲学中的强项。该哲学如何展示人类经验的重要特征?它对什么问题的回答比别的进路更好?该哲学家的哪个论证似乎是无懈可击的?也要寻找弱点。该哲学忽视了什么资料或与什么资料相矛盾(这包括了科学资料以及普通人类经验的广义资料)?该哲学造成了它不能解决的什么问题?它如何抵挡住其他替代性进路?该哲学家回应了可能的批评吗?在该哲学家的前提中,什么是成问题的假设?该哲学家的推理中的弱点是什么?批判地评价一种哲学是通向它的另一种客观进路。

经历自我审查。到目前为止,你审查了哲学家的观念;现在让他的观念来审查你的观念。诗人W. H. 奥登曾说重要的书是读我们的书,而不是相反。同样,20世纪哲学家马丁·海德格尔说,不要问我们能对哲学做什么,我们应该问哲学能对我们做什么。苏格拉底说"未经审查的人生不值得过"。索伦·克尔凯郭尔,19世纪存在主义运动的奠基人,曾在他的日记中写道:"有许多人像学校男生一样达到他们的人生结论:他们通过从书里抄答案来欺骗他们的老师,而不是自己算出得数。"阅读哲学的最后环节是"自己算出得数"。理解和评价了一种哲学之后,你将对它做什么?它对你的现有信念提出了什么挑战?你如何回答该哲学家提出的问题?这种哲学提供了你需要融合到你自己的世界观中的任何洞见吗?这种哲学以任何方式改变了你吗?为什么改变了或为什么没有改变?当然,这些问题涉及主观地参与该哲学家的观念。

> **想一想**
>
> 引论3 问没有上过哲学课的朋友,哲学这个词的意思是什么。这些用法与本章使用哲学的方式比起来怎么样?你认为哪个朋友的回答最好?你是否认为这个词在其中的某个情形中被误用了?

一般地形图

哲学就像一场网球赛,思想在令人困惑的问题和各色哲学家给这些问题提供根据充分的回答的努力之间弹来弹去。这些问题属于几个范畴。你逐渐熟悉这些哲学划分和名称非常重要,这样你就能够明了一位特定的哲学家试图回答哪类问题。注意,这些不是具体哲学立场的标签,但是它们代表了哲学家讨论的主要问题和哲学家试图解决的主要难题。以下标题代表哲学的三个主要领域。每个标题之下是属于该领域的有代表性的但非详尽无疑的问题清单。

认识论(知识理论)
- 什么是真理?
- 什么是知识?
- 理性告诉我们关于世界的信息吗?

- 什么是理性的限度？
- 感觉经验作为知识的来源有多可靠？
- 存在着独立于理智达到真理的方式吗（例如，信仰或直觉）？

形而上学（实在理论）

- 什么是终极实在？
- 除了物理世界之外，还存在其他种类的实在吗？
- 存在多少不同种类的实在？
- 什么是心灵？
- 心灵如何与身体相联系？
- 我们是自由的还是被决定的？

伦理学

- 什么让一个行为是正确的或错误的？
- 存在任何客观的或绝对的道德原则吗？
- 道德判断基于知识、感情还是直觉？
- 道德依赖宗教吗？

许多哲学问题属于以上的主题之一。然而，除了这三个主要领域外，在本书中也经常讨论若干更特殊的主题。

逻辑学（推理原则研究）

社会和政治哲学

- 什么是理想的政治国家？
- 什么是国家的目的？
- 什么让一个政府有合法性？
- 什么是政府权力的恰当界限？
- 公民不服从能得到正当辩护吗？在什么条件下可以得到正当辩护？

宗教哲学

- 上帝存在吗？
- 上帝存在能被证明吗？怎样证明？
- 上帝的本性是什么？
- 信仰与理性的关系是什么？
- 存在死后生活吗？

最后，除了这些主题外，哲学中的其他领域提出了关于特定学科的哲学问题。在本书中，只有当这些主题属于特定哲学家思想的中心问题时才讨论它们。这些另外的哲学领域包括艺术哲学（美学）、教育哲学、历史哲学、语言分析哲学、数学哲学、法哲学、心理学哲学、科学哲学等。

所有的女性哲学家在哪里？

看一眼本书的目录，似乎提到的女性哲学家非常少。哲学学科像大多数学科一样，也像一般世界历史一样，倾向于表现出一种有利于男性的性别偏向。在任何历史描述中，那些获得最多注意的思想家是那些最有影响或对历史产生最大冲击的人。然而，满足这些标准的哲学家的名字不一定与富有洞见和做出重要贡献的哲学家名单完全相关。因为社会和历史的原因，整个历史中女性思想家并没有同男性一样的机会去追求她们的思想事业，而且当女性思想家发展出她们自己的哲学思想时，在她们时代的思想制度下，她们不容易被倾听。近年来，有许多书有助于矫正这种状况。

虽然女性哲学家在这个职业里仍然代表性不足，特别是与其他人文学科比，但是近几十年来情况已经有所改进。攻读哲学学士学位的女学生在增加，并且哲学院系的女性成员因她们对该领域的贡献而获得认可，她们的职业能见度提高。当代女性主义哲学运动（在第33章讨论）中的女性思想家已经提出了关于在传统哲学中发现的某些假设的发人深省的问题，并且提供了替代性解决方法。

尽管我不能重写哲学史，但是在本版中我提供了一个新的特写，称为"哲学中的女性"。在整本书中，这样的特写有五处。在第6、10和19章，前三个历史阶段分别有一位有代表性的女哲学家的简介，在第32、33章有两位当代女哲学家的简介。这五处简介是第33章中女性主义认识论和伦理学（它们一直是本书的一部分）讨论的补充。

当代联系：引论

看你能否自己想出一个传统哲学问题的当代应用。在列在本章末尾的哲学问题中选一个。考虑这个哲学问题出现的方式或者它与哲学之外的学科的相关性。例如，"我们是自由的还是被决定的"这个问题以何种方式与心理学或刑事审判有关？再如，伦理学问题以何种方式出现在商务、法律和医学领域？

理解题

1. 在何种程度上我们以得感冒的方式获得我们的观念？这为什么是糟糕的？学习哲学史可以怎样对此做出补救？

2. 哲学为什么像一种关系？

3. 什么是"哲学"这个词项的字面意义？

4. 什么是评价哲学的三个标准？

5. 关于一个论证要问的两个问题是什么？

6. 以下术语的意义是什么：演绎有效的、可靠论证、归纳强的论证、有说服力的论证？

7. 字母"FOCUS"象征的四个哲学阅读策略是什么？

8. 什么是哲学的三个主要领域？属于每个标题下的问题是什么？

思考题

1. 在现实生活中发现与本章开头七个场景类似的例子。在这些场景中，人们在讨论哲学问题，却没有真正认识到这一点。另外，什么使得某问题是一个"哲学问题"？

2. 陈述某些你相信的哲学主张。提供一个相信这个主张的实际很弱的论证。现在，给这个主张提供一个你认为好的论证。什么使得一个论证弱而另一个论证强？

注释

[1] 这个定义的大部分措辞以及以下段落中对它的部分解释，受惠于我的一个前同事戴维·施拉夫尔（David Schlafer）。

第一部分
古　代

尤利西斯与塞壬，马赛克，3世纪罗马帝国时期，来自北非突尼斯的杜迦。

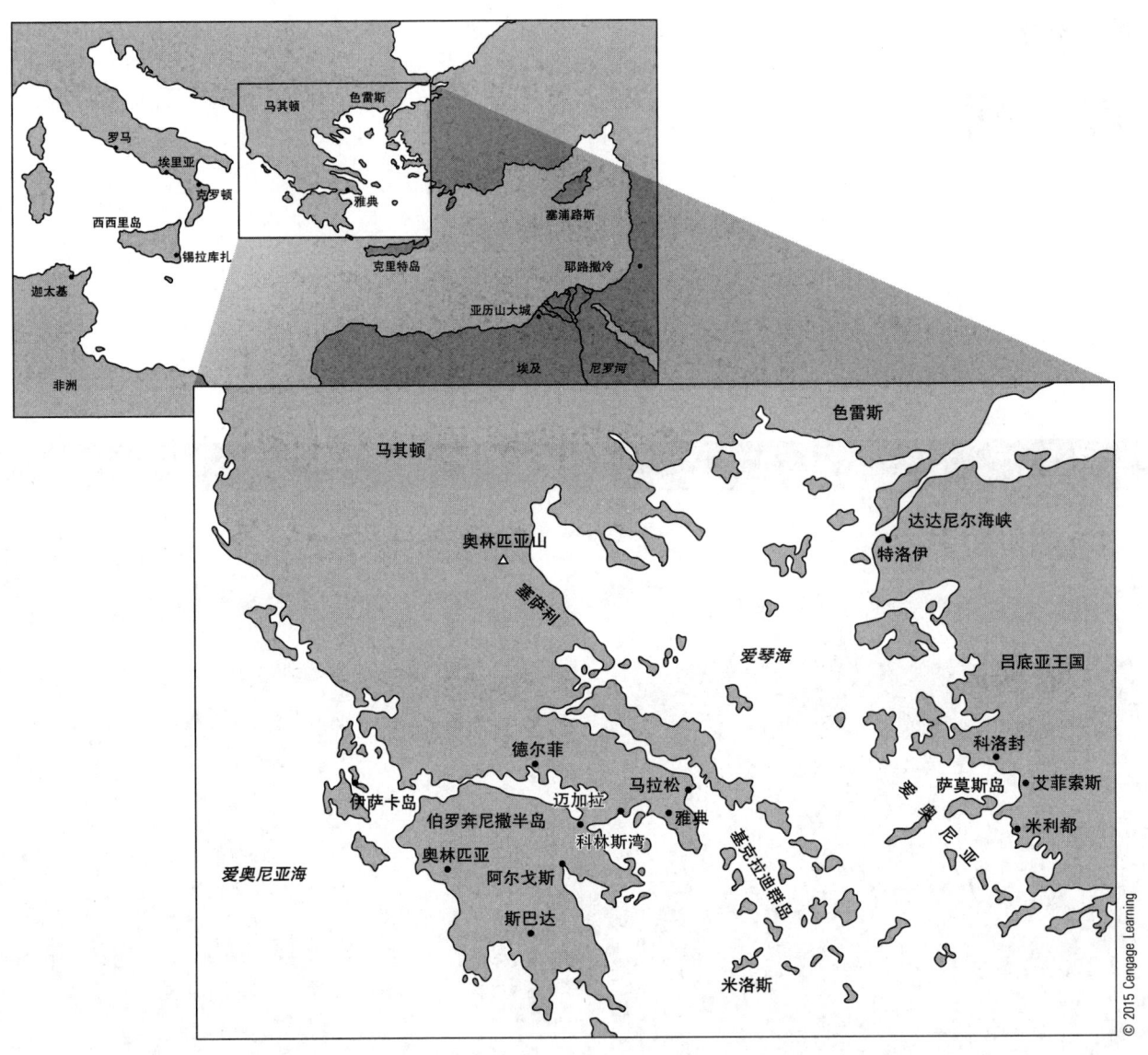

哲学在古代世界。这张地图标出了古代世界的众多城市和地区,本书讨论的一些哲学家曾经在这些地方生活、讲学。

第 1 章

希腊文化背景：从诗到哲学

公元前 585 年 5 月 28 日，烈日闪耀，米底人（Medes）和吕底亚人（Lydians）之间的六年之战正在小亚细亚的西海岸如火如荼地上演着。突然，这片战场开始被黑暗笼罩。双方战士都充满了迷惑，他们垂下武器，抬眼望向天空。他们发现，刚才太阳所在的地方，现在一团漆黑。这是诸神的信号吗？随后会有更严重的灾害吗？双方士兵不待知晓答案，纷纷扔掉武器，四散奔逃。审慎，而不是军力，赢得了战争。然而那天，在这同一片地区，一位中年商人、工程师——日后，他会被视为一个传奇人物——也望着天空。与那些惊恐的人不同，他的脸上没有丝毫的害怕，而是浮现出了一丝洞悉的微笑，他颔首赞赏着宇宙中的这个特别事件。此人是谁？为什么他是唯一一个欣然接受太阳暗没的人？

我们所说的这个传奇人物名叫泰勒斯（Thales）。许多古代文献都把泰勒斯视为西方哲学史上的第一位哲学家。被归于泰勒斯的最显赫成就之一就是，他预言了日食。科学家们计算出，公元前 585 年 5 月 28 日的确发生了一场日食，我们可以假定，这就是那场给泰勒斯带来盛名的日食。诚然，他没有预言那场日食的精确时日，但他很可能通晓了足够的天文学知识，确定了正确的月份。鉴于此，泰勒斯该被归入一本天文学史的著作吗？他的预言与西方哲学的诞生之间有什么可能的关联呢？要理解他的预言的意义，我们就必须追溯至更早先的事情。

诗歌的角色

哲学的故事从诗歌开始。诗人在古希腊文化中占据着核心地位。他们绝不只是用华丽的语言讲述有趣传说（好诗是否仅此而已，这是值得怀疑的）的人。相反，诗人们发展、保存、传承了那个时代的历史、科学和宗教真理。他们与历史学相关，因为他们的传说给出了对过去的一种说明，他们说明了，诸多的传统、人种和文化是如何生成的。此外，他们还试图回答宇宙学的问题，他们谈到了世界的起源、结构和运作。他们解释了雷雨、丰收、干旱、健康和疾病背后的原因。他们也发挥着重要的宗教功能。诗人们讲述着诸神的故事，他们的说明被视作权威性的。希腊人认为，诗人们受到了缪斯——主司文学和艺术的诸女神——的启发。"受启发

(inspired)"的意思是"被注入"。因此，对希腊人来说，诗人们受到了神灵的启发或灌注——正如在基督教传统里，《圣经》中的作者们被视作受到了神的启示那样。最后，诗人的故事还起着伦理的功能。通过解释伟大的英雄们是如何兴衰的，世界是如何运作的，人的命运是如何受到诸神和定数宰制的，诗人们说明了，大众在生活中应该采取什么路线，怎么做才是合适的，怎么做则是不恰当的，怎么做才是有利的，怎么做则是毁灭性的。

诗人们是通过神话来解释世界的。许多人都认为，神话只是些光怪陆离的、荒谬的故事。然而，它们远不只是如此。它们体现了一种企图，企图用熟悉的、可观察的东西来解释不熟悉的、神秘的东西。它们象征性地表达了，人类生活的那些最深的关切是如何被嵌入一幅大尺度宇宙图景的。对于前科学的大众来说，可资利用的、首要的解释模型，就是人的动机和行动这个解释模型。因此，古希腊的诸神非常像人。他们根据人所熟悉的意图和目标展开行动。不过，他们也被激情、性欲和小肚鸡肠的嫉妒驱使着；他们很容易被冒犯，报复心重，坑蒙拐骗，厚此薄彼。简言之，他们强大的力量与他们狂暴的幼稚堪堪匹配。希腊诸神存在着劳动的分工：生活的每一个领域——战争、爱、贸易、狩猎、农业等——都有一个单独的神。生活中无论是可喜的事情还是不幸的事件，都被归因于这个或那个神的愤怒或善意。简言之，虽然在我们看来，诗人们的神话犹如狂放的幻想，但它们是在力图对世界及个体在其中的位置提供一种全面的看法。

荷马所述的自然秩序

要确定哲学的阶段，就有必要考察一下最重要的希腊诗人荷马。* 下述事实突显了他在希腊文化中的权威性：后来的哲学家们发现，不论是捍卫他的观点，还是批评他的观点，都是非常重要的事。最早的希腊哲学家之一，色诺芬尼（Xenophanes，约公元前570—478年）解释道，他批评荷马是因为，"所有人最初都是向荷马学习的"。[1] 荷马的诗作对宇宙的性质提出了几点广泛的构想。第一，我们在自然中发现的秩序（例如，季节的交替）乃是诸神不变的意图和目标的产物。不过，自然有时又是不可预测的，因为诸神是变化无常、冲动任性的。例

哲学家泰勒斯预言了公元前585年的一场日食，在此他证明了，世界呈现出一种我们的心智能够理解的、恒常的自然秩序。

---

* 荷马的诗作《伊利亚特》和《奥德赛》起初是世世代代口耳相传的歌曲。我们相信，它们是在公元前8世纪的某个时候被书写记录下来的。因传统之故，我们把它们归于一个叫作荷马的盲人游吟诗人。不过学者们怀疑，它们实际上并非出自单个诗人之手。

如，一场毁灭性的地震，或一阵突如其来的暴风雨，乃是由海神波塞冬引起的，不过，它们并非他长期的、理性的意图，否则，他引发它们，就会是可理解的了。

第二，荷马的诸神与犹太教-基督教传统中无所不能的神有着天壤之别。他们不仅可能被其他神祇（包括他们自己的家庭成员）挫败，他们也受制于诸如命运或必然性这样的力量。虽然命运之神有时呈现为几个人形存在者（古希腊神话里有命运三女神——译者注），但她们的行为通常是不可理解、无法预测的，人的心智无法洞悉其奥秘。因此，从我们的立场看，希腊人称为命运（fate）的这股力量，与其说是一种自然规律，不如说是一种随机原则。

荷马所述的道德理想

荷马的德性观念与后来的道德传统中所出现的德性观念颇有不同。荷马的德性乃是战士-英雄的德性，可以笼统地冠以卓越（excellence）之名。卓越乃是根据成就、荣誉、权力、财富、节制、安全，以及勇气、忠诚和爱国来界定的。荷马的英雄们可以被吁请照看他人的财富，冒着风险达到忠诚的要求。然而，这些道德义务总是因维持一个人的荣誉和地位之故，而绝非因他人做事所带来的好处之故。

荷马对诸神的构想与这个图景是一致的。诸神感兴趣的是他们自己的荣誉和地位。他们高踞于奥林匹亚山，俯视着人间的事务，就如同观众注视着马拉战车的竞赛。虽然诸神可能会遭遇挫折，但没人怀疑，他们的生活基本说来是幸福的。因此，当一个人被尊崇为如神一般的时候，与此关系更大的，是提升他自己的地位，而不是关切他人。说到诸神与人的互动，诸神并不奖善罚恶，而是有所偏袒，被惹恼了便反应消极。除了道德上的善，奉承、贿赂、勾引、哄骗也同样能够赢得诸神的欢心。促使人们侍奉诸神的，不是他们的善，而是他们的力量。因此，人与诸神之间的所有互动，对双方来说都是一个计算自我利益的事情。

然而，荷马对宙斯的说明为这幅一般的图景提出了一些例外。在荷马的诸神中，宙斯是最高的神。虽然他比其他所有神都强大，其他神都到他这里来寻求建议和支持，但他也依然既受制于外在的力量，也受制于自己的个体缺陷。不过，我们有时会瞥见，他希望看到正义盛行于人间。面对人们的互相伤害等道德罪错，他会变得愤怒。[2] 与荷马几乎同时代的人，公元前8世纪的诗人赫西俄德进一步发展了这一思路。根据赫西俄德的说法，宙斯指示其他的诸神，要根据普遍的正义原则来衡量人们的行为。正如赫西俄德在他的《工作与时日》中所说的：

不死的诸神从未远离；
他们标出那些狡诈的判官，
这些人欺压同胞，不畏诸神。[3]

在这类篇章里，诸神的意志所呈现出的，乃是一种运行于世间的、始终如一的道德秩序的特征。这幅图景为发展出一种独立于诸神意志的、非人格的自然秩序的观念，提供了丰厚的土壤。

荷马图景内部的冲突

简单而笼统地说，荷马及其他诗人为世界秩序确立了四点思想：（1）世界当中的有些事件是由有目的的、虽则经常反复无常的人类或神圣行动者引起的。（2）世界当中存在着随机的因素，因而有些事件就像扔骰子那样，没有任何目的。（3）命运之神所代表的乃是世界当中一种强大的、无关乎道德的秩序，不论人还是诸神（包括宙斯）都得服从于它。(4) 在有些篇章里，诸神呼应着一种道德的秩序，根据一种客观正义的标准来评断人。不幸的是，荷马并没有说清楚，当上述这些力量相互之间起了冲突的时候，会发生什么情况。

尽管荷马的宇宙图景很粗糙，但它还是为希腊的科学和哲学思想提供了一个起点。[4] 它是通过两个途径来做到这一点的。第一，他的上述原则之间的冲突要求一种更加连贯的世界观。首尾难顾的答案根本就不是答案。第二，他的后两个原则（命运和正义）暗示了秩序的一种新含义，这种含义将会超越荷马的神话。命运作为无法逃避的因果秩序，这一思想虽然充满了迷信色彩，但它是非人格的自然规律思想的先导。而宙斯有时候把不那么重要的自身利益抛在一边、转而关注正义，这一思想则导致了客观伦理原则的发展。不过，我们在荷马的作品中所发现的，最多只是理论思想的种子。只有当这些种子突破了神话的土壤，超出了它们所植根的媒介，才会结出哲学的果实。

西方哲学的诞生

传统上认为，西方哲学是在公元前6世纪，随着泰勒斯及其他早期人物的出现而诞生的。但问题在于，哲学诞生于何时，这需要对哲学是什么有一种理解。然而，问"哲学是什么？"乃是在提出一个哲学上充满了争议的问题。因此，把一种文化里哲学的诞生确定于何时何地，这要取决于我们定义哲学的宽泛程度。荷马与赫西俄德的诗作中存在着哲学的某些类型，而希腊哲学自始至终也都存在着一些传统的神话思想。不过，所有人都会同意，西方哲学并非莫名其妙地诞生的。思想史上的传统很少是突然出现的，伟大的观念并非凭空产生。在历史上，哲学出现于西方文明里，与它出现于我们个人生活中的途径是一样的。哲学化是一个渐进的过程，在此过程中，文化和个人通过变得自觉和具有批判性，学会了以一种新的方式打量世界。虽然我们不能像确定一场日食那样精准地确定哲学的诞生，但我们可以指出从神话传说到完全自觉的、自我批判的哲学思想这一连续体的一些地标。

回到日食，泰勒斯的预言在哲学的故事里是一个非常重要的事件，因为，它体现了一种新的秩序概念。如果泰勒斯能够预言这个自然现象，那就意味着，他认识到了（而不像他的许多同时代人那样），世界中的事件既不是非理性的、不可预见的诸神意志或盲目意外的结果，也不是很大程度上不可测度的命运的作用。相反，泰勒斯认识到，这样的事件乃是一种恒常的、非人格的自然秩序的产物，我们能够研究这种自然秩序，并将之作为概括和预测的基础。如果该秩序是理性考察可以把握的，那么接下来的问题就是，它必定会是什么样的秩序。

与任何哲学家一样，泰勒斯也从众多源泉吸取智识养分。在他所生活的时代，希腊人无论在经济上还是在智识上，都从他们与之通商的其他文化获益良多。由于希腊的沿海城市商业盛行，因此希腊人与主要的文明中心都保持着联系：埃及、腓尼基、吕底亚、波斯以及巴比伦。无疑，泰勒斯的许多数学知识来自埃及人，他的天文学知识则来自巴比伦人。很有可能，他关于宇宙的哲学思考也受到了周围不同文化传统的滋养。此外，荷马与赫西俄德的神话中所暗示的，宙斯把一种恒常的正义规则施于世间，也启发了泰勒斯，在自然中探寻一种非人格的秩序。

虽然泰勒斯继承和运用了他的前辈们的一些观念，但他为这些材料带来了新思维方式的火花。这种思想具有原创性的理论探究风格。泰勒斯不是诉诸传统或诸神的故事来支撑他的结论，而是把自己的意见置入世界之中，凭着它们自身的优劣而成功或失败。泰勒斯的同伴和继承者们创造了提问、论证、理论和批判性对话等一系列方式，这表明，西方历史上出现了一种回答问题、解决争议的新途径。这种探究和论证的精神既孕育出了科学，也孕育出了哲学。

> **当代联系 1：哲学的转向**
>
> 西方哲学始于泰勒斯所开启的新型探究。对一个人的文化和传统中被视为理所当然的那些东西提出质疑，这么做有什么风险？它会导致什么后果？这样批判探究的态度在你的生活中出现于何时？你是什么时候开始质疑你的父母或你周围人的那些回答的？当你还是一个小孩的时候，你想到过什么样的哲学问题？那时，什么样的回答似乎是最有意义的？你理解世界的最初尝试，与人类理解事物的最初尝试，有哪些途径是类似的？

古典哲学纲要

古典哲学始于泰勒斯，终于中世纪，其间有多个阶段。下面这个纲要简明地概括了它的发展：

1. **宇宙学时期**（公元前 585 年—公元前 5 世纪）——第 2 章
   - 关注外部自然
   - 想要认识根本上实在的东西
2. **人类学时期**——第 3 章
   - 关注以人为核心的问题
   - 探寻有关知识和操行的问题
     （a）智者派（公元前 5 世纪）——怀疑的、实践的
     （b）苏格拉底（公元前 470—399 年）——关注发现客观的知识和价值
3. **体系化时期**——第 4 章、第 5 章
   - 关注发展出一种综合的哲学体系
   - 首次提出了哲学的全部基本问题
     （a）柏拉图（公元前 427—347 年）
     （b）亚里士多德（公元前 384—322 年）
4. **亚里士多德之后或希腊化－罗马时期的哲学**（公元前 320 年—公元 529 年）——第 6 章
   - 关注个体主义的、实践的问题
   - 形而上学的关切从属于伦理学的关切
   - 犬儒主义、伊壁鸠鲁主义、斯多亚主义、怀疑主义、新柏拉图主义

理解题

1. 古希腊文化中诗人为何如此重要？
2. 荷马关于世界秩序的观点是什么？
3. 荷马关于道德秩序的观点是什么？
4. 泰勒斯理解世界的进路如何不同于荷马的进路？
5. 古希腊哲学有哪四个主要的阶段？每个阶段主要关注什么问题？

思考题

1. 荷马对世界的本质、道德以及人的生活的意义给出了一些说明。根据本书引言所提出的哲学说明，荷马的说明在何种意义上是哲学的，在何种意义上不是哲学的？

2. 当代社会的大多数人是更像古代诗人，还是更像泰勒斯？换言之，人们更倾向于把自己的信念建基于传统和流行的意见，还是建基于批判性思维？为什么会是这样？这两条进路各自的优势和弱点是什么？

3. 本章考察了处于初期的哲学思维。在类比的意义上，当你还是一个儿童的时候，你想到了什么样的哲学问题？在你的生命中，你什么时候开始像泰勒斯那样批判地考察某些传统信念，而在那之前，你一直把它们视为理所当然？

注释

[1] 引自约翰·伯内特（John Burnet），《早期希腊哲学》（*Early Greek Philosophy*, 4th ed., New York: Meridian Books, 1930），第 118 页。

[2] 请参见荷马《伊利亚特》（*Iliad*）第 16 卷，第 384—393 行。

[3] 请参见赫西俄德《工作与时日》（*Work and Days*），载于《赫西俄德与忒奥格尼斯》（*Hesiod and Theognis*），多西娅·温德（Dorthea Wender）译（New York: Penguin Classics, 1973），第 66 页。

[4] 我在本节提出的观点得益于特伦斯·欧文（Terence Irwin）在其《古典思想 第一卷：西方哲学史》（*Classical Thought, Vol.1: A History of Western Philosophy*, Oxford, England: Oxford University Press, 1989）第二章里的讨论。

第2章

苏格拉底之前的希腊哲学

米利都学派的哲学家

泰勒斯

我们在第1章里已经碰到了泰勒斯。他就是那个预言了日食的希腊哲学家。他也被古代的许多权威视为第一位西方哲学家。他的生卒时间只是大概估计出来的，不过大多数学者都认为，他生活于公元前624—545年之间的某段时期。他的母邦米利都是位于小亚细亚西海岸爱奥尼亚地区的一个繁荣的希腊海港。由于其所处的地理位置，泰勒斯以及他的两个继承者被称为米利都学派的哲学家（有时也被称作爱奥尼亚学派的哲学家）。米利都是一个以商贸、财富和世界主义观念而著称的城邦。由于商贸使米利都与其他国家联系密切，因此许多米利都人都尊重新的观念，该城邦是诞生新观点的完美土壤。

泰勒斯有着一颗极富实践性的头脑。除了预言日食，他还有许多其他故事，他为军队解决了一系列工程问题，发明了多种航海工具和技术。不过，使他在历史上赢得一席之地的，并非他的技术成就。他对于理解西方的理智遗产来说非常重要，这是因为，他发动了一场有关事物终极本质的争论，这场争论至今仍在持续。这些早期思想家的许多理论都既可以被视为早期科学的例子，也可以被视为哲学的例子。这毫不令人奇怪，因为，那时候诸学科还没有像今天这样划分明确。我们称作科学的东西，在人类历史的大多数时期要被考虑为"自然哲学"。即便是今天，一个在化学里被授予最高学位的学生，也会拿到一个"Ph.D."的头衔，其意思是"哲学博士（doctor of philosophy）"学位。这一时期既代表了科学的诞生，也代表了哲学的诞生，因为，这些早期的思想家致力于探究普遍的原则与能够得到合理辩护的理论，而不只是观察和收集数据。

泰勒斯的问题

泰勒斯关心的是，寻找构成了我们经验中林林总总一切事物之基础的单元。这个问题有时候也被称作"一和多"的问题。我们在世界之中碰到各种事物：鱼、沙子、树、星辰、葡萄、暴风雨、岩石、植物。然而，是什么把世界统一起来的？为什么我们把它考虑为一个统一的宇宙，而不是一个多样的宇宙？什么基本的原则可以解释这一切？什么基本的"材料"构成了我们在世界中发现的一切事物的基础？这是前苏格拉底哲学家们所致力的首要问题。

泰勒斯的回答

亚里士多德告诉我们，泰勒斯给出的回答是，水是万物的本源。*乍看起来，这个回答或许非常幼稚、不大可能。不过，在批评这些早期哲学家之前，我们必须要记住，我们站立在差不多2500年哲学思辨和科学发现的巅峰。因此，回答上述问题的这些早期尝试具有非凡的原创性和机智。亚里士多德推测，泰勒斯是根据以下事实推导出水是根本的要素这一结论的：水对生命来说至关重要，一切事物的种子都是潮湿的。泰勒斯可能还想到了其他的理由，以支持自己的结论，即一切事物都由水转变而来。例如，液态水可以被转变为一团气（蒸气），它也能被转变为一块固体（冰）。此外，水是以雨的形式由空气而来，它又作为雾而返回空气。当水从盘子里蒸发后，会留下一些残余物（看起来是转变成了土），而向土里挖，就会挖出水来。最后，泰勒斯居住在米利都，被海所环绕，这或许也使他认为，看起来很可能一切事物都来源于水。虽然我们不知道泰勒斯的真实论证是什么，但他的直接后继者为他们的理论提出了合理的支撑，由此推断，泰勒斯很可能也是这么做的。

变化问题

泰勒斯的推测包含着一些更进一步的问题。如果水是一种永恒的、基本的实体，那么，是什么引起了水的样子的变化，把它转变为我们经验中的所有其他事物？这就是"永恒与变化"或者"存在和生成"的问题。我们可以在泰勒斯的如下主张中发现一种可能的回答：一切事物都"充满了神"。在这里，泰勒斯的做法绝不是像它表面上看起来的样子，他并不是在倒退回一种幼稚的神学说明。例如，他指出，磁石有力量移动铁。他把这种力量视为表面看来无生气的石头里边蕴含的一种有生气的、能动的原因。因此，他似乎相信，生气和变化的原则就蕴于事物自身之中。不过，他表述这一点的唯一话语就是，事物是活的，并以某种方式而神圣地充满着生气。

泰勒斯的意义

我们可以把泰勒斯的影响和贡献总结为以下几个要点。第一，泰勒斯的立场是形而上学一元论的一个早期例子。**一元论**（monism）主张，只存在一个说明原则。泰勒斯的立场是一种形而上学一元论，因为他主张，实在能够根据一个原则（水）而得到说明。泰勒斯的直接继承者们不加质疑地采纳了这个假设。他们继续寻找能够说明一切事物的某个原则，他们与泰勒斯的分歧仅仅是，这个原则具体是什么。第二，泰勒斯假定，这个原则乃是一种物质

---

* 亚里士多德可以被认为是第一位体系化的哲学史家。他出生于泰勒斯250年后，关于他的讨论在第5章。

的实体。这被称作**物质一元论**（material monism）。再一次地，这个假设在很长一段时间里都没有受到质疑。第三，泰勒斯的发问也是一个贡献。不只是在洞见性的回答里，在原创性的发问里同样可以发现人类思想发展的转折点。泰勒斯问过一些实用的问题，例如，"橄榄丰收了会怎样？"但当他问，"作为一切现象之基础的终极实体是什么？"这个问题并没有任何直接的、实用的回报。它体现的是，对理论理解的探寻本身就是目的。这样一种探寻所打开的大门，是更实用的问题永远都不会打开的。

最后，泰勒斯是思想史上的关键人物，这乃是由于他的回答的性质。这里的重点并不是，他主张水是终极的实体。毕竟，他的同辈们抛弃了这个回答。重要的是，他没有使自己的回答诉诸传统或权威，他也没有简单地给出意见了事。他提出了一个其他人可以检验、争议的理论，他为自己的揣测提出了许多合理的根据。在哲学的交锋中，泰勒斯发出了第一个球。接下来，则轮到他的后继者们回击了。英国作家阿瑟·凯斯特勒（Arthur Koestler）曾经说过，思想史充满了无果的真理和硕果累累的错误。泰勒斯的理论显然就是一个硕果累累的错误。他的同辈们没有接受他的回答，但它为哲学的对话设定了方向，这一方向甚至在我们自己的时代也依然延续着。

阿那克西曼德

阿那克西曼德（Anaximander）的生卒年大概是公元前610—545年。他比泰勒斯年轻一些，很可能是泰勒斯的学生。他在米利都很有名，出版过一本讨论世界演化的书。值得注意的是，这一时期出现了散文，它是一种与诗歌相对的著述形式。这表明，人们理解世界的途径正在发生转变。

阿那克西曼德的问题

阿那克西曼德接过了他老师的任务，致力于如下问题："作为一切其他事物基础的那种单一的、基本的材料是什么？"请注意，他也吸收了泰勒斯的如下假设：宇宙的关键在于一种单一类型的事物。不过，阿那克西曼德对他老师的解答并不满意。水只是我们在世界里发现的特殊事物中的一种，此外还有土、气、火。一种东西怎么可能说明所有其他的事物？设想某个显然不是水的事物（例如火）实际上是水，这是一个矛盾。无论基础的、普遍的事物是什么，它都不可能具有水所具有的那些特殊的属性。水本身还需要得到说明。因此，哲学批评的历程从泰勒斯的学生这里开始了。

阿那克西曼德的回答

在阿那克西曼德看来，终极的实在必定是永恒不灭的源泉，一切事物都来自于它，又复归于它。所有事物的这一终极根据就是"阿派朗（Apeiron）"，这个词的意思是"无定限""无限的东西"或者"不定的东西"。它没有任何内部的界限或划分，是一种充实、动态的物质。它在时间上是无限的，否则的话，就会存在产生了它的某种更根本的东西。此外，它在数量上也是无限的。我们可以把这个无定限想象为一个水库，从它产生了一切事物及其性质。不过，它的属性是什么？它是冷的吗？阿那克西曼德会说不是，因为倘若如此，它就不能产生热这个属性了。它是湿的吗？不是，因为倘若如此，它就不能产生干这个属性了。由于它包含或产生了所有特定的属性，因此，它本身不可能被等同于其中任何一种属性。因而，它是无法界定的，因为我们只能界定有特定属性的事物。

变化问题

阿那克西曼德的变化理论与他老师的比起来，有了很大发展。他说，世界是由相冲突的对立面（冷对热，黑夜对白天）构成的。由于它们是对立的，一种不能产生另一种，但它们必定都源自另外一种更加根本的东西。因此，变化乃是各种性质从那原初的实体分离出来、又复归于它的过程。最初，一切事物都是那无定限的旋转物质的一部分，在创生的活动中，不同的性质从它之中被抛离出来，就像离心机里微粒从溶液中被分离出来一样。这种旋转运动说明了，星球最初是如何动起来的。通过这个过程，产生出了所有相冲突的对立面——诸如热和冷、湿和干。这些性质的结合就形成了我们经验中的种种对象。例如，冷与湿的结合就产生了大地和云朵。热与干的结合就产生了一个包围了整体的火环。这个大火环又裂为更小的火环，产生了众多天体。从温暖和潮湿产生了生命。有趣的是，阿那克西曼德对世界的说明里包含着一种朴素的演化论，他主张，一切生命形式——包括人类——最初都来自海洋。

阿那克西曼德对"大地立于什么东西之上？"这个古老的问题，给出了一个非常现代的回答。他的回答是，它立于虚无之上。由于大地是球形宇宙的中心，因此它没有理由不是如此。由于所有方向的吸引力都是一样的，因此它停留在原地。阿那克西曼德认识到，从作为一个整体的宇宙的观点看，不可能存在绝对的上或者下。

宇宙处于创生和毁灭的恒久循环之中。这是西方传统里的循环史观（这是希腊人普遍持有的理论）的第一个哲学说明。虽然他是在试图对事物给出一个自然的说明，但他还是像他的诗人前辈们那样，保留了宇宙中的道德力量这一思想。他运用正义原则来说明世界的循环。由于一切事物都是从无定限"借得"其实存的，因此它们必须还债。所以，一切事物最终都会返回其源头。

阿那克西曼德的意义

阿那克西曼德的第一个贡献在于：他的理论朝着更加抽象的思想模式迈进。这或许看起来像是一个缺陷，但它其实不是。我们无法想象那无定限，我们既不能看到它，也不能感觉到它。然而，类似地，我们也不能想象或直接感觉到当代物理学所讨论的大多数力和粒子。通过超越泰勒斯粗糙的水原则，阿那克西曼德解放了理性，去思考那超越我们日常经验的东西。第二，他开启了哲学批判的历程。他就学于泰勒斯，但发现后者的回答并不充分。因此，他在泰勒斯的基础上改进了后者的理论，从而对哲学的历程做出了贡献。第三，阿那克西曼德更认真地致力于变化问题，力图对变化给出一个更加具体、充分的说明。第四，他提出正义原则，努力阐述出自然科学规律的一种早期版本。诚然，阿那克西曼德依然把它刻画为一种道德规律（复归于一种诗意的、拟人化的事物观）。然而，它是一种非人格的原则，独立于反复无常的诸神而发挥着作用，这使得它具有一种更加科学的特性。

阿那克西美尼

我们很难确定阿那克西美尼（Anaximenes）的生卒时间，但他的盛年在公元前545年左右，他比阿那克西曼德年轻些，是爱奥尼亚米利都学派的第三个成员。据说，他写了一本书，但没有流传下来。不过，据他的同时代人说，它的文风简约而朴实，与他前辈们的作品比起来，在语气上似乎更加科学，而不那么诗意。

阿那克西美尼的问题

与米利都学派的其他成员一样，阿那克西美尼也主要关注如下问题："作为一切实在之基础的基本实体是什么？"他同意阿那克西曼德的说法，基本的实在必定是永恒的、无限的、单一的。不过（继续哲学批判的历程），他发现他的同伴的回答是不充分的。说基本的实在是无定限，这根本就没有说出什么。如果存在着一种基本的实体，如果我们知道有这样一种东西，那我们就必定能够说点关于它的内容。因此，阿那克西美尼运用明晰性标准，力图对上述的基础问题寻得一个不那么含糊的、更令人信服的回答。

阿那克西美尼的回答

阿那克西美尼给出的回答很简单：基本的实在是气。他可能是在多个观察的基础上得出这一理论的。第一，气比水更具有弥散性，它是基础实体的更佳选项。第二，气是整个自然的核心。它是火存在的必要条件，在水和土里都能发现气。第三，他可能注意到了，当没有支撑的时候，水会降落，但气是自我支撑的。因此，水不可能像泰勒斯所宣称的那样支撑大地。然而，由于气能够支撑自身，因此我们可以设想，它也能够支撑天体，就像一阵微风能够浮起一片树叶那样。最后，气维持着生命。它是活和死之间的首要区别。阿那克西美尼相信，灵魂就是气。当我们呼出最后一口气，随后绝气身亡的时候，气（也就是灵魂）就离开了身体。

变化问题

阿那克西美尼根据两个原则来说明变化的过程，这两个原则造成了基本实体密度的变化。一个原则是稀疏（或膨胀），另一个原则是凝聚（收缩）。例如，极端稀疏的气变得温暖，最终变成火。随着逐渐地凝聚，气变得更冷，随后变成风、水、土，最终变成石头。阿那克西美尼不满足于简单地抛出意见，他做了第一个有记载的科学实验，来为他的主张提供证据。他观察到，当你把你的嘴巴张得足够大，朝自己的手上吹气时，你会感觉气息是暖的。但当你把你的嘴巴抿起来，像吹口哨那样朝自己手上吹气时，你会感到凝聚的气息是冷的。因此，阿那克西美尼相信，通过诉诸由稀疏和凝聚造成的量的变化，我们可以说明世界上一切性质的变化。

阿那克西美尼的意义

阿那克西美尼有两个方面的贡献。第一，他表明，我们必须要用概念的明晰性来淬炼抽象的思想。如果终极的实在像阿那克西曼德说的那样是无定的，那我们对它就不可能有什么认识，这个概念就基本上没说明什么。第二，阿那克西美尼对变化问题的处理比他的前辈们更加明确、充分。泰勒斯似乎只是简单地说，一切事物都包含着变化的原则；而阿那克西曼德则主张，某种宇宙道德原则导致了世界进程；与他们不同的是，阿那克西美尼试图给出具有某种程度的科学根据的说明。

米利都学派的方法小结

最初这三位哲学家都没有直接地讨论如下问

题：我们是如何获得关于世界的知识的。不过，他们的确展示出了对认识论和方法论的最初关切。泰勒斯和阿那克西美尼的立场可以被视为朴素经验主义的例子。**经验主义**（empiricism）主张，感觉经验是获得知识的最佳途径。由于他们把可观察的实体（水和气）作为终极的，因此他们关心的显然是，理论要紧贴我们可以看到和触及的事物。与他们形成鲜明对照的是，阿那克西曼德的立场可以被视为理性主义的一个粗糙的早期版本。**理性主义**（rationalism）主张，理性是获得知识的最佳途径。由于阿那克西曼德的无定限不能被感知，而只是基于理性论证的纯然设定，因此，他的哲学方法不同于两个同伴的方法。虽然经验主义和理性主义这两个术语过于严格，不适于用来正确地描述这些早期的理论，但这些哲学的确包含着认识论问题的萌芽，该问题在从柏拉图到当今的哲学里一直都很重要。

> **想一想**
>
> 2.1 泰勒斯和阿那克西美尼的哲学紧贴我们可以通过感觉经验而认识到的东西。阿那克西曼德则推导出了某种超越经验的东西。你认为这两种知识的进路哪一种更重要——理性还是经验？为什么？每一种进路的优势和限度分别是什么？

米利都学派的形而上学小结

虽然米利都学派的哲学家们在细节上有所区别，但他们在许多方面都很类似。第一，米利都学派的哲学家们都引入了现象与实在的对立问题。他们在世界看起来如何这点上意见一致，但他们想知道的是，"终极的实在是什么？" 水、无定限、气，乃是他们各自回答这个问题的尝试。第二，这三位哲学家尽管有所区别，但他们都假定了，能够在单个原则的基础上，无一例外地说明宇宙中的一切事物。第三，他们都假定了，这个一元论的原则乃是某种物质性的实体。虽然后来的哲学家们对这些假定提出了质疑，但米利都学派最先尝试着把多样的自然还原为一种更加简单的单元。最后，他们都对变化是如何发生的提出了自己的看法。对于泰勒斯来说，变化是纯然自发的转变，因为事物"充满了神"。阿那克西曼德把变化解释为各种性质从无定限的分离。阿那克西美尼则用稀疏和凝聚来说明绝大多数变化。尽管他们展示了创新的才华，但这些回答的尝试终究是浅尝辄止，还需要后来的哲学家们更进一步的发展。

毕达哥拉斯学派：数学家与神秘主义者

毕达哥拉斯：数学家与神秘主义者

毕达哥拉斯学派始于一个名叫毕达哥拉斯（Pythagoras）的哲学家、数学家和宗教神秘主义者。由于他是所谓毕达哥拉斯定理的发现者，因此许多人都知道他。然而，除了有关他的一些故事和传说之外，我们对他的了解其实很少。我们最多只是知道，他大约生活于公元前 570—495 年间。他出生于爱奥尼亚海岸附近的萨摩斯岛，最后移居到了意大利南部的克罗顿，他在那里建立起了一个既接纳男性、也接纳女性的宗教团体。毕达哥拉斯的许多追随者都相信，他是神。由于这个原因，我们很难把他的思想与他的追随者们的思想区别开来，因为，他们倾向于把自己的所有想法都归于这位创始人。虽然有很多伪作打着他的名号，但人们一般认为，他没有写下任何著作。相反，他是通过秘密宣誓加口头教导来授徒的。毕达哥拉斯宗教团体把希腊的科学精神与宗教神秘主义结合起来。因此，它既作为一个数学学派而活动，又作为一个修道会而活动。该学派非常坚韧，延续了差不多两百年。消失于公元前 4 世纪晚期，但毕达哥拉斯学派思想的余波一直延续到了基督教时代。

哲学与救赎

对于毕达哥拉斯学派来说，宗教的目的是净化，而净化的目的则是对一个人灵魂的救赎。他们相信，灵魂是不朽的，死后它会移入另一具肉体，甚至是一只动物的肉体。摆脱这一"生死轮回"和肉体囚笼的唯一途径就是净化灵魂。他们通过各种净化仪式来净化灵魂，结果就是一种禁欲主义的生活，其中充满了众多的禁忌和饮食限制。最重要的是，毕达哥拉斯教导说，灵魂是通过获得哲学智慧这个理智的过程而达致纯净的。毕达哥拉斯被认为是第一个自称"哲学家"的人，这个词的字面意思是"爱智慧的人"。"正确的生活方式"需要与宇宙和谐一致，而这就意味着，我们需要理解宇宙。对于毕达哥拉斯学派而言，宗教与科学，或者崇拜和理智，两者之间没什么分别。他们的理智生活与宗教崇拜是连续一体的。

实在是数学的

毕达哥拉斯学派说，宇宙存在着一种秩序，它是统一的，并且在性质上是数学的。因此，数是实在的根基。事实上，他们相信，数本身就具有一种实在性。这一思想对普通人来说可能有些怪异。但考虑如下事实：数具有一定会被发现的客观属性。它们不是我们发明或创造的东西。在毕达哥拉斯学派看来，数学上的点产生了线，线的结合产生了平面图形，而多个面则形成了立体。因此，从数学的点出发，我们可以理解整个宇宙。我们无须想着实际的物体就可以对线和面做出推理，但我们要是不理解实际的对象里边所包含的线和面，就不能理解这些对象。

毕达哥拉斯学派认为，音乐提供了理解宇宙的数学性质的线索。在希腊音乐中，三个主要的音程是八度、四度和五度。毕达哥拉斯学派发现，不同的音调之间存在着确切的数值比例。一根弦长度增加一倍，其发出的声音要低一度。其长度比例为 4 比 3 的两根弦，其音程是四度。长度比例为 3 比 2 的两根弦，其音程是五度。这跟弦的材质无关，只要其数学属性遵循正确的模式。毕达哥拉斯学派推论，如果数是音乐的基础，那或许它们也是一切其他事物的基础。进一步的考虑强化了这一猜测，因为，根据粗略的测量，天体之间的距离比与音阶里音调之间的比例是一样的。他们称之为"天均"。此外，他们还认为，当物体的所有部分都像一件定准了调的乐器那样和谐地活动着的时候，该物体就是健康的。因此，音乐、天文学、医学以及一切的存在似乎都是由数值比例掌控的。

毕达哥拉斯学派认为，宇宙受着秩序和无序这两者之间持续不断的冲突的支配。他们将之总结为

"对立表"：

秩序	无序
有限	无限
奇	偶
一	多
右	左
雄	雌
静	动
直	曲
明	暗
善	恶
正方	长方

由于这两栏代表了宇宙中的两类力量，因此，这是一种**形而上学二元论**（metaphysical dualism）。由于一方被等同于善，另一方被等同于恶，因此这也是一种道德二元论。雄与雌在此对立表中的位置充分表明了典型的希腊男性对女性的态度。虽然这两列代表了两种基础性力量之间永恒的冲突，但在毕达哥拉斯学派看来，和谐还是胜过了混沌。理性秩序和混沌之间的战争也发生于我们自己的灵魂内部。灵魂采取它所沉思的东西的形式。因此，通过研究宇宙在数学上的和谐，我们的灵魂将会变得与那个秩序类似，我们将会达成一种内在的和谐。此外，由于数学使我们抛弃了诸感官和物理的世界（它们被认为是灵魂的囚笼），因而，对心灵生活的追求可以是一种精神上的净化和解放活动。

毕达哥拉斯学派的意义

毕达哥拉斯学派在几个方面都有所创新。第一，他们认识到，形而上学理论与一个人的生活相关。之前，诸如泰勒斯这样的哲学家们专注于理论问题本身，而毕达哥拉斯学派则相信，哲学不仅仅是一种理智的好奇，它还是一种生活方式。因此，我们看到，个人的伦理关切第一次出现在了哲学里。第二，毕达哥拉斯在形式与质料之间更强调前者。他没有根据一种基本的物质元素来理解宇宙，而是寻求根据其数学秩序来理解它。因此，他赋予了数学一种更高的任务，而不仅仅是计算一个葡萄园的大小。虽然毕达哥拉斯很可能从美索不达米亚人和埃及人那里学到了很多数学思想，但他推进了数学研究。把自然视作一个巨大的数学秩序，这是一个迷人的成就。据说，毕达哥拉斯是第一个用"cosmos"（意思是"秩序""适度""美"）这个术语来描述宇宙的人。倘若这一毕达哥拉斯学派的立场没有得到复活，近代科学永远也不可能取得进展。在17世纪，天文学家伽利略追随毕达哥拉斯学派，他说，宇宙之书"是用数学语言写就的"，如果我们不理解它的符号，"我们就会徒劳地徘徊于黑暗的迷宫"。[1]

> **想一想**
>
> 2.2 米利都学派寻求构成了一切实在的基础性物质元素，而毕达哥拉斯学派则寻求一种基础性的数学形式。他们各自的追求在哪些途径上与当代科学的关切类似？这两条进路哪一个更接近于我们时代科学家们的进路？

色诺芬尼

神话的破坏者

色诺芬尼出生于米利都北部大约 60 千米外的科洛封。虽然他的生卒年只是估算出来的，但我们知道他寿命很长，大概生活于公元前 570—478 年之间。波斯人于公元前 546 年征服了爱奥尼亚以后，他逃到了意大利。在爱奥尼亚和意大利的很长一段时间里，他到处漫游，靠吟诵自己的诗作和在宴会上发表演讲来维持生计。虽然他是毕达哥拉斯的同时代人，但这两个哲学家在精神上有着巨大的不同。色诺芬尼据说非常桀骜不驯、愤世嫉俗，以尖刻讽刺的机智著称。他喜欢批评、嘲讽时人和前人。他的靶子包括荷马与赫西俄德的神话、他那个时代荣耀的运动员以及他的文化中那些颓废虚荣的人们。虽然他由于其理性神学而非常有名，但他也是物质自然的一个认真的学生。他对天文学和气象学都有所涉猎，根据化石记录推导出有关大地变化和生命起源的结论。一如既往地，虽然关于他的许多信息都来自古代的二手文献，但我们还是幸运地拥有一些他自己著作的残篇。

知识理论

虽然色诺芬尼对知识的本质只有几条简短的残篇，但他非常重要，因为他是第一个直接地讨论该问题的哲学家。在一个引人注目的段落里，色诺芬尼断言，"如果神没有制造出金黄的蜂蜜，人们就会认为无花果非常甜"（G38；1.401）。[2] 换言之，感官知觉是相对的。我们认为甜（或重、或高）的东西或许依赖经验中与之相对照的东西。色诺芬尼展示出了他那个时代罕见的知识论上的复杂性。在另一段残篇中他主张：

> 有些真理没人知道，（从直接经验来）认识的人永远也不会知道神，永远也不会知道我所说的一切；因为，即使他完美地说出了真的东西，他也不会知道它，在一切事物里，所存在的都不过是意见。（G34；1.395）

在这里，他是在提出知识与意见之间的一个重要对比。后来有些希腊人认为他是在表达**怀疑主义**（skepticism，知识是无法获得的这个观点）。不过，色诺芬尼显然并不是要说，所有的意见在价值上都是相等的，他更不是要说，所有的意见都是无价值的。相反，他是在对他的哲学前辈们极端的独断主义做出一个有益的矫正。虽然人永远都不能够具有完善的知识或完全的确定性，但通过细致的探究，我们能够获得类似于真理的东西。因此，色诺芬尼提议（或许是针对他自己的教导），"相信这些东西就类似于真理吧"（G35；1.396）。

宗教哲学

色诺芬尼的主要贡献在于他的哲学神学。之前的哲学家们完全忽视了流行宗教的神，但色诺芬尼对它们展开了哲学批判。他的批判包含三个方面。第一，他说，时人用着神秘的说明来解释事件，但自然的说明其实就能够解释它们。例如，许多希腊人都认为，彩虹实际上是彩虹女神伊丽丝（其他神祇的信使）。然而，色诺芬尼用自己典型的破坏旧习的方式解释道，"人们称作伊丽丝的，也是一团云，看起来是紫的、红的和黄的"（G32；1.392）。

第二，他谴责传统上不朽的神："荷马与赫西俄德赋予神一切，包括人的瑕疵和耻辱：偷盗、淫邪和彼此欺诈"（G11；1.371）。第三，他嘲笑诗人们是根据他们自己的形象来创造诸神的：

人们认为神有诞生，穿衣说话，形体如同他们自己。（G14；1.371）

但假如牛、马或狮子有手，或是能够像人那样画画和塑像，马就会画出或塑出马形的神，狮子则会画出或塑成狮子模样的神，它们会照着自己的模样来塑造神的形体。（G15；1.371）

虽然色诺芬尼的大多数观点都是否定性的，但他的确提出了他自己的一些肯定性的神学主张：

神……无论在形体上还是心灵上都不像人……他是作为一个整体来看、感知和听……他永远都在同一个地方，根本不动……他用不着花力气，而是以他的心灵的冲动来宰制一切事物。（G23 25；1.374）

不同于希腊诗人们的人神同形同性多神主义，色诺芬尼呈现的是一个永恒的、不动的神。诚然，他有时候说到了复数形式的神。但一般认为，这只是对流行语言一种草率的让步。不过，话虽如此，倘若把他的立场等同于犹太教–基督教的一神主义，那会是个错误。对于色诺芬尼来说，神并不在宇宙之外，而是就等同于宇宙。实在乃是一个神–宇宙统一体。

色诺芬尼的意义

色诺芬尼的立场引发了两个关键的问题：（1）说宇宙是神性的，这有什么意义？换言之，色诺芬尼仅仅是在给宇宙贴上"神"这个字的标签吗？（2）一个不动的神如何能够被等同于一个运动着或变化着的世界？虽然这些都是严峻的问题，但要觉察到它们，所需的哲学精确性水平是那个时代不可能具备的，即便像色诺芬尼这样充满了创新精神的哲学家也不具备。从积极的角度说，他为哲学对话做出了两点贡献。他提出了关键的知识论问题；他试图构建起一种理性神学，一种不是简单地把传统的回答当作理所当然说法的神学。

赫拉克利特

悖论爱好者

赫拉克利特（Heraclitus）是爱奥尼亚地区的希腊人，出生于爱菲索斯城邦的一个贵族家庭。他对我们前面讨论过的那些哲学家都非常熟悉，因为他的家乡就在米利都北部40千米处，那里离毕达哥拉斯的故乡萨摩斯岛以及色诺芬尼的故乡科洛封也都很近。

他终其一生都住在爱菲索斯及其附近，据说他的盛年大约在公元前 500 年左右。我们不清楚他的确切生卒年份，但很可能他生活于公元前 540—480 年之间。

赫拉克利特看起来并不是一个和蔼可亲的人，因为他有着一颗自负、傲慢、蔑视人的头脑，他用它创造出了一系列批判性的、独断的名言。虽然他的态度非常贵族化，但他固执地拒绝了社会给他的种种荣誉，包括本可以继承的宗教和政治权位。他对人（包括大众和他的哲学同辈）苛刻的性情和完全的蔑视，注定了他终其一生都没有任何门徒。他认为，大多数人比牲口好不了多少。不过，他尽管过着孤独的隐居生活，但他的著作和名言似乎在后来人当中激起了相当多的讨论。

虽然赫拉克利特留下来的材料远远多过许多早期希腊人留下来的（他留下了一百多条残篇），但他是出了名的最难以解释的哲学家之一。更麻烦的是，我们有充分的理由相信，这正是他所希望的。他很乐意抛出悖论和格言（简明有力的断语），而不是耐心地阐述一个连贯的论证。由于这个原因，古人称他为"无人知晓的人""隐晦的人""晦涩的人"。虽然赫拉克利特的风格不符合哲学的明晰性理想，但他代表了思想史上的一个有趣的阶段，他提出了一些极富创造性的思想选项。

理性是通向知识的道路

根据赫拉克利特的看法，智慧是哲学的目标。然而，我们通过探究实际的信息并不能获得智慧，我们得要考察现象背后隐藏的含义。根据赫拉克利特的看法，世界是以隐晦的形式呈现给我们的。"实在喜欢隐藏它自己"（G123；1.418）。实在的奥秘是通过理解**逻各斯**（Logos）而得到发现的 。这个极其重要的希腊词含义非常丰富，很难翻译。简单地说，逻各斯这个希腊词的意思是"陈述"或者"话语"，但它也指"理性"或"所说的合理内容"。*不过，逻各斯不限于我们心智中发生的东西——它也指世界本身的合理秩序或结构。残篇 2 触及了赫拉克利特观点的核心："我们必须遵从那共同的东西；然而，虽然逻各斯是共同的，但大多数人还是按照自己私人的理解那样活着"（G2；1.425）。因此，这一普遍的合理秩序是所有人都可以获得的，但大多数人却偏从于他们各人特异的意见。在我们当代的文化中，我们经常听到，每个人都有他自己的个人意见，各种意见比较起来同样好。但赫拉克利特不会接受这一点。我们可以想象，他会说：

如果我们全都是有理性的，当我们计算 6+5 的时候，我们就会全都得出一样的答案。只有一群傻瓜才会得出各不相同的答案。在任何问题上，都只有一个真理，而不是许多真理。

因此，获得智慧的关键就在于，探寻隐藏于宇宙之中和我们灵魂里的理性原则。

作为变化与冲突的实在

变化的首要性

关于实在，我们必须要理解什么，才会获得关于生活的智慧？米利都学派寻找一种物质性的实体、

---

* "逻各斯"一词出现在许多的英语单词中，例如"逻辑（logic）"、"地质学（geology）"、"心理学（psychology）"、"生物学（biology）"，它们都是从逻各斯这个词而来的。

一切变化着的现象中不变的基础性"材料"。对他们来说，不变是根本性的，而变化则是一种次要的现象。然而，在赫拉克利特看来，他们全都说反了。他断言，变化才是根本性的，我们对于稳定性和持久性的绝大多数经验都仅仅只是事物向我们显现出来的样子。赫拉克利特批评我们的一种倾向，即把世界划分为相互分离的不同事物。我们谈论钱币、鱼、橄榄、岩石以及很多特殊的事物，但它们都不是终极的。让我们来考察一个日常的例子。我们通常很熟悉地谈论着"天气"。这个名词给我们一个印象，我们是在指某个特别的对象。然而，我们知道，"天气"实际上是许多各不相同、相互作用的过程的集合：高压脊和低压槽、湿度、温度、降水、风向和风速等。赫拉克利特指出，我们所谈论的一切"对象"实际上都是诸多过程的集合。

赫拉克利特使用河流这个隐喻来阐明自己的观点。虽然学者们对于他的原话究竟是什么意见林立，但他说的大意是，"你不可能两次踏进同一条河"。在某种意义上，随着时间的流逝，那条河或许看起来是同一条河。我们可以通过名字确认它，比如"密西西比河"。然而，在另一种意义上，虽然其名称不变，但那河水却不停地变化着，我们并不是在处理同一个物质实体。

公元1世纪的一位作家引用了赫拉克利特的一句名言："我们既踏进又没踏进同一条河，我们既存在又不存在"（G49a；1.490）。这意味着，我们就像那条河，不停地变化着，永远都不会停滞不变。例如，当我看着我的高中照片——它拍摄于20世纪60年代——我认出那个人就是我。然而，在另一个意义上，我并不是那同一个人。我的头发花白了，我变瘦了，我的许多价值和信念都不同以往了。虽然前后还有一些生理上和心理上的类似，但也发生了很多的变化。赫拉克利特在下述名言中提出了同样的观点："太阳每天都是新的"（G6；1.484）。变化中的持续后来变成了一个问题，亚里士多德认为它是哲学的主要问题之一。

> **想一想**
>
> 2.3 请观察一张你以前的照片。你与那个人在外貌、信念和价值上有多少相似之处？你们在何种程度上是不同的？随着时光的流逝，在你的发展中最显著的特征是变化还是稳定？你更喜欢哪个——变化还是稳定？赫拉克利特会说什么？

对立面的统一

赫拉克利特除了强调变化，还提出了"对立面的统一"这个命题。对于该命题，他从日常经验给我们举了丰富的证据。例如，同一个事物的不同方面可能具有截然相反的特性。当我们考虑语句的时候，笔会在纸上画出一道直线；但是，当我们考虑写下个别的字母时，笔会画出曲线。某些对立面仅仅是同一个连续过程中的不同阶段。在这个意义上，夜与日是一个东西（G57；1.442），而热与冷则是并存于一个连续统一体里的相对性质（G126；1.445）。赫拉克利特所教导的不仅是，对立面存在着统一，他还教导说，对立面的冲突是好的。例如，他提出，弓和里拉琴（古希腊的一种七弦竖琴——译者注）表明，冲突中存在着和谐（G51；1.439）。倚放在墙边的弓显得很稳定。然而，稳定性的幻觉乃是来自对立力量的平衡。诸力只有处于张力或冲突之中，弓才是可用的。如果弓臂的力压倒了细弱的弓弦，弓就会被拉断，力就会无法被释放，就会出乱子不受控制。类似地，弦之间只有存在着张力，里拉琴才能奏出音乐。

火

赫拉克利特是一个谜一般的人物、一位诗人，除了河流与战争等隐喻，他还提出了另一个令人费解的喻像，以把握实在的本质。米利都学派争论着，世界在根本上是水还是气，而赫拉克利特则说，它是一团永恒的火。"这个有秩序的宇宙对万物都是相同的，它既不是神也不是人所创造的，它过去、现在和将来永远是一团永恒的活火，按一定尺度燃烧，一定尺度熄灭"（G30；1.454）。我们不清楚，他是在字面意义上用火来替代之前哲学家们的答案，还是在比喻意义上使用火这个字。但不管是哪种情况，火的喻像都的确把握到了赫拉克利特很大一部分的世界观。一团火乃是一个过程，而不是一个实体性的对象。它不断地变化着，又依然是同一团火。最后，火改变一切它接触的东西。物质被放入火中，变成了其他东西。然而，虽然事物变化了，但自然却存在着一种平衡，实在的总量保持不变。

再论逻各斯

赫拉克利特与色诺芬尼一样，非常鄙视流行的宗教。他嘲笑那些崇拜偶像的人，说这种糊涂的虔诚"并不理解诸神和英雄们究竟是谁"（G5；1.472）。不过，赫拉克利特尽管有着严苛、批判的头脑，他却提出了自己的一个影响深远的、充满激情的宗教版本。在整个变化着的宇宙中，有一个东西没有变。不过，它不是一个"事物"，而是变化这一原则或规律本身。因此，虽然河流始终奔流不息，支配着其奔流的规律却是恒常的。他与毕达哥拉斯主义者们一样，不是在有序的物质事物那里、而是在那秩序的合理性里，寻求终极的统一性。这些乃是物理规律这一概念的开端。他把这一终极的统一性确认为逻各斯或世界的合理性秩序。不过，它是一种积极的合理性，因为，赫拉克利特说，"一切事物都是根据这一逻各斯而发生的"（G1；1.419）。此外，他劝说人们，如果他们不是听从他而是听从逻各斯，他们就会发现，一切事物都是一（G50；1.425）。他明确地把逻各斯等同于永恒的活火，因为两者都有着一种单一神的属性。火"将降临、裁定和判罚一切事物"（G66；1.455）。虽然他说到了典型希腊风格的"诸神"，但他相信，在诸神之上只有一个最高的神圣者。与色诺芬尼的神圣者一样，赫拉克利特的神也内在于、等同于自然的秩序。"神是日与夜、冬与夏、战争与和平、饱足与饥饿……但他正如火一样变化着，按照混合香料发出的气味而得到不同的命名"（G67；1.444）。

道德与社会哲学

正如我们已经看到的，赫拉克利特相信，对立面的冲突是必要的、好的。在他的脑海中，那些偏好稳定与和平的人乃是（他所鄙夷的）"心灵柔弱的"人，而那些期望变化和冲突的人则是"心灵坚强的"现实主义者。毕达哥拉斯认为，和谐是对立面的调和、差异性的消除。而赫拉克利特则相信，和谐与正义只能来自对立面的激烈冲突。"我们必须要认识到，战争是普遍的，冲突就是正义，一切事物都是通过冲突和必然性而发生的"（G80；1.447）。赫拉克利特的观点还活在我们自己时代的有些人头脑中，他们相信，超级大国之间的破坏性力量势均力敌，这将会保证世界的稳定与和平。此外，我们所提倡的法律系统也表明了他的"冲突就是正义"这个观点。我们相信，通过两个针锋相对的律师之间的冲突，真相和正义将会浮现。

赫拉克利特引入了如下思想：民法乃是神法的反映，这预示了斯多亚派以及中世纪的立场："……所有人的法律都是由唯一的、神圣的法律孕育的……"（G114；1.425）。不过，他用另一个思想平衡了这一思想："对于神来说，一切事物都是美的、善的和正义的，但人们却假设，有些事物是不正义的，有些事物是正义的"（G102；1.413）。这似乎是在暗示，这个世界上的善与恶之间并不存在真正的区分。换言之，赫拉克利特似乎是在说，"无论什么都是善的"（这充其量是个成问题的结论）。

赫拉克利特的意义

尽管赫拉克利特有些大而化之、以偏概全的泛泛之论晦涩难解，但他做出了多个贡献。第一，他与毕达哥拉斯一样，不是在物质实体中、而是在形式的模型中寻求实在的统一性。第二，他进一步发展了如下思想，即宇宙中遍布着普遍的合理性，我们有限的心灵可以理解它。这一进路激励了科学家与哲学家去理解这一秩序。第三，他是到他的时代为止最全面的哲学家，因为，他讨论的问题涵盖了知识论、形而上学、伦理学、政治学、神学等领域的问题。

巴门尼德与埃利亚学派

巴门尼德：严格的理性主义者

巴门尼德（Parmenides）出生并生活于埃利亚，这座城市位于意大利的西海岸。他奠定了一场运动，这就是我们所知的埃利亚哲学学派，该学派就是根据他的家乡来命名的。据估计，他的出生年份是公元前515年，很可能活到了公元前450年之后。传说，他在青年时受到了一个毕达哥拉斯主义者的影响。他的生卒年份表明，他与赫拉克利特生活于同一个时期，比后者稍稍年轻，他似乎知道并批评过赫拉克利特的作品。柏拉图在名为"巴门尼德篇"的对话中说，这位哲学家——在65岁的时候"相貌出众"——和他的门徒芝诺在一个节日里访问了雅典。根据柏拉图的记载，他在那里遇到了少年苏格拉底。虽然有些人怀疑这个记载，但大多数学者正是根据这个记载来确定巴门尼德的生卒年份的。

乍看起来，巴门尼德的思想似乎是不大可能的，甚至是荒谬的。虽然大多数哲学家都不接受他的结论，但他依然被视为前苏格拉底时期最有影响的哲学家之一。巴门尼德比他之前的任何思想家都更有力地运用了逻辑。尽管他的结论令人无法接受，但他的推理风格却使得他在哲学的发展中很有影响。

实在是不变的

巴门尼德的出发点是简单性这一本质。他的立场可以被提炼为如下主张："存在者存在；除了存在者，没有任何别的东西"。这很难辩驳！不过，巴门尼德从这个显而易见的真理出发，推导出了一些令人吃惊的结论。我们可以把他的第一个论证概括如下：

（1）任何我们能够思考或言说的东西都要么存在，要么不存在。
（2）任何不存在的东西都是无。
（3）我们不能够思考或言说无。
（4）因此，我们不能够思考或言说不存在的东西。
（5）因而，任何我们能够思考或言说的东西都存在。

第一个前提呈现了两个互斥的选项。第二个前提是根据定义而为真的。至此为止，接受巴门尼德的观点似乎没什么问题。不过，第三、第四个前提确是有争议的，然而，它们又是巴门尼德全部形而上学的关键。为什么我们就不能够思考无——前提（3）？巴门尼德的推理似乎是，任何思想都需要一个对象。如果我真的是在思考纯粹的无，那么我的思想就会没有任何内容，因而压根就不会是一个思想。那么前提（4）呢？思考不存在的事物，这当然似乎是可能的。例如，我可以思考火星上的一个汉堡摊。不过，巴门尼德会指出，我不是在思考无。我是在思考火星，以及存在于那里的一个汉堡摊，尽管我想象的东西并不正确。我们只是貌似能够讨论不存在的东西，因为，讨论"不存在的东西"就是讨论无。然而，如果我们是在讨论无，我们就只是在颠三倒四、胡说八道。

在前提（1）中，巴门尼德仅仅只是佯称，思考和言说不存在的东西是可能的。他这么做，只是要引导我们发现，企图思考和言说不存在的东西，会导致的荒谬性。巴门尼德的立场是非常严格的理性主义。他宣称，能够成为合理思考对象的东西就是存在的东西，而不能够被思考的东西则不可能存在。例如，如果我构造了一个数学的证明，表明任何三角形的内角之和都等于180度，那么我将一直都会发现，实在符合这个结论。当我认识到，"圆的方"这个概念是不可思议的，我就会确信，这样的东西根本就不可能存在。

对于巴门尼德来说，"存在（Being）"这一根本的实在可以被说成"存在者（what is）"或"一（the One）"。他有时仅仅把这指为"它（It）"，意思是一切东西、任何东西。不过请注意，他从没有把它指为"神"。从这个最初的论证，巴门尼德得出了多个逻辑后承：

1. **存在是非创造的**。巴门尼德运用了后来人们所知的"因果性原则"。如果存在始于某一点，或是被创造的，那么它（a）要么来自某物，（b）要么从无而来。然而，如果存在就是存在的东西，那么（a）就不可能是真的，因为，存在不可能由于其他的原因而存在起来。此外，存在也不可能来自无，因为无不存在，因而不能够导致任何事物。因此，（b）也不可能是真的。巴门尼德还运用了后来哲学家们所谓的"充足理由原则"。为什么存在在比如3分钟前出现了，或者没有出现，对此一定有一个理由。不过，如果无先于存在，那么，存在在某个时刻（而不是在另一个时刻）存在起来，对此就不可能有任何理由。因此，存在不可能有起源。

2. **存在是不变的、不灭的**。如果它能够变化，那它会变成什么？它不可能变成存在，因为它已经是存在了。因此，如果它变化或被毁灭的话，就只能成为无。但这是可构想的吗？不是的，因为，巴门尼德此前已经表明，非存在不可能存在，也不可能被思考。似乎巴门尼德的存在是无时间的，因为，时间需要时刻不断地到来和逝去。然而，如果不可能有创造或毁灭，那就不可能有我们所知的时间。一切实在都如同永恒的数学对象。我们不能问圆和数字2，"它们有多老？"或者，"它们未来会是什么样？"

3. **存在是一，是不可分的**。如果存在是多或者是可分的，那什么标志着它内部的区分？如果标志着区分的东西是存在，那被区分的东西同样是存在。如果某物是连续的，那它就不可能有区分。做个类比，企图用另一些水来把一个池塘的水分成两个部分，这么做将是徒劳的。我们最终得到的将依然是一定数量的水。然而，如果区分不是由存在的东西做出的，那它就一定是无——在这种情况下，它根本就不是一个区分。

4. **存在是不动的**。运动需要空的空间。但由于空的空间必定会包含着无（它不可能是存在的东西），因此，不可能有运动。

5. **存在是一个有限的物体**。巴门尼德采纳了米利都学派的物质一元论，把他的存在构想为一个物体。他还设想它是有限的，因为希腊人非常害怕无限的量这个概念。他们认为，无限的东西是不确定的、不完全的。由于存在是同质的，均匀地分布于全宇宙，因而巴门尼德把它比作一个完善的圆球。

理性对感官

巴门尼德如何能够相信上述这一切？我们的常识告诉我们，我们生活在一个变化着的、有着众多对象的世界之中。他真的想否认我们的感官如此明白地告诉我们的有关世界的认识吗？巴门尼德的回答是，我们需要做出一个根本的选择。一方面，我们拥有向我们的感官呈现出来的世界。另一方面，我们拥有他的逻辑论证向我们展示的对实在的描述。我们该相信哪种知识源泉？对于第一个选项，他警告道："不要让众多经验所产生的习惯迫使你走在这条路上，运用着茫然的眼睛、轰鸣的耳朵和舌头"（G7；2.21）。相反，我们要"根据理性（逻各斯）来评判"他提出的那些有争议的结论。毫无疑问，他是哲学史上最不妥协的理性主义者。他的立场突显了如下问题："在对实在的认识之中，感官经验和理性扮演了怎样的角色？"其他哲学家不一定会同意他的结论，但严肃的思想家们都不得不对他的论证做出妥协。

> **想一想**
>
> 2.4 当我们看到一位魔术师从一顶此前空无一物的帽子里拉出一只兔子时，我们的感官告诉我们，存在来自非存在。然而，我们的理性否决了感官，告诉我们说，这仅仅是个现象。这是否清楚地表明，巴门尼德有很好的理由怀疑我们的感官？

埃利亚的芝诺：捍卫巴门尼德

巴门尼德由于其离谱的结论而成为许多人嘲笑

的对象。不过，他有个比自己小25岁的门徒，是个非常有能力的捍卫者。埃利亚的芝诺（Zeno of Elea，约公元前490—430年）写了本书，在这本书里，他提出了一连串的论证（大概有50条），以驳斥他老师的批评者们。他的论证非常机智和尖锐，20世纪不计其数的数学家和逻辑学家花费了大量的时间和笔墨，企图对它们一探究竟。芝诺采取的主要策略是，先采纳巴门尼德的批评者们的立场。他表明，由那些立场出发，可以逻辑地推导出一个或多个结论。然而，这些结论要么被证明是相互矛盾的，要么被证明是显然荒谬的。这种论证模式就是所谓的归谬法。这些论证被贴上了"芝诺悖论"的标签。下面几个例子展示了他的论证技术。

1. **反对感官的论证**。如果我们把一颗粟米种子掉到地上，它不会发出声音。然而，如果我们倾倒一蒲式耳粟米种子，它们就会砰然落下。要么（1）粟米种子掉落时不发出声音，要么（2）粟米种子掉落时发出声音。这两个经验我们该相信哪一个？如果情况（1）是真的，那么当我们听到响声时，我们的感官就欺骗了我们。如果情况（2）是真的，那么当我们没有听到响声时，我们的感官就欺骗了我们。无论哪种情况，感官都是不可信的。

2. **反对多的论证**。据说芝诺提出了40个论证，以表明多这个概念充满了悖论。举个最简单的例子，让我们假设存在着无数的对象。它们每一个都必定有特定的大小。但任何一个对象都不可能被无限地分割为多个部分，芝诺论证说，这导致了一个荒谬的情况。例如，以一块1.8米的板子来说，我们可以把它锯为两半，然后我们可以把其中一块再锯为两半，如此反复。原则上（虽然不是实践上），我们可以把每一个板子都锯上无数次。然而，如果最初的板子包含着无数的部分，每一个部分都有一定的大小，那么最初的板子一定是无限大的。由于这个结论是荒谬的，因而它必定意味着，最初的假设——存在着复多的、可分的对象——也是荒谬的。

3. **运动悖论**。芝诺提出了四个论证，以表明运动是不可能的。最容易描述的论证叫作"赛道悖论"。让我们假设，一个跑者试图从起点A跑到前方的目标Z。在能够从A到Z之前，他必须要首先跑完一半的距离。但在能够跑完一半的距离之前，他必须要首先跑完那段距离的一半，如此等等。在这条路线的任何一个给定的点上，他的直接目标都是先跑完一段特定的距离，但这段距离可以被分割为无数的点。由于他始终都有无数个点要穿越，这要花费无数的时间，因此，这个可怜的跑者根本就不能够抵达任何地方。所以，与我们非批判的信念相反，运动不可能有任何合理的意义。

在我们厌恶地把芝诺挥之而去之前，有必要指出下面这一点：人类思想中所有伟大的进步都是与根深蒂固的常识背道而驰的。地球是运动的，这对于感官来说并不直接就是显而易见的，当代物理学的许多理论就像巴门尼德的那些结论一样，对感官来说同样是不可接受的。然而，虽然许多哲学家都确信，芝诺的论证里存在着一些错误，但他们又很难指出问题究竟出在哪里。当代对这些论证的分析乃是基于数学家格奥尔格·康托尔（Georg Cantor, 1845—1918）关于无限集合的革命性工作。

> **想一想**
>
> 2.5 巴门尼德和芝诺认为实在是不变的，这个观点很难理解。不过，根据传统的基督教神学，上帝在时间之上，过去、现在和未来都只是上帝单一的、完整的、永恒的经验的一个部分。根据对上帝知识的这个观点，我们所经验到的时间中相继时刻的变化难道不是幻觉，就像巴门尼德所主张的那样？你是否认为，宇宙是不变的、变化是幻觉，这至少是可能的？

埃利亚学派的评价与意义

埃利亚学派的论证中存在的一个主要问题是，他们混淆了语法、逻辑和形而上学。这使得他们从语言错误地跳跃到了实在。例如，他们认为，"存在无"这个说法是矛盾的。问题在于，这个哲学阶段的希腊人还不能构想，一个语词可能有不止一种含义。"to be"至少有三种含义：

1. 存在——"存在一个上帝。"
2. 同一——"那个管家是凶手。"
3. 一种性质的归属——"约翰是高个子，玛丽也是高个子。"

然而，早期希腊人常常混淆"to be"的这三种用法。例如，约翰和玛丽都是高个子，这个事实并不意味着，他们俩是同一个人。类似地，虽然"独角兽是一种只有一只角的野兽"，这是真的，但这并不意味着，这样的野兽是存在的，正如"冰箱里没有任何东西"这个说法并不意味着，无是存在着的某种事物。柏拉图在《智者篇》这篇对话中试图厘清这些要点。

尽管埃利亚学派有很多问题，但我们千万不能忽视他们的积极贡献：（1）他们第一个对语词和概念的逻辑蕴含进行了反思。（2）他们有勇气追随从他们的预设得出的逻辑结论，哪怕它们看起来是反直觉的。只有人们愿意放弃显而易见的东西、直接的东西、常识性的东西，科学才会取得进步。（3）他们非常有影响力，虽然他们是以一种消极的方式产生影响的。巴门尼德论证的严格性迫使柏拉图和亚里士多德与之角力，以安置这些问题。埃利亚派哲学是硕果累累的错误的另一个例子，因为，他们的哲学得到了如此机智的论证，但又如此离谱，它们激发了艰深的思考。

多元主义者

多元主义者的任务

巴门尼德表明了，当我们从一元论出发，前后一致地推导出其所蕴含的东西时，会发生什么。在分析了巴门尼德及其追随者的那些论证的哲学家看来，如果巴门尼德等人的结论是，感官经验的世界乃是一个巨大的幻觉，变化实际上并未发生，那么他们肯定在一开始就走错了方向。有些哲学家提出了一个解决办法，我们称他们为多元主义者，他们拒斥彻底一元论的起点。

恩培多克勒

恩培多克勒（Empedocles，公元前495—435年）生于西西里岛，他既是一个哲学家，也是一个宗教神秘主义者、诗人和魔术师。虽然恩培多克勒赞成巴门尼德的以下主张，即实在不可能存在绝对的创生或毁灭，但他认为，存在着相对的变化。他折中了赫拉克利特与巴门尼德的观点，既假定了变化，又假定了持存。不过，不同于埃利亚学派的是，他假定，持存的东西不止一种，而是四种：土、气、火、水。它们是永恒的实存之"根"或元素，一切的变化都可以被解释为这些持存元素的结合或分离。他甚至就结合与分离是如何发生的，提出了一些细节性的构想。例如，骨骼是按两份土、两份水和四份火的比例结合而成的。*

然而，对事物之结合的这个解释并不足以说明我们的经验世界。恩培多克勒认识到，我们需要一套单独的原则来解释变化和运动。一方面，我们发现，世界是由特定的统一对象——例如椅子、树木、石头等——构成的。我们需要某个东西来解释，个别的元素是如何牢固地结合在一起的：一个统一性原则。另一方面，世界并非如巴门尼德所想的那样，是一个巨大的统一体。它是由个别的对象构成的。此外，甚至这些较小的统一体也会瓦解、分裂为它

---

* 我们可以设想，倘若恩培多克勒熟悉我们化学合成的符号化方法，他会把骨骼标为 $E_2W_2F_4$！

们各自的组件。因此，我们还需要一个个别性原则。恩培多克勒富有洞见地认识到，这两个原则都是根本性的。

在恩培多克勒看来，爱是统一性原则，恨是个体性原则。这两种对立力量的互动造就了世界之中持续不断的流变。当前的世界处于完全统一与完全分离之间的中间状态。考虑到它的趋向，恩培多克勒乃是一个悲观主义者。他说，"事情正变得更加糟糕"。虽然他说过，这些力量是神性的，但他也把它们考虑为物质性的力量，因为他说，"爱和恨就像水银一样，贯穿一切事物"。这一时期的许多希腊人还很难想象，除了巨大的物质对象和非常好的物质对象外，还有什么类型的实在。请注意，支配着物质宇宙的力量乃是道德的力量（爱与恨）。虽然这一时期的希腊哲学家已经远离了诸神支配一切事情这等荒诞离奇的故事，但他们的解释依然有着浓厚的人神同形同性论色彩。一旦我们意识到，在描述世界的时候不使用隐喻，这有多困难，我们就不会嘲笑他们的某些粗糙思想了。在当代物理学中，爱与恨这样的思想也渗透进了我们对亚原子粒子的讨论中，我们说它们相互地"吸引"和"排斥"着。

恩培多克勒还有三个理论值得提及。第一，他否定了，可能存在空的空间。他把运动理解为一团物质穿行于其他的物质团之间，就像一条鱼穿行于水中。虽然毕达哥拉斯学派已经假定了空的空间，但在这个时期，可能存在虚空（非存在）这一思想还很难被人接受。第二，根据我们所拥有的文字记载，恩培多克勒首次详细阐述了一种感官知觉理论。根据他的解释，当物质粒子飞离一个对象，撞击我们的感觉器官时，就产生了知觉。因此，当你看到

一个红色的西红柿时,这是来自西红柿的红色粒子事实上碰触着你的眼球的结果。最后,他在我们现在所谓"自然选择律"的一个粗糙版本的基础上,提出了一种演化论。他设想,自然曾经造就了一些随机的产物,它们有着牛的头、人的手臂以及其他各种稀奇古怪的部件。由于显而易见的原因,这些造物无法成功地展开活动,因而死掉了,它们这些物种也都灭绝了。现存的这些物种,其身体部分的随机安排最有利于它们存活。

阿那克萨戈拉

阿那克萨戈拉(Anaxagoras,公元前 500—428 年)是爱奥尼亚人,他移居到了雅典,加入了环绕在伯里克利——这个时代主要的政治人物——周围的智识圈子。阿那克萨戈拉对世界的探究采取了冷静的、自然主义的进路,有两则故事生动地展示了这一点。第一个故事告诉我们,阿那克萨戈拉被指控不敬神,最终被逐出雅典,因为他宣传如下这个异端邪说,即太阳是一块白热的巨石,而不是一个神明。另一个故事说的是,有人送了伯里克利一只独角公羊。一个预言者宣称,这个不寻常的生物是来自诸神的征兆,他预言,伯里克利和修昔底德哪一个拥有了它,哪一个就会在战斗中获胜。阿那克萨戈拉不为所动,很快就揭露了真相,是脑瘤导致公羊的犄角少掉了。他解释说,这是一个自然的现象,而不是一个神迹。

阿那克萨戈拉进一步推进了多元主义。他没有说四种元素,而是说,每一种事物都有它自己的元素。因此,存在着无数的元素或"种子(Spermata)"。存在着草的种子、骨头的种子、头发的种子、金子的种子、泥土的种子,等等。当我们吃食物的时候,食物如何成了我们身体的一部分,被转化为肉体、骨骼、头发以及血液?答案是,这些事物的微粒一开始就存在于食物之中。因此,每一种事物都存在于一切事物之中。当我们看到草的时候,草的元素在它里边占据了主导地位,因此我们看到的就是草。然而,如果牛吃了草,产出了牛奶,马吃了草,长出了肌肉,那么草元素里边一定混杂了一定数量的牛奶和肌肉。

阿那克萨戈拉引入了心灵(或努斯),作为运动的源泉和秩序的原则。努斯并没有创造世界,它只是一种自由的、自发的、主动的、完善的、认识一切的力量。虽然这是最早的一种模模糊糊的心灵–物质二元论,但分析到底,努斯仅仅是一种精纯的物质。

对阿那克萨戈拉的评价

阿那克萨戈拉的哲学存在几个问题:(1)他没有为我们提供对实在的任何统一的解释。极端多元主义宣称每种事物都有一个元素,这丧失了任何解释的价值。解释应该要使世界变得更简单、更统一,而不是最终和开始一样地多样。(2)苏格拉底和亚里士多德都指出,只有无法做出机械解释的时候,阿那克萨戈拉才从努斯或心灵开始。因此,它只是一个救急原则,只是用来填充我们知识的空白的。尽管存在这些问题,他的心灵原则还是引导哲学家们探究,要解释世界,除了物质之外还需要什么。

德谟克利特与原子论者

原子主义运动的奠基者被认为是一个叫留基波的哲学家,但我们对他所知甚少。因此,德谟克利特(Democritus,公元前460—360年)是原子主义者绝大多数思想的来源。*他是阿那克萨戈拉的同时代人,比后者年轻,他的作品讨论过物理学、知识论、形而上学、伦理学和历史学,此外他还被尊为数学家。

存在

在原子主义者看来,两个原则解释了实在:原子和虚空。请注意,原子主义者们反对巴门尼德,他们把虚空或空的空间作为了存在的组成部分,他们是在宣称,不存在者其实存在!原子有几种特性。第一,它们是不可分的、永恒的、不变的(这些特性使它们几乎是小型版的巴门尼德的存在)。然而,它们在数量上是无限的(空间的无限延展允许这一点)。第二,原子间存在着量上的区别(它们有着不同的大小和形状)。第三,它们在性质上是相同的或中性的(它们没有颜色、滋味、温度或气味)。

生成

变化被理解为原子间分离关系的结果。德谟克利特有关变化的论证如下:(1)不存在绝对意义上的上或下,因而,运动是没有方向的。(2)由此推出,原子不存在绝对意义上的重量。**(3)由于原子不存在自然的、最终的停息之所,因而原子的运动是永恒的(犹如微尘在光线里飘舞)。亚里士多德对这个回答很不满,他抱怨说,"他们懒惰地搁置了运动的起源这个问题"。

现象世界

我们所看到的周围世界可以根据上述两个原则而得到解释:(1)原子的运动及其几何属性造成了(2)各种各样的相互作用和结合,这些相互作用和结合造成了(3)我们感官经验中所发现的所有性质。例如,当有着粗糙表面或挂钩的原子相互锁定时,就产生了固体物质。液体则是由有着光滑表面的球状原子构成的,这些原子持续不断地滚来滚去。甜味的物质是由光滑的原子构成的,而苦药当然是由有尖刺的原子构成的,这些尖刺刺激着我们的嘴巴原子。对于德谟克利特来说,世界当中不存在秩序原则。模式似乎存在,但它们仅仅是原子的物质属性以及原子的运动所造成的偶然碰撞的产物。

---

* 德谟克利特并不真的是前苏格拉底时期的哲学家,因为他是苏格拉底的同时代人而且比苏格拉底要年轻。

** 我们现在知道,他是对的。正如太空旅行所展示的,重量是一个相对的属性。

知识论

德谟克利特的知识论是由他的物质主义得出的。他提出了知觉流射理论，即来自对象的原子飞离对象，碰撞我们的感觉器官。来自这一冲击的运动随后被转递给了我们物质的灵魂原子，这样，我们就经验到了最初那个物体的形象。然而，如果这个理论是真的，那感官就没有给予我们关于这个世界的直接知识。它们只是在我们内部造就了特定的现象。柠檬尝起来很苦，蜂蜜尝起来很甜。苹果显得是红色的，海水显得是蓝色的。然而，这些经验实际上是由原子客观的空间性质和他们对我们感官的冲击所造成的主观影响这两者的产物。这也是同样的食物在不同的人尝起来滋味不同的原因。我们经验到的颜色、气味、滋味不是外在于我们的对象的真实属性。由于这个原因，德谟克利特主张，存在着两种知识：

纯正的知识	假冒的知识
客观的	主观的
事物如实的样子	事物显现的样子
原子和虚空	性质：颜色、声音、气味、滋味、质地

德谟克利特所谓"假冒的知识"实际上是感觉经验。因此，要认识事物的真正本质，理性就必须深入到感觉现象之下，去认识原子的定量特性。这一区分的意蕴所造成的反响一直延续到现代。在17世纪，伽利略和笛卡尔按照首要性质和次要性质做出了同样的区分。对于德谟克利特和17世纪的哲学机械论者来说，诗人、艺术家所见的世界或我们未经提炼的感官所见的世界乃是主观的。只有通过科学和数学的理性而被给予我们的世界才是真实的。不过，这一知识论也给德谟克利特带来了一些问题。感性经验给予我们的只是现象，但感官所提供的材料是理性活动的唯一材料。因此，根据其中一种解释，德谟克利特让感性嘲笑理性说："可怜的心灵，你从我们这里获得了信赖，然后就要抛弃我们吗？我们被抛掉了你也就垮台了"（G145；2.460）。德谟克利特绝望地总结说，"实际上我们什么都不知道，因为，真理深深隐藏"（G117；2.460）。

伦理学

德谟克利特起初努力阐明一种冷静的科学世界观。不过，他也清楚地意识到，这种世界观对生活的所有方面都有影响。他有关道德的作品力图前后一致地致力于此。正如他在一个段落里所说：

人们只有通过适当的愉悦和有节制的生活，才会得到宁静。过度和不足有助于变化，会导致灵魂中巨大的骚乱。那些被大起大落地运动着的灵魂，既没有稳定，也没有宁静。[3]

这里的关键词是"运动"。他是在试图在物理学的基础上提出伦理建议。他的理论基于三个预设：

1. 所有的经验都是由原子的运动造成的。
2. 好的生活中，经验是令人愉悦的。
3. 灵魂的宁静（温柔的运动）要比身体的愉悦（大尺度的运动）更加令人愉悦。

这一观点就是我们所知的"审慎的快乐主义"。**快乐主义**（hedonism）这种理论认为，愉悦是生活中唯一的价值。除了把伦理价值还原为物质的、生理的运动外，一个物质主义者还能有其他什么类型的伦理学呢？不过，这是一种审慎的快乐主义，因为他认识到，并非所有的愉悦都是值得追求的。就我们最终极的天命而言，原子主义理论认为，灵魂仅仅是一束非常精微的原子。由于原子的这一结合（从而这个人）在死亡时会消散，因而并不存在个人的不朽。因此，在此时此地尽可能愉快地度过我们这一生，尽量少遭遇麻烦，这是我们需要考虑的唯一目标。

原子主义者的意义

柏拉图忽略了原子主义者，亚里士多德拒斥了原子主义者，因为他们发现，原子主义的、机械的物质主义不足以解释这个世界。然而，原子主义者的形而上学和道德哲学在希腊化时期复兴了，这主要是通过伊壁鸠鲁学派的教导实现的。原子主义在16世纪和17世纪作为科学的基础再次获得新生，直到19世纪都几乎保持不变。因而，我们至少得要考察过原子主义的后来这些方案之后，才会对之进行评价。

前苏格拉底时期的哲学家小结

苏格拉底之前的哲学家们为自己的理论提出了论证，也批评了别的哲学家，由此推进了哲学的发展。虽然他们的论证并不全都是令人信服的，但他们的确为自己的立场提供了理由，也为他们对同时代哲学家的反驳提供了理由。相较于此前对宇宙的解释来说，这是一个巨大的进步，此前的解释仅仅建立在对神话传统和诗歌传统进行非批判性传播的基础上。不过，伴随他们的洞见而来的，还有一系列问题。这一时期得到发展的各种意见在很多方面都相互冲突，这使得接下来的一群哲学家非常怀疑我们能否获得真理，而不只是个人意见。这些发展也使得哲学家们认识到，要为知识奠定基础，还需要做更多的工作。

当代联系 2：前苏格拉底时期的哲学家

17世纪伟大的科学家艾萨克·牛顿说："如果我看得（比别人）更远，那是因为我站在巨人的肩上。"最初，前苏格拉底时期的哲学家们或许看起来很古怪、很离奇。然而，他们通过怎样的方式而为西方思想奠定了理智基础？换言之，他们通过怎样的方式而作为哲学巨人，使得后来的思想家看得更远？

理解题

1. 泰勒斯的基本问题是什么？他的回答是什么？他或许有什么理由以支持自己的立场？
2. 泰勒斯是如何解释变化的？
3. 什么是形而上学一元论？为什么泰勒斯的立场可以被称作"物质一元论"？
4. 阿那克西曼德的阿派朗是什么意思？
5. 阿那克西曼德是如何解释变化的？
6. 在阿那克西美尼看来，基本的实体是什么？
7. 在阿那克西美尼看来，解释变化的两个原则是什么？
8. 米利都学派共同持有的观点是什么？
9. 在何种意义上，毕达哥拉斯学派把哲学与宗教结合了起来?

10. 毕达哥拉斯学派说,实在是数学的,这是什么意思?为什么他们相信这一点?
11. 为什么毕达哥拉斯学派被称作形而上学二元论?
12. 毕达哥拉斯学派关于灵魂的观点是什么?
13. 毕达哥拉斯学派为何是革新派?
14. 色诺芬尼的知识观是什么?
15. 色诺芬尼的观点如何区别于典型的希腊诸神观?
16. 根据赫拉克利特的看法,什么是逻各斯?为什么它很重要?
17. 为什么赫拉克利特说,"你不可能两次踏进同一条河"?这是如何体现他关于实在的基本观点的?
18. 赫拉克利特的"对立面的统一"是什么意思?
19. 在赫拉克利特的哲学中,火的形象象征着什么?
20. 赫拉克利特道德与社会哲学中的主题是什么?
21. 为什么巴门尼德相信,实在是不变的?
22. 芝诺的悖论有哪些例子?他是如何用它们来捍卫巴门尼德的哲学的?
23. 根据恩培多克勒的看法,基础性的实体有哪些?
24. 恩培多克勒用了哪两个原则来解释变化?
25. 阿那克萨戈拉关于基本元素的观点是什么?
26. 阿那克萨戈拉的努斯是什么意思?
27. 根据德谟克利特和原子主义者的观点,解释实在的两个原则是什么?
28. 德谟克利特是如何用原子的几何属性来解释日常经验对象的属性的?
29. 德谟克利特是如何用原子论解释知识的?实在的哪些特性是客观的,哪些特性是主观的?
30. 德谟克利特对伦理学给出了哪种说明?
31. 什么是快乐主义?

思考题

1. 如果你生活在前苏格拉底时期,你认为哪种哲学最合理?哪种哲学最不合理?为什么?
2. 前苏格拉底时期的哲学家们的最大贡献不是他们的回答,而是他们的问题。在他们提出的问题中,哪些是特别有创新的、重要的、我们今天也依然在问的?

注释

[1] 引自埃德温·A.伯特(Edwin A.Burtt),《近代物理科学的形而上学奠基》(*The Metaphysical Foundations of Modern Physical Science*),修订版(Garden City, NY: Doubleday Anchor Books, 1932),第75页。

[2] 前苏格拉底哲学家的原文引自 W. K. C. 格思里(W. K. C. Guthrie),《希腊哲学史》(*A History of Greek Philosophy*),第一卷和第二卷(Cambridge, England: Cambridge University Press, 1962)。文本中的字母"G"代表的就是这本书。引用的第一个数字是所引特定哲学家作品的残篇编号。第二组数字代表的则是所引文献在格思里著作中的卷数和页码。

[3] 引自约翰·曼斯利·鲁宾逊(John Mansley Robinson),《早期希腊哲学导论》(*An Introduction to Early Greek Philosophy*, Boston: Houghton Mifflin, 1968),第220页。

第 3 章

怀疑主义与走向成功的关键

智 者

怀疑主义与走向成功的关键

在公元前 5 世纪,一方面,从巴门尼德到德谟克利特,哲学家们持续争论着关于物理自然的传统问题,另一方面,哲学史上的一个主要转折点也浮现了出来。要理解这一转向,我们需要考察一下,此时的文化发生了什么事情。到了这个世纪,雅典城邦已经崛起,成了希腊文化的商业、智识和建筑中心。这个时期的医学、建筑、艺术、诗歌和戏剧都取得了丰硕的成果。此外,雅典的民主,作为一种新的政治统治形式诞生了。基于这些理由,这个世纪通常被认为是希腊的黄金时代。然而,充满讽刺意味的是,社会和政治变革的洪流也带来了道德和文化上种种令人不安的情况。随着该世纪时间的流逝,尊重雅典的法律、宗教和习俗等旧理念开始瓦解了。这个世纪末,历史学家修昔底德在伯罗奔尼撒战争爆发后描绘了一个已失去了精神支柱的社会:

> 语词的通常含义被人们肆意地变来变去;最不顾后果的逞强被视为最值得追求的事情;审慎、温和的人则被称作懦夫;听从理性的人则是一无是处的傻瓜。[1]

类似地,欧里庇得斯在其戏剧《美狄亚》中也痛悼其文化中发生的那些变化:

> 生活,生活已变,生活的准则被践踏……人已把神遗忘……[2]

导致这些变化的原因至少有四个:(1)对文化权威(有关诸神的诗歌传统)的尊重日益减少,导致价值的形而上学根据的丧失。(2)与不同文化、习俗和法律越来越多的接触,导致人们得出一个结论,曾经被视为普遍、绝对的绝大多数信仰和标准实际上是因各地文化而异的。(3) 民主地制定法律这一做法的兴起，使人很难再假定，社会有着神圣的起源。此外，民主精神也导致了一种新的个体主义感觉，为个人的能力和成功提供了新的机会。(4) 哲学家和科学家们在实在的本性这一问题上众说纷纭，这也导致了一种怀疑主义的结论，即谁都不可能认识到真相。这使得人们对形而上学问题失去了兴趣。取而代之的，是另一种日益增长的兴趣，一种对个体及其文化更加实际的关切。

> **想一想**
>
> 3.1 回顾一下公元前 5 世纪雅典发生的那些变化。它与我们当代的社会有类似之处吗？这些变化在何种意义上是好的，在何种意义上是坏的？

卷入这场哲学喧嚣的是一群教育者，他们被称作**智者**（Sophists）。随着旧的贵族政制的衰落，政治领导地位不再取决于一个人的出身。现在，一个人可以通过赢取大众的欢心、通过在司法体系中获胜而获得权力。因此，智者们为新兴政治阶层在诸多的实用事务上提供了指导。他们中的许多人穿梭于城邦之间，收费教学。当智者普罗泰戈拉（Protagoras）被问及，学生可以从他这里学到什么时，他回答说，"对他个人事务的恰当关切，这样，他就可以把家庭事务和城邦事务打理到最好，从而成为城邦里真正有能力的人，既有能力演说，又有能力行动"。[3]

"Sophist（智者）"这个词源自希腊词"sophia"，后者的意思是"智慧"。*最初，它的含义是中性的，相当于"教授"。不过，自从苏格拉底与智者们发生了争执后，这个词就成了贬义的，许多人把它用于谩骂。例如，柏拉图把他们指为"贩卖精神商品的店主"。[4] 亚里士多德抱怨说，诸如普罗泰戈拉等智者们提供的训练乃是一种"欺诈"，因为它教授的乃是"使得糟糕的论证看起来好些"的技巧。[5] 对于智者们的辩护，我们应该注意，我们有关他们的大多数信息都来自有偏见的信息源。

在最糟糕的形式中，智者派哲学可以被概括为两个词：怀疑主义和成功。**怀疑主义**宣称，真知识是不可得的。当公元前 5 世纪的思想家们回顾他们自己短暂的哲学史时，相互冲突的意见成堆，令怀疑主义颇为可信。泰勒斯受到了阿那克西曼德的驳斥，后者又受到了阿那克西美尼的驳斥。赫拉克利特说，一切都在变化着，而巴门尼德则说，一切都是永恒的。看起来好像谁都没有真的认识。因此，智者派宣称，一切真理都是相对的。同样，一切价值和标准也都是相对的。"真理""正义"或"道德的善"是什么？在许多智者看来，它们仅仅是我们发出的声音。

智者派的第二个主题是，获得成功是生活的目标。如果知识是不可能的，那么探求你不可能找到的东西就是无济于事的。相反，一个人应该只要努力过活就行了。智者们教导说，对于一个观念，你不应该问"它是真的吗？"而应该问"赞成这个观念会对我有益吗？"对于一个行为，不要问"它是正当的吗？"而要问"做出这个行为会对我有利吗？"对于被利益驱使着的雅典青年来说，对真理的探求让位给了个人意见的营销。对道德正当的探求让位给了个人利益的增进。因此，智者派教授的是反讽、辩论、公开讲演和说服的技巧。

对于智者派来说，一个重要的问题是，区分"*physis*（自然）"和"*nomos*（人为）"。"*Physis*"通

---

* 在英语里，"sophomore"和"sophisticated"的词根都是它。

常被译作"自然",指那些独立于人的传统和决定的世界的特征。大致说来,英语中的"*physics*(物理)"一词就源于该词。相反,"*nomos*"指的则是基于人的习惯或风俗的东西。美国人吃饭的时候右手拿叉,欧洲人则是左手拿叉,这个事实乃是人为的事情。不过,要维持生命就必须吃饭,这个事实则是自然的事情。在如下的问题中,我们可以看到这一区分的一个重要运用:"道德律仅仅是一个人为的问题(人们的风俗),还是说,我们可以在自然中找到其基础(事物的自然秩序)?"所有的智者都同意,传统的道德仅仅基于风俗或人为。他们中的保守派说,要获得成功,就要接受社会的道德。不过,那些有着玩世不恭倾向的智者则说,对于那些传统的道德,我们只应空口唱唱高调,而不能让它束缚住我们的手脚。

> **想一想**
>
> 3.2 想想你社会中着装、举止、行为标准、政治理念、伦理信念等的方式。在何种程度上,它们是被自然(事物的自然秩序)支配着的,抑或是被人为(人们的风俗)支配着的?在何种程度上,你赞同或反对智者派对此问题的看法?

普罗泰戈拉

普罗泰戈拉是第一个智者,也是最为著名的智者。他的生卒年份是什么时候,对此有争议,但大多数人相信,他生于公元前5世纪早期(大致不晚于公元前490年),可能死于公元前420年前后。他因其如下断言而有名:"人是一切事物的尺度,既是那些是的事物是的尺度,也是那些不是的事物不是的尺度。"对此格言有两种解释:(1)每个个人都由他自己解释事物的标准,或者(2)社会作为一个整体是一切事物的尺度。无论是哪种解释,他都表达了一种激进的人文主义和**相对主义**(relativism)。它说的是,除了个人或社会制定出来的标准之外,不存在任何别的标准。实际上,普罗泰戈拉似乎同时持有上述两种见解。正如我们将要看到的,他在知觉方面肯定了一种个体主义的主观主义,在伦理方面肯定了一种社会的主观主义。

普罗泰戈拉不加质疑地接受了如下主张:我们只是通过知觉与世界接触的。他由此推论说,一切事物对于个体来说都是相对的。对我来说,这股风可能是温热的,但对你来说它可能是凉爽的。这里不存在正确答案,因为,无论它对你来说是什么,它都是对你来说的,别人不能说你错了。在他的简短格言中,普罗泰戈拉用华丽的词藻把以往哲学家们的争论一扫而空。宇宙论者们(例如巴门尼德)试图发现,实在除了像它所显现的那样之外,真实的面貌是怎样的。普罗泰戈拉争论说,我们没有能力做出这样的区分。* 我们仅仅拥有现象和个别的意见。因此,一切信念都是同样真的。

这样激进的个体主义似乎会导致道德及社会的混乱状态。然而,普罗泰戈拉在伦理上令人惊讶地持有一种相当保守的立场。虽然道德判断是完全相对的,是风俗的产物,但社会的传统和法律依然是很好的。因此,我们应该维护和遵从我们特定社会的传统,因为,一个和平的、有秩序的社会是好的。

---

* 在"人是尺度"的格言中,普罗泰戈拉提到"是的事物和不是的事物"时,或许是在指巴门尼德对是与不是的讨论。因此,普罗泰戈拉的说法与埃利亚学派的教导截然相反,他说的是,什么存在,什么不存在,这只是一个人或社会意见的问题。

他教导说,"对于一个城邦来说,实践看起来是否正确,是否值得赞赏,这些无关紧要,只要人们奉行它。"⁶ 无疑,他会赞成"入乡随俗"这个建议。因此,他偏向于人为(风俗)这一边,因为这是我们唯一用以指导生活的东西。普罗泰戈拉相信,虽然忧虑一个观念是否是真的这个问题是于事无益的,但很显然,有些观念要比另一些观念更好、更适宜。因此,我们人所制定的标准可以根据以下事实而得到一种实用主义的辩护,即它们是服务于我们的好的。*

普罗泰戈拉的怀疑主义使他否定了对神学的理论讨论的可能性:

> 关于诸神,我不能够发现他们是否存在,也不能够发现他们有什么样的形式;因为,有很多知识障碍,问题是晦涩的,人生是短暂的。⁷

虽然如此,他还是认为,传统的宗教不应该被丢弃。虽然他不确定诸神是否存在,但他的确似乎肯定了,宗教应该得到践行。宗教信仰是他那个时代文明社会和政治共同体不可或缺的组成部分。因此,信仰诸神对社会稳定来说就是必不可少的。同样地,他的关切是实践的,而非理论的。

高尔吉亚

人们认为,智者高尔吉亚(Gorgias)有百岁以上的高寿,他大约生于公元前 483 年,卒于公元前 375 年。他被芝诺的论证引向怀疑主义,甚至看起来还采用了后者的风格和方法。他放弃了对真理的追求,也放弃了哲学,成了一位修辞学教师。他的著作名为"论不存在或论自然",看起来是在模仿巴门尼德给自己的著作所起的书名:"论自然或存在"。这里,高尔吉亚显然是在遵从他给自己学生的建议,"通过嘲讽来摧毁对手的严肃性"。⁸

普罗泰戈拉论证说,"一切事物都是真的",而高尔吉亚则乐于证明,"没有什么事物是真的"。因此,他论证了三条离谱的命题:

1. 无物存在。
2. 即使有物存在,它也是不可知的。
3. 即使它是可知的,它也不能被交流。

我们有他对这些结论的一个论证版本,但它太长了,在这里不便重述。我们不清楚的是,他是否认为这些论证应该受到严肃对待,还是说,它们只是他用来炫耀其反讽技巧的,只是对巴门尼德和整个宇宙论传统的模仿之作。不过,这些命题的每一个观点看起来都会为玩世不恭的怀疑主义推波助澜。就第一个命题,他是在表明,理性的论证是有限的。巴门尼德论说到,存在者存在,但高尔吉亚则力图表明,我们可以同样轻易地论证,无物存在。因此,理性可以证明任何东西,形而上学是不可能的。第二个命题暗示了,理性和经验不足以告诉我们关于世界的事情。因此,知识是不可能的。第三个命题主张,人的语言是不充分的,我们每个人都被困于自己主观的印象世界。虽然如此,但在高尔吉亚看来,一个熟练的修辞学家可以论证任何结论。言说的目标是说服,而不是真理。

安提丰

学者们通常区分了早期智者和晚期智者。诸如

---

* F. C. S. 席勒,20 世纪实用主义运动的奠基人之一,就称自己是普罗泰戈拉的门徒。

普罗泰戈拉这样的早期智者，倾向于更加保守。他们赞成人为，因为，在缺乏任何真实知识的情况下，我们最好坚守我们社会的风俗。而晚期智者则把社会的法律（人为）视作是与自然的规律（自然）相冲突的，他们说，我们最好遵从自然。在苏格拉底的同时代人安提丰（Antiphon）那里，我们可以看到该观点的一个很好的例子。他论说到，我们自然地寻求着对自己有利的东西。我们全都服从自我保存这一规律。然而，人类的任何立法者都没有通过这一条文，它是自然本身的一条规律。如果我们违背了这一规律，惩罚就是死亡，而且，自然的惩罚不像人类的法庭，前者很快就会自动发生：

> 通过法律来裁决的很多事情都不利于自然……但生与死是自然的关切，生物靠对它们有利的东西过活，死于对它们不利的东西；从法律获得的利益乃是对自然的束缚，而从自然获得的利益才是对自然的释放。[9]

问题在于，许多传统的法律都与自然规律相抵触。例如，社会告诉我，我不能攻击一个恶毒的敌人，除非我是在自卫。然而，自然则命令道，为了自我保存的关切，我应该先下手为强。因此，安提丰提出了如下的道德方略：

> 因此，一个人以最有利于自己的方式行动，在有人目睹的情况下充分遵从城邦法律，在无人目睹的情况下遵从自然规律，这么做就是正义的。[10]

塞拉西马柯（他出现在柏拉图的《国家篇》里）和卡利克勒（他出现在柏拉图的《高尔吉亚篇》里）表达了更加玩世不恭的态度。塞拉西马柯强调了如下社会事实，即那些最有权力的人规定了我们所谓的正义或不正义。因此，既然道德仅仅是一个社会约定的问题，那么"正义"就仅仅是服务于强者的利益的。卡利克勒则强调了，不仅强者的利益将会胜出，而且它们也应该胜出。换言之，自然律的命令是，"强权即公正"。

智者派的评价与意义

苏格拉底和柏拉图都对智者派做出了消极的批评。简单概括起来，他们说的是：（1）智者派过分强调了知识和操行中偶然的、主观的、个人的要素。（2）他们没有认识到，客观的标准是不可回避的，因为，他们也需要做出判断——包括批评性的判断。（3）智者派宣称教授生活的成功，但他们从没有考察成功这个概念。因此，他们在批判时并不是批判性的。

即便我们赞同对智者派的上述批评，历史的视角还是表明，智者派做出了一些积极的贡献：（1）他们在认识论、伦理学和政治学等领域提出了一系列批判性的问题，这些问题在前辈们那里要么被忽略了，要么被理所当然地接受下来。（2）智者派关注涉及人类事务的问题（知识、价值和行动），因而扩展了哲学的范围，超出了单纯的宇宙论问题。（3）他们通过根除那些朴素地基于教条和传统的信念，开展了一种"哲学清除工作"。（4）智者派腐蚀性的怀疑主义及其伦理相对主义迫使后来的哲学家更加细致地思考知识和价值的根据。因此，智者派——还有他们的对手苏格拉底——就代表了一个过渡阶段，在他们之后才出现了柏拉图和亚里士多德的体系化哲学。（5）智者派对语言和论证的研究为逻辑学、修辞学和语法学的发展做出了贡献。（6）他们是反

雅克-路易斯·大卫所绘《苏格拉底之死》。这幅名画表现了苏格拉底生命的最后时刻，他因为表达了与雅典权威相反的观念，被判处死刑，最后饮鸩而亡。

对根深蒂固的传统的一股进步力量。由于他们四处游历，因而他们可以超出偏狭的城邦一隅来看问题。此外，他们对传统里盲目信仰的批评也导致了一种更加实用的政治主张，即泛希腊主义，或者希腊诸城邦之间的一种更大的统一感。（7）最后，智者派的怀疑主义所激发出来的那些问题推动着苏格拉底的哲学探究。他对他们的回应造就了人类历史上最有影响的哲学之一。现在，我们就转向这位哲学巨人，虽然他身材矮小，言行古怪。

苏格拉底

苏格拉底受审

那是公元前 399 年。在雅典的法庭上，人群交头接耳，由雕刻匠转变成的广场哲学家走到法庭中央，面对他的指控人。对于无情的观众来说，被告看起来相貌平常，光线在他光秃的头顶闪耀，年近七旬的躯体矮小敦实，随意裹着一件肮脏破旧的外套。倘若不是这个庄严的场合，这身打扮会给人一种滑稽的感觉。"罪犯"就是苏格拉底（Socrates，公元前 470—399 年），他在由随机选取的 500 位雅典公民组成的陪审团面前为自己做辩护。他受到的指控是："苏格拉底败坏青年，不信本邦所信奉的神，而信奉其他新神。"[11] 虽然他最初是个滑稽的人，但当他开始说话的时候，我们对他的评价就会发生改变。他在回应指控的时候，穿插了对自己生活的详细回顾。他眼里闪烁的光辉几乎使我们忘了，他正面临着可以处以死刑的指控。随着他的声调逐渐升高、激越急促，我们益发感觉，接受审判的不是这位年迈的哲学家，而是雅典的法庭和公民。他们如何做出决定，这将既揭示出他们自己的品格，也揭示出他们社会的品格。被告说：

雅典人啊，我对你们致以最高的尊敬和钟爱，但我将服从神灵，而不是你们。只要我一息尚存，还有力气，我就不会放弃哲学，不会放弃劝诫你们，不会放弃向我遇到的任何人指出真理，我会一如既往地说，"我的好朋友……你这么关心挣钱，这么关心名誉和声望，却既不考虑、也不关心智慧、真理以及对你灵魂的提升，对此难道你就不感到羞愧吗？"如果他反驳我的这些话，说他的确关心这些事情，那我也不会立刻就放他走开，我会向他提问，盘问他，考验他。如果我认为，他还没有臻至卓越，虽然他说自己已经达到了，那么，我会责备他低估了最有价值的东西，高估了那些没什么价值的东西。对我遇见的每个人，我都会这么做，无论是年轻人还是老人，无论是本邦人还是外邦人……因为，我终其一生都在致力于劝说你们，对提升你们的灵魂这件事给予首要的、最大的关切，只有在做到这一点之后，你们才能继而考虑你们的身体或财富。[12]

现在，雅典人啊，我根本就不是在如你们期望的那样，为我自己做辩护，相反，我是在为你们做辩护，以防止你们因判处我而错误地对待神灵赐予你们的礼物。因为，如果你们判处我死刑，那你们将很难找到另一个人……叮住城邦不放，就像牛虻叮在马身上，这匹马由于太大太肥，已经行动迟缓，需要被刺激一下。我似乎就是上帝派给城邦的那只牛虻，我长年累月地在你们身边，整天激发你们、劝诫你们、责备你们。你们很难再找到另一个人来填补我的空缺了；我的朋友们，如果你们听我的劝说，就放过我吧。[13]

很显然，大多数人并不喜欢苏格拉底像个牛虻一样生活在他们中间，刺痛他们，令他们无法自鸣得意，因为，陪审团的投票结果是，280 票认为他有罪，220 票认为他无罪。苏格拉底在监狱里度过了随后的 30 天，与他的朋友们对话，等待被执行死刑。当行刑的那天到来时，他的朋友们环绕着他，啜泣不已。他饮下了毒芹汁，安静而平和地走向了死亡。

考察完了导致苏格拉底死亡的情形之后，我们再来看看他的生平。苏格拉底于公元前 470 年出生在雅典，与他的学生柏拉图不同，他自小家境贫寒。他的父亲是一个雕刻匠，母亲是一位助产妇。苏格拉底举止、相貌古怪，但却很有魅力。甚至他的朋友们都说，他的衣服总是皱皱巴巴的，他总是像个鹈鹕那样高视阔步。虽然如此，但他的身体很强壮。他虽然很少喝酒，但酒量很大。他去世时年过七旬，撇下寡妻和三个孩子；最大的孩子已成人，而最小的孩子则尚在襁褓之中。

有一次，他的一位朋友询问德尔菲神庙的祭司，世上有没有比苏格拉底更智慧的人。祭司回答说，没有。苏格拉底无言以对，因为，他清楚地知道，自己相当无知。他充满了困惑，到处游历，试图弄清这个谜题。他的目标是找到一个比他智慧的人，这样就可以证明，先知说错了。首先，他拜访了一位被誉为充满了智慧的政治家。用他自己的话说：

在我与他谈话时，我最终发现，虽然许多人都认为他智慧，他自己尤其自认为智慧，但实际上他并不智慧。于是，我努力向他证明，他并不智慧，虽然他错以为自己智慧。我这么做，招来了他的记恨，在场的也有许多人记恨我。临走的时候，我心里暗想，"我还是比这人智慧：虽然我们没人认识任何真正值得认识的东西，但他一无所知却自以为知道什么，而我既不知道，也不自以为知道。看起来，我在这一小点上要比他智慧，即我以不知为不知。"[14]

他一门心思地访问比他智慧的人，先寻访其他的政治家，然后寻访诗人，最终寻访技艺高超的匠人，所有这些人在雅典都极受尊重。但结果却总是一如初次。最终，他意识到，他坦率地承认无知，而不是像那些傲慢的拔尖人物那样肤浅地自鸣"智慧"，在这点上，他要更加智慧。

这段经历是他作为哲学家的生命中的一个转折

点。从那以后,他感受到了一种神圣的召唤,驱使他通过探问时人来寻求知识。因此,他穿行在雅典的大街小巷,询问着人们从政治到诗的广泛问题。对于苏格拉底来说,哲学绝不仅仅是对观念的一种超然讨论,它更是对智慧的一种充满激情的探求,它会影响到生活的每个领域。

> **想一想**
>
> 3.3 在我们社会里(以及在你生活中)有牛虻,这是件好事吗?为什么?谁是你生活中的牛虻,那个以一种有益的方式挑战着你的人?

苏格拉底思想的渊源

由于苏格拉底相信,哲学探究最好是通过对话,而不是通过写作,因此他从没有把他的思想写下来。* 因此,我们所知的关于苏格拉底的一切,都来自柏拉图和其他时人的作品。什么时候柏拉图是在忠实地记录苏格拉底的思想,什么时候他仅仅是在用苏格拉底这个形象表述自己的哲学,这一点特别难以确定。虽然学者们对此众说纷纭,不过最普遍的观点是,柏拉图最早期的对话力图表现历史上的苏格拉底。** 与此同时,人们通常认为,其他的对话中的苏格拉底表述的则是柏拉图哲学成熟时期的思想,是他原创性的哲学反思。*** 这些区分乃是基于柏拉图每个时期作品的风格差异。

苏格拉底的任务:揭示无知

据说,苏格拉底曾求学于智者普罗狄科(Prodicus),但由于家境贫寒,他只能上那些便宜的、不那么完整的课程。[15] 不过,他越是熟悉智者派的教导,越是困惑于他们的"成功教育"。他认为,它们既是理智上错误的,也是道德上有害的。这些能言善辩的修辞学家从没有真诚地追求过真正的知识,却居然装模作样地指导人们追求世俗的成功。苏格拉底担心,雅典的人们在智者派的影响下,会把实在错解为虚假的影像。事实正是如此,智者们向人们兜售虚幻的亚特兰蒂斯大陆地图,宣称它会帮助人们找到希腊周围的路。从智者派那里学会如簧巧舌,这对社会和个人都是很危险的,倘若这个人一张嘴就是洋洋洒洒错误的话。

苏格拉底确信,我们应该仅仅基于真理而行动,至少,我们应该基于得到了细致考察的意见而行动。我们必须要认识到,什么知识是可以获得的,如何获得它。对于苏格拉底来说,他社会里的人们对有件事

---

* 苏格拉底的一个抱怨很好地体现了对话对他而言的重要性,他抱怨说,雄辩的演说家和著作都显得,他们提供了大量的信息,"然而,如果我们问他们一个额外的问题……他们就既不能回答它,也不能靠自己就问出什么问题。" 引自柏拉图,《普罗泰戈拉篇》329a, W. K. C. 格思里(W. K. C. Guthrie)译,载于《柏拉图对话集》(*Collected Dialogue of Plato*),伊迪思·汉密尔顿(Edith Hamilton)和亨廷顿·凯恩斯(Huntington Cairns)主编(New York: Bollingen Foundation, 1961)。

** 这些对话包括《申辩篇》《克里托篇》《欧绪弗洛篇》《拉凯斯篇》《卡尔米德篇》《伊安篇》《希庇亚篇》《美诺篇》《吕西斯篇》《欧绪德谟篇》,在某种程度上,还包括《普罗泰戈拉篇》以及《高尔吉亚》篇。

*** 它们包括柏拉图中期的对话(《美诺篇》《大希庇亚篇》《克拉底鲁篇》《斐多篇》《会饮篇》《国家篇》),以及他的晚期对话(《巴门尼德篇》《斐德若篇》《泰阿泰德篇》《智者篇》《政治家篇》《蒂迈欧篇》《斐莱布篇》《法篇》)。

一无所知，但认识到它乃是非常重要的：如何度过一生，或者，如何"照料"自己的灵魂。只有一件事比得了癌症更糟，这就是，得了癌症却不知道。如果我们知道自己患上了这种疾病，我们就可以寻求治疗。对于苏格拉底来说，无知是灵魂的一种疾病。它阻止灵魂恰切地发挥作用。问题在于，雅典人染上的是双层的无知。他们无知，且不知道自己无知。因此，苏格拉底就像是个病理学家，力图使人们意识到自己的境况。有些人能够接受这个诊断，并寻求理智的和精神的健康，但另一些人却太过自负，以至不能面对有关自己的这些令人痛苦的真相。

> **想一想**
>
> 3.4 什么是智慧？为什么苏格拉底认为它是生活中最重要的目标？他的这个看法正确吗？你在生活中是以何种方式追求智慧的，抑或你并没有追求智慧？你认为历史上哪些人是智慧的？为什么？

苏格拉底的方法

苏格拉底的探问法

苏格拉底把人们引向知识的方法非常有效，已经成了经典的教育技术，这就是通常所谓的"苏格拉底方法"或"苏格拉底的探问法"。柏拉图后来把这个方法称为**辩证法**（dialectic）。它是一种对话的方法，通过一系列的问和答来推进，在对话的过程中，学生答案的不充分性被揭露出来，这使得学生和老师一起逐渐地提出更明晰、精练的答案。这个方法最有力的特征是，学生不是简单地被告知信息，而是自己发现自己的无知，并被有技巧地引领着自己发现真理。（在本章最后的文献选读中，我们可以看到苏格拉底运用其方法的一个例子。）

对苏格拉底来说，该方法是用以理解人的生活中那些最重要概念的。他愤慨于如下事实：他社会里的那些拔尖人物在政治演说或法庭致辞时喜欢侃侃而谈，频频使用智慧、正义、善或德性等术语。然而，当苏格拉底探问他们的时候，他们却无法解释，这些术语是什么意思。除非我们知道我们在讨论什么，或者我们在寻求什么，否则的话，我们怎么来争论或解决这些问题？一般说来，苏格拉底的探问法分为如下六个步骤：

1. 苏格拉底在街上或聚会上遇到某个人，开始与他对话。很快，苏格拉底把对话引入一个具有某种哲学意味的领域。苏格拉底的天赋就是，他有能力发现潜藏于甚至最世俗话题里的那些哲学问题。

2. 然后，苏格拉底把一个关键的术语孤立出来，讨论就围绕它展开，在继续进行对话之前，需要对它做出澄清。因此，探问法提出，"X是什么？"这里，X指的是某种属性或范畴。例如，在《卡尔米德篇》中，问题是节制；在《拉凯斯篇》中，问题是勇气；在《吕西斯篇》中，问题是友谊；在《欧绪弗洛篇》中，问题是虔敬；在《美诺篇》中，问题是德性；在《会饮篇》中，问题是爱；在《国家篇》中；问题是正义。

3. 接着，苏格拉底抱怨说，他一无所知，对该问题糊里糊涂，他请求对话伙伴帮他澄清这个问题。通常，这会令对话伙伴骄傲自矜，洋洋得意，使他充满自信地提出关于X的一个定义。

4. 随后，苏格拉底感谢他的对话伙伴慷慨地帮助了自己，但他又说，他还需要再弄清一两点。这就走向了对上述定义的考察，进而发现它是不充分的。

5. 通常，上述话题会继而产生另一个定义，它比先前的定义有所改进。对话重新返回到第四步，在细致的考察下，这个新的定义被发现再次失败了。

6. 重复第四步和第五步，直到"受骗者"意识到，他并不是真的知道自己在讨论什么。通常，对话结束，要么是因为，苏格拉底的对话伙伴找了个借口结束对话，这样他就可以摆脱苏格拉底的瞩目，要么是因为，两个人同意，他们需要继续严肃地寻求答案。

苏格拉底的论证方法

虽然苏格拉底的少数论证略显单薄，但他解释定义和理论不充分性的那些方法还是哲学分析的迷人范例。基本上，他攻击一个定义的方式有三。第一，有时他发现了定义中的一个结构上的缺点。有一种结构上的缺点是，循环定义，比如，"正义就是一个正义的人所做的事情"。另一种结构上的缺点是，部分被等同于整体，比如，正义实际上只是德性的一个方面，但它却被用来解释后者。最后，当我们只是举出一堆例子，而不是界定所有例子共有的属性时，这种定义在结构上也是错误的。比如，欧绪弗洛企图通过指出，他把自己的父亲告上法庭这个行动是虔敬的，以此来向苏格拉底定义虔敬（或责任）。对此，苏格拉底回答说：

我不是要你从许多的虔敬行为中举出一两样来；我想要知道的是虔敬的特性，那使得一切虔敬的行为得以是虔敬的东西……那么，请你告诉我，这个特性是什么？这样我就可以把它当作标准，用它来衡量你和其他人的行为，我就可以说，与此标准相像的行为就是虔敬的，与之不相像的行为就是不虔敬的。[16]

第二，苏格拉底通过运用我们今天称为"归谬（*reductio ad absurdum*）"的论证形式来攻击他的对话伙伴的立场。要运用这一技术，你首先要假定，你对手的立场是真的，然后你要表明，它在逻辑上蕴含的推论要么是荒谬的，要么是自相矛盾的，或者是与对手持有的其他主张相冲突的。如果我们可以从一个命题中推导出一个显然错误的陈述，那么，这就确定无疑地证明了，最初的假设是错误的。柏拉图在《国家篇》这部杰作中给出了苏格拉底这一技术的一个范例。[17]智者塞拉西马柯提出了如下这个玩世不恭的命题：

（1）正义就意味着做符合当权者的利益的事情。（塞拉西马柯的定义）

于是，苏格拉底就从塞拉西马柯的定义出发，得出了以下推论：

（2）正义就是遵从当权者制定的法律。（从 1 得出的推论）

接着，苏格拉底如下常识性的观察也得到了塞拉西马柯的赞同：

（3）那些当权者也可能会犯错。（观察）

由此可以得出两个推论：

（4）那些当权者或许会错误地制定出不符合他们利益的法律。（从3得出的推论）

（5）遵从这样的法律，这并不符合当权者的利益。（从4得出的推论）

最后，苏格拉底推导出了一个矛盾：

（6）因此，正义就是做符合当权者利益的事情。（对1的释义）

以及

正义就是做不符合当权者利益的事情。（由2和5得出的推论）

第三，苏格拉底常常使用反例方法来表明，一个定义要么过于狭窄，要么过于宽泛。换言之，如果他的对手定义了一个术语X，那苏格拉底就会表明，X的定义没有包含显然应该被称作X的情形，或者，他会表明，该定义包含了并非是X例子的情形。美诺在与苏格拉底的交谈中，提出了如下定义：有德性的（或者卓越的）人是有能力统治的人。[18] 但苏格拉底指出，虽然讨论一个有德性的孩子，这是有意义的，但孩子并没有能力统治他人。因此，这个定义太狭窄了。此外，他还指出，最初的定义应该说，"有德性的人是有能力正义地统治的人"。否则的话，这个定义就会允许我们把暴君包括进正义的人之中。因此，第一个定义也过于宽泛。

尼西亚斯（Nicias，雅典的一位将军，苏格拉底的仰慕者）描述了苏格拉底的分析所针对的那些人的典型反应：

凡是接近苏格拉底、与他交谈的人，都会被他拉进辩论之中，无论你开头说的是什么问题，他都会让你跟着他不停地转来转去，直到你不得不把自己的过去和现在告诉他，而一旦被苏格拉底抓住，他就绝不会放你走，直到他把你完全彻底地考察个遍。[19]

苏格拉底的有些同时代人把他比作一条黄貂鱼，被他叮了之后，受害者就会变得木然。另一些时人则说，苏格拉底就像传说中可以令雕塑移动的代达罗斯（Daedalus），*他可以令一个人坚定地持有的确信松动消失。[20]

年轻的人们聚集在苏格拉底周围，看他戳穿他们自鸣得意、趾高气昂的领导们那些自命不凡、夸大其词的意见。当然，这并没有令他受到当权者的喜爱。不过，如果他经常扮演课堂上自作聪明的人，那我们很难相信，他对那些他加以考察的人怀有真正的热爱。尽管他拥有理智上的制胜技巧，但他的目标是真理，而不是让他的对手丢脸。然而，寻找真理的过程常常是令人不快的。如果说，无知就像一种疾病，那么，有时候治愈过程就会必然地伴随着痛苦。不少时候，苏格拉底就像一位象棋大师，能够先于对手好几步就看到游戏的结局。然而，即便苏格拉底知道论证将走向何方，简单地向他的对话伙伴宣布答案，这么做也不好，因为，苏格拉底认识到，答案只有是一个人自己发现的，它在这个人的生活中才是真正有效的。不过，在很多时候，苏格拉底似乎并不知道，对话将走向何方，因为，他们发现的一些理智死胡同乃是苏格拉底自己提出的那些建议的结果。他常常坚持认为，他在探索的

---

* 在希腊神话中，代达罗斯是雅典著名的工匠，发明了很多木工工具，传说是他建造了克里特岛的米诺斯迷宫，后来，他还给自己和儿子造了一对翅膀飞离该岛。——译者注

领域对他的对话伙伴是陌生的，对他自己同样也是陌生的。[21]

如果苏格拉底的对话伙伴很难得地没有得到他们所讨论问题的答案，苏格拉底也不会让他们一成不变地离开，因为，他已经迫使他们考察他们自己的生活、信仰和理智上的贫困。卡利克勒（Callicles）是苏格拉底的对手之一，他以如下方式表达了苏格拉底对他的影响：

> 告诉我，苏格拉底，我们该认真地看待你，还是把你看作在说笑话？因为，如果你是严肃的，你说的也是真的，那么，我们有死的生活无疑就必须被颠覆，显然，我们无处不在做着与我们本该做的截然相反的事情。[22]

虽然苏格拉底很少得出肯定的答案，但他的确实施了一种清除的工作。混乱的观念必须被根除，以便为健康的理智果实准备成长的土壤。甚至苏格拉底否定了的那些答案，也包含着些许真理，因为，它们使我们离目标更近了。苏格拉底和他的对话伙伴提出的那些答案不像是水果皮，要吃到水果，我们得要把外皮削下来扔掉，这些答案更像是有待进一步提炼的粗糙近似物。

苏格拉底的知识论

亚里士多德赞誉苏格拉底为哲学做出了两大贡献：归纳论证和普遍定义。[23] 正如苏格拉底所运用的，归纳论证从一类事物的某些例子出发，推出关于该类事物所有成员的普遍结论。例如，苏格拉底在力图理解正义的时候，考察了几种情形，在有些情形下我们会称一个特定个人的行为是正义的，在有些情形下我们则不会这么说。在苏格拉底看来，当我们把正义这样一个普遍的术语用于众多不同的、特殊的事例时，会出现两种可能的情形。第一种可能是，"该术语每次运用时都有一个不同的含义。例如，"bank"这个词用于金融机构时，与用于河的边缘时，所具有的就是不同的含义。不过，如果在一个术语的两种运用中不存在任何共同的含义，那么语言就会彻底失败。因此，第二种可能是，正义这个词指的是在一切真正的正义情形中都可以发现的某种性质或属性。如果不同的人在不同的时候实施了两个行为，而它们又都是正义的，那这是因为，它们共同分享了某种东西。苏格拉底相信，正义这个词在每次使用时，指的都是一种共同的性质，而在一个普遍定义中则可以把握该性质。

苏格拉底在寻求普遍定义的时候假定，特殊的事物可以被归入某些自然的、因而非任意的范畴。他进一步假定，我们的普遍概念和定义都既能使我们认识某物所属的种类，也能使我们评价该物在何种程度上实现了其目的。例如，如果我说"霍姆斯是一位老师"，我不仅是在认识他所属的人群，我还在认识用以评价他的理念或标准。柏拉图后来把统一着事物的这些共同性质视为根本性的实在，它们能够独立于例示了它们的那些特殊事物而存在。不过，苏格拉底并没有给我们提供一个完全成熟的形而上学理论，他更多地是在努力揭示支撑着我们言说和行动的那些假设和必要条件。

要理解苏格拉底关于知识之性质、以及如何获得知识的观点，指出以下这一点非常重要：他自称"观念的助产妇"。[24] 助产妇自己并没怀孩子，而仅仅是帮助另一个人生产小孩。因此，苏格拉底宣称，他并没有给别人什么答案或智慧，但他可以帮助别人发现自己心中的真理。从这个隐喻可以引申出一个推论，苏格拉底相信，真理不是某种通过感官而在我们之外被发现的东西。相反，我们已经拥有了真理，它就深深地藏在我们心中，写在我们的灵魂上。我们只需要在帮助之下，就可以发现我们内心的真理，把它带到光天化日之下。这个观点后来成了**天赋观念**（innate ideas）学说，成了理性主义知识理论中的主导命题。助产妇类比在一点上不成立。每一个生物儿童都是独一无二的个体。然而，苏格拉底相信当我们运用他的辩证探问方法时，我们全都会在自身中发现一系列同样的真理和道德德性。换言之，他帮助别人发现的天赋知识，被假定为对所有人来说都是一样的。

苏格拉底的形而上学

正如上文提到的，我们在苏格拉底那里很少发现可以被称作形而上学的东西。他太关注人类生活中那些更加具体的问题了，而没有对实在的性质做出什么理论的沉思。柏拉图将接过这一任务，详细阐明苏格拉底哲学的形而上学基础。虽然如此，苏格拉底还是触及了一些形而上学的话题，特别是在他讨论灵魂的时候。

人的灵魂

对于苏格拉底来说，一个人生活中最重要的任务就是，照料他的灵魂。在此前希腊人的许多说法中，psyche（译为"灵魂"）是生命的气息，而身体则被等同于真实的个人。灵魂如影随形般与身体相伴，它离开了身体就没有任何用处，它与人的思想或情感也没有任何关系。人们认为，人死后，灵魂会作为鬼魂这种东西而存在，鬼魂可以被召来做出预言，或者被召来报复活人。不过，在希腊人的许多早期说法中，灵魂实际上并不等同于当初的那个人。

苏格拉底把灵魂与身体的这幅关系图倒了个个。对他来说，灵魂是真正的自我，身体现在则仅仅被视为它的伴随物。*身体是人用来与物理世界打交道的工具。照料身体，追求财富和名誉，却不去照料灵魂，这么做就如同，花费我们所有的时间和资源去擦亮我们的鞋，而我们的脚却由于被忽略而受到感染，日益衰坏。一颗卓越的灵魂秩序井然，它拥有智慧，能够控制情感和身体的欲望。我们一定要小心谨慎，不要在苏格拉底的灵魂概念中过分解读其神学内涵。正如格里高利·弗拉斯托斯（Gregory Vlastos）所说：

> 灵魂无论是还能活24小时，还是会活得比永恒还长久，都是值得照料的。如果你只能再活一天了，此后一片空白，没有指望，在这种情况下，苏格拉底会觉得，你依然应该有充分的理由去改善你的灵魂；你是自己活过那一天的，所以，在你本可以活出一个更好的自我时，为什么要活出一个糟糕的自我来呢？[25]

对苏格拉底来说，灵魂是不死的吗？在有些言论中，苏格拉底对这个问题似乎举棋不定。不过，大多数时候他确信，人们在生理上死亡后还活着。例如，《斐多篇》里有一段风趣的、但也显露了真相的话。务实的克里托问苏格拉底"我们该如何

---

* 苏格拉底对灵魂的解释有许多先行者，例如，毕达哥拉斯学派的哲学。不过，苏格拉底的观点在历史上很重要，因为，它以有力的方式阐明了，身体并不是真正的个人。

埋葬你?"对此苏格拉底回答说,"随你们的便吧,只是你们必须先得抓住我,别让我跑了。"塞隆(Thereon)解释说,他们得到的那具死了的身躯完全不同于真正的苏格拉底,他的非物质的自我将很快逃出牢房和身体的束缚,安居于"应许的幸福"之中。即使这个对话里的大多数论证都是柏拉图的,上面这段话的幽默、急智和哲学冲击力都是典型地苏格拉底式的。这个话题突显出了人(包括灵魂或心智)与物理身体之间的关系问题。柏拉图致力于这一问题,它在今天依然是哲学的核心问题之一。

伦理学与好生活

德性与卓越

伦理学关注的是,我们应该如何度过一生。在《克里托篇》中,苏格拉底断言,人的最重要的目标并不是仅仅活着,而是"活得好"。[26] 对于苏格拉底来说,"活得好"是一个伦理概念,因为,它包含着某种人的卓越的概念。因此,在同一段话里,他断言说,"活得好,活得高贵,和活得正义,表示的是同一个意思。"因此,要理解如何活得正义,我们就必须要理解那构成了我们完善目的的东西,或是要理解我们要努力达成的卓越标准。希腊人用"arete"一词来表示它。这个词通常被译为"德性"。在我们的时代,说某个人是"有德性的",就意味着他是虔敬的,甚或是在性上面纯洁的。然而,对于希腊人来说,这个词的含义更加宽泛。如果某个事物有"德性",那这个说法的意思是,它在一个特殊的任务上是好的,或是具有某种卓越,或是很好地达成了它的功能。因此,一把刀的德性是,它能够切东西。一匹赛马的德性是,跑得很快。一个鞋匠的德

性则是做出高品质鞋的技能。虽然,造船者、摔跤手、医生、音乐家,他们每一个都具有与其特殊任务相关的特殊德性,但苏格拉底关心的则是,"做一个有德性的人,这意味着什么?"换言之,做一个完全的人,这本身就是一个任务或一种技能。正如我们是根据刀的目的或功能来衡量某把刀的,我们也可以根据人的合适目的或功能来衡量某个人。苏格拉底谈论一个好人的方式与谈论一把好刀的方式是一样的,他明确表示,道德源于一系列非道德的、自然主义的因素。道德不是宗教启示里某种向我们锁闭的东西,它也不外在于我们最深的关切或我们最根本的本性。相反,他论证了,从活着的艺术的角度,做道德的人可以被归结为做成功的人。不过,很快我们就会清楚,他的"成功"概念与典型智者派的完全不同。

理解了这一观点,我们就会明白,苏格拉底将如何回答"为什么要做道德的人?"这个问题。苏格拉底的观点(这也是希腊人的典型观点)是,由于做有德性的人就意味着成就我们的本性,因而它也就是能够保证我们幸福的唯一事情。我们会发现,所有的希腊道德理论家基本上都认为,幸福是所有人追求的目的之一,并且,这个目的无须证明。因此,对于希腊人来说,道德绝不会以义务的名义来要求我们牺牲自己的关切,因为,一切道德的目的恰恰就在于自我成就。不过,对于苏格拉底来说,这并不意味着,我们应该自私地生活。事实上,他宣称,遭受苦难要比施加苦难更好。[27] 苏格拉底宁可赴死,也不违背他的道德原则,显然,他没有把好生活等同于简单地体验愉悦,同样显而易见的是,什么构成了一个人真正的关切,他对此的想法非常复杂。问题在于,在什么是真正的好生活这个问题

第 3 章　怀疑主义与走向成功的关键　59

上，我们可能会搞错。我们在成为不正义的人或追求自己身体上的嗜欲时，或许会认为，我们是在致力于我们最关切的事情。然而，根据苏格拉底的看法，在这样生活的过程中，我们的灵魂正变得腐朽，一颗有病的灵魂是最悲惨不过的了。[28]

> **想一想**
>
> 3.5　苏格拉底主张，做道德的人，或者根据人的卓越的最高标准来活，这对于一个人的幸福和成就是必要的，你认为他的这个说法正确吗？为什么？

认识与行动

在这一点上，道德和知识之间的关联变得非常清楚。有时候，苏格拉底的立场由于其认为理智在我们的道德生活中所扮演的角色，而被称作"伦理理智主义"。根据苏格拉底的看法，知识和德性是一个东西。没有知识，所有其他的德性（节制、正义、勇敢）都是无用的，甚至可能会导致危害。[29]一个好心的法官对法律以及案件的情形一无所知，他充满善意的判断并不会施行正义。某个人由于对眼前的危险一无所知而浑身是胆，他只会愚蠢行事。不仅德性和知识必须统一起来，各种德性相互之间也必须统一起来。一个勇敢但不正义的人可能最终会成为一个危险的暴君。每种德性都需要其他德性。柏拉图将会采纳所有这些结论，并将自始至终地在他全部的著作中捍卫它们。

如果每个人自然地就会追求他自己的善，如果做道德的人就是我们的善，那由此可以推出，知道什么是正当的有智慧者，就会做正当的事情。换言之，认识到善，就会行善。学会了医疗技术的人是一位医生。一个人认识到什么是正义的，就会是正义的。[30]由此可以推出一个令人吃惊的结论，没有人会明明知道而选择为恶。"对于我自己来说，我相当肯定，没有哪个有智慧的人相信，一个人会有意为恶，或是有意做下邪恶、卑鄙的行为。他们非常清楚，所有邪恶或卑鄙的行为都不是心甘情愿的。"[31]这个观点太违背直觉了，冲击着许多人，因为，我们自己屈从于诱惑的道德经验似乎不利于这个观点的成立。由于这个理由，苏格拉底的立场受到了许多同时代人的批评。例如，欧里庇得斯，一位古希腊戏剧作家，苏格拉底的同时代人，借自己戏剧里一个角色之口评论说："通过教授和经验，我们学会了正当的事情，但在实践中却忽略了它，有些人是因为懒惰，另一些人则是因为他们更偏好这种那种愉悦，而不是义务。"[32]

虽然许多人发现，苏格拉底的观点是令人难以置信的，但或许我们还是可以说一些支持它的东西。在20世纪早期的美国，有一个臭名昭著的银行大盗，名叫威利·萨顿。假设有个记者问他，"威利，你为什么抢银行？"该罪犯不耐烦地回答说，"因为银行是放钱的地方"。这可以很好地展示苏格拉底的观点。窃贼相信，钱是生活中最高的善。如果这是真的，那就可以逻辑地推断，我们应该竭尽所能去获得这最高的善。如果银行是放钱的地方，那么抢银行就是善的。因此，窃贼的问题在于，他是在追求着错误的价值。他弄错了，什么才是真正善的东西。苏格拉底将会论证，我们无法想象一个人会说，"这不是一个善的目标，它将有害于我，令我不快，但我依然会选择它"。

苏格拉底主张，认识到善就足以行善，要使这一主张说得通，关键是要认识到，对苏格拉底来说，知识绝不仅仅是对某些事实具有信息或是表示同意。相反，真正的知识就等同于智慧。一个人不可能既是一个有智慧的人，又是一个道德的婴儿。要讲得通苏格拉底的公式，我们就必须假定，一个人受着一种真正的个人信念的控制，那个理由控制着他的灵魂。道德知识就像医疗技术：它包括了实践、技能和有经验的判断，而不仅仅是对事实的获知。我或许知道，比萨饼对我的健康不好，因为我的胆固醇和血压都偏高。不过，如果我选择吃它，那是因为，我的理智受到了遮蔽，我被自己的生理嗜欲弄糊涂了，在那个时候我以为，当下的快乐对我来说是善的。然而，亚里士多德不满意于苏格拉底的论证。他相信，道德上的软弱和没有得到充分发展的品格很可能会使我们做出错事，即便我们知道它是错的。他抱怨说，苏格拉底的观点"与人们观察到的事实显然相冲突"。³³

政治哲学

我们在苏格拉底那里找不到一种充分发展的政治理论。这个任务是后来由柏拉图所承担的。不过，对于我们与城邦的恰切关系，苏格拉底的确表达了不少见解。其中最重要的是，他对民主的不信任。由于他把任何任务中的能力都与具备合适的知识类型关联起来，因而，治理城邦也需要一种特别的知识类型，只有少数人才会具有它。我们不会把自己的医疗护理托付给没有经验的大众票决。类似地，苏格拉底教导说，我们也不应该通过抽签或大众投票——这些都是当时流行的做法——来选出公务官员。只有那些具有哲学智慧的人才胜任治理城邦。显然，这个学说不讨雅典最受欢迎的那些领袖们的欢心。

一般说来，苏格拉底对社会的法律持有一种非常保守的立场，他说，它们值得我们去尊重和服从。柏拉图在《克里托篇》中描绘了一幅场景：苏格拉底的朋友克里托到监狱里探望他，试图说服他越狱，以逃避不公正的惩罚。然而，苏格拉底拒绝这么做，并借此向我们揭示了他的一些政治理论。他论证说，如果我们不同意我们城邦的法律，那么我们只有两个选项。要么我们可以努力说服我们的立法者改变法律，要么我们可以合法地离开这个城邦，撤销城邦公民身份，以此来表达我们的异议。³⁴ 虽然苏格拉底受到了他的敌人们的不公正判刑，但这些人在执行着法律，苏格拉底相信，如果他破坏了他们的决定，那他将会是在践踏法律本身，从而是在错误地鼓励人们无视城邦。³⁵ 他的指导原则是，以不公正对不公正，这么做始终是错误的。或者，如同我们会说的，"以错制错，不等于就是对的"。当我们做出不正义之事的时候，我们是在败坏着我们自己的灵魂，最终我们只会比以前更糟。正如苏格拉底所说，"避免邪恶要比避免死亡更加困难"。³⁶

苏格拉底在面临审判时，只有一次违背了他的无条件服从法律这个原则。他在法庭上争辩时明确表示，他将拒绝服从要他放弃哲学思考的任何命令，即便他服从了就可以被无罪释放，不服从就会被判处死刑。³⁷ 不过，他认为，这个情况不同于非法越狱。他在法庭上的原则是，他个人的神灵命令他做哲学，服从这个神优先于服从城邦。此外，他继续做哲学，这也会有利于城邦，他可以表明城邦哪里做错了。最后，继续做哲学也依然表现了对法律的尊重，因为，即便它会挑战法庭的勒令，但它的公共性质会展示出一种意愿，愿意接受相应的法律后果。与此形成鲜明对比的是，越狱则是企图通过一走了之来逃避法律。

我们在苏格拉底那里可以发现政治哲学的两个思想萌芽，它们后来在历史上变得非常重要。第一个思想萌芽是关于政治责任的一种隐含的**社会契约论**（social contract theory）思想。这个理论主张，我们与政府的关系是一种契约关系。我们有一种策略性的约定，国家为我们提供某些服务，作为回报，我们向国家履行事先约定的责任。因此，苏格拉底论证说，我们应该始终信守我们正义的约定。他在雅典生活了 70 年，城邦的养育和保护使他获益良多。他随时都可以离开雅典，住到斯巴达或者克里特去，但他选择了留下。因此，虽然他不同意城邦对他案件的判决，但他依然觉得有责任服从它的法律。[38]

苏格拉底那里出现的第二个政治哲学萌芽与自然法思想有关。**自然法**（natural law）这个术语在道德和政治理论中指的是如下主张，存在着一种普遍的道德律，我们可以通过理性和经验来认识它。它不是由政府创造的。相反，在自然法理论家看来，政府只有在其民法符合自然法的情况下，才可以被视为正义的。苏格拉底相信，他的社会的法律符合这个普遍的正义标准。不过，虽然对他的审判在程序上是合法的，但他依然认为，对他的裁定是不正义的。他之所以能够这么说，乃是因为他相信，在社会的法律之上还有法律。由于这个原因，他想象这些普遍的法律在向他说，他是"不正义的受害者，但不是法律的不正义，而是人的不正义"。[39]

苏格拉底的遗产

在学说这方面，苏格拉底的思想影响了许多学派的伦理理论。其中包括麦加拉学派、昔兰尼学派以及犬儒学派（我们会在下一章讨论这个学派）。当然，柏拉图是苏格拉底的门徒，他把苏格拉底的洞见发展成了一个完全成熟的哲学体系。不过，除了提及这些学派之外，下面这一点也非常重要，苏格拉底是思想史上极其罕见的人，在学说和人格上都有重要贡献。诚然，苏格拉底的哲学里有大量的理智果实，等待着学者们在他们分析的显微镜下吹毛求疵。然而，苏格拉底的对话似乎总是在得出任何决定性的结论之前就戛然而止。相反，苏格拉底给我们的首先是哲学生活的典范——充满激情地去认识；确信在对智慧的寻求面前，其他一切都无足轻重；保证追随问题，无论它会把我们引向何方。哲学史在苏格拉底这里发生了一个决定性的转向。早期希腊思想家们寻求认识的主要是外在自然。虽然苏格拉底承认，这种寻求有一定的价值，但他教导说，生活中存在着一个重要得多的目标。这就是获得自我认识。诚然，智者派也偏离了宇宙论问题，转而关注人的处境。不过，苏格拉底在这么做的时候，可以避免智者派不加批判的相对主义、主观主义、怀疑主义和犬儒主义。

在德尔菲的阿波罗神庙里——苏格拉底在那里第一次理解了自己的使命——有一块题匾，"认识你自己"。这成了苏格拉底终其一生的座右铭。不过，苏格拉底从没有宣称说，他拥有这一知识，他所拥有的只是探问的辩证方法，它会把每个人引向这个目标。对他来说，哲学始于承认无知。只有首先这样，我们才能把导致了理智和精神冷漠的那些令人惬意的熟悉观念清除掉。在对其审判的最后时刻，苏格拉底给我们留下了一句话，这句话已经成了推动着哲学旅程的强有力的信念："未经反思的生活是不值得过的。"[40]

> **想一想**
>
> 3.6 苏格拉底说,"未经反思的生活是不值得过的"。你觉得他为什么要这么说?他说的对吗?考虑一下截然相反的主张:"有些人从没有进行过自我检视,依然活得幸福而成功。"对此,苏格拉底会说什么?你对此的看法是什么?对我们的生活检视或反思过度,这是否存在危险?还是说,最大的危险乃是反思不够?

> **当代联系 3:智者派与苏格拉底**
>
> 智者派信仰务实和在生活中获得成功。他们的教导里还有别的积极特征吗?倘若有的话,他们的进路存在着哪些缺陷?苏格拉底有着高远的理想,他号召人们检视自己的生活。他的教导里还有别的积极特征吗?倘若有的话,他的进路有哪些缺陷?我们的社会里谁会最喜欢智者派?谁会最喜欢苏格拉底?你希望谁对社会拥有最大的影响力?或者,你是否认为,这两种观点都有必要?为什么?

材料选读:苏格拉底方法

回顾一下讨论苏格拉底探问方法的那一节,在下面的选读材料里,看看你能不能发现苏格拉底方法的六个步骤。此外,在阅读的时候,注意辨析苏格拉底用以反驳塞拉西马柯的归谬论证。

故事的开头,苏格拉底和他的朋友们在城镇的一个宗教节日上相遇。他们到了波勒马库斯(Polemarchus)家,见了他的父亲凯发卢斯(Cephalus),一位已经退休的富商。凯发卢斯说到了变老的乐趣,以及过着有成就生活的德性。凯发卢斯宣称,幸福的秘诀就是,过正义的生活。这是苏格拉底方法的前两个步骤:(1)打开哲学话题,(2)确定一个关键的哲学术语。苏格拉底考察了凯发卢斯和其他人关于正义的概念,他发现,没有哪一个定义是令人满意的。这时,塞拉西马柯这个自命不凡、滔滔不绝的教师再也抑制不住自己,跳出来加入对话。他坚持要求苏格拉底别再和他们捉迷藏,要他提出自己关于正义的定义。苏格拉底一如既往地声称,他对这个问题一无所知,并请求塞拉西马柯用他的智慧启发自己。于是,苏格拉底在他辩证法的第三步,展开了与塞拉西马柯的对话。

选自柏拉图《国家篇》[41]

他说,这就是苏格拉底的智慧;他拒绝教别人,而自己却到处向别人学习,学了以后连谢谢都不说一声。

我说,你说的没错,我是在向别人学习;但你说我从来不感谢别人,那你说错了。我没钱,因此我用赞扬的方式来表示感谢。我非常乐意赞扬那些讲得很好的人,只要你把答案说出来,你马上就会得到我的赞扬,因为我想你一定讲得很好。

他说,那你们就用心听。我确信,正义无非就是强者的利益。你们干嘛不鼓掌?看起来你们不愿意。

我回答说,我只有先听懂了你的意思才会鼓掌。如你所说,正义就是强者的利益。但是,塞拉西马柯,这是什么意思呢?……

他说，你难道不知道政府的方式多种多样；有僭主的政府形式，有民主的政府形式，有贵族的政府形式吗？

我当然知道。

政府不就是每个城邦中统治着的力量？

确实如此。

每种形式的政府都会按照各自的利益来制定法律，民主的法律，贵族的法律，僭主的法律，这些法律是政府为了自己的利益而制定的，他们颁给被统治者的法律就是正义，违反法律就要受惩罚，就是不正义。这就是我说"一切城邦存在着正义原则"这句话的意思，正义就是政府的利益；我们必须承认，政府掌握着权力，由此可以得出的唯一结论就是，不管在什么地方，正义都是强者的利益。

我说，我现在已经知道你的意思了，但我还得要看看，这样说是否正确。不过，让我评说一句，你在定义正义的时候使用了"利益"这个词，而你却禁止我使用它。不过，的确，你在你的定义中添上了"强者的"这个词。

他说，你得承认，这个添加微不足道。

这个添加是否重要，这无关紧要；但我们必须首先来考察一下，你说的是否正确。现在，我们都同意，正义是某种利益，而你继而说，正义是"强者的利益"，对于这个添加，我还没有把握，因此我们必须做出进一步考察。

那就继续。

我会的；首先，请告诉我，你是否承认，臣民服从统治者是正义的？

我承认。

但各个城邦的统治者是绝不会犯错误的，还是有时候会犯错误的？

他回答说，没错，他们会犯错误。

他们在立法的过程中，有时候可能制定得正确，有时候可能制定得不正确？

是的。

当他们制定得正确时，他们使之符合他们的利益；当他们制定得不正确时，它们不符合他们的利益；你承认这一点吗？

我承认。

他们制定的任何法律都必须被臣民服从——而这就是你所谓的正义？

确定无疑。

那么，按照你的论证，正义不仅与服从强者的利益相关，而且还和相反的东西相关？

他问，你在说什么？

我相信，我只是在重复你说的东西。不过，让我们考虑一下：我们不是已经同意了，统治者在制定法律时可能弄错了他们自己的利益，而服从这些法律也是正义的？我们没有同意这一点吗？

是的，我们同意了。

那么，你必定也同意了，当统治者无意中做了一些会对自己有害的规定时，正义不是为了强者的利益。因为，倘若如你所说，正义在那种情况下就是臣民服从他们的命令。哦，最有智慧的人，我们能够避免下面这个结论吗——弱者被要求去做的，不是为了强者的利益，而是对强者有害？

波勒玛库斯说，苏格拉底，这个结论再清楚不过了。

克里托丰插话道，是的，如果你能为他作见证。

波勒玛库斯说，不需要见证人，塞拉西马柯自己就承认，统治者有时会发布对他们自己不利的命令，而他又承认，臣民做这种事是正义的。

是的，波勒玛库斯——塞拉西马柯说过，臣民服从统治者的命令是正义的。

对，克里托丰，但他也说过，正义就是强者的利益。在承认了这两个命题以后，他又承认了，强者有时会命令弱者或臣民去做对强者不利的事情；由此可以推论，正义就是对强者的伤害，而不是强者的利益。

克里托丰说，不过，他说强者的利益，乃是指强者以为是自己的利益——弱者必须做这些事情；这就是塞拉西马柯所肯定的正义。

波勒玛库斯插嘴说，那些不是他的话。

我说，波勒玛库斯，这没什么关系。如果塞拉西马柯现在要这样说，那么我们就把它当作塞拉西马柯说的好了。

我接着说，塞拉西马柯，请你告诉我们，你的意思是，正义就是强者认为对己有利的事情，而不管它实际上是否对自己有利？

他说，当然不是。你以为我会把一个会犯错误的人在他犯错误的时候称作强者吗？

我说，是，我印象中你就是这么做的，当时你同意了，统治者并非永远正确，而是可能有时候会犯错误。

苏格拉底，那是因为你争论起来像个诡辩家。例如，你把某人称作医生是因为他看错了病，犯了错误吗？你把某人称作会计是因为他算错了帐，犯了错误吗？我们说医生犯了错误，会计犯了错误，老师犯了错误，诸如此类的说法仅仅是字面上的。而实际上我认为，就我们对他们的称呼的严格意义来说，他们绝不会犯错误。只有在他们的知识抛弃了他们，他们才会犯错误，而这个时候他们已经不是技艺家了。因此，尽管每个人都在使用医生犯错误、统治者犯错误这样的表达法，但是我们说，只要他还是一个匠人、聪明人或统治者，他就绝不会犯错误。你们必须按照不太严密的方式来理解我前面给你们的答案。而最精确的表述是，统治者只要还是统治者就不会犯错误，他在制定对自己最为有利的规定时也不会犯错误，而他的规定是被统治者必须去做的，因此，就像我一开始说过的那样，正义就是强者的利益……

医生在你刚才讲的最严格的意义上是治病的人，还是挣钱的人？记住，我现在说的是真正的医生。

他回答说，治病的人。

那么舵手——也就是说，真正的舵手——是水手的首领还是一名水手？

他是水手的首领。

我们不考虑他在海上航行这种情形，也不考虑他被称作水手这种情形；他之所以与众不同地被称作舵手，这与航行无关，而是因为他拥有技艺，对水手有权威。

他说，非常对。

我说，那么，每种技艺都对它所服务的东西具有某种利益，不是吗？

当然。

我说，每种技艺的存在都要考虑和提供这些利益，难道不是这样吗？

是的，这就是技艺的目标。

任何技艺的利益就是要尽可能地完善——此外无他？

你是什么意思？

我的意思可用身体的例子从否定的方面展示出来。假设你问我，身体是自足的，还是有需要，我会回答说：身体肯定有需要；因为，身体可能生病了，需要治疗，因此，医疗技术正是为了身体的利益；你也会承认，这也是医疗的起源和意图。我说的对吗？

他回答说，非常正确……

那么，医疗考虑的不是医疗的利益，而是身体的利益，对吗？

他说，对。

骑手的技艺考虑的也不是骑手的利益，而是马匹的利益；其他技艺也不会寻求自身的利益，因为没有这种需要，而是寻求技艺对象的利益。

他说，对。

但是，塞拉西马柯，没有哪门科学或技艺考虑的是强者或统治者的利益，它考虑的乃是臣民和弱者的利益。

他企图质疑这个命题，但最后还是接受了它。

那么，我接着说，没有哪一个医生——就其是真正的医生而言——在诊疗时考虑的是他自己的利益，而不是病人的利益；因为，真正的医生也是支配身体的统治者，而不仅仅是挣钱的人。对此我们不是已经都同意了吗？

是的。

同样地，在严格的意义上，舵手是水手的统治者，而不仅仅是水手，是不是这样？

我们刚才已经同意了。

这样的舵手和统治者要考虑和处置的是受他统治的水手们的利益，而不是他自己的或统治者的利益，是不是这样？

他满不情愿地说"是"。

我说，那么，塞拉西马柯，任何一位统治者——就其是一位真正的统治者而言——都不会考虑和规定他自己的利益，而是考虑和规定他的臣民或适合他技艺的人的利益；他的一言一行都是为了他们的利益，他只考虑他们的利益。

讨论进行到这一步……在场的人都明白塞拉西马柯关于正义的定义已经被颠倒过来。

理解题

1. 哪四个原因导致了公元前5世纪希腊文化的变化？
2. 智者派有哪些人？他们哲学的主要主题是什么？
3. 自然（physis）和人为（nomos）这两个术语体现了什么区别？智者派是如何把这一区别应用于道德的？
4. 普罗泰戈拉说，"人是一切事物的尺度"，这句话是什么意思？
5. 普罗泰戈拉关于伦理学和宗教的观点是什么？
6. 高尔吉亚的三个命题是什么？他提出这些断言的用意是什么？
7. 安提丰、塞拉西马柯以及卡利克勒对正义和社会法律持有什么立场？
8. 德尔菲神庙的祭司声称，苏格拉底是雅典最有智慧的人，对此苏格拉底最终得出的结论是什么？
9. 根据苏格拉底的看法，能够感染灵魂的"疾病"是什么？
10. 什么是苏格拉底方法？
11. 为什么苏格拉底如此关心定义？
12. 什么是归谬论证？苏格拉底是如何用它来反驳塞拉西马柯的？
13. 什么是天赋观念？苏格拉底把自己描述为"观念的助产妇"，天赋观念思想与该描述有何关联？
14. 苏格拉底关于灵魂的观点是什么？
15. 为什么苏格拉底宣称，没有人明明知道而选择为恶？
16. 为什么苏格拉底要论证，虽然他认为对自己的处刑是不正义的，但倘若他越狱逃跑了，就会是在做错事？

思考题

1. 你是否同意苏格拉底的如下说法："认识到善，就会行善"？为什么？
2. 你是否同意苏格拉底的如下主张，道德是客观的东西，而非像智者派所想的那样是主观的意见？为什么？
3. 违背法律，这能够得到道德上的辩护吗？如果能，那我们在何种情况下可以违背法律？假设对苏格拉底的处刑是不正义的，那么，你是否同意他不越狱的那些理由？

注释

[1] 修昔底德（Thucydides），《伯罗奔尼撒战争史》（History of the Peloponnesian War），第三卷，第82行，引自

1. 弗兰克·梯利（Frank Thilly）和莱杰·伍德（Ledger Wood），《哲学史》（*A History of Philosophy*），第三版（New York: Holt, Rinehart and Winston, 1957），第 55 页。
2. 欧里庇得斯（Euripides），《美狄亚》（*Medea*），吉尔伯特·莫里（Gilbert Murray）译，载于《希腊十大戏剧》（*Ten Greek Plays*），莱恩·库珀（Lane Cooper）编（New York: Oxford University Press, 1940），第 326 页。
3. 引自柏拉图，《普罗泰戈拉篇》318e，W. K. C. 格思里（W. K. C. Guthrie）译，载于《柏拉图对话集》（*Collected Dialogues of Plato*），伊迪思·汉密尔顿（Edith Hamilton）和亨廷顿·凯恩斯（Huntington Cairns）编（New York: Bollingen Foundation, 1961）。
4. 柏拉图，《普罗泰戈拉篇》313c。
5. 亚里士多德，《修辞学》2:24，第 9 节，W. 里斯·罗伯茨（W. Rhys Roberts）译，载于《亚里士多德基本著作集》（*The Basic Works of Aristotle*），理查德·麦基翁（Richard McKeon）编（New York: Random House, 1941），第 1431 页。
6. 引自柏拉图，《泰阿泰德篇》167c，F. M. 康福德（F. M. Cornford）译，载于《柏拉图对话集》。
7. 引自 W. K. C. 格思里，《希腊哲学史》（*A History of Greek Philosophy*，Cambridge, England: Cambridge University Press, 1969），第 3 卷，第 234 页。
8. 同上，第 3 卷，第 194 页。
9. 安提丰，引自约翰·曼斯利·鲁宾逊（John Mansley Robinson），《希腊早期哲学导论》（*An Introduction to Early Greek Philosophy*，Boston: Houghton Mifflin, 1968），第 251 页。
10. 同上，第 250—251 页。
11. 柏拉图，《申辩篇》，F. J. 丘奇（F. J. Church）译，罗伯特·D. 卡明（Robert D. Cumming）修订，载于《欧绪弗洛篇、申辩篇、克里托篇》（*Euthyphro, Apology, Crito*，Indianapolis: Bobbs-Merrill, Library of Liberal Arts, 1956），第 29 页。
12. 同上，第 35—36 页。
13. 同上，第 37 页。
14. 同上，第 26 页。
15. 柏拉图，《克拉底鲁篇》384b。
16. 柏拉图，《欧绪弗洛篇》，载于《欧绪弗洛篇、申辩篇、克里托篇》，第 7 页。
17. 柏拉图，《国家篇》338c—339d。
18. 柏拉图，《美诺篇》71e—73d。
19. 柏拉图，《拉凯斯篇》187e—188a，本杰明·乔伊特（Benjamin Jowett）译，载于《柏拉图对话集》。
20. 柏拉图，《美诺篇》80a 以及《欧绪弗洛篇》11b—d。
21. 柏拉图，《美诺篇》80c，《卡尔米德篇》165b、166c—d，以及《普罗泰戈拉篇》348c。
22. 柏拉图，《高尔吉亚篇》481c，W. D. 伍德黑德（W. D. Woodhead）译，载于《柏拉图对话集》。
23. 亚里士多德，《形而上学》13:4。
24. 柏拉图，《泰阿泰德篇》149—151。
25. 格里高利·弗拉斯托斯（Gregory Vlastos）编，《导论：苏格拉底的悖论》（"Introduction: The Paradox of Socrates"），载于《苏格拉底哲学》（*The Philosophy of Socrates*，Garden City, NY: Anchor Books, Doubleday, 1971），第 5—6 页。
26. 柏拉图，《克里托篇》48b。
27. 柏拉图，《高尔吉亚篇》469b。
28. 柏拉图，《高尔吉亚篇》479b。
29. 柏拉图，《美诺篇》88a—89a。
30. 柏拉图，《高尔吉亚篇》460b。
31. 柏拉图，《普罗泰戈拉篇》345e；参见《美诺篇》78a。
32. 欧里庇得斯，《希波吕斯篇》（*Hippolytus*），E. P. 科尔里奇（E. P. Coleridge）译，第 380 行，载于《希腊戏剧大全》（*The Complete Greek Drama*），惠特尼·J. 奥茨（Whitney J. Oates）和小尤金·奥尼尔（Eugene O'Neill, Jr.）编（New York: Random House, 1938），第 1 卷，第 773—774 页。
33. 亚里士多德，《尼各马可伦理学》7:2，W. D. 罗斯（W. D. Ross）译，载于《亚里士多德基本著作集》。
34. 柏拉图，《克里托篇》52a，51d。
35. 同上，50b—c。
36. 柏拉图，《申辩篇》39a。
37. 同上，29c—d。
38. 柏拉图，《克里托篇》49e—52e。
39. 柏拉图，《克里托篇》54b，载于《欧绪弗洛篇、申辩篇、克里托篇》，第 65 页。
40. 柏拉图，《申辩篇》38a。
41. 柏拉图，《国家篇》338b—343a，本杰明·乔伊特译，载于《柏拉图对话集》，第三版，修订版，第 5 卷（New York: Oxford University Press, 1892）。为了更具可读性，我对这篇 19 世纪的经典译文做了些微改动。

第 4 章

柏拉图：寻求终极的真理与实在

柏拉图生平：从学生到大学校长

当苏格拉底被判处死刑的时候，他的学生柏拉图（Plato）还不到30岁。其导师由于政治原因导致的死亡或许是柏拉图生命中的转折点。他与苏格拉底有着深厚的友谊，因而，他接过了那位年长哲学家的挑战，直面那些艰深的问题，终其一生追求智慧。在审判苏格拉底的法庭上，柏拉图和三位朋友提出向法庭交一大笔罚金，以免除死刑。但令柏拉图沮丧的是，他们改变法庭想法的努力失败了，他的杰出导师的生命走向了悲剧的结局。毫无疑问，柏拉图的感受与他笔下斐多的感受是一样的："我们的朋友的结局……就是这样，我认为，他是我们时代所有人当中最好的、最有智慧的、最正直的。"由于这些事件，许多问题萦绕着柏拉图："一个不能忍受苏格拉底身处其间的社会是一种怎样的社会？如果哲学智慧要在人类事务中占据主导，那我们应该拥有的又是一种怎样的社会？"因此，他在其后的岁月里一直努力尝试着回答这些问题。

柏拉图并不是一开始就计划以哲学家为业。他于公元前428年或427年出生于雅典的一个贵族家庭，所受的教育和训练都是要让他成为一位政治领袖。然而，苏格拉底死后，他决定把所有的精力都奉献给哲学。一开始，他旅行了一段时间。有些人认为，他最远可能到过埃及。不论这是真是假，我们确切知道的是，他在公元前388年到了意大利西西里岛的叙拉古。他一回到雅典就创建了一所学校，它是西方世界的第一所大学。柏拉图的学校名叫"学园（the Academy）"，坐落于雅典城外用以纪念英雄阿卡德摩（Academus）的墓地。900年后，柏拉图学园这个机构依然在运作着，它的名声一直流传到今天，其标志就是，在高等教育里依然在使用着"学院"和"学术"这些术语。

柏拉图在余下的岁月里一直在学园授课、指导以及撰写哲学作品。《国家篇》就是他最著名的作品之一。他在这本书里论证了，只有具备哲学眼光的人成为领导者，或领导者具备哲学智慧，社会才能够是公正的。在公元前368年以及公元前361年，他两次重返叙拉古，应邀教导继承了王位的狄奥尼索斯二世，以实现上述目标。不幸的是，柏拉图的任务失败了，因为这个统治者太热心暴政，无心哲学。在第二次访问时，两人完全无法相处，柏拉图勉勉强强才死里逃生。回到学园后，他继续教学，直到公元前348年或者公元前347年突然、但平和地逝世。

柏拉图的任务：全面发展哲学

柏拉图追随其老师的步伐，对伦理问题有着强烈的兴趣。不过，苏格拉底的命运也教导他，只有社会本身得到了改造，好人才能够活下来。因此，政治哲学也是柏拉图作品的主要关切点。不过柏拉图讨论这些问题的脉络要比苏格拉底的广阔得多。如果善和正义像智者派宣称的那样，仅仅是约定的东西，那就没有必要花太多的时间思考它们。不过，柏拉图相信，在充分理解了实在本质的基础上，可以找到我们伦理和政治问题的答案。因此，他把很大一部分的哲学精力都花在了形而上学问题上。不过，我们要想在其他哲学问题上取得进展，必须首先为知识打下坚实的基础。此前的哲学家们就知识论问题有过简短的小规模争论，而柏拉图是第一个对这些问题进行全面探究的人。

知识论：理性对意见

要理解柏拉图的知识理论，我们首先得要理解他所拒斥的三种立场。首先，他考虑的是智者派的相对主义。智者派强调个人的或文化的意见，柏拉图与他们不同，他相信，我们的生活和社会都必须要建立在知识的基础上，并且，这一知识必须要是普遍的（对所有时代的所有人来说都是真的）。其次，他力图破坏我们对感官经验的信心。我们所需要的那种类型的知识必须是永恒的、不变的，这种知识我们在经验中是找不到的。最后，他论证说，知识不仅仅是真信念，因为，它必须是基于理性的洞见。

反驳相对主义

在《泰阿泰德篇》中，他批判性地考察了智者普罗泰戈拉的主张，"人是一切事物的尺度"。这是表达相对主义立场的一个非常具体的方式。这个立场初看起来有些道理。例如，同样一阵风对一个人来说可能是寒冷的，对另一个体热的人来说可能正相宜（Th 151e—152c）。[1] 如果你说，它对你来说是寒冷的，那你的这个判断不可能错，我倘若坚持说你错了，我就非常粗野了。每个人关于风对他显得如何的意见都是同样正确的。当然，普罗泰戈拉并没有把他的主张局限于舒适的问题，而是把这同一类论证运用到了所有的判断，包括道德判断。不过，柏拉图发现，相对主义者的立场是有缺陷的。首先，这一立场反驳了它自身。在《泰阿泰德篇》（171a，b）里，柏拉图写下了苏格拉底和数学家塞奥多洛之间的交锋：

苏格拉底：从他那方面说，就像普罗泰戈拉承认每个人的意见都是真的那样，他也必须要承认，他的对手们的信念是真的，他们相信他错了。

塞奥多洛：当然。

苏格拉底：那就是说，如果他承认那些相信他错了的人的信念是真的，那么他就得承认自己的信念是假的？

塞奥多洛：必须如此。

换言之，相对主义者并不是真的相信，所有意见都是同样真的。相对主义者相信，他们自己是正确的，而他们的对手关于知识的意见则是错的。普罗泰戈拉打算教导人们他们需要知道的东西，他甚至指望他们为这一知识对他慷慨解囊。然而，一旦相对主义者宣称说，他们的意见要比别人的意见更好，他们就已经放弃了他们的相对主义了。

在这篇对话中，苏格拉底继而指出，每个人都认识到了智慧和无知、真信念和假信念之间的区别。假设你的医生相信你的腿断了，而你相信它没断。这是否意味着，你的医生的信念和你的信念都是同样真的？一瓶酒会酿成甜的还是不甜的，对此谁具有最佳的意见，葡萄园主还是一个长笛演奏者？一份乐谱会不会是一段悦耳的旋律，谁更适合告诉我们这个，一个音乐家还是一个体育教练？（Th 178c—e）柏拉图的观点是，并非所有的意见都具有同样的价值。

反驳感官经验

柏拉图反驳的第二个立场后来被称作经验主义。经验主义者主张，我们的一切知识都源于感官经验。然而，柏拉图提出了几个证明，为什么我们永远都不能从五种感官的数据中得出真正的知识。第一，感官知觉仅仅给予我们赫拉克利特所描述的不断流变的世界。在这个领域，我们永远都不能自信地说什么是真的，因为，它始终处于流变之中。因此，在一个时刻真的东西在后来的时刻将会成为假的。就在我说"这杯子里的咖啡是热的"时刻，它已经在逐渐冷却，很快，我的描述就不再是正确的了。此外，所有关于感官视觉的主张都是相对于知觉者而言的。我认为热的咖啡对你来说或许尝起来是温的。类似地，我们的知觉是相对于周围环境而言的。

例如，温咖啡和冰茶比起来似乎是热的，但和开水比起来却又似乎是凉的。在商店里看起来是黑色的衣服现在在太阳底下看起来就是深蓝色了。如果我们局限于感官经验，那么普罗泰戈拉的相对主义就会是避免不了的。我只能说，情况看起来是这样，事物是如此这般地向我呈现的，我不能说出任何确定地真的东西。因此，对柏拉图来说，由知觉而来的所谓知识就太过转瞬即逝，无法被认真对待了。

柏拉图对感官经验的第二个质疑来自他的如下信念：知识的对象必须是某种普遍的东西，我们可以在一种不变的描述或定义中把握它。不过，如果语言所指向的仅仅是物质世界里不断变化着的特殊事物，那么我们所使用的术语的含义也将会是处于流变之中，语言就将会无法发挥作用。因此，我们是通过普遍的概念而获得理解的。为了弄清柏拉图在说什么，让我们做些思想实验。第一，你会把图 4–1 里的对象叫作什么？很可能，你会说它是个圆。然而，柏拉图说，这不对。更确切地说，它是表现圆的一个尝试。为什么它不是一个真正的圆？好吧，如果你透过一个高倍放大镜来看它，你会看到，那条线多少是锯齿状的。墨点与中心并不全都是等距的。此外，这条线有宽度，可以量出有多少分之一厘米。还有，这条线有高度，因为它是由一层墨水涂在纸上画就的。最后，墨水可能会褪色，这张纸也可能会被焚毁，上面印的图案就改变了或毁灭了。然而，构成了一个圆的那些点与中心的距离全都是完全相等的，它们既没有宽度也没有高度，也不能够被改变或毁灭。这幅图相当接近于一个圆的大概，但它不是一个真正的圆。关键在于，我们不能够看见真正的圆，我们只能用心灵在概念上认识它。这就是为什么数学家不需要实验室来做出发现的原因。他们使用理性而不是感官，去研究他们的对象。如果你看到一个数学家用板子剪出一个圆，然后用尺子量它，那你就会发现，这个人并不真的理解数学家是什么样的人。

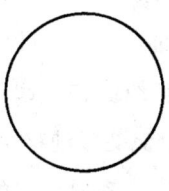

图 4-1

让我们再做一个思想实验。根据所展示的正义程度，比较一下世界上的不同国家。或者，在量和质上比较一下美国奴隶制时期和我们当今的法律与宪法里所体现的正义程度。你如何能够展开这样的比较？你能用眼睛看到正义吗？它是什么颜色的？它有多高？它有多重？很显然，这些问题只适用于物理事物，根据可观察的属性来描述正义，是没有意义的。我们能够看到人们的行动，可以说那些行动展示了正义或不正义。但严格说来，我们不能够看到正义本身。显微镜和望远镜帮助我们看到了物理世界的很多物体，我们裸眼是无法看到它们的。然而，不存在什么"正义望远镜"或"正义米尺"，以使得正义成为可见的东西。

此外，没有哪个国家是完全地正义的。我们在人类历史上从没有看到过任何一个完全正义的例子，我们看到的仅仅是人类努力接近它的脆弱尝试。因此，完全正义这个概念不可能来自我们的经验。各个国家体现出的正义程度各不相同。个别的国家可以变得更加正义，或者更加不正义。国家与所有其他特殊的事物一样，是不断变化着的。不过，在柏拉图看来，正义本身的标准却没有变化。只有标准是单一的、始终不变的，我们才能够衡量一国内部的道德变化。由于这些理由，柏拉图赞同赫拉克利特的观点：如果没有为只有理性才能带来的认知所渗透，眼睛和耳朵就只是可怜的见证。

柏拉图相信，如果正义不是某种固定不变的、超越了物理世界的东西，那智者派的说法就是对的，诸如正义这样的道德性质就只是嘴里发出的声音或喷出的一团气。我们可以把柏拉图的立场整理为如下论证：

（1）正义要么是某种实在的、客观的东西，要么就仅仅是一个词。
（2）如果第二个选项是真的，那么，我们的道德判断就没有任何价值。在希特勒和一个圣徒之间就不存在任何真正的区别，除了我们约定好了分别用在他们身上的发音有所区别。
（3）然而，命题2是荒谬的。在希特勒和一个圣徒之间存在区别。
（4）因此，正义是某种实在的、客观的东西。
（5）实在的东西要么是物理的东西，要么是非物理的东西。
（6）显然，正义不可能是物理的东西。
（7）因此，正义必定是某种实在的、客观的、非物理的东西。

想一想

4.1 柏拉图主张，正义的本质是客观的、独立于我们有关它的主观想法的，请提出你自己支持或反对该观点的论证。此外，他还主张，正义是某种实在的东西，虽然它不是一种物理的东西，请提出你自己支持或反对该观点的论证。

知识不是真信念

最后，柏拉图坚持把知识和信念严格地区分开来。信念要么是真的，要么是假的，但知识必定始终是真的。那么，我们能够说，知识就是真信念吗？柏拉图不这么认为。例如，让我们假设，我相信，这个时刻美国总统在与加利福尼亚州州长打电话。然而，我的这个信念没有任何根据。我仅仅是随意瞎猜的。虽然如此，它有可能是个真信念，如果它碰巧符合实情的话。很显然，我们是不会愿意把这样幸运的猜测称作"知识"的。我们也可以想象，一个孩子记得毕达哥拉斯定理，并且知道如何应用它。但如果他不理解这个定理之所以为真的合理根据，那么在柏拉图看来，它就仅仅是一个二手的真信念。即便这个孩子记得此定理的证明，如果他没有完全地理解该证明的逻辑的话，他也依然不会有知识。知识必须基于某种理性的洞见。由于这个原因，柏拉图说：

> 真信念只要能够保持不变，那它们也是好东西，它们所做的也是好事，但它们不愿意长久保持不变，它们会从人的心灵中逃走，因而，除非用理性的说明把它们捆住（给出理性的说明），否则它们就没有什么价值……这就是知识比真信念更有价值的原因，知识有捆绑，而真信念则没有。[2]

普遍的相是知识的基础

柏拉图遵循着苏格拉底的方法，通过排除不充分的构想来获得对知识的正确理解。根据到目前为止的说法，柏拉图显然相信，真正的知识是：

1. 客观的
2. 感官无法把握的
3. 普遍的
4. 不变的
5. 基于理性理解的

柏拉图严格区分了感官经验此时此地的领域和理性知识不变的领域，他进而表明，它们以一种特别的方式相互纠缠在一起。他说，感官经验的世界并不是完全流变或纯粹个别的。我们发现，特殊的事物归属于一系列稳定的、普遍的范畴之中。如果不是这样的话，我们就不可能辨认任何事物，也压根就不可能谈论它们。例如，汤姆、迪克、苏珊和简是各不相同的个体，但我们可以用人这个普遍的术语来指他们中的每一个。尽管他们有区别，但他们在有的方面是一样的。与每个通名（如"人""狗""正义"）相对应的，是一个**普遍者**（Universal），它是由那个范畴之中所有事物根本的、共同的属性构成的。* 圆形的对象（硬币、戒指、花冠、行星轨道）全都具有圆形这一普遍者。美的特殊对象（玫瑰、贝壳、人、日落、油画）全都具有美这一普遍者。特殊者会生成、变化、消亡，但普遍者则居于一个永恒的、不变的世界。玫瑰由一个花苞长成，成为一朵美丽的花，然后又褪色、变丑、凋谢。然而，美这个普遍者则永远都保持不变。

柏拉图使用了多个术语来指经验中的这些持存者。他称它们为"普遍者"，因为它们是特定范畴中所有特殊事物共有的东西。有时候，他也说"正义本身"（或"美本身""善本身"）。柏拉图用这些术语是要表明，他是在讨论所探究的性质的最纯粹的

---

* 从这里开始，我将把"普遍者""相""正义"等术语用黑体字标出，柏拉图对它们的使用有着特别的含义。

体现。例如，正义本身不同于我们在人类事务中经验到的正义的那些有缺陷的、有局限的版本。

柏拉图常常使用"理念（idea）"（比如"正义的理念""善的理念"）这个术语来讨论知识的对象。因此，这些讨论所涉及的内容有时也被称为柏拉图的"理念论"。这一用词把握到了一种含义，即柏拉图是在指非物理的事物。例如，人的理念超越了组成了人类物种的血肉个体。然而，不幸的是，英语中的"idea"一词也指一个人心灵的主观内容。在该词的这个意义上，如果你失去了意识，你的观念也就不复存在了。然而，柏拉图式的理念这种实在是独立于认识它们的心灵而存在的。根据柏拉图的解释，即便不存在圆形的对象，即便没有人想到过圆形，圆形客观的几何学属性也依然存在，等待着被发现。幸运的是，柏拉图还用了另一个术语来表示理念，我们可以把它翻译为"**相**（Forms）"。由于这个术语没有前一个术语误导人的联想，因而从现在起，我们将把柏拉图的说明称作"相论"。请注意，某个事物的"相"并不一定是指它的外形。如果我们是在讨论三角形的相，那外形一定是它的一个必然的方面。但很显然，正义的相就与外形没有任何关系。

知识通过回忆而获得

在《美诺篇》中，一个叫美诺的年轻人向苏格拉底提出了有些智者所使用的一个悖论，以表明，对知识的寻求是不可能的。美诺是这么表述这个悖论的：

> 当你连它是什么都不知道的时候，你如何去寻找它呢？你会把一个你不知道的东西当作探索的对象吗？换个说法，即便你马上反对，你又如何知道，你找到的东西就是那个你不知道的东西呢？[3]

换言之，如果我们是在寻找正义的意义，那么我们要么认识它，要么不认识它。如果我们已经认识到了它是什么，那我们就不需要再寻找它，但如果我们没有认识到正义是什么，那当我们找到它的时候，我们将如何认出它？柏拉图给出的回答是，这个二难困境的两支都是真的；我们既认识普遍的相，又不认识它们。首先，我们认识它们，因为它们就印在我们的灵魂上。换言之，我们对于终极真的、实在的东西，对于固有的价值，有着**天赋知识**（innate knowledge）。柏拉图相信，在灵魂进入肉体之前，我们直接地熟悉那些相，但在进入物理世界时，我们忘记了这一知识。这解释了上述二难困境的第二支——为什么我们觉得自己并不具备这一知识。虽然如此，但关于相的这一知识依然在那里，等待着我们通过回忆这个过程找回。当柏拉图谈到灵魂的前世存在时，他用的是神话和故事，他认识到，我们对这些事态不可能具有细节性的科学知识。不过，要点在于，对生命究竟是什么获得一种理解，这更类似于回想起某物，而不是发现新的材料。我们全都有这样的经验：我们第一次开始清楚地理解某物，但我们意识到的是，我们其实已经对它具有了某种知识，只不过我们过去并没有完全地、有意识地觉察到它。柏拉图认为，正是这类经验表明了知识的本质。对于理性的心灵来说，特定的真理是可以获得的，是可以独立于感官经验而被认识到的。

我们该如何来触发对相的这一回忆呢？柏拉图的回答是，我们是通过苏格拉底开启的一种辩证质疑来做到这一点的。在《美诺篇》中，苏格拉底与一个没有受过教育的奴隶男孩对话，在理智助产士苏格拉底一系列提问的帮助下，后者开始认识到了一个几何学的真理。在《斐多篇》中，苏格拉底论证说，我们对于绝对的正义、美、善、平等等事物具有一个概念，虽然我们的眼睛从没有看到过它们中的任何一个。感官经验和苏格拉底的辩证质疑法不能给予我们有关相的知识。相反，它们提醒着我们那些我们朦胧地知道、但无法有意识地把握的东西。

柏拉图的分割线

充满讽刺意味的是，虽然柏拉图蔑视感官世界，但他用以阐明其知识理论的一些最富启发性的段落却使用了具体的形象。他最有名的象征之一就是其对分割线的说明。柏拉图让我们进行如下想象：

把一条线分成不等的两部分，一部分代表可见世界，另一部分代表理智世界；再把每一部分按同样的比例分成两部分，它们象征着相对而言的明晰性或模糊性程度。（R 6.509d—e）

在其对分割线的描述中，柏拉图把知识的程度或层次关联于实在的层次。虽然我们在本节的兴趣点是柏拉图的知识理论，但要把它与他关于实在的信念区别开来，是不可能的。因此，柏拉图力图展示，知识论和形而上学是平行的。随着我们在意识的阶梯上攀升，我们的认知状态就越来越接近于真正的知识。类似地，相应于更高意识层级的对象也是更加完全地实在的。图 4-2 就表现了分割线。

从这个图看得很清楚，人的心灵沿着竖线从 1 上升到 2，通过了意识的几个模式，这些模式分别对应着实在的不同层级。从完全的无知（A）到纯粹的知识（D）这个连续过程被分为两个大的认知状态，也就是意见和知识。它们分别对应着实在的两个主要层级，即可见世界（或物理世界）（A′和 B′）以及理智世界（C′和 D′）。不过，这些部分又被进一步分割了。意见的最低层级可以被称作想象或猜想（A）。这个认知状态对应着"实在"的边界，例如阴影、影像和映像、视错觉、梦以及幻想。把沙漠里的蜃景错当成了湖泊，这是处于认识和实在的这个阶段的一个典型例子。类似地，一个人满怀感情地关心电视肥皂剧里角色的生活，把他们当成了真人，这是处于认识和实在的这个阶段的另一个例子。不过，我们不仅可能被物理形象所欺骗，还可能被聪明的语词所创造的形象所欺骗。因此，有些人相信了一个智者派政治家的华丽辞藻，还有他

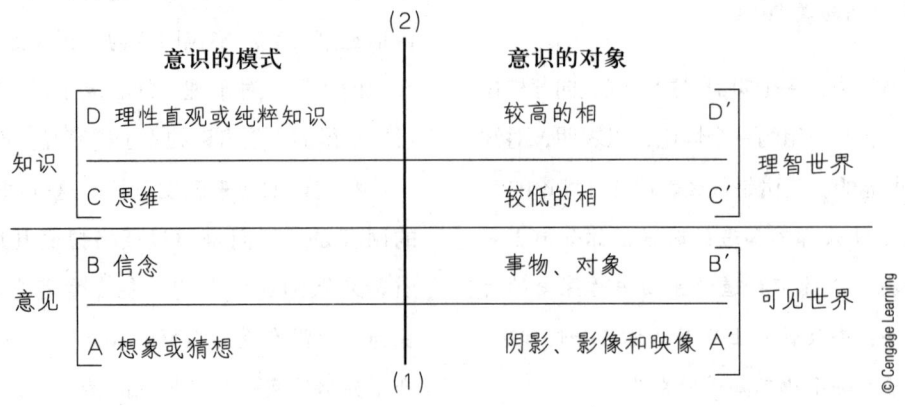

图 4-2　柏拉图的"分割线"图表

关于正义是关于什么的错误形象，这些人就被困在了那条竖线的较低层级。他们把正义的一个扭曲了的阴影与真实的事物搞混淆了。

第二个层级（B）是常识的信念。在实在方面，它对应于自然对象以及文化对象领域。一个认识到了个别的马或实践着正义的特定国家，但没有把它们视为理想的马或完善的正义的不完善体现，此人就处于这一层级。这样的人可能具有真的意见，但他不具有知识。这是因为，他没有理解事物为何会如此的原因，他只看到了特殊的事物，而没有看到相。这里存在一个比例。马在水中的映像（A'）与物理的马（B'）的比例等于整个可见世界（A'和B'）与理智世界（C'和D'）的比例。

当我们到达了第三个层级（C）的时候，我们已经开始找到了自己进入知识领域的道路。它是朝着意识的更高领域的一个过渡阶段，代表了数学和特定科学里所运用的那类推理。认识的这个领域有两个特征。第一，心灵把可见世界的对象用作手段，以达到对理智世界的理解。例如，柏拉图说，学习几何学的学生使用图形以及画三角形来证明各种命题。但他画的可见的线实际上并不是他的知识的对象。他在研究的是三角形的纯粹的相。第二，这一层级的知识是片段式的，并且是基于被视为自明的预设之上的。这样的知识要想变得完善，最终就得要把它们从非预设的第一原则那里推导出来。

在最后的阶段（D），心灵飞跃了一切预设和感性的拐杖，抵达了对纯粹的相的理性直观。这些相是我们用以推导出一切次级的、特殊化的知识的终极原则。这个辩证过程的终点乃是对"整体的第一原则"的把握。它无须进一步的解释或证明，其他一切都依赖它。柏拉图称知识和实在的这一最终

源泉为"善"（R 7.508e，518c）。我们只有通过类比才能够描述它。柏拉图说，把善设想为太阳。太阳使一切有生命事物的存在成为可能，使我们能够看见它们。类似地，善是一切事物存在及实在的源头，它就像太阳的光辉一样，使我们的心灵能够看见真理。这里发现的知识无法用语词表达，因为善是语词能够传达的特殊真理的超验源头。我们只能够遭遇它，"长期地接受它本身的教导，与之保持亲密的关系，终有一天，它就像突然迸发的火花在灵魂中产生，并立刻成为自我保持的东西"（L 7.341c—d）。后来的基督教柏拉图主义者把柏拉图的善等同于上帝。不过，柏拉图的善是非人格的、理性的原则，是实在的基础，而不是一个仁慈的、与人同形同性的神，理解这一点非常重要。

形而上学：阴影与实在

相这种实在

柏拉图努力发挥苏格拉底的洞见，这驱使他追求它们的形而上学基础。柏拉图和苏格拉底都关注在仔细地构造和理性地推导出来的定义中把握普遍的概念。不过，苏格拉底对形而上学从来都不太感兴趣。因此，他从来都不太关注如下问题：这些普遍者或相有着哪种类型的实在。不过，柏拉图论证说，如果相是知识的真正对象，那么知识就必定是关于某个实在的东西的知识。因此，相必定是客观的、独立存在的实在。当数学家对圆的几何属性进行推理时，他在研究什么？他并不是在检查自己在经验中发现的圆环、戒指或轮子。相反，他是在用自己的心灵沉思圆本身这个永恒的相。圆的对象可能会变化或被毁灭，但数学家所研究的东西不可能

被改变。

如果相是实在的,那么它们存在于何处?这个问题是没有意义的,因为"何处"以及"何时"等问题只适用于时空中的对象。例如,你不能够问,乘法表存在于何处。诚然,我们在心灵中拥有它们,我们把它们写在黑板上。但如果我们的心灵忘记它们了,如果那个复本被毁坏了,乘法表里的真理将会依然如故。我们没有发明它们,我们只是发现它们。因此,它们的存在不依赖我们的心灵。一切科学和技艺都只有涉及相才达致其任务。生物学家研究青蛙,他对这只或那只青蛙本身不会感兴趣。相反,生物学家力求认识的是对所有青蛙来说普遍地真的东西。他力求理解的是青蛙的相的特性。类似地,木匠熟悉的是椅子的相、桌子的相,他力求用木料例示出这些相。

变化问题

此前哲学家们遗留下来没有解决的问题也促使柏拉图走向了形而上学。其中一个大问题就是变化问题。它就像是一个人鞋子里的小石子,一直刺激着希腊哲学,挥之不去。关于变化,存在着一个悖论。当你去拜访你从很小的时候就再没见过的一个亲戚时,他们或许会说,"哎呀,你变化真大呀!"但他们在说什么?很显然,他们在说,你和以前不一样了。不过,你与自己年轻时的区别不同于你与你姐姐的区别。在某种意义上,你是同一个人。你还是同一个人,但你又不是同一个人。赫拉克利特和巴门尼德分别提出了极端的方案,来解决变化悖论。赫拉克利特说,经验世界的一切都是变化着的,永久只是一种幻觉。巴门尼德及其埃利亚学派的追随者们则宣称,永久是根本性的,变化只是现象,

以此消除了变化问题。

虽然两者的立场截然相反,但他们都假定了一元论,都主张,实在根本上是一类事物。如果赫拉克利特的立场是正确的,那知识就不可能了,因为,世界上就没有什么东西是稳定的,以令我们能够认识(除了逻各斯)。但巴门尼德的解决方案也不能令人满意,因为,变化显然是生命的一个事实。柏拉图相信,他们都错了,但他们又都是对的。他们错在其一元论,因为,他们过于迅速地假定了,所有的实在都是一类事物。不过,他们又都是对的,他们分别描述了一幅完整图像的一半边。柏拉图在综合其前辈们的洞见这方面是个天才。他采纳了他们的洞见,但对它们做了修正,消除了它们的缺点。

柏拉图试图调和赫拉克利特和巴门尼德,他提出了**形而上学二元论**,指出存在着两类完全不同的实在。他提出,存在着一个不断流变的世界,同时,也存在着一个永恒的、不变的世界。流变的世界是我们在感官经验中遭遇的物理世界。因为它是不断流变着的,因而我们对它不可能具有理性的知识。永恒的、不变的世界是非物理的实在。它不处于空间和时间中。柏拉图有时候把它指为"理智世界",因为,这种实在只能通过理性来认知。

> **想一想**
>
> 4.2 柏拉图说,有些事物比其他事物更加实在,你觉得这种说法有意义吗?为什么?

特殊者与相之间的关系

在这一点上,柏拉图面临着所有二元论都会面临的问题。一旦你把实在分为两个不同的领域,你如何理解它们之间的关系?对于柏拉图来说,这个宇宙

不是一个民主的宇宙，因为，这两种实在并不是平等的。物理世界与相的世界比起来并不那么实在，前者要依赖后者这个更高的世界。超越了经验的实在造成了我们在经验世界中发现的所有秩序和实在。

"实在的程度"，这在我们听来怪怪的。毕竟，难道常识没有告诉我们，事物要么是实在的，要么不是实在的？甚至巴门尼德这位常识的伟大对手也会同意这一点。但在柏拉图看来，感官对象占据的是实在与非实在之间的灰色地带。或许，有些普通经验和日常对话可以帮助我们理解柏拉图的"实在的程度"这个概念。如果我们发现自己持有 20 美元的伪钞，那么，很显然有某个东西在我们的钱包里。就它是一张纸而言，它与任何纸张都一样地实在。然而，作为合法流通货币，它并不是一张实在的美元现钞。伪钞仅仅是对真钞的模仿。如果我们有珍爱的人的照片，那它乃是一种实在，因为它就摆在我们的桌台上，在我们的心中激起温暖的回忆。但再一次，不幸的是，它不是实在的人，它仅仅是他的再现。这张照片之所以令我们着迷，乃是在于它具有了我们所爱的人的部分实在。它直接来自那个人，具有他的形象。类似地，镜子里的映像或阴影也具有某种实在性，但它们仅仅是某个更加实在的事物的模糊形象。用柏拉图的话说，照片和映像分有着它们所再现的实在。图像越好，它对实在对象的分有也越完全，它对原初事物特征的再现也越完全。

到目前为止，我们已经比较了两类物理对象，一类源自另一类，是另一类的摹本。这些例子表明了柏拉图的如下观点：某些事物属于实在的较低层次，如果它的存在依赖另一些事物、是对那更高实在的形象的模仿的话。然而，由于这些例子受制于物理世界，因此它们并没有完全地把握住柏拉图的要点。为了更好地阐明他的立场，让我们来看一些不同于物理实在的例子，它们是非物理的、完善的实在。我有次无意中听到一位灰心学生的话，她想要注册一门课，却受到了一个冷酷无情、效率低下的大学行政人员的搪塞。她的评论是："这是不实在的！"柏拉图会说，她这是在把她经验中的这个时空性的事件与事情应该有的状态相比较。她的心灵所认识的富于同情心的、关心人的大学行政人员是她用来比较她在经验着的当下的、有缺陷的制度的标准。比较的结果是，她的学校离实在的大学应该是的样子还差得太远，因此她把自己的学校描述为"不实在的"。我们习惯于把理想当作想象的对象，只存在于我们的白日梦中。但在柏拉图看来，一所理想的真正服务于学生的大学，乃是一所实在的大学。我们所知的大学在多大程度上是实在的大学，这取决于它们在多大程度上接近于这一更高的实在。

让我们来看第二个例子。我们常用"非人的"这个词来描述诸如阿道夫·希特勒这样的暴君。现在，一个非常呆板的生物学家可能会回应说："哦，不，你错了——希特勒是人。他有两个肺、一个四腔的心脏以及一套正常的染色体。"但这位生物学家没把握到要点。说希特勒是非人的，这与我们在进行解剖时所发现的东西没有任何关系。对柏拉图来说，成为一个完全的人，这基本上不依赖一个人的生理特性，而主要依赖一个人的非生理特性，比如，此人灵魂的状态、理性的程度以及此人的价值。

我们可以把希特勒与著名的人道主义者比尔·沃尔什（Bill Walsh）博士做个比较。沃尔什是美国的一位心脏病学家，他于20世纪60年代退出了一个利润丰厚的医疗活动，转而建立了一个名叫"希望工程（Project HOPE）"的医疗救助组织。他利用人们的捐款、捐物以及志愿者的帮助，把一艘旧军舰改造成了一艘环行世界的医疗船（SS HOPE），为有需要的人带去医学治疗和医务训练。根据柏拉图的哲学，我们可以说，沃尔什是一个更加实在的人，因为他具有典范性的道德品质。与沃尔什比起来，希特勒是非人的。虽然沃尔什是一位伟大的人道主义者，但他只是人之所是的特定体现。在柏拉图看来，任何尘世的、物理的存在（无论是人还是别的东西）都没有达到其相的那种完全的实在，因为物理的东西始终是有限的、有缺陷的、变化着的。因此，我们可以说，希特勒仅仅是人之所是的阴影，而诸如比尔·沃尔什这样的人则犹如一张非常清晰的照片。后者依然不是完全的实在本身，而只是非常近似于它。

现在，我们可以把特殊者与其相之间的关系总结如下。第一，相是特殊事物存在的原因，这就类似于一座雕像导致了它的阴影。第二，物理对象相似于它们的相，这就类似于一个人的照片相似于此人。第三，特殊的对象分有了它们的相。比较一下图 4-3 中的三个图形。很显然，与其他两幅图比起来，最右边的那幅图更完全地分有了圆的相。我们可以把中间的那幅图描述为"一定程度上的圆"，因为它与圆有几分相似。不过，左边那幅图就很不像理想的圆了。事实上，它不像任何可辨认的相，以至我们很难描述它是什么。类似地，如果我们根据其对人的相的分有程度来把人分等，那么阿道夫·希特勒就会是处于左边的位置，普通人基本上处于中间的位置，而圣人则代表着对相的完全分有。第四，正如此前的例子所展示的，相代表了评价的标准，我们用之评价特殊者是卓越的还是有缺陷的。工程师通过将之与理想的球体做比较，以此来衡量滚珠轴承；饲养员通过将之与理想的马做比较，以此来判断他们马厩里的马匹。最后，相使得特殊的东西成为可理解的。试着来描述你的一位密友。无论他们有多独一无二，你都一定会采用一系列普遍的性质来描述他们（例如，"高的""聪明的""女的""健壮的"）。没有相，我们就无法思考、言说，无法理解任何东西。

洞穴寓言

柏拉图在洞穴寓言里描述了他的知识理论，这则寓言是西方文学史上最动人的故事之一。（在你们读柏拉图自己讲述的洞穴寓言时，请参照图 4-4 的那幅图。）故事在苏格拉底与他的朋友格劳孔之间的对话中展开。在你读这一选段的时候，请考虑以下问题的答案：

• 阴影代表什么？

 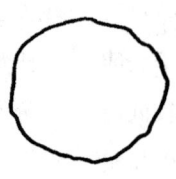 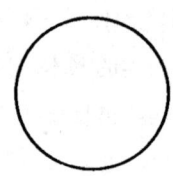

图 4-3

- 什么是我们社会里的"阴影"？什么是你生活中的"阴影"？
- 根据这个故事，什么是启蒙？
- 当那个逃离的囚徒返回洞穴的时候，在何种意义上，他与他的朋友们一样都不理解阴影？在何种意义上，他比他的朋友们更加理解阴影？
- 那个启蒙了的囚徒生活中的事件在哪些方面与历史上苏格拉底生活中的事件相似？
- 概括一下你认为柏拉图在该寓言中想要阐明的哲学观点。

选自柏拉图《国家篇》[4]

我说，接下来让我们把受过教育和缺乏教育的人的本质比作下述情形。请你想象有这么一个地洞，一条长长的通道通向地面，和洞穴等宽的光线可以照进洞底。一些人从小就住在这个洞里，但他们的脖子和腿脚都被捆绑着，不能走动，也不能扭过头来，只能向前看着洞穴的后壁。让我们再想象他们背后远处较高的地方有一些东西在燃烧，发出火光。火光和这些被囚禁的人之间筑有一道矮墙，沿着矮墙还有一条路，就好像演木偶戏的时候，演员在自己和观众之间设有一道屏障，演员们把木偶举到这道屏障上面去表演。

我明白。

那么你瞧，有一些人高举着各种东西从矮墙后面走过，这些东西是用木头、石头或其他材料制成的假人

图 4-4　这幅柏拉图的洞穴寓言图表现了一个被束缚的囚徒，他唯一的实在就是（A）阴影，它们无非是（B）事物的复制品所投下的。在左上角，有一条狭窄陡峭的甬道通到洞外的地上世界。如果该囚徒沿着这条路前行，他会遭遇到（C）真实事物的世界以及（D）太阳。图 4-2 描绘了这些实在层级与意识层级的对应关系。

和假兽，再假定这些人有些在说话，有些不吭声。

他说，你这个想象倒很新颖，真是一些奇特的囚徒。我说，他们也是和我们一样的人。你先说说看，除了火光投射到他们对面洞壁上的阴影外，他们还能看到自己或同伴吗？

他说，如果他们的脖子一辈子都动不了，那么他们怎么能够看到别的东西呢？

还有那些在他们后面被人举着过去的东西，除了这些东西的阴影，囚徒们还能看到什么吗？

肯定不能。那么如果囚徒们能彼此交谈，你难道不认为他们会断定自己所看到的阴影就是真实的物体吗？

必然如此。

如果有一个过路人发出声音，引起囚徒对面洞壁的回声，你难道不认为囚徒们会断定这个声音是他们对面的洞壁上移动着的阴影发出的吗？

他说，我以宙斯的名义发誓，他们一定会这样想。

那么这样的囚徒从各方面都会认为实在无非就是这些人造物体的阴影。

他说，必然如此。那么请你考虑一下，如果某一天突然有什么事发生，使他们能够解除禁锢，矫正错误，那会是一种什么样的情景。假定有一个人被松了绑，他挣扎着站了起来，转动着脖子环顾四周，开始走动，而且抬头看到了那堆火。在这样做的时候，他一定很痛苦，并且由于眼花缭乱而无法看清他原来只能看见其阴影的实物。这时候如果有人告诉他，说他过去看到的东西全部都是虚假的，是对他的一种欺骗，而现在他接近了实在，转向比较真实的东西，看到比较真实的东西，那么你认为他听了这话会怎么回答呢？如果再有人把那些从矮墙上经过的东西一样样指给他看，并且逼着他回答这是什么，在这种时候，你难道不认为他会不知所措，并且认为他以前看到的东西比现在指给他看的东西更加真实吗？

他说，对，他会这么想。

如果强迫他看那火光，那么他的眼睛会感到疼痛，他会转身逃走，回到他能看得清的事物中去，并且认为这些事物确实比指给他看的那些事物更加清晰、更加精确，难道不会吗？

他说，他会这样做。

我说，要是再有人硬拉着他走上那条陡峭崎岖的坡道，直到把他拉出洞穴，见到了外面的阳光，你难道不认为他会很恼火地觉得这样被迫行走很痛苦？等他来到阳光下，他会觉得两眼直冒金星，根本无法看见任何一个现在被我们称作真实事物的东西。

他说，是的，他不可能马上就看见。

那么，我想，要有一个逐渐适应的过程，他才能看见洞外高处的事物。首先最容易看见的是阴影，其次是那些人和其他事物在水中的倒影，再次是这些事物本身，经过这样一个适应过程，他会继续观察天象和天空本身，他会感到在夜里观察月光和星光比在白天观察太阳和阳光要容易些。

那当然了。

经过这样一番适应，我认为他最后终于能观察太阳本身，看到太阳的真相了，不是通过水中的倒影或影像来看，也不借助于其他媒介，而是直接观察处在原位的太阳本身。

他说，必定如此。

这时候，他会做出推论，认为正是太阳造成了四季交替和年岁周期，并主宰着可见世界的所有事物，太阳也是他们过去曾经看到过的一切事物的原因。

他说，这很明显，他接下去就会做出这样的推论。

如果在这种时候他回想起自己原先居住的洞穴，想起那时候的智力水平和一同遭到禁锢的同伴，那么他会为自己的变化感到庆幸，也会对自己的同伴感到遗憾，你难道不这样认为吗？

他确实会这么想。如果洞穴中的囚徒之间也有某种荣誉和表扬，那些敏于识别影像、能记住影像出现的通常次序、而且最能准确预言后续影像的人会受到奖励，那么你认为这个已经逃离洞穴的人还会再热衷于取得这种奖励吗？他还会嫉妒那些受到囚徒们的尊重并成为领袖的人，与他们争夺那里的权力和地位吗？或者说，他会像荷马所说的那样，宁愿活在世上做一个穷人的奴隶，一个没有家园的人，受苦受难，也不愿再和囚徒有共同的看法，过他们那样的生活，是吗？

他说，是的，我想他会宁愿吃苦也不愿再过囚徒的生活。

我说，再请你考虑一下这种情况，如果他又下到洞中，再坐回他原来的位置，由于突然离开阳光而进入洞穴，他的眼睛难道不会因为黑暗而什么也看不见吗？

他一定会这样。

如果这个时候那些终生监禁的囚徒要和他一道评价洞中的阴影，而这个时候他的视力还很模糊，还来不及适应黑暗，因为重新习惯黑暗也需要一段不短的时间，那么他难道不会召来讥笑吗？那些囚徒难道不会说他上去走了一趟以后就把眼睛弄坏了，因此连产生上去的念头都是不值得的吗？要是那些囚徒有可能抓住这个想要解救他们，把他们带出洞穴的人，他们难道不会杀了他吗？

他说，他们一定会这样做。

亲爱的格劳孔，我们必须把这番想象整个地用到前面讲过的事情上去，这个囚徒居住的地方就好比可见世界，而洞中的火光就好比太阳的力量。如果你假设从洞穴中上到地面并且看到那里的事物就是灵魂上升到理智世界，那么你没有误解我的解释，因为这正是你想要听的。至于这个解释本身对不对，那只有神知道。但不管怎么说，我在梦境中感到善的相乃是理智世界中最后看到的东西，也是最难看到的东西，一旦善的相被我们看到了，它一定会向我们指出下述结论：它确实就是一切正义的、美好的事物的原因，它在可见世界中产生了光，是光的创造者，而它本身在理智世界里就是真理和理性的真正源泉，凡是能在私人生活或公共生活中合乎理性地行事的人，一定看见过善的相。

他说，就我能理解的范围来说，我同意你的看法。

我说，那么来吧，和我一起进一步思考，而且你看到下面这种情况也别感到惊奇。那些已经达到这一高度的人不愿意做那些凡人的琐事，他们的灵魂一直有一种向上飞升的冲动，渴望在高处飞翔。如果我们可以做此想象，那么这样说我认为是适宜的。

没错，可以这么说。

我说，再说，如果有人从这种神圣的凝视转回到苦难的人间，以猥琐可笑的面貌出现，当他两眼昏花，还不习惯黑暗环境时，就被迫在法庭或在别的什么地方与人争论正义的影子或产生影子的影像，而他的对手却从未见过正义本身，那么你会感到这一切都很奇怪吗？

他说，不，一点也不奇怪。

我说，但是聪明人都记得，眼睛会有两种不同的暂时失明，由两种原因引起：一种是由亮处到了暗处，另一种是由暗处到了亮处。聪明人相信灵魂也有同样的情况，所以在看到某个灵魂发生眩晕而看不清时，他不会不假思索地嘲笑它，而会考察一下这种情况发生的原因，弄清灵魂的视力产生眩晕是由于离开比较光明的世界进入不习惯的黑暗，还是由于离开了无知的黑暗进入了比较光明的世界。然后他会认为一种经验与生活道路是幸福的，另一种经验与生活道路是可悲的；如果他想要讥笑，那么应当受到讥笑的人是从光明下降到黑暗的人，而不是从黑暗上升到光明的人。

他说，你说的很有理。

如果这样说是正确的，那么我们对这些事情的看法必定是，教育实际上并不像有些人在他们的职业中所宣称的那个样子。他们声称自己能把真正的知识灌输到原先并不拥有知识的灵魂里去，就好像他们能把视力塞进瞎子的眼睛似的。

他说，他们确实这样说过。

我说，但是我们现在的论证表明，灵魂的这种内在力量是我们每个人用来理解事物的器官，确实可以比作灵魂的眼睛，但若整个身子不转过来，眼睛是无法离开黑暗转向光明的。同理，这个思想的器官必须和整个灵魂一道转离这个变化的世界，就好像舞台上会旋转的布景，直到灵魂能够忍受直视最根本、最明亮的存在。而这就是我们说的善。

是的。

我说，关于这件事情也许有一门技艺，能最快、最有效地实现灵魂的转向或转换。它不是要在灵魂中创造视力，而是假定灵魂自身有视力，只不过原来没能正确地把握方向，没有看它应该看的地方。这门技艺就是要促成这种转变。

他说，对，很像是这么回事。

柏拉图对这个寓言还做了几点补充。第一，在形而上学方面，这个故事表现了柏拉图的层级实在理论。阴影是木偶的不完善再现，而这些木偶本身又仅仅是实在的动物、树木、花草等的摹本。因此，洞穴世界代表着物理世界，这个世界是由不同层级的摹本和影像构成的。地上的世界代表着相的领域，地下世界的事物仅仅是它们不完善的再现。最后，太阳代表着善，那赋予其他所有事物以生命

和可理解性的最高的相。在知识论方面，这个故事表现了，关于阴影的知识积累得再多，也不会产生理解。要产生理解，就必须有一个新的视角，一种对真正实在的更高见解。

只有爬出洞穴的人才是能够真正地理解阴影是什么的人，同样地，有智慧的人才在心灵上超越了物理世界，理解了那些使得一切事物得以被理解的相。该故事里的那个人具有关于更高实在的知识，后来他又返回洞穴解救其他人，这个人代表的显然是苏格拉底（或者一位有着正确哲学见解的人）。他被洞穴居住者们误解了，他们以为他疯了，因为他已经习惯了另一个世界。虽然如此，他还是觉得有义务去努力解救其他人，即便为此付出他自己的生命。

> **想一想**
>
> 4.3 在《国家篇》中，柏拉图的洞穴寓言是由苏格拉底这个人物讲述的。当苏格拉底描绘洞穴中的那群人时，他的朋友格劳孔说，他们是"奇怪的囚徒"。苏格拉底给了个令人大吃一惊的回答，他们"就像我们自己一样"。你认为，苏格拉底为什么要把我们比作这些囚徒？你认为，这一比照在何种程度上是准确的？

道德理论

反对相对主义

柏拉图对道德的讨论与他哲学的其他许多部分一样，都是在与智者派——他钟爱的老师苏格拉底的对手——的对比中展开的。回想一下，智者派教导说，我们的道德规则的基础要么是主观的个人意见，要么是社会的约定。然而，如果道德仅此而已，那道德价值将会被社会上最有说服力的人所任意地决定。在最糟的情况下，社会上最有权力的人将决定该社会的伦理价值。由于在智者派看来，除了约定，不存在什么更高的道德标准，因此，评价或者批评特定社会的道德就是不可能的。因而，当纳粹政权屠杀无辜的大人、小孩时，我们无法发现纳粹政权的错误，因为这仅仅反映了那个特定时期社会的价值和法律。我们也不能说，像济贫扶危的特蕾莎修女这样的人道主义者在道德上要高于希特勒。根据智者派的观点，我们只能说，这两类人在道德上是平等的，他们都在真诚地追求着各自的主观道德规范，都得到了各自社会的赞成。

当然，柏拉图会指出，这些推论表明，道德相对主义和主观主义存在着一些非常深入的错误。柏拉图的一般主张是，伦理学是一门像数学那样客观的科学。在数学里，我们探究圆形、三角形、相等这些非物理的相。类似地，在伦理学里，我们关注的是正义的相、善的相这样的东西。这或许看起来像是一个非常巨大的飞跃。就圆的客观属性达成一致，这似乎相对来说要容易些。但就算柏拉图本人也承认，令人们在道德的善的定义上达成一致，这是非常困难的。无疑，柏拉图会回应说，一致同意并不是真理的标准。科学史清楚地表明，大多数人错了，这并非不常有的事情。虽然如此，由于数学与科学问题本身并没有冲击我们的伦理选择，因此人们更容易觉察到这些领域的真理。然而，在道德这方面，我们的生理嗜好、非理性欲望以及错误的价值这个阴影的世界，都在持续不断地遮蔽我们的愿景，诱使我们偏离真理。因此，我们在伦理问题上达成一致的情况要少得多，不过，这并不证明，不存在是非之别。

柏拉图坚持认为，如果不存在客观的、伦理的相，那智者派就是对的，所有的道德术语都仅仅只是声响，只是嘴里喷出的一股气，并不指向任何实在的东西。在这种情况下，人的生活就好比漂浮于大洋中，却又没有任何导航图，没有指南针，没有指路星，没有船舵，没有动力。我们在生活中将没有任何方向感，将会被我们非理性欲望的巨浪拍打着随波逐流，被社会中权力和信条的任意风气鼓吹着随风摇摆。

> **想一想**
>
> 4.4 你会如何回答这个问题："为什么要做个道德的人？"比较一下你自己的回答和你的五位朋友的回答。你认为谁的答案最好？读完接下来的两节之后，比较一下你们的回答与格劳孔和柏拉图的回答。在何种程度上，你的回答（或者你朋友的回答）与格劳孔犬儒式的回答是一致或不一致的？

为什么要做个道德的人？

柏拉图道德理论的很大篇幅都是讨论正义的。对于柏拉图来说，这是一个非常广义的概念。它包括了我们对正义这个词的大部分理解。因此，它指社会及其事务的一种公平、合适、正确的安排。在这个意义上，我们可以说，一个社会的法律、一桩审判或者一份商业协议是正义的。但在柏拉图的哲学里，这个术语还指一个人内心的品质，他有着一颗秩序良好的灵魂。在这个意义上，正义的人就是真正道德的人。正义的（或者秩序良好的）个人与正义的（或者秩序良好的）社会这两者是类似的，这一点对柏拉图来说非常重要。我们在下文讨论他的政治哲学时将会看到，他相信，道德理论的原则与政治理论的原则是一样的。

柏拉图的《国家篇》全面地讨论了正义。柏拉图首先倾听了他怀疑主义、犬儒主义的同辈人的声音。他们质疑道，我们干嘛要关心正义？因此，如下问题就被提了出来："为什么要做个道德上善的人？"换言之，做个道德上善的人，其重要性何在？为什么我们要偏爱正义的生活，而不是愉悦的、漠不关心的自私生活？为了给讨论奠定基础，格劳孔（这篇对话里的角色之一）区分了三类善的事物。第一，有些事物是善的，这是由于其自身的原因，而非其带来的后果。简单的快乐就属此类，比如，欣赏日落。第二，有些事物我们认为它们是善的，这既是由于其自身的原因，也是由于其带来的后果，比如，知识和健康。第三，有些事物我们认为它们是负担，仅仅由于其所带来的后果，我们才看重它们。比如，没人喜欢看牙医，但有副健康的牙齿这个好处值得我们忍受疼痛。正义（道德的善）属于上述哪一类呢？格劳孔指出，绝大多数人会把它归为第三类。它们"本身是令人讨厌的、令人不快的，但为了好名声，我们又不得不去做它们"（R 2.358a）。不过苏格拉底主张，正义属于第二类。它是最高的一类善，"任何想要获得幸福的人都必须看重它，既由于其自身的原因，也由于其带来的后果"。

格劳孔为了让自己的观点更有力，讲了一个魔戒的故事。这个故事说的是，一个名叫裘格斯的牧羊人发现了一枚戒指，它赋予了他一种魔法般的力量，使他可以随意隐身。格劳孔问，拥有这样力量的人，如果他们知道了，自己永远都不会被逮住，永远都不会被指认出来，那谁会有道德力量去抵制偷盗、杀戮、通奸或其他不道德恶行的诱惑？为了扩展这一思想实验，格劳孔接着让我们想象两个人。一个人是完全不正义的、邪恶的，另一个人是完全正义的。不过，那个邪恶的人（非常聪明）成功地欺骗了他的社会，做着我们所能想到的最肮脏的恶行，却获得了无瑕的美誉。相反，社会完全误解了那个善人。虽然他是完全善的，但他的社会错误地把邪恶的声誉强加到他头上，由此而迫害他、折磨他。在上述情况下，有什么理由要做个正义的人呢？做个邪恶的人不是更好吗？这样还可以受到时人的羡慕和尊敬，得到社会的各种好处。我们可以进一步扩展格劳孔的问题，进一步问，"如果不存在来世或天堂，以奖励我们的善行，那有什么理由要做个正义的人呢？"这些考虑难道没有清楚地表明了，做个好人的唯一理由，正义所具有的唯一价值，仅仅在于它所带来的好名声和外在利益（此生的或者来生的）？格劳孔在总结其发言的时候，向苏格拉底提出了如下的挑战：

> 你不要仅仅满足于证明，正义高于不正义，而要根据它们对其拥有者造成的内在影响来解释，一个怎么就是善的，另一个怎么就是恶的，无论诸神与凡人是否觉察到它们。（R 2.367e）

这些问题涉及正义生活的价值，它们在《国家篇》里很早就被提出来了，柏拉图用这本书的很大一部分篇幅来回应格劳孔的挑战。柏拉图认为，为了阐明做个正义的人为何是值得追求的目标，有必要首先说明人性。在说明的时候，他的伦理学进路是典型的希腊进路。他没有一开始就举出一系列该做的和不该做的事情。相反，他考察了，我们是哪种造物，由此提出了我们道德上的善，以及它为什么是我们生活中最重要的追求。

道德与人性

由其相论可以看得很清楚，对柏拉图来说，宇宙不是随机事物和过程的混沌大杂烩。相反，它在根本上具有一种内在的、有目的的、合理的结构。根据柏拉图的看法，我们可以根据相来理解自然中的一切事物，相决定了事物的功能。因此，我们要理解任何一类事物，都必须要理解它完善的目的：它努力达致的卓越的标准。因此，如下说法并不为过，我们是从对人心的正确理解而得出道德原则的。

对于柏拉图来说，人的根本内核在于他的 "*psyche*"。这个词通常被译为"灵魂"。不过，我们必须要小心，不要把过多的宗教内容带入这个术语。当我们看到灵魂这个词的时候，我们最好把它理解为是在指"自我"。柏拉图说，如果我们考察自己内在的经验，就会发现，灵魂并不是完全统一的。我们会发现内在的冲突，多股力量在我们内心相互斗争着。这意味着，灵魂当中有几种要素或能力在发挥着影响。虽然柏拉图说到了灵魂的不同"部分"，但我们不应该像思考引擎的诸部分那样思考灵魂的这些"部分"。相反，我们可以把它们思考为欲望的不同类型，或者行动的不同原则，抑或心理驱动力的不同类型。

为了阐明这些区分，柏拉图让我们想象一个口渴的人，他极度渴望痛饮，但又拼命克制（或许是因为他知道，水受到了污染）。这表明，至少两种相冲突的力量在这个人身上发挥着影响。第一种驱动力是人的嗜好。它们与我们的生理需求和欲望相关，比如，对食物、饮水和性的欲望。嗜好驱使我们追求生理的满足和物质的获取。不过，灵魂中还存在反思性的、理性的部分，它们有时否决了嗜好的驱使。这个要素也有欲望，但它们是理性的欲望。它是热爱真理、渴望理解的源泉。这两种力量之间的斗争似乎就足以解释人的行为。不过，柏拉图发现了灵魂中的第三种要素。这就是我们的"精神"部分。这里的精神这个术语没有任何的宗教意味。它的含义就是我们说一匹精神的马时的含义。这是灵魂中充满意志的、有力的高级能力。精神的部分表现于愤怒、义愤、雄心、勇气、骄傲、魄力等方面。精神与激情或情绪有关。它不同于其他两种驱动力，因为，我们既可能被愤怒驱动，也可能被道德热情驱动，而它们都不是生理性的驱动力，也不是反思理性的产物。精神是一种动机力量，但它的方向却是得自其他两种能力。它既可能追随嗜好的命令，也可能追随理性的命令。

嗜好是我们的欲望中最低的、最危险的。它们在我们心中说，"我要，我要"，丝毫不顾及后果。比如，即便在特定情况下，放纵自己追求性欲，会变得非常有害、非常不理性，但我们依然会感到性欲越来越强。不过，如果我们的理性没有占据掌控地位，那么，精神自尊的欲望以及它的骄傲或许会使它与嗜好共谋，使我们陷入不幸的处境。相反，我的嗜好部分或许会渴望暴食餐后甜点，而我的理性（灵魂的最高部分）则告诉我，这样不好。在此番挣扎之间，我内心的第三种声音可能会用下面这句话表达我对自己的厌恶、嫌弃："我怎么能吃成一只猪呢？"这就是精神的部分，中介性的要素，增强理性的拉力。

在《斐德若篇》中，柏拉图用一个动人的形象把握住了他的心理学的动态结构。他描绘了，一个人驾着一辆由两匹马拉着的战车（P 246a—b）。驾车人是灵魂的理性要素，他得要持续不断地控制嗜好和精神要素。一匹马（精神要素）渴望服从。它是"荣誉的爱好者，但又节制而谦逊；它很懂事，不需要鞭策，只需要吆喝就可驾驭"。而另一匹马（嗜好）则渴望掌控。它不断地尝试逃跑，把战车拉离轨道，搞得战车最后四分五裂。它是"一个身材畸形，长相乱七八糟的造物……骄横自负；浓毛覆耳，不闻声响，鞭打棒刺都难以驾驭"（P 253d—254e）。只有当理性紧紧地控制着缰绳的时候，另两种要素才会被引导着把那个人拉向合适的方向。

解释了人的心理之后，柏拉图进而把它应用于道德问题。对于柏拉图来说，存在四种基本的道德德性：智慧、勇敢、节制以及正义。每一种都基于灵魂诸要素的不同状况。如果理性支配一个人，指引着灵魂的其他部分，那这个人就具有智慧这一德性。理性就如同军事指挥官或者管弦乐队指挥，它理解全景，帮助其他部分扮演好它们合适的角色。理性又如同父母或医生，知道什么是真正有利于它的掌管的。

如果精神的部分服从理性的决策，把它的能量、雄心和魄力用于正当的目标，那么，一个人就展示了勇敢这种德性。健康的精神遵从理性的命令，忽略痛苦和愉悦的羁绊。有了勇敢这种德性，精神的要素只有在做正当事情时才有荣誉感，它只害怕真正可怕的事情，它会勇敢地面对真理和善的一切敌人。它不会把自己的激情浪费于琐碎的争执，它只会对道德上可耻的事情怒火中烧。

如果嗜好受到了控制，它们追求愉悦的欲望受到了节制，从而服从于另两种更高的元素，那这个人就具备了节制或自制这种德性。请注意，虽然柏拉图倾向于贬低身体的重要性，但他并不认为，彻底地否定身体需要的禁欲主义是理想的状态。比如，如果一个人学习哲学史过于着迷，以至对身体睡觉和吃饭的需要也充耳不闻，那么这绝不是智慧。因此，节制并不意味着对身体需要和欲望的完全否定，而是一种平衡感和自我掌控感。

最后，正义又在哪里发挥作用呢？它是首要的德性，当一个人心中所有其他要素都达到了正确的平衡时，正义就出现了。正义的人具有智慧、勇敢、节制，在他心中每个要素都扮演着自己恰当的角色，获得其恰当的地位。在《国家篇》的后文中，柏拉图用了另一个类比来阐明一个协调的或正义的灵魂的价值。他想象，在每个人心中都有一个代表着理性声音的小人。每个人心中还有一头狮子（精神的部分），以及一只狂野的的多头怪兽（嗜好）。说不道德有好处，没有理由做正当的事情，就等于是在说：

> 喂养和强化那多头怪兽以及一切属于狮子的东西，却让那个人饿至十分虚弱，使另外两个可以对他为所欲为……另一方面，宣称行正义是有利的，这也就是在断言，我们的言语和行动应该趋向于让我们内在的那个人能够完全掌控整个人，让他管好那个多头怪兽，驯服它的野性，就像园丁培育其珍爱的植物、铲除野草一样。他还应该把狮子变成自己的盟友，一视同仁地照顾好大家，应该使各个部分和睦相处，从而促进它们的成长。（R 9.588e—589b）

对话中的苏格拉底补充道，一个善行"倾向于使我们本性中的兽性部分臣服于我们本性中的人性部分——或者更确切地说，神性部分"。相反，恶行则"使我们的人性部分受到兽性部分的奴役"（R 9.589c—d）。

虽然一门心思追求愉悦乃是沉迷于嗜好，我们应该弃之而追求正义，但柏拉图相信，当我们达到了道德的善时，最高的愉悦和幸福也会伴随而来。一个具有智慧和正义的人知道生理的愉悦，允诺它们恰当的地位。这样一个人也知道荣耀和名望带来的愉悦，在恰当的程度上享受它们。不过，在所有的愉悦当中，"最甜蜜的那种愉悦将属于灵魂中我们用以获得理解和知识的部分，这部分占据支配地位的人将享有最快乐的生活"（R 9.583a）。

在之前的章节中，柏拉图借苏格拉底的口澄清了人类心理的本质，以及正义和不正义对我们内在自我的影响。正义构成了灵魂的健康和幸福。就像生理上的健康那样，正义是这样一种状态，在此状态中，人的所有要素处于平衡之中，处于正当的秩序之中。相反，邪恶就像灵魂的肿瘤。它是控制了整个人的一种内在的异常、畸变、缺陷或致命的疾病。对话中的有个角色把柏拉图的道德哲学概括如下：

> 人们认为，当身体的构造遭到折磨、毁坏的时候，世上的任何奢侈、财富和权力都不能令生活值得过；我们是否会相信，当我们赖以生活的那个原则受到扰乱、破坏的时候，只要我们能够如愿地行事，并且实际地意愿着任何事情，但却无意于摆脱邪恶和过错、无意于赢得正义和德性，则我们的生活依然是值得过的？（R 4.445a—b）

起初，"为什么要做正义的人或道德上善的人？"这个问题似乎是一个严峻的问题。但在苏格拉底摆出各种意见之后，它就如同是在问："为什么要做我生活的主人而不是奴隶？为什么不让我内心的野兽和野蛮的欲望蹂躏我？为什么要与实在处于正确的关系之中？为什么要健康而不要疾病？"当有关道德之价值的问题是以这些方式提出来的时候，我们只可能像苏格拉底那样回答说，"这是个荒谬的问题"。

政治理论

社会中的三分

从柏拉图的道德哲学很容易过渡到他的政治理论。事实上，这两个话题在《国家篇》中是交织在一起的。我们把它们分开，仅仅是为了便于探究。当苏格拉底面临如何解释正义生活的本质这一困难时，他提议转而讨论正义社会，因为社会就类似一个"更大规模的"个人（R 2.368d—e）。换言之，心理学的原则就是政治科学的原则。个人的灵魂是社会结构的缩微版，而社会也可以被视为投射放大了的个人。不过，这两者之间的关系不只是有着相同的结构。柏拉图相信，离开了社会，个人不可能过上好生活或成就为人。此外，只有有权力的人是好的，是根据哲学理性而生活的，好的社会才是可能的。好人和好社会互相依赖。这与基督教思想不同，后者通常认为，道德乃是个人灵魂走向上帝的孤单旅程。柏拉图非常反感个人主义，这一点与我们现代很不一样。他的社会里容不下隐士、顽强的个人主义者或者特立独行的人。对于柏拉图来说，国家就像是个有机体，每个部分的生命都在于与整体的关系。当毒药在身体中散布时，或者当器官与身体的其他部分割裂时，器官（如心脏）是不可能健康的。类似地，在人类事务中，所有人都是有机地相互关联并与整个社会相关联的。我们是同呼吸、共命运的。

对于柏拉图来说，运转最好的国家乃是建立在劳动分工的基础上的。我去花时间自己做鞋子，这是很愚蠢的，因为那些有经验的工人要比我更会做鞋子。不过，柏拉图把这个显而易见的观点扩展成了一种全面的政治哲学，这种政治哲学猛烈批评了民主。对他来说，政治是一门科学，应该留给不乏技巧、技能和科学的专家。让我们来看个柏拉图的医疗类比，如果你想要知道自己是否需要做心内直视手术，你不会诉诸你的朋友、你的银行顾问、你的汽车修理工等人的民主投票。相反，你会寻求明智的医生，他们才是这个问题上的专家。类似地，当要来制定治理城邦的政策和法律时，民主的大多数是最不大可能做出明智决定的人。如果我们关心身体的健康，我们会服从专家的建议。因而，当我们关心国家的健康时，类似地，我们应该寻求那些具有必要的治理智慧的人。这些专家一定洞察善恶，一定具有真知灼见。正如一位领航员一定通晓天文，能够利用星星引导航船穿越大海，我们的政治领袖通过对相和善的洞见，也一定能够引导城邦这艘航船。这些政治领航员除了是具有哲学智慧的人，还能是谁呢？

除非哲学家在他们的国家中成为国王，或者那些现在所谓的国王和统治者受到足够的激励，真正地渴望智慧；也就是说，除非政治权力与哲学相结合……否则，国家……就永不得安宁，我相信人类也不能幸免于难，我们所设想的这个国家也不可能得见天日，得以施行。（R 5.473）

如果说个人灵魂中的正义在于，此人心中所有要素的均衡和谐，皆归理性统治，那么国家中的正义则在于，国家具有与个人灵魂一样的结构。因此，相应于个人灵魂中的三个要素，社会上也有三种人。每种人都在国家中扮演着恰当的角色。第一种人是生产者。他们提供了生活必需品以及一切物质的和经济的产品和服务。这种人包括农民、鞋匠、木匠及广大的劳动者，还包括店主、进口商、银行家。第二种人起初叫做护卫者。他们关心作为一个整体的社会的福祉，保护它不受内外敌人的侵害。最终，那些被训练成为护卫者的人由于各自能力的不同，将会进一步分为两个群体。一个群体叫做辅助者。他们就相当于我们的警察和军队人员。另一个群体则相当于联邦探员和行政人员，维护和执行领导者的政策。第三个也是最高的群体依然保留着护卫者这个名称，其成员是国家最高的领导者。他们是拣选出来的一群人，具有杰出的智能和哲学智慧。他们的工作就是制定社会的政策和法律。由于生产者关注于物质的获得及生理的舒适，因而他们就对应于灵魂的欲望部分。辅助者具有雄心壮志，勇武坚定，渴望荣誉。他们展示出了灵魂的激情要素。而护卫者或领导者当然就代表了理性。个人灵魂的结构与国家的结构就是这样完整对应的。

现在，我们将更具体地考察社会里的每种角色。有一种很有诱惑力的假设是，最低的阶层，劳动者，就相当于马克思主义的无产阶级，他们遭受着底层阶级常常遭受的种种压迫和剥夺。不过，柏拉图的阶级结构不同于我们所有通常的阶级划分思想。请注意，柏拉图社会中的较低阶层不仅包括了工人，还包括了店主、医生、商业人士以及银行家。换言之，它包括了我们社会中会认为是中产阶级和上流社会的那些人。

充满反讽意味的是，对于柏拉图来说，最低阶层的人们享有最多的自由和经济收获。他们在法律的范围内可以过着如愿的生活。他们可以与自己心仪的对象结婚，可以拥有财产，可以获得各种形式的个人满足和享受，只要社会尚未过于贫困分化。此外，社会中的掌权者和领导者的角色也不是根据其家庭出生、社会地位或性别而定的。柏拉图认为，一个机修工的女儿完全可能非常幸运地具备足够的智能和天资，成为一个领导者。反过来，一个领导者的儿子则可能最适合做一个渔夫。柏拉图也认识到，优秀的女性与优秀的男性一样有资格成为领导者。这个想法在他的时代是非常激进的，因为，女性在希腊社会并不怎么被看重，她们扮演的主要是家庭的角色。但柏拉图认识到，领导所需的智能和技能与性别无关。因此，柏拉图的社会实施的是能人政制（该社会唯才是举）。他的能人政制中的社会流动性之大，超出了古往今来绝大多数的社会。虽然如此，但正如一个优秀的长笛演奏家的儿子很可能继承了自然的音乐能力那样，每个社会阶层的后代也可能继承了其父母的技巧和能力，因而在国家中扮演着与其父母一样的角色。

最低的阶层享有最大的自由和物质的舒适；而两个较高的阶层（辅助者和护卫者）则过着非常有条理的、简朴的生活。所有阶层的儿童都受到了严格的测试和观察，那些有着优秀能力和天资的儿童被拣选出来。柏拉图会喜欢我们时代发展出来的一系列智能测试和心理诊断工具，因为这些工具对他的社会计划来说是至关重要的。

柏拉图的《国家篇》是乌托邦文学的伟大经典之一。他的理想主义愿景启发了很多人，但大多数人都会同意格劳孔的抱怨：世界上任何一个地方都找不到这样一个理想的社会。对此，柏拉图笔下的苏格拉底回答说：

不……但或许在天上有这样一个国家的模型，愿意的人可以凝视它，可以在自己的心中发现它。

至于它现在在哪里存在，或者将来会不会存在，这些都没关系；因为，他只有在这个国家里才能参与政治。（R 9.592）

理想国家的堕落

柏拉图充分意识到，这个理想的社会是一个非常脆弱的成就。事实上，他估算了会导致它分裂的各种力量。国家可能会从理智的贵族政制（这是他的理想）堕落为荣誉政制。如果领导者热爱荣誉和雄心，而不是社会的善，就会出现这样的堕落。因此，精神的要素就会胜过理性的部分。这样的领导者将会偏离理智，将会更加关心战争的荣耀，而不是和平。对荣誉的欲望很容易就可能堕落为对财富的欲望。政府现在将会变成寡头政制或富豪政制，在这种政制中，富有的少数人掌握着权力。随着领导者变得越来越富有，社会的其他人将会变得越来越贫困，统一的国家将会分裂为两大群体，有着相互对立的利益。一旦追逐财富的激情不受约束，理想国家所必须的自制就将堕落。最后，没有权力的穷人们的不满将会达到一个转折点，领导者将被推翻，民主政制将被建立起来。

柏拉图对民主政制的看法很暗淡，因为，在这样的国家中，"自由和随意的演说充斥一切地方；任何人都被允许做他想做的事情"（R 8.557b）。与那些最有能力的人领导的国家不同，民主的共和国"将会提倡尊敬任何只要宣称自己是人民之友的人"（R 8.558b）。在柏拉图看来，所有形式的政府都倾向于按照自己的形象来塑造其公民。民主的政府出于平等创造出一个偶像，它没能认识到人们能力之间的区别，这样一来，它将激励一种个人生活立场，在此立场中，人们会相信，"每一种嗜好都是同样地善的，所有人都必须拥有同等的权利"（R 8.516c）。

柏拉图相信，民主无论是作为政治体系，还是作为灵魂的组织原则，都是不稳定的，因为，如果我们同等地对待每一种利益和欲望，那么，这些利益和欲望之间就将会为抢夺支配地位而争斗不休。随着不同的团体为各自的利益而游说不休，领导者所注意的将是声音最大的团体，他将牺牲富人以取悦大众。随着人们相互之间的紧张程度不断上升，他们将会团结在承诺支持他们利益的领导者周围，他们将会赋予他权力。而这个领导者为了巩固其权力，将会镇压一切可能挑战他的人：勇敢的人、自豪的人、聪明的人以及富有的人。很快，国家将会堕落为专制主义或僭主政制。人们为了满足自己对金钱和愉悦的贪婪，会为自己选出一个无原则的领导者，而这个领导者的唯一目标就是权力。类似地，民主的个人为他的一切激情都给予了自由的空间，而不是从好到坏给它们排序，这样的个人将会发现，自己成了某一个主导性激情的牺牲品。民主无论是作为政治理想还是作为个性类型，都将导致政治的和心理的奴役。

柏拉图的宇宙论：意图与偶然

柏拉图相信，一个社会除非存在秩序，否则它不可能存在，同样地，宇宙倘若没有支配着它的秩序原则，也不可能存在。他在《斐莱布篇》中提到，天体有规律的运动是一个"神奇的、控制着的智能"的证据。[5] 由于这个原因，柏拉图否定了原子主义者的如下理论，即世界仅仅是运动着的粒子偶然碰撞的产物。但更合理的解释是什么呢？他在《蒂迈欧篇》中提供了自己的答案，这本书在随后的时代产生了巨大的影响。在展开他的理论之前，柏拉图（和今天的物理学家们一样）承认，要对宇宙的起源给出一个连贯的、精确的说明，这是非常困难的。他说，我们最多只能建构起一个高度可能的理论或"似真的的故事"。

柏拉图从如下前提出发："一切生成的或被创造的事物一定都是有某种原因而必然地创造出来的"（Tm 28a）。由于宇宙是如此广大、复杂，因此它的原因必定是无限地有力的、有智慧的。这个最高的原因被指为神或德穆革（Demiurge，意思是"工匠"）。不过，与犹太教 - 基督教的说明不同，柏拉图的神不是全能的，他不是从虚无中创造出这个宇宙的。*相反，他更像是一个人类工匠，按照蓝图，用已有的材料创造出一个事物。德穆革使用的原材料是彻底缺乏相的、混沌的，而"蓝图"则是由永恒的相构成的。德穆革就像一个雕塑家削刻一堆黏土那样，把相加于空间性"材料"这个可塑的模型，后者被称作接受器。**为什么德穆革想要给混沌带去秩序？柏拉图解释说：

> 他是善的，善者永远都不会妒忌任何东西。没有妒忌，他就想一切事物都尽可能地像他自己那样。（Tm 29e—30a）

这位神圣工匠的动机与哲学家的动机是一样的，哲学家对相的热爱推动着他把相加于政体。因此，哲学家们通过把他们自己灵魂的秩序和卓越扩展到世界之中，模仿着神。[6]

由于德穆革把自己的一些本质给予了宇宙，因此，柏拉图把被创造的宇宙说成一个"有生命的造物"。由于它是一个有机的整体，而不是处于运动中的物质的大杂烩，因此，宇宙是和谐的，它所有的元素都协同合作。此外，它是由可见的形体和不可见的灵魂构成的，这既导致了它的物质本质，也导致了它的有意图本质。宇宙灵魂居于永恒的相及德穆革的领域与变化着、消逝着的物理世界之间。德穆革并没有直接创造世界里的一切事物，而是播撒了种子，容许宇宙灵魂创造性的、理性的力量开展创造的任务。

这个故事的一个显著特征是，柏拉图是根据一个弥漫于宇宙的有意图的秩序来解释该宇宙的。根据一个有意图的或目的导向的秩序而做出的解释，就是一种**目的论解释**（teleological explanation）。如果我问，"为什么你坐在那里？"你的回答无须说到你的骨骼和肌肉——它们使得你能够坐着——的生理学。相反，我想知道的是你坐在那里的目的或意图。类似地，柏拉图认为，仅仅指出其物质元素，以此来解释宇宙是不充分的。[7]世界中的秩序展示出了一种意图，它指向一个世界幕后的心灵。***

我们在世界中发现的不同程度的美、善以及秩序乃是相和德穆革活动的产物。柏拉图设定了原材料（接受器）——世界就是由它塑造而来的——里边一种偶然性元素，用它来解释世界之中无序的出现。柏拉图称这种混沌的力量为"必然性"或"多变的原因"（Tm 47e，48a）。对于柏拉图来说，"必然性"与逻辑无关，因为它是心灵或合理性的反面。它是无意

---

* 对于这个古希腊的哲学家来说，事物能够来自虚无，这一思想是不可理解的。

** 柏拉图是相信，世界始于一个现实的创造事件，还是相信，对世界的创造过程是一个一直在持续的永恒过程，对此，学者们众说纷纭。

*** 亚里士多德追随柏拉图的范例，详细阐述了对宇宙的一种目的论的（有意图的）说明。类似地，托马斯·阿奎那（13世纪）把宇宙的目的论性质作为对上帝的论证之一。

图的、随机的原因。因此，柏拉图虽然指责原子主义者忽视了宇宙中呈现出来的意图或智能，但他还是承认，有些事物就是通过盲目的偶然性而发生的。我们所认识的世界是通过德穆革的理性力量与原材料非理性的、无规律的性质之间的斗争或妥协而产生的。德穆革的心灵"说服了必然性把更大一部分的被造物带入完善之中"，"通过使必然性服从于理性，这个宇宙就被创造了出来"（Tm 48a）。

世界的物质方面基本上是非理性的，这个命题有三点含义。第一，物质拒斥秩序的注入，这使得物理宇宙在形而上学上不可能是彻底完善的，即便存在着如上帝一般的德穆革。第二，物理世界中存在着偶然性或随机性成分，这阻碍了我们能够像理解数学对象那样完全地理解物理世界。第三，由于只有美、善和秩序来自相，因此，物质固有的非理性，以及它对神圣秩序持续不断的偏离，乃是一切邪恶（人之中的邪恶以及自然中的邪恶）的源头。

评价与意义

虽然柏拉图的几乎所有哲学主张都受到了批判性的考察，但最受关注的还是他的相论。由于这个理论是他有关知识、伦理和政治等观点的核心，因此有必要进一步详细考察。这个理论见证了柏拉图作为一个哲学家的伟大，因为，他预见到了对其相论的绝大多数反对意见。他在《巴门尼德*篇》的对话中讨论了三个重要的问题。第一个问题涉及的是，

---

* 历史上的巴门尼德从没有遭遇柏拉图的理论。在这篇对话里，该角色只是用来向苏格拉底提出这些问题。

"是否一切事物都有其相？"柏拉图讨论了美的相、正义的相、善的相以及其他高尚概念的相，但对话中的巴门尼德问，是否存在头发的相、泥土的相、污物的相以及那些令人恶心的事物的相。由于这些事物存在于物理世界之中，具有一定的属性，可以被讨论，因此似乎可以推断，我们之所以理解它们，仅仅是因为它们所体现的那些相。但承认了这一点，将会损害如下思想，相代表着完善的理想。无疑，不存在什么关于令人恶心事物的卓越标准。第二个问题涉及的是相与特殊者之间的关系。人的相这一个相是如何使自身分布于众多特殊个体的？相是否如同蛋糕那样分布于特殊者之中？由于一个相无法被打碎成为小块，因此上述回答是不成立的。整个的相就寓于每一个特殊者之中吗？这会否定相的超验性，而这一点对柏拉图来说又非常重要。对话中的苏格拉底回答说，阳光只是一种单一的光，但它笼罩、光耀一切事物，自身却没有消失。巴门尼德回以一个相似的类比，一张帆盖住一群人。他指出，严格说来，盖住每个人的乃是帆的一小片。因此，这个类比把我们带回了那个成问题的立场，即每个人都仅仅分有了人的相的一部分。

第三个问题叫作"第三人论证"。根据柏拉图的哲学，我们把哈里和罗伯特都视作男人，因为他们都分享了同样的相。但如果人的相代表的是哈里、罗伯特以及其他所有男人之间共同的东西（第一层），那什么可以解释他们与这一普遍的人的相（第二层）之间的相似性？我们将不得不设定一个人的超级的相（第三个人），以解释他们与第一个相之间共同的东西。显然，这个过程将会一直持续下去，因此，根本就没有什么得到了解释。

已经有人指出，柏拉图的整个问题在于，把相

的领域与特殊事物的物理领域彻底地分离。一旦设置了这个二元论，就很难沟通我们生活的这个世界与超验的相的世界之间的鸿沟。此外，柏拉图令相超然于此时此地，他似乎贬低了我们个人世俗存在的价值。个别事物仅仅在它们体现了普遍的、抽象的相这一点上才是有价值的。让情况更糟的是，柏拉图的来世减少了自然科学的价值。正如我们所理解的，科学研究物理自然。但对柏拉图来说，世界的物理方面是杂乱的、变化着的、不可理解的。我们只有沉思永恒的相，才会获得知识。柏拉图的学生亚里士多德后来讨论了这些问题，他力图吸收其老师理论中有价值的内容，又避免其困难。

尽管有些问题柏拉图始终没有解决，但他的相论依然是思想史上最深刻、高明的思想之一。由于这个理由，哲学家、历史学家阿尔弗雷德·诺斯·怀特海说，"对欧洲哲学最安全的一般性刻画是，它是由对柏拉图的一系列脚注构成的"。[8] 虽然这说得或许有点过了，但的确，倘若不理解柏拉图，就不可能理解西方理智史。我们可以把哲学家分为两派，一派认为柏拉图的理论充满了启发，另一派则认为它充满了谬误。无论如何，世世代代的哲学家们都不可避免地发现，有必要与柏拉图的思想达成某种协议。

当代联系 4：柏拉图

我们很难概括柏拉图持续不断的影响。但有几点很明显。第一，柏拉图的世界观始终吸引着一些人，这些人相信，还有比眼见之物更实在的东西。由于这个原因，柏拉图对宗教思想家们有着特别的影响力，这些思想家心仪他的如下观念：存在着不同程度的实在，存在着一种我们应该达致的更高实在。类似地，柏拉图论证了，人绝不只在于他的身体，人乃在于其非物质的灵魂，这个观点显然影响了宗教对人的理解。此外，他的洞穴寓言乃是世界文学里最经典的故事之一。基督教思想家们认为，这个寓言阐明了灵魂逃离这个"阴影世界"的挣扎。另一些人则认为，它深刻阐明的无非是启蒙和理解的诉求。

第二，就柏拉图的相来说，许多数学家都把自己的任务看作努力发现关于独立自存的数学实在的真理。即便我们不承认相是形而上学地实在的，他的如下思想依然可圈可点：诸如人、教师或朋友这样的概念不仅仅是描述性的范畴，它们还代表了个体在不同程度上例示或没有例示的理想。

最后，柏拉图关于理想社会的观点在许多世纪中都激发了政治哲学领域的争论。国家应该如同柏拉图所设想的那样，在精心规划的社会中扮演主要的角色，以使得善能够得到最大化，还是应该扮演较小的角色，把个体自由作为法宝？

理解题

1. 柏拉图是如何反驳相对主义的？
2. 对于知识基于感官经验这个观点，柏拉图提出了哪些质疑？
3. 为什么柏拉图会说，画个圆是不可能的？
4. 为什么知识不止是真信念？
5. 请概括柏拉图对真正的知识的要求。

6. 在柏拉图看来，什么是普遍者或相？
7. 为什么他认为必定存在着这样的相？
8. 在柏拉图看来，什么是天赋知识？我们是如何获得它的？
9. 画一下柏拉图的分割线。解释一下意识的不同模式，以及它们是如何与意识的不同对象相关联的。
10. 柏拉图体系中的善是什么？它与世界以及知识的关系是什么？
11. 为什么柏拉图相信相是实在的，而不仅仅是我们头脑中的观念？
12. 柏拉图是如何解释变化的？
13. 什么是形而上学二元论？
14. 柏拉图解释相与特殊事物之间关系的方式有哪些？
15. 柏拉图说，存在着不同程度的知识，他这么说是什么意思？
16. 解释一下柏拉图在洞穴寓言中提出的各种观点。
17. 什么是道德相对主义？为什么柏拉图要拒斥它？
18. 格劳孔关于道德之本质的观点是什么？
19. 灵魂有哪些部分？它们分别具有什么功能？
20. 假定柏拉图关于人类心理状态的观点是正确的，这告诉我们该如何才能活得好？
21. 苏格拉底和柏拉图对于"为什么要做个道德的人"这个问题的回答是什么？
22. 社会中的三分是什么？它们与柏拉图的人性理论有什么关联？
23. 在柏拉图看来，理想的社会是什么样的？
24. 什么样的变化会导致理想国家的衰败？
25. 为什么柏拉图要反对民主？
26. 在柏拉图的宇宙观中，德穆革是什么？它的功能是什么？它与犹太教－基督教的上帝有什么相似之处和不同之处？
27. 什么是一个目的论解释？
28. 柏拉图的相论存在哪些问题？

思考题

1. 请思考柏拉图的洞穴寓言，我们社会中的阴影是什么？你什么时候发现，有些你以为很重要的东西其实只是阴影？是什么导致了你发现这一点？
2. 请对格劳孔的道德观做出支持性的或反驳性的论证。
3. 你是否认为，对于为什么要做个道德的人这个问题，苏格拉底和柏拉图给出了令人满意的理由？为什么？
4. 你愿意居住在柏拉图的理想社会里吗？为什么愿意，或者为什么不愿意？
5. 柏拉图对我们今天的文化是否会感到高兴？为什么？
6. 柏拉图关于世界以及人类生活的观点在哪些方面类似于你所熟悉的传统宗教观点，在哪些方面又区别于你所熟悉的传统宗教观点？

注释

[1] 除非特别说明，否则本章援引柏拉图作品时的缩写如下：

L 《书信》，L. A. 波斯特（L. A. Post）译，载于《柏拉图对话集》，伊迪思·汉密尔顿和亨廷顿·凯恩斯编（New York: Bollingen Foundation,

Pantheon Books, 1961）。文中标注的是书信的序号以及节号。

P　《斐德若篇》, R. 哈克福思（R. Hackforth）译, 载于《柏拉图对话集》。文中标注的是节号。

R　《国家篇》, F. M. 康福德（F. M. Conford）译（London: Oxford University Press, 1941）。文中标注的是卷号和节号。

Th　《泰阿泰德篇》, F. M. 康福德（F. M. Conford）译, 载于《柏拉图对话集》。文中标注的是节号。

Tm　《蒂迈欧篇》, 本杰明·乔伊特（Benjamin Jowett）译, 载于《柏拉图对话集》。文中标注的是节号。

² 柏拉图,《美诺篇》98a, G. M. A. 格鲁伯（G. M. A. Grube）译, 载于《五篇对话: 欧绪弗洛篇、申辩篇、克里托篇、美诺篇、斐多篇》（*Five Dialogues: Euthyphro, Apology, Crito, Meno, Phaedo,* Indianapolis: Hackett, 1981）, 第 86 页。

³ 柏拉图,《美诺篇》80d, W. K. C. 格思里（W. K. C. Guthrie）译, 载于《柏拉图对话集》, 第 363 页。

⁴ 柏拉图,《国家篇》514a—518d, 本杰明·乔伊特（Benjamin Jowett）译, 载于《柏拉图对话集》, 第三版修订版, 第 5 卷（New York: Oxford University Press, 1892）。为了更具可读性, 我对这篇 19 世纪的经典译文做了些微改动。

⁵ 柏拉图,《斐莱布篇》, 28d—e, R. 哈克福思（R. Hackforth）译, 载于《柏拉图对话集》, 第 1106 页。

⁶ 特伦斯·欧文（Terence Irwin）,《古典思想　第一卷: 西方哲学史》（*Classical Thought, Vol. 1: A History of Western Philosophy,* Oxford: Oxford University Press, 1989）, 第 112 页。

⁷《斐多篇》, 98c—e。

⁸ 怀特海,《过程与实在: 宇宙论研究》（*Process and Reality: An Essay in Cosmology,* New York: Harper Torchbooks, Harper & Brothers, 1957）, 第 63 页。

第 5 章

亚里士多德：理解自然世界

亚里士多德生平：生物学家、私人教师与哲学家

公元前 404 年，斯巴达在伯罗奔尼撒战争的终局击败了雅典，此后，由于持续不断的冲突，希腊诸城邦逐渐四分五裂。希腊变得越来越弱，分崩离析，而邻近的马其顿帝国却变得越来越强——最终，希腊诸城邦于公元前 338 年被马其顿的菲利普征服。马其顿后来诞生了军事天才亚历山大大帝（菲利普的儿子），他征服了当时整个已知世界。这一地区也诞生了哲学天才亚里士多德（Aritotle），他的思想征服了广大的理智领域。亚历山大的王国最终瓦解，但在 2300 多年后的 20 世纪，亚里士多德的思想在哲学版图上依然占据着显著的位置。

公元前 384 年，亚里士多德出生在马其顿的斯塔吉拉城。亚里士多德家世代行医，其父尼各马可是马其顿国王阿明塔斯二世的御医。亚里士多德的哲学有着科学的、经验主义的风格，他关注细节，善于对自然的特征进行分类和分析，这些很可能是由他父亲的职业所激发出来的。大概 18 岁的时候，

亚里士多德受到了他那个时代最好的教育，成了雅典柏拉图学园的学生，后来又在那里做了老师。他和柏拉图相处了 20 年，直到后者于公元前 348 年前后故去。继柏拉图位的是其侄儿斯彪西波，后者是一位数学家，一门心思地追求柏拉图学说中数学方面的内容。亚里士多德是否受到了这一偏重的排斥，对此我们无从得知。我们确知无疑的是，雅典充满了反马其顿的情绪，这种氛围对亚里士多德颇不友善。因此，亚里士多德离开了学园，离开了雅典。他花了几年时间在希腊诸岛间旅行，从事一些海洋生物学研究。公元前 342 年，他被菲利普国王招至马其顿宫廷，亚里士多德小的时候，菲利普还只是个王子。菲利普让亚里士多德做王位继承人、13 岁的亚历山大的私人教师。几年之后，亚里士多德的这个学生继承了王位，并实现了他父亲的梦想，把其统治的领土扩展到整个已知世界。有个故事说的是，亚历山大在远征途中，还指示他的军队收集生物标本，送给他以前的私人教师。

公元前 335 年，亚里士多德返回雅典，创立了他自己的学园和研究机构，成了柏拉图学园的竞争对手。该学园名叫吕克昂，因为它位于吕克昂神庙

附近。接下来的 12 年里，亚里士多德在那里指导科学研究，并写就了他的绝大多数主要作品。吕克昂学园里的研究涵盖了相当广泛的领域，包括自然科学和历史学。它拥有一座大型图书馆、一座博物馆，还收集了大量动植物的活体及标本。

公元前 323 年，亚历山大大帝英年早逝，雅典刮起了一股反马其顿的风潮。亚里士多德担心，自己与亚历山大的关系会令他陷入险境。亚里士多德记得苏格拉底的命运，不过他觉得没必要做个殉道士，因此他逃离了雅典，"以免雅典人对哲学第二次犯罪"。他死于次年。我们有一份他的遗嘱，该遗嘱充满了慷慨和温情，增益了他的令名。在其中，他提到了自己幸福的家庭生活，妥善安排了妻子、子女及仆人们的未来生活。亚里士多德的第一位妻子叫皮西厄斯（Pythias），在她死后，他又娶了赫尔庇利斯（Herpyllis）为妻。他在遗嘱中表达了对赫尔庇利斯的钟爱，但又要求葬在皮西厄斯的墓旁。

柏拉图与亚里士多德

聚焦于亚里士多德，可以得到一个非常有趣的案例，有助于我们研究哲学观念发展的方式。我们要理解亚里士多德的议题，就需要理解他与他的老师柏拉图不同的哲学观。一方面，柏拉图对他最著名学生的影响绝不能被抹去。在其哲学著作中，亚里士多德自始至终都在寻求对他的老师所致力的那些问题给出更加连贯的、令人满意的解决方案。亚里士多德在其老师故去后不久，就赞誉他是一个"坏人甚至无权赞誉的人，他在自己的生活和教学中展示了，如何能够在幸福的同时依然善良"。[1] 另一方面，亚里士多德是一位强有力的、独立的、富有创新精神的思想家。他不满足于简单地重复他钟爱的老师的思想。他慎重地修改了其中一些思想，有力地驳斥和抛弃了其他的思想。在其讨论伦理学的著作中，亚里士多德委婉地表达了，他必须要遵从真理，即便这意味着，他不得不痛苦地抛弃由他的密友柏拉图引入的那些思想：

> 为了维护真理，我们最好要牺牲个人所爱，实际上这是我们——尤其是作为爱智慧者的我们——的责任；因为，虽然朋友与真理这两者都是我们的所爱，但虔诚要求我们把真理置于朋友之上。（NE 1.6）[2]

起初，这两位思想家之间最显著的区别似乎是他们的文风和性情。通常用以刻画柏拉图的语词是：理想主义的、启迪人心的、超越尘世的、完美主义的。与之形成鲜明对照的是，亚里士多德则被刻画为：现实主义的、科学主义的、此世的、实用主义的。虽然这些对照语词中有一些是基于他们哲学内容上的区别，但大多数语词反映的乃是他们写作风格上的区别。不过，由于历史的偶然，他们所发表的作品之间有个显著的区别很容易令人误入歧途。我们知道，柏拉图给学园里的哲学高级学生开设了专业讲座。然而，这些讲座没有留下任何文字记录。相反，我们所拥有的柏拉图文稿仅仅是他的对话，它们是用以在外行读者中间普及他的哲学的。虽然其中有些被列为世界文学的最伟大作品，但这些对话所给予我们的，只是柏拉图文风的一个方面。相反，我们所拥有的亚里士多德作品则都是他的专业著述。据说，亚里士多德也写过一些非常优雅的对话，但它们没有被保留给我们。现在流传下来的亚里士多德作品，很多都是详细的讲座记录，并没有打算发表。因此，它们缺乏柏拉图对话作品的优雅和文学上的成功。不过，倘若读者愿意认真读完亚里士多德细致的论证，他就会发现，它们就像哲学家叔本华说的那样，包含着某种"绝妙的枯燥"。³

除了这些文风上的区别，这两位思想家之间还存在着众多更加实质性的区别。有这样一种说法：所有人都要么是柏拉图主义者，要么是亚里士多德主义者。虽然我们不应忽视这两位思想家之间的相似之处，但他们向我们展示了不同的世界图景，以及通达这种世界图景的不同方式。有些人由于其脾气秉性，或是其哲学信念，更加同情柏拉图的做法，他超越凡俗的、此时此地的世界，朝着理想的实在进行思辨的飞跃。而另一些人则发现，亚里士多德下到凡俗的进路——对我们所经验的世界进行细致的归类和分析——更有意义。18世纪晚期的诗人歌德把柏拉图的哲学描绘为冲天的语言烈焰，而把亚里士多德的哲学描绘为筑于阔野之上的金字塔，立足大地，系统地上升至其顶点。

要看出他们的区别，我们只需指出，柏拉图常常把数学作为他的知识典范。数学处理的是完善的、理想的东西，例如圆，它可以完全充分地被理性所理解，却不能通过感性而得到理解。这个知识典范刻画了他研究一切事情——从艺术到政治——的进路。而亚里士多德则偏好生物学。生物学对在具体经验中被给予我们的那些东西做出推理。生物学家所研究的，乃是一个不断变化着的世界，而理解这些变化，则是这门学科的重要组成部分。在有些地方，生物学家超越实验室里个别的真实样本，阐述普遍的特征、原理和规律，那些样本则是它们的例示。然而，一切普遍的知识都来源于变化着的特殊者世界，都是用来理解这个世界的。

是把数学还是生物学作为知识的典范，这会影响到我们如何做哲学。由于这个原因，亚里士多德的方法和结论迥异于柏拉图的。例如，柏拉图是通过展望理想社会来处理政治生活的。柏拉图论证说，任何不及这个理想的东西都是低劣的。因此他预言，如果背离完善的理念，就会出现诸多堕落阶段。一个显而易见的抱怨是，这个完善的国家似乎永远都不会实存，对此柏拉图借苏格拉底的口回答说，没关系。他说，我们依然必须根据完善性来思考。与之形成鲜明对照的是，亚里士多德考察了现实存在的158个国家政体，以此来支持他的政治哲学。他把这些政体整理成一系列的普遍范畴，进而考察在某种环境下最行之有效的政治结构是什么。虽然亚里士多德的结论是，有些社会显然要优于其他社会，但他从不给我们一个所有社会都必须遵守的公式。柏拉图与他的这个学生之间的同异表明，亚里士多德的哲学源于他的两方面努力，一方面努力保存柏拉图体系里有价值的东西，另一方面努力避免它的缺点。

在拉斐尔的《雅典学园》里，画家微妙地描绘了柏拉图和亚里士多德之间的哲学区别。柏拉图向上指着超验的相的世界，而亚里士多德则指向此时此地的自然世界。

想一想

5.1 柏拉图与亚里士多德这两人谁的世界观和生活进路与你自己的更切近？为什么？

知识论：在特殊者中发现普遍者

诉诸经验

我们对亚里士多德哲学的探究从他的知识理论开始。这个起点是很恰当的，因为亚里士多德全部的热情就在于，认识和理解他身处其中的这个世界。此外，他相信，这一任务乃是一个人作为人类的一员所固有的。他在《形而上学》的开头就乐观地断言，"所有人本性上就渴望认知"。他主张，我们渴望认识，其证据就是"我们对感觉的喜爱，因为，甚至离开了实用，它们本身也为人们热爱"。因此，在我们对感觉经验的沉浸中，可以找到知识的源泉。我们如果运用正确的方法，就会从感觉材料的层面上升到理论的或科学的知识。不过，亚里士多德所说的"科学"要比我们所说的"科学"宽泛许多，今天我们通常把"科学"与满是试管和光谱仪的实验室联系起来。对亚里士多德来说，很简单，科学就是合乎理性的论说。当我们真的认识了某个东西的时候，我们可以说出它是什么，以及它为何是其所是。一个人认识到了支配着事物的最终原因和原理，他就拥有了智慧。

亚里士多德的科学观与柏拉图的很不一样。对于柏拉图来说，不存在任何关于我们的感官所揭示的那些物理事物的科学，因为，它们不断变化着，太不完善。然而，亚里士多德说，知识始于对特殊事物的研究。因此他认为，研究从其具体例示孤立出来的抽象性质，这么做是错误的。例如，"音乐不可能存在，除非有人通晓音乐"（M 5.11）。换言之，如果我们想要研究音乐，那么我们最好仔细考察音乐家，看看他们做了什么。他又说，医生并不试图治疗人的形式，他只治疗诸如卡里亚斯、苏格拉底这样的个体（M 1.1）。柏拉图催促他的学生离开特殊者的领域，而亚里士多德则说，一个掌握了各种理论的人，倘若缺乏对有关特殊者的经验，那他的知识就是有缺陷的。因此，知识始于对特殊事物的经验。但这并不是全部。具有知识，这不仅仅是具有感受，不仅仅是熟悉一大堆个别的事实。狗经验到了事物（比如它藏起来的一根骨头）的味道、质地、滋味，但它没有真正的知识。科学不只是关于特殊事实的知识，它还会表明，这些特殊的事实是如何从更根本的真理得出的。

为了理解亚里士多德对科学的构想，我们可以比较一下艺术家、园丁和科学家对一棵树的不同兴趣。艺术家揭示了这棵树的个别性和特殊性。他沉醉于树叶的色彩、树枝的曲折、树皮独一无二的纹理。然而，他对这棵树的熟悉缺乏科学知识所必需的那种一般性。园丁则多了几分知识，因为他知道，哪些肥料能够使树长得茂盛，如何剪枝才能使它们结出更多果实。我们可以称这种知识为"实用的知识"。它的形式是，"如果你这么做，那就会发生那样的情况"。他知道什么会起作用，但不完全明白它为什么会起作用。现在，当科学家努力认识一棵树的时候，他对这棵特殊的树本身并不感兴趣。他想要根据树的普遍特性来获得对树的一般认识。为了认识对一棵树来说根本的东西，他在头脑中剔除掉无关的东西，以及这棵特殊的树独有的东西。用亚里士多德的话来说，科学家从树的偶然特性中抽象出本质。此外，科学家不满足于仅仅认识到，什么会起作用。他还希望能够说明，每个事实是如何嵌入诸事实的整体之中的，还希望能够理解每个事实的原因。对亚里士多德来说，科学的说明要表明，一个特殊的事实必定会如其实际发生的情况。

因此，真正科学的知识不是对事实的记录。它探究事物的普遍性质，寻找事物之间的必然关联。这需要一种对最终原则的认识，从这个最终的原则可以推演出特殊的事实。这就为科学确立了一个看起来非常高远的目标。今天的科学家们满足于对可能性的认识。然而，对亚里士多德来说，真正科学的结构就像是几何学的结构。它包含着由自明的公理和定义演绎出来的一系列必然真理，它们构成了一个完整的演绎体系。

语言、思想与实在

亚里士多德有一个基本的信念，语言、思想和实在这三者的结构是同一的。他从不怀疑：我们的确拥有知识，人类知识的结构合乎实在的结构。倘若在它们之间不存在某种类同关系，我们的心灵如何能够认识或理解自然呢？当我们从一个命题推论至另一个命题的时候，我们绝不仅仅是从一个心灵条目走向另一个心灵条目。毋宁说，我们是在从有关世界的一条信息走向描述了世界之真相的其他事实。我们需要给这个和谐的图景添加上语言。只有语言和实在之间存在着类同关系，我们才能够言说世界。因此，语言（在亚里士多德这里，就是希腊语）的结构多多少少切中了实在。语言很重要，因为知识并不在于一种无声的、神秘的洞见，而在于明智地论述世界的能力。语言与思想一定具有同样的结构，否则的话，我们怎么能够把我们的思想表述为话语呢？

> **想一想**
>
> 5.2 亚里士多德认为，我们知识的结构与实在的结构之间存在某种根本的对应，你同意他的这个观点吗？还是说，实在就像一块黏土，我们根据自己主观的或文化的预设而在思想中对之进行划分，将之范畴化？这两种观点有着怎样的意蕴？

基本范畴

在前述信念的基础上，哲学的任务就是，揭示语言、思想和实在的基本结构。在亚里士多德看来，我们关于事物的断言类型揭示了我们理解事物的方式。它们所揭示的不仅是我们思想和语言的范畴，也是实在的范畴。亚里士多德的解释非常复杂，他给我们列出了十个基本范畴。为了便于理解，我们可以将之视为我们关于某物可以提出的的十类问题（请见表 5–1）。

第一个范畴实体不同于其余九个范畴。实体是个别的事物，例如苏格拉底、奥林匹亚山、义犬菲多或者我后院的那棵树。实体具有如下特征："它们是支撑着其他一切的东西……其他一切要么是对它们的谓述，要么就呈现于它们之中"（C 5）。我们可以问，"苏格拉底在哪里？""他是什么样子的？"或者，"他在做什么？"对后两个问题的回答可能是，"苏格拉底是秃顶的"，"苏格拉底在交谈"。苏格拉底是主词，是许多不同性质和活动的基点。不过，反过来说就不成立了。我们不能说，"交谈是苏格拉底"。此外，虽然苏格拉底无论是否秃顶，无论是否在交谈，他都依然存在，但秃顶和交谈若不呈现于某个实体之中，就不可能存在。因此，实体是根据

表 5-1 亚里士多德的十范畴

问题	典型的回答	范畴
1. 它是什么?	一棵树,一个人	实体
2. 它有多大?	0.9 米高,1.8 米高	数量
3. 它是什么样的?	锥形的,聪明的	性质
4. 它有什么关系?	两倍,一半,更大	关系
5. 它在哪里?	在格罗夫	地点
6. 它何时存在?	昨天,今天	时间
7. 它处于什么姿态?	学习,坐着	姿态
8. 它处于什么状态?	绽放着的,穿着衣服的	状态
9. 它在做什么?	成长,交谈	活动
10. 它受到了什么作用?	被点燃,被逮捕	遭受

它们在陈述中所扮演的角色而得到界定的。它们是断言的主词,谓词(或其他九个范畴)则附加于它们。它们的独特之处在于其在实在中所扮演的角色。它们具有独立的存在,而其他范畴若要存在,就必须呈现于某个实体之中。

发现逻辑学

科学若要不只是简单地列举事实,就必须运用推理。通过推理过程,我们从已有的信息得出新的信息。不过,推理若要有用,就必须遵循一定的步骤,这些步骤可以保证,从真的信息总是可以得出真的信息,而绝不会得出错误的结论。亚里士多德第一个发现了推理的规则,我们现在称之为逻辑学。他讨论逻辑学的作品如此完备,以至在 19 世纪后期之前基本没有什么改动。

亚里士多德的逻辑学关心的是,我们就范畴之间的关系进行推理的那些方式。就两个范畴之间的关系,我们可以做出四种断言。例如,我们可以说:(1)"所有学生都是诗人。"(2)"没有学生是诗人。"(3)"有些学生是诗人。"(4)"有些学生不是诗人。"这些不同种类的陈述可以关联在一起,形成论证。在一个**论证**(argument)中,多个陈述(前提)的集合为我们对另一个陈述的信念提供了理由。亚里士多德分析过的一个很有名的论证形式就是三段论。三段论包含两个前提,以及由它们得出的一个结论。例如,我们可以论证:

所有母亲都是女性。
有些父母不是女性。
所以,有些父母不是母亲。

这是一个有效的论证,有效的意思是,结论是从前提必然地得出来的。因此,如果前提是真的,那么结论就会总是真的。亚里士多德的伟大之处在于,他认识到了,推理的有效性所依赖的,并不是论证的内容，而是论证的结构。因此他表明，我们可以用符号取代范畴词项，而论证将依然有效。亚里士多德在历史上第一个尝试用符号的手段来表现推理。把上面的论证归约成其骨架结构就是：

所有 P 都是 M。

有些 S 不是 M。

因此，有些 S 不是 P。

在这个论证中，如果你不断地用其他的词项来取代原初的词项，如果前提是真的，那么，这个论证形式将总是会给你一个真的结论。不过，亚里士多德表明，有些推理形式不是有效的。它们并不能使你从真的信息可靠地得出真的结论。考虑如下论证：

所有母亲都是父母。

有些父母是教授。

因此，有些母亲是教授。

在这个特定的例子中，前提都是真的，结论碰巧也是真的。然而，该结论并不是从前提逻辑地推导出来的。用"父亲"一词取代"教授"一词，就可以表明这一点。你会发现，前提依然都是真的，但现在该论证使你推导出了一个错误的结论。倘若发生了这样的情况，我们就说，该论证是无效的。在逻辑学里，形式与内容之间的关系很重要，而在形而上学里，形式与内容（或者质料）之间的关系同样扮演着重要的角色。

第一原理

亚里士多德指出，并不是所有东西都可以得到演绎证明。如果我们坚持证明一切，那我们将会陷入一个无穷倒退。因此，在能够演绎地证明之前，我们必须要从自立的、不依赖任何别的东西的前提或公理出发。亚里士多德称它们为"第一原理"。但我们是如何获得一切知识的这些第一前提的？这些第一前提仅仅是由某种信仰选择所假设的吗？倘若是这样，它们就会是任意的，就不会产生科学的、必然的知识。那这些第一原理如同苏格拉底和柏拉图所想的那样，是心灵固有的吗？亚里士多德也否定了这个选项，因为他发现如下假设非常荒谬：我们一生下来就拥有一些具体的、特定的知识，但我们却没有意识到它们。

亚里士多德的答案可以在**归纳**（induction）和**直观**（intuition）这两个过程中找到。通过归纳，我们认识到变化着的特殊者世界中那些普遍的、必然的特性。他说，感觉经验在记忆中留下了痕迹。对同一类事物的众多感觉经验在记忆中彼此强化，由此出现了对相似和普遍性质的认知。亚里士多德向我们形象地刻画了这个过程："它就像是战斗中的溃退，第一个人站住了，第二个人跟着就会站住，直到恢复最初的队形"（PA 2.19）。换言之，我们从很小的时候开始就被持续激增的繁杂感觉包围着。最初，我们的心灵非常困惑，就如一支在战斗中被击溃的队伍。不过，有些感觉留在了记忆里，类似的感觉彼此强化。随着一个个普遍的东西在心灵中被确立起来，一个可理解的秩序也就浮现了出来。正如战士们守住了阵地，继而进军征服新的疆土，那些普遍的东西也把我们的认识扩展到了越来越高层次的普遍性。例如，我们经验到汤姆、迪克、苏珊和简。我们觉察到了他们独有的特性，我们也经验到了他们的相似性。心灵因而能够从特殊的个体提炼出普遍的"人"。通过相似的过程，我们形成了"狗""蜥蜴""鹿"等概念。从这个"站点"出发，心灵进展到普遍的"动物"，最终进展到最普遍的东西（如实体、性质、关系、地点），我们在一切存在的东西那里都可以发现它们。

归纳可以使我们以此方式进行普遍化，这一点是很清楚的；但不清楚的是，归纳单独地如何能够给我们必然的第一原理。在这里，直观登场了。亚里士多德确信，世界存在着合乎理性的秩序。经验单独地并不能够把这一秩序展示给我们，它只能使我们熟悉它。然而，仅仅通过某种理智直观，我们真的就能"看到"作为一切真正知识之根据的普遍的、必然的真理。例如，把两个苹果和两个苹果加起来，然后是两个橙子加上两个橙子，这或许可以触发理智的洞见，2+2=4。这个普遍的、必然的数学真理并不基于变化着的世界里的苹果或橙子。不过，具体的经验激发了理智的直观。因此，对亚里士多德来说，直观是超越了归纳过程的新步骤。柏拉图把直观普遍者的活动描述为一种对早已内在于灵魂的知识的"回忆（recollection）"，而更加经验主义的亚里士多德则认为，该活动是一种"确认（recognition）"。因此，心灵有能力确认或首次认识到潜藏于经验中的普遍真理。*

---

* "recognition"的词干"cognition"本身就是"认识"的意思，前缀 re 表示"重新"。从特殊经验可以获得对特殊者的认识，而通过对经验认识的重新考察，可以发现寓于特殊经验中普遍的东西。这种普遍的知识不是由经验所提供的，而是由心灵的直观能力所发现的。更明确地说，理智直观并不以经验为基础，并不是基于经验的二阶工作，而是一种独立的工作。所以，作者在这里才说，"the mind has the power to recognize, or come to know for the first time, universal truths that are lurking within experience"。——译者注

这一过程揭示了两类主要的第一原理。每一门特殊科学都具有独有的、基础性的原理和定义。亚里士多德在此所举的大部分例子都是数学的那些自明的公理和定义。不过，他认为，物理学、医学、伦理学以及其他任何特殊科学同样都基于被直观地发现的必然原理。第二类第一原理则是逻辑学的规律。它们对任何类型的推理来说都是基础性的，无论推理的对象是什么。这些原理中的最高原理就是通常所谓的"不矛盾律"。它可以被表述为："A 不可能既是 B 又是非 B。"还有两个原理是"排中律"："A 必定要么是 B 要么是非 B；"以及"同一律"："A 是 A"。请注意，对亚里士多德来说，这些原理所刻画的，既是思想的规律，也是实在本身的性质，因为他认为，理性思想的结构与实在的结构始终是关联着的。

形而上学：理解此时此地的世界

对柏拉图相论的批判

亚里士多德把对所有科学之共同基础的那些原则的考察称作"第一哲学"。在《形而上学》这本书里，他对这个话题做出了最详尽的讨论。现在，我们用形而上学这个术语来指哲学的一个研究领域，它关注的是实在的本质。不过，这个标签乃是一个历史偶然的结果。亚里士多德手稿的编辑者不知道如何称呼一些讲稿汇编，他就称它们为《物理学》（Physics）之后（meta）的作品。

要理解亚里士多德的形而上学，重要的是要看到他的进路与柏拉图进路的区别。回想一下，柏拉图采取了非常严格的二元论，在其中，实在是由两个世界构成的。相的世界是非物理的、永恒的、不变的、只能通过理性来认识的。我们日常经验的世

界则是物质的、暂时的、不断变化着的、通过感官来认识的。在柏拉图看来，第一个世界是根本上实在的，而我们经验的世界则像阴影的聚集。亚里士多德对柏拉图的相论提出了非常尖锐的批评，力图代之以一种彻底颠覆的理论，说明普遍者与特殊者是如何关联的。

以下是亚里士多德在《形而上学》（M 1.9）中提出的一些主要批评：

1. 相是无用的。它们没有解释力。柏拉图的理论不仅没有解释自然世界，相反，还创造出了一个第二世界，使得有待解释的事物数量多了一倍。它没有为经验中事物的多样性带来某种统一，相反，它引入了更大的多样性，把问题复杂化了。

2. 相不能够解释我们经验中事物的变化或运动。"毕竟，我们可以讨论如下问题：相对感觉事物究竟有什么作用……因为，它们既没有导致感觉事物的运动，也没有导致感性事物的变化。"在许多段落，柏拉图都把变化视为物理世界非理性和不完善的症状，他对变化没有多大兴趣，他更感兴趣的是永恒。然而，对亚里士多德来说，我们生活在一个变化着的世界之中，我们需要理解它。因此，他抱怨说，如果不变的相是一切解释的根据，那"对自然的整个研究就都被取消了"。

3. 如果相与事物是分离的，那它们就不可能是事物的本质或实体。

4. 特殊者"分享"相，这句话的含义不甚清晰。说相是原型，特殊者分有它们，这种说法"是在使用着空洞的语词和诗意的隐喻"。

5. 亚里士多德在讨论柏拉图时，还引入了第三人论证。如果两个人之间的关系是通过人的相来解释的，那么，我们是否还需要另一个相来解释个别的人与人的相之间的相似性？如果需要，那么这个过程就会无休止，因为，我们永远都需要相来解释相（M 1.9, 11.1）。

由于这些原因，亚里士多德不相信，柏拉图的相论可以得到拯救。他尽管非常尊敬柏拉图，但还是严厉地总结说，"我们可以把相打发掉，因为它们是没有意义的单纯声响；即便存在这样的东西，它们也与我们的讨论无关"（PA 1.22）。

尽管亚里士多德抛弃了柏拉图的相论，但我们千万不要假设，亚里士多德把柏拉图的一切思想都抛弃了。与柏拉图一样，他也相信，存在着客观的普遍形式，它们构成了世界中事物的本质。正是由于这些形式，我们才能够具有知识。此外，亚里士多德也赞成，实在中的秩序只能通过引入形式来解释。*

实体：实在的关键

亚里士多德驳斥了柏拉图的极端二元论，那他又在哪里寻找形式呢？为了回答这个问题，他返回到了我们所拥有的唯一实在——我们周围的自然世界。亚里士多德用内在的形式这一思想取代了柏拉图超验的相这一图景。如果形式是事物内在固有的部分，那它们只能是事物的原因和解释。离开这个世界，并没有"桌子"这样抽象的相。只有个别的

---

* 为了避免混淆亚里士多德的"形式"概念和柏拉图的"相"概念，我们约定，只有在指柏拉图理论的时候，我们才用大写的"Form"。

桌子，它们每一个都体现了我们将之辨认为桌子的形式。因此，对亚里士多德来说，根本的实在乃是我们在自己的日常经验中所发现的那些实体。我们在前面已经看到，在亚里士多德对命题和思想的解释中，实体是关键的范畴。现在，他论证说，它在实在本身中也是根本的范畴。"是秃顶的、大腹便便的、身材矮小的"这个短语没有任何意义，除非我们补上一个语法主词"苏格拉底"。类似地，秃顶以及其他的属性，离开了它们内在于其中的某个现实地实存着的形而上学实体——例如，一个特定的、个别的人——就不可能有其实存。因此，实体是实在的根本部件。

要理解个别的实体，我必须要理解关于它的两个东西。第一，我必须要理解个别的所是（whatness）。如果我说，"那是什么？"回答可能是"苏格拉底"。然而，现在，如果我说，"苏格拉底是什么？"回答则可能是"一个理性的动物"，"一个希腊人"，"一个哲学家"，"一个矮小秃顶的人"，等等。回答将会列出我们在苏格拉底那里发现的诸多属性。但是，请注意，它们都是一般的、普遍的属性，它们也刻画了其他的特殊事物。虽然普遍的属性是重要的，但它们并没有把握到个别实体特殊的或者独一无二的东西。苏格拉底是一个理性的动物，但你也是。苏格拉底是一个希腊人，但泰勒斯和赫拉克利特也是。因此，特殊的实体必须不仅仅是它们的普遍特征。我们该如何来解释特殊事物的特殊性？要做到这一点，我们得要考虑它们的"这一个"（thisness）。苏格拉底是这一个特殊的希腊人，穿着邋遢的长袍站在那里，在一个特定的时候（公元前420年6月6日）占据着特定的空间（雅典市场的东北角）。即便存在着许多秃顶的、矮小的、理性的希腊哲学家，苏格拉底也是对这些属性的一个独一无二的例示。

形式与质料

个别实体的这两个方面可以通过形式与质料这两个概念来把握。一物的"所是"指的是它的形式。它的"这一个"指的是它的质料。这两个特性共同构成了个别的实在，理解这一点的最简单方式就是，考虑一个简单的物体，例如一个咖啡杯。我们可以回答"它是什么"这个问题，因为我们认出来，这个物体有一个特殊的形式。在这个例子里，它是圆柱形的，直径大约 7.5 厘米，底面闭合，上面敞开，它是用来喝咖啡的。虽然这样的物体被大量制造出来，有着同样的形式，但它的质料使我们辨认出，这个杯子是一个个别的实在，因为，放在我的早餐桌上的是这一个特殊的陶瓷杯。

这个特殊的例子可能会令我们设想，形式和质料所指的仅仅是物理形状和物理材料。然而，我们必须要理解亚里士多德说明当中的某些精微之处。宽泛地说，一个物体之所以具有其形式，是由于它服务于一个特殊的意图或功能。形式构成了一个物体的本质。一物的**本质**（essence）乃是诸多性质的集合，这些性质使得它成为它所是的那类事物。特别地，一物的本质正是字典定义试图描述的东西。例如，一个咖啡杯的本质乃是要装下咖啡以使我们从它里边饮用。因此，即便一个物体有着杯子的物理形状，但是由可溶解的材料做成的，它可能会是一个装饰品，或是某个小丑的一个道具，但它不会真的是一个咖啡杯。咖啡杯有敞开的上部，因为它的功能是用来喝饮料的，而一个果汁瓶则有密闭的盖子，因为它的功能是用来储存和运输饮料的。类似地，法律文书有着独有的特殊形式。不过，在这个例子里，它的形式并不能简单地刻画为其物理特征。一张长方形的纸，上面写着字，对一份法律文书的这一物理刻画可以轻而易举地用于对一本儿童故事书的刻画。因此，要刻画一份法律文书的形式，最好谈它的风格、用词以及意图。儿童故事书在物理上看起来与法律文书是相似的，但它具有不同的文学形式，因为它所起的功能不同。它的开头会是，"很久很久以前……"，它有着想象生动的风格，而没有可以从中得出深奥法律结论的逻辑组织结构。

类似地，我们必须要以一种更宽泛的方式来看待质料。正如我们已经指明的，质料是个体性的原则。一类事物有着共同的形式，质料是把某个个别成员从中区分开来的东西。质料还可以被刻画为诸多可能性的一个聚集，某个个别的东西可以由此聚集而得到实现。例如，一块松木板是有形式的质料。但它可以与其他木板垒成一堆，成为一场篝火的质料。同样是这些木板，还可以钉成一个书架。虽然这些木板本身是不同的实体，但它们可以成为将要实现出来的一类新东西的质料。因此，如果同一个有形式的质料被注入了不同的形式，它将会变成不同种类的事物。举个更微妙的例子，一次飞机失事（它有着自己的"所是"以及"这一个"）本身可以成为一则新闻报道的质料，或者成为一个舞台剧、一个历史说明、一件诉讼案的质料。在每种情况下，同样的"质料"可以以新的方式得到构成或组织，从而实现不同的功能。这个例子在另一方面也表明，一种形式仅凭自身并不能给我们一个实体性的事物，除非它存在于某类质料中。木匠的作业图还不是一个书架。它只是指出，木头质料应该如何构成，才能造出一个书架。类似地，一个舞台剧的一般形式仅仅是一种抽象的东西，并没有角色以及某些前后相继的事件等质料以待它实现。

总而言之，每个个别的实体都是由两个维度的东西构成的，它的形式（所是）以及它的质料（这一个）。我们可以分别讨论这两个维度，但这始终是一种抽象的讨论。它们并非如同凳子腿和座板是凳子的两个组成部分那样，是一个实体当中的两个组成部分。我们找不到纯然的质料，对它来说形式是作为一个额外的成分附加上去的。不过，如果一个有形式的质料以一种不同的形式重新得到组织，它就可以是一个新物体的基础。

潜能与实现

质料与形式这两个概念可以用以理解个别实体的实在。不过，这并没有告诉我们全部的故事。很显然，世间的一切事物（无论它们是人工的事物，还是自然的事物）都是生成的，都经历着变化或发展。让我们以一个特殊的个别实体——一枚橡果——为例。我们可以分析，这枚橡果有着它自己独一无二的质料（在两丛草之间若隐若现的这一块特殊的有机材料）。我们也可以关注于它的形式（使得它与其他所有橡果类似的那些性质）。但在亚里士多德看来（我认为，我们在此得要赞同他），如果这就是我们对该物体的全部认识，那我们并没有完全理解它。只有当我们理解了，它潜在地会变成一棵橡树，我们才认识到了它是什么。

亚里士多德把一个变化着、发展着的个体所经历的阶段描述为，潜能变成实现。潜能与质料有关。地上的橡果并不是一棵树，但它包含着这一潜能。相反，实现则与形式相关。由这枚橡果长成的现实的橡树，来自指引着它的发展过程的形式。橡果先是长成树苗，然后长成大树，它失去了最初使得它作为一枚橡果的形式。但使它作为一枚橡果的，有一部分就是，它有能力具有其他潜在存在着的形式。由于这个原因，橡果不可能变成一株西红柿。西红柿的形式并不是橡果潜能的一部分。要理解潜能变成实现的过程，我们就得进一步考察亚里士多德的变化理论。

理解变化

亚里士多德说，要理解一个变化着的世界，我们就必须理解在这个世界中发挥着作用的原因。在他看来，有四种原因解释了，为什么一个特殊的事件会发生，或者，为什么某个东西会以那样的方式存在。由于亚里士多德是在比我们今天宽泛得多的意义上使用原因这个词，因此，我们最好把这四种原因理解为，解释一个个别事物时要探究的四个不同方面。对于一个事物，我们首先想要知道的是（1）质料因或它的质料。例如，亚里士多德说，一堆青铜乃是一座塑像的质料因。在橡树的例子中，质料因乃是橡果的有机物质。其次，我们需要知道（2）动力因。这是造成所探究事物的那个过程的起源。在塑像的例子中，动力因乃是雕塑家以及他的工具。而对于橡树来说，是水分、营养土以及阳光的作用，把橡果的潜能实现了出来。到目前为止，这两个原因或解释模式与我们现代的科学世界观看起来大体上是一致的。我们倾向于把自然看作是由物质事物构成的，它们受到一系列力的作用。

然而，对于亚里士多德来说，最重要的内容还在后面。要解释一个东西，我们还需要知道它的（3）形式因。它是这个东西的本质，是在其质料中得到实现的形式，该形式使它成了它所是的那一类东西。因此，当雕塑家着手他的工作时，当他加工青铜的时候，他在脑海中有一种形式。在橡果中发挥着作用的形式，使它长成一棵橡树，而不是长成一株郁金香。对于亚里士多德来说，一个事物最重要的方面乃是（4）目的因。这是它要实现的目的或功能。对于一个人工事物——例如，一座塑像——来说，它的目的或许是要刻画某人的样貌。一个自然事物——例如，一枚橡果——乃是一个生长着的东西，它最终会长成一棵橡树，结出自己的橡果。

我们可以想象一下，一位考古学家对亚里士多德四因分析的运用。让我们假设，一位考古学家正在南美洲某处发掘，他偶然发现了一个东西，它似乎是某种工具。他将会寻求弄清楚它的质料因（银），因为，这会告诉他有关它的一些东西。他还会想要知道，造成了它的动力因（印加帝国的工匠）。接下来，他可能会努力确定，它是一把刀还是一个家居装饰品。这会是对形式因的探究。假定它是一把刀，他需要弄清楚，它是用于宗教仪式的、捕猎的，还是烹饪的（它的目的因）。只有当他能够回答这四种亚里士多德式的问题时，他才完全地理解了这件人工制品。

一个东西从其初始状态到其实现的发展过程包含着几个阶段。婴儿长成为幼儿，幼儿长成为儿童，儿童又长成为青少年，随后又成为一个成人。在每一个阶段，某个潜能得到了实现（包括四因的一部分或全部），但这继而又为随后的阶段提供了将要得到实现的潜能，直到最终的目的得到实现。每个阶段都有自己的质料和形式。我们可以说，16岁的人是典型的青少年。然而，虽然他达到了他生命中这个年龄阶段的卓越，但青少年的形式将会逝去，被成人的形式取而代之。因此，变化乃是一个特殊的质料前后相继地被不同的形式塑造，直至抵达最后阶段的过程。

> **想一想**
>
> 5.3　运用亚里士多德的四因分析来解释一场体育赛事——例如，一场橄榄球赛——的实存。构成这场比赛的材料有哪些？哪些能动者实现了这场比赛？一个东西要是一场橄榄球赛，必须要有哪些形式要求？一场比赛的目的或意图是什么？试着把这一分析运用于某类别的东西。它对我们理解该物有何帮助？

目的论

亚里士多德的理论给我们描绘了一幅自然图景，它是诸多动态过程的集合，它们全都指向各种目的的实现。亚里士多德赋予宇宙的这个有目的的、有目标指向的结构被称作**目的论**（teleology）。这个词源自希腊词"telos"，其含义是目的或目标。*这并不意味着，努力长成橡树的橡果是在有意识地力图达到那个目的。对亚里士多德来说，这也不意味着，自然中还有任何其他有意识的意图在发挥着作用。虽然如此，但橡果长成的是橡树，而不是卷心菜。每一类实体的本质包含着一种内在的驱动力，使之以特定的方式行动或发展。亚里士多德使用"隐德莱希（entlechy）"这个词来描绘一个过程的最终阶段，它的意思是，一个事物的形式的完全实现。**

一枚橡果的隐德莱希是一棵橡树，因为，橡树不会继续实现某个进一步的目的了，它只会产生更多的橡果。

神：不动的推动者

自然是永无休止变化着的事物的一场忙碌的戏剧。我们看到潜能的所有地方都在得到实现，在产生新的潜能，每一个过程都朝向某个目的。自然的全部活动的起源是什么？在亚里士多德看来，质料本身仅仅是一堆潜能。它需要某种其他的力量来实现它的潜能。我们可以想象，宇宙的所有天体悬在空中，一动不动。它们会有运动潜能，但这一潜能必须要通过其他东西来实现。因此，对亚里士多德来说，运动就是一个始终需要解释的东西。他寻求的不是造成了事物运动的某个时间上最早先的原因，因为他相信，宇宙及天体的运动是永恒的。对亚里士多德以及所有希腊哲学家来说，整个宇宙有着一个绝对的开端，是由无中创生出来的，这种思想没有任何意义。相反，对他来说，宇宙就像一株向日葵，永远都在移动着面向太阳。即使向日葵一直以来都存在，它的永恒运动也需要一颗永恒的太阳，以此来不断地维持它的生命和运动。

如果迄今为止亚里士多德所说的都是对的，那么，宇宙中的一个非常根本的部分就必定导致了其他一切事物的运动。然而，运动的这个源头本身却不能处于运动之中，因为，倘若是那样的话，就会是其他的事物维持着它的运动。这将会导致一个不可能的无限倒退。亚里士多德称这个根本性的原因为不动的推动者。要理解不动的推动者，有几点非常重要。第一，虽然它似乎是亚里士多德版本的上

---

* 在《蒂迈欧篇》中，柏拉图用了目的论这一概念来说明作为一个整体的宇宙的起源和性质。

** "隐德莱希"所翻译的希腊语词"entelecheia"哲学含义丰富——在自身中（entos）具有（echō）其目的（telos）。

帝，但它并不是一个超验的、神人同形同性的、人格化的上帝，如同我们在犹太教-基督教传统中发现的那样。亚里士多德的神并没有喜爱或展示出意志的行动，正如引力定律没有喜爱或展示出意志的行动。关心某个东西，就要具有一种有感情的生活，它使得你易受你所爱的东西的攻击或影响。如果不动的推动者是一切运动的源头，那么它就不可能在情感上受到其他事物的影响或打动。第二，由于不动的推动者本身不运动，因此它不可能是一种动力因。换言之，它不可能以一个球手击球的方式导致运动。那么，它是如何推动其他事物的呢？亚里士多德的回答是，它是作为目的因而发挥作用的。它是宇宙中目的论的源泉。一切事物在寻求彻底完成时，都（无意识地）想要如同那不动的推动者。自然的不同部分以自己的方式努力追求实现。当植物破土而出的时候，它是在寻求它的实现。你和我都力图尽可能地认识和实现我们的潜能。一切存在者里都体现出这种趋于实现的驱动力，它就像爱的力量。你能够爱上一个人，那种爱能够影响你做的一切事情。为了你爱的人，你努力提升你自己，或者重新规划你的日程，从而能够与他/她挨得更近。不过，这并不意味着，你所爱的那个人也类似地受到了你的影响。那个人可能完全没有觉察到你的存在。类似地，自然被神推动着，而神则保持不动。由于自然中的一切事物都是由它们对神的内在的爱所推动的，因此，亚里士多德确实相信，"爱推动着世界"！

最后，不动的推动者必定是最高的那类实在。其他一切事物都充满了尚未得到实现的潜能。我们是不完善的，始终在途中，因此，我们的生命永远都是未完成的。但纯粹现实性的东西无须变化，因为它由于其本性已经是完善的了。那么，不动的推动者做什么呢？如果它是最高的实在，那它所从事的就必定是最有价值的活动。对亚里士多德来说，最高的活动就是思想。虽然自然的其他部分盲目地追求着它的目标，但人能够理性地思想，这使得人成为自然中最高的造物。通过外推，宇宙中最高形式的存在者所从事的必定是最高形式的理性思想。不过，神不能思考变化世界中的特殊者，因为，这会把碎片和变化引入他的存在。相反，他思想的对象一定是不可分的、永恒的。"因此，神圣思想所思考的必定是他自己（因为它是事物中最卓越的），他的思想乃是对思想的思想"（M 12.9）。对于这个单一的、不可分的理智观，我们唯一能做的类比就是，数学家沉思整个的数学证明，而不是关注个别的步骤。亚里士多德的神学在整个古代都很有影响，特别是，它影响了斯多亚派和新柏拉图主义的哲学家们。此外，虽然这种神学观与圣经传统表面上相冲突，但它对中世纪神学家——特别是托马斯·阿奎那——非常有影响。

> **想一想**
>
> 5.4 亚里士多德不动的推动者是完善的、不变的，因而不可能被变化着的世界所影响。在中世纪，这一思想渗透进了犹太教-基督教神学。不过，一个不动的神能够爱这个世界，被它的苦难所打动吗？这样一个神能够有欲求和意图吗？如果一个存在者有欲求和意图，那是否意味着，它并不是完全得到了实现？是否有可能调和这两种对神的观点？还是说，它们有着根本上的冲突？

伦理学：使事情保持平衡

亚里士多德关于伦理学的最完整作品是《尼各马可伦理学》（尼各马可既是他父亲的名字，也是他儿子的名字）。它是道德哲学的伟大经典之一，今天也依然有影响。亚里士多德并不是在装模作样地给我们提供一个全新的伦理理论。他认为，倘若在人类历史上从没人发现，道德上善的究竟意味着什么，这会非常荒唐。我们有着大量好人的例子，他们是我们其余人的典范。因此，对于造就了人类卓越的那些品格特征和道德原则，我们已经有所感觉。这个进路既成就了亚里士多德道德哲学的优点，也导致了它的缺点。从积极的方面说，他的全部伦理学作品都采取了一种回归现实、常识的进路，它紧紧抓住我们带进哲学的道德直觉。然而，过于追随我们社会的道德智慧，这可能会妨碍我们看到自己特定时代和文化的局限及偏见。亚里士多德接受奴隶制，把女性排除在政治生活之外，这些就是例子。因此，那些同情亚里士多德总体立场的人，必须要把他的普遍洞见与文化上相对的东西区别开来。

在亚里士多德看来，伦理学构成了一类客观的知识。在这个意义上，它是一门有关正确操行的科学，它指引着我们实现人的卓越。亚里士多德在这一点上与柏拉图是一致的。他们都相信，对于一个处于特定环境中的个体而言，存在着一种道德上正确的行动方式。由于道德是一个认识、内化和运用客观原则的问题，因而我们在道德选择中就有可能弄错，在行动中就有可能犯错。不过，亚里士多德并没有认为，伦理理论是能够像数学那样精确的科学。当我们开始把普遍的原则应用于具体的人的操行中去的时候，我们会遭遇到各种模糊和灰色地带，它们正是人类处境的特点。由于这个理由，他在《尼各马可伦理学》的开头就解释道：

> 我们的讨论如果达到了它的题材所能容许的清晰程度，就已经足够了，因为，不能追求一切讨论都同样确定，正如不能追求一切技艺制品都同样确定……因为，一个有教养的人的特点就是，在每一类事物中寻求那一题材的本性所容许的确定性。（NE 1.3）

幸福

亚里士多德在其伦理学著作的开头观察到，人的所有行动都指向某个目的。现在，有些目的是纯然工具性的。我们追求它们，仅仅是为了达成其他的目标。例如，一个学生可能会为了一场统计学考试而熬夜学习。他这么做是为了通过这门课程，而他要通过课程则是为了拿到会计学的学位。这个目标是有价值的，因为它使他能够获得一份好工作，而有好工作也是有价值的，它使他能够挣到钱，如此等等。不过，这一系列的工具性目标不能够一直延续下去，整个过程不能够无休无止。所有工具性的目标都必须最终指向某个最终的善，我们由于它本身的原因就会欲求它。因此，生命中最重要的任务就是，确定这个主要的、最终的目标可能是什么。

答案很简单：人的所有活动的最终目标是幸福。亚里士多德使用的希腊词是 *eudaimonia*。我们不能把它与"愉悦（pleasure）"相混淆，我们最好把它理解为"好生活（well-being）"或者"活得好（living well）"，或者"过着值得过的生活（having a life worth living）"。对于某人所做的其他一切事情，你都可以问，"为什么你要做那件事？"但"为什么你要努力获得幸福？"这个问题是荒唐的，它不可能有答案，因为幸福是我们所做的一切事情的最终目标，它不需要进一步的辩护。不过，亚里士多德认识到，这并没有让我们前进多远，因为，在这个话题上存在着许多不同的选项。不同的人把活得好与愉悦、富有、诚实等许多不同的事物关联起来。因此，亚里士多德承认，"说幸福是主要的善，这似乎是一个陈词滥调，它究竟是什么，对此依然需要一个更清楚的说明"（NE 1.7）。

正如我们在他的形而上学里看到的，某个事物的目的或功能构成了它的真正本质。此外，这一目的或功能也将构成它的德性或其卓越的标准。好木匠是能够履行木匠之目的——建造——的人。好眼睛是能够履行其看这一功能的器官。因此，成为一个好人，或寻求个人实现（这两者对亚里士多德来说是一回事），就意味着履行人之为人的目的。这目的能够是什么？它必定是某种对人来说独一无二的、特别的东西，别的生命所没有的东西。由于这个原因，亚里士多德警告说，如果我们把幸福等同于愉悦，那我们就会走上歧途。那么做的人实在"偏好一种适合于野兽的生活"，而不是一种适合于人之实现的生活（NE 1.5）。在靠近其著作结尾的地方，他总结说：

因此，幸福不在于消遣。实际上，倘若目的是消遣，我们终其一生不辞辛劳、忍受煎熬，就是为了自我消遣，这会非常怪异。因为，简而言之，我们选择的一切事物都是为了其他事物——只有幸福除外，它就是一个目的。所以，一个人为了消遣而全力以赴地工作，看起来是愚蠢的、极端幼稚的。（NE 10.6）

愉悦不等于幸福，亚里士多德说明了这一点后，继而指出，少量的愉悦是好生活不可或缺的组成部分。"有些人说，如果一个遭受折磨的被害人或陷入巨大不幸的人是善的，那他就是幸福的，说这些的人无论是有意的还是无心的，都是在说着无意义的话"（NE 7.13）。对于其他一切"外在的善"，情况也是如此。缺乏朋友、健康、足够的物资给养，都会令幸福黯然失色。最后，虽然愉悦不是人的生活的目的，但它伴随着道德上卓越的生活。

热爱高贵事物的人在其本性就令人愉快的事物上寻找快乐；合乎德性的活动就是这样的事物，因此，这些活动既令人愉快，自身又在本性上就令人愉快。因此，他们的生活无须进一步要求作为一种外来吸引力的愉悦，他们的生活本身就拥有愉悦。（NE 1.8）

现在，让我们回到"人的生活的目的是什么？"这个问题。亚里士多德在其《尼各马可伦理学》最重要的段落之一回答了这个问题："我们说，人的功能是过一种特定类型的生活，这就是蕴含着理性原则的灵魂的活动或行为，因而一个好人的功能就是对这些活动或行为的良好、高贵的表现。"（NE 1.7）这段话里有几点需要强调。第一，我们并没有赋予我们自己一个目的。人的生活的目的是某种我们生来就被给予的东西，它构成了我们人性的本质。它使得我们的存在类型不同于石头的、植物的、野兽的及电脑的存在类型。第二，这个段落强调了，人的生活的目的在于展示出某种卓越的表现或活动。幸福不是我们所达到的一种消极状态，它刻画的是我们该做什么、如何做它。亚里士多德添加了一个限制条件，"在整个生活中"。他解释说："一只燕子造不成一个夏天，一天也造不成一个夏天；同样地，一天或一小段时间，也都不能使人幸福。"（NE 1.7）正如赢得一场比赛并不会使一个运动员成为冠军，一个高贵的行为或一个幸福的瞬间也不会使一个人的生活变得卓越。

第三，此前对人之生活目的的描述也强调了，它蕴含着这样一种生活，依据理性所制定的特定方案或策略来过。因此，好生活就既包含着思考，又包含着行动。这是因为，我们是理性的存在者，但同时我们也是一个感受着、欲求着、行动着的存在者。因此，通往幸福的道路包含着两个维度。你必须要合乎理性地判断，你要遵循的正确原则是什么；并且，你的嗜好、感受和情感必须要受到这些规则的约束。两者分别是理智德性（或理智卓越）和道德德性（品格卓越）。忽略了哪一种德性，都不能过上好生活。

在理智德性中，有两个主要的范畴：哲学智慧和实践智慧。哲学智慧是纯粹理论性的，通过理解实在不变的结构，我们就可以获得它。而实践智慧则是需要成为有道德的理智德性，因为，它是对一个人在日常生活中该怎么做的理性理解。不过，亚里士多德指出，除了理智上的卓越，还需要另外的东西。"因为，我们的探究不是为了认识到德性是什么，而是为了成为善的，否则的话，我们的探究就会没有任何用处。"（NE 2.2）所需要的乃是道德德性，或者平衡一个人欲望和情感的能力。

亚里士多德一开始首先讨论了道德德性。对我们来说，这可能是伦理学的全部，但对亚里士多德来说，它仅仅是好生活中的一个组成部分。他把德性（或人的卓越）描述为：

> 与选择相关的一种品格状态，它在于相对于我们而言的中道中，这中道是根据一个理性的原则决定的，具有实践智慧的人根据那个原则决定该怎么做。（NE 2.6）

在接下来的部分中，这个定义里的每一个术语都将会得到分析。

德性是一种品格状态

首先，他把德性说成"一种品格状态"。他这么说的意思是，一个道德上善的人不仅仅是一个表现着道德上正确的行动的人，他还发展出一种做正确事情的习惯或性情。我们可以想象，一个人老老实实地填写了他的收入报税单，但他是在挣扎着抗拒了欺瞒的诱惑后才这么做的。相反，真正有道德的人欣然愉快地如实填报，没有这样的挣扎纠结。因此，一种良好的品格不仅体现于我们所做的事情之中，还体现于我们的动机、欲求和好恶之中。由于这个原因，亚里士多德说，一个好人"喜欢有德性的行动，讨厌邪恶的行动，正如一个音乐家喜欢优美的曲调，而听到糟糕的曲调就会感到痛苦"（NE 9.9）。

虽然理智德性可以通过教授而获得，但道德德性却只能通过实践获得，它与我们获得一个技能差不多。因此，发展出一种道德的品格，更像是学习如何弹钢琴或驾驶汽车，而不太像学习历史学。亚里士多德批评了一些哲学家（他在这里想到的可能是苏格拉底），这些人以为，成为道德的人，仅仅是认识到善这件事。他说，这样一些理论家就像是"认真倾听医生的病人，但对医生要求他们做的那些事情，他们却什么都不做。通过这种治疗过程，身体不会变好，同样地，通过这种哲学过程，灵魂也不会变好"（NE 2.4）。

如果道德德性是认识到如何做出道德决定，而不只是认识到某些事情是真的，那么，"我们就是通过做出公正的行动而变得公正，通过做出有节制的行动而变得有节制，通过做出勇敢的行动而变得勇敢的"(NE 2.1)。最初，这看起来像是个恶性循环。除非我们已经是公正的，否则我们如何能够做出公正的行动？答案在于，当我们学会一个新技能时，无论它是弹钢琴还是做一个道德的人，我们是从父母或者老师那里接受指令的。他们告诉我们该做什么，我们模仿他们的行动。最终，通过一个不断反复的过程，外在的行动成了多多少少无须努力的事情，它们以性情的形式内化了。在弹钢琴的例子中，成熟的音乐家无须老师把她的手指放在它们该弹奏的地方。她看着乐谱，立刻就做出反应。而在道德上成熟的人的例子中，这些人的父母无须提醒他们做正确的事情，因为他们习惯上就会这么做。

德性与选择相关

亚里士多德强调，成为道德的，这涉及某种选择。例如，假设我在沿着一条路驾车时转了个弯，因为我在测试轮胎，但在这么做的时候，我毫不知情地避免了撞上一个小孩。我避免了撞上小孩，这是好的，但我是偶然避免的。再举个例子，假设我照看一位年老的姑妈，这仅仅是因为，我希望继承她的财富。那么同样地，这虽然是一个善行，但我是出于一个欲求的理由而做它的。在这两个例子里，我都不能被赞誉为一个有德性的人，因为，做一个道德的人，既包括认识到什么是善的，也包括出于它自身的原因而选择它。

此外，一个行为要想是真正的选择，从而能够受到道德的赞誉或谴责，就必须是自愿的行为。亚里士多德通过考察反例澄清了自愿行为和道德责任这两个概念，在该反例中，行为不是自愿的。他认为，存在着两类非自愿的行为，我们对之并不负有道德责任。它们就是，我们处于强制之下做出的行为，以及我们出于无知做出的行为。当我们在强制之下做出一个行为的时候，该行为是由某种外在的力量作用于我而发生的。例如，如果我在地毯上滑倒或是被猛推了一把，把你喜欢的花瓶打碎了，我是不该为此而受到谴责的，因为，我并不是选择这么做的。然而，存在着一些灰色地带。让我们假设，我被迫做出了一个道德上错误的行动，因为我的家人正受着折磨。亚里士多德称这样的例子为"混合的"情况。一方面，我自愿地移动自己的身体实施了这个行动。另一方面，由于我是出于恐惧而实施行动的，因此，它并非我所愿，因此我对之也就不负有道德责任。

什么时候我是出于无知而行动的？亚里士多德说，我不能仅仅由于不知道对错就可以免受谴责。说"我不知道谋杀是错的"，这并不能使我免受谴责。不过，如果我对有关事实的无知不是由于我自己的原因，那么我就该得到谅解。假设，我确信给一个人的是水，而没有意识到他的敌人已经在水里下了毒。这里，我的行为是不幸的，但不是该受谴责的。不过，在此存在限度。在某些情况下，我的无知是我自己疏忽的结果。例如，我在玩一把枪之前应该检查一下，看看它是否上了膛；医生在开药之前应该检查一下，病人有没有可能会有过敏反应。

为了进一步提炼出可谅解的无知这个概念，亚里士多德区分了"无知地行动"和"由于无知这个原因而行动"。如果我喝醉了或者处于盲目的暴怒之中，失手刺伤了人，我可能真的没有意识到我在做什么。然而，虽然我是在无知地行动着，但这无知是我自己造成的，因为，是我允许自己喝醉了，是我致使自己没有发展出自控的品格特点。当我由于无知这个原因而行动的时候，这里就存在某种我很遗憾地不知道的东西，对此我不能受到谴责。

德性与中道

接着，亚里士多德说，德性是"在于中道的"选择。这就是他著名的"中道学说"。"中道"在这里指的是介于两个极端或两种恶之间的中间立场。他观察到，道德德性"关注激情和行动，在其中，过度乃是一种失败，因而是错误的，而中道则是被称许的，是一种成功"（NE 2.6）。换言之，有德性的人会在两个极端之间找到正确的平衡或中道。亚里士多德对适度的强调并不新鲜，因为这是标准的希腊理想，可以追溯到荷马和其他希腊早期诗人们那里。虽然如此，亚里士多德对之还是做出了他自己独有的阐述。

德性在于中道，要解释这一思想，我们最好看看亚里士多德所讨论的一些例子。对每一种行动来说，都存在着一个正确的品质，它是太过与不足这两个极端之间的平衡点（请参见表 5–2）。

亚里士多德指出，这一根据中道的分析并不适用于一切情感和行为。例如，我们不会想要说，好人是既非过于残忍、也非不够残忍，而是残忍程度正合适的人。很显然，某些情感和行为在性质上就是邪恶的，再怎么适度也不会使它们变得善起来。他举的例子包括怨恨、无耻、嫉妒等情感，通奸、盗窃、谋杀等行为（NE 2.6）。

普遍的原则与相对的应用

亚里士多德说过，德性包含着发现"相对于我们而言的中道"。因此，中道对处于各种情况下的不同个体来说就是不一样的。亚里士多德伦理学天才地认识到，普遍的、客观的原则对于不同的人，在不同的情况下，有着相对的应用。举个不寻常的例子，每个人都应该遵守"饮食营养均衡"这个普遍的原则。虽然这个原则同样地适用于所有人，但根据它而为一个 125 千克重的足球运动员拟定的食谱，将不同于根据它而为一个 55 千克重的职员拟定的食谱。请注意，亚里士多德绝不是在说，支配着行为的原则只是主观的意见。我可能会感觉我的时尚新食谱很好，但它实际上却使我的身体丧失了一些关键的营养，是得不偿失的。举个道德德性（比如勇敢）的例子，我们可能会赞誉一个小孩子勇敢，他克服了自己对水的恐惧，跳进水里。而一个职业救生员这么做就不是一个勇敢的行为了。类似地，一个寡妇为慈善捐出一美元，而一美元占了她生活费

表 5–2 亚里士多德对德性作为极端之间的中道的分析

行动	恶（过度）	德性（中道）	恶（不足）
面对危险时的自信	鲁莽	勇敢	怯懦
享受快乐	放纵	节制	冷漠
花钱	挥霍	慷慨	吝啬
自陈	自夸	诚实	自贬

的很大一部分比例，这时候，她展示出了慷慨的德性。然而，如果她继承了百万遗产，那这时候，她捐出一美元这个行为所展示的就是吝啬之恶了。

实践智慧决定中道

很显然，中道不等于数学上的平均数。如果说，为慈善捐出我的全部财产是过度，一文不出是吝啬，那我们决不能推论说，捐出我全部积蓄的一半就是正确的数额。即便我们知道正确的道德原则，我们又如何知道，在特定情况下怎么做才是对的呢？亚里士多德只能说，它是"根据一个理性的原则决定的，具有实践智慧的人根据那个原则决定该怎么做"（NE 2.6）。在这一点上，道德德性与实践智慧这一理智德性关联起来。一个具有道德德性的人会知道，哪些目标是人的生活的正确目标（在各种欲望和情感之间权衡）。不过，也需要实践智慧来认识，如何达成这些目标。这包含着正确地审慎思考这一理智活动。亚里士多德没有提出多少指导方式，他只是说，实践智慧"不仅关注普遍的东西，也关注特殊的东西，我们是通过经验而逐渐熟悉实践智慧的"（NE 6.8）。因此，虽然实践智慧是一种理智德性，但已经从实践经验中学会了如何做决定的人，最有可能展示出这种智慧形式。

概言之，道德上善的人会认真地遵循理性，会想要做正当的事情，具有良好的品质，知道人的生活中恰当的目标，能够估计出如何在实践中达成这些目标，或许也是最有经验做出艰难道德抉择的人。行伦理之事与其说像是计算数学的结果，不如说更像是学习如何在自行车上保持平衡。在我们学会如何骑自行车前，我们经历了许多次的失败和跌倒。然而，最终，我们能够感觉到正确的平衡点。你不可能给某人一个这么做的公式；他必须从经验中学会它。正如亚里士多德所说：

> 我们感受的恐惧、勇敢、欲望、怒气和怜悯，总之快乐与痛苦，都可能太多或太少，这两种情形都不好。而在适当的时间、适当的场合、对于适当的人、出于适当的原因、以适当的方式感受这些感情，就既是适度的又是最好的。这也是德性的品质。（NE 2.6）

> **想一想**
>
> 5.5 请举出我们时代文化中的一些人，一些你认为是卓越典范的人。他们在何种程度上合乎亚里士多德有德性的人的典范？你是否同意他对人的生活应该是什么样子的描述？他的说明可能会受到何种方式的批评？

生活的最佳形式

亚里士多德论说了，通过合乎我们本性地生活，通过成就人之为人的东西，我们就会得到幸福。但由于人的本性是多向度的，因此我们可以合理地假设，幸福最高的、最令人满意的形式与我们内心最好的东西有关。无疑，亚里士多德相信，沉思活动符合这一描述。亚里士多德为这一结论列出了几点理由。第一，理性是我们之中最完全地表达了人性的部分。第二，在生活的种种事务中，我们能够持续不断地从事理性。第三，理性的沉思是一种自足的活动，因为，我们可以自主地从事它。要从事这项活动，除了生活的基本必需品之外，我们无须其他的人、装备或任何其他外在的东西。第四，我们之所以从事这个活动，乃是由于它本身，而不是由于它所带来的有形结果。最后，沉思模仿了神——

那不动的推动者——的活动。

评价与意义

在亚里士多德之后的那个时期，许多哲学家都抛弃了他的形而上学，拥抱伊壁鸠鲁派和斯多亚派的物质主义，或者新柏拉图主义者的彼岸性。然而，他在中世纪被人们重新发现，人们尊重他的权威，干脆就叫他"哲学家"。因此，中世纪发展出来的基督教学说是用亚里士多德的范畴来表述的。此外，但丁、乔叟、莎士比亚、弥尔顿等人的许多篇章都表明，他们对亚里士多德的宇宙思想知之甚多。由于他的体系是中世纪思想家们科学、哲学和神学的基础，因此，现代早期的哲学家和科学家认为，他的思想要为过去一切理智的错误负责。亚里士多德的体系把自然中的变化视为实体努力实现其目的因的结果，这个体系不会密切关注质料因和动力因，而这些原因对近代科学却极为重要。因此，随着近代的到来，亚里士多德的权威被抛弃了，出现了构想自然的新方式。后文我们在考察近代科学的兴起时，会讨论一些对亚里士多德体系的批评。直到19世纪和20世纪，出现了近代化的亚里士多德主义，人们对亚里士多德的兴趣才得到了恢复。

当代联系5：亚里士多德

要是我们以为，亚里士多德所影响的思想家都离我们年代久远，因而他无非如同一件布满灰尘的博物馆藏品，那我们就错了。他的思想不像以前那样对理智生活享有最高的权威，但它们在当代哲学思想的许多领域依然充满活力。

第一，亚里士多德认为，一切事物都有其固定的本质，这一观点依然为许多哲学讨论设定了议程。它在我们的世纪受到了社会建构主义以及类似观点的挑战，后者主张，不存在固定的本质。例如，这样的观点论说到，不存在固定的人性，我们的所是乃是可变的社会力量的产物。然而，科学家们依然试图发现世界（包括人性）中不变的、普遍的东西，虽然他们的结论远远超出了亚里士多德能够预见的范围。因此，亚里士多德认为，每一类事物都有自己的自然本质，这一观点对许多人来说依然是一种很有吸引力的立场。

第二，亚里士多德创立了逻辑学，他的工作如此出色，以至其后两千多年的时间里人们对它没有什么大的修改。人们今天还在教授着他的逻辑学体系。

第三，他的伦理学是第一个体系性的伦理学，今天也依然是伦理学里的一种重要理论。在过去几十年里，德性伦理学的兴起要深深地归功于亚里士多德的洞见。德性伦理学既不同于康德的伦理学（强调我们的道德义务），也不同于效用主义伦理学（主张我们行为的后果决定了行为的道德价值），它追随亚里士多德，主张道德首先需要的是发展出一种有德性的品格。

> 最后，亚里士多德是第一个把哲学运用于文学研究的人，他对文学批评的影响巨大。

理解题

1. 柏拉图和亚里士多德哲学研究的风格有什么差异？
2. 在亚里士多德看来，语言、思想和实在之间有什么关系？哪些考虑可能会支持他的观点，哪些考虑可能会反对他的观点？
3. 亚里士多德的范畴是如何解释思想和实在的？你认为他的观点有道理吗？你认为他的范畴表可以做什么修改、补充或者删除？
4. 在亚里士多德逻辑学里，形式和内容之间有什么关系？他是如何用这一区分来描述实在的？
5. 什么是第一原理？我们如何得到它们？它们在知识中扮演着怎样的角色？
6. 为什么亚里士多德要拒斥柏拉图的相论？亚里士多德的形式观与柏拉图的相论有什么同异？
7. 亚里士多德的实体观是什么？它导致了与柏拉图怎样不同的一种实在观？
8. 亚里士多德的潜能和实现概念是什么含义？它们在他的世界观中扮演着怎样的角色？
9. 他是如何用形式和质料的思想来解释事物本质的？
10. 四因是哪四种原因？为什么亚里士多德认为，没有四因我们永远都不能完全地理解事物？
11. 什么是目的论？亚里士多德举了哪些例子，来表明它在自然中起着作用？
12. 什么是不动的推动者？为什么亚里士多德会相信它？它与你所熟悉的传统的上帝观念有什么同异？
13. 为什么亚里士多德要区分幸福和愉悦？
14. 假定幸福是人的生活的目的，那亚里士多德认为如何才能最好地达到它？
15. 亚里士多德所说的德性是什么含义？德性有哪两类？
16. 如何获得道德德性？它能够被教授吗？它有着哪些向度？
17. 中道学说是什么？它在我们决定应该做什么、应该成为哪种人时扮演着怎样的角色？
18. 什么是实践智慧？
19. 说到底，在亚里士多德看来，生活的最佳形式是什么？

思考题

1. 请举出你自己的例子，阐述亚里士多德的如下观点，即一切事物都是由形式和质料构成的。
2. 运用亚里士多德潜能和实现概念以及他的四因学说来简单勾勒你自己从婴儿到目前的生活历程。
3. 许多人都会说，近代科学把亚里士多德的四因归约成了两因：质料因和动力因。亚里士多德可能会如何论说，我们的解释没有其他两个原因是不充分的？

4. 亚里士多德论说了，一切事物都有本质、性质或某种普遍的本性，因此世界中的一切事物都有某种自然的意图。你赞同他的这个观点吗？你是否认为人正是如此？接受或拒斥亚里士多德关于人的这一命题，有着怎样的意蕴？

5. 道德德性在何种方式上是客观的性质，在何种意义上对每个个体及其环境来说又是相对的？

6. 如果你为人父母了（或许你已经如此），你又是一个亚里士多德主义者，那你用来教育孩子成为一个卓越的人的具体手段有哪些？

7. 亚里士多德认为，适度是有德性的生活的关键。你认为这一观点正确吗？你能够想出哪些好人，他们使社会变得更好，但要比适度更加极端？对于这些例子，亚里士多德会说什么？

8. 亚里士多德相信，沉思的生活是最好的生活。他这么说的理由是什么？解释一下，你为什么同意或反对他的结论？

注释

[1] 引自弗雷德里克·科普尔斯顿（Frederick Copleston），《哲学史》（*A History of Philosophy*），第1卷，第2部分（Garden City, NY: Image Books, Doubleday, 1962），第9页。

[2] 所有亚里士多德引文皆出自《亚里士多德基本著作集》（*The Basic Works of Aristotle*），理查德·麦基翁（Richard Mckeon）编（New York: Random House, 1941）。特定引文的标注缩写如下：

C 《范畴篇》，E. M. 埃奇希尔（E. M. Edghill）译。字母后标注的是章号。

M 《形而上学》，W. D. 罗斯（W. D. Ross）译。字母后标注的是卷号和章号。

NE 《尼各马可伦理学》，W. D. 罗斯（W. D. Ross）译。字母后标注的是卷号和章号。

PA 《后分析篇》，G. R. G. 缪尔（G. R. G. Mure）译。字母后标注的是卷号和章号。

[3] 亚瑟·叔本华《作为意志和表象的世界》（*The World as Will and Idea*），R. B. 霍尔丹（R. B. Haldane）和 J. 肯普（J. Kemp）译（London: Routledge & Kegan Paul, 1883），2:21。

第 6 章

亚里士多德之后的古典哲学

向希腊化哲学及罗马哲学过渡

公元前323年亚历山大大帝的去世，以及公元前322年亚里士多德的去世，标志着希腊时期的终结，在这个时期，希腊文明基本上是独立的。这些年份也标志着希腊化（"Hellenistic"这个词的意思是"类似希腊的"）时期的开始，在这个时期，希腊文明与其他文化——特别是埃及和近东的文化——相融合。随后是罗马时期，它始于公元前2世纪到公元前1世纪期间罗马人对希腊化诸国的征服。虽然罗马人在军事上胜利了，但希腊化的传统在文化上胜利了。罗马人认识到，这些地区的哲学、文学、艺术非常丰富，他们吸收了它们，并将之传播到西欧。大约在6世纪中叶，随着罗马帝国的灭亡，罗马时期也终结了。

要理解希腊化时期兴起的哲学流派，我们得要把它们置于当时势不可挡的社会变化这一背景下来加以考察。影响这一时期哲学的第一个因素就是希腊政治生活中戏剧性的变化。希腊城邦之间的战争致使诸城邦在身体上和精神上都精疲力竭。结果，希腊的那些舒适、民主的小城邦相继演变为军事国家。对希腊公民来说，这些事件势不可挡，历史似乎超出了人的控制。对生活于苏格拉底、柏拉图和亚里士多德时期的公民来说，参与城邦事务乃是提供了个人实现的机会。然而，当希腊城邦失去独立后，人们感觉到，他们与远方的强大政府是疏离的。他们对城邦义务的自豪感逐渐变成了对帝国法律的勉强服从。塑造了该时期哲学的第二个因素是如下事实，苏格拉底所反对的那些社会状况依然存在。不存在任何凝聚社会的整合性价值。旧的制度已经失败，流行的信仰已经衰落。城邦的诸神看起来软弱无力，盲目的命运似乎执掌着大权。

这些因素导致了哲学里个体主义的、实践的进路。这一时期的哲学竞相提供对生活问题的解决方案。人们对理论问题本身基本没有什么兴趣。他们想要知道的是：生活中最值得做的事情是什么？最值得为之奋斗的东西是什么？要想最好地生活，我需要做什么？他们追求着某种形式的逃离，逃离凄凉的时局，他们为自己疲惫、疏离的灵魂追求着个人的宁静。

虽然希腊化时期的哲学家们也讨论形而上学话题，但他们感兴趣的首先是实践性的、伦理的关切。对他们来说，理论的知识只有使他们洞见到，如何使自己的个人生活更值得过，才具有价值。因此，传统希腊哲学的许多哲学关切都被抛在了一边。我们发现，这个时期爆发了一些原创性思想，但哲学家们关注的主要还是把他们认为有用的前人思想拼接起来。这个时期的哲学流派主要有七个。由于它们契合了人们内心的需要，因而其中好几个都非常流行，持续了很长一段时间。有两个流派我们只在此稍微提及一下。首先是柏拉图的学园派。柏拉图死后，学园逐渐偏离了其创立者的愿景，越走越远。在学园中期，它甚至落入了怀疑主义者的手中。第二个是逍遥学派（这是亚里士多德学派的名称）。他们主要致力于经验的观察和科学，但缺乏亚里士多德的整合性视野。

接下来四个学派就非常流行了。它们是犬儒主义（Cynicism）、**伊壁鸠鲁主义**（Epicureanism）、**斯多亚主义**（Stoicism）和怀疑主义。这四派哲学家在我们的日常语言中也留下了印记：犬儒主义的、伊壁鸠鲁主义的、斯多亚主义的、怀疑主义的，这四个词描述了不同类型的人或对生活的特定立场。最后，第七个学派是新柏拉图主义，它是一种宗教神秘主义。它通过宗教启蒙的方式，使人摆脱此世的重荷。接下来，我们就依次来讨论这五种哲学。

犬儒主义

犬儒主义作为思想运动，在苏格拉底时代就开始了，但到了此时，犬儒派由于其对斯多亚派的影响而变得重要起来。该运动的奠基者可以追溯到安提斯泰尼（Antisthenes，约公元前445—365年），他起初是智者高尔吉亚的学生，后来成了苏格拉底的忠实门徒。他认为自己是苏格拉底教诲真正的精神继承人，这使他成了柏拉图的一个竞争者。

犬儒主义更像是一种生活态度，而不仅仅是一种细致思虑的哲学。犬儒派的主要关注点是自然和习俗的对立，他们的这个主题借自智者派。犬儒派以做自然的事情为荣，否定了社会的一切习俗，他们宣称，习俗是人为的、残暴的。他们教导说，幸福是在德性中获得的，而德性则是通过使自己从一切世俗的财富和愉悦中解脱出来而获得的。犬儒派的安提斯泰尼说，他宁愿疯掉，也不愿有欲望。生活的关键在于坚持自然的东西，也就是仅仅珍惜那些心灵的和精神的财富，因为，其他一切都是没有价值的。外在的、物质的财富，例如健康、荣誉、自由以及愉悦，都是没有价值的；而贫穷、羞耻、失去自由、疾病以及死亡，也不是人们所想的那样邪恶的。他们教导说，存在着一位神，践行德性是对他最好的侍奉。有组织的宗教有庙宇、教士、祈祷者、仪式以及虚构的传说，我们应该将之判定为人的发明。犬儒派努力追求彼岸，努力摆脱转瞬即逝的欲望，这使他们成了斯多亚派以及后来基督教的原型。

犬儒派认为，社会的传统价值是腐朽的、人为的，他们尽一切努力动摇它们，甚至不惜在公开场合行食色便溺之事。他们以自己的方式嬉笑怒骂，外表脏乱邋遢，穿着标志性的破烂斗篷，搭着皮袋。他们穿城过镇，在街上布道说教，其内容通常是谴责人类愚蠢。最著名、也最古怪的犬儒派代表人物是锡诺普的第欧根尼（Diogenes of Sinope，公元前412—323年）。他称自己是狗，崇拜动物，因为它们能够盯着基本的生活必需品不放。*关于第欧

---

* "Cynic"这个名称的意思是"像狗一样的"，它或许是被其对手用来谩骂他们的一个词，也可能是指第欧根尼自己宣布的绰号。另一种说法是，这个名称来自库诺萨尔盖斯（Cynosarges）这个地名，是安提斯泰尼讲道的地方。

根尼的故事非常多。据说，他有次大白天打着灯笼满大街溜达，宣称自己在寻找一个诚实的人。据推测，亚历山大大帝对他挺着迷。这里有个著名的故事：亚历山大大帝在进入科林斯（Corinth）时举行了盛大的入城仪式，遇到了正在大街上晒太阳的第欧根尼。他看到第欧根尼的惨状，动了恻隐之心，于是这位统治者问第欧根尼，他想要点什么赏赐，第欧根尼回答说，"别挡着我的阳光"。这样一些故事反映了犬儒主义的时代意义。犬儒派还有一些更加极端的行为，不过，我们不应该由于它们而否定犬儒派的核心观点中那些高度精神化的、令人钦佩的关切。

虽然第欧根尼是亚里士多德的同时代人，但他具有的精神是希腊化时代的精神。我们发现，亚里士多德乐观，对他所处的社会也满意，而这些都是第欧根尼所没有的。相反，希腊化时代哲学的特质则是厌世、渴望通过放弃而逃避、独立、追求个人的德性。第欧根尼的门徒克拉底（Crates）把犬儒主义的特性传给了斯多亚派。后者继承了犬儒派对德性、摆脱世俗烦恼以及摆脱文化的狭隘限制等方面的关切，与此同时，又抛弃了犬儒派污言秽语的特征。

想一想

6.1 古代的犬儒派与我们所谓当今的犬儒派在哪些方面相似，在哪些方面不同？

6.2 古代犬儒派对他们既定社会的习俗持批判性的立场。在我们当今的社会里，有什么个人或团体也扮演着这样的角色吗？社会需要犬儒派的批判声音吗？还是说，没有这样的批判，我们会活得更好？

6.3 犬儒派与苏格拉底有什么共同之处？

伊壁鸠鲁主义

伊壁鸠鲁（Epicurus，公元前341—270年）生于柏拉图死后七年。到了35岁左右的时候，他已经由于自己教授的哲学和生活方式而很有名气。他在雅典边上买了一座花园，在那里创建了一个人际关系非常密切的哲学公社。"花园"（这就是该学派的名称）吸引了许多追随者，它向所有人敞开大门，加入这个大家庭的有男有女，还包括孩子、奴隶、战士、商人、妓女以及杰出的城邦公民。伊壁鸠鲁对他追随者们的钟爱是出了名的，而追随者们对他也报以深深的热爱。他死后，"花园"的追随者们很愉快地执行了他遗嘱上的要求，月月大宴，年年为他庆生。伊壁鸠鲁主义被证明是一种非常有吸引力的哲学，它的追随者们怀着传道的热情，令许多人皈依，哲学迅速地传遍了整个希腊语世界。伊壁鸠鲁的继承者们对他的学说改变很少，因为该哲学是通过教义问答的方式（这种熟记教学的形式在宗教团体中很常见）来教授的。虽然他的著作超过了三百卷，但只有三封信和几则残篇流传到了今天。

伊壁鸠鲁的形而上学

对伊壁鸠鲁来说，哲学的着眼点是治愈灵魂，使我们能够过一种幸福的生活。因此，他蔑视哲学和科学中的理论思辨，除非它们服务于人的实践目的。据记载，他曾说过：

哲学家的论证没有治愈人的任何疾病，它是空洞的；因为，倘若医学没有祛除身体的疾病，它就没有什么益处，同样地，倘若哲学没有去除灵魂的疾病，它也没有什么益处。（I&G 66）[1]

他希望治疗的灵魂处于心理的骚动之中，它夺走了我们幸福的生活。这种动荡感是由那些关于生活中真正有价值的东西是什么的错误信念导致的。因此，他力图让自己的形而上学成为一副解药，化解那些困扰着我们的东西。根据伊壁鸠鲁的看法，我们需要认识的第一件事就是，实在是由无数原子构成的，它们在一个无限的虚空中持续不断地运动着。他与原子论前辈德谟克利特都相信，这些原子在大小和形状上各不相同。不过，他与德谟克利特有个关键的不同点。伊壁鸠鲁推论说，由于原子是物质的，因而它们每个都有重量。由此可以推出，它们自然地就会如同宇宙大雨一般，在无限的空间中向下掉落。不过，在掉落的过程中，有些原子会随机地偏斜。这种从原有轨道的自发偏离导致原子相互碰撞，聚集成团。这就说明了，那些大尺度的事物——例如岩石、树木、星辰和人——乃是不断变化着的聚合体。

如果我们把物质原子作为根本的实在，这对人的生活意味着什么呢？很显然，我们必定是处于运动中的原子的聚合体。灵魂，或者我们思想、情感和价值的所在，实际上是一种物质的东西，由非常精微的原子在身体里聚合而成。不过，由于原子能够自发地偏离其被机械地决定了的轨道，因此伊壁鸠鲁学派相信，并非所有事物都是被决定了的，或者是可预言的。因此，他们推论说，物质的宇宙中毕竟还留有自由意志的空间。

伦理学与愉悦

如果说形而上学的目的是为我们的生活提供一幅指导性图景，那么从原子论的物质主义可以引申出什么样的伦理理论呢？当然，这个宇宙中不可能有柏拉图所描绘的那些非物质价值存在的空间。一切的价值都必须基于原子撞击我们感官、造成愉悦或痛苦经验的方式。伊壁鸠鲁相信，对愉悦的追求推动一切人的行动，这仅仅是一种心理事实。这个主张被称作**心理快乐主义**（psychological hedonism）。用他的话说，"愉悦乃是幸福生活的起点和终点"（LM, I&G 24）。你实施的每个行动都可以被解释为，要么是为了生理的愉悦，要么是为了心理的愉悦。伊壁鸠鲁问，你做那些事是因为你想做，你想做那些事是因为它们令你的生活更愉快，除此还能有别的什么解释呢？

如果这是有关人的行为的正确理论，那么，关于我们应该做什么的任何伦理建议都必须基于该理论。因此，伊壁鸠鲁的哲学把善等同于愉悦，把恶等同于痛苦。许多人会说，愉悦是善的。不过，伊壁鸠鲁的主张是，只有愉悦是善的。这个立场被称作**伦理快乐主义**（ethical hedonism）。因此，在伊壁鸠鲁看来，对愉悦的追求既描述了人的行为（心理快乐主义），也规定了什么是人的生活中最有价值的东西（伦理快乐主义）。所有的道德哲学都说，"趋善避恶"。不过，根据伊壁鸠鲁主义的看法，这句话可以译为，"趋乐（善）避苦（恶）"。如果我们强调这个公式的前半部分（"趋乐"），那它就会走向轻率的享乐主义。不过，伊壁鸠鲁认为，善的生活应该是一种达到休憩、安宁、平和的生活。因此，智慧的目标就是心神安宁（ataraxia）或者不动心。由于这个理由，伊壁鸠鲁强调了上述公式的后半部分（"避苦"）。如果这是最重要的关切，那么很显然，不是每一种愉悦都值得追求。滥交、暴食、痛饮等生理的愉悦仅仅只是片刻的欢愉，事后会带来某种形式的痛苦（疾病、情绪上的骚动、体弱、宿醉）。只有精神的愉悦和友谊才是持久的，才会造成心神安宁。

在写给梅瑙凯（Menoeceus）的一封信里，伊壁鸠鲁对我们可能会有的欲望做了分类：

我们必须要认为，有些欲望是自然的，有些则是没有根据的；在自然的欲望里，有些是必需的，有些则仅仅是自然的；在必需的自然欲望里，有些对于幸福来说是必需的，有些对于身体摆脱困扰来说是必需的，有些对于生命本身来说是必需的。（LM，I&G 24）

我们可以用图6-1来表示欲望的分类结构。每种欲望的例子如下：

- 没有根据的欲望（在自然中没有根据）
  ——名誉、物质奢侈（珠宝、华服）
- 自然的但不必需的欲望
  ——性、美食
- 自然的且必需的欲望
  ——对幸福来说自然的且必需的欲望：智慧、友谊
  ——对舒适来说自然的且必需的欲望：足够的衣着
  ——对生命来说自然的且必需的欲望：水、食物

从上述内容可以很清楚地看到，人们误解了伊壁鸠鲁。"伊壁鸠鲁学派"这个标签通常与如下哲学联系在一起："吃、喝、追求欢乐"。然而，很显然，他的伦理学恰恰是远离这种生活观的。伊壁鸠鲁说，刻画了幸福之人的生活的，乃是下面这些语词：

审慎

自足

冷静的推理

荣誉

正义

智慧

身体的健康

心灵的平和

简朴的饮食

因此，"花园"的门徒们过着非常节俭简朴的生活，他们强调，友谊是最高形式的愉悦。虽然伊壁鸠鲁学派过着非常有德性的生活，但我们要认识到，他们并不认为道德德性是卓越的事情，并不认为它是由于其自身的原因而被追求的。归根到底，德性乃是获

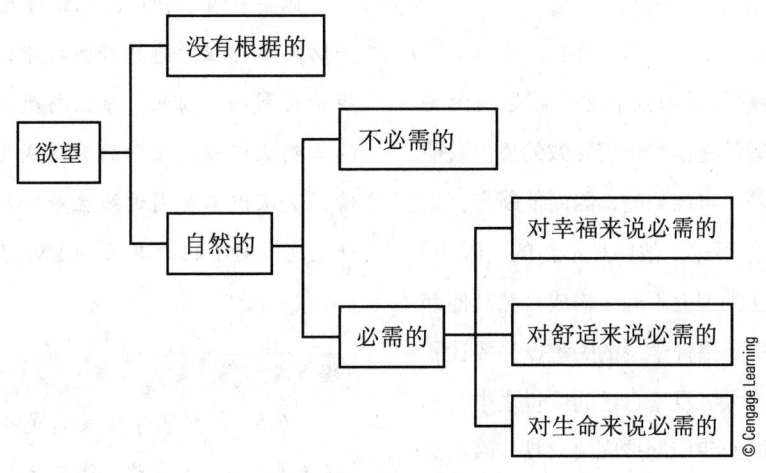

图6-1 伊壁鸠鲁的欲望分类

得个人愉悦这个目的的手段。伊壁鸠鲁说，"我们必须要去践行高贵的事情、各种德性以及诸如此类的东西，如果它们带来了愉悦的话。而如果它们没有带来愉悦的话，那我们就必须要和它们说再见"（I&G 50）。

> **想一想**
>
> 6.4 找找"伊壁鸠鲁学派"这个词在当今流行的谈话里被使用的例子。伊壁鸠鲁本人会同意该词的这种使用方式吗？

伊壁鸠鲁的社会哲学

在伊壁鸠鲁思想的个体主义要旨之下，没有什么社会哲学。他建议，民法应该基于人的习俗和适宜，我们之所以遵守它，仅仅是因为，它会使我们的生活更加平和。不过，他警告人们不要卷入政治，因为，这只会令我们背负责任、造就敌对，使我们不得安宁。因此，伊壁鸠鲁说，有智慧的人必须要"远离政治……的牢笼"（I&G 31）。他以如下这句话总结了自己的社会哲学："最彻底的安全来自宁静的生活、远离人群。"（I&G 27）

宗教与死亡

伊壁鸠鲁寻求治愈的灵魂疾病之一就是，由关于诸神及我们死后命运的迷信神话所导致的恐惧。他相信，非物质的实体是不可想象的，因而他断言，诸神也有着物质的身体。不过，他们是不朽的，因为，构成他们身体的原子在类型上不同于构成自然其他部分的原子。伊壁鸠鲁关于诸神学说的关键，是要让我们相信，他们太超然，太沉浸于自己的愉悦之中，不愿意涉足此世的问题或给我们制造麻烦。具有讽刺意味的是，诸神自己似乎会坚守伊壁鸠鲁的哲学：

他们度过时光的方式是我们能够设想的最幸福、最好的方式，拥有各种美好的事物。因为，神是悠闲的，不忙于任何繁重的事务，不从事任何辛苦的劳作，仅仅欣喜于自己的智慧、德性，他确信，他将永远处于最高的、永恒的愉悦之中。（I&G 41）

如果诸神太过平和，以至既不会感激也不会愤怒，那我们就不必担忧安抚他们或受其惩罚这样的事情。当我们理解了这一点，我们就可以像神一样自主地、宁静地过着自己的生活。

虽然我们不必再担心诸神，但对死亡的恐惧不是依然萦绕着我们，夺走了我们费尽辛苦才赢得的宁静吗？再一次地，伊壁鸠鲁主义以下述论证为我们提供了心灵的平和：如果我们活着，那死亡就不存在；而如果我们死了，那我们也就不存在了。在这两种情况中，我们严格来说都绝不会经验死亡，因为，死亡仅仅是一个时刻，那时，灵魂原子随着我们呼出的最后一口气散入空中，而我们也不再有能力经验到痛楚或苦恼。伊壁鸠鲁在一封信里提出了如下建议：

你要习惯于相信，死亡与我们毫不相干。因为，一切善恶都在于感觉经验之中，而死亡乃是对感觉经验的剥夺。因此，死亡与我们不相干，对此事实的正确认识使得生命的有死成为一件令人知足的事情，这认识不是通过给生命增加无穷的时间，而是通过消除对不朽的追求。（LM, I&G 23）

> **想一想**
>
> 6.5 一种哲学为我们提供心灵的平和，这有多重要？这本身是否是衡量一种哲学的充分标准？

伊壁鸠鲁学派的意义

虽然伊壁鸠鲁学派的生活方式令人钦佩，但他们认为，德性仅仅是由于其以自我为中心的后果而有价值的。我们要做个有德性的人，因为，它会使生活更加令人愉快，它对我们有利。我们应该做个正义的人，这仅仅是为了避免我们的恶行暴露会带来的后果。然而，如果有个人认定，与贪婪和不正义带来的快乐比起来，社会指责带来的不快也没什么大不了，那会出现什么情况？伊壁鸠鲁学派很难说，这样一个判定是道德上错误的，如果它真的把愉悦最大化了的话。

当我们考察伊壁鸠鲁对友谊的态度时，他道德哲学里的张力就变得显而易见了。他根据其一贯的原则说，"友谊的存在是由于其效用"，他不断把它与它带给我们的快乐联系起来（I&G 35）。但这样一些段落使得伊壁鸠鲁学派看起来像是充满心机、斤斤计较、自私自利的机会主义者，他们交朋友是要利用他们来给自己带来愉悦。不过，与许多哲学家一样，伊壁鸠鲁的性格要比他所信奉的伦理原则更好。所有的记录都说，他待人友善、慷慨，不计回报。据说，"伊壁鸠鲁周围聚集了一大群朋友，他们对彼此都怀着深深的爱"（I&G 47）。他甚至说，友谊可以要求你为朋友牺牲自己的生命。问题在于，伊壁鸠鲁的快乐伦理学显然是一种自我中心的快乐主义。这一观点意味着，我的友谊之所以是有价值的，仅仅是因为我从它们获得了愉悦。但伊壁鸠鲁又说，"每场友谊都由于自身的原因而值得选择"（I&G 30）。这将意味着，愉悦之外的其他事物（例如友谊）内在地就是有价值的。如果我们接受这个学说，则我们就必须放弃快乐主义的根本命题。

总之，伊壁鸠鲁主义的核心是个体主义和厌世，它们是希腊化时代的特点。与之形成鲜明对照的是，柏拉图和亚里士多德周密的社会哲学则表明，他们认为，只有涉足政治生活，努力使城邦更好，才能得到好生活。然而，希腊化时代的哲学家们已经绝望了，他们不认为他们还可能有意义地涉足那超出了个人亲密朋友圈的更大社会。很显然，伊壁鸠鲁主义满足了时代的需要，因为，它作为一场有组织的运动，传播得非常快，一直持续到公元4世纪。直到今天，虽然它不再以此形式存在，但我们不难发现，有些人的生活方式有意无意地追随着伊壁鸠鲁的理想。

斯多亚主义

大约在伊壁鸠鲁建立其学园的同时，斯多亚主义也发展了起来。斯多亚哲学成了伊壁鸠鲁快乐主义的强大竞争对手，争夺着希腊和罗马平民的心灵。这两种体系都广受欢迎、影响巨大，这表明，它们都触及了文化里的真正需要，虽然它们对一系列问题做出了截然不同的回答。我们发现，它们即便在基督教时代也依然流行，据记载，使徒保罗曾向雅典的这两派群体讲道（《圣经·使徒行传》第十七章）。

斯多亚主义的奠基人是一位名叫芝诺（他生活的年代大概是公元前336—264年）的哲学家。*他从其家乡西提乌姆（Citium，位于塞浦路斯）旅行到雅典，并在那里创立了一个学派。芝诺在一处开放柱廊发表讲演。该学派的名称来自希腊词 stoa，其意思就是"门廊"。他在希腊和罗马吸引了许多追

---

* 我们不能把这位芝诺与巴门尼德的学生芝诺搞混了，后者提出了几则著名的悖论。

随者。芝诺由于其道德的真诚而广受尊敬，雅典人授予了他官方荣誉。

我们的讨论无法涵盖斯多亚学派思想的所有方面，因为，他们在极其众多的领域都做出了贡献。例如，他们阐述了一种非常具体的经验主义知识论。此外，斯多亚学派在逻辑学中也做出了很多原创性的贡献。他们阐述了一种命题逻辑，它超越了亚里士多德所构想的范畴逻辑，是现代命题逻辑的先导。他们在其体系的基础上，奠定了我们传统语法学的基础。不过，使他们出名的，乃是他们的形而上学以及以之为基础的伦理学。在介绍斯多亚学派在这后两个领域的思想之前，让我们先来简要地比较一下他们与伊壁鸠鲁学派。

对伊壁鸠鲁主义与斯多亚主义的比较

伊壁鸠鲁学派与斯多亚学派有很多共同点：（1）他们都建立了广受欢迎的哲学，但他们依然努力为各自的信念提供理性的辩护；（2）他们都关心逻辑学与物理学，但又都强调这些领域与实践伦理学之间的关联；（3）他们在各自的形而上学中都是物质主义者，在各自的认识论中都是经验主义者；（4）他们都建议我们根据自然（"自然"既指宇宙，也指人性）来行动。不过，在这最后一点的细节上，他们的立场分道扬镳了，因为，他们对宇宙和人性有着不同的构想。对伊壁鸠鲁学派来说，宇宙是物质的，被盲目的偶然性支配。然而，对斯多亚学派来说，宇宙是有目的的，被一项仁慈的、神圣的计划所支配。根据伊壁鸠鲁学派的说法，人根本上是寻求愉悦的生物，其最高的善就是寻求愉悦。因此，德性之所以有价值，仅仅是因为它有助于我们抵达这一目标。而对斯多亚学派来说，品格、德性、自律以及履行义务，这些东西本身就有其价值。他们的伦理观点受到了苏格拉底生平及死亡的影响，受到了苏格拉底如下信念的影响：一个人的生活倘若基于德性和永恒的价值，那就没有任何真正的伤害能够施加于他。伊壁鸠鲁学派把他们的社会哲学建立在开悟了的自我关切之上，他们不屑于置身更大的社会关切。因此，他们对诸如正义这样的社会德性的关切，受着个体主义审慎关切的推动。而斯多亚学派则教导说，我们应该让自己自私的关切从属于更加普遍的目的的实现，他们阐述的社会哲学强调，所有人构成了一个巨大的共同体或家庭。

斯多亚主义哲学的名称来自"Stoa"（意为"柱廊"），它的奠基人芝诺就在那里讲演。

斯多亚学派的形而上学

斯多亚学派与伊壁鸠鲁学派一样，都拥抱物质主义的一元论，都赞成如下主张，一切实在都是物质的。不过，与其竞争对手不同的是，斯多亚派不相信，在事物的格局中，存在任何偶然性的空间。物质的领域显然包括那些构成了事物的粗糙质料，例如岩石、木头。不过，当讨论到神和人的灵魂以及在世界中运作着的形式和力量时，他们始终认为，这些事物也是物质的。这些类型的事物是由非常精良的质料构成的。因此，他们通常用普纽玛（*pneuma*，指气息或风）这个词来描述这些非常精微的但依然是物质的实在。

伊壁鸠鲁学派的物质微粒宇宙被盲目的偶然性支配，与此相反，斯多亚学派的宇宙则是目的论的（有目的的），渗透了神圣的东西。斯多亚学派用了很多名称，例如宙斯、神、自然、秩序、宇宙理性、命运、宿命、天意，在他们那里，这些名称可以互相替换，指的是同一个根本的实在。亚里士多德和伊壁鸠鲁的神是非人格的或漠不关心的。斯多亚学派的神则与之不同，他是仁慈的、公正的。他通过自己的智慧指引着一切事物，去实现最完善、最美妙的好结果。虽然神的某一方面是超验的，但他也将自己弥散于世界各处，呈现为世界的形式。斯多亚学派对赫拉克利特借鉴良多，他们教导说，神是逻各斯，理性的原则遍布一切事物。神作为创造性的、指引性的力量就内在于世界中。他们还借鉴赫拉克利特说，逻各斯采取的形式乃是一种弥漫一切的宇宙大火。明亮的天空区域，植物和动物的温暖、潮湿，人的灵魂中的理性思想，这些都是炽热火气的体现。虽然世界是物质的，但它是个连续统一体，就像一个力场，或一股扩散的蒸气，完全不同于伊壁鸠鲁学派离散的微粒。因此，世界是一个神圣的生命体，逻各斯是它的灵魂和理性。神圣大火的微小火种，万物之理（*logoi*），像种子一样遍布于世界之中，指引着每个事物的生长和发展。

但这个神不是一个自由的人格或一个自由的创造者，因为，自然的进程源于他的本质，这本质有着一种严格的必然性。因此，斯多亚学派相信，宇宙中不存在任何的偶然性或随机性。世界中的一切事物都是在最小的细节上已经被决定了的，事情只可能以它们实际发生的方式发生。不过，由于这种逻辑决定论乃是一种仁慈的、神圣的天意的表现，因此，它不是冰冷的、盲目的、非人格的。相反，它滋养和成就着我们人的那些最深的需要。

人也是神圣大火的火花。因此，每个个人就是一个小宇宙，或是微缩版本的宇宙。我们的个人理性与普遍的世界理性是同一的。这就是为什么我们有限的心灵能够认识宇宙的原因。我们死后，灵魂会依然存在，直到世界终结，到了那个时候，灵魂和其他一切事物都会返回到神那里。在这一点上，斯多亚学派内部有分歧。克里安提斯（Cleanthes，大约公元前331—232年）假设，一切灵魂都有死后生活，而克律西波（Chrysippus，大约公元前280—207年）则主张，只有那些有德性的灵魂才有死后生活。

任何一种哲学，倘若它主张，世界的一切细节都服务于一个仁慈的、神圣的、有条理的意图，那它就会面临一个显而易见的问题：如何把这一信念与恶的问题相调和？有时候，斯多亚学派责备人类软弱。然而，堕落的人类选择只能解释诸如犯罪和战争这样的恶；它们不能解释诸如疾病、地震、饥荒这样自然的恶。对于这个问题，斯多亚学派提出了两种解决方案。第一种回答是断言，我们如果能把宇宙看作一个整体，就会发现世界实际上是完善的、完美的。有些事物看起来是恶的，那只是由于我们有限的视角。例如，如果我们狭隘地专注于一幅画里黑暗的阴影，而不顾明亮得多的色彩，那我们就不会欣赏到这幅画的美。第二种回答则主张，某些恶是实现善的必要手段。例如，良药虽苦，却可治病。艰辛的锻炼可以塑造强健的体魄。斯多亚学派指出，恶的存在对于善的结果来说是必不可少的。没有恶以及对恶的痛苦抗争,就不可能有勇气、坚韧或刚毅。归根结底,无论物质的恶有多严峻,它都不可能影响到人的品格,人的品格单独就有着内在的价值。

> **想一想**
>
> 6.6 斯多亚学派认为,一切发生的事情都服务于某个目的,你同意这种说法吗?如果同意,你如何解释,世界上发生的那些真正坏的事情常常看起来是没有意义的,常常导致人们陷入绝望和痛苦?

伦理学与顺从

斯多亚学派赞同亚里士多德的观点,即对人而言,最高的善乃是一种依据理性的生活。在理性地自我决定的生活中,我们可以找到幸福。斯多亚学派的伦理学与他们的形而上学是结合在一起的,因为,生活的目标是要让一个人的心灵成为与宇宙有着同样秩序的小宇宙。不过,我如何达成对自己生活的理性控制呢?第一个回答是,我必须摆脱一切激情。如果我的情绪控制了我,那我将成为它们的牺牲品,我就没有在过理性地自我决定的生活。第二个回答是,把我的幸福仅仅系于那些我能够控制的东西。名誉、财富、愉悦或爱情等都是外在的事物,对它们的追求会使我的生活受到控制。此外,如果宇宙中的所有事件都是被决定了的,那么,我也不能改变那注定了的事。我唯一能够控制的事情是,我对生活的态度。我必须要接受所有事情,把它们视为神的意志的表现,视为诸事物和谐、美妙计划的核心部分。在使我的意志服从于宇宙意志的时候,我没有使我的生活徒劳地逆不可抗拒的必然性大潮而动,而是平静地随波逐流。如果我的幸福是建基于对德性和内在平静的追求,那么,我就在掌控着自己的生活:

> 当一切行为都促进了寓于个人中的精神与支配着宇宙的意志相和谐时,这就构成了幸福的人的德性,构成了平静的生活之流。(S 112)[2]

芝诺和克律西波举了如下的例子:

> 假设一条狗被拴在了一辆马车上。如果它希望追随马车,那马车会拖着它,它跟随其后,这样一来,它自己的力气与必然性就是相统一的。而如果它不想追随,那它无论如何都会被迫前行。人类的情况与此一模一样。即使人不希望追随,他们也绝对会被迫进入注定了的事情。(S 109—110)

爱比克泰德(Epictetus,大约公元 50—138 年)提出了同样的观点。他说:"不要要求事情应该如你所愿地发生,而要让你的意志接受,事情就该如同它们实际那样地发生,如此一来,你就拥有了宁静。"(S 135)为了强调这一观点,他援引了克里安提斯的一段祷文:

> 引领我,宙斯,你这天命,
> 无论你的旨意已把我的命运引向何方。
> 我满怀欣喜地追随,
> 过去不曾作恶,不曾卑鄙,将来也必依然追随。[3]

根据斯多亚学派的观点,你我都是自由的,只要我们基于合乎逻辑的思想来行动。否则的话,我们就会像野兽一样被自己的冲动支配着。柏拉图和亚里士多德把情绪看得很低,但他们认为,如果它们能够受到理性的节制和掌控,那它们还是可以被接受的。而斯多亚学派则认为,道德的恶乃是我们激情的结果，因而，他们试图彻底消灭它们。根据克律西波的看法，情绪有四种基本的类型，每种类型都基于一种错误的判断：

情绪	错误判断的对象
愉悦	当下的善
欲求	未来的善
悲伤	当下的恶
恐惧	未来的恶

不过，如果所有发生的事情都是不可避免的，都是宇宙美妙计划的一部分，那么，被这些情绪所激发，就是非理性的。为乘法表的必然秩序感到惋惜，欲求或恐惧其中的偶然，这些都是非理性的，同样，经验这些指向我生活中不同事件的不同情绪，这也是非理性的。

由于斯多亚学派鄙弃情绪，因此他们的生活理想就是"无情（apathy）"。这个术语不能被理解为情绪低落，确切地说，它是对激情的摆脱，拒绝被任何发生的事情搅扰。直到今天，当我们劝说别人安于现状时，我们还会说，"豁达点""泰然任之"*。这些俚语表达证明，斯多亚学派深深地影响了我们的文化传统。斯多亚学派的如下教导也符合他们的哲学，死亡不是坏事，我们也不该害怕它。它是人的一个自然的、不可避免部分。在合适的时候，斯多亚学派甚至希望加速它的到来，他们认为，高尚的自杀不是什么羞耻的事情。传说，有次芝诺绊倒扭伤了脚，他把这看作来自神的一个迹象，预示着他的生命已经抵达命定的终点了。因此，他顺从地自杀了。

---

* 这里的原文是"be stoical""be philosophical"，汉译文已经看不出原文的引申义和原意之间的关联。——译者注

起初，斯多亚学派不承认德性或邪恶有程度之别。一个人要么是完全有德性的，要么就如其他所有人那样是愚蠢的、堕落的。不过，后来的斯多亚学派更加灵活，他们承认，有些人既不是完全有德性的，也不是彻底败坏的，这些人只是走在变得有智慧的路上，他们试图以此来扩大自己哲学的吸引力。这一让步的趋势也体现在了他们对"无所谓好坏"这一学说的修改上。无所谓好坏的东西乃是对有智慧的人的道德德性和幸福没有丝毫影响的那些事物。它们包括健康、愉悦、美、富有以及疾病、痛苦、丑、贫穷。不过，如果这些事物都是中性的，那我们为什么要选择健康而不是疾病？斯多亚学派对常识做了让步，他们说，虽然这些事物既没有增益我们的幸福，也没有减损我们的幸福，但有些无所谓好坏的事物可以被归于"偏好"或者"可取"。我们可以追求它们，只要我们不把自己的幸福归于它们。

斯多亚学派的社会哲学

有些人可能会发现，斯多亚派的世界观虽然非常奇怪，但却非常古老。不过，他们的社会哲学对西方文明的贡献则既持久，也重要。值得注意的是，基督教时代之前的许多斯多亚学派都来自希腊之外的地区。在斯多亚主义得到发展的时候，雅典已经不再是文化的中心。这使斯多亚学派的社会哲学具有一种更加国际化的视角，避免了柏拉图和亚里士多德政治理论中弥漫的某种希腊地方主义。当有人问芝诺，他是哪个城邦的人时，芝诺回答说，他是"宇宙公民"。犬儒学派强调，一个人应该超出自己社会的狭隘习俗，这一主张影响了斯多亚学派。斯多亚学派教导说，每个个体都是更大的人类整体的一部分，不能仅仅关切自己狭隘的自我利益。他们

的形而上学暗示了，一切有理性者，甚至奴隶和外邦人，都具有神圣大火的火花。他们把神比喻成父亲，这暗示了，我们都是他的孩子，整个人类共属一个大家庭。因此，性别、财富、种族、社会阶级，这些在斯多亚学派的社会哲学中都不再有意义。伊壁鸠鲁学派主张远离政治，而斯多亚学派则强调我们的公民义务。使社会与合理有序的宇宙相仿，反映神的正义和仁慈，这是我们的工作。

罗马斯多亚学派

罗马人以其在工程和政治领域的发明著称，但他们的哲学却藉藉无名。他们满足于从希腊人做出的成就中借得其哲学构想。斯多亚学派的哲学对他们有着特别的吸引力，因为它主张，所有人都属于一个普遍的共同体，受着同一种正义标准的统治——这正是罗马人试图发展的普遍国家。它一度成了罗马政治机构的半官方哲学。虽然有些罗马人对哲学满怀戒心，但斯多亚学派对顺从的强调使它受到了既定秩序的欢迎。这种哲学不鼓励人成为积极分子或革命者。罗马人通过淡化斯多亚主义中更加严峻的要素、发展其实用的方面，帮它流行起来。为了更符合罗马的情况，他们更加强调与公民义务相关的那些德性，而不是"无情"这一理念。以下事实体现了斯多亚学派的普遍吸引力：在罗马时期，它吸引了罗马的律师（西塞罗）、尼禄皇帝的首相（塞涅卡）、尼禄皇帝时期的奴隶（爱比克泰德），甚至罗马皇帝（马可·奥勒留·安东尼）。*

---

* 他们的生卒年份分别为：西塞罗（Cicero），公元前106—43年，塞涅卡（Seneca），公元前4年—公元65年，爱比克泰德（Epictetus），公元50—138年，马可·奥勒留（Marcus Aurelius），公元121—180年。

罗马斯多亚学派的一个重要贡献是，他们把斯多亚学派的自然法思想运用到了罗马的法律理论之中。伦理学里的**自然法**理论的所有支持者都相信，自然不仅受着物理规律的支配，在它之中还渗透着一种道德秩序。这种不成文的自然法是适用于一切人的道德规范，无论人们有着怎样的文化。因此，西塞罗区分了两种法。第一，有些法仅仅是地方性的、人所发明的法。第二，自然的道德秩序构成了一种普遍的法。我们所有人都由于以下事实而从属于这第二种法：我们所有人都分享了神圣的理性。它是"法律之上的法律"，我们人的民法规范只有在符合自然法的时候，才是有效的。《美国独立宣言》的开篇段落就表明了这一理论的持久影响，它声明，人们享有不可剥夺的权利，"这些权利是自然法和上帝赋予人们的"。

罗马人也发展了斯多亚学派的义务伦理学。在斯多亚主义之前，希腊的伦理理论很少强调义务概念。一般说来，即使最高尚的、利他主义的伦理劝导，也与一个人的自我关切和对好生活的追求密切相关。不过，斯多亚学派赋予了义务和责任一种新的重要性。他们教导说，我们必须做一些事情，这仅仅因为它们是正确的。马可·奥勒留的一段话雄辩地捕捉到了这一强调："我为普遍的利益做过事情了吗？既然做过，那我就已经得到报偿了。"[4] 虽然他是罗马皇帝，但他所持的斯多亚主义使他的忠诚感远远超出了罗马帝国，拥抱的是整个人类："但我的本性是理性的、社会的；就我是安东尼而言，我的城邦和国家是罗马，就我是人而言，它是世界。"[5] 马可·奥勒留是斯多亚主义的最后一位伟大导师，因为，随着基督教的兴起，斯多亚主义失去了对人们的控制力。不过，它的声音没有彻底消失——它的许多学说都被融入了基督教思想。

斯多亚学派的意义

斯多亚学派哲学最重要的副产品之一就是，它突显了自由和决定论这个问题。它的批评者们认为，这种哲学的核心是前后不一的。如果宇宙事无巨细都被决定了，那人如何能够是自由的呢？如果一切发生的事情都是必然的、善的，那人的行为或思想如何能够是坏的呢？可是，斯多亚学派相信我们是自由的，并且认为，我们可能做出好的选择和坏的选择，我们可能怀有恰当的态度和错误的态度。然而，由于斯多亚学派的形而上学是决定论的，因此我们很难理解，为什么人的态度不是必然的自然秩序的一部分，从而超出了我们的控制。倘若我们批评斯多亚学派在他们的时代没有解决这个问题，那这个批评是不公正的，因为，该问题在今天也依然是哲学里最有争议的问题之一。

另一些人批评斯多亚主义是由于它的"无情"这一理念。批评者们说，它获得了宁静，却牺牲了我们日常的、合适的人类情绪。如果一个儿童在受苦，斯多亚学派会说，我们有义务尽我们所能去缓解他的痛苦。然而，如果我们没有成功，我们也不应该感到悲伤或怜悯，因为，一切发生的事情都是注定了的。塞涅卡说，怜悯不是一种德性，而是一种"心灵的缺陷"。他解释说：

> 怜悯是心灵的悲伤，它是由目睹了其他人的疾病所导致的不幸或悲伤而带来的，它相信别人不该得那些疾病。然而，有智慧的人不会有任何悲伤。
> （S 128）

由于这个理由，伯特兰·罗素说，"斯多亚学派对德性的构想之中有着一种冷酷。不是只有坏情绪受到了谴责，而是所有情绪都受到了谴责"。[6]

斯多亚主义前后持续了大概五百年。虽然它作为一场哲学运动衰落了，但基督教传统接过了它的许多理想。斯多亚学派的观点迎合了许多基督教徒，后者在当时正受着迫害，正努力忍受着一个凶残堕落的政府。斯多亚学派和基督教徒都觉得，自由来自平静的超脱，因为他们意识到，这个世界的痛苦仅仅只是永恒表面上的无意义的火花，在上帝织就的美丽宇宙中，即便是最邪恶的事情也有某种目的。与伊壁鸠鲁学派的情况一样，今天也有些人实践着斯多亚学派的理想，无论他们是否么称呼它。

> **想一想**
>
> 6.7 想想你生活中的一个时候，当时你对事情做出的反应是斯多亚式的。在那个情况下，你认为它是一种好的回应方式吗？你是否有过这样一个时候，当时你的行为是古代斯多亚学派不会赞成的？为什么？

怀疑主义

怀疑学派把自己同时代的伊壁鸠鲁学派与斯多亚学派之间的争吵当笑话看。后两种哲学仅仅是人类意见行列中最新加入的两种。怀疑学派抱怨说，它的两个竞争对手都假定了他们没有根据假定的东西：人类理性有能力认识实在。怀疑学派发现，这样过分的主张是没有任何根据的。"skeptic"这个术语源自希腊词"*skeptikos*"，其意思是"探究"。怀疑学派对以下两点感到自豪，他们有能力探究我们信念的基础，他们能够诚实地面对不存在任何基础这一事实。

怀疑主义思想在希腊早期就有了，它也是智者学派教导的一个重要部分。不过，在希腊化时期，它在爱利斯的皮罗（Pyrrho of Elis，公元前360—270年）那里获得了新的爆发力。至少在公元前1世纪，皮罗主义就已经成了怀疑主义的同义词。皮罗没有写下任何作品，但我们从怀疑主义传统的其他作者那里读到了对他观点的说明。皮罗宣称，感觉经验不能给予我们知识。要得到知识，我们的感觉材料就必须要符合其对象。然而，如果我们永远都不能超出感觉，那我们又如何能够认识到这一点？此外，理性论证也不能给予我们知识，因为对每个论证来说，都存在着相反的论证，这两种对立的立场互相抵消了对方。

由于我们知识的所有来源都有问题，因而怀疑学派总结说，我们不能认识到事物的真实性质。这样一来，我们能够自信地讨论的唯一东西就是现象。你可以说，"蜂蜜对我显得是甜的"，但你不能说，"蜂蜜是甜的"。谨慎的做法始终是悬置判断，彻底不做任何假定。他们针对道德判断的建议也是如此。他们说，我们不能够确凿无疑地认识任何事物，因此，我们应该放弃追求绝对的道德真理。这样一来，有智慧者的特征就是平静的"无情"和漠然。你不知道的东西，你无须为之焦虑。怀疑学派喜好社会保守主义。由于我们不能够认识到，什么是善本身，什么是恶本身，因此，我们最好把这样的判断留给法律和传统的共识。

学园派怀疑主义

怀疑主义运动的种子也撒播到了柏拉图的学园，这一事实表明了怀疑主义运动的力量。在芝诺开创斯多亚主义的时候，主持学园的是阿尔凯西劳（Arcesilaus，大约公元前316—242年）。阿尔凯西劳在学园的怀疑主义转向中很有影响，这一转变过程前后大概花了两百年时间。卡尔尼亚德（Carneades，其生卒时间大概为公元前214—129年）后来继承了学园的领导地位。卡尔尼亚德被认为是他那个世纪最聪明的哲学家之一。学园怀疑派抱怨说，学园已经失去了苏格拉底的探究精神，已经沦落为一种宜人的独断论。学园的这一转向或许看起来是非常奇怪的，因为，柏拉图本人确信我们能够认识相，他也驳斥了智者派的怀疑主义。不过，学园的怀疑派从柏拉图主义的传统中有选择地摘取了他们喜欢的一些要素。例如，他们强调，苏格拉底说他一无所知，苏格拉底对话的结尾总是没有建设性的确定结论。怀疑派利用了柏拉图针对感觉的怀疑论证，他们指出，柏拉图在《蒂迈欧篇》里说了，物理学只是一个"似真的的故事"。[7]

怀疑学派从没有试图攻击伊壁鸠鲁学派和斯多亚学派的"独断论"。后两者都把知识建立在感觉这一基础之上，怀疑学派则论证说，感觉只能给我们现象。不过，斯多亚学派认为，某些感觉印象是如此不可怀疑，以至心灵会情不自禁地赞同它们。怀疑学派很轻松地就展示了，我们在梦中和幻觉中看到的虚假形象也很有说服力。怀疑学派一股脑地根除了对任何真理标准的探究，因为，我们能够想出的任何原则本身都需要论证；这就是说，它需要一个标准来确定，自己应该成为我们的指导性原则。他们没有犯下独断的错误，没有断言说，任何东西都不可能被认识。相反，他们断言的仅仅是，我们似乎不具有知识。继而，他们对自己是否正确这个问题也不置可否，前后一致得令人钦佩。

公元前 156—155 年，卡尔尼亚德与一位斯多亚学派、一位亚里士多德主义者共同代表雅典，出使罗马。在执行公务期间，他们发表了公开讲演。这是罗马人第一次接触哲学，他们对卡尔尼亚德的演说最感兴趣。第一天，他论证了对正义的喜好，并雄辩地劝说罗马人践行它。第二天，他又论证了截然相反的观点，用同样精彩的修辞贬斥正义。怀疑学派很喜欢运用这种正反两面论说的方法，他们用它来动摇那些认为我们有理由采纳肯定性意见的人。

斯多亚学派有力地攻击了这些观点。他们主张，一种一以贯之的怀疑主义将会不仅要悬置判断，还要悬置一切活动，而那将会使人类生活陷于瘫痪。卡尔尼亚德试图修改怀疑论的主张，以回应这些攻击。他论证到，虽然我们没有确定性，但我们有可能性，有意义的行为只要有它就够了。据记载，卡尔尼亚德曾说过，"有智慧的人会利用他遇到的一切看起来合理的事物，只要没什么妨碍该物的可能性，因而，一切生活计划都将处于掌控之下"（I&G 171）。这种妥协令他受到了斯多亚学派和晚期怀疑学派里皮罗式纯粹主义者的鄙视。

皮罗怀疑论的复兴

怀疑学派里的纯粹主义者相信，学园怀疑派走错了方向，因为他们还不够怀疑。例如，纯粹主义者抱怨说，可能性概念就是可疑的，因为，要把可能的与不可能的区别开来，就需要很多知识。这些更加严格的怀疑论者称自己为"皮罗主义者"，以向怀疑主义运动的奠基人致敬。这一派的人聪明地把怀疑主义概括为几组原则。例如，阿格里巴（Agrippa）主张，怀疑主义的基础是五式：（1）意见分歧——在任何问题上，人们总是意见不一。（2）无穷倒退——要解决分歧，我们就得要找到自己结论的理由，但这些理由也需要证明，因而我们需要证明我们的证明，如此这般，无休无止。（3）相对性——在不同的环境下，对事物的知觉有所不同。（4）假设——如果我们把某些陈述作为公理或作为无可置疑的起点，试图以此来解决无穷倒退的问题，那么任何人都可以提出，截然相反的陈述是自明的。因此，任何证明的起点都是无根据的、任意的。（5）循环论证——所有避免了上述四种问题的论证，最终都会以某种方式假设试图证明的东西。晚期怀疑派把上述论证归约为两个简单的命题：没有什么是自明的；没有什么能够得到证明。与这一时期的其他所有哲学一样，怀疑派严密推导的论证只有一个目标，个人的宁静。如果我们不能够认识任何东西，那我们就无须担忧自己是否拥有真理。我们无须挣扎着区分真与假、善与恶。我们可以仅仅接受好像是那么回事的东西，可以接受我们的习俗和法律要我们做的事情。这一点得到了塞克斯都·恩披里柯的精彩表述，他是一位物理学家，生活于 3 世纪前后："因此，一个人不对任何从属于意见的事情下判断，就会获得最完全的幸福。"（I&G 238）

> **想一想**
>
> 6.8 怀疑派相信，（a）如果我们不确定一个事情是真的，那么我们就不应该相信它；（b）我们不能够确定地认识到，某个事情是真的。对于这两个主张，你全都赞同，只赞同一个，还是都不赞同？为什么？

怀疑主义的意义

作为一场组织严密的运动，怀疑主义亡于 3 世纪。怀疑主义者不能回答如下异议：怀疑主义的论证若要有意义，就必须有某些材料作为推理的出发点。然而这意味着，至少我们的确有理由相信自己的前提是真的。虽然怀疑学派没有提出任何肯定性的结论，但他们还是对哲学贡献良多。各种各样的怀疑主义使哲学变得自我批判，使它诚实、远离独断主义。此外，他们也为后来的哲学家设定了议程。后来的哲学家要么接受他们的论证，忍受其结论，要么提出一种经受了全部怀疑论攻击的知识论。因此，他们激发了知识论领域的很多工作。例如，圣奥古斯丁写下了《驳学园派》(Against the Academics)，以清理怀疑派的论证。在现代初期，哲学家们复兴了怀疑派的论证，用它们包装自己的哲学，或者用它们攻击对手。笛卡尔把怀疑主义的质疑用作方法，来寻找无可置疑的信念。贝克莱主张，现象之外别无实在，以此来避免怀疑主义的结论。有些宗教哲学家发现，它有助于批判人类理性的自负，他们主张，既然理性不能够回答我们的问题，那我们就该走向信仰和启示。这里有必要提一下伊拉斯谟（Erasmus）、帕斯卡尔（Pascal）、蒙田（Montaigne）以及贝尔（Bayle）。在17世纪，怀疑主义的遗产对近代科学的兴起似乎也有些影响。哲学家们说，如果我们不知道事物的真正本质，那我们就不应该纠缠于晦涩的形而上学纷争。相反，我们应该满足于对现象世界的经验研究。

> **想一想**
> 6.9 有时做个怀疑主义者是不是挺好的？为什么会这样？

怀疑主义直到衰落了，都没有提供宁静，它所提供的只是困扰。传统的确定性和奥林匹亚诸神都不再可信了，但怀疑主义却没有提供任何肯定性的东西。有些怀疑主义者提出，我们可以简单地遵循宗教和社会的传统，而无须对之深信不疑，这种主张似乎并不令人满意。这个时代的人寻求某种可以依赖的东西，对许多人来说，信仰满足了这一渴望。因此，基于亚洲思想的各种宗教哲学变得流行起来。最终，出现了基督教这样一股强大的文化力量，满足了这个时代的需要。

普罗提诺与新柏拉图主义

当我们抵达了希腊思想在基督教时代的最后阶段时，我们发现了一个大圆圈。希腊哲学终结在了它开始的地方——宗教。我们不难理解导致了这一发展的状况。3世纪是罗马历史上最悲惨的时期。皇帝们通过收买军队而获得权力，暗杀则是除掉政敌的最常见手段。军队则由于腐败和矛盾而变得虚弱，蛮族从北方和东方侵入。战争和疾病毁灭了大量人口，而腐败、高赋税、日益减少的资源则把帝国抛入了最后的混乱之中。

面对这些令人绝望的事件，人们渴望一个更好的世界，渴望某种希望，某种可以超出人类历史的混乱事件而永远确定的希望。人们渴望的不再仅仅是希腊人好生活的愿景，而是一种根本上宗教性的救赎观念，一种在对上帝的神秘专注中才能发现的东西。有些人在复兴的柏拉图主义彼岸世界中找到了答案。因此，此时兴起的不仅是一种柏拉图主义的宗教哲学，而是一种真正宗教性的哲学。这种新的、宗教性的柏拉图主义（或如后来人们所称的新柏拉图主义）从早先的哲学体系中吸收了所有非物质主义的宗教学说。它的来源主要是毕达哥拉斯主义、亚里士多德主义、斯多亚主义，当然还有柏拉图主义。

新柏拉图主义的奠基人是普罗提诺（Plotinus，公元205—270年）。他成长于埃及行省的一个小镇，20多岁时移居到亚历山大城学习哲学。亚历山大城是一个世界主义城市，在那里，来自西方的希腊文化和来自东方的神秘主义宗教自由地混合。他找到了著名的老师，阿摩尼阿斯·萨卡斯（Ammonius Saccas），花了很长时间接受他的指导。* 40岁的时候，他到了罗马，开了个学校。他拥有众多的追随者，包括几位医生、一位诗人、几名女性，以及元老院的许多成员。甚至罗马皇帝加里恩努斯和他的妻子也很推崇他。普罗提诺享有精神顾问的美誉，向他咨询的人非常多，但他从没有赶走任何人。虽然他的健康状况一直欠佳，不过他依然具有一种有力的、温和的、真挚的精神。据说，他从没有说过自己的生日，因为他不愿意人们给他庆祝。相反，他邀请朋友们庆祝苏格拉底和柏拉图的生日。虽然他从没有结婚，但他收养了很多孤儿，抚养他们长大。普罗提诺死后，他忠实的门徒波菲利编辑了他的手稿。波菲利把它们分为6组，每组9篇，命名为"九章集（Enneads）"。**

太一

对普罗提诺来说，最实在的东西乃是最统一的东西。因此，最高的存在乃是他所谓的"太一"。它是完全超验的，超越了一切思想和存在，是不可理解的。我们只有在能够把属性归属于一物的时候，才能够思考或描述它。然而，具有可区分的属性，这将意味着它是由多个部分组成的。因此，那所有属性的源头超出了任何属性，完全没有任何的复多性。它既不致力于思想、意愿，也不致力于任何有意识的活动，因为，所有这些活动都暗示了某种二元性。普罗提诺用了很多名字来指称"太一"，例如神、善、第一存在、绝对、无限、父。

虽然它没有有意识地活动，但太一的存在是如此地完满，以至流溢了出来，所有事物都源自于它，而太一本身则依然保持不变。普罗提诺借用了柏拉图的太阳隐喻来阐明这一点。太阳普照万物，而在此过程中它光亮依旧。类似地，一个物体在镜子里可能会有一个复现的影像，而它自己却不受此复现的影响。因此，太一就像是一颗永恒的太阳发射着永恒的光芒。不过，这并非来自一个有意识的创造决定，因为，世界是必然地从太一流溢出来的。

理智

太一首先流溢出努斯，我们可以把它翻译为理智、理智原则、神圣心灵或精神。它是永恒的，没有任何不完善之处。理智不能被划分为不同部分，在这个意义上，理智与太一同样是不可分的。不过，与太一不同的是，理智具有可区分的方面，这就是认识者和它的认识对象。理智直观两个对象：太一和它自身。在认识它自己的时候，它认识到，它包含着柏拉图所说的所有相。不过，它不是一个一个认识它们，而是在一个永恒的总览中直观到全部的相。在这一点上，普罗提诺再次不同于柏拉图，他主张，不仅存在着普遍者的形式，还存在着个别者的形式。因此，不仅存在着人的形式，还存在着苏格拉底的形式。因此，每个个体在神圣心灵中都具

---

* 据说，阿摩尼阿斯一开始被培养成为一名基督教徒，但他后来皈依了希腊宗教。

** 这个书名来自希腊词 "ennea"，意思是"九"。

有永恒的价值和地位。

灵魂

从理智永恒地流溢出的是第三种实在，这就是灵魂。它也是永恒的、非物质性的。它的功能是充当精神性领域和感官世界的中介，使宇宙如同一个有生命的有机体。根据普罗提诺的看法，灵魂有两个方面。较高的部分朝向理智，不为其下的东西所动，而较低的部分则下去创造感性世界，复制它在自身中看到的各种相。不过，它不是有意识地创造世界的，正如磁铁不是有意识地辐射自己的磁场，使铁屑有序地排列在它周围的。由于它是宇宙中生命、生长、秩序和运动的原则，因此普罗提诺说，它可以被等同于自然。它所产生的物质存在者的世界对应于理智中包含的所有可能的存在形式。

人的个别的灵魂是世界灵魂的表现。普罗提诺说，我们的灵魂就像是照耀进每一所房屋的太阳所发出的光。每一所房屋似乎都有它自己的光，但它们实际上是同一颗太阳的表现（E 4.3.4）。[8] 人的灵魂复制了世界灵魂的结构，我们灵魂中较高的部分属于理智的领域，而较低的要素则牵连着身体。我们的灵魂在与身体结合之前就存在，它从精神的领域通过某种下降而与身体结合起来。灵魂在身体死后也依然存活，会再次转世，但它不会保留自己的记忆。

物质世界

到目前为止，我们已经有了三种基本的实在，一个由太一、理智和灵魂构成的层级三一体。不过，灵魂始终无休止地渴望表达自己的力量。因此，从灵魂就产生了最后的流溢，这就是物质领域。然而，物质领域的产生不是发生在某个时间点的创造性活动。与所有更高的流溢一样，物质领域的产生是一个必然的、永恒的过程。不过，这最后的流溢不能被视为第四种实在，因为，普罗提诺相信，物质是非存在。他的太阳隐喻有助于澄清这一点。太阳发出光辉。但离光源越远，光越暗淡，直到消失于完全的黑暗之中。类似地，太一辐射出存在和善，但正如黑暗是光的剥夺，物质乃是实在的和善的东西的剥夺。

普罗提诺遵从柏拉图的模式说，物质事物所具有的善或可理解性要归因于我们在它们中对理智世界的微弱反思。不过，混合永远都不是一种愉快的结合，因为，物质腐蚀了它接触到的一切。因此，虽然物质从灵魂获得了启迪，但它"由于把自己混合进来，遮蔽了启迪，遮蔽了那来自源头的光，从而弱化了自己"（E 1.8.14）。

> **想一想**
>
> 6.10 普罗提诺认为，物质世界是内在地恶的，与我们中最高、最好的部分处于对抗之中，你是否同意这一观点？为什么？如果你真的相信这个观点，那它会如何影响到你的生活？

恶的问题

普罗提诺作品中的一些段落毫不令人惊讶地指出，物质是恶之源。这些段落本身会强调普罗提诺的彼岸思想，会导致对物质世界的贬低。甚至有的段落指出，物质世界的产物乃是悲剧性的错误（E 1, 1.8.5—6）。但令我们感到困惑的是，他虽然持有悲观的物质观，但又对物质世界做了乐观的展望。第一，他论说到，由于物质领域是从一切善的源头开始的漫长而必然的流溢之链上最后的阶段，因此它必定分有其源头的善。这个过程创造出了一切可能程度的存在，从较完善的东西到不那么完善的东西。这造成了巨大的多样性，导致了各种丰富的世界（E 4.8.6）。第二，普罗提诺论说到，任何缺乏神的东西都必然缺乏它的完全的善。因而，存在一个世界，也就意味着存在某种不完善性（E 3.2.5）。世界所具有的善与物质领域可能达到的善一样多，因为，"还可能有比这个更公正的理智世界形象吗？"（E 2.9.4）第三，宇宙就像是一幅美丽的图画或一部杰出的剧作。在整部戏中，每一个部分都扮演着恰当的角色。不过，如果我们仅仅专注于一个部分，那我们将会把握不到这一点。宇宙中糟糕的部分可以被神用以服务于善的部分，即便我们不能够辨认出神这么做的理由（E 2.3.18）。甚至我们周围人的道德缺陷，也可以引起我们的注意，使我们更能够欣赏德性之美（E 3.2.5）。

上升之路

普罗提诺在更加消极的段落里经常谈到，人的灵魂下降到身体中，乃是"坠落"进宇宙中更卑下、更低级的部分。堕落的原因是，我们的放肆和欲望是自动的（E 5.1.1）。普罗提诺赞同柏拉图，他说，我们越是专注于自己的身体、感官以及我们自己的个体性，我们越是会被囚禁、埋葬于洞穴之中，被无知地束缚于我们自己的锁链，远离整全。灵魂自然地渴望飞进精神的领域，但它心烦意乱，这使它坠落到尘世，抛弃了它的翅膀（E 4.8.4）。不过，与此同时，我们永远都没有完全地迷失，因为，尽管我们坠落了，但我们依然形而上地属于更高领域的一个部分（E 4.8.8）。这样，恶就不是一种把我们向下拽的实在。它是我们自己的意愿，愿意偏离善。对于始终朝向理智的完善灵魂来说，恶并不存在。只有那些由于激情而变得盲目的灵魂，那些被物质世界诱惑的灵魂，才受到恶的笼罩和剥夺（E 1.8.4）。

普罗提诺进一步展开了自己的哲学，他绝不仅仅是出于形而上学知识本身的缘故而考察它，而是要揭示一条救赎之道。如果我们超然于身体，忽视它的诱惑性歌声，专注于精神，我们就能够摆脱自己的锁链，为我们无休止的灵魂找到安宁。救赎的过程有几个阶段。第一，我们必须通过理智的和道德的学科来纯化自己。与柏拉图一样，普罗提诺也认为，学会看特殊事物的相，这会使我们走向正确的方向。例如，观察我们自身的美、事物中的美以及我们周围人的美，这将会使我们怀念我们曾经抛弃了的一切美的源头。正如普罗提诺用优美的语言所说的：

回到你的内心看看；如果你还没有发现你自己的美，那你就得像雕刻匠那样。雕刻匠在制作美丽雕像的时候，这里凿凿，那里磨磨，这里打平整，那里刻凸出，这样才雕刻出一张美丽的脸庞。你也得把过度的凿去，把扭曲的磨平，把黑暗的剔除，令它光亮，永远都不要停止"打磨你的雕像"，直到神圣的德性之光在你身上闪耀。（E 1.6.9）

下一个阶段是，从事哲学辩证法，在这个阶段，我们更加完全地理解了永恒的理智世界。最后的阶段是与神的一种神秘的、灵魂出窍的合而为一。这种经验超出了一切语言和推断性的思想。普罗提诺对这一经验的描述是雄辩而动人的：

当我们真的看到了太一的时候，我们就达成了我们的目标，内心安宁……我们真的是在围绕它跳着神启的舞蹈。

在这一舞蹈中，灵魂看到了生命的涌现、理智的涌现，看到了存在的原则、善的原因、灵魂的根……在那里，灵魂得到了安宁，摆脱了恶，因为，它已经进入了一个根除了恶的地方……如果有人不知道这个经验，那就让他根据我们在此尘世中的爱来想想它，这经验就像是一个人获得了他最热爱的东西，但这些尘世之爱是会朽的、有害的，只是对影像的爱，而且这些爱是变化着的，因为它们没有真正被爱过，不是我们的善，也不是我们要追求的。不过我们有我们的真爱，我们也能够与之相统一……在此统一中，当我们正确地看的时候，我们可以既看到它，也看到我们自己：荣耀的自己，充满了理智的光辉（更确切地说，本身纯粹的光辉），轻灵、自由地飘舞，已经成了（更确切地说，就是）神。[9]

我们在此生中孤独的时刻可以获得这种经验。根据波菲利的说法，在他与普罗提诺交好的六年里，普罗提诺有过四次与神合而为一的经验。不过，我们总是会受到身体的干扰。好消息是，我们有望在未来进入永恒地与神合而为一的状态。总结普罗提诺哲学的目标，用他自己临终前的话说就是，"努力把你心中的神带回一切事物中的神圣者那里去！"[10]

新柏拉图主义的意义

普罗提诺去世之后，新柏拉图主义运动持续了超过三个半世纪。在罗马的学园似乎是处于波菲利（他的生卒年份大概是公元 232—305 年）的指导下。此外，在叙利亚、小亚细亚、雅典以及亚历山大城也有学园追随这一哲学。4 世纪后期，普卢塔克（Plutarch）把它引入了柏拉图学园，他的继承者普罗克洛（Proclus）推动和发展了它。*

普罗提诺对基督教所言甚少，虽然他对伪基督教的诺斯替主义多有批评，后者认为，柏拉图对终极实在的把握是不完善的。不过，他的门徒波菲利和其他新柏拉图主义者显然都反对基督教。虽然如此，新柏拉图主义对许多基督教思想家来说依然充满了吸引力，它在中世纪基督教的形态塑造中扮演着重要的角色。奥利金（Origen，约公元 185—254 年）是一位早期的教父神学家，他是普罗提诺的老师阿摩尼阿斯的学生。奥利金按照普罗提诺的模式，把三位一体中的三个位格排列为层级关系，他指出，通过原罪，原先就存在的人类灵魂"下降"进了身体。** 圣奥古斯丁把自己的基督教哲学建立在普罗提诺对柏拉图哲学阐释的基础之上。奥古斯丁说，只要对其学说稍做修改，像普罗提诺这样的柏拉图主义哲学家就会变成基督教徒。波埃修斯（Boethius，公元 480—525 年）是一位受到新柏拉图主义影响的罗马基督教徒，他把波菲利讨论亚里士多德的一部作品翻译成了拉丁文。在公元 500 年前后，出现了一部据称是狄奥尼修斯（他皈依于使徒保罗）写的作品。不过，它实际上是公元 6 世纪的一位新柏拉图主义者创作的。由于中世纪的神学家们不知道它是一部伪作，因此它很有影响，它把新柏拉图主义的一些主张引入了神学，滋养了基督教神秘主义。公元 529 年，希腊哲学和新柏拉图主义在西方消失了，罗马皇帝查士丁尼（Justinian）是一位基督教徒，他关闭了雅典的所有异教哲学学园。不过，由于新柏拉图主义对基督教思想影响深远，这就埋下了一颗种子，它将使得希腊哲学依然活跃于西方。

---

* 雅典的普卢塔克不是那位生活于 1 世纪的同名传记作家。

** 后来，奥利金关于三位一体的观点被指责为异端，因为官方的立场是，三个位格是地位同等的。

哲学中的女性：亚历山大城的希帕提娅（Hypatia，约 370—415）

亚历山大城的希帕提娅是公元 4 世纪新柏拉图主义的著名教师之一。我们无法确定她的出生时间，但大多数学者认为她大约出生于公元 370—375 年之间。自古以来，希帕提娅都作为古代重要的数学家、天文学家及哲学教师而为人所知。她作为一位深受尊敬的女性知识分子，在男性支配的世界里取得了突出成就，这使得她的一生更加引入注目。她的学生中既有基督教徒，也有古代异教传统的成员。因此，虽然希腊和希腊化哲学没有在她那里结束，但她身处向基督教时代过渡的时期，以新柏拉图主义传统滋养着她的基督教学生。

在 4 世纪，亚历山大城是繁荣的科学、数学及哲学研究中心。与此同时，基督教与旧有的异教为了争夺政治、理智权力和文化统治地位而激烈地斗争着，前者似乎正在取得胜利。希帕提娅代表了异教希腊的科学、数学和哲学，她反对基督教会在宗教和政治领域的膨胀。不过，虽然她的哲学是非常精神性、宗教性的，但她并非任何异教的积极追随者。希帕提娅的评论者们说，她美貌绝伦，道德高尚。然而，据说她举止谦逊，打扮端庄，穿着一种叫 Tribon 的外套，它就像一件学位服，标明了一个人哲学家的身份。据明确记载，她终身未婚，把自己全部的生命都奉献于追求知识与智慧。尽管她举止冷静、平和，但她的人格充满了理智和道德的力量。她的学生和同时代人说到她的时候，都充满了凝神屏气的敬仰。

希帕提娅的名声和影响相当大。这座城市的管理者们非常尊敬她，其他地区的显贵也来拜访她，出席她在自己家中及城市演讲大厅举行的讲座。来自这个地区众多富贵家庭的学生们追随她学习。他们中的许多人后来都担任了教会和政府的领袖，这就扩大了希帕提娅的影响。亚历山大城的执政官俄瑞斯忒斯（Orestes）也追随她学习。有个评论者告诉我们，希帕提娅和俄瑞斯忒斯经常会面，后者常常就政治问题咨询她的意见。

希帕提娅的父亲席昂（Theon）是一位有成就的数学家、天文学家，他也是著名的亚历山大城博物馆的馆长。据说，她从其父那里受到了很多教育。不过，她打小在博物馆长大，也会接触到来自各地的罗马、希腊以及犹太学者。

她幸存下来或我们所知的大部分作品都有着数学或科学的特征。人们没有提到她的任何哲学作品。为什么会如此，对此我们不得而知。有可能她像苏格拉底那样，喜欢在与学生的对话中研究哲学，但从没有把它们写下来。我们对她的哲学的了解，都来自她的学生、同时代人以及其他听闻其名声的人所做的记述。

蕾切尔·薇姿（Rachel Weisz）在影片《城市广场》（*Agora*，2009，又名"时间之雾"）中扮演了古代哲学家希帕提娅。希帕提娅是公元 4 世纪晚期的一位数学家、天文学家和新柏拉图主义哲学家，她执教于埃及的亚历山大城。

她的学说追随毕达哥拉斯主义者的典范,对毕达哥拉斯主义者来说,数学既会导致最广泛的宇宙论关切,也会导致最实际的伦理指引。她教导说,宇宙的合理性与和谐应该会激励灵魂去追求这些理想。她强调,要用理性来达到更高层次的伦理的、精神的发展,她向异教徒和基督徒发出了这一同样的呼吁。

时人提到了她作为一名教师的才能和技巧。在她的家乡、在远方的来信中,她都被称作"哲学家"。据说,希帕提娅的讲座讨论过毕达哥拉斯、色诺芬、柏拉图、亚里士多德、犬儒派、新柏拉图主义,可能也讨论过斯多亚派。不过,在所有这些流派当中,对她影响最大的似乎是普罗提诺的新柏拉图主义形而上学。普罗提诺强调追求与神、太一的统一,这或许就是她能够创造出异教徒与基督徒所组成的一个统一的精神共同体的原因,虽然这些众多的宗派在大街上冲突激烈。

她教导学生要转向内心,运用内在的"理智之眼"去接触更高的实在。[11]她与苏格拉底一样,追求把人们的注意力从尘世引向永恒的东西。多位古代传记作家都讲过的一个动人故事就展示了这一点。故事是这样的:希帕提娅的一个学生为她的美貌而神魂颠倒,向她表达了爱意。希帕提娅为了惩罚他沉迷于肉体的美貌,而忽视了对美的最纯粹形式的沉思,就把与自己等重的用过的卫生纸(象征着物质性的女性身体)扔给他,然后说,"这是你真正爱的东西,年轻人,其实你并不是由于美本身的原因而爱美"。[12]

公元 415 年,希帕提娅被一群邪恶的基督教修道士暴徒杀害了。他们把她从她的马车上拖进一个教堂,剥光她的衣服,用陶罐碎片或者锋利的牡蛎壳刮她的皮肉。他们把她的尸身悬挂在城墙外面焚烧。关于这次谋杀的原因,存在几种说法。最流行的说法是,她是狂热的亚历山大城基督教主教西里尔(Cyril)与执政官、希帕提娅的朋友俄瑞斯忒斯之间政治斗争的牺牲品。

对后世的人来说,希帕提娅和她不幸的殉难成了一个象征,由此出现了很多传说。人们用她来象征科学与宗教之间的战争。对 19 世纪的浪漫主义者来说,希帕提娅既象征着肉体的美,也象征着对不朽精神的最高抵达。正如一位诗人所写,希帕提娅体现了"柏拉图的精神和阿弗洛狄忒的身体"。[13]更加现实的学术评价是,(1)她是数学史上一位重要的女性数学家,(2)她为她那个时代的天文学做出了贡献,(3)她是一位有影响的新柏拉图主义教师,她的思想沟通了异教传统与基督教传统。除了上述理智贡献,希帕提娅本人也成了女性哲学家历史上一个鼓舞人心的形象。因此,在 1986 年,一份名"希帕提娅:女性哲学杂志"的学术刊物创刊,直到今天还在发行。

当代联系6：亚里士多德之后的古典哲学

考虑犬儒主义、伊壁鸠鲁主义、斯多亚主义、怀疑主义以及新柏拉图主义这五种哲学流派。请依次想象，你是它们的忠实追随者。在每种哲学的指引下，你会如何展开对生活的不同追求？它会怎样影响到你的职业生涯、你的社会关系、你的涉世、你对你自己以及生活意义的构想？你能想到分别体现了这些哲学流派的当代人吗？

理解题

1. 有哪些社会因素影响了亚里士多德之后哲学的变化？
2. 希腊化时期诸哲学流派共有的特征有哪些？
3. 伊壁鸠鲁学派是如何解释一个物质主义宇宙中的自由意志的？
4. 伊壁鸠鲁学派的伦理理论是以何种方式奠基于其形而上学的？
5. 心理快乐主义和伦理快乐主义之间的区别是什么？
6. 与流行的构想不同，伊壁鸠鲁学派的哲学并没有说，我们应该过一种无节制愉悦的生活。怎么会这样呢？
7. 伊壁鸠鲁学派是以何种方式区分不同类型的欲望？哪些欲望是我们应该追求的？
8. 为什么伊壁鸠鲁学派没怎么讨论社会哲学？
9. 伊壁鸠鲁学派的宗教观是什么？
10. 根据伊壁鸠鲁学派的观点，为什么我们不应该害怕死亡？
11. 伊壁鸠鲁学派与斯多亚学派哲学家虽然有很多区别，但他们又在哪些方面是相似的？
12. 伊壁鸠鲁学派与斯多亚学派的形而上学有哪些区别？这些区别如何导致了他们伦理学的区别？
13. 根据斯多亚学派的观点，神与自然之间的关系是什么？
14. 斯多亚学派如何调和其关于神的观点与我们对恶的经验？
15. 当斯多亚学派说，生活的理想是"无情"时，他们的意思是什么？又不是什么？
16. 既然斯多亚学派宣扬顺从的价值，那他们为什么会偏好健康而不是疾病呢？
17. 斯多亚学派对社会哲学的贡献有哪些？
18. 为什么斯多亚主义会吸引罗马人？罗马斯多亚学派在法律哲学、社会哲学及伦理学等方面有哪些贡献？
19. 为什么怀疑学派对伊壁鸠鲁主义和斯多亚主义都抱以蔑视？
20. 希腊化时期的怀疑主义有哪些形式？它们如何各不相同？
21. 怀疑学派的"悬置判断"是什么意思？他们为什么相信，这是幸福生活的关键？
22. 根据阿格里巴的观点，怀疑主义的五式是什么？
23. 新柏拉图主义与柏拉图思想是以何种方式相关联的？
24. 太一、理智、灵魂等概念在新柏拉图主义的形而上学中扮演了怎样的角色？
25. 普罗提诺为什么用太阳作为根本上实在的

东西的喻像？
26. 新柏拉图主义者如何处理恶的问题？
27. 普罗提诺哲学中"上升之路"是什么？

思考题

1. 这些哲学都宣称会提供实用的生活指南。你认为哪种哲学是最有道理、最令人满意的？
2. 在所有的希腊哲学中，斯多亚主义是对早期基督徒最有吸引力的流派。你认为为何会这样？
3. 尽管你不一定同意本章所论各种哲学流派的全部教导，但还是请你把你眼中各流派的积极贡献列出来。
4. 本章讨论了五个哲学流派，请你分别说明你眼中它们各自最大的缺点。

注释

[1] 伊壁鸠鲁主义传统和怀疑主义传统的引文皆出自《希腊化时期哲学：导论性读本》(*Hellenistic Philosophy: Introductory Readings*)，布拉德·英伍德（Brad Inwood）和 L. P. 格尔森（L. P. Gerson）译（Indianapolis: Hackett, 1988）。文中标注的是书名缩写"I&G"及引文在该文集中的页码。"LM"这个缩写指的是伊壁鸠鲁致梅瑙凯的书信。

[2] 本书所引的斯多亚学派原文出自《亚里士多德之后的希腊、罗马哲学》(*Greek and Roman Philosophy after Aristotle*)，贾森·L. 桑德斯（Jason L. Saunders）编（New York: The Free Press, 1966）。文中标注的是书名缩写"S"及引文在该书中的页码。

[3] 克里安提斯，引自伊壁鸠鲁，《概要》(*Enchiridion*)，52，载于《伊壁鸠鲁：讲话和概要》(*Epictetus: Discourses and Enchiridion*)，托马斯·温特沃思·希金森（Thomas Wentworth Higginson）译（Roslyn, NY: The Classics Club, Walter J. Black, 1944），第 352 页。

[4] 马可·奥勒留，《沉思录》9.4，载于《斯多亚学派和伊壁鸠鲁学派哲学家》(*The Stoic and Epicurean Philosophers*)，惠特尼·J. 奥茨（Whitney J. Oates）编（New York: Modern Library, Random House, 1940），第 571 页。

[5] 马可·奥勒留，《沉思录》6.44，同上，第 533 页。

[6] 伯特兰·罗素，《西方哲学史》(*A History of Western Philosophy*, New York: Clarion, Simon & Schuster, 1945)，第 255 页。

[7] 柏拉图，《蒂迈欧篇》，29c—d。

[8] 《九章集》(*Enneads*) 的引文出自七卷本的《普罗提诺》(*Plotinus*)，A. H. 阿姆斯特朗（A. H. Armstrong）译（Cambridge, MA: Harvard University Press, 1966, 1988）。《九章集》在文中的缩写是"E"。随后的数字既表示引文在英译本中的卷数，也表示它在《九章集》中的卷数。最后两个数字表示的是普罗提诺作品的章、节号。

[9] 《普罗提诺》第 7 卷，《九章集》第 6 篇，第 9 章，8—9 节。

[10] 引自波菲利《普罗提诺生平及其著作编排》(*On the Life of Plotinus and the order of His Books*)，载于《普罗提诺》，第一卷，第 2 页。

[11] 玛丽亚·泽丝卡（Maria Dzielska），《亚历山大城的希帕提娅》(*Hypatia of Alexandria*)，F. 莱拉（F. Lyra）译（Cambridge, MA: Harvard University Press, 1995），第 48—49 页。

[12] 同上，第 50 页。

[13] 同上，第 7 页。

第二部分
中世纪

路易九世,通常称为"圣路易",正和他的军队在第七次十字军东征中航行,这场战争从 1248 年持续到 1254 年,对欧洲中世纪有巨大影响。

第 7 章

文化背景：基督教思想的发展

希腊思想与基督教思想的遭遇

在前面的章节中，我们追踪了古希腊哲学的思想潮流。现在我们必须回溯并选取另一股潮流，它与前一股潮流交叉，混入了它的水滴，转承了它的部分能量，并且变成了西方历史中最强大的力量之一。这后一种文化－理智潮流就是希伯来思想和由之产生的基督教。基督教的兴起是哲学传奇中的一个重要转折点，因为它与罗马帝国的衰落和希腊－罗马哲学或希腊化哲学的衰落相重叠。它开始很纤弱，但却逐渐支配了西欧的理智生活。

最初，希腊传统和犹太教－基督教传统之间有许多差异。希腊传统倾向于多神论，而犹太教和基督教相信唯一的最高的神。希腊传统的诸神是有限的。根据大多数解释，他们受制于命运。特别典型的是，这些哲学体系中的神祇并不凌驾于世界之上。柏拉图的"德穆革（Demiurge）"在把秩序赋予预先存在的质料时必须参照预先存在的形式。亚里士多德的神祇不是超越世界而是内在于世界之中的。与之相对照的是，犹太教－基督教传统的神是全能和超越的。他从虚无中创造出世界并根据他至高无上的意志统治世界。而且，柏拉图的终极原则，善，是非人格的，就像亚里士多德的不动的推动者也是非人格的一样。然而，《圣经》中的上帝是人格神，并关爱他的被造物。

基督教把自己呈现为启示的宗教。建立在它的希伯来根基上，基督教宣称上帝曾经通过旧约中的先知、以拿撒勒的耶稣的位格，以及新约中的福音书和使徒书向我们言说和显露自身。希腊人寻求真理和终极实在，而基督教的要旨却是真理和终极实在（在上帝的位格中）在寻找我们。古希腊人谈论逻各斯，它是秩序与理性的原则，充满整个宇宙。约翰利用了这一传统，在他福音书的开头，他主张逻各斯等同于上帝，并且化身人形成为耶稣居住在我们中间。对于基督教思想家，人类历史要借助罪、恩典、救赎和永生等主题来理解。然而，这些主题不是被看作一系列哲学学说，而是个体精神之旅的重要机遇。虽然许多基督教知识分子力图表明他们的信仰可以与最好的希腊哲学一样站得住脚，但他们并不像希腊人那样自信哲学理性能够单独解决人类生活的深刻问题。

公元1世纪的基督徒面临着急迫的关切，没有给哲学思辨留下多少时间和精力。第一，他们必须为基督的第二次降临做准备。耶稣的门徒和使徒保罗都有这样的印象，耶稣将在他们的有生之年重返尘世。[1] 既然时间短暂，而尘世中又没有什么东西有持久的价值，那么，投身于长期的理智计划没有意义。第二，早期的教会不得不在迫害中求生存。对罗马人来说，宗教事关国家利益。只有当它的所有公民向国家的诸神献祭，国家才会昌盛。除了拒绝向异教的诸神表示敬意，基督徒还宣称基督而不是皇帝是整个尘世的主人。因此，在罗马帝国，做一个基督徒是叛国和严重犯罪。虽然迫害的强度随皇帝的不同而时高时低，但直到君士坦丁大帝统治时才完全停止，君士坦丁大帝是第一位基督教皇帝，公元305年到公元337年在位。

第三，基督徒感到迫切需要向世界传播福音。他们的目标不是推进一系列理论观念，而是通过让人们顺从上帝而拯救他们的灵魂。最初，这降低了他们对理论思辨的兴趣。第四项急迫的关切是与当时盛行的异端战斗。存在着教义的许多不同形式，每一个都宣称自己是基督教真理的真正形式。其中有些是赋予基督教外表的希腊宗教哲学，其他的不过是新约神学的不同解释。结果是大规模的混乱，这一新宗教有被争论的重担拖垮的危险。

尽管有这四个紧迫的问题，基督徒逐渐发现他们不能忽视哲学。经过几代人传承之后，基督重临尘世并非即将发生，这一点变得越来越清楚。因此，基督徒开始转向长期的任务，诸如将他们的文化基督教化。最重大的发展是基督教从它的犹太教背景中扩展出去。这一转变集中在从试图调和新信仰和犹太教传统，转向试图调和这一信仰和希腊哲学。

到公元2世纪末，基督教已经渗透到上层阶级，并开始吸引罗马帝国的知识分子。许多有教养的皈依者的心灵是在希腊哲学的土壤上培养的。因此，基督教思想家不得不通过用希腊哲学的范畴表示他们的教义，并表明他们的信仰在理智上值得尊敬，来与希腊哲学妥协。因为这些原因，最初传播福音的任务变成由护教学任务来补充。"护教学"是一个衍生自雅典司法程序的术语。它指一种做出回应或为一个人的立场提供辩护的技艺。因为基督教在希腊文化和哲学的法庭上"受审"，所以基督教思想家寻求用哲学自身的武器，为它做尽可能好的辩护。类似地，既然许多异端都兴起于哲学，基督教思想家发现他们需要"以毒攻毒"。因此，驳斥虚假教义的任务要求逻辑论证和对真正教义的更大程度的澄清。相应地，基督教思想家使用希腊哲学的工具来支撑他们的立场和达到概念的精确。

信仰与理性问题

基督教思想家面对的首要问题之一是信仰和理性的关系问题。这一争端是教会早期若干世纪主要关心的，并在中世纪期间持续争论，并且仍然是20世纪宗教哲学家之间踊跃讨论的一个源泉。实际上，在这一时间点之前，这个问题在哲学上没有先例。因为在希腊人那里不存在这个问题。他们只有一个原则指导他们的思考：哲学理性。希腊人没有《圣经》这样的神圣启示，因为他们的大多数宗教概念是从他们的诗歌和传统传下来的。然而，哲学家要么拒斥这些传统，要么贬低它们的重要性。即使对于他们从流行宗教中保留下来的一点东西，他们也把它们改造得符合他们哲学体系的要求。

同样，犹太教传统也没有信仰与理性的问题。犹太人也通过坚守两者之一来避免这个问题，不过对他们而言，那就是信仰。他们共有的关于上帝对他子民信赖的故事使得信念的哲学根据似乎是多余的。

当希腊的思考方式开始代替犹太教影响基督教时，基督教思想家发现他们必须对外回答哲学家的攻击，对内解决争议，并满足对系统世界观的希腊式渴求。问题是呈现给他们的是两个信息来源——启示和哲学理性。这一情况造成了若干问题：基督教的信念是理性的吗？信仰和理性是什么关系？一个人能融贯一致地信奉通向真理的两条道路吗？如果信仰和理性导致冲突的结论，我们如何解决它们之间的争吵？一个有信仰的人必须涉猎异教哲学家的思辨吗？

哲学传统提供的是混合的资料，这一事实使得问题更棘手。基督徒发现，希腊哲学中有很多东西不一致。除了先前注意到的他们关于神祇本性的观念各不相同，还有大量其他问题。对于柏拉图，个人发现他们的圆满不是通过与一个神圣的创造者相联系，而是通过发挥他们自律的理性。柏拉图还相信轮回，这个学说与《圣经》对死后生活的说明不相容。对于亚里士多德，他的体系不容许任何个体不朽的观念。而伊壁鸠鲁主义者教导说，人生的目标是追求快乐，而不是服从上帝。根据伊壁鸠鲁的观点，在死亡时灵魂和身体一起分解，不存在死后生活。但基督徒发现，希腊哲学中有许多东西值得敬佩。苏格拉底和柏拉图相信灵魂是不朽的精神实体，与实在的人格相同一，并且永恒的精神实在比无常的物理世界更重要。亚里士多德颇有帮助地为上帝存在提供了论证，并强调对每个事物都有一个内置的目的。斯多亚主义者认为宇宙充满了秩序、和谐、仁爱和美，并被引向神圣目的的实现。对于他们，调节一个人的生活以适应上帝的意志是好生活的关键。

类似的，圣经传统提供了混合的材料。在消极的方面，使徒保罗的哥林多前书主张世间的智慧在上帝眼中是愚蠢的，而基督的福音对异教徒的世界也似乎是愚蠢的。而且，保罗警告说"要确保没有人给你设陷阱，用二手的、空洞的、理性的、基于这世间而非基督原则的哲学来剥夺你的自由"。[2] 但是，尽管有这些消极观点，圣经传统也提供了很多通向希腊思想的桥梁。当保罗对一群伊壁鸠鲁学派和斯多亚学派的成员说话时，他说他在提供关于他们业已崇拜的同一个上帝的更全面的知识。他甚至走得如此之远，以至引用斯多亚学派作家的观点来支持他的神学。[3] 保罗还说，即使希腊人没有圣经的启示，但他们仍然通过上帝的创造知道了上帝，并让"道德法则铭刻在他们心上"。[4]* 而且，箴言书以一种即使苏格拉底也会赞同的方式歌颂智慧。最后，约翰福音书的前言谈到神圣的逻各斯，因而提供了一个和赫拉克利特与斯多亚主义的概念连接。有了这些混合的材料，基督教传统中的希腊哲学的未来就取决于强调这两个体系之间的差别或相似。对三个基督教思想家的概览——查士丁、克莱门特和德尔图良——将让我们瞥见这些争端是如何处理的。

---

* 托马斯·阿奎那这样的基督教哲学家，后来诉诸于保罗在这个段落中的话来为他们证明上帝存在的努力做辩护。奥古斯丁这样的基督教柏拉图主义者也引用了存在写在人心上的真理这个陈述。

殉道者查士丁

查士丁（Justin）于公元100年左右在撒马利亚出生，其父母都是异教徒。作为一个充满热情的知识分子，他在中东和意大利到处游历，寻找要信奉的真理。他告诉我们，他热情地一一尝试过斯多亚主义、亚里士多德主义和毕达哥拉斯主义，但这些学说都令他失望，不能满足他。最后，他被柏拉图主义吸引，给他造成了一生的影响。与基督教的遭遇使他发现，即使是作为希腊思想精神高峰的柏拉图哲学，也不如基督的福音所提供的东西。基督教的一致性和基督徒面对死亡的勇气给他留下了深刻的印象，因而他成为了一个皈依者和这一新宗教的能言善辩的捍卫者。公元165年，他在罗马与他的同道一起殉道而死。

对于基督教与希腊哲学的和谐，查士丁非常乐观。对于那些警惕哲学的人，他说，最好的哲学是"最伟大的财富，是上帝之前最值得尊敬的，它把我们引向和托付给上帝；那些被赋予了对哲学注意的人是圣洁的人"。[5]对于基督教知识分子的批评，他断言，基督的福音和最好的异教哲学并无竞争，而是指向相同的真理：

> 因而，如果在某些点上我们和你们尊敬的诗人与哲学家教导相同的东西，而在其他点上我们的教导更全面和神圣，并且如果只有我们为我们断言的东西提供了证明，为什么我们比所有其他人更受到不公的憎恨？[6]

查士丁举例阐明他的主张：柏拉图和《圣经》都同意，我们的灵魂与上帝有特殊的亲和性，我们都在道德上对我们的行为负责，有一段世界生成的时间。而且，查士丁主张，柏拉图《理想国》中的善和《圣经》中的上帝显然是相同的。根据从历史上说属于伪造的信息，查士丁假定，苏格拉底和柏拉图有如此多真理是因为他们熟悉摩西五书（旧约的前五卷）。但除此而外，约翰福音书告诉我们，逻各斯（基督）给予所有人类光明。查士丁说，这就是为什么希腊人和非希腊人都能够在《圣经》之外发现上帝真理的片段，因为他们都拥有神圣理性的"种子"（"生殖的逻各斯"）。相应的，查士丁说，苏格拉底和柏拉图以及亚伯拉罕，是"基督之前的基督徒"，因为他们遵循他们心中的神圣理性。在这个方面，希腊哲学与旧约都是准备阶段，在基督教中达到了它们的顶点。有教养的人不需要在基督教和他们的理智遗产之间做出选择，因为所有的真理都是由上帝揭示的，不论是出自先知之口还是由神圣的逻各斯植入到异教哲学家身上。

亚历山大城的克莱门特

公元150年左右，克莱门特（Clement）由异教徒父母所生，通过他的老师、皈依的斯多亚学派人士潘代诺的影响而成为基督徒。在对待希腊哲学方面，克莱门特具有胸怀宽广的泛基督教精神。他熟悉哲学史的古代文本，并对它们旁征博引来支持他的观点。在他的著作《杂文集》中，他为基督徒尊重希腊思想的宝库做了一个热情洋溢的论证。他引用旧约中诗篇29:3中的内容，"主在许多水上"，克莱门特猜测说，这包括希腊哲学之水，而不仅仅是那些圣经传统的水。[7]在论证这一点时，他说所有真理都是同一的，所有智慧都来自主。如果我们在柏拉图那里发现智慧的话语，那么这和先知的话语一样来自上帝。因此，上帝的永恒真理的片段早已进入了异教的哲学。[8]克莱门特在非常多的言论中说，基督徒去另起炉灶是愚蠢的。如果柏拉图已经很好地论证了灵魂不朽，那么我们就可以利用他的工作而不必重费力气。克莱门特把哲学看作神意的礼物，并把旧约的律法和哲学相提并论。前者是给予犹太人的，后者是给予希腊人的，上帝用这两个智慧之源让人为接受耶稣的福音做好心灵的准备。[9]

克莱门特说，哲学甚至是理解《圣经》的有用工具。[10]哲学教给我们逻辑的技巧，清晰定义的价值，对语言的分析和表述证明的能力，这些都将把我们引向真理。为了降低保罗对"空洞、理性的哲学"的警告的冲击，克莱门特强调保罗的限定，他指的是"基于世间的原则而不是基督的原则"的哲学。克莱门特下结论说，保罗并没有把所有的哲学都标记为与基督教背道而驰，而只是那些像伊壁鸠鲁主义一样取消天意与神圣快乐的学派。[11]

尽管他主张希腊哲学是一种神圣的启示，克莱门特还是做了某些关于它的消极评论。像许多早期基督教作家一样，他相信希腊人从希伯来人那里偷窃了许多伦理和神学思想。[12]而且，他总是坚持希腊哲学给我们的只是片段和部分真理，而基督教启示给我们的是更全面的图景。最后，过多注意哲学会让我们陷入无关的争吵：

但是，那些把他们的心灵交给没有必要和多余的哲学观点的人，和单一地沉溺于诡辩中的人，抛弃了必要的和最本质的东西，只是在追求言辞的幻影。[13]

然而，为其自身的缘故而追求的哲学对于基督徒来说可以是愉悦和有益的，但只是在我们把它看作主餐之后的甜点时。[14]尽管有这些消极评论，他的立场中有持久影响的那一部分可以用他的这些话来概括：

因而，哲学不是邪恶的产物，因为它使人有德性；这意味着，它是上帝的作品，唯有上帝的作品才有益。而一切上帝给予的东西，被给予和被接受都是好事。[15]

德尔图良

并非所有人都乐观地认为从哲学上渗入基督教信仰是可能的和值得追求的。这一消极立场最著名的例子是一个名为德尔图良（Tertullian）的作家。他出生于公元160年，父母是北非迦太基城的异教徒。作为罗马一名成功的出庭律师，在他生涯的中途，当受到为信仰而赴死的基督徒勇气的感召，他在193年成了一名皈依的基督徒。德尔图良充满热情的性格和好辩的律师风格，在他所有作品中都有表现。一位近期的历史学家把德尔图良描述为：

才华出众、令人恼怒、尖酸刻薄，又缺乏宽容，然而精力非常旺盛，论证锐利尖刻，喜欢逻辑花招，热衷提倡能让对手出丑的聪明的诡辩，但是他是一个写作行云流水般精彩散文的能手。[16]

查士丁和克莱门特喜欢他们在希腊人那里发现的真理，而德尔图良则只是勉强承认某些时候哲学家发现真理。例如，他指出，在逻各斯、神圣言辞与理性、创造宇宙上，哲学家与基督徒一致。[17]然而，尽管哲学家因他们对自身理性的自豪而日益浮夸，其实他们的真理不是精神的洞见，而是偶然的运气，就像一个水手碰巧在风暴中找到了出路：

当然，我们不否认有时哲学家想的和我们一样……有时在风暴中也会发生，当海天的边界已经模糊不清，某个港口由于幸运的机缘被（辛劳的船只）偶然发现；有些时候在黑夜的暗影中，一个人全凭运气，发现了某个地点的入口或者出口。[18]

尽管认识到哲学家有时也获得真理，但德尔图良几乎不利用哲学。基督告诉我们，"寻找就会寻见"。然而，这并不是鼓励那种作为哲学特征的寻找，而是告诉我们，当我们找到真理（基督的福音），"没有任何其他东西需要相信，因而没有其他东西需要寻找"。[19] 哲学产生异端使他烦恼，他把他们全都归入最坏的一伙："这已经成了一个评论的主题，那些异端者和魔术师、江湖骗子（庸医）、占星家、哲学家交往有多么频繁；原因是他们都是热衷于稀奇古怪的问题的人。"[20] 德尔图良把使徒保罗与雅典哲学家的相会描述为遇到"自卖自夸者"。[21] 他还奚落苏格拉底这个受人尊敬的人物和这个哲学家临终时的著名场景，并感到破坏偶像的乐趣。[22]

最后，德尔图良对查士丁和克莱门特呼吁的方案的著名否定是如下段落：

雅典和耶路撒冷有什么关系？异教徒和基督徒之间有什么一致？……让一切制造基督教与斯多亚学派、柏拉图学派和辩证法的驳杂复合物的努力滚开！有了耶稣基督之后，我们不再需要好奇的争论，欣赏福音之后就不再需要探究！有了我们的信仰，我们不想要其他信念。因为这是我们（获胜的）信仰，除此之外，我们不应当相信别的任何东西。[23]

换言之，正如雅典（哲学的理智中心）和耶路撒冷（基督教的精神家园）地理上相隔数百千米，异教哲学和基督教福音之间也在精神上相隔万里，无法相聚。

在他 220 年最后的文字著作日期之后，德尔图良就不知所踪。然而，他站在宗教一方，对调和信仰与哲学的计划进行了最为有力的否决，在历史上占有一席之地。抱着善意，我们可以理解他担心异质的哲学意识形态搅浑基督教神学之水。然而，他筑起堤坝隔离哲学与圣经传统的企图失败了。对于查士丁和克莱门特这样的作家为希腊哲学对基督教思想的重要性所做的论证，我们不能低估其价值。如果中世纪的人们没有看到保存希腊哲学传统的价值，西方基督教史和思想史会是另一个样子。*

> **想一想**
>
> **7.1** 当希腊哲学传统与犹太教－基督教传统不期而遇，信仰与理性之间关系的问题就产生了。你认为谁对这个问题的洞见最好：殉道者查士丁、亚历山大城的克莱门特还是德尔图良？

挑战异教徒与厘清正统

早期教会面临的哲学争端之一是，如何用清晰的、希腊心灵可以接受的方式来表达相当诗化的希伯来传统神学。希腊传统喜欢明确的逻辑区分，迫使基督教思想家给他们的概念更严格精致的定义。对于早期的信徒，说上帝寓身于基督来引导世界，而耶稣充满了上帝之灵就足够了。但是，出现了这样的问题，即前面这个句子到底说了什么，没有说什么。文化呈现为宗教哲学的谱系，每一个都争相在教会内发挥影响，这种局面于事无补。正统（字面意思就是"正确的信念"）必须从危险的和错误的观点中分离出来。异端（*heresy*）这个

---

*哲学范畴在何种程度上带来了对基督教神学的扭曲，今天仍然存在争议。

希腊词原来的意思是"选择"或"观点"。然而它现在变成表示"错误的观点"。四个主要立场被谴责为异端：诺斯替教派（Gnosticism）、摩尼教派（Manichaeism）、阿里乌斯教派（Arianism）和佩拉纠教派（Pelagianism）。

诺斯替教派

诺斯替教派由公元2世纪的若干教派构成。他们发展了一种对新宗教的解释，在其中，他们用知识（*gnosis*）来代替信仰。诺斯替教派认为，自己高于大众（包括一般基督徒），因为他们拥有只揭示给他们的深奥而隐秘的知识。诺斯替教派是巴比伦天文学、埃及膜拜团体、波斯宗教、希腊神秘膜拜团体、新毕达哥拉斯主义、新柏拉图主义和斯多亚主义的奇异混合，掺杂了犹太教和基督教教义。实际上，诺斯替教派早在基督教诞生之前就存在了，但我们这里只对它和基督教思想的混合感兴趣。

诺斯替教派教授一种伪基督教神话，他们说，多元的神祇、天使、大天使和其他神灵是从唯一至高的上帝那里发散下降而来。他们用一种精神与质料之间的极端二元论来看待实在。他们认为，旧约的上帝是一个邪恶的上帝，他成为了光明的上帝的竞争者。这一黑暗力量称为"德穆革"并被认为创造了等同于质料世界的邪恶黑暗王国。德穆革创造了人类种族，企图用身体这个物理监狱来囚禁善的部分，即神圣的精神。

基督是最高的神灵之一，他通过进入人类的身体（有人说他只是采取物理的外表）挫败了德穆革的图谋。只有理解秘密教义的精神精英能逃脱物质世界对他们的束缚回到光明王国。因为物理世界被认为是邪恶的，所以大多数诺斯替主义者鼓吹苦行（一种否定物理世界中所有事物价值的生活方式）。然而，有几个教派却是由奢侈挥霍的浪子组成。他们相信精神和身体完全分离，因而身体发生的任何事（例如性滥交）都不能影响精神。有人甚至相信满足身体欲望会摧毁灵魂所寄寓的人，从而灵魂会战胜德穆革的计谋。

摩尼教派

摩尼教派由公元3世纪名为摩尼的伊朗先知创立。它可以看作诺斯替教派的一个支流，因为这两个体系有很多共同之处。主要的不同是诺斯替教派相信邪恶的产生源自至高神祇的一个散发物，而摩尼教徒相信光明之神和黑暗之神一直都作为竞争者而存在。因此，他们教授极端的形而上学二元论，其中，两个平等而对立的力量不断争夺统治地位。他们教导的吸引力在于，他们不需要解释在一个全能至善的上帝统治的宇宙中恶如何起源。像诺斯替主义者一样，他们相信质料是邪恶的，是黑暗力量为了囚禁人类灵魂而创造。因此，要获得拯救就要通过苦行的方式拒绝肉食、酒、婚姻和财产来舍弃物理世界的牵绊。摩尼教派寻求综合所有的宗教，主张佛陀是上帝在印度的现身，琐罗亚斯德是波斯的先知，耶稣是西方的神圣先知，而摩尼是现时代的先知。显然，基督徒反对这种对基督教独特性的否定。奥古斯丁在成为基督徒之前当了13年的摩尼教徒，后来成了摩尼教派最有力的批评者。

总之，诺斯替教派和摩尼教派这两种伪基督教运动之所以有重要意义有几个原因。第一，它们展示了当时显赫的哲学学派和神秘宗教混乱的杂合。它们全都鼓吹某种个人拯救。通过综合来自当时所有宗教和哲学运动的元素，使这两个宗教变得非常有吸引力。第二，他们推进了精神-肉体二元论，最终造成了对物理世界的蔑视。虽然诺斯替教派和摩尼教派是公然的异端，但它们的某些二元论观点潜入了早期基督教神学家的著述中。尽管基督徒教导说，上帝创造了物理世界，宣告它是善的，并且基督以肉身降世，但一种非常强的二元论和禁欲主义因素还是持续贯穿了整个中世纪。

第三，这些伪基督教哲学家曲解基督教教义的方式导致某些神学家怀疑所有哲学，这些异端激活了基督教的反智主义派。最后，由这些异端导致的混乱向基督教知识分子表明，需要追求基督教神学的概念清晰。

想一想

7.2 想象你是一位中世纪的（a）基督徒，或者（b）穆斯林，或者（c）犹太教徒，正在考虑如何对待希腊哲学。在哪方面柏拉图哲学对上述某一信仰的教义有帮助或提供了支持？它如何与你正在考虑的宗教观点相冲突？对于亚里士多德哲学，问同样的问题。如果你是一位中世纪宗教思想家，你认为哪一种希腊哲学最具洞见？

上帝的本性与阿里乌斯教派

公元4世纪，教会内部的一场危机迫使基督教神学家进一步澄清他们的教义。基督徒主张，只存在唯一的上帝，同时他们谈论三个平等的位格（圣父、圣子和圣灵）。圣子就是拿撒勒的耶稣。圣子也称为逻各斯，用的是既见于新约也见于新柏拉图主义的术语，导致了后来关于上帝与逻各斯关系的所有复杂考虑。最初，由三位一体神学提出的问题被理解为如何可能仅有一位上帝同时又有三个位格。

为解开这个谜涌现出几种极端的回答。一方面，有人说，这只不过是一个神有三种表现，很像"玛莎·华盛顿的丈夫"和"美国第一任总统"都指称乔治·华盛顿。这破坏了耶稣与圣父之间的区分，并且似乎意味着上帝圣父死于十字架。另一种回答是三个位格与同一实体相联系，类似三个人都分有人性的本质。然而，这暗含着某种多神论，与只存在唯一的上帝的圣经传统相矛盾。有人通过从根本上否认耶稣是神来解决这一冲突。而另一些人否认他是人。在将三个位格和一个上帝联系起来的尝试中，每种逻辑可能都被提倡过。

这个争议发展到顶点形成了两个对立的集团。后来成为亚历山大主教的阿塔那修斯领导了其中一个教派，断言上帝把自己表现为共享相同神圣实体的三个位格。因而圣子和圣父有相同的实体。他的对立面阿里乌斯，一个受过良好教育的亚历山大教士，从字面上理解这个亲子隐喻，主张圣子是由圣父创造，二者不相同。面对国内的混乱，基督教皇帝君士坦丁于325年在尼西亚召集主教大会，试图通过一劳永逸地解决这个问题来平息争议。这两个发言人提交了他们的论据，但阿塔那修斯领导的教派占多数，并且他在地位上占上风，因而成为官方正统，而阿里乌斯受到正式谴责并被宣布为异端。这些事件造就了著名尼西亚信经（一个在今天的许多教堂中仍被人们作为基督教信仰的官方陈述来背诵的版本）。

然而，这并没有让事情完结。这个争议喧嚣了几个世纪，因为不同神学派系的皇帝有的支持这一方，有的支持那一方。激进的阿里乌斯派主张圣子的本质不同于（在希腊语里是"*anomoios*"）圣父，而尼西亚表述则坚持二者是相同的是者（"*homoousios*"）。

最后，尼西亚信经的支持者和他们较为温和的对手发现，他们可以妥协，就圣子和圣父有"相似的实体（homoiousios）"达成一致。这一争端好像很深奥，因为不同立场之间的差别非常微妙，他们的术语差别只是几个字母的问题。然而，这些思想家觉得，信仰的纯洁性，神圣的真理，甚至一个人的得救都与这个争端利害攸关。论证失败的时候，就会让位于暴动和流血。更多的争端出现在基督如何可能既是人又是神以及这两种本性如何结合在一个个体中这个类似的问题上。关于阿里乌斯教派的冲突持续超过了50年，它用了几次教会会议来一劳永逸地解决这个争端。即使官方立场得到了澄清，正统观点也不得不小心翼翼以免坠入这个或那个异端之中。

这些争端的哲学意义是，它们显示了希腊哲学对基督教思想的冲击。尼西亚信经回答阿里乌斯争议的陈述是，基督"受生而非被造，与圣父实体相同"。注意，"实体"这个哲学范畴出现在这个表述中。新约中从没有以这种方式用这个术语指基督和圣父共有的东西。现在，它是在希腊形而上学所熟悉的那种专门意义上使用的。以这种方式，希腊哲学的区分在定义神学问题和调解对立立场上扮演了重要角色。相似地，关于殊相如何"分有"共相的柏拉图式关切，潜伏在关于耶稣是否以及如何分有圣父的神性的争论背后。这一希腊哲学背景迫使基督教神学家以特殊方式面对这些争端。如果基督教在另一个文化背景中发展，对这些争端是否会被处理，如何处理，我们只能猜测。

自由意志与罪的问题：佩拉纠教派

下一个主要争议是由叫佩拉纠的不列颠僧侣激起的，他在公元5世纪早期住在罗马。他关心原罪的学说。根据这一教义，当亚当（第一个男人）不服从上帝，导致罪进入人类种族。结果，从此以后所有人都继承了有罪的本性，是罪的奴隶。据说，因为这个原因，基督不得不降临，把我们从无助和罪的束缚中解救出来。然而，上帝是至上权威并且只施与恩典或帮助那些他愿意施与的人。其余的人依旧是他们自己堕落本性的牺牲品（或许是心甘情愿的）。然而，佩拉纠认为，这一教义导致对道德漠不关心。如果我没有任何过错，但我生来就有一种有罪的本性并且不能抵制犯罪，那么我为什么应该努力避免无法避免的事？对于佩拉纠来说，这种思考抽掉了一切道德责任概念的基础，使得努力向善似乎毫无用处。相反，他真诚地相信，正确的基督教立场是肯定人的道德自由。他坚持我们没有外部帮助就能抵制罪和做出正确的道德选择。有罪似乎是人类的常态，这是因为亚当用坏的榜样降祸给他的种族，这种榜样又代代相传。那么，上帝如何在佩拉纠的图景中找到适当的位置？回答是，上帝派遣耶稣过一种有完美之爱的生活。他的教导和示范帮助我们决定要向善。然而，有或者没有他在我们生活中的作用，我们自由的能力依然如故。奥古斯丁把佩拉纠作为他的一个靶子，这一争论帮助塑造了奥古斯丁神学的很大一部分，并且由之塑造了接下来若干世纪的大部分神学。教会最终谴责佩拉纠是异端，因为他高估了人的道德自律并倾向于使神圣的恩典和用于赎罪的基督之死变得多余。虽然佩拉纠教派被官方抛弃，但宗教哲学家仍然致力于上帝的至高性与人类自由的调和问题。而且，如何平衡人类行为的决定因素与道德责任的问题同样继续苦恼着宗教的和世俗的哲学家。

未来的议程：基督教的哲学综合

正如我们已看到的，最初几个世纪里，大多数可以称为基督教哲学的内容都有一个消极议程。基督教思想家努力捍卫他们的信仰不受哲学的攻击，并努力清理神学异端的混乱。当基督教思想开始渗入文化，变得更加安全，设计出基督教哲学世界观这一更积极的任务就成了基督教思想发展的下一个阶段。所需要的是在基督教真理照耀下看到的关于世界和人类生活的完备观点。除了解决认识论、形而上学和伦理学中的核心哲学问题，基督教思想家在接下来的若干世纪里还发展了关于物理自然、国家、法律、历史、艺术和心理学的哲学观点。

由于其希伯来根源，基督教原来并没有任何会被希腊人或罗马人承认的清楚地表达出的哲学。因此，对于基督教思想家来说，借助异教徒的哲学工具和武器就变成必然。（奥古斯丁把这和以色列人在离开埃及前往应许之地时盗取埃及人的物资相比较。）基督徒自然地转向希腊哲学中最属灵的心灵来寻找他们的资源。因而，中世纪的基督教思想家首先吸收柏拉图主义和新柏拉图主义，加上从斯多亚学派借来的元素，为他们的思想奠基。然而，中世纪时代后期，亚里士多德主义作为基督教思想的另一个资源浮现出来。涉及从奥古斯丁到阿奎那的章节将考察这些在基督教背景下完成希腊哲学议程的努力。

当代联系 7：基督教思想的发展

激发了基督教早期争议的某些问题今天继续被争论着。例如，信仰与理性的关系是一个贯穿哲学史的争端，并且在当代哲学中仍然是一个讨论的主题。而且，有关人类自由意志本性的佩拉纠主义之争，仍然是神学圈子里的热门话题。然而，我们是否具有自由意志的问题在科学圈子里也正在被争论，这里对自由意志提出的问题不是上帝的至上权威，而是心理学和神经科学的发现。最后，诺斯替教派的古代宗教哲学仍然有它的信众。如果有兴趣看看它的当代版本，在你的浏览器里键入"诺斯替教派"。要看更有趣的内容，可以在你的搜索引擎里同时键入"诺斯替教派"和"黑客帝国"，在这个著名的电影系列里了解诺斯替的主题。

理解题

1. 希腊思想在哪些方面不同于基督教思想？
2. 延迟了在早期基督徒中产生哲学思想的四个因素是什么？
3. 为什么许多 1 世纪和 2 世纪的基督教思想家发现哲学是无法避免的？
4. 信仰与理性的问题是什么？这一问题是如何在基督教思想中产生的？
5. 为什么殉道者查士丁相信基督教和希腊哲学之间存在着和谐？
6. 亚历山大城的克莱门特关于信仰与理性之间关系的观点是什么？
7. 为什么德尔图良对哲学有如此负面的观点？
8. 为什么以下运动被谴责为异端？诺斯替教

派、摩门教派、阿里乌斯教派和佩拉纠教派。

思考题

1. 用殉道者查士丁和亚历山大城的克莱门特作为你的模板,想象一下你如何向某人解释为什么一个有宗教信仰的人应该学习哲学。
2. 想象一下德尔图良关于哲学的观点盛行于西方基督教界。那会有什么后果?

注释

1. 《马可福音》13:24—30,《帖撒罗尼迦前书》4:16—17。
2. 《歌罗西书》2:8(耶路撒冷圣经)。
3. 《使徒行传》17:28。
4. 《罗马书》1:19—20,2:14—15。
5. 殉道者查士丁,《与特里弗的对话》(Dislogue with Trypho)第二章,载于《前尼西亚教父》(Ante-Nicene Fathers),第一卷,亚历山大·罗伯茨(Alexander Roberts)和詹姆斯·唐纳森(James Donaldson)编(编辑重印,Grand Rapids, MI: Eerdmans, 1956),第195页。
6. 殉道者查士丁,《申辩 I》(Apology I),载于《前尼西亚教父》,第一卷,亚历山大·罗伯茨和詹姆斯·唐纳森编,第169页。
7. 亚历山大城的克莱门特,《杂文集》(The Stromata),第6卷,第8章,载于《前尼西亚教父》,第二卷,亚历山大·罗伯茨与詹姆斯·唐纳森编(编辑重印,Grand Rapids, MI: Eerdmans, 1962),第495页。以下提到这一文献时只列出这一版的卷号与章号,接着是页码。
8. 同上,1:13,313。
9. 同上,1:5,305。
10. 同上,1:9,309—310。
11. 同上,1:11,311。
12. 同上,2:18,365;5:14,465。
13. 同上,6:18,518。
14. 同上。
15. 同上,6:17,517。
16. 亨利·查德威克(Henry Chadwick),《早期教会》(The Early Church, Harmondsworth, England: Penguin, 1967),第91页。
17. 德尔图良,《申辩篇》(The Apology),第21章,载于《前尼西亚教父》,第三卷,亚历山大·罗伯茨和詹姆斯·唐纳森编,第34页。后面提及德尔图良的著作时列出引用原始著作的章节和这一版本的页码。
18. 德尔图良,《论灵魂》(A Treatise on the Soul),第2章,第182页。
19. 德尔图良,《论反异教的信条》(On Prescription Against Heretics),第9章,第247—248页。
20. 同上,第43章,第264页。
21. 德尔图良,《论灵魂》,第3章,第183页。
22. 同上,第1章,第181—182页。
23. 德尔图良,《论反异教的信条》,第7章,第246页。

第 8 章

圣奥古斯丁：服务信仰的哲学

奥勒留·奥古斯丁（Aurelius Augustine）是基督教教会历史上最有影响的作家之一。他站在从希腊化时期过渡到中世纪这样一个历史的大十字路口上。理解他的思想对理解中世纪是必不可少的，因为他影响中世纪思想达一千年。他是一个多产的作家，写出了关于各种神学主题的118篇论文。然而，他的重要不仅因为他对神学和哲学有重大影响，而且因为他的两部著作已经使他成为文学史上的重要人物。许多人把他的《忏悔录》看作一切时代最伟大的精神自传。在一个大多数著作都是评注性的、客观的和冷冰冰的论文的时代，奥古斯丁的个人声音非常突出。他的《上帝之城》作为第一部历史哲学著作而被瞩目。他的风格也同样是创新的，因为他不仅提供了对历史事件的描述，而且利用它们讲述故事。然而，奥古斯丁之后，人们对历史问题很少关注，这种现象一直持续到18世纪。18世纪，法国启蒙知识分子用历史叙事来支持他们对世俗进程的信仰。詹巴蒂斯塔·维科（Giambattista Vico，1668—1744），一位意大利哲学家、社会理论家和虔诚的天主教徒，他从一个更加有神论的观点出发，使历史成为了他的哲学的核心主题。19世纪，在黑格尔、孔德、马克思和尼采等的著作中，历史哲学占据了中心舞台。

奥古斯丁生平：从热情的寻欢作乐到热情的信仰

奥古斯丁于公元354年生于北非。他的父亲伯特撒乌斯不是基督徒（虽然他临终前成为了基督徒）。然而，孟尼迦，奥古斯丁的母亲，是一个虔诚的基督徒，后来被封为圣徒。他是一个聪明的学生，并且在古典拉丁著作的学习方面表现优秀。370年，他的父母送他去迦太基学习修辞学，以为他寻求更好的教育。在那个时代，迦太基是北非最著名的城市，对一个16岁的青年来说是无法抗拒的。它不仅是政府的中心，而且它还提供所有常常与港口城市相联系的消遣、娱乐和邪恶。在那里，他和一个情妇同居了10年，并和她生育了一个私生子。

因为一直寻求精神和智识的满足，奥古斯丁受到摩门教派宗教膜拜的影响。他们对真理的理性表达令他印象深刻，因为对于如果存在善的上帝，世界上为什么有恶这一问题，他们似乎有唯一合理的回答。如我们在前一章看到的，摩门教派相信世界

第 8 章 圣奥古斯丁：服务信仰的哲学　157

研究中的圣奥古斯丁。根据柏拉图的观点，奥古斯丁相信，可以通过向内搜寻发现永恒真理。然而，奥古斯丁补充说，理性不是一个中性的工具，而是受到我们的心胸、我们的情欲和我们的精神开放性导向的影响。

中有两种竞争的力量，一种是善，一种是恶。既然这些对立的力量永无休止地争夺最高权力，这就解释了为什么我们发现世界上既有善又有恶。人类是这种斗争的最佳例子。我们的灵魂是我们分有善与光明力量的那个部分。它们与我们的肉体战斗，肉体是恶与黑暗力量的产物。除了这种观点智识上的吸引力，它还给奥古斯丁这样一种安慰，即他的真实自我，他的灵魂，本质上是善的，而他的情欲和感官欲求可以归咎于外部原因。然而，这些精神上的斗争并没有冲淡他的世俗野心。他追求教授修辞学和文学的成功事业，甚至因他的诗歌而获奖。9年

之后，他对摩尼教派思想的幻想破灭了。教授摩尼教派学说的资深教师浮士德访问迦太基。奥古斯丁向他寻求自己问题的答案，结果沮丧地发现，他只是个华而不实、头脑简单的人。

最终，奥古斯丁去了罗马，以推进他的事业，寻找更好的学生。在此期间，他采用怀疑论作为自己的哲学观点。他最终于 384 年在米兰当了修辞学教授。米兰主教圣安布罗斯应奥古斯丁母亲的要求，对他很友好。虽然主教的基督教让他印象深刻，但奥古斯丁的情欲如此强烈因而他不能让自己改变生活作风。他与他情欲的不断斗争生动地表现在他对上帝最诚实的祈祷中："请赐予我纯洁和节制，但不是马上。"（C 8.7.17）[1] 在放弃了对道德纯洁的一切伪装后，他又找了一个情妇。

他开始热切地阅读新柏拉图主义，包括普罗提诺。他们的教导启发他向内转向，探索精神实在。他说，柏拉图主义者让他仿佛从山顶瞥见了安宁的家园，但使徒保罗的著述才为他指出去那里的路（C 7.21.27）。当他听说伟大的教师维克托里努皈依时被打动了，维克托里努是新柏拉图主义和亚里士多德逻辑的著名翻译者，他得到了在罗马广场为他塑像的荣誉。奥古斯丁非常吃惊，一个有如此高学术荣誉的人会有勇气公开承认他的基督教信仰。

386 年夏天，奥古斯丁长期的内心骚动终于让他自己皈依的时刻来临。他漫步出门走进一座花园，在一种不安的状态下徘徊。在他心中，一个声音说，"就是现在"（C 8.11.25）。然而，他还听到他贪婪的情欲说："你不要我们了吗？"他还被这样的问题嘲弄："你认为没有它们你活得下去吗？"（C 8.11.26）在一种呜咽流涕的痛苦状态下，奥古斯丁读了圣保

罗的一段话，当他屈身于上帝时，一种安详果断的感觉充溢于心。接着，他在387年的复活节接受了圣安布罗斯的洗礼。决定把全部精力献给教会工作之后，他放弃了修辞学教师的职业，回到他非洲的家乡，那个地方现在被称为突尼斯。396年，他被选为希波主教。430年，当蛮族人占领了罗马帝国，涌到希波城下时，奥古斯丁去世。

奥古斯丁的任务：理解人类的困境

随着他的思想在回应他一生所面对的不同哲学和神学争端中发展，奥古斯丁的著述内容也慢慢在进展。他早期的著作顶点是他自传性的《忏悔录》（400年左右完成）。在此期间，奥古斯丁倾向于对理性能力抱相当乐观的态度，并且主要专注于能由自然理性单独处理的问题。他早期的著作内容包括驳斥摩尼教派和他年轻时所持的怀疑论。他的后期著述，包括《上帝之城》（426年完成）更多地以《圣经》为基础，并且更强烈地坚持理性服从信仰。它们外显的神学内容既反映了奥古斯丁兴趣的发展，也反映了佩拉纠教派这样的基督教异端造成的威胁。

奥古斯丁哲学在每一个方面都深刻地汲取了柏拉图和新柏拉图哲学。他清楚地意识到这一点，因为他说到"没有其他哲学家比柏拉图主义者更接近我们"（CG 8.5）。* 既然他们"非法地拥有了"上帝的真理，我们就不应该从他们的思想那里退缩，而可以正当地为我们自己申索它们（CD 2.40.60）。在

---

* 奥古斯丁后来后悔曾对柏拉图主义者如此不加批判。虽然仍然保留了他们的许多洞见，但他发现有必要修正他们的立场。

他利用异教哲学资源的同时，很少有思想家像奥古斯丁那样是一个热诚的基督徒。"上帝和灵魂，那是我想要知道的东西。别无其他了吗？别无任何东西。"（SL 1.7）奥古斯丁从来没有处理过任何一个纯粹的理智问题。所有哲学观念要么是灵魂朝向上帝和永恒生活之旅的障碍，要么是其交通工具。因为这个原因，奥古斯丁没有写作严格、系统的论文，而是使用在他早期生涯中为他赢得名声的修辞学风格。他的哲学能量要么用在打击信仰的敌人，要么用在修筑引领他的读者走向上帝的道路。奥古斯丁的哲学强调（特别是他的后期著作），离开了宗教的视角，我们世界的任何一个方面都无法被理解。他拒绝做出若干世纪之后对托马斯·阿奎那来说非常重要的区分：自然理性相对于超自然启示，哲学相对于神学，被理解为自然存在物的人相对于作为精神存在物的人。相反，奥古斯丁坚持知识、哲学、世界和人性都总要根据它们的宗教意义来理解。在某些他关心的理智问题上，当《圣经》未置一词时，奥古斯丁满足于采用柏拉图在《美诺篇》《蒂迈欧篇》中和普罗提诺在《九章集》中的回答。然而，这些场合是很罕见的，因为他认为《圣经》在我们道德和理智关切两方面都给出了最终观点。就绝大部分问题而言，世俗哲学家对此只能增加一点装饰。

有两个中心问题存在于奥古斯丁哲学的核心。它们是（1）意志的首要性与（2）人和神的行为都受爱的推动。意志首要性的学说有两个维度，因为它既适用于他关于上帝的观点，也适用于人的观点。第一，就上帝而言，宇宙中的一切事物都是他自由的、至高无上的意志的结果。第二，就我们而言，人类要解释的一切事情都要以意志为基础。因此，不同于希腊人，奥古斯丁不相信理性是首要的。

根据他的观点，理智除了跟随意志，别无其他可能。但什么决定意志？奥古斯丁的回答是没有任何东西；意志是完全自由的。在这点上，爱的命题和第一个命题结合起来。意志向着它选择去爱的东西运动。就像物理对象被它朝向地心的重力所牵引，我们所有人都被我们心中朝向我们生活中心的感情所牵引。正如奥古斯丁所说，"我的重力是我的爱。不论我在哪里被推动，我的爱都在推动我"（C 8.9）。

根据奥古斯丁的观点，我们面对的问题是，自从第一个男人亚当和第一个女人夏娃违逆了上帝，人类种族就向下坠入了罪的螺旋。对于这一原罪，我们所有人都继承了并在我们自己的生活中再现它，其结果是人类生活的所有领域都被罪所感染和败坏。我们的意志偏离了上帝，我们爱的重力被沿着错误的方向牵引。我们偏向于自爱并且爱腐败和易逝的世界，两者都妨碍我们发现真正的满足。奥古斯丁力图让我们确信，这一人类困境影响的不仅是我们的伦理生活，而且影响我们对知识的探求和人类历史的整个过程。事实上，因为人类道德困境渗透了奥古斯丁的全部思想，我将不会以专门的一节来阐述他的伦理学。上述观点导致了奥古斯丁哲学中的一个主要张力，就是如何将上帝的全能和我们有罪本性的现象，与他关于人有自由意志的主张相调和。

> **想一想**
>
> 8.1 思考奥古斯丁关于意志、激情和理智之间关系的观点。你能要自己相信某件事吗？那是什么意思？既然奥古斯丁相信我们的所爱决定了我们如何推理，理性能指导我们的爱吗？

知识论：真理是内在的

虽然奥古斯丁对真理的本性谈得很多，但他从来没有把它当作目的自身来对此产生兴趣。他也没有为了控制物理世界的缘故而对知识感兴趣。对于奥古斯丁，认识论为实践和宗教的目的服务。它铲除扰乱灵魂朝向上帝之旅的关于知识的错误观点，并且它指导我们搜寻真理。拥有真理不仅是幸福生活的关键因素，而且对真理的清晰洞察也使我们更接近一切真理的"作者"。

对确定性的探索

为了这些目标，奥古斯丁关心对确定性的探索。对于他来说，除了确定、永恒和绝对的真理，没有东西能为人的生活提供基础。在他的一本早期著作《反学园派中》，他针对新柏拉图学园派怀疑论者*发表了看法。他们主张两个论点：（1）不能知道任何事情，（2）不应该赞同任何事情（AA 3.10.22）。很多怀疑论者相信，人们在追求真理中发现智慧和幸福，而不是在实际获得真理中。然而，根据奥古斯丁的观点，某些不知道真理的人不可能是智慧的，某些从来没有获得他们努力去拥有的东西的人也不可能是幸福的。因此，要拥有智慧和幸福，我们必须找到走出怀疑论之路。

为了击败总体怀疑论，奥古斯丁只需要发现某个命题 P，并且我们能确定 P 是真的。作为一个事

---
* 这是柏拉图学园被卡涅阿德斯（约公元前 213—128 年）支配的时期。奥古斯丁很可能主要通过西塞罗的著作熟悉了怀疑论者。

实问题，他发现了许多我们知道为真的命题。首先，他指出，即使是怀疑论者也做出了对真理的宣称。怀疑论者宣称，他知道自己的立场是真的，并且它是逻辑地从真前提中得出的（AA 3.9.18）。这里是奥古斯丁如何论证怀疑主义是自我反驳的：

（1）怀疑论者宣称我们不知道任何事情是真的。

（2）要否定我们能知道真理要求一个对真理的定义。（卡涅阿德斯使用从斯多亚的芝诺那里借来的定义。）

（3）这个定义要么真要么假。

（4）如果这个定义是真的，那么，怀疑论者知道某些真理。（怀疑论者反驳了他们自己的主张。）

（5）如果这个定义是假的，那么它对捍卫怀疑主义没有用。（怀疑论者的主张没有意义，因为他们没有关于真理的定义。）

接下来，奥古斯丁指出，人们知道某些逻辑命题为真，诸如"要么 P，要么非 P"和"P 和非 P 都为真是假的"。没有这些逻辑原则，我们不能推理，甚至不能表述像怀疑主义这样的命题。例如，我们知道以下主张必定为真："怀疑论者的定义要么是真的，要么是假的"（AA 3.10.21）。奥古斯丁继续攻击我们不能有知识这一怀疑论主张，他提出像"3×3=9"这样的数学真理是我们能确定地知道的真理。

在他反驳的下一个部分，奥古斯丁讨论了怀疑论者的感觉经验不可靠的主张。他的回应是，只要我们不超出呈现给我们的材料，从它们得出没有保证的结论，感觉报告给我们的东西就总是真的。例如，我看到桨在水中似乎是弯的，这不是幻觉而是不折不扣的真理。桨显得是弯的。奥古斯丁在这里提出了一个重要观点，在得出关于在我们面前真有什么东西的结论之前，我们的理性需要对感觉材料做出解释（AA 3.11.26）。

从他对感觉的分析，奥古斯丁继续讨论另一种确信。对我们自己心灵的内容，作为在自我意识、内在经验中的呈现，我们可以确定。这包括我们拥有的经验，我们的心理和认知过程和我们的感情。甚至我们的怀疑也创造确定性。在笛卡尔提出那个更加著名的论证 1200 年前，奥古斯丁在另一本著作的一个段落中论证说，他自己的怀疑导致关于他自己存在的确定性：

因为，我们存在，我们知道我们存在，并且我们喜爱存在和知道我们存在……在这些真理面前，怀疑论者的狡辩失去了他们的力量。如果他们说，"如果你错了怎么办？"好，如果我错了，那么我存在。因为，如果一个人不存在，他无论如何不可能犯错误……在知道我存在上我肯定没有犯错误。作为推论，我在知道我知道上也没有犯错误。因为，正如我知道我存在，我也知道我知道。当我喜爱存在和知道，那么我在这些事之外又增加第三个同样重要的知识，即这个事实：我爱着。（CG 11.26）

具有讽刺意味的是，奥古斯丁，作为中世纪哲学的奠基人，也提出了笛卡尔为近代哲学奠基的那个观点。这个观念是，对知识的探求始于自我。总结一下奥古斯丁至此建立的观点，即既然确定地知道某些命题为真，那么怀疑主义是错的，寻求进一步的真理是合理的。

> **想一想**
>
> 8.2 在何种程度上你认为奥古斯丁的论证在反驳怀疑论上是成功的？

柏拉图式的理性主义

奥古斯丁在他哲学的很多部分中，使用了典型的柏拉图式的术语和论证来表述他的认识论。然而，二者之间也存在着某些区别。奥古斯丁不像柏拉图那么贬低感觉。毕竟它们是上帝创造的，伴随着感觉世界传递给我们。感觉在我们的实践生活中扮演着它们恰当的角色。不过，他同意柏拉图的观点，感觉不能给我们恒久、完善的真理，因而必须被归入较低层次的知识。因此，奥古斯丁接受了柏拉图的二元论，主张存在两个不同种类的知识对象，"那些心灵通过肉体感官感知的事物；另一类，那些通过自身感知的事物"（HT 15.12.21）。因而，在奥古斯丁的观点中，感觉不过是被内在人格（心灵或灵魂）使用并受制于内在人格的工具。感觉经验自身不能给我们知识。心灵必须对感觉材料进行考察、解读、分类、联系和判断。它通过向居于内部的理性求助来完成这些事。

因而，最高真理要在理智和内部的灵魂深处发现。奥古斯丁建议道："不要到你自身之外去，而是回归你自身之中；因为真理栖居在人最里面的部分。"（TR 39.72）对于这一信念，除了柏拉图式的理由之外，奥古斯丁还不忘《圣经》中的主张，即灵魂是依照具有一切真理的上帝的形象创造的。

我们现在需要问两个问题：（1）什么是这些内部真理的本质？（2）心灵如何意识到它们？对于第一个问题，奥古斯丁紧密地联系柏拉图的相论。例如，他肯定地提及柏拉图的观念，即我们可以认知和判断物理对象的美，仅当非物理的美的相栖居于心中：

> 如果看到任何身体轮廓的可爱，或音乐与歌声流动的美，都是心灵在做出这个判断。这意味着心中有一个更高的相，它是无形体的，不依赖声音和时空。（CG 8.6）

类似地，在一系列会让柏拉图自豪的论证中，奥古斯丁用数学来论证存在着超越感觉和物理世界的更高级的实在。简单来说，他论证说，物理实在是特殊的、暂时的、变化的和通过经验发现的。相反，数学法则和数是普遍的、永恒的、不变的，只能通过理智发现。因而，他下结论说，一定存在着两种实在（FCW 2.8）。

毫不令人奇怪，奥古斯丁也把伦理规范包括在我们通过某种"理智洞察"而知的高级真理之中："我们应该正义地生活"，"较差的要服从较好的"，"同等的人应该和同等的人比较"，"应该向所有人奉献自己"（FCW 2.10.13）。他论证说，既然我们共享这些"真实不变的智慧规则"，那么它们不是人类创造的，而是我们发现的客观真理。

> **想一想**
>
> 8.3 奥古斯丁像柏拉图一样论证说，存在着不根植于物理世界，因而不通过感觉而学到的客观真理。奥古斯丁还像柏拉图一样论证说，这是更高的、非物理实在存在的证据。对于这些论证，你怎么看？

神圣的启示

心灵如何知道这些永恒的真理？奥古斯丁用他的启示理论回答这个问题。虽然理性在不同于感觉的领域内运作，但奥古斯丁频繁使用对外部世界的物理知觉和我们内部的精神洞察之间的柏拉图式类比。他倾向于紧紧跟随柏拉图，但是，在某些方面，他偏离了柏拉图的理论。例如，柏拉图相信，心灵从此生之前的存在获得知识。奥古斯丁也许最初发现这个观点很有吸引力，但它在神学上的困难要求他拒绝它。他也不主张这些真理只是"编制"到我们心中，并且能够被我们自己的自然理性知晓。相反，他主张，我们是通过神圣之光的启示发现这些可理解的实在、永恒真理、相、神圣观念（奥古斯丁使用所有这些术语）。他没有澄清这一过程的细节，关于奥古斯丁到底想说什么，学者们有分歧。然而，他显然相信，神圣之光对于心灵就像太阳对于眼睛（一个他从柏拉图那里借来的比喻）。因此，每一个人类心灵都依赖上帝之光来看到真理。*这不是通过神秘的宗教体验发生的，因为即使是无神论者的心灵也是受启示的，虽然他们认识不到他们光明的来源。

即使他拒绝柏拉图灵魂前世存在的观念，但奥古斯丁仍保留了"记忆"的隐喻来描述对真理的发现。事实上，如他所指出的，我们的"cognition（认识）"一词，来自拉丁语"*cogito*"，可以表示"我记得"。因此，神圣之光可以启示我们内部的真理，但我们可能没有注意到它，就像我们可以看物理对象，但没有真的看到它。真理的理解过程就像参加代数测验，我们认为某种类型的问题不可能做出来，但突然记起我们确实知道如何把它做出来。苦苦思考中，心灵开始意识到、记起、汇集起散落并隐藏在心灵偏僻角落里被忽视的知识（C 10.11.18）。

他称心灵的非感觉内容为记忆（*memoria*）（C 10.8.15）。虽然这包括了真正的记忆，但也包括了呈现于心灵中的一切东西，即使只是被朦胧地或隐含地知道。这包括对自我的知识，理性的真理，伦理的真理，价值和上帝自身。当我向内观看，我获得了对真理的无限领域的一瞥，导致了"我不能把握我的全部存在"这样的悖论（C 10.8.15）。当我探索我的心灵深处，我奇异地发现一个超验的领域向我敞开。因此，向内走把我引向一个向上的旅程，超越物理世界，超越自我，在那里，我将发现永恒的东西，最终把我引向上帝。

信仰与理性

迄今为止，奥古斯丁认识论的大部分内容听起来都非常像柏拉图的认识论。然而，一个关键差别是，奥古斯丁主张，离开信仰，理性不可能恰当地起作用。对于奥古斯丁来说，信仰和理性并不是通向真理的两条独立的和可供选择的路。首先，这将排除对信仰的需要。其次，这假设了人类理性的自足性，这是奥古斯丁拒绝承认的。第三，这假设了理智是接受和处理信息的纯粹中性的工具。然而，奥古斯丁相信理性远不是道德中立的，而是由整体人格决定，受我们的胸怀、激情和信仰导向的影响。按他的表达，"信仰寻找，理解（understanding）发现；由此，先知说，'除非你相信，否则你不会理解'"（HT 15.2.2）。

如果奥古斯丁是正确的，理性不是中立的计算机，因为它不能独立于生命的其他部分起作用。我的认识活动和我的道德本性相互影响。奥古斯丁的观点可以这样直白地表达，如果我在我的收入税上作弊，和我邻居的配偶有婚外情，对我自己的道德

---

* 为了强调神圣的启示的普遍性，奥古斯丁求助于约翰福音书的前言，它说真理之光"照亮着一切生于世上的人"（CG 10.2）。

自律自鸣得意，那么我不大可能被上帝存在的哲学证据打动。要承认神圣法则的给予者要求我意志的服从，和在生活中做出我所不欲的改变。即使神圣之光启示着每一个心灵，我们能看到多少神圣启示，依赖我们心灵的状况（CD 1.9.9）。如果你试图向我指出地平线上的某个东西，只有我睁开眼睛并且向正确的方向看时才能看到。类似地，只有意志与欲求确定了正确方向，理性才能把我引向神圣的真理。苏格拉底认为，我们有善的知识就引导我们去追求善。但奥古斯丁自己的道德挣扎让他确信，知识并不产生善。事实上，反过来才是真的。只有被怀有光明的心灵所引导，哲学理性才能发现真理之光。根据奥古斯丁的观点，"信仰先行；理解随之"（SR 118.1）。

> **想一想**
>
> 8.4 用你自己的话总结苏格拉底和奥古斯丁关于知识和善的冲突。你认为谁正确？

形而上学：上帝、创造、自由与恶

上帝的存在

许多近代哲学家（诸如笛卡尔和洛克）都独立于神学考量来发展他们的认识论。只有在那之后，他们才按恰当的逻辑顺序继续向前，提出上帝存在的证明。显然，奥古斯丁不是这样，因为信仰之光照耀他的所有哲学讨论。然而，他的确提供了我们可以视为上帝存在的证明。人们并不会觉得，他想让这些证明是决定性的证明，能够让强硬的无神论者屈膝投降。它们更像是帮助有开放胸怀的人找到他们所寻求的东西的线索或提示。

虽然不相信有限者能证明无限者，但奥古斯丁还是相信创造物给了我们它的创造者的证据：

> 正是宇宙中的秩序、变化和运动，一切可见事物的形式美，无声地宣布，宇宙是创造出来的，并且它的创造者除了上帝之外别无其他。（CG 11.4）

在奥古斯丁那里能找到的从自然出发来证明上帝存在的段落最多就像这样。毫无疑问，他认为感觉经验太不确定，它表象的物理世界太易变，与它的创造者太不相似，因而不是信仰的有效基础。

奥古斯丁花了更多的笔墨从人的本性来证明上帝的存在。他相信，实际上，上帝更接近我们而不是他所创造的世界。按照上帝形象创造的精神、内在的人格，让我们比物理世界更接近我们所寻找的东西。对上帝的探究导致"从在外者到在内者，从在内者到在上者"。[2] 奥古斯丁的典型方法可以在《论自由意志》中找到，在那里，正如已经提及的，他论证了永恒的理性真理，例如在数学判断和伦理判断中发现的那种真理，具有客观普遍的本性。简言之，他论证了，如果有高于心灵并独立于心灵的永恒必然真理，那么它一定是上帝，因为这些是上帝自己的属性。在他所有的著作中，奥古斯丁都倾向于不加批判地将柏拉图的善等同于上帝。然而，他忽略了这样的事实，柏拉图的善和永恒真理是非人格的，与奥古斯丁在他论证的末尾悄悄引进的成熟形态的犹太教－基督教的上帝相差甚远。

创造

为人熟知的《圣经》首行一开头就宣布"起初，上帝创造了天和地"。奥古斯丁当然凭信仰相信这一点，但他也认为理性支持这一主张。在讨论创造时，奥古斯丁提出了五个重要观点：(1) 上帝从虚无中创造，(2) 创造是神圣的自由行动，(3) 世界由形式和质料组成，(4) 生物物种由种子形式涌现而来，(5) 上帝创造时间本身。尽管他借用并尊敬柏拉图主义和新柏拉图主义思想，但在这个题目上，奥古斯丁竭力把上帝与世界关系的犹太教–基督教图式与希腊图式区别开来。

首先，他断言，世界是从虚无中（ex nihilo）生成的。在这里，他拒斥希腊人青睐的所有观点。希腊人倾向于相信，世界要么是永恒的，要么是从某种在先存在并独立于上帝的质料中创造出来的。但《圣经》上说上帝创造世界不依赖任何在先的物质，奥古斯丁认为理性支持这一点。他想象天和地呼喊："我们没有造就我们自己，我们是由他造成，那永恒逗留者。"（C 9.10.25）它们之所以必须是被创造的，原因是它们展现了变化与变异（C 11.4.6）。在此，他假设，一切变化的东西是被创造的，而一切不变的东西（诸如数学法则和上帝）是永恒的。因此，世界不是永恒的，并且也不是上帝的一部分，因为那将使上帝的一部分被拉低到变化与可灭事物的范围内。与柏拉图一样，奥古斯丁相信，完满的存在不可能变化，因为他只可能变成较低形式的存在。

第二，奥古斯丁坚持创造是自由行动。因为上帝是至高无上的，世界不是像普罗提诺认为的那样从他必然地流溢而出。他创造是因为他想和被造物分享他的善（TR 18.35—36）。第三，特殊事物的世界以永恒的相为基础。在理解物理世界时，奥古斯丁照搬了柏拉图。奥古斯丁在他的《忏悔录》中花了整整一章解释《创世记》中的创世故事，来符合他的柏拉图主义（C 12）。受造物的每个部分都是作为形式与质料的结合而被创造的。然而，至少在两个方面奥古斯丁偏离了柏拉图的解释。一个区别是，对于奥古斯丁，永恒的相，作为物理对象的原型和范本，并非独立自主地存在，而是栖居于上帝的心中。奥古斯丁说"没有任何令易变事物是其所是的相……能离开他，那真实的存在者而存在，因为他的存在是不可改变的"（CG 8.6）。*另一个区别是，他拒斥柏拉图的这个观点，即世界的创造者（德穆革）像建筑师一样工作，把形式加到预先存在的质料上。奥古斯丁论证说，这种无形式的质料会需要一个创造者促成它存在（C 11.5.7）。

奥古斯丁关于创造的第四个论点是上帝把理性的种子或种子理性（rationes seminales）放入世界，未来的创生物将会从它们形成。**他引入这个论点是为了消解《圣经》中的一个明显的矛盾。一方面，《圣经》上说"上帝把所有事物一起创造出来"。³另一方面，在《创世记》中，似乎不同种类的受造物不是在同一天创造的。***奥古斯丁的回答是，上帝的确同时创造了所有事物，但有些事物是完全完善地创造出来的，而有些是未完善的"种子"。大量各种各样的生物有机体就是随着时间从植入世界的理性种子或力量发育而来。提出这种解释，奥古斯丁是在试图确保没有任何东西留给纯粹的自然力量或受造物的作用，因为上帝是一切事物的原因。因此，即使出现了新的生命形式，它也完

---

* 虽然这个观点可以在新柏拉图主义者那里找到，但奥古斯丁错误地假设拉图也持有它。问题是他天真地假设柏拉图的善可以等同于《圣经》中的上帝。

** 奥古斯丁的理性种子思想很可能来自普罗提诺，但起源于斯多亚学派。

*** 奥古斯丁正确地认识到"天"这个词并不必然表示着一个24小时的时段，而是可以表示着一个不确定的时段。

全是上帝当初创造的。虽然看起来好像奥古斯丁在提议某种神学进化论,但他的解释不同于生物进化论,因为既不会出现随机的新性状,也没有从一种物种到另一种物种的转变,整个发展模式一开始就存在了。

最后,奥古斯丁对时间性质的考虑,是通过思索《创世记》开头所说的"起初,上帝创造了……"是什么意思。根据摩尼教派的观点,如果世界有开端,我们自然就会问,"上帝在造天和地之前在做什么?"奥古斯丁指责那些轻佻地回答"他在为那些探秘者准备地狱"的人(C 11.12)。他自己的更严肃的回答是,这个问题基于一个有疑问的假设,即时间在创造之前就在滴答滴答地流逝。如果是这样,为什么上帝在这个特殊时间创造而不是早一点或晚一点?摩尼教派是对的——如果上帝空等了若干世代,然后,在一个特定的时间决定创造世界,这将意味着上帝发生了变化。对于所有这些,奥古斯丁的回答是,上帝不在时间中创造世界,而是把世界和时间一起创造出来。既然时间是变化的,那么它也是被创造的,因而必定有一个开端,和恒星、行星、大地与生物物种一起被创造。如奥古斯丁所说,"事物的变化造成时间"(C 12.8.8)。时间是一个相对的东西。没有创造,没有东西会运动变化,时间也不会流逝。对于上帝,没有他存在之前或之后,因为他的存在是无时间和永恒的。

预知、神意与自由意志

前一节以奥古斯丁的观点为结束,即上帝创造时间而不在时间中,因为他存在于永恒中。时间只是我们经验世界的方式。为理解上帝与时间的关系,奥古斯丁留意到人类经验中的一个类比。他注意到,他可以一下子在心中把握住一首他熟悉的圣诗。当他重复它的时候,某些已背诵的词过去了,而某些词还留在记忆中等着被说出。因此,他可以预见到未来要出现的词。上帝与此相同。时间中的所有瞬间对上帝都是已知的,就像一个永恒的当下瞬间。类似地,莫扎特宣称,当一个音乐片段的灵感第一次来到他心里,他不是在心中接续地听到音符,就像我们听这个片段演奏时一样。相反,他可以一下子听到整个曲子,就像我们可以在一个共时性经验中纵览一幅画的所有部分一样。[4]虽然莫扎特对长音乐片段的瞬时经验对人类来说是不同寻常的,但这是上帝知道一切时间事件的方式。

上帝的预知似乎对人类的自由造成了问题。如果上帝在时间上预见到你要施行的所有行为,那么你如何能自由地行动?你可能纠结于决定毕业后读法学院还是去经商。你可能不得不决定是与某个你正在约会的人结婚还是分手不再联系。从你的角度看,这些决定的结果也没有被决定,但奥古斯丁说上帝知道你将要做什么。你未来的生活对他来说就像你看过许多次的电影那样熟悉。既然上帝的预知是不会错的,那么你似乎经历的是自由的幻觉。你的人生剧本已经在上帝心中。我们必须在上帝的预知和人类的自由之间选择吗?奥古斯丁不这样认为。按他的说法,"上帝在一切事情发生之前就知道它们;然而,在那些我们觉得和知道我们只会按意愿去做的事情上,我们凭选择行动"(CG 5.9)。根据奥古斯丁的理论,当你自由地决定去法学院时,你同样有不去法学院的自由。然而,上帝预先知道你将自由地做出你实际做出的选择。

虽然这一立场存在的问题已经足够多了,奥古斯丁还进一步加重了问题,他提出,上帝不仅预知人们将要做什么,而且他还预先规定了他们的行动。既然上帝的能力是至上的,奥古斯丁认为,人类的选择不能阻挠上帝的意志。"如果他不能做他乐于做的,或者如果他的全能意志的能力被任何受造物的任何意志所阻碍,那么他就不是名副其实地叫作全能。"(E 96)

上帝对人类历史的一切细节的干预被奥古斯丁对他自己生活的说明戏剧性地展示出来。他决定离开迦太基去罗马寻找更好的学生。或者至少奥古斯丁认为那是他去罗马的原因。实际上,他说,是上帝做了那个决定,好让奥古斯丁被引向得救。正像他在向上帝的祈祷中对此的表达,"你正利用我野心勃勃的欲望作为迈向对这些欲望终结的手段"(C 5.8)。我们可以试图缓解人类的自由与神意之间的冲突,通过说上帝是一个超级心理学家,他通过利用对我们内心动机的了解来推行他的计划,而不会违反我们的自由。然而,这不会偏离这样的事实,即奥古斯丁认为上帝不仅安排外部事件,而且安排人的行为。在奥古斯丁的生活中,上帝使得迦太基的学生不可救药,而在罗马教学更吸引人。

当奥古斯丁谈到上帝的能力时,他并不妥协。他说,"上帝随时随地按自己的意志在人的心中影响他们的意志,要么是和他的仁慈相符合的好事,要么是因他们自身的过错应得的恶"(GFW 43)。虽然有人说如此的神圣至上权威取消了人类自由,但奥古斯丁就是回答说二者是相容的。例如,他说信仰和善行都是被要求的,但它们也同时是上帝的赐予,因为"我们既可以理解为我们做了这些,又可以理解为上帝让我们做了这些。"(PS 22)在这个世纪,人们继续为这种"既-又"立场的合理性争论着。

> **想一想**
>
> 8.5 对于奥古斯丁的观点,上帝知道你将做什么未来的决定,你怎么看?你为什么设想有人会论证说这将妨碍我们自由地做出那些决定?你是否同意奥古斯丁的观点,神的预知和人的自由相容?为什么?当奥古斯丁进一步说上帝规定了一切,他还能坚持一种强的人类自由的观念吗?为什么?

恶的问题

在反复断言上帝的全能时,奥古斯丁提出了恶的问题。如果上帝有一切能力和善,为什么会有如此多痛苦和恶影响世界?在他成为一个基督徒之前,奥古斯丁认为,摩尼教派的二元论是唯一让上帝免受责备的方法。如果光明的上帝在能力上是有限的,并且被卷入与相竞争的黑暗力量的永恒争斗中,那么没有人设想上帝要为受造物中的恶负责。显然,上帝有一个与之差不多对等的敌手,这一思想是奥古斯丁的基督教神学无法接受的。在这个问题上,奥古斯丁从这一主张出发,即既然上帝创造了世界,那么一切存在者都是善的(C 7.12.18)。那么恶必定总是被造为善的东西的缺陷、堕落或败坏。虽然奥古斯丁对恶的问题的解决来自新柏拉图主义的传统,但他拒斥他们的这一倾向,即把物质实在视为本质上是恶的,并且必然与理性的和精神的东西相冲突。以受造物的善作为初始前提,奥古斯丁提供了几种理解恶的存在的方式。

第一,虽然某些东西对于我们似乎是恶,但它们实际是达成善的手段。用一个当代的例子来说,没有人喜欢看到婴儿在接受预防接种时哭泣。但这实际上让他能获得某种善,即健康。类似地,奥古斯丁说,此生的灾难鼓舞我们向往来生，不觊觎物质利益，从而达成精神健康（CG 1.8, 22.22）。我们像婴儿一样，只注意直接的问题，而没理解上帝仁慈的目的。

奥古斯丁的第二个回答是，恶不是一个独立的实在，它其实是缺失的一种类型，某种东西的缺乏（CG 11.22）。就像影子自身没有实质，只是缺少光的表现。没有任何东西能与上帝的完满之善相匹敌，因此任何东西不可避免地在某种程度上是不完满的。如果上帝将所有不完满的东西从世界中排除出去，那么除了他自己之外，一切都会消失。在整体上，世界是"我们创造者的伟大作品"。

如果这一秩序之美没有令我们喜悦，那是因为我们自己，由于我们是凡人，如此地被宇宙的这个角落所限，因而感知不到整体图式之美，在这个整体中，对我们来说显得丑陋的特殊部分，被非常和谐美妙地整合在一起。（CG 12.4）

然而，奥古斯丁承认，可能需要通过信仰的作用来相信，与外表相反，一切事物都对"整体图式之美"有贡献。

奥古斯丁对恶的问题的第三个回答是，把责难转向人类的败坏。所有自然的恶（诸如病痛、地震）都只是表面的恶，唯有道德的恶接近真正的恶。道德的恶是人类意志的产物。它也是一种缺失，因为它是有缺陷的意志偏离上帝的结果。根据奥古斯丁的观点，第一个男人亚当是唯一有不犯罪的自由的人。然而，当亚当自由地选择了违背上帝之后，人类种族失去了他的自由而成为了罪的奴隶。因此，我们不可能不犯罪。只有当上帝给予我们恩典，我们才获得真正的道德自由。奥古斯丁不相信意志先转向上帝，然后获得恩典。相反，我们先获得恩典，

是恩典使我们能意欲转向上帝。出于他自身的目的，上帝把他的恩典授予某些人而不是另一些人，但这一区分不是基于功德，因为那样一来，恩典将是上帝应给予我们的，并且将是自傲（一切罪的根源）的来源，而不是上帝自由地授予的礼物。但是，上帝给某些人恩典而不给另一些人难道不是不公正的吗？奥古斯丁不这样认为。奥古斯丁的观点可以这样解释：如果10个人借了我的钱，那么他们就都欠我的债。如果我免除了其中两个人的债务，其余的人不能就此责备我，因为这不改变他们欠我钱这一最初的事实。免除某些人的债务是我自由地给予的礼物，而不是某种任何债务人可以主张他们应得的东西。

奥古斯丁的观点再次造成了这个问题，即我们如何能既是被决定的又是自由的。如果我们有罪的本性使得不可能不犯罪，那么似乎我们不是自由的。然而，既然我们的行动来自并且植根于我们的品格，奥古斯丁相信，这对自由意志来说是足够的。我们有自由去做罪之外的事吗？在一个意义上我们有。对我们来说，没有任务物理上的限制，也没有逻辑必然性限制我们。我们做一切事情都随我们所爱。奥古斯丁会说，谁还能要求更多的自由？根据奥古斯丁的观点，这正是关于我们的实际状况，即，离开了上帝的恩典，我们的爱是扭曲的。

> **想一想**
>
> 8.6 你能否设想某个时候一件事令人痛苦，并且似乎是恶的，但实际上证明它有助于某个好的目的？考虑这个问题和奥古斯丁对恶的问题的另外两个回应。把这三个回应结合在一起，奥古斯丁是否充分地解释了世界上全部的恶，包括自然造成的痛苦？

历史与国家哲学

基督教历史哲学的兴起

值得注意的是，到此为止，我们还没有讨论与前面的任何一位哲学家有关的历史哲学。奥古斯丁给我们提供了第一个思辨的历史哲学，它宣称要揭示历史的目的和模式。许多希腊人，例如柏拉图，只关心永恒不变的真理，对转瞬即逝的特殊历史事件没什么兴趣。那些捍卫唯物主义形而上学的人认为，任何事物都由盲目的随机力量支配。不论他们的形而上学的细节是什么，典型的希腊人认为，人类历史遵循着我们在季节轮替中发现的那种循环模式。诸民族的产生、兴盛、衰落，这一循环无尽地重复。对它没什么可说，因为没有起决定作用的目的。然而，奥古斯丁认为，这种观点蕴含着人类灵魂陷入了一种无尽的、无边的"旋转木马"（CG-B 12.14）。

与这种希腊观点相反，《圣经》的旧约和新约说，历史具有意义和线性的方向。像一出精心编写的戏剧，历史有开头、中段和结尾。虽然上帝是作者，但他和人类演员都在历史舞台上扮演着各自的角色。因此，第一个历史学家是基督徒并非偶然。

对历史模式的关切与奥古斯丁的基督教世界图景相符合，但他在这个题目上的著述是由一个惊人的事件激起的。410 年，曾经不可战胜的罗马城被哥特人攻击并且在三天内被占领。他们耗尽了它的财富，在他们走后，只留下尸体和废墟。我们对 2001 年 9 月 11 日纽约和华盛顿被恐怖分子袭击的反应，一定与罗马人的感觉相似。罗马的陷落导致了遍及帝国的极大绝望，人们问："罗马的伟大城市怎么可能陷落？"回答接踵而至。仍然是异教徒的罗马人指责基督徒。罗马陷入野蛮人之手，他们说，是因为它背离了在它荣耀的日子里支持它的诸神。382 年，基督徒不顾异教徒的抗议，从元老院移除了胜利女神。而且，基督徒皇帝狄奥多修斯一世下令，崇拜朱庇特（罗马主神）和玛斯（战神）以及其他异教诸神，是可受死刑惩罚的犯罪。对许多人来说，似乎非常清楚，基督徒剥夺了罗马的保护神和它胜利的秘诀。奥古斯丁用《上帝之城》捍卫基督教，这部不朽著作被视为他的杰作。它占据了他生命的最后岁月，因为它开始于 413 年他 59 岁时，于 426 年他 72 岁时才完成。这是一部百科全书式的著作，由 22 卷构成，超过 1000 页。在书中，他论证了罗马的强大来自它的公民德性，所以上帝给予罗马世俗的成功来授予这些理想以荣耀。事实上，它最高的道德理想与基督教中所教导的德性是相同的。然而，罗马人偏离了较好的方面而坠入了颓废和恣肆的恶行。总之，问题不是罗马转向了基督教，而是它转得不够快。相应地，奥古斯丁花了这本大部头书卷的前一半篇幅来叙述罗马的多神论、性堕落、社会不公和淫秽戏剧表演等罪愆。* 这本书的后半部分更多一般地谈论人类历史的戏剧。他呈现的画面是，历史不被看作经济力量的产物，也不被看作政治斗争或者物质资源或者盲目的运气的产物，而是一出道德戏剧，其中，上帝的目的和受造的人类的道德决定是重要元素。

两座城

奥古斯丁对历史的讲述，是借助他著名的假设，

---

* 奥古斯丁的这些段落给了我们关于古代社会和多神教的丰富信息，因为他的研究的信息来源现在失落了。

即人类历史是一场两个王国之间正在进行中的冲突：地上之城与上帝之城。这两个王国不是实际的政治国家。其实，它们代表自人类种族背离上帝和失去天恩之后就存在的截然相反的精神体系。然而，每一个特殊的政治国家都为一个或另一个精神王国的利益服务。因此，奥古斯丁像柏拉图一样假设社会有和个人一样的道德结构。我们要用他们最基本的爱和承诺来理解社会和个体的人。我们每个人，都是这两个"城"中的这个或那个城的公民，这取决于我们爱上帝还是世俗世界。奥古斯丁这样描述这两座城：

> 我们看到的是，两个社会出自两种不同的爱。世俗社会是由胆敢无视上帝的自私之爱发展而来，而圣徒的共同体则植根于准备轻贱自身的对上帝之爱。一言蔽之，后者依赖主，而另一个自夸它可以靠自身存活。（CG 14.28）

奥古斯丁的政治哲学和希腊人截然相反，希腊人假设积极参与国家事务是满足之源。而奥古斯丁认为，国家是必要之恶，是**堕落**的结果。有罪的人类自然地趋向于无法无天，创立国家是为了控制他们（CG 22.22）。与所有乌托邦的无用努力相反，真正好的社会是有信仰的信徒共同体，它由上帝所创立，并将永久地统治下去。同时，上帝的子民过着尘世的生活，一种同时属于两个王国的混合存在。既然我们生活在一个特定国家，只要它不妨碍对真神的崇拜，我们即效忠于它。市民社会有提供和平的德性，尽管是暂时和不完善的和平。因此，天上王国的公民可以利用社会的好处。然而，我们必须时时认识到，在这当下的生活中，我们不过是异乡过客，因为我们的真正家园在天上，只有在那里，我们才能找到真正的和平（CG 19.17）。因为尘世的国家不可避免地反映了人类本性的堕落，我们必须依照更高的王国的法则来指引生活，并寻求用上帝之国的原则来影响市民社会。奥古斯丁澄清了教会高于国家，因为教会是人类行为的真正法则的来源。这一关于教会–国家关系的观点在中世纪非常有影响。在这个时代的后期，由于教会和政治王国对支配权的争夺，这个观点导致了它们之间的紧张关系。

历史的意义

奥古斯丁的历史观点可以总结在以下段落中：

> 正是这个上帝，极乐的创造者和给予者，唯一真正的上帝，给予善人也给予恶人尘世的统治。他这样做不是像有些人可能会说的那样是随机的、偶然的，因为他是上帝，不是运气。毋宁说，他是根据历史事件的秩序来给予的，这种秩序对我们是完全隐藏的，但上帝知道。然而，上帝不受这种秩序束缚；他作为事件的主人在进行控制，并作为统治者安排这些事情的秩序。（CG-B 4.33）

这个段落之中隐藏着几个要点。第一，奥古斯丁毫不妥协地认为，上帝绝对地、神圣地控制着历史。例如，他主张上帝建立了罗马：

> 正是上帝的善良愿望，通过这个罗马城，征服了整个世界，把它带入一个统一的、法治的共和国，并赐予它广泛和持久的和平。（CG 18.22）

但这不仅对罗马是这样，而且对所有政治王国都是这样："我们必须把授权给王国和帝国的权力单单归于真神"（CG 5.21）。奥古斯丁列出了好王国和坏王国，公正和正直的统治者以及残酷的暴君,并说他们都从上帝那里获得权力(CG 5.21)。他甚至控制战争的过程和结果,决定它们何时结束(CG 5.22)。

第二,奥古斯丁对历史进行了一种道德诠释。历史不是用经济和政治来理解。相反,这些就是道德力量起作用的结果。例如,当以色列人崇拜唯一的真神时,他们就繁荣昌盛,但当他们崇拜偶像时,他们就遭难。当罗马繁荣时,这是因为它要么受基督徒皇帝的领导,要么受至少试图遵循正义与德性的统治者领导。当罗马的人民和统治者转向不道德时,它就最终衰落了。然而,奥古斯丁并不认为有任何简单的公式可以完全揭示历史的模式。它是一个"对我们完全隐藏的秩序"。我们绝不能认为,当恶人得势而好人遭殃时上帝没有在控制。即使在这里,也有它的目的,因为就像火纯化金子而消灭杂质,好人遭殃也为检验和纯化他们的目的服务,防止有信仰者过于依恋他们的肉体安乐和物质收益。虽然回报和痛苦的分配似乎不公正,但"总的来说,坏人得到坏的结局,好人享受最终的成功"(CG 20.2)。

历史中的神意与自由意志问题

我们再一次面对一直贯穿于奥古斯丁著述中的张力,这一次从个人层面扩散到历史自身的层面。如果上帝是全能的,还能给人类的决定留下任何空间吗?我们被告知,上帝编排了历史事件来达到他给个人和民族安排的目的。战争、暴行、暴君和自然灾害,以及经济与政治繁荣和自然的美好与慷慨,都是上帝提供来惩罚人类或在他觉得合适时保佑人类的(CG 22.22, 24)。奥古斯丁再一次地既坚持上帝的控制,又坚持人的责任。例如,他说,在古代,当他的子民应受惩罚时,上帝煽动起他子民的敌人去摧毁他们。这造成了这样的问题:这些入侵的军队是自己这样做,还是上帝使他们这样做?奥古斯丁的回答是"两种陈述都肯定是正确的,因为他们都由他们自己的意志而来,并且主煽动了他们的精神"(GFW 42)。然而,归根结底,似乎是上帝在控制。"因为那全能者在人的内心最深处设定了他们意志的运动"(GFW 42)。

奥古斯丁历史理论的意蕴

奥古斯丁的某些读者发现,他的观点非常令人鼓舞,而另一些人发现,它令人困扰。一方面,他的观点导致乐观主义,因为它呈现了一种历史目的论(有目的的)观点。当面对不公正和社会大变乱时,许多奥古斯丁时候的人和我们时代的人发现,相信历史不是随机事件的集合,而是达到某个目的的有序事件,这令人安慰。

另一方面,伴随这一安慰而来的是,任何人类决定都已经被决定了这一令人不安的结论。很明显,如果我们仅仅是在写好的戏剧里扮演一个角色,那么我们根本不会造成什么影响。而且,如果我们接受奥古斯丁对神意的解释(万事万物都是命中注定的),那么我们在改变事件进程时必须非常谨慎。这导致鼓励接受现状的非常保守的观点。相应地,保护和平和社会秩序,即使它是恶的社会秩序,对奥古斯丁来说是优先考虑的。例如,他说,奴隶制不是自然秩序的一部分而是罪的结果(CG 19.15)。但他显然认为它没有性的罪愆严重:"做人的奴隶好过做情欲的奴隶。"通过过德性和服从的生活,奴隶在品格上得到加强,而主人则被他的冷酷所戕害。因此,美国革命,或所有给各个历史时期的许多社会带来了公正的争取社会变革和公民权利的对抗性方法,在奥古斯丁的政治理论中几乎没有存在的空间。

评价与意义

奥古斯丁是哲学家吗?

任何试图分析奥古斯丁哲学观点的人都必须处理这个问题,即他到底能否被恰当地说成是一个哲学家。很多人会说:"不!"因为他利用《圣经》的权威,并且他的许多讨论充满了神学假设。然而,奥古斯丁可能同意柏拉图《斐多篇》中的西米亚斯。在这个故事中,苏格拉底和他的朋友正在思索死后生活的可能性。在绝望中,西米亚斯说,在此生中,在这些问题上几乎不可能达到确定。他说,或许我们所能采取的最好做法是,"选择人的理智能够支持的最好和最可信赖的理论,并把它作为渡过生命之海的筏子——即,假设我们不能借助更保险的神圣启示来使我们的旅程更加自信和安全"。[5] 奥古斯丁当然相信我们的确有这种更保险的手段达到我们的目的地,而不需要经受纤弱的人类理性之筏的风险和不确定。

尽管他利用超自然的启示,然而,可以做出的辩护是,在许多段落中,奥古斯丁的确像个哲学家一样写作。他提出诸如自我的本性、知识和时间,以及普遍真理的地位、上帝的存在和人的不朽性这样的哲学论题,并提供哲学论证来强化《圣经》的回答。我们认为,这些论证好或不好与问题无关。既然他的许多论证都是对柏拉图论证的聪明的修正,那么,如果奥古斯丁不是哲学家,柏拉图也不是。毫无疑问,奥古斯丁不曾关心过最终的裁决是不是他只是一个神学家而不是哲学家。他只是关心追求真理并且用一切可利用的资源说服他人相信它。他既为非基督徒也为基督徒受众写作,他认识到,单靠理智的论证,他不能让无神论者转变,就像他们不能让他转变一样。然而,新柏拉图主义的哲学推理的确为奥古斯丁搬掉了信仰门口的一些障碍,并让他开始朝向上帝的旅程。这也是他希望他的著作能为其他人做的。对于基督教受众,他希望提出一种基督教世界观,它会表明,《圣经》信仰在所有与哲学和文化有关的传统问题上的意涵和关联。

奥古斯丁的影响

不论你是否同意他的结论,奥古斯丁思想的重要性都很难被低估。虽然先于他的基督教思想家也试图整合基督的启示和希腊哲学,但就论题范围的完备而言,奥古斯丁是一个先锋。因此,贯穿中世纪并直至今日,他都被作为基督教学者的典范。然而,奥古斯丁不仅影响了罗马天主教传统,他对传统的新教神学也有相当的影响。新教改革者认为,他们所做的不过是重返纯粹的奥古斯丁神学。16世纪的宗教改革家约翰·加尔文说,他可以从奥古斯丁写出他的整个神学。

当代联系 8:圣奥古斯丁

奥古斯丁除了继续影响神学学说之外,他还催生了许多近代哲学的主题,并因而领先了他的时代12个世纪。他应用对自我的内省考察作为哲学的出发点,这种方法我们直到文艺复兴时才再次见到。而且,在他的《上帝之城》中,奥古斯丁把历史写作从仅仅将事件编年来讲述故事,提升为寻求揭示事件背后的意义。即使在今天,

> 也有很多人像奥古斯丁一样提出，民族和领袖的兴衰可以归结为他们的道德素质。看看你是否能发现体现奥古斯丁观点的例子，即历史是人民和民族道德品格的产物。你可以考察政治讲话、电视上的政治脱口秀、社论、致编者的信、布道词和历史叙事。历史事件是道德的函数，奥古斯丁这个理论的强项和弱点是什么？

理解题

1. 为什么奥古斯丁赋予意志这么大的重要性？
2. 奥古斯丁反驳怀疑论的论证是什么？
3. 奥古斯丁与柏拉图在哪些方面一致，哪些方面不一致？
4. 为什么奥古斯丁相信理性并不是宗教上中立的？
5. 奥古斯丁以何种方式把哲学考虑带入了他对创世的解释？
6. 奥古斯丁如何看待上帝的预知和人类的自由之间的关系？
7. 什么是恶的问题？奥古斯丁试图用什么方式解决它？
8. 根据奥古斯丁的观点，人类历史的本性是什么？
9. 两座城是什么？在奥古斯丁的历史解释中，它们扮演的角色是什么？

思考题

1. 想一下你生活当中某个你做出道德决定的时刻。你是否同意奥古斯丁的观点，即我们的所爱决定了我们的意志和理智？是否有你的理智决定你的意志的时候？
2. 你怎么看奥古斯丁的这个观点，即历史不是随机的，而是遵循着一个模式？你是否同意他对历史是善恶之间的道德斗争的强调？
3. 如果奥古斯丁写一本关于你的国家的历史的书，他会强调哪些事实、事件和模式？
4. 奥古斯丁的历史观点是乐观的还是悲观的？

注释

[1] 奥古斯丁著作的标注缩写如下：

AA 《反学园派》（*Against the Academicians*），玛丽·帕特里夏·加维（Mary Patricia Garvey）修女译（Milwaukee: Marquette University Press, 1975）。

C 《忏悔录》（*Confessions*），亨利·查德威克（Henry Chadwick）译（Oxford, England: Oxford University Press, 1991）。

CD 《基督教学说》（*On Christian Doctrine*），J. F. 肖（J. F. Shaw）译，载于《尼西亚会议前后教父著作集》（*A Select Library of the Nicene and Post-Nicene Fathers of the Christian Church*），第 2 卷，菲利普·沙夫（Philip Schaff）编（Buffalo, NY: The Christian Literature Company, 1887）。

CG 《上帝之城》（*The City of God*），杰拉尔德·G. 沃尔什（Gerald G. Walsh），迪米特里厄斯·B. 泽马（Demetrius B. Zema），格雷斯·莫纳汉（Grace Monahan）和丹尼尔·J. 霍南（Daniel J. Honan）译（New York: Doubleday Image, 1958）。

CG-B 《上帝之城》，亨利·贝滕森（Henry Bettenson）译（Harmondsworth, Middlesex, England: Penguin Books, 1972）。

E	《教义手册》(*Enchiridion*)，J. F. 肖译，载于《尼西亚会议前后教父著作集》，第 3 卷，沙夫编。	SL	《独白》(*Soliloquies*)，C. C. 斯塔巴克（C. C. Starbuck）译，载于《尼西亚会议前后教父著作集》，第 7 卷，沙夫编（New York：The Christian Literature Company，1888）。
CF	《关于对未见之物的信仰》(*Concerning Faith of Things Not Seen*)，C. L. 科尼什（C. L. Cornish）译，载于《尼西亚会议前后教父著作集》，第 3 卷，沙夫编。	SR	《新约选读布道》(*Sermons on Selected Lessons of the New Testament*)，R. G. 麦克马伦（R. G. MacMullen）译，载于《尼西亚会议前后教父著作集》，第 6 卷，沙夫编（New York: Scribner's，1903）。
FCW	《论自由意志》(*On Free Choice of Will*)，安娜·S. 本杰明（Anna S. Benjamin）和 L. H. 汉克丝塔芙（L. H. Hackstaff）译（New York: Macmillan，Library of Liberal Arts，1964）。	TR	《论真正的宗教》(*Of True Religion*)，J. H. S. 伯利（J. H. S. Burleigh）译（Chicago: Regnery，1968）。
GFW	《论恩典与自由意志》(*On Grace and Free Will*)，彼得·霍姆斯（Peter Holmes），罗伯特·E. 沃利斯（Robert E.Wallis）和本杰明·B. 沃菲尔德（Benjamin B.Warfield）译，载于《尼西亚会议前后教父著作集》，第 5 卷，沙夫编（New York: The Christan Literature Company，1887）。		
HT	《论三位一体》(*On the Holy Trinity*)，阿瑟·W. 哈丹（Arthur W. Haddan）和 W. G. T. 谢德（W. G. T. Shedd）译，载于《尼西亚会议前后教父著作集》，第 3 卷，沙夫编。		
PS	《论圣徒的预定》(*On the Predestination of the Saint*)，彼得·霍姆斯（Peter Holmes），罗伯特·E. 沃利斯（Robert E. Wallis）和本杰明·B. 沃菲尔德（Benjamin B. Warfield）译，载于《尼西亚会议前后教父著作集》，第 5 卷，沙夫编。		

[2] 引自阿曼德·A. 莫勒（Armand A. Maurer），《中世纪哲学》(*Medieval Philosophy*，NewYork：Random House，1962)，第 8 页。

[3] 《传道书》(*Ecclesiasticus*) 18.1。这一卷出现在天主教《圣经》的续经部分。这个问题只发生在奥古斯丁用的那种特殊翻译中。

[4] 沃尔夫冈·阿玛多伊斯·莫扎特，《一封信》("A Letter")，载于《创造性过程》(*The Creative Process*)，布鲁斯特·盖斯林（Brewster Ghiselin）编（New York: New American Library, 1963），第 45 页。

[5] 柏拉图，《斐多篇》(*Phaedo*) 85d，休·特里德尼克（Hugh Tredennick）译，载于《柏拉图对话集》(*The Collected Dialogues of Plato*)，伊迪思·汉密尔顿（Edith Hamilton）和亨廷顿·凯恩斯（Huntington Cairns）编（New York: Random House, Pantheon, 1961）。

第9章

早期中世纪哲学

从罗马世界到中世纪

奥古斯丁死后不久,哲学潮流开始变得浑浊,出现了许多障碍,消耗了它的能量,搞乱了它的方向。基督教的兴起给它带来了新的世界观和独特的哲学议程,为古代哲学之水筑就了新的水道。但是,在奥古斯丁之后的前几个世纪,这些水流变得停滞不前,只有少数新哲学思想的涓流出现。然而,最终,大量理智、政治和文化的理论汇集在一起形成了中世纪的巨大支流,哲学潮流再次以新的气势奔涌而出。"中世纪"这个词,指的是古典时期到近代之间西欧长达一千年的一个时期。它也被称为中古(medieval)时代,来自拉丁词"*medium*(中间的)"和"*aevum*(年代)"。这个时代大致始于罗马在5世纪时的衰落,止于16世纪政治、宗教、哲学和艺术的戏剧性变化。在哲学上,它可以被确定为从奥古斯丁到文艺复兴这段时间。"中世纪"这个词最初是个贬义词。它是文艺复兴的思想家创造的,他们把这个时期看作是一个理智黑暗的不幸时段,打断了原本可以从古典时期发展到他们自己时代的连续潮流。当历史学家逐渐认识到中世纪思想家成就的重要时,这个图景最终改变了。

中世纪早期概览

为了讲述奥古斯丁之后的哲学故事,我们必须从罗马帝国的覆亡开始。它的崩溃是内部问题和外部问题综合作用的结果。在内部,它不能管理它巨大的疆域。帝国沉重的官僚机构压迫着它,并要求分配越来越多的权力给地方省份。作为分权计划的一部分,帝国被划分为两个区域。西部帝国最初由罗马统治,但在5世纪早期,权力中心转到了防御更好的拉文纳。东部帝国由君士坦丁堡管理。开始时,划分是为了行政便利,但后来成了永久性的,并且帝国再也没有重获统一。

在西方,外部问题宣告了罗马帝国的崩溃。许多世纪以来,来自北欧的日耳曼部族占据着罗马领土的边境。为了维持过度扩张的帝国,罗马人征募非罗马人(他们称之为"野蛮人")加入它的军队。最终,整个部族开始在边疆定居,并支配了那里的领土。在4世纪和5世纪后期,北方的日耳曼部族

（汪达尔人、西哥特人和东哥特人）迁入帝国的核心区。410年，哥特人攻击了罗马，455年，小而好斗的汪达尔人的部族袭击了罗马城。他们的名声在我们的语言中打下了印记，因为我们现在仍把掠夺者和破坏者称为"汪达尔人"。最后，476年，罗马帝国覆亡，并且，到5世纪终结前，西罗马帝国都是一个部族王国的破碎集合。汪达尔人拥有北非，哥特人占据了意大利和西班牙。只有两个部族成功地建立了永久的国家。首先是法兰克人，他们占领了高卢和莱茵兰，并使现代法兰西由之得名。第二个长久的国家是盎格鲁人和萨克森人创建的，他们横渡北海征服了不列颠。后来，在10世纪，他们分裂的诸国融合为一个王国，称为英格兰（"盎格鲁的土地"）。从公元400年到1000年的600年间，战争和侵略主导了西欧的故事。暴力和混乱没有提供可以让哲学繁荣的沃土。因此，这一时期的政治不稳定阻碍了任何连贯的文化的扎根。

教会

在所有这些变乱之中，一个勉力生存下来的团体就是天主教会。当世俗的帝国瓦解的时候，教会保留了它的凝聚力，并保持了它作为一个核心组织和普世团体的品格。有助于此的是这样一个事实，5世纪期间，西方教会采取了君主制的组织结构，宣布罗马主教是"教会之父"或"教皇"（来自拉丁词"*papa*"）。面对帝国覆灭造成的文化真空，教会作为唯一一个强大得足以经受这些变化的团体，得到了强化。因此，保存过去、塑造未来的责任就落到了它的肩上。它接手了许多瓦解中的市民政府无法处理的功能。教会收税、照管食物供给、修复城墙、维持刑事法庭和用它的建筑作为医院和旅馆。最重要的是，教会成为教育的中心，虽然限于教士和僧侣。

黑暗时代与光明时代

尽管教会保留了残存的文化统一体，但早期中世纪是一个文化与哲学潮流处于低潮的时代。从罗马覆亡和奥古斯丁去世到1000年的时期通常被称为"黑暗时代"。这一阴暗的图景可能是由于我们的历史资源有限，然而这些世纪的教育和文化活动相比于较早的时代的确显得很有限。这些世纪中短暂的光明时刻是由查理曼（查理大帝）创造的，他的统治从公元768年开始直到公元814年他去世为止。他开始时是作为法兰克王国的统治者，但最后统一了整个西欧。他开启了一个称为"卡洛林文艺复兴"的罕见时代，在这个时代，教育和艺术得到了推进。查理曼在教堂和修道院里建起了学校，吸引了整个欧洲的学者。通过授课和复制重要文本，这些学校保存了过去的经典基督教文化。在他死后的黑暗和动荡的时代里，这些学校让知识之灯继续照明，直到11世纪和12世纪哲学再度繁荣。中世纪后期，欧洲大多数伟大的大学都是从查理曼建立的机构中产生的。

拜占庭帝国与伊斯兰帝国

罗马帝国的东部逐渐被称为拜占庭帝国。不像那内讧的西部，在整个中世纪，它保持了适当程度的文化和政治统一。在它继承的资源中，有两个学术中心：雅典和亚历山大。当基督徒在旧罗马帝国还处于少数时，他们曾恳求异教徒的宽容。然而，当教会获得了支配地位后，它没有遵循自己的道德建议。结果，异教徒和犹太人常常在基督教地区内受到迫害。在雅典，柏拉图学园和其他异教学校的继承者继续繁荣着。然而，查士丁尼大帝在529年关闭了这些学校。尽管有这样的敌意环境，学者们让柏拉图研究、新柏拉图主义研究和亚里士多德研究存活了下来，并防止了他们的文本永久散佚。然而，除了他们在艺术和建筑方面值得注意的成就，拜占庭人对神学和政治争论的专注妨碍了他们在哲学、科学和文学方面做出重要的贡献。

8世纪期间，新的伊斯兰教作为一种文化和政治力量崭露头角。穆斯林控制了地中海的东岸、西岸和南岸，包括波斯、叙利亚、埃及、非洲和西班牙。因此，晚期罗马帝国的继承者是地中海世界的三大文明：欧洲、拜占庭和伊斯兰。三者之中，直到11世纪之前，欧洲世界在文化上是发展水平最低的。在哲学发展上，穆斯林扮演了重要的角色，因为他们继承了亚里士多德的文本并最终把这些古代文本和丰富的哲学传统传给了西方基督教。

中世纪哲学概观

在我们看这个时期的哲学之前，先来展示一下这个区域的地图是很有帮助的。从基督教纪元开始到中世纪结束的西方哲学可以分为五个时期。我们在上两章考察的是基督教哲学的早期，被称为教父时期（Patristic period），它始于公元1世纪，在奥古斯丁的哲学和神学体系中达到顶点。*他的思想是诞生在古代文明语境下的基督教思想的典范。然而，奥古斯丁的著述并不是教父时代的尾声——它们也是哲学故事下一个篇章的前言。奥古斯丁的柏拉图式基督教被证明在中世纪有支配性影响，直到13世纪，他的体系被迫与以亚里士多德为基础的另一思想体系竞争时为止。这一新的进路由圣托马斯·阿奎那最为全面地完成，他是13世纪的思想家，代表了中世纪哲学的顶峰。

在圣奥古斯丁和中世纪结束之间，有一个长达约10个世纪的时期，时间跨度比整个古典时期还要长。这个时代可以被分为四个时期，每一时期都将由单独的一章来呈现。中世纪的早期（从5世纪到10世纪末）受文化和政治剧变的困扰，有许多流血事件，那是西欧伴随着新文明诞生经历的剧烈阵痛。这一时期通常被称为黑暗时代（Dark Ages）。尽管文化黑暗占主导，但这一时期还是有少数亮光。6世纪早期的哲学家波爱修和9世纪的哲学家约翰·司各特·爱留根纳，作为哲学被忽略时代中的勇敢声音而引人注目。查理曼对教育和艺术的支持也保存了哲学的火焰——但仅仅是非常微弱的火焰。无论如何，到9世纪为止，欧洲在文明的每个尺度上都落后于古典世界。黑暗时代终于在1000年左右结束了，出现了忽然绽放、刚刚苏醒的文化生活。对古典作家文本的再发现给哲学的复活注入了活力。其结果是，我们在11世纪和12世纪达到了中世纪的形成时期（formative period），它将在下一章讨论。此时，哲学再次焕发新生，拥有了圣安瑟尔谟、彼得·阿伯拉尔这样的哲学人物和许多伊斯兰、犹太学者。第11章将讨论13世纪中世纪哲学的顶峰，那时，对亚里士多德哲学的重新发现导致了托马斯·阿奎那的不朽著作。最后，第12章讨论14世纪中世纪思想的衰落，它始于约翰·邓·司各脱和奥卡姆的威廉。中世纪的衰落为伟大的文艺复

---

* "教父的（Patristic）"一词来自拉丁文"*pater*"，意为"父亲"，指早期基督教思想家的著作，他们被称为"教会之父"。

兴和宗教改革以及近代科学的兴起提供了舞台。

早期中世纪哲学

以我们对希腊哲学传统的理智丰富性的了解，认识到在中世纪的大部分时间里，可以得到的他们的著作多么少，是非常令人震惊的。罗马时期，翻译成拉丁文的希腊书籍很罕见，因为对它们感兴趣的学者依然可以阅读原著。然而，圣杰罗姆把《圣经》的绝大部分翻译成拉丁文后（大约在410年完成），关于希腊的知识似乎是多余的，对希腊语的兴趣也下降了。而且，古典研究未能幸免于伴随帝国覆亡的社会和政治动乱。更糟糕的是，人们基本的读写技能在下降。

由于希腊文著述的拉丁文翻译不足，早期中世纪哲学家只熟悉少数古典时期的作品。他们关于柏拉图的知识仅限于他的《蒂迈欧篇》，一部他们认为指向基督教宇宙观的作品。问题是，这部作品讲的是一种神话宇宙学，没有传递很多柏拉图其他著作中包含的重要思想。那个时代可以获得的关于亚里士多德的知识，局限在他的逻辑学著作部分。另外，他们还有新柏拉图主义者波菲利写的亚里士多德《范畴篇》的引论、西塞罗的少数对话和塞涅卡的部分文章。卢克莱修阐述伊壁鸠鲁原子论的诗歌也可以得到，但不被看重，在那个时代，他的诗只有一份手抄本保留了下来，这个事实就表明了这一点。因此，直到12世纪晚期，希腊哲学经典开始在欧洲复兴之前，早期中世纪学者被局限于希腊遗产的某些片段，他们就像人们在努力从一个拼图中获得指导，但发现许多关键的部件找不到了。除了哲学资源的贫乏，这个时期的荒芜还在于政治暴力和人们所面对的物质条件。哲学潮流收缩为涓涓细流，理智的土壤没有培育出哲学的果实。值得注意的例外是，波爱修和爱留根纳这样的勇敢和创新的人物，他们都具有懂希腊语这样的稀有优势。

波爱修

波爱修（Boethius，约公元480—524年或525年）通常被称为"最后一个罗马人和第一个中世纪学者"。他的著述是古代世界的哲学传入中世纪的重要渠道。他在一个政治上显赫的家庭中作为基督徒被养大。当他被送到雅典受教育时，他在那里掌握了希腊语（在6世纪时是一项少有的成就），并受主流希腊哲学传统的影响。他把将柏拉图和亚里士多德的全部著作翻译为拉丁文并进行注解作为自己的人生目标。另外，他认为他能调和他们的教导。然而，他没能达到他的希望。如果他完成了他的任务，有柏拉图和亚里士多德著作的拉丁文全集可资利用，中世纪哲学的发展可能与实际状况大不相同。我们知道，波爱修的确把亚里士多德的逻辑学著述翻译成了拉丁文并写了注解。他还翻译了新柏拉图主义者波菲利的《亚里士多德〈范畴篇〉引论》并提供了若干注解。而且，他也写了几篇他自己关于逻辑学的原创文章，以及5部神学著作。通过他的著述，中世纪学者学会了遵循亚里士多德逻辑的模式去推理。除了他的学术工作外，他还占据了很高的政治职位。虽然他获得了许多荣誉，但他最终失去了宠信并以叛国罪被处死。

在他被囚禁等待处决期间，他写下了《哲学的慰藉》。这部著作在中世纪时被广泛阅读，并影响了许多作者。该著作的主题是他从斯多亚学派那里学来的：对抽象哲学的沉思带来个人的宁静。这本书用诗和散文两种文体写成，是作者和哲学之间的对话，哲学拟人化为一个端庄贤淑的女性。他们的对话探讨的是一个对波爱修来说非常现实的问题：为什么正义者会受到不正义的对待，而奸邪之徒反而得势。他发现的答案深刻地得益于柏拉图、亚里士多德、斯多亚学派、普罗提诺和奥古斯丁以及其他人的思想。其要点是，幸福不可能来自外部的幸运。既然奸蠹者愚蠢地追求荣誉、名声、富有和身体快乐这些虚假的善，他们不会找到幸福。幸福存在于现世之外，只有有德性者才能获得。

在讨论的过程中，他致力于人的自由和神意的主题。他努力消解这两个命题之间的表面矛盾：（1）人的行动是自由的，和（2）上帝预先知道我们将要做的每件事情。波爱修提供的对这个问题的解决后来成了经典。他说，我们不可能准确无误地预知任何自由的行动，因为它们还没有被决定。然而，上帝与时间的关系与我们不同。他不存在于时间中，而是在他永恒的现在中将我们的过去、现在和未来经验为同时并存的时刻。因此，你未来将施行的行动已经呈现于他，它们已经作为自由的行动被他所知。正如你知道太阳现在升起并没有决定它升起一样，上帝对你的自由行为的非时间性的预知并不使它们成为被决定的。

在整本书中，波爱修的口吻都是宗教性的，但并不是明确的基督教。它是但丁、薄伽丘和乔叟这些文学人物最喜爱的读物。它通过构造出一个基于独立的人类理性的自然哲学，为讨论信仰和理性做出了贡献。虽然他的著作在他死后紧接着的几个世纪中被忽略了，但它们指导着11世纪哲学思想重新复活时的思想家。波爱修的著作和翻译的非凡意义在于，它们把大量可获得的关于亚里士多德的知识传到了中世纪，并且它们表明哲学范畴可以怎样应用于神学。波爱修提供了对后来的作者如此重要的基本哲学术语、定义和区分。虽然他在他自己的时代受难，后代的中世纪学者却把他的作品视为经典和权威的哲学资源。

> **想一想**
>
> 9.1 对波爱修关于神的预知和自由意志问题的解决，你的想法如何？你能否设想一个诸如上帝这样的存在，他超越时间，对于他，我们的过去、现在和未来都是他永恒经验的一部分？如果是那样，你的自由决定，那些你还没有做出的决定，已经为上帝所知了。因此，波爱修论证，即使对于你将要做什么你还没有做出决定，你将要做出的决定已经为上帝所知，但他并不以任何方式干预你的自由。这个立场合理吗？它的长处和弱点是什么？

约翰·司各脱·爱留根纳

对于波爱修和11世纪的圣安瑟尔谟之间的6个世纪里发生的创造性的哲学工作，我们几乎没有历史记录。约翰·司各脱·爱留根纳（John Scotus Erigena），大约生于810年，死于877年，是其著作保存下来的少数哲学家之一。他生于爱尔兰，在爱尔兰修道院接受教育。*爱尔兰非常幸运，它比较偏远，因此与6世纪、7世纪和8世纪遍及欧洲的动乱分隔开来。爱尔兰修道院是学术中心，在那里，希腊知识依然有价值，尽管在世界其他地方，希腊知识实际上

---

* 虽然他是爱尔兰人，但他名字的意思是"苏格兰人（Scot）约翰"，因为在中世纪早期，爱尔兰被称为"苏格兰（Scotia）"。"爱留根纳"，他名字的后一部分，意思是"爱尔兰（Erin）人的"。

已经变得不为人所知。爱留根纳被普遍认为写出了中世纪第一个完整的哲学体系，相对于他所能获得的贫乏的哲学著作来说，这是特别值得注意的成就。在他的同时代人中，他的独特之处在于，能使用来自希腊的资料作为理智资源，这是他创造的决定因素，也对他的观点有重要影响。

爱留根纳在国王秃头查理（查理曼之孙）的宫廷中服务了若干年，在那里，他被任命为宫廷学校的校长。爱留根纳看起来不仅是个热心的知识分子，而且机敏风趣。在爱留根纳和国王查理豪饮几巡之后，查理试图拿这个爱尔兰人打趣以助酒兴，他问一个苏格兰人（Scot）和一个酒鬼（sot）有什么区别，爱留根纳机敏地回答说："只有这张餐桌。"因为尊敬爱留根纳的学识，查理派遣他把教会的某些希腊教父的著述翻译成拉丁文。其中包括了很多被归于亚略巴古的狄奥尼索斯的作品，他是圣保罗的一个皈依者，在《使徒行传》17:34里提到过。在这些手稿中，作者对基督教给予了明确的新柏拉图主义的解释。因为它们的作者，这些作品被中世纪学者接受，被认为具有几乎和使徒作品一样的权威性，并在整个中世纪被认真阅读。然而，直到很久以后，大约在17世纪，它们被发现是伪造的，现在被归于一个不知名的6世纪叙利亚新柏拉图主义者，我们现在称之为"伪狄奥尼索斯"。然而，它们的影响帮助了把新柏拉图主义和神秘主义的观点加给接下来6个世纪的哲学和神学。而且，伪狄奥尼索斯的思想为爱留根纳的整个哲学建构设立了框架。

对于爱留根纳，哲学的目标就是为启示提供理性解释。他根本没有中世纪后期对哲学与神学任务的区别的理解。因而，他引用奥古斯丁的"真哲学就是真宗教，反过来，真宗教就是真哲学"[1]来支持他的论点。爱留根纳忠实于基督教传统，肯定在一切事情上都要遵循《圣经》，但是他认识到如果我们要知道《圣经》说了什么，就需要解释它。对于爱留根纳，解释《圣经》有两个源泉：理性和教父。但他强调理性优先，因为他说：

> 权威实际上源于真正的理性，理性从来不源于权威。因为所有得不到理性背书的权威都是虚弱的，然而，真正的理性，被它自身的德性所认可，并因此恒定不变，不需要从权威那里得到另外的赞同来加强它。（DN 1.69）[2]

然而，在这样说时，他并没有以至上的世俗理性之名抛弃教父的权威。相反，他坚信，真正的权威和真正的理性在主要问题上不会冲突，因为"它们都出自同一个来源，即神圣的智慧"（DN 1.66）。[3] 如果理性和权威似乎冲突了，那么其中一定有一个不是真的。无论如何，他的方法论立场使得他能自由地沿着他的哲学理性引导的方向解释启示和教义的传统。

这一进路显露在他最伟大的著作《论自然的区分》中，这本书大约出版于867年。"自然"指整个实在，包括上帝和他的造物。他说，自然有四个方面，它们共同穷尽了一切逻辑可能性：（1）创造但不被创造（上帝作为事物的原因，但自己没有原因）；（2）创造但也被创造：神圣逻各斯中的观念，它们构成了一切受造物的蓝图和初始因（柏拉图的相的爱留根纳版）；（3）被创造但不创造：被创造的宇宙自身；（4）既不创造，也不被创造：这也是上帝，但现在被看作是创造过程的最终目的。爱留根纳相信，所有事物都会回归它们的源头并重新统一于上帝的存在中。爱留根纳的意图是否总是符合正统神学似乎令人怀疑。但他一直想要模糊（1）泛神论（强调上帝无所不在到把上帝与世界看作相同一的程度）和相反的（2）《圣经》有神论（坚持上帝的超验性以及造物主与被造物的区别）。他如何把这两个观点看作一致的，是理解他思想面对的一个主要问题。

爱留根纳有许多重复的段落具有泛神论的一切特征。鉴于他的新柏拉图主义假设，爱留根纳实际上不可能坚持上帝与受造物绝对分离的正统教义。例如，他从伪狄奥尼索斯那里吸收的新柏拉图主义宣布，一个人能设想世界依赖上帝的唯一方式，是设想世界分有上帝的存在或从上帝流溢而出。借用他认为作者是狄奥尼索斯的权威观点，他说，上帝"被称为太一是因为他是一切事物；因为不存在任何不分有太一的事物"（DN 3.8）。[4] 爱留根纳甚至走得更远，他断言，太一"将自身扩展为万物，并且扩展本身就是万物"（DN 3.9）。[5] 将上帝等同于万物的表达再清楚不过了。爱留根纳论证说，上帝中不可能有任何偶然，意味着上帝本性的一切方面和源自他的一切都是必然的。因此，宇宙是神的创造性的必然实现，就像无限的数列是以数 1 为源头的理性必然过程。没有宇宙，上帝就只是一个潜在的创造者，并因而是未实现和有缺陷的。如果宇宙不是必然地从上帝的本性中流溢出来，那么创造就只是上帝任性无常的心血来潮。创造的理性必然性和它与数列展开的比较，是对新柏拉图主义者普罗提诺的回顾，也是对 17 世纪伟大的形而上学家斯宾诺莎的前瞻，他们都有时被解释为泛神论者。类似的，爱留根纳频繁使用新柏拉图主义的隐喻，上帝的存在像一条河流入万物，它的水却保持不变（DN 3.4）。[6]

关于上帝的这个观点引起了恶的问题。如果宇宙是上帝存在的流溢，那么为什么世界中有恶？与奥古斯丁一样，爱留根纳相信，就像黑暗自身不是实际的存在而是光的缺失，所以恶是善的缺失。他还借用了奥古斯丁的解释，我们对恶的经验缘于我们对宇宙的有限视野。他引用奥古斯丁的观点，一切貌似恶的东西都像画中的阴影。就它们自身来看，它们是丑陋的，但从整体的背景来看，它们有助于产生这幅画的美。

在他解释第四个区分或自然循环的最后阶段时，爱留根纳认为，所有的区分和分裂最终都将被克服，因为这些是从上帝存在的统一性退化的结果。就像万物最初从上帝的存在中流溢出来却并不减损它，因而万物将最终复归于相同的统一而不增益它。我们在尘世的存在中感到的所有渴望，其实都是表达想要重新与上帝统一。这个解释反映了把一切事物吸收到永恒之中这种希腊倾向。然而，它消弭了时间与创造的意义，这是基督教观点的本质特征。即使最同情爱留根纳的一个评论者也抱怨这个理论：

似乎在任何意义上都不可能保持世俗宇宙的实在性。因为，当一切被重新吸收到绝对之中后，宇宙的过程完成了什么？曾经存在过的任何东西造成了什么不同？创造的巨大结构成就了什么？人类的辛劳、经验和痛苦成就了什么？[7]

万物被吸收到上帝的统一中，这一观念面对的进一步的困难是，它给基督教关于不朽的教义造成了问题。虽然爱留根纳非常努力地保持个体的不朽，但他的新柏拉图主义总好像冲淡了它。例如，他说，在世界的终结处，"一切受造物都将被投入阴影，即化入上帝之中，就像日出时的星辰"（DN 3.23）。[8]

爱留根纳引起的最有趣的争端之一是在一个受

伪狄奥尼索斯启发的段落中，在那里，爱留根纳论证说，上帝高于和超出存在与思维的一切范畴，因为描述他就会限制他（DN 1.10—14）。[9] 在这个段落中，爱留根纳引发了宗教语言的问题，一个让宗教哲学家从那个时代一直争斗到20世纪的问题。这个问题是，我们如何能用取自我们有限、凡俗的经验的语词和概念，来描述一个无限和超越的存在？爱留根纳借自伪狄奥尼索斯的解决方法是，既使用肯定神学，也使用否定神学。当我们肯定"上帝是善的"，我们必须在心里记住，我们人类的"善"这个观念对于上帝来说是不充分的，所以我们必须马上补充"上帝不是善的"（因为那会不恰当地假设上帝分享了某种和有限的人类之善共同的东西）。我们所有关于上帝的肯定陈述都必定是隐喻性的，因为人类的概念不能恰如其分地对待上帝。然而，当我们说上帝不是什么时，这一否定神学必须按字面理解。

爱留根纳（和伪狄奥尼索斯）的最终解决方法是，只依靠最高的神学（superlative theology）来谈论上帝。我们可以说上帝是最高真理，上帝是最高智慧，上帝是最高的善，等等，由此避免暗示他的性质与其尘世的对应物之间有任何相似。虽然我们可以使用这些短语，但不能对什么是最高的善有任何概念性理解，只知道它高于普通的人类之善的概念和例子。这种情况就像只用平面几何的术语来描述三维的球形。我们会说这个球是圆的，但不是一个圆形。既然这样一个上帝在理智上无法理解，神秘体验似乎是通达他的唯一方式。因此，即使是爱留根纳也试图强调，上帝的超越性迫使他退回到新柏拉图主义的与上帝融合的神秘体验。由于他介绍他的上帝观的方式非常有力，约翰·司各脱·爱留根纳成了启发后来的基督教神秘主义以及某些12世纪和13世纪异端教派的重要源泉。

> **想一想**
>
> 9.2　为什么爱留根纳认为使用我们的语言谈论上帝存在着问题？例如，为什么他认为只是说"上帝是善的"有问题？他说，我们关于上帝的所有肯定语言都必然是隐喻，这是正确的吗？这个观点隐含着什么？

尽管他的思想中有丰富的新柏拉图主义元素（其中很多都与传统基督教神学不符），爱留根纳还是认为，他自己不过是正统的基督教神学家。他非常努力地试图将他的立场和《圣经》相调和并不断地引用教父的观点，特别是奥古斯丁的观点。而且，他频繁地提醒我们，他关于上帝的所有语言都必然是隐喻性的。为了对他公平起见，他较为具有泛神论性质的陈述必须用那些他肯定上帝与受造物之间的严格区分的陈述来平衡。然而，爱留根纳关于他自己正统性的观点并不被其他的权威教士所认同。他的书最终被谴责为泛神论异端，并且所有的抄本被教皇洪诺留三世于1225年下令焚毁，他把它们描述为"爬满了离经叛道的蛆虫"。早些时候，他的其他著作被瓦伦斯宗教会议（855年）谴责为"爱尔兰胡话"和"恶魔的捏造"。

即使爱留根纳心向正统，他的新柏拉图主义思想也让他转向了他没有打算去的方向。这不仅对他也对整个中世纪教会造成了问题。一方面，伪狄奥尼索斯的著作被认为是可信的和权威的。另一方面，新柏拉图主义和基督教正统在很多问题上背道而驰。教会看到爱留根纳的结论是异端，但对于如何避免它们却不清楚，因为新柏拉图主义是那个时代教会思想家能获得的唯一哲学资源。因而，约翰·司各脱·爱留根纳之后的几个世纪中，没有人接手他的工作来构建一个完备的形而上学体系。相反，基督教哲学家把他们的注意力集中在更分散和可控的哲学问题上，缺乏指引哲学思维的不同模式。哲学家需要的是一个体系，既保留对基督教神学非常重要的彼岸的、永恒的和普遍的元素，又恰当地对待现世、时间的实在性和特殊事物的存在。因而，当12世纪亚里士多德的形而上学手稿在欧洲可以获得时，开始系统哲学的新进路成为可能。在那之前，我们发现，哲学家固守在对技术问题的零散分析上。

想一想

9.3 在约翰·司各脱·爱留根纳的思想中，什么内容与基督教一致？他的思想中的哪些特征与他的基督教神学不一致？

重返黑暗

尽管他的哲学思辨勇敢而又新颖，约翰·司各脱·爱留根纳孤独的声音并没有产生多大影响。查理曼创造的理智和文化进程在他814年去世之后陷于停滞。部族君主再度兴起，填补了政治真空，当侵略带着新的活力重新开始，分裂的欧洲变得任人宰割。维京人带着野蛮的军队和庞大的海上力量袭击欧洲，在汉堡、巴黎和波尔多造成浩劫，同时穆斯林撒拉逊人入侵了意大利。而且，这是一个教会堕落的时代，因为腐败和地方政治派别的控制决定了那个时代的教会的品格。从800年到1000年，这个时期似乎陷入了政治不稳定、腐败、侵略和暴力。当穆斯林文化持续繁荣时，西欧沉入了它曾经历过

的最深的低谷。物质条件严峻，战争、疾病和饥饿成了人们日常生活应付的主题。人的平均寿命只有30岁，到过他们的出生地16千米外的人不到百分之二十。从爱留根纳去世到安瑟尔谟出生大约150年的时间，没有任何关于有意义的哲学声音的记录。因此，第二个黑暗时代开始了，而且是最为黑暗的时代。

当代联系 9：早期中世纪哲学

这些中世纪早期的思想家对接下来的世纪里某些追随他们的思想家产生了影响。但我们今天能从他们那里学到什么呢？一个重要的教益是，他们可以让我们知道我们在其中进行思考的理智资源的价值。他们凭着对柏拉图和亚里士多德这样的希腊哲学家创造的哲学知识财富的有限了解，勇敢地试图构想出基督教哲学。想象你处在与他们相似的情况下。对于塑造你现在的人格具有重要性的某些书是什么？如果这些书你不能获得，你的生活和思想会有什么不同？如果你自己的思想要充分发展，你认为你应当读什么书？

理解题

1. 从基督教纪元开始到中世纪结束的时间跨度内，西方哲学的五个时期是什么？
2. 对于中世纪早期的哲学家，哪些希腊哲学著作是可获得的？对过往哲学家的这种有限认识有什么效果？
3. 关于波爱修有什么哲学争议？
4. 约翰·司各脱·爱留根纳如何看待信仰和

理性的关系？
5. 新柏拉图主义以何种方式影响了爱留根纳的形而上学？
6. 关于宗教语言的问题是什么？爱留根纳是如何努力解决它的？
7. 为什么爱留根纳的同时代人拒斥他的哲学？
8. 什么因素导致在爱留根纳死后的150年里哲学的衰落？

思考题

1. 波爱修对神的预知和人的自由问题的解决，其长处和弱点是什么？
2. 爱留根纳的新柏拉图主义如何把他引向了泛神论？
3. 爱留根纳对宗教语言问题的解决，其长处和弱点是什么？

注释

[1] 《论预定》（*On Predestination*），第1章，艾伦·B.沃尔特（Allan B. Wolter）译，载于《中世纪哲学：从奥古斯丁到库萨的尼古拉》（*Medieval Philosophy: From St. Augustine to Nicholas of Cusa*），约翰·F.威普尔（John F. Wipple）和艾伦·B.沃尔特编（New York: Macmillan, Free Press, 1969），第111页。

[2] 约翰·司各脱·爱留根纳，《论自然的区分》（*On the Division of Nature*），艾伦·B.沃尔特译，载于《中世纪哲学》，威普尔和沃尔特编，第113—114页。所有对爱留根纳该书的标注都使用符号"DN"，紧接着是原书的章节号。

[3] 威普尔和沃尔特，《中世纪哲学》，第114页。

[4] 《论自然的区分》（*Periphyseon: On the Division of Nature*），迈拉·L.乌尔费尔德（Myra L. Uhlfelder）译（Indianapolis: Bobbs-Merrill, Library of Liberal Arts, 1976），第149页。

[5] 同上，第152页。

[6] 同上，第139页。

[7] 亨利·贝特（Henry Bett），《约翰·司各脱·爱留根纳：中世纪哲学研究》（*Johannes Scotus Erigena: A Study in Medieval Philosophy*，New York: Russell & Russell, 1964），第143页。

[8] 引自弗雷德里克·科普尔斯顿（Frederick Copleston），《哲学史》（*A History of Philosophy*），第2卷，第1部分（Garden City, NY: Doubleday, Image Books, 1962），第148页。

[9] 威普尔和沃尔特，《中世纪哲学》，第122—131页。

第10章

11世纪和12世纪的哲学与神学

中世纪的兴盛

到1000年左右,作为中世纪早期特征的无政府状态和蛮族的连续入侵都告一段落。在接下来的世纪里,西欧的政治、社会和经济建制达到了稳定和连贯,持续了差不多500年。这些世纪里发展出的机构、建筑、音乐、文学和习俗,形成了人们将之与中世纪相联系的形象集合。从1000年到12世纪末这段时期,中世纪文明达到了它成就的顶点。由于这个原因,这个时期通常被称为"中世纪盛期"。

哥特式教堂的兴起是这个时代新精神的象征。早期的教堂建筑方法产生了粗矮、厚重、凡俗的结构,像是保护神圣的内部不受外部世俗干扰的石头堡垒。相反,新的工程技术使得房顶能耸入前所未闻的高度,并在大片地方用鲜亮的彩色玻璃代替了石墙。这产生了建筑几乎没有重量、悬浮在天空的幻觉,给了教堂一种魔幻、神秘的气质。中心的尖拱设计不仅使得竖向线条更加优雅,而且几乎像是一双手捧着祈祷者。

哥特式建筑可以看作这个时代哲学努力的象征。每座建筑的基本结构都根据几何学和物理学坚实而普遍的法则。但在这些边界内有探索各种设计的自由。外部射入的光芒透过染色玻璃匠人创造的色彩鲜明的复杂图案照耀着建筑内的庄严礼拜。类似的,中世纪思想在基督教启示的坚固结构内展开,同时人类理性通过柏拉图和亚里士多德哲学模式的过滤流入基督教思想。

哥特式教堂华丽高耸的设计,是通过协调安排和消除建筑内部对立的张力达到的。世俗的石材和美的感官吸引力指向它们的外部,将人的眼睛和心灵引向天空。类似地,这个时代的哲学使用逻辑工具消解信仰与理性的张力。这一点的完成,是通过把它们放入它们在那将理智引向上帝的宏伟概念结构中的恰当位置。

中世纪理智能量爆发的一个主要原因是大学的兴起。在罗马覆灭后的混乱世纪中,知识和学问有从欧洲消失的危险。是修道院保存了西欧的理智文化。它们是珍贵手稿的储藏库,并为神职人员提供教育——他们是唯一认为需要教育的人。8世纪,查理曼复活了对学问和艺术的兴趣。其结果是,教堂学校开始在城镇发展以满足对教育不断增长的兴过分析对重要文本的论证和就当时重要的理智问题进行辩论来推进知识的发展。作为他们教育的一部分，学生被期望就不同问题采取立场并面对他们的同侪和教授的质疑为自己答辩。教师也面临同样的压力，因为教师逃避回答困难的问题会被罚款，或让他的学生流失给竞争者。传统和正统依然占据最高统治地位，但这种对质疑、争议、论证、辩论的强调有助于产生某种意义上的理智严谨性，和比以往更大的对新选项的开放性。

虽然饥饿、疾病、暴力、无知依旧是中世纪生活无法逃避的现实，但这些世纪并不缺乏情感和理智的补偿。生活有了连贯性、目的和秩序。中世纪的人们有真挚的信仰和以教皇为首的教会。存在着一个政治体系（封建制）和一个支配性的经济体系（庄园农业）。存在着一个确定的社会结构，由平民、教士和贵族组成，每个人都行使着他特有的功能。地球处于宇宙的中心，被天幕所笼罩，这让人们有一种归属于令人安慰的事物结构的感觉。虽然哲学家感到有探索未知理智水域的自由，但他们并不像在没有星光的夜晚漂泊的水手那样没有方向感，因为他们有作为指路明灯的启示和传统来指引他们的理智之旅。生活中的每一事件都被神所规定，每个人，不论在社会地位和理智上多么卑微，都可能渴望上天的回报。由此，教会提供了一个统一和完备的宇宙图景，每个人都被置于其中。

经院哲学的兴起

经院哲学的性质

经院哲学（scholasticism）是给予这个时期欧洲的重要理智运动的名称。它的成员被称为经院学

沙特尔大教堂，完成于 1220 年。
中世纪大教堂的建筑师使用石头和染色玻璃创造出一种超越感，令眼睛和心灵升入精神王国。类似地，中世纪哲学从观念的建筑砖块中创造出恢宏的概念结构，将理智引向上帝。

趣。中世纪大学从这些学校和意大利地方学校中成长起来。13 世纪，大学在巴黎、博洛尼亚、那不勒斯、蒙彼利埃、牛津和剑桥繁荣起来，这里只列举了很少一部分。到 1500 年，大学的数量超过了 80 所，其中许多今天还存在。我们仍然保留着许多起源于中世纪大学的学术传统，如穿学院袍，授予各种学位和论文答辩等。

大学运动对中世纪哲学的重要性在于，大学把学者群体集中起来，他们保存了过去的伟大思想并通

者或经院哲学家。最初，"经院的"这个术语适用于任何在查理曼最早于8世纪建立的学校中学习和教学的人。最终，经院哲学变成指整合信仰和理性的理智计划。虽然少数神学家怀疑哲学理性，但经院哲学家乐观的理性主义支配了中世纪的思想。

将所有经院哲学家统一起来的共同目的是协调教会的教义和哲学思辨的成果。他们的哲学受他们的信仰指导，而他们的信仰则靠他们的哲学来解释。对于经院哲学，如彼得·达米安（Peter Damian，1007—1072）对它的表达，神学是"科学的女王"，而哲学是她的婢女。在经院哲学家的思想中，信仰指导理性，为它设定议程，给它主要的提纲和重大的真理，让哲学可以围绕它们建立体系。接着，希腊哲学为他们装备阐明、解释和为《圣经》的真理提供理性支持的工具。在基督教的前几个世纪，教父们忙着努力表述和系统化信仰的条目。然而，到了经院哲学兴起的时代，内容固定的明确教义已经存在，并且有一个组织起来的教会系统保卫这些明确的教义。因此，教会的教义提供了不受争议的框架，哲学必须在其中找到它的位置。不过，在这些边界之内，学者的心灵可以自由徜徉，得出启示真理的可供选择的解释和意蕴。经院哲学运动内部出现相竞争的哲学立场表明，神学并不授与哲学家所有的答案。

经院哲学的方法是辩证法，一种从亚里士多德著作改编而来的论证形式。它是一种争辩和讨论的形式，首先，一个问题被设计成问句的形式，如"上帝的存在是自明的吗？"接着，着手提出赞成或反对不同回答的论证。最后，达成某种决议，或者在竞争立场之间找到一种平衡，或者捍卫其中一个立场的正确性而拒斥另外的立场。

经院哲学家对用理性的力量达到真理有充分的自信，但总是把这与依赖公认的权威相平衡。这些权威是《圣经》、教父（特别是奥古斯丁）和波爱修的逻辑注解。在后来的世纪中，亚里士多德完整著作的发现和他的那些阿拉伯评注者为思想提供了另外的资源。彼得·阿伯拉尔对共相问题的处理，戏剧性地展现了中世纪思想家围绕权威文本进行哲学研究的方式。他在《波菲利集注》中讨论了这个问题，这本书实际上是他对波爱修对波菲利对亚里士多德的逻辑论著的评注的评注的评注！

虽然经院哲学家在寻求得出他们的信仰的哲学意涵上是统一的，但具体如何得出这个图景却引发了席卷各个修道院和大学的争论。他们特别关注三个问题：（1）共相问题，（2）信仰和理性的关系问题，和（3）意志与理智的关系问题。

关于共相的争论

中世纪期间一个突出的哲学争论是共相问题。显然，这一问题产生于希腊哲学中，缘于柏拉图、亚里士多德和其他人立场的对立。然而，中世纪思想家认为，这个问题承载着神学意蕴。共相是某种可以为许多特殊事物共有的东西。因此，共相是我们关于世界的言说和思维中的重要元素。然而，当我们试图弄清共相的形而上学地位时，问题却产生了，因为可以问这样的问题，共相与实在有什么关系？对于中世纪学者，引发这个问题的是波爱修翻译的波菲利的《亚里士多德〈范畴篇〉引论》。波菲利问了三个关于共相的问题：

1. 共相是
   （a）独立地存在于实在中
        还是

（b）只存在于理解中
2．如果它们存在于实在中，它们是
　（a）有形的
　　还是
　（b）无形的
3．它们是
　（a）与可感对象相分离
　　还是
　（b）不与可感对象相分离

关于他自己在这些问题上的立场，波菲利回答说："我拒绝说……这种问题是最为崇高的事物，要求非常大量的辛勤探索。"[1] 然而，他对这个问题的困难程度的警告根本没有阻止中世纪学者，因为他们相信，对它的回答牵涉到许多重要的神学争端。

要理解中世纪思想家面对的问题，请考虑一下"苏格拉底是人"这个陈述。当我使用"苏格拉底"这个名称时，我指称什么是非常清楚的，但当我使用普遍词项"人"时，我指称什么？我可能指称人性这个相或本质（像柏拉图想的那样），或者我可能只是发出了一个指称个体集合的声音。我也可能指称我心中的一个可以用于苏格拉底的观念或概念。在第一种情形下，共相具有一种独立于思考它的心灵的实在性；在第二种情形下，它作为我们语言中的一个声音仅仅具有言辞性的存在；而对于第三种理论，它将作为心中的一个精神结构而存在。

极端实在论是很多早期中世纪思想家采取的立场。"实在论"这个术语来自这个事实：他们相信共相是存在于世界中的实在事物。因此，根据波菲利列出的选项，他们赞同（1a）共相存在于实在中，（2a）它们是无形的。最广泛的版本继续赞同柏拉图的论点，（3a）共相与展现它们的特殊事物相分离。例如，约翰·司各脱·爱留根纳接受了新柏拉图主义的说法，认为相作为上帝与物理世界的中介而存在。类似地，圣安瑟尔谟坚持与柏拉图非常接近的观点，虽然他在神学上比爱留根纳更加正统。大多数人，如香浦的威廉（William of Champeaux，1070—1121）认为，没有必要提出共相独立于个体事物而存在。而且，他相信，相同的共相存在于一个种的每一个个体中。例如，鲍勃、德斯蒙德、萨布丽娜和凯西都包含着人性的全部本质。个体之间的差异（他们的肤色、高度等）只是他们本质人性的细小变异。

导致实在论立场的因素有很多。第一，存在认识论动机。因为11世纪的思想家都把亚里士多德的逻辑作为他们推理的基础，所以他们假设推理是通过展示共相的关系来进行的。因而，如果共相不命名实在事物，那么我们就是做关于虚构物的推理，从而我们就没有知识。他们设想理性和实在之间一定是一一对应的。神学争议问题也有关系。实在论希望使原罪教义能被理解。* 极端实在论者、神学家图尔奈的奥多（Odo of Tournai，死于1113年）认为，人性由一种我们所有人都分有的单一性质或普遍本质构成。当最初的男人和女人犯了罪，这种本质就被污染了。既然我们都分有这种相同的本质，这种污染也就传递给了每一代人。一个进一步的考虑是，三位一体学说似乎要求实在论。圣父、圣子和圣灵怎么可能是三个位格，却是一个神？答案是，神圣的本质是单一、普遍的实体，展现于三个特殊的位格中。

尽管有这些神学考虑，但实在论存在着一个问

---

* 这个教义说，当最初的人类（亚当和夏娃）违逆了上帝，罪和它的后果就成了人类状况的一个内在部分。

题。它主张个别的人分有普遍的人性，这意味着人性包括在哺乳动物的共相中，它又是动物共相的一部分。最后（为了遵循这种立场的逻辑），一切事物都包含在最广泛的共相之中，即存在自身，一切事物共有的实体。但是，如果存在等同于上帝，那么所有事物都是上帝的一部分，上帝与世界之间的区分就倒塌了。这种泛神论在爱留根纳那里很明显。然而，这个时代的大多数思想家没有注意到他们立场的这一极端意蕴。不幸的是，除了《蒂迈欧篇》外，这些早期思想家没有柏拉图的任何著作，并且直到13世纪，他们都不知道任何亚里士多德对柏拉图的批评。因此，他们没有注意到，他们立场的许多缺陷，在比当前的这场争论早14个世纪之前，就被发现了。

唯名论（nominalism）是这场争议中采取的另一个极端立场。根据唯名论（来自拉丁语"nomina"，表示"名称"），共相只不过是名称，只有个体是实在的。对于唯名论者，除了红苹果、红色的日落或红色的日出这样的特殊事物之外，没有"红"这样的东西存在。这种观点最极端的版本可能是由洛色林（Roscelin，约1050—1120）表述的，他是法国的一个逻辑教师。他被教会谴责为异端，所以我们对他和他的观点知之不多。（很少允许异端的著述保留下来以将他们自己的故事告诉历史。）显然，他教导说，在心灵之外，除了殊相，没有任何东西存在，并且共相并不指称任何独立的实在，而只是用以标明特殊事物群组的名称或"有声气息（*flatus vocis*）"。洛色林无疑注意到"我爱人性，它是一个我无法抗拒的人"这个陈述是荒谬的。对于唯名论者来说，不存在"人性"这样的东西。它只是一个缩写符号，我们用以代表马尔科姆、卡伦、安德烈亚、乔治和这个存在的人的列表中的其他个体。这

个理论中的哲学问题是，它似乎把共相变成了任意的和主观的。如果除了指派给它们相同的标签外，没有任何东西让这些个体成员属于同一范畴，那么我们根据什么把"人"这个名称给予一个殊相集合？除了世界上的事物好像被划分为自然种类这一常识性的反对意见外，大多数中世纪思想家都相信，他们的神学蕴含着一个实在的客观秩序，一个唯名论者似乎否定的秩序。而且，唯名论者似乎瓦解了原罪这个观念。如果所有人都是独特的，并与亚当分离，那么他的道德堕落怎么影响我们？至于三位一体，洛色林逻辑一致地做出结论说，如果不存在共同的神圣本质，圣父、圣子和圣灵就是三个神。"三位一体"这个词只是声音，指称这些个体的集合。他的三神论导致他在1092年被索松主教会议谴责。由于面临被教会开除的可能，洛色林放弃了他的立场。

概念论（conceptualism）是一种在前两个极端之间寻求妥协的立场。这个立场是由彼得·阿伯拉尔（1079—1142）引入的，阿伯拉尔在洛色林和香浦的威廉门下学习，并且发现他们两个的极端立场都有弱点。阿伯拉尔论证说，实在论蕴含着共相可能具有相互不一致的性质。例如，既然普遍的动物性既存在于苏格拉底，也存在于一头驴子，动物这个实体就既是理性的，也是非理性的。而且，两个个别的人，例如苏格拉底站在一个地方，柏拉图站在另一个地方，他们怎么可能像实在论似乎要求的那样，真的有人性这一相同实体？阿伯拉尔也揭露了极端实在论中隐含的泛神论。回应他的学说的这些批评时，威廉修正了他的立场，但不足以让阿伯拉尔满意。阿伯拉尔也攻击唯名论。由于接受了亚里士多德的定义，共相能够述谓许多事物，他论证

说，共相不可能只是词，因为词只是物理的声音，而一个物理的东西不可能述谓另一个东西。

为了避免这些问题，阿伯拉尔解释说，一个普遍语词自身只是一个声音，但它从它指向一个普遍概念这一事实中获得了它的能力。概念是语词的逻辑内容、意义或意思。他说，借助于普遍观念，心灵"构想许多事物的共同而含混的表象……当我听到人，我心中浮现出某个形象，它以这样的方式与诸个别的人相联系，即它是所有人的共同形象，但不精确地符合任何人"。[2] 通过提出共相是模糊含混的图像，他使得它们类似于一种抽象的视觉图像，这种图像是在这样的情况下获得的，即你半眯着眼睛使得你能分辨出你面前有个人，但因为形象不清晰而不能识别他。

如果我们接受阿伯拉尔的说法，共相不过是心灵中的一般概念，那么它们只是精神构造，在实在中没有任何位置。有些评论者给他的立场贴上了温和唯名论的标签。然而，他继续说，普遍概念的获得是通过抽象出若干个体共有的特征。因此，共相指称事物的客观特征，但不是与事物相分离的独立实在。例如，苏格拉底和柏拉图，就他们都是人而言，他们是相同的，但这种同一建立的基础不是某种心灵之外的单一实在（像极端实在论者认为的那样），也不是我们把相同的声音用于每个人（像唯名论者认为的那样），而是根据他们有相同的性质因而可以把相同的精神概念用于每个人这一事实。

共相可以和个体分开考虑，但它们不是真正分离的。因此，苏格拉底的人性和柏拉图的人性是两个东西，但他们的客观相似性是"人"这个普遍概念的基础。通过表明某人可以否认在一个种的所有成员中存在一个同一的本质，但并不否认共相的客观性，阿伯拉尔瓦解了极端实在论的吸引力。他思想中强调客观相似性的抽象的这个方面，指向了一种温和实在论，这个立场得到了后来的思想家更全面的发展。

温和实在论成了中世纪后期最受欢迎的共相问题解决方法。* 阿伯拉尔摸索着通向它的道路，但当亚里士多德的完整著作重新引入西方思想后，这个立场被阿奎那这样的思想家表述得更加清楚。基本上，这个立场主张普遍观念是由心灵形成，但是以外部实在的客观特征为基础。发现对立立场的综合是典型的经院哲学方案。和极端实在论者一样，温和实在论者教导说，共相作为上帝心中的原型先于事物（*ante rem*）。和亚里士多德一样，他们说，共相作为使个体事物相似的性质存在于事物中（*in rem*）。和亚里士多德与概念论者一样，他们教导说，共相作为从个体的相似性中抽象出来的心中的概念后于事物（*post rem*）。最后，和唯名论者一样，把个体看作实在的终极单位是他们的共同立场。

信仰与理性之争

划分中世纪思想家的第二个问题是曾经困扰教父们的问题：我们如何理解知识的两个来源——信仰和理性——之间的关系？中世纪期间，至少出现了针对这个问题的五种进路。第一，有人完全信任理性，让他们的理智引导信仰。早期思想家中采取这一立场的是约翰·司各脱·爱留根纳、洛色林和

---

* 并不是所有学者都以相同的方式在立场之间划界，他们也不以相同的方式使用这个术语，这个事实使得关于共相的讨论复杂化了。一个特定哲学家的立场有时并不清楚，这个事实造成了进一步的混乱。这解释了为什么不同的哲学家称阿伯拉尔是一个温和的唯名论者、概念论者或温和的实在论者。

阿伯拉尔。后两人因他们的立场陷入了麻烦，他们的神学著作都受到谴责。第二，另一些人试图通过给予信仰优先性让钟摆摆离理性。随着1000年左右引入的僧侣生活改革，虔诚的复苏使某些人把理性视为威胁。彼得·达米安（1007—1072）是这一运动的最强音之一。他警告要注意"伪知识分子的盲目蛮干"，"他们研究虚假的问题"，并且擅自用他们对孱弱的逻辑和"基于语词意义的论证"³的信任取消上帝的权能。类似地，克莱尔沃的圣伯纳德（St. Bernard of Clairvaux，1091—1153），一个神秘主义者和道德改革者，认为哲学是无用的，并且对轻信的人是危险的。因此，他发起了阿伯拉尔的异端审判。与试图使信仰符合理性相反，伯纳德说："虽然我不理解，但我通过信仰把握了我不能用心灵掌握的东西。"⁴第三，某些人，如圣安瑟尔谟，更加温和并寻求妥协。安瑟尔谟相信，理性不可能自治，因为信仰必须领导，理性必须追随。同时，在对理性的信任上，他比任何其他基督教哲学家都走得更远，因为他实际上认为他可以演绎地证明所有他先前通过信仰相信的主要基督教教义。虽然他对理性有极大的信心，但他非常清楚地说，它只能在正统的范围内运作：

> 任何基督徒都不应当争论天主教会心中相信并且口中承认的真理。而是总是毫不质疑地坚持相同的信仰，热爱它并按它生活，他应当……尽其所能为它寻找理由。⁵

第四，13世纪的圣托马斯·阿奎那寻求信仰与理性的综合。他非常严格地区分了神学和哲学的范围。托马斯相信，我们有限的心灵不可能感知某些神学教义的合理性。因此，许多安瑟尔谟试图证明的教义，托马斯认为是只能通过启示来知晓和依靠信仰来接受的奥秘。然而，托马斯主张理性在它自己的边界内完全称职，并且信仰的考虑不需要进入哲学论证。最后，托马斯相信二者的范围部分重合，信徒靠信仰持有的教义（例如上帝存在）可以被自然理性证明。第五，托马斯之后，理性支持信仰的能力不那么受信赖了。一系列哲学家日益压缩理性的范围，越来越拉远了它和信仰的关系。布拉班特的西格尔，阿奎那的同时代人，主张双重真理学说，该学说主张，对于一个问题，哲学可以给出一个回答，神学给出另外的回答。相反，邓·司各脱（Duns Scotus，约1266—1308）保留了信仰和理性的和谐，但几乎不允许二者重叠。14世纪的奥卡姆的威廉更加极端。他分离了信仰和理性以保护信仰的真理不受人类理性的审查。由于主张我们关于世界的知识只产生或然判断，他不认为可以确定地证明《圣经》中的上帝的存在。而且，通过主张逻辑不能告诉我们实在，只能是关于我们断言实在的命题的形式，奥卡姆把逻辑与实在相分离。最后，14世纪神秘主义的强劲复苏为信仰和理性的分离火上浇油，神秘主义把关于上帝的知识分派给宗教体验，置于理性的命题知识的藩篱之外。

想一想

10.1 在这个时期，信仰和理性的问题遭遇了大量的争论。为什么有些思想家反对努力发现信仰的理性基础？如果你是中世纪经院哲学家，你如何回应那些以信仰之名拒斥理性的人？

意志与理智的关系

另一个经院哲学的争议有关意志和理智。人人都同意,有些种类的人类行为是善的,而另一些不是。问题是,这些事物善的基础是什么?一种立场主张,上帝的理智先于他的意志做出决定。这些哲学家相信,柏拉图的共相栖居于上帝的心灵。由于知道他自己的心灵,上帝的理智意识到那些客观上善的性质,他的意志遵循这一理念创造世界。类似地,被上帝辨别为善的行为就是他的意志命令我们去施行的行为。这种立场遵循或极端或温和的实在论,因为它说善是一种客观性质。由于明显的理由,这种立场有时被称为**理智主义**(intellectualism)。这种立场的一个实践意蕴是,既然上帝的理智认识到这是善的,我们的心灵(他的理智的微缩版)同样可以认识到什么是善的,因此伦理学以理性为基础是可能的。这导致了斯多亚学派的**自然法**理论在中世纪的复活,它主张可以通过考察人的本性发现道德原则。

第二种立场被称为**意志主义**(voluntarism)。它的拥护者主张,神圣的意志先于理智。按照这种解释,上帝至高无上的意志自由地选择什么被看作善的或恶的。意志主义者反对说,理智主义者的立场侵害了上帝的自由和权力,因为它暗示上帝的自由受指定的模式束缚。极端的意志主义者把这一立场的逻辑贯彻到底,主张撒谎和通奸也可以在道德上是善的,如果上帝愿意这样的话。遵守承诺不一定是善的,就像上帝不一定创造鳄鱼一样。然而,在他选择创造的世界中,上帝的确创造了鳄鱼,并且他的确意欲承诺被遵守。显然,在这一立场中,孤立无助的人类理性不能分辨什么是道德上善的,因为这一结果是上帝自由和至高无上的决定造成的。伦理学必然地必须以某种上帝道德选择的启示为基础。这有时被称为"神圣命令"伦理学理论。意志主义者倾向于唯名论,因为他们相信,道德上的善

不是一种永恒的共相,而是上帝自由地授予某些行为的名称。既然我们的理性不能辨别什么是道德上善的,我们的意志必须仅仅遵循由上帝的命令所揭示的被创造的道德秩序。

> **想一想**
>
> 10.2 理智主义和意志主义之间的争论复活了苏格拉底在《欧绪弗洛篇》中问的一个问题。苏格拉底问,神爱善的行为是因为这些行为是善的,还是因为神爱它们所以这些行为是善的?中世纪的人们在基督教的一神论背景中也问同样的问题。理智主义会选哪一个选项?意志主义会赞同哪一个选项?这个问题的这两种表述有什么区别?每种立场有什么意蕴,有什么长处和弱点?

这些关于意志和理智的冲突立场,也适用于经院哲学家如何理解创世。理智主义者主张,上帝理智中的相先于创造。虽然他们并不都赞同严格的逻辑决定论,但他们的确相信世界的概貌是由它与理性的符合决定的。因此,我们的理性是发现世界秩序的最好工具。但是对于像邓·司各脱和奥卡姆这样的意志主义者,世界根本是偶然的。如果上帝愿意,他可以造出和当前的世界完全不同的世界,因为他的意志优先于他的理智。在提出这个观点时,他们的动机首先是宗教动机。他们想保护上帝的至高无上和自由,使得必须更多依赖启示,而给予理性较小的权威。但是,由于强调世界的偶然性,他们使得,在我们理解世界的努力中,观察比思辨推理更重要。最终,这一重点的转换,对促成近代科学的兴起起到了重要作用。

以这些关键问题作为背景,本章的其余部分将概览圣安瑟尔谟和阿伯拉尔的思想以及中世纪伊斯

兰和犹太哲学家中的重要人物。安瑟尔谟展示了如何应用柏拉图理性主义和实在论来证明上帝存在。阿伯拉尔则展示了平衡信仰和理性的努力并介绍了道德意志主义的早期版本。接下来，当涉及亚里士多德哲学对他们传统信仰的冲击时，我们用代表性的伊斯兰和犹太哲学家，再次考察信仰和理性的问题。欧洲对亚里士多德的再发现是本章的最后一个题目。

圣安瑟尔谟

安瑟尔谟（Anselm，1033—1109）生于意大利贵族家庭。他违反他父亲的意愿，决定在位于贝克的诺曼镇的本笃会修道院成为一名僧侣。最终成为修道院院长。虽然他不认为自己有管理天赋，但别人不这样认为，他后来受召成为坎特伯雷大主教。他向往重返安静的隐修生活，但是，尽管不情愿，他还是忠实地在这个职位上服务直到他去世。因为英国和罗马之间的政治紧张，他在这个职务上的16年争论不断。针对连续两任国王，他主张教皇的权威高于王权。安瑟尔谟于1109年76岁时去世，并于1494年被封为圣徒。

他的哲学目标是提供决定性的论证来理性地证明他凭信仰接受的基督教教义。和奥古斯丁一样，他相信信仰先于理解。"我并不是为了信仰而寻求理解，而是为了理解而信仰。"安瑟尔谟在他的《宣讲》第一章中说。[6]虽然他极为虔诚，但他也是一个自信的理性主义者。因而，他相信所有推理都应该遵循演绎的方法，并且这一方法会导向所有基本的真理。在安瑟尔谟的时代，什么能通过理性知道，什么要求启示，其间的边界还没有划清。其他哲学家已经试图证明上帝存在这样的教义。然而，安瑟

尔谟对理性主义的热情引导他相信他也可以给像三位一体和道成肉身这样的教义为真提供"必然的理由"。后来的神学家认识到这样的问题超出了理性的能力，只能通过信仰和启示来建立。

他最著名的论证——确保他在哲学史上永远有一席之地的论证——是上帝存在的**本体论论证**（ontological argument），见于他的《宣讲》。*安瑟尔谟说，在推论上帝存在的许多次尝试之后，这个论证在灵光一闪中"自己出现"在他心中，因此他认为这是对祈祷的回应。这个证明依赖这样的观念，即上帝是一个比一切可设想的是者都伟大的是者。他将这个论证直指《诗篇》14章中"说在他心里没有上帝"的"愚人"。安瑟尔谟指出，愚人可以理解上帝的定义，因为否定上帝要求你理解你所否定的东西。因而，上帝至少作为一个观念存在于心灵或理解中。问题是，上帝是否在心灵之外也存在？安瑟尔谟的论证试图表明否定这一点是不可理解的。他的论证可以表述如下：

（1）在我的理解中有一个上帝的观念。

（2）这个上帝的观念是一个可以设想的最伟大者的观念。

（3）存在于现实中的是者比只存在于理解中的是者更伟大。

（4）如果上帝（可以设想最伟大的是者）只存在于理解中，那么就可以设想一个更伟大的是者，即一个也存在于现实中的是者。

（5）但前提（4）是矛盾的，因为它说我可以设

---

* 本体论这个词来自希腊语，字面的意思是"关于是的科学"。因此，这个论证试图从他之所是的概念证明上帝的存在。这个论证最早是由18世纪的德国哲学家康德贴上这个标签的。

想一个比可设想的最伟大的是者更伟大的是者。

（6）所以，如果我有一个可设想的最伟大的是者的观念，那么这样一个是者必定既存在于我的理解中也存在于现实中。

（7）因而，上帝存在于现实中。

这个论证的基础是柏拉图在对分割线的解释中描述的实在观。换言之，这个证明假设了某个事物的完满性越大，具有的实在性就越多。如果我们可以设想一种最完满的是者，我们必然将设想具有最大程度实在性的是者。安瑟尔谟的批评者，包括他的同时代人和现代人，坚持存在不是与知识、能力或善这样的属性处于同一位阶的属性。我们可以设想在各个方面完满的是者，但那个是者存在与否，并不是我们关于它的完美性设想的一部分。

安瑟尔谟在《宣讲》第三章提供了这个论证的另一个版本。他并不清楚这是一个完全不同的论证，因为他只是视它为对第一个版本的阐述。然而，今天大多数哲学家认为他偶然地发现了一个完全不同的、可能更强大的论证路线。这个论证开头的两个前提与前一个论证相同。但随后采取了不同的轨迹。它不是同样地谈论存在，而是聚焦于必然存在这个属性。一个不可能不存在的是者就是一个必然的是者。这个版本的证明论证说，必然存在必须归于任何完满性达到最大程度的是者。这是安瑟尔谟的第二个论证的表述。

（1）我有一个上帝的观念。

（2）这个上帝的观念是一个可以设想的最伟大者的观念。

（3）一个不可能不存在的是者比可能不存在的是者更伟大。

（4）因此，如果可以合理地设想最伟大的可能是者不存在，那么他不是最伟大的可能是者。

（5）但前提（4）是个矛盾。

（6）不可能合理地设想最伟大的可能是者不存在。

（7）因而，上帝必然存在。

作为前提（3）基础的原则是，最伟大的可能是者不可能开始存在和停止存在，因为两种情况下，必须有另外比他更伟大者使他成为存在或停止存在。例如，帝国大厦碰巧存在，但它同样可能不存在。外太空可能有生命，但也可能没有——这全赖于是否有产生它的条件。所以最伟大的可能是者是其存在不依赖其他任何东西的是者，这意味着他必须是一个不是碰巧存在而是必然存在的是者。它蕴含着如果上帝存在，他必然存在。但安瑟尔谟的要点是"如果"这个词不能用于上帝的存在，因为一旦我们说"如果上帝存在……"我们就在暗示他（像帝国大厦一样）可以设想可能不存在。我们在陈述一个矛盾判断：上帝是一个可能不存在的是者，但（根据定义）上帝是不可能不存在的是者。这个论证试图迫使我们在两个选项之间选择：（1）上帝存在（并且他不可能不存在），或者（2）上帝的概念完全没有意义。因此，我们必须要么接受结论，要么拒斥第一个前提。某些20世纪的哲学家（称为逻辑实证主义者）的确主张上帝概念就像"圆的方"一样不可理解。* 然而，安瑟尔谟似乎很清楚，有神论者和无神论者都完全可以构想一个上帝这样的完满是者。既然我们可以设想这样的是者，我们不能设想他的存

---

* 见第31章对逻辑实证主义者的介绍。

在像和外太空有生命的可能性一样是一个开放问题。

一个叫高尼罗（Gaunilo）的僧侣，安瑟尔谟的同时代人，在一篇题为"为愚人辩"的文章中对本体论论证提出了许多异议。他质疑了从可设想的最伟大者的存在推到想象这样一个是者存在于实在中的做法。"想象一个最伟大的海岛不也一样容易吗？"高尼罗问。如果是这样，按安瑟尔谟的逻辑，我们必须下结论说，这样一个海岛真的存在？这个批评的要点是，安瑟尔谟的推理将使我们合理地证明种类广泛的事物实际存在（完满的画，完满的牛排，完满的骑士），只要我们能想象它们是它们的种里最伟大的可能成员。概括来说，安瑟尔谟的回应是，一个比任何可能的岛都完满的岛，仍然不是一个"无法设想有比他更伟大者的是者"。因为即使最优秀的岛按其本性也是一个有着物理区域的有限是者。因此，如果它存在于一个区域 A，那么它不可能存在于区域 B。既然我们可以设想它不存在于 B，我们也可以设想它根本不存在。由此，他提出，完满和必然存在是只能归于上帝的属性。

高尼罗也攻击了两个论证的前提（1）和（2）。我们真的能充分地设想一个比他更伟大者不可设想的是者吗？我们理解的事物，我们理解它们是因为我们有它们的经验或与它们相似之物的经验。然而，最伟大者是独一无二的，那么理解只能模糊地抓住这些词的意义。安瑟尔谟回答说，我们可以就两个事物优秀程度的不同来比较它们。由此我们可以把我们关于某个相对善的是者的观念外推到第 n 级，并设想绝对善的事物。用当代的例子，我们可以看到社会改革者甘地在道德上高于罗马暴君尼禄。然而，我们可以想象某个人有甘地所有的德性但没有他的任何人类缺陷。通过相同的进程，心灵可以继续下去直到我们设想出一个是者，他有达到最高程度的一切德性，而根本没有任何缺陷。由此，我们人类理智可以形成最伟大的可能是者的概念。

安瑟尔谟之后，本体论论证在哲学史上继续有人钦佩，有人批评。在近代，理性主义者笛卡尔、斯宾诺莎和莱布尼茨都为他们自己版本的论证辩护。更具有经验导向的哲学家，如中世纪哲学家阿奎那和奥卡姆，18 世纪的康德都尖锐地批评了这个论证，即使他们站在有神论一方。虽然很多人不认为它有说服力，但哲学家不能对这个论证置之不理。作为这位 11 世纪僧侣伟大才智的证据，他的论证在今天仍有生命力，并被使用 20 世纪逻辑的复杂技术加以争论。

> **想一想**
>
> 10.3 是否可能单凭理性来论证关于实在本性的结论？如果不可能，你怎么论证理性不能告诉我们实在本性的说法？假设我告诉你，我在我的口袋里有一个圆的方。你不会相信我，因为圆的方不可能存在。但是，按照类比，如果理性能告诉我们某物不可能存在，理性能告诉我们某物不可能不存在吗？安瑟尔谟会说是的，你怎么认为？

彼得·阿伯拉尔

彼得·阿伯拉尔（Peter Abelard, 1079—1142）生于法国南特附近的一个贵族家庭。他在沙特尔和巴黎兴起的新哲学和神学学校学习。虽然作为特别杰出的学生受到欣赏，但是作为一个乖戾傲慢的学者而闻名。完成课程之后，他经常自己继续教这门课来与他原来的老师竞争。这种活动明显地显示出他的个性，那不是大多数人觉得惹人喜欢的个性。然而，他肯定还是有某些人性魅力，因为当他35岁时，他与爱洛伊丝，巴黎圣母院一位管事年轻的甥女，陷入了一场激情洋溢的恋爱。她怀孕了，他们谋划秘密结婚。因为这些原因，他的舅舅对她的情人大为恼怒，用阿伯拉尔自己的话说，她的家人惩罚了他，方式是"切掉了我身体的用来做让他们痛苦的事的那些部分"。他引退到巴黎郊外的圣丹尼斯修道院，在那里他成了一名僧侣，而爱洛伊丝去女修道院做了一名修女。他的生活继续被争议缠绕，因为他的书《论神圣的三位一体和政体》于1121年在索松主教会议上被谴责和焚烧。20年后，约1141年，他因他的《神学引论》被召到桑斯会议上并被指控为异端。阿伯拉尔死于1142年，当爱洛伊丝22年后去世时，被葬在他旁边。

阿伯拉尔被认为是用亚里士多德的辩证法澄清神学命题的先锋。这种论证形式成为经院哲学讨论的特色风格。这种技艺被展示在他最著名的书中，该书写于1121到1122年，题目是"是与否（*Sic et Non*）"。在这部著作中，他列出了教父们给出了对立观点的150余个神学问题。与他的批评者相反，其目的不是为了产生怀疑，而是挑战他学生的心灵，让他们通过努力解决这些矛盾来磨炼他们的理智。他在前言中说，"由怀疑我们走向追问，由追问我们感知真理"。阿伯拉尔论证的辩证法形式后来被阿奎那使用，但是做了修正，阿奎那总是用自己对对立命题的判断做结论。阿伯拉尔触犯了传统，因为他总是把神学看作激烈辩论和追问的机会，而不是虔诚的沉思和接受。虽然他在神学上的大胆使他好像很叛逆，但他在1141年受到谴责后写信给爱洛伊丝："如果必须否定保罗，那么我不想做一个哲学家。如果必须和基督分离，那么我不想做亚里士多德。"[7]

在他对道德问题的讨论中，阿伯拉尔对经院道德神学的方向有重要影响。他反对他的时代的律法主义倾向，即道德上的善被看作只是外在地符合上帝的法律，罪被定义为事实上违反法律，不论行为者是否知道他的行为是错误的。"上帝考虑的不是做了什么，而是以什么精神做；行为者的功德与荣耀不在于行事而在于意图。"因此，罪是对上帝的轻蔑，表现为我们有意做我们明知错误的事。但是，如果我们带着真诚的良心做我们相信正确的事，我们可能错了，但我们没有罪。作为对他立场的神学支持，他引用耶稣关于他迫害者的话，"父啊，宽恕他们，因为他们不知道他们做了什么"。阿伯拉尔的目的不是宽恕道德上的头脑简单和天真无知，而是强调道德上善的人是有善的意志的人，他做出坚决的努力去认识什么是善，并按他发现的最佳见解去行动。当然，有充分德性的行为，不仅源于做正确事情的意图，而且源于客观上正确的行为，要么因为它符合自然的道德法则，要么符合上帝的特殊指令。

阿伯拉尔预演了14世纪意志主义的立场，他提出，上帝的道德指令没有必然性。因为这个原因，上帝在《圣经》历史上的不同时代规定不同的道德。自由选择对作为立法者的上帝是基本的，就像自由选择对人作为守法者是必不可少的。但是，不论神圣法则的实质内容是什么，人们总是有相同的遵循它的刻板义务。

> **想一想**
>
> 10.4 在何种程度上你赞同阿伯拉尔的观点，即道德和意志与意图的关系与它和外部行为的关系一样大？

阿伯拉尔并不追随任何明显的哲学流派，但他对他的时代有巨大影响。如我们前面提到的，他最重要的贡献是他对共相之争的解决。在其中，他对精神概念如何形成和语言如何起作用的研究做出了贡献。虽然直到后来人们才获得关于亚里士多德的多数著作，但阿伯拉尔预演了后来以这些文本为基础做出的哲学变革。因此，他被看作经院哲学发展的一个重要贡献者。

哲学中的女性：宾根的希尔德嘉德（Hildegard of Bingen，1098—1179）

宾根的希尔德嘉德是一个特别有天赋（和能力）的12世纪的修女。她的著作内容涉及神学、伦理学、宇宙学、哲学、科学和医学等领域。她还是位作曲家，她的音乐作品的演奏还能在今天的CD上听到。虽然她的修辞传达了一种谦逊和顺服的精神（正如人们对一个妇女和修女的期待），她的行为却展示了那个时代的女性中少有的无畏、坚忍和钢铁意志。

希尔德嘉德1098年生于德国贝默斯海姆，莱茵河流域的一个自治市。她是一个贵族和他妻子的第十个孩子。他的父母决定把她献给上帝，在15岁左右，她接受了本笃会的誓约，开始了她的修女生活。1136年，她被任命为女修道院的院长。希尔德嘉德一直忙于写作、作曲以及修建、维持两个女修道院，忠告（并且有时顶撞）国王、皇帝、教皇和主教们，来往于四个公开的巡回演讲，并致力于广泛的通信（她的400封信被保留了下来）。她平静地死于1179年。虽然在她获封圣徒的过程中，最初有些官僚作风问题作梗，她最终得到了这个身份。

希尔德嘉德被认为是世界史上最伟大的神秘主义者之一。3岁时，希尔德嘉德开始有神秘的灵视，她后来称之为"现世灵光的反映"。她的书里有三本是描述和解释她神秘的宗教灵视的。在这个时期，在某些人看来，神秘主义是对过度的以理性主义方式走向上帝的一种反动。神秘主义者主张上帝是通过受感觉而不是理性支配的直接经验遭遇来认识的。中世纪神秘主义的主题将在第12章末尾再次谈到。希尔德嘉德的宗教神秘主义与第23章讨论的19世纪浪漫主义也有许多重要相似之处。希尔德嘉德著作最引人注意的特征之一是她对人类的性的讨论。其中大部分都发生在她的一本科学著作《病因与治疗》（*Causae et Curae*）中。奇怪的是，她给我们两种不同甚至矛盾的解释。有时，她关于性的著作非常实证而没有任何意义的道德判断。它们充满了关于性欲、性交、受孕、生孩子和妇科医学的临床学、机械学和生物学细节，虽然大部分都表达在非常丰富的诗意隐喻中。她著作的这种非常坦率的特征，有时达到色情的程度，让后来古板的

宾根的希尔德嘉德（1098—1179），一个本笃会修女，因她的神秘主义著作而引人注意，还有她的作曲和神学、伦理学、宇宙学、科学和医学著作。

批评者质疑她是否有圣徒资格，而另一些人质疑这些文本的真实性。以下段落展示了（不精确的）医学细节和诗意风格的结合，也展示了希尔德嘉德讨论性的直白方式，这对一个12世纪的童贞修女来说，是令人震惊的。

当一个女人与男人做爱时，她头脑中的热感，伴随着性愉悦，传递着对这种伴随动作的愉悦的喜好并召唤男人喷射精子。当精子进入了它的位置，从她的头脑中逐渐退去的强烈的热，把精子引向自己并抓住它，女人的性器官很快收缩，在月经来潮期间已经张开的所有部分现在关闭了，与强壮的男人在掌中握住某种东西的方式相同。[8]

在这个段落中以及其他许多段落中，她自然和正面地谈论女人（或男人）体验到的快乐（"性愉悦"）。这可能对我们不算什么。然而，至少在奥古斯丁之后，性快乐等同于罪恶的肉欲已经是一个标准看法。

然而，这一实证的、常常是自然主义的关于性的看法，却与更负面的、悲观主义的段落矛盾，其中，所有受造物都被看作被有罪的堕落所玷污，一种主要表现在我们性生活中的堕落。他说，人类"恶意地在欲火中播种"而不伴随着生子愿望的性是"一种魔鬼行为"。[9] 终于，她接受了她的传统中的一般观点，终生童贞是灵性的最高层次（大概是因为没有被性的污点和干扰所败坏）。

和她对性的解释一样，希尔德嘉德关于医学和心理学的著作呈现出难以调和的两种观点。作为一个关心病因和治疗的中世纪作家，她把人类当作受物理原因支配的物理实体。单独来看，这种观点会导向我们现在称为**唯物主义**（materialism）和决定论的立场。然而，这些立场与她把自由意志归于人从而使他们有道德责任的愿望存在张力。

在希尔德嘉德那里，这种紧张的一个例子见于她的一个观点，她认为，如果父母在怀孕时互相珍爱，孩子将有优秀的品格。如果父母之一缺乏爱，那么孩子将软弱而没有德性。如果父母都不享有对方的爱，孩子将会继承他们的怨恨。[10] 正如这个解释显示的，希尔德嘉德认为，个性特征和道德品格可以是因果律的结果。但是，如果我的品格有无德性是我不能控制的原因（在我孕育期间我父母关系的状态）的结果，那么我能为我的品格及其结果负道德责任吗？科学地解释人和想要保留人的自由意志之间的张力是一个在近代时期强势兴起的争端，并且这场争斗一直持续到我们的时代。虽然她的大部分科学和世界观受到12世纪观点的限制，希尔德嘉德在寻求人类行为和心理现象的自然原因方面是非常现代的。

看待希尔德嘉德的方式有很多种，没有哪种单独的方式本身对她是恰当的。对哲学史的目的而言，她是努力既坚持传统宗教世界观又接受关于自然和人的科学观点的早期例子。这个任务将提上许多近代哲学家的议程，因为近代科学的兴起给传统的人的观念带来了很多挑战。

伊斯兰哲学家

保存亚里士多德的遗产

在西方基督教世界只有柏拉图和亚里士多德著作的残片的时候，伊斯兰和犹太哲学家却享受着希腊哲学的财富并用它们丰富着他们的思辨。因此，阿拉伯哲学成了把亚里士多德的完整著作和稍后把柏拉图的完整著作送到西方的主要运载工具之一。中世纪后期的基督教经院哲学家，要么通过采用他们对亚里士多德的解释，要么通过反对他们所说的异端，而受到穆斯林哲学家的影响。类似地，12世纪的犹太思想家将他们研究亚里士多德的成果传递给了西方。因此，讲中世纪哲学不能不提及这个时期的伊斯兰和犹太思想家。

伊斯兰教的兴起

伊斯兰的意思是（对上帝意志的）"服从"，它是传播最广和最强大的一神论宗教之一。它的基础是先知穆罕默德在若干年的过程中获得的启示。虽然他认为他的启示与旧约和新约的启示一致，但他还认为他的教义高于它们的教义。他的教义记载在伊斯兰教的圣书《古兰经》中，并且他的追随者被称为穆斯林，意思是"真信徒"。他的教义的影响势不可挡，在他于公元632年去世后的一个世纪内，他的追随者把伊斯兰教传播到从印度经北非到西班牙的几乎所有有人烟的地方。

伊斯兰兴起前的世纪里，基督教派别以及异端教派在美索不达米亚、波斯和叙利亚保存了希腊哲学和科学的研究并保护和翻译了古代希腊文本。800年左右，当穆斯林学者开始把这些希腊著作翻译为阿拉伯语并撰写关于它们的评注时，伊斯兰教就诞育了伊斯兰哲学传统。阿拉伯哲学家有一个与基督教经院哲学家相似的议程，但在世界的这个部分，他们的任务是调和亚里士多德和《古兰经》。伊斯兰哲学的历史遵循着与基督教哲学相同的模式。在两种情形下，都逐渐形成了基于受启示的经卷（《古兰经》和《圣经》）的正统传统。在两个传统中，都有哲学家赞同希腊哲学并为了让他们的信仰符合理性而自由地解经。然而，在两个传统中都有严格正统的捍卫者怀疑哲学对信仰的传统理解的影响。就像基督教中世纪经院哲学家受新柏拉图主义影响，部分是由于错误地认同了伪狄奥尼索斯的文本，同样的混淆也发生在阿拉伯世界中。例如，普罗提诺的《九章集》的一部分被以"亚里士多德神学"的名义翻译出来。类似地，取自雅典新柏拉图主义者普罗克鲁斯著作的《原因之书》被归于亚里士多德。这些文本错误在伊斯兰哲学家中帮助推动了对亚里士多德的新柏拉图主义解释。伊斯兰哲学家分为两个群体，较早的东方群体在巴格达，而较晚的西方群体以西班牙为中心。

阿维森纳

阿维森纳（Avicenna，伊本·西纳的拉丁化名字；980—1037）是最重要的伊斯兰哲学家之一。他出生于波斯，是个神童，还是一个孩子时，他就学习了所有的学科和伟大的文学作品。16岁时，他就有了足够的知识去做了一名医生。阿维森纳过着忙碌的行医生活并作为政府高官出仕，同时仍然找时间追求他的学问。即使在频繁旅行时，他也写了160本书，涉及范围广博的题目。

阿维森纳告诉我们，他读了亚里士多德的《形而上学》40遍后记住了它，但是直到读了阿尔法拉比（死于950年）之后才理解它，阿尔法拉比是穆斯林中亚里士多德主义传统的奠基人。他的体系基于阿尔法拉比的思想和对亚里士多德的新柏拉图主义解读。在发展他的形而上学时，阿维森纳（和安瑟尔谟一样）主张上帝的本质必然蕴含他的存在。然而，对于宇宙中的任何其他受造物，它们的本质和它们的存在是两个不同的事情。例如，独角兽的本质是一个一只角的像马一样的动物。然而，从对它属性的描述中，我们不能确定独角兽存在与否。可是，如果所有的受造物自身都只是可能的是者，有些受造物怎么可能实际存在？显然，它们的存在只能是某个另外的存在着的是者造成的。但是这些原因自身是依赖的是者，因而原因系列不可能无限进行下去。必定有某个必然的是者在最开始促成了单纯的可能性变为现实性。这个必然的是者当然就是上帝。这种关于必然和可能的推理方式既影响了犹太思想家，也同样影响了基督教思想家，特别是迈蒙尼德和圣托马斯。

然而，从这个相当正统的起点出发，阿维森纳推到了一个非常有争议的结论。既然上帝是必然的而且没有开端，因而阿维森纳认为上帝的所有属性也是必然和没有开端的，包括上帝作为创世者的地位。阿维森纳发展了世界和其中的万物出于必然而由上帝发散出来的理论，这暴露了新柏拉图主义对他的影响。因此，上帝并非自由地创造世界，因为神圣的创造性是他的本质的必然特征。而且，如果上帝和他的属性都是永恒的，那么他对世界的创造一定亘古以来就发生了。因此，世界是永恒的，虽然亘古以来它都依赖上帝并由上帝发散出来。虽然没有受造物自身必然存在，每个受造物都是世界体系的必然特征，而世界体系不可能不是它实际的样子。因而每个事物都是逻辑上被决定的原因链条的一部分。阿维森纳著述的很多部分都在12世纪被翻译为拉丁文，它们提供的逻辑严格的体系给许多基督教思想家留下了深刻印象。

安萨里

安萨里（Al-Ghazali，1058—1111）是一位波斯哲学家，他可以被认为对应着基督教世界里害怕希腊哲学会败坏他们信仰的纯洁性的那些声音。在他名为"从错误中解脱"的自传里，他抱怨哲学运动的问题是"无信仰的缺陷影响着他们所有人"。他最有影响的书是《哲学家的毁灭》。*他在其中带着原教旨主义者的激情和成熟逻辑学家的严谨理智，提出了反对阿维森纳和其他与之类似者的理据。他宣称，哲学家与《古兰经》矛盾，并且相互矛盾和自相矛盾。他认为，逻辑是一个有用的工具，只要它不使得我们自大。然而，在形而上学中，逻辑不能证明任何事，而且试图这么做将导致无信仰的泛滥。他相信，哲学著作不应落入公众之手，因为"就像游泳差的人应当远离滑溜的河岸，所以，大多数人应该避免阅读这种书"。[11]

安萨里哲学中最有趣的部分涉及他对因果性的分析。阿维森纳的论点，因果链条依据理性的必然性从上帝的本性中流出，烦扰着安萨里。阿维森纳观点的一个后果是，不可能有奇迹。奇迹是上帝造成某事发生，偏离事件的正常进程。但是，如果因果体系是理性必然的整体，那么，根据阿维森纳的逻辑，即使上帝也不能改变这个无法逃避的模式。

---

* 这本书有时译为《哲学家的矛盾》。

既然正统的穆斯林神学教导说存在奇迹,那么安萨里必须瓦解导致否定奇迹的这种因果观念。

简言之,他论证说,逻辑和经验都不能建立所谓原因和结果之间的必然联系。他用(X)用火苗接触一条棉线和(Y)棉线燃烧为例。的确,如果火接触棉线棉线却不燃烧,这会违反我们的预期。然而,虽然 X 但不 Y 的出现与我们过去的经验相冲突,但并不与逻辑法则相矛盾。而且,上千次观察到火苗接触棉线跟随着棉线燃烧,只能告诉我们这两个事件在过去同时发生。这些观察并不能告诉我们下一次这两个事件在逻辑上必然一起发生。根据安萨里的观点,除了上帝之外没有其他原因。因而,"自然法则"不是原因,而只是描述上帝通常让这些事情发生的方式。然而,上帝可以让任何事件被他愿意的另一个事件所伴随。由此可得,对于上帝,偏离通常事件序列的奇迹在逻辑上是可能的。

安萨里关于因果性的论证与尼古拉·马勒伯朗士(1638—1715)和大卫·休谟(1711—1776)的论证相似。马勒伯朗士像安萨里一样,用这种论证支持他的神学。然而,休谟对神圣的因果性不感兴趣。相反,他用对因果性的类似分析来支持因果判断没有逻辑基础的怀疑论结论。

> **想一想**
>
> 10.5 你认为安萨里关于因果性的论证可靠吗?为什么?他的因果观有某些什么样的意蕴?以何种方式一个人可以接受他的论证而仍然做一个科学家?

阿威洛伊

科尔多瓦的阿威洛伊(Averroës,伊本·路西德;1126—1198)是西班牙最杰出的穆斯林哲学家。他来自一个显赫的法官家庭并且自己作为法官供职多年。他作为物理学家、天文学家和哲学家也成就突出。他以他对亚里士多德的三个系列评注而最为知名。这些作品的影响如此巨大,以至中世纪基督教经院哲学家直接称他为"评注者"。

他在一本名为"毁灭的毁灭"的著作中逐点反驳了安萨里的《哲学家的毁灭》作为对它的回应。在其他著作中,他捍卫了亚里士多德代表人类理智顶峰的论点,并且论证说亚里士多德的哲学与《古兰经》不冲突。他指出,《古兰经》把世界呈现为上帝的手工艺品,并且断言这让我们通过研究世界、亚里士多德的逻辑和物理学来证明与展示上帝的存在和本性,形而上学给我们提供了这种展示的工具,而且,阿威洛伊还引用亚里士多德对不动的推动者的论证作为例子。

他调和神学和哲学最著名的策略是他的所谓双重真理论。他这样推理,《古兰经》是大众写的,他们没有强大的理智能力。由于这个原因,它以一种寓言式风格写成,诉诸于缺少教育者的情感和想象。因而,哲学家必须剥掉表层意义来发现真正的或"内在的意义"。虽然哲学推理的结论似乎与宗教传统相冲突,但这只是与经卷的表面意义的冲突。在最终的分析中,真理不可能与真理相冲突,所以最好的哲学与《古兰经》的隐藏意义一致。

阿威洛伊的立场被 13 世纪反对他以及钦佩他的基督徒严重误解了。他们错误地认为,阿威洛伊在说,某个命题 X 可以在哲学中字面上为真,而它的矛盾命题,非 X,可以在宗教中字面上为真。新建立的巴黎大学的教师,在采用阿威洛伊对亚里士多德的解释时,似乎热情地赞同这种错误解释。这个群体被称为"拉丁阿威洛伊主义者",以布拉班特的西格尔(约1240—1284)为首。为了信奉许多与教会教义相反的亚里士多德学说,他们倾向于把哲学和神学放置在分离的空间里,而不尝试把它们联系起来。与这一极端的双重真理论相反,阿威洛伊实际上说,真理可以在不同层次上以不同方式表达,在宗教上是隐喻式的,在哲学上则是在字面意义上表达。撇开这种强加给他的误解,关于阿威洛伊,具有革命性的内容是,这种解释方法意味着神学把它的权威让渡给哲学:哲学家决定应该如何解释启示来使它与哲学理性一致。

阿威洛伊与传统主义者的争吵导致了他的失宠,他的书在信奉伊斯兰教的西班牙被焚烧。为了防止异端的进一步爆发,开始了对希腊哲学的总体压制。阿威洛伊死后14年,西班牙的伊斯兰文化自身遭遇了覆灭。1212年,基督教武装在纳瓦斯德托洛萨(Las Navas de Tolsa)打败了穆斯林军队,结束了穆斯林对西班牙的占领。在这个世纪结束前,除了直到1492年依旧属于穆斯林的格拉纳达地区外,基督徒征服了整个西班牙。当西方基督教世界扩展到穆斯林西班牙,阿威洛伊的著作传入欧洲大学。到1250年,他的亚里士多德评注的拉丁文译本开始在基督教世界引起注意。阿威洛伊对基督教思想的影响是双重的。一方面,他对亚里士多德的解释清除了某些被早期评注者添加的新柏拉图主义的歪曲。他对亚里士多德文本的洞见如此受基督教学者的尊重,以至像前面提到的那样,他被后来的中世纪哲学家称为"评注者"。另一方面,他哲学中的异端因素——如他的决定论,他的世界永恒的主张,和他对人格不朽的明显拒斥——造成了对任何融合亚里士多德和基督教思想的努力的怀疑。虽然托马

斯·阿奎那似乎从他的伊斯兰先行者中学到了很多,但他也花了长期的努力来证明亚里士多德的思想并不导致阿威洛伊的异端学说。然而,由于他们与亚里士多德的共同联系,在阿奎那的许多批评者心中,他被阿威洛伊污染了。

> **想一想**
>
> 10.6 伊斯兰哲学家争论的哪些问题与基督教思想中产生的那些问题相同?

犹太教哲学家

与伊斯兰思想家一样,犹太教哲学家关心把他们的结论和对他们信仰的正统解释相调和。对于犹太教哲学家,这意味着发展以旧约、犹太法典和对《圣经》前五卷的大量评注为基础的哲学体系。最伟大的犹太教哲学家是摩西·迈蒙尼德(Moses Maimonides,1135—1204),他生于西班牙的科尔多瓦。他确信信仰和理性之间的和谐。他说,他的《迷途指津》是写给研习过哲学而又对如何将它与信仰相调和感到迷惑的人的。迈蒙尼德教导说,如果无懈可击的哲学证明和旧约的陈述之间存在明显的冲突,我们应该以隐喻的方式解经。虽然他相信亚里士多德达到了人类知识的最高点,但他认识到亚里士多德对永恒世界的信念和启示之间有真正的冲突,因为《圣经》明白宣示世界有开端。迈蒙尼德的解决方式是表明亚里士多德的论证不是结论性的,不需要接受。尽管他试图在偷取亚里士多德的洞见时保持对犹太法典的信仰,他却被犹太教学者确认为异端。他的纯神学著作被作为权威接受,但他的哲学著作受到谴责,并且直到19世纪都被犹太教学者忽视。

由于受到迫害，欧洲犹太社区变得与主流社会隔绝。这有利于它们保守的宗教领袖，他们希望清除科学团体和世俗影响。在许多个世纪里，犹太教和伊斯兰教都只允许保留神秘主义作为补充启示的知识源泉。因此，1200年后，只有基督教世界可以利用亚里士多德的洞见来发展完备的理智体系。然而，由于他在构建圣经式亚里士多德哲学上的开创性工作，迈蒙尼德极大地影响了基督教学者，特别是阿奎那。

亚里士多德在欧洲的再发现

在12世纪的后半期，一个新世界向欧洲思想家敞开了。关于数学、天文学、医学的希腊著作，以及，最为重要的，亚里士多德的完整著作，第一次成为可以获得的。而且，某些亚里士多德的希腊评注以及阿拉伯和犹太教哲学家的著作被翻译为拉丁文并变得为人所知。在1210年到1225年间，几乎亚里士多德的所有著作都已被从阿拉伯语翻译过来，并在基督教世界掀起波澜。教会带着巨大的怀疑与亚里士多德哲学相遇，这主要是因为阿拉伯人给它增加的泛神论内容。世界的必然性和永恒性以及创造者和受造者之间区别的模糊，对于西方基督教来说是不可接受的学说。1215年，巴黎大学的公告宣布禁止研究亚里士多德的《物理学》和《形而上学》。然而，这被证明无效，因为学者继续研究这些著作并撰写评注。到这个世纪的后期，西方的学者们开始从希腊原文翻译主要的著作。结果，亚里士多德的真正形象开始浮现，摆脱了泛神论的歪曲。到1254年，《物理学》和《形而上学》被认为非常重要，以至它们被列入巴黎大学的课程。学者们开始用哲学术语设计他们的问题，如本质与存在的区分，必然是者和偶然是者之间的差异，以及亚里士多德的抽象理论。随着新哲学模式的流入，这个问题现在不得不问，这些来自异教徒的希腊、伊斯兰和犹太教的非基督教哲学体系，它们能转化为基督教思想，还是基督教世界应该避开它们？这个问题为13世纪设定了议程，托马斯·阿奎那将给予一个创造历史的回答。

> **当代联系10：11世纪和12世纪**
>
> 尽管某些中世纪的争论可能好像是冷僻和古怪的，但它们可能以许多方式与当代相关联。首先，共相实在论和唯名论的问题仍然活跃于当代的论争中。有人说，实在划分为自然的种类，它们不依赖我们如何思考它们。他们倾向于同意柏拉图的观点，认为我们像有经验的屠夫一样"按实在的接缝来分割它"。然而，当代的唯名论者认为，实在更像可以延展的黏土，我们划分它的方式是我们文化影响下的语言和概念范畴的功能。
>
> 第二，信仰和理性之争在今天肯定依然活跃。当前关于信仰和理性的争论常常聚焦于宗教与科学的关系。中世纪关于信仰和理性的各种观点都可以在今天的标题下找到。有人认为，宗教和科学完全相容。其他人认为它们不冲突，因为它们问的问题不同。（这是一种阿威洛伊双重真理论的升级版。）另一些人认为，宗教和科学的某些部分是冲突的，不是西风压倒东风，就是东风压倒西风。创世论和科学的争论是其中的一个例子。
>
> 第三，理智主义抗衡意志主义的伦理争论，

在今天以伦理学中的神圣命令理论的名义被讨论。大多数神学家相信上帝与道德之间有某种关系，但至于意志主义的神圣命令理论是否正确地捕捉了这一点，则意见不一。

第四，安瑟尔谟的本体论证明继续被哲学家争论着。很可能大部分哲学家（包括宗教哲学家）都怀疑这个论证是否有效。然而，每年都有新的哲学文章出现，试图解决这个争议。

最后，安萨里的因果理论有特别的现代回应。某些宗教哲学家同意科学发现的自然法则只是记录了通常在自然中发现的相关性。在这个意义上，奇迹不是不可能，因为它们是一般规则的例外。在 18 世纪，大卫·休谟得出了怀疑主义的结论，我们永远不能说 X 导致 Y 必然是真的，而只能说在过去，事件 X 总是被事件 Y 跟随。与此相似，当代科学哲学家，虽然没有安萨里的宗教议题，但他们都同意，为自然法则的观念提供理性基础是有问题的。

理解题

1. 哪些因素造成了 11 世纪和 12 世纪的重返哲学？
2. 经院哲学的目标是什么？
3. 什么是中世纪时期的共相问题？神学考量以何种方式进入这个争论？
4. 在共相问题上采取的不同立场是什么？每个立场的倡导者是谁？
5. 在这个时期，在信仰与理性的问题上采取的各种立场有哪些？与每个立场相联系的人物是谁？
6. 在这个时期，意志与理性关系的问题是什么？这个争论中的两个主要立场是什么？
7. 什么是安瑟尔谟的本体论论证？两个版本有什么差异？
8. 高尼罗试图怎样反驳安瑟尔谟的论证？
9. 阿伯拉尔哲学的关键特征是什么？
10. 中世纪伊斯兰哲学中的争论在何种方式上相似于基督教中的争论？
11. 阿维森纳试图怎样论证上帝的存在？
12. 为什么阿维森纳相信创造世界的方式是理性必然的？
13. 安萨里的哲学观是什么？
14. 安萨里对因果性的分析如何为奇迹的可能性提供了论证？
15. 根据阿威洛伊的观点，亚里士多德哲学和伊斯兰信仰的关系是什么？
16. 阿威洛伊如何利用他的双重真理论调和信仰与理性？
17. 谁是最伟大的犹太教哲学家？他是怎样努力调和信仰和理性的？
18. 在 12 世纪的后期，亚里士多德哲学在基督教欧洲重新被发现。这一发展的一些后果是什么？

思考题

1. 关于信仰和理性的关系，彼得·达米安和克莱尔沃的圣伯纳德认为信仰和理性是对立的，而托马斯·阿奎那认为理性可以补充信仰。请你扮演一位中世纪基督教思想家，并且为其中一个立场构造一个辩护。

2. 在中世纪，关于意志与理智的两个立场是理智主义和意志主义。在这些思想家的神学假设下，每种观点的捍卫者是怎样论证他们的立场的？反对者指出了每种立场的什么问题？

3. 你认为安瑟尔谟的本体论论证是否有效？你认为哪个前提最有争议？写一篇短论捍卫或批评这个前提。

4. 你认为安萨里的因果分析如何？写一篇对他观点的简短辩护或批评。

注释

[1] 波爱修，《波菲利的〈引论〉评注》(*Comentary on Porphyry's Introduction*)，理查德·麦基翁（Richard McKeon）译，载于《中世纪哲学家选集》(*Selections from Medieval Philosophers*)，第1卷，理查德·麦基翁编（New York: Scribner's, 1929），第91页。

[2] 《波菲利集注》(*The Glosses of Peter Abelard on Porphyry*)，载于《中世纪哲学家选集》，第1卷，理查德·麦基翁编（New York: Scribner's, 1929），第240页。

[3] 《论神的全能》(*On Divine Omnipotence*)（书信2.17），欧文·J. 布卢姆（Owen J. Blum）译，载于《中世纪哲学：从奥古斯丁到库萨的尼古拉》，约翰·F. 威普尔和艾伦·B. 沃尔特编（New York: Macmillan, Free Press, 1969），第150—151页。

[4] 《布道词76》，引自A. C. 麦吉弗特（A. C. McGiffert），《基督教思想史》(*A History of Christian Thought*)，第2卷（New York: Scribner's, 1933），第226页。

[5] 《论三位一体的信仰》(*De Fide Trinitatis*)，引自麦吉弗特，《基督教思想史》，第186页。

[6] 《宣讲》(*Proslogium*)，第1章，S. N. 迪恩（S. N. Deane）译，载于《圣安瑟尔谟基本著作》(*Saint Anselm: Basic Writings*, La Salle, IL: Open Court, 1962)。

[7] 《书信集》(*Epistola*) 17，引自阿曼德·A. 莫勒（Armand A. Maurer），《中世纪哲学》(*Medieval Philosophy*, New York: Random House, 1962)，第59—60页。

[8] 引自彼得·德朗克（Peter Dronke），《中世纪女性作家》(*Women Writers of the Middle Ages*, Cambrige: Cambridge University Press, 1984)，第175页。

[9] 引自芭芭拉·纽曼（Barbara Newman），《智慧的姐妹：圣希尔德嘉德的女性神学》(*Sister of Wisdom: St. Hildegard's Theology of the Feminine*, Berkeley: University of California Press, 1987)，第125页。

[10] 纽曼，《智慧的姐妹》，第141页。

[11] 《从错误中解脱》(*Deliverance from Error*) 3.2，引自詹姆斯·N. 乔丹（James N. Jordan），《西方哲学：从古代到中世纪》(*Western Philosophy: From Antiquity to the Middle Ages*, New York: Macmillan, 1987)，第350页。

第 11 章

圣托马斯·阿奎那：
亚里士多德哲学与基督教思想

怒吼的公牛

托马斯·阿奎那（Thomas Aquinas）于 1225 年（有人说是 1224 年）出生在一个意大利贵族家庭，这个家庭生活在南意大利，大约位于从罗马到那不勒斯的中途。他的父亲是阿奎那伯爵，一个显赫的政治人物。他的家庭培养托马斯为服务教会做准备。然而，他父母的动机并不像看起来那么虔诚。他们总是梦想他被提升到具有教会权威的位置，在这个位置上，他不仅具有政治影响力甚至还能获得财富。大约 14 岁时，他被送到那不勒斯大学。这是一个令人激动的场所，充满了新观念，部分原因在于新近发现的亚里士多德文本和阿拉伯评注已经成了课程中的重要部分。托马斯受到了新形成的多米尼克修会的影响，并在 1244 年的某个时候加入了该修会。

因此，他父母的计划可能看起来进展顺利。然而，他们并不高兴，因为多米尼克修士并不热衷影响行政官员，而是谦卑又贫穷的传教士和学者。为了让托马斯清醒过来，他的几个兄弟在他去巴黎的路上劫持了他，把他关在一座塔里一年多。最终，他的家庭认识到他的承诺的真诚性，让他继续他一生的使命。

他继续他被打断的生活，前往巴黎学习哲学和神学。在那里，他受到多米尼克神学家大阿尔伯特的影响。* 阿奎那是一个魁梧圆胖的人，他的魁伟体格与他温和的性格对比鲜明。在课堂上，他安静地吸收内容，而不参与同学的激烈讨论，他们常常取笑他是"哑牛"。阿尔伯特敏锐地发现了托马斯的理智潜能，斥责他们说："我告诉你们，这头'哑牛'的吼叫将唤醒整个基督教世界。"有一个关于托马斯的故事，虽然历史真实性存疑，但就我们对他的真诚个性的了解而言，听起来像是真的。一天，修道院的弟兄谋划捉弄可怜的托马斯。当他走进房间时，其中一个人大叫有一头母牛在天空中飞。托马斯缓步走到窗边去看，这时修道院的弟兄大叫大笑，问："托马斯弟兄，你真的认为母牛能飞吗？"托马斯平静地回答："我宁愿相信母牛能飞，也不愿相信一个僧侣弟兄对我说谎。"

在获得了他的最高神学学位之后，阿奎那用他的余生讲课和写作，并轮流居住在巴黎和意大利，同

---

* 这个名字既不是指他的名声，也不是指他的块头，而是他的德国名字 Albrecht Gross 的翻译。

托马斯·阿奎那，最著名的基督教哲学家和神学家之一。画家在他胸前画了一个太阳，那是神圣学识的标志。他托着一个教堂和一本书，表现了托马斯整合信仰和学问的目标。

时还频繁为他的修会和教会的事务奔波。他被教皇任命为与东正教领袖会谈中的神学顾问。1274 年，49 岁的阿奎那在赴里昂会议执行这一外交使命的途中去世。

阿奎那是个极为多产的作者——他的著作多达 25 卷。据说他让四个书记员同时工作，在这个过程中口授给他们不同的手稿让他们抄录。他的著作囊括了祷告作品、布道词、讲座、哲学和神学的专业著作，以及对亚里士多德、波爱修和伪狄奥尼索斯的评注。他最主要的著作《神学大全》，比亚里士多德全部著作的合集还长。所有这些都是在他一生的最后 20 年完成的，他同时还要教学和充当顾问。在他死前几个月的一次弥撒中，他获得了一次神秘体验。

"我不能再写了，"他后来对一位朋友说，"我所看见的东西让我的所有写作都犹如草芥。"他放弃了写作，没做任何进一步的解释。1323 年，在他死后约 50 年，他被教会封圣，即正式宣布为圣徒。1879 年，教皇利奥十三世赞扬托马斯的哲学是天主教思想的典范。

托马斯的任务：整合哲学与信仰

亚里士多德的影响

12 世纪和 13 世纪，当亚里士多德的完整著作渐渐在大范围内变得易于获得，在欧洲中世纪哲学中，戏剧性的转变开始出现。亚里士多德的著作对任何一位认真阅读他的读者来说都非常有吸引力，因为他提供了中世纪世界从来没有见过的最强大而完备的体系。他的新发现的著作随之带来的不仅是新观点，而且是新问题。主要的困难是，虽然许多人发现亚里士多德的论证有说服力，但他的很多教导似乎与基督教教义矛盾。例如，亚里士多德教导说，世界是永恒的，而非被创造的，并且他似乎否认人格不朽。追随对亚里士多德的阿威洛伊解释的基督徒倾向于修正传统的神学来适应他们的理性体系的要点。显然，这导致教会当权者猜疑试图利用异教的希腊亚里士多德哲学的基督教哲学家。*除了

---

* 亚里士多德关于自然哲学的著作在 1210 年被巴黎会议禁止。各种教会权威在 1215 年、1245 年和 1263 年发布了其他禁令。最重要的谴责是巴黎主教艾蒂安·坦皮埃尔（Etienne Tempier）在阿奎那去世几年后的 1277 年宣布的。主教谴责了 219 个命题，威胁要把任何赞同它们的人逐出教会。大部分被禁止的学说是阿维森纳的，但某些是阿奎那持有的。一个类似的谴责是 11 天后在牛津发布的，并在 1284 年、1286 年再次发布。然而，最终主要由于阿奎那的工作，共识发生了转变，亚里士多德式的基督教逐渐被接受。

亚里士多德教导中的这些问题，新柏拉图主义占据基督教思想家的心灵如此之久，因而亚里士多德的经验的和自然主义的观点似乎是异己的和危险的。

与教会当权者的恐惧相反，阿奎那相信，采用亚里士多德主义并不必然导致异端结论。他确信亚里士多德可以被基督教化，并可以作为丰富资源为忠诚于基督教传统的哲学和神学思辨服务。虽然他的老师大阿尔伯特曾经做过某些尝试，在基督教的框架内使用亚里士多德哲学，但是，阿奎那成为了以这个新地基为基础的新哲学-神学大厦的首席建筑师。

一段时间里，柏拉图主义的基督教满足了文化的需要。然而，柏拉图主义对永恒的强调和它关于精神王国的彼岸性观念跟不上13世纪变革的脚步。旅行的增加与艺术、建筑学、科学和医学的繁荣，召唤对基督教和文化之间关系的新看法。需要做的是，理解基督教如何能既坚持它对超验的上帝的关切，以及它对精神王国和来世的强调，同时又仍然谈及我们此时此地的现世关怀。通过将亚里士多德与基督教融合，阿奎那认为，我们可以获得人类与文化、科学、政治和肉体存在的关联的新观点，这种观点在哲学上是严谨的，而在神学上是适当的。

阿奎那对亚里士多德深怀敬意表现在，他经常仅仅称亚里士多德为"那个哲学家"这个事实中。然而，不能指责阿奎那盲目照搬亚里士多德的思想。阿奎那显然对批评他的希腊榜样毫无顾忌，并且在亚里士多德的观念似乎不合理时就抛弃它们。阿奎那相信，亚里士多德的哲学就其本身而言堪称上乘。但与基督教信仰的独特特征相比，亚里士多德处于黑暗中，并且——像其他希腊异教徒一样——需要神的启示。

信仰与理性的范围

正如第10章所讨论的，中世纪期间的一个主要争端是信仰和理性的关系。因而，阿奎那的一个首要任务是表明这两个知识来源如何相互适合。那些处于奥古斯丁传统中的人（包括后来世纪中的新教改革者）强调，罪对我们的理性能力已经造成的破坏。他们相信，在理性能正确运作之前，必须由恩典来让心灵恢复。基于这个理由，他们主张，宗教信仰是哲学理解的先决条件，哲学必须保持它作为神学卑微仆人的地位。然而，阿奎那相信，罪并没有决定性地影响我们的理性能力。罪影响我们的道德生活而不是我们的理性生活。因此，阿奎那相信，理性可以立足自身，作为信仰之外的独立自主的知识来源。对阿奎那来说，在追求哲学真理中唯一必要的信仰是信仰人类理智的能力和宇宙的可理解性。当然，这是他与大多数西方哲学家共有的承诺，包括基督教哲学家和非基督教哲学家。

托马斯·阿奎那通过让它们各得其所来寻求表明它们可以和平共存，达成了基督教教义和哲学之间的伟大妥协。不像大多数过去的中世纪思想家，阿奎那清楚地把神学和哲学分开。神学通过信仰和启示给我们知识，而哲学通过所有人都可获得的自然的人类认知能力给我们知识。它们在方法上不同，各自都是独立自足的和互不依赖的。因此，对阿奎那来说，人类的知识王国可以划分为两个领域：（1）通过启示给予我们和由信仰而知的真理，（2）显示于自然并由经验出发进行推理而知的真理。我们可以用图11-1来表示阿奎那关于信仰和理性之间关系的观点。知识的两条途径是互补的，因为神

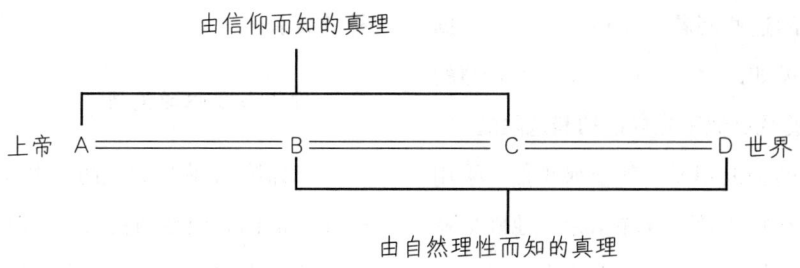

图 11-1　托马斯·阿奎那关于信仰与理性的观点

学从上帝出发走向关于世界的知识，而哲学从关于自然的经验和理性出发走向上帝。线段 A—B 表示，属于信仰问题的基督教教义，只能通过启示得知。它们超出了理性的范围，然而它们不与理性对立。虽然我们可以反驳对它们的异议，并消除所谓的矛盾和困难，但它们既不能证明，也不能证伪。对阿奎那来说，不能被自然理性证明的真理的例子是三位一体、道成肉身、原罪、在时间中创造世界、圣餐和最后的审判。*

线段 C—D 表示以感觉经验和哲学的自明的理性原则为基础的知识（如亚里士多德的逻辑法则）。这些科学和哲学的真理不能通过启示得知。举一个例子来说明阿奎那的观点，要理解心脏的生物学功能，我们必须对那个器官进行经验研究，不能只研究"心脏"这个词在《圣经》中如何使用。

最后，线段 B—C 是启示和哲学知识重叠的地方。我们不论从信仰一端还是从理性一端都能走近这些真理。上帝的存在，他的本质属性，灵魂的存在、不朽，以及自然道德法则的细节，都是能依据

信仰或由理性证明的真理的例子。

因此，对于阿奎那，存在着两种神学：（1）启示神学或超自然神学（由图上的线段 A—C 表示）和（2）**自然神学**（natural theology）或不以信仰为基础的神学（线段 B—C）。自然神学是在哲学之内寻求以自然理性和经验为基础证明关于上帝的结论的学科。在它们重叠的地方，神学和哲学不可能冲突，因为二者揭示的真理都起源于那一切真理的创造者。会发生冲突的是人类对二者的解释或判断。真的神学只与假的哲学冲突，而真的哲学也只与假的神学冲突。

方法

托马斯·阿奎那最知名的著作是《神学大全》，自然神学的一个不可思议的例子。在这部著作和其他著作中，阿奎那的论证方法是理智严谨的典范，并且遵循经阿伯拉尔改进的辩证法技术。阿奎那对每个问题的讨论严格通过五个步骤进行。首先，他陈述争论的问题。其次，他列出许多"反对意见"。这些是对该问题的标准回答，虽然他认为它们并不正确，但可以引证某些权威来支持它们。在这样做时，他尽可能有力而公允地陈述他对手的立场。第三个环节以这样的话开头"恰恰相反……"。他在这里为该问题提供一个回答，虽然与前面的回答相

---

* 阿奎那在这些问题上不同于他的前人和同辈。奥古斯丁、安瑟尔谟和阿伯拉尔在不同程度上认为自然理性指向三位一体的教义。波纳文图拉（1221—1274）认为，世界在时间中被创造在哲学上是可以证明的。安瑟尔谟相信，道成肉身可以被证明在哲学上是必然的。

抵牾，但支持他自己的观点，并且能引证相反的权威来支持它。第四也是最主要的环节，以"我回答说……"开头，他接下去提出他自己的观点并为它辩护。最后，在第五个环节，针对最初提出的与他自己立场相反的每个反对意见，他分别做出详细回应。他以这样的方式进行，一个争端接一个争端，力图彻底而明确地处理每一个重大问题。在这样做时，他表现出熟悉从前苏格拉底到希腊哲学终结的整个哲学史，以及教会的教父、神学家和主要的阿拉伯、犹太教思想家。当他表明在什么地方他的前人有启发性、什么地方他们的推理误入歧途时，不会遗漏任何人。在《神学大全》中，每一个争端的结构都与整个著作的严密结构相匹配。有人曾说托马斯·阿奎那成功地构建了一座理性的大教堂，可以与他那个时代最伟大的建筑技艺相媲美。通过利用亚里士多德逻辑，他的论证相互支撑，创造出把理智引向其创造者的哲学大厦。中世纪大教堂和阿奎那哲学体系的建筑风格都反映出宇宙自身组织严密的、有目的的等级结构。

知识的本性：理性加工经验

托马斯·阿奎那的认识论反映了亚里士多德对经验的强调。他引用亚里士多德的观点，说先于经验的心灵像一块白板（ST 1.79.2）。[1] 因此，不同于柏拉图主义的神学家，阿奎那不相信存在任何内在的知识。即使是上帝观念也没有写在心灵中。然而，即使感觉给理智提供了内容，感觉认知也不足以解释我们的知识。"虽然心灵的功能起源于感觉，然而，在通过感觉领会的事情中，有许多理智知道而感觉不能知觉的东西。"（ST 1.78.4）

理智既是被动的，也是主动的。因为是被动的，所以它从感觉经验接受它的原始材料。但是，在感觉经验中，我们并不是被无意义的、随机混合的零散感觉材料轰击。因为感觉材料是受造者，它们是可理解的，包含着形式或共相。然而，理智的主动部分为了认识特殊对象中的共相必须加工感觉经验。例如，眼睛可以向我们显示红色的东西，但理性可以离析出红色这个共相。因而，主动理智通过从殊相中抽象出共相来起作用。虽然人类心灵最初没有内容，但它的本性是，它具有获取形式的潜能（不同于动物）。非常值得注意的是，对于阿奎那（不同于奥古斯丁），这是自足的自然过程，不需要神的特殊启示来获得普遍知识。

阿奎那可以被刻画为一个温和实在论者。不同于极端实在论者，他不相信共相是完全独立的实在。世界中的唯一实在是具体的殊相，共相存在于殊相中。然而，不同于唯名论者，他不相信共相只是精神概念。当心灵从对象抽象出共相时，它是在处理世界的实在特征，而不是任意的类别。对于阿奎那，共相首先是作为观念亘古以来存在于神的心灵中。借助创造，共相进而成为心灵之外的存在，作为个别事物的形式存在于它们的实体中。最后，当理性生物通过理智抽象获得了关于殊相的理性知识，它们就进而存在于理性生物的心灵中。

阿奎那的经验主义出发点，给他提出了一个相当大的挑战，因为他必须表明如何从感觉原料中得出所有理智的哲学概念和关于诸如上帝、价值这样的精神实在的知识。他的认识论的一个进一步的意蕴，将会在后面的内容中清晰起来，那就是所有关于世界的知识，不论是关于上帝、共相还是价值，都是推论的和间接的知识。

形而上学：从世界到上帝

物理世界

如果我们按照阿奎那在《神学大全》中的讲解顺序，我们会从他对上帝存在的证明开始，然后继续考虑受造的世界。然而，他关于上帝的讨论的许多特征依赖关于实在本性的某些原则，它们似乎对于他同时代的读者比对现代的读者更明显。因此，应当从纵览他的总体形而上学体系入手，然后看他关于上帝的结论如何与此相适合。

阿奎那追随亚里士多德，相信自然界由具体的个别实体的集合构成。（莱西这条狗，苏格拉底这个哲学家，我办公室外的橡树，希望之星钻石。）每个物质实体必须根据两个原则来理解。第一个是实体形式。这个形式是事物的普遍方面，为一个种的所有成员所共有。例如，人性这个实体形式，是给予人类的那些让他们异于动物和植物的（物理的或精神的）属性，正是这个形式使得他们按人的特征性方式行动。

实体的另一个方面是它的质料。我们可能倾向于认为，树的质料是它的木质的纤维性物质，我们把它和树木的内部相联系。然而，这个质料已经是实体形式的产物，因而它不能离开树的实体而存在。阿奎那的理论试图解决两个从我们对经验的常识性理解中产生的问题。第一个问题是连续性问题。因为一种实体可以变成另一种实体（树可以被焚烧产生灰烬），如何说明我们对连续性的经验？第二个问题是个体化问题。两个有同一性质的实体（例如两个相同的花瓶）怎么还能是两个不同的实体？

为解决第一个问题，阿奎那说，如果存在着连续性，那么一定存在着一种更基本的质料在实体变化过程中保持不变。如果树变成灰烬，那么一定有某种东西潜存于树的木质以及灰的质料中。这就是阿奎那所称的原初质料。它是纯质料，没有任何形式，因而它自身没有任何区别性特征，只是具有接受任何可能形式的潜能。它可以被描述为"纯粹潜能"。原初质料的假定也解决了个体化问题。两个有相同性质的实体是不同的，是因为它们的质料不同。但是，当我们环视周围的世界，我们找不到原初质料的例子。这是因为我们遇到的任何质料都已经是有形式的质料，在这种或那种特殊实体中被发现，不管是岩石、植物还是动物中。当然，在阿奎那的亚里士多德宇宙中，也不存在独立存在的纯形式，因为所有的形式都体现在实体中。

层级宇宙

物理实体中形式和质料之间的区分是现实与潜能之间更一般的区分的例子。我们已经说过原初质料是纯粹潜能。它是接受不同的实体形式的能力。形式处于现实一方，因为它们创造特殊的树、老虎和人。上帝是完善的，唯有他已经完全现实化，因为不完善意味着有没有现实化的潜能。因此，上帝不可能变化。然而，宇宙的其余部分是动态的。每个受造的是者都处于纯粹潜能和完全现实之间的某个位置上，并自然地倾向于迈向进一步的自我发展。在努力实现我们的潜能和成为我们可能成为的一切时，我们（在我们有限性的边界内）模仿和接近神的现实与完善的圆满。

阿奎那的宇宙图景是一个连续的层级，有人称之为"伟大的是者链条"。它的范围从最底层的无机实体一直到顶端的上帝。有如此种类繁多的实体是因为上帝进行创造是为了表现他自身的圆满。阿奎那甚至用这个观念来证明天使的存在。他们与上帝的相似之处在于他们是纯粹的精神是者，他们与人类的相似之处在于他们具有潜能。因此，他们在是者链条上占据着一个独特的位置。虽然阿奎那没有争论生态学问题，但显然，根据他的观点，一个物种的消失是不幸的，因为它将给自然留下缺口。

不论是否接受阿奎那的亚里士多德式世界观，这样一种形而上学提供了巨大的理智满足，因为它向我们保证宇宙不是盲目的过程无意义地随机混合而成的大杂烩。既然每个物种都有一个形式，这个世界就是有序的和可理解的，并且能为我们的心灵所知。而且，世界具有目的，因为每个事物都处于实现它的神圣预定本质的过程中。同时，客观的价值判断（诸如"更好"或"更坏"）是可能的，因为任何自然创造物都可以根据它在多大程度上实现了寓存于他本质中的潜能来评价它的卓越等级。最后，创造物的级别能被评定得高一些还是低一些取决于它们在是者的标尺上离上帝有多接近。因为存在着这个客观的层级体系，我们会优先于蜗牛拯救人的生命。这是因为人类高于动物，只是略低于天使。所有的物理性质都反映神的本性并且都是重要的，但人类更圆满地展现了上帝的形象，因而更有尊严和价值。

本质与存在

潜能－现实的区分也展现在另一个区分中，即本质与存在之间的关系。**本质**说明一个事物是什么。它是字典定义所描述的内容。然而，（1）某物的本性或本质区别于（2）它存在这个事实。我们能对一个孩子描述袋鼠和独角兽各自的属性。他会理解每个生物的本质，但是仅仅这点知识并不能告诉他其

中一个生物存在而另一个不存在。所以，对于一切有限的是者，它们的本质是某种独立于其存在的东西。但是这一区分并不存在于上帝中，因为上帝的本质蕴含着他的存在。上帝是一个不能设想任何东西比他更伟大的伟大是者。这样一个是者不可能像恐龙一样灭亡，也不能像袋鼠一样只是碰巧存在。因此，如果有一个上帝，他的本性就是他必然存在。

这听起来非常像安瑟尔谟的本体论论证。然而，阿奎那拒绝这个论证，因为即使我们能理解"上帝"这个词，我们也没有直接领悟神的本质。如果我们领悟了，我们会看到他的本质和他的存在同一。然而，缺乏对神的本质的完备知识，我们不能像安瑟尔谟试图做的那样从神的本质出发论证上帝的实际存在。这与阿奎那的认识论一致，因为他一直坚持理性的工作必须从感觉经验给它的材料出发。因此，正如我们在下一节将看到的，任何对上帝存在的论证必定必然地始于人类对世界的经验。

> **想一想**
>
> 11.1 如果阿奎那是一个柏拉图主义者而不是亚里士多德主义者，这会对他的哲学造成什么不同？这一不同如何显示在奥古斯丁和阿奎那论知识本质的差异中？柏拉图主义和亚里士多德主义的差别如何显示在阿奎那关于物理自然的观点中？阿奎那的亚里士多德主义如何显示在他与安瑟尔谟关于我们对上帝的知识和本体论论证的有效性的分歧中？

上帝的存在

阿奎那向我们提出了证明上帝存在的五种论证（用他自己的话说，这些证明通常被称为"五条

道路")（ST 1.2.3）。他声称这些证明并非原创，因为他吸取了亚里士多德提出的论证和后来的阿拉伯、犹太教评注者的某些论证。然而，阿奎那对这些论证的表述和包装非常巧妙，因而它们成了贯穿若干世纪的有神论证明的典范。五路证明中的每一个都有共同形式：

（1）如果世界有特征 X，那么存在着一个上帝。
（2）世界有特征 X。
（3）因而，存在着一个上帝。

在每个论证中，他主张，被注意的世界特征是无法仅凭有限的自然世界来解释的特征。因此，阿奎那把我们的注意力引向关于世界的五个他相信指向上帝存在的事实。以下阅读材料包含了阿奎那对上帝存在的五个论证。在你们研读每个证明时请回答以下问题：

- 在每个论证中，什么是阿奎那认为的证明上帝存在的特殊的世界特征？
- 这五个论证有哪些相似和不同之处？
- 你认为哪个论证最强，哪个最弱？为什么？
- 把阿奎那在他的论证中做出的假设抽取出来。你是否认为他的假设是合理的？为什么？

摘自托马斯·阿奎那《神学大全》[2]

上帝存在可以用五种方式证明。

第一种也是最明显的方式来自运动的论证。在世界中，某些事物是运动的，这对我们的感觉来说是确定而显然的。现在，任何运动中的事物都是被其他事物推动的，因为，除非它潜在地是它向之而运动的东西，否则没有任何事物能运动；而一个事物运动是因为它被激发。因为运动不过是从潜能化归现实。但是除非某物处于现实状态，否则没有任何事物可以从潜能化归现实。因此，实际热的事物，例如火，使得潜在地热的木头实际地热，由此推动它和改变它。现在，同一个事物不可能在同一个方面同时是潜能的和现实的。因为实际热的事物不可能同时潜在地热；而是同时潜在地冷。所以，一个事物不可能在同一个方面以相同的方式既是推动者又被推动，即它会推动自身。因而，凡是运动的事物都是被另一个事物推动。如果推动它的事物自身被推动，那么这也需要被另一个事物推动，然后又依次被另一个事物推动。但这不可能趋于无穷，因为这样就不会有第一推动者，因而没有其他推动者；后续的推动者运动只是因为它们被第一推动者推动。就像手杖运动只是因为它们被手推动。因此，必然达到一个不被其他事物推动的第一推动者；并且每个人都把这理解为上帝。

第二种方式来自动力因的本性。在感觉世界中，我们发现，存在着动力因的秩序。还没有（实际上也不可能有）在其中发现事物是自己的动力因的已知的情形；如果是这样，它将先于它自己，这是不可能的。动力因不可能趋于无限，因为所有动力因都遵循秩序，第一因是中介因的原因，而中介因是最终因的原因，不论中介因是一个还是几个。去掉原因就是去掉结果。因而，如果动力因中没有第一因，就将没有最终因，也没有任何中介因。但是，如果动力因可能趋向无穷，就将没有第一动力因，也将没有最终因，也没有任何中介动力因；所有这些显然是假的。因而，必须承认每个人都称之为上帝的第一动力因。

第三种方式来自可能性与必然性，它是这样进行的。我们发现，在自然中，事物可能存在也可能不存在，因为它们被发现可以生成，也可以毁灭，因而它们可以存在也可以不存在。但这些事物不可能永远存在，因为可能不存在的事物在某个时候不存在。因而，如果每个事物都可能不存在，那么在某个时候可能没有任何事物存在。如果这是真的，那么即使现在也会没有任何事物存在，因为实际存在的事物只有通过已经存在的事物才会开始存在。因而，如果某个时候无物存在，那么就不可能有任何事物开始存在；因而，即使现在也无物存在——这是荒唐的。因而，不是所有是者都只是可能的，而是一定存在着某个事物，它的存在是必然的。但是，每个必然事物具有它的必然性要么是因为别的事物，要么不是。因另一个事物而具有必然性的必然事物不可能趋于无穷，关于动力因的证明已经证明了这一点。因此，我们只能设定某个是者自己具有必然性，不是从另一事物中获得必然性，而是引起其他事物的必然性。所有人都说这就是上帝。

第四种方式来自事物中发现的等级。在是者中，有些较多地是善的、真的、高贵的等，有些则较少。但"较多"和"较少"是根据它们与最高者相似程度的不同，对不同事物的述谓，就像说一个事物更热是根据它与最热事物更相似；因此，存在着某个最真的事物，最善的事物，最高贵的事物，因而存在着某个最顶级的事物；正如《形而上学》第二卷所写，那最真的事物就是最高的是者。任何种类中，最高者就是那个种类中一切事物的原因；就像火是最大的热，也是一切热的事物的原因。因此，一定也存在某个事物，对于一切是者，是它们的存在、善和所有其他完满性的原因，而我们称之为上帝。

第五种方式来自世界的治理。我们看到缺乏理智的事物，诸如自然物体，都为着某个目的而行动，因为它们总是或几乎总是按相同的方式来行动，这一点是显然的。因此，显然，它们达到它们的目的不是凭运气，而是有计划的。凡是没有理智的事物，都不可能向着目的运动，除非某个赋有知识和理智的是者指导它们。就像箭被它的射手射向它的靶子。因此，存在着某个睿智的是者，指导着所有自然物朝向它们的目的；这个是者我们称之为上帝。

前三个论证是相似的，因为它们都依赖原因不可能无穷倒退这个原则。这三条通往上帝的路是现代所谓**宇宙论论证**（cosmological argument）的不同形式。

第一个论证始于运动出现于宇宙中这个事实。在这里，"运动"在广义的亚里士多德意义上被理解为任何从潜能状态到现实状态的变化。这不仅包括了位置变化而且指比如温度和颜色的变化。他论证说，任何变化都预设带来变化的动力因。但是如果动因自身是变化的事物，它也只能被另外某个动力因的作用所推动。然而，这样一个动力因序列不可能是无限的。事物实现另一事物潜能的这整个过程需要一个终极根据。因此，一定存在一个第一推动者——自身不变，却是我们在世界中观察到的变化的终极源泉。为说明这一点，我们可以想象一组台球放在一张桌子上，在框子里排成三角形。虽然这些球具有运动的潜能，但它们将永远静静地放在那里，除非系统中有一个动力因让它们开始运动。如果我们走进房间，它们已经正在那里运动，并且看到母球撞击3号球，3号球又依次让10号球运动，即使现在看不见任何人,我们还是知道某人或某物曾经在那里将运动引入系统中。一旦母球在运动,它可以把运动传递给其他球,但是系统自身不能实现它自己的运动潜能。即使这些球亘古以来就一直在运动,它们仍然需要一个它们永恒运动的原因。

某个事物怎么可能引起运动而自身不动?这里,阿奎那根据亚里士多德的思想回答说,一个事物推动另一个事物而不引起自身运动是可能的。例如,你可以疯狂地爱上某个人,那种爱可以影响你的行为,但(不幸的是)你爱的对象可能没有被你的爱打动(ST 1.105.2)。因而,那个在你身上造成反应的人是一个"不动的推动者"。

第二种方式是来自关于动力因的论证。在自然中,我们看到,一个事件被另一个事件引起。这种原因的序列不可能无限,因为除非有一个自身充足的原因,否则整个依赖它的因果系列就没有得到解释。为说明这一点,想象一个很长的链子吊在空中。解释链环1没有问题,因为我们看到链环2挂住它,这个链环又依次被链环3挂住,以此类推。然而,在某个点上,整个链环系列必须被某个事物挂住,而这个事物不依赖其他事物挂住它。没有整个链条依赖的自我支撑点,整个链条就不能得到支持。世界中所有中介因的第一因是上帝。

第三种方式的重点有所转移,从可能性和必然性的观念出发。这个论证采取以下形式:

(1)在自然中,我们发现事物生成和毁灭(它们的存在和不存在都是可能的)。

(2)不存在的事物只能通过已经存在的事物才能开始存在。

(3)单纯的可能是者其存在依赖他物,它们不可能是无限的。

(4)因而一定存在某个依据自身必然性存在的是者,它能把存在传递给一切其他事物。

(5)这个必然的是者是所有人所称的上帝。

为说明阿奎那的要点,请想象黑暗房间里的一系列镜子。镜子反射光是可能的,但这一可能性必须被实现。现在让我们假设镜子1正在反射光。光来自何处?让我们说它接受到镜子2表面反射的光。但是它的光由什么引起?它接受镜子3反射的光,以此类推。对于任何特殊的镜子,我们能够通过在其他镜子那里发现它的光源来解释它的光。然而,这个过程不能永远继续下去。因为镜子自己不能产生光,其中一个镜子反射着光意味着光从系统外部进入系统,而该光源不需要从另一个事物那里接受光(例如一个手电筒)。即使我们假定无限多个镜子,每一个都反射另一个的光,如果这些镜子没有一个自己产生光,就还是解决不了问题。而且,一定不是只有开始时有一个原始光源。除非某个持续的光源维持镜子的光反射活动,整个系统会重新坠入黑暗。正像手电筒解释了它自己的光并且把光提供给其他事物,所以必须存在一个必然的是者,它的本质就是存在并且能将存在提供给其他事物。

注意,这个论证与安瑟尔谟的本体论论证的相似之处在于,它们都肯定必然是者存在,而那就是上帝。然而,它们的不同之处在于,阿奎那达到这个结论是通过经验而不是单从上帝的概念。还要注意,在所有这前三个论证里,一个特殊事件(不论是一种运动或变化的情形、一个给定的结果还是从可能的是者变为存在)可以被系统中另一个相邻的事件解释。然而,如果我们想要整个事件系列究竟如何能存在的终极解释,我们就必须超越这个系统走向一个类型完全不同的实在。到目前为止，前三个论证确立了终极原因的存在。然而，亚里士多德用类似的论证来捍卫他的非人格神的存在。因此，阿奎那的最后两个证明通过引入更多暗示人格存在的因素来使不动的推动者的形象更加丰满。

第四种方式专注于完善的等级。它从存在价值或完善的等级开始，主张存在一个无比完善的是者作为它们的源头。当我们看到月亮清冷柔和的光芒，我们认识到它是由太阳灿烂耀眼的光芒引起的，是弱化地反映了日光。类似地，如果事物是或多或少真、善和高贵的，它们一定是不同程度上反映或分有了这些性质最完满的表现。在这样论证时，阿奎那借助柏拉图主义做了个假设，最高级的价值必然与最高级的实在相联系。所以他断言，既然价值的等级蕴含着价值的终极源泉，一定存在着实现了一切完善性的最高是者。

第五种论证方式来自设计世界的证据。阿奎那注意到，自然中的大部分是盲目和没有理智的，然而它似乎是有序的并且达成有意的目的。用哲学术语说，阿奎那相信世界是个**目的论的**（teleological）系统。然而，一个不存在的目的不可能引导它自己的实现。只有当最终目标包含在指导这一过程的有理智的建筑师心中，我们才能解释这一个设计良好的系统的存在。所以，阿奎那断言"存在着某个理智的是者，他把一切自然物引向它们的目的"。

关于这些论证，有几点需要澄清。与他的批评者所假设的相反，在他的论证中，阿奎那从来没有使用"凡事皆有原因"这个原则，因为这会导致一个荒谬的问题："什么是上帝的原因？"这个因果法则公式是假的，就像说"每个发光的事物都必须从另一事物接受到它的光"一样，这会意味着手电筒从别的光源获得它的光。相反，阿奎那实际主张，"一切仅仅是潜能的事物（因而是依赖性的而不是自足的）必须被另外某个现实性所引起"。这个原则表明，自然中的一切事物都要求一个终极的第一因，但上帝不包括在它们的范围内。

另一个混淆是，有些批评者假设，阿奎那的论证是在寻求证明世界有一个时间上的开端。这些批评者假设，如果我们能证明世界一直存在，这将瓦解世界的第一因存在的必要性。相反，亚里士多德既相信世界永恒又相信它要求不动的推动者。虽然阿奎那并不相信对世界永恒的论证是决定性的，但他的确认为这在逻辑上是可能的。那么，一个一直存在的宇宙为什么要求一个第一因？为了说明阿奎那给予的那种类型的论证，请试着想象一盏亘古以来就存在的有火苗的油灯。火苗在过去已经存在了无限长的时间。然而，亘古以来，火苗的存在都依赖着油来维持它。如果油不存在，就不会有火苗。因此，即使火苗是永恒的，它也会是永恒的依赖性实体。类似的，即使世界是永恒的，它仍然需要一个维持它的终极原因。

这意味着当阿奎那说上帝是第一因的时候，他的意思并不是上帝必然是时间上的第一因。他不是在谈在时间中延伸的横向因果系列，而是纵向因果系列，由居顶点的上帝在此时此地发生作用。换言之，阿奎那的上帝与世界之因果关系的图景其实不同于碰撞着的桌球的图景，在那里，我们谈的都是线性的时间性因果序列。相反，说明他的宇宙观的更好的例子是我们举的悬挂的链子的例子，在那里，依赖性因果序列是相互同时的，并且在它们存在的每一个时刻，它们都持续依赖某个自足的原因来维持它们。因为这个理由，上帝首先是持续性维持因，而不必然是起始因。

虽然阿奎那认为世界永恒和他的有神论论证一致，但他不认为我们能证明世界一直存在。那么，我们能证明世界在时间上一定有开端吗？某些中世纪哲学家，如圣波纳文图拉认为，我们可以在逻辑上证明就是如此。然而，阿奎那发现，这样的论证也没有说服力（ST 1.46.1，2）。因此，这个问题不是理性能解决的。事实上，阿奎那的确相信世界有开端，但是，他说，我们知道这一点的唯一途径是《圣经》的《创世记》告诉我们是这样。这是一个由启示解决的问题，不是亚里士多德和波纳文图拉认为的哲学。

> **想一想**
>
> 11.2　为什么阿奎那认为，即使世界是永恒的，它仍然要求一个原因？你是否同意他的这一观点，即世界没有开端在逻辑上是可能的？为什么？

阿奎那主张，他的五个证明确立了最高是者的存在，他是不变、无原因、内在必然的是者，是绝对完善的目的因。至少有两个从整体上反对他的证明的一般批评。第一，为什么我们不能下结论说前述五个属性适用于不同是者？如果有五个证明，或许有五个神。他的回答是，不同是者的区别在于它们属性不同。所有证明都指向绝对完善和不受限制的是者。如果两个是者在每个方面都是完善的，它们将具有同一的属性，因而实际上是相同的事物。而且，不可能有两个不受限制的事物，因为如果是那样，它们将互相限制从而不再是不受限制的。因此，只有一个上帝。

第二个批评涉及的事实是，阿奎那的每个论证都不同形式地以"并且每个人都把这理解为上帝"这个短语结尾。宗教的和非宗教的批评者都说，这些论证谈论的抽象的形而上学原因与《圣经》中有生命的人格性上帝相差甚远。阿奎那并没有宣称这些证明给了我们上帝的完整形象。这就是为什么他相信理性必须由启示补充。但他坚持它们的确给了我们上帝的某些较重要的性质。例如，第四个证明表明上帝是终极完善的。因为根据他的定义，一个完善的是者必须在善和爱方面完善，因而，这暗示了终极的是者是人格性是者。

由于这五个论证，托马斯·阿奎那作为自然神学最有力的倡导者确立了他的历史地位。然而，并非每个人都相信他提供了上帝存在的理性证明。到了18世纪的大卫·休谟和伊曼努尔·康德，这些论证将受到某些新的批评。

> **想一想**
>
> 11.3　试图理性地证明上帝存在总是有争议。关于这一计划的合理性，你同意以下哪个选项？试图理性地证明上帝的存在（a）是可能的，并应该尝试；（b）是可能的，但不重要；（c）或许可能，当不应该尝试，因为这是不虔诚的；（d）不可能，因为上帝远远超越了人的理性；（e）不可能，因为宗教信仰必然是非理性的；或（f）（提供其他观点）。你的结论的理由是什么？

宗教语言的问题

一个潜伏在所有关于上帝的讨论中的问题是宗教语言的问题。如果我们说的语言取自有限的世界和不完善的创造物，我们如何能谈论无限和完善的是者？例如，我们使用"善"这个词谈论一个朋友。然而，如果我们说"上帝是善的"，我们似乎是在与我们的朋友是善的相同的意义上说上帝是善的。但显然不是这样，因为上帝的善不可能等同于人的善。因而，我们不能用用以谈论人的肯定词项无歧义地（以相同的意义）谈论上帝。那么，当我们谈论人和上帝时，我们对像善这样的词的使用一定是有歧义的（有不同意思）吗？例如，当我们说喇叭的音调、一瓶汽水和一个煎饼都是"平淡的"，这个词在每种情况下有完全不同的意思。然而，这个解释同样行不通。第一，如果像阿奎那相信的那样，我们所有的知识起源于经验，那么我们的词项，包括用于上帝的词项，其意义一定在某种程度上起源于人类的经验领域。我们不可能使用专门用于上帝的词项，因为我们缺乏对上帝本质的直接经验，而这是给予这些词项特殊意义所必须的。第二，阿奎那的确想说人类和神的善之间有某种相似，即使它们不是完全相同的，因为人类是按上帝的形象创造出来的。

阿奎那的第一个解决方法是以否定的方式。这一方式是早期中世纪思想家共用的，并且是神秘主义者偏爱的解决方式。这种否定方式主张，我们可以通过否定有限的创造物共有的属性来谈论上帝的属性。例如，我们可以说上帝是不变的（没有变化），永恒的（不受时间约束），或无形的（没有物理形体）。然而，以一个事物不是什么来定义某物从来都不充分。我们必须能肯定地对上帝有所断言。

因而，第二个方法是类比的方式。这一方法让我们从直接知道的对象A出发，然后继续推论关于不直接知道的对象B的信息。例如，我不知道承担国家总统的责任是什么样子。然而，我已经是一个地方组织的主管，知道承担较小的责任是什么样子。既然我知道美国总统的职位较之一个小型组织的主管绝对重要得多，我就可以通过类比知道，国家领导人的责任在比例上大于地方领导人的责任。因此，如果我们知道一个朋友在有限的人性范围内善、智慧和理智是什么样子，并且人类的属性近似于上帝的属性，我们就能在一定程度上知道善、智慧和理智属于一个无限的是者时是什么意思。

道德哲学：人类本性与神圣法则

目的论伦理学

正如人们预料的，托马斯·阿奎那的道德理论是对亚里士多德《尼各马可伦理学》的基督教改编版。追随亚里士多德的脚步，阿奎那的伦理学植根于他的目的论形而上学。宇宙中的每一个事件，不论是石头下落还是果树开花，其出现都是由于它被引向某个目的。和其他自然物一样，人类有自己的自然目的和倾向。然而，我们是唯一能有意识地选择是否和如何实现被给予的目的的生物。因而，伦理学涉及的是什么目的值得人追求。故此，道德上的善并不是某种异己的东西，而是我们自然目的的实现。相反，恶是一种缺陷或缺乏。它妨碍我们获得实现。

阿奎那说，所有真正的行为都要么是好的，要么是坏的，没有道德中立的（ST 1—2.18.9）。这是因为有意选择的行为总是寻求达到某个或好或坏的目的。阿奎那区分了人类行为和人的行为（ST 1—2.1.1）。前者是人的理性为了寻求某个目的而选择的自愿的、有意的行为。后者只是无意识的或非自愿的行为，例如不小心蹭到一个人的头或打喷嚏。这后一种行为在道德上不好不坏。只有自愿的、故意的行为才有道德性质。阿奎那明确地让理智在伦理学中处于优先地位。虽然意志自然地欲求善的东西，但是它需要理智告诉它什么真的是善的，达到善的适宜手段是什么。

阿奎那给出了决定一个行为在道德上是善是恶的三个因素。这些因素是：(1) 行为的对象，(2) 环境，和 (3) 所寻求的目的。用阿奎那的例子来说，救济穷人是一个以把钱给需要的人为对象的行为。单独来看，这个对象是善的。然而，环境在对行为的道德评价中起某种作用。如果我给的钱是偷来的，那么对象的善就因环境的恶而失色。或者，如果这个人的需要是微不足道的，而我家庭的经济负担很重，环境也影响到行为的道德性质。最后，即使对象和环境都在道德上是好的，但如果我试图达到的目的只是公众的赞扬，那么这个目的或动机没有道德价值。因为这三个因素可能好坏不一，所以阿奎那说，除非对象、环境和目的都是善的，否则一个行为不是绝对善的。

到目前为止，阿奎那的道德理论与亚里士多德模式颇为一致。然而，存在一个问题。亚里士多德的伦理学是纯粹自然主义的。他把人类当作仅仅是自然中的许多物种之一。虽然亚里士多德相信人类的独特在于他们是理性的，但他没有我们有精神本性以及我们与上帝有特殊关系的想法。例如，他的伦理学不包含服从神圣命令的观念。因为人类是自然生物，我们生活的最终目的是幸福和自我实现，它们存在于所有种类的人类美德的适当发展中，特别是理智德性中。阿奎那相信，亚里士多德给了我们人类可以在此生中通过我们的自然资源获得的不完善的和世俗的幸福的图景。就其适用范围来说，它是我们能发现的最好的伦理学。然而，对于阿奎那对生活的基督教理解，亚里士多德的自然主义伦理学是不充分的。我们渴求最圆满形式的善。但是

任何在自然领域内发现的善都只能是特殊的、不完善的、有限的善。自然并不给我们提供满足我们精神本性的手段，而是指向超越它自身的真正满足我们的东西。如果我们生活的目的是拥有最高的善，这就只能在上帝自身中找到。它不是在关于上帝的单纯知识中发现，而是通过亲知上帝，在对神圣本质的洞见中获得。因为在此生中获得的关于上帝的知识总是不完善的，所以我们对终极圆满的自然欲求指向来生的必要性。

自然法

因为我们被上帝创造出来以特定方式生活，我们可以反省人的本性并且发现某些帮助我们实现我们人类潜能的自然指导方针。这就是阿奎那所称的道德中的**自然法**。*既然在不同文化下、不同世纪中人类的本性基本保持不变，那么对自然法的察觉就是普遍的，对理性来说是自明的。前面我们已经说过，一个行为是绝对善的，只要对象、环境和目的是善的。但是我们如何确定什么时候这些是善的？回答是，善就是符合理性，而这被定义为与道德自然法一致。沿着他的从最低级生命经高级动物直到人的生命的层级体系，阿奎那试图表明，通过反思什么符合自然和我们的自然倾向，我们可以得出道德原则。首先，在所有生物中存在着保存自己生命的自然倾向。"要保护生命"的原则就来自于此。特别地，这对阿奎那意味着，不但杀人，而且自杀也是违反自然法的。其次，所有动物都寻求保存它们

---

* 道德中的自然法观念由希腊人引入，被斯多亚学派所发展。它也是《论自由意志》中的奥古斯丁早期道德哲学的核心特征。

的物种并关心它们的后代。对于人类，这不仅要求在身体和情感上养育我们的孩子，而且要求教育我们的孩子并帮助他们达成他们所有的潜能。第三，因为我们高于禽兽，所以我们有全面实现我们人类的理性能力的倾向。这导致有义务追求真理（包括关于上帝的知识）和遵循一切在社会中和谐生活所必须的规矩。

如果自然法是普遍的，任何理性生物都能认识，为什么不是所有人都就它达成一致？回答是，他们被情欲、坏习惯和无知所蒙蔽（ST 1—2.94.6）。因此，没有意识到自然法的人犹如色盲。在两种情况下，人的能力都受到限制，不能正常感知实在。有人认为，某种像自然道德法的东西被设置在我们的良知之中。然而，对于阿奎那，良知不是知识的源泉，而更多的是把道德知识应用于特殊事例的理性能力（ST 1.79.13）。但是，如果理性在做出这种道德判断时犯了错误怎么办？例如，假设我们的理性告诉我们某种恶的东西是好的，或某种真正善的事情是被禁止的？无知会使我们有一个纯洁的良知却做错事，为做了某件正确的事情而良心歉疚。阿奎那回答说，"任何与理性不一致的意志，不论对错，总是恶的"（ST 1—2.19.5）。换言之，对人最大的要求是，他们要尽力遵循他们充分知情的良知。如果我们的良知客观上犯了错误，还是要根据我们如何遵循我们所感知的道德之光来评判我们。

> **想一想**
>
> 11.4 设想一个人类行为的例子，它会支持阿奎那的观点，即存在着一个指向人类繁荣目的的普遍的自然道德法。思考他的立场的某些可能的困难。

四种法

对于阿奎那，表明道德与形而上学的联系是很重要的。因此，他解释说，写在我们本性中的道德法则是上帝的永恒法的一种表达。与意志主义者相反，阿奎那相信道德法则不是基于上帝意志的任意决定，而是表达了植根于上帝的本性中的神圣理性。既然上帝的本性不是任意的，道德法则也不是。

阿奎那相信有四种法，或者更确切地说，有四种上帝之法显现的方式。在每种情形中，法都根植于上帝创造的理性秩序中。首先是永恒法，宇宙的统治者为他的创造物确立的理性秩序。一切事物都受制于永恒法。苹果落地和火焰腾空都显现了永恒法造就的秩序。因此，对于阿奎那，"自然之法"这个短语不只是一个隐喻。虽然所有的自然物都盲目地遵循自然法，但只有人类可以反思上帝之法的道德维度，并且唯有我们有能力遵守或不遵守它。第二，（我们已经讨论过的）自然法是理性可以获知的支配人的道德行为的法。在我们是自然和社会生物的范围内，自然法指导着我们。它引导我们通过发展节制、勇敢、正义和智慧这些古典希腊德性，实现亚里士多德模式的道德品格。第三，存在着神圣法，它通过启示给予我们。神圣法超越自然法并指导我们获得永恒的幸福。遵循这一法则，神学德性信仰、希望、爱凌驾于自然德性。与自然德性不同，这些德性只能通过上帝恩典的作用获得（ST 1—2.62.1）。第四种法是政府制定的人类法。然而，如果这样的法是合法的，它也根植于上帝的永恒法。因此，遵循合法的法时，我们遵循着上帝。阿奎那引用奥古斯丁的观点说，"在世俗的法中，除了人从永恒法中吸取的东西外，没有任何东西是正义和合法的"

（ST 1—2.93.3）。在对人类法或世俗法的讨论中，阿奎那的政治哲学浮现出来。

政治哲学

在从奥古斯丁到阿奎那的 800 年间，中世纪哲学中少有对政治国家本性的重要讨论。新柏拉图主义在这个时期的盛行导致哲学家主要关心永恒的实在和形而上学与逻辑问题。然而，当可以获得亚里士多德的完整著作后，哲学家再次开始致力于政治理论问题。同时，当社会变得更加稳定，文明更加繁荣，人们变得更加关注关于国家、法律和政治义务的哲学问题。

阿奎那的政治哲学专注于政治法律的本性。他把法定义为"由关心共同体的人所发布的，为了共同善的理性法令"（ST 1—2.90.4）。某些法律关注阐述和执行自然法（例如反对谋杀和偷盗的法律）。这种法律应该在任何地方都相同。然而，其他法律，自然法没有确定细节并且是为了一个特定社会的整齐划一而制定的。例如，陈述对特殊的犯罪应该施加什么惩罚的法律没有在自然法中详加规定。在今天，美国法律规定汽车应该在马路右边行驶，其他国家可能规定在马路左边行驶。虽然细节是任意的，但这样的法律保证了人类安全并且服从应该保护生命的普遍法则。然而，不论直接还是间接，所有的世俗法都从自然法原则获得它们的有效性。任何违背自然法的人类法都根本不是真正的法，我们没有义务服从。在某些情况下，服从法律、保持和平是较小的恶，而在另一些情况下，为了更高的法，公民不服从可能是必要的（ST 1—2.96.4）。

法的范围应该是什么？阿奎那说，试图把所有形式的不道德行为都非法化会弄巧成拙，因为人类本性会使这样一个目标无法实现。如果每种形式的错误行为都非法化，我们都会进监狱！一般而言，只应该关注重大的恶，即那些戕害他人和破坏有序的人类社会的行为。换言之，人类法局限于人的相互关系的范围内（ST 1—2.100.2）。因此，政治立法只与正义有关，而应该避免关于精神共同体和私人道德、个体道德的问题。

根据阿奎那的观点，公民社会是自然的和无须辩护的。他的立场与希腊人一致。然而，这与奥古斯丁相反，后者认为，政府是为了应付人的不正当而产生的必要的恶。这也与启蒙哲学家不一致，他们倾向于把社会看作一个人为创造的秩序。出于这个理由，他们觉得需要提出理论来解释为什么政府是正当的。但是，阿奎那说，即使"在纯洁的状态下，人类也会被引向社会生活"（ST 1.96.4）。他继续论证说，任何社会都总是要求某种治理体系和由某人来照管共同的善，所以人类本性使建立政府成为必要。虽然这样的政府不需要被证明是合理的，但他的确说任何特定形式的政府或任何特定的领袖的权威需要某种保证。对于阿奎那，理想的政府是不同元素的结合。它有一个统治者，他的权力被其他治理人所制衡，这些人都由人民的意志选出（ST 1—2.105.1）。

评价与意义

拒斥柏拉图的二元论

阿奎那把自然呈现为统一和连续的是者系列，从岩石和植物，到最低级的幼虫，再到较高级的动物，直到我们达到顶点，那些能进行推理、自由选择、做道德决定和过精神生活的生物，即人类和天使。这幅图景受新柏拉图主义者和奥古斯丁的影响，然而，阿奎那拒斥物理世界是一个不完全真实的影子世界这一柏拉图式的假设。这一柏拉图思想中的二元论主题不幸地暗示了精神领域和自然物理世界的张力。然而，对阿奎那来说，物理自然对于精神维度不是异己的，因为这整个"是者链条"指向上帝，并在上帝中找到最终目的。这一形而上学图景使阿奎那可以更加重视《圣经》中关于创世价值的教义。与柏拉图式的基督教相反，阿奎那不把身体看作灵魂栖居的不幸牢狱。相反，身体对知识来说是重要的，并且使我们成为独特的个体。以这种方式，他使他的同时代人重新发现了人性。我们不仅是具有永恒命运的精神是者，而且我们也是自然的一部分。通过给予物理世界和我们当下的世俗存在更大的重要性，托马斯·阿奎那为人类文化的成果，诸如科学、政治、法律和艺术提供的基础比奥古斯丁的世界图景所能提供的更好。

科学与神学

阿奎那对物理世界和自然解释的价值的专注提出了科学与神学之间关系的问题。这将被证明是一个重要问题，一直持续争论到我们的时代。因而，考察阿奎那在这个问题上的立场与洞见是有帮助的。他面对的问题是，一方面，科学借助物理原因来解释事件。另一方面，他把自然视为受神意的支配。他在五路证明中对上帝的神学论证，强调我们只有把自然事件看作是实现神的目的，它们才能得到解释。因而，我们有两类解释。滋养生命的雨是由湿度饱和的云提供的，还是由上帝的仁慈提供？新生儿是生物原因的结果还是上帝的赠予？为回答这些问题，阿奎那发展了一种双重因果论，借鉴了亚里士多德的多种不同原因解释一个特殊事件的理论：

……显然，同一结果既归因于自然原因，也归因于上帝，不是好像部分受上帝的作用并且部分受自然动因的作用；而是整个结果都来自二者中的每一个，但以不同方式，就像同一个结果整个归因于工具，又整个归因于主要行动者。[3]

为说明阿奎那的观点，假设当有人进入我的厨房，问"水为什么沸腾？"可以给出两个完全不同的回答，二者都同样正确。我可以用直接的物质作用因给出一个科学的回答，说"水沸腾是因为火加热了锅底，锅底又把热传给水，这导致气泡升腾到水面"。另一方面，我可以用最终因提供一个目的论回答，只是说，"水沸腾是因为我打算煮点土豆"。这两个回答诉诸不同原则，服务于不同目的，但它们是完全互补的。以同样的方式，阿奎那相信，我们可以以自然原因解释自然事件，但用不着抛弃我们对上帝创造和统治世界的信仰。虽然受造物的物理属性、法则和物质直接引起了自然事件的发生，但恰恰是上帝安排了这样的自然秩序以实施他的意志。因此，阿奎那可能会说，当试图解释下雨滋养我们的庄稼这一事实时，考虑云的物理属性和上帝的仁慈都是恰当的。这种调和科学和宗教世界观的方式对许多既是科学家又是基督徒的近代思想家会非常重要。

> **想一想**
>
> 11.5 阿奎那的科学和神学互补模式可以以什么方式调和以下两个陈述？（1）"生物物种在时间过程中演化。"（2）"上帝创造了世界和其中的万物。"你认为这种策略可行吗？为什么？

阿奎那寻求调和他那个时代的科学和有神论宇宙图景的方式是有意义的。在这样做时，比起某些中世纪人的彼岸进路，他的确为追求关于世界的科学知识提供了一个更充分的基础。然而，正如当我们到达文艺复兴时将看到的，阿奎那方案的一个主要缺点在于——用刚才使用的短语——"他那个时代的科学"。因为人们那个时代能获得的科学是亚里士多德式的科学，不仅他们对自然事件的神学解释使用目的论，而且他们的科学解释也受它的侵染。他们认为，自然的每一个部分都力图实现神给它指定的目的。石头下落是因为它的自然目的是和大地重新统一。橡果长成橡树是因为这是它的自然目的。正如你能看到的，用自然事件打算实现的目的来解释它们只提供了一个对事物相当单薄和不充分的解释。亚里士多德式的对本质的强调意味着，自然主要是借助永恒的和逻辑的关系来理解，而不是时间性的和因果性的关系。因此，尽管比起之前所有的基督教神学家，阿奎那给了物理过程更大的重要性，但只有当人们抛弃了对事件提供目的论解释的亚里士多德模式，科学才能成熟。不再推测事物的目的如何符合上帝的计划，科学家终于学会更多地注意物质及其作用因自身的细节和规则。

通过阿奎那，我们达到了中世纪哲学的顶点。在下一章节，我们将概览在解体经院哲学中发挥作用的理智原因。

当代联系 11：圣托马斯·阿奎那

虽然托马斯·阿奎那被认为是罗马天主教会的官方哲学家，许多新教思想家还是认为他是基督教哲学的重要典范。单凭他对这两大传统的影响就确保了他在当代思想中的地位。他对上帝的升级版论证在今天依旧被拥护和争论着。

而且，阿奎那的伦理学理论对自然法伦理学有深刻的影响。例如，在马丁·路德·金影响很大的《狱中书简》里，这位著名的社会改革家引用了阿奎那的陈述，大意是违反永恒法和自然法的人类法是不正义的法，根本就不是法。这个原则是马丁·路德·金的公民不服从哲学的核心。

最后，阿奎那努力表明对事件的科学解释与对它们的神学理解相容，对今天那些试图战胜科学和宗教观点之间的张力的人来说，这是重要的资源。

理解题

1. 阿奎那如何努力调和信仰和理性的范围？
2. "自然神学"是什么意思？阿奎那是如何说明这个概念的？
3. 根据阿奎那的观点，理性和经验是怎样都对知识做出贡献的？为什么我们二者都需要？
4. 用阿奎那的亚里士多德形而上学解释，当树里的木质变成书柜时发生了什么。
5. 阿奎那用"本质"表示什么意思？本质与存在之间的关系对于上帝和对于其他创造物有什么不同？
6. 阿奎那为什么拒斥安瑟尔谟的本体论论证？
7. 简要描述阿奎那用以论证上帝存在的五种论证。
8. 用你自己的话陈述，说阿奎那相信世界是个"目的论的系统"是什么意思？

9. 既然阿奎那相信世界需要一个原因，为什么他同时相信世界一直存在在逻辑上是可能的？在这里，他用"原因"表示什么意思？
10. 宗教语言的问题是什么？阿奎那试图解决这一问题的几种方式是什么？
11. 在阿奎那的伦理学中，哪三个因素决定了一个行为的对与错？
12. 在伦理学语境下，"自然法"这个术语是什么意思？阿奎那在发展他的伦理学理论时是如何使用这个概念的？
13. 为什么阿奎那相信有四种不同的法？它们的关系是什么？
14. 根据阿奎那的观点，什么是我们的世俗法的基础？哪种行为应当受法律调控？
15. 阿奎那如何努力协调对世界的科学解释和神学解释？

思考题

1. 在何种方式上，阿奎那的哲学更像亚里士多德的哲学而不是柏拉图的哲学？阿奎那拒斥柏拉图的二元论有些什么后果？
2. 根据阿奎那的哲学，给出某种可以通过理性而不能通过信仰知道的事情的例子。什么东西只能通过信仰知道？既能通过信仰（启示）又能通过理性知道的真理的例子是什么？
3. 想象你是阿奎那。一个非常虔诚的批评者（例如第7章的德尔图良）说，基督教哲学家不应该借助亚里士多德哲学这样的非基督教思想。阿奎那会怎样回答这个反对意见？
4. 你认为阿奎那对上帝的论证哪一个是最强的？为什么？你认为哪一个是最弱的？为什么？
5. 用阿奎那的决定一个行为道德价值的三个标准，评价以下各个行为的道德性：（a）用刀刺人使之受伤，（b）一个外科医生在手术台上用刀刺一个人来移除肿瘤，（c）通过给一个人吃药救他的命，（d）在你误以为是毒药的情况下给一个人吃药，碰巧救了一个人的命，（e）偷钱捐给慈善团体，（f）把你自己的钱捐给慈善团体，因为它会给你的政治竞选带来好的宣传效果。
6. 为了这次练习的目的，假设你同意阿奎那的自然法和政治哲学观点。根据他的哲学，提出论证表明法律应该允许或禁止以下活动：（a）奴役，（b）色情文学，（c）堕胎，（d）（你自己选择的问题）。
7. 假设有人说近代科学排除了解释世界时对上帝的需要。阿奎那会怎么回应？

注释

[1] 这里和其他对《神学大全》的参考用符号 ST 表示。除非另有说明，引文取自《圣托马斯·阿奎那基本著作集》(*Basic Writings of Saint Thomas Aquinas*)，2卷本，安东·C. 佩吉思（Anton C. Pegis）编（New York：Random House，1945）。文献标注中的三个数字指部分、问题和条目的编号。

[2] 托马斯·阿奎那，《圣托马斯·阿奎那的神学大全》(*The "Summa Theologica" of St. Thomas Aquinas*)，第一部分，英国多米尼克教区（English Dominican Province）的神父译（London：R. & T. Washbourne, Ltd.；New York：Benziger Bros., 1911），卷1，问题2，条目3，第24—27页。

[3] 《反异教大全》(*Summa Contra Gentiles*) 3.70，载于《圣托马斯·阿奎那基本著作集》，卷2。

第12章

中世纪综合的解体

在从1300年到1500年期间，中世纪思想的强大洪流应接不暇地改变流向，使之分裂为独立的小溪，各自寻找自己的新方向。这些哲学改变是我们在此要关心的；这些改变的发生与这个时代影响欧洲人各个领域生活的社会、经济和政治变革不无关系。到13世纪，教皇的精神威望和政治权力都衰落了。一系列玷污教会理想的追名逐利的教皇和枢机主教令许多信众反感。教会过多的财富和特权在某些人中唤起改革的愿望，而在另一些人中，则唤起从建制化的教会退回到个人虔诚的想法。英国的约翰·威克里夫和波西米亚的约翰·胡斯对教会的批评提供了宗教改革的最早预警。而且，从1378年到1415年，精神权威和政治忠诚的混乱导致了东西教会大分裂，那时有两个相互竞争的教皇，阿维尼翁的法国教皇和罗马的意大利教皇。

教会不仅要对付权威危机和精神幻灭，而且还要对付政治风向的转变。若干世纪以来，教会已经成为强大的国际组织，在世俗国家弱小的背景下繁荣昌盛。然而，教会内部的纷争有利于政治国家权力的崛起。当欧洲变得富有，世俗王国变得相对于罗马教廷更加自治。亚里士多德《政治学》的重新发现，推动了这样的观点，即国家是一个其正当性基于道德和理性的自然实体，而不是从上帝和教皇那里获得其权威的机构。然而，世俗王国也不乏混乱。英法百年战争激起了理性主义精神。而且，这个时代的特征是经济和社会动荡，并且农民起义在英国和法国不断爆发。然而，除了这些问题，到15世纪的后半期，出现了对王权的强调，以英国、法国和西班牙的强大君主制为顶点，它们在接下来几个世纪的西欧生活中扮演主要角色。这些国家并未断绝与教会的关系，但它们对它的依赖性大大降低了。这些因素加上其他因素威胁到了中世纪事物模式严谨的稳定性。被视为理所当然的等级、权威和统一是支配人们的精神、理智和政治生活达若干世纪的理念。然而，发展到这一时期，中世纪的这三根支柱开始崩塌。

当争议和变化出现在更大的社会中，许多有影响的14世纪哲学家开始偏离经院哲学的某些本质原则。这标志着经院哲学衰落的开始。虽然他们破坏了经院哲学体系的基础，但这些思想家这么做是出于真诚的基督教信仰的立场。他们确信，让信仰摆脱哲学的纠缠会更利于信仰。他们思想的驱动力是对上帝万能的极力强调。他们的宗教信条主张，上帝的行为是完全自由的，超出了理性分析和解释的能力。

预告一下本章的内容，对上帝绝对权力的强调，导致了很多极端的后果。首先是反理性主义。阿奎那相信，全能的上帝可以做任何逻辑上可能的事。然而，后来的批评者主张，可能的领域比阿奎那想象的要大。因此，理性无力决定世界实际是怎样的和必须是怎样的。为了限制理性，某些思想家采取了经验主义的形式，而另一些思想家则采取了神秘主义的形式。这个时期的第二个特征是唯名论，共相受到猜疑，而个体具体的实在则不受猜疑。第三，对自然神学的信心消退了。哲学家们论证说，理性不能像阿奎那认为的那样确定地证明上帝存在和人的灵魂不朽这样的教义。他们主张，这些教义只能基于启示与信仰认识和肯定。第四，意志主义成为伦理学的中心主题。这一立场主张，意志优先于理智。如果上帝的理智不限制他的意志，那么他在宣示什么是道德上的善方面是完全自由的。这意味着人类理性不能决定什么是道德上的善。因此，道德义务不是遵循理性指导的问题，而是服从上帝的至高命令。第五，这个世纪的观念提供了自然科学的新进路。如果没有理性形式指导上帝对世界的创造，那么这个世界是完全偶然的。形而上学思辨中利用的人类理性不能告诉我们世界是什么样的。只有观察能告诉我们上帝造就的是何种世界。正如艾蒂安·吉尔森（Etienne Gilson）对这个时代哲学的描述：

> 短暂的蜜月之后（人们几乎会说，在婚宴结束之前），神学和哲学认为，它们看到它们的婚姻是一个错误。在等待即将到来的离婚判决的同时，它们开始分割它们的动产，并警告他人不得干预。[1]

这场离婚的依据是由约翰·邓·司各脱、奥卡姆的威廉和神秘主义者埃克哈特大师提出的。

约翰·邓·司各脱

精细的苏格兰哲学家

关于约翰·邓·司各脱的生平，被确知的很少。他在约1266年出生于苏格兰。*他年轻时加入了弗朗西斯修会，并继续在牛津和巴黎学习，展现了心灵的敏锐和数学的天资。他在牛津、巴黎和科隆讲学写作度过了一生。在最后一个城市只工作了一年，他就在1308年刚刚四十出头时去世了。司各脱著作的真实性很有争议。某些著作显然是真的，然而其他一些曾经归于他的著作现在知道不是真的，还有一些手稿学者们意见不一。邓·司各脱的著作很难读，因为他不是一个清晰的作者。然而，大多数人同意，他的著作之所以难读，不仅由于他缺乏写

---

* 司各脱的意思是"苏格兰人"。在司各脱的时代，不同于4个世纪前的约翰·司各脱·爱留根纳，只有苏格兰居民，而不是爱尔兰人，被称为苏格兰人。

作技巧，而且同样由于他理智上具有的挑战性和论证的精细。实际上，他的同时代人称他为"精细博士（Doctor Subtilis）"。他有很多追随者，称为"Dunsmen"或"dunces"。他们是文艺复兴时期的人文主义者中伤的首要对象，这些人文主义者视他们和他们的经院哲学为启蒙和理智进步的障碍。结果，"dunce"这个名称的意思变为傻瓜和无知的人。

知识论：限制理性

在这个简要概述中，我们将忽略司各脱认识论过度复杂的细节，只注意他与托马斯·阿奎那在理性与信仰问题上的不同。司各脱同意阿奎那的观点，认为信仰真理和理性真理之间不可能有冲突，并且他用哲学推理来捍卫他的理论。但邓·司各脱对理性范围的限制超过了阿奎那。他的数学研究让他有了一个关于真正的演绎证明的模式，比较起来，阿奎那在自然神学中的大量论证都有些不足。司各脱同意阿奎那的观点，认为三位一体不可能用理性证明，他还从理性讨论和证明中排除了这样的题目，如上帝的本性有多少个方面，以及神意和灵魂不朽。他主张在这些问题上只有信仰能给我们确定性。与托马斯主义立场相反，*对于司各脱，哲学和神学是两种完全不同的探究类型。哲学是一个理论学科，而神学中寻求的知识，他说，"应该被描述为实践的"。[2] 司各脱给理性的范围施加限制的努力，是解体信仰和理性的经院哲学综合的第一步。后来的思想家会在限制理性上更加激进。

---

* 托马斯主义这个词来自"托马斯·阿奎那"这个名字。

形而上学：偏离经院哲学

共相与个性

在共相问题上，司各脱避开了所有的传统回答。与实在论者相反，他主张只有个体是实在的，但与唯名论者相反，他相信共相的确有某种客观实在性。虽然这好像让他和阿奎那一致，但是他们的差别在于，什么把一个种的一个个体与其他个体相区分。阿奎那认为，一定是苏格拉底和柏拉图各自的质料把他们区分开，因为他们都是相同人性形式的个例。然而，司各脱论证说，既然质料只是一束不确定的潜能，那么它不可能定义苏格拉底的具体个性。如此不确定的东西也不可能是知识的对象。如果托马斯主义的回答失败了，那么司各脱认为我们如何能有个体的知识呢？既然司各脱保留了我们只能认识形式这一亚里士多德主义假设，如果我们终究能认识具体的个体，那么一定有一个形式构成了每个个体事物。寓存于普遍本性（任何殊相的本质或什么）之中的是个体本性（它的这个）。表示这种个体化区分的拉丁术语是"*haecceitas*"。就像存在着人性形式，因而也存在苏格拉底独有的形式和柏拉图独有的形式，它们是每个人独有但完全可知的特征。离开"柏拉图性"（作为我们对柏拉图的独特形式的称呼）就不存在"人"的形式，但它可以在形式方面有区别。虽然这种把希腊的共相概念和对个体性的更大关注相结合的努力有些复杂，但邓·司各脱对个体性的强调开始了偏离中世纪思想家的世界观的第一步。

自然神学

关于上帝存在的论证,司各脱似乎同意阿奎那的观点,认为这样的证明必须以我们关于世界的经验为基础。然而,他质疑大多数托马斯主义证明的绝对确实性。例如,他说,来自运动的论证表明,必定存在一个第一推动者。然而,任何来自物理世界的证明不能超出物理世界。因此,这个论证把我们限制在运动的世界而不能给我们一个作为其他一切事物之原因的必然的神圣是者。但司各脱在关于动力因与可能性、必然性论证的重构版本中的确发现有某种价值。最后,不同于阿奎那,他的确认为安瑟尔谟的本体论论证有价值,但认为它需要被增加一个陈述必然是者是可能的前提作为修正。然而,他认为对于这种是者的可能性我们能给予的唯一证据是某种"有说服力的考虑"。通过这么做,他把它修改为一个经验的和概然的论证。总之,邓·司各脱认为有神论论证比阿奎那假设的要弱,因为它们往往只是概然性论证而不是严格的演绎证明。

邓·司各脱与阿奎那在不朽问题上有类似的差别。托马斯·阿奎那相信,人类灵魂必然在肉体死后存在。司各脱有一次说,这只是一个概然性问题。毕竟,上帝可以这样创造灵魂,让它和肉体一起消亡。虽然假设灵魂不朽是合理的,但是这不是证明。唯有以信仰为基础,我们才能确定灵魂事实上被上帝赋予了不朽的本性。这个例子很好地展示了,在阿奎那认为应该由信仰和理性共享的大部分领域,后期中世纪思想家倾向于赋予信仰至高的地位。

道德哲学与意志的优先性

在中世纪哲学的心理学和伦理学领域中,一个重要的争端是意志和理智的关系。*对于阿奎那,理智是灵魂更高级、更高贵和更有价值的官能。然而,对邓·司各脱,意志高于理智,这个主张使他被归于意志主义和奥古斯丁的后期思想。司各脱的论证是,首先,知识只是意志的工具。理智为意志提供信息和选项,但是是意志在选项之间选择。第二,在我们可以选择我们愿意思考什么这个意义上,意志可以推动理智。第三,意志是完全自由的,不能被任何事物所决定,包括理智。托马斯·阿奎那同意希腊人的观点,我们必然意欲我们认为最善的东西。然而,司各脱断言,意志不被善的知识所决定,只是选择善,如果它自由地决定这么做的话。尽管理智被已知的对象所决定,但意志可以接受和拒绝它面对的东西。因此,"在意志中决定意欲的全部原因是意志"。[3] 阿奎那的理智主义主张,我们在上帝的沉思中找到福祉,司各脱的意志主义让他说,我们在上帝的爱中找到福祉,爱是让我们与上帝统一的意志行为。因此,司各脱不同意阿奎那那种道德以追求幸福的自然倾向为基础的观点。相反,道德要求妨碍我们自己利益和幸福的正义行为。道德义务只依赖上帝的命令,而独立于个人幸福的考虑。阿奎那认为,我们可以通过研究人类本性来认识道德法则,但邓·司各脱认为,无法通过自然手段学到伦理学真理。

这种意志主义也适用于上帝。他的行为不是由

---

* 见第 10 章对这个问题的初次讨论。

他的理性决定的。邓·司各脱认为，如果上帝是完全自由和全能的，那么事情一定是这样的。因而，我们的理性不能知道他的目的或从先天原则演绎他的行为。既然根据上帝的自由，万物都是偶然的，那么事物没有理性必然性，宇宙也可以不同于它实际的样子。如果上帝的选择是逻辑必然的，那么我们可以像欧几里得几何体系一样推出世界的细节。既然我们做不到这一点，那么很清楚，上帝创造世界是自由的，由此，受造物的特征都是偶然的。

爱上帝的命令是与善本身相关的唯一道德法则。其他行动是善的只是因为它们是上帝所命令的，而不是因为它们达到的目的。然而，司各脱对此进行了限制，说十诫中的第一组命令是理性必然的道德真理。这些命令说，除了唯一的真神上帝，你不应有其他的神，你不应制作偶像，你不应妄称你主上帝之名，你应谨记安息日并在这天保持虔诚。司各脱论证说，这些命令是从上帝对自身的爱中推出，如果他不这样命令将是自相矛盾的。因此，如果有任何自然法，它会在这里发现。然而，其他神圣命令是上帝至高意志的产物，因而它们不是理性必然的。它们对我们的良知提出要求，只在于它们是上帝的命令。可以推知，上帝可以同样毫无问题地宣布，谋杀、通奸和偷盗不是错误的。

概言之，虽然约翰·邓·司各脱在很多问题上不同于13世纪的思想家，但在很多方面他延续着他们的思想。他是一个通向后期神学家（如奥卡姆的威廉）的过渡人物，后期神学家们接受了在他那里只是趋势的东西，并把它们推到极端。

> **想一想**
>
> **12.1** 你同意约翰·邓·司各脱意志统治理智的观点吗？这个观点蕴含着什么？

奥卡姆的威廉

奥卡姆的论辩人生

奥卡姆的威廉（William of Ockham）在1280年到1290年的某个时候出生于伦敦附近的奥卡姆村。他在早年进入弗朗西斯修会并在牛津学习神学。虽然他完成了他的课程并开始讲学和写作，但他从未获得他的硕士学位，因为有人怀疑他接受了危险的异端学说。最终结果是，1324年，他被召到法国阿维尼翁的教廷，并被迫滞留在那里四年以等待一个神学家委员会调查对他的异端指控。在等待的这几年里，他不停地进行神学、哲学和物理学的写作。1327年，当他还在阿维尼翁时，他逐渐卷入了一场关于应该如何在字面上解释圣弗朗西斯的贫穷誓言的争论。奥卡姆站在这位弗朗西斯修会领袖一方，谴责物质主义和教廷的奢侈无度，试图让教会回归弗朗西斯的过简朴生活的理想。1328年，教皇约翰二十二世要发布对他们立场的官方谴责这件事变得日益明朗。因而，奥卡姆和他的会长逃走了，并寻求巴伐利亚皇帝路易的庇护。相传，在奥卡姆到达时，他对这位皇帝说："你用剑保护我，而我将用笔保护你。"奥卡姆和其他卷入叛逃的人被教皇革除教籍。之后，奥卡姆居住在慕尼黑继续写作。在他生命中的这个时间点上，他走入更极端的政治立场，并且写小册子反对教会对世俗权力的要求。他的著作发展了一种指向政治世俗化方向的理论。路易 1347 年去世后，奥卡姆似乎曾寻求和教皇克莱门特六世和解，但不清楚这是否实现了。关于他死的实际情况不确定，据信奥卡姆死于 1349 年黑死病肆虐北欧期间。

奥卡姆的两个任务

奥卡姆的哲学受两个基本主题指引。第一个是非常严格的上帝全能观。他把这看作必然贯穿我们关于世界的一切思考中的最高原则。按他的表达，"我相信上帝圣父万能；我对此这样理解，凡是不包含明显矛盾的事情都归于神的权能"。[4] 表面上，这应该像是非常虔诚地肯定信仰。实际上，对于奥卡姆正是如此。然而，如我们将看到的，由这个核心信念他得出了认识论、形而上学和伦理学领域的某些非常激进的结论。大体上，他论证说，如果上帝是万能的，那么他对世界的创造就不受任何理性必然性的指导。世界中的一切事物都是**偶然的**（contingent）。* 既然事情是这样，那么只有经验能告诉我们世界中事物的存在和它们的属性。

奥卡姆的第二个指导性主题是严格的经验主义，谴责一切通过诉诸不必要的假设或思辨解释而超越经验的倾向。这是一个被后来的作者称为"**奥卡姆剃刀**（Ockham's razor）"的方法论原则，而现代科学家们现在称之为"节俭原则"或"经济原则"。奥卡姆表达它的一种方式是说，"能用较少原则解释的东西就不必用更多的原则"。[5] 这个原则像剃刀一样起作用，因为它"剃掉"我们解释中一切不必要的实体。奥卡姆在试图表明可以不诉诸共相领域就解释实在时，特别运用了这个原则。虽然这个原则不是他创始的（它可以在亚里士多德那里找到），但是它伴随着奥卡姆非常严格的关于什么才对解释世界具有真正必要性的观点。这个原则被证明在用经济得多的近代科学代替亚里士多德科学方面非常有影响。

知识论：否定共相

在经验中认识事物

奥卡姆用一个非常强的经验陈述开始他的认识论。他说，一切关于世界的知识基于直观知识。** 按他的表达，"没有任何东西可以自身被自然地知道，除非它被直观地知道"。[6] 直观知识包括了我们对外部事物的感知以及我们对我们自己内心状态的直接意识，如意志活动、喜悦和悲伤等。他有时称直观知识为"经验知识"。既然在正常情况下，直观知识直接和它的对象相关，那么它可以告诉我们什么存在或不存在。

任何不与对象的直接经验相联系的知识都是知识的派生形式，称为抽象知识。这种知识是我们原初的经验在心中留下的褪色的残留物。经验对象作

---

* 如果设想一个东西存在和不存在都没有逻辑矛盾，那么它的存在就是偶然的。例如，袋鼠存在于我们的世界中，但是我们可以想象没有它们的世界。因此，袋鼠是偶然的是者。

** "直观"在这里不表示某种内在感觉或洞见，而是指一切对心灵直接明显的东西。

为概念或精神符号保留在心中。概念不能像直观知识那样提供何物存在的证据，因为曾经产生它们的对象不再存在。然而，它们的确作为理解的载体起作用。抽象知识包括特殊事物减去存在的具体细节后的影像和记忆。抽象知识还包括我们通常称为抽象观念的东西或指称个体的整个种类的观念，如"动物""树"和"书"。这些观念似乎是普遍的，因为它们是模糊和不清楚的表象，掩盖了造成这些观念的许多特殊个体的细节。然而，它们不是真的共相，因为它们缺乏任何它们自身的形而上学地位。

奥卡姆的唯名论

奥卡姆认识论最重要的部分围绕着他的符号理论。一个符号是某种表示或代表另外一个东西的东西。有两种符号：自然的和约定的。当对象显示出其原因的时候，自然符号就出现了。例如，烟是火的符号。然而，另一种自然符号是由知觉产生的，发生在特殊对象在我们心中造成影像或精神图像的时候。例如，当我看到红色玫瑰花，它就造成了一个红色玫瑰的影像保留在我心中。这种符号有某种普遍性是因为该影像对所有有相似经验的人都相同。精神影像或概念是其原因的自然符号，并且能够表示玫瑰。相反，约定符号则是每个文化发明语词来指称这些精神影像时产生的。

某些词项是特殊个体的符号，例如"柏拉图"。另一些词项是许多个体的符号，例如"人"。阿奎那认为，苏格拉底和柏拉图分享的共同人性特征是世界的实在特征，而奥卡姆坚持，普遍陈述其实是我们关于个体做出的特殊陈述的概括。比如说，"所有狗都有毛皮"，是一种说"莱西这条狗有皮毛，并且斯波特这条狗有皮毛，并且罗弗这条狗有皮毛，等等"的缩写形式。并没有给个别的狗增加额外的实在，即所有这些狗分有的"有皮毛性"这个相。相反，"有皮毛"这个语词符号表示的是许多对属性相似的生物的经验所产生的精神影像。这些精神影像和附着于它们的词项是我们解释人类思维所需要的一切。因此，我们可以不需要一切共相理论这样的多余赘物。事物自身之中没有共相，也没有任何共相存在于我们心中。相反，只存在指称诸个体与个体群组和起思想工具作用的精神影像，我们的思考是关于殊相的，但我们是用精神符号思想。

归根结底，奥卡姆把共相的形而上学问题还原为仅仅是这样一个逻辑问题：我们如何能在命题中使用一般词项和专名指称个体？奥卡姆的唯名论应该与洛色林的极端唯名论和他的学派相区分。他们只承认人类思想中的约定符号，而奥卡姆承认概念作为自然符号起作用。因此，有人喜欢称他为"概念论者"或"词项论者"。

既然共相并不真的存在，上帝也不能设想它们。上帝可以有关于他打算创造的东西的观念，但这总是特殊个体的观念。如果我们说上帝创造了人类这个物种，上帝并不需要在心中有"人性"这个相。而是在他心中有众多不同的个人，所有这些人相互都或多或少相似。

> **想一想**
>
> 12.2 为什么"奥卡姆剃刀"是一种"剃除"柏拉图主义中不必要的东西的努力？柏拉图会怎样回应奥卡姆的唯名论？

形而上学与理性的限度

个体的首要性

奥卡姆的实在观的关键是，他确信具体个体是唯一真实的和真正的实在，是科学研究的唯一对象。世界是具有其实际属性的个体的世界，因为上帝选择把它们创造成这样。如果有永恒本质，这些本质将限制上帝随心所欲地自由创造的能力。上帝创造世界这个事实并没有给我们何物存在和它像什么样子的知识。同样，考察世界也不给我们上帝存在的理性知识。如果世界中的每一事物都是偶然的，那么就没有任何必然联系允许我们从一个事物推出另一事物的本性或存在。

因果性

奥卡姆的经验主义和他强调世界的一切特征都是偶然的，导致他采取关于因果本性的非常激进的立场。他相信，我们可以知道每个事件都有这样那样的原因。然而，他认识到，经验只能给我们关于一个特殊类型的原因和一个特殊类型的结果之间关系的概然判断。通常，当我们说"X 引起 Y"，我们在说，每当 X 发生，Y 都随之而来，并且 X 中的某种能力使得 Y 必然发生。然而，奥卡姆论证说，我们真正经验的一切不过是经验中的规则，使得 X 在场时 Y 就在场，X 缺席时 Y 就缺席。我们从来没有经验到假定的 X 中的因果能力，和所谓它的结果的必然性。作为一个事实问题，X 和 Y 之间也许存在着因果关系，但不可能被确定地知道。例如，我们观察到火在场时（X），事物变热（Y）。然而，离开这个次序，单单是火的知识不会告诉我们它的结果。如果上帝愿意，他可以安排火在场和事物变冷相联系。只有经验能告诉我们从一个给定的原因可以期待什么，而这一知识总是概然的。如果 X 和 Y 之间没有逻辑上的必然联系，上帝可以有时在之前没有 X 的情况下产生 Y，就像这是正常情况一样。因此，奥卡姆的经验主义为他相信奇迹的可能性提供了支持。正常情况下，上帝保持自然的齐一性，而科学研究的正是这种正常的常规次序。但是，如果每一事物都是偶然的，假设上帝可以改变事件的正常次序就没有矛盾。创造的偶然性使人怀疑我们在我们的理论中"捕捉"实在结构的能力——这个假设是之前大部分西方哲学传统的核心。

形而上学的衰落

奥卡姆立场的后果是形而上学的重要性严重减退。逻辑只是告诉我们，我们的精神符号和命题之间的关系。它不能给我们关于世界的事实信息，因为这只能由经验提供。奥卡姆剃刀宣布，我们不应该试图用关于世界背后或之上的东西的思辨来解释某种世界之中的东西。他取消了任何借助最终因的解释，说它们只是比喻。应用他的证据标准，他表明，许多亚里士多德的物理学和天文学原则不是必然的和自明的，并且暗示任何给定现象都可以用许多不同的思辨理论来解释。而且，他关于因果性的观点对近代科学的兴起有巨大影响。不要试图发现事物之间的逻辑关系（因为世界中没有逻辑必然性），科学家应该代之以忠实的观察，只罗列经验事实和常规次序。这一进路对科学的后果有好有坏。它有助于矫正中世纪的亚里士多德主义倾向，即推论事实必定是什么，而不是事实实际是什么。在新进路下，做出了用旧方法会忽略的经验发现。然而，只是罗列观察不会给我们近代物理学的强大规律和理论，因为（与奥卡姆相反）科学不能没有思辨和理性化。我们现在知道，我们所看到的东西（仪器上的读数和中等尺寸的对象）可以只凭借我们不能直接观察的东西（亚原子微粒）来理解。科学家不能避免关于可观察事实背后或之上的东西的理论建构。而且，在他们以数学的方式理解世界的努力中，近代科学家假设（与奥卡姆相反）世界中存在逻辑必然的关系。

拒斥自然神学

奥卡姆到目前为止所说的内容中没有自然神学的立足之地。既然所有关于何物存在的知识都产生于经验（直观知识），并且既然在此生中我们没有上帝的直接经验，我们就不能证明他的存在和属性。关于这些事情只有信仰和启示能告诉我们。而且，他关于因果性的观点瓦解了阿奎那的论证。如果我们只知道结果，我们可以知道它有某个原因，但是，离开过去关于类似结果的原因的经验，我们不能就未知原因的本性进行推理。因此，我们不能从我们对这个世界的知识推出它的原因的本性。为说明这一点，奥卡姆批判地考察了传统的上帝存在论证。他承认，有某种价值的唯一论证是阿奎那的来自作用因的论证。虽然他相信可以证明世界要求某种原因来维持，但他不相信理性能证明只有一个这样的原因或这个原因具有《圣经》中的上帝的属性。当我们依靠自然理性时，就形而上学争端而言，概然性已经代替了阿奎那的确定性。

奥卡姆剃刀也影响了除上帝存在之外的其他自然神学争端。尽管从柏拉图到阿奎那的哲学家都认为，他们能证明人类有精神本性并且是不朽的，但奥卡姆说，我们只有以启示为基础才能知道这一点。

我们的一切经验都是我们的内在活动和状态，如思考、意欲、喜悦和悲伤。我们没有这些心理活动背后的精神实体的经验。因此，我们不能证明存在一个灵魂，更不用说证明它不朽。

道德哲学：激进的意志主义

和邓·司各脱一样，奥卡姆的道德哲学围绕着意志自由的观念展开，不论是人类意志还是神的意志。正是自由意志使我们成为道德行动者。如果一个行动是由自然原因所决定，人就没有责任并且既不能被称赞也不能被指责。而且，正是意志使得行动在道德上是善的或恶的。一个其他方面都好但出自邪恶意图的行为不是道德上善的行为。

奥卡姆关于上帝全能的强观点使他的道德理论极为激进。如果上帝是万能的，那么整个受造的秩序是偶然的，是神的自由选择的产物。然而，奥卡姆把道德法则包括在世界的偶然秩序中。既然在神的心灵中没有人类本性的普遍本质，也就没有从这些本质得出的不可变更的自然法则。上帝不仅可以以他所选择的任何方式创造人类，而且在创造之后他还可以为他们创造他所选择的任何道德法则。由此，奥卡姆把司各脱道德哲学中的倾向推到了它们的极致。对于奥卡姆，上帝不受任何法则和原则的约束。他自由地思维、意欲和行动，因此，任何不矛盾的事物都可能。按奥卡姆自己的表达：

憎恨上帝、偷盗、通奸和与这些行为类似的行为，根据一般法则，会附着有邪恶的性质，只要它们是在上帝命令做相反行为的情况下做的。但就这些行为自身的性质而言，它们可以由上帝实施而没有附着任何邪恶的情况；甚至一个尘世的朝圣者实施它们是有功德的，只要它们从属神圣的规则，就像现在这些行为的反面事实上从属神圣命令一样。[7]

因此，现在认为有罪的行为，如谋杀和通奸，本可能在伦理学上是善的，并且实施它们是有功的，只要上帝愿意它们如此。然而，作为一个偶然事实问题，在目前的道德秩序中，这些行为是错误的，这仅仅因为这是上帝的决定。由这些例子可以推出，显然不存在任何我们能通过诉诸自然法则推出一个行动的对与错的方式。我们完全依赖关于伦理结论的启示，因为唯有以这种方式，我们才知道上帝意欲什么。

> **想一想**
>
> 12.3 偷盗、通奸或谋杀没有任何内在错误，它们是错的仅仅因为上帝选择禁止它们，你同意奥卡姆的这一观点吗？如果上帝选择命令做它们，这些行为本可能是道德上有德性的吗？对于我们关于道德的概念，这种观点蕴含着什么？如果以通奸为例，关于它有某种内在的东西是错误的，这是否在上帝能命令什么、禁止什么方面限制了上帝的至高无上？一个阿奎那的伦理学自然法理论的倡导者会如何回应奥卡姆的观点？

对奥卡姆的总结与评价

由奥卡姆开始的思想导致了实在论和唯名论之间的激烈争论。1339 年，巴黎大学禁止使用奥卡姆的书并在 1340 年正式拒斥唯名论。一个多世纪之后，1473 年，这所大学的所有教师发誓教授实在论。然而，其他大学在这个时期赞同更多的思想自由并且允许唯名论，比如，1348 年的布拉格大学，1365 年的维也纳大学，1386 年的海德堡大学，1388 年的科隆大学。

奥卡姆关于各种实在与知识的范围之间关系的观点，既使得经院哲学对信仰与理性综合的解体，又开启了科学自治的大门。托马斯·阿奎那和奥卡姆的威廉的不同可以用图 12-1 的圆来说明。对于阿奎那，信仰和理性的范围是相互纠缠的。信仰的命题通过《圣经》的启示和教会的权威而知。理性包括所有能从我们的自然认知能力通过经验和逻辑结合获得的信息。虽然某些真理可以只以信仰和启示知道（A），但某些关于超自然物的真理（B）也归属哲学的领域，可由理性证明。同样地，关于自然界的真理（C）能够通过关于经验的推理达到。

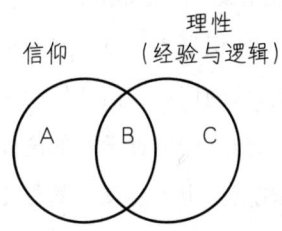

图 12-1 托马斯·阿奎那模式

尽管阿奎那宣布了启示和自然知识之间的结合，奥卡姆却开启了它们的分离进程（见图 12-2）。对于奥卡姆，神学真理与我们可以通过经验和逻辑知道的东西是完全分离的。超自然物和自然物在不同领域活动，涉及不同的关系。借助启示，信仰（A）可以给我们关于上帝和精神实在的知识。然而，它不能给我们关于世界的知识，因为，假定上帝是自由的，那么神学不能告诉我们世界实际是什么样子或必定是什么样子。是经验（B）告诉我们受造的世界像什么样。但是从我们关于世界的知识，我们不能反推上帝或他的属性。因为结果自身不能告诉我们

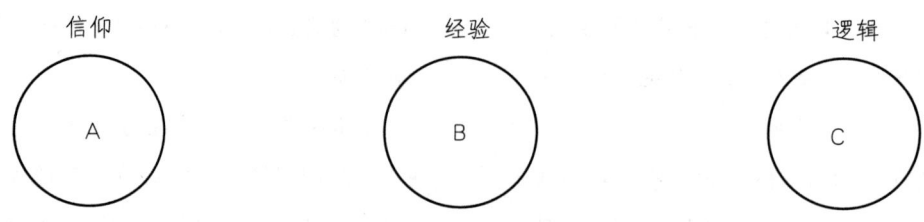

图 12-2 奥卡姆的威廉模式

它的原因。逻辑（C）被分隔在它自身的领域中，既不能告诉我们神圣的事物是怎样的，也不能告诉我们世界是怎样的。逻辑只能告诉我们命题之间的关系。既然理性不能给我们关于实在（神圣的或自然的）的任何实质性知识，那么就几乎没有给哲学留下任何使命。奥卡姆的哲学结论试图确立不同知识领域的恰当边界，但一旦这些边界被澄清了，哲学只能对我们的知识做出极少的（如果有的话）贡献。

通过这样的知识划界，奥卡姆的目标是保护信仰不受哲学和科学的侵犯。信仰处于一个它自己的严格闭合的领域内。任何哲学家的论证或科学中的新发现都既不能支持也不能反对基督徒所相信的东西。然而，在将神学置于理性所及范围之外时，奥卡姆无意中解放了哲学和科学，让它们独立地追求自己关心的事，而不需要让它们的结果与神学传统保持一致。既然理性被禁止卷入信仰的问题，它现在可以专注于自然现象。在奥卡姆的威廉那里，哲学不再是神学的婢女，而承担了一个独立创业者的新角色。虽然许多人指控他是一个怀疑论者，攻击了宗教的理智基础，但奥卡姆似乎有一个对基督教信仰的坚定的个人承诺。然而，尽管他的意图彻头彻尾是虔诚的，奥卡姆却实际上鼓励了哲学和科学的世俗化。他对信仰和启示的强调也影响了宗教改革，因为新教神学寻求重新发现《圣经》的简单教义，摆脱神学传统的累赘。一位历史学家说，"就破坏能力而言"，奥卡姆在这个时代无可匹敌。[8]

科学方法的变革

奥卡姆的威廉的哲学在科学家如何理解他们的工作方面引起了许多变化。首先，他的经验主义强调，经验是理解世界的钥匙。其次，他的方法论"剃刀"鼓励科学家关注事实而抛弃一切形而上学思辨。虽然这对于中世纪科学家把他们的观察强行塞入亚里士多德假设的范围内的倾向，是一个有益的矫正，但这种对思辨的恐惧最终需要被缓和，来为科学中理论的角色留出空间。第三，奥卡姆对上帝自由和世界偶然的强调实际上有利于科学，尽管他的立场完全是被神学关怀所驱动的。如果我们不能就世界必然一定是怎样进行推理，我们就只能观察和了解上帝碰巧把它创造成什么样子。通过让科学家摆脱让自己的结论与神学和哲学传统一致的负担，奥卡姆的想法在数学、天文学和物理学中引起了一种新的兴趣。

一个例子就足以表明科学革命在 14 世纪是如何

开始发生的。中世纪科学家把大地视为一切陆地对象理所当然的停留地点（追随亚里士多德）。因此，他们认为，"欲求"其自然位置是一切物体的本质。这个例子表明了中世纪科学家借助最终因或物体寻求的目的来解释世界的倾向。他们知道物体在下落时加速，但他们在理论上把这解释为物体离它的目标更近时，它的欲望就增强，从而加快了回归之旅。约翰·布里丹（John Buridan，约1320—1382），奥卡姆的一个学生，在实验的基础上拒斥这个回答。如果速度只是离地球接近程度的函数，那么一块从塔上坠落的石头在它达到一个离地0.3米的位置时，应该与从1.2米高度坠落的一块相似的石头在那个位置上的速度相同。但是，显然一块起点更高的石头将会运动得更快。从塔上坠落的石头可以杀死一个旁观者，但从一两米高坠下的相同石头却不能。因而，布里丹提出了一种对加速度物理学的新解释。运用奥卡姆剃刀，他给出了这一现象的一个更简单的解释，没有诉诸最终因或自然目的。

> **想一想**
>
> 12.4　奥卡姆的因果观如何对宗教世界观有帮助？例如，它如何支持关于上帝至高无上和奇迹的信念？它如何有助于近代科学的兴起？他的因果观有什么问题吗？

神秘主义

奥卡姆的唯名论和极端经验主义有助于支持发展中的神秘主义运动。如果逻辑不能告诉我们关于上帝的事情，我们只能知道我们直接经验的东西，那么我们应该努力体验上帝，取代从概念上理解上帝。宗教神秘主义强调，只能通过一种特殊的宗教体验来认识上帝。这种神秘主义主张，理性和语言太有限、太抽象了，不能充分理解无限和超越的上帝。因而，神秘主义者寻求提升我们通常的认知模式，在一种压倒性的宗教体验中遭遇上帝。这种经验的特征是对自我与神的完全合一的直接感受和一种宁静、极乐的感觉。神秘主义者主张，他们可以直接遭遇的知识的对象（上帝），是奥卡姆所谓"直观知识"的宗教版本。神秘主义是一个贯穿中世纪大部分时期的持续运动。然而，当到了13世纪末，它变得非常盛行。通过降低理性和命题性知识的重要性，它变成瓦解中世纪理性主义的另一股力量。

这个时代最伟大的神秘主义者是埃克哈特大师（Meister Eckhart，1260—1327），一位德国多米尼克修会的修士。即使他非常有影响，他的著作还是在他死后两年的1329年遭到谴责。虽然他在托马斯主义的框架里展开工作，但他的形而上学探索总是指向为迈向与神合一的灵魂之旅绘制航图这一目标。受新柏拉图主义传统的影响，埃克哈特把上帝看作太一，一个绝对超越的统一体。*既然我们用定义和概念来限定和把握我们试图理解的东西，那么对于领会上帝来说，它们就是不充分的工具。理性的陷阱不能捕获上帝。这一信念的后果可能是埃克哈特被某

---

* 注意这些术语与第9章中伪狄奥尼索斯和约翰·司各脱·爱留根纳术语的相似性。

些人贴上异端标签的原因。他经常提出一个论点并为之辩护，旋即转向为它的相反论点辩护。虽然这给人他自相矛盾的印象，但他可能在表明，不可能把神圣本性纳入我们有限的理智范畴中。用一个类比，假设我们只有两个颜色词，红与蓝。我们会怎么描述一个紫色的对象？我们可能先说它是红色的，但这不很适当，所有我们又把它描述为蓝色的。但这也不精确。就像这些有限的颜色范畴不适合描述紫色，埃克哈特认为，我们的神学范畴不足以描述上帝。

当教会当局孤立地看埃克哈特的某些大胆而夸张的陈述时，他们认为他在教授异端。例如，他追随新柏拉图主义者，说上帝超越是者与存在，因为它是是者的源泉。而在另一些段落，他说上帝是存在本身。而且，他主张上帝并非像一个其产品外在于他自身的工匠，这蕴含着受造物作为上帝的一部分而存在。当他的批评者狭隘地专注于这些段落，脱离了他的其他陈述时，他们假设他是泛神论的异端就不足为怪了。然而，在其他段落中，他说，上帝和他的创造物是不同的，上帝在它们之上，这让这一图景变得平衡。

和其他神秘主义者一样，埃克哈特的神学目标不是去增加关于上帝的观念，而是引导灵魂与上帝结合。在理智层次之下，在灵魂最深处，是人类本质，包含着神圣形象的"火花"。这是我们的一个部分，它有能力在神秘的结合中与上帝连成一体。"上帝与我，我们是一体。"埃克哈特说。[9] 正如火将木头变成它自己，"所以我们也变成上帝"。[10] 为达到这种统一，我们必须否定自己的个别性。我们必须清空我们灵魂中的一切东西，直到我们一无所知，无欲无求，并一无所有。正如如果你紧握着的手，抓着另外的东西，我就无法给你任何东西，所以在上帝能让他自己充满人的灵魂之前，灵魂必须敞开和空灵的，甚至清除了对上帝和永恒的渴望。

尽管他呼吁超越理性的限制，埃克哈特大师总是维持着对形而上学思辨的兴趣。然而，他的追随者倾向于抛下这种关注，强调他思想中更加宗教性和体验性的方面。他的宗教神秘主义影响持续了几个世纪。新教的伟大宗教改革者马丁·路德深受他的著作的启发，因而把其中之一以"德意志神学"为标题出版。

中世纪哲学的衰落

我们在第10章对中世纪盛期的讨论，以天主教大教堂的高耸结构和经院哲学的理智体系之间的比较作为开头。这个时期的建筑可以再一次用来象征哲学的发展。法国的博韦大教堂始建于1247年，大约是阿奎那开始他的神学学习的时候。它有一个高达近50米的屋顶，最大限度地实现了建筑师让他们的建筑插入云霄的梦想。然而，阿奎那死后10年（1284年），博韦大教堂建筑的主结构坍塌了，没能承受施加给它们的重量。从那时起，人们放弃了推动建筑超越之前的一切限度的宏伟努力。建筑师变得更加保守，他们的大教堂的大小也变得更加节制，因为他们认识到人类用凡间结构直入天空的能力的限度。

与之类似，14世纪有影响的思想家渐渐确

信了人类理性的有限，他们的哲学相应地在抱负上变得谦逊。唯名论、意志主义、信仰和理性的分离、奥卡姆的经验主义和神秘主义的兴起都促进了阿奎那这样的思想家辛勤建造的"理性大教堂"的坍塌。从奥卡姆坚持神学以启示而不是哲学为基础，到把启示还原为就是《圣经》的词句只有一小步。这是约翰·威克里夫和后来的宗教改革者迈出的一步。事实上，马丁·路德，16世纪伟大的宗教改革家，深受奥卡姆著作的影响。那些奥卡姆的追随者相信，他用"新道路（via moderna）"代替了旧道路。然而，根据奥卡姆派的热情就假设经院哲学家的成就被扔进了历史的垃圾堆是不正确的。一种更新近的托马斯主义作为一种哲学运动继续存在于20世纪。即使是17世纪的哲学家如此决绝地想要脱离中世纪，他们仍然依赖他们所轻视的这个时代的术语和概念。例如，笛卡尔、斯宾诺莎、莱布尼茨和洛克，他们对上帝存在的论证以及关于实体和因果性的讨论都得益于他们的中世纪先辈。[11]

对于我们，5个世纪的近代思想的产物，很多中世纪思想显得枯燥、古旧、过时和抽象。因此，在本章结束时，对中世纪观点是令人满意的以至存在了长达千年有所感觉是有帮助的。哲学史家W. T. 琼斯表达得很好：

或许这种世界观的首要元素是圣礼视角。使得奥古斯丁、阿奎那和其他中世纪思想家在根本上如此相似的就是这个他们共有的视角。将中世纪心灵与现代心灵如此截然区分的东西是，现代人很大程度上失去了这个视角，分享了希腊人的以世俗为主的观点。说中世纪人把这个世界视为一场圣礼的意思是，首先，他们把这个世界设想为不过是不可见实在的可见符号，是一个彻底充满着活力、目的和对其造物主的爱的世界，他栖居于其中就像他栖居于圣坛上的酒和面包中。第二，这意味着，中世纪人把这个世界看作是自愿而感激地献给全善和全真的赐予者的祭品。因此，尽管对于我们（和对于希腊人），世界总的来说意味着它正是它实际所是的东西，但对中世纪的人，它意味着某种超越它的和无比优越于它的东西。尽管对于我们（和对于希腊人），尘世的生命就是它自身的目的，但对于中世纪的人，生命的真正目的是超越这个世界。

很难否认这种圣礼观点是进步的障碍——关于如何控制环境并利用它为此世的目的服务的知识的进步。对于许多人来说，同样明显的是，这个观点已经消失了，人们已经让他们自己卸掉了某些曾经是负累的东西——无知、迷信和不宽容。但不那么明显的是，现代世界也已经失去了某种有价值的东西。如果中世纪的圣礼视角展现在现代医生所说的精神病理学的某些症状中，它也展现在平静与自信中，某种程度的目的、意义和满足中——现代的医生在他的同时代人那里徒劳地寻找的品质。[12]

当代联系 12：中世纪综合的解体

"奥卡姆剃刀"将成为近代科学最重要的原则之一。当哥白尼证明，把地球从宇宙中心的位置上拉下来并设想它绕太阳运行将大大简化天文学时，他会假设这个原则。当艾萨克·牛顿表明，所有天上和地下的物理现象可以纳入几个简单法则时，他遵循着这个原则。

虽然科学和宗教之间经常显得有冲突，但奥卡姆证明二者可以互相支持。例如，奥卡姆的神学提供了追求近代科学的动机。以他的神学为基础，他主张，世界的秩序不能基于理性来预测，所以我们必须通过观察来了解上帝如何创造世界。这一神学信念提供了通过观察和实验来探索世界的动机，为近代科学奠定了基础。

而且，奥卡姆把信仰的范围和人类知识的其他领域相分离是一种保护信仰的虔诚努力。然而，它无意中造成了允许独立于神学来从事科学和哲学的效果。这个"分离而平等"模式将盛行于大部分近代思想中。

不论好坏，奥卡姆帮助解开了中世纪思想紧密交织的结构，对近代思想的诞生有开创性影响。重读本章结尾处引用的 W. T. 琼斯的话，并自己判定在这一转变中得到了什么，失去了什么。

全面考虑之后，你是更偏爱阿奎那的哲学观点还是奥卡姆的观点和他的遗产？

理解题

1. 从 1300 年到 1500 年期间发生了哪些变化，造成了或标志着经院哲学的衰落？
2. 列出邓·司各脱哲学区别于阿奎那哲学的一些方面。
3. 当奥卡姆说世界中的一切事物都是偶然的，他的意思是什么？对于基于理性的形而上学，这蕴含着什么？
4. 什么是"奥卡姆剃刀"？
5. 奥卡姆的观点以什么方式瓦解了阿奎那的自然神学？
6. 奥卡姆的意志主义对伦理学意味着什么？它与阿奎那的进路有什么不同？
7. 阿奎那和奥卡姆在信仰与理性之间的关系上有怎样的差异？
8. 阿奎那和埃克哈特大师的观点有何不同？

思考题

1. 接受或拒绝奥卡姆的意志主义有些什么理由？
2. 奥卡姆的哲学主要由神学关切驱动。尽管如此，请简要提出他的哲学对近代科学的兴起有贡献的一些理由。
3. 阿奎那和奥卡姆关于信仰和理性关系的观点，哪一个与他们的基督教神学最一致？

注释

[1] 引自大卫·诺尔斯（David Knowles），《中世纪思想的演进》（*The Evolution of Medieval Thought*, Baltimore: Helicon Press, 1962），第 300 页。

[2] 引自戈登·莱夫（Gordon Leff），《中世纪思想：圣奥古斯丁到奥卡姆》（*Medieval Thought: St. Augustine to Ockham*, Chicago: Quadrangle Books, 1959），第 164 页。

[3] 引自莱夫，《中世纪思想》，第 270 页。

[4] 论争 6，问题 6，载于《中世纪哲学家选集》，第 2 卷，理查德·麦基翁编（New York: Scribner's, 1958），第 373 页。

[5] 引自 E. A. 穆迪（E. A. Moody），《奥卡姆的威廉的逻辑》（*The Logic of William of Ockham*, New York: Russell & Russell, 1965），第 49 页。

[6] 引自弗雷德里克·科普尔斯顿，《哲学史》，第 3 卷，第 1 部分（Garden City, New York: Doubleday Image, 1963），第 74 页。

[7] 奥卡姆的威廉，引自 J. M. 伊德扎克（J. M. Idziak）编《神圣命令道德》（*Divine Command Morality*, New York: Edwin Mellon Press, 1979）。

8 莱夫，《中世纪思想》，第 279 页。

9 《德国传道集之讲道 6》，埃德蒙·科莱奇（Edmund Colledge）译，载于《埃克哈特大师：布道、评论、论文和答辩精要（西方灵修神学经典）》[*Meister Eckhart: The Essential Sermons, Commentaries, Treatises, and Defense (The Classics of Western Spirituality)*]，埃德蒙·科莱奇和伯纳德·麦金（Bernard McGinn）编（New York: Paulist Press, 1981），第 188 页。

10 同上，第 189 页。

11 这些观点由朱利叶斯·R. 温伯格（Julius R. Weinberg）提出，引自《中世纪哲学简史》（*A Short History of Medieval Philosophy*, Princeton: Princeton University Press，1967），第 291 页。

12 W. T. 琼斯（W. T. Jones），《西方哲学史，卷 2：中世纪心灵》（*A History of Western Philosophy, Vol. 2: The Medieval Mind*），第二版（New York: Harcourt, Brace & World，1969），正文前第 19 页。

第三部分
近代时期

轮船在伦敦圣保罗大教堂前喷着浓烟,这个场景来自20世纪早期的英国。从文艺复兴一直到我们的世纪,哲学将受到科学和技术发展的影响。

第13章

文化背景：文艺复兴、宗教改革与近代科学的兴起

随着奥卡姆的威廉在大约1349年的某个时候死去，经院哲学失去了它最后一位重要的作者，标志着中世纪哲学走完了它的历程。直到弗朗西斯·培根于17世纪初首次开始出版著作，才出现了另一位重要的哲学家。同时，尽管哲学正在重组和改变它的齿轮，但称为文艺复兴的历史时期却成为了这一时期的焦点。文艺复兴这个术语的意思是"重生"，大体上指从1350年到1650年的这段时间。显然，在1350年1月1日，人们并没有停止中世纪的思维方式。但是，大约在这个时候的某个地方，新的精神开始在这一文化中躁动起来。这个时代被视为人类精神的复苏时代，这种精神已经在中世纪漫长的时间中蛰伏很久了。中世纪这个术语，大约形成于1450年，指差不多从奥古斯丁到奥卡姆的这一千年的时间。文艺复兴时期的人们认为，中世纪时期是一个失误，是不幸地偏离了从古典希腊开始的理智和文化进程而走的弯路。

在文艺复兴时期，克里斯托弗·哥伦布找到一条通往印度的较短的航线，最终驶入了西半球。为了我们的目的，他的发现之旅可以用来隐喻这个时代发生的变化。"新世界"扩展了欧洲人的地理视野，要求修订所有以前的地图。以同样的方式，因为他们的文学、宗教、经济、科学和哲学视野的扩展，文艺复兴思想家要求修订他们所有的概念地图。

五种重要理论相互作用共同塑造了文艺复兴时期及其后果。首先，文艺复兴时期的人文主义是一个由古希腊和罗马经典的重新发现驱动的文学和艺术内部的运动。其次，宗教改革导致激进地重新思考现行宗教制度和权威。第三，大规模的社会、经济和政治变革影响了生活的每个领域。第四，近代科学的兴起戏剧性地影响了人们看待他们的世界的方式。第五，在哲学家试图扫清过去，在新基础上重建人类知识大厦时，他们提出了新的寻求知识的方法。

人文主义

作为一场文化运动，文艺复兴在14世纪期间开始于意大利并迅速传遍欧洲其他地方。"人文主义（humanism）"是一个用以概括这个时代的主导兴趣的最常见的词。因此，理解这个词在这个背景下的意思很重要。因为20世纪后期，人文主义这个词几

乎已经被专门用作"世俗人文主义"的缩写。然而，在14世纪和15世纪，高举这面旗帜的思想家们自认为自己总的来说还是基督徒。他们寻求理解上帝、世界和人性的新方式。歌颂人类精神的丰富、文化的成果和受造物的美，不再被看作偏离了上帝和属灵的事物，而是看作把他们带入人间的一种方式。这个时代的作家和画家陶醉于受造物的美好，因为那是由神奇的上帝所创造的。他们尊重人类的文化作品，因为人性反映了圣灵。在1390年的一封信中，一个佛罗伦萨人文主义者对一个奥卡姆的追随者写道：

> 我的朋友，不要再相信逃离大众，不看美丽的事物，把自己关在修道院里，是通达完善之道。尽管我与世间之物相伴，但我将能让我的心稳稳地升上天空。努力奋斗，关心你的朋友，你的家庭，和你包罗了一切的城市，你就走上了愉悦上帝的正确道路。[1]

这个时代最重要的理智事件是重新产生了对希腊罗马文献的兴趣。到14世纪末，希腊手稿在西方可以更广泛的获得。1453年，君士坦丁堡被突厥攻陷加速了这个进程。君士坦丁堡储藏了大量古希腊手稿。当希腊避难者逃避突厥人时，他们带着他们的语言和手稿一起来到欧洲。学者们还重新发现了长期躺在修道院图书馆和储藏室里无人问津的古代手稿。

虽然西方人熟悉柏拉图的某些思想，并且在12世纪重新发现了亚里士多德，但他们的大部分著作无法获得。当拉丁文翻译使人可以读到柏拉图的完整对话时，引起的反应是对亚里士多德的反对。亚里士多德被等同于被很多人视为逻辑牵强、枯燥乏味的经院哲学的理智争论。从这个观点看，柏拉图似乎让人呼吸到新鲜空气，让学者们能从他们的中世纪锁链中解放他们的思想。重要的是，接踵而来的对原始文本的重新考察。虽然学者们需要时间让自己从中世纪的假设中解放出来，但至少他们能直接阅读柏拉图和亚里士多德，不用再依赖他们前辈的评注。最后，他们可以享受作为理智冒险的哲学，而不是仅仅作为捍卫正统的一种手段。

在这场文化重生中，技术发挥了作用。1447年印刷机的发明对文化产生了巨大影响。在此之前，伟大作者的著作只能被贵族和富有的学者以手抄本的形式获得。现在，理智追求获得了更广阔的社会基础。以下数字说明了手抄书变成大量生产的作品这一戏剧性的变化：

> 55个抄写人在科西莫·德·美第奇手下工作2年只生产出200卷；到1500年，欧洲有至少900万本书，分属3万个题目，和超过1000台印刷机。[2]

结果，柏拉图、荷马和西塞罗的作品在受良好教育的人中成了畅销书。

这一发展最重要的结果是学问不再局限于教士，这意味着不再只有神学家才是知识分子。值得注意的是，在余下的世纪里我们要学习的哲学家中，除了18世纪的乔治·贝克莱（一位圣公会主教）和19世纪的索伦·克尔凯郭尔（他从来没有当过教士），没有一个是教士或职业神学家。而且，直到康德之前，没有一个哲学家有学术职位。

学者的世界和日常生活更加接近，就像英语和法语这样的日常口语在学术文献中代替了拉丁文。由于把中世纪经院哲学当作毫无成果的抽象理智主义加以拒斥，许多思想家转向文化和艺术作为补偿。文艺复兴时期的作家相信，古典作品是风格完美之作,是人性曾经产生的最高贵和最不可逾越的作品。因而,他们实际上把古典传统偶像化并加以膜拜。这产生了对文学研究的兴趣,作家们试图复制古典作家的精致风格。随着古典写作风格的流行,它带来了古典观点。这种观点重视个体作家的自治和独立,并提升人类人格的价值和尊严。人们享受着自亚历山大大帝时代以来一直不为人所知的思想自由。

德西德里乌斯·伊拉斯谟（Desiderius Erasmus, 1466—1536）是文艺复兴时期人文主义精神最清楚的例子。除了是他那个时代最伟大的古典学者,伊拉斯谟还作为一个受欢迎的有趣作家而知名。他的作品提供了文学表达的一个新模式,而他对古典文学的热情影响了这个时代的教育理想。

虽然他是一位歌颂人类精神作品的人文主义者,但他也是一位虔诚的基督徒,他采用"基督的哲学"作为他的模式。因为发现异教的古典作品和他的信仰之间没有矛盾,伊拉斯谟相信,古典作品拥有能增益彻底的基督教生活观的资源。在1522年一篇名为"虔诚的盛宴"的对话中,对话中的一个角色说:

……一切虔诚的和有助于良好道德的东西都不能称之为渎神的。《圣经》当然是一切事物中的根本权威。然而,我有时偶尔读到古代格言或异教的著作——甚至诗歌——表达得如此纯粹、虔敬和令人钦佩,因为我不能不相信它们的作者的心灵受到某种神圣力量的驱动。或许基督的精神传播的广度超过我们的理解,而圣徒的同伴包括了很多不在我们记录之中的人。[3]

随着对话继续,另一个人回忆了苏格拉底面对死亡的冷静,并且评论道:"我忍不住要呼喊:'圣苏格拉底,为我们祈祷吧！'"[4] 这些段落清楚地表明,文艺复兴时期的作家们对古典心灵的钦佩以及这些16世纪作家的大胆。

伊拉斯谟最富盛名的一部著作是《愚人颂》（1509）。这是一部具有机智、讽刺、挖苦意味的杰作,在其中,人格化的人物愚人表现了人类和社会的所有德性和弱点。伊拉斯谟在这部著作中抨击了他那个社会的无知、伪善和残忍;他把最辛辣的言辞留给了教会,包括它乏味的神学家、它的腐败和无知的僧侣、它的热衷权力的官员。自然地,他向往早期教会的简单信仰,而他对当时教会的抨击激发了宗教改革。但是,伊拉斯谟的兴趣只在医治教会,而不是分裂它。伊拉斯谟的温和人文主义和他拒绝与教会决裂导致他与马丁·路德和其他新教改革家严重不合。同时,他的自由主义观点激起了保守人士的谩骂。

似乎很讽刺的是,一个寻求新起点的时代似乎只能复活久远的过去。然而,思考崭新的观念和创造新颖的表达方式是格外困难的。有时我们只能通过复活更古老的模式才能摆脱我们最近的过去的僵化模式。文艺复兴思想家拥有这样一个中年人的全部兴奋、迷恋和怀旧:她检视她在一个阁楼里的所有物并发现了她自己的日记、信件、诗和其他搁置并被遗忘了很久的珍藏。通过接触她的青春岁月和被她搁置的希望与梦想,她或许能重新捕捉到她更年轻和更有活力的自我的精神,并让她的现在振作起来。文艺复兴思想家很大程度上以相同方式寻求通过重新发现人类精神的古典表达来革新他们的文化。

这个时代的精神能在艺术发生的变化中看出。中世纪艺术是高度符号化的。它的目的不是描绘人间,而是用以形成视觉表象从而把人的心灵转向上天。在中世纪绘画用镀金的背景象征天堂的地方，文艺复兴绘画表现青葱的风景。以前，艺术的传统题材是《圣经》故事和中世纪圣徒传奇。这些现在让位给了古典主题和当代题材。绘画的题材是基督教的圣母玛利亚还是希腊女神维纳斯似乎并不重要，因为焦点是这些角色的人类形式。人们经常在文艺复兴时期的艺术作品中发现奇怪的新旧混合。一个画家可能画一幅有起伏山丘和丰茂树叶的风景画，表现他陶醉于自然美，但是之后他会在角落里插入一个基督降生的场景，仿佛这对证明他的艺术合理是必须的。有时，异教的和基督教的符号会混合在同一幅画中。艺术家开始学习生理学并试图创造栩栩如生的形象来表现真实的情感。就像科学家开始以数学方式设想世界，艺术家也开始引入线性透视的数学原则来在平面上表现空间和深度。

这个时期产生了一些历史上最伟大的艺术家，这个名单太长，无法一一列举，但仅在15世纪它就包括了凡·艾克、波提切利、丢勒、米开朗基罗、拉斐尔、提香和荷尔拜因。作为满足文艺复兴"全才"理想的人，列奥纳多·达·芬奇特别超群出众。凭着永不满足的好奇心和勇于实验的心灵，他不仅开启了艺术的大门，而且开启了心理学、工程学和科学的大门。文艺复兴的艺术家以及音乐家、作家和科学家受到古典理想的激励，追求美的热情、实验的精神和对自然的痴迷给了这个时代独特的特征。

> **想一想**
>
> 13.1 找到中世纪和文艺复兴艺术的例子。每个时代的绘画风格有怎样的不同？在内容上有什么不同？每个时代的绘画以何种方式反映了它们所处时代的哲学？

宗教改革

13世纪期间，中世纪教会达到了影响和权力的顶峰。修筑了宏伟的大教堂，建立了新的修道会，经院哲学拥有了它最伟大的时光。但是，在14世纪和15世纪，教会在政治上和精神上衰落了。政治争斗带来了从1378年持续到1417年的东西教会大分裂。在此期间，教会分裂成两个对立的集团，各自都有自己的教皇和主教团。世俗的统治者跳入争斗之中，支持有利于自己利益的一方。教士制造了许多丑闻，陷入尘世的自我放任，并利用自己的地位满足他们的性欲和贪婪，引来了伊拉斯谟这样的作者的指责。但改革的努力一直被忽视和压制，使得大规模宗教反叛的时机成熟了。

在德国，一个理想主义的、年轻的奥古斯丁主义僧侣，马丁·路德（Martin Luther，1483—1546），把对教会状况的关切带向了一个关键点。他最初并不想对抗教会的权威，更不用说导致它分裂。他直接关心的焦点是一个叫特策尔的多米尼克修士出售赎罪券。这个人声称，通过一笔费用，一个人可以让他的罪不被判罪和惩罚。路德确信这种做法在神学上是可疑的，因而他在1517年把他的批评，著名的《九十五条论纲》，钉在维滕堡教堂大门上。最终，这个地方性争论引起轩然大波，以至上达罗马。这个时候，特赦问题已经超出赎罪券的问题扩大到有关神学和教会权威的根本问题。当教会和路德都拒绝从他们的立场上后退时，教皇利奥十世在1520年发现，必须把路德逐出教会。由此开始了宗教改革和它所带来的宗教、理智、文化和政治变革。不久，北欧大部分地区加入了路德的反抗。其他一些宗教反叛也在这个时候爆发。1530 年，由于亨利八世就他的离婚问题与教皇发生争论，英国与罗马决裂。在瑞士日内瓦，约翰·加尔文（1509—1564）发展了一种革新的神学，吸引了法国、荷兰、苏格兰和英格兰的追随者。在主要的新教运动中，加尔文主义在教义和实践上对天主教的偏离是最极端的。

路德无论如何不是一个激进的神学家。他仍然保留了中世纪神学中他认为有价值的东西。路德追随奥古斯丁，宣扬《圣经》的权威，人类本性的堕落，上帝对罪的惩罚和需要通过基督的牺牲而得救。而且，他倾向于怀疑人文主义和新科学。然而，不管他自己怎么看，他的宗教反抗对更大范围的文化产生了全面的影响。宗教改革不只是一套宗教教义代替了另一套宗教教义，它带来了具有广泛文化影响的新观点。路德在哲学上受奥卡姆的威廉的影响。奥卡姆的经验主义进路和他对托马斯·阿奎那理性形而上学的怀疑主义态度破坏了组织严密的中世纪神学和哲学体系的基础。路德本人认为，经院神学不过是乏味的理智主义，并加以拒斥，强调从一个人的内在情感生命中涌出的宗教信仰。而且，他强调"信徒皆祭司"。意思是，每个个体可以直接通达上帝，不需要通过神职人员或教会机构。路德对启示真理展现自身的能力持乐观态度，宣扬人可以遵循他们自己对《圣经》的解释和个体的良知。通过瓦解天主教会的权威，轻视传统的作用，和给予个体新的重要性，宗教改革产生了诱发普遍反抗一切理智权威和传统的附带效果。这融入到正横扫文学和哲学的自由与个人主义这一新精神中。因此，路德对信徒的牧师忠告转化为一个新的哲学信条：倾听你自己的心灵，追随你自己的个人思考。

> **想一想**
>
> 13.2 在何种程度上，宗教改革不仅是一场宗教改革，而且是文化中正在发生的更大变革的象征？由此，宗教改革帮助带来了怎样的超出宗教的世俗效果？

社会与政治变革

在政治领域，宗教改革部分地助涨了日益增长的民族主义精神。实际上，当国王们背离罗马，他们的动机到底是出于宗教还是政治值得怀疑。这摧毁了欧洲的宗教统一，并不可避免地导致宗教-政治战争的爆发。然而，最终这导致了怀疑主义和宽容精神，作为对神学狂热主义所产生的有害无益的冲突和混乱的反应。就像随笔作家米歇尔·德·蒙田（Michel de Montaigne，1533—1592）宣称的，"用战争来评估一个猜测代价太高了"。由于人们日益厌倦了神学争斗，他们转向了世俗的学问，特别是数学和科学。

贸易世界正经历急剧的扩展。货币经济代替了早期中世纪原始的实物交换经济。银行业和新兴资本主义的兴起产生了对坚实和稳定的政府的需要。受益于权威真空，中间阶层的商业利益成了支配性的政治和社会力量。所有这些当然地导致对尘世生活的兴趣日益增加。然而，这还不是文化全面世俗化的时候。相反，文化统一了肉体生活和精神生活，抛弃了中世纪的天国和尘世的二元论。在这个时代起作用的力量不再是在分隔的空间里运作。例如，路德的神学也具有给予普通人的日常生活新的尊严与价值的作用。就像他在他的一篇著作中所说：

你在家里所做的事情和你在天国为我主上帝所

做的事情一样有价值……当一个僧侣抛弃一切走进修道院过起苦行、斋戒、静观和祈祷的生活,看起来像是一件伟大的事情……另一方面,女仆做饭扫除和做其他家务,看起来是一件非常渺小的事情。然而,因为上帝命令的存在,即使这样一件渺小的工作也必定被赞扬为服务于上帝,远超所有僧侣和修女的圣洁与苦行。[5]

这意味着,日常的经济活动是善的,并且可以服务于高尚的精神目的。这个论点也被约翰·加尔文的信徒加以强调和扩展。这个观念对文化和经济生活的最终影响是巨大的。后来的社会学家将之称为"新教伦理"。它意味着,努力工作、节俭和履行一个人的职业要求具有宗教德性。而这些正是新的商业企业正需要的价值。

近代科学的兴起

一个关于文艺复兴的流行传说说,当中世纪思想被抛弃,科学立即就繁荣了。然而,在文艺复兴早期,没有多少我们认为的科学思想。我们必须记住,最初文艺复兴是古代思想的重生而不是走向新的思维方式的运动。对占星术、巫术、炼金术和魔法的信念依旧存在,并且流入到文艺复兴的世界观中。直到16世纪末,科学革命才姗姗来迟,随之而来的是一群与人文主义者兴趣不同的思想家。

我们必须以他们所挑战的流行观念为背景来理解这个时代早期科学家的发现。在公元2世纪,亚历山大的托勒密提出了正统观点。与亚里士多德和古代人一样,他主张地心说,地球是宇宙的中心,太阳和行星围绕它做圆周运动。但是,为了让他对行星运动的观察适应这个模式,他不得不假设每个行星不仅绕地球旋转,而且做周期性的小翻滚,称为本轮。坦白地说,这幅图景很凌乱,行星在绕地球旋转的同时翻滚套翻滚,看起来像在打嗝。

这幅图景虽然笨拙难看,但所有已知的天文数据都与之符合。而且,这个模式支持这样的神学信念,即,既然地球是上帝关切的中心,它也应该是宇宙的中心。最后,《圣经》在许多段落中清楚地教导说,"世界被造得很坚固,不会移动"(诗篇93:1)。结果,托勒密的理论在14个世纪里都没有受到严重的挑战。如果这是一本科学史,我们会需要提到很多名字来追溯亚里士多德科学和托勒密理论如何寿终正寝。然而,出于我们的目的,最重要的两个人物是哥白尼和伽利略。

哥白尼革命

尼古拉·哥白尼(Nicolaus Copernicus,1473—1543)是一个天主教徒、波兰教士和神学上无比正统的科学家。然而,出于我们马上要说的理由,他在1543年的书《天体运行论》挑战了天主教盛行的正统学说。观察与数学并用,他用他的日心说颠覆了天文学。这个理论把太阳置于事物的中心,并假设地球像其他行星一样,一边绕它自己的轴自转,一边同时绕太阳旋转。哥白尼的理论不是基于任何新的事实发现,而是植根于他的新柏拉图主义,即主张完美的运动是围绕一个中心的均匀的圆周运动。(实际上,柏拉图主义者较早前曾与亚里士多德主义者在这个问题上争论过。)通过把太阳置于地球和行星轨道的中心,他大大减少了描绘太阳系要求的本轮数量,程度超过了一半。以这种方式,他用美学

第 13 章　文化背景：文艺复兴、宗教改革与近代科学的兴起　　249

少理由去相信这个极其反直觉的理论。另外，也没有任何事实是哥白尼可以解释和预测而旧理论不能应对的。

因为害怕争议，哥白尼不让他的书出版，但在 1543 年，他死前几天，这本书最终出版了。最初，它没有引起大的震动，并且它避开了天主教的官方谴责，直到伽利略时代。这部分是因为这本书是献给教皇的。而且，哥白尼的一个朋友，一个路德派教士，给这本书加了一篇前言，说这个理论只是一个假设，目的是简化行星运动的计算，而不是提出对天界的实际表述。

伽利略事件

伽利略·伽利雷（Galileo Galilei，1564—1642）几乎生于米开朗基罗死的那一天，死于牛顿诞生的那一年。伽利略发展出了一种能把对象放大一千倍的望远镜。通过它的镜头，他观察了木星的卫星、土星的环、太阳黑子、金星的盈亏和月亮的环形山。这些发现扰乱了亚里士多德主义的天体图像。木星的卫星给我们提供了关于太阳系的一个模型，给了哥白尼的解释以合理性。而且，其他的观察也反驳了亚里士多德的理论，即大地是变化和不完美的，而天界是不变和完美的。伽利略是虔诚的天主教徒，寻求通过提出科学和宗教不相互竞争，而是有不同目标，来调和新科学和旧宗教。按他的表达，给予我们《圣经》是为了"教我们怎样上天堂，而不是教我们天界是怎样的"。虽然已经有权威质疑他的观点，但他认为，在 1632 年出版《关于两大世界体系的对话》的时机是正确的。然而，他遭到了极端的攻击，因为他不满足于把哥白尼理论只是当作简化我们计算的一种假设。相反，他大胆地坚持这个理论正确地描述了天

费拉拉大学的一间研究室，1503 年，尼古拉·哥白尼在这里成为教会法博士。哥白尼提出了一个改变历史的理论，把地球从宇宙的中心降格为只不过是围绕太阳旋转的一颗行星。

和理智上令人愉悦的圆周运动代替了大多数凌乱起伏的轨道。尽管他的动机是基于新柏拉图主义关于环形的优点的迷信，哥白尼在科学上的正确在于偏爱较为简单和精致的解释而不是复杂和笨拙的解释。

新天文学和教会之间发生的恶性争论众所周知，但理解科学异议和任何神学问题一样困难是很重要的。如果地球绕它的轴自转，那么从塔上扔下的物体应该落在向西一段距离处，而不是像实际发生的那样落在塔脚。凭那个时代的物理学，没有办法解释这一矛盾。*这个科学问题和其他问题使得没有多

---

* 这个问题在伽利略提出惯性定律后才得以解决。

界。结果，他被召到宗教裁判所受审，他的书被谴责，他被迫屈膝否认他的理论。而且，他被软禁在佛罗伦萨，一直到死。这是伽利略生涯的结局，但是，他的著作的有说服力的文字和他与教会的戏剧性碰撞，搅动了欧洲各地人们的想象。让时间倒流已经来不及了，旧的观念最终遭到致命的重创。

新科学的影响

新科学并非简单地用一套事实代替了另一套事实。它带来了一整套具有哲学意蕴的关于世界的新观点。伽利略把希腊哲学家德谟克利特的唯物主义原子论和毕达哥拉斯与柏拉图的数学理想相结合，形成了新的、数学的和机械的世界观。根据伽利略的观点，我们经验到两类性质。**第一性质**（primary qualities）是那些可以量化的性质，如大小、形状、运动、质量和数量。**第二性质**（secondary qualities）是主观性质，如颜色、气味和对声音的经验。他由此得出的最激进的结论是，自然本身只是由机械的第一性质构成的。那些我们在日常经验中遇到的其他性质，只是把自然表现为我们对它的主观经验。伽利略毫不讳言他的科学观点不符合我们日常感觉的世界。这种观点相当于，实在的世界是一个运动粒子的世界，与人类认识它的性质的方式无关。E. A. 伯特（E. A. Burtt）这样描述这一观点的后果：

人们认为自己居住的世界——这个世界有丰富的颜色和声音，有芬芳的气味，充满欢乐、爱和美，到处述说着和谐的目的和创造性的理想——现在被排挤到散布的有机生物大脑中不起眼的角落里。真正重要的外部世界是一个坚硬、冰冷、无色、静寂的死世界；一个量的世界，一个数学上可计算的、机械的规则运动构成的世界。[6]

第一性质和第二性质的区分对于 17 世纪和 18 世纪的哲学家变得非常重要，因为他们在与这样一个问题搏斗，即，如果经验的内容与世界极为不同，我们如何能确定经验告知了我们关于世界的信息。

> **想一想**
>
> 13.3　在我们今天的物理学家描述我们的世界的方式和我们主观地经验世界的方式之间，你发现了什么矛盾？

现代科学引入的另一个重要变化是它用描述的、机械的解释代替了目的论解释。**目的论解释**用事件的目的解释事件。当亚里士多德主义者问，"石头为什么下落？"回答是，"石头为了达到它们的自然状态而下落，它们的自然状态就是停留在地上。"类似地，当中世纪的人问，"为什么下雨？"回答是，"上帝为了滋养我们的庄稼而产生了雨。"用亚里士多德的术语，这些解释提供了时间的目的因。然而，伽利略不问对象为什么下落，而是它们如何下落。他寻求描述事物外在的可观察行为，而不是它们内在的意义或神的目的。类似地，科学家最终会借助气象学条件来解释雨，而不提及它在人类生活中的作用。因此，新科学造成的影响不仅是它给出了新答案，而且是它问新问题。这些新问题围绕着数学关系、物理条件和机械过程展开。

既然科学家开始从他们的解释中排除目的因，上帝就不再被看作吸引万物走向其最终目的的最高的善。而且，当他们发现数学和物理学法则足以解释事件，就不再需要设定上帝的活动干预世界了。相反，上帝是发动质料的第一因，之后它就凭借它自身的因果律自动运行。很显然，这把科学和自然的世界安置到一个区间，而把宗教和超自然的世界安置到另一个区间。然而，因为大多数早期科学家都是有神论者，这就给他们留下了一个问题，如何把两个区间拼合在一起形成一个实在。

新天文学迫使人们重新商讨他们与宇宙的关系。夜空不再是一个安逸的苍穹，笼罩着地球，由成千上万微小闪亮的灯照明，而天国和天使唱诗班超出我们可见的范围之外。相反，人们现在认识到，地球只是黑暗寂寞的无限空间中的一粒微点。牛津数学家托马斯·迪格斯悲叹道，如果上帝王座真的在恒星之上，它将远得可怕。在17世纪，科学家兼宗教作家布莱士·帕斯卡承认，"这些无限空间的永恒寂静让我恐惧"。

> **想一想**
>
> 13.4 科学和宗教之间的关系是这个时代的前沿问题。有些哲学家如笛卡尔，认为只要它们能各自待在它们边界的那一侧，它们就能和睦相处。另一些哲学家认为，通向世界的这两条进路可以被巧妙地整合到一个包罗万象的形而上学体系中。还有另外一些思想家把科学和宗教看作天敌。在我们今天，科学和宗教之间的关系在哪些方面是一个问题？你如何看待它们之间的关系？

新基调中的哲学

评价文艺复兴思想家造成的社会和理智的巨大变化花了若个世纪。然而，一旦这些力量被发动，它们就形成了防止重返中世纪精神和构架的动力。因而，哲学被这股潮流吞没并再次成为一种文化力量只是一个时间问题。

早期近代哲学家的议程是双重的。第一，他们想要清除过去。曾经如此显赫的亚里士多德式科学，盛行了上千年，但它在它最基础的观念上犯了错误。随着亚里士多德的科学的倾覆，他的哲学也衰微了。既然可疑的科学、神学和哲学信念受传统和权威支持度过了很多年，那么传统和权威现在也受到怀疑。近代哲学家决心不接受任何信念，除非他们可以自己让自己确信它。在中世纪，即使像托马斯·阿奎那这样的革新思想家也从没有在开始一个题目时不首先引用权威，即亚里士多德和教父。然而，在近代哲学家的文章中，我们发现了在以前会被认为放肆的短语："对我来说似乎……"或"与普遍接受的观点相反，我发现了……"

近代的第二个主题是搜寻完善的哲学方法。除非我们确定我们有某种更好的东西来代替，否则拒斥过去的理论没有好处。但是，除非我们有某种保证它真的方法，我们如何知道它更好？因此，近代哲学开始于急迫地关切发现知识的方法。故此，认识论（知识论）和心灵哲学是这个时期的关键问题。不幸的是，哲学家最终逐渐幻灭地认识到，似乎没有方法产生毋庸置疑的真理和一致同意的意见。因此，搜寻方法是一直伴随我们到20世纪的主题。

支配近代直到伊曼努尔·康德的两个哲学方法是理性主义和经验主义。划分两个哲学立场的基本问题是我们知识的起源。理性主义者相信，某些知识是先天的。**先天**（a priori）知识是通过理性获得的知识，先于或独立于经验。例如，理性主义者主张，逻辑和数学真理是由心灵独立于经验认识到的。有些理性主义者主张，关于上帝、形而上学和伦理学的真理是先天地被知道的。与此相反，经验主义者主张，所有关于世界的知识都是后天的或经验的。**后天**（a posteriori）或**经验的**（empirical）知识是从经验得出的。例如，"糖是甜的"只能通过经验得知。经验主义者相信，我们所有的知识都是这种知识。通过表13-1可以粗略概览17世纪和18世纪理性主义和经验主义的主要差异。

虽然这个概览可以帮助你理解我们下面讨论的八位哲学家，但有些过度简化，需要矫正。首先，尽管理性主义给予理性角色特殊的优先性，但即使经验主义者也在"合理"的意义上强调理性。对所有这些哲学家，这意味着拥有一个摆脱一切激情、偏见、传统和教条的心灵，也意味着不接受任何结论，除非有好的理由支持它是真的。第二，每个传统的思想家都不总是一成不变地属于他们的类别。例如，勒内·笛卡尔的理性主义并不总是前后一致。本尼狄克特·斯宾诺莎和戈特弗里德·莱布尼茨要一致得多，但代价是也激进得多。类似地，约翰·洛克并不总是一个一致的经验主义者，而乔治·贝克莱和大卫·休谟更加一致而极端。第三，有时候两个思想家在其知识论上不同，但在其他问题上的接近超过了他们自己所属传统的成员。例如，虽然笛卡尔和洛克持有不同的认识论，但他们都是形而上学上的二元论者，因为他们相信，心灵和物体是不同实体。类似地，莱布尼茨和贝克莱在他们的认识论上有差异，但他们都是形而上学上的唯心主义者，即否定物理实体不同于精神实体。

> **想一想**
>
> 13.5 考虑本节描述的理性主义者和经验主义者的差异。以这一信息为基础，你会更同意理性主义还是经验主义者。你会如何让对立观点的拥护者相信他是错的？如果你站在理性主义者一方，那么后面章节的培根、霍布斯、洛克和休谟会让你相信你错了。另一方面，如果你站在经验主义一方，那么后面章节的笛卡尔、斯宾诺莎和莱布尼兹将试图挑战你的假设。

表13-1 大陆理性主义与英国经验主义

大陆理性主义	英国经验主义
1．哲学家：笛卡尔、斯宾诺莎、莱布尼茨。	1．哲学家：培根、霍布斯、洛克、贝克莱、休谟。
2．以法国、荷兰、德国为中心。	2．以英格兰、爱尔兰、苏格兰为中心。
3．真正的知识在思维或理性中有其基础。	3．真正的知识在经验中有其基础。
4．心灵充满了理性的内容。它包含（a）天赋观念，或（b）内在原则，或（c）包括逻辑范畴的理性结构。	4．心灵是一块"白板"。除了经验提供的内容之外别无内容。
5．基本的知识是自明的、确定的，并且独立于经验而被认识。	5．所有关于世界的知识都是概然的、偶然的并基于经验。
6．基本的真理是普遍的，因为它们是每个心灵内容的一部分并且是世界的必然特征。	6．某些观念似乎是普遍的，因为人类经验和世界的某些特征是普遍的。

当代联系 13：文艺复兴、宗教改革与近代科学

向近代的过渡是历史的一个伟大转折点，它不仅影响了哲学，还影响了艺术、宗教、科学、政治和人类境遇的每个领域。把这个时代与我们联系起来是一件容易的工作，因为我们思维的方式和思考的对象都深受这个时代兴起的哲学的影响。特别是，近代科学兴起所引起的问题，后来的哲学家必须处理，并且我们今天还在与之搏斗。例如，由于自然开始被设想为一个受决定论法则支配的机械系统，我们在自然中的地位就成问题了。我们只是自然的一部分并因此也类似地受决定论因果的支配？面对这幅科学图景，相信人的自由不再可能了吗？我们如何在科学呈现给我们的世界中为伦理学和人的价值找到一席之地？自这个时代以来，这些问题就被提上了哲学的议程。

而且，将以传统思考方式为一方，新兴的哲学和科学理论为另一方的双方间产生的冲突，与我们自己时代的类似冲突相比较，是有教益的。例如，哥白尼和伽利略提出的地球不是宇宙的中心被他们时代的很多人看作对宗教的威胁。然而，大多数今天的宗教人士难以理解为什么这些思想家的科学观点被认为如此危险。我们将看到，每个后来的哲学家不得不决定，关于人类本性、自由、伦理和宗教的传统观点是能被吸收到他们的哲学中，还是必须抛弃传统。

理解题

1. "文艺复兴"这个词的字面意思是什么？为什么这是这个时代的恰当标签？
2. 为什么文艺复兴时期的人文主义不被认为是一场反宗教运动？
3. 列出以下领域中对这个新时代诞生做出贡献的重要发展：(a) 哲学，(b) 技术，(c) 教育，(d) 艺术，(e) 宗教，(f) 政治，(g) 经济，(h) 科学。
4. 马丁·路德宗教改革运动的一些关键问题是什么？
5. 路德对哲学和文学的宗教影响的某些附带效果是什么？
6. 什么是哥白尼革命？
7. 伽利略做出了什么贡献？它们如何被他的同时代人所接受？
8. 第一性质与第二性质之间的区别是什么？这个区分有什么影响？
9. 说"机械论解释代替了目的论解释"意味着什么？给出一些例子。
10. 在这个时代，哲学中开始出现了什么变化？
11. 这个时代出现的理性主义和经验主义有什么不同？
12. 先天知识和后天知识之间有什么区别？

思考题

1. 虽然伽利略和他的教会之间产生了冲突，但他并不相信他的科学与宗教是对立的。如果你是伽利略，你会如何让这个时代的宗教权威相信你的科学对宗教信仰不是一个威胁？
2. 重读"新科学的影响"这一节。伽利略开

始在数学上理解世界,与我们的日常感觉经验给予我们的世界观相对立。像他那样看待世界有何好处?你是否同意 E. A. 伯特的观点,即数学进路遗漏了某种东西?是否有不只一种理解世界的方式?是否有一个既能容纳物理学又能容纳诗歌的地方?

注释

[1] 科卢切·萨卢塔蒂(Coluccio Salutati),引自《冒险的时代:文艺复兴哲学家》(*The Age of Adventure: The Renaissance Philosophers*),乔治·德·桑迪拉纳(Giorgio De Santillana)编(New York: Mento, New American Library, 1956),第 12 页。

[2] 小约翰·赫尔曼·兰德尔(John Herman Randall, Jr.),《近代思想的产生》(*The Making of the Modern Mind*, Boston: Houghton Mifflin, 1940),第 119 页。

[3] 伊拉斯谟(Erasmus),《虔诚的盛宴》("The Godly Feast"),载于《伊拉斯谟对话》(*The Colloquies of Erasmus*),克雷格·R. 汤普森(Craig R. Thompson)译(Chicago and London: Uinversity of Chicago Press, 1965),第 65 页。

[4] 同上,第 68 页。

[5] 马丁·路德,《基督徒的自由》(*Christian Liberty*),引自兰德尔,《近代思想的产生》,第 140 页。

[6] 埃德温·A. 伯特(Edwin A. Burtt),《现代物理学的形而上学基础》(*The Metaphysical Foundation of Modern Physical Science*),修订版,(Garden City, New York: Doubleday Anchor Books, 1932),第 238—239 页。

第 14 章

早期经验主义者：
弗朗西斯·培根与托马斯·霍布斯

随着文艺复兴新视域的开启，哲学家重估他们身处何处和需要去向何方的时代到来了。近代的两位早期哲学先驱是弗朗西斯·培根和托马斯·霍布斯。为了他们在哲学中采取的方向，他们需要科学，因而需要经验。就像任何艰苦跋涉新地带的探索者，他们是天真的乐观主义者，并不总是意识到前面存在的问题。然而，他们已经看到了自然如何回报科学家和探索者的梦想，并且他们敢于在哲学中寻找相似的结果。培根自己的梦想受到发现美洲的启示。他将自己与哥伦布相比，说"希望的气息从新大陆吹拂着我们"（NO 1:92, 114）。[1]

弗朗西斯·培根

弗朗西斯·培根的兴衰

弗朗西斯·培根（Francis Bacon, 1561—1626）生于伦敦的一个接近伊丽莎白宫廷的权势之家。他的父亲是一个显赫的政治家，他的姨父伯利勋爵是英国最有权势的人。培根的母亲是一个有良好教养的虔诚的清教徒。她对教育的尊重和所持的清教徒主义都深刻影响了培根。

12 岁时，培根进入剑桥三一学院，在那里学习法律。16 岁时，他当了英国驻法国大使馆的职员。培根野心勃勃，基于他的家庭关系和教育，他向往着在公共事务中成就不凡的事业。然而，当他 18 岁时，他的父亲去世了，没有给他留下多少财产。在他的余生中，他很少摆脱债务，并且经常疯狂地寻觅机遇。不过，尽管有此挫折，但事情一开始似乎很顺他的意。1584 年，当他 23 岁时，他进入国会，他的事业稳步上升。1618 年，他成为大法官，这片土地上的最高官职。就在培根似乎实现了他的野心的时候，1621 年，他被控作为法官接受贿赂。培根承认他接受了当事人的礼物，但坚持认为这没有影响他的司法决定。由于对罪状供认不讳，他被撤销官职，但只处以较轻的罚款，并不得不在伦敦塔被囚禁了几天。在从事公共事务期间和之后，培根设法写了若干哲学论文。1626年4月9日，培根因科学探索而死于支气管炎，他的生命突然而荒诞地结束了。在他站在严寒的天气中把雪填到鸡体内来研究冷冻技术之后，他就病倒了。

培根的任务：重建一切知识

培根告诉我们，他的目标是完成"在恰当的基础上全面重建科学、艺术和所有人类知识"（GI 2）。这个陈述表达了他那个时代的两个主题：（1）对过去的激烈批判——在我们做任何其他事情之前，我们必须清除中世纪的蛛网和传统的瓦砾，和（2）关于未来的轻率乐观——正确的方法将引导我们进入理智和社会的乌托邦。除了他的短篇作品和短论，培根筹划了一个大的写作计划，但从来没有完成。他确实完成的是他计划的提纲，叫作"伟大的复兴"。复兴这个词指衰败之后的恢复和更新。他还完成了他的《新工具（"Novum Organum"）》。这些著作的标题记述了这个时代的精神。像培根这样的哲学家和科学家有一种感觉，他们正站在某种新东西的门口，拿着一把可以打开任何奥秘的方法论钥匙（科学的哲学）。

像他之前的奥卡姆的威廉一样，培根试图维持哲学（包括自然哲学和科学）一方和神学一方之间的严格区分。虽然他坚定地相信启示，但他认为，在我们理解自然的努力中，它不应该起任何作用。他的神学观点有时影响了他的看法，但他避免从这些观点中得出哲学结论。因此，他没有关于用彻底的唯物主义和机械论解释自然的问题，因为他不认为这会减损神学告诉我们的关于非物质实在的东西。关于目的论解释或借助自然现象的目的来解释它们的努力，他说，"探索目的因是徒劳的，就像献身上帝的处女，什么都不生"。[2] 在他对机械论的促进中，可以清楚地看到，这个时代，即使像培根这样虔诚的哲学家，也已经远离中世纪的世界观了。

培根的思想非常实际，他最早提出了"知识就是力量"这个口号（NO 1:3）。似乎对他来说，所有中世纪思想家的庞大复杂的体系都没有提供任何可以用来征服自然的东西。这是因为他们的思想与可观察的事实没有联系。因此，他相信，"科学真实而合法的目标是……人类生活被赋予新的发现和力量"（NO 1:81）。中世纪精神和文艺复兴精神的差异再次被这个事实所暗示，即，某个像培根这样的人的个人虔诚，可以和人文主义联姻，而后者的的目标是扩张"人的力量和伟大"，并且它主张，通过艺术和科学，说"人是人的上帝"现在成为了可能（NO 1:116，129）。

知识之路：从偶像到归纳

心灵的堕落

认识论或知识论是培根关心的主要领域。他给予知识论的神学色彩暴露了他的清教徒背景，这在他的讨论中比比皆是。例如，他提出，心灵和自然的关系应当是自然的、没有阻碍的，就像在伊甸园中最初的人类和上帝的关系。然而，认识论中与罪类似的是，我们受诱惑去致力于思辨和构建形而上学体系。培根说，这干扰了我们与自然的完善关系，我们陷入了认识论的堕落，这就像亚当和夏娃被赶出了天堂：

由于堕落，人同时从他的清白状态和从凌驾于受造物的地位上跌落。然而，这两方面的损失，即使在此生中也可部分修复；前者通过宗教和信仰，后者通过艺术和科学。（NO 2:52）

在我们原初的清白状态中，心灵与自然如此和谐，就像清晰地反映真正的自然之光的镜子。然而，由于情欲以及传统之谬的影响，我们的认知之镜变得肮脏、粗糙和不平。因而，它扭曲了自然的图像，把它自己的观念和从经验而来的材料相混合。一旦我们使它的表面再次变得干净和光滑，知识就唾手可得（GI 24—25）。

心灵原初状况的扭曲

要恢复心灵原初的纯净状态，我们必须移除败坏其自然能力的"偶像"（再次注意宗教隐喻）。培根列出了四个让心灵偏离正常工作的偶像（NO 1:38—68）：

1. 种族偶像是那些人类本性自身中生而有之的偶像。这些偶像是我们通过设想世界中有比实际更多的秩序与规则性而把人类欲求当成自然的许多方式。我们倾向于让事实来符合我们自己喜欢的结论。例如，他引用了行星沿完美的圆周运动的信念，这个假设是基于相信圆是完美的图形，在审美上令人愉悦。

2. 洞穴偶像是一个隐喻，来自柏拉图的著名寓言。这些偶像对每个个体是独特的。我们每个人都居住在我们自己的狭小"洞穴"中，因为我们的视野受限于我们的气质、教育、阅读和钦佩的权威。我们的经验被我们的偏见和特质所过滤，以至我们的哲学更多地追随我们的个人生活模式而不是实在。对于悲观主义者，杯子的一半是空的，而乐观主义者则看到同一个杯子有一半是满的。为了中和我们的自然偏见，培根提出了以下建议：让每个自然研究者以此为规则——凡是心灵特别满意地加以接受的东西都要保持怀疑，并且更加谨慎地处理问题，保持理解的持平和清明（NO 1:58）。

3. 市场偶像是干扰追求真理的语言问题。（市场充斥着一起做交易的人们的嘈杂声音。）语言能导致两种谬误。第一，我们有不存在的事物的名称，但它们的标签的存在可以使我们认为它们存在。例如，人们把事件归为"好运气"或"坏运气"，就像这些短语指称具有解释能力的实际事件。第二，当我们使用抽象词项而没有认识到它们充满模糊和歧义时，我们失之草率。例如，一个"重的"婴儿比一头"轻的"牛重。类似地，当我们说重奶油、沉重的悲痛和沉重的课业负担时，我们很容易忘记同样的词可以有不同的意义。

4. 剧场偶像是各种教条主义哲学体系的结果。按照培根对他的隐喻的解释，"所有流行的体系，不过是许多舞台剧，用不真实的布景方式表现他们自己创造的世界"（NO 1:44）。他批评以前的哲学家，诸如柏拉图和亚里士多德，创造了庞大的融贯体系，在其中，他们用概念定义概念，但就像虚构故事中的世界一样，与真实世界毫无联系。

> **想一想**
>
> 14.1 根据你自己的经验或你的阅读，找到培根心灵四偶像的新鲜例子。你是否认为他很有帮助地列举了困扰我们思维的各种扭曲？

培根的归纳法

一旦我们清除了知识的障碍，我们就需要一种帮助我们阅读自然之书的方法。然而，培根轻视亚里士多德和中世纪学者的演绎逻辑。演绎三段论由给定的前提出发，它们由语词构成，是概念符号。但是，如果我们的初始概念是混淆的，没有充分的事实基础，那么整个推理结构就将是"固化和稳定"原来的错误。"因而，我们唯一的希望在于一种真正的归纳"（NO 1:11—14）。

归纳法由观察所给予的特殊事实出发，然后谨慎地上升到概括的层次。然而，培根说，以前的归纳观念是收集大量观察然后立即跳跃到概括层次。这样做并不给我们科学知识，因为它导致轻率和不精确的概括。因此，我们必须寻找材料中的法则或形式。这些是可以互换的术语，因为"热的形式"不过就是"热的法则"。然而，当培根描述形式是什么时，它变得接近于中世纪的本质。事实上，当他描述他的科学程序时，就出现了本质这个词项。因此，在使用形式这个今天没有科学家会使用的术语来描述科学探索的产物时，培根没有像他假设的那样摆脱中世纪的思想范畴。

首先，为了发现自然的形式，培根提出了一个他称为"探索表"的系统程序。例如，为了发现热的形式，我们必须列出所有呈现出热的情况，如太阳的光线、燧石溅出的火星、动物的体内、强烈的香料的味道，诸如此类。培根把这叫作"本质与呈现表"。其次，我们应该列出与前一个表相似，但没有特定效果的原因。例如，如果我们在研究热，我们要注意到来自月亮的光是冷的，并且与动物的身体相比，鱼的身体缺乏温暖。这个列表叫作"接近中的偏离或缺失表"。第三，我们构造"程度表"或"比较表"。这个表列举我们正研究其形式的那种自然性质呈现出不同程度的那些情况。例如，动物在运动或发烧时变得更热。

当我们系统地收集了材料，真正的归纳过程就开始了。我们考察这些表，以发现"伴随着给定性质，这种形式总是在场或不在场，并总是伴随它增加或减少"（NO 2:15）。就热而言，他发现，它是一种穿过物体的较小部分的扩张的或受阻的运动。在他文本的其余部分，他继续描绘分离或证实正在研究的现象的形式所必须的更多步骤。

培根的科学人文主义

弗朗西斯·培根让我们见识到回响于整个文艺复兴时期并与近代科学的兴起相伴随的巨大的兴奋和乐观。他相信，如果科学家委员会着手工作并遵循他的详细方案，若干年后，需要做出的科学发现将被穷尽。这种极端乐观主义的理由是，他认为科学方法就像一台机器，我们把自然的观察材料倒入其中，从另一端就能得到科学法则。在完成了他的一部著作后，他上书国王詹姆斯一世，他在其中说，"我提供了这台机器，但原料必须从自然的事实中收集"（GI 6）。

培根的认识论曾被与宗教改革相比较。路德鼓吹，每个信徒都有通向上帝王座的直接通道。所要求的只是我们向他的恩典敞开自身。类似地，培根认为，从自然接受真理的能力是我们的自然状态。每个人都能获得真理，不论他们的理智资质如何，只要我们向它开放并采用正确的方法。就如他的描述，"我提出的科学发现之路，对才智的敏锐和强大的要求甚少，倒是让所有的才智和理解力都处于同一水平"（NO 1:61）。在这同一段落中，他重复了机器的隐喻，说空手画直线或正圆形需要一定的才能，但用直尺或圆规这样恰当的工具，任何人都能毫不费力地做到。

在一本名为"新大西岛"的未完成的未来主义寓言中，培根揭示了他关于科学的实践应用的预见。在这个出自培根想象的、经过科学改造的社会中，有我们现在所说的飞机、潜艇、遗传工程、机器人和气候受到控制的环境。这个虚构的世界具体地展示了培根在《新工具》中宣告"凌驾万物的人类帝国"和"凌驾宇宙的人类种族自身的权力和领土"时所预想的东西（NO 1:129）。人们忍不住想知道，如果培根窥见了我们的时代，这个时代的技术成果也造成了核毁灭和环境灾难的毒种，他的热情是否会熄灭。

> **想一想**
>
> 14.2 如果培根看到我们的当代世界，他会把什么发展看作证实了他的科学乐观主义？什么发展会困扰他的科学乐观主义？

培根的评价与意义

相对于他对科学方法的所有赞颂和形式化，培根没有做出任何重要的科学发现。他最重要的贡献是作为科学探索的鼓吹者。在这一点上，他确实给了同时代人新的视角。对培根的引用超过17世纪任何其他的英国哲学作者，并且他获得了国际声誉。他被称为"自然的秘书"和"他的时代的号手"。

虽然培根非常有影响，但大多数哲学史家不认为他是一个非常深刻的哲学家。培根不理解假设、理论、想象和思辨在追求科学知识中的作用。他认为，一旦我们收集了一系列事实并进行了仔细的分类，科学法则就会近在眼前。他把科学方法和机器相比较，忽略了天赋、想象甚至运气在做出科学发现中的作用。培根对中世纪思想家无根据的理论反应如此强烈，以至他认为只有完全避开理论科学才能进步。例如，他说要取消空洞的理论导致的市场偶像："只需要坚定地把一切理论当作废物加以拒斥和抛弃"（NO 1:60）。

因为培根没有认识到有力的理论在合法科学中的作用，所以他讨论伟大科学家时没有提到开普勒，并且在回顾机械论时没有提到伽利略。他拒斥哥白尼理论并且不理解哈维对血液的研究。最后，培根未能重视数学的重要性，只把它看作归纳科学的"女仆"。后人的共同观点是，培根的科学方法观过于幼稚，因而无法产生伟大的科学。

尽管他有这些缺点，但培根对哲学史的贡献有三重：（1）他是经验主义运动的早期领袖，（2）他是努力系统化科学方法的先驱，和（3）他是近代归纳逻辑的奠基人。

托马斯·霍布斯

霍布斯生平：矛盾与革新

托马斯·霍布斯（Thomas Hobbes，1588—1679）生于英国一个未受教育的牧师家庭。他进入牛津大学，在那里接受经院哲学的教育，课程主要由逻辑学和亚里士多德哲学构成。因为不满于他必须死记硬背的愚蠢观念，霍布斯在他后来的著作中一直批判他那个时代的大学。完成他的教育之后，他一生的大部分时间用于陪伴显赫的卡文迪什家族并为之做家庭教师。他受雇于这个世代富有的家族让他有幸获得机会旅行并与当世的重要人物相会。霍布斯结识了弗朗西斯·培根，并帮助他把几篇论文翻译成拉丁文。在意大利见到了伽利略，在法国见到了笛卡尔的同事，甚至可能见到了笛卡尔本人。霍布斯对笛卡尔的《第一哲学沉思集》写了推理谨慎的反驳，笛卡尔把这个批评和他自己的回应一起出版。

对霍布斯思想的重要影响有三个。第一，是他发现了伽利略的著作。正如不久将显示的，伽利略的物理学为霍布斯的哲学提供了模型。第二，是他在50岁时发现了欧几里得几何学。霍布斯对公理化的证明方法印象深刻，虽然他是一个经验主义者，他却在某些著作中寻求仿效欧几里得的严格程序。

对霍布斯的第三个重要影响是英国内战，它始于1642年，之后是长期的冲突。*当内战临近这一事实变得明朗，霍布斯于1640年逃到了法国。他留在那里11年，享受着与巴黎重要的哲学家和科学家的理智交往。1649年，国王查理一世被处决，奥利弗·克伦威尔接管了政府。而在法国，霍布斯充任被流放在那里后来成为查理二世的威尔士亲王的教师。然而，他的《利维坦》在1651年的出版终结了这一关系。他被称为"无神论者之父"，不适合教授年轻的亲王。而且信天主教的法国不欣赏他对已有宗教的抨击。因而，霍布斯返回家乡并与克伦威尔达成和解。1660年，在查理二世领导下，英国恢复了君主制。查理深情地记起他的这位前任教师，并待他很好。

霍布斯的任务：让物理学统治哲学

霍布斯有一个一心一意的目标，就是重铸物理自然、人类本性和人类社会的研究。他对老问题的新进路使用了单一的科学方法贯穿所有这些不同的领域。霍布斯认识到，思维经济是科学的中心。这个目标总是把多样的现象还原为最简单的可能法则和基本元素。因此，既然伽利略成功地用运动的物质解释了自然，这似乎也是哲学的适当模式。

---

* 这一冲突始于国王詹姆斯一世，并被他的儿子查理一世所继承。君主坚持基于国王神圣权利学说的绝对权力。国会则希望削减王室权威。国王得到贵族、圣公会和罗马天主教会的支持。国会得到中层阶级的市民和清教徒反对者的支持。

两个支柱支撑着霍布斯的思想。第一个支柱是经验主义的认识论立场,主张我们所有的知识都来自经验。第二个支柱是形而上学的唯物主义,主张实在不过是运动着的物质。因此,在霍布斯看来,我们需要的唯一科学是物理学。虽然这好像会使霍布斯成为一个无神论者,但他没有得出这个结论。他承认自然暗示有一个终极原因,比如上帝。然而,他说,非物理实体的观念是没有意义的。因而,我们能给予"精神"的唯一意义是,把它设想为纯粹的物理实体。归根到底,我们能确认上帝存在,但我们不能理解上帝是什么,因为我们只能知道影响感官的东西。因此,哲学和科学对上帝不感兴趣。霍布斯以这种方式巧妙地把上帝的问题留给了神学家,让他的哲学免于进一步操心这个观念。

根据霍布斯的分析,实在可以划分为两种物体:(1)自然物体(诸如石头、行星、生物有机体)和(2)政治物体(它们是人造物体)。哲学寻求每种物体的因果法则和特征。它不过是科学原则的一个更为一般的应用。对于霍布斯来说,存在着研究每种物体要采取的具体路径。最一般的学科是"第一哲学",代替了传统的形而上学。它是对所有物体的共有属性的总体考察,并且是对"运动和大小的抽象"研究。他的结论之一是,一切事件,包括完全属于未来的事件,都由之前的原因必然地决定。第二个路径应用于特殊科学,诸如天文学和物理学,它们研究以特定速度移动着的特殊物体的运动。

第三,存在着研究人类身体的科学。一个活着的身体,例如我们的身体,是一种更复杂的物体,因为它有许多种内部运动。一个物理学家能研究行星的运动只是因为它的运动引起了他身体内部的运动。因而,我们所需要的是用我们研究宇宙其余部分的相同术语科学地解释人类身体。为说明他的观点,他用工程师的语言描述一个生物有机体:"因为心脏就是发条;神经,就是许多弦,而关节就是许多齿轮,它们让整个身体运动,就像制造者所意图的那样?"(L,引言)[3]

注意,霍布斯的理论计划在他那个时代是非常有争议的。他的大多数同时代人认为,人类是受造物之冠,具有远超世上其他事物的尊严和精神本性。然而,霍布斯认为,假设人类本性不同于自然的其他部分是不合理性的。因而,物理学的方法适合于研究人类和他们的活动。

第四,将他关于人类本性的科学加以一般化,霍布斯相信,他可以把物理学的精确方法应用于作为整体的社会。如果人类个体不过是运动着的物体,那么我们可以阐明支配他们相互作用的法则。通过理解这些法则,我们可以在社会中带来和平和秩序,就像医生调节人的体内化学平衡以产生健康。因此,霍布斯试图把政治哲学转化为政治科学。

知识的物理学

心理运动

霍布斯把他的认识论建基于机械论心理学。因为他假设宇宙中发生的每件事都是种运动,那么精神事件就是我们身体内的运动。我们的思想是一种特殊运动,用以表现或显现体外的对象。思想首先由感官引入:

它们(即思想)全都起源于我们所称的感官,因为没有任何心中的概念不是首先全部或部分地通过感觉器官获得。其余的概念都是由原初概念所派生的。(L 131)

当物理运动从外部世界的对象侵入我们的感觉器官，它们就产生感觉或霍布斯经常所称的影像、幻象或幻影。我们把这些东西经验为颜色、音调、美味、芳香和柔软。然而，这些我们现在所称的"现象性质"，既（严格来说）不存在于外部对象自身，也不存在于我们体内的运动中。刚才提到的性质术语并不是描述运动的术语，相反，它们描述运动产生的"显象"或"幻象"。例如，我们看到日落的丰富、通红的色调，我们实际经验着光的运动。当我们看月亮时，这个幻影具有明亮、发光的外表，大约和半美元硬币差不多大。因为这些原因，对于霍布斯，对象自身和我们直接经验的东西似乎显然是两种不同的东西。

从知觉的原初运动，霍布斯说，产生了所有其余的大脑运动。想象和记忆不过是"延迟的感觉"。它们像水池中的涟漪，在丢进水中的卵石的撞击之后还持续很长时间。因此，霍布斯用物理学家的惯性原则来解释残留影像这样的心理现象。某物一旦发动就倾向于继续运动。想象可以增加或减去它包含的影像来产生独角兽这样的虚构事物的观念。然而，我们所想象的东西的要素最初必须出现在感觉中。类似地，对你一年级老师的记忆是从你的原初感觉保留下来的微弱运动。想象和记忆中的影像没有知觉那么栩栩如生，因为新的运动逐渐使原初的运动变得微弱。

霍布斯表述的另一个心理学法则是，经验中前后相继的影像倾向于在想象中被联系起来。例如，当我们看到闪电，我们就会预期雷声。在这些联系中，有些比其他的更为主观。例如，你在四月爱上了某人，未来春天的花香会唤起这一幸福经验的记忆。以这种方式，我们可以用这一事实来解释思维活动，即，当观念在感觉中前后相继时，它们倾向于在思想中前后相继。观念之间某种类似于"化学键"的东西导致某些观念紧密结合，而不是另外一些。霍布斯阐述支配人类认知的"运动定律"的努力，为后来被称为联想心理学的这门科学打下了基础。

语词运动

到目前为止，霍布斯对经验的解释既适用于心理学实验室的老鼠的认知行为，也同样适用于一个哲学家的心理。那么，什么把人和动物区别开？这个区别性因素既不是灵魂，也不是某种非物理的理性官能。相反，我们的独特性与语言相联系。人类能给感觉以名称或"自愿符号"。人和猫都把鸟声和鸟自身的影像相联系。然而，对于人，"鸟"这个视觉符号起到同样的联系作用。

霍布斯的语言理论是**唯名论**的一种形式。它意味着没有柏拉图和亚里士多德所说的共相，只有代表相似的个体事物之集合的普遍名称。语词是代表感觉的标记，这使得语词之间的关系对应于事件之间的关系。由于这个原因，当你读到闪电这个词，你会想到雷这个词。通过引入我们操作符号的能力，霍布斯可以解释我们的推理能力。推理"不过是对公认为标记或表示我们思想的一般名称的结果进行计算，也就是加减"（L 1:5）。*

这一活动导致的这种知识就是科学。理性并不告诉我们关于世界的事情，给我们的只是我们

---

* 这个"心灵的计算模式"已经成为 20 世纪大多数人工智能研究的基础。

的定义的结果。因此，理性总是给我们有条件的知识：

> 至于这种关于结果的知识，我前面已经说过，它叫作科学，它不是绝对的，而是有条件的。没人能通过讨论知道这个或那个是这样、曾经是这样或将要是这样。绝对地知道的只是，如果这个是这样，那么那个是这样；如果这个曾经是这样，那么那个曾经是这样；如果这个将要是这样，那么那个将要是这样：这是有条件地知道。(L 1:7)

这一理论蕴含的是理性与实在相分离。它能给我们的知识只不过是向我们揭示存在于观念之间的关系，这些观念业已居于我们心中，它们来自感觉。因而，理性主义者试图单单使用理性来告诉我们关于实在的终极本性的事情，是徒劳的。这个结论直至20世纪都是经验主义的基础。

形而上学：一切运动都是被决定的

应该说明，霍布斯的知识理论不过是试图得出他的形而上学唯物主义的意蕴。然而，从他的形而上学可以得出其他的意蕴。如果17世纪的物理学给了我们关于世界本性的最终结论，那么这蕴含着世界中的每个事件都是被决定的。我们可能认为未来的事件是偶然的，是碰巧造成的，但这只是因为我们不知道它们的原因。因此，不确定性和不可预测性是我们知识的特征，不是事件自身的特征。

既然同一种法则既支配下落中的石头，也支配人类活动，那么由此可以得出，我们的行为是绝对被决定的。而且，我们越理解支配人类运动的复杂系统的法则，我们的行为将越像天文事件一样可预测。但是，霍布斯如何能根据这个决定论模型解释我们那些似乎有目的、有意图的行为？他从区分生命运动和自愿运动开始。生命运动是像血液循环、呼吸、消化等之类的自发活动。既然这些活动绝大部分都不是有意选择的运动，那么我们把这些活动视为受我们的神经系统和身体状态决定是毫无问题的。有问题的是所谓自愿运动，它们包括对话、买书或选择朋友。在此，我们想要坚持我们有自由意志。霍布斯说，所有自愿运动都开始于一种他称为努力的运动。努力展现为，要么是（1）欲求，它是趋向某物的运动，要么是（2）反感，它是远离某物的运动。对于某一个个体，这些与被经验为愉快或痛苦的东西相关联。以这种方式，霍布斯从我们的生理反应导出了我们的心理活动。

在这一点上会自然地产生一个反对意见。如果我们的行为如此完全地被决定和可预测，霍布斯如何解释当我们想要做决定时的慎思活动？例如，我们可能觉得倾向于做出某种承诺（对一个人或一项工作），同时又对这个行为的过程有所保留。霍布斯对此的解释方式是说，我们要么正经历着（1）欲求和反感的感觉交替相继，或（2）处于两个相竞争的欲求之间的运动，或（3）两个相冲突的反感。当我们慎思时，我们像一个悠悠球，一方面对重力的下拉做出反应，同时又被绳子的张力向上拉。对于人，就像对于悠悠球，一个力在某个给定时间更强，因而最终占上风。因此，最终结果是所有力的机械结果，最强的力在我们体内胜出。我们称这最终的运动是"出自意志的行为"。但是，意志恰恰是被所有作用于它的力机械地决定的。归根结底，我们的行为和行星一样不自由。

伦理运动

如果运动中的物质就是存在着的一切，霍布斯如何解释人类的道德现象？他解释它的方式和伊壁鸠鲁式的唯物主义者在古希腊时期的做法相同，也和形而上学唯物主义者一直用来解释它的方式相同。答案存在于人类心理学的法则中。欲求的对象是某种我们称为善的东西，而反感的对象我们称为恶。因此，"善"和"恶"是由快乐和痛苦派生的词项。因为不同的人觉得不同的东西是愉悦和痛苦的，善和恶不可避免地是主观的概念。在心理学上，我们都是自我中心主义的快乐主义者，不可避免地受我们对快乐的追求的指引。因此，霍布斯是一个心理学快乐主义者（主张我们总是趋乐避苦）以及心理学自我中心主义者（主张我们总是寻求我们自己的快乐）。如果这些关于人类心理的事实性主张是正确的，那么关于伦理学理论没有更多东西可说了。善就是让我感到善的东西，并且那就是我要追求的。问我应当不应当做这样的行为是个不相干的问题。

然而，还有最后的一个问题。如果我们都是自我中心主义者，追求我们自己的利益，我们如何能在一个共同体中和谐地生活在一起？这个问题把我们带到了霍布斯哲学最后和最重要的部分——他的政治哲学。

> **想一想**
>
> 14.3 你是否同意霍布斯的观点，即你的心理经验的每个方面都可以被描述为可以用科学解释的物理原因的结果？如果不是，你如何区分你的能用科学解释的心理经验方面和永远不能用科学解释的心理经验方面？

政治物体物理学

个人议程与理论计划

霍布斯生活在英国历史上的一个不安定时期。他被卷进王权捍卫者和反王权派的内战中。他几次改变效忠者，但总是掌握不好时间。当他想寻求与掌权一方缓和关系，他得到的结果只是让自己的生活受到另一方的威胁。从这些经验中，他得出了三个教训：

1. 哪里没有稳定的政府，哪里就有混乱。
2. 要不惜一切代价避免混乱。
3. 只有政府强大才能避免混乱。

这三个结论存在于霍布斯所有政治思想的背景中。由于这些考虑，霍布斯试图一致地应用他的方法论原则来解决政治理论的问题。他的计划的顶点是用运动物体来分析政治状态的结构和本性。

霍布斯提供了一个逻辑分析，以寻求解释社会现象。追随他钦佩的几何学方法，他以一组他认为无可置疑的关于人类本性的公理开始，接着从它们演绎出一系列定理。他并未主张这是人类社会如何产生的历史解释，理解这一点非常重要。相反，他试图用关于人类本性的法则表明为什么政府是正当的，以及如果它是合理的它必须采取什么形式。用个类比来说，物理学的法则不能告诉我们一个特殊的棒球从何而来，然而，对于为什么棒球像它实际那样行动，物理学家可以提供理性的解释，比如说，什么时候投手投出一个曲线球，这个球的最佳运行需要什么条件。

自然状态

霍布斯从一个思想实验开始。如果没有一个政府，我们的情况会像什么样子？他称这是"自然状态"。在自然状态中，我们都是"平等的"并对生存所必须的任何东西都拥有"权利"。显然，他并不是说我们都在生理上是平等的。他的意思是，没有社会，任何人都没有任何特殊权利、特权、限制、等级和地位。而且，如果世界只由物理事实（包括心理事实）构成，那么就没有我们要从属的客观道德秩序。在自然状态下起作用的权利这个词意味着"基于力量的自由"。按霍布斯的说法，"每个人都拥有对一切事物的权利；即使是对另一个人的身体"。

假定事实像霍布斯说的那样，我们都是自我中心主义者，追求自我利益，那么自然状态显然不会非常令人愉快。根据亚里士多德的观点，人类是天生的社会动物。然而，霍布斯会说，如果没有社会条件，我们并没有植入对我们物种中的他者的亲和力或同情。利他主义并不是一种自然的情感。因而，自然状态是一个恐怖的状态。就像来回运动和撞击的台球，我们是只被我们的生存欲望所驱动的运动物体，没有任何东西会保证我们的运动之间有任何和谐：

> 在这种情况下，没有勤奋的一席之地，因为它的成果是不确定的；因而没有土地耕作；没有航海或者对可以从海外进口的商品的利用；没有宽敞的建筑；也没有工具来移动和拆除需要大量力气的东西；没有关于地貌的知识；没有时间的记录；没有艺术；没有文学；没有社会；最糟糕的是，对暴力死亡的持续恐惧和危险；人的生活孤独、贫穷、污秽、野蛮和短促。（L 1:13）

自然法

防止整个混乱的唯一东西是某种"自然法"。当霍布斯使用这个术语时，它与斯多亚派或中世纪哲学家发展的自然法概念没有关系。当他们谈论自然法时，他们指的是绝对道德秩序。然而，对于霍布斯，这些法是我们基于我们对物理实在的理解而发现的一般规则。我们都从一个基本前提开始：我想生存，从这一点，我们可以演绎出以下自然法：人应当寻求和平并信守和平，如果做不到，就用一切必要的手段保卫自己。我们必须给这个原则的前部分优先性，因为没有哪个个体强大到足以确保自己的生存。即使最强横的人，其他人也可以联合起来胜过他。

从我们应该寻求和平这一自然法，我们可以得出进一步的法则：为了保持和平，人们应当放弃一切个人权利，只要其他每个人也都这么做。这是一种"自私的黄金规则"，因为我们倾向于遵循它不是因为想要有德性，而是每个人都寻求他自己的最大利益。然而，既然我们都是自我中心主义者，什么能确保我们遵守我们的承诺？为了保证我们都将信守这一限制我们对彼此使用强力的相互协议，"必须有某种强制力量，迫使每个人平等地履行他们的契约"（L 1:15）。我们通过创建政府来完成这一点：

> （对人而言）建立这种共同权力的唯一方式……是，把他们的所有权力和力量让渡给一个人，或一个多人的会议，它可以把他们七嘴八舌表达的所有意志化归为一个意志。（L 2:17）

霍布斯把这个政府称为"人为的人"或"伟大的利维坦"（意思是一个巨大的生物）。他称它是

"有死的上帝"（一个令所有对绝对统治者的好处不像霍布斯那样乐观的人吃惊的短语）。这是后来所谓政府的**社会契约论**的开端。政府不是由上帝创立，而是我们为了达到我们的自我中心主义目标而产生的人类创造物。

社会契约

为和平地生存，我们都必须把我们的权利让渡给一个统治者或一个会议。霍布斯说它就好像每个个体都签署如下协议：

> 我认可和让渡我管理自己的权利给这个人或这个多人会议，条件是你们也同样地把你们的权利给他，认可他的一切行为。（L 2:17）

不同于后来的约翰·洛克和让·雅克·卢梭的契约论，这个契约是个体之间的，而不是公民与统治者之间的。一旦他们让这个统治者上台，我们就不再对他有任何权利。这个理论并不要求任何特定的政府形式（霍布斯偏向单一的统治者，但也承认会议的可能性）。而且，不存在分权的观念。这是因为霍布斯说英国内战是国王、领主和议会权力分割的结果。

从他自己对政治混乱的经历，霍布斯得出结论，最糟糕的暴君也好过根本没有政府或一个软弱无效的政府。因此，他的统治者具有绝对权力。既然我们把我们所有的权利让渡给统治者，那么我们具有的唯一权利是那些政府认为适宜授予我们的权利。统治者行为正义或不正义在逻辑上是不可能的，因为所有的法律和正义都植根于政府权威。如果允许人们来决定哪些法律是正义的，这将导致无政府主义。霍布斯描述了这样一个社会的一些细节，但对于我们的目的而言，重要的只是他从他的起始前提导出一个政治理论的方式。

霍布斯总是寻求和平，以便让他能不受阻碍地追求他的理智计划。讽刺的是，他的书一点没有给他带来和平和宁静。一方面，保皇主义者不满他取消了作为政府权威基础的神圣王权。他们想要某种更坚实、更永恒和更尊严的东西，而不是一个由人民的契约从绝望中创造出的统治者。另一方面，霍布斯的理论给予统治者的绝对权威让人民民主的支持者不快。结果，霍布斯的创新理论受到更传统的进路的两面夹击。

想一想

14.4 你是否同意霍布斯关于人类本性的悲观观点？他说这就是强大的政府对于我们和平生活必不可少的原因，这是否正确？如果你在这些问题上不同意他的观点，那么你认为赞同政府的理由是什么？进而言之，关于我们应该如何权衡社会控制的需要和个人的权利与自由，你的观点是什么？

霍布斯的评价与意义

霍布斯的知觉理论和他的心理学法则为后来的思想家提供了一个科学认识论的模式。然而，霍布斯对知觉的解释包含着至少两个他从未认识到的困难。首先，他的知觉理论把世界划分为两个领域。第一个是运动的实在物体的外部世界。第二个是心灵的内部世界。在那里，我们遇到幻象和知觉最初在我们心中产生的联想产物。然而，如果我们所有的一切只是显象和幻象，我们如何确定我们能准确地知道外部世界发生的事情？显然，我们从来不能跳出感觉经验之外把它和它所谓的对象相比较。第二，如果存在"显象"，那么存在某种显现的东西和某种被显现的东西。显象的观看者是意识。但是在这个运动物质的忙碌世界里，意识产生于何处？如何产生？如果意识是一种运动，它就是一种奇怪的运动，能够观察和显现其他运动。霍布斯从没有处理过这些问题，对它们的焦虑被留给了其他哲学家。

对于他的时代，托马斯·霍布斯一个非常重要和具有创新性的人物。他在近代做出了发展一个全面的唯物主义一元论的首次尝试。他用自然科学作为人类心理学、社会学和政治理论的模型的研究计划，像一只火炬，被它的拥护者传承，经历了各个历史时期，直到20世纪。

给霍布斯带来最大名声的，正是他计划的最后一部分，他的政治理论。实际上，许多人把他看作近代政治科学的奠基人。著名的19世纪政治理论家，卡尔·马克思曾经说，"霍布斯是我们所有人的父亲"。他的政治理论是思想史上的一个重大转折。他的伟大创新在于，把国家视为一个人类的人为创造物。它不是基于永恒法则（像在柏拉图那里），不是内在于人性（像在亚里士多德那里），也不是神授权的机构（像在中世纪思想中）。而且，通过描述作为分离个体的集合的自然状态，他激发了个人主义精神，这在近代既成为了福祉，也成为了灾祸。霍布斯的自然状态和社会契约理论在接下来的世纪里会成为人性哲学和政治哲学的重要模式。

霍布斯的理论也是迈向文化世俗化的重要一步。通过表面承认神学，同时独立于神学开展他的科学和哲学，他加强了近代思想中的这一重要思潮。特别是，他将公民生活和神学相分离，因而使得政府是一个理性分析的对象，而不是一个天降的神圣机构。

霍布斯体系的未尽细节和问题留下了让未来哲学家忙碌的大量问题：（1）我们如何知道我们的经验正确地表现了外部世界？（2）唯物主义能解释意识和呈现于一切经验中的认识主体吗？（3）是否可能既认真对待物理科学的方法和结果，又保留目的、人的自由、价值等传统观念？下一章讲述勒内·笛卡尔通过提供另一种模式来回答这些问题的尝试。

> **当代联系 14：早期经验主义者**
>
> 即使没有其他理由，弗朗西斯·培根和托马斯·霍布斯的当代相关性也因这个事实得到突显，即他们先知般地预想到科学在我们生活中的全方位的重要性。虽然培根的科学哲学是过分简化的，但他的确启发了他那个时代的许多科学家。而且，他把科学方法系统化的创新尝试和他对仔细观察、实验和归纳推理的强调现在已经是我们的第二天性了。
>
> 霍布斯把这一科学预见推进得更远，他是最早提出人类的所有经验，从心灵的活动到我们的政治生活，都可以科学地理解的人之一。当代神经生理学家寻求以大脑过程为基础解释我们所有的认知和情感生活，他们就是在实现霍布斯的预见。
>
> 最后，每当我们的社会受到混乱无序的威胁，霍布斯政治哲学的暗示就显示出来。当恐怖分子于2001年9月11日袭击美国之后，很多人论证说，为了保护我们的安全，政府需要更多权力。当然，提升政府权威可能意味着更少的个人自由和更少的个人权利。哪个是我们最需要的——个人权利还是安全与和平？这是霍布斯给我们提出的问题。

理解题

1. 什么是培根的心灵四偶像？为每个偶像提供你自己的例子。培根识别它们的目的是什么？
2. 什么是培根的归纳法？他的探索表是如何展示他的方法的？
3. 为什么培根对科学在人类事务中将扮演角色如此乐观？
4. 培根对科学和哲学做出的主要贡献是什么？
5. 霍布斯关于以下理论的观点是怎样的：知觉、现象、记忆和思想？
6. 为什么霍布斯相信所有的人类行动都是被决定的？
7. 霍布斯是如何解释我们有时似乎是不确定的并且犹豫不决这个事实的？
8. 霍布斯如何把他的万物都是运动中的物质这个观点应用于伦理学？
9. 霍布斯用自然状态表示什么意思？
10. 根据霍布斯的观点，如果没有政府，什么法则支配着我们？
11. 为什么霍布斯相信人们将被迫创造一个政府？
12. 什么是社会契约？

思考题

1. 你是否同意培根的观点，即完全摆脱一切过去的思想是可能的？为什么？
2. 在今天的科学中，我们在何种程度上遵循着培根的探索表？在什么方面它们可能是有局限的？
3. 在何种程度上培根的科学乐观主义得到了实现？我们今天的现代科学技术的什么后果会令培根感到沮丧？
4. 你在何种程度上同意或不同意霍布斯的观念，即人类的心理过程可以借助运动的物质来理解？你为什么采取这一立场？
5. 霍布斯的社会契约论是否为理解政府的基础提供了一个良好基础？你是否想要生活

在一个按霍布斯原则运行的政府之下？为什么？如果不想，你会对他的政治理论做出什么改变？

6. 在霍布斯的时代，他的哲学在什么方面是创新的？

7. 为什么培根和霍布斯都被认为是近代经验主义的早期例子？

注释

[1] 弗朗西斯·培根的著作用以下缩写表示：

GI　《伟大的复兴》（*The Great Instauration*），载于《伟大的复兴和新大西岛》（*The Great Instauration and New Atlantis*），J. 温伯格（J. Weinberg）编（Arlington Heights, IL: AHM Publishing, 1980）。对这一著作的所有标注都用这个版的页码。

NO　《新工具》（*Novum Organum*），载于《从培根到密尔的英国哲学家》（*The English Philosophers from Bacon to Mill*），埃德温·A. 伯特编（New York: Modern Library, Random House, 1939）。对这一著作的引用标注卷 1 或卷 2，然后是格言的编号。

[2] 引自弗雷德里克·科普尔斯顿，《哲学史》，第 3 卷，第 2 部分（Garden City, New York: Image Books, Doubleday, 1953），第 108 页。

[3] 霍布斯著作的引文来自《利维坦：或教会国家和市民国家的实质、形式和权力》（"Leviathan: Or the Matter, Form, and Power of a Commonwealth Ecclesiastical and Civil"），载于《从培根到密尔的英国哲学家》，埃德温·A. 伯特编（New York: Modern Library, Random House, 1939）。索引标记是霍布斯著作的部分的序号，接着是章的序号。文中的引用用缩写 L 表示。

第15章

勒内·笛卡尔：
近代哲学的奠基人

笛卡尔生平：世界游历者与理智探索者

勒内·笛卡尔（René Descartes）生于1596年3月31日，一个法国小镇拉海。他出生的房子依然存在，这个小镇也被改名为"笛卡尔"以纪念他。他生活在一个枢纽性的时代。他生于哥伦布航行美洲约100年后，哥白尼出版他的富有争议的著作约50年后。莎士比亚在这个时候正处于他的全盛期。笛卡尔死于1650年，差不多50年后，牛顿出版了他的物理学上的突破性著作。

作为一个年轻人，笛卡尔在拉弗莱什的耶稣会学院受到了良好的教育，这是欧洲最有名的学校之一。在那之后，他又继续去获得了一个法学学位。因为感到躁动不安，又有家庭的财产支持，他开始了一系列游历。他加入了几支军队，去了解世界和继续他的教育。1619年11月10日，当他23岁时，严冬把他关在屋子里，他花了一整天时间进行认真的哲学反思。那天晚上，一天的理智上的兴奋最终化为三个梦。这些梦让他预见了他一生的使命：在基于数学理性的新哲学中发现自然奥秘的钥匙。为了感谢他所认为的神圣预示，他立誓去意大利的罗莱德圣母大殿朝圣，后来他履行了他的誓言。

到17世纪20年代末，笛卡尔完成了《指导心灵的规则》，他的第一本主要著作。然而，这本书直到他死后才出版。1633年，他完成了《论世界》，一部把世界呈现为本质上是运动着的物质的物理著作。他完全准备好了出版这部著作，但这个时候，当年的6月，罗马宗教裁判所正式谴责了伽利略。伽利略的异端在于攻击了亚里士多德的（和教会的）世界观。由于《论世界》赞同伽利略的立场，笛卡尔谨慎地把他的著作送给了一个朋友，以避开出版它的诱惑。（在他死后，这本书最终在1664年出版。）有人论证说，笛卡尔在他的著作中提到上帝是不真诚的，只是试图取悦教会。然而，除了他和教会的某些分歧，他的虔诚似乎是真的。他对意大利圣母大殿的朝觐和他希望他的哲学服务于神学表明了这一点。而且，上帝存在在他的体系中扮演了非常核心的角色，因而不可能只是一种公关策略。

最终，笛卡尔战胜了对公众注意的恐惧，开始出版他的某些著作。1637年，他出版了《谈谈正确引导理性在各门科学上寻找真理的方法》。笛卡尔最初是用法语写作这本书而不是传统的学术语言拉丁语。他这么做是想吸引受过教育的公众而不是学院的神职人员，他们很可能拒斥它。1641年8月，他出版了他的杰作《第一哲学沉思集》，哲学史上最吸引人的论证集之一。然后，在1644年，他出版了《哲学原理》。他曾希望这本书被用作大学教科书，代替当前基于亚里士多德哲学的教材。在这本书的末尾，他毫不谦逊地下结论说，人们一旦理解了他的方法，他们将看到宇宙"除了我提出的方式之外，很难被可理解地加以解释"（PP 4.206, 291）。[1] 在他有生之年出版的最后一本著作是1649年的《论灵魂的激情》。同年，读过《哲学原理》和《论灵魂的激情》的草稿的瑞典女王克里斯蒂娜邀请笛卡尔来做她的私人教师。他不愿前往，写信给他的朋友说，瑞典是"熊、岩石和冰雪之地"。然而，他还是去了，并且承受了令人不快的时间安排，一周三次在早上5点与女王见面。笛卡尔总是起得很晚，因为他身体虚弱，他的体质不能承受寒冷和早起。气候和时间安排耗损着他的健康，直到他染上肺炎，并于1650年2月11日去世。

笛卡尔的哲学议程

笛卡尔的哲学探索是受他对他那个时代的哲学和科学状态的强烈不满所驱动的。关于他所学习到的传统哲学，他说，"它是许多世纪以来由最杰出的心灵所培育的，但其中仍然没有任何一点没有争议因而不可疑"（D 1.8, 114—115）。既然其他科学都始于哲学预设，笛卡尔断言，"在这样虚弱的基础上不可能建起任何坚实的东西"（D 1.9, 115）。他把这些问题当作非常个人的问题，认为他在正规教育中浪费了许多年时间，留给他的生命的是灰烬而不是可靠的理智基础：

> 从我孩提时代起，我就受学者的培养，因为我被告知，用他们的方法，一个人可以获得清晰和确定的关于一切有助于生活的东西的知识，我极为热切地要学习它们。但是，一旦我完成了课程学习，最终达到了通常被承认为有学问的程度，我的观点完全改变了。因为我发现，我被如此多的怀疑和错误所困扰，我开始认为从我要成为有教养的人的努力中一无所获，而是日益认识到我的无知。（D 1.4, 112—113）

厌倦了只是重复陈腐老旧的亚里士多德思想和经院哲学教条的课本和学校，笛卡尔丢下他的老师们，开始游历。他的游历不是为了观光，而是用来作为理智的旅程，他打算在这个过程中学习"世界这本大书"。然而，当他遇到世界上比比皆是的意见分歧，这一追求只导致更进一步的困惑、怀疑和失望。最后，他说，"我决心有朝一日也对我自己的内心进行研究，并运用我所有的心灵力量来选择我应该追随的道路"（D 1.10, 116）。

笛卡尔把自己作为研究对象并向内看来寻找真理的决定让人想起奥古斯丁的建议："转向你自己的内心，深入人的内心沉思真理。"[2] 然而，奥古斯丁的目标是找到关于上帝的知识和灵魂得救的真理，而笛卡尔希望发现的是科学知识的坚实基础。这一自省式的、个体主义的哲学进路为笛卡尔赢得了"近代哲学之父"的称号。中世纪哲学家使用哲学证明来确立他们的结论，但还是会引用《圣经》、教父和亚里士多德来给一个人的思想假借权威。笛卡尔极大地偏离了这一传统，他很少引用任何人。相反，我们得到的印象是一个孤独的思想者，为自己推敲出他借以生活的真理。因此，笛卡尔不断说，"似乎对我而言……"，或"我确信……"，或"我发现……"。用这个人身代词频繁地表现自己，这在以前的时代被认为是不虔诚的。笛卡尔确信，个体有必要的理智资质来自己发现真理。然而，虽然每个人必须亲自发现真理，但他相信（像苏格拉底一样），我们各自的理智之旅会把我们导向相同的目的地。

笛卡尔作为哲学家的工作围绕着三个目标展开。第一个目标是发现确定性。这一关切是支配他所有哲学思想的执念。对笛卡尔来说，对信念的怀疑和他四处发现的意见冲突不仅是心理上的困扰，而且削弱了一切科学的基础。笛卡尔的第二个目标是实现普遍科学的梦想。这个目标要求他发现一组统一的原则，他可以由之演绎出对一切科学问题的回答。

笛卡尔在他的知识论中讨论前两个目标，在他的形而上学中处理第三个目标。这最后一个目标是调和科学中发现的机械论世界观和人类自由与他自己的宗教观点。巨大的、决定论的物理机器的世界图景，威胁到了人类灵魂的独特性和自由，并且似乎没有给上帝留下什么位置。虽然霍布斯对于把人看作只是物理机械心安理得，但笛卡尔想要一方面给科学应有的尊重，另一方面保留精神实在和人的自由。

方法的发现

笛卡尔通过转向数学来处理他的前两个关切（对确定性的寻求和对普遍科学的梦想）。在他学习的日子里，他爱上了这个学科。与他在其他学科中发现的混乱形成鲜明对照，数学用"确定性和它的自明推理"（D 1.7, 114）让他欣喜。这种欣喜在1619年冬转化为确信，即他逐渐确信数学研究中包含着一种可以应用到一切问题上的普遍方法。他在《谈谈方法》中表达了这种洞见：

> 那些长长的链条由简易的推理构成，几何学家惯于用此来获得他们最困难的证明，它们让我有机会假设，一切可以归属于人类知识的东西都以同样的方式相互联系。并且我认为，只要我们避免把任何假的东西当作真的，并且总是按照从一个东西演绎出另一个东西所要求的秩序，那么不可能有任何东西过于遥远而不能最终达到或过于深藏不露而无法发现。（D 2.19, 120）

笛卡尔论证说，数学的方法由两个理性活动构成。第一个活动是直观。他不是用此表示某种非理性的、主观的确信或预感，他的意思是对自明真理的认知。自明真理的例子是几何学公理（例如，与相同东西相等的东西彼此相等）或简单的算术真理（2+3=5）或基本的逻辑原则。当我们审视一个自明真理时，如果我们思维清晰，我们就将看到它是真的。我们不需要从任何其他真理推导出它，因为它自身就带有证明。笛卡尔相信，这样的观念是天生的或天赋的。（他后来断言，上帝把它们植入到我们心中。）然而，这并不意味着我们总是意识到这些观念。它只意味着我们不能从经验中得出它们；我们通过一种理智的"洞察"发现它们。*

---

* 我们能通过一种非感觉的理智洞察获得知识的主张是理性主义的根本学说。柏拉图利用这个观念来讨论我们关于相的知识，奥古斯丁也这样来解释神圣的光照如何使我们能"看到"永恒真理。

理性的第二个活动是演绎。笛卡尔把这描述为从另一个被确定地知道的命题进行必然的推论。就像欧几里得从 10 个公理出发，并从它们演绎出 500 个定理，我们也可以从任何自明真理出发并通过一系列谨慎构造的逻辑步骤前进到一个和我们的起点一样确定的结论。笛卡尔对他从数学中借来的哲学方法如此自信，因而他实际上认为通过谨慎地应用他的规则可以完成对一切真理的搜寻。

他似乎已被他自己的数学发现上的成功引导到这种乐观主义的希望中。即使他不曾是伟大的哲学家，他是第一个出版（如果不是发现）解析几何原理（在 1637 年）的人这个事实也会确保他的历史地位。借助他的方程，平面几何的图形可以用代数公式来表现。因此，我们让空间图形（如我们在物理世界中遇到的）借助数和变元来分析。凭借杰出的洞见，他表明，物理世界可以转化为数学形式。通过这种做法，他实现了毕达哥拉斯和柏拉图这样受数学启发的哲学家的古老梦想。笛卡尔相信，数学中使用的方法可以带给我们的知识以秩序，不论是哪个学科：

> 我日益认识到，数学唯一关心的是次序和测度的问题，而所考虑的测度涉及的是数、形、天体、声音还是其他对象则是无关紧要的。（R 4.377—378，19）

发现知识的基础

对笛卡尔哲学最明确和生动的陈述出现在他的《第一哲学沉思集》中。虽然他写了 6 个沉思，仿佛他是在 6 天的连续思索中做出了他的发现，但他实际上对这些问题研究了 10 年。或许笛卡尔选择了他从耶稣会学院中学到的一种文学形式。信仰者花费圣周的六天内省和学习耶稣会创始人依格那丢·罗耀拉的精神沉思是非常常见的。以类似的形式，但带着更多的哲学目的，笛卡尔给我们提供了一系列精神练习并邀请我们和他一道沉思，我们每个人都可能在其中发现真理。

怀疑的方法

笛卡尔用一段平淡的评论"我察觉有很多虚假的信念被我从很小时候起就承认为真"开始了他的《第一哲学沉思集》（M 1.17，12）。虽然我们每个人都有这种不安的认识，但笛卡尔特别强调，他看待这个问题和他对此提出的激进的解决方式是严肃认真的：

> 我认识到，在我生命过程中有必要把一切事情统统清除，从根本上重新开始。（M 1.17，12）

由此开始了所谓笛卡尔的"怀疑的方法"。在给他的一个批评者的一封信中，笛卡尔用一个非常恰当的比喻描述了他的计划（OR 7.481，63）。他说，假设我们有一篮子苹果，而我们怀疑某些苹果是烂的。如果我们只拿走我们偶然看见的坏苹果，我们就有漏掉某些坏苹果的风险，而它们可能传染其他的苹果。因而，唯一正确的程序是倒空整个篮子，逐个仔细地检查，并只把那些好苹果放回篮子。这些苹果当然就是笛卡尔的信念，烂苹果是假信念，而好苹果是真信念。篮子就是心灵，倒空苹果就是笛卡尔的怀疑方法。用另一个隐喻来说，笛卡尔把他的整个信念系统浸到怀疑的酸液中浸泡。许多信念经受不住这个过程。但是如果某些信念完好无损地挺了过来，他将知道这些信念具有无可怀疑的确定性。

在《第二个沉思》中，通过另一个比喻，笛卡尔把他和阿基米德相比较。你会记得，阿基米德是发现杠杆原理的希腊人。他宣称，如果他有一个支点，他将撬起地球。笛卡尔表明，他在寻找哲学的"阿基米德点"，一个如此确定无疑的真理以至整个知识体系可以在它的基础上得到支撑。

> **想一想**
>
> 15.1 笛卡尔的怀疑方法的目的是什么？你认为怀疑你相信的一切事情是否可能？你是否同意他的观点，认为替代方案是拥有其真假不确定的信念？如果是这样，你是否也同意他的观点，认为这是令人不满意的？

怀疑我们相信的一切事情真的可能吗？我肯定可以怀疑我的某些信念。例如，我可能认为我离开房子时记住拔下了熨斗的插头，但困惑地怀疑我真这么做了没有。但我能怀疑这是我正在读的书吗？而且肯定只有疯子才会怀疑 2+2=4。然而，通过怀疑这些信念，笛卡尔并不是在主张怀疑主义（尽管他的某些同时代人这样认为）。他的立场称之为"方法论怀疑主义"更恰当。他用怀疑主义的姿态作为工具或方法来检验他的信念。但是，为什么有必要怀疑明显为真的信念？问题在于这些被视为理所当然的信念可能是我们最大的危险。对于过去的时代，没有什么是比太阳围绕地球转更确定的事。这也被认为只有疯子才会怀疑的事情。

一旦笛卡尔决定筛选和检测他的信念，他不能一时一刻放松警惕，以免虚假信念溜进来，让他徒劳无功。

既然他的信念如此之多，他怎么可能考察它们每一个？幸运的是，这个乏味的过程是不必要的，因为他发现，他可以把他的信念分成少数几类，依次考察每一个大类。笛卡尔的《第一哲学沉思集》采取了挑战哲学游戏的形式。每一次他都提出一个他确定的信念。然后他运用他的创造性的想象来看是否有任何方式想象他可能犯了错误。一旦他发现了怀疑这个信念的任何可能，他就必须把对它的相信悬置起来，看是否有另一个信念可以进行得更好。虽然它有一些精神游戏的因素，但这个过程实际上非常严肃，因为笛卡尔正在试图发现他可以安身立命的基础。

以下选读材料来自笛卡尔的《第一哲学沉思集》的开头。在《第一个沉思》中，他发现，他可以怀疑以下事情：（1）日常感觉经验，（2）生动的感觉经验（例如，你相信你在一个特定地方，读着这本书），和（3）数学真理。

- 在每种情况下看看笛卡尔为怀疑这类信念提供了什么基础。
- 你是否同意笛卡尔的观点，认为这些怀疑瓦解了我们的确定性？
- 在《第二个沉思》中，笛卡尔发现了一个他不能怀疑的信念，它是什么？

选自勒内·笛卡尔，《第一哲学沉思集》[3]

第一个沉思

我察觉有很多虚假的信念被我从很小时候起就承认为真，迄今为止已经有很多年了，我曾在这个基础上建造的每样东西都多么靠不住；从那时起，我确信，如果我想在科学中建立起任何坚实和永久的体系，我就必须认真着手一股脑地抛弃我以前曾接受的一切意见，并从根本上开始重建。但是，这项事业似乎是非常巨大的工作，我一直等待我的年纪足够成熟，以至不能指望以后有哪一天会比这天更适合实行我的计划。因此，我延搁了如此长的时间，以至我感到如果我再考虑时机而推迟行动我就是在犯错误。因而，既然今天对我的计划非常合适，因为我把我的心灵从各种考虑中解放了出来（而且幸运地不受任何激情的扰乱），并且我在安静的隐居中为自己获得了一段得到保障的闲暇，我将最终严肃和自由地让自己对我的所有以前的意见进行一次总清算。

现在，为了这个目的，我没有必要证明所有这些意见都是假的——我可能永远达不到这个目的。但因为理性已经说服我，与那些在我看来显然错误的东西一样，我也应当不轻易赞同那些不是完全确定无疑的事情，只要我在每个东西中发现某些怀疑的理由，这就足以让我正当地整个拒斥它。为了这个目的不会要求我具体地考察每一个意见，那会是一个没完没了的任务；因为拆毁基础必然导致大厦的其余部分倾倒，所以我将只首先攻击我所有以前的意见所依靠的原则。

所有迄今为止我当作最真实、最确定而加以接受的东西要么来自感官，要么通过感官获得；但有时会证明这些感觉是欺骗性的，而完全不相信任何曾经骗过我们的东西是更为明智的。

虽然感官在关于难以知觉或相隔很远的东西上可能会欺骗我们，但是有许多其他事情，我们不能合理地怀疑它们，虽然我们是通过感官认识它们的。例如，我在这里，坐在火炉边，穿着长袍，手里拿着这张纸，以及其他类似的事情。我怎么能否认这双手和这个身体是我的，除非把我和某些人比，他们神志不清，他们的脑子被黑胆汁的气扰乱和遮蔽得如此厉害，以至他们不停地向我们证明，在他们其实很穷时他们自认为是国王，或者当他们其实衣不蔽体时自认为穿着紫袍。或者想象自己有陶器的脑袋，或者自己不过是个南瓜，或者是玻璃做的。但是他们是疯子，如果我追随这种夸张的例子，那么我也应该同样疯狂。

同时我必须记得我是一个人，因而我习惯于睡觉并且在梦里表现跟疯子醒着的时候一样甚至更罕见的事。多少次我在夜里梦见我在这个地方，穿着衣服坐在火炉旁边，而实际上我没穿衣服躺在床上！此时，的确对我来说像是用醒着的眼睛看着这张纸；这个我摇晃着的脑袋没有睡着，我故意有目的地伸出我的手，并且知觉到它；睡梦中发生的事情好像没有这么清楚或这么分明。但是细想一下，我提醒自己，在很多次睡觉时，我被同样的幻觉欺骗，对此仔细反思，我就看到，显然没有什么确定的标记我们可以用来清楚地分辨清醒和睡梦，我大吃一惊。我吃惊得几乎可以让我相信我现在在做梦。

现在让我们假设我们在睡觉，所有这些特殊情形，例如，我们睁着眼睛，摇着我们的头，伸着我们的手，等等，都是虚假的幻觉；让我们设想可能我们的手和我们的头都不是我们看上去的样子。同时，我们必须承认，在我们睡梦中表现出来的东西就像画像，它只能由实在而真实的东西的对应物构成，以这种方式，至少那些一般的东西，例如眼睛、头、手和整个身体不是想象的东西，而是真实存在的东西。因为，作为一个事实，即使画家学习了用最奇形怪状的方式表现海妖和羊人的最伟大的技巧，他们也不可能给它们全新的本性，而只是把不同动物的肢体进行某种拼凑；即使他们的想象力足以发明某种从没见过任何类似之物的全新的东西，因而他们的画作表现的是完全虚构和绝对虚假的东西，但构成这幅画的颜色仍然肯定是真实的。根据同样的道理，尽管这些一般的东西，例如，身体、眼睛、头、手等可能是想象的，但我们同时必须承认，至少存在其他某种更简单和更普遍的东西，是实在和真实的；这些东西就像某种真实的颜色，以同样的方式形成了所有这些在我们思想中的事物的影像，不论它们是实在和真实的，还是虚假和幻想的。

有形之物的一般本性和它的广延，广延之物的形状、它们的体量或大小和数量，它们所处的位置和所占的时间等，都属于此类。

这可能是为什么当我们的推理做出以下结论时不是没有道理的，即物理学、天文学、医学和所有其他以研究复杂事物为目的的科学是非常可疑和不确定的；但算术、几何和其他这类只处理非常简单、非常普遍的东西，而不费心弄清它们实际存在与否的科学，包含着某种程度的确定性和无可怀疑的因素。因为不论我醒着还是睡着，2 加 3 都总是等于 5，正方形都不可能有多于四条的边。如此清楚和明显的真理似乎不可能被猜疑有任何错误（或不确定性）。

然后，我早就坚定地相信，存在一个全能的上帝，他把我造成现在这个样子。但我们怎么知道他没有造成这样的事情，即没有天，没有地，没有广延的物体，没有大小，没有位置，然而（我拥有对所有这些东西的知觉）并且他们对于我就像我现在所见那样存在着？另外，就像有的时候我想象其他人在他们自认为知道的最清楚的事情上骗了自己一样，我怎么知道我没有在每次给 2 加上 3，或数正方形的边，或判断更简单的事情（如果能想象出更简单的事情的话）时受骗？但是上帝可能不想要我被这样欺骗，因为据说他是至善的。然而，如果让我一直受骗与他的善相矛盾，允许我有时受骗似乎也会与他的善相矛盾，因而我不能怀疑他允许我受骗。

可能真的有人会宁愿否认存在如此强大的上帝，而不相信所有其他事情是不确定的。但是让我们目前不去反对他们，承认这里关于上帝所说的一切都是虚构的；不论他们假设我以何种方式达到我目前达到的状态——不论他们把它归为命运还是偶然，或者声称它来自一系列先行事件，或者来自某种其他方法——既然弄错和自欺是一种缺陷，那么显然，他们给我指定的作者越无能，我不完满因而会欺骗自己的可能性就将越大。对这些理由我当然无言以对，但最终我必须承认，在我以前相信为真的一切东西中，没有什么是我一点也不能怀疑的，而且这不是因为缺乏思考或轻率，而是因为非常强有力的和深思熟虑的理由；因此，如果我想（在科学上）达到任何的确定性，我都应当像对待明显虚假的东西一样，谨慎地避免给予这些意见以信任。

但是，做出这样的评论还不够，我们还必须把它们谨记于心。因为这些古老的并且被普遍持有的意见还是频繁地返回到我心中，长久而熟悉的习惯让它们有权违背我的意愿占据我的心灵，并让它们几乎主宰了我的信念；只要我按它们的实际情况来考虑它们，即，它们是某种程度上可疑的意见，就像我刚才表明的，但同时又很有可能是真的，那么就有更多的理由相信而不是否定它们。这就是为什么我认为，如果把相反的信念作为既定目标，我允许自己被欺骗，并且暂时假装所有这些意见都是完全错误的和想象的，直到最终权衡了我过去的和后来的成见（使得它们不再让我的意见偏向这一边或那一边），我的判断不再被坏习惯所左右或偏离对真理的正确认识，将是不错的做法。因为我确信，在这个过程中既不会有危险也不会有错误，并且目前我也不会过度怀疑，因为我不是在考虑行为问题，而只是知识问题。

因而，我要假设，不是作为真理基础的至善的上帝，而是某个其能力和其不诚实程度同样高的邪恶天才，使用了他的全部力量来欺骗我；我将认为天、地、颜色、形状、声音和所有其他外部事物都不存在，只是这个天才为了他自己的利益而设置骗局让我轻信的幻影和迷梦；我将认为我自己没有手、没有眼睛、没有血肉或任何感官，而只是错误地相信自己拥有所有这些东西；我将固执地坚持这个想法，而且，即使用这种方式我没有能力达到任何关于真理的认识，我至少可以做我能力范围内的事（即悬置我的判断），并且坚决要避免相信任何假的东西，或被这个狡猾的骗子把假的东西强加于我，不论他多么强大和狡诈。但这个工作很辛苦，稍一疲倦就不知不觉回到日常生活的轨道上。就像一个俘虏在睡梦中享受想象的自由，当他开始怀疑他的自由只是一个梦，就害怕醒来，和这些愉快的幻觉串通起来延长受骗的时间，我也自愿不知不觉地重新掉进我以前的见解里，并且害怕从这场睡梦中醒来，以免这憩息的宁静之后的辛苦的清醒状态不是在白天度过，而是在刚才讨论过的困难这种极度的黑暗中度过。

第二个沉思

昨天的沉思让我心里充满许多怀疑，让我再也没有办法忘记它们。我看不出我能用什么办法解决它们；就好像我突然坠入深深的水中，我非常惊慌，既不能让脚踩到水底，也不能游上来让自己浮出水面。然而，我将做出努力，再一次沿着昨天进入的道路前进，即，我将避开所有可以设想存在着哪怕一点点怀疑的东西，就像我发现它是绝对错误的；我将一直沿着这条道路，直到我遇到某种确定的东西，或者，如果我做不到别的，至少直到我确定地了解到这世界上没有任何东西是确定的。阿基米德，为了他可以把地球从它原来的位置移到另一个地方，只要求一个固定点；以同样的方式，如果我足够有幸发现哪怕一件确定无疑的事情，我就有权抱很高的希望了。

因而，我假设我看到的一切都是假的；我让自己相信我荒谬的记忆表象给我的一切东西中没有哪个曾经存在过。我认为我没有感官；我想象物体、形状、广延、运动和位置都不过是我心灵的虚构。那么，什么可以被承认为真？或许除了世界上没有任何确定的东西之外，根本没有任何事是真的。

但是，我怎么知道除了我刚才考虑的事情之外，不存在某种不同的东西，对它不能有丝毫的怀疑？难道不存在上帝，或者某种其他东西，不管我们怎么称呼它，把这些想法放到我心里？不一定如此，因为难道我自己不可能有能力产生它们吗？我自己，至少，难道我不是某种东西吗？但是我已经否定了我有感官和身体。然而我犹豫了，由此可以得出什么？难道我如此依赖感官和身体，以至没有它们我就不可能存在？但我被说服在整个世界上没有东西存在，没有天，没有地，没有心灵，也没有任何物体：我不是同样被说服我不存在吗？完全不是；我自己肯定存在，因为我说服自己相信某事（或仅仅因为我想到某事）。但是有某个骗子或别的什么，非常强大，非常狡猾，他利用他的计谋欺骗我。那么，如果他欺骗，我毫无疑问存在，而且任他怎么随意欺骗我，只要我认为我是某个东西，他就不能让我什么都不是。因此，认真反思和仔细考察所有事情之后，我们一定会得出确定的结论，这个命题就是：我是，我存在，每次我说出它或在精神上设想它时都是必然真的。

在前面的阅读材料中，按笛卡尔对他的怀疑方法的施行，他考察的第一组信念是那些基于感官知觉的信念。这组信念构成了我们相当大数量的信念。在这里制造怀疑并不困难，因为我们的感觉经常欺骗我们。视觉幻象（例如，夏天火热的马路上的"水"），魔术师的把戏，以为我看到了校园对面的一个朋友，其实是个陌生人，以及其他许多日常生活中的例子都给我们提供了支持笛卡尔观点的证据。他在这里得出的教训是，"绝不完全信任曾经欺骗过我们的人是明智的"。

但是，某些感觉经验似乎如此真实，因此人们认为只有疯子才会怀疑。例如，很难怀疑你的这个信念：你现在正在读一本哲学书。但是，即使对于逼真的感觉经验，笛卡尔也能产生某些怀疑。他说，我们必须记住，我们经常遇到极为真实的梦。通过分享他自己的经验，他说，"这样的事发生过多少次，安静的夜晚让我梦见我通常的习惯：我在这里，穿着长袍，坐在火炉边，虽然实际上我没穿衣服躺在床上"。如果你怀疑这是正在发生的事，你可以掐自己一下看你是不是醒着。但是，你可能只是梦见你在掐自己。你发现你刚才在做梦（过去时）的唯一方法是醒过来。但如果你当下的经验是一场没有被打断的梦呢？关键是，最逼真的经验也不能给我们我们需要的基本信念，因为我们没有有效的方式把它和梦区分开。

在这个地方，笛卡尔提出了一个对他的怀疑方法的困难的挑战。算术和几何的简单真理似乎不受怀疑。"因为不论我醒着还是睡着，2 加 3 都总是等于 5，正方形都不可能有多于四条的边。如此清楚和明显的真理似乎不可能被猜疑有任何错误。"（M 1.20, 14）然而，笛卡尔说，他可以想象有一个非常强大的上帝把错误的信念注入到他的心中。换言之，可能 $2 + 3 = 7.5$ 才是真的，但上帝让我们相信答案是 5。如果这样的欺骗似乎与上帝的概念相反，笛卡尔说，我们可以调整前提，想象某个非常强大而邪恶的妖怪给予我们物理的和数学的幻象。这个假设可能好像很怪诞。然而，我们的整个世界是一个幻象，我们所有的基本信念都是假的，这至少在逻辑上是可能的。如果这至少是可能的，那么我们没有笛卡尔认为我们非要不可的那种确定性。

> **想一想**
>
> 15.2 列出五个你确定为真的命题。笛卡尔会找到什么根据来怀疑它们？你是否同意他认为这些信念可以怀疑？为什么同意或为什么不同意？

确定性的基础

在笛卡尔结束《第一个沉思》的时候，他似乎处于比他开始时更糟的状态。当他开始这一理智探索时，他怀疑了他从他教育中获得的某些信念。然而，现在留给他的是一个悲惨的信念"我过去的信念没有一个不可以恰当地提出关于它的怀疑"

笛卡尔一直在寻找的岩石般坚固的基础在"我是，我存在"这个命题中被发现了。在《谈谈方法》中，他把他的发现陈述为"我思故我在"。*他是直接借助他的思考行为获知的。不论这个思考采用怀疑的形式还是其他认知活动的形式，否认它的发生都是不可能的。因而，每次他断言"我在思考"，他都必然断言了这个我。他肯定必然地断言了进行这个思考的这个自我的存在。

自我的本性

确立了他自己的存在的确定性，现在笛卡尔必须谨慎地定义他是哪一类是者。他以什么方式定义自己？笛卡尔暂时倾向于把他自己与他的身体相等同。毕竟，他习惯于说"我在吃饭"或"我在走路"。但这行不通，因为他关于他的身体的整个知识都来自感觉经验，诸如他在吃饭或走路时的生理感觉。但是尽管他刚刚战胜了全面怀疑主义，但他仍然没有理由信任他的感觉，包括他对他自己的身体的感觉。既然是他自己的思想使他确定他存在，笛卡尔确认，"因而，我只是……一个思想的东西而已；也就是说，我是一个心灵"（M 2.27, 18）。因此，当笛卡尔说"我存在"，他的意思是他知道他的心灵存在，但他还不知道自己的身体存在。

假设一个人可以作为一个与身体相分离的有意识的心灵而存在似乎是荒谬的。然而，这个观念存在于许多关于人格不朽的传统教导中。而且，我们可以考虑"幻肢"这种医学现象（笛卡尔熟悉这一

一幅笛卡尔在阿姆斯特丹街道上一边走路一边深思的雕版画。因为着迷于确定性的需要，笛卡尔写道："我认识到，在我生命过程中有必要把一切事情统统清除，从根本上重新开始。"（M 1:17, 12）

（M 1.21, 14—15）。但是，等等！这有一个他在寻求的阿基米德点。如果他不确定其他任何事，他至少确定他在怀疑。如果他把他的怀疑方法用到这个信念上会发生什么？当他试图怀疑"我在怀疑"这个命题，他实际上在证明它！而且，如果他怀疑，那么他必须存在。因而，显然，他作为一个怀疑者存在着。即使一个邪恶的魔鬼在"天、空气、地、颜色、形状、声音"的存在和他的数学知识方面欺骗着他，但如果笛卡尔作为一个有意识者不存在，魔鬼也就无法欺骗他。要当一个骗子，这个大骗子需要一个受害者。

---

* 评论者常常把"我思故我在"这个短语用它的拉丁文形式表述，即"Cogito ergo sum"。这是笛卡尔在他用拉丁文写的《哲学原理》中对它的陈述方式。

医学奇事）。某个切除了一条手臂的人经常感到他那些失去的手指发痒。让人沮丧的地方在于，这种痒没法挠，因为这个感觉的表面来源，被切除的手臂的那些手指不再存在。起作用的残余神经把信息传递到大脑，大脑把它错误地解释为来自失去的手。这样的患者认为，他们有来自不再存在的身体部分的感受。笛卡尔无法确定他的所有身体感觉不是具有这样的本性。

即使笛卡尔直接意识到他的思想存在，他如何能确定在这些流逝的思想背后他作为一个思想着的是者和一个持存的精神实体而存在？似乎非常明显，思想并非自己飘荡着，而是与一思想它们的心灵相联系。笛卡尔的严格方法阻止了他接受任何他不能证明的事情。因而，批评者认为他本应该说，"思想持续着"，而不是"我是一个思维者的是者"。

真理的标准

在此，笛卡尔艰苦战斗赢得的对怀疑主义的胜利似乎是空洞的。的确，他知道他作为一个思想着、怀疑着、爱着、恨着、意欲着、想象着和有经验的心灵是存在的。但这就是他知道的一切。如果他不能比这走得更远，他就被卡在一个称为唯我论（solipsism）的立场上。唯我论是这样的观点，它认为除了一个人的心灵之外没有实在。存在的一切东西都不过是一个人心中的观念或经验。这种对确定性的粗劣解释不是笛卡尔所希望的。为了充分解释确定性，笛卡尔开始探索他获得的唯一实在：他的心灵和心灵的内容。什么使他确定他的存在？他发现，使他确信这一真理的是，它是清楚和分明的。因此，他从这一发现得出了一般原则是，"凡是非常清楚和分明地知觉的东西就是真的"（M 3.35，24）。或许这个原则可以用作获取关于物理世界的知识的桥梁。

然而，一个烦人的问题仍然需要解决。仍然可能（虽然貌似没道理）想象上帝让我在关于似乎明显真实的事情上犯错误。因此，笛卡尔说，"只要机会来临，我必须考察是否存在一个上帝，如果有，他是否可能是个骗子。因为如果我不知道这一点，似乎我就不能确定任何其他事情"（M 3.36，25）。因而，笛卡尔理智之旅的下一步，就是证明存在一个诚实无欺的上帝。

形而上学：上帝、世界、心灵与物体

贯穿《第一哲学沉思集》，笛卡尔首要关心的问题是认识论，所以他从没有停止修补他的知识论。然而，在最后三个沉思中，他从关于确定性的认识论问题，转向关于实在的形而上学问题。这包括上帝的存在、物理世界的存在和心身关系。他的议程的第一项是证明存在一个善的上帝。

上帝存在的因果论证

请注意什么限制了笛卡尔掌握的证明上帝存在的材料。因为托马斯·阿奎那不怀疑世界的存在，他可以在他的证明中使用关于世界的事实。然而，笛卡尔还不知道是否有一个外部世界。笛卡尔必须以某种方式只使用他自己心灵的内容来推理上帝。我将以提纲的方式列出笛卡尔的论证，然后继续更详细地讨论他的论证：

（1）任何东西都不能从无中得出。换言之，所有结果（包括观念）都是由某物造成的。

（2）原因中存在的实在性至少要和结果中同

样多。

（3）我有一个上帝（作为一个无限和完满的是者）的观念。

（4）我心中的上帝观念是由某个东西造成的。

（5）我是有限和不完满的，因此我不可能是无限而完满的上帝的观念的原因。

（6）唯一无限完满的是者能够是这样一个观念的原因。

（7）因而，上帝（一个无限而完美的是者）存在。

这个论证的第一步是很常见的。它是一个共同持有（但不无争议）的信念，长久以来就是上帝存在论证的前提。在他对第二步的讨论中，笛卡尔的实际论证变得多少有些复杂，但他的主旨可以非常简单地概括。他说，冷的对象（如一壶水）不可能变热，除非另外某个东西使得它变热。但是原因必须至少和结果同样程度的热。某种东西不但不可能来自于无，而且某个程度的实在（一壶水的沸腾）同样不可能由不如结果（冷的炉灶）的原因产生。

就像热水是一个要求原因的结果，笛卡尔的无限完满的是者的观念也是一个结果或现象，要求某种解释。一个可能就是，他可以自己产生这个观念。虽然他认为一个有限的人可能能够制造其他有限对象的观念（例如，精神上虚构的美人鱼），但他不认为对于上帝的观念这是合理的。按笛卡尔的表达，"我对无限者的知觉，即上帝，先于我对有限者的知觉，即我自己"（M 3.45, 31）。既然"有限"意味着"是有限制的"，那么我能理解自己的有限仅当我把我这个有限者看作更伟大者的一个有缺陷的版本。不完满的心灵产生完满的观念就像冷灶烧出热水一样。"因为我如何能理解……我缺少某种东西——和我在整体上不是完满的，除非我心中有某个更完满者的观念让我通过比较认识到我自己的缺陷？"（M 3.46, 31）通常，我心中的观念不告诉我是否有一个外部实在。然而，完满的观念是独特的。如果我自己不能产生它，那么"必然得出我在宇宙中不是孤独的，而是也存在着另外某个东西作为这个观念的原因"（M 3.42, 29）。

> **想一想**
>
> 15.3 在他对上帝存在的第一个论证中，笛卡尔主张"完满"和"不完满"的观念不能从经验中得出。你是否同意这个论点？关于我们形成这些观念的能力，还可能有什么备选解释？

关于笛卡尔对上帝的因果论证的批评

既然笛卡尔让我们参与对我们所有信念进行严格怀疑的计划，那么我们必须问他为什么如此肯定每个结果都必须有一个原因以及一个原因必须和结果有一样程度的实在性或完满性。他的回答是，"自然之光"告诉我们是这样。许多文艺复兴时期的作者认为，自然之光是一种自然的精神官能，它能让我们直接理解自明的真理。这种心理学理论对许多近代听众来说似乎非常奇怪，暗示着它不像笛卡尔认为的那样明显和无疑。而且，他想要在使我们相信某事的自然冲动（但是它可能把我们引向假信念）和自然之光的启示（它总是把我们引向真理）之间做出区分（M 38—39, 26—27）。笛卡尔从未解决的问题是，我们如何知道什么时候是绝对可靠的自然之光指引着我们，什么时候是我们不可靠的自然冲动引领着我们。在两种情况下，我们倾向于相信的东西都似乎是真的。没有区分信念的这两种来源的进一步标准，我们很难信服是自然之光在我们心中起作用。

而且，笛卡尔发现，怀疑 2+3=5 是可能的，却不能怀疑更复杂和负担更多的形而上学原则"在总的作用因中必定有至少和结果中一样多的实在性"。没有范围上的限制，笛卡尔的原则不能解释突现属性的产物，例如，两个冷的实体发生化学反应产生热和光。在他对其批评者的反对意见的许多回答之一中，他试图用几何证明的形式表达他的论证。这里，他把这个原则列为"公理或共同观念"，显示它是如此明显以至可以不需要进一步讨论就被接受。但是，笛卡尔恰恰说，这种理所当然的信念不论它们显得多么明显都要受到怀疑。在论证的这一点上，他显然逃避了他最初制定的严格的方法性规则。

笛卡尔时代的几个神学家（相对于笛卡尔，他们更加经验主义）质疑无限和完满必定先于一切关于有限与不完满的思想的主张。按其中一个的表达，"我可以得到某种程度的是者，它是从我自身中知觉到的，并增加进一步的程度，并从尽可能增加的一切程度中构造出一个完满是者的观念"（OR 2.213, 82）。例如，想想你自己为数不多的知识。接下来想想某人有两倍数量的知识。然后想象这个量不断加倍，直到拥有全部数量的知识。你将拥有在想象中构造的无限量知识的观念。如果有限的心灵能以这种方式构造无限或完满的观念，那么我们的确不需要在我们之外去找这个观念的来源。

值得注意的是，这些神学家和经验主义者约翰·洛克都使用这个论证，后者对它的使用是在 50 年后，但并不是不同意"上帝存在"的结论。他们只是不认为笛卡尔为这个信念提供了一个好的论证。因此，一个有神论者是理性主义者，而另一个是经验主义者，他们在他们的认识论出发点上大不相同，但最终得出了相同的结论。类似地，两个无神论者可以使用不同和冲突的知识论，达到他们各自的信念。这显示了一个要点，哲学关注的不仅是我们持有的信念，而且是我们达到这些信念的方式。

上帝存在的进一步论证

在《第一哲学沉思集》中，笛卡尔为上帝存在提供了另外两个论证。第二个论证是另一个因果论证，寻求表明他自己的持续存在要求一个充分的原因。使用他第一个论证的一个变种，他论证了像他自己这样包含着完满观念的是者不能来自不完满的原因。在寻求解释他自己的持续存在的过程中，他引入了原因不能无穷倒退的原则。因此，这些原因必须以一个终极原因为终点。

对于笛卡尔的关于上帝的第三个证明，我们必须跳到《第五个沉思》。这里他采用了圣安瑟尔谟在 11 世纪发展的本体论论证的一种形式。笛卡尔的论证的纲要如下：

（1）我有一个具有一切完满性的上帝的观念。
（2）存在是一种完满性。
（3）如果我正思考的上帝缺少存在，他就不会是完满的。
（4）因此，如果我能有完满的上帝的观念，我必须断言存在是他的本质属性之一。
（5）如果存在是上帝的本质属性之一，那么他必定存在。
（6）因此，上帝存在。

笛卡尔的论证基于这样的观念，当我清楚地理解了某个东西的观念，我将被引向设想这个对象的所有本质属性。例如，他说，如果我有一个清楚分明的三角形观念，我将看到它的本质属性之一是它的三个角之和是180度。如果我在想某个不具有这个属性的东西，那么我在想的无论如何不是一个三角形。类似地，不可能想一座山而不设想它相应的山谷。

现在，上帝的观念通常被认为是完满是者的观念。一个人的确不必相信这一点。即使否认存在上帝的无神论者也必须具有某种他否认的是者的观念。既然上帝的观念是一个完满是者的观念，这样一个是者不可能缺少任何完满性，包括存在。除了上帝之外，没有其他是者有存在作为其本质的一部分。例如，有山谷是山的本质的一部分，而存在不是它的本质属性之一。因而，我们可以想不存在的山。但是，对于上帝，笛卡尔声称，它是不同的。说"我可以设想一个必然具有存在属性的完满是者，但它并不存在"是矛盾的。

上帝与理性的有效性

让自己满足于存在一个完满的上帝后，他还知道这个上帝不会欺骗我们，因为这将使他道德上不完满。在《第四个沉思》中，笛卡尔考虑这给他的认识论提供了什么进展。既然上帝创造了我们的认知官能，并且不是恶意的和欺诈的，笛卡尔相信，当他恰当地使用他的理性时，它不可能不把他引向真理。换言之，他现在知道，任何清楚和分明地出现在他心中的东西都是真的。然而，许多人在这里发现了一个问题。这个困难称之为"笛卡尔的循环"。笛卡尔原来说，要确定显得清楚和分明的观念并非只是幻觉，而是的确为真，必须证明诚实无欺的上帝存在。如果这样说是正确的，那么在他的上帝存在证明中，他肯定不能用清楚分明标准。这个批评由笛卡尔的同时代人安托万·阿尔诺进行了有力的陈述：

> 我有一个进一步的担心，即，当这位作者说，只是由于上帝存在，我们才确信我们清楚分明地知觉的东西都是真的，他如何避免循环推理。
>
> 但是，我们能保证上帝存在只是因为我们清楚分明地知觉到这一点。因此，在我们保证上帝存在之前，我们应该能保证凡是我们清楚明白地知觉的东西都是真的。（OR 4.214, 106）

这里学到的教训是，虽然批判我们视为理所当然的信念是重要的，但我们不能在完全空白的认知状态中开始哲学活动。我们可以零散地怀疑我们的信念，但不能同时怀疑所有的信念。如果我们怀疑一切，我们就没有爬出深渊的踏脚点。即使我们承认笛卡尔关于自我存在的第一步，为了达到其他结论，他仍然需要信任逻辑和他的清楚分明的直觉。但是，他的怀疑方法不允许他这么奢侈。

笛卡尔一开始怀疑他是否能确定他信念的真假。然而，现在上帝保证了我们推理过程的可靠性，笛卡尔面临着相反的问题。我们如何可能犯错误？他的回答很简单：

> 那么什么是我错误的来源？它一定就是这个：意志的范围比理智宽广；我不是把它限制在相同的界限内，而是把它的使用扩大到我不理解的事情上。既然意志对于这样的情况不能分别，它很容易背离真和善，因而这就是我错误和犯罪的根源。（M 4.58, 40—41）

换言之，当我的理解是有限的，我的意志先行赞成没有经过仔细检查的信念。因而需要训练限制我的意志，只赞同那些我有权相信的命题。在一个理性乐观主义的经典陈述中，笛卡尔声称，当谨慎推理时，"我不可能弄错"（M 4.62, 43）。他的讨论非常机敏，因为它完成了两件事。一方面，通过表面承认人类的有限性、可错性，甚至罪，他解释了人类的错误。在这样做时，他没有超出传统神学的界限，避免被指责为傲慢自大。另一方面，他说，当谨慎地应用（他自己的）正确的哲学方法时，人类理性对真理的追求不可能失败。这第二个论点显然是笛卡尔最为强调的，因为它是通向理性和科学的新时代的门户。

迄今为止，笛卡尔的理性主义方法让他走出了怀疑主义的黑暗洞穴。他现在绝对地确定了以下事实：（1）他做为一个思想者存在着，（2）上帝存在。第二个信念特别重要，因为它把他从他自己的心灵牢狱中解救出来。他现在知道，除了他自己的心灵及其观念之外，有某个东西存在。但是还缺少很多东西。他还是不确定地知道物理世界是真实的，而且这些怀疑仍然扩展到他对他自己的身体的知识。这不仅是个人的焦虑，而且在理智上成问题。毕竟，除非我们能确定我们对物理世界的知识，否则所有新近科学的伟大发现都是悬而未决的，没有充分的基础。他如何能利用他对上帝存在的确定作为通向外部世界的桥梁？

物理世界的存在

笛卡尔对外部世界的论证非常简单。再次从他自己的观念出发，他发现，他有物理对象的观念。例如，他有硬币、椅子、树、狗、酒和奶酪的经验。问题是，在外部世界里是否有任何东西与这些观念对应。毕竟，在《第一个沉思》中，他推测他的整个经验可能是一场梦。关于这些观念，笛卡尔问了他关于上帝观念所问的相同问题。什么造成了这些观念？一个可能性是，我是这些观念的原因。但这显然是假的，因为我在感知上似乎完全是被动的。冬天寒冷的风吹着我。我没有选择这个经验。一个更合理的理论是，上帝在我心中创造了物理世界的观念。但是，这个理论有一个重大缺陷。如果不存在物理世界而上帝给了我有一个物理世界的幻觉，那么他就是骗子。但是我们先前看到上帝必定是完满的，因而不可能是骗子。只有一个最后的可能性，世界或多或少与我经验它的方式相符合。如果我在夏日经验到了湿冷的水，那是因为水真的存在，太阳真的存在，给了我这些经验。

在他的整个一生中，他都天真地相信有一个物理世界，而没有考虑到这可能是一个幻觉的可能性。然而，现在，他自信他有严格的哲学理由支持这个信念。他承认物理对象不总是它向感官显现的样子。然而，他指出，感觉幻象可以通过理性的理解被战胜。例如，如果我们看到水中的一根棍子，我们可能一下子得出棍子真的弯了的结论。然而，在这样做时，我们是在依赖混乱的感官知觉而不是让理性指引我们。我们实际上借助通过水时发生弯曲的光线在看一根直的棍子。一旦我们的心灵理解了科学的折射律，我们就不会是视觉幻象的受害者，而是如实地理解这根棍子。

尽管有感官知觉的混淆，笛卡尔还是赞同物理事物"拥有所有我清楚分明地理解的属性，即，用概括的观点看，那些用纯数学的题材构成的属性"（M 6.80, 55）。用这几个词，他提出了一个非常重要的观点，将对后来的哲学甚至我们今天的世界观产生长远的连锁效应。在这个段落中，笛卡尔发展了伽利略的观点，即物理宇宙的真实本性是数学的。换言之，一个对象的客观属性仅由空间广延性构成（它的大小、形状和运动）。但是，颜色、味道和所有那些在我们经验中的使得世界如此丰富多彩的性质怎么办？我们可以想象笛卡尔的回答：

你说得很正确。那些只是我们经验中的性质。它们不是对象自身的属性。这些性质只是由世界中的客观性质在我们感觉器官上引起的主观效果。

让诗人们大谈玫瑰的气味，让画家用色彩让我们目眩，让我们仍然陶醉于长笛缥缈的声音。这些感受到的对象愉悦了我们的感官。但是让我们清楚一件事，笛卡尔说：这些经验给我们的只是显象的世界。通过科学理性，我们将发现精确描述物理世界的公式。

笛卡尔现在从他旅程开始时吞没他的怀疑的海洋中完全地恢复了过来。手中有了物理世界的证明，科学家现在可以在他们停止的地方重获关于他们事业的理智基础的安全和自信。笛卡尔希望人们会感谢他的努力，但许多人并不这样。对有些人来说，上帝不是笛卡尔体系的中心和焦点似乎是不虔敬的。笛卡尔开始于他自己，终结于物理世界。似乎好像上帝只是从一个到另一个的跳板。至少，法国哲学家和数学家布莱士·帕斯卡（1623—1662）就是这样主张的。作为一个虔诚的天主教徒，在《第一哲学沉思集》第一次出版约50年后，他写下了如下注释：

我不能原谅笛卡尔。在他整个哲学中，他相当愿意不用上帝。但他不得不让上帝弹一下手指使世界运动；除此而外，他就再不需要上帝了。[4]

> **想一想**
>
> 15.4 你是否同意笛卡尔的观点，即除了我们自己的存在，我们关于外部世界的确定性依赖上帝？描述另一种不依赖上帝的观点。你认为哪一个更有道理？

身心关系

现在，笛卡尔把他自己从怀疑主义中拯救了出来并恢复了世界的实在性，我们需要确切地了解他恢复的是哪种实在性。为了弄清这一点，笛卡尔不加批判地捞起了希腊和中世纪的实体概念。他把实体定义为"不依赖他物而存在的东西"（PP 1.51, 210）。显然，只有上帝能完全满足这个描述。因为其他每个东西都依赖他。然而，在一个有限和类比的意义上，受造物可以称为实体。根据笛卡尔的观点，存在两类主要实体：精神实体和物理实体。这蕴含着心灵和身体是两种完全不同的东西。你会记得笛卡尔是从确认他自己的精神存在但怀疑他的身体是否存在开始的。这引导他断言，心灵是与身体相分离的实体，因为它并非需要身体才能存在和被理解。心灵和身体是分离的实体，还因为它们有完全不同的属性。心灵能够有意识地行为，如思想、怀疑和意欲。身体没有意识并只能被作用于它的机械力推动。心灵没有广延并且不占据空间。它们是一种非物理的或精神的实在。因为它们不是广延的，所以它们不是由部分构成并不能被分割。身体，显然是广延的、占空间的并能分割为更基本的粒子。

这里浮现出的图景是，人类是由以某种方式联结在一起的两种实在构成。一方面，我们有身体，因而是物理世界的一部分。身体是由骨肉构成的机器。你的关节和筋腱就像枢轴、滑轮和绳索一样活动。你的心脏是一个泵，你的肺是风箱。在这个方面，我们就像动物。但是对于笛卡尔，除了人类外，所有动物都不过是机器。因此，对于笛卡尔派，不可能虐待动物，因为没有心灵，它们不能感受任何东西。当一个动物叫喊时，它不过是机器发出声音，就像你的汽车需要上润滑剂时发出的尖叫声。然而，人类是独特的，因为他们拥有心灵。根据笛卡尔的观点，你的心灵（等于你的灵魂）是"真正"的你。如果你失去了一条手臂或一条腿，你的身体机器受了损害，但仍然像以前一样有一个完整的人格。

这里，笛卡尔的立场是一种二元论。**二元论**是任何设定两种终极的和不可还原的原则或元素的理论的名称。而具体地说，我们这里有一种形而上学二元论。**形而上学二元论**指任何声称存在两种终极的和不可还原的实在的理论。更具体一点，因为笛卡尔的理论是关于心灵和身体之间的关系的，它可以叫作心身二元论或心理物理二元论。因为笛卡尔为这种立场提供了经典陈述，它也通常被称为笛卡尔二元论来作为对他的纪念。

笛卡尔的妥协

这一二元论模式有时被称为"笛卡尔的妥协"。笛卡尔是新的机械论科学的热情倡导者。他同时也是一个虔诚的天主教徒。因而，他的关切之一是调和科学和宗教世界观。通过把实在划分为完全分离的两个领域，他能够完成这个目标。实在的一个部分是由物理实体构成。这些实体可以由科学研究并且通过机械论原则来解释。宇宙的这个部分是一个巨大的钟表般的机器。这个领域内的所有事件都由物理学家发现的法则来支配。因此，我们进行观察，用公式陈述物理法则，并做出关于物理事件的精确预测。只要我们是物体，物理学家就能解释我们的物理运动。实在的另一个部分由心理的或精神的实体构成。我们的心灵自由地思考并随意地意欲，因为精神实体不受机械法则的统治。以这种方式，人（不同于他们的身体）有真正的自由意志。例如，如果你跳进一个游泳池，你身体的下落是由自然法则支配的。然而，你决定跳是自由的选择，不能用物理学来解释。

在物理领域，科学是支配性权威并给予我们真理。我们不请教教会或《圣经》来了解心脏泵血有多快。科学告诉我们关于此的信息。但是，根据笛卡尔的妥协，科学不能告诉我们我们灵魂的永恒命运。因为它只能告诉我们关于我们身体的事。因此，笛卡尔说，在精神领域，宗教仍然保留着它的权威和真理。

交互作用论

乍看起来，笛卡尔把心灵和身体指派给两个分离的实在领域的策略可能似乎像一个合理的妥协。然而，这种解决方法存在着困难、麻烦的问题。既然我们既是由心灵又是由身体构成，它们如何并存？一个可能的理论是，心灵就像一个领航员指挥着一艘船，这艘船就是身体。然而，笛卡尔认识到这个模式并不正确。他说，如果这幅图画是正确的，那么当我们的身体受伤时，我们不应该感到疼，就像领航员不会在他的船受损时感到疼一样。问题就在于，我们的心灵与我们的身体的联系要比这更紧密。这二者似乎相互影响。如果我没有睡觉，或吃了感冒药，或身体不舒服，我的心灵就不能很有效地工作。但是，如果我担心或精神沮丧，我的胃就会紧张。而且，如果我在心里决定我要我面前的这块比萨饼，我就会伸手拿它。我的心灵能让我的身体运动，反之亦然。我可以理解一个思想如何导致另一个思想。类似地，我可以理解一个物理对象能推动另一个物理对象。但是，我的心灵如何推动我的身体，我的身体如何影响我的心灵？换言之，一个精神实体和一个物理实体如何可能相互作用？心灵没有齿轮或肌肉或化学物质用以推动其他事物或被推动。笛卡尔为他的形而上学制造了一个难题。他如此激进地将心灵和身体分开，导致不清楚它们如何像它们实际的那样有效地一起工作。

不幸的是，笛卡尔对这个问题的解决不是很有帮助。他注意到，在脑干上有一个小腺体（松果腺），这个小腺体似乎非常重要，但是那个时候对于它的作用莫衷一是。所以，他有一个器官，需要一个功能来解释这一器官的目的。他也有一个功能（身心相互作用）需要定位。这两个问题似乎像拼图的块一样相互吻合。按照他获得的知识，把这作为对他的两个问题的共同解决方式是讲得通的。因此，他认为，松果腺受到"生命精气"的影响，通过这一媒介，灵魂能改变大脑的活动，因而可以影响身体，反之亦然（PS 1.31，340）。然而，似乎很显然，把松果腺作为身心相互作用的地点还是没能解释物理质料如何影响精神实体和被精神实体影响。

在这点上，笛卡尔的妥协似乎崩溃了。通过分离精神实体和物理实体，他巧妙地把宗教、人类人格和自由放在一个空间，而把科学、机械论放在另一个空间，在那里，它们不能干涉另一个的领地。因此，科学可以解释我体内的消化过程，但它不能解释精神事件，例如，像我加入教会这样的决定。

后者不是一个化学和物理事件而是一个起源于我的心灵和基于我的精神价值的自由决定。然而，因为心灵和身体的相互影响对于我们的日常经验如此明显，笛卡尔不得不引入他的交互作用论。

问题是，如果我们的心灵可以通过我们的身体影响物理世界，那么物理世界中的许多东西不能用机械论科学来解释。宇宙毕竟不是钟表般的自足的机器。然而，如果物理力量影响身体可以导致精神事件，那么我的精神生活和行为很大程度上是物理环境的产物。在前一种情形下，科学受到扰乱，因为它不能找出一个事件的所有精神和物理原因。在后一种情形下，我们的精神生活被吸入钟表般的物理宇宙，在那里，每件事情都能被按照决定论用运动粒子来解释，就像霍布斯相信的那样。在这幅图景中，笛卡尔革命性的思想就会只是他大脑中无目的的神经化学事件的必然产物。

因为交互作用论带有如此多的问题，许多笛卡尔主义者发现有必要否定它。阿诺德·格令克斯（1624—1669）主张，精神事件和物理事件是因果独立的过程，只是看起来像相互影响。在他的一个讨论中，格令克斯说，上帝安排了精神事件和物理事件这两个平行的系列一起工作，就像两个钟表被设定在同一个时间报时。既然上帝预见到我现在想要我的笔在这张纸上写字，他就对物理世界进行安排，使得我的手和我的笔能在我精神意欲的同时运动。这种立场有时称为**平行论**（parallelism）。*类似地，尼古拉·马勒伯朗士（1638—1715）主张，精神事件并不引起物理事件，反之亦然。而是每种类

---

* 在第 17 章讨论的戈特弗里德·威廉·莱布尼茨的前定和谐学说，借用了平行论的两个钟表的类比。

型的事件都是上帝在另一领域产生关联事件的机缘。因为这个原因，马勒伯朗士的立场有时又叫**偶因论**（occasionalism）。

> **想一想**
>
> 15.5 对于与笛卡尔一个时代的脑科学家的主张，我们的认知过程都能用大脑解释，不需要设定非物理的心灵，笛卡尔会如何回应？你认为哪个立场更有道理？

评价与意义

像许多哲学家一样，笛卡尔的哲学遗产不是他的回答而更多的是他引起的问题。这些问题如此重要，以至今天的哲学家和科学家还在努力接受笛卡尔的议程。

我们可以通过评价他的三个哲学目标的成败来概览笛卡尔的影响。首先是他的确定性目标。它设定了某种程度的预期，萦绕在接下来几个世纪的西方思想中。我们需要笛卡尔的确定性吗？如果我们不能获得它会怎样？然后怎么办？我们应该绝望还是退而求其次？如果理性不能实现它的笛卡尔式承诺，还有另一条知识之路吗？对这些问题有若干不同的回答。一方面，大陆理性主义者接过笛卡尔的火炬，坚定地继续走寻求确定性的理性之路。另一方面，确定性目标，对于那些主张我们需要这个目标但又对找到它感到绝望的人，导致了怀疑主义。例如，经验主义者大卫·休谟接受了笛卡尔的知识等于确定性的公设。然而，因为休谟相信笛卡尔的理性主义体系没有牢固基础，他主张我们在知识之路上不能有多少收获。其他的经验主义者，例如约翰·洛克意欲仅仅接受我们对外部世界的知识的概然性，并主张那就是度过生命所需的一切。

笛卡尔的第二个目标是获得普遍科学，它仍活在理性主义传统中，并且还传播到经验主义运动的很多部分中。虽然在他所用的那种特定方法上，很多人不同意他的观点，但可以统摄宇宙中所有事实并把它们都纳入其范围的单一解释模式的梦想逗引着哲学家，一直到我们的世纪。

然而，对许多哲学家来说，笛卡尔未能达成第三个目标，即调和科学与宗教，使这个梦想成了一个充满难题的噩梦。在笛卡尔时代，科学已经成为非常有力的知识工具，因而不可能抛弃它让时间倒退回中世纪。同时，宗教依旧对笛卡尔之后的世纪有重要影响。对许多思想家来说，有神论对个人和对哲学的吸引力如此之大，以至不能轻易放弃它。早期近代的许多伟大的科学家也是有伟大信仰的人。大量理智上的精力被用在努力将新科学和传统宗教缝合在一起上。

即使在我们的世纪，笛卡尔的问题也仍然存在。当然，许多人倾向于对这个问题的解决方式是，抛弃笛卡尔建起的限制科学边界的藩篱，允许科学解释扩大到人类经验的所有领域。然而，即使那些不那么信仰宗教的人，也希望保留人的独特性、尊严和自由，不被机械论的自然观所吞没。

在认知科学和人工智能的领域里，当科学家已经试图让计算机模拟精神过程时，这场讨论已经发生了一个生动的转向。有些人，像笛卡尔，相信机器可以模仿我们的行为，但不能有完整意义的思想。另一些人，更具有霍布斯的信念，相信笛卡尔式的思想者是由微芯片构成的（或者人类某种程度上是肉做的计算机）。只有时间（和未来的研究与争论）

会告诉我们谁是正确的。

> **当代联系 15：勒内·笛卡尔**
>
> 既然所有近代哲学都受了笛卡尔议程的影响，就很难概括他对当代思想的影响。然而，有三点很突出。第一，笛卡尔对确定的寻求和他与怀疑主义的战斗对认识论产生了深刻的影响。许多当代电影，包括《黑客帝国》系列、《楚门的世界》、《半梦半醒的人生》和《香草天空》，都已经提出了笛卡尔的问题，即我们是否真的能确定我们的经验给了我们在我们心灵和经验之外的世界到底像什么样子的线索。在一个提供的选项比笛卡尔面对的更多的多元主义时代，"我能确定地知道什么"这个问题既是博学的哲学家所面对的，也是普通的反思者所面对的。
>
> 第二，笛卡尔的个体主义出发点，在其中，他的所有思想和他的生活都是从他与他自身的遭遇出发的，对于中世纪人似乎是不虔敬的。然而，对于我们，从一个人自己和内部反思出发似乎是第二天性。然而，我们仍然将面临着"什么是自我？""我怎么知道它？"和"当我认识了我自己，我知道什么？"这些笛卡尔的问题。这些问题将继续是贯穿本书其余部分的主题。
>
> 最后，笛卡尔关于心身关系的问题仍然在当代思想的议程中。说多数心理学家和绝大部分哲学家认为笛卡尔在他对这个问题的回答中犯了错误，很可能是一个公允的概括。刚过去的这个世纪里，大脑科学的进步强烈暗示，在我们的主观心理经验中发生的每件事情都能彻底无疑地用大脑过程来解释。然而，一位当代心灵哲学家，大卫·查默斯论证说，意识现象是一个"困难的问题"，当今的哲学和科学理论不能给它提供满意的回答[5]。因此，笛卡尔引起的问题仍然萦绕在今天的理智领域。

理解题

1. 为什么笛卡尔被称为"近代哲学之父"？为什么他决定以他自己为哲学的出发点在他那个时代被认为是激进的？
2. 笛卡尔的三个目标是什么？
3. 数学推理的哪两个活动被笛卡尔认为是哲学发现的钥匙？
4. 什么是笛卡尔的怀疑方法？为什么他从怀疑开始他的哲学探索？
5. 笛卡尔发现了什么理由来怀疑以下诸事项：日常感觉经验，主动的感觉经验，数学真理。
6. 笛卡尔的第一块确定的基石是什么？
7. 当笛卡尔说"我存在"，他的意思是什么？
8. 什么是"幻肢"现象？它如何支持笛卡尔关于他自己身体的怀疑？
9. 既然笛卡尔不确定世界的存在，那么他如何证明上帝的存在？列出他的因果论证的步骤。
10. 列出笛卡尔本体论论证的步骤。
11. 上帝存在如何给予笛卡尔对他的理性的信心。什么是对此的"笛卡尔的循环"批评？
12. 笛卡尔如何重新获得对外部世界存在的

信心？

13. 根据笛卡尔的观点，心灵与身体之间的关系是什么？

14. 笛卡尔如何调和机械论科学和宗教与人类的自由意志？

15. 笛卡尔的交互作用论的问题是什么？他是怎样努力解决它的？

思考题

1. 你现在相信的所有事情都是假的，这是可能的吗？你如何知道这一点？这将意味着什么？你所具有的某个特定信念总是有可能是假的。然而，从这里跳到说你具有的每一个信念都有可能是假的，这是合法的吗？你最初如何知道你的某些信念是假的？难道它不是基于你有良好理由相信的其他信念吗？这些考虑对笛卡尔的怀疑方法意味着什么？

2. 是否像笛卡尔相信的那样，为了有知识，必须具有绝对确定性？约翰·洛克（见第19章）论证说，如果我们的信念让我们足以能应付外部世界，那么它们就很可能是真的。他进一步论证说，这种成功和概然性就是我们在认识论中所需要的一切。在这个问题上，你更倾向于笛卡尔一方还是洛克一方？为什么？

3. 考虑一个笛卡尔的上帝论证。对这个论证已经做出和可能做出的某种反驳是什么？哪一个前提是最弱的？你会如何捍卫或反驳这个论证？

4. 提出一个论证，要么支持要么批评笛卡尔的心灵和身体是分离的实体的论点。

5. 你是否认为"笛卡尔的妥协"是有道理的？换言之，笛卡尔是否发现了一种有效的方式将科学、机械论和决定论与宗教和人类自由相调和？

注释

[1] 文章标注的笛卡尔著作的引文使用以下缩写：

D 《谈谈方法》（*Discourse on the Method*），约翰·科廷厄姆（John Cottingham）、罗伯特·斯图索夫（Robert Stoothoff）和杜格尔·默多克（Dugald Murdoch）译，载于《笛卡尔哲学著作集》（*The Philosophical Writings of Descartes*），第1卷（Cambridge, England: Cambridge University Press, 1985）。标注的是章的编号和标准法文版的页码，接着是在这个版本中的页码。

M 《第一哲学沉思集》（*Meditations on First Philosophy*），约翰·科廷厄姆译（Cambridge, England: Cambridge University Press, 1986）。标注的是沉思的编号和标准法文版的页码，接着是在这个版本中的页码。

OR 《反驳和答辩》（*Objections and Replies*），载于《第一哲学沉思集》，标注的是反驳的组的编号和标准法文版的页码，接着是在这个版本中的页码。

PP 《哲学原理》（*Principles of Philosophy*），载于《笛卡尔哲学著作集》。标注的是章的编号和在笛卡尔著作中的段落编号，接着是在这个版本中的页码。

PS 《论灵魂的激情》（*Passions of the Soul*），载于《笛卡尔哲学著作集》。标注的是章的编号和在笛卡尔著作中的段落编号，接着是在这个版本中的页码。

R 《指导心灵的规则》（*Rules for the Direction of Mind*），载于《笛卡尔哲学著作集》。标注的是规则的编号和标准法文版的页码，接着是在这个版本中的页码。

[2] 圣奥古斯丁，《论真正的宗教》（*Of True Religion*），§72，

J. H. S. 伯利译（Chicago: Regnery, 1953），第 69 页。

3 勒内·笛卡尔，《第一哲学沉思集》，伊丽莎白·S. 霍尔丹（Elizabeth S. Haldane）和 G. R. T. 罗斯（G. R. T. Ross）译，载于《笛卡尔哲学著作集》，第 1 卷（Cambridge: Cambridge University Press, 1968），第 144—150 页。

4 布莱士·帕斯卡（Blaise Pascal），《思想录》（*Pensées: Thoughts on Religion and Other Subjects*），威廉·芬利森·特罗特（William Finlayson Trotter）译（New York: Washington Square Press, 1965），§77。

5 大卫·查默斯，《勇敢面对意识》（"Facing Up to the Problem of Consciousness"），载于《解释意识——困难的问题》（*Explaining Consciousness—The Hard Problem*），乔纳森·希尔（Jonathan Shear）编（Cambridge, MA: MIT Press, 1998），第 9—30 页。

第 16 章

贝内迪特（巴鲁赫）·斯宾诺莎：
理性主义者与神秘主义者

斯宾诺莎生平：异端、镜片磨制与哲学

巴鲁赫·斯宾诺莎［Baruch Spinoza，或埃斯皮诺萨（Espinosa）］1632年出生于阿姆斯特丹。这是一个科学取得重大进展的时代，特别是天文学。伽利略在这年出版了他的重要著作《关于两大世界体系的对话》，而约翰尼斯·开普勒刚在两年前去世。10年后，艾萨克·牛顿出生。斯宾诺莎的葡萄牙双亲是犹太社区的成员，他们逃离了西班牙和葡萄牙，那里的法律要求他们信仰基督教。荷兰作为政治和宗教迫害者的宽容避难所而知名。还是一个孩子的时候，斯宾诺莎就显示出有远大的前途，并被训练去当一名拉比。他从家庭所在的社区学习了葡萄牙语和西班牙语，从他出生的地方学习了荷兰语，并且在学校中学习了希伯来语，最后学了拉丁语。在12岁时，他开始跟随一位非犹太教师认真学习哲学，后者精通经院哲学以及笛卡尔的"新"哲学。

让他的犹太长辈焦虑的是，斯宾诺莎的理智视野超出了正统犹太教义的边界。在22岁的时候，巴鲁赫通过把他的名字改为贝内迪特（Benedictus，"受祝福的"）表达了他的独立性，这是他原来名字的拉丁语或基督教中的对应名。还在他20岁出头的时候，斯宾诺莎开始表达关于灵魂不朽和天使存在的怀疑，而犹太社区的人开始在他背后嘟囔"异端"和"独立思考"这些词。他们害怕这些观念会冒犯他们的基督教主人，并想保护他们为之而受迫害的信仰的完整性。

当劝说甚至收买无法让他沉默的时候，犹太社区在1656年7月27日宣布正式把他逐出教会，当时斯宾诺莎24岁左右。因为未能把他从"邪恶的见解和行为"中拉回来，教会委员会的首领们宣布正式判巴鲁赫·斯宾诺莎受到谴责和以下诅咒：

让他白天黑夜都受诅咒；让他睡下起来都受诅咒；让他出去进来都受诅咒；主不会宽恕他；主将被激起针对这个人的愤怒和狂暴，并将把所有写在律法之书上的诅咒都降临到他身上；主将在普天之下摧毁他的名字；针对他的堕落，主将把他从所有以色列部族中除去，用所有写在律法之书中的上苍的诅咒；但那些忠实于我主上帝的人永存。

我们规定任何人都不能和他口头或书面交流，也不能对他显示任何善意，也不能和他共处一室，也不能和他相距少于四腕尺，也不能读他写作的任何东西。[1]

好像这还不够，谴责之后不久，又试图谋杀他。

斯宾诺莎抛开这些痛苦的经历，在他的余生里寻求在工作和写作中平静地生活。他学会了磨制、抛光望远镜和显微镜镜片的手艺。他选择制作眼镜片的职业，象征了17世纪欧洲科学文化的兴起，以及他在他的哲学著作中保持的审慎精确的工作态度。他的工作给了他微薄的收入并且还给他留下了写作和与朋友讨论哲学的时间。

终于，斯宾诺莎的名声渐起，并且他坚持与当时著名的哲学家和科学家通信。1673年，海德堡大学为他提供了哲学讲席，但他拒绝了，因为他认为这会损害他对平静和在有争议的问题上自由发言的追求。在与由于持续吸入玻璃粉尘而加重的肺结核战斗多年之后，他于1677年平静地逝去。认识他的每个人谈到他时都充满爱戴，并且把他作为一个过着真诚的哲学生活的知识分子加以铭记。

斯宾诺莎写的很多著作，在他生前都没有出版。他只看到他的两本书付梓：《笛卡尔哲学原理》（1663）和匿名的《神学政治论》（1670）。后一部著作在被政府禁止之前出了5版。正如标题暗示的，它既涉及神学又涉及政治主题，在一个教会和政府之间争议充斥的时代，这样的结合是必然的。它除了为个人自由详加辩护外，还是第一部《圣经》批判著作，他试图用历史学的世俗技巧来分析《圣经》。斯宾诺莎未能出版成为他最著名著作的《以几何次序证明的伦理学》，因为他怕它被误解并被神学家诽谤。他的一位朋友在斯宾诺莎死后出版了这部著作。

任务：从奴役中获得自由

斯宾诺莎的著作充满了抽象的认识论和形而上学讨论。这使人很容易迷失在细节中而看不到他的理论结论的整个目的是为伦理学奠基这一事实。伦理学对于斯宾诺莎并不是一张行为规则列表，而是一种思维方式，这种思维方式导致一种看待世界的方式，这种看待世界的方式导致一种行为方式，这种行为方式导致摆脱人类的束缚。他把我们看作我们的激情的奴隶，我们如此地受我们所爱和所想要的东西的束缚，以至它们统治了我们的生活。当我们把我们的幸福系于我们对生命、健康、富有、尊敬、快乐和朋友的追求，我们就把我们自己和这些总是不稳定的东西绑在一起。斯宾诺莎遭受的痛苦经历向他表明，在对任何易于消亡的东西的爱中寻求永恒的满足是徒劳无益的：

之后的经验教育我，所有通常的社会生活环境是空虚无益的；看到我恐惧的任何对象，除了心灵受它们影响之外，自身都不包含任何善或恶的东西，我最终决定探究是否可能存在某种有能力传达自身的真正善的东西，它会排除其他东西单独地影响心灵；事实上是否可能存在任何东西，发现和获得它能让我享受持续、无上和无尽的幸福。[2]

斯宾诺莎提出，在我们的恐惧和焦虑中，存在着解放之道。答案就是拥有对永恒无限的东西、对完整不变的东西的理智之爱。这种爱的对象只能是逻辑必然的整个自然体系，斯宾诺莎把它等同于上帝或实体。只有通过获得这种爱，我们才会获得一个安全港，躲避流变的经验和命运的起伏无常。

> **想一想**
>
> 16.1 设想某个时候,你把你的幸福和某个人、事件或事物连在一起,结果希望落空。它让你有何感受?这一经验是否支持斯宾诺莎的主张:我们的幸福必须以某种永恒的东西为基础?

斯宾诺莎的几何学方法

斯宾诺莎同意伽利略和笛卡尔的观点,认为数学是宇宙结构的钥匙。因而,他也同意笛卡尔的观点,认为哲学使用的方法应该仿效数学。但是,笛卡尔从来没有实行他的数学理想,因为他用的写作形式是散文。然而,斯宾诺莎把他的方法论假设实际地用到了他的表达风格上。这显现在他的主要著作《伦理学》中。正如他在副标题中所说,伦理学将"以几何次序证明"。³ 这本书是一本精致的和编排审慎的书,在其中,每个命题都完全符合指派给它的位置。大体上,它的五个重要部分都由一系列定义开头,接着是公理列表,最后是一系列带编号的命题,它们是从前面的定义和公理以欧几里得的方式得出的。这本著作包含了 259 个被证明的命题。仍然按照欧几里得的风格,斯宾诺莎对每个证明都用字母"Q. E. D."结尾,它们表示"*quod erat demonstrandum*"或者"已证"。

关于斯宾诺莎认为他的公理有多么必然自明,有一些争论。显然,他认为,哲学应该以一种建筑学的方式来进行,从简单、基本的真理开始,然后在这个基础上,使用严格的演绎逻辑为灰泥,一砖一瓦地谨慎修建起人类知识的大厦。整体来看,斯宾诺莎的《伦理学》有一种质朴安静的美,激起的感受同一个人看埃及金字塔时获得的感受相同。它的基础是第一部分,以一系列定义和关于上帝本性的命题开头。从这里,它上升到第五部分命题 42 这个顶点,在那里,他证明,当心灵在神圣法则中感到愉悦,就获得了最高的福祉。

在斯宾诺莎所有论证的基础中,存在着几个相互联系的假设。斯宾诺莎相信,要有任何东西的观念就要解释它。要解释某个东西要求一个人对它的原则做出说明。某个事物的原因是带给它存在并使它成为它所是者的东西。最后,斯宾诺莎断定,"从一个给定的决定性原因中,必然得出一个结果"和"结果的知识依赖并涉及原因的知识"(E1,ax. 3 和 4)。稍后,他论证说,"观念的次序和联系与事物的次序和联系相同"(E 2.7)。*这三个陈述的效果是,取消了因果联系和逻辑联系的区别。因此,当他说"A 造成 B",他的意思是"概念 A 包含着概念 B",和"离开 A 无法设想 B"。正如我们将看到的,这些假设导致斯宾诺莎主张没有任何东西可以被孤立地理解。世界上的每个事件不仅在因果上与整体相联系,而且在逻辑上与之相联系,就像数学体系中的定理。

知识论:必然性规则

真理的本性

离开斯宾诺莎的形而上学不可能全面地理解他的认识论。然而,在开始时,有几个要点值得注意。首先,他的哲学方法观清楚地表明,他是我们在近

---

* 斯宾诺莎在他著作的第二部分为这个命题提供了一个证明,但这个主张是在它之前的一切东西的基础假设。

代发现的最彻底的理性主义者。对于斯宾诺莎,理性的就是实在的,实在的就是理性的。其次,从他的方法论假设可得,宇宙的结构是由逻辑必然性的经纬编织而成。"在自然中没有偶然的东西,而是,一切事物都由神圣自然的必然性所决定,按确定的方式存在和行为。"(E 1.29)

大多数思想家对三角形的属性必然地来自对它本质的理解没有疑问。但是很难接受这样的观念,即命题"一个苹果刚从我窗外的树上落下"也是这种必然性的例子。更难接受今晚我选择什么做晚餐是在逻辑上被决定的。然而,斯宾诺莎似乎相信,如果我们详尽无遗地理解了一个事件的所有前因,包括支配它的数学和物理学法则以及它适应整个事物模式的方式,我们就会理解它的必然性。

那么,为什么某些事件对我们似乎是偶然的?斯宾诺莎的回答是,"除非是相对于我知识的缺陷,否则不能称一件事情是偶然的"。当我们未能看到每件事都是必然的,那是"因为我们不知道因果的序列"(E 1.33,n.1)。因此,尽管我们能先天地演绎出某些真理,但只有具有神圣心灵的全部知识的人能演绎出任何特殊事物的存在和行为。要点是,所有真理都是能够证明的,虽然对于人类理智来说不是这样。

认识的三个层次

这一讨论导致了斯宾诺莎的认识的三等级。所有的人类观念都属于三个类,从人类知识最不充分和混淆的层次到最高的可能层次。认识的第一层次是意见或想象。这是不充分的观念和虚假信念的来源。信息最不充分的形式只是二手的意见(例如,我关于我生于某月某日的信念)。它也包括产生于符号的感知,例如,我从听到或读到的某些词而获得的观念或意象。这种低等知识最普通的形式是我从模糊的经验接受的认识。经过重复的经验(例如,关于一匹马的经验),我们形成了那个类的一个普遍意象。然而,既然这些一般观念以机械的、心理的联想过程为基础,它们不反映事物之间真实的、根本的逻辑关系。因此,感觉经验把事物"以一种残缺和混淆的方式并且不依照理智的秩序"呈现给我们(E 2.40,n.2)。

与感觉经验的随机产物相反,认识的另外两个层次给我们充分的知识和必然的真理。第二个层次是理性。理性超越流变的感觉经验,搜寻出某物是其所是的隐含的理由链或因果链:

真实地认知事物是理性的本性,即,按其在自身中,即不是作为偶然的,而是作为必然的来加以认知。(E 2.44,证明)

斯宾诺莎说了一句名言"在某种永恒形式下来认知事物恰恰是理性的本性"(E 2.44,绎理)。属于理性知识的是对事物普遍特征的清楚分明的直觉和从自明公理出发的演绎。

第三个和最高的知识层次是直觉。对此,斯宾诺莎不像我们喜欢的那样清晰,因为他更多地描绘它的有益的效果,而不是它的本性。最好把它看作产生于理性层次的所有东西的整合图景。或许它就像一个数学家对一个很长的证明的逻辑一致性在一闪念间产生的感觉和赞美,尽管他之前得出了这个证明的细节。完全充分地理解事物整体模式的逻辑必然性只对上帝才可能,虽然我们能掌握它的低级形式。就像斯宾诺莎承认的,"我能通过这种知识知道的东西还非常少"。[4]

形而上学：神是唯一的实在

实体与神

我们现在来到斯宾诺莎体系的核心，那就是他对实体或神的概念的讨论。他把实体定义为他体系的源头，其余部分由之按逻辑秩序流淌而出。第一部分的定义3陈述道：

> 我把实体理解为在自身中并通过自身被设想的东西；换言之，实体的概念不需要从其他事物的概念形成。

我们可以通过把实体概念与其他观念相比较来理解它。例如，我们设想一个孩子，我们可能会想到他的父母。类似地，对烟的思考导致对火或某种烟的起因的思考。然而，如果对某个东西的思考不需要借助任何其他概念就能理解，那么它就不依赖任何外在于它的原因。这样一个是者就是一个实体，因为它会在思维和存在两方面都是自我包含的。斯宾诺莎继续论证实体必然是无限的。如果它是有限的，那么我们必须设想外在于它的某个东西构成它的界限。但是那样它就不会是自足的和逻辑上独立的。

尽管自亚里士多德之后，实体概念在哲学中扮演了主要角色，但斯宾诺莎给了我们一个更严格的定义。对于亚里士多德，特殊事物（如苏格拉底）是实体是因为它可以以某种方式自身存在，而它的属性，如秃头，则不能。类似地，笛卡尔以一种类似于斯宾诺莎的实体定义开始，但接下来把这个术语用于有限的受造实体，如人类的心灵和物体。然而，对于斯宾诺莎，亚里士多德和笛卡尔的理论冲淡了实体最初的意义。如果实体是某种完全自足的东西，并在逻辑上独立于其他任何东西，那么有限的心灵和物体不会符合这个定义。

在《伦理学》的最开头，斯宾诺莎提供了一个相当传统的上帝定义，使用的是他那个时代的术语：

> 我把上帝理解为绝对无限者，就是说，由无限的属性构成的实体，每个属性都表达了永恒无限的本质。（定义6）

斯宾诺莎把这个定义与他的公理和之前证明的命题结合起来证明，任何实体，包括上帝，都必然存在。在此，斯宾诺莎的极端一致的理性主义清楚地表现出来。许多哲学家，如阿奎那，从对世界的感觉经验出发，从那里着手证明上帝存在。虽然笛卡尔最终使用了一种本体论证明，但他最初是从他自己的经验出发。对于斯宾诺莎，思想的次序必须符合实在的次序。既然"每个人都承认，没有上帝，无物能存在或能被设想"，斯宾诺莎说，由此可得，"必须首先研究神圣本性，因为它在知识的次序和事物的次序上都是最在先的"（E 2.10，注释）。

因而，没有求助于任何关于世界的事实，斯宾诺莎提供了一个本体论证明，表明实体的概念（这包括了神圣实体）蕴含着任何实体都必然存在：

（1）实体的概念是完全自我包含的东西的概念，因为它不需要其他任何东西的概念就能被理解（定义3）。

（2）如果（a）一个实体有一个原因，那么（b）要理解那个实体我们就必须有它的原因的知识（公理4）。

（3）但是，2b与前提1中的定义矛盾。

（4）因此，实体不能有原因。

（5）根据定义6，上帝是实体。

（6）由此可得，上帝没有原因，因而一定是必然地存在着。

和任何形式的本体论论证一样，这个论证假设了定义中给出的上帝和实体的观念是可理解的。然而，斯宾诺莎会论证说，在这些定义中，没有人能发现矛盾或缺乏一致性。到目前为止，我们有一个复杂但是看起来很正统的本体论论证。*在表面上，它似乎不会对传统的犹太教–基督教神学造成问题。然而，某些非常新颖和激进的结论潜存在斯宾诺莎的定义和论证中。斯宾诺莎不仅论证了，任何东西如果真的是实体的话，就必然存在，而且他还认为，他能证明只有一个实体存在的惊人结论。换言之，除了上帝之外，无物存在，除非它只是上帝之所是的样态。这个论证是这样进行的：

（1）第二个实体要么有和上帝一样的本性，要么有不同的本性。

（2）它不可能和上帝有完全一样的本性，因为那样它们二者将无法区分，因而是相同的东西（E 1.5）。

（3）如果另一个实体有和上帝相似的本性，但又在数上保留着与他的区别，那么就必须存在某种外在于二者本性的理由，说明为什么只有两个，而不是三个或更多这样的东西。但是不可能有任何外在理由说明实体为什么存在。所以，不可能存在一个与上帝相似又在数上与之相区别的实体（E 1.8，注释2）。

（4）既然上帝在其属性上是无限的，如果一个实体在本性上与上帝相异，其差异只能在于它缺乏他的无限完满性中的一个。

（5）从前提4可得，一个异于上帝的实体将是一个有限者，但仍然独立于上帝而存在。但这是荒谬的，因为这样一个是者将是对上帝本性的一个限制。

（6）因而，上帝是唯一存在的实体，并且任何其他东西都是他所是的样态（E 1.14）。

斯宾诺莎由这个结论得出命题，"一切存在者都存在于上帝中，没有上帝就没有任何东西能存在或能被设想"（E 1.15）。换言之，上帝是全体。他内在于世界而非超越于它。因此，上帝就是最全面意义上的世界。这种立场通常被称为**泛神论**（pantheism）。

在整个中世纪，哲学神学家总是发现，说明上帝与自然之间的关系非常重要。我们在斯宾诺莎那里没有发现这样的说明，因为二者并不分离。对于他，根本的实在是"我们称为上帝或自然的永恒而无限的是者"（E 4，前言）。注意，他称上帝或自然，就像指称同一事物的两个标签。因此，当他说一切事物在上帝"中"，他并不是在一切事物都依赖上帝这一弱的意义上这样说，就像传统有神论哲学家断言的那样。相反，他主张一切事物只是上帝属性的变状或样态。（E 1.25，绎理）。换言之，个别事物与上帝的关系，类似于水、冰或水蒸气与 H_2O 的关系。就像 H_2O 有许多样态，自然中的每个事物（包括你）只不过是上帝之所是的一个方面或样态。

---

* 斯宾诺莎给出了至少四个上帝存在的论证，其中一个是后天论证。他对这些论证的说明并不总是很清晰，因此，不同的评注者对他的各种论证得出了稍有不同的表述。

除了把上帝等同于自然，斯宾诺莎还剥夺了上帝的人格性。西方传统的有神论把上帝描述为一个思考、定计划、做选择、照料他的创造物的需要等的存在。然而，斯宾诺莎说，"理智和意志都不属于上帝的本性"，至少在这些术语日常使用的意义上（E 1.17，注释）。他对他的一个批评者解释说，把这些活动归于上帝只是满足了按我们的形象创造上帝的心理需要：

> 我相信，如果一个三角形会说话，它同样会说上帝是一个非凡的三角形，一个圆会说上帝的本性是一个非凡的圆。每个东西都会以这种方式把它自己的属性归于上帝，假设它自己与上帝相似，而把所有其他东西看作形式上有缺陷。[5]

想一想

16.2 斯宾诺莎说，如果存在某个"非上帝"的东西，那么它将给上帝设置限制。因此，上帝必定是全体，而一切事物必定是上帝之所是的样态。你是否同意他论证泛神论的逻辑？为什么？

无神论者抑或宗教神秘主义者？

虽然这样取消上帝和自然的区分或许冒犯西方人的感受，但是这却给了我们现代社会某些理智和实践上的回报。例如，斯宾诺莎使得理智探究成为属灵的活动。我们越了解周遭的世界，我们就越了解上帝（E 5.24）。对于斯宾诺莎，我们的理智生活和对上帝的爱之间没有区别。按这种观点，宗教反智主义将是一种语词矛盾。而且，如果我们分享了斯宾诺莎的自然与上帝所是同一的观点，这会推进良好的环境意识和对自然的尊重。最后，这会鼓励社会和谐，因为爱他人就是爱上帝自身的某个方面。

因为他雄辩地表达了他对上帝的理智之爱，19世纪的浪漫主义者称斯宾诺莎是"沉迷于上帝之人"。但是，在他的时代，很多人给他贴上了"无神论者"的标签。实际上，有人主张，如果上帝等同于一切事物，那么这个概念就是空洞的。或许斯宾诺莎所做的一切就是把一个奇怪的两个字的标签（"上帝"）给予大多数人直呼为"自然"的东西。毕竟，许多无神论者沉思自然时感到某种敬畏，但不给这种感觉赋予某种宗教含义。

尽管对斯宾诺莎有这些不同的评估，有一件事是清楚的：他的大多数前辈和同辈认为，只有两个选择。一个人可以（1）相信传统有神论的上帝或（2）赞同无神论。然而，斯宾诺莎认识到这构成了一个虚假的两难。斯宾诺莎对于两个立场都拒绝，创造性地寻求一种新的上帝观，这种上帝观与他的更正统的同辈和批评者所持有的完全相同的哲学原则更加一致。

自由与必然

当斯宾诺莎既断言"唯有上帝是自由的原因"，又断言"上帝的行为并不出于自由意志"（E 1.17，绎理 2；1.32，绎理 1），他似乎是自相矛盾的。然而，斯宾诺莎的观点是，上帝是"自由的原因"，因为他的行为不是被迫的或由外在于他的某个东西所决定，但是上帝的行为不是出自自由意志，因为他的行动为他自己本性的法则所决定（E 1，定义 7）。然而，即使上帝也不能选择自己的本性，因为那是实际是和必定是的东西。因而，上帝免于外部的强迫，但内在地被决定。这与认为上帝是创造性地和自由地选择他要创造的东西的艺术大师这种流行的上帝观大不相同。相反，斯宾诺莎说，"除了依循实际创造它们的方式和秩序外，上帝不能以另外的方式和秩序创造事物"（E 1.33）。既然斯宾诺莎已经论证一切事物都必然由上帝的既定本性得出，那么想象世界可能是另外一个样子就会意味着上帝的本性可能与实际不同，而这是荒谬的。这就是为什么斯宾诺莎主张自然中不存在偶然。

斯宾诺莎的上帝观蕴含着事件只有两种分类方式。第一，某些事件是必然的，构成了我们整个的实际世界。第二，某些事件是不可能的并被神圣秩序的本性排除出实在。不存在中间类别，即碰巧如此或碰巧不如此的偶然事件。试着想象一个不从外界接收任何输入的计算机程序。这个计算机做的每件事都是程序的逻辑产物。这个程序可能非常庞大，以至任何人都不能确切地预测它要做什么。因此，这台计算机的输出是无法预测的，就像一个意外。这一事实甚至可能使一个人天真地设想这台计算机是在做自由和自发的决定。然而，程序运行时发生的任何事情都一开始就植入到程序中了。类似地，对于斯宾诺莎，"万事都出自上帝的永恒法令，与三角形的三角之和等于两直角之和出自三角形的本质遵循相同的必然性"（E 2.49，注释）。当他谈论"上帝的永恒法令"时，我们绝不要假设这表现了上帝一方的决定。上帝不选择世界存在的方式，就像7是一个质数不是他的选择一样。我们倾向于借助目的因来看待世界，认为自然中的事件满足某个目的。但是，如果一切事情都出自逻辑必然性，在自然或上帝中，目的的概念就是一个人类学虚构。上帝不可能为完成某个目的而工作，因为这假设了他寻求某种他缺乏的东西。如果我们全面理解了神圣本性，我们会看到，发生的每件事情，不论我们把它经验为悲剧还是喜事，都是完全无法避免的。

这对意志自由的意蕴是清楚的。自由意志和偶然性一样是幻象，是基于没有充分了解神圣本性和事物的整个模式如何由这种本性得出。斯宾诺莎提出，如果飞过天空的石头有意识，它会感觉好像它是自由的，并且在选择运动和它落地之处。[6] 类似地，人类：

受到欺骗，因为他们认为他们自己是自由的，而这样认为的唯一原因是他们意识到他们自己的行动，而不知道决定这些行动的原因。（E 2.35，注释）

例如，让我们假设你总想要弹吉他。一天，你终于报名去上吉他课。你感觉这个行动是你自发的和不受决定的选择的结果。然而，斯宾诺莎会说，就像那块石头一样，有这个错误信念是因为你不知道最初在你心中产生那个欲望的原因。

> **想一想**
>
> 16.3 我们是否像斯宾诺莎假设的石头，（错误地）认为我们是自由的？我们一直觉得好像我们有能力在两个选项 A 和 B 之间做出选择。但是，如果我们选择了 A，什么在我们心中产生了那个选择？它是完全没有原因的事件吗？我们感觉好像我们做出了我们实际做出的选择是因为我们的欲望。但是我们的欲望来自哪里？我们选择了我们的欲望吗？你会如何回应斯宾诺莎的主张，即最终我们选择的每件事都有一个原因或解释，因而没有自由意志？

心物问题

斯宾诺莎对心物问题的解决始于他对上帝属性的讨论。他把属性定义为"被理智理解为构成实体之本质的东西"（E 1，定义 4）。并不令人意外，当他描述上帝的属性时，他断言，"思想是上帝的一个属性，或上帝是一个思想的东西"（E 2.1）。这个陈述自身不会对斯宾诺莎的犹太教和基督教同辈构成问题。然而，当他又继续主张"广延是上帝的属性，或上帝是广延的东西"时（E 2.2），斯宾诺莎暴露了他的体系的激进性。虽然这表现了非常反传统的上帝观，这个主张与斯宾诺莎的每个自然事物都是上帝之所是的样态的观点相一致。虽然上帝有无限数量的属性，我们有限的心灵能知道的只有思想和广延。因此，我们对世界的理解，包括对人类本性的理解，必然借助这两个维度。

自从近代科学兴起，一个最顽固的问题是，思想和广延或心灵与物体如何联系？对于托马斯·霍布斯，唯有物质是基本的，我们所谓心灵只是物体中的一系列运动。而笛卡尔主张，物质和心灵是两种相互作用的独立实在。然而，斯宾诺莎认为，这两个观点都不正确。与霍布斯试图把一切都化归为运动的物质相反，斯宾诺莎论证说，思想不能靠纯粹的物理术语来理解。与笛卡尔的二元论相反，斯宾诺莎回答说，"心灵和物质是同一个东西，某个时候在思想属性下被设想，另一个时候在广延的属性下被设想"（E 3.2，注释）。

只存在一种实在，但每个事物可以以两种方式被谈论或被经验。借助一个类比，想想斯宾诺莎在他不研究哲学时磨制的典型光学镜头。从一个观点看，镜头是凹面镜——它是内凹的。从另一面看，它是凸面镜——它是外凸的。同一实在有两个不同方面。类似地，斯宾诺莎会说，思想和广延表现了看待同一实在的两种方式。例如，一个圆能被表现为一广延的图形（见图 16-1）。

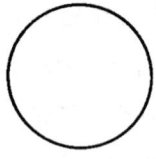

图 16-1

然而，一个圆还能在思想中被表现为一个代数公式：

$$(x-h)^2+(y-k)^2=r^2$$

用另一个例子，当你思考哲学时，你把这个来自内部的过程经验为一个观念序列。然而，心理学家能从外部把你的思想过程作为一个脑电波事件的因果序列来研究。笛卡尔会把这种物理事件和精神事件之间的联系描述为两个实体有因果相互作用的证据。然而，斯宾诺莎会说，物理事件就是精神事件，反之亦然。在我们今天，某些思想家复活了这种立场，并称之为"两面论"。

设想你在花园里看到一朵玫瑰花。斯宾诺莎会说，你看见的是在广延属性方面的某种上帝本性的样态。然而，就它是神圣心灵中的一个观念而言，这朵玫瑰花也能从思想属性方面来看。但是，如果上帝是全知的，那么在这朵玫瑰花的实在中，没有任何你看到和闻到的东西不也在上帝对它的观念中。所以，这个对象和这个观念实际上是同一的，因为一个东西没有任何属性不包括在另一个中。

虽然思想和广延可以说是一个硬币的两面，但每个维度都是自我包含的，可以不涉及另一个维度而被理解。而且，思想的语言不能被化归为物理语言，反之亦然。笛卡尔把实在分为两半，一半是精神的，一半是物理的，斯宾诺莎说，每个范畴都同样适合描述整个实在。按照他的表达：

当事物被认为是思想的样态，我们必须只用思想属性解释整个自然或因果联系的序列，而当事物被认为是广延的样态，整个自然都必须只通过广延属性来解释。（E 2.7，注释）

例如，想象一个音乐评论家用节奏、和谐、音乐情绪等来描述一支交响乐。同时，一个物理学家可以用声波的物理学来描述这段音乐。每个人都给了同一实在一个完全的说明，但是评论家没有将物理概念带入他的说明，而物理学家没有在他的说明中求助于音乐美学的概念。这两个说明相容并且互补，但没有可比较性。

> **想一想**
>
> 16.4　斯宾诺莎试图通过提出心物不是两个事物而是同一事物的两面来解决笛卡尔关于心物如何相互作用的问题。这样是否解决了问题？它是否造成了进一步的问题？

伦理学：如何从奴役中获得自由

在他《伦理学》的最后三个部分中，斯宾诺莎把他的形而上学应用于人类的品行问题。第三部分处理情感的本性，而第四部分，名为"论人的奴役"，表明我们的所有问题都来源于我们是我们自己的激情的奴隶这一事实。最后，第五部分证明理智战胜这种奴役的力量。他对情感的讨论，开始于指责大多数写过关于人类情感和品行的人都假设了人在某种程度上外在于自然法则。然而，既然每一事物都受必然性的统治，那么几何学方法像适用于三角形一样适用于人。因此，他提出"用几何学方法对待人的恶习与愚蠢"并宣布"我将就好像在考虑线、面、体一样考虑人的行为和欲望"（E 3，前言）。因而，斯宾诺莎对情感进行了详细分类，并遵循他的几何学方法演绎它们的结果。因为他假设情感遵循逻辑秩序，并且它们的结果像物理实验一样可以预测，所以他相信谨慎的科学分析将给我们控制它们的手段。

斯宾诺莎通向伦理学的科学途径，开始于自我保存的驱动是最基本的自然法则这一主张。这一内在力量称为"*conatus*"，意思是"奋争"或"努力"。"每个事物，在自身可及的范围内，都努力保持其所是"（E 3.6）。斯宾诺莎把事物的本质等同于其自身中起作用的一种特殊的主动力量。因此，某物"保持其所是"所意味的不仅仅是存在。它意味着奋力实现其本性。"努力"不仅限于人类，而是存在于一切自然中。对于无生命的事物，这种努力可能只表现为惯性，事物保持相同状态的倾向。在植物中，"努力"展现为持续奋力把根深入土壤或向着太阳转。在人类中，当只涉及心灵时，这种"努力"称为意志，当与身心都相联系时称为欲望（appetite），当我们意识到这种奋争时，称为欲求（desire）。

人，不同于岩石和植物，有自我意识。因此，我们是自我决定的是者。在我认识到我自己内在本性的限度内，我是一个得到实现的人。然而，如果我朝着虚幻的目标奋斗，如名声、富有和肉体上的快乐，我将不是一个自我决定的人。这是因为我达到这些目标的能力依赖我不能控制的环境。因此，幸福的关键是做一个受内心指导的人，而不是一个受外部原因左右的人。只有理性地理解我周遭的事件，我才能以这种方式掌控我的生活。

根据斯宾诺莎的观点，我们的心灵既主动又受动：在它有充分的观念时，它是活动的发起者；但是当它的观念不充分时，它是受动的（E 3.1）。观念不充分导致我们受动，因为我们成为我们的情感的受害者。毕竟，激情（passion）这个词与被动（passive）相联系。换言之，激情不是我们造成的事情，而是发生在我们身上的事情。当我们在我们的激情的掌握之中，我们就像"被相反的风搅起的海浪，我们由于对我们的未来和命运的无知而沉浮不定"（E 3.59，注释）。然而，理性给我们充分的观念让我们从激情的掌握中获得自由。斯宾诺莎指出，"一旦我们形成了关于它的清晰而分明的观念，激情就不在是激情"（E 5.3）。虽然他可能对理智的力量太乐观了，但理智地理解我们的情感状态会增强我们战胜它的能力却是真的。例如，愤怒是一种控制我们的情感，然而，当我们从一个超然旁观者的立场观察我们的情感反应，并开始分析我们变得如此暴躁不安的原因，我们就重新获得了控制权，而愤怒的力量就烟消云散了。

然而，斯宾诺莎的兴趣不只是一时一刻地对激情做出反应。所需要的是完备地理解它们的原因。他说，所有的情感都是对过去、当下和将来的情感的反应。它们的共同之处是，它们都基于这样一种幻觉，即过去和当下的事件可以以不同于实际的方式发生，或未来还没有被决定。只有当我们认识到必然性的至高统治权和所有事物都是其必然所是，我们才会获得情感上的自由。因此，如果所有事情都是必然的，为已经发生的事情悔恨，就和为三角形的角之和等于180度而不是200度而感到不快一样莫名其妙。类似地，希望或害怕某个未来事件 X 而不是 Y 发生就像希望明天火会变冷一样愚蠢。

当我们从偶然性的幻觉中解脱出来，我们将不再感到绝对依赖我们的环境并将掌控我们的生活。

我们永远不能有完全的自由，但理性可以在我们本性的限度内发挥作用，给予我们某种程度的力量来控制我们的生活。"只要心灵理解所有的事情都是必然的，它就比情感有更大的力量，或更少受它们的折磨"（E 5.6）。这种理解给予我们宁静，一种幸福必不可少的成分。总之，通向宁静和情感解放的方式是双重的：（1）认识到发生的一切事情都是必然的，（2）带着顺从和接纳来赞同这一点。吊诡的是，从激情的奴役中获得自由不是从必然中解脱，而是认识和接受必然性。

> **想一想**
>
> **16.5** 在什么程度上斯宾诺莎关于如何获得平静的建议是有帮助的？如果你因为相信它们都是无可避免的而顺从地接受了一切事情，会对你的生活有什么影响？在什么情况下这是有帮助的建议？这种斯多亚式的生活方式的局限是什么？

如果所有事情都是被决定的，而不能有别的可能，那么"善"和"恶"不是能用于自然的词。因为没有东西自身是善或恶的，这两个词项指的是我们关于某事物如何影响我们的利益和关切的主观评价。斯宾诺莎说，"我们不因为认为某事是善的而为之奋斗或希求、寻求或欲求它，而是相反，因为我们为之奋斗或希求、寻求或欲求一事物我们才认为它是善的"（E 3.9）。类似地，当我们反感某个事物，我们就称它"恶"。这一立场被称为**道德相对主义**（moral relativism），因为它主张没有道德判断的绝对标准。它们相对于每个个体的感知：

同一个事物在同一时间可以既是善的又是恶的或无关紧要的。例如，音乐对于一个忧郁的人是善的，对一个正在服丧的人是恶的，而对一个聋子它

既不好也不坏。（E 4，前言）

对于斯宾诺莎，有德性的生活获得了与我们自我保存的内驱力一致的力量和独立性：

> 既然理性不要求任何与理性对立的东西，因而每个人都应该爱他自己，应该寻求他自己的好处……每个人绝对应该努力在其所及的范围内保存他自己的所是。（E 4.18，注释）

最初，这听起来像是某种形式的自我中心主义，生活的目标只是保持一个人自己的个体利益。然而，在斯宾诺莎的书整个关于伦理学的部分中，极为缺乏的就是在笛卡尔哲学中如此突出的个体自我的观念。这是因为我们是彼此分离、具有我们各自的私人利益的独特自我的观念是一个幻象。与此相反，通向宁静之路是在永恒观点下（*sub specie aeternitatis*）看待事物。当我超越了混乱的思想水平，把我自己看作包容一切的理性秩序的一个样态，我将看到我为自己之所是的奋斗如何与他人的利益相融合：

> 我说，对于保存其自身之所是而言，人们所能欲求的东西中最卓越的是，所有人都应该在每一点上都同意所有人的身心应该好像形成一个身心……所有人应该一起寻求所有人的共同的善。（E 4.18，注释）

当我把事物看作以上帝为原因、是与上帝在逻辑上相联系的永恒体系的一部分，我就达到了知识的最高形式。由此产生斯宾诺莎所称的"对上帝的理智之爱"，他把这等同于"我们的得救、福祉和自由"（E 5.33，5.36，绎理）。然而，我们不应该把这种爱和传统宗教的虔敬之爱弄错。既然上帝没有人格特征，那么"爱上帝的人不能指望上帝会用爱回报他"（E 5.19）。既然上帝是完全自我决定的，那么他摆脱了一切激情，不受悲喜爱恨的控制（E 5.17）。然而，既然我们都是他所是的样态，那么，"上帝，只要他爱他自己，他也就爱人"（E 5.36，绎理）。因此，我们对上帝的爱纯粹是理智的，但是它给我们一种鼓舞的、整体的生活图景。它就像当科学家和数学家感觉到逻辑有序的宇宙的宏伟时所体验到的精神满足。

> **想一想**
>
> 16.6 如果你爱某人，那么他有凌驾于你的能力。如果他们报之以爱，他们能使你幸福，如果他们拒绝你或他们遭受痛苦，他们能使你悲伤。因而，斯宾诺莎采取了上帝没有情感这样的激进观点。他的论证是，如果上帝能爱或感到悲伤，那么他就有弱点并能受他者的影响。在这种情况下，上帝不是自足的，而是可能让他的情感状况受其他东西的影响而改变。对于斯宾诺莎的论证，你是如何考虑的？

与他到目前为止所说的相一致，斯宾诺莎不承认任何超出死亡的个人不朽意识。然而，他的确说，"人类心灵不能绝对地随身体而消灭，而是它的永恒的东西仍然保留"（E 5.23）。这似乎意味着我们每个人在整个事物的永恒秩序中有我们的必然位置。如果我们的心灵超越了殊相的幻象而与普遍的东西相统一，时间性事件的流逝绝不能否定这一点永恒成立。

斯宾诺莎用以下生动的总结结束他的《伦理学》：

> 关于心灵战胜情感的力量，和关于它的自由，我想解释的所有东西都说完了。从已经说过的东西

我们可以看出，什么是智者的强大，他超出只受情欲驱动的愚人有多远……智者，就其被认为是智者而言，他的心灵几乎不被撼动，而是通过某种永恒的必然性意识到自己，意识到上帝，意识到物，永远不会停止存在，并永享真正的灵魂平静。如果我揭示的通达于此的道路似乎非常艰难，但它至少能找到。它必定确实是困难的，因为它很少被发现，如果拯救之路已经在手，并且不费力气就能发现，怎么可能每个人几乎都忽略了它？但是，所有高贵的事物都是困难的，就像它们是稀少的。（E 5.42，注释）

评价与意义

关于斯多亚主义问的两个批评性问题也可以对斯宾诺莎提出。首先，我们可以问，斯宾诺莎的解释提供了人类生活应该像什么样的一幅可欲的图景吗？虽然认识到一切都由必然性统治能导致宁静，但这种宁静不是以消极无为为基础的吗？这种可以使我们无忧无虑的疏离和冷漠也会阻碍有意义的人类关系。斯宾诺莎的批评者抱怨说，他的伦理学理论适合于隐遁、独身的磨镜匠，但是不适合对家庭、朋友和社会责任有担当的人。如果我们认为一切事物都被注定是它们所是的样子，我们还会有动机去反抗不公和积极努力让世界变得更好吗？*

其次，我们可以问，斯宾诺莎的哲学是融贯的吗？如果一切事情都是必然的，我们如何重新调节我们的道德态度？我们被建议超越不充分的观念，而他说不充分的和混乱的观念来自必然性（E 2.36）。在第三部分的前言中，他批评那些（如笛卡尔）认为人对于必然的自然秩序具有自由的人。如果我们的情感反应不是原因作用于我们的不可避免的结果，而是可以被理性控制的，那么斯宾诺莎似乎其实同意笛卡尔的观点，即在实在中存在一个由人类心灵占据的摆脱必然性的地带。

即使很难让他（在《伦理学》后三部分中的）关于人类生活意义的讨论与关于形而上学的前两部分相融贯，斯宾诺莎洞察到的人类生活大部分是有价值的。斯宾诺莎将因为努力获取关于事物整体的理性融贯的观点和把这一观点运用到关于人类存在的紧迫问题而一直受到钦佩。然而，在他死后紧接而来的时代里，斯宾诺莎的思想很快被与之竞争的哲学体系遮蔽了。即使那些具有斯宾诺莎的理性主义思辨形而上学趣味的人也转向莱布尼茨在德国发展的可供选择的体系。那些寻求更直接、更常识性的哲学的人则选择由英国的洛克的经验主义所设定的道路。

斯宾诺莎的受欢迎度再次提升，是在他的思想被18世纪晚期的浪漫主义者拥护的时候，例如诗人诺瓦利斯称他为"沉迷于神的哲学家"，还有歌德、谢林、柯尔律治、华兹华斯和神学家施莱尔马赫。他们在他的上帝、人和自然的幸福结合中发现了一种与他们自己相应和的观点。而且，黑格尔赞扬"开始哲学思考的人必须首先是个斯宾诺莎主义者"[7]显示了他对19世纪形而上学家的重要性。有趣而误导的是，马克思主义者把斯宾诺莎的心灵理论看作他们自己的辩证唯物主义的先驱并且赞赏地把

---

* 这个批评并不是要暗示斯宾诺莎对人无情和不关心。事实上，真相正好相反，他有许多亲密的朋友并且他很关心他的民族的政治生活。1672年，德·威特兄弟，荷兰政府的自由主义领袖，因国家的问题受到指责，并被愤怒的暴民吊死。斯宾诺莎认识他们，并深深地尊敬他们。因为被这不公所激怒，斯宾诺莎抛弃了他通常的平静风度，试图冲到大街上谴责凶手。他的朋友把他锁在房间里才救了他的命。

他的认识论和马克思主义的意识形态理论相比较。[8]

对于我们今天的心灵，我们偏爱由坚硬的经验事实构成的世俗世界，斯宾诺莎的哲学似乎迷失在一个哲学抽象构成的模糊不清的系统中。然而，我们世纪的许多人已经发现它是一个使对世界的科学解释和谐化的有效方式。例如，有些哲学家发现，斯宾诺莎对心物问题的解决方式很有吸引力，因为它允许我们的传统精神词汇与我们关于大脑的科学语言共存，而没有求助于笛卡尔的二元论。那些赞同斯宾诺莎哲学的人也被它的情感吸引力或它的理智魅力所打动。在情感上，它向那些在永恒的观点下看过去的生活事件的人许诺了宁静。在理智上，它提供了一幅整个事物模式的理性统一体的图景。

发现斯宾诺莎因这两个理由而有吸引力的人的一个当代事例是阿尔伯特·爱因斯坦，20世纪最伟大的物理学家。爱因斯坦曾说，"我信仰斯宾诺莎的上帝，他显现于存在者的有序和谐中"。[9]和斯宾诺莎一样，他相信宗教和科学出自相同的精神："对宇宙的宗教体验是科学研究背后最强和最高贵的驱动力。"[10]最后，爱因斯坦同意他的17世纪的榜样，世界是一个逻辑上被决定的秩序，最好通过理性而不是不严格的经验概然性来认识。正如爱因斯坦多次说过的，"对于世界，上帝不会掷骰子"。[11]这一信念激励他用整个一生寻找正确描述世界的精确数学公式。斯宾诺莎的17世纪形而上学和20世纪物理学的这一结合再一次表明，哲学观念如何能在它的作者去世很长时间后继续坚强地活着。

当代联系16：斯宾诺莎

虽然斯宾诺莎在他的时代没有得到应有的承认，但今天对他思想的兴趣却日益增长。在他的宗教哲学中，斯宾诺莎论证说，自足、不变和不受因果影响的上帝不可能有情感。这是因为有真正的爱的人是脆弱的，并受这一爱的对象的影响。或许受柏拉图和亚里士多德的假设的影响，基督教哲学中的传统观点是上帝不变。然而，斯宾诺莎迫使那些接受这一立场的人解释这一观点如何与上帝也以爱和回应的方式卷入人类事务和牵涉变动的世界这一观点相调和。许多当下的宗教哲学争论都围绕着这个问题展开。凭借他的生活观，斯宾诺莎在如何获得宁静的问题上继续用他的建议启发着读者。除了斯宾诺莎思想的其他特征外，正是这个观点使他对浪漫主义者和阿尔伯特·爱因斯坦这样的物理学家如此有吸引力。最后，斯宾诺莎的心灵哲学与当代相关。他反对自由意志的论证预示了今天许多哲学家和心理学家的立场。他对于心物问题的解决方式也已经重新引起人们的兴趣。斯宾诺莎试图通过把我们的心理经验和我们的物理表现看作同一实在的不同方面来让二者达成妥协。安东尼奥·达马西欧，一位重要的神经学家出版了《寻找斯宾诺莎：快乐、悲伤和感受着的脑》一书。[12]达马西欧认为，斯宾诺莎讲述了一个关于我们精神生活和情感的故事，概述了脑科学给出的新解释。

理解题

1. 什么是斯宾诺莎哲学的主要目标？
2. 斯宾诺莎是如何在研究哲学中仿效数学的？
3. 什么是斯宾诺莎的"原因"概念？对于这

个定义，你是如何认为的？以这种方式定义"原因"蕴含着什么？
4. 斯宾诺莎认为认识的三个层次是什么？
5. 斯宾诺莎用"实体"表示什么意思？他的观点与亚里士多德和笛卡尔有什么不同？他为什么认为上帝是唯一存在的实体？这个观点蕴含着什么？
6. 为什么斯宾诺莎把上帝和自然当作同一个东西？给这种立场的标签是什么？这种立场蕴含着什么？
7. 为什么斯宾诺莎断言上帝的本性使得一切事物都是必然的，自由意志是一种幻觉？
8. 对于笛卡尔的心物完全分离的观点，斯宾诺莎会如何回应？
9. 斯宾诺莎认为我们对于我们的情感应该有什么样的态度？
10. 为什么从斯宾诺莎的立场会得出上帝不可能感觉到爱、欢乐和悲伤？
11. 在我们对从奴役中获取自由和实现人格的探索中，斯宾诺莎给了我们什么建议？

思考题

1. 思考斯宾诺莎对"上帝是唯一存在的实体，其他一切事物都是他的样态"这一结论的论证。你是否认为这个观点看起来有道理？斯宾诺莎的逻辑是否迫使所有上帝的信徒都接受这个结论？如果不是，神学家可能如何反驳这个结论？
2. 假定斯宾诺莎把上帝等同于自然，你是否同意迫害他的人认为的，斯宾诺莎的哲学是一种略加伪装的无神论？
3. 评价斯宾诺莎的万物都逻辑必然地从上帝的本性派生的观点。你是否同意每一事物都是它必然所是的样子？如果有人像斯宾诺莎一样从上帝出发，是否还有其他选择？如何选择？接受这一结论隐含着什么实际后果？
4. 考虑你自己的内部意识经验，包括你的思想、你的情感和你的感觉。现在考虑一位脑科学家可能如何把同样这些经验解释为各种大脑状态。在何种程度上，斯宾诺莎在心物问题上的立场是一种调和两种观点的努力？你认为他的这种努力是成功的吗？
5. 思考一下你经历深深失望的某个时刻。如果你接受了斯宾诺莎的人生哲学，这会如何影响你对这一经历的态度？整个今天和明天考虑通过斯宾诺莎的哲学看世界会如何影响你的生活方式。你是否认为他的方式会通向一条更宁静和和平的生活道路？
6. 你认为斯宾诺莎哲学中见解最深刻的内容是什么？什么是你认为最不深刻或发现最没有道理的？

注释

[1] 引自罗杰·斯克鲁顿（Roger Scruton），《斯宾诺莎》（*Spinoza*, Oxford, England：Oxford University Press, 1986），第8—9页。

[2] 《知性改进论》（"On the Improvement of the Understanding"），R. H. M. 埃尔威斯（R. H. M. Elwes）译，载于《伦理学，前附〈知性改进论〉》（*Ethics, Preceded by "On the Improvement of the Understanding"*），詹姆斯·古特曼（James Gutmann）编（New York: Hafner, 1966），第3页。

[3] 《伦理学》（*Ethics*）的标注用缩写"E"表示。紧接着

的数字指这本书的五个部分之一，接下来的小数点的数字表示命题的编号。这本著作的所有引文来自《伦理学》，W. 黑尔·怀特（W. Hale White）和阿梅莉亚·哈钦森·斯特林（Amelia Hutchinson Stirling）译（New York: MacMillan and Co., 1894）。

[4] 《知性改进论》，第 9 页。

[5] 《书信 56（致休·博克塞尔）》["Letter 56 (to Hugh Boxel)"]，载于斯宾诺莎，《伦理学和书信选》（*Ethics and Selected Letters*），西摩·费尔德曼（Seymour Feldman）编，塞缪尔·雪莉（Samuel Shirley）译（Indianapolis: Hackett, 1982），第 247 页。

[6] 《书信 58（致 G. H. 舒勒）》["Letter 58 (to G. H. Schuller)"]，载于斯宾诺莎，《伦理学和书信选》，费尔德曼编，第 250 页。

[7] 引自弗雷德里克·C. 贝塞尔（Frederick C. Beiser）编《引论：黑格尔和形而上学问题》（"Introduction: Hegel and the Problem of Metaphysics"），载于《剑桥黑格尔指南》（*The Cambridge Companion to Hegel*, Cambridge, England: Cambridge University Press, 1993），第 5 页。

[8] 斯克鲁顿，《斯宾诺莎》，第 113 页。

[9] 《纽约时报》（*New York Times*），1929 年 4 月 25 日，第 60 版。

[10] 罗纳德·W. 克拉克（Ronald W. Clark），《爱因斯坦：生平与时代》（*Einstein: The Life and Times*, New York: World Publishing, 1971），第 425 页。

[11] 同上，第 340 页。

[12] 安东尼奥·达马西欧（Antonio Damasio），《寻找斯宾诺莎》（*Looking for Spinoza*, New York: Harcourt, 2003）。

第 17 章

戈特弗里德·莱布尼茨：乐观的理性主义者

当文艺复兴造成了遍及英国和大部分欧洲的巨大变化时，德国文化在18世纪前依旧停滞不前。在英国产生了莎士比亚、培根、弥尔顿和洛克或法国产生了蒙田、拉辛、莫里哀、帕斯卡和笛卡尔等伟大思想家的时代，在德国写不出可以与之相提并论的思想家名单。甚至德语也反映了这一事态。普通人在市场上运用它，上层人说法语，而德国学者仍然用拉丁文写作。随着宗教改革与三十年战争（1618—1648）而来的引发争议的神学争论没有为科学和哲学的繁荣提供土壤。[1]

德国最伟大的天才之一莱布尼茨出现在这片理智贫乏的土地上，具有重大意义。他能掌握他那个时代的所有学术分科并把它们编织在一个完备体系之中，同样值得注意。莱布尼茨作为法学家、外交官、科学家、发明家、诗人、语言学家、逻辑学家、数学家、道德学家、神学家、历史学家和哲学家，成就卓越。由于他的知识广度，他能够产生历史上最雄心勃勃的将近代科学和哲学的发现与有若干世纪历史的基督教世界观整合起来的计划。

莱布尼茨生平：外交官、科学家与哲学家

戈特弗里德·威廉·莱布尼茨（Gottfried Wilhelm Leibniz）1646年生于德国莱比锡。他的父亲是莱比锡大学的道德哲学教授。莱布尼茨的天赋一开始就显而易见。还是个小男孩时，他就学会了读希腊和拉丁文经典原文。他曾自夸，在他大约13岁的时候，他就能像大多数人读传奇小说那样轻松地读经院哲学家的著作了。15岁时，莱布尼茨进入莱比锡大学，并在17岁时毕业。在耶拿大学学习了一段时间数学后，他重返莱比锡大学攻读法学博士。然而，受到学院政治的干扰，一个师生委员会反对授予他博士学位（可能是因为他太年轻）。这一痛苦的经历迫使他去了纽伦堡附近的阿尔特多夫大学，在那里他很轻松地被接纳了。在那里完成了他的论文之后，直到21岁他才获得他的法学博士学位，但同时也被授予教授资格。但是，他决心为了追求更积极和更赚钱的外交官和政府官员职业而放弃了学术生活。

后来证明，这个职业决定实际上帮助了他的

戈特弗里德·莱布尼茨（1646—1716）。德国哲学家、逻辑学家、神学家、数学家和科学家。

理智生活，因为他遍及欧洲的外交旅行让他有机会与英国和欧洲卓越的知识分子亲身接触或通信。在巴黎，他拜访了伟大的笛卡尔主义者尼古拉·马勒伯朗士并开始研究笛卡尔。在伦敦时，他拜访了著名的化学家罗伯特·波义耳和英国皇家学会秘书亨利·奥登伯格，英国皇家学会是近代顶尖的科学机构之一。通过展示他最高水平的计算机（除了加和减，它还可以做开方、乘和除运算），莱布尼茨成为了皇家学会会员。在荷兰时，他拜访了斯宾诺莎，学习了他的手稿。然而，虽然莱布尼茨的旅行和多样的兴趣激发了他的理智，它们也妨碍了他产生一本与他广阔的视野相称的统一和系统的著作。相反，我们发现，他的哲学散见于书信、文章、小册子和短论以及大量未出版的手稿中。

莱布尼茨的外交技巧和他对统一和谐的不懈探索使他试图调和天主教与新教教派。他把两个教派都能同意的许多根本性的神学命题观点理论化。他还希望统一所有的欧洲国家。显然，他没有成功地实行这些计划。在他的晚年，莱布尼茨卷入了和牛顿关于谁是无穷小算法的作者的激烈争论中。每个人都指控对方剽窃思想。显然他们都应得到荣誉，因为他们同时都在这个问题上独立地工作。这告诉了我们某些关于观念史的东西。理智的土壤已经为数学的下一个伟大进步做好了准备，碰巧有不是一个而是两个天才能让它开花结果。后来证明，莱布尼茨的符号比牛顿的更方便，因此莱布尼茨的方法今天还在用。虽然莱布尼茨很享受被公众瞩目的生活，但在他生命的晚年，他的受欢迎度下降了。他默默无闻地死于1716年，只有他的秘书出席了他的葬礼。

任务：寻求统一与和谐

借助莱布尼茨的外交生涯，能最好地理解他的哲学任务。外交官必须调和分歧的观点并把它们融入一个和谐、统一的协定。类似地，在他的哲学中，莱布尼茨试图使用数学和神学原理得出一个他的普遍宇宙和谐的图景。在这样做时，他希望调和科学与宗教、机械论与目的论、近代哲学与古代哲学。他不认为这业已完成，因为他抱怨说，"我们的自然知识目前对于我似乎就像一个商店，它提供所有种类的商品，却没有秩序和编目"（L 357）。[2]

方法：逻辑是钥匙

和他的理性主义前辈一样，莱布尼茨认为，逻辑原理和在数学中发现的方法可以提供给我们发现关于实在的真理的方法。这一信念部分得自他对逻辑的巨大信心，部分得自他的神学，因为像他之前的伽利略一样，莱布尼茨相信，宇宙是上帝用数学语言书写的一个和谐系统。笛卡尔和斯宾诺莎分享了同样的方法论理想，但是莱布尼茨对他们的体系不满意。他猜测，笛卡尔的思想导致了斯宾诺莎的立场，而这个立场指向无神论。

莱布尼茨对一种普遍的、逻辑完善的语言（他所称的"普遍字符"）长达一生的寻求让我们见识到他的方法论理想多么迷人。他从发现数学中的复合概念可以还原为更基本概念的结合开始。在对此的追求中，他最终发展出了二进制数学系统（现在用于计算机科学中），在其中，所有的数都可以用 1 和 0 表示。并且，他相信，这个原则能扩展到数学以外，用于所有的知识领域，诸如物理学、形而上学、神学、伦理学和法学（法律哲学）。

他的计划的第一步是，把所有概念还原为它们的基本单位。"元素是简单的东西：在几何学中，是三角形、圆形等；在法学中，是行动、承诺、交易等"（L 133）。接着，他用数学符号表示它们，它们又形成了人类思想的字母表。正像所有哲学家的著作都可以表现为字母表中 26 个字母的结合一样，所有能被思维的东西都能通过莱布尼茨的数学符号的结合来表示。最后一步是将这些符号结合的正确规则公式化。目标是让这些符号语言的语法与世界的逻辑结构相对应。因此，真命题将是那些遵循这一逻辑句法的命题，假命题将显示为不合句法的结合。

这一方法将有三重运用。第一，它会允许不同民族的哲学家和科学家用一种普遍的逻辑语言对话。第二，它允许通过发现哪种符号化思想的结合遵循了逻辑规则来发现新的真理。第三，它会提供解决哲学争议的客观手段。当产生哲学争议时，哲学家会像两个会计师一样拿起铅笔说，"让我们算一算吧"。[3] 以这种方式，数学方法将会解决弥漫于整个人类历史的所有争论。

当然，这一计划假设了把一切复杂的人类思想提炼为从基本、独立的概念中选出的概念列表是可能的。而且，莱布尼茨天真地假设，这个任务会被机器般的坚持不懈所征服：

我认为几个挑选出的人可以在五年内完成这件事。然而，通过确实可靠的计算，只需要花他们两年时间就可以得出对生活最有用的学说，即伦理学和形而上学学说。（L 344）

虽然莱布尼茨从来没有完成这个庞大（或许不可能）的任务，但他的图景的确让我们看到他对让世界逻辑融贯的热情。正如我们将看到的，这一图景引领他寻求人类知识的理性必然的特征。

知识论：解开理性的真理

天赋观念

与柏拉图和笛卡尔一样，莱布尼茨相信某些观念（如那些我们在逻辑和数学中发现的观念）不能从感觉中得出。他论证说，感觉经验从来不能给我们确定和必然的真理，所以，如果我们的知识中的某些项目是确定和必然的，它们必定是心灵在自身中发现的天赋观念。莱布尼茨把他对天赋观念的捍卫呈现在他的《人类理解新论》中。这是他对《人类理解论》（1689）的反击，在这本书中，英国经验主义者约翰·洛克激烈地批评了天赋观念理论。洛克主张，理智中没有任何东西不是先存在于感觉中的。莱布尼茨提出，这个主张应该重新写为，"在理智中没有任何东西不是先存在于感觉中的，除了理智自身"。他的要点是，如果洛克说心灵是一块"白板"是正确的，那么我们不可能有我们实际拥有的知识。

心灵必须有某种结构使之倾向于去发现普遍必然的真理。莱布尼茨把心灵和由贯穿的纹理所构成的大理石进行对比。大理石的结构决定了雕刻家能从这块石头里取出哪种形状。在这个意义上，我们可以说，例如，赫拉克勒斯雕像一开始就固存于大理石中（W 372—373）。然而，需要雕刻家的凿刻才能揭示出这块大理石的内在结构。同样，即使经验不是必然真理的来源，但经验的影响可以揭示潜存于心灵中的真理（W 372—373）。

洛克和其他经验主义者论证说，如果天赋观念存在于心灵中，我们总是会意识到它们。然而，莱布尼茨回答说，这假设了心灵是完全透明的和心灵的所有内容都在明晰的意识层面上。莱布尼茨提醒说：

> 我们绝不能相信这些理性的永恒法则可以在灵魂中像一本打开的书一样被读到……但是它们能在我们心中被注意力发现就足够了，而感觉给它提供了机缘。（W 370）

例如，在孩子学习几何学之前，他并没有意识到几何学真理。但他的心灵具有天赋的接受能力或倾向去在适当条件下发现和认识几何学真理。因此，天赋真理并不是一开始就明白呈现的完全成形的知识，而是作为以特定方式思考的"趋向、倾向、习惯或自然能力"存在于我们之中（W 373）。虽然莱布尼茨是一个理性主义者，但他认识到，经验有助于把潜存的或倾向性的知识转化为明确的知识。

在指出天赋观念可以存在于心灵中而不被我们意识到时，莱布尼茨概述了一个对经验的相当复杂的解释。笛卡尔和洛克都倾向于把心灵看作一个透明的盒子，当我们内省时可以"看到"它的所有内容。然而，莱布尼茨指出，我们可以经验到某事物但没有有意识地察觉它。他用的例子是，有人因为长期住在瀑布附近而没有注意到瀑布的咆哮。他们仍然经验到了声音，但是这些知觉不再居于意识的最高水平（W 375）。

根据莱布尼茨的心灵模型，心灵具有"深度"，使得它的内容可以从那些被清晰感知到的东西到我们以模糊和不分明的方式经验到的东西，一直到那些无意识和深藏不露的东西。这个解释使莱布尼茨的理论非常接近20世纪的心理学，而不是那个时代的理性主义者和经验主义者都赞同的朴素的心灵模型。

想一想

17.1 关于心灵最初是不是一块白板或它是否具有天赋内容的问题，你同意洛克的观点还是莱布尼茨的观点？何种考虑会被算作对每种观点的支持或反驳？对于莱布尼茨的论点，我们可以知道某事物而不清楚地意识到这一知识，你是如何认为的？

必然性与偶然性

莱布尼茨坚持某些知识是天赋的，指向了他的哲学中最重要的一个区分：理性真理和事实真理的区分。按他对此的陈述，"推理的真理是必然的，其反面是不可能的；事实的真理是偶然的，它们的反面是可能的"（M 33）。理性真理依靠矛盾原则或他有时所称的"同一性原则"。矛盾原则说，如果一个命题（称之为P）自身是矛盾的，那么它的反面，非P，一定是真的。同一性原则只是说，"P是P"或"一切事物都是其所是"。这个陈述，"等边矩形是矩形"显然是理性真理，因为否定它是一个矛盾陈述。这种命题是莱布尼茨所称的"同一性命题"，今天的逻辑学家称之为"重言式"，因为它重复同样的事情而没有给我们更多的信息。莱布尼茨认为，所有的理性真理都是同一性命题或在逻辑上可以还原为同一性命题。

事实真理与理性真理相反。事实真理是任何不能还原为同一性命题的陈述，因为我们能否定它们而不做出矛盾的断言。例如，我们不能否定"单身汉是没有结婚的成年男子"，因为这是一个逻辑必然陈述或理性真理。然而，虽然"苏格拉底已婚"事实上是真的，但我们能否定它，断言"苏格拉底未婚"而没有做出逻辑矛盾的陈述。关于苏格拉底的第二个陈述事实上是假的，但矛盾原则不能告诉我们它是假的，我们必须对照事实才能知道它不真。

事实真理依赖充足理由原则，这个原则说"没有任何事实是真实的或存在的，没有任何陈述是真的，除非存在着它是这样而不是那样的充足理由"（M 32）。然而，莱布尼茨补充说，"通常我们不可能知道这些理由"。这是因为我们可以知道一个事情是真的，而不需要彻底理解所有使它如此的充分理由。只有上帝的无限心灵能做到这一点。

既然理性真理（如几何定理）基于逻辑法则，它们必然是它们所是的样子。然而，事实真理是偶然的——它们是真的是因为世界碰巧是它们所是的样子。碰巧草是绿的为真，但我们可以想象世界被创造成草是红的。理性真理处理什么可能、什么不可能。事实真理处理什么存在、什么不存在。*正如在前一章中所讨论的，斯宾诺莎质疑必然真理与偶然真理之间的这一区分。他主张，我们对偶然性的信念只是我们理解的有限性的结果。斯宾诺莎论证说，如果从上帝的视角来看世界，我们会看到世界的每个细节都像几何定理一样必然不变。莱布尼茨非常努力地试图避免这个结论。通过坚持世界的细节是偶然的，他保留了上帝以任何他所选择的方式自由地创造世界的传统信念。但是，许多评论者认为，莱布尼茨在这点上没有成功，并怀疑他的体系坍塌为斯宾诺莎的逻辑上被决定的体系。

当他做如下主张时，莱布尼茨在斯宾诺莎体系的悬崖边摇摇欲坠：

> 在每个肯定的真命题中，不论它是必然的还是偶然的，普遍的还是特殊的，谓词观念总是以某种方式包含在主词观念中……否则我不知道真理是什么。（L 517）[4]

对于理性真理，这个主张不会引起什么问题，因为当我说"一个三角形是一个三边图形"时，谓词（"三边图形"）是"三角形"意义的一部分并因而"包含"在三角形的观念中。当我们把莱布尼茨的陈述用于偶然真理时，困难就发生了。显然苏格拉底的观念并不以三角形概念包含着三条边属性的方式必然地包含着已婚的观念。类似地，你并不认为你所是的一切，你所做的一切，你所做的一切选

---

* 上帝是这个区分的例外，因为莱布尼茨用本体论论证试图证明上帝的存在是必然的理性真理。

择，简言之，关于你的一切为真或将要为真的事情，对于你成为你所是的人，全都是必然的。然而，莱布尼茨说，对此你犯了错误。

这里似乎是他心中所想的东西。我们知道，苏格拉底是一个矮胖的5世纪男性希腊哲学家。如果他的属性之一有所不同（比如说他高而不是矮），这似乎不会对他的身份有重大改变。现在，一个一个地把他剩下的5个属性改成以下属性：苗条的20世纪女性瑞典田径明星。即使我们能想象得到的人仍然名叫"苏格拉底"，但显然我们不再有同一个人，而是我们想象了一个有相同名字的完全不同的个体。但哪个属性是他的身份的本质？在哪一点上我们的观念不再是苏格拉底的观念？似乎不存在任何非任意的分割点。对于莱布尼茨，如果苏格拉底属性中的任何细节都改变了，我们得到的是一个不同的人。苏格拉底与他所有的谓词同一，而这包括了他所有的选择，他生活中的所有事件，以及他所有的关系。

说了所有这些之后，莱布尼茨仍然说，苏格拉底是一个哲学家的必然性不是与三角形的属性类型相同的绝对必然性。如果我们否认"苏格拉底是哲学家"这个陈述，我们并没有做一个逻辑矛盾的断言。而是，给定了这一偶然事实，即被认为是苏格拉底的那个人存在，那么，展现他特征的那些事件就是必然的。就其自身而言，这些事件是偶然的，因为可以否定它们而不违背逻辑规则。然而，它们的确有一种关于苏格拉底的特征与存在的相对必然性。

即使苏格拉底的概念包含着他所有的属性，我们显然不能分析我们的苏格拉底观念和演绎他的属性，虽然我们对三角形可以这样做。莱布尼茨诉诸有限分析和无限分析的差别来解释这一差别：

就偶然真理而言，即使谓词真的在主词中，人们也不能达到对同一性的证明，即使一直不停地对每个词项进行分解。在这种情况下，只有上帝，因为他瞬间就领悟了无限，才能看到一个事物如何在另一事物中，并能先天地理解这种真理的完美理由。在受造物中，这是由经验后天提供的。[5]

例如，莱布尼茨说，上帝先天地知道亚历山大大帝是自然死亡的还是被毒死的。任何事物的独特身份都是由它的所有属性构成。因此，我们不能演绎苏格拉底和亚历山大的所有属性，是因为我们关于他们的观念是不完全的和模糊的。然而，我们能够演绎三角形的属性，因为我们的确有一个关于它的本性的清晰观念，并能在有限的步骤内分析它。这个立场可能依然令人困惑，但是，在下一节当我们讨论莱布尼茨关于创世的观点时，它将变得更清晰。

> **想一想**
>
> 17.2 什么使得你是你？想象你的某些生理属性、心理属性、人格特性和过去的经历是另一种样子。你是否同意莱布尼茨的观点，认为这样一个人是和你不同的人？换言之，你是否同意莱布尼茨的观点，认为你的所有属性对于你是你都是本质性的？如果不是，那么分割点在哪里？要说这个人根本不可能是你，这个想象的人的属性必须具有多大程度上的根本不同？

形而上学：上帝是神圣的编程者

上帝存在吗？

莱布尼茨对于上帝存在给出了很多论证。这包括某种形式的本体论论证（过去由圣安瑟尔谟在11世纪和笛卡尔在17世纪发展出）和来自永恒必然真理的论证（圣奥古斯丁喜爱的论证）。他还提供了设计论论证（通常称为"目的论论证"）。莱布尼茨的这个版本是独特的，因为他不是简单地从自然的美与和谐进行论证，而是从所有实体的前定和谐进行论证（这个概念后面将会讨论）。最后，他用他的充足理由原则表述了某种形式的宇宙论论证。虽然他的确给这些古老论证增添了变化，但我们在此将不讨论它们，因为它们与之前的版本过于相似。

这是一切可能世界中最好的吗？

莱布尼茨的形而上学最有趣的特征之一是他著名的（和惊人的）主张，这是"一切可能世界中最好的"。*他可能的意思是什么？乍看起来，这个主张没有道理。然而，莱布尼茨并非主张，每个事件孤立来看的单个事件（例如地震）是可设想的最好的事情。而是他断言，作为整体的世界，从开端到结尾的世界史总和，比起可以讲的任何其他故事，是一个更好的故事。在创世之前，上帝就像一个编剧，试图从他想要创作的电影的所有可能的情节、角色、道具、布景和镜头角度中进行选择。例如，排列在上帝的无限心灵之前的所有可能世界中，有一个世界，除了没有长颈鹿，和我们的世界完全一样。有另外一个世界，除了雨的味道像柠檬水外，和我们的世界完全一样。还有一个世界和我们的世界有极大不同。当然，上帝不考虑包含着圆的方形的世界，因为这样的世界在逻辑上是不可能的。

上帝如何从这无限多的可能性中选择创造哪一个？莱布尼茨在如下论证中给了我们回答：

(1) 上帝是道德完善、全知全能者。
(2) 一个道德完善、全知全能者总是在一切可能的选项中选择最好的。
(3) 上帝选择创造了这个世界。
(4) 因而，这是所有可能世界中最好的。

关于这个论证有很多地方需要澄清。首先，既然唯一的上帝是完满的并且所有受造物将是有穷的和有限的，就没有任何世界会是完满的。因此，上帝选择创造的任何世界都有优点和缺点。例如，没有生物的世界会是一个没有任何痛苦和道德邪恶的世界。但这个好处会因巨大的缺点而黯然失色，一个空荡荡的无生命的世界将非常荒凉和乏味。最好的世界包含着，在所有可能的价值之间保持着最佳的平衡。莱布尼茨把这些价值概括为两个名目："尽可能丰富多彩，又尽可能秩序井然"（M 58）。

第二，这个论证假设只可能存在一个最佳世界。然而，莱布尼茨从来没有说明为什么不可能有另一个与我们的世界不同但具有同等多样性和秩序性的世界。第三，如果（1）只有一个最好的世界，并且（2）上帝的善决定他只能选择最好的世界，因而似乎其他世界最终不会真的被选中。换言之，陈述1和2蕴含着上帝必然创造这个特殊的世界。如果这个推理是正确的，那么莱布尼茨的立场的确导致斯宾诺莎的主张，即"事物不可能被上帝以与它们实际被创造的方式和秩序不同的另外的方式和秩序创造出来"。[6]

从莱布尼茨的前提得出的一个惊人的结论是，

---

* 当莱布尼茨提及"世界"时，他并非只是在谈论地球，而是整个宇宙或受造的实在的总和。

你，正在读这本书的人，必须存在。这不意味着你的存在是逻辑必然的，因为我们可以设想一个你在其中不存在的世界而不导致矛盾。然而，能构造出一个莱布尼茨式的形而上学论证，证明你在这个世界上存在在道德上是必然的。它以如下方式进行：

（1）我们可以设想两种类型的世界：
　（a）一个世界（就像目前这个世界）中有你存在。
　（b）另一个世界与这个世界的不同仅在于缺少你的存在及其所有后果。
（2）正如前面证明的，上帝选择创造世界（a），有你存在的那个世界，因为这是所有可能世界中最好的。
（3）因此，你存在这个事实使得这是一个比其他任何可能世界更好的世界。
（4）因而，为了让上帝使得这个世界是所有可能世界中最好的，你必然存在。

无疑，这一论证认为你对世界的丰富多彩的贡献是无可替代的，是令人舒服的。然而，这里存在一个陷阱。显然，在上帝的无限智慧中，一个有希特勒的世界也好于没有他的世界。我们有限的心灵不能想出这样一个世界，但莱布尼茨的前提却导致这个结论。这要求莱布尼茨对恶的问题有所言说。

> **想一想**
>
> 17.3 莱布尼茨相信这个世界的每个细节对于它是所有可能世界中最好的世界都是必要的。而且，上帝的本性阻止他创造任何不是最好的东西。这是否意味着莱布尼茨被迫同意斯宾诺莎的观点，即事物不可能是另外的样子？

为什么在一切可能世界中的最好世界里有恶存在？

莱布尼茨在他的《神正论》中处理了恶的问题，"神正（theodicy）"的意思是"上帝之道的正义性"。莱布尼茨认为，恶有三个范畴。"恶可以被形而上学地、物理地和道德地理解。形而上学的恶在于不完满，物理的恶在于受苦，道德的恶在于罪。"[7]

首先，莱布尼茨处理了形而上学的恶的问题。形而上学的恶是不完满，不完满不可避免地存在于任何有限者中。因为莱布尼茨显然认为，存在好于不存在，由此可能不完满的世界胜过根本没有世界。既然恶是一种匮乏，或者缺乏完满性这样一种消极属性，因此不能说恶是上帝创造的一种积极实在。

批评者会回答说，似乎可能得出即使一个不完满的世界也可以免于受苦，或莱布尼茨所说的"物理的恶"。莱布尼茨用先天论证来对付物理的恶的问题。因为他论证了这是最好的世界，因而即使是它的生物的痛苦也必定或多或少对整个系统的总体善有贡献。例如，痛苦能塑造品格，筛选出我们之中最优秀的人。对此，莱布尼茨还用经验观察来补充，在这个世界中，物理的善超过物理的恶。然而，某些批评者说，虽然痛苦有时有助于更大的善，但这个世界中的大多数痛苦是没有报偿和令人沮丧的，并且似乎是没有正当理由的。而且，他们坚持，莱布尼茨必须证明，这个世界中的过量痛苦比较少量的有益痛苦更好。

最后，莱布尼茨解释了道德的恶为什么存在。道德的恶是由缺乏良序意志的人自由选择造成的。因此，上帝不能为道德的恶的存在而受指责。然而，莱布尼茨是否能调和人类的道德自由与他关于上帝决定了这个世界中的一切事件的学说，是一个我们将在后面着手讨论的问题。

> **想一想**
>
> 17.4 在什么程度上，无报偿的痛苦的存在与莱布尼茨的这是所有可能世界中最好的世界这一观点相冲突？本年度新闻中的自然灾害引起的什么悲剧向我们提出了这个问题？你是否认为莱布尼茨令人满意地处理了这个问题？

笛卡尔从未解决的问题

莱布尼茨的首要目标是，发展将使他的神学和他那个时代的科学融贯一致的形而上学理论。为做到这一点，他必须回答"什么是实在的基本成分"这个问题，或者用他那个时代的术语说，"什么是终极实体？"笛卡尔相信世界包含两种实体：心灵和物质。然而，对于笛卡尔的物理学家研究的实体不过是广延性的物质颗粒这一观点，莱布尼茨提出了质疑。对于笛卡尔的立场，他提出了若干问题，我们将提到其中三个。首先，物理事物能动的、有活力的本性显示，实体不可能是惰性的物质块，而一定是内部活跃的力的中心。物质不可能是基本实体的第二个理由是，它是无限可分的。从广延的物质出发，我们永远达不到任何基本单位。如果科学家研究的实体是真正基本的，它们必须是不可分的。

笛卡尔面对的第三个问题，他从未满意地解决，那就是一旦把心灵与世界中的物质定义成分离的实在类型，如何把它们联系起来。在所有这些问题上，斯宾诺莎的立场并不更好。他主张，在整个实在中只有一个实体。然而，莱布尼茨发现，这种一元论观点不合理，因为世界中多样性的存在似乎太明显了。当斯宾诺莎说实体是由思想和广延两种属性组成，每个都有它自己的一系列原则，他就像笛卡尔所做的那样让我们的世界无望地被分裂。

如果笛卡尔的二元论很成问题，那么只存在另外两种可能。一个是，实在就是物质。然而，莱布尼茨说这个观点无法解释意识的存在。为了解释他的一个论证，他说，如果他能缩小并且能在你的大脑中游走，他将遇到你大脑中的所有组织装置，但他绝不会遇到你的疼痛、情感和感觉（M 17）。意识区别于广延的物质。唯一的其他选择——他所支持的选择——是实在在根本上是精神，而物质是"一种像彩虹一样的现象"。[8] 换言之，它自身中并没有什么实体性的东西，而是由更基本的东西所产生。

莱布尼茨对笛卡尔的批评以这样的洞见为基础，即科学世界的终极单位是力的中心而不是运动的物质微粒。他说，这些力的中心是真正不可分的点，他称之为形而上学的点，它们不是理论抽象或虚构，而是客观实在。这与他的无穷小算法相联系，这种算法试图处理运动，而这种运动是由无穷数量的点构成的联系体，而不是一系列不连续的跳跃。而且，他关于实在是数学上有序的力的连续体的观念，预见了现代物理学中质能互变的发现。虽然提出这个观念时，他领先了他那个时代的科学几个世纪，但它的细节过于具有推测性因而对他那个时代的科学没有用处。幸运的是，要理解他的形而上学，我们不需要钻研莱布尼茨的复杂算法和物理学。正如我们在下一节将看到的，研究我们自己的经验，就是我们为了理解实在而需要知道的一切。

你是单子吗？

实在的基本单位是莱布尼茨所称的单子。这个词来自希腊词"*monas*"，意思是"单位"或"单个东西"。莱布尼茨认为，宇宙由无穷多简单的非物质实体构成。理解单子的最好方法是认识到你自己的心灵就是一个单子。根据莱布尼茨的观点，心灵不可能是广延的，因为说你心灵是矩形的或有0.6米长是无意义的。而且，宇宙中唯有非物理的单子（或心灵）是不可分的、统一的原子。的确，你的心灵包含着一系列思想、知觉、情感和欲求。但这些没有一个能独立存在。因此，所有这些各不相同的成分融合在一起形成一个统一的心理经验。

单子的首要活动是知觉。高级单子，如上帝的心灵和我们的心灵，能有意识地察觉它们所知觉的东西。当知觉是有意识的，它就称为统觉。因为单子构成了整个实在，那么，知觉，不论有没有意识，是一种出现在实在的每一个部分中的活动。例如，考虑人类的经验。人感受、经验或知觉他周遭的世界。但他在其中并非只是被动的，因为一个人是活动的一个内在源泉。在知觉世界时，他也以各种方式对它做出反应。我们可以把这个分析用于自然的所有层级。虽然有意识的察觉只用于高级的心灵，但是我们永远达不到一个不再有某种低级和模糊的知觉、经验、感受和反应的点。例如，低级的白血球具有一种内在的活力，并且无意识地搜寻感染物，并"感受"细菌的存在。如果莱布尼茨在今天写作，他会说电子的活动也展现了他的论点。

要点是，自然是一个连续体。在任何地方，我们都找不到僵死的、惰性的、无生命的、被17世纪物理学家认为是构建物理世界之砖的物质块。莱布尼茨熟悉用新型显微镜做的观察，这种观察展示了在过去认为无生命的物质中的一个广阔的微生物世界。莱布尼茨的立场有时被称为**唯心主义**（idealism），主张实在在根本上是精神的。它也被称为**泛灵论**（panpsychism）——主张一切事物都由心灵或灵魂构成。

利用他在数学中使用的连续体观念，莱布尼茨说，世界遵循连续律或自然从不跳跃原则（W 378）。因此，自然充满单子，它们展现了一切可设想的意识水平和各种各样的观点，从上帝的心灵一直到最低的可能等级。当他论证两个绝对同一的单子无法区分，因而不会真是两个不同的东西时，莱布尼茨造就了"不可区分的同一性"这个术语。就像在数列中不可能有两个数字7，因而也不可能有两个具有同样观点的单子。因此，在自然的连续等级中的每个单子都是独特的。

单子没有窗户

如果莱布尼茨已经让你相信，知觉存在于整个自然中。下一个问题就是，单子如何相互作用？他的惊人回答是，它们不相互作用。每个单子是自闭和自足的单位，完全独立。莱布尼茨的表达令人难忘："单子没有让任何东西进出的窗户。"（M 7）看看你周围。你正经验着世界。或者换一种表达，世界在你心中被表象。你不仅经验着你身处其中的房间，物理学家还告诉我们，你受到宇宙中最遥远的星星的引力的影响（但是影响的程度低得注意不到）。因此，你的经验（在最广的意义上）包括了你有意识地察觉的以及只是下意识地觉得的东西。以这种方式，整个世界就表象在你的经验中，虽然其中的各种条目被知觉的清晰度不同。在莱布尼茨的图画中，没有你经验中的世界和某种外在于经验的未知世界之间的二分。这让莱布尼茨避免了笛卡尔关于某种外在于你经验的事物如何能进入你的经验的问题和关于你的经验是否与外在于它的东西相对应的问题。

当然，其他人也有内在地表象的世界。既然你不可能跳进我的意识，我们的经验世界就是绝对分离和独立的（它们没有窗户）。虽然我们的经验永远不同一（因为我们从不同视角来经验世界），它们的内容却相互对应。用一个类比来说明这一点，试着想象我们个体的经验领域像不同的电视屏幕放映着相似的录影带。当你看到一辆车在你的屏幕上驶过，我将看到类似的车驶过我的屏幕。而且，想象我们各自关于这相同场景的图像是从不同的摄像机角度、不同的距离和不同的焦点水平拍摄的。就像我们个人的电视屏幕，每个单子以它独特的方式"反映"了整个世界。例如，你经验这个花园的方式不同于一只虫子经验它的方式。用一个莱布尼茨不熟悉的术语，我们每个人都生活在我们自己的"虚拟现实"中，除了我和上帝的经验总和之外，没有另外的实在。

> **想一想**
>
> 17.5 当你提到"世界"或其中的任何条目时，你指的是什么？你不是必然地在指称出现在你经验中的事物（例如，你的椅子、这本书）吗？但是，你的经验在哪里？
>
> 它在你之内还是之外？你的经验必然在你心灵中。这是否支持了莱布尼茨的实在就是你或他人心灵所经验的东西的观点？

世界的前定和谐

如果没有与我们的经验分离的外部世界，那么它们是由什么造成的？回答是，上帝一开始就把它们"编制"在我们心中。记住上帝是一个编剧的类比。当上帝创造世界时，他把你写入"脚本"。这个"你"包括在你的所有生活经验中。你现在正在经历的你的生活是放映上帝创造的录影带。类似地，每个其他单子"现在孕育着未来，背负着过去"，就像它不断展开它的故事和对宇宙的观点（W 376）。莱布尼茨说：

> 每个人都感受到宇宙中发生的一切，因而看到一切的人在每个人中读到每个地方发生的事情，甚至已经发生和将要发生的事。（M 61）

如果没有东西能被它经验之外的东西影响，那么每个单子必定在自身中包含它自己的活动原则。这一朝向自我发展的内部驱动是莱布尼茨所称的欲望。如果欲望是有意识的，它就展现为目的或意志。然而，自然的每个部分都受自己内在欲求的驱动，不论这是有意识的还是无意识的。例如，你有你力求满足的欲求，向日葵同样如此。向日葵向着太阳转，并且力争实现它最大生长的潜能。当铁屑被吸引到磁铁上时，它们实现了它们的本性。

这种单子多元性的解释引起了一个问题，在什么意义上存在着同一个世界？或许我们各自经验着极为不同的宇宙。莱布尼茨用他的**前定和谐**（preestablished harmony）思想来处理这个问题。当上帝创造世界时，他设计了每个单子的内在本性，使得任何给定单子的经验以不同的清晰度对应于任何其他单子的经验。想象一个完整的交响乐团，每个个别的音乐家都被关在分离的房间里。他们面前有相同的乐谱和以相似方式校准的节拍器。每个音乐家扮演他自己的角色，而不和其他音乐家相互影响。他们集体演奏出这支交响乐。[9] 莱布尼茨也用两个时钟的例子进行类比，它们被调整同步，因而它们的指针协调一致地运动，虽然它们之间没有因果相互作用。（W 118）

广延、空间与时间

即使莱布尼茨让我们相信，自然的每个部分都充满了活跃的、反应性的精神生活单位，仍然有一个问题需要处理。既然这些心灵和单子是无广延的和不可分的，我们如何解释我们对广延事物的经验？让我们回到莱布尼茨关于彩虹的例子。当我们看彩虹时，它像一个宽宽的多彩带子横跨天空。然而，我们知道它并非真是一个统一的对象，而是许多小水滴造成的现象。类似地，广延不是事物自身的属性，而是事物向我们显现的方式。当我们看到一个又一个单子彼此相似，我们似乎看到一个广延的对象。以类似的方式，一个画家可以在画布上用并列的颜料点创出实际不存在的深度的幻象和空间广延的现象。但是，像所有类比一样，这些例子最终失效了。造成彩虹的水滴和创造深度表象的颜料滴自身向我们呈现为小的广延的颗粒。然而，实际上，它们自身也是无数无广延的单子创造的现象。

由此得出了一个意蕴是，离开我们空间上和时间上组织起来的经验，空间和时间并不存在。我们倾向于用牛顿的空间像个巨大容器的常识观点来思考。牛顿认为，如果你从宇宙中移除所有的物体，某种东西依旧留下了：空的空间。因此，对于牛顿，空间是一个绝对的、自身存在的东西。但是根据莱布尼茨，空间不是一个完全自身存在的事物，而是我们经验的元素之间关系的系统。类似地，时间不是我们在其中漂流的水流。它自身并不存在。时间只是我们经历的事件之间的前后相继关系的尺度。按照莱布尼茨的观点，空间和时间是相对的——阿尔伯特·爱因斯坦20世纪物理学革命的中心论点。

重访身心问题

莱布尼茨认为，他的形而上学体系解决了我们的心灵如何与我们的身体相联系的问题。他论证说，我们所称的物体是无数小单子的集合。然而，某些物体，例如沙堆，只是聚集，因为它们没有任何统一性原则。然而，有机体是一个单子的共同体，它的活动由一个支配性单子，即生物的心灵或灵魂来协调。你在不同程度上经验到宇宙中的所有单子，但你清楚和直接经验的是你身体内的单子。的确，心灵和身体之间不可能有任何直接的相互作用，因为单子没有窗户。取而代之的是，上帝以完全和谐的方式把你的心灵的变化和身体的变化关联起来。当你胃中的单子正经历不适，你心中就出现一个相应的感觉。当你想要拿起笔，构成你的手的单子就做出恰当的反应。这描绘了一幅奇异的图画，但的确解决了笛卡尔在身心相互作用上的问题。

调和神学与机械论

心灵单子与被我们当作物质事物的单子集合的前定和谐使得莱布尼茨能调和神学解释（借助目的和终极目的）和机械论解释。既然物体服从固定的法则，那么，我们说物体根据机械原则相互作用就无害于并有助于日常生活。然而，解释的最精华的层次讲到，物体的行动是它们朝着上帝规定的终极目的的内在本性的展开。按照莱布尼茨对它的陈述：

> 灵魂根据目的因法则，通过欲望（欲求）、目的和手段而行动。物体根据作用因法则或运动法则而行动。这两个王国，目的因和作用因的王国，相互和谐。（M 79）

这两个王国的差别是从外部和从内部看待事件的差别。像心理学家这样的外部观察者会把你的行动解释为发生在你大脑中的机械事件的结果。但是，你从内部把你自己的选择看作你的欲求、你的意志和你的本性的结果。正常情况下，我们从物理学的立场来看台球的运动。然而，如果我们可以理解其中的单子的无意识的知觉和欲望，我们也会把它的行为看作它内在本性的展开。尽管这种两种秩序的观念有助于科学的目的，但在最终分析中，我们必须把物质王国看作上帝规定的目的体系的构成部分。因此，物理学需要神学和形而上学来补充。

自由与决定论相容吗？

很多人发现，莱布尼茨的宇宙图景没有吸引力，因为它似乎否定人的自由。毕竟，如果你将做的所有事情和你将发生的所有事情都已经潜存于你的人格中，那么似乎一切都是被决定的。值得注意的是，这不是莱布尼茨独有的问题，因为许多关于上帝的传统观点主张，他知道并计划了未来。如果这是真的，那么你所有行动都是上帝创造的场景的展开。

然而，莱布尼茨坚持这不意味着你不是自由的。对于他，自由等同于不受阻碍的自我发展，而不是任意的、不可预测的自发行动。仅当你的行动受到来自外部的控制，你才是不自由的。莱布尼茨不相信上帝是一位木偶戏艺人，提着你的线，让你以你无法选择或无法控制的方式行动。只要你是谁是确定的，你的行动就是你的价值和品格的结果。它们来自你的内在本质。在一个给定的时间，你是演奏摇滚乐还是古典音乐作品由你自由决定。这个选择仍然是出自你的偏好、趣味和倾向。如果我完全地知道这些，我就能够预测你会选择什么。一般而言，我们对一个人越了解，他的行为就越可预测。

莱布尼茨的立场是一种**相容论**（compatibilism）。它主张（1）一个人所做的一切事情，如果不是外部强制的结果，就是由他自己的内在品格决定的，并且（2）如果我们的选择是由我们自己的品格决定的，这就是人类自由可能合理地表示的一切意思。因此，相容主义者（如莱布尼茨）主张，说我们既是被决定的又是自由的，是融贯的。莱布尼茨为什么说主词包含着它的所有谓词终于清楚了。当上帝选择创造这个世界时，他选择创造你。但你就是你的人格性，你的欲求和在你的经验中将要发生的一切事件。上帝可以创造一个世界，在其中，你不会在现在读这本书。但这是另一个世界，你会是另一个人。因此，如果某人有上帝在创造这个世界时所具有的关于你的全部观念，他会像莎士比亚知道哈姆雷特的整个人生一样知道你的整个人生。

对很多人来说，他们的行动是外在力量的结果还是某种内在心理设置的结果，有非常大的差别。我们喜欢认为我们的选择（跟谁约会，追求什么职业，我们的伦理决定，等等）并非"写在"我们的人格中，而是我们自发决定的结果。换言之，我们喜欢认为，给定了我们的人格和所有引向一个决定的在先事件，结局并非已经被规定了。

> **想一想**
>
> **17.6** 如果你是一个有神论者，但拒斥莱布尼茨的有限自由观，那么你如何调和自发的人类自由和上帝关于未来的知识？如果你的未来行动在上帝创世之前就被注定了，你还能是自由的吗？如果你不是一个有神论者，有可能把自发的人类自由包括在因果决定的自然之内吗？

评价与意义

尽管莱布尼茨的论证表述得很严格，对他的立场仍有许多批评。例如，莱布尼茨主张的"这个世界是一切可能世界中最好的"招致多方的嘲笑。1755年，在莱布尼茨写下这句难忘的话30余年后，里斯本发生的一场毁灭性地震动摇了18世纪的宇宙乐观主义。四年后，法国文学家伏尔泰用《赣第德（老实人）》回应了这场悲剧，这是对莱布尼茨幸福世界图景的辛辣讽刺。这个故事充满了人类和自然所能给予的一切暴行。其中一个核心人物是乐观主义哲学家邦葛罗斯，他到处高兴地宣扬，对于他周围的所有巨大的人类苦难，都有一个"充足理由"。经历了无数人类暴行和自然灾害（包括里斯本地震）造成的杀戮之后，赣第德（邦葛罗斯年轻的学生）惊呼，"如果这个世界就是一切可能世界中最好的，其他世界像什么样子？"[10]

其他人则质疑莱布尼茨关于人是自由的但其本性由上帝的计划所决定的观点。W.萨默塞特·毛姆的《人生的枷锁》中的一个人物菲利普展示了这个问题，他说：

"在我做任何事情之前，我觉得我有选择，并且它影响了我的作为；但事后，当事情已经做了，我相信它自始至终都无法避免。"——"你由此推出什么？"海沃德问道。——"后悔完全徒劳无益。为洒出的牛奶而哭泣没有好处，因为宇宙的一切力量都注定了它要洒出。"[11]

当然，用小说的方式无法充分地处理恶和人类自由的问题。然而，这些小说展示的情感已经对莱布尼茨提出了许多哲学批评。

有一个批评，莱布尼茨会发现将是毁灭性的，即指责他的立场转化为斯宾诺莎的立场。莱布尼茨一直试图在他的思想和斯宾诺莎的立场之间划一道边界，因为他认为，斯宾诺莎的形而上学结论和神学结论都不可忍受。但许多人怀疑他没有成功。例如，莱布尼茨的上帝观念是，上帝是最高单子，他的经验包含着所有其他单子的无穷经验，这非常接近斯宾诺莎关于我们都是一个神圣本质的样态的观点。而且，当莱布尼茨说上帝的本性要求他创造这个世界，并且该世界是一个理性体系，因而它的细节可以从其中一切事物的概念中得出，他最终在整个模式的根基中重新引入了与斯宾诺莎相似的必然性。

尽管有某些同时代人的批评，莱布尼茨的体系仍有巨大吸引力。它支配德国思想超过一个世纪，并且对将启蒙运动引到他的祖国有帮助。在18世纪，莱布尼茨的体系是理性主义形而上学的典范。因此，它既作为形而上学的典型，又成了康德这类人的靶子，他们认为，理性主义使得理性超出了它的内在限度。

莱布尼茨的大部分著作都没有出版，而是在汉诺威的皇家图书馆中被埋没了几个世纪，直到20世纪才被发现。当它们被发现时，逻辑学家和分析哲学家惊异于他的逻辑著作的丰富性，然而把他的神学和单子论当作陈旧的废话不加理睬。20世纪后半期，形而上学和哲学神学复活，莱布尼茨在这些领域的努力重获欣赏。

当代联系17：莱布尼茨

莱布尼茨的形而上学唯心主义呈现了一种不常见的并且似乎违反常识的世界观。然而，许多当代哲学家都非常认真地对待他的论证，不论他们是否同意他的观点。以下是莱布尼茨为当代思想的某些特征奠基或给予预示的一些方面。（1）首先，当代科学和工程学不可能没有他和牛顿二人发展出的无穷小算法。（2）当莱布尼茨关于符号逻辑的工作在20世纪初被重新发现时，逻辑学家认识到他们重新发明了许多莱布尼茨以前已经得出的思想。而且，他的"可能世界"观念启发了对逻辑中的可能性和必然性概念的研究。（3）他关于把人类推理过程还原为规则指导的符号操作的建议类似于今天人工智能中的某些进路。（4）他的形而上学理论把自然视为由内在能动的力的中心构成的连续体，使他比他那个时代的牛顿物理学更接近当代物理学，牛顿物理学以外力推动的广延物质观念作为基础。（5）最后，莱布尼茨认为时空不是独立地绝对存在，而是相对的，并表达事件之间的关系，这是对牛顿物理学的重大突破，并预示了爱因斯坦的相对论。

理解题

1. 莱布尼茨为什么试图构造一种普遍的逻辑语言？
2. 什么是莱布尼茨的天赋观念论？他如何回应洛克对这个观念的批评？
3. 莱布尼茨的事实真理与理性真理的区分是什么？
4. 为什么莱布尼茨会说你的所有属性和所有关于你的事实对于你之为你都是绝对必然的？
5. 为什么莱布尼茨相信这个世界是所有可能世界中最好的？他用这句话表示什么意思？
6. 如果这个世界是所有可能世界中最好的，莱布尼茨如何解释存在痛苦和恶这一事实？
7. 莱布尼茨对笛卡尔的形而上学的批评是什么？他如何既避免笛卡尔的二元论又避免唯物主义？
8. 根据莱布尼茨的观点，什么是单子？它们的首要活动是什么？说它们"没有窗户"是什么意思？为什么莱布尼茨认为这个观念让我们的经验有意义？
9. "唯心主义"的意思是什么？
10. 莱布尼茨用"前定和谐"表示什么意思？他试图用这个观念解决什么问题？
11. 莱布尼茨的广延、空间和时间概念是什么？在什么方面他的观点是对牛顿物理学的攻击？
12. 莱布尼茨试图怎样解决心身问题？
13. 莱布尼茨如何调和神学解释与机械论解释？在何种程度上他认为这将调和科学与宗教？
14. 莱布尼茨如何论证我们既是自由的，又是被决定的？为什么他的立场可以称为"相容论"？

思考题

1. 莱布尼茨在论证如果心灵是一块"白板"我们就不能推理或拥有知识时，你是否认为他是正确的？如果关于这点他是正确的，那么心灵必须先于经验具有何种内容或能力？

2. 你是否同意莱布尼茨的观点，即世界中的每个细节，包括那些构成你身份的细节，都是必然的？换言之，假设你同意莱布尼茨的观点，即上帝创造了这个世界并且在创造时他知道你将是它的一部分。这是否像莱布尼茨认为的那样意味着关于你的每个事实都是世界的必然特征，因为上帝创造了它？这个立场蕴含着什么？

3. 对于莱布尼茨的这一主张，即这个世界是一切可能世界中最好的，你是怎么想的？做一个有神论者同时不接受这个结论是否可能？如何做到这一点？接受这个结论蕴含着什么？

4. 尝试通过莱布尼茨的眼睛看待这个世界。例如，想象你的心灵是一个单子，并且你的经验构成了你的世界。你的世界与你的朋友的世界以及其他造物的世界相似但不相同。而且想象这是构成实在的一切：你的经验，他人的经验和上帝的全部经验。关于这个观点，你有什么问题（如果有问题的话）？它解释了何种现象？没有解释何种现象？

5. 如果你做的每件事都出自你的选择，而你的选择是你的人格的产物，这是否足以认为你是自由的？你的人格来自何处？你选择了它还是碰巧你就是这样的人？如果你的人格不是由你选择的，但是基于你的人格的行为是自由的，这是否意味着我们既是被决定又是自由的，就像莱布尼茨主张的那样？如果不是，莱布尼茨的论证的缺陷是什么？换言之，你是否同意莱布尼茨的"自由"概念？

6. 莱布尼茨的立场比他自己认为的更接近斯宾诺莎，可以怎样论证这一点？

注释

[1] 对其中许多观点的讨论可参见弗兰克·梯利（Frank Thilly）的《哲学史》（*A History of Philosophy*），莱杰·伍德（Ledger Wood）修订（New York: Holt, Rinehart and Winston, 1957），第385页。

[2] 莱布尼茨著作集的标注缩写如下：

L 《戈特弗里德·威廉·莱布尼茨：哲学论文与书信》（*Gottfried Wilhelm Leibniz: Philosophical Papers and Letters*），L. E. 莱姆克（L. E. Loemker）翻译和编辑，2卷本（Chicago: University of Chicago Press, 1956）。

M 《单子论》（*Monadology*），乔治·马丁·邓肯（George Martin Duncan）译，载于《从笛卡尔到尼采的欧洲哲学家》（*The European Philosophers from Descartes to Nietzsche*），门罗·C. 比尔兹利（Monroe C. Beardsley）编（New York: Random House, 1960）标注用的是莱布尼茨著作的段落编号。

W 《莱布尼茨选集》（*Leibniz Selections*），菲利普·P. 威纳（Philip P. Wiener）编（New York: Scribner's, 1951）。

[3] 引自伯特兰·罗素，《对莱布尼茨哲学的批评性解释》（*A Critical Exposition of the Philosophy of Leibniz*, London: Allen & Unwin, 1937），第170页。

[4] 与阿尔诺（Arnauld）的通信，1686年7月14日。

[5] 引自约翰·科廷罕姆（John Cottingham）《理性主义者》（*The Rationalists*），《西方哲学史：4》（*A History of Western Philosophy: 4*, Oxford, England: Oxford University Press, 1988），第68页。

[6] 斯宾诺莎，《伦理学》，第1部分，命题33。

[7] 《神正论：论上帝的善、人的自由和恶的起源》

（*Theodicy, Essays on the Goodness of God, the Freedom of Man and the Origin of Evil*），奥斯汀·法勒（Austin Farrer）编，E. M. 哈加德（E. M. Huggard）译（New Haven, CT: Yale University Press, 1952），§ 21。

[8] 引自斯图尔特·布朗（Stuart Brown），《莱布尼茨：语境中的哲学家》（*Leibniz, Philosophers in Context*, Minneapolis: University of Minnesota Press, 1984），第 43 页。

[9] 致阿尔诺的信，1687 年 4 月 30 日，载于《莱布尼茨：基本著作》（*Leibniz: Basic Writings*），乔治·R. 蒙哥马利（George R. Montgomery）译（La Salle, IL: Open Court, 1968）第 188 页。

[10] 《赣第德》（*Candide*），第 6 章。

[11] 《人生的枷锁》（*Of Human Bondage*），第 67 章。

第 18 章

文化背景：启蒙与牛顿时代

18 世纪的历史学家很容易就找到了这个时代的恰当称呼。这个时代的思想家自己决定了如何命名他们自己的时代。18 世纪的作家称他们自己的时代是启蒙时代。他们认为，他们的时代是特别的，因为理性已经实现了对它自己的承诺。它业已指明科学、哲学、宗教、政治和艺术的进步之路。纯粹而灿烂的理性之光将一劳永逸地驱散黑暗，人类之前一直在这黑暗中劳作和生活。这黑暗是什么？它是激情、偏见、权威和教条。通过自诩的"启蒙"这一头衔所闪耀的骄傲揭示了这个时代的情绪。你所阅读的关于这个时代的任何记述都充满了"希望""乐观主义""自信"和"幸福"这些词。就像一个作家恰当地表述的，"18 世纪或许是西欧历史上最后一个认为人类全知是可达成目标的时代"。[1]

当然，启蒙运动并非突然冒出来的。它是我们前面章节讨论过的许多文化和理智趋势的高潮。然而，就我们的目的而言，启蒙序曲开始于 1687 年艾萨克·牛顿（Isaac Newton）爵士的科学巨著《数学原理》的出版。*

第一幕是约翰·洛克的《人类理解论》（1690），最后一幕始于伊曼努尔·康德的《纯粹理性批判》于 1781 年第一次出版。到康德于 1784 年发表他的论文《什么是启蒙？》时，回答这个问题是多余的。没有人必须由康德来告知，"启蒙是人告别他自己导致的不成熟"。

牛顿科学的影响

不注意牛顿的科学对这个时代造成的巨大影响，就不可能评价 18 世纪哲学家的哲学。有趣的是，牛顿生于 1642 年，伽利略死的同一年。这简直就像前面的科学家在他离世时把科学探索的火炬传递给他的后继者。牛顿并没有忽视这诗意的巧合，因为他充分意识到他得益于前人。正如他在一封信中所说，"如果我（比其他科学家）看得更远，那是因为我站在巨人的肩膀上"。[2]

关于理智历史的进程，我们可以从牛顿的案例中学到很多东西。历史常常由恰当的环境和天才的幸运结合创造。牛顿的工作清楚地表明，若干世纪以来积累了肥沃的理智土壤，同时得到了之前思想

---

* 全称是 *Philosophiae Naturalis Principia Mathematica*，意思是"自然哲学的数学原理"。

家的耕耘和播种,直到最终由一个伟大的智者带来了收获。牛顿和莱布尼茨两人独立地发现了无穷小算法这一事实令人印象深刻地展示了这一点。牛顿在物理学上的成就在于,他发展了一种单一、完备的理论,从中他可以推出伽利略描述落体的定律和开普勒的行星运动定律。这就像之前的科学家各自拼拼图的一部分,有人拼出了一片野花,有人拼出了一些云彩,他们都希望他们是在拼同一幅画。牛顿走来,他表明,之前科学家的贡献的确可以整合进一幅单一融贯并且美丽的自然图画中。想象你自己身处17世纪,站在月空下的沙滩上,在潮水涌来时向波浪扔卵石。你会否想过天空中月亮和行星的运动,你的卵石落向大地时造成的轨迹,和逼近的潮水的运动,可以全部用相同的基本定律来解释?牛顿的成就如此惊人,因而它为两百多年的科学提供了框架,直到20世纪的阿尔伯特·爱因斯坦为宇宙提供了新的模型。

牛顿的发现给了苟延残喘的中世纪亚里士多德科学的残余最后一击。亚里士多德认为,尘世的事情和天上的事务之间有一个巨大鸿沟。这两个领域根据完全不同的规律运行。对于中世纪的人,他们的宗教在天地之间的区分强化了这一点。但牛顿之后,物理王国中没有特殊的神圣空间这一点昭然若揭。天与地由相同的物质构成,遵循相同的规律。宇宙的神秘越来越少,越来越多地被人类理解、预测,甚至控制。更早的时候,罗伯特·波义耳,伟大的化学家,曾经思忖宇宙像一个大钟。现在,牛顿赋予这一图像以数学内容。

到牛顿出版他的《数学原理》时,数学的、实验的科学已经明显不再是一个初来乍到的年轻

艾萨克·牛顿爵士用一块棱镜研究阳光,表明彩虹是如果产生的。这样的实验摧毁了附加给光的神秘意义。浪漫主义诗人约翰·济慈后来埋怨科学的哲学试图"拆散彩虹"。尽管牛顿的科学使传统主义者沮丧,但它对哲学有特别的影响。

人——它现在是"山大王"。从此以后，所有的哲学（和宗教）必须以这样或那样的方式与它达成妥协。对于启蒙运动，牛顿不只是一个伟大的物理学家，也是一个文化英雄。当亚历山大·蒲伯这样说时，他说出了这个时代的精神：

自然和自然的法则隐没在黑夜中；
上帝说，让牛顿降生吧！于是一切都光明起来。

在论近代科学兴起的书中，E. A. 伯特做出了讽刺性的评论："牛顿具有不同寻常的特点，即他在一个彻头彻尾以反权威为特点的时代，成为了只有亚里士多德可以比肩的权威"。[3] 理性主义和经验主义者都宣称牛顿是自己人。实际上，牛顿那具有伟大综合能力的心灵既认识到受伽利略·伽利雷和勒内·笛卡尔这样的科学家和哲学家青睐的演绎、数学进路的重要性，也认识到诸如弗朗西斯·培根和罗伯特·波义耳这样的哲学家和科学家所青睐的归纳、经验进路的重要性。然而，左右平衡之后，牛顿方法的最终结果是让天平更多偏向经验主义者。尽管他的评论与他的实践不完全一致，牛顿还是在《数学原理》的结尾抨击了没有牢牢扎根于经验材料的一切思辨理论（他称为"假设"）。正如我们在后面三章将看到的，这种把我们所有肯定的东西都回溯到经验基础上的考虑在英国哲学家的认识论中扮演着重要角色。

因而，牛顿想要科学在认识上严格地节食。这意味着，我们必须避免油腻而丰富的思辨的形而上学食品，坚持食用无脂肪、纯粹的经验材料。例如，他的万有引力定律说，当 G 是一个常数时，相距 R 的两个物体（M_1 和 M_2）之间的引力（F）是：

$$F = \frac{GM_1M_2}{R^2}$$

这个万有引力定律描述了物体的可观察行为并让我们能计算未来的观察。然而，它不试图解释引力是什么或什么造成了物体间的引力。正如牛顿对它的表达：

迄今为止，我不能从现象中发现万有引力的那些属性的原因，而且我不做假设；因为凡是不是从现象演绎出的东西就叫假设；而假设，不论是形而上学的还是物理学的，不论是具有玄妙性质的，还是机械的，在实验科学中都没有地位。[4]

这代表了思想史上的一个重大转折点，因为牛顿在告诫科学家放弃研究本质和事物背后的实在的一切企图。因此，科学家只需描述现象的模式。存在于现象之后、之下或之外的实在不能被科学地理解。这一方法论原则的意蕴，当我们在接下来四章中一步步穿越约翰·洛克、乔治·贝克莱、大卫·休谟和最后伊曼努尔·康德的思想时，将变得更加清晰。从早期希腊开始，哲学就试图区分显象和实在。然而，牛顿之后，这一点变得显而易见，即，越是认为科学和经验是知识的唯一基础，我们对不同于其显现方式的实在自身就知道得越少。

牛顿风格的哲学活动

这个时代的哲学家认为，正因为牛顿解决了关于物体的所有秘密，因而现在的任务是把相同的实验观察方法用于人类存在自身。人类心灵、伦理和政治的活动被认为是可以用描述性法则来解释的现象的集合。因此，这个时代的哲学家都企图做人的科学领域的"牛顿"。这个时期主要著作的标题，似乎是同一组关于认识论的可以互换的词的置换。例如，有洛克的《人类理解论》、贝克莱的《人类知识原理》，以及休谟的《人类理解研究》《人性论》。这一人类本性的科学进路最极端的表达出现在朱利安·拉美特利（1709—1751）的著作中。在他的许多有争议的书中，有一本是《人是机器》（1747）。拉美特利说，真正的哲学家是分析人类心灵机构的工程师。虽然他的理论是粗糙的，但它领先于它的时代，因为它指向了20世纪的大脑是有机计算机的理论。然而，与拉美特利不同，这个时代的许多哲学家没有充分理解他们自己针对人类科学的科学和机械论进路的还原论和机械论意蕴。相反（稍微夸张一点），看起来他们像是把科学认识论看作一种更有效的方法去做诗人一直企图做的事情——给我们提供一种丰盈的自我理解。

牛顿物理学的模型时时浮现在这个时代的认识论中。牛顿解释了物理粒子的运动规律，与之相对应，观念被认为是精神粒子，可以被分析为更基本的原子式单位。因此，所有柏拉图的对话、莎士比亚的词句，甚至牛顿的公式包含的观念，如果它们有任何意义的话，就是被认为是从经验中得出的简单观念构成的复合体。与天文学家的外部空间相对应，是心灵的"内部空间"，它是一个容器，观念在其中浮现和根据心理规律相互联结。虽然这个心灵模型向哲学家保证了认识论能复制物理学的成功，但是我们已经在笛卡尔那里看到，并且后面将在休谟那里看到，这个内在精神世界和外在物理世界的二分造成了问题。如果所有的精神意识都发生在心灵的容器之内，我们如何知道出现在内部的东西表象着外部世界发生的事情？正如我们已经看到的，莱布尼茨的唯心主义试图通过拒斥这个问题所依赖的心物二元论来规避它。类似地，贝克莱发展了一种形而上学唯心主义来战胜这个问题。在与他们时代的哲学家造成的认识论和形而上学难题的搏斗中，莱布尼茨和贝克莱属于最先质疑牛顿模型的思想家。他们所开创的替代性观点，在20世纪借助阿尔伯特·爱因斯坦的物理学和阿尔弗雷德·诺斯·怀特海的过程哲学结出了果实。

> **想一想**
>
> 18.1 想一想你经由对一个朋友的经验而形成的他的观念。现在，把你具有的关于这个人的观念和这个实在的人做个比较。你能跳出你的心灵比较你所形成的关于实在的观念和实在自身吗？你是否认识到这里产生了"内部-外部"问题？这是一个核心哲学问题，它引出了数量惊人的一大批解答。

对宗教造成的后果

除了对哲学的影响，牛顿的科学还在那个时代的宗教感受中掀起了波澜。首先，人们害怕新的物理学会瓦解宗教。毕竟，牛顿给一大批天文现象提供了自然解释，而这些现象曾经被认为是神意的直接结果。宇宙是一个钟表式机械的观念与那个时代仍然墨守许多中世纪假设的神学不大吻合。正如一个新科学的批评者所抱怨的，如果宇宙由几何学和机械学法则所统治，"我无论如何不能理解上帝如何能造成任何奇迹"。[5] 许多人害怕唯物主义和无神论会接着机械论科学的势头获得对文化的控制。然而，牛顿本人是个非常虔诚的基督徒，甚至写过关于神学和《圣经》解释的书。对于他，科学揭示了一个设计得宏伟而奇妙的宇宙，显示了它的创造者的伟大。牛顿在给他朋友的一封信中表达了他的基于科学的虔敬：

> 当我写我的关于我们的体系的论文时，我留意到这样的原则有助于大多数人对神的信仰；没有比发现它对这样的目标有用更令我欣喜的了。[6]

牛顿对上帝的论证不仅基于设计上的证据，而且基于他自己的物理学中的问题。首先，牛顿不能解释为什么星体之间的万有引力不会导致它们撞到一起。其次，他观察到宇宙中的某种不规则性，这最终会导致宇宙停止运动。因为他不能科学地解释这些问题，他假设上帝主动进行干预来保持宇宙机器的运转。然而，这造成了所谓"填补缝隙的上帝"。用我们知识中的缝隙作为上帝之必然性的证据是危险的。当随着科学的扩展，这些缝隙最终被填补时，信仰上帝的需要似乎就降低了。这正是牛顿的事例中发生的事。18世纪的科学家表明，牛顿物理学的进一步发展可以解释所有成问题的现象并且行星轨道并不像牛顿假定的那样不规则。因而，人们听到这样的故事，当法国天文学家拉普拉斯把他1796年的著作进献给拿破仑时，这位将军问起上帝在解释行星运动中的角色。据说，拉普拉斯回答说，"阁下，我不需要那个假设"。

从近代科学出现一直到20世纪，即使不是大多数，至少是许多顶尖科学家和哲学家，是某种有神论者。然而，基于自然原因解释物理事件的能力使得世俗世界观比以往任何历史时期更可行。历史上，无信仰的出现在近代经历了几个相互重叠的阶段。（1）最初，大多数科学家和哲学家，例如牛顿，认为科学和宗教在寻求真理上是相互平等的伙伴。（2）逐渐出现了这样的观点，即天启宗教的主张应该被接受，但只有在它们被调整得符合科学观点之后。虽然约翰·洛克可以被认定与前一立场一致，但他在这里也适合，因为他引入了这样的观念，即，必须先由理性颁给启示信任状，我们才相信它。（3）随着科学获得更大的权威，**自然神论**（deism）的立场出现了。自然神论者主张，世界机器是秩序完善的机械系统，依靠它自己就能被理解。因此，尽管他们相信上帝创造了世界，但他们认为，设想他需要干预自然进程是不合理的。而且，他们相信，自主的理性自己足以不依靠启示发现所有关于自然、宗教和道德的真理。许多美国革命的关键人物，如托马斯·潘恩、托马斯·杰斐逊和本杰明·富兰克林都是自然神论者。（4）在休谟这类思想家的著作中开始出现不可知论或宗教怀疑论。不可知论者极力主张，我们必须悬置关于上帝存在的判断，因为理性没有给我们信仰神的任何根据，虽然它也不能证明神并不存在。伊曼努尔·康德赞同休谟的观点，认为我们不能拥有关于神的知识，因为关于何物存在的知识只能在科学中找到。然而，他用我们仍然发现有必要设定一个神的思想来缓和这一理论的不可知论。（5）最后，全面的自然主义或无神论出现了。然而，就哲学中的主要人物而言，一直到19世纪之前，它都不是一种很强的声音。它的拥护者主张，有成堆的哲学和科学证据可以反对上帝的假设。因而，理性的人将拒斥它，正如我们已经拒斥了扁平大地理论和灾难有超自然原因的理论。

> **想一想**
>
> 18.2 当牛顿的知识有他的物理学无法填补的缝隙时，他诉诸上帝来求得解释。然而，他解释中的缝隙被他后来的科学家所填补。在我们今天，某些人以何种方式提供了一个填补缝隙的上帝？你是否认为存在科学家永远不能回答的问题？要是科学家填补了这些缝隙，就像他们在牛顿物理学的案例中那样，那么办？这会必然是宗教信仰的致命问题吗？

法国启蒙运动

并没有花多长时间，启蒙精神就找到了通向法国的道路。这一精神体现在一群称为"哲人"（来自"哲学家"的法语词）的18世纪法国作家。尽管他们有这样的名称，但他们首先是文学知识分子，而不是专业哲学家。然而，他们用他们出色的文字技巧让启蒙运动在有教养的公众中流行开来。他们使用小说、诗歌、散文、历史研究、政治写作、科学论文、词典和百科全书来散布他们的哲学和政治观念，表现了多方面的才智。他们是法国沙龙受欢迎的客人，沙龙相当于高级鸡尾酒会，时尚的知识分子在这里与欧洲贵族交往，讨论当时流行的（通常是不体面的）观念。著名的哲人有孟德斯鸠、伏尔泰、拉美特利、卢梭、狄德罗、孔狄亚克、爱尔维修、达朗贝尔、霍尔巴赫和孔多塞等。他们的作品充满社会批评，抨击顽固、无知、宗教组织的伪善和压迫性的政治制度。在较为积极的方面，哲人们相信理性的力量、进步的理念和人性的完善。虽然他们不断冲撞现有的宗教，但许多哲人，诸如伏尔泰，是自然神论者，他们主张上帝信仰支撑着道德和社会秩序。然而，他们的同伴也包括唯物主义者和无神论者。例如，狄德罗说，自然神论者是年纪不够大——或不够智慧——因而还没有变成无神论者的人。

新观念最初是通过英吉利海峡流入的。孟德斯鸠（1689—1755）和伏尔泰（1694—1778）倾心于英国文化和思想。牛顿和洛克是他们的英雄，而英国的制度和它自由与宽容的理念，是他们的政治理想。孟德斯鸠有影响的著作包括他早期的讽刺攻击法国文化和宗教的《波斯人信札》（1721）以及关于政治科学的著作《论法的精神》（1748）。伏尔泰有影响的著作包括从赞美英国哲学和文化的《哲学通信》（1734）到他著名的讽刺小说《赣第德（老实人）》（1759）。

哲人们值得注意的成就之一是法国《百科全书》。许多作者投稿；然而，编辑它的重担最终落到了狄德罗头上，在编辑的过程中，他得到了达朗贝尔的一些帮助。除了科学、数学和技术学科外，它还包括了对正统宗教和现行社会制度的略加掩饰的抨击。它不只是一本工具书，而且是启蒙运动的宣言。它的一篇文章，在关于世俗信仰的精辟陈述中宣称，"理性对于哲人就像恩典对于基督徒"。虽然编辑之间有许多争吵，与审查机构之间也争斗不断，但30年里，这部著作增长到了35卷。认识到它的影响之后，惊慌的保守派攻击它助涨了自然神论、唯物主义和反宗教。的确，与今天工具书的客观中立相比，《百科全书》具有极大的主观色彩和报纸观点页的辩论腔调。狄德罗直率地承认，这个计划的目的不是简单地传递观念，而是"改变思考的一般方式"。尽管有人企图压制它，但这部著作被证明极受欢迎，并且成功地把启蒙运动的理念散播给读者大众。

启蒙运动的总结

虽然 18 世纪的哲学家在细节上各不相同，但启蒙运动的四个支柱是自然、理性、经验和进步。自然被看作是有序的，受规律支配，并且基本上是有益的。人类的自然本性也类似地被视为有序，受规则支配，并且基本上是有益的，至少一旦我们去除了激情和教条的干扰，让理性占上峰，它将是有益的。理性是像理性主义者认为的那样被理解为先天知识的源泉，还是像经验主义者主张的那样只是被理解为组织经验的工具，两种观点被认为在人们之间势均力敌。每个人都有做理性的人的基本能力，并且通过从经验中学习和借助教育的帮助，我们的理性能力将得到发挥。因此，所有的问题，包括理论问题和社会问题，都可以通过科学和协同的理性努力来解决。启蒙运动的乐观主义和对进步的信仰被总结在康德的著作中：

我们目前生活在已启蒙的时代吗？回答是：不，但生活在启蒙的时代。

康德已经宣称，正在发展的条件会使人们能够：

自由地工作并逐渐地减少妨碍普遍启蒙和妨碍脱离自身导致的不成熟的障碍。[7]

> **当代联系 18：启蒙运动**
>
> 我们今天的思想和文化肯定仍然能感受到启蒙运动造成的余波的冲击。与我们 18 世纪的前辈相似，我们满怀希望地盼望科学和理性不仅在解决我们的技术问题上，而且在解决我们的许多社会问题上取得进步。同时，在进步的困难和科学的局限方面，我们比他们更"获得了启蒙"。启蒙思想家假设，科学会在牛顿确立的根基上越来越进步（甚至飞跃）。然而，量子物理学从 20 世纪到我们今天的发展已经改变了所有的规则，抛弃了许多指导牛顿的假设。更早些时候，在 19 世纪，诸如费奥多尔·陀思妥耶夫斯基、索伦·克尔凯郭尔和弗里德里希·尼采，以及社会哲学家马克思，指责启蒙运动宣告的进步的坦途只产生了异化。我们今天的思想家划分成两部分，一部分人仍然或多或少拥护启蒙运动的信仰，另一部分人把自己视为肇始于启蒙运动的现代传统的送葬者。因而，后一群体认同**后现代主义**（postmodernism）运动。无论如何，不涉及启蒙思想家，我们的时代就无法被理解。

理解题

1. 牛顿物理学是如何给了亚里士多德科学和中世纪科学一击的？
2. 牛顿的方法是怎样既影响了理性主义者又影响了经验主义者的？
3. 牛顿物理学是怎样被用作认识论和心灵哲学的模型的？
4. 为什么有人把牛顿物理学视为宗教的敌人？为什么牛顿相信他的物理学是对宗教观点的支持？
5. 为什么牛顿觉得需要在他的科学中求助于

一种"填补缝隙的上帝"的解释？

6. 什么是自然神论以及它是如何受到科学发展的影响的？
7. 哲人是什么人？
8. 启蒙运动的四个支柱是什么？

思考题

1. 启蒙思想家敬畏科学并对它抱有巨大希望。你认为我们的时代对科学比他们更乐观还是更不乐观？
2. 在启蒙运动的基本假设中，你最同意哪一个？你认为哪一个最成问题？

注释

[1] 以赛亚·伯林（Isaiah Berlin）编，《启蒙的时代》(The Age of Enlightenment, New York: Mentor, The New American Library, 1956)，第 14 页。

[2] 给罗伯特·胡克（Robert Hooke）的一封信，1675/6 年 2 月 5 日，载于《牛顿书信》(The Correspondence of Isaac Newton)，第 1 卷，H. W. 特恩布尔（H. W. Turnbull）编（Cambridge, England: Cambridge University Press, 1959），第 416 页。

[3] 埃德温·A. 伯特，《近代物理学的形而上学基础》(The Metaphysical Foundations of Modern Physical Science)，修订版（Garden City, NY: Doubleday, 1932），第 207 页。

[4] 《牛顿的原理，卷 2：世界体系》(Newton's Principia, Vol.2: The System of the World)，安德鲁·莫特（Andrew Motte）译，弗洛里安·卡乔里（Florian Cajori）修订，（Berkeley: University of California Press, 1962），第 547 页。

[5] 亨利·斯图贝（Henry Stubbe），引自理查德·S. 韦斯特福尔（Richard S. Westfall），《17 世纪英国科学与宗教》(Science and Religion in Seventeenth-Century England, New Haven, CT: Yale University Press, 1958)，第 24 页。

[6] 引自理查德·S. 韦斯特福尔，《17 世纪英国科学与宗教》，第 193 页。

[7] 伊曼努尔·康德，《什么是启蒙？》("What is Enlightenment?")，卡尔·J. 弗里德里希（Carl J. Friedrich）译，载于《康德哲学：伊曼努尔·康德的道德与政治著作集》(The Philosophy of Kant: Immanuel Kant's Moral and Political Writings)，卡尔·J. 弗里德里希编（New York: The Modern Library, 1949），第 138 页。

第 19 章

约翰·洛克：
近代经验主义的兴起

医生、政治顾问与哲学家

约翰·洛克（John Locke）于 1632 年生于一个清教徒家庭。他的父亲是一个收入不太高的律师。洛克在牛津大学学习神学、自然科学、哲学和医学。他的一个同时代人说，作为一个大学生，他是"一个精神躁动、吵吵闹闹和永不满足现状的人"。部分原因在于，洛克发现，在他那个时代仍然盛行于牛津大学的乏味的经院哲学"被晦涩的术语和无用的问题搞得复杂难解"。在他老师的课让他厌倦的同时，他私下对笛卡尔的阅读却让哲学吸引了他。毫无疑问，洛克在笛卡尔那里感到气味相投，因为他们都对他们的教育感到幻灭。

洛克在牛津大学待了一段时间，讲授希腊语和修辞学。然而，占据他大部分生活的是公共生活而不是学术。1667—1683 年，他是阿什利勋爵（后来的沙夫茨伯里伯爵）的私人医生和顾问。在做任何政治哲学之前，通过他与沙夫茨伯里的交往，他获得了大量的实际政治经验。除了拥有多个政治职位外，洛克还在 1669 年帮助起草了美洲卡罗来纳基本法。

几十年来，英国一直陷入国会和国王的权力斗争中。洛克支持对国会权力不断增长的要求，反对国王至上。然而，詹姆士二世获得了王位，政治潮流不利于洛克，他被迫于 1683 年逃亡荷兰。荷兰仍旧是一片宽容的土地，为流亡的知识分子提供庇护，就像斯宾诺莎时代那样。1688 年的"光荣革命"不流血地推翻詹姆士二世的统治后，洛克于 1689 年返回由奥兰治的威廉统治的英国。他再次获得了若干重要公职。更重要的是，他发表了他在流亡岁月里写的大量著作。他的两部最重要的著作《政府论》和《人类理解论》都出版于 1690 年。《论宽容》出版于 1689—1692 年间。其他有趣的著作是《教育漫话》（1693）和《基督教的合理性》（1695）。1691 年，由于健康状况再度恶化，洛克处于半退休状态。为了寻求更安静的环境，他移居距离伦敦 30 千米外的乡间。他生命的最后岁月用于享受与密友的交往和研究《圣经》。他于 1704 年平静地死于朋友家中。

洛克的任务：发现我们能知道什么

一般认为，洛克的开创性著作《人类理解论》

在1690年的出版宣告了启蒙时代的到来。除了《圣经》这个可能的例外，在18世纪没有哪本书比洛克的《人类理解论》更有影响。他透露，关于这部著作的想法始于大约20年前，当：

> 五六个朋友在我的客厅里聚会，谈论与此相距甚远的某个主题，他们很快发现，由于各方面造成的困难，他们很快就进行不下去了。我们对解决那些让我们困惑的怀疑一筹莫展，迷惑不解了一阵子之后，我突然想到我们采用了错误的顺序；我们在着手探究那个本性之前，必须检查我们自己的能力，了解我们的理解适用于处理什么对象，不适用于处理什么对象。[1]

根据我们所能分辨的内容，那场讨论显然是关于道德与宗教的。洛克发现，他和他的朋友正企图构造知识大厦的顶层而没有注意基础。他认识到，首先应该考察人类理解的地基，看看它是否能支持在人类关切的更高层次上的探究（例如，上帝与道德）。所以，他把这作为了他的任务，即"探究人类知识的起源（来源）、确定性和范围，以及信念、意见和赞同的基础和程度"。[2] 洛克准备接受这样的结论，不是每个问题人类都能获得回答。虽然这可能令人失望，但它是有用的信息，因为它会防止我们的理解徒劳地尝试超出我们力所能及的范围之外。按照他的表达，"如果我们能发现理解的视野能扩展到多远；它有能力获得确定性的范围有多远；在哪些情况下它只能判断和猜测，我们就可以学会让我们自己满足于这种状态下我们能获得的东西"。[3]

洛克对他的计划的描述表明，他和笛卡尔共有对确定性的渴求。然而，洛克用一种新的谦卑和降低期待来缓和它，这将成为经验主义传统的标志。

洛克在实际的和平凡的东西中找到了安全，拒绝沉溺于任何想入非非的思辨。正如他用比喻表达的，我们可以欲求在太阳的普照下工作，但我们不得不满足于有限得多的人类理智的烛光。"就我们的一切目标而言，我们心中点起的蜡烛足以照明。我们用它做出的发现应当能让我们满足。"[4]

洛克的观念分析法

洛克《人类理解论》的焦点是"观念"。它们不是知识的对象而是构建它的砖。理解洛克给予这个词项的独特意义非常重要，因为它不同于这个词项在我们今天具有的意义。他说，观念是"知觉、思想或理解的直接对象"（E 2.8.8）。[5] 他给我们提供了一组信手拈来的例子来说明他用观念表示什么意思。它们是一种由"白、硬、甜、思考、运动、人、大象、军队、醉酒等"（E 2.1.1）语词表达的东西。注意，洛克和其他经验主义者并不只用"观念"表达概念或抽象观念，诸如"正义"或"无限"。观念也可以是感官发现的非常特殊和具体的性质，诸如颜色、味道和声音。

洛克提出的考察观念的方法是"朴素的历史方法"。这里，历史这个词项指的是，他相信，我们观念的宗谱必须回溯，直到我们找到它们的起源。这一过程不是一个逻辑分析过程，而是关于观念如何在我们个人历史中发生的具体途径。朴素这个词，毫无疑问，意图传达这样一个事实，这种方法利用实实在在的常识，而避免一切思辨的、理论的赘物。因为洛克是一个经验主义者，他论证说，一切知识都起源于经验。在以下各节中，注意洛克怎样努力通过观察我们的观念是否能从经验中导出来以澄清和验证它们。为了准备好了解接下来的章中乔治·贝克莱和大卫·休谟对洛克的讨论，请自己尝试评估洛克的结论在多大程度上一致地遵守了他自己方法的要求。

洛克的经验知识论

批判天赋观念

和他之前的培根和笛卡尔一样，洛克的使命可以被看作一种认识论的城市复兴计划。他的第一个计划是清除不可理解的术语和无用的思想体系的残骸。只有在此之后，他才能重新开始更近代的建设。洛克认为，这个理智计划中的"建筑大师"是他那个时代最伟大的科学家，特别是"无可比拟的牛顿先生"。洛克作为一个哲学家的谦虚目标是，"受雇为一个低级劳工，清理一下地基，清除某些挡在知识之路上的垃圾"。[6] 他最想清除的"垃圾"**是天赋观念**的学说。这一理论主张，某些种类的观念、原则或知识不是通过经验获得，而是植入心灵自身之中。这一学说是从柏拉图到莱布尼茨的理性主义传统中的标准观点，但洛克提出了许多对它的根本性反对意见。

天赋知识的典型例子是逻辑原则，诸如"凡存在的，都存在"（同一律）或"同一个东西不可能既是又不是"（不矛盾律），或数学原则，如"整体大于部分"。而且，在哲学传统中，以及在洛克的许多同辈人中，都主张道德原则以及上帝概念是天赋的。

有利于天赋知识的一个论证，是以存在对某些原则的普遍同意这一主张为基础的。首先，洛克论证说，即使这是真的，它也不证明这些原则是天赋的。人们为什么会有某些共同观念，可以存在一些其他理由。例如，所有文化都有对应于火、太阳、热和数的观念，但这些观念是普遍的是因为人的经验是一致的，不是因为它们是天赋的。第二，洛克指出，不是所有人都知道上述逻辑原则。许多孩子、精神有缺陷的人和处于前科学文化中的人没有表现出知道这些真理。但是，如果这些原则真的"自然地印刻"在心灵中，那么每个人都会知道它们。说我们有这些观念却没有意识到它们是荒谬的："任何从未被知道，从未被意识到的命题，都不能被说成是在心中的"（E 1.1.5）。

某些道德原则是天赋的这个主张在洛克的分析中更加糟糕。洛克大范围地简要概述了异于我们的其他文化中的道德实践，来说明缺乏道德信念的共识。注意到这一点很重要，即他并未拒斥普遍道德原则的存在，他只是拒斥它们是天赋的这个主张。

简单观念

如果知识不起源于心灵之中，那么它是如何最终存在于那里的？洛克对此的回答是，"通过经验"。他要求我们假设心灵像一张空白的白纸，经验在上面产生它的记号。我们来到这个世界上时，在身体和精神上都是空空的。在另一个段落中，他把心灵和暗室相比较（E 2.11.17）。我们可以用新的方式重述他的比喻，说心灵对洛克而言就像照相机的内部。通过打开镜头（代表各种感官），外部世界能在相机中留下影像。

注意，空间隐喻在此塑造了洛克的思想。心灵是一种拥有思想原子的容器。以这种方式，洛克和他的经验主义伙伴正试图通过发现支配精神粒子运动的法则来仿效关于物理粒子的牛顿科学。对于洛克，他自己关于心灵的"物理学"和牛顿物理学之间有直接的关系。世界由运动的粒子构成，某些粒子轰击感官。例如，有气味的粒子撞击鼻子，声波冲击耳鼓。它们的部分结果是，在心灵中以观念的形式留下它们的痕迹。最基本和最原初的精神粒子是简单观念。它们是不能被分析为更简单东西的思想原子。例如，字典会把"黄"定义为成熟柠檬的颜色。你只能求助于你的经验要素才能弄清这种颜色。心灵不能发明一种崭新的简单观念或者知道一个它未曾经验过的简单观念。它只能被动地从经验接受这样的观念，就像照相机底片通过镜头接受光。然而，一旦它获得了简单观念的集合，它能通过将它们重复、比较和联合，把它们加工成各种各样的结合体。

简单观念分为两种。第一种由所有来自感觉的观念构成。它们是我们所具有的关于黄、白、热、冷、软、硬、苦和甜这类性质的观念（E 2.1.3）。注意这个名单不包括书或大象这样的对象。不包括这些对象是因为我们关于外部世界的知识的基本要素仅仅由细微的感觉材料构成。简单观念的第二个范畴是反省观念。它们由关于我们精神活动的经验获得。今天我们会称这是"内省知识"。因此，我们有知觉、思考、怀疑、相信、推理、知道、意欲、情感和其他心理状态的观念。正是因为我们能观察到心灵的工作，所以我们能思考（或任何其他心理活动或状态）。

洛克清楚地说明我们具有的所有观念都来自这两个经验源泉：

对于我，理解似乎不具有任何不从这二者之一得到的观念的一丝光亮。外部对象给予心灵可感性质的观念，所有这些都是它们在我们心中造成的不同知觉；并且心灵给予理解它自身活动的观念。（E 2.1.5）

接着，洛克向我们提出反驳他论点的挑战：

让任何人检查他的思想，彻底搜索他的理解；然后让他告诉我，是否他在那里具有的所有原初观念，既不同于他的感觉对象，又不同于他的心灵活动……不论他想象那里储存了多大量的知识，只要采取严格的观点，他都将看到，除了这二者之一印入的观念之外，他没有任何观念。（E 2.1.5）

换言之，一个生来失明的人不能有红色的观念，一个聋人也不能有任何笛声的观念，你也不可能有响尾蛇肉味道的观念，除非你在某个时候有关于它的经验。

> **想一想**
>
> 19.1 尝试回应洛克的挑战。你能提出一个我们具有的观念或概念，他难以追溯到我们的感觉（包括来自感觉的复杂观念）或关于我们自己心理状态的经验？洛克会如何回应你的反例？

复杂观念

就像照相机底片接受和记录通过它的镜头进入的光线，人类心灵也通过经验被动接受简单观念。然而，这些观念是单个的声音、颜色或其他感觉的"撞击声"。我们从哪里获得统一对象的观念，如书和大象的观念？对于洛克，心灵虽然不能生成观念，但它能把它们加工为更复杂的观念。它们是简单观念的结合，可以被当作统一体并给予它们自己的名字，诸如"美、感激、人、军队、宇宙"（E 2.12.1）。在他的《人类理解论》第四版中，洛克根据产生它们的三种心灵活动对复杂观念进行分类：复合、关联和抽象。第一种复杂观念是通过把两个或更多简单观念混合或联合在一起形成的。我们可以把相同类型的几种观念结合在一起。例如，对空间的若干观察可以在我们心中结合在一起形成广阔空间的观念。因此，从我们有限的空间观念的经验，我们能构想天文学家所谈论的巨大的量。我们所具有的苹果的观念是更简单的红、圆、甜等观念的结合。

心灵的第二个活动产生关系观念。这种观念是通过把一种观念与另一种观念对比产生的。例如，"更高"这个观念只能来自把我们关于另外两个事物的观念关联起来。夫妇、父子、更大和更小、因果都是并非单独被经验到，而是由观察关系而来的观念的例子。

最后，抽象过程给我们一组非常重要的观念，称为抽象观念或一般观念。从洛克至此所说的内容，很容易看出，我如何能形成一本特殊的书的观念。一本给定的书是它的特殊颜色、重量、尺寸、方形等的结合。但是，如果我想要思考一般的书而不是特殊的一本书怎么办？洛克说，我们可以通过抽象出它们所具有的所有共同性质，忽略它们的个别差异，来形成"书"这个一般观念。例如，个别的书有各种颜色和尺寸，但一般的书是包含许多上面有文字或图片的页面的矩形对象。

即使某些东西像"无限"观念一样抽象和似乎远离经验，也能从经验中构造出来。洛克说，"无限"观念来自"我们观察我们自身中无尽地重复我们自己的观念的能力"（E 2.17.6）。因此，我们可以拿我们的时间和空间经验在想象中外推它们获得永恒和天文学家讨论的大尺度距离的概念。然而，洛克提醒，虽然这种方法将给我们对空间无限性的模糊理解，但我们不能在心中持有积极而确定的"空间无限"观念（E 2.17.7）。后者要求我们把重复观念的无尽序列想成一个完成的序列。只有一个无限心灵才能容纳这样一个庞大的观念。

第一性质与第二性质

不同于笛卡尔，洛克从未怀疑外部世界存在并且我们能知道它。然而，他的立场造成了一个重要问题：如果我们的观念构成了我们知识的总和，而我们的观念在心灵中，那么我们的知识如何与外部世界相联系？为回答这个问题，洛克做出了一个关于我们在感觉中遇到的简单观念的关键（但成问题的）区分。他引入性质这个术语来指称物质在我们心中产生观念的能力。如果我们把一个雪球经验为白的、冷的和圆的，那必定意味着雪球有产生这些观念的能力。某些性质实际地寓存于外部对象自身。它们是那个对象真正和客观的属性。这些是他所称的物体的第一性质。第一性质的例子是坚固性、广延、形状、运动或静止和数量。即使没有人观察地上的雪球，它仍然占据一定量的空间，是圆的，处于静止中，并且是单个而不是多个。对应于这些性质的观念可信地表象了事物在外部世界中实际是怎样的。

然而，存在着第二组性质。这些第二性质显示，物体有在我们心中产生主观经验的能力。我们经验的这些种类的性质不在对象自身中。例子是，对颜色、声音、味道、气味、温暖和寒冷等的感觉。为什么洛克做出这种区分？他做出这种区分是因为他认为，头脑清晰地反思共同经验要求做这种区分。例如，关于一个特定对象的高度我们可能有不同意见，但我们能根据对象自身的客观属性检查我们的意见。然而，当我们说茶太苦了，而你把它经验为甜的，我们认识到相同的茶能以不同方式影响我们的味蕾。类似地，一个橘子总是球形的而不是方形的，不论观察条件是什么。然而，正如任何画家都知道的，当在阳光下或暗影中，以及在白炽灯或荧光灯下看时，橘子的颜色会变化。形状保持稳定而颜色变化，因为形状是第一性质而颜色是第二性质。小提琴弦的运动（第一性质）产生空气运动，它们在我们耳中产生声音的感觉（第二性质）。振动的琴弦并非优美的或难忘的，它只是运动中的物理对象。但是，我们可以把这个运动的结果经验为优美的或难忘的音乐。相同的火能在我们心中造成温暖或痛苦的感觉。正如我们会说痛苦在我们心中而不在火中，我们也应该理解，温暖是火中的第一性质在我们心中产生的感觉。（这个区分似乎非常简单，但后来乔治·贝克莱论证说，其中有很大的问题。）

有意义的是，洛克的第一性质是可以在物理学中量化研究的性质。在此，他追随伽利略和笛卡尔，试图将自然数学化。他提出，世界的真正属性只是那些可以科学地考察的属性。所有其他属性只是这些属性的副产品。这意味着诗人、艺术家和单纯经验的世界是显象的世界，缺乏颜色、气味或声音的牛顿科学的世界是实在的世界。洛克的理论以这种方式进一步扩大了我们所经验的世界和科学家所呈现的世界之间的鸿沟。*

> **想一想**
>
> 19.2　列出你房间中的一个对象的属性。对每个属性，根据洛克的理论把它分类为第一性质或者第二性质。可能对洛克的性质分类做出什么批评？

---

* 后来的作者反抗了唯有科学向我们呈现真实世界的主张。这包括康德（第22章），浪漫主义者（第23章），现象学家（胡塞尔，第32章）和存在主义者，即克尔凯郭尔（第26章），尼采（第27章）和海德格尔（第32章）。

表象实在论

用今天的术语来说，洛克的认识论通常被称为"表象实在论"。**表象实在论**（representative realism）主张，心灵直接获得的只是它自己的观念，但这些观念由外在于心灵的对象所引起，并表象它们。利用表象实在论的原则，我们可以解释许多经验。例如，如果当你在手指中转动硬币时看着它，在你视野中的银色斑块的实际形状将从圆变到椭圆。因为它从不同角度反射光，它的颜色也发生变化。当然，你认识到硬币自身没有变化，变化的只是向你表象这块硬币的（洛克意义上的）观念。因此，尽管你的观念由外部世界的对象引起，并给你关于它的客观信息，你却不能把对象作为它自身来直接考察。

> **想一想**
>
> 19.3　你是否同意洛克的观点，即你的心灵直接获得的只是它自己的观念（你经验中的事项）？为什么？你是否也相信你的观念或经验或多或少表象了外部世界的对象？为什么？对洛克的表象实在论可能提出什么批评？

知识的等级

在《人类理解论》的最后一卷中，洛克提出了我们可获得的知识的等级。他已经发展了关于观念的理论，观念是我们知识的材料。现在他要表明知识如何从这些元素中构造出来。洛克把知识定义为"对我们观念的联系和一致或不一致和矛盾的知觉"（E 4.1.2）。换言之，获得知识就是我们观察我们的观念是否结合在一起。一个真命题就是观念在其中恰当地相联系的命题。人类心灵可以获得三个等级或种类的知识（E 4.2.1—15）。第一，存在着洛克所称的"直观知识"。这种知识出现在观念之间的联系可以直接看到的时候。因此，"白不是黑，圆不是三角，3大于2且等于1加2"，仅仅考察这些观念我们就知道。这种知识就像明亮的阳光；它"不给犹豫、怀疑或考察留下任何余地，心灵立即充满对它的清晰理解"。这种知识绝对确定并给其他知识提供基础。在此，我们可以获得的唯一一种存在的知识是关于我们自身存在的知识。

第二，存在着"证明知识"。这里，观念之间的联系不是直接的，而是通过像在数学证明中一样一步步形成逻辑链条建立起来的。因而，我们有三角形三角之和等于180度的证明知识。我们有上帝存在的证明知识。而且，如果我们小心地形成逻辑链条的每一个环节，证明知识也给我们确定性。然而，既然在我们的推理过程中总是可能犯错误，这种形式的知识并不是那么很"清晰和明白，也不是那么容易赞同，像在直觉知识中那样"。到目前为止，洛克对笛卡尔的继承很明显，因为这一讨论几乎完全符合笛卡尔的认识论。出于相同的理由，显然洛克很难被称为"纯粹的经验主义者"。

知识的第三个等级是"感觉知识"。除了我们自己和上帝的存在，所有关于存在和外部世界对象的本性的判断都属于这个范畴。洛克的笛卡尔主义一面说，这种知识缺乏我们可以在前两种知识中拥有的那种确定性。然而，洛克的经验主义一面向我们保证，外在于我们的对象的证据的概然性如此之高，"让我们放弃了怀疑"。获得关于日常生活中每个问题的确定性是不可能的。然而，洛克说，我们要成功地生活不需要确定性。

虽然他坚决地主张，经验是我们所有观念的来源，但对于我们有希望在实验科学中找到多少确定性的问题，洛克是谦逊甚至悲观的。经验可以向我们表明，金子总是具有特定颜色、重量和可延展程度。然而，既然我们不能像对三角形的属性那样辨认这些观念之间的任何必然联系，我们就永远不能确定，当这些性质中的一些呈现时，另一些也会呈现。然而，他有时表明，这种对物理世界的运作缺乏确定而普遍的知识，不是一种永久状况，而可能是暂时的无知的结果。随着工具和实验技术的进步，这种情况能被补救。因此他说如果我们能有关于"任何两个物体的微小部分"的知识（我们今天会称为核物理学的内容），我会能够决定它们对彼此的影响，"就像我们确定方形或三角形的属性一样"（E 4.3.25）。

形而上学：显象背后的实在

洛克并没有写过一本单独论形而上学的书。他把关于这个题目的所有事情都和他的知识论交织在一起。然而，除了讨论我们如何认识，他也对我们所认识的东西的实在性感兴趣。迄今为止，他给了我们一个我们如何获得我们所具有的所有观念的理论。当我们把红、圆、脆、甜的观念一起经验到，我们把"苹果"这个标签用于这个经验集合。但这里有某些事情需要解释。为什么这些种类的经验总是成簇地出现在我们心中？如果它们是不同的感觉，为什么它们从不分离和自由浮现？我们知觉不到甜自己单独存在。我们总是经验到甜的东西，不论它是一个苹果、一块糖，还是一根棒棒糖。洛克说，我们需要实体这个观念。**实体**（substance）的字面意思是"下面的支撑物"。因而，苹果的实体，是一种基质，产生我们的红、圆、脆等经验的性质寓存其中。问题是，我们不能有关于实体自身的知识，因为我们直接经验的只是它所支撑的观念。

洛克过于赞同常识，因而不能否定在观念之下有某种东西存在于那里。然而，实体概念对于他的立场是一个问题，并侵蚀了他的经验主义的严格性。既然我们经验不到实体，那么它们像什么样子，我们如何肯定它们在那里？洛克回答说，如果有人被问到这些问题，他只能说，实体是"某种东西，他不知道是什么"，它"被假设，但不被认识，支撑着我们发现存在着的那些性质"（E 2.23.2）。

洛克以一种微妙而不寻常的方式利用我们对物质实体的有限知识来支持他对宗教的看法。宗教怀疑论者通常说，我们能确定物质存在，但我们没有精神实在的证据。实际上，洛克说，我们关于精神实体的观念和我们关于物质实体的观念一样清晰和根据充分（E 2.23.5）。毕竟，我们从来没有遇到过物质实体本身，遇到的只是寓存于它们中的性质。以同样的方式，通过反思，我遇到我的精神活动，我必须假定它们寓存于某种精神实体中，就像我假定在我知觉的东西后面存在着物质实体。因此，"我们拥有的属于精神的观念和关于物体的观念一样多和清晰，两种实体对于我们都同样未知"（E 2.23.28）。对于洛克这位常识哲学家，就像假设物质存在是合理的一样，假设存在精神实体也是合理的。然而，怀疑论者大卫·休谟后来用同样的论证表明，物质实体和精神实体都是可疑的。

宽泛地看，洛克的形而上学和笛卡尔的形而上学相似。既然洛克既相信物质实体又相信精神实体，那么他是一个二元论者。而且，与笛卡尔相似，他持有关于身心关系的相互作用理论。他关于神圣实体的讨论将在后面关于宗教的节中涉及。

什么是道德知识的来源？

洛克最初开始他关于人类理解本性的长篇谈论是因为他认为道德理论的水太浑浊了。澄清了认识论的问题之后，他现在可以处理更困难的道德问题了。他的知识论显示，我们能真正知道的事情是相当有限的。然而，洛克并不认为这很麻烦，因为可以获得的这些知识对实际生活已经足够了。那么，关于如何找到指导我们生活的道德原则，洛克的理论能告诉我们什么呢？

洛克已经论证了不存在"写在心中"的天赋道德原则。如果心灵开始是一块白板，那么我们所有的道德知识必定来自经验。既然我们没有直接对于"善"和"恶"的感觉，我们就必须发现可以导出这些概念的其他感觉。正如典型的经验主义道德理论一样，洛克从我们的痛苦与快乐的经验开始。他说，我们称凡是倾向于造成快乐的东西为"善"，凡是倾向于产生痛苦的东西为"恶"。这暗示道德可以以经验概括为基础。

到目前为止，他的立场听起来像是一种我们在前面学习伊壁鸠鲁和霍布斯时遇到的快乐主义。然而，尽管持有这样的立场，但洛克接着说，道德上的善和恶等同于行为与某法则的符合或不一致（E 2.28.5）。存在三个法则：（1）神圣法则，（2）世俗法，和（3）舆论或名誉法则。因为后两个法则起源于人类，所以它们的细节随社会的不同而不同并且有时偏离神圣法则也不足为怪。然而，因为遵循上帝的法则倾向于推进人类的共同的善，所以道德指引的三个源泉也存在一致的内核，这同样不足为怪。事实上，洛克说，发现上帝的法则要么通过

"自然之光",要么通过"启示的声音"(E 2.28.8)。因此,我们并不依赖启示来知道道德真理,因为用我们的理性和经验来发现它们是可能的。

当洛克说"道德能够像数学一样被证明"(E 4.12.8)时,他坚持了他的理性主义一面。关于理性证明的道德原则,洛克给我们提供了一些令人难以信服的例子,其中有"没有所有权就没有不正义"(E 4.3.18)。他宣称,这个真理和任何欧几里得几何学的证明一样确定。洛克继续解释说,财产权是对任意某物的权利,而不正义是对这个权利的侵犯。但是,如果我们用一个等价词去替换另外一个,原来的这句话就变成了"没有对任何东西的权利就没有对那个权利的侵犯"。以这种方式解释,这个"道德原则"被证明是一个无趣的同语反复或类似于"A = A"的逻辑真理。类似地,洛克主张,"没有政府允许绝对自由"是一个理性真理。但是,有一个政府意味着有法律,因而,限制自由琐细地包含在政府概念中。在这两个自明之理中,真正有趣的问题都被回避了,例如,"什么是公共财产,什么是私人财产?""合法的政府对个人自由有什么限制?"正如贝克莱对此的表达,"洛克关于道德证明的例子是……琐屑的命题"。[7]

与他对伦理学的理性主义解释相对照,洛克也提供了一个经验主义解释。洛克指出,虽然不同文化有不同的道德行为准则,但它们仍然有高度的齐一性。我们如何对此进行解释?洛克的回答是,经验可以教我们哪种形式的行为最让人满意,哪种形式的行为则不是。舆论或名誉法则,以社会传统为基础,倾向于反映集体智慧。一个以背叛和欺骗为基础的社会不会是一个在其中生活非常快乐的地方,它也不可能长久生存。因此,一个应用经验推理出道德指导的社会将(有意无意地)遵循上帝的法则。

洛克的道德理论充满矛盾和模棱两可。有时候它回顾中世纪思想,另一些时候它又前瞻现代世俗思想。一方面,洛克相信道德法则在启示中给予我们;另一方面,他相信自力更生的人类理性和经验可以决定什么是对、什么是错。前一信念强调神圣权威,而后一信念则把人类的自主强调到使启示成为多余的地步。洛克的传统面强调上帝颁布的理性道德法则;然而,他的经验主义则对这一可能性敞开大门,即如果行为的经验后果发生了变化,道德也会变化。最后,有时候洛克的道德理论读起来像是说责任和遵守法则是伦理学的首要动机,而快乐只是它的伴随物;另一些时候它听起来像是在说快乐和理性的自利是伦理学的基础,道德德性只是达到这些目的的手段。

> **想一想**
>
> 19.4 你是否同意洛克的观点,即道德真理可以从我们关于增进或减损人类繁荣的东西的经验中导出?为什么?在第21章,大卫·休谟论证说,经验只能告诉我们情况是(或曾经是)怎么样的,不能告诉我们应当做什么。洛克会如何回应这一异议?

经验的宗教哲学

上帝观念的经验起源

与道德一样,宗教也是洛克的《人类理解论》要澄清的主题之一。然而,既然他认为我们所有的思想都或多或少限制于我们能经验的东西,我们发现他没有发展出羽翼完全丰满的哲学神学就不令人惊讶了。然而，他的确认为，我们至少能导出上帝观念并且我们可以进而有他存在的证明知识。这一点应该很清楚，洛克不能从笛卡尔开始的地方开始，即以上帝的完满的天赋观念作为心灵的固有内容。相反，他必须表明我们能从有限的经验材料中构造出无限的上帝观念。因此，从对我们自己心灵的反省知识和对人类存在、绵延、知识、能力、智慧和所有其他积极性质出发，"我们用我们的无限观念扩大这些性质中的每一个，并把它们集合起来，制造出我们关于上帝的复杂观念"（E 2.23.33）。

要注意洛克与柏拉图和笛卡尔这样的理性主义者差异有多么大。对于他们，完满的观念是原初的，而我们的不完满观念是从这个至高范型中导出的。洛克颠倒了这幅图画，通过从我们的有限性外推来构造上帝观念。这个过程非常像一个科学家在图上绘制出实验数据的点，然后想象联结这些点的曲线看起来好像延伸到图的边界之外。显然，笛卡尔从完满的观念出发证明上帝对洛克行不通，因为洛克相信它只是我们制造的一个复杂观念。事实上，他提出，从完满观念出发的论证是"确立这一真理并让无神论者哑口无言的错误方式"（E 4.10.7）。他的理由是某些人没有上帝观念，而那些有这个观念的人对这个观念有如此多相互冲突的解释。

想一想

19.5 我们的有限心灵如何可能有"上帝""完满"和"无限"等观念？笛卡尔怎么说？洛克怎么说？你认为谁的说明最合理？对立的理论有什么问题？

证明上帝存在

虽然我们是从我们有限经验的材料中达到上帝概念的，但洛克认为，我们可以像在几何学中证明定理一样证明上帝存在。因而，他提供了一个对上帝的论证，它是因果论证和设计论论证的结合（E 4.10.2—11）。在他的前提中，他使用了以下经验事实：世界存在；像我们这样思维着、有知识、有意识的是者存在；自然的秩序、和谐和美。此外，他增加了两个笛卡尔使用过的相同的理性直观：(1) 无中不能生有，和 (2) 任何事物的原因都必须有它给予其结果的所有完满性。由此，他演绎出存在一个永恒、强大和理智的原因。

洛克对自然神论的影响

到目前为止，洛克的宗教哲学是普通而传统的。但是，他关于宗教的进一步思想影响了他那个时代的某些宗教争论。虽然洛克本人属于或多或少传统的基督徒，但他的《人类理解论》和他的《基督教的合理性》(1695) 都对自然神论思潮的兴起有贡献。自然神论是一种基于理性的思想体系，它承认上帝存在和上帝创世，但否定上帝以奇迹或启示的方式干预世界。它对正统基督教的突破在于，它拒绝任何一种神对世界和人类事务的影响。自然神论者说，世界是自足的理性系统，根据神创的自然法则运行。因而，其中不需要更多的神圣活动。而且，既然人类被授予理性和经验，他们就拥有在科学、道德和宗教领域发现真理所必须的一切。因此，超自然的启示是不必要的。

我们在此再次发现洛克立场中的张力，它以传统观点的术语为外衣，却指向更为激进的立场。洛克真诚地相信神启的真理是绝对确定的。但是，他断言，如果任何所谓的启示违反理性，就必须拒斥它。然而，洛克的确承认某些启示的命题"高于理性"，意思是理性不能判断它们是真是假。在这些情况下，可以允许基于信仰而相信某些东西（E 4.18.9）。不幸的是，洛克没有说明我们如何分辨违反理性和仅仅高于理性的命题之间的差异。虽然洛克偏向更传统的基督教，但是，他通过坚持人类理性比任何启示更清晰和确定，并且是什么是启示、什么不是启示的最终判断者，为自然神论创造了条件。结果是，传统宗教思想被剪除了一切在理性和常识的法庭上不能得到辩护的学说。（洛克帮助塑造的）这个时代的精神中充满了这样的情绪，即如果人们把他们的神学包袱减到最低，理性和宽容就能得到最大的助益。在 18 世纪有大量关于理性宗教的讨论，即只以我们自然的理性能力为基础的宗教。许多思想家从理性确证或补充信仰的观点转向理性现在可以完全取代宗教的观点。自然神论者拒绝了洛克关于可能存在高于理性的宗教真理的假设。

启蒙的政治哲学

洛克最重要的贡献之一是在政治哲学领域。洛克时代的英国被卷入政治剧变的风暴中。那些青睐拥有新教国王的更民主和更大众化的政府的人，正试图颠覆天主教的绝对君主制。洛克的许多具有深远影响的政治理论，实际上是对他那个时代盛行的许多政治情绪的杰出总结和阐述。洛克关于政治的反思呈现在他的《政府论》中，它匿名出版于 1690 年，与他的《人类理解论》同年出版。在序言中，他声明，他想要为 1688 年的革命辩护。虽然《政府论》幸逢其时，但实际上在这场政治革命之前几年，他就已经着手写作这本书了。

自然状态

和他之前的霍布斯一样，洛克以对自然状态的讨论开始他的社会理论。自然状态是一种发明政府之前的境遇，其中的人们是独立而自由的，在没有任何人对任何他人拥有统治权的意义上是完全平等的。证明自然状态在人类历史的开端实际存在过，对他的论证无关紧要。相反，他正试图确立个人地位比政府地位更为根本的逻辑观点。然而，他相信他那个时代的美洲野人为这样一种状况提供了例子，就像主权国家之间的关系或荒岛上的两个个人之间的关系一样。洛克，作为他那个时代的产物，以 17 世纪广为流传的许多未经质疑的假设为出发点。其中最突出的是，人们是独立的原子式的个体，社会只是个人的复杂集合。因此，简单观念和复杂观念的关系反映在了社会哲学中。洛克的同时代人丹尼尔·笛福的《鲁滨逊漂流记》在这个世纪的出版是意味深长的。这个故事是关于一个孤独的人，他独自面对自然，只有他的上帝和他的羊相伴，这是我们在启蒙运动的社会理论中发现的个人主义出发点的一种文学版本。

虽然洛克从自然状态中演绎出政治哲学的方法类似于霍布斯，但是对自然状态像什么样子，洛克给了我们完全不同的描述。对于洛克，它是一个战争状态。然而，关于人类本性，洛克有着乐观得多的观点。他把没有政府的生活描述为和平、善意和互助的生活。当然，存在着一些麻烦制造者，但总的来说，人类相处得相当好。没有政府，人们只会受自然法或理性法的约束，这对每个人来说都是

"能被理解和简易的"。虽然每个个人在自然状态中都是完全自由而独立的，但洛克认为，在这样一种状态下存在着自然的和非正式的社会关系。因此，他不是霍布斯那样的极端个人主义者。

自然法与人权

洛克是自然法理论家的一个代表。他相信，某些道德法则是那些物理学家描述的自然的一部分。例如，他不相信我们的根本人权是政府授予我们的。他主张，即使没有世俗法，每个人也都有自然的、上帝给予的权利。自然权利的观念是他的理论中的一个关键观念。既然我们不是从政府获得这些权利，并且在政府诞生之前就拥有了它们，政府就不能合法地拿走它们。这个观念对美国政府的创建者非常重要，回响在《美国独立宣言》中，并体现在《权力法案》中。

自然法首要的一条是，任何人不得危害他人的生命、自由和财产。自然资源（空气、水、土壤和树木）是共同财产，所有人都按其需要自由使用。然而，如果我把我的劳动与自然的一部分混合，那么它就成了我的财产。例如，每个人都可以自由利用土壤，但是如果我清理、耕耘土地并播种，那么土地和它的作物都属于我。这个解释被称为洛克的"劳动产权论"。在此，洛克不同于霍布斯，后者认为没有政府，就没有办法在无边的自然中定义财产权。

> **想一想**
>
> 19.6　洛克主张，即使没有政府，人们仍然有基本的自然权利。你是否同意这一观点？否定这一点意味着什么？洛克认为我们的自然权利是上帝授予我们的。你是否认为可能有其他可供选择的解释？如果存在着自然权利，人们如何确定它们是什么？

社会契约

如果自然状态基本上是一个和平善意的状态，我们在其中具有自然权利，那么我们为什么会需要政府？洛克的回答是，自然状态可以接受，但不方便。尽管没有社会我们也能生存，人类也自然地趋向于社会。而且，存在着许多理由说明政府和法律会使生活更好。首先，即便存在着自然法，我们也需要成文的、取得共识的法律来解决个体之间的争议。这样，存有偏私的人类意志就不会介入到个案的判断中。其次，尽管每个个体天生就会惩罚错误行为，但是一个官方任命的、中立的法官能比一个个人利益受到威胁的个人更公平地应用法律。第三，我们需要一个政府来代表弱势者执行法律。

在此，洛克引入了霍布斯在他之前使用的社会契约假定。到洛克的时代，它已经成为解释政府的起源和正当性的一个通常假定。根据这个解释，人们为了他们的相互利益而联合起来，把他们的某些个人权力转交给一个政治体。存在着一个基于全体一致同意的形成政府的最初契约。继之而来的是关于政制形式的正式协议，这是通过多数表决决定的。洛克并没有指明应该采取什么政府形式，他的观念既可以用于君主立宪制，也可以用于民主制，只要权力最终由人民掌握。对于我们中那些没有实际签署契约的人，洛克说，我们无声地同意了它，因为我们生活于我们的社会并得到它的好处。

政府的限度

洛克的政府观是古典自由主义的早期表述。他说，政府的权力不能扩张到共同的善的要求之外。他关于政府的观点与霍布斯极为不同。对于后者，人们极度渴望法律和秩序，因而会愿意把所有的权力舍弃给政府。对于洛克，政府是有用的，但不是必不可少的；因此，我们可以规定契约的条款。不是把我们所有的权力舍弃给政府，而是我们把它委托给政府，以换取对我们生命、财产和自由的共同保护。政府是我们的创造物，因而它是我们的仆人。这个社会契约的最终特征是多数统治的方法。洛克坚定地相信常识；因此，他相信公民共同体应该拥有最终的主权。

再次与霍布斯形成对比，洛克说，政府必须依照法律统治，而不是依照暴力或专断的意志。这里，他的理性主义与经验主义的奇怪混合再次出现。在他的理性主义样态中，他强调，政府并不发明法律，而是寻求发现自然法是怎么样的，并让它的民法符合这些永恒的法。在更经验主义的样态中，他强调，需要经验研究（或我们现在所谓的社会学或政治科学）来决定什么法律和社会结构产生最好的社会。在他的一篇日志中，他建议公共政策应该像医学一样行事。在这两种情况下，一种矫治是否起作用，不能被先天地决定，而是一个概率和经验问题。

借助杰出的洞见，洛克提出，政府应该划分为分离的部门，每一个都作为其他单位权力的限制。他称这些是行政、立法和外交部门。后者将监管政府和其他国家的关系。他也提到司法，但是，是孟德斯鸠（1689—1755），他的写作受到洛克的影响，把司法作为政府的第三个部门。当美国的建国之父们把政府划分为行政、立法和司法部门时，他们既吸取了洛克的思想，又吸取了孟德斯鸠的思想。

洛克思想最有影响的特征之一与他关于革命的观念有关。对于霍布斯，无政府状态的危险比暴政更糟。因此，对于推翻一个压迫性政府的合法根据，他没有提供多少内容。对于洛克，暴政比无政府状态更有可能出现。而且，他坚持反抗的权利与无政府状态不是一回事。这样，洛克就为革命的权利提供了根据。如果政府超出了它的合法权威的界限，社会契约破裂，公民就可以替换它。但是谁来决定什么时候政府越界了？洛克简明地回答道："人民应该是法官。"[8] 但是，和通常一样，洛克的观点非常平衡，因为他警告不应该"因为公共事务中每一个细小的管理失误"就号召革命。[9]

洛克的18世纪假设

尽管洛克关于自由和人权的讨论打动人心，但我们不应该认为这些术语对于洛克的意义，和它们到今天对我们所具有的意义相同。例如，他相信正义的战争中被俘虏的人"根据自然权利"是他们的俘获者的奴隶。[10] 而且，在他著名的《论宽容》中，他断言说，宽容原则不适用于罗马天主教徒，因为他们效忠于教皇而不是国家。他主张，宽容也不应该扩展到无神论者。而且，当他捍卫自由时，他在想的主要是贵族集团的自由，他是他们中的一分子。最后，正像约翰·斯图尔特·密尔在一个半世纪后指出的那样，洛克对多数统治的强调没有考虑到多数人自身成为和暴虐的君主一样危险的专制者的可能性。

虽然洛克是他的时代的产物，是他同时代人的政治情绪的辩解者，但他同时也造就了他的时代。

自然状态、自然的道德法则、自然权利、社会契约和革命权利的概念是18世纪政治思想的理智潮流。例如，在撰写《美国独立宣言》时，托马斯·杰斐逊说，他的观念并不是新的，而是追随洛克这样的作者的思想。当殖民地居民高喊"无代表不纳税！"时，他们实际上在引用洛克的话。通过孟德斯鸠和其他人，洛克也影响了法国思想。洛克可能不同意美国和法国革命（作为一个极端温和主义者），但这些运动成长于他播下的种子，却是确定无疑的。

评价与意义

尽管洛克对启蒙运动有巨大影响，但他的同辈和直接后继者对他的理论做出了经典的批评。其中两个批评值得提及。第一个批评是关于他对天赋观念的攻击，第二个则直接反对他的表象实在论。

捍卫天赋知识

虽然经验主义者认为洛克对天赋知识的攻击是关于这个主题的定论，其他人则有不同观点。某些评论者主张，没有任何人曾持有洛克攻击的那种形式的学说。他的同时代人莱布尼茨指出，拥有某种理性原则和意识到它们之间存在不同。洛克假设观念在心灵中和球在盒子中的方式相同。对于他来说，如果观念存在，它总是无可怀疑地呈现于心灵。相反，莱布尼茨对我们现在所谓的隐性知识更加敏感。例如，小孩子使用不矛盾律时并不知道他们在这样做。

而且，当洛克在他的《人类理解论》中说，"凡在理智之中的东西无不首先存在于感觉中"，而莱布尼茨加上了"除了理智自身"。换言之，如果心灵没有任何内容，它如何能理解迅速增长的、瞬息万变的、混乱的经验？它会像一台没有任何逻辑回路的电脑。在两种情况下，都没有心灵或电脑用以组织它的材料的原则。后来，18世纪的伊曼努尔·康德把这个立场扩展为一个完整的认识论。今天的大多数哲学家同意我们生来不具有任何观念，然而他们中的许多人仍然坚持我们的心灵具有天赋能力或结构的理论。尽管有洛克的论证，天赋知识的论点还是在20世纪在语言学领域被诺姆·乔姆斯基和他的追随者们复活。*

对表象实在论的批评

洛克相信，我们并不直接知道外部世界，但是它被我们的观念表象给我们。但是，洛克的理论存在着一个大问题。他自己很好地表达了这个困难：

> 显然心灵并不直接知道任何东西，而只是通过观念的介入它才拥有这些知识。因而，我们的知识只在我们的观念与事物的实在性相符时才是实在的。但是这里的标准是什么？当心灵只知觉到它自己的观念，心灵如何与事物自身一致？（E 4.4.3）

我们将把这个问题称为"内部－外部"问题。如果我们只知道心灵的内部内容，我们如何能知道它们与外部世界的关系？洛克论证说，我们并不发明简单观念（即，我们并不制造我们自己的经验），因而它们必定是外部对象造成的结果，以此来回答他自己的问题。而且，他说，我们的观念将与对象相符合，因为它们是由"我们的造物主的智慧和意

---

* 乔姆斯基论证说，儿童的语言经验非常有限，不能解释他们发展出的复杂语言技能。他提出了这样的理论，即儿童生来具有为所有语言共有的天赋语法结构。这些天赋规则形成了获取他们母语的特殊特征所需的必要框架。

志"所发明。这一神学证明部分地重复了笛卡尔为我们的知觉性知识的有效性所做的论证。然而,在决定哪些观念实际地表象了它们的对象并且哪些观念只是不与它们相似的第二性质时,问题依旧存在。例如,如果你猛揉你的眼睛,你将经验到闪光,尽管房间里并没有光在闪烁。你如何确定地知道你的知觉器官什么时候是以这种方式在它们自身中产生观念,什么时候不是?

洛克认为,我们每个人都像一个被限制在没有窗户的屋子里的人,他只有外在事物的照片。我们可以把一张照片和另一张照片比较,但不能把它和墙外的世界比较。谁知道照相机的镜头造成了什么样的歪曲?用另一种方式来提出这个问题,尝试这个实验,比较(1)这本书和(2)这本书的经验的异同。这个实验无法进行,因为你永远不能打破你自己的经验壁垒。批评者,例如乔治·贝克莱,后来指责洛克的"内部-外部"问题给怀疑论敞开了大门,显示洛克的假设需要被彻底修正。

洛克的重要意义

在他哲学之旅的开端,约翰·洛克把为知识、伦理、政治和宗教奠定基础作为使命。在处理这一系列问题时,他接受了一个任务,很大程度是他从理性主义者那里继承来的。他那从不减退的哲学乐观主义由这一事实显示出来,即他希望用经验主义这一谨慎而谦卑的工具来完成这一使命。然而,他所处理的问题的宏大总是被他的哲学格言所缓和:"我们在这里的任务不是知道所有东西,而是那些有关我们行为的东西。"[11] 终其一生,他的工作都受到一种平衡感和朴实的实践性的指引。当哲学家乔治·桑塔亚纳评论说"如果洛克的心灵更加深刻,它的影响可能没有那么大"时,[12] 他无疑是正确的。洛克总是试图行进在教条主义和怀疑主义之间的道路上。当哲学严格性的要求似乎指向怀疑主义时,洛克总是向常识的智慧屈服。正如他对此的表达,"如果我们不相信任何事,因为我们不能确定地知道所有事,那我们(的行为)就像一个人不使用他的腿,而是一动不动地站到死,因为他没有翅膀飞"。[13] 这种平衡的观点,被他的分析的、经验的论证所加固,为洛克赢得了"近代经验主义之父"的头衔。尽管他的批评者在洛克的哲学中发现了缺陷,但每个人都承认许多近代哲学和文化带有他的印记。

哲学中的女性:玛丽·沃斯通克拉夫特(Mary Wollstonecraft,1759—1797)

玛丽·沃斯通克拉夫特是一位18世纪的作家,她因她关于社会政治哲学和教育哲学的著作而受到瞩目。她还写有小说、书评、法国革命史、游记和两本给孩子的教育故事和散文。她是女性权利直言不讳的鼓吹者,并且,因为这个原因,许多人把她看作后来所谓的"女性主义运动"的奠基人。

尽管沃斯通克拉夫特的政治著作写于洛克的主要著作出版一个世纪之后,但是,因为洛克的思想对她的观点有巨大影响,所以她被包括在本章中。例如,她没有明晰的认识论著作,但她显然遵循洛克帮助建立的英国经验主义传统,并且她有时会引用洛克的《人类理解论》。洛克《政府论》中的几个主要观念在沃斯通克拉夫特的著作中也得到了回响,诸如自然权利、社会契约的观念和他的财产理论。最后,洛克的著作《教育漫话》中的观念对她的教育哲学有决定性影响。

玛丽·沃斯通克拉夫特（1759—1797），一位社会政治哲学作家，她把洛克的某些观念用于支持女性权利。

玛丽·沃斯通克拉夫特于1759年生于伦敦，她是家里的第二个孩子和七个兄弟姐妹中的长女。他父亲脾气很坏、很暴力、经常酗酒，并且挥霍了他的遗产，导致了他的家庭在社会上和经济上的没落。因她的妈妈非常沮丧，玛丽被迫照料和保护她的七个兄弟姐妹和受虐待的母亲。

在离家从事了几份工作后，她最后在1787年回到伦敦并为出版商约瑟夫·约翰逊工作，正是由于他的帮助才使她开始成为一个作家。最初她翻译别人的著作并为他的期刊撰写书评。最终，她通过出版自己的书变得声名鹊起。她的朋友包括英国自由思想家、政治激进分子和宗教异议者。通过约翰逊著名的餐会，她会晤了那个时代的几个著名知识分子，其中包括托马斯·潘恩，美国革命家和小册子作家，和威廉·戈德温，一个激进的英国政治哲学家、小说家和记者。

几年后，她与威廉·戈德温重新相识，他们的友谊发展为恋爱关系并最终结婚。他们有一个叫玛丽的女儿，名字来自她的妈妈。他们的女儿后来嫁给了诗人珀西·雪莱，并以《弗兰肯斯坦》的作者玛丽·雪莱知名于世。沃斯通克拉夫特在1797年38岁时，在他们的女儿出世几天后，因分娩并发症导致的发烧而不幸去世。

沃斯通克拉夫特的名声主要基于两本书。第一本是《男权辩护》，写于1790年。这是沃斯通克拉夫特的第一本政治书，它使她一夜成名。第一版在三个星期内售罄。这本书是对埃德蒙·伯克的《对法国大革命的反思》一书的首批批评性回应之一，《对法国大革命的反思》是对法国大革命的理智性攻击。伯克捍卫传统和习俗，特别是君主立宪制和贵族制。与伯克相反，沃斯通克拉夫特是法国革命的崇拜者，并且赞同启蒙运动对进步的信念，并呼吁她那个时代的社会改革。她的策略是把伯克的论证反诸彼身来指出他的立场不一致。她讽刺说，既然伯克是传统的如此坚定的捍卫者，逻辑上可以得出他应该反对耶稣（他在很多方面打破了传统），并且她指出，根据伯克的原则，宗教改革只能是不正当的（伯克是个新教基督徒）。同样，她评论说，伯克支持的美国革命，按照他的原则，不能得到支持。

像洛克和受他影响的美国革命者一样，沃斯通克拉夫特赞同这一观点，即人具有的自然的神授权利胜过任何由继承和人的特殊社会地位而获得的权利。

有必要重复强调，存在着人作为理性生物生来就继承的权利，通过其官能的改进，人超越了野蛮生物；而且这些权利不是来自先辈，而是来自上帝，法令不能损害自然权利。[14]

通过这本书,她抨击了世袭特权和不平等的阶级制度。与英国的社会结构相反,她论证说,应该根据人的功德来判断人,而不是家族传承。追随洛克的财产权定义(即所有权通过劳动获得)而反对伯克对财富继承的捍卫,沃斯通克拉夫特说:

自然授权的和理性裁断的唯一财产保证是,人有享受通过他的才能和勤劳所得之收获的权利;以及把它们赠予他所选择的人的权利。[15]

作为一贯的传统主义者,伯克论证说,英国的制度经过了数世纪的检验。因而,激进的社会政治变革是不明智的。然而,沃斯通克拉夫特论证说,没有任何政府和制度能免受理性的评估,因为"任何人类制度都不可避免地是不完善的"。[16] 虽然这个观念来自关于人类道德缺点的保守学说,可以上溯到《圣经》,但在沃斯通克拉夫特手中却成为对进步的社会政策和政治改革的辩护。

她的下一本更著名的书是《女权辩护》,出版于1792年。它扩展了前一本书的思想。这本书也是一个批评性回应,针对的是有影响的同时代作家和哲学家,让·雅克·卢梭。这本书的主题之一是自然与教养的问题。换言之,我们的品格和行为有多少是固有的和天生的(由自然产生的),我们的基本特性有多少是通过我们的抚育和社会化(教养)获得的?对于卢梭和大多数18世纪的思想家,男人和女人之间存在着根本的自然差异,这解释了女性具有较低的社会地位为什么是正确和正义的。

相反,沃斯通克拉夫特论证说,男人和女人具有相同的人类本性,应该追求相同标准的德性(卓越)。

但是我仍然坚持,两性的德性还有知识,即使在程度上不同,在性质上也应该是相同的,并且,女性不仅被认为是道德的,而且是理性的生物,应当以男性一样的方式努力获得人类的德性(或完善),而不是被像一种奇怪的半人一样被教育……[17]

而且,她还论证说,任何男人和女人之间现存的差异,都是女性被社会化和被教育(或得不到教育)的方式的结果。沃斯通克拉夫特批评男人们一直让女人边缘化,阻止她们实现她们的潜能。她尖锐地指责,在卢梭和其他人看来,女人"被创造为男人的玩物,他的摇铃,任何时候,不需要理由,当他想要取乐时,它就必须在他耳边叮当作响"。[18] 一方面她对男人毫不客气,另一方面她也批评女人接受了她们被假设要成为的那种人的虚假理想。沃斯通克拉夫特评论说,在她的社会,"温和、顺从和小鸟依人般的爱……一致地被赞赏为这个性别的主要德性"。[19] 年轻女孩愚蠢地赞同这些理想,母亲们则以身作则地强化了这些理想。"除了少数例外,这个世纪有教养的女性,当她们应当怀有更高贵的目标并靠她们的能力和德性赢得尊重时,都只渴望吸引爱慕。"[20]

和她之前的许多哲学家一样,沃斯通克拉夫特把理性看作定义我们人性的特质。然而,和许多她那个时代的以及过去的作家相反,她认为,女性拥有和男性一样的理性能力。因此,一个拒绝女性全面发展其才能的社会结构是不正义的。她不仅主张女性应当得到全面的平等,而且论证说女性缺乏教育平等损害了社会。女人是民族的孩子的第一个教育者,因此,我们需要教育母亲。在婚姻中,受过教育的女性不是仅仅作为装饰或财产,而是能够作为她们丈夫的"伴侣",使夫妻双方都受益。然而,在她那个时代,女性能获得的工作非常有限，沃斯通克拉夫特论证说，通过恰当的教育，女性能在传统男性的事务中对社会做出贡献，例如当物理学家、经营生意、研究政治或管理农场。[21] 她关于女性权利的效用的论证将在下一个世纪被约翰·斯图尔特·密尔和他的妻子哈莉耶特所继续。

当代联系19：洛克

洛克对当代思想的影响既可以在认识论中找到，也可以在政治理论中找到。借助认识论，他为近代经验主义奠定了基础并设定了议程。虽然与洛克非常简单的解释相比，当代哲学家和心理学家为经验提供了更精细和更复杂的解释，但他的经验主义的基本信念还是被许多哲学家所拥护。他解释心灵如何从经验材料中形成复杂观念的尝试是一个在认知科学的跨学科领域内持续至今的研究计划。

尽管尽了最大努力，但洛克并没有消除天赋观念的思想。今天它仍然是一个争论不休的话题。一方面，在笛卡尔和莱布尼茨传统中，有语言学家、认知科学家和哲学家相信，除非我们让心灵事先包含一定量的天赋内容或结构，否则我们不能获得知识。这种当代版的理性主义有时称为先天论。例如，诺姆·乔姆斯基，麻省理工学院的语言学教授，已经论证说，孩子的语言经验过于有限，无法解释他们的复杂语言技能的发展。他提出了这样的理论，即儿童生来具有为所有语言共有的天赋语法结构。他早期的一本书名叫"笛卡尔语言学"。类似地，哈佛大学的认知科学家斯蒂芬·平克论证说，对婴儿的研究表明，空间、时间、数和因果关系这样的范畴是我们的标准认知配备的一部分，它们通过我们的演化史"内置"于我们之中。他2002年的书《白板论：现代人对人类本性的否定》，是对洛克和他的理智后继者的明确攻击。

然而，当代经验主义者继续提出更新了的洛克式论证。首先，经验主义者同意，我们有天生的学习语言和获取关于世界的知识的生理和认知能力。然而，他们论证说，仅有这一点并没有证实心灵拥有天赋知识。其次，当代经验主义者和约翰·洛克一样论证说，如果我们意识不到它们，说我们的心灵包含着天赋的普遍规则没有意义，说我们的心灵遵循着这些规则就更没有意义。简言之，当代的洛克派主张，经验主义提供了一个关于我们知识、行为和精神生活的更简单的解释，而不需要天赋知识这种神秘机制。

最后，洛克的影响在政治理论中继续被感受到。正如我们前面提到的，通过他对18世纪美国建国文件的设计师们的影响，他在美国政治思想中留下了他的印记。他是古典自由主义最清晰的倡导者之一，这种立场要求最大限度的个人自由和与共同的善相一致的最小限度的政府。今天，洛克的当代影响在社会契约论中特别明显。与洛克一样，契约论者相信，政府的权威来自被统治者以契约或相互协议形式的同意。最重要的当代社会契约论者是约翰·罗尔斯。罗尔斯发展了一种思想实验，它想象这样一种状态（称为"原初状态"），这种状态由处于完全平等地位的理性的、无偏私的订约者构成，他们决定据以产生一个正义社会的原则。因此，洛克关于自然状态和由之产生的社会契约的类似思想实验仍然有良好的生命力。

理解题

1. 洛克把什么作为他的哲学使命？
2. 洛克是如何定义"观念"的？
3. 洛克用"朴素的历史方法"表达什么意思？
4. 洛克提出了什么论证来反对天赋观念？
5. 什么是简单观念？提供几个你自己的例子。这个观念是如何受到牛顿物理学启发的？什么是简单观念的两个种类？
6. 什么是复杂观念以及形成它们的三种方式是什么？提供几个起源于这三种方式的观念的例子。
7. 洛克在第一性质和第二性质之间做出的区分是什么？每种性质有些什么例子？这个区分如何与他的科学世界观相联系？
8. 什么是表象实在论？
9. 根据洛克的观点，什么是知识的三个等级？
10. 洛克用"实体"表示什么意思？为什么他相信我们经验的每个事物背后一定存在着实体？他的形而上学在什么方面与笛卡尔的相似？
11. 洛克试图怎样在他的经验主义的基础上建立一种道德理论？他的道德理论中的某些张力是什么？
12. 在解释我们如何达到上帝观念方面，洛克与笛卡尔有何不同？
13. 洛克以什么方式影响了自然神论？
14. 洛克用"自然状态"表示什么意思？他的想法与霍布斯有什么不同？
15. 为什么洛克相信人们有并非由政府给予他们的自然权利？这个观点对政治理论意味着什么？
16. 根据洛克的观点，人们为什么组成政府？在政府的形成和存在的正当理由中，社会契约扮演什么角色？
17. 洛克关于政府的角色和其权力界限的观点是什么？
18. 对于洛克的心灵在经验之先是一块"白板"的观点，人们提出了一些什么问题？
19. 对于洛克的表象实在论，人们提出了一些什么问题？

思考题

1. 笛卡尔相信，对于有知识必须有绝对的确定性。对于这个观点，洛克会怎样回应？
2. 洛克关于经验的观点在多大程度上令人满意？你是否认为，当洛克说，世界用简单观念或感觉的"撞击声"轰击你，而心灵由之形成复杂观念，他是正确的吗？这个过程是否可以解释你的所有观念？
3. 根据他们关于自然状态的观点，对于人性，霍布斯是一个悲观主义者，而洛克是乐观主义者。你认为谁的解释最真实？
4. 如果洛克在你的国家竞逐最高的民选职务，他的哪些政治观念在今天会受到欢迎？他的哪些政治观念在今天的政治气候中可能会引起争议？

注释

1. 约翰·洛克,《致读者》("The Epistle to the Reader"), 载于《人类理解论》(An Essay Concerning Human Understanding), 第1卷, 亚历山大·坎贝尔·弗雷泽 (Alexander Campbell Fraser) 编 (Oxford, England: The Clarendon Press, 1894), 第9页。
2. 约翰·洛克,《导论》("Introduction"), §2, 载于《人类理解论》。
3. 同上, §4。
4. 同上, §5。
5. 此后, 引用洛克的《人类理解论》主体部分在文中用缩写 "E" 标注。标注中的三个用小数点分开的数字, 分别指卷、章和段的编号。
6. 洛克,《致读者》, 第14页。
7. 乔治·贝克莱,《哲学评论》(Philosophical Commentaries), 载于《克罗因主教乔治·贝克莱著作集》(The Works of George Berkeley: Bishop of Cloyne), A. A. 卢斯 (A. A. Luce) 和 T. E. 杰索普 (T. E. Jessop) 编 (London: Nelson, 1948), 1.84。
8. 约翰·洛克,《论公民政府的真正起源、范围和目的》(An Essay Concerning the True Original, Extent and End of Civil Government), 载于《政府论》(Two Treatises of Government), §240。
9. 同上, §224。
10. 同上, §85。
11. 洛克,《导论》, §6。
12. 乔治·桑塔亚纳 (George Santayana),《近代哲学中的思想转折》(Some Turns of Thought in Modern Philosophy, New York: Scribner's, 1933), 第3页。
13. 洛克,《导论》, §5。
14. 玛丽·沃斯通克拉夫特,《男权辩护》(A Vindication of the Rights of Men) 和《女权辩护》(A Vindication of the Rights of Women) 西尔瓦纳·托马塞利 (Sylvana Tomaselli) 编 (Cambridge: Cambridge University Press, 1995), 第12—13页。
15. 同上, 第23页。
16. 同上, 第11页。
17. 同上, 第110页。
18. 同上, 第104页。
19. 同上, 第103页。
20. 同上, 第74页。
21. 同上, 第238页。

第20章

乔治·贝克莱：
沿经验主义之路前进

哲学家、教育家与主教

乔治·贝克莱（George Berkeley），爱尔兰最杰出的哲学家，1685年3月12日生于基尔肯尼市附近一个英格兰血统的家庭。15岁时，他进入都柏林三一学院，在那里，他受到哲学家笛卡尔、马勒伯朗士和洛克以及牛顿和其他著名科学家著作的影响。1710年，他被任命为圣公会的一名牧师。贝克莱的旅行使他相信，欧洲文化处于衰落状态，但一种清新的精神在美洲充满活力。受到这块新大陆的激发，他写了一首诗，诗的最后一节是：

帝国的航向取道向西；

前四幕已经过去，

第五幕将结束这一天的戏剧；

最后的一个是时间最高贵的子女。[1]

因而，贝克莱梦想在百慕大岛创建一所大学，在那里教育英国种植者和美洲土著（或印第安人）的孩子。他获得了国会的批准和公私两方面的资金承诺。1728年，他结了婚并与几个伙伴和新婚妻子启航去美洲。然而，他改变了他原来的计划，把他的方案改到了罗德岛纽波特。不幸的是，资金从来没有到位，三年之后，他返回伦敦。1734年，他被任命为克罗因主教。他把生命中的最后岁月用于提升焦油水的医药性能，这是一种他从美洲印第安人那里学到的治疗方法。1753年1月14日，他平静地死于牛津并被葬在基督教会墓地。

尽管他的教育计划失败了，但贝克莱对美国教育产生了影响。因为他的诗预言了这个新出现的国家向西的开拓，加利福尼亚州在一个城市建立了一所以贝克莱命名的大学。同样，康涅狄格州纽黑文的伯克利神学院，也是对他在美洲工作的赞颂。国王学院（后来成为哥伦比亚大学）的首任校长遵循贝克莱的个人建议建立了这所新学校。贝克莱给耶鲁大学（当时是一所培训牧师和教师的小型学院，正在艰难地发展）提供了那时美国最优良的图书馆。他还给了这所学校一笔学术基金。哈佛大学也从一批他赠予的书籍中受益。

贝克莱的任务：与怀疑论和无信仰战斗

1710年出版的一本主要著作的颇具描述性的标题，清楚地表明了贝克莱为自己制订的计划："论人类知识原理，探索科学中的错误与困难的主要起因以及怀疑论、无神论与反宗教的根据"。在这本著作中，他说，科学中错误的原因是牛顿物理学的形而上学假设。怀疑论的基础，存在于洛克的认识论中。而他在这两个思想体系中看到的错误，是贝克莱哲学的首要目标。

贝克莱清楚地意识到，许多科学家，包括牛顿，是有伟大信仰的人，他们认为，新科学指向的是上帝的权威和力量。然而，贝克莱看到，在他那个时代受到颂扬的科学潜伏着不祥的意蕴。似乎正像牛顿世界观所提出的，上帝正被从事物的体系中排除出去。毕竟，在前科学时代，上帝被认为对世界中的所有事件负责：太阳的升起与落下，彩虹的壮丽，生命破土而出。但是，现在这些事件被用支配物质运动的非人格的机械原理来解释。如果真正的科学只是描述经验的规律性，贝克莱并不与之争执。然而在他心目中，那个时代实际的科学走出了经验这块坚实的陆地，而进入了黑暗的形而上学之水。因而，他的问题是，发现一条道路，让科学重获有效性，同时保留上帝在世界事件中的必要作用。

贝克莱认为，这里的罪魁祸首是对物质的信念。物质被认为是一种独立存在的实体，不需要借助上帝自身就可以被理解。从对这种物质世界的信念，到上帝不必要的结论只是一个很小的跳跃。为了免除对神学解释的需要，无神论和自然神论要求一个有序、自足的物质世界。如果贝克莱能表明物质观念不可理解甚至物质根本不存在，他就能对无神论釜底抽薪。我们会被迫退回精神实在对解释世界和经验必不可少的观点。

贝克莱的立场通常被称为是一种唯心主义。然而，他自己称之为"非物质主义"。这一立场主张，实在中只存在两种事物：（1）心灵（或精神）和（2）它们感知的观念。关于我们日常经验的对象，贝克莱著名的表述是"存在就是被感知（*Esse est percipi*）"。因此，他的立场的核心论点是：

> ……一切天上的东西和地上的东西，简言之，所有那些构成整个世界的物体，除了心灵之外没有任何实体——它们的存在就是被感知或被认识。（P§6）[2]

贝克莱的动机是宗教的，但是他的论证完全是哲学的，不能当作只是一个过分虔诚的教士在大声说教而置之不理。用他自己的话说，"既然我的意图是用理性说服怀疑论者和无信仰者，所以我就必须严格遵守最严苛的推理法则"（D 6–7）。除了他的哲学的神学目标之外，还有许多哲学后果。其中首要的是，他宣称防止了他相信是从洛克认识论中流出的破坏性的怀疑论。根据洛克的观点，我们所知的一切是我们心中的观念。但是，如果这是真的，那么我们的知识就根本不是关于实在的，因为我们不能触及我们观念之幕的背后。即便洛克主张我们的某些观念（第一性质）是实在世界的要素的复写，我们却不能把它们和实在世界相比较来知道这真是如此。因此，我们根本不能知道我们所谓的知识是否与实在的东西有任何关系。贝克莱主张，洛克以这种方式把哲学领进了怀疑论的泥淖。

在回应他那个时代的哲学家时，他把"永久地消除形而上学"和"唤起人的常识"作为他的使命（PC § 751）。不管他的立场有多复杂和古怪，贝克莱都宣称，他的观点与未被哲学引入歧途的普通人的观点相同。常识告诉我们，我们所经验的就是实在的，我们经验到实在是什么样，实在就是什么样。

贝克莱对经验主义的改革

贝克莱从洛克开始的地方开始。贝克莱最大限度地尊崇他的前辈，称他是"我遇到的最清晰的作者"。然而，由于接受了后者的核心建议"用我自己的判断，用我自己的眼睛看而不是别人的"（PC § 688），这位好主教致力于系统地批评洛克的哲学。贝克莱主张，如果我们采用洛克的朴素的历史方法，它将告诉我们洛克从未接受的结论。因此，贝克莱的目标是毫不妥协地做一个一致的经验主义者（由于洛克委身于常识而未能达到这个目标）。我们能想象贝克莱对洛克和牛顿式的科学家说，"那么，你们相信我们所有的知识都来自源于经验的观念？我同样如此！但是，让我们看看这个信念将把我们带向哪里。在你们的经验主义中，你们不够一致，因为你们相信人能知道我们经验范围之外的物质世界"。

贝克莱的观念理论

要理解贝克莱的哲学和它与洛克的哲学有什么不同，我们必须弄清贝克莱的"观念"这个概念。在他的哲学中，"观念"这个词项有些类似它在洛克著作前面的段落中的意思。观念是诸如彩虹的颜色、水的湿润、玫瑰花的芳香、柠檬的味道或钟的声音之类的东西。"观念"也可以指我们经验到的心灵的活动或状态，诸如意欲、怀疑和爱。因此，观念是心像或感觉材料，它们要么在生动的感觉经验中直接呈现于心灵，要么在记忆或想象中不那么生动地呈现。因此，当贝克莱说我们有火的观念，他的意思不是我们只是有火的概念或火的语言描述。他的意思是我们有炽热而明亮的黄红色光的经验或记忆。因而，阅读贝克莱的著作时，最好把"观念"这个词项与经验和感觉这些词联系起来，而不是概念和描述这些词。

对抽象观念的批判

贝克莱最初在这些观点上同意洛克的观点，但在《人类知识原理》的引论中极大地偏离了洛克。特别是，他试图反驳洛克关于抽象观念的理论。根据洛克的观点，我们能从我们关于许多特殊狗的经验中抽象出它们的所有共同属性。这样，我们就能达到"狗"的抽象观念。它是一个指称贵宾犬和圣伯纳犬、褐色狗和白色狗、浑身毛绒绒的狗和光滑的短毛狗的属概念。然而，对于贝克莱，观念总是一个特殊的心像。因此，在我们心中不可能有一个既不大也不小、既不黑也不白、既不老也不幼的狗的图像。我们更不可能有抽象的"动物"观念，在其中我们没有想到任何特殊的鸟、兽或鱼。我们只能思考、谈论和想象特殊的事物。

然而，贝克莱的确相信我们可以有"一般观念"。当我们用一个特殊观念代表所有其他类似的特殊事物时，我们就有一个一般观念。因此，狗这个词是指称斑点、菲多、莱西和所有其他特殊狗的简略方式。然而，它不像柏拉图和某些中世纪哲学家认为的那样代表一个抽象观念或普遍的相"狗性"。因此，贝克莱的立场是唯名论的一种形式，这一观点认为，共相不是实在的，而只是语词。

贝克莱对抽象观念的攻击是在攻击一种允许我们偏离岩石般坚固的经验基础的认识论。既然我经验不到"一般的狗"，也经验不到狗性这种本质，这样的概念就应该从一切纯粹经验主义中排除出去。贝克莱提醒说，如果我们不谨慎，语言就可能成为把我们和关于我们自己的"赤裸的、没有伪装的观念"的清晰观点分隔开的幕布（P，引论，§25）。我们可能陷入一个由各种空洞语词构成的世界，而不去质疑是否有任何具体经验与它们相联系。贝克莱的核心目标是，让我们相信没有任何抽象观念比"物质"更具迷惑性。他发现，"物质"只是一个空洞的语词，不指称我们能从经验中发现的任何东西。

> **想一想**
>
> 20.1 在他对抽象观念的攻击中，贝克莱主张，我们不能想到"狗"这个概念而不想象某只特殊的狗。他似乎相信有某个东西的概念和有一个它的心像是一样的。你在这一点上是否同意贝克莱的观点，或是否可能有一个事物的概念而没有它呈现于心中的心像？

出自观念的精神依赖性的论证

为了了解贝克莱的进路，我们将看看他的一个核心论证，在这个论证中，他分析了"可感对象"的本性（P§4）。他用这个词只是表示任何能被感官感知的对象，诸如马、山、河或苹果。这些是我们通常所称的"物理对象"。然而，这个术语给这个问题加上了先入之见，因为它假设了这些对象的物质性，而这正是贝克莱要质疑的。我们将称这个论证为"出自观念的精神依赖性的论证"。它的大致提纲如下：

(1) 可感对象（马、山等）是在感觉经验中呈现给我们的东西。
(2) 在感觉经验中呈现给我们的东西仅仅由我们的观念构成。
(3) 观念仅仅存在于我们的心灵中。
(4) 因而，可感对象仅仅存在于我们的心灵中。

通过看一个像苹果这样的可感对象的例子，可以使这个论证的步骤更具体一些。你用苹果这个词表示什么意思？如果你描述一个苹果，你可能会说它是圆的、红的、硬的、脆的和甜的。但是，所有这些性质都指各种经验或感觉（步骤1）。现在，似乎好像你的整个苹果概念是由观念的集合构成，这些观念是被经验到的，因而存在于你的心灵中（步骤2和3）。注意，在描述苹果时，你提到了所有在你经验中发现的苹果的性质，但你没有提到它的物质。当然，如果你只是用"物质"表示它的硬度，那么你在指称一个经验或你具有的"观念"。然而，如果你用"物质"（像洛克那样）表示某种基质，某种我不知道是什么的东西，它支撑着所有经验中的性质，但自身不被经验到，那么你就违背了经验主义的出发点。因而，由此可得，我们知道的唯一苹果是作为观念的集合存在于你心灵中的那个苹果（步骤4）。

剥夺了苹果被感知的性质，你剩下的是一个没有颜色、形状、气味、滋味或质地的东西——一种虚无的东西。而且，既然你不能描述它的物质（你只能描述呈现在经验中的观念），那么为什么你相信在你具有的经验之外还存在这种物质？根据贝克莱的观点，我们的苹果经验不是由"实在"的苹果引起的。而是，我们的苹果经验就是实在的苹果。

你很可能会认为贝克莱的立场离奇、古怪、滑稽或者（最严重的情况下）疯狂。不只你一个人这样认为。当《人类知识原理》出版时，他的很多同时代人有相同的反应。在他的同时代人中，一个物理学家宣称贝克莱疯了，一个主教悲叹他热衷于标新立异。然而，贝克莱的论证几个世纪以来一直萦绕在哲学中，今天仍然是当代哲学家讨论的一个主题。

由于他的《人类知识原理》受到了极其糟糕的对待，贝克莱用一本更为通俗的著作再次尝试，它名为"海拉斯和斐洛诺斯的对话三篇"，出版于1713年。在写这本著作时，他最大限度地利用了他的文学技巧。他的论证既繁多又复杂、微妙和迷人，我们在此只能考察某些最突出的部分。这个虚构的对话是两个英国大学生在校园里遇到后分享他们的思想。第一个是海拉斯，他的名字与希腊语中表示物质的词相似。他正好是一个唯物主义者并且在精神上非常接近约翰·洛克的哲学。第二个是斐洛诺斯，他的名字的字面意思是"爱心灵的人"。斐洛诺斯发表直击要害的评论，而海拉斯则充当救援投手。

在开场的一番唇枪舌剑之后，二者的分歧集中在，斐洛诺斯提出"可感事物的实在性就在于被感知"，而海拉斯坚持"存在是一回事，被感知是另一回事"（D 14）。海拉斯从捍卫现在被称为**朴素实在论**（naive realism）的立场开始。它可以定义为，相信我们感知到的对象具有的属性是它们在外部世界中实际具有的属性。贝克莱不质疑这个表述的前半部分；而后半部分，假设一个与我们的观念相对应的外部物质世界，是他的非物质主义论证的焦点。

出自痛苦与快乐的论证

为了捍卫非物质主义，贝克莱让斐洛诺斯采用了一个可以称之为"出自痛苦与快乐的论证"的策略。洛克和休谟都顺带提到过这个论证，但贝克莱把它作为他的武器库里的主要武器。这个论证大致上这样进行：

(1) 某个性质 q（温度、味道或气味）要么作为痛苦要么作为快乐被经验到。
(2) 痛苦和快乐不是外部对象的属性而是只在它们被经验到时才存在。
(3) 因而，性质 q 不是外部对象的属性而只是在它被经验到时才存在。

斐洛诺斯把热作为第一个例子，因为大多数人相信它存在于外在于我们的对象中。然而，他说，当我们经验到极端的热（比如摸到火时），我们实际遭遇的是剧烈的疼痛（步骤1）。但是，没有人会想说疼痛存在于外部世界中，位于壁炉里。显然，痛苦是一种感觉，只在心灵感知它时才存在（步骤2）。

海拉斯试图通过坚持热存在于外部对象中，而痛苦只是它的后果，来逃避这个论证的力量。然而，斐洛诺斯论证说，我们不能这样把它们分开，因为当我们经验到火苗时只有一个独特的感觉。因此，我们对强烈的热的感觉与内在于感知着的心灵的疼痛感是一样的（步骤3）。相同的论证适用于所有其他程度的热，因为要么把它们经验为痛苦的感觉，要么经验为快乐的感觉。显然我们能把相同的观点用于冷。

出自感知者相对性的论证

在这一点上，斐洛诺斯引入了另一个贝克莱式论证。它经常被称为"出自感知者相对性的论证"。斐洛诺斯通过一个简单的例子来应用这个论证。想象你的一只手在热水中被加热,然后你把它放进一桶微温的水中。由于反差,你将感觉到这桶水是冷的。但是如果你的手是冷的,并被放进同一桶微温的水中,这桶水现在将好像是暖的。同样的水能同时既是冷的又是暖的吗?为避免这个矛盾,海拉斯让步说,"热和冷只是存在于我们心灵中的感觉"。

这个实验的细节可以概括到以下形式的论证中:

(1)性质 q_1(冷)在条件 c_1(温暖的手)下经验对象 o(水)时被感知到。

(2)性质 q_2(热)在条件 c_2(冰冷的手)下经验对象 o 时被感知到。

(3)条件 c_1 和 c_2 是感知者的不同条件,它们不会改变对象 o。

(4)假设对象 o 同时具有性质 q_1 和 q_2 是矛盾的。

(5)因而,性质 q_1 和 q_2 存在于感知者中而不在对象 o 中。

得到了海拉斯的让步(步骤5),斐洛诺斯又把同样的一组论证用于许多其他感觉性质。我们把糖的甜或药的苦分别经验为特殊种类的快乐和痛苦。既然物质对象不可能包含快乐或痛苦,那么这些通过品尝经验到的性质必定栖居于心灵中。同样的推理也会适用于气味。声音又怎么样?贝克莱在此使用了出自观念的精神依赖性的论证。如果"声音"就是意指,比如说,钟鸣时我们经验到的东西,那么如果没有人有这个经验,声音当然不可能存在。没有感知者,钟的鸣响可能是一种运动,但运动不可能像声音那样能喧闹、悦耳、刺耳或优美。运动只能被看到或触摸到,但不能被听到,所以它们不是声音。著名的谜题"如果一颗树在森林中倒下,它发出声音了吗?"就是从贝克莱的论证中引出的。

颜色用相对性论证来处理。一个对象的颜色会依赖光照、我们眼睛的状况和我们看它时所用的工具而变化。日落时的云看起来是红的和紫的,但我们知道水蒸气没有这样的颜色。通过显微镜看的对象会有裸眼看不到的颜色。那么,我们怎么能谈论事物的"真正"颜色?这种可变性表明,颜色是我们感知的一种样态,而不是对象自身的一种属性。

第一性质与第二性质不可分离

到目前为止,约翰·洛克与贝克莱的立场没有多少冲突。事实上,斐洛诺斯使用的许多论证,与那些洛克用来表明我们经验到的第二性质不在对象自身之中的论证相似。由于他的朴素实在论陷入混乱,海拉斯引入了洛克的第一性质与第二性质的区分,来避免被卷入斐洛诺斯的非物质主义漩涡中。

海拉斯让步说,像温度、味道、气味、声音和颜色这样的第二性质不能离开心灵而存在。但是,他坚持广延、形状、硬度、数量、运动和静止这些第一性质,主张这些性质的确存在于外部物质对象中。斐洛诺斯的回应方式是,通过表明他和洛克用以证明第二性质依赖心灵的相同论证,可以同样容易地用来反对第一性质。

为了达到这个目的,他使用了"不可分离性论证"。这个论证像下面这样:

(1)所谓第一性质和第二性质不能在心灵中分离,因为它们总是同时出现并以相同方式被感知。

(2)因此,如果一种性质依赖心灵,另一个也将如此。

(3)我们已经表明第二性质依赖心灵。

（4）因而，第一性质依赖心灵。

例如，你从未完全孤立地经验到红色。你经验到红色的番茄、红色的蜡笔、红色的郁金香或某个红色的东西。对象的颜色、气味和味道都是你在其中感知到它们的广延的同一经验的部分。因而，你怎么能说你经验的一个部分（颜色）是主观的，但你经验的另一个特征（形状和广延）是客观的？你如何知道番茄是圆的？你知道这一点是你看它们时看到了红色的圆形块。因此，广延的经验总是以这种或那种方式通过你的所谓第二性质经验为媒介。如果第二性质只相对于感知它们的心灵而存在，那么第一性质必定有相同的地位。

在讨论具体的第一性质时，斐洛诺斯使用了相对性论证。例如，他说，对于我们来说显得极为微小的对象对于一只小虫来说会是庞大的。因此，对大小的感觉是相对于感知者的。运动又怎样呢？它肯定是出现在外部世界中的。然而，如果运动只是一个人心灵中的观念的接续呢？为了清楚地看出这一点，请想象你在一辆快速运动的火车上。乡村的图像将非常迅速地闪过。同时，相邻铁轨上一辆和你的火车速度方向完全相同的火车将显得是不动的。因而，"运动"只是观念在一个感知着的心灵中一个接续着另一个时，我们给予它们的速度和变化的关系的名称。

在后来的讨论中，海拉斯和斐洛诺斯讨论了距离。因为距离感知是我们识别广延的一种方式，因而，它对于判断第一性质是否依赖心灵，是一个有趣的测试案例。斐洛诺斯首先指出，在梦中我们有对象在远处的显象。然而，显然，我们感知的距离只是心灵的一个显象，并不表明任何真正的广延。

这让即使我们醒时的经验也像这样的论点也显得合理。（当然，同样的论证可以用于任何第一性质。）而且，当一座房子显得遥远时，我们真的经验到某种称为"空间距离"的东西吗？不，似乎不是。我们实际经验到的是一座看起来很小的房子。当我们朝着它移动，我们将经验到这座房子的接续的观念，它在这些观念中显得越来越大。但是，我们所具有的是大大小小的房子影像的不同经验。因此，似乎当我们经验到一个相似的对象相对较小时，我们把这个经验与"距离"概念相联系。然而，既然大小的显象是相对于感知者的，那么距离也是如此。斐洛诺斯请海拉斯思考这样一种情况，一个天生盲人突然能够看得见了。一开始，他未受训练的眼睛不能把视觉图像解释为距离性质在他视野中的呈现。他必须学习如何把这些视觉线索与距离概念联系起来。

> **想一想**
>
> **20.2** 你是否认为贝克莱已经成功地消解了洛克的第一性质和第二性质之间的区分？

出自想象的论证

即使海拉斯已经被这些论证弄糊涂了，但他仍然没有被说服。因而，在讨论第一性质的中间，斐洛诺斯还提供了另一个论证，来支持"存在就是被感知"这个主张。这个论证可以被称为"出自想象的论证"。它以挑战的形式出现。他向海拉斯承诺，如果后者能设想任何可感对象离开心灵而存在，他就将准备抛弃他的非物质主义。海拉斯接受了这个诱惑，并断言没有比"设想一棵树或一座房子自身存在着，独立于任何心灵，不被任何心灵感知"更容易的事了（D 41）。例如，我们能想象一棵树位于某片人类从未涉足的遥远森林里。它似乎孤独地站在那里，没有呈现在任何人的心灵中。但是，斐洛诺斯指出，在这个思想实验中忽略了一件事。在设想这样一棵树时，它呈现在海拉斯心灵中。因此，设想的对象（这棵树）是一个观念，根据定义，它必定存在于心灵中。海拉斯未能满足这个检验的条件。他不能主张这棵树的概念呈现在他心灵中同时又不呈现于一个心灵中，而不自相矛盾。

想一想

20.3 对于贝克莱的论证，你有什么想法？哪一个是最强的？哪一个是最弱的？面对他的论证，你如何捍卫物质世界独立于我们的心灵而存在？

批判感知的表象理论

在第一篇对话的最后，斐洛诺斯通过攻击感知的表象或复写理论，对洛克的认识论发出了最后一击。虽然海拉斯让步说，观念在心灵中，但他提出了它们中的一些是外在于我们的对象的副本或图像这一洛克式主张。以这种方式，我们能间接感知外部对象。借用艺术的例子，某人的画像（副本）允许我们以间接方式感知那个实在的人。

但斐洛诺斯反对这一主张。我们在画中看到的一切是一系列的颜色和形状。如果这些向我们提示那个真正的人的观念，那是因为我们之前有这二者相联系的某种经验。类似地，斐洛诺斯说，可以说我听到了马车，但实际听到的不过是声音。如果我把这些声音和马车联系起来，那是因为在以前的经验中，当我看到马车时我听到了同样的声音。因而，我们所具有的一切不过是一个观念（或一种经验）和另一个观念（经验）的关联。我们从来没有跳出观念的圈子。因此，我们不能说观念是一个外部"实在"对象的副本，因为，如果我们知道的都是观念，那么我们永远不能经验到这个关联。另外，如果第一性质和第二性质都作为观念呈现给我，那么，如果实在对象被剥夺了任何可感性质，它会像什么样子？它们肯定不会像我们的任何观念。"一个自身不可见的实在事物能像一种颜色吗？或者不可听的实在事物能像一种声音吗？总之，任何事物能像一种感觉或观念，而是另一种感觉或观念吗？"（D 48）

形而上学：作为心灵与观念的实在

和所有古典经验主义者一样，贝克莱的认识论和他的形而上学之间不能做截然的划分。他对我们如何获得知识的解释，夹杂着他对知道的是何种实在的解释。已经非常清楚，在贝克莱的世界中，能够存在的东西唯有观念和认识它们的心灵。然而，在形而上学的名目下，我们将依次考察贝克莱关于我们的世界的存在、上帝的存在和自然法则的观点。

世界的存在

在刚开始试图理解贝克莱时，人们犯的一个通常错误是，以为他否定我们的世界和其中的事物存在。在某个地方，海拉斯问，"既然实在的事物和通过想象形成的怪兽或梦中的幻象都存在于心灵中，那它们有什么不同？"（D 82）。斐洛诺斯回答说，梦中的幻象是"暗淡、无规律和混乱的"，而我们的实在事物的观念"更加生动和清晰"。我们通过把一种经验和另一种经验相比较来将梦与幻觉和头脑清楚的、清醒的经验相区分。它是两种经验之间的区分，而不是经验与某种外在于经验的独立实在之间的区分。在贝克莱的体系中，我们可以做同样的事。正如他所表达的，"根据作为前提的原则，我们没有从自然中褫夺任何一样东西。我们所见、所感、所闻的一切，或者以任何方式构想和理解的一切，一如既往地稳固无虞，一如既往地实实在在"（P§34）。

换言之，贝克莱无意否定我们世界的任何部分的存在。他只是分析"存在"这个词项的意思是什么。我们如何知道某个对象存在？当我们（或另外某个人）能感知这个对象的时候，我们说某个事物存在。"我说我正在其上写作的这张桌子存在，即是我看到它并感到它；如果我在我书房的外面，我会说它存在——意思是如果我在我的书房里，我会感知到它，或者另外某个精神实际地感知到它。"（P§3）

塞缪尔·约翰逊，一个著名的英国作家，贝克莱的同时代人，陷入了对贝克莱论证的典型误解。在贬低了贝克莱的体系后，约翰逊踢了一块石头，把它踢飞到天上，并说："这样我就驳倒了他。"但约翰逊的"反驳"没有击中要害。踢石头证明了什么？他经验到石头的坚固性，并且有看到它飞过他的视野的经验。他所遇到的是一系列的观念。这与贝克莱的立场完全一致。踢石头不过是刚才所描述的一系列感觉，我们可以有这些感觉而不假定存在任何物体。

贝克莱敏锐地意识到似乎由他的存在观造成的表面的荒谬性。如果"苹果"只是一个名称，我们把它用于我们经验到的红、圆、含水、脆和甜的观念结合体，那么，当我们吃苹果时，我们只是在吃观念吗？贝克莱同意这样表达"非常刺耳"（P§38）。但他主张这只是因为我们习惯上不用观念这个词指称我们通常称为"物"的可感性质集合。然而，他让步说，一旦我们理解了苹果这样的项目完全由感觉性质构成，他就对我们称之为物没有异议。他对这些问题的建议是"像有学问的人一样思考，像普通人一样说话"（P§51）。就像虽然我们赞同哥白尼体系，但我们仍然说"日出"或"日落"，所以我们可以允许我们关于对象的谈论有某种不严格性，只要我们的哲学理解比我们的言论所显示的更精密。

上帝的存在

贝克莱主教深奥的哲学论证的主要目标之一是，在一个滑向怀疑论和无信仰的时代恢复宗教信仰的地位。因此，他试图把他关于观念的结论用于上帝存在的问题就不令人惊讶了。

贝克莱相信，如果我们追随他关于唯物主义在理智上破产的论证，我们将被一种排除的过程驱使，断言上帝存在。在他扩展了观念的讨论之后，问题自然产生了，什么是我们观念的原因？贝克莱考虑了所有可能的原因（P§25）。首先，我们可以假设一个观念是另一个观念的原因。然而，观念是被动和惰性的。它们似乎没有任何能力与活动。例如，柠檬的黄并不产生柠檬的酸的感觉。第二，我们可以假设柠檬的物质实体产生了我们心灵中的黄和酸的观念。但这是洛克的立场，贝克莱相信，它已经被决定性地驳倒了。因而，唯一剩下的回答这个问题的选项是，说"观念的原因是一个无形体的主动实体或精神"（P§26）。虽然这里有一些问题，但当贝克莱使用"精神实体"这个术语时，他的意思是它等同于"意志""灵魂""精神""心灵"或"自我"这样的术语。在贝克莱的体系中,世界上唯一的因果性动因是精神实体。

但是,你的心灵或精神是否解释了你的观念的存在?显然,你的想象产生的心像是你造成的。然而,在感觉经验的世界上发现的观念闯入你的心灵而不受你的控制。当你咬一个柠檬时,它的酸的观念或感觉立即出现在你的意识经验中。如果你我不能通过意志的行为创造我们的观念世界,那么某个其他的意志或精神必须为这些观念的存在负责。因而,我们有了关于上帝的因果论证的一个种类。我们不能像托马斯·阿奎那试图做的那样,从物质世界的存在论证上帝,因为"物质"只是不指称任何东西的空洞声音。但是贝克莱认为,我们必须设定上帝存在来解释我们自己的感觉经验。正是上帝供给我们丰富的观念,包括彩虹、小山、蝴蝶、海洋和我们世界中的所有奇迹。上帝把这些观念直接给予我们的心灵而不要求物质这个多余的"中间人"。

贝克莱关于感知和实在的本性的观点,可以用把他的立场与笛卡尔和洛克相对照的图来说明(见图20-1和图20-2)。如图20-1所示,笛卡尔和洛克相信(A)上帝(一个精神实体)(1)创造了(B)物质世界(由一个苹果代表),这影响了(C)我的身体,在(D)我的心灵(一个精神实体)中(3)产生了(E)世界的观念(苹果的图像)。根据图20-2中的贝克莱的更简单的图画,(A)上帝(一个精神实体)在(B)我的心灵(一个精神实体)中(1)创造了(C)观念的世界。注意,对于笛卡尔和洛克,心灵包含着世界的观念,因为它们表象着外部实在。对于贝克莱,心灵包含着观念的世界,因为那是上帝创造的唯一世界。

贝克莱如何从某个与我们不同的精神产生了我们的观念这一结论,跳到这一精神等同于传统的上帝概念这一主张?和他那个时代的大多数有神论者一样,他似乎相信,自然的有序和恢宏是如此的伟大,除了一个无限的是者,没有任何东西能符合这样一个创造者的职位描述。

虽然贝克莱把他的论证称为"证明",但它显然只是提供了上帝存在的部分证据。这个论证是启发

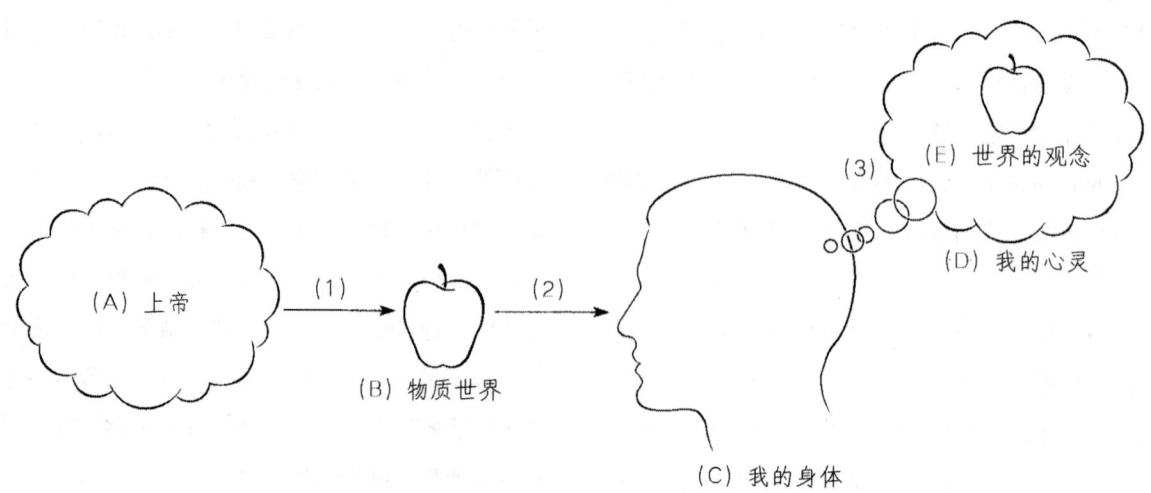

图 20-1　笛卡尔和洛克关于感知的观点

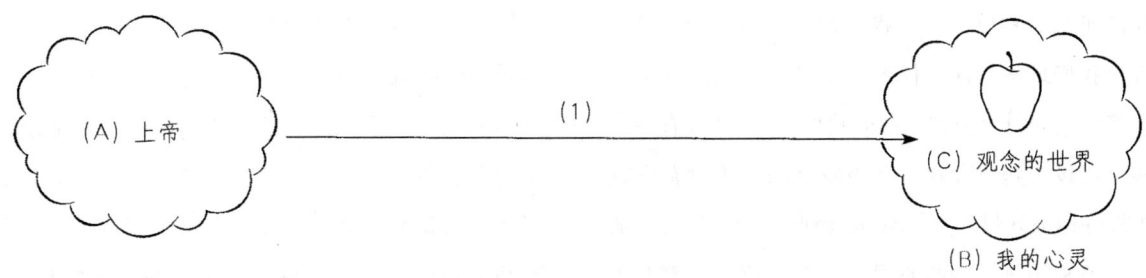

图 20-2　贝克莱关于感知的观点

性的和概然性的,而不是结论性的。与贝克莱相反,大卫·休谟后来论证,如果世界有限,它最多要求一个非常伟大但有限的原因。而且,说每个观念都有某个不同于我们的精神原因,并不证明有唯一一个活动着的精神是我们观念的原因。理论上可能有许多不同的精神是我们心中各种观念的原因。显然,贝克莱的因果论证自身并不向我们表明我们观念的原因是永恒的、完善的,有贝克莱如此迅速地偷运到其结论中的所有其他属性。

上帝存在方便地回答了贝克莱哲学中的一个烦人的问题。你坐在其中的这个房间存在是因为你感知着它,如果你闭上眼睛它会消失吗?当你走进或走出你的房间时,对象会一会儿存在一会儿不存在吗?贝克莱说不会。我们关于对象在这样的情况下持续存在的常识信念是正确的。上帝既在你的心灵中创造了这个房间的观念,又在他自己的心灵中感知它。因此,当你闭上你的眼睛不再感知这个房间,它仍然存在,因为上帝感知到它。这里仍然会出现问题。不过,在他的整个著作中,贝克莱勤勉地介绍每个他能想象到的对他哲学的反对意见,并寻求从他的体系中提供回答。

以这种方式确立了上帝和世界的关系后,贝克莱相信他已经确立了他的哲学的某些宗教目标,因此为他那个时代的自然神论和无信仰的腐蚀性后果提供了补救。他害怕机械论的牛顿宇宙观给他的文化留下一个遥远而贫乏的神,不能激发虔敬和道德。在他的一本著作《阿尔西弗伦》中,他说到了自然神论的立场:

某些哲学家,由于组织起来的物体和世界的有序体系的造就和发明,而相信那创造者的智慧和能力,相信他留下了这个系统,它的所有部分和内容都调试得很好并置于运动中,就像一个艺术家留下一个钟表,在那之后的一段时间里让它自己走。[3]

然而,他反驳了自然神论的立场,说他自己的证明确立了上帝:

不只是一个创造者,而且是一个深谋远虑的统治者,实际地和隐秘地在场,关注我们所有的兴趣和活动,他监督我们所有的举止,照管我们最细小的行为,设计我们的整个生活过程,以非常明显可感的方式不断地告知、训诫和指导。[4]

科学与自然法则

这些神学评论可能让贝克莱的立场显得与对世界的科学理解相敌对。然而,事实并非如此。贝克莱并不想抛弃他那个时代的科学的真正成果。他只是想让它从成问题的形而上学中解放出来。那么,没有供研究的物质世界，我们如何从事科学？贝克莱希望我们理解，他的体系绝不排除自然法则或描述这些法则的科学公式。他向我们保证，"没有一个在那个假设（物质存在）下被解释的现象没有它就不能很好地被解释"（P § 50）。因此，为了他自己的目的，他利用了奥卡姆剃刀，一个导致科学事业兴起的原则（见第 12 章）。这是一种寻找最简单、最经济的解释，同时抛弃多余的实体和原则的策略。

什么是自然法则？贝克莱认为，它们不过是描述一些观念以可预测的方式有规律地随另一些观念发生。然而，他指出，在经验的观念之间并没有必然联系。水在温度达到 0℃时结冰并非逻辑必然。想象它在 10℃结冰并无矛盾。因而，在此必须采用像经验学习的经验方法。

因果性又怎么样？当我们触摸火焰时我们感到疼痛。但是既然没有物理的火焰触及物质的身体，火是痛的原因吗？与他自己的立场一致，贝克莱说不是。我们称为"原因"的东西只是一个符号。"结果"只是这个符号标记的东西。因此，当我们感觉到火的存在，这就警告我们我们将感到痛；它并不引起痛。用一个类比，当我的闹钟在早上 6:30 分发出响声，那是一个早晨到了的符号。然而，闹铃响并不是太阳升起的原因，反之亦然。贝克莱的观点是，如果科学家只是记录经验中观念的齐一秩序，而不假设他们在研究物理实体，他们将避免错误。贝克莱关于自然法则只是经验中规则性的描述的观点非常现代。某些 20 世纪的科学哲学家持有类似的观点，他们寻求避免所有形而上学假设——包括贝克莱的。*

对于贝克莱，科学家发现的规则性是我们每个瞬间的经验都由上帝直接产生这一事实的结果。如果你经验到一个柠檬，你将（毫不令人惊奇地）发现它有黄色、质地粗糙的表面和酸酸的味道。出现这些现象是因为上帝在你的心灵中创造了黄、粗糙和酸的经验。上帝能提供给你柠檬的视像和质地，但给你泡泡糖的味觉，只要他选择这么做。当然，他没有玩这样的花招。自然是有序的。我们可以信赖它。我们可以期待面包是有营养的，雨是湿的，氰化物是致命的。这种有序性和一致性是上帝的一致性和善的证明。在贝克莱的解释中，科学不排斥宗教；相反，科学实际上要求上帝保证自然事件的齐一性。既然所有事件都是上帝直接行为的结果，记录在《圣经》中的奇迹根本不成问题。为了特定目的，上帝可以偏离正常的事件安排。他可以让一种液体在这一分钟里看起来和尝起来像水，而下一分钟看起来和尝起来像酒。但这样的奇迹并不比苹果落地更像是超自然事件。

在一个地方，海拉斯引入《圣经》对创造的解释来反驳斐洛诺斯。《圣经》上说，上帝创造了天、地以及海、植物和动物。它没有说他创造了观念，海拉斯坚持说。但斐洛诺斯说，《圣经》上也没有说上帝创造了物质。他的确创造了海。但他创造的海是什么？他创造了湿的观念，盐水的气味，深蓝的广阔区域上泛着白色泡沫的视像和波浪翻滚的图像。他创造了我们经验的每样东西，就像我们经验到的一样，但他没有创造物质。

在他的自然哲学中，贝克莱勇敢地挑战了他那个时代的牛顿物理学中的一些主要概念。牛顿主张，绝对空间和绝对时间作为宇宙物品的部分而存在，并且运动是绝对的。贝克莱论证说，这些是站

---

* 这样的哲学家的例子是实用主义者，将在第 30 章讨论，还有逻辑实证主义者，将在第 31 章讨论。

不住脚的抽象，这些词项不指称任何自身存在的事物，而只是经验之间的关系。例如，"空间"这个词项指称我们的运动经验和我们的物体观念之间的关系。我们不可能形成没有物体和运动的纯粹空间的观念（P§116）。时间只是我们心灵中观念前后相继的经验（P§97,§98）。关于运动，贝克莱说，"在我看来，离开关系不可能有任何运动；所以，要设想运动，至少必须有两个物体，它们相对于彼此的距离或位置是变化的"（P§112）。这些评论使得贝克莱的体系成为20世纪物理学家阿尔伯特·爱因斯坦理论的先驱。后者理论化地阐述了时间、空间和运动都是相对的，从而让科学发生了革命。贝克莱做出了关于重力和力的类似评论，主张它们不是形而上学的实体或原因，而只是事件之间可预测关系的数学表达。虽然贝克莱的哲学与他的时代不一致，但他关于科学主题的许多讨论具有惊人的现代性。

> **想一想**
>
> 20.4 如果一个科学家皈依贝克莱的形而上学，他对科学的研究是否不得不与之前不同？

精神实体的问题

在《对话三篇》中，斐洛诺斯提出了贝克莱上帝观的一个大问题。显然上帝不是感觉性质。他不是圆的、蓝的或甜的。然而，根据贝克莱的观点，我们只能具有感觉性质的观念。因此，似乎由此可得，我们不能有上帝的观念。海拉斯颇有理由地抱怨道：

> 那么，既然你没有上帝心灵的观念，你怎么能设想事物可能存在于他的心灵中？或者，如果你能设想上帝的心灵而没有关于它的观念，为什么不可以允许我设想物质的存在，尽管我没有它的观念？（D 77—78）

约翰·洛克也指出了物质实体和精神实体之间的这种对等性。实际上，他论证说，既然物质显然存在，那么精神必定也如此。海拉斯反过来使用这个对等论证，来表明，既然斐洛诺斯认可不可感知的精神实体，他必须保持一致，承认不可感知的物质是可能的。

贝克莱通过让斐洛诺斯引入"观念（idea）"和"意念（notion）"之间的区分来补救这个问题。我不能以我有糖的甜味观念的方式有我的心灵的观念。然而，因为我直接意识到我自己的精神活动（诸如思考、意欲和爱），我能通过反思形成关于我的心灵的意念。因此，我能知道我的心灵，即使这个意念在感知颜色、声音或味道之类东西的意义上不是观念。我对我自己心灵的亲知允许我使用主张存在着其他有限心灵的类比论证和概然论证。类似地，我能拓展和扩大我自己的心灵这个意念，形成一个完善心灵的意念。前面讨论的因果论证，为人们断言这个意念具有实在性提供了基础。

这个论证路线始于一个借自笛卡尔的前提，即主张我有对我自己心灵或自我的直接亲知。然而，这个前提产生了很多问题。海拉斯附带地抱怨说："尽管你说了这一切，对我而言，似乎根据你自己的思考方式，由于你自己的原则，应该得出你只是一个漂浮的观念系统，没有任何实体支撑它们。"（D 80）换言之，我可以亲知我自己的爱、意欲和思考等行为。但是，这些是短暂的心灵状态或活动。它们只是"漂浮的观念"，而不等同于一个在我的意识之流中保持相同本质的持存的精神实体。我真的对我自己的精神实体有任何亲知吗？尽管海拉斯过于轻率地放弃了这条攻击路线，但后来大卫·休谟接过了这个问题并加以研究。但是，这个问题的困难似乎没有对贝克莱造成影响。

> **想一想**
> 20.5 当贝克莱引入上帝和心灵这样的非经验事物时，他是否抛弃了他的经验主义？

评价与意义

批评者在贝克莱的主要论点中发现了几个问题。有人主张，贝克莱的体系不稳定地在三个不可接受的立场边缘摇摆。首先是唯我论。**唯我论**主张的是，在我的心灵及其内容之外没有任何实在。虽然很少有哲学家认真地捍卫过这一立场，但它已经被用作警示信号，表明导致它的前提是有漏洞的。如果贝克莱打算主张我能知道甚至思考的唯一实在是由那些我所感知的对象构成，那么我理解的实在就还原为我心中的主观内容。当然，贝克莱会通过主张上帝也感知这些对象来拒斥这个立场。因此，它们具有独立于我的某种客观存在。

然而，这里产生了第二个问题。我的观念只是上帝关于对象的观念的表象或副本吗？贝克莱的某些评论暗示，我们的观念只是神圣原型的特殊样式。换言之，对上帝存在的实在并不等同于人类直接知道的东西。如果这个解读是正确的，那么他接近于堕入了某种形式的表象实在论，而他在洛克那里发现它非常成问题。在这种情况下，我们对实在的经验将不是直接的或无中介的，而这恰恰是贝克莱哲学的卖点之一。

第三，如果我们需求通过主张我们的观念与上帝的观念没有区别来避免前两个选项，那么似乎我们的心灵与神的心灵相重叠，或分有神的心灵。贝克莱会发现，这个结论在神学上不可接受。因此，贝克莱似乎被困在唯我论、表象实在论或我们的心灵与上帝的心灵的某种形式的泛神论重叠之间。

贝克莱关于我们不能设想对象存在但未被感知的主张也存在着问题。的确，当我正在设想某个东西，它必然与我的心灵相联系。然而，这不意味着"存在未被思考或未被感知的对象"没有意义。贝克莱的问题部分在于他倾向于瓦解感知和设想之间的区别，因为他相信我们只以图像的方式思考。因此，看一座房子和想一座房子是相似的，因为在两种情况下，我们都在心灵之前有一个图像。但贝克莱的观点是不正确的。正如笛卡尔指出的，我们可以思考一个千边形（chiliogon），但我们不能在我们心中形成它。[5] 因此，我们能在语言和思想中指称对象并清楚地理解它们的属性，但既没有在感知它们，也没有在想象它们。

正如已经注意到的，贝克莱笨拙的"意念"概念产生了进一步的问题。人们猜疑，"意念"概念是他为了有一个认识论的格子来存放上帝和自我这样的非感觉概念，而用魔法召唤来的生造概念。实际上，直到贝克莱修订《人类知识原理》后来的版本和写《对话三篇》时，他才增加了意念学说。最初写《人类知识原理》时，他似乎没有想到这个困难。然而，一旦贝克莱允许我们思考和讨论诸如他人的心灵和上帝这样未感知的事物，他就在他的体系中创造了威胁其结构完整性的大裂缝。

最后，大多数人很难同意贝克莱所主张的，他站在常识一边，并且他抛弃了哲学家的所有"粗笨的悖论、困难和不一致"（P，引论，§1）。如果贝克莱的论证不像他认为的那样滴水不漏，那么，似乎对象独立于我们对它们的经验而存在的论点是更为简单和合理的解释。即使在他自己的神学语境中，似乎相信一个婴儿处于疼痛中是物理的尿片别针正在刺他，比相信一个假设的仁慈上帝在那个时刻正用疼痛感直接折磨这个婴儿更加融贯一致。

历史的裁决同意大卫·休谟对这位主教的论证的评价："它们不允许任何回答，不产生任何确信。它们唯一的效果是造成……暂时的惊异、犹豫不决和混乱。"[6] 贝克莱反对物质的论证和他的非物质主义替代物没有取得任何真正的和持久的胜利。即使有神论者也没有发现贝克莱的体系有助于瓦解"无神论者的所有古怪体系"。然而，贝克莱仍然因为他的哲学心灵的原创性和不受他那个时代流行假设影响的能力而让人钦佩。这些是有意义的哲学工作的两个本质要求。

当代联系 20：贝克莱

贝克莱从来没有吸引到很多对他思想的追随者。然而，他的确以若干方式为哲学做出了某些持久的贡献。首先，关于他的理性主义和经验主义先驱的形而上学假设，他提出了某些有助益的问题。

其次，不论好坏，他的不令人舒服的结论表明一种彻底的、狭隘的经验主义会引向何处。作为回应，某些哲学家断定，经验主义必须被抛弃，或者最好被修订。另一些人拥护现在被称为**现象主义**（phenomenalism）的立场。这个学说主张，所有关于经验中发现的对象的陈述，都可以用关于感觉材料的陈述完全地分析而不用涉及任何外在于感觉的实在。因而，现象主义者"咬紧牙关"废除一切形而上学，包括贝克莱试图保留的自我和上帝观念。

第三，他的哲学分析方法和他处理的问题，特别是他关于语言和感知的理论，对英国经验主义传统产生了重大影响。最后，就像前面提及的，他的反牛顿的科学哲学在20世纪被阿尔伯特·爱因斯坦重新确立。比20世纪物理学早很长时间，贝克莱和戈特弗里德·莱布尼茨就属于最早认识到空间、时间和运动不是绝对的而是事件间关系的人。

理解题

1. 为什么贝克莱主张相信一个外部物质世界会导致自然神论和无神论？
2. 为什么贝克莱主张洛克的认识论导致怀疑论？
3. 当贝克莱说"存在就是被感知"时，他要表达什么意思？
4. 贝克莱用"观念"表示什么？
5. 为什么贝克莱主张不存在抽象观念这样的东西？
6. 确切地表述贝克莱的以下论证：（a）出自观念的精神依赖性的论证，（b）出自痛苦和快乐的论证，（c）出自感知者相对性的论证，（d）出自想象的论证。

7. 贝克莱和洛克关于第一性质和第二性质有怎样的分歧以及为什么有分歧?

8. 为什么贝克莱拒斥洛克的表象实在论?

9. 既然贝克莱相信物质的外部世界不存在,他如何区分梦和实在?

10. 贝克莱如何论证上帝存在?

11. 如果物质不存在,为什么贝克莱相信科学是可能的?

12. 贝克莱关于空间和时间的观点与牛顿有何不同?

13. 如果我们所知的一切都是我们的感觉,贝克莱如何让我们讨论像上帝和心灵这样的非感觉事物?

思考题

1. 贝克莱的哲学与洛克的哲学有何相似之处?它们在什么方面有分歧?

2. 从贝克莱的哲学来说,说"我的桌上有一本书"表达什么意思?

3. 如果我们接受贝克莱的哲学,这对怀疑论提供了怎样的回答?他的哲学以何种方式瓦解了无神论?

4. "根据贝克莱的观点,我正坐着的这把椅子并不存在,而只是幻觉。"这个陈述是如何误解贝克莱的?

5. 贝克莱主张,他的唯心主义与常识一致,并且不剥夺我们经验的世界的任何部分。他会怎样捍卫他的主张?你是否认为他这样说是正确的?

注释

[1] 乔治·贝克莱,《论美洲的种植技艺与学术之前景的作者的诗》("Verses by the Author on the Prospect of Planting Arts and Learning in America"),载于《克罗因主教乔治·贝克莱著作集》(*The Works of George Berkeley: Bishop of Cloyne*),A. A. 卢斯和 T. E. 杰索普编(London: Nelson, 1950),7.373。

[2] 乔治·贝克莱著作的引文在文中的标注使用如下缩写:

D 《海拉斯和斐洛诺斯的对话三篇》(*Three Dialogues Between Hylas and Philonous*),科林·M. 特贝恩(Colin M. Turbayne)编(Indianapolis: Library of Liberal Arts, Bobbs-Merrill, 1954)。对这本著作的标注采用这个版本的页码。

P 《人类知识原理》(*A Treatise Concerning the Principles of Human Knowledge*),科林·M. 特贝恩编(Indianapolis: Library of Liberal Arts, Bobbs-Merrill, 1957)。对这本著作的标注采用贝克莱的编号。

PC 《哲学评论》,载于《克罗因主教乔治·贝克莱著作集》,卷 1,A. A. 卢斯和 T. E. 杰索普编(London: Nelson, 1948)。对这本著作的标注采用节的编号。

[3] 乔治·贝克莱,《阿尔西弗伦》(*Alciphron*),对话 4,§14,载于《克罗因主教乔治·贝克莱著作集》,A. A. 卢斯和 T. E. 杰索普编(London: Nelson, 1950),3.160。

[4] 同上。

[5] 勒内·笛卡尔,《第一哲学沉思集》,约翰·科廷厄姆译(Cambridge, England: Cambridge University Press, 1986),第 50 页。这段话可以在标准法文版的沉思 6,第 72 页上找到。

[6] 大卫·休谟,《人类理解研究》(*An Enquiry Concerning Human Understanding*),§12,第 1 部分,载于《从培根到密尔的英国哲学家》,埃德温·A. 伯特编(New York: The Modern Library, 1939),第 682 页。

第 21 章

大卫·休谟：苏格兰怀疑论者

休谟生平：追求文字名声的激情

大卫·休谟（David Hume）1711 年生于苏格兰爱丁堡一个中等收入的加尔文教徒家庭。他进入爱丁堡大学，在那里学习古典学、数学、科学和哲学等通常学科。离开大学后，他的家人以为他会从事法律职业。然而，当他们以为他在阅读法律的时候，他实际上正沉浸于文学和哲学。在他 20 岁出头的时候，他去法国待了三年，在那里写出了《人性论》。休谟曾经承认，希望获得文字名声是他的"主导激情"。[1] 他认为，他的第一本著作不仅会给他带来他寻求的声望，而且还会产生一场哲学革命。虽然它现在被认为是一部哲学经典，但休谟的同时代人却是带着十足的冷漠接受它的。正如休谟所说，它"从印刷机中一降生就死了"。1745 年，当他未能获得爱丁堡大学的伦理学讲席职位时，他遭受了另一次事业挫折。对于那个时代的人来说，他的怀疑的观点和宗教观点显然太有争议了。（为了纠正他们的疏忽，那里的哲学系现在设在一栋以他的名字命名的建筑里。）

为了努力拯救《人性论》，休谟写了那部著作前两部分的一个更通俗和更生动的版本，并在 1748 年出版。它最终作为《人类理解研究》而知名。1751 年，《人性论》第三部分的改写版以《道德原则研究》出版。随着休谟名气变大，对他的非正统思想的攻击也增加了。这导致 1752 年他的又一次失望，未能取得格拉斯哥大学的学术职位。他 1757 年发表的《宗教的自然史》进一步增加了他的恶名。这本书对宗教冲动在人类经验中的起源做了缺乏同情的解释。由于从这一经历中获得了教训，并且想要"平静地生活，远离一切喧嚣"，休谟拒绝出版《自然宗教对话录》，这本书一直到他死后才出版。自那以后，这本书成为宗教哲学的经典。

他的六卷本《英国史》在 1754—1762 年间面世，终于给他带来了他渴求的认可。根据他的描述，他的著作在这个时刻使得他"不仅独立，而且富有"。1763 年，他作为英国大使的助理去了巴黎。作为历史学家和作家的名声为他预先做了宣传，在法国的三年，他过着名人的生活，并且是所有重要的社交圈的偶像。他在他的家乡爱丁堡度过了他生命的最后岁月，在那里，他是苏格兰知识分子圈和文学圈的重要人物。1776年，他在遭受癌症或溃疡性结肠炎的折磨后去世。

虽然他的哲学充斥着怀疑主义的锐利锋芒和对传统思想的尖锐批评，但休谟在他的人际交往中实际上是一个温和友善的人。虽然他从未结婚，但他的最亲密朋友圈中有几位女性。他在他的自传中这样描述自己：

> 我是……一个秉性温和、脾气克制的人，一个开放、爱交际和乐天幽默的人，能忠诚待人，而很难感染敌意，并且我的所有激情都非常适度。即使是我对文字名声的热爱，我的主导性激情，也没有败坏我的幽默，尽管我经常愿望落空。

他的同伴的证词表明，这一自我评价是准确的。他的朋友喜欢称他"圣大卫"。结果，他住的那条街仍然被称为圣大卫街。

任务：解开人性的奥秘

虽然他那个世纪的科学在重建知识结构上已经跨出了相当大的步子，但休谟在这些结构中察觉到的不稳定和不严格让他沮丧。对于他来说，这是它的基础完全不牢固的明确信号。正如他对此的表达，"任何东西都受到争论，有学问的人对之意见冲突……争议不断，好像每件事情都不确定"（T，引言）。[2] 问题在于，人性，我们一切认知能力的源泉，没有得到充分理解。通向知识的最直接的道路是：

> 不是在边境上时不时攻取一座城堡或村庄，而是直接挺近这些学科的首府或中心，即人性本身；一旦征服了它，我们就可以希望在其他所有地方都轻易获胜。（T，引言）

因此，休谟没有假装谦虚，而是宣称他的目标是给所有其他科学奠定基础。在我们研究休谟的哲学发展时，把这个主张记在心里会很有趣，因为这里颇有讽刺性。他把自己表现为为科学奠基的石匠，但他的实际结果却将使他显得更像一个爆破专家，摧毁了科学知识的所有希望。

知识论：理性与世界的鸿沟

我们观念的起源

休谟的哲学从分析我们的知觉开始。这些知觉就是意识内容（笛卡尔和洛克称之为观念）。但内省告诉我们，知觉分属于两个类别。例如，当我们躺在夏日的沙滩上时，我们有温暖的经验。当我们经

"智慧的人……让他的信念与证据成正比。"
——大卫·休谟（1711—1776）

受冬天的寒风吹拂时,以前的温暖经验只是一个模糊的记忆。被记忆或想象的温暖是原初经验的副本,但与它只是在力度和生动的程度上不同。

休谟把我们通常的经验称为印象。印象可以是感觉,也可以是我们自己心理状态的直接和原初的内容。用休谟的话说,印象是"我们或听、或看、或触、或爱、或恨、或欲求、或意欲时的,我们的更生动的知觉"(EHU,2)。我们印象的不那么有力的副本或暗淡的图像称为观念。(注意他对"观念"这个术语的使用比笛卡尔和洛克所指的范围更狭小,对于休谟的两种知觉,笛卡尔和洛克都用它来指称。)当我们经验到牡蛎的味道时,它是印象,当我们几个月后回味它时,它是观念。愤怒的经验是印象,但对昨天愤怒爆发的回想是观念。

休谟主张,印象和观念之间存在一一对应。除非以某种方式从印象派生,否则我们没有观念。这里,他提出了他的众多挑战中的一个:

> 那些断言这个立场不是普遍为真或没有例外的人,只有一个简单的方法来驳倒这个立场,那就是,产生一个在他们看来不是来自这个源泉的观念。(EHU 2)

想象可能看起来有能力远远地跃出经验的边界。例如,像刘易斯·卡罗尔这样的故事作家给了我们一个爱丽丝奇境的奇幻世界。然而,卡罗尔在那个荒诞的虚构世界中创造的每一个生物和事件都是他以前经验中的元素的创造性结合。取来两个熟人的对话,加到两朵花的视觉印象上,加przez某个你认识的浮华乖戾者的个性,你就编造出爱丽丝遇到的说话的花的观念。

根据休谟的理论,"心灵的创造能力不过相当于将感觉和经验提供给我们的材料进行复合、移植、增大和缩小的官能"(EHU 2)。没有原初的印象,心灵就不可能有实在的内容。一个盲人不可能有"红"所意指的观念,一个聋人对声音像什么样子毫无概念。

观念的联系

通过提出联系法则,休谟推进了他的心灵科学。回想一下,18世纪的经验主义者把经验看作由原子式的单位复合而成,与物理学家的运动中的原子相对应。正如牛顿提出了支配物理粒子的法则,哲学的任务是提出控制精神粒子的法则。因此,休谟寻找"某种单位的黏合剂"或"温和的力量",让某种精神引力使观念互相吸引(T 1.14)。被灼烧的手指的观念通常与疼痛的观念相联系而不是甜的观念。某人眼睛的照片可以引导我们猜测它们属于谁的脸。这种经验非常明显地表明:

> 不同的思想或观念之间存在着一个关联的原则,当它们出现在记忆或想象中时,它们以一定程度的条理或规律相互引导。(EHU 3)

现在产生的问题是,"观念在心中如何关联在一起?"在回答这个问题时,休谟发现了他的观念联系三原则。第一个原则称为相似。例如,一个关于总统的政治漫画自然地引导你想到它所表现的现实生活中的总统。类似的观念倾向于相互联系在一起。第二,思考一栋楼的一个单元导致想到毗邻的单元和整栋楼。因此,在空间和时间上显得靠拢的观念倾向于相互联结。这是邻近原则。最后,用锤子敲钉子时打到一个人的拇指的观念与疼痛相联系。这是因果原则在起作用。当一个事件常规性地接续另一个事件，我们倾向于把它联系在一起。

两种推理

在我们离开对休谟的知识论的讨论之前，我们需要看看休谟在两类推理中和它们产生的两种知识之间做出的一个重要区分。这个区分之所以重要不仅因为它经常出现在休谟对形而上学主题的讨论中，而且还因为它被20世纪的经验主义理所当然地当作基石。休谟通过以下断言引入这个区分：

人类理性和探究的所有对象都可以自然地划分为两类，即观念的关系和实际的事情。属于第一类的是几何、代数和算术等科学；简言之，任何具有直观的或证明的确定性的断言……实际的事情是人类理性的第二种对象，它们不是以同样的方式被确定的；我们关于它们为真的证据，不论多么强大，其性质都不与前述那种对象相似。（EHU 4.1）

表达观念关系的命题的区别性特征是，它们都是必然真理。换言之，否定它们就是断言矛盾的命题。我们不是通过观察或实验知道2+2=4，而是通过按照我们对它们的定义分析这些符号之间的关系。我们关于外部世界的知识与这种命题的真无关。因为我们并没有把它们的确定性置于任何外部事实的基础上。休谟说，"即使自然中从不曾存在一个圆或三角形，欧几里得证明的真理也会永远获得关于它们的确定性和证据"（EHU 4.1）。

实际的事情则颇为不同。休谟提出，你可以发现明天太阳将要升起的概率很高，然而，如果你断言"太阳明天不会升起"，你并没有表达一个逻辑矛盾。例如，我们可以想象某种宇宙灾难使得它为真。因此，即使"太阳明天将要升起"是一个真陈述，它的真也不是逻辑必然或确定的。单靠理性不能决定一个事实陈述是真是假。

既然理性不能告诉我们实际的事情，它们就只能通过经验来发现。为了证明这一点，休谟要我们想象关于最早的人——亚当——的古代故事中描述的情形，他第一次面对这个世界，没有任何经验背景：

即使亚当的理性官能被假设从一开始就是完全完善的，他也不可能从水的流动和透明推出它会令他窒息，或者从火的明亮和温暖推出它会把他烧成灰。对于任何对象，从显现于感官的性质，既不能推出产生它的原因，也不能推出由它产生的结果；没有经验的帮助，我们的理性也不能得出任何关于真实存在和实际事情的推论。（EHU 4.1）

在这一讨论中，休谟在这两类知识之间挖了一条不可跨越的鸿沟，破坏了对理性主义者的形而上学结论不可或缺的理性与世界之间的桥梁。鸿沟的一边由理性做主，在那里，我们有观念的关系。这些真理是必然的，因而是绝对确定的。残酷的隐情是，尽管它们是完全确定的，但它们不告诉我们关于处于鸿沟另一边的实在世界的任何事情。

人们可能反对说，毕达哥拉斯定理肯定能指导我们布置一个三角形的花坛。然而，休谟会说，虽然这个定理的确是从欧几里得的公理和定义所表达的观念的关系中得出的，但它是否适用于我们的花坛是一个观察问题。例如，19世纪的数学家发展了非欧几里得几何体系，这种体系被证明在做特殊的天文学计算时是有用的。当然，休谟不曾知道这个例子。然而，它非常有力地证明了他的观点。给定了欧几里得的起点，你能推出欧几里得的定理。然而，这些定理适用于这个还是那个天文学问题，则是一个事实问题。

鸿沟的另一边由经验做主，在那里，我们做出关于实际事情的推理。然而，这个范围里的残酷隐情是，经验判断没有逻辑真理享有的那种必然性或确定性。实际的事情至多以各种程度的概然性为基础。正如我们即将看到的，休谟试图表明，让我们对实际事情怀有自信的基础比在这里暗示的还要薄弱。

> **想一想**
>
> 21.1 你是否同意休谟的观点，即所有的推理不是关于观念的关系就是关于实际的事情？如果不是，还存在哪种推理？你是否同意他的观点，即理性永远不能告诉我们实际的事情？休谟的立场蕴含着什么后果？

这种知识论的意蕴

到目前为止，关于我们的理解力如何工作，我们有了很多有趣的观察，但是休谟借助这些评论要走向哪里？对于它们的影响，他没有留下任何疑问。他的经验主义规定，印象在知识的序列中具有优先地位。印象是强烈而生动的原始经验。它们强行作用于我们，使得我们的意识只能被动接受它们。相反，观念是微弱的派生的副本。如果我们能把一个观念回溯到相应于它的印象，它就是可以信任的。然而，任何不以这种方式与原初印象相联系的哲学词项是空洞和无用的。它甚至没有合法观念的模糊内容。

因而，休谟的心灵科学给出了一个简单的测试，它将澄清所有的哲学讨论。

当我们怀疑一个哲学词项是空洞的，没有任何意义或观念（这是极为常见的），我们只需要探究，那个假设的观念是从什么印象导出的？如果不可能给它指派任何观念，这将使我们的怀疑得到确认。（EHU 2）

他希望以这种方式"消除长期占据形而上学推理并使之蒙羞的所有术语"（EHU 2）。

而且，在他的《人类理解研究》的最后章节中，在一个因其理智上的冷酷无情而令人心惊的段落中，休谟宣称，他关于两类推理的讨论给我们提供了一个简单而有效的工具，让我们在遇到的一切讨论中能区分良莠：

> 如果这些原则说服了我们，当我们巡视图书馆时，我们必定会造成怎样的浩劫？如果我们拿起任何一本书——例如，神学的或经院形而上学的书——让我们问，它包含着任何关于数或量的抽象推理吗？没有。它包含着任何关于实际的事情或存在的经验推理吗？没有。那么把它付之一炬吧：因为除了诡辩和幻想，它不会包含任何东西。（EHU 12.3）

> **想一想**
>
> 21.2 休谟建议我们烧掉任何既不包含逻辑推理也不包含经验问题的书。找出一本休谟可能想要烧掉的书。你是否同意休谟的观点，即它只包含"诡辩和幻想"？如果不同意，你如何面对休谟捍卫这本书的价值？

形而上学：关于实在的怀疑论质疑

实体：一个空洞的观念

借助在知识论中奠定的基础，休谟接下去把意义的经验标准应用到已经成为如此多争论与混乱的中心的那些哲学领域。他把尊贵的实体观念作为他的第一个靶子。在这一点上，我们看到了他与过去传统的第一次激烈的决裂，包括他自己的英国经验主义传统。虽然洛克和贝克莱是典型的经验主义者，并且寻求把所有知识主张都纳入经验范围，但他们都赞同笛卡尔的观点，认为实体观念是不可或缺的。洛克（但不是贝克莱）相信，外部世界由物质实体构成。例如，我们把许多经验和苹果的观念相联系（红、圆、甜）。洛克认为，不存在苹果的性质寓存其中的事物或实体是不可理解的。然而，休谟质疑我们能在颜色、声音、味道等飞逝的经验中发现实体的观念（T 1.1.6）。

休谟的激进经验主义不仅排除了哲学家的实体概念，甚至我们关于独立存在的外部世界的常识概念也受到质疑。我们能知道的只是流动的印象。然而，显然，我们对经验世界和某个经验之外东西之间的联系毫无印象。休谟并不否定外部世界的存在，他只是说我们不能产生任何证明这个信念的证据。

自我：意识之流

关于物质实体的存在，休谟同意贝克莱的观点，洛克关于物质实体的观念，某个从未被经验到的"我不知是什么的东西"，依据他的经验方法不能得到辩护。但贝克莱的替换观点，当遇到同样的经验标准时，一点也不更好。休谟主张，精神实体的观念（或者心灵或自我的观念）也不能追溯到经验。这似乎对笛卡尔来说是令人震惊的，因为笛卡尔恰恰认为关于他自己的知识是确定性的典范。注意，大众心理学中的一个通常表达是"我正努力发现我自己"。但自我能被找到吗？如果我们找到了它，它会像什么样子？

休谟坚持，当我们内省时，我们只发现某个这种或那种的特殊知觉。如果你现在注意你的经验，你可能发现迷惑、疲倦、热、明亮、愉快，或其他类似知觉。你没有发现自我，休谟说。我们经验到心灵状态的流变，而那就是自我。*既然自我被假设为某种贯穿你变动的心境和状态的持存之物，这一流逝的瞬时状态不可能是真正的你。休谟非常直截了当地陈述他的立场。他说，一个人：

不过是一束知觉或一个不同知觉的集合，它们以不可思议的速度彼此衔接，并且永远流变着……心灵是一种剧场，若干知觉在其中前后相继地出现；一个接一个逝去、溜走，混合在无数种情势和状况中。确切地说，在同一时间里它没有单一性，在不同的时间里它没有同一性；不管我们有怎样的自然倾向去想象这种单一性和同一性。千万不要让与剧场的比较误导我们。它们只是连续的知觉，构成了心灵；对于表演这些场景的地方，或构成这个地方的材料，我们连最模糊的概念都没有。（T 1.4.6）

> **想一想**
>
> 21.3 请一个心理学家阅读休谟关于自我的评论。对于休谟的立场，他会怎样认为？一个实体性的、持存的自我概念对心理学是必要的吗？哪些心理学理论会同意休谟的立场，哪些不会？

---

* 凭着这种自我概念，休谟可能会欣赏詹姆斯·乔伊斯的《尤利西斯》这样的现代小说。在这部小说里，叙述者没有呈现一个统一的观点，而只是一段意识流。

因果性：明天太阳会升起吗？

现在我们来到了休谟留给近代的最著名和最令人迷惑的问题。这就是他关于因果概念的结论。有必要回想一下催生了许多18世纪思想的牛顿物理运动定律。科学家和哲学家都试图让他们的研究仿效牛顿的成功方法。寻求原因是科学兴起背后的推动力。通过发现一组能够解释彗星、潮汐、行星、下落的苹果、钟摆和炮弹的运动的因果法则，牛顿显示了科学整合统一的能力和解释的能力。瓦解"一切结果皆有原因"这个观念会动摇科学的根基。即使"明天太阳将要升起"这样的日常信念也建立于这一因果假设以及过去的因果联系将永恒不变这个信念之上。然而，休谟攻击了这一假设，他的论证在哲学上相当于破坏锤。

现在，你可能已经预见到，休谟会追问我们的因果概念是从什么印象得出的。让我们看看在日常生活中我们是如何使用因果概念的。你看到一团火接触到你的皮肤，然后你获得疼痛的感觉。你自然地断定火导致疼痛。这是每个孩子在生活中很早就学到的教训。但是，根据休谟，你实际经验到的只是两个印象，火的视觉显现和疼痛感。因果关系的印象在哪里？

以下阅读材料是休谟的《人类理解研究》节选。你自己可以看到休谟如何提出了一个关于我们因果判断的有效性的怀疑论质疑。当你通读他的文本时，请回答以下问题。

- 当我们发现特定对象"恒常结合"时，我们做出什么判断？
- 《圣经》中的亚当，他没有任何在先的经验，他会如何认识这个世界？
- 如果你没有物理世界如何运行的经验，关于两个台球相撞的后果，你会做出什么可能的猜测？

摘自大卫·休谟，《人类理解研究》[3]

所有关于实际事情的推理似乎都建立在因果关系的基础上。只凭这个关系，我们就能超出我们的记忆和感觉的证据之外。如果你问一个人，他为什么相信任何不在场的实际的事情；例如，他的朋友在这个国家，或者在法国；他会给你一个理由，这个理由是另外一个事实；就像他接到来自朋友的信，或关于他以前的决定或承诺的知识。一个人在一座荒岛上发现一块表或任何其他机械，他会断定曾经有人在这个岛上。我们所有关于事实的推理都有同样的性质。而人们一直假设，当前的事实和由它推出的事实之间存在着一种联系。如果没有任何东西把它们联系在一起，这个推理就完全没有保障。黑暗中听到音节分明的声音和合乎理性的话语，就让我们确信了某个人的存在：为什么？因为这些是人的性情和构造的结果，并与之紧密联系。如果我们剖析所有这种性质的理由，我们将发现它们都建立在因果关系的基础上，这一关系要么远，要么近，要么直接，要么并行。热和光是火的并行结果，一个结果可以恰当地从另一个结果中推出。

因而，关于让我们确信实际事情的那个证据的本性，如果我们要让自己满意，我们就必须探究我们是如何达到因果知识的。

我将大胆地肯定，作为一个一般命题，我们都承认，关于因果关系的知识，在任何情况下都不是通过先天推理得到的；而是完全来自我们发现某些特殊对象彼此恒常结合时的经验。让一个对象呈现在一个有如此强的自然理性和能力的人面前；如果这个对象对于他是全新的，他将不可能通过尽可能精确地考察它的可感性质来发现它的任何原因和结果。即使亚当的理性官能被假设从一开始就是完全完善的，他也不可能从水的流动和透明推出它会令他窒息，或者从火的明亮和温暖推出它会把他烧成灰。对于任何对象，从显现于感官的性质，既不能推出产生它的原因，也不能推出由它产生的结果；没有经验的帮助，我们的理性也不能得出任何关于真实存在和实际事情的推论。

原因和结果不能通过理性，只能通过经验被发现，这个命题对于那些我们记得曾经一无所知的对象，是很容易被承认的；因为我们必定感到完全无力在那时预言从它们会产生什么东西。把两块光滑的大理石呈现给一个没有受过自然哲学教育的人，他绝不会发现它们会这样贴合在一起，使得从纵向上把它们分开要花的力气如此之大，而它们对横向推压的阻力又如此之小。这样的事件与通常的自然过程极少相似，因而很容易承认只能通过经验才能知道；也没有任何人会相信能够通过先天的论证发现火药的爆炸和磁石的引力。类似地，当假设一个结果依赖复杂的机械系统和各部分的秘密结构，我们会毫不困难地把对该结果的知识归于经验。谁会断言，对于为什么牛奶和面包对人类是适宜的营养品，对狮子或老虎则不是，他能够给出终极的理由？

但是同样的真理，对于我们自出生以来就已经非常熟悉的事件，初看起来，可能似乎并不同样明显，这些事件与整个自然过程有很大的相似性，它们被假设为依赖对象的简单性质，而不是各部分之间的秘密结构。我们倾向于假设我们可以仅仅通过运用我们的理性就能发现这些结果。我们幻想，如果我们突然降生于世，我们从一开始就能推断出一个台球能通过撞击把运动传递给另一个台球。为了宣布这件事肯定会发生，我们并不需要等着它发生。这就是习惯的影响，当它最强烈时，它不仅掩盖了我们天生的无知，甚至隐藏了它自身，它好像没有发生，这只是因为它处于最高的程度。

但是，以下的反思或许已经足以让我们确信，所有的自然法则和物体的所有活动都毫无例外地只能通过经验得知。如果任何对象呈现给我们，要求我们断言由它将会产生什么结果，如果不参照过去的观察，我请问你，心灵以什么方式来进行这一活动呢？它必须虚构或想象某个事件，把它作为结果归于那个对象；显然这一构想必然是任意的。心灵绝不可能通过最精细的审视和考察，从这一假设的原因里找到结果。因为结果完全不同于原因，因而绝不能在其中发现。第二个台球的运动是与第一个的运动判然有别的事件，一个事件中也不存在对另一个事件的丝毫暗示。一块石头或一个金属块被抛到空中，并且没有任何支撑，就立即落下来：但是先天地考虑一下这个问题，在这一情形中，我们发现了任何东西能产生这块石头或金属向下而不是向上或任何别的运动的观念吗？

既然在一切自然的活动中，当不参照经验时，对于一个特殊事件的最初想象或构想是任意的，那么我们必须相信在原因和结果之间有假设的纽带或联系，把它们连接在一起，使得不可能有任何其他结果能从原因的活动中产生。例如，当我看到一个台球沿直线向另一个台球运动，即使假设我碰巧想到了第二个球的运动，作为它们接触和碰撞的结果，难道我不可能同样设想上百种不同的事件随这个原因而来吗？难道这两个球不可能都保持完全的静止？第一个球不可能沿直线返回，或者从第二个球以任何直线或方向跳过吗？所有这些假设都不是矛盾的或不可设想的。为什么我应该偏好第一个，它并不比其他的更无矛盾、更可设想？我们的所有先天推理都永远不能向我们显示这一偏好的任何根据。

总而言之，任何结果都是与原因有别的事件。因而不可能在原因中发现它，关于它的任何最初的、先天的构想或设想，都必然是完全任意的。即使是这样，它与原因的关联一定同样显得是任意的；既然总是存在许多其他结果，在理性看来，它们一定显得同样一致和自然。如果我们没有观察和经验的帮助，想要决定任何单个事件，或推论任何原因或结果，都是徒劳的……

- 在下一段，休谟说我们总是假定什么？注意："可感性质"指我们经验到的对象的属性（如一个苹果的红色），而"隐秘力量"指一个对象中的产生结果的能力。
- 休谟认为哪两个命题是完全不同的？你同意吗？
- 为什么我们不能简单地以如下方式论证："我们知道未来将与过去相似，因为我们过去的经验表明事件总是遵循这个规则"？

……当我们看到相似的可感性质时，我们总是假定它们具有相似的隐秘力量，并期待与我们已经经验到的结果相似的结果会随之而来。如果一个呈现给我们的物体，与我们以前吃过的面包有相似的颜色和硬度，我们会毫不犹豫地重复以前这个实验，并肯定地预见它有相似的营养。我很想知道这个心灵或思维过程的根据。人们承认，可感性质和隐秘力量之间在各个方面都不存在联系；因而，心灵不是通过关于它们本性的任何知识，来形成这种关于它们恒常和有规律的结合的结论。至于过去的经验，可以承认，仅就它观察的那些对象和观察的那段时间而言，给出了直接和确定的信息；但是，为什么这一经验应该扩展到未来的时间，扩展到我们一无所知、可能只是表面相似的其他对象；这是我强调的主要问题。我以前吃的面包滋养了我，即，一个具有如此这般可感性质的物体，在那个时间保有这种隐秘力量；但这是否会得出，其他面包在其他时间也必定滋养我，并且相似的可感性质必定具有相似的隐秘力量？这个结论似乎绝不是必然的。至少必须承认，这里有一个心灵得出的结论，有某个采取的步骤，一个思维过程和推理过程，需要解释。这两个命题远不是一回事，我发现这样的对象总是伴随着这样的结果，和我预见到表面相似的其他对象，将伴随相似的结果。如果你乐意，我将承认一个命题可以正当地从另一个命题中推出；我知道，它总是被推出。但是如果你坚持这个推论是由一条推理链条构成，我希望你展示那个推理。这两个命题之间的联系并不是直观的。这里要求一个中介，让心灵能得出这样一个推论，如果它是由推理和论证得出的话。我必须承认，这个中介是什么，超出的我的理解；展示它的义务，属于那些断言它真的存在，并且是我们关于实际事情的一切结论的起源的人……

因为所有来自经验的论证，都假定未来将与过去相似，相似的力量会与相似的可感性质结合，并把这作为它们的基础。一旦怀疑自然进程会发生改变，或者过去可能不能规定未来，一切经验就变得毫无用处，不能产生任何推论或结论。因而，任何来自经验的论证都不能证明过去与未来的相似，因为所有这些论证都建立在这一相似的基础之上。让我们承认事物的进程迄今为止一直如此有规则；但只凭这一点，没有任何新的论证或推论，证明不了它在未来将继续如此。你宣称从过去的经验中学到的事物的本性，是徒劳的。它们的隐秘本性，因而它们的所有结果和影响，都可能发生变化，而它们的可感性质不变。这种事有时会发生在某些对象上：为什么它不会总是发生在一切对象上呢？何种逻辑，何种论证过程，能保证你驳倒这种假设？你说，我的实践驳倒了我的怀疑。但是你弄错了我问题的要旨。作为一个行动者，我在这点上非常满意。但是且不说怀疑主义的哲学家，就是作为有好奇心的哲学家，我也想知道这个推论的根据。任何阅读和研究都还没能消除我的困难，或在这个重要问题上让我满意。尽管获得解答的希望很小，但除了把这个困难公之于众，还有更好的办法吗？这样做，即使我们没有增进知识，至少能感到我们的无知。

如果我们的因果判断没有逻辑基础，正如休谟在前面的阅读材料中所论证的，那么我们为什么做出这样的判断？要回答这个问题，休谟给我们提供了一个可以称为心理学解释的说明。在他的《人性论》中，休谟分析了诱使我们做出因果判断的经验的类型。他发现这些经验展现了三个特征。

1. 存在着邻近关系。原因必须以某种方式与它的结果相接触。在我们的例子中，火触到手指，然后你感到疼痛。如果某人在100米以外划火柴，然后你的手指受了伤，你很可能不会假设二者之间有因果关系。如果两个事件相距遥远，仅当我们假设二者之间有一系列连接物把二者关联起来，才会假设它们有因果关系。因此，当有电线连接着开关和灯时，你可以拨动开关，而灯在几码之外发亮。

2. 存在着时间在先的关系。在火接触手指之后你的手指立即受伤。如果两个事件相隔两年，或你的手指在火的点燃之前受伤，你不会假设二者有因果联系。

3. 但是仅有这些因素不足以解释我们的因果观念。在这些之外，我们必须加上恒常结合的概念。如果你挠挠头，同时雷声滚过，你不会认为这两个事件有重要关联。毕竟你曾经观察到打雷在你没有挠头时出现，而且，挠头通常并不产生打雷。如果你非要把两个事件联系起来，你会认为，它们一起出现是一个巧合。然而，对于火和疼就不是如此。这两个事件恒常结合。就是说，我们观察到触碰火焰总是伴随着疼痛，毫无二致。

到目前为止，这三个因素（邻近、在先和恒常结合）是全部的观察依据。但是，休谟说，在这些种类的观察之外，我们进一步增加了必然联系的观念。这恰恰就是我们用因果性表示的意思。我们认为触摸火和疼之间有必然联系，但我们却不像这样认为挠头与打雷之间有必然联系。当我们说触摸火是疼的原因时，所设想的正是必然联系的观念。

我们称之为"必然联系"的这个因素是什么？它肯定不同于我们在三角形的定义和三角形的内角和等于180度之间发现的那种必然联系。在火的例子中的联系其实根本不是"必然的"。不同于数学观念之间的必然关系，我们可以（无矛盾地）想象一个世界，这个世界中的物理事件之间的关系不同寻常。例如，有可能触摸火产生的是宜人的凉爽。如果我们以前没有经验过火，我们不会知道它的结果。这就是为什么科学家必须有实验室，而数学家不需要。

而且，休谟问，存在一个印象，我们从它得出必然联系的观念吗？似乎没有。"所有的事件似乎都完全是松散和分离的。一个事件跟随着另一个事件；但我们从不能看到它们之间有任何纽带。它们结合着，但从来没有联系着"（EHU 7.2）。

因而，因果关系只是我们给我们的由邻近、在先和恒常结合联系起来的事件的经验增加的一个观念。

我们可能试图通过区分我们考虑过的两类情形，来支撑我们因果概念的支离破碎的基础。一方面，我们有"真正的"因果联系，如触摸火伴随着疼痛。另一方面，我们有伪因果关系，如挠头伴随打雷。我们可能倾向于说类似的话："的确，有时人们做出虚假的因果推论。但是在火和疼这样的情形中，千千万万人的经验向我们保证这里存在着一个有规律的、不可违背的模式。"

然而，就像休谟会立即指出的那样，你做出这个关于真正的因果关系的判断，是以在过去为真的东西为基础的。正常的人触摸火被烧到，这一直是真的。但我们如何知道它在未来也将是真的？你使用的论证可以这样来陈述：

（1）过去，人们每次触摸火都经验到疼。
（2）自然法则在未来会一如既往地发生作用。
（3）因而，如果我现在触摸火，我将经验到疼。

让我们假设第一个前提是可接受的。在我们接受陈述 3 之前剩下的唯一问题是第二个前提的真假。我们知道陈述 2 为真吗？这个陈述称为"归纳原理"或"自然齐一性原理"。*它是一个在我们清醒生活中的每一个瞬间都假设为真的陈述。它的真似乎不受制于理性，因为想象火会改变它的属性而产生凉爽的效果，或者可能与其现有方式不同的其他因果关系，并无矛盾。因而，归纳原理只能是一个基于经验的关于实际事情的主张。所以，我们可能能够用以下论证来为它辩护：

（1）过去我观察到许多两个事件一致地结合在一起的事例。
（2）这些相同的事件对会在未来某个时间继续结合在一起，一直以来都是如此。
（3）因而，自然法则在未来会像在过去一样继续起作用。

然而，这个论证假设了它试图证明的东西。陈述 1 和陈述 2 恰恰告诉我们，在过去，我们总是发现未来与过去相似。但是这一过去的经验不能保证这在未来将一直为真，除非我们又一次直接地假设归纳原理。

休谟表明的是，我们所有的日常判断和科学知识都基于一个完全没有理性根据的基本原则。需要注意，休谟没有证明也没有声称证明了世界上没有因果关系。他只是主张我们不能给这样一个信念提供理性的支持。在写给一个通信者的信中，他写道：

---

* 归纳是当我们从一系列事实论证进一步的同类事实时使用的推理形式。

我从没有断言某事的发生可能没有原因这样一个荒唐的命题；我只是主张，我们确定这个命题是假的，不是出自直觉，也不是出自证明，而是出自另外的根源。[4]

如果经验和理性都不是我们相信因果关系的根源，那么这个信念来自何处？休谟的回答很简单：习惯或习性。换言之，我们相信某些没有证据的事情是我们心理构造的一种特征。在巴甫洛夫关于行为条件的著名实验中，这位前苏联心理学家在他喂他的狗之前摇铃铛。这两个事件如此恒常地结合，以至这些狗在摇铃时预先就开始分泌唾液。显然，铃声与食物投放没有必然联系。然而，这两者在狗的经验中恒常地结合着。但是我们能说在我们的经验中最恒常地结合的事件与这个实验有任何区别吗？"火总是引起疼痛，"我们说。"铃声总是导致食物出现，"狗推理说。

休谟的"习惯是人生的伟大指南"（EHU 5.1）这一结论中，存在着巨大的讽刺。当批判性思想家质疑他们的时代和文化的习惯性信念，并努力为他们关于世界的知识寻找理性基础时，就开始了哲学。然而，休谟说，就因果关系而言，不能找到这样的理性基础，我们被迫退回到我们的前哲学习惯和信念上。

> **想一想**
>
> 21.4　考虑你做出的某个因果判断。什么让你下结论说这两个事件有因果联系？你是否按照休谟对因果推理的分析来推理？你是否同意休谟的观点，即对我们的因果判断我们没有任何理性基础，它们的基础是习惯和习性？为什么同意或为什么不同意？

伦理学：激情统治——理性受奴役

休谟对哲学最重要的贡献是他的知识理论。然而，他在伦理学史上也应该占有重要地位。事实上，他宣称，他在《道德原则研究》中表达的道德哲学是"他最好的作品"。

当休谟着手研究伦理学这一主题时，他发现，它也是一个被处理得很糟糕的科目。按照他对它的看法，"迄今为止，道德哲学获得的进展似乎既不如几何学，也不如物理学"（EHU 7.1）。然而，他并不只是把对科学的参照用作道德理论需要发展的一个有趣的隐喻。而是遵循启蒙思想的主流，这一思想主流试图把科学方法当作会解开我们一切问题的答案的普遍钥匙。实际上，休谟的《人性论》有一个副标题："在精神科学中采用实验推理方法的一个尝试"。

由于他以科学自命，休谟的方案主要是描述性的，而非规定性的。他试图描述道德原则如何产生和在人类生活中起作用，而不是进行关于我们应当做什么的道德训教。因此，他说话更像一个人类学家或心理学家而不是道德改革者或鼓吹者。他不是从某种超验的法规中得出道德术语，而是把它们和心理观察相联系。因为道德对我们这一物种来说是自然的，因而他假设，一般而言，人们共有相同的道德冲动。因而，大多数时候，他仅仅通过让你注意你的道德感，来作为自己的论据。

休谟的伦理学理论前后一致地遵循他关于知识的所有说法。就像他表明理性不能给我们提供关于世界的知识一样，他也论证说理性在我们的道德生活中起的作用非常有限。回想一下，他主张一切探究的真正对象要么与观念的关系有关，要么与实际的事情有关。但是当我们做出"说谎是错误的"这样的道德判断时，我们如何分析它？对理性作为道德源泉的这两种可能方式，休谟进行了探索。

一种可能是，道德判断表达观念的关系。如果是这种情况，伦理真理会像数学真理一样是永恒为真的，并且心灵能够在经验之外发现它们。休谟描述了持有这种立场的人就像主张：

> 事物存在着永久的适合或不适合，它们对考虑它们的所有理性存在者都相同；正确与错误的永恒不变的尺度，不仅把义务赋予人类，也赋予神自身；所有这些体系都同意，道德像真理一样，仅仅通过对观念的并列和比较就可识别。（T 3.1.1）

但理性能为我们做道德决断的工作吗？休谟认为不能，因为道德的目的是影响和指导我们的行为。理性，根据休谟的分析，没有能力做到这一点。他说，理性是用于发现真和假。它告诉我们什么是逻辑上必然的，什么是矛盾的。但是，当我面对道德困境，我并不是仅仅关心什么是真的，而是关心我应当做什么。一个不诚实的会计和一个诚实的会计一样会做加法。理性只是指导他正确地算出总和；它并不引导他诚实地报告这些数字。如果不欲求做诚实的人，他不会被引导去说真话。因而，休谟断言，"理性完全是不主动的，绝不能成为像良心或道德感那样的主动原则的根源"（T 3.1.1）。

理性能做的第二种推论又如何呢？理性是从实际的事情中得出道德原则吗？休谟很快打消了这个提议。他要我们考虑我们认为应受道德谴责的行为，例如故意杀人，"全面地考察它，看你能否发现你称为恶行的那种实际的事情或真实的存在"（T 3.1.1）。

换言之，我们可以发现尸体是冰凉的，他的血是红色的，枪口冒着烟，以及目击者对攻击者行为的描述。我们关于这些事实的知识以感觉印象为基础。然而，即使夏洛克·福尔摩斯检查了这些谋杀场景，他也绝不会看到、触摸到、尝到、感觉到或听到某种被称为"道德错误"的性质。

休谟说，只要我们注意的是外部场景中的事实，我们就找不到关于错误的感觉，因为恶行或道德恶根本不是一个关于实际事情的问题。"在你反思自己的心，发现自己对那个行为产生一种非难（不赞同）的情感之前，你绝不能找到它"（T 3.1.1）。因而，这里是道德的源泉。它既不是来自我们理性的演绎活动，也不是来自归纳活动。相反，道德产生自情感、感受或激情。

数学上的和可以是正确的或不正确的，但感受不可能在这种意义上是正确的或不正确的。我们只是具有感受，并且它们并不假装要表象任何东西。因此它们不可能符合理性或违反理性。休谟用这样的说法来生动地陈述这一点，"宁愿世界毁灭也不愿费举手之劳，这并不违反理性"（T 2.3.3）。对于有如此偏好的人，我们可能感到惊骇，但这展示了休谟的观点。对这个人首要考虑的是，我们的反应带着一种厌恶的道德情感。"当你宣布任何行为或品格是恶的，你不过是表示，由于你的天然构成，想到它你就有一种责备的感受或情感"（T 3.1.1）。

对于休谟的某些同时代人，是上帝把这种道德感植入我们心中，并指引我们朝向道德纯洁和普遍幸福。然而，休谟只是把我们的道德情感作为自然的心理天赋。人类共同体能生存下来是因为我们大多数人似乎都有同种道德感并且这些感受倾向于引导我们为共同体的善而工作。

在这一点上，休谟非常不同意许多伟大的伦理学传统。例如，柏拉图把激情说成将会吞噬我们的狂暴野兽，除非理性是它们的主人。但是休谟将此颠倒过来，说"野兽"应该是动物园的老板。

理性是，并且只应当是激情的奴隶，除了服务和服从它们之外，绝不能有任何其他职责。（T 2.3.3）

因而，感受道德比对道德做出判断更恰当。（T 3.1.2）

即使是他的经验主义前辈约翰·洛克也认为，我们能够从经验推理出我们应当做什么。与此相反，休谟说，经验只能给我们印象。但是，颜色、气味和声音的印象不是道德价值，不能产生关于应当的感觉。因而，我们关于道德赞同和不赞同的感觉只可能产生于我们的感受。

> **想一想**
>
> 21.5 你是否同意休谟的观点，即"理性是，并且只应当是激情的奴隶"？你是否认为伦理判断能够或应该以情感为基础？你是否同意休谟的观点，即社会依据这个观点能令人满意地运行？

一旦他确立了感受是道德的基石，休谟就必须表明道德规则如何从这一基础中产生。他论证说，道德规则有两个源泉：社会功利和同情。首先，休谟观察到某些道德规则似乎不遵循我们的自然倾向。例如，休谟讨论了正义、有义务遵守承诺、效忠政府和贞洁这样的原则。这些道德原则的基础是什么？在每种情形中，休谟都表明，长远的社会功利或实践便利推动我们遵循这些规则。这些道德关切是人为的德性。单凭我的直接冲动可能导致我做不正义的行为，违背承诺，不服从法律，或者只要时机方便就野蛮地乱交。因而，限制我做这些行为的原则不是自然冲动的结果，而是为每个人的长远利益服务的人为的人类发明。例如，如果每个人都恪守承诺和服从法律，一般而言，我会过得较好。

我的自我利益计算，以这种方式引导我遵循有益于社会整体的规则。然而，休谟认为，除了社会功利之外，存在着另一种道德源泉。他指出，即使当"不正义离我如此遥远，因而绝不会影响我们的利益，但它仍令我们不快"（T 3.2.2）。这是为什么？他的回答是，我们在这样的情形中体验到同情感。"因此，自我利益是正义确立的原初动机；但是对共同利益的同情是道德认可（赞同）的源泉，它包含在正义这一德性中"（T 3.2.2）。休谟指出，比起那些非常遥远的人，我们会更多地同情那些接近我们的人。然而，我们把这样的直接情感一般化，赞同或不赞同在距离和时间上远离我们的行为，即使它们对我们的情感影响并不很强（T 3.3.1）。因此我会因生活在一千年前的尼禄皇帝的道德败坏而感到厌恶，尽管我不认识他或他所加害的人。

同情的情感能采取对所有人普遍仁善这种形式。休谟说，"这种情感可以就是一种对人类幸福的感受，和对他们的不幸的怨恨；因为这些是德性和恶行倾向于达成的不同目的"（EPM，附录1）。因为这个理由，休谟不受伊壁鸠鲁、霍布斯甚至洛克的思想的迷惑。他宣称，他们都暗示，仁善，不论多么真诚，都总是一种无意识的改头换面的自爱（EPM，附录2）。经验主义者休谟抱怨说，人类经验否认任何这样的心理利己主义。"即使对于大多数粗心的观察者，也显示存在仁善和慷慨这样的气质，爱、友谊、怜悯、感激这样的感情"（EPM，附录2）。同情的仁善是我们物种的天性。它是一个不能还原为任何其他原则或动机的原则，也不能被任何其他原则或动机所解释；它是我们的道德基石。因为这个理由，休谟说：

> 不需要迫使我们的研究者去问，为什么我们对他人有人性或一种同胞之感。人们经验到这是人类本性中的一个原则，这就足够了。我们必须停止于我们的考察过程的某个地方。（EPM 5.2）

想一想

21.6 在何种程度上你自己的道德法规像休谟主张的那样基于社会功利和同情？你是否认为，说这两个因素是你的社会的道德基础，他是正确的？存在着某种环境，其中的某个道德义务与社会功利或同情相冲突，这是否有可能？

宗教哲学：寻求我们不能发现的东西

上帝存在无法证明

已经发现休谟怀疑我们关于外部世界、自我和因果关系，他也怀疑宗教信念就不令人奇怪了。休谟论证说，所有把宗教信念建立在先天或经验论证的基础上的努力都是失败的。他对神学证明最全面的处理是在他的《自然宗教对话录》中。这本书采取了三人对话的形式。克瑞安提斯是一个使用经验论证证明上帝的一神论者。第美亚是一个虔诚的正统信仰者，他在信仰和理性主义论证之间轮换来证明他的信念。最后，斐罗是一个怀疑论者。通过斐罗的言论，休谟在两条战线上攻击了传统宗教哲学。首先，他力图表明所有关于上帝存在的标准论证都是失败的。第二，他坚持即使这些论证指向第一原因的存在，这样一个是者的本性与传统一神论的上帝也将相去万里。*

首先我们来考虑休谟对有神论证明的反驳。在《对话录》的第九部分，斐罗论证说，单凭理性不能确立任何实际的事情。既然所有的主张都是事实问题，那么先天推理在此没有帮助。任何我们设想为存在的东西（即使是上帝），我们也都能设想为不存在。"因而，没有任何是者的存在是可证明的"（D 233）。或者，用另一种方式表达，"必然存在"没有意义。必然只用于观念之间的关系。然而，如果我们坚持讨论必然的是者，为什么不假设宇宙自身是自然的，而排除对上帝的需要？

在另一个段落中，休谟迅速地解决掉了所有依赖"凡事都有原因"这个前提的经验论证。在他以前的书中，休谟论证说，因果关系只是心灵的习惯，它建基于我们经验中特殊事件的恒常结合。在当前的著作中，斐罗指出，假设特殊的房屋有一个修建者是合情合理的，因为我们已经看到房屋存在和创造它们的修建者之间的恒常结合。然而，既然我们只知道我们的宇宙，那么关于宇宙如何产生或不产生，就很难进行推理（D 187）。在我们的经验中，并没有许多宇宙和它们的原因的恒常结合。

在他攻击的第二条战线上，斐罗附和"相似的原因有相似的结果"这个前提和"存在宇宙的原因"这个结论。然而，他表明，这种有神论论证导致传统有神论者的五个困难。首先，休谟指出，你不能从有限的结果推出无限的原因（D 329）。用《人类

---

* 虽然关于哪个角色代表了休谟的观点存在争议，但没有好的理由假设除斐罗之外的任何其他角色代表休谟。

理解研究》中的一个例子，如果我们有一个天平，一边有280克，被另一边未知重量压得抬起来，我们所知的只是未知重量至少比280克更重。但是如果断言它重2800克（比无限多克小得多）就大大超出了证据（EHU 11）。因而，我们不能断言有限世界的原因是无限的，因为原因只需要和结果一样大。

第二，我们不能假设世界的原因是完善的。毕竟我们没有理由假设结果（受造物）是完善的。我们能想象我们能在世界中造成许多进步（例如，癌细胞和龙卷风消失）。而且没有其他宇宙与之比较，我们没有评价我们宇宙好坏的标准。

第三，即使我假设这个世界好到极致，这仍然没有为它的设计者的优秀提供证据。毕竟（用一个当代的例子），我们光亮的现代喷气式飞机的发明，它的先导是许多发明者的愚蠢企图，他们把板子绑在胳膊上试图飞翔。正如休谟对此的表述：

> 许多事情可能被搞得一塌糊涂，经过了漫长时间之后，才做成这个体系：花费了许多劳动；做了许多失败的试验；在无穷多的时代里，创造世界的技艺缓慢而持续地提高。（D 207）

第四，我们有什么证据说明只有一个上帝？建造一艘船需要许多工人。如果我们继续使用人类发明来做类比，对于像宇宙这样伟大的东西，多神论可能是最好的解释。第五，如果我们使用从人类的手艺人到神圣的工匠这样一个人神同形论的类比，为什么不贯彻到底，假设物理宇宙的建筑者也是物理的？

在更多的段落中，斐罗质疑自牛顿科学出现以来流行的整个机械论隐喻。斐罗指出，"世界更类似于动物或植物，而不是钟表或针织机"（D 218）。因此，它可能是通过某种有机的演化过程产生的。在一个预示着达尔文的自然选择论的预言式段落中，斐罗消除了对自然设计的需要。他非常简单地说，如果动物不变得与它的环境相适应，它就不会生存下来。因此，对于那些生存下来的动物如此奇迹般地适应它们的环境，我们不应感到奇怪。

想一想

21.7 你是否认为休谟驳倒了上帝存在的传统论证？哪一个反驳最强？哪一个最弱？研究某些对有神论论证的当代辩护，来看它们是如何与休谟的论证妥协的。哪一个的理由更充分？

休谟对宗教的态度

休谟是在加尔文主义的传统中成长起来的，但他在早年就抛弃了个人的宗教信仰。因而，休谟只是把宗教作为一种从旁观者立场加以研究的人类现象来加以考虑。在休谟死前几个星期，那时他病态明显，一个叫詹姆斯·鲍斯韦尔的绅士来拜访他。鲍斯韦尔后来因他为著名的文学人物塞缪尔·约翰逊写的传记而知名。当休谟躺在他的病床上，鲍斯韦尔问他是否相信死后生活。根据鲍斯韦尔，休谟回答说，"一块放在火上的炭有可能不燃烧"。[5]换言之，休谟指出，一块炭不燃烧在逻辑上是可能的，但没有期待它发生的基础。把这个可能而不可信的事件与不朽相比较，休谟继续说，"我们将永远存在是最不合情理的幻想"。

在他对我们的因果信念的攻击中，休谟陈述说，我们生活在一个"所有的事件似乎都松散而分离"的世界中。如果这是事实，那么任何事皆有可能。

无神论可能是正确的,宇宙中无物存在可能是理智的或仁慈的。然而,对上帝最粗糙和迷信的信念也可能是真的。无论理性还是经验都不能排除任何一种可能性。因此,需要明白休谟不是一个无神论者。他抨击了用于确立上帝存在的典型论证的可靠性。然而,表明一个论证未能支持它的结论,并没有证明结论是假的。因此,休谟并未主张确立了上帝不存在的结论。

对于休谟在宗教上的立场,最恰当的标签是**不可知论**(agnosticism)。不可知论的主张是,对于一个特定的问题不能知道任何事情,因为证据被认为不足以提供给我们任何知识。因此,就宗教信仰而言,不可知论者否定我们有充足的证据赞同或反对上帝存在。不可知论者主张,最理性的方法,就是在上帝问题上悬置判断并保持心灵开放。然而,正如他与鲍斯韦尔的对话显示的,仅仅因为某事可能,并没有完全允许我们相信自己愿意相信的事情。在他反对相信奇迹的著名论文中,休谟说"智慧的人……让他的信念与证据成正比"(EHU 10.1)。因而,在宗教问题上,休谟似乎暗示,证明的负担在信仰者一方,因为有神论是在做出一个不同寻常的主张,远超出我们的经验发现。

即使休谟的批评瓦解了理性地证明传统宗教的上帝的企图,但他的确认为我们能在哲学神学的基础上确立这一结论:"宇宙秩序的原因或诸原因可能与人类理智略有相似。"(D 281)然而,这个结论过于模棱两可和暧昧不清,既不能支持有神论,也不能支持无神论。休谟发现,它招致一种忧郁感,因为它表明,对于人生的重要问题,最好的推理只能提供模糊的说明。

在结束休谟的宗教哲学之前,我们不能不引用一个从来都是评论者困惑之源的段落。在他的书的最后,休谟说:

一个人,自然理性不完善这样一种恰当的感觉让他适应之后,将带着最大的渴望飞向启示真理;而傲慢的独断论者,相信他能仅凭哲学的帮助,建立一个完备的神学体系,轻视任何更多的帮助,并拒绝这一外来的指导者。在有学识的人中,做一个哲学怀疑论者,是做一个健全的、有信仰的基督徒的首要和最本质的一步。(D 282)

解释这个段落的方式至少有两种。首先,休谟可能是在说,虽然他个人不是一个信仰者,但他的怀疑主义通过显示理性能力的限度,实际上为信仰留下了空间。其次,休谟可能是在反讽地和嘲弄地讲话,说如果你想做一个基督徒,你最好做一个怀疑论者,因为知识将会使你不可能相信你的信仰要求你相信的东西。

评价与意义

在概览了我们的哲学确信和常识信念被休谟的哲学推土机碾压之后的残骸,回想他最初的任务是颇具讽刺性的事。那就是"提出一个建立在几乎全新的基础上的完备科学体系,这个基础是诸科学的唯一稳固的基础"(T,引言)。即使休谟自己也被他的所作所为深刻地影响:

对人类理性的这些重重矛盾和不完善的强烈观点严重影响了我,刺激了我的头脑,使得我准备拒绝任何信念和推理,甚至不能把一个意见看作比另一个意见概然性更大或更为可能。我在哪里?我是什么?我由什么原因转变而来?……我被所有这些

问题所困惑，开始幻想自己处于可以想象的最可悲的境况，被最深的黑暗所环绕，完全无法使用任何器官或官能。（T 1.4.7）

如果休谟相信他毁坏了我们知识要求的所有基础，他如何继续生活？对于休谟，答案很简单，可以提炼为两个命题：

1．理性甚至不能证明我们最基本的信念。
2．但是，并不需要理性地证明，我们的基本信念在实践中是有用的。

理性自身留给我们的不过是抽象，并让我们确信，相信火感觉起来将是热的和火感觉起来将是冷的同样理性。然而，把我们从怀疑论中拯救出来，让我们重返生活的是以下东西的结合：自然本身，我们深入肺腑的本能，实践必要性的强烈要求，甚至我们非哲学生活的分神：

极为幸运的是，虽然理性不能驱散这些疑云，自然自身却足以做到，并治愈了我的哲学忧郁和谵妄……我吃饭，我玩双陆棋，我和朋友谈笑风生；三四个小时的娱乐之后，我回到这些思辨上，它们显得如此冰冷、牵强和荒谬，以至我无法在心中继续进行这样的思辨。（T 1.4.7）

当理性让我们无助地陷入怀疑，自然接收了我们并允许我们继续生活。"自然将总是保有她的权利，并最终战胜任何抽象的推理"（EHU 5.1）。理性可以怀疑外部世界的存在，但冷的时候休谟还是会烧旺他的炉子。理性可以怀疑存在着原因和结果，但休谟会避开火，并在渴的时候喝水。

因而，休谟说，完全的怀疑论是不可能的。他推荐"温和的怀疑论"来取代它。它不影响我们如何过我们的日常生活，但是它将影响我们的哲学思辨，因为它将用作解毒剂治疗理性的自命不凡。对于哲学独断论者，它"会自然地唤起他们更多的谦逊和谨慎，消除他们对自己观点的盲信和对论敌观点的偏见"（EHU 12.3）。在最后的分析中，休谟甚至怀疑他的怀疑论。"一个真正的怀疑论者将对他的哲学怀疑感到踌躇（不确定），就像对他的哲学确信一样"（T 1.4.7）。

就像思想史上经常发生的那样，从笛卡尔到休谟的时代，钟摆发生了巨大的摆动。当笛卡尔主张知识要求完全的确定性并且他已经获得了它，就发生了第一个运动。虽然洛克放低了认识论的目标，他仍然认为感觉经验能给我们实践上必须的足够的确定性。这个时代对理性和经验给科学、伦理和宗教知识建立牢固基础的能力怀有坚定的信心。然而，休谟的批判性质疑使这个基础看起来更像流沙而不是磐石。休谟一开始假定了笛卡尔对知识的全或无的态度。然而，一旦他表明理性不能给我们关于世界上任何事情的完全确定性，休谟就下结论我们根本没有知识。

随着休谟，哲学钟摆从理性的确定摆向怀疑论。*然而，怀疑论从未长久地不受挑战。如果我们能从过去学到某些东西（一个被休谟挑战的前提），那么我们应该期待在下一章，钟摆的另一次摆动将推动哲学返回，朝向更多的确定性和知识。

---

* 回想一下哲学史上怀疑论哲学兴起的其他时代。它们在何种程度上是对它们前辈宣称已经获得确定性的反应？还要注意，怀疑论往往把认识论推向新方向以图再次重获对人类知识的信心。

当代联系 21：休谟

毫无疑问，在哲学史上，休谟作为对当代哲学最有影响的哲学家之一而引人注目。首先，在约翰·洛克的基础上，休谟推进了经验主义运动，当代的经验主义者把他的书看作指导他们工作的启示。休谟在关于观念的关系和实际的事情的推理之间做的划分成了20世纪**逻辑实证主义**（logical positivism）运动的核心主题。休谟的怀疑论和经验主义方法论开启了针对思辨形而上学的反对运动，并在20世纪中期达到顶峰。虽然与50年前相比，对形而上学的兴趣正在高涨，但仍然有许多人赞同休谟的观点，即告诉我们关于实在的事情是科学而不是哲学的工作。因而，如果任何东西超越了我们能通过经验获知的，严格的休谟式经验主义者都避免讨论。而且，休谟的理智继承者相信，温和剂量的怀疑主义和把一个人的信念保持在最小限度对我们的理智健康至关重要。

第二，休谟发展人性科学的努力是心理学和认知科学的先驱。休谟总是试图对我们为什么这样思考、感受和行为给出自然的、因果的心理学解释。他的观念联系的三个法则和他对道德起源的心理学解释就是这一点的例子。而且，许多心理学家和心灵哲学家，因为休谟驱除了在我们的一切心灵状态背后有一个统一、连续的自我这一观念，而给予他很高的评价。他们赞同休谟的观点，即相信我们是事件的集束。自我被看作一个隐喻或一个陈旧观念，可以被行为倾向或大脑结构与过程的集合所代替。

第三，休谟对因果关系和归纳原则的批判对科学哲学有深刻的影响。某些哲学家提出了一系列解决方式来避免休谟的怀疑主义结论。然而，另一些人则毫不放松，力图在休谟的框架内理解科学的成功。按照某些解释，科学理论并不给我们关于实在的唯一、真实的故事，而是一系列频繁变化并有时相互冲突的实用主义的有用解释。

第四，休谟对我们道德情感的考察和他以感受为道德基础的努力仍然对今天的道德理论和道德心理学有相当的影响。功利主义者杰里米·边沁和约翰·斯图尔特·密尔的理论，延续着休谟开辟的路径，并且它依旧是当今伦理学的标准观点之一。

最后，休谟怀疑论论证对宗教哲学的影响怎么估计都不过分。他对传统有神论证明的反对和他关于奇迹的怀疑主义在今天依旧矗立着，要么作为怀疑论者的里程碑，要么作为信仰者的靶子。然而，不论哲学家同意还是不同意他的论证，由于他的原创性和对该领域的影响，他受到普遍的尊敬。

理解题

1. 休谟希望完成什么任务？
2. 休谟在印象和观念之间做出的区分是什么？
3. 一个观念与另一观念相联系的三种方式是什么？
4. 推理的两种类型是什么以及它们的区别何在？提供几个你自己的例子来展示每种推理。
5. 为什么休谟怀疑实体、自我和因果性观念？

6. 进入我们因果判断的四个因素是什么？哪一个不以经验为基础？它对我们关于因果判断的确定性有何影响？
7. 当休谟说理性是激情的奴隶时，他的意思是什么？
8. 根据休谟，我们的道德规则的基础是什么？
9. 为什么休谟认为单凭理性不能证明上帝存在？
10. 对于那些主张因为世界必定有一个原因，因而上帝必定存在的人，休谟用来反驳他们的各种论证是什么？
11. 为什么休谟被认为是一个不可知论者，而不是一个无神论者？
12. 对于以下批评，休谟会如何回应？"既然你相信在实践上我们不能确定地相信任何东西，你以什么为基础来生活？"

思考题

1. 你是否同意休谟的观点，即我们的所有观念都能回溯到感觉印象？
2. 想象一下笛卡尔和休谟进行一场哲学辩论。笛卡尔怎样努力反驳休谟的立场并且休谟会怎样回应？
3. 洛克和休谟都从经验主义开始，但休谟的结论比洛克更具有怀疑论性质和更激进。他们的经验主义哲学在什么地方发生了分歧？
4. 以下两个陈述你认为哪一个更正确？（a）洛克的经验主义更令人信服，因为它植根于常识。（b）休谟的经验主义更令人信服，因为它更一致和严格。
5. 休谟相信，当我们内省时，我们从未经验到"自我"这样的东西。相反，我们只发现一个流逝着的心理状态之流。你是否同意这一点？笛卡尔会怎么说？如果你接受休谟关于自我的怀疑论观点，对你的生活会造成什么实际差别？

注释

[1] 休谟关于他自己生活的评论可以在《我自己的生活》（*My Own Life*）一书中找到，重印于欧内斯特·C. 莫斯纳（Ernest C. Mossner），《休谟生平》（*The Life of David Hume*）第二版（Oxford, England: Oxford University Press, 1980），第611—615页。

[2] 休谟著作的标注如下：
D　《休谟的自然宗教对话录》（*Hume's Dialogues Concerning Natural Religion*），诺曼·肯普·史密斯（Norman Kemp Smith）编（Oxford, England: Clarendon Press, 1935）。标注中的数字指这个版本的页码。
EHU　《人类理解研究》（*Enquiry Concerning the Human Understanding*）。标注中的数字指章和节的编号。
EPM　《道德原则研究》（*Enquiry Concerning the Principles of Morals*）。标注中的数字指章和节的编号。
T　《人性论》（*A Treatise of Human Nature*）。标注中的数字分别指卷、章和节的编号。

[3] 大卫·休谟，《人类理解研究》，载于《休谟哲学著作集》（*The Philosophical Works of David Hume*），第4卷，第4节，第1部分和第2部分，T. H. 格林（T. H. Green）和T. H. 格罗斯（T. H. Grose）编（London: Longmans, Green, and Co., 1875）。

[4] 大卫·休谟《休谟的书信》（*The Letters of David Hume*），第1卷，J. Y. T. 格雷格（J. Y. T. Greig）编（Oxford, England: Clarendon Press, 1932），第187页。

[5] 引自《对我和休谟最后会面的说明》（"An account of My Last Interview with David Hume, Esq."），载于《鲍斯韦尔未公开文章》（*Private Papers of James Boswell*），第12卷，杰弗里·斯科特（Geoffrey Scott）和弗雷德里克·A. 波特尔（Frederick A. Pottle）编，重印于《休谟的自然宗教对话录》，史密斯编，第98页。

第22章

伊曼努尔·康德：
发现心灵的能力与限度

康德生平：一个有革命性思想的按部就班者

伊曼努尔·康德（Immanuel Kant）1724年4月22日生于东普鲁士的哥尼斯堡。他的父母是虔敬派教徒，这是一个过着严格的清教徒生活并强调信仰和宗教感受超过理性和神学教义的新教教派。虽然康德后来的宗教思想几乎不正统，但他对冰冷的理论理性不能满足的心灵渴望十分敏感。他在哥尼斯堡大学上学，并且他自己最终成为这里的教授。实际上没有什么知识领域康德没有接触过，因为他讲述过形而上学、逻辑学、伦理学、美学和哲学神学，以及数学、物理学、几何学和人类学。在他对哲学做出的突破性工作之外，他也对某些科学领域做出了重要贡献。尽管康德对他个人的生活方式非常苛刻和严格，但他的同时代人把他的讲座描述为幽默、有趣甚至好玩。

虽然他的思想高度非常伟岸，但他的身材却很矮小。康德站起来稍高于1.5米，要做出适合他瘦弱的体格和凹陷的胸部的衣服颇不容易。然而，他喜欢和女人在一起，并多次考虑求婚，但他对财务的考虑阻碍了他做出承诺。按大多数人的标准，他过着非常狭隘的生活。他非常熟悉地理和时事，但他从没有到离他出生地100千米以外的地方去旅行过。虽然他在财务上帮助他的家庭成员，但他从没有对他的兄弟姐妹感到非常亲近。他的确有一个亲密的朋友圈，但随着年龄增大，康德逐渐变得离群索居。1797年，他从公开讲座退休，一段时间的生病之后，死于1804年2月12日。

康德的生活相当平静，但对他的思想就不能这么说了。"革命"这个词在涉及康德的哲学时被频繁地使用。然而，这不是因为他对当时的政治制度有什么影响，而是因为他在已有理智传统中引起的剧烈变动。从这个矮小、按部就班的人那里涌出了庞大而强有力的思想。康德革命的冲击如此重大，以至在他死后，近代哲学史将永远地划分为前康德时期和后康德时期。对于他有序而规矩的生活，诗人海因里希·海涅在一段引人入胜的描写中为我们做了描述：

> 伊曼努尔·康德的生活史很难写，由于他既没有生活也没有历史，这是因为他在德国最北边一个古老小城哥尼斯堡的一条安静、幽僻的街上，过着机

械般有序和枯燥的老单身汉生活。我不相信那儿的教堂大钟每日的运转能比它的同胞伊曼努尔·康德更冷静和有规律。起床、喝咖啡、写作、阅读学院讲稿、吃饭、散步，全都有固定的时间，当伊曼努尔·康德穿着他的灰外套，手拿他的竹手杖，离开他家门，走向栽种着菩提树的小路时，他的邻居知道正好是三点半了，为了纪念他，这条路仍然被称为"哲学家之路"……这个人的外部生活和他毁灭性的、横扫世界的思想之间的对比多么奇怪！千真万确，如果哥尼斯堡的市民曾经想象到他的思想的意义，他们看到他时，会比看到一个只杀人的侩子手时，体验到的恐惧更大。但这些好人只把他看作一个哲学教授，并且，当他在常规的时间经过时，他们像对一个朋友一样向他打招呼，并且用他来校准他们的手表。[1]

任务：避免独断论与怀疑论

作为一个学生，康德是在莱布尼茨式的理性主义传统中成长起来的。它的首席发言人是克里斯蒂安·沃尔夫（1679—1754），莱布尼茨思想的一个多少有些平庸的体系化者。沃尔夫的一本著作《关于上帝、世界、人的灵魂和一般而言的一切事物的合理思想》的自命不凡的标题，捕捉住了这种德国理性主义的精神。虽然康德沉迷于这个体系，但是在他生涯的中途，他读到了大卫·休谟的经验主义论证。这一启示性的经验，用康德自己的话说，唤醒了他"独断论的迷梦"。[2] 他从他年轻时的哲学中清醒过来，并称之为"独断论的理性主义"，因为它的支持者在开始他们宏大的思辨之前没有批判地评估人类理性的能力。此后，他一生的工作是试图消解他年轻时的理性主义和经验主义洞见之间的张力。

为康德的所有思想提供起点的关键假设是这一不可动摇的信念，即，我们的确拥有知识，它存在于数学和牛顿物理学中。康德从不怀疑这一知识的基本命题是普遍必然的，任何未来的发现都绝不会动摇我们对它们是真理的确信。

这一起始的确信产生了三个任务。第一，需要厘清科学知识的基础。康德同意理性主义者的观点，认为任何配称为知识的东西必须是普遍、必然和确定的。然而，理性主义者极少利用知觉，而康德知道知觉对科学研究必不可少。康德同意休谟的观点，认为单凭逻辑命题并不给我们关于经验世界的知识，而只是我们自己观念的关系。因而，理性主义者的解释不可能是全部真相。由此，他同意经验主义者

"有两样东西，让心灵充满常新而日增的钦佩和敬畏……那就是我头上的星空和我心中的道德法则。"
——伊曼努尔·康德（1724—1804）

的观点，即所有的知识都开始于经验。

但是，经验主义也有它的劣势。正如休谟指出的，单凭经验不可能给出普遍、必然和确定的知识。这导致休谟断言，经验事项之间的联系只不过以心理习惯为基础。因此，既然我们被限制在我们自己的主观经验世界中，休谟就找不到根据来假设我们心灵的内容与外部世界相符。

尽管康德从休谟那里获得教益，但休谟的怀疑主义令他反感。一种瓦解科学知识有效性的知识论，例如休谟的知识论，一定有很深的缺陷。因而，康德的第一个任务是发展一种对知识的新理解，它将巩固科学，并且避开理性主义的独断论和经验主义的怀疑论，同时保留二者的洞见。

康德的第二个任务，是消解机械论科学一方和宗教、道德与人类自由一方的张力。在一个运动粒子的世界中，上帝的位置在哪里？如果科学知识只给我们关于物理事实的信息，我们如何产生价值和道德规范？如果科学呈现的世界是完全机械论的和决定论的，我们将不得不抛弃我们关于人是自由、有责任的道德行动者的观点吗？为了找到这些问题的满意回答，康德说，他必须"否定知识，以便为信仰留地盘"（CPR Bxxx）。³ 他以此表达的意思是，科学知识的领域是有限的，而我们最深刻的人类关切必须以某种不同于经验材料的东西为基础。

他的第三个任务是致力于形而上学批判。传统的形而上学和它的姐妹，神学，起源于理性能告诉我们超验实在这一假设。但是形而上学思辨的结果令康德失望。在形而上学中没有科学中的那种一致和进步。康德认为，形而上学是"一片没有海岸、没有灯塔的黑暗海洋"。⁴ 读了休谟之后，康德知道，他不能重返莱布尼茨和沃尔夫的形而上学独断论。

然而，虽然休谟想要烧掉所有关于形而上学的书，但康德认为形而上学关切是不可避免的，并表达了人类精神中某种深刻而重要的东西。康德认为，不可能仅仅因为某些形而上学没有意义就放弃形而上学，就像不可能仅仅因为某些空气不纯净就停止呼吸一样。⁵ 因而，他的第三个任务，就是解释为什么传统形而上学失败了，并发展出它的一个较为谦卑和更多改进的版本。

我们可以把康德的宣言"有两样东西，让心灵充满常新而日增的钦佩和敬畏……那就是我头上的星空和我心中的道德法则"作为他的哲学座右铭。⁶ 对星空的研究是康德毫无疑议地加以接受的数学和牛顿物理学的范围。但是同样没有疑议的是，我们不仅感到物理法则的力量，也感到道德法则的力量。如何在一个修正了的形而上学中协调人类经验的这两个维度，是康德的一个主要关切。

知识论：心灵使经验可能

批判哲学

与在他之前的"独断论哲学"相反，康德称他自己的思想是"批判哲学"。因而，他的主要工作采取的是批判的形式。他最主要的著作是《纯粹理性批判》，处理的是认识论和形而上学。称他的路线为"批判哲学"，康德并不是在提倡一种刻薄的、拒斥一切的消极哲学态度。相反，批判这个词来自一个希腊词，意思是"拣选"或"筛出"。因此，康德的目的是阐明理性的合法主张并过滤掉所有无根基的主张。

康德的哥白尼革命

在《纯粹理性批判》的第一行，康德说，"毫无疑问，我们所有的知识都开始于经验"。在这个问题上，康德无疑与经验主义者步调一致。但是，他清楚地注意到，在经验主义者的颜色、视像和声音的丰富世界里，潜伏着休谟的怀疑论幽灵。为了避免它，康德补充说，"但是，虽然我们所有的知识始于经验，这并不能得出它产生于经验"，从而显示仍然需要某种理性主义的假设。

康德从哥白尼的伟大洞见这一榜样中获得了一条关于知识本性的线索。哥白尼拒绝太阳围绕地球转的理论，因为它没有充分地解释观察材料。因而，他提出我们改变聚焦的中心，看看假设地球围绕太阳转是否更说得通。类似地，康德提出认识论上的"哥白尼革命"。经验主义者认为，心灵面对世界时是被动的，仅仅记录印象。在这幅图画中，知识与对象相符合。但我们能知道它符合对象吗？休谟指出，我们永远不能超出经验世界去把它的内容和外部世界进行比较。为避免休谟的怀疑论，康德（像哥白尼一样）颠倒了这幅常识的图画。他要我们考虑对象符合我们的知识的可能性（CPR Bxvi）。换言之，为了感觉材料作为对象被我们经验到，心灵必须赋予它们某种理性的结构。

需要弄清楚康德在此说了什么，没有说什么。他不是在说心灵从无中产生实在。但是他说，实在显现给我们的方式（我们能知道的唯一实在）既依

保罗·西涅克，《用餐室》。19世纪法国新印象主义者保罗·西涅克以一种称为点彩法的风格用色点创作绘画。当细微考察时，用餐室的场景被显示为不同色点的集合。我们的心灵把斑点们组织为有意义的形式和对象的模式，并把二维的画布解释为三维空间。根据康德，所有的经验都是这么回事，即心灵通过把原始的感觉材料在时空模板里组织成有意义的对象来把它的结构施加给世界。

赖感觉的贡献也依赖理智或心灵的贡献。心灵把它自己的形式加在经验质料上，通过这一活动，我们有了被认识的对象。用一个类比，我们可以想象一个视力非常差的人，整个世界对他来说看起来是一团模糊不清的颜色和形状。在他的视野里没有可识别的对象。然而，当他戴上了他的眼镜，万物都突显出来，现在他看到了一个对象的世界。在这个例子中，这个人的视觉经验是感觉材料和透镜对这一输入进行加工的方式这两者的产物。

虽然我们能在这一经验中区别两种因素（获得的材料和透镜的作用），但它不是真正的两个步骤的过程。这个人睁开他的眼睛，透过眼镜凝视，立即看到了他面前的对象。康德认为，在一切经验中都在发生类似的事情。当我们开始注意到对象时，心灵（像眼镜一样）已经发生作用，我们所经验到的是经过心灵处理的感觉输入。因此，它不是一个我们有意控制的有意识过程。不过，它是一个心灵在一切时间里进行的活动。

眼镜的比喻有某种缺点。眼镜呈现给我们的对象在外部世界中已经有它们自己的独立结构。眼镜仅仅是让我们能看到这些对象。然而，康德认为，感觉材料的集合被认定为一个对象这一事实完全是心灵将秩序赋予感觉的结果。

用另一个类比来把握康德关于心灵如何形成经验内容的思想，请把心灵想成类似于一个饼干压制模具。把生面团放进模具的管子里，把它通过一定的形式（例如星星形）挤压出来。这一过程给予制成的饼干星星形的形式。没有内容，饼干压制模具没有用处，但是如果没有某种施加在生面团上的形式，我们不会有饼干，而是没有结构的团子。如果我们不知道哪种面团进了模具，我们就无法预测出来的饼干的颜色、味道或质地。然而，我们能知道饼干将具有用以创造它们的那种形式。

这个类比的要点是，康德相信我们的经验是来自外部世界（心灵并不创造它）和心灵施加于其上的特定结构这两者的产物。我们不能跳出经验之外去比较显现给我们的实在和在心灵处理它之前自身存在着的实在。然而，如果所有人的心灵构成方式相同，在人类经验的边界内，拥有普遍和客观的知识就是可能的。

> **想一想**
>
> 22.1 为什么认为康德是个"理性的经验主义者"或"经验的理性主义者"是合适的？康德在结合理性主义和经验主义两者的洞见上有多成功？

判断的种类

知识总是显现为判断的形式，在其中，某些东西被肯定或否定。因而，要弄清知识，我们必须考察我们所做判断的种类。康德通过介绍判断的两个范畴来开始这个计划：分析和综合。**分析判断**（analytic judgment）以矛盾原则为基础。例如，"所有单身汉都是未婚的"是一个真的分析判断，因为这个判断的矛盾判断必然为假。我们不是出去搜集事实来确认这个判断，而只是分析词项的意义。"未婚"这个谓词已经包含在"单身汉"这个主词之中。而且，因为这个判断的真独立于任何特殊的事实，它并不给我们任何关于世界的新知识。然而，**综合判断**（synthetic judgment）的确给我们关于世界的新信息。例如，"这个班的所有单身汉都有 1.8 米高"是一个综合判断。这种判断把主词（"这个班上的单身汉"）和谓词（"1.8 米高"）相综合或集合在一起。否定这个关于单身汉的陈述并不是一个逻辑矛盾。

除这两种判断之外，存在两种知识：先天的和后天的。**先天知识**（a priori knowledge）是可以独立于经验而获得的知识。很清楚，所有分析判断都是先天知识的例子。要知道"所有单身汉都是未婚的"，我不需要任何经验材料。相反，**后天知识**（a posteriori knowledge）是从经验获得的知识。离开经验不可能知道"这个班的所有单身汉都有1.8米高"是真的。因此，它是后天知识的一个例子。

这些分类给予我们四种判断。把它们连同其基础和一些例子列出来是有帮助的。

1. **先天分析**。基础：矛盾原则。例子："所有物体都是广延的"，"每个父母都有孩子"。通过分析"物体"或"父母"这些词项，我们可以知道这些判断是真的。
2. **后天分析**。没有这样的判断。如果一个判断是分析的，它就不会是基于经验的判断。
3. **后天综合**：基础：经验。例子：我们的大多数判断，从日常经验中的特殊观察到科学的一般法则都属于此列，诸如"这个球在下落"和"所有下落的物体都以9.8米每秒平方的速度加速"。

到目前为止，休谟会同意康德的结论。然而，最后的（第四）范畴发生了争议。

4. **先天综合**判断。

这样的判断可能吗？换言之，我们能找到某个判断既是综合的（给予我们关于世界的知识）同时又是先天的（不需要经验来确认它们）吗？康德主张存在这样的判断。例如，我们相信"凡事都有原因"。注意我们不是说大多数事件或许多事件，而是所有事件都有这个属性。然而，以特殊经验的集合为基础，我们不能达到绝对地确信这一点，即所有事件必定为真。我们把这一信息带入关于世界的经验，而不是从经验中导出它。因为它是先天的知识。然而，不同于分析判断，它的确给我们关于世界的信息。因此，康德坚持"原因"概念并没有包裹在"事件"概念中，像在"未婚"和"单身汉"的例子中那样。因为这个理由，普遍因果性的陈述是综合知识的一个例子。*

如果关于先天综合判断康德是正确的，那么存在着一种知识，给予我们的收获超过概念分析，也超过收集感觉印象。假定我们事实上做了这样的判断，康德关心的问题是，这种独特的判断如何可能？在数学上，先天综合判断如何可能？在物理学上，先天综合判断如何可能？在形而上学和伦理学上，先天综合判断到底是否可能？

先验方法

既然康德在寻找我们关于世界的普遍必然知识的根据，经验主义者的方法就没有用处。他们试图从特殊事实论证出基于那些事实的一般概括。然而，因为我们的经验总是有限的，所以经验信息总是归纳的。任何未来经验都总是可能与我们最珍视的信念相矛盾。为展开他的计划，康德使用了他所谓的

---

* 康德也用数学判断作为先天综合知识的例子。我可以先于经验知道"7+5=12"是普遍必然真理。但康德主张，通过分析"7"这个概念和"5"这个概念以及它们之和这个概念，我并没有发现它们明确地包含着"12"这个概念。因此，除了是先天知识之外，它也是一个综合判断。类似地，纯粹几何学命题，如"直线是两点间最短的距离"有成为先天综合知识的资格。"直"这个概念自身只指线的性质，并不包含"最短"这样的数量概念。但我们不需要实验就知道这个陈述必然总是真的。

先验方法（transcendental method）。这种方法从一般经验的本性前进到使之得以可能的必要条件。因此，经验的先验结构的那些形式特征，不限于特殊的经验，而是对所有经验都是普遍必然的。*如果不可能想象没有某种结构特征的经验，那么这就证明该特征是经验的必要条件。先预览一下后面的章节，康德论证说，如果我们能做出关于经验的空间判断，其先验条件就是我们有对经验进行空间结构化的心灵。类似地，如果我们能做出因果判断，一定是因为我们有能够用因果秩序来组织经验的心灵。

空间与时间：感官知觉的形式

科学知识处理空间和时间中的对象。因而，要理解我们如何能认识世界，理解我们如何能以空间和时间的方式经验对象是很重要的。康德的论点是，空间和时间不是经验中的某种神秘"事物"，而是对象借以向我们显示出来的基本参照系。康德称它们为"直观形式"。**

要理解康德在表达什么，请尝试这个思想实验。在想象中，把世界上的对象一个一个地除去，直到只剩下没有对象的空的空间。这似乎是可设想的。现在尝试想象一个世界，其中有对象，但没有空间。例如，设想一下，经验到一个没有三维的盒子像什么样子。这做不到。为什么不行？原因是空间性质不同于感觉性质和对象。空间是心灵安排感觉的一种形式，而它自身不是一种感觉。我们经验不到空间，但是我们经验到以特殊方式在空间上排列的对象。康德称空间是我们的"外感的形式"，因为它安排关于外在于我们的对象的经验。

类似的分析也可以对时间展开。时间，与空间相似，不是在外部世界中自身存在的东西，而是对象向我们显现的方式。康德称时间为"内感的形式"，因为精神状态对于我们必然以时间序列的方式出现。康德指出，传统的上帝观念（例如，我们在奥古斯丁和阿奎那那里发现的那种观念）断言上帝高于时间。如果这是真的，那么向我们显现的过去、现在和未来事件的时间序列，在一个统一的图景中被上帝同时经验到。神学中的这一古典传统突显了康德的观点，即时间不是实在的特征（因为上帝没有经验到它）而只是人类经验实在的一个条件。

康德时空理论的提出是为了解释数学如何能给我们先天综合知识。例如，几何学是关于空间属性的科学。康德说，算术是处理数的一种方式，因此它涉及时间性。这种说法不如关于几何学的说法看起来那么有道理。通过把数学和时间与空间相联系，并且，通过表明后者是我们经验自然的方式的普遍必然结构，康德可以在保留数学的先天性同时，表明它的确给予我们关于科学所研究的经验世界的信息。

---

* "先验"这个术语不应该与"超验"混淆。超验者是超出所有可能经验的东西（按康德的观点，这使得它成为我们无法认识的东西）。

** 这里，不要把"直观"与这个术语的这种用法相混淆，即我们用它来指某种特殊的洞见才能。相反，直观的意思是"心灵直接意识的对象"。例如，经验到玫瑰花的红色，就是有一个感觉或一个感觉直观。康德认为，所有的人类直观都仅限于感觉意识。

> **想一想**
>
> 22.2 戈特弗里德·莱布尼茨、乔治·贝克莱和伊曼努尔·康德都暗示空间和时间是经验世界呈现给我们的方式，而不是独立于心灵的实在。这种观点的长处和弱点是什么？

知性的范畴

康德说，要完全说明知识，我们必须认识到：

人类知识有两个主干，即感性和知性，它们也许来自一个我们所不知的共同的根。通过前者，对象被给予我们，通过后者，它们被思维。（CPR A15/B29）

到目前为止，在他对感官知觉如何被直观形式空间和时间所组织的解释中，他解释了人类知识中称为"感性"的这一方面。然而，单凭感觉和直观形式，并没有解释我们如何能知道日常经验的对象，如狗、椅子和香蕉。如果知觉的机制构成了我们整个的认知机构，我们将只有位于时间和空间中的感觉（色块、声音、气味、滋味、质地）但没有知识。要有充分的知识，需要有更进一步的组织原则。这些原则存在于知性的官能中。正像饼干是某种内容（面团），它由某种形式（饼干压制模具）压制，知识也是感性和知性共同起作用的产物：

这两种能力没有哪个比另一个更优先。没有感性，就没有对象被给予我们；没有知性，就没有对象会被思维。思维没有内容则空，直观没有概念则盲……知性不能直观，感觉不能思维。只有通过它们的统一才能产生知识。（CPR A51/B75）

知识不只是感觉材料——它采取判断的形式，能被表达为命题。例如，直觉到某人敲锣，接着经验到声音，不等于知道"敲锣引起声音"。两个经验必须通过某种方式联结起来。知性积极地借助知性的纯粹概念或范畴来组织经验。称它们为纯粹概念是因为它们是先天的，不是来自经验。

为了发现心灵使用的范畴，康德首先对我们所做判断的种类进行了归类。在这样做时，他从亚里士多德逻辑中寻找线索，他认为，亚里士多德逻辑是逻辑的最终结论。去掉细节之后，康德发现存在十二种判断。从我们关于经验做出的判断的不同类型中，康德认为我们能演绎出做出那些判断所必须的概念或范畴。因此，存在十二个先天概念或范畴，它们构成了一切可能的对象的一般本性，但它们不是来自经验。换言之，它们表现了心灵构造经验的方式。十二个范畴分成三组，分属四个名目：（1）量（统一性、复多性、总体性），（2）质（实在性、否定性、限定性），（3）关系（实体、因果性、共存性或交互性），和（4）模态（可能性－不可能性、存在性－非存在性、必然性－偶然性）。讨论所有这些会篇幅太长，所以我们将聚焦于实体和因果性，因为它们对休谟的怀疑论至关紧要。

回答休谟的怀疑论

根据休谟，我们绝不能有经验世界的先天知识，因为我们绝不能知道任何东西，除了无联系的印象之流之外，其中任何东西都是可能的，但没有任何东西是必然的。事实上，经验的确以这种方式出现在梦中，在那里，钟表有可能融化，变成花，然后炸裂成四散的颜色。在梦中任何事都可能发生，任何经验都可能伴随着任何其他经验。然而，我们把这些经验标记为"主观的"，因为我们可以把它们和客观经验的领域相对比。例如，我们在碗柜上看到的时钟的连续出现，从一个时刻到另一时刻都是一样的。因此我们说，"存在着一个时钟"，而不是仅仅说"我经验到具有钟的外表的感觉图像"。根据康德，当诸感觉或多或少一致和持久地一起成群出现，并且当它们与被其他人经验到的东西相似时，我们就把这些感觉集合经验为客观世界中的对象。

我们能借助实体范畴形成诸如"青蛙""星星"或"苹果"这样的经验概念。例如，借助这个范畴，我们把红、圆、甜、脆的感觉组织成我们称为"苹果"的统一体。康德同意休谟的观点，认为实体不是从感觉中获得的经验范畴。同时，它不是笛卡尔和洛克所设想的显象背后的形而上学实在。相反，实体是逻辑范畴，心灵借助它把各种感觉群从经验之流中挑选出来，并把它们统一为被我们识别为实体的有意义的单位。我们可能有时错误地识别了特殊的感觉复合体，但我们将总是用实体组织经验。

康德把类似的分析用于因果性范畴。休谟相信因果性纯粹是对被经验者的主观增加物。对于他，所有经验都是由无联系的印象构成。这的确描述了某种类型的经验。例如，想象一下，你咳嗽了，一秒钟之后空中划过闪电。你会把这刻画为只是一个事件跟着另一事件的偶然相继。相反，我们的确发现有规则的事件序列。你经常看到闪电，然后听到雷鸣或你的收音机产生噪音。虽然你不把咳嗽和闪电联结起来，但是你的确发现闪电–雷声的序列遵循着客观的模式。

与休谟相反，我们的确在"每个柠檬都有酸味"和"凡事都有原因"两个陈述之间做出区分。虽然第一个陈述被我们的经验所确认，但我们可以想象它在其中不为真的世界。然而，我们不能想象一个根本没有因果秩序的可能的世界。区别是，关于柠檬的陈述是一个偶然的后天真理，而关于事件的陈述是一个先天综合真理，它描述了心灵给予经验的那种结构。离开经验，我们不能决定存在什么特殊的因果关系。类似地，我们有时把一个偶然的事件序列错当作有规则的模式。然而，我们将总是期待发现某种因果秩序，因为心灵将总是以这种方式组织经验。和实体的情形一样，因果性不是把一个关于外在于经验的实在的知识给予我们的形而上学范畴。然而，它的确告诉我们，我们将不可避免地发现经验被组织在因果模式中。

总之，休谟的经验理论似乎破坏了我们在主观感觉群集（就像我们在梦中发现的那样）和属于实体范畴的客观感觉集合（持存的对象）之间做的区分。类似地，他的理论排除了偶然的事件联合和属于因果性范畴的客观、有规则的模式之间的区分。然而，对于康德，这些区分是经验世界中的真正区分。注意，他主张这些区分是经验之中的区分，而不是经验世界和某种独立实在之间的区分。因此，主观和客观的不同是没有一致的模式的经验和我们在其中发现一致、有规则的人际间模式的经验。只有世界从根本上以这种方式被组织起来，它才能被经验、被思考、被谈论，并与他人共享。其他事物，诸如上帝或马蝇对世界的经验可能非常不同。但是知性范畴支配着人类经验世界的必然方式。

> **想一想**
>
> 22.3 你是否认为康德的理论有效地回答了休谟关于实体和因果性的怀疑论？为什么这样认为或为什么不这样认为？

康德的经验理论

让我们考察一下心灵施加于直观的作用的种类。康德说，我们面对着各种感觉印象的复多性，他称之为"经验的杂多"。他同意休谟的观点，认为这些感觉自身是分离和无联系的。然而，我们的经验不是印象的混杂，而是统一的。这种统一的来源是什么？印象自身没有包含它们的统一，统一也不是经验中的另一个项。因此，对康德来说，统一明显是心灵的综合活动的结果。

为了弄清这种综合活动是如何发生作用的，让我们考虑你是如何经验一段曲调的。让我们假设你一边开车一边听车载收音机。你突然注意到你正在听贝多芬《第五交响曲》开场的小节。你听到的最初四个音符是熟悉的G、G、G、降E，听起来像"哒—哒—哒——咚——"。要把这个序列经验为一个曲调，你首先要把这四个音从其他声音（引擎的轰鸣，收音机的噪音，旁边的汽车的鸣叫）中分离出来，并在一个经验中把它们捏合在一起。康德把这称为直观中领会的综合。

然而，如果你听了每个音符后立即遗忘，你经验到的将是四个孤立的声音，而非经验到作为一个曲调诸环节的连续音符。因此，要把某个东西识别为"第二个音符"，第一个音符必须在你的想象中被再生或记起来，并且对于余下的音符也是如此。康德称之为想象中再生的综合。最后，仅仅记住音符的序列是不够的。你必须把它们看作一个统一整体的一部分，并且通过概念（"曲调"）在一个意识行为中理解它们。康德把这称为概念中认知的综合。

显然，在这个经验中起作用的概念（"贝多芬""音符""大提琴"）是通过经验习得的经验概念。但是，如果没有先验概念的作用，诸如"复多性""总体性""实体""因果性"之类，你不可能有这些概念。试着把这个分析用于其他经验。环视你目前身处的房间。你不是被一段混乱的感觉印象之流所轰击，而是你看到的是一个有组织的时空对象排列，它们被概念化为有意义的单位，以及你经验内部的关系。这些例子显示了先前我们的精神范畴和光学透镜与饼干压制模具之间的类比的缺陷。与这些装置不同，范畴不是过滤感觉的静态形式。相反，它们代表了心灵主动地把经验要素综合为一个统一体的方式。

这些例子也展示了康德说"对象符合心灵"时表达的意思。没有心灵的综合活动和它的范畴，我们的经验中将不会有我们能用"曲调"或"书"这些词所指称的对象。相反，只会有支离破碎的、不可理解的感觉之流。事实上，即使后一个描述使用的经验概念（"支离破碎的"和"流"）也要求"复多性"这一逻辑范畴，为了它们的应用，还要求时空形式。因此，没有心灵的范畴，我们甚至不能知道这么多关于我们经验的事情。通过发现经验将总是有一个普遍必然的结构，康德认为，他提供了科学事业所需要的所有基础。

> **想一想**
>
> **22.4** 从不同角度看一块硬币：看它的边缘，然后看它圆形的面，因而它显得是椭圆的。你直接看到的是一系列视觉印象，每一个都有不同的形状。现在，假设你不能把这些不同印象联系在一起，把它们看作相同对象的许多方面。如果你只是经验到一系列现象而不能把它们综合为连贯对象的经验，你的世界会像什么样子？你的确把这些多样的经验看作一个对象的表现这一事实，意味着你通过统一性、复多性、同一性、对象、属性等范畴来解释这些经验。康德会如何解释你的经验的这些特征？

形而上学：冲撞理性的界限

现象与本体

康德已经论证先天综合判断在数学和物理学中是可能的，并且它们服务于理解我们的经验这个目的。但是它们在形而上学中可能吗？他的认识论讨论应该已经表明，对于人类心灵获得关于任何超出人类经验界线的实在的理论知识的能力，康德是悲观的。我们所有关于世界的知识都限于能在时空中被感知和通过知性范畴被认识的东西。由于被我们自己的限度所压制，寻求超越这些人类形式的实在的知识，就像试图扯着我们自己的头发离开地球一样，或者像试图跳出我们自己的皮肤。因为这个理由，康德称传统形而上学是"先验幻相"（CPR A295/B352）。

由笛卡尔和洛克开始的哲学传统都假设我们的观念和实在世界的二分。因而就产生了我们如何能知道我们的观念与实在世界相对应的问题。然而，对于康德，唯一能让我们理解的世界是显现于经验之中的对象的世界。他称这些向我们显现的事物为**现象**（phenomena）。在某种特殊意义上，现象世界是实在世界，与任何"外在"于它的事物相对应的世界的概念是不可理解的。然而，我们忍不住要讨论在感觉和可理解事物的界线的另一侧的东西。这些物自体未被心灵的范畴结构化，康德称之为**本体**（noumena）。我们不能给本体的概念指派任何积极的内容。这个概念只是一个限制性概念，或者一种指向超出任何可能经验之外的东西的方式。

如果本体本质上是不可知的，那么可能即使谈论它们都好像不妥。然而，康德不能放弃某种独立于在经验中显现的实在的概念。毕竟，我们没有制造我们知识的内容；我们只提供给它们特殊的形式。由此似乎可以得出，感觉的内容是某个造成它们的东西的产物。实际上，当康德称现象为"显象"，他暗示它们以某种方式与本体相联系。但是，在此康德因把"造成（cause）"一词用于处于经验之外的东西而受到了批评。记住，对于康德，"因果性（causality）"是我们的心灵借以组织经验的十二个范畴之一。同时，他否定我们能用因果性概念做出关于实在自身（本体）的判断。因果判断只能用于显现于经验之中的东西。这留给我们一个解释康德的困境。如果康德暗示现象是外部实在造成的显象，他就违反了他自己的认识论。相反，如果他否定物自体造成现象，那么他认为它们是如何关联的？研究康德的学者在这个问题上很难理解他的立场。

> **想一想**
>
> 22.5 康德用"本体"表示什么意思？为什么他认为有必要设定这个领域？谈论超出知识边界的实在，他是否前后不一致？如果我们能知道我们的认知官能所领会的世界（现象），并且这个世界可理解是因为它受心灵的安排，我们还需要任何更多的东西吗？我们不能知道完完全全自身存在着的实在，这有关系吗？

形而上学的先验幻相

到目前为止，我们讨论了感觉和知性这两个官能。除此之外，康德说，理性构成了心灵的第三个官能。在逻辑上，理性用于整理和统一知性的产物。然而，纯粹理性也产生它自己的概念，它们（不像知性概念）指称超越一切可能经验的东西。纯粹理性的三个观念是自我、宇宙和上帝。正如我们将要看到的，纯粹理性的概念有它适宜的功能。问题是，理性落入了一个陷阱，即知性范畴的应用超出了经验内部（现象领域）这一合法使用范围。既然理论知识限制在经验范围，纯粹理性自负地飞越经验，并做出关于本体的结论，就引向了悖论和幻相构成的乱麻。因而，康德讨论了传统形而上学陷入"先验幻相"的三个主要领域（自我、宇宙和上帝）。

难以捉摸的自我

我们有这样的思想，在我们的流逝着的个体心理状态之流背后存在着自我，一个灵魂，或某种持存的非物理实体。思想和经验并非独立地四处飘浮。它们总是某个主体的思想或经验。因此，"玫瑰芳香"这个判断总是某个人做出的判断，由此，每个思想都或隐或显地以"我认为"开头。而且，如我们已经看到的，没有自我的综合活动，我们不可能有我们所具有的统一经验。康德同意休谟的观点，认为我们从来没有自我的印象。我们能有关于狗、卷心菜和手表的经验，或关于怀疑、希望和恐惧的经验，但我们从来不能理解具有这些经验的自我。然而，与休谟相反，尽管自我不是经验的内容，但康德却说它是经验存在的必要条件。

虽然笛卡尔可能同意到目前为止的讨论，但康德相信，笛卡尔因假设他能认识作为实体的自我而犯了一个可怕的错误。因为康德坚持实体只能被用作一个统一经验内的诸要素的范畴，因而它不能用于处于经验背后的东西。笛卡尔发现的自我是一个经验自我。为了把能通过内省知道的经验自我和超经验自我区分开，康德称后者为"先验自我"或"先验统觉的统一"。虽然我们必须把我们的经验想成仿佛它们与一个统一性原则相联系，但这个统一之源既不能出现于时间空间之中，也不能通过知性范畴被概念化。这个自我是位于所有经验之下的终极主体，永远不能作为内省或科学知识的对象而被认识。因此，它是不可知的本体的一部分，康德称之为 X，一个不可知的变元。

说本质的自我不可知不意味着心理学家必须放弃他们的工作。我们可以内省，并发现一系列心理状态，如怀疑和相信，或者一系列个性品质，如内向和乐观，它们构成了经验自我。然而，可以作为科学研究对象的自我不同于先验自我。因此，心理学家可以研究不同的个性并确定支配其行为的类似法则的规律。然而，他们研究的是一系列现象或显象，不是显象背后的本质自我。康德试图以这种方式给科学应得的地位，同时保护作为人类的个人免于仅仅成为像钟摆一样被决定的科学对象。

> **想一想**
>
> 22.6 你是否同意康德的观点，即关于你自己，你所知的一切是变化的经验自我？你是否像他一样，发现有必要设想处于科学分析范围之外的本体自我？康德认为，经验自我能借助科学规律和法则来分析，但实在的自我不能。他这样说，是否调和了机械论科学和人类自由？抑或这种解决方式存在问题？

不可思议的宇宙

第二个形而上学幻相是假设我们能做出关于宇宙（或作为总体的世界）的推理。和以前一样，我们所知的一切都是经验世界的片段，而从来没有经验到总体。和约翰·洛克一样，我们可能认为，我们可以用想象的方式把我们有限的世界经验加在一起外推出总体的观念。然而，要把世界作为一个整体来思考，我们会不得不采取时空之外的上帝视角。康德认为，这会要求跳出以人类的方式概念化经验这一边界之外。

康德试图表明，当理性超出它的恰当界限时，它就陷入了不一致的混乱境地。为了证明这一点，他提出了四对对立的观点，他称之为"理性的二律背反"。一个**二律背反**（antinomy）是一对貌似合理的结论，但相互直接矛盾，并因而不可能都是真的。对于四个关键的形而上学问题的对立双方，康德给予了理性论证。问题是，对立的论证似乎有同等的说服力。撇开他论证的细节，他列出的这四个二律背反是：

1a. 世界在时间上有开端，在空间上有界限。
1b. 世界没有开端，并且在时间和空间上无限。
2a. 每个事物都能分析为基本元素。
2b. 没有什么东西可以分析为基本元素。
3a. 某些事件是自由的和未定的。
3b. 不存在自由，因为一切事件都被先前的原因所决定。
4a. 宇宙中存在一个必然的是者。
4b. 宇宙中不存在必然的是者。

通过给这些二律背反的每一方提供理性论证，康德试图表明，关于这些主题的推理把我们引向胡言乱语。这是理性已经超出它的恰当界限的明确信号。

康德说，每个对子中的第一个陈述（正题）表现了独断论理性主义看法的特点。第二个陈述（反题）表现了一种同样独断的经验主义立场的特点。康德同情理性主义者的形而上学渴望，因为他相信纯粹经验主义的态度是不可忍受的：

如果不存在区别于世界的原始是者，如果世界没有开端因而没有创造者，如果我们意志不是自由的，如果灵魂像物质一样可以分割和容易腐烂，道德观念和原则就失去了一切有效性。（CPR A468/B496）*

同时，康德同意经验主义者的指控，形而上学主张是不可证明的独断论狂言。问题是，理性主义者和经验主义者都预设了我们不可能知道的东西。独断论理性主义者提出了关于本体或者超出我们有限经验的东西的主张。相反，独断论经验主义者把实在限制于现象，并接受感觉显象和物自体是相同的。

康德通过说两个对立的立场都是假的来解决前两个二律背反，因为它们都基于我们能思考作为总体的世界自身这一不可接受的假设。至于后两个二律背反，他说每个对子中的第二个陈述对于世界是真的，只要它出现于经验中（作为现象）。同时，这并不排除每个对子中的第一个陈述对于超验本体为真的可能性，即使这一实在自身不可知。虽然关于本体的陈述永远不能构成理论知识，但它们可以是"理智预设和信仰"（CPR A470/B498）的产物。例如，这一进路允许康德说，当作为科学现象看待时，人类行为是由法则决定的。同时，当他讨论道德时，康德设定，对于我们，并不只有在科学观察中显现的东西才存在。从道德出发，我们必须把我们自己理解为本体自我，自由和不被决定的行动者。

上帝：既不能证明也不能证伪

最后，任何寻求证明上帝存在的理性形而上学

---

* 康德为什么相信这些主张对道德很重要，在关于他的伦理学的节中进行了讨论。

家都冲撞了理性的边界。康德相信，一个人通过思辨理性证明上帝存在的方式有三种。对于所有这些论证，他都给出了详细反驳来揭示证明的失败。

第一个论证是安瑟尔谟、笛卡尔和莱布尼茨使用的本体论论证。请记得这是一种从完善是者的概念出发的先天论证。康德反驳的那种版本的论证可以表述如下：*

（1）我能设想一个完善的是者。
（2）如果我能设想某个东西，那么它可能存在。
（3）因此可能存在完善的是者。
（4）如果存在完善的是者，它不可能缺乏完善性。
（5）存在是一种完善性。
（6）所以，如果存在一个完善的是者，它必然肯定具有存在属性。
（7）因此，可能存在一个必然存在的完善是者（它不可能不存在）。
（8）说有某个东西它不可能不存在同时它可能不存在，是说不通的。
（9）因此，一个完善是者肯定必然存在。

康德在两点上抨击这个论证。首先，他聚焦于前提6。他同意上帝的概念包含了绝对必然是者的概念。然而，他把这个概念与三角形的本质相比较。如果某物是个三角形，那么它必定具有三个角。问题是，这没有告诉我们三角形是否实际存在。如果我否认存在三角形，那么我不必承认有三个角的图形。类似地，我们可以说，"如果有上帝，那么就有必然存在的是者。"然而，如果我否认存在上帝，那么我也可以拒绝存在必然是者的主张。康德以这种方式寻求阻止从概念到存在的推进。

他的第二攻击针对前提5。康德认为，"存在不是一个谓词"。换言之，存在不是一个可以添加到某物的概念中从而扩大该概念的属性。试试这个思想实验。设想一只白色的猫在你的桌子上。现在给"一只在我桌上的白猫"增加存在属性。增加存在属性根本没有改变原来的图画。因此，"一只坐在我桌上的白猫"这个概念和"一只坐在我桌上的存在着的白猫"无法区分。既然康德相信存在不是一个属性，它就不可能是我们上帝概念的本质部分。换言之，否定上帝存在不同于否定一个丈夫是已婚的。康德说，从我们的上帝概念论证他存在于世界中，就像一个商人给他支票簿的余额添加一个零，并设想他正在增加他的财富。

接着，康德开始对付宇宙论论证。这个证明从事物的存在需要一个原因，来论证存在一个终极原因，它的存在是必然的。问题是它依赖"凡事都有原因"这个原则。但是，正如康德前面已经解释的，这个原则只应用于经验世界之中的东西。而且，因为宇宙论论证使用了"必然是者"这个概念，因而它依赖本体论论证，而它已经被康德驱除。

最后，康德抨击了目的论论证或设计论论证。**这个论证从世界的目的性秩序这一证据推进到世界是由一个理智的设计者造成的。康德对这个论证有极大敬意，因为他说，"它最古老，最清晰，最符合普通的人类理性"（CPR A623/B651）。接着，他提出，它为科学家寻找自然中的联系提供了动机，并且对秩序的任何新的科学发现都强化了这个证明。

---

* 这可能不是本体论论证最强的版本。不管怎么说，这似乎是康德反驳的那个版本。

** 康德称这个论证为"自然神论证明"。

然而，在最终的分析中，他认为这个论证也失败了。这个论证至多只能证明，有一个世界形式的建造者，他将秩序赋予已存在的物质。如果我们想要证明这个创造者带来了一切，我们就必须用宇宙论论证补充设计论论证。既然后者已经被证明不是有效的，它就不能填补当前论证的漏洞。

因而，康德的结论是，上帝存在的证明"完全没有成效，并且在本性上是虚无和空洞的"（CPR A636/B664）。然而，由此有一个推论。他反对理性主义神学的论证也蕴含着上帝的不存在也不能被证明。因此，宣称知道（在这个词最强的意义上）关于上帝存在的真相的信仰者和无神论者，都同样是独断的和错误的。虽然思辨理性的失败没有留给我们这个领域的知识，但至少留下了这样的可能性，即世界的宗教图景可以以实践信仰或道德信仰为基础。正如他在他的《纯粹理性批判》的前言中所说，他寻求"否定知识，以便为信仰留地盘"（CPR Bxxx）。

纯粹理性概念的调节性使用

即便康德对独断的形而上学批评有加，但他不同意休谟我们应该烧掉所有神学和形而上学书籍的观点。虽然形而上学可能由先验幻相构成，但他说这些是"无法抵抗的幻相"（CPR A642/B670，A279 98/B353 54）。人类心灵承负着"理性自身的本性所规定的问题，它无法忽视，但它也无法回答，因为完全超出了它的能力"（CPR Avii）。但是，自我、宇宙和上帝的观念并不仅仅是无法控制的思维方式，因为它们还在我们的思维中起着积极作用。即使我们不能把它们作为经验对象来认识，这些调节性观念却帮助我们思考我们的经验。

那么，什么是它们的合法使用？它们用于帮助我们调节我们的思想。用一个类比，调节性观念的功能像画中的汇聚线，它们通向超出地平线的无限远点。透视线在一幅二维的画中调节我们的知觉，帮助我们把它形象化为包含着三维对象，它们位于一直延伸出地平线外的风景中。通过这样做，它们为实际出现在画中的要素提供了一个有意义的参照系。

而且，即使我们不可能有关于自我、宇宙和上帝的理性知识，像我们仿佛有这些知识一样行动也对思考经验有帮助。它们是理性的目标或理想，虽然不是它的对象。例如，经验心理学努力把欲求、情感、思想和想象这些精神现象集合到一个统一模式中，仿佛它背后有一个永恒的实体性主体。

至于世界，我们所知的全部东西是我们实际经验的对象的有限集合。然而，把世界设想为仿佛是由对象的总体构成，包括那些我们尚未发现的对象，这样做是有助益的。如果科学能回答所有关于宇宙的可能问题，作为总体的世界这个观念代表着我们将会知道的东西。因此，它引领科学家持续追问以便接近这个不可达成的理想。

最后，上帝观念让我们能把世界设想为仿佛是具有一个单一的理智性和目的性原因的系统性统一体。这将激发理性持续努力使我们的宇宙图景融贯一致。概言之，自我、宇宙和上帝这三个概念不是形而上学知识的基础，而是调节性概念，它们提供超出一切可能经验的参照点，帮助我们整理和理解出现于经验中的东西。

因为康德的说明的歧义性，关于康德哲学的意蕴，后来的哲学家发生了分歧。某些后康德哲学家主张，尽管自我、世界和上帝不能是知识的对象，但它们是于理性范围之外必定存在的实在，因为没有它们思想无法运转。另一些人说，三个概念不过是我们为了理论目的而设计的有用的虚构，就像"完美社会"或"无摩擦的表面"或"所有数的总和"。

伦理学是理性学科

伦理学的本性

在《纯粹理性批判》中，康德揭示了给予我们经验世界知识的理性原则。他称这种研究是对理论理性的研究。如果只关心关于"头上星空"和一般物理自然的知识，康德可能已经从此搁笔。然而，如果在《纯粹理性批判》之后就退出，实在的另一个方面和法则的另一个领域就会被忽略。我们不仅作为一个旁观者来认识世界，而且我们还在世界中行动。一方面，我们遭遇受科学法则支配的自然对象（包括我们自己的身体和经验自我），另一方面，我们也遭遇到人，一种从我们内部认识，也从外部认识的实在类型。

人们感觉到"心中的道德法则"的牵引，这是与那些解释自然对象的行为的法则不同的支配法则。理性在这第二个领域中起作用的方面称为实践理性。然而，康德很快指出，即使我们能以两种方式谈论理性，但"归根结底，只能存在同一个理性，它们只能在应用上不同"（FMM 8）。[7]因而，为了使得他的基本哲学完备，在他出版他的《纯粹理性批判》后数年，康德发布了几本伦理学著作。其中最重要的两本是《道德形而上学的奠基》（1785）和《实践理性批判》（1787）。他的道德哲学成为了他对思想史最重要的贡献之一。其结果是，当我们面对我们的当代文化在政治、法律、医学和商务伦理学中遭遇的棘手问题时，康德的伦理学进路仍然是伦理学洞见的主要资源之一。

康德的道德理论强调责任、动机、尊严和人的价值，并且道德法则是绝对和不变的。在此，他保留着他的基督教之根的某些因素。但是，当面临决定道德法则是什么时，却并不提及上帝和他的命令。他说，我们把上帝等同于最高的善和把善归于历史上的伟大宗教人物的能力，都要求我们已经有道德完善的先天概念。

类似地，康德毫不妥协的理性主义，导致他坚持，道德原则不能源自任何关于人类实践的经验事实，就像我们在人类学中发现的那种。在这一点上，康德同意休谟的观点，认为我们不能有效地从是什么的描述中，推进到任何关于我们应当做什么的想法。对于康德，关于这个问题的办法是把他的哥白尼革命应用于我们的道德生活。如果道德原则不能从经验中得出，那么心灵必须把它自己的理性原则带给经验。因此，在康德的分析中，道德的行动可以被还原为理性的行动，而不道德的行动是一种不理性的行动。

善的意志

康德的理论从主张"除了善的意志之外，……不能设想世界上有任何东西可以被称为无条件的善"（FMM 9）开始。当然，有其他东西被我们算作善的。康德列出了三类这样的善的事物：(1) 精神能力（如理智、智慧、明断）；(2) 气质属性（如勇敢、果断和坚忍）；和 (3) 幸运的赐予（如权力、富有、荣誉、健康、幸福）。然而，虽然这些东西肯定是善的，但它们不是无条件的善。没有善的意志，积极的品质可以被错误地用于邪恶的目的。因为一个冷酷的罪犯理智、冷静、勇敢、强大而富有，只会让他做更大的恶，而无助于他道德上的善。与其他积极品质不同，善的意志在任何情况下总是善的。如果善的意志处于道德的核心，我们在评价我们自己的道德品格或其他人的道德品格时，如何识别这种意志？康德首先澄清什么与识别道德意志无关。一个人实际完成了什么，对评估他意志的善无足轻重：

即使碰巧由于特别不幸的命运或后母般的自然（吝啬）的供给，这个意志完全没有能力达成它的目的，即使最大的努力对它的目的也毫无助益，即使只剩下善的意志（不是只有愿望，而是用尽了我们力所能及的所有手段），它会如同自身就有价值的东西那样，像宝石一般自己发光。（FMM 10）

例如，海迪可能认识到道德责任的召唤而冒着生命危险救一个落水的孩子。然而，即使她没有达成她的目标，驱动这些行为的意志的善仍然光彩照人。

如果一个人的道德努力的实际成功不是使意志善的东西，刚才提到的例子可能会让我们假设，是海迪意图产生善的后果（拯救孩子）这一事实，使她的行为在道德上是善的。然而，康德认为这还不够。我们可能出于许多不同的动机而意图做对的行为。我们甚至可能为了玷污道德的理由做正确的行为。例如，海迪可能正在竞选市长，认为对这一牺牲行为的宣传对她的竞选有好处。或者她可能在寻求回报。这会产生这样的问题，如果她对宣传或金钱没有兴趣，她还会不会做这一行为。因而，仅仅意图做正确行为不可能是道德善的基本标准。

为了得出康德立场的进一步特征，让我们尝试一下这个故事的另一个变体。假设海迪救孩子的动机没有这么多算计。想象她由于听到孩子的呼叫而被怜悯所打动。在这种情况下，她会在她的感受或康德所称的偏好的基础上行动。然而，这里的问题是，我们的感受忽来忽去，而道德要求是恒久的。有时道德的人必须做他并不真的觉得喜欢做的事。因为这个理由，康德坚持道德必须以道德原则为基础，而不能被感受或偏好这种变动的条件所驱动。

我们已经排除了实际后果、意图的后果和感受或偏好是意志的道德善的基础。还剩下其他什么？为了展示他的回答，康德要我们想象一个人有能力和道德义务去帮助处于不幸中的他人，但是他如此地被自己的悲伤所笼罩，因此对于他人的感受，他的情感已经麻木。"假设他从这种麻木不仁中挣脱出来，不是受偏好的恳求，而是仅仅出自责任而没有任何偏好，去实施这一行为——那么他的行为就第一次有了道德价值"（FMM 14）。作为这一点的一个进一步的例子，康德提及了《圣经》中命令我们爱我们的邻人甚至我们的敌人的那些段落（FMM 15, 16）。如果命令我们产生一种特定方式的感情，这会是一个荒唐的命令，因为我们不可能决意有一种特殊的感情。相反，康德说，我们是被要求为了责任而对他人关爱地行动。现在，对于什么使得一个人的意志是道德上善的问题，我们有了回答。它是以道德责任为基础而被激发去行动的意志。它关心的是，从做道德上正确的行为这一唯一动机，去做正确的事情。

在这一点上，介绍康德做的一个重要区分是有用的。他说，符合责任的行为和出于责任的行为之间存在不同。如果一个商人拒绝欺骗他的顾客，因为他想保持良好信誉来做回头生意，他在做正确的事情。然而，虽然他的行为符合责任，他的动机是审慎指导下的自利动机。然而，如果他的动机是遵循道德法则，并因此出自责任而行动，那么，只有这样他的行为才有道德价值，因为它出自一个善的意志。对责任的关注使得康德的理论成为所谓**道义论伦理学**（deontological ethics，来自希腊语的"*deon*"一词，意思是责任或义务）的例子。它与**目的论伦理学**（teleological ethics）或**后果论**（consequentialism）相反，后者主张一个行为的道德价值由它的目标或结果决定。*

理性是道德法则的来源

如果道德善的意志是出自责任感而施行行为的意志，并且责任就是遵循道德法则，那么我如何决定什么是道德法则？不回答这个问题，善的意志将空有良好意愿，但在道德上是盲目的。道德法则是指导行为的规则。它是一种指令或命令。康德区分了两种命令。第一种是假言命令。它说，"如果你想要X，那么做Y"。这个规则告诉我"应当"做什么，但这个应当却随"如果"后面我所欲求的目标而定。例如，我或许被告知，"如果你想要漂亮的草坪，你就必须给草施肥"。康德把这种假言陈述称为技术命令。它告诉我，要达到我可能欲求的目标，我必须用什么手段。

然而，如果我可以不在意有没有漂亮的草坪，这个指令与我就毫无关系。因此，真正的道德"应当"不可能以我碰巧具有的目标为基础。假言命令的另一个问题是，"目的是否合理和善完全不被考虑，因为问题只在于为了达到它我必须做什么"（FMM 32）。例如，我可能被告知，"如果你想杀掉竞争的同事，你应该使用烈性毒药"。这显示存在着用于达到不道德目的的假言命令。

某些假言命令属于实用命令或审慎的建议这个名目。这些命令提供了关于如何提高一个人自己的福祉或幸福的建议。当我们是孩子时，我们的父母曾给我们这样的规则。例如，"如果你想要人们相信你，那么你应当总是说真话"和"如果你想要幸福，你就应该争取他人的幸福"。虽然这些指令的目标可能是有价值的，但这些不是道德指令，因为它们依赖创造我自己的幸福的主观条件。

真正的道德指令不是假言命令。根据康德，道德法则是作为**定言命令**（categorical imperative）呈现给我们。它告诉我们应当、应该或必须做什么，但它不依赖任何先决条件或主观的需求和愿望，并且它不包含限制。它采取"做X！"的形式。它前面没有"如果"从句，因为它告诉你在一切条件下和一切时候，道德命令你做什么。然而，如果这样一种道德法则不来自某个外在的立法者，如上帝，那么，谁对你发布这种指令呢？对于康德，立法者是理性自身。理性规则是普遍和一致的规则。它的普遍在于，它适用于所有人、所有时间和所有情况。它的一致在于，它不导致任何矛盾。

把它应用于道德之前，让我们看看在几个不直接涉及伦理学的例子中，理性如何发生作用。在数学中，2+2=4是一个规则。谁做这个计算、他的境况如何都无关紧要，我们是否喜欢应用这个规则的后果也无关紧要。如果我们是理性的，就必须遵循这个规则。

然而，某些规则，正由于其本性，因而是非理性的。这是因为它们不可能被所有人一致地遵循，或者它们瓦解了该规则应用的那种活动。假设你母

---

* 后面章节中讨论的杰里米·边沁和约翰·斯图尔特·密尔的功利主义显示了后果论者如何回应康德的道义论进路。

亲有一个进餐规则说，"在你用餐之前，请确保其他人先用餐"。如果每个人都遵循这个规则，就没有任何人能够吃饭了（因而挫败了该规则的整个目的）。类似地，假设一个棒球运动员签署一个合同，它列出了约束雇主和雇员双方的所有条件。然而，如果合同的最后一行说，"如果任何一方不希望遵守上述条件，他就不必遵守"。那样它就不再是一个合同了。如果一个合同条件破坏了合同的真正意义，它就是一个非理性的规则。同样，我们在伦理学中使用的规则的标准是，它们必须合理一致。

> **想一想**
>
> **22.7** 你是否同意康德的观点，即做道德判断时，后果和感受都不应该起作用？为什么？

定言命令 I：遵循普遍法则

有了这些例子做基础，我们现在可以说明康德作为最高道德原则的定言命令了。康德这样表达他的定言命令的第一个公式：

因而，存在着唯一一个定言命令。它是：只按照你同时能意欲它成为普遍法则的准则去行动。（FMM 39）

准则是告诉我们应该做什么和不应该做什么的一般规则。然而，注意，康德没有给我们任何特别的准则。他只是告诉了我们原则，用来决定哪些准则确立了我们的道德义务，哪些准则没有。

让我们考察一个康德用来说明定言命令的例子。假设你想要借些钱，但你必须承诺偿还它才能借到钱，尽管你非常清楚地知道你将无法遵守承诺。如果你应用康德的原则，你会发现，你据以行动的准则是，"如果我需要做出承诺我就可以做出承诺，即使我不打算遵守它"。但是，你是否能理性地意欲这成为人人遵循的普遍法则？肯定不会。如果人人都采用这个规则，那么做出承诺将没有意义，做出承诺和接受承诺都将毫无用处。只有其他人尊重承诺，你的欺骗性承诺才会被接受。因此，只有其他人不遵循你关于承诺的规则，你才可以应用这个规则。

注意，康德的要旨不是一个人们不遵守他们的承诺的社会会非常令人不快。这会使行为的经验后果成为它对与错的标准。康德的要旨更为微妙，更具逻辑性。他说的是，支配一项行为（做出承诺）的道德规则，如果会消灭这项行为，它就会是一个自我挫败的（因而是不一致或非理性的）规则。

康德的使我们的准则普遍化的标准捕捉住了我们的某些日常道德直觉。在你小的时候，你母亲很可能在这样那样的时候责备你的行为说，"如果人人都像你那样做会怎么样？"福音书中的黄金规则也说，"你想要别人怎样对你，你就要怎样对待别人"。类似地，我们对人们说，"不要让你自己成为例外，不要当伪君子"。因此，让剽窃文章的学生不及格的教授，同时却偷窃和出版其他人的研究，是在让他自己成为他期望他的学生和同事遵守的规则的例外。

定言命令 II：人是目的自身

康德相信只有一个道德原则，但至少可以给它三个不同的公式。每一个公式都与其他公式等价，但每一个都强调了理性道德的不同方面。他的定言命令的第二个公式如下：

要这样行动，即你要把人性，不论是你自己人格中的人性还是他人的，总是当作目的而不只是手段。（FMM 47）

这意味着每个人都有内在价值和尊严，并且我们不应该利用人或把他们像物一样对待。康德对这个原则的论证可以用以下方式重述。单纯的物，诸如汽车、宝石、艺术品或工具，仅当人们赋予它们价值，它们才具有价值。换言之，一幅伦布兰特的画会卖100万美元，仅仅是因为许多人欲求它。因而，这样的事物只具有有条件的价值，因为如果人们不再欲求它们，它们将毫无价值。然而，只要人是超越其经验显象的本体自身，人就不是物。既然人是一切有条件价值的源泉，他们自己就不能有有条件的价值，而是必须有绝对的或内在的价值。没有人能给你作为人的价值，也没有人能拿走它。一个相识的人可能把你当物一样对待，其唯一价值是为他的目的服务，但这是不一致的。这样一个人的行动就好像是只有他才有绝对价值一样，其他人仅仅是被使用的物。因此，这个人正在遵循的准则是"我将把他人当作物来对待"，但是他不能劝说其他人遵循这个规则反过来对他。因此，这个人正在把他自己作为例外。

有时好像我们不能避免把人作为物来对待以服务于我们的目的。例如，当你向邮局职员买邮票，你在把那个人用作邮票的来源。然而，注意康德说我们应该把人"总是当作目的而不只是手段"来对待。因此，即使在平淡的交易中，这种情况下，我们的主要兴趣在于一个人能为我们进行的服务，我们也绝不应该以一种粗鲁或颐指气使的方式行动，我们应该总是把我们正在与一个人打交道这个事实放在心上。

这个道德命令公式的一个重要特征是，康德明确主张我们应当尊重地对待我们自己，而不仅仅作为某个目的的手段。许多伦理学理论家（例如功利主义者）相信，伦理学只管我们与他人的关系，然而，康德伦理学所得出的一个意蕴是，我们有对自己的道德责任，而不仅是对别人的责任。因为这个理由，康德谴责自杀。如果我决定结束我的生命以逃避我的痛苦和失望，我就在把我自己当作仿佛只是一个受外界环境决定的物来对待。相反，我应该尊重我自己人格的尊严和价值，并把它当作具有超出其他一切考虑的价值来对待。在自杀行为中，我正摧毁（我自己代表的）人性并且把它仅仅当作一个达到其他某个目的（免除负担）的手段。在这个原则的另一运用中，康德说，即使我独自流落荒岛，我也会有对我自己的责任。例如，我应该尽我所能来提升我自己和利用我的天赋，而不是堕入闲散和自我放任。

定言命令 Ⅲ：人是道德立法者

康德关于定言命令的第三个公式以"每个有理性者的意志都是普遍立法的意志"这一观念为中心（FMM 49）。这有时被称为"**自律原则**（principle of autonomy）"。道德自律的核心是自由。当我的道德原则以外在权威甚至我的偏好为基础，我的理性就没有自由地行动，而是被异己的东西所束缚。因此，道德法则不是某种外来强加于我的东西，而是我自己的理性本质的表达。在道德中，每个人都有双重身份。只要我们是真正的道德行动者，我们就受道德法则的约束。然而，只要我们是理性人，我们就是道德法则的自律的立法者。如果所有人都服从理性的法则，他们就构成一个完善的共同体（康德称它为目的王国），在其中，每个人都是自律的，然而每个人都遵循相同的普遍的道德。

> **想一想**
>
> 22.8 康德的理论在给予道德指导上有多大帮助？设想一个境遇，在其中，你认为你做了某种道德错误的事情。如果你遵循康德的定言命令，那会指导你施行正确行为吗？你能否设想某个境遇，在其中，你可能有相冲突的道德责任，而它们都是从定言命令中导出的？这会是康德伦理学的一个问题吗？他会如何回答？

道德的三个公设

康德相信有三个观念不能被证明甚至不能作为知识的对象，然而它们是我们的心灵无法抗拒的观念，因为它们支撑着所有的道德努力。它们是人的自由、不朽和上帝。

首先，如果道德要有意义，必须设定人的自由。自由不是某种科学上能被观察到的东西。从科学知识的观点看，每个事件都被自然原则所决定，人类行为只是一系列可以借助心理学和物理学法则来分析的事件。从科学转向我们内在的道德经验，我们会发现，道德责任的法则要求我们无条件地服从它。然而，如果有某种我应该做的事情，这蕴含着它是某种我能够做的事情。因此，只有我是自由的行动者，我才能执行道德的要求。存在着本体自我，我们的真正自我，它超出受制于因果法则并能被行为科学研究的经验自我并在其之上，是道德行为的来源。虽然自我的自由不是某种我们能够证明的东西，但是，如果整个人类道德要有任何意义，这个观念就是实践上必要的。既然没有道德，人类生活就没有意义，我们就必须认为我们自己是自由的。

道德的第二个公设是不朽。康德论证说，道德法则毫不宽纵。它不会说，"你尽力去做，但是如果你屈服于诱惑，也不要紧"。相反，我们必须让我们的意志完全符合责任的要求。然而，没有人能在他的有生之年完成这个要求。因而，康德论证说，有无尽的时间跨度来朝着这个完善理想前进对我们来说在实践上是必要的。"然而，只有预设同一有理性者无限绵延的存在和人格性，这个无限进展才是可能的；这被称为灵魂不朽。"[8]

最后，我们被类似的理性信仰引向设定上帝存在。康德不认为对永生的希望能作为做正确事情的动机。如果这是我的动机，那么我行善不是因为它是我的责任，而是因为我计算了什么符合我自己的长远利益。康德说，我们心中有某种东西呼唤过道德上善的生活应该与找到幸福相关联。然而，显然，在人类经验中，我们找不到德性和幸福之间的任何必然联系。因而，要让我们的道德直觉有意义，必须存在一个超自然的原因，它将在未来的某个时候恰当地分配幸福。出于这个理由，"假设上帝存在在道德上是必要的"。[9]当然，康德非常清楚地说，道德是理性和自律的，它的权威性不依赖神的命令。然而，他认为道德领域自然地导向宗教领域。

评价与意义

康德思想的意义不需要在此多说，因为19世纪和20世纪的大多数哲学对话都是接受其思想意蕴的一种努力。有些哲学家相信，康德在知识中的哥白尼革命确立了哲学中的正确秩序，并且他们努力把它的原则应用到人类努力的每一个领域。另一些哲学家把它看作一个好的开始，但担心它还不够彻底，并且把他的革命性思想推进到他无法想象的地步。

仍有其他人试图反对革命以恢复传统认识论和形而上学进路的统治。

简言之，不论哲学家们会如何评价康德，他们都无法忽视他。在余下的章节中，我们将看到大量的哲学争论都或隐或显地围绕着康德的议程：(1) 知识的客观性，(2) 认识者和所知的关系，(3) 科学和理性的能力与限度，(4) 自我的本性，和 (5) 道德判断与宗教知识的地位。

当代联系 22：康德

康德之后的哲学都被称为哲学中的"后康德"时代这一事实，标志着康德对哲学史的影响。一位当代哲学家可能回顾比如说亚里士多德、笛卡尔或洛克来寻求指导。但是，即使那些围绕更早的范例来发展其思想的人，也仍然不得不把康德提出的问题纳入考虑。

更特别的是，康德的"哥白尼革命"在认识论中已经留下了它的印记。今天的大多数思想家都同意他的观点，认为在经验世界时，心灵原来并不像只是被动记录数据的照相机底片。相反，心理学研究已经证实了康德的观点，我们的认知官能在组织我们的经验中起着作用。从康德之后的那个世纪一直到我们今天，一个巨大的争论是，在何种程度上心灵包含着它带给经验的普遍结构（康德的观点），或者是否存在组织经验的多种方式。理论家们争论，组织经验的各种方式是否基于 (a) 文化，(b) 经济，(c) 个人视角，(d) 我们的实践需要，或者 (e) 性别。后来的这些较为相对主义地应用康德认识论的例子可以在以下讨论中找到：(a) G. W. F. 黑格尔（见第 24 章）和后现代主义（见第 33 章），(b) 卡尔·马克思（见第 25 章），(c) 索伦·克尔凯郭尔（见第 26 章）和弗里德里希·尼采（见第 27 章），(d) 实用主义（见第 30 章），以及 (e) 女性主义（见第 33 章）。

在当代伦理学理论中，康德伦理学依然是一个可行的见解。许多人论证说，康德对尊重人的道德价值的强调和他对道德责任凌驾于变化不定的后果与感受的坚持，是伦理学理论的唯一可靠的基础。

理解题

1. 什么是康德关于知识的基本确信？由此产生的三个任务是什么？
2. 请解释康德称他的进路为"批判哲学"意味着什么。
3. 康德为什么把他的知识论和哥白尼革命相比较？
4. 当康德说关于对象的经验符合我们的知识时，他的意思是什么？
5. 解释以下术语：分析判断，综合判断，先天知识，后天知识。
6. 给以下种类的判断提供例子：先天分析判断，后天综合判断，先天综合判断。
7. 康德给予"直观"的特殊意义是什么？
8. 请解释，当康德说空间和时间不是经验中的"事物"而是"直观形式"时，他的意思是什么？
9. 康德为什么主张只有感觉材料不能解释我们的经验？知性范畴为经验做出了什么贡献？

10. 请解释，当康德说"思维没有内容则空，直观没有概念则盲"时，他的意思是什么？
11. 康德试图以什么方式反驳休谟的怀疑论？你认为他成功了吗？
12. 用你自己的话解释康德关于现象与本体的区分。
13. 请解释康德关于以下各个概念的观点：自我、宇宙、上帝。为什么他称它们是先验幻相？
14. 什么是二律背反？理性在什么情况下产生二律背反？
15. 康德如何反对（a）本体论论证，（b）宇宙论论证，以及（c）目的论论证？康德的最终立场对宗教信仰是敌对还是同情？
16. 既然康德同意休谟的观点，认为我们不可能有关于自我、宇宙或上帝的知识，为什么他主张（不同于休谟）这些观念对我们的思想有重要贡献？
17. 康德为什么说唯有善的意志是无条件的善？
18. 什么特征使一个人的意志在道德上是善的？
19. 符合责任的行为和出自责任的行为之间有什么区别？
20. 相对于假言命令，定言命令是什么意思？
21. 定言命令的三个公式是什么？
22. 根据康德，道德的三个公设是什么？你是否同意这些公设无法证明？你是否认为康德主张这三个观念支撑着所有道德努力是正确的？

思考题

1. 环视一下房间，并想象你受到感觉印象的轰击但你的心灵没有能力把它们范畴化或组织到一个有意义的经验集合中。这会像什么样子？康德坚持心灵对经验的贡献是否正确？
2. 康德试图通过论证我们能有理性上确定而必然的知识，只要我们认识到这一知识限于我们经验的世界，来避免休谟的怀疑论。残酷的代价是，一般而言的人类知识（特别是科学）不能告诉我们实在实际是什么，而只能告诉通过我们领会它的方式被过滤了的实在。如果康德是正确的，这个限制有多严重？接受如此有限的知识观是否可能？有何方式避免康德置于我们知识之上的限制？
3. 如果我们能知道的只有现象领域，康德对它之外的本体世界进行设定，是不是在他自己的原则上作弊？
4. 你是否同意康德的观点，即后果和感受都不应该对做出道德判断起作用？
5. 考虑一个康德的定言命令（公式Ⅰ）如何能用于解决一个道德争议的实际例子。考虑另一个康德的定言命令（公式Ⅱ）如何能用来决定什么是对、什么是错的例子。你能想出任何定言命令不能提供确定解决方式的道德问题吗？

注释

[1] 海因里希·海涅，《德国，作品集》（*Germany, Works*），

第 5 卷，136 137，引用于《意识形态时代：19 世纪哲学家》（*The Age of Ideology: The 19th Century Philosophers*），亨利·D，艾肯（Henry D. Aiken）编（New York: New American Library, 1956），第 27—28 页。

2 伊曼努尔·康德，《未来形而上学导论》（*Prolegomena to Any Future Metaphysics*），保罗·卡勒斯（Paul Carus）译，詹姆斯·W. 埃林顿（James W. Ellington）修订（Indianapolis: Hackett, 1977），第 5 页。

3 CPR 这一缩写用来标注康德的《纯粹理性批判》（*Critique of Pure Reason*），诺曼·肯普·史密斯译（New York: St. Martin's Press, 1965）。康德把这一著作出了两版，第一版出版于 1781 年（标注为 A），第二版出版于 1787 年（标注为 B）。出自这本著作的引文用原始版本的页码给出，大多数英译本都会在页边显示这个页码。

4 伊曼努尔·康德，《证明上帝存在的一个可能基础》（*Der Einzig Mögliche Beweisgrund/The One Possible Basis for a Demonstration of the Existence of God*），戈登·特里什（Gordon Treash）译（New York: Abaris Books, 1979），前言。

5 《未来形而上学导论》，刘易斯·怀特·贝克（Lewis White Beck）译（New York: The Liberal Arts Press, 1951），第 116 页。

6 《实践理性批判》，刘易斯·怀特·贝克译（Chicago: University of Chicago Press, 1949），第 2 部分，结束语。

7 FMM 这一缩写用来标注康德的《道德形而上学的奠基》（*Foundations of the Metaphysics of Morals*），刘易斯·怀特·贝克译（Indianapolis: Bobbs-Merrill, Library of Liberal Arts, 1959）。

8 《实践理性批判》，第 1 部分，第 2 卷，第 2 章，第 4 节。

9 同上，第 5 节。

第 23 章

19世纪文化背景：
浪漫主义、科学与历史感

用任何单个统一的主题来总结19世纪的思想都近乎不可能。实际上，这个时期的哲学可以被看作在不同方向上流动的许多水流。然而，如果我们把这些水流回溯到它们的原点，我们将发现，除了两个例外，它们都是从伊曼努尔·康德的体系中流出的。这两个例外是奥古斯特·孔德的实证主义和杰里米·边沁与约翰·斯图尔特·密尔的功利主义。然而，即便在这些事例中，借助康德确立的区分来看他们的认识论，仍然是有帮助的。康德之后，哲学再也不可能照旧了。他的影响如此巨大，以至通常把哲学观点标注为"前康德的"和"后康德的"。因为康德的体系如此广泛和复杂，并且被用很多冲突的倾向来解释，因而很难把它作为一个整体来拥护。因此，后来的哲学家满足于从康德体系中挑选出部分来构筑完整的哲学，而抛弃那些他们发现不一致的部分。即使那些最全面地继承康德观念的人也把它们带向了他不曾预期并且不会同意的方向。

康德之后，主要的19世纪运动和思想家是德国唯心主义、浪漫主义、奥古斯特·孔德的实证主义、边沁与密尔的功利主义、卡尔·马克思的历史唯物主义和索伦·克尔凯郭尔与弗里德里希·尼采的存在主义。在本章的余下部分，我们将为从康德到19世纪哲学的过渡打下基础。首先，我们简要提示这些不同的运动如何处理康德的现象 – 本体区分。随后简要讨论德国唯心主义者和浪漫主义者，因为后面不会给他们一章的篇幅。最后，通过预览的方式，我们将讨论19世纪的运动如何处理历史和理性的问题。

克服康德的二元论

所有这些思想家关于康德体系的主要问题是它令人反感的二元论。一方面，康德把理性知识限制在称为现象的时空经验世界。现象世界给我们的不是原原本本、没有装饰的实在，而是它们被心灵的范畴结构化后显现的实在。然而，它是我们唯一知道的世界，并且它是科学所研究的世界。另一方面，康德不能让自己不相信超出现象世界，超出显现给我们的世界，而自身实在的世界——本体域。康德的批判者很快指出，康德说我们只知道显现于经验的东西，同时他又主张存在超越经验的实在，这是说不通的。而且，虽然康德提出实在世界是现象世界的"原因",有一定常识上的吸引力,但是,与他的这一主张不一致:原因是心灵加于经验的范畴,不能用于经验所给的东西之外。

后康德运动寻求用许多方式解决这个问题。德国唯心主义和浪漫主义否定我们像康德主张的那样,与终极实在相隔绝。虽然他们同意经验科学的世界只是一个显象体系,但他们没有得出实在自身是神秘不可及之域这一康德式的结论。相反,他们主张,当我们用恰当的方式接近它时,实在正是我们在经验中遭遇的东西。然而,他们把经验世界描述得比康德所想象的更宽泛和丰富,因为他们把道德、美学和宗教经验包括进它的范围内。

唯心主义者和浪漫主义者相信,心灵具有超越科学限制并向我们揭示实在核心的直觉能力。其他人,如实证主义者和功利主义者,主张科学描述的世界(康德的现象界)是唯一值得谈论的世界。这样,他们通过将讨论超验实在的意义全部取消,避免了在康德那里发现的成问题的二元论。既然我们经验到的唯一实在是感觉材料,因而他们主张科学只能描述经验中出现的规律性,但它不能做关于终极实在和任何其他形而上学实在的推测。卡尔·马克思反对他同胞的唯心主义和形而上学思辨,而寻求把哲学带出云雾回到地面。他不质疑形而上学,但主张它必须采用务实的科学唯物主义。

最后,存在主义者提供了他们自己替代康德哲学的东西。这个运动从它在19世纪最初的开端开始,就形成了两个版本。首先,索伦·克尔凯郭尔发起了宗教存在主义。对于克尔凯郭尔,存在着一个超越时空世界的超验实在,即上帝。在克尔凯郭尔看来,康德说科学和哲学理性不能向我们揭示这个实在是对的,因为上帝只能通过个人的信仰行为才能被知道。存在主义的第二个版本在弗里德里希·尼采的著作中采取了美学形式。尼采把康德的立场推向极端,说我们不能知道超出显象的任何实在,但是补充说,现象被主观需要和个人价值创造性地结构化。因而,没有绝对的东西,一切都是主观的。

德国唯心主义

康德哲学的直接继承者是德国唯心主义者。正如我们在贝克莱和莱布尼茨那里看到的,形而上学的唯心主义者并不必然有很高的理想(虽然这对于这样的哲学家通常是真的)。相反,**唯心主义**指的是万物都必须被理解为内在地依赖某种心理或精神实在的理论。虽然他们受康德影响,但康德之后的这些唯心主义者们却对康德狭隘的知识定义和关于心灵限度的定见感到不耐烦。根据他们的观点,康德过于谨慎的做法,让人类知识被判处居住在荒芜、狭小而平凡的地方,得不到任何精神的滋养。

唯心主义者渴望无限(这招致他们的批判者给他们贴上"狂热求全"的标签)。因而,唯心主义者寻求冲破康德如此辛苦建造的认知论壁垒。这样做之后,他们希望心灵能够涵盖实在自身,而不只是显象世界。"涵盖"一词可能有误导性。因为它暗示一个独立存在的实在,心灵可以与之相关联也可以不相关联。然而,这正好是唯心主义者否定的。唯心主义者指责康德过于严苛地限制了经验的范围。(黑格尔轻蔑地讽刺康德的经验观是"这儿有一个鼻烟壶,那儿有一个烛台"。[1])唯心主义者认为,领会实在世界不是通过对感觉材料片段的科学分析,而是一种由道德或审美经验提供的理智直观。既然终极实在是精神的而不是物质的,它就能支持显示在道德、艺术和宗教中的人类精神的最高抱负。

费希特:实在在道德经验中被认识

最先修订康德哲学的人是约翰·戈特利布·费希特(Johann Gottlieb Fichte,1762—1814)。在1793年的信中,费希特陈述了他对康德的评价:

> 我确信康德只是指出了真理,并没有展开它或证明它。这个单身汉有占卜真理的能力,但自己没有意识到他所依赖的根据。[2]

虽然费希特认为自己贯彻了康德的观念,但让康德恼怒的是,费希特认为康德哲学不完备。因而,康德否认他的观念与费希特有任何相似之处。

费希特准备"如何"展开康德的洞见?他从自由观念出发来进行。尽管康德把自由作为道德的公设,费希特则把它移到了他哲学舞台的中心。在他看来,自由不仅是行动的预设,而且也是人类认知的预设。康德曾说,只有一套普遍的范畴来组织经验,因而我们不能选择如何看待世界。对于费希特,有许多不同的方式理解世界。这种修正的后果是把康德的哥白尼革命个人化了。世界是我的世界。我使用的范畴是那些让我的世界有意义的范畴。因此哲学开始于对终极原则的选择,而这一承诺的做出是基于气质而不是客观证据。[*]用费希特自己的话说:

> 因而,一个人选择何种哲学,取决于他是什么

样的人;因为哲学体系不是一个我们可以任意地拒绝或接受的死的物品;毋宁说它是一个被人所拥有的灵魂赋予生命的东西。[3]

费希特关心的问题是,经验的根据和意义是什么?基本上,他认为有两个选择。第一,他所称的"独断论"在独立的外部实在(康德的物自体)中寻求经验的根基。这一进路用外部世界解释内部经验。这是科学家的立场,康德之前的理性主义者和经验主义者都采用这一立场。与之相反,费希特青睐唯心主义。根据这种观点,经验的根据存在于我们自己最深的本性——自我中。这一进路用我们的内部经验解释外部世界。如果我们像独断论者做的那样,把自己限制在科学知识中,我们将永远不能超出因果秩序,并且将把我们自己看作被动的对象,受制于自然的决定论机制。然而,通过一种理智直观,我们能逐渐意识到道德法则。正如康德所表明的,这要求我们把我们自己设想为自由的、自我决定的行动者,在一个将有意义的选项呈现给我们的世界中,完成我们的道德计划。

那么,我们将如何看待我们自己和我们的世界?对于费希特,这不是一个理论问题,而是一个热切的实践问题。和20世纪的实用主义者(他们受到费希特的影响)一样,他认为,我们的信念不能通过形而上学论证来证明。相反,使得信念可行的是它影响我们生活和服务于我们目的的方式。例如,科学方法没有写在天上,并且"事实"也没有说出对它们自己的解释。我们选择科学地探究自然,这是因为我们相信这种方法有助于达成我们的目的并使我们的世界有意义。在最终的分析中,即使科学也以我们的主观承诺和从属实践信仰的行动为基础。

---

[*] 这将是克尔凯郭尔和尼采这样的存在主义者的核心主题。

因此，唯心主义居于顶峰，因为我生活于其中的世界总是一个由我接近它的方式所构筑的世界。

费希特为把自我作为经验的根基提供了进一步的动机。第一，我们知道内在世界优于外在世界，所以哲学家应该从这里出发。第二，如果我们从杂多的运动物质开始，我们将永远不能由此得出一个统一的心灵和意识。但是，如果我们从作为一个统一的创造性自我的内部经验出发，我们将有给其他一切事物意义的基础。你世界中的物项来来去去，但在它所有的实在性背后的是自我的恒常活动。为了展示世界的一切表现背后都有自我的存在这一事实，费希特曾对他的学生说："先生们，想一下这面墙。"然后他说，"先生们，想一下想这面墙的那个人。"[4] 换言之，每个显现的东西背后都有作为那些显象根据的自我。看看你周围。你经验的世界不是感觉材料的无意义片段的集合，而你像一个照相机镜头一样注视着它。相反，你经验的世界是由你的兴趣和价值构筑的，是一个你在其中做出选择和实现你道德理想的竞技场。根据费希特：

> 我必须对之行动的自然不是外来的元素，不征询我的意见就产生出来，而我不能穿透它。它是我自己的思维法则塑造出来的，因而必须与这些法则和谐一致；对于我，它必须彻底透明、可知和可穿透，包括它最幽深之处。在它的所有现象中，它表达的不过是我的所是和我自己的关系；就像我肯定有希望认识我自己一样，我也肯定可能领会它。[5]

因此，"外部世界"其实并不那么外在。的确，如果你睁开眼睛，你将会遇到多种多样的感觉，它们是你的经验无可逃避的一部分。然而，你不会遇到有意义的对象，除非你的心灵创造性地使它成为你的世界。你可以把世界看作你操纵和分析的运动着的物质，或者看作由你写作剧本的人类戏剧的世界，其中充满风流韵事和悲剧，或者看作你寻求通过你自己的道德努力来履行的责任的领域。然而，不论你怎样经验世界，它都总是以你自己的形象造出的世界。

在他早期的著作中，费希特使它听起来好像我的世界是我的个体自我的产物。如果这是真的，那么有多少人类认识者，就有多少世界。然而，在他后期的著作中，他表明世界是一个宇宙心灵或绝对自我的产物。起初，这个绝对自我听起来非常像上帝，但在费希特的解释中，这个"绝对"缺少西方传统神的概念的拟人化性质。它更像一个处于演化过程中的非个人的理性道德秩序。像我们自己的意识一样，它努力在完善的自我意识中实现它自己。事实上，人类意志或意识是绝对精神的表达。实在世界不是由时空秩序安排的死物的世界，而是一个我们参与其中的动态的精神过程。在我们的道德经验中，这个实在的最内在核心向我们敞开着。

> **想一想**
>
> 23.1 尝试一下费希特的思想实验。环视你的房间，不遗漏其中的任何对象。在精神上回溯，专注于这一经验背后观看、分析和思考这些对象的自我。你是否认为这个新视角有启发性？你是否同意费希特的观点，认为你的自我以及它的所有兴趣和价值在构筑你的经验？你是否进一步同意他的观点，认为你的个体意识不是凭空产生的，而是某种你参与其中的更大的东西的表达？费希特试图用这个观点解决什么问题？它造成了什么问题？

谢林：实在在审美经验中被认识

另一位重要的德国唯心主义者是弗里德里希·威廉·约瑟夫·谢林（Friedrich Wilhelm Joseph von Schelling，1775—1854）。他是费希特的门徒和黑格尔（他受到谢林的重大影响）的同事。谢林比费希特更加重视作为"绝对"的客观形式的物理自然。而且，他把审美经验（与道德经验相对）看作通向实在的窗口。绝对被描述为不容置疑、包罗万有、自我创造的实在的统一性原则，它弥漫于自然。因此，我们能理解实在是因为构成它的精神与我们之内的精神相同。正如婴儿从一个本能驱动的生物有机体发展为一个有充分意识的理性成人，自然作为一个整体在整个历史中也不断展开达到自我意识的更高水平。因此，世界精神从存在于无机和有机自然中的无意识、本能性的目的性力量演化，直到它在艺术家的创造性和哲学家的理性自我意识中实现自身。

对于谢林，艺术创造和审美直观是知识的最高环节。在审美经验中，绝对的两个形式，无意识力量和有意识力量，融合为灿烂的合题。通过艺术创造，无限在有限形式中显现自身。即使自然自身也是一个绝大的艺术作品，显现在一切事物中，从晶体的内在结构，到日落这一宏大的视觉交响乐。因而，柯勒律治和所有的浪漫主义诗人都把谢林作为他们的官方哲学家，因为他为艺术提供了形而上学基础。在他人生的晚期，由于他强调艺术家的直观超过了哲学家的直观，所以他反对黑格尔的抽象理性主义。他的反对意见是，概念过于静止和有限，不能捕捉到实在动态或无限的性质。以这种方式，他为通向存在主义的道路铺了几块砖。存在主义的奠基人之一，索伦·克尔凯郭尔，在19世纪40年代在柏林听了谢林的课，并在后来呼应了对黑格尔理性主义的这些批评。

由于他们对浪漫主义运动的影响，更重要的是，他们对古今最著名的唯心主义者黑格尔的影响，使得费希特和谢林的唯心主义意义重大。他们对黑格尔的影响，可以以预览的方式概括为四个要点。第一，费希特断言理性不是静止的，而是由于思维和实在中的对立趋势（称为正题和反题）在更高水平上（合题）得到解决，而使范畴不断演化。这一三段式过程以辩证法之名为人所知。虽然黑格尔的思想并不严格符合这一模式，但他的确借用了这一思想，即对立的趋势导致我们的概念和实在都发生演化。第二，黑格尔采用了这样的观念，即实在在根本上是不断展开的精神力量，并逐渐在人类历史中得以实现。因此宇宙更像一个有机体而不是启蒙思想家提议的钟表机械。第三，尽管黑格尔比他的先行者更是一个理性主义者，但他采用了他们非常广义的理性概念，使得它更类似我们的道德和审美直觉而不是数学计算。第四，关于这些唯心主义者最为重要的是，他们复活了形而上学，尽管在康德了结了它之后，它似乎已经是垂死的病人了。唯心主义者宣称，已经推倒了我们的知识和实在自身之间的康德之墙，再次开启了宏大而高瞻远瞩的形而上学思辨的可能性。

> **想一想**
>
> **23.2** 谢林认为，审美经验让我们与实在相接触。然而，其他的艺术哲学家说，艺术只是启迪艺术家和有鉴赏力的观众的情感。在何种程度上你同意谢林的观点，即审美经验给予我们关于实在自身本性的知识？

浪漫主义

德国唯心主义的哲学图景与更广泛的浪漫主义的运动有许多共同之处。浪漫主义是一个准哲学的文艺运动，它反对宇宙是最适合由科学的分析技术进行研究的机器这一启蒙图景。对于浪漫主义者，科学的宇宙图景过于疏离，因为它威胁要将我们的道德、审美和宗教渴望变成在其他方面有严格数学秩序的宇宙中的一种格格不入的精神失常。当浪漫主义者注视自然时，他们没有看到运动的原子微粒。相反，他们感到神秘地呈现给他们的是一个与人类精神共鸣的有机统一体。而且，他们确信，逻辑和望远镜错失了关于实在最重要的东西。理性和科学不是向我们揭示了这个世界的奥秘，而是打碎了自然并把它转变为抽象的范畴。生命的盛宴上充满了丰富的颜色、味道和质地，科学却只给我们一本烹饪说明书。当然，科学的烹饪说明书上描述了自然宴席上的每一道美味佳肴。但是，用科学家的计算错误地代替实在的丰富性会导致精神饥饿。物理学家可以在光学等式中概括日落和彩虹，生理学家可以把一个人的爱人的身体描述为由有机的水泵、管道、杠杆和滑轮构成的机器。然而，在每种情形中，科学说明都错失了这些实在的美和神秘。

因为它的支持者都蔑视逻辑和学说，所以浪漫主义不是一个定义严格的运动。它最好被理解为一种心境或气质，引起了许多"浪漫主义"，而不是一套单一的共同持有的学说。然而，某种主题对浪漫主义者是共同的，诸如直觉是真理之源，不信任逻辑和科学，情感的价值，对自然的爱，把自然看作精神，对新经验的追求，和对古典作品的爱慕。由于对理性的怀疑，浪漫主义对艺术和文学的影响比哲学更大。然而，这个运动鼓舞哲学家扩展他们的世界图景，哲学家又反过来影响浪漫主义者。虽然浪漫主义不是德国唯心主义的直接衍生物，但哲学家把自然描述为精神的和动态的，却影响了浪漫主义者。而且，两个运动都同意，通过情感、直觉和审美经验，我们能深入实在的核心，经验到与世界在精神上融为一体。像莎士比亚的《哈姆雷特》一样，浪漫主义者宣称，"天上地下的事比你的哲学梦想到的更多"。[6] 笛卡尔用他的宣言"我思故我在"开创了近代哲学，我们可以想象，浪漫主义者会回答，"我感受，故我在"。

要理解浪漫主义的兴起，我们需要倒回到18世纪去看一位我们忽略了的思想家。浪漫主义的先驱一般认为是法国作家让-雅克·卢梭（1712—1778）。尽管他生活在18世纪，他却与他的时代步调不一致，并且反抗他的同时代人对理性和科学的沉迷。卢梭的思想充满了许多冲突的倾向，但就我们的目的而言，我们将只提及那些导向浪漫主义的主题。

在《论科学与艺术》（1750）中，卢梭问科学知识是否有价值。带着一些不一致，他赞扬了培根、笛卡尔和牛顿，因为他们带来了进步。然而，他的结论是，唯一值得拥有的知识是德性，对于德性，我们不需要科学，因为德性的原则铭刻在每个人心中。卢梭思想的核心是浪漫的原始主义，它主张人类在其自然状态中是善的，但目前形式的社会败坏了我们。如果文明是人为的和让人堕落的，那么通过回归自然，我们会找到我们失去的天真无

卡斯帕·大卫·弗里德里希，《山地观景与彩虹》。浪漫主义者陶醉于自然的神秘之美，反对科学家把彩虹这样的奇观还原为一系列数学公式的努力。

邪。* 对此，他的同时代人和主要批判者伏尔泰轻蔑地回答，卢梭希望人们重新回到四脚爬行的动物生活。

卢梭在文学上的成功在两本情感小说中达到了高峰。一本是《新爱洛伊丝》（1761），故事是关于诱惑和一个年轻女子重新获得的德性，她宣扬一种更高形式的爱的价值，这种爱超越了肉体。据说它让所有欧洲人都感动得落泪。第二本小说是《爱弥儿》（1762），它是一本关于教育的虚构故事。在讲述一个小男孩的教育故事时，卢梭显露了他关于正确生活教育的观念。它的要义是"留给造物主去管就一切良好，由人经手就一团糟"。它强调孩子生性无邪和良善。在他们的早年，他们应该在自然的课

---

* 这个主题受到詹姆斯·费尼莫尔·库柏（1789—1851）和赫尔曼·梅尔维尔（1819—1891）这样的作家的欢迎。在他们的小说中，他们把白人描写为堕落的，与他们的美洲土著角色的无邪形成对照。

堂中受训，让他们免受书籍令人窒息的影响。只有到12—15岁，才应该引入理智方面的学科。

卢梭对自然的神性和美的感觉得到了19世纪浪漫主义诗人的呼应。在威廉·华兹华斯的《廷腾寺上游几英里处的诗行》（1798）中，他捕捉到了浪漫主义者对理性、科学和形式知识的厌恶，以及他们对自然是道德和灵性真理的真正来源的坚持。

> 春天树林的律动，
> 比起一切圣贤教诲，
> 能教你更多为人之道，
> 教你分辨善恶是非。
> 自然带来曼妙知识，
> 我们的理智却横加干涉，
> 扭曲事物的美好形式，
> 我们把它们谋杀切割。

虽然他们对哲学细节没有兴趣，浪漫主义者却捕捉到康德关于心灵在塑造我们关于实在的经验中所起作用的洞见。柯勒律治的陈述清楚地展示了这一点：

> 牛顿只是个唯物主义者。心灵在他的体系中总是被动的——外部世界的懒惰的旁观者……任何建立在心灵被动性之上的体系都是虚假的。[7]

总之，浪漫主义者提出了理性作为认识实在的工具是否充分的问题。他们又进一步把感受和人类的主观性提升为把握生活真相的更适宜手段。他们厌恶普遍性，而颂扬个体性、主观性和创造性。这些主题后来在克尔凯郭尔和尼采的存在主义中复活。最后，尽管黑格尔对浪漫主义者有许多刺耳的评论，但他仍不免受他们的影响。像浪漫主义诗人一样，

黑格尔强烈地感受到万物的统一性。而且，他同意浪漫主义者的观点，认为自然的一切有限方面和每个个别的人，不过是一个更大的精神实在的部分展现，一切事物在这个更大的精神实在中完美和谐。

> **想一想**
>
> 23.3 浪漫主义与对自然的科学分析进路相对立。然而，许多科学家沉思描述物理世界的优雅的公式时，有着审美的经验。当浪漫主义者说关于自然的理性、科学的观点让我们和它疏离时，他们是正确的吗？或者是否存在一种对自然的浪漫主义观点，与对自然的科学理解一致？

历史的重要性

饶有意味的是，迄今为止，除了奥古斯丁，在我们对人类经验的理解中，很少说到历史的作用。从一开始，哲学家，特别是理性主义者，关心的是寻求永恒的、无时间的真理。即使奥古斯丁认为历史变迁是重要的，对于他来说，其重要性也只在于历史反映永恒原则的方式。同样，虽然英国经验主义强调感觉世界的变化是我们知识的首要来源，他们在心灵和自然之中都发现了一种不受历史变化影响的固定模式。而且，经验主义者和理性主义者一样，假设人类本性可以用单一不变的本质来定义。当康德宣称普遍必然知识的基础在于人类心灵的普遍的静态结构时，他利用了这一假设。

这种观点在19世纪发生了戏剧性变化。对于这个时代的哲学家，历史对于哲学来说非常重要。因此，这个世纪的独特特征是从哲学的观点看历史，并且，更重要的是，从历史的观点看哲学。这是一个重大历史变革的时代也帮助铸造了这一观点。生活在美国革命和法国革命之后的时期，面对社会动乱，感受到社会改革和更多革命的压力，观看工业革命的兴起，以及为科学的快速发展感到惊异，这个时代的思想家相信，一切传统和观念最终都要走完它的历程并被新的思维方式和生活方式代替。然而，对观念和文化改变并被新观念和新文化取代的观察对于这个世纪来说并不新奇。这个时代真正独特的特征是（1）演化发展，（2）历史主义和（3）进步这些主题。

演化模式

演化发展的观念当然是查尔斯·达尔文在他的开创性之作《物种起源》（1859）中采用的，这本书是为了解释为什么崭新的物种会从原有的生物形式中出现。他的理论表明，即使自然的种类也并非永远固定的，而是不断变迁的。虽然达尔文对他的演化理论在哲学中的应用没有兴趣，但是对于那些想要把人性理解为向理智、道德和社会发展的更高阶段进步的哲学家，它的确是一个强有力的隐喻。

先于并独立于达尔文的科学研究，演化或辩证发展的观念已经在德国被黑格尔主义者和马克思主义者应用来解释所有的实在，包括历史在过去已经采用的进程和在将来将采取的进程。对于这些哲学家，新的生物学进路似乎为他们业已从他们的研究中得出的关于实在的动态观点提供了科学确证。世界中起作用的动态原则推动自然或历史经历连续的阶段这一思想，对生物学理论和哲学理论是共同的。当现存的组织形式（生物物种或历史时代）面对困扰它们的挑战时，通过产生崭新的形式而发生变化。这些理论包含这样的立场，即任何突现的新事物，都表现了超过之前阶段的某种进步，而且整个过程遵循着一致的模式。

历史主义的兴起

历史主义的论点建立在历史变化的观点上。**历史主义**（historicism）主张人类的一切事物都受历史过程的影响，因而任何对真理的主张的有效性都依赖它在历史发展中的位置和角色。正如黑格尔对此的表达，"不论发生什么，每个个体都是他的时代的孩子；所以哲学是在思想中把握它自己的时代"。[8] 任何观念都没有单一固定的意义，没有任何知性形式与真理有永恒不变的关系。这个观点基于康德的洞察，即心灵与世界打交道时不是被动的，而是积极地和创造性地安排世界向我们显现的方式。因而，康德主张，我们经验的世界反映的不是实在自身的结构，而是人类知性的形式。虽然明显把人类的主观性引入了认知，但康德仍能保留普遍客观知识的概念，因为他坚持心灵的范畴对所有人都是相同的。然而，一旦我们抛弃了这个论点，我们就得到了这样一种可能性，即世界可以以许多方式被组织和被经验。

黑格尔和马克思展示了这一朝向观点多样性的做法。他们认为，不同的历史时期有不同的概念结构和不同的理性理想。这是因为，由于受到个人和社会生活条件变化的影响，理性自身也经历了历史变化。然而，对于他们两人，新的社会和概念结构的历史性出现都不是偶然的，而是符合一个可识别的理性模式。

然而，对于浪漫主义者和存在主义者，焦点更多的放在个体的人格立场朝向世界的演化上。这个过程不是一个不可避免的历史逻辑的结果，而是出自每个个体寻求人格本真性和强力时的自由选择。

例如，尽管克尔凯郭尔对世界历史没有兴趣，他却把黑格尔的辩证发展概念带到个人层面。克尔凯郭尔主张，通向个人实现的路将带一个人经历几个不同阶段。在每个新阶段，个体对于生活的观点都彻底更新，并且这一过程为向下一个更高阶段的运动铺平了道路。类似地，尼采提出"道德的谱系"，他在其中主张，我们的道德体系是个体表达个人强力或抑制他人强力的努力的历史残迹。

进步的理想

最后，19世纪对历史的理解充满了进步这一观念。悲观主义者可以看着人类历史的无尽变迁，断言世界是失败的文化实验令人沮丧的、无休无止的展示。然而，19世纪哲学家中的主流观点反映了一种毫无限制的乐观主义。在他们看来，有洞察力的哲学家很容易从表面无序的历史中发现一种朝向某种完满的明显的线性发展。这种观念在黑格尔和马克思的历史哲学中表现得非常明显。即使他们都认为理性在不同历史时期采取不同的形式，他们都抵制会使理性失去任何意义的彻底相对主义。他们主张，随着每个时代让位给下一个时代，历史遵循着一个逻辑模式，它使这个过程能够被理解，并且推动历史接近它的顶点。

虽然缺乏黑格尔和马克思的历史必然感，但孔德也把他的时代看作人类理智漫长的渐进发展的顶点。和功利主义者一道，他呼唤对心理学和社会动力学的崭新科学理解，以指导社会向着更合理的秩序发展。虽然对西方文明到目前为止的成就大加嘲讽，尼采仍然宣称，当新型的哲学家成长起来，抛弃了当前时代死气沉沉的价值，我们就将处于新时代的黎明。人类正建立新的人间天堂的观念，由法

国作家儒勒·卡斯塔格纳利大胆地表达出来:

　　在我被逐出的神圣花园之外,我将建立一个新的伊甸园……在它的入口处,我将设立阶梯……我会把燃烧的剑递到他手中,他将对上帝说,"你不应当进入这里"。由此,人们将开始建立人类公社。[9]

　　许多人,诸如孔德、马克思和尼采,把进步看作人的时代来临,并抛弃神话的神祇;其他人,诸如保守的黑格尔主义者,则把进步看作无所不在的上帝通过人类历史实现其意志。不论哪种方式,进步都是在流行文学、诗歌和报纸,以及哲学体系中响彻19世纪的主题。

　　然而,这种对进步的信仰并不缺少反对者。例如,克尔凯郭尔相信他的时代已经深深沦陷,单凭人类已经无法补救:

　　每个时代都有它独具特色的堕落。我们的堕落或许不是享乐、放任或淫荡,而是猖狂的泛神论对每个个人的蔑视。在我们对这个时代和19世纪成就的所有狂喜中,听到了一种难以设想的蔑视个人的调子;在当今这代人的自大中,显露出对作为人的绝望感。[10]

　　对于这个忧郁的基督教哲学家,寻求某种社会或历史的救赎来补救人类状况的缺点是愚蠢的。只有在个人层面上,在每个个体的个人史范围内,通过向宗教信仰的奋力一跃,才能得以实现。

　　费奥多尔·陀思妥耶夫斯基(Fyodor Dostoevsky, 1821—1881)是存在主义的另一位先驱,他在他的短篇小说《地下室手记》中,表达了对现代的不满。尽管孔德式实证主义者、功利主义者和马克思主义者在他们理解、预测和控制人类行为的努力中拥抱科学之梦,陀思妥耶夫斯基却厌恶科学观点对人类自由的侵蚀。正如他的幻灭而痛苦的人物对此的表达,科学试图让人确信:

　　他并不真的拥有他自己的奇想或意志,他从来不拥有它,他自己只是某种像钢琴琴键或风琴按键一样的东西。[11]

　　然而,如果我们不过是机器,那么所有的人类行为都将符合自然的法则,并且"一切事情都可以清楚地计算和指明,因而世界上没有任何偶然或奇遇"。对于这种非人化的理性,疯狂是可取的,因为"人的整个工作似乎其实只在于证明他自己还是一个人,不是一个风琴按键"。[12]针对那些把历史看作宏大而辉煌的理性规划的产物的人,陀思妥耶夫斯基的悲观主义批评抱怨说,"对于世界的历史,一个人怎么说都行——不管想象有多么疯狂。但一个人就是不能说它是理性的。这个词难以解释"。[13]

　　尽管少数反对者持悲观态度,但19世纪的大多数人不加质疑地确信,他们的时代是一个有重大历史成就的时代,并且他们正经历着一个辉煌新时代的黎明。黑格尔用潜藏的创造历史的精神,冲破过去的重负喷发而出,来雄辩地表达这种乐观主义:

　　不难看出,我们的时代是一个新生的时代和一个朝向新时代的过渡期……精神其实从未静止,而总是在推动。就像孩子在他漫长安静地吸收营养之后的第一次呼吸,打破单纯量的生长的渐进性——存在着质的跳跃,就像孩子生下来——非常类似精神的构成缓慢安静地成熟达到它的新形态,一点一点地消除了它之前世界的结构,它蹒跚的状态只被零散的症状所暗示。扰乱现行秩序的浅薄和乏味,某种未知之外的模糊前兆,这些是日益临近的变化的信使。让整体表面保持不变的逐步崩坏，被破云而出的红日缩短了进程，日光的闪现，显露了新世界的特征。[14]

> **想一想**
>
> **23.4** 大多数后康德的思想家都有一个比在英国经验主义者那里发现的更宽泛的经验概念。早期的思想家把他们对经验的讨论局限在感觉材料片段的轰击。然而，19世纪思想家则对范围更广的道德、审美和宗教经验感兴趣。这种经验概念的扩展可能蕴含着什么？你是否认为19世纪的唯心主义者、浪漫主义者和存在主义者抛弃了可证实的感觉印象这一经验的坚实基础，而这些经验太模糊和浑浊，不能解释我们的知识？或者他们更宽泛的经验概念能更好地说明人类的境遇？

关于理性与主观性的问题

另一个隐现于19世纪的主题与理性的限度和能力有关。这个问题出现于18世纪前期，当休谟论证说理性与我们关于世界的知识和我们如何生活关系甚少时。他主张，在我们所有的实践事务中，"理性是，并且只应当是激情的奴隶"。虽然康德同意理性有其限度，但他相信它有一个先天结构，为我们的科学和伦理努力提供基础。德国唯心主义者不满康德标出的理性边界，认为可以在自我的内在经验中找到逃出这些界限的道路。以他们的思想为基础，但一定程度上返回理性主义，黑格尔论证说，理性、自我与实在之间并无分隔，因为我们的概念、自我意识和实在展现在一个在历史中发展着的、统一的、无所不包的精神中。

正如前面讨论的，浪漫主义无情地抨击科学和哲学理性的贫乏。约翰·济慈在他的诗《拉弥亚》中雄辩地表达了这一点：

……难道不是仅仅碰一下冰冷的哲学，
就让一切魅力都消失？
一轮让人敬畏的彩虹曾挂在空中：
我们知道它的经纬和质地；
它被放到普通事物呆滞的分类中。
哲学将减去天使的翅膀，
用规则和界线征服一切神秘，
清空天上地下出没的魅影，
拆解掉彩虹……（拉弥亚，第2部分）

存在主义者，像浪漫主义者一样，厌恶哲学理性的自负。克尔凯郭尔和尼采都认为真理在主观性之中，理性只是那些害怕自我暴露的人的面具。

与刚才提到的那些发现科学呈现给我们的世界过于狭隘的哲学家相反，实证主义者和功利主义者非常安于这些界限。作为经验主义者，他们相信，唯有理性能告诉我们些许关于实在的事情，因为理性是组织经验材料的主要工具。相应地，他们避免任何形而上学思辨的暗示，只注重显现于经验中的东西。

虽然马克思同意理性不能提供给我们唯心主义和浪漫主义的超验实在，但他认为自然和历史是由科学可以向我们揭示的无可逃避的理性法则支配的。因此，不同于实证主义者和功利主义者，他不怕提出形而上学主张，只要它们是以物质实在为根据，而不是唯心主义缥缈的海市蜃楼。然而，他仍然怀疑大多数哲学家对理性的使用，因为理性往往是我们既得的经济与社会利益的奴隶。

伦敦水晶宫，建于 1851 年，由约瑟夫·帕克斯通设计。它由钢铁和玻璃构成，占地 115 亩，陈列了有关工业进步的国际展品。这一科学技术的神殿表现了 19 世纪对进步的信仰，实证主义哲学和功利主义哲学就是其例子。然而，作家费奥多尔·陀思妥耶夫斯基，在他的《地下室手记》（1864）中，揶揄他的同时代人的科学乐观，把它和相信"水晶宫永远不会毁灭"相比拟。

19 世纪议程概要

这个简要的概览清楚地表明，大量的 19 世纪思想可以被看作与康德的妥协。在接下来关于 19 世纪的章节中，以下问题对后康德哲学家很关键：

1. 理性能告诉我们实在的本性吗？
2. 对于超现象经验的实在，我们能有所知吗？
3. 科学和它的法则能充分地解释人类的人格吗？
4. 知识是客观的，还是不可避免地主观的？
5. 自我是不是：

   a. 一个包罗万有的绝对，个体的自我是其有限的展现（黑格尔）？
   b. 只是行为的总和或心理状态的集束（孔德、边沁、密尔）？
   c. 历史过程的产物（黑格尔、马克思）？
   d. 我的主观性的独特中心，我由之自由地选择关于生活和我的一切价值的观点（克尔凯郭尔、尼采）？

6. 在何种程度上我们能选择我们的命运，在何种程度上我们被我们的社会和历史的力量所支配？

当代联系 23：19 世纪

19 世纪的思想家为 20 世纪和 21 世纪准备了土壤并设置了议程。因此，即使他们是在 100 多年前写他们的著作，但他们在很大程度上是我们的同时代人。稍作修改，前面列的 19 世纪议程就刻画了我们今天的大部分哲学议程。例如，康德主张科学知识与它的理论、解释和描述都限于感觉经验世界。然而，对于康德，仍然还有某种东西超越了普通经验。正是在这个领域内（本体）——即超出人类的科学理性范围——我们的自我、人类自由、道德甚至上帝概念能找到它们的容身之地。在 19 世纪和我们自己的世纪，思想家们由于对康德的不同回应而分裂。有人认为，可以超出或无视科学知识的限度来满足人类生活的巨大关切。也有另一些人认为，利用放宽的理性、经验和科学方法概念，这些先验关切能被广义解读下的经验知识所处理，或指向这种知识，甚至融入其中。最后，仍然存在着那些铁杆的经验主义者，他们坚持严格的认知限制，不沉溺于形而上学，寻求把知识圈在科学现象的领域和可证实的经验材料范围内。

理解题

1. 为了避免康德在对于我们的实在（现象）和实在自身（本体）之间成问题的二元划分，后康德哲学家们采取了什么不同方式？
2. 按照本书对这个术语的定义，"唯心主义"是什么意思？
3. 费希特用什么方式对康德的理论进行了修正？
4. 根据谢林的观点，何种人类经验给了我们通向实在的最佳窗口？
5. 浪漫主义者怎样批判理性的科学世界观？
6. 历史以什么方式成为了 19 世纪哲学家关注的中心？

思考题

1. 思考费希特或谢林的唯心主义。你是否认为这种看法比康德的哲学更显得合理或更显得不合理？
2. 在当代反对科学和技术的活动中，寻找和浪漫主义相似的例子。在何种程度上，我们的时代对世界的看法正在变得更加科学化？在何种程度上我们的时代还没有完全倾心于科学，甚至是反科学的？
3. 显然，在我们的时代，我们正经历不断的科学进步。然而，你是否同意 19 世纪乐观主义者的观点，即历史展现了一个道德、文化和理性不断进步的模式？或者你是否同意克尔凯郭尔和陀思妥耶夫斯基的悲观主义观点，即我们文化的历史正处于衰退状态？

注释

[1] 引自刘易斯·怀特·贝克，《德国哲学》（"German Philosophy"），载于《哲学百科全书》（*The Encyclopedia of Philosophy*），第 3 卷，保罗·爱德华兹（Paul Edwards）编（New York: Macmillan, 1967），第 302 页。

[2] 致 F. I. 尼特哈默尔（F. I. Niethammer）的信，引自斯

坦利·L. 杰奇（Stanley L. Jaki），《科学之路与通向上帝之道》（*The Road of Science and the Ways to God*, Chicago: University of Chicago Press, 1978），第128页。

[3] 《知识学》（*Science of Knowledge*），彼得·希思（Peter Heath）和约翰·拉克斯（John Lachs）译（Cambridge, England: Cambridge University Press, 1982），第16页。

[4] 引自弗雷德里克·科普尔斯顿，《哲学史》，第7卷，第1部分，《费希特到黑格尔》（*Fichte to Hegel*, Garden City, NY: Doubleday, Image Books, 1963），第60页。

[5] 《论人的使命》（*The Vocation of Man*），威廉·史密斯（William Smith）译，罗德里克·M. 奇泽姆（Roderick M. Chisholm）编（Indianapolis: Bobbs-Merrill, The Library of Liberal Arts, 1956），第93页。

[6] 威廉·莎士比亚，《哈姆雷特》（*Hamlet*），第一场，第5幕，II. 第165—166页。

[7] 引自罗兰·N. 斯特龙伯格（Roland N. Stromberg），《近代欧洲思想史》（*An Intellectual History of Modern Europe*, New York: Appleton-Century-Crofts, 1966），第218页。

[8] G. W. F. 黑格尔，《黑格尔的法哲学》（*Hegel's Philosophy of Right*），T. M. 诺克斯（T. M. Knox）译（Oxford, England: Oxford University Press, 1964），第11页。

[9] 儒勒·卡斯塔格纳利（Jules Castagnary），《1857年沙龙哲学》（*Philosophie du Salon de 1857*），引自富兰克林·L. 鲍默（Franklin L. Baumer），《近代欧洲思想》（*Modern European Thought*, New York: Macmillan, 1977），第335页。

[10] 索伦·克尔凯郭尔，《非科学的结语》（*Concluding Unscientific Postscript*），戴维·F. 斯温森（David F. Swenson）和沃尔特·劳里（Walter Lowrie）译（Princeton, NJ: Princeton University Press, 1941），第317页。

[11] 费奥多尔·陀思妥耶夫斯基，《地下室手记》（*Notes from Underground*），载于《存在主义》（*Existentialism*），罗伯特·C. 所罗门（Robert C. Solomon）编（New York: The Modern Library, 1974），第36页。

[12] 同上，第42页。

[13] 同上，第41页。

[14] G. W. F. 黑格尔，《精神现象学》（*Phenomenology of Spirit*），A. V. 米勒（A. V. Miller）译（Oxford, England: Oxford University Press, 1977），§11。

第24章

G. W. F. 黑格尔：
世界精神的传记作者

格奥尔格·威廉·弗里德里希·黑格尔（Georg Wilhelm Friedrich Hegel）是一个有许多矛盾的人。简要地列出这个人及其思想的冲突形象将为试图理解他的人所面对的困难提供线索。（1）他的大学教授们报告说他是一个平庸的学生，对哲学只有平凡的把握。然而，现在大多数学者把他看作近代哲学史上最伟大的思想家之一。（2）黑格尔是一个极端的理性主义者，他认为所有的实在都符合理性模式。但他坚持"世界上任何伟大之事的完成都离不开激情"（RH 29）。[1]（3）有些人把黑格尔看作一个有神论者，而另一些人把他看作无神论者，并且每种解读的拥护者都引用黑格尔自己的话来为自己的立场辩护。（4）黑格尔认为全部历史都引向人类自由的实现，但同时把个体看作历史宿命不可抗拒的力量的棋子。（5）最后，黑格尔作为政治现状的辩护者既被赞扬也被谴责。然而，通过他对马克思的影响，黑格尔的思想激发了革命性的社会主义的产生。

对黑格尔冲突解释的纠结对于开始理解其哲学的人好像是一个障碍。但讽刺的是，它可能是进入其体系的一个恰当起点。黑格尔相信矛盾、紧张、反讽、悖论、对立和颠倒是一切思想甚至实在自身的核心。他揭示道，我们易于抓住片面的观点和部分的真理，在其中，每种观点都宣称自己是绝对真理、思维的终点。而他坚持真理是多面的，并且每组对立都指向一个更高、更全面的观点。

黑格尔生平：从平庸的学生到举世闻名的哲学家

G. W. F. 黑格尔于1770年出生在德国南部的斯图加特。在同一年，贝多芬出生，而康德在哥尼斯堡被任命为教授。拿破仑在一年前出生。黑格尔的父亲是一个小公务员，而他的母亲是一个受过良好教育、有才智的女人，她教她年幼的儿子拉丁文。利用政府资助的教育机会，他在1788年进入了图宾根大学的新教神学院，并在那里与诗人荷尔德林和一个名叫弗里德里希·谢林的才华横溢的年轻哲学学生成为朋友。在严酷的智力竞争环境下，黑格尔在他的教授们眼中并不出众。然而，虽然谢林接下来在黑格尔为人所知前就成为著名的哲学家，但谢林的名声后来比起他的大学同学来黯然失色。

毕业后，黑格尔在几年时间里接连给几个富裕家庭当家庭教师。在这期间，他对哲学的兴趣蓬发，开始广泛地阅读和写作。1801年，他在耶拿大学成为一名讲师，在那里，他的同学谢林接替费希特成为哲学教授，并变得非常知名。因为黑格尔还没有什么名气，他只能给一小群学生进行私人授课，由他们付给适度的费用。在耶拿，黑格尔开始写他的第一部主要著作，《精神现象学》。拿破仑的军队在1806年10月13日入侵耶拿。当战斗爆发时，黑格尔迅速地把他唯一的一份手稿寄出，以赶上他的出版商的最后期限。幸运的是，手稿在混乱中完好地保存下来，并于1807年出版。

由于法国的占领，大学被关闭。黑格尔接下来做了一年的新闻编辑工作，之后，从1808年到1816年，他在纽伦堡一所文理中学（高中）当校长。1811年，他与纽伦堡的一个古老家族的女儿结婚，她给他生了两个儿子，其中一个成为著名历史学家。当他还在纽伦堡的时候，他出版了他的三卷本《逻辑学》。由于在哲学上获得的名声，他受邀成为海德堡大学哲学教授，在那里，他从1816年工作到1818年，并出版了他的《哲学全书》。最后，作为他事业的顶点，他被任命为声望很高的柏林大学哲学讲席教授，他在那里的授课和著作使他成为他那个时代的传奇。一些虔诚追随的学生小心地保存了他的笔记抄本，并在他死后出版了他关于历史、艺术、宗教和哲学史的讲演。1831年，G. W. F. 黑格尔死于霍乱疫情。

任务：整合历史与实在的碎片

黑格尔的任务可以用以下基本原则来概括，他寻求在他的所有著作中展现这些原则。

1. 哲学的任务是达到对事物整体的统一、系统的理解。显然，我们当前的知识达不到这个理想。我们把世界看作由分离的对象和事件构成，我们的大学是由分离的系组成，每个系都教授一组关注某个特殊主题的课程。但我们知道我们生活在一个宇宙中。因而我们需要克服所有的分裂、划分和二元论来达到对它的一切的统一感。这导向了第二个要点，它是……

2. 每个特殊的真理和每个特殊的事物只能作为全体的一个特殊方面来理解。为了完全理解你，我不得不同时理解你成长的更大背景：你的政治、文化、经济、生物和地理环境。为了理解这些，我需要知道人类与自然的全部历史，因为每个事物都与其他事物相联

格奥尔格·威廉·弗里德里希·黑格尔（1770—1831）是19世纪最有影响的哲学家之一。他发展出了一个寻求解释一切实在和人类历史的庞大思想体系。

系。要点在于，任何特殊事物（或任何特殊概念）都是从整体上扯下的片段，因而必须根据它与它在其中存在的全部背景的关系来理解。如果每个事物都必须被理解为一个更大背景的一部分，那么……

3. 没有任何东西能离开它在历史中的位置来理解。黑格尔相信，任何观念、物理对象、文化或历史时代只是正在进行的历史过程的一个片段。因此，黑格尔给了历史新的重要性。黑格尔之后，历史不再被看作只是陈列过去事件的尘封遗迹的博物馆，或者只是有趣故事的集合。相反，黑格尔认为，历史学科意义重大，因为它可以揭示关于我们自己和实在的本性的深刻真理。如果实在最终是天衣无缝的，所有的线都以连贯的方式交织在一起，那么这暗示着……

4. "合乎理性的就是实在的，实在的就是合乎理性的"（PR，序言）。*黑格尔是一个理性主义者，并且相信人类理性与世界之间存在着和谐。因为这一信念，黑格尔认为，他可以克服概念与世界之间的所谓鸿沟。正如他对此的表达，"哲学的终极目标和事务是调和思想或概念与实在"。² 虽然黑格尔是一个理性主义者，但是他不相信单靠我们的理性我们就能坐在我们的扶手椅上得出实在的细节（与有些关于他的误解相反）。他相信经验在知识中起着作用。然而，这与他的理性主义一致，因为他认为经验自身中包含着某种逻辑秩序。

> **想一想**
>
> 24.1　当我们试图理解历史时，我们假设历史事件能在一系列有意义的模式中被链接起来。类似地，当我们研究科学时，我们寻求对现象的理性解释。在两种情况下，我们都试图解释和说清世界背后的合理性。在何种程度上这些考虑支持了刚才讨论的黑格尔的四个主题？

知识论：理性显示实在

黑格尔的认识论围绕着他的"合理即实在"这一口号。这是一个美好的乐观主义公式，但我们如何能确定这是事实？我们，像黑格尔在他那个时代一样，纵览了差不多2400年的哲学史，其中充满了对实在冲突的解释，并且总是处于怀疑论深渊的边缘。因而，即使是最合理融贯的思想体系，我们有什么根据认为它不是一个与实在严重"步调不一"的自我封闭体系？一个问这个问题的恰当出发点是黑格尔的如下思想，即观念如何通过称为"辩证法"的过程来发展。

辩证法

辩证法这个词来自古希腊语中表示"对话"的词，指的是我们的观念通过冲突和对立的过程来发展这一方式。** 黑格尔相信观念有它们自己内在的变

---

* 在 T. M. 诺克斯对《法哲学》中这段话的翻译里，他用"现实的（actual）"这个词代替"实在的（real）"。然而，"实在的"这个词更加合适，并且遵循了许多评注者的惯例。

** 在柏拉图的对话中，苏格拉底采用了一种辩证的方法。在这种方法里，对立观念在对话过程中的对质，逐渐导向越来越精致的观念，由此使参与者不断接近真理。

化法则，因而当一个片面的真理被考察并被推到极致时，它将暴露出它自己的不充分性，同时指向它的接替者。因此，每个观念都是一个路边客栈，在朝向完全充分知识的心灵旅途中，它们只是临时停留地。

许多评论者把黑格尔的辩证法描述为一个三段式过程，从一个称为正题的起始观念开始，接下来被一个称为反题的立场所反对。这二者之间的张力通过前进到一个更高阶的、称为合题的观点而得到解决。但是这第三个阶段现在成了正题，它会产生它自己的反题，这个过程会继续下去。例如，巴门尼德说实在是不变和永恒的。然而，我们似乎不可能认识到这一点，因为"认识到某事"涉及到我们理解中的变化。反题是在赫拉克利特那里发现的哲学，他说实在一直在变化。然而，这个观念不充分，因为如果实在一直在变化，我也在变化，那么就没有任何东西持续去认识，也没有任何持久的人去认识它。这两个立场的综合出现在柏拉图那里，他说实在的一个方面是永恒的（永恒的形式），而实在的另一个方面是变化的（物理世界）。因此，两个片面的真理导向了一个更完备的观点，这一观点历史地导向更进一步的发展。

虽然根据这个三段式模式来看待黑格尔哲学很普遍，但这个解读自身只是部分正确，因为它只适合黑格尔思想中的某些动向。问题在于，黑格尔很少使用"正题""反题"和"合题"。这种术语其实是被黑格尔的前人费希特使用的。虽然黑格尔的确有用三段式来划分事物的倾向，但他并不总是这样做。例如，有时一个观念被发现自身包含着荒谬性，而不是与第二个观念相矛盾。在另一些例子中，一个观念被发现是不完备的，被另一个立场所填补或补充。有时，两个完备的观念被发现预设着第三个更全面的概念。黑格尔辩证法的要点是，缺乏关于全体的完善知识，我们的观念总是片面的和不充分的，它们有在不断完备的观点中找到自身实现的无尽趋势。

另一个关于解读的问题关系到黑格尔赋予辩证过程的必要性的类型。他无疑的确使用了"必然性"这个术语，导致当黑格尔的观念并不以逻辑的严格性从一个得出另一个时，某些读者归咎于他。然而，他看到观念相互联结的方式往往更像小说或交响乐的诸部分，其中的每一个环节自然地预示和导向下一个环节，而不是逻辑地衍推它。要理解黑格尔辩证法的意蕴，我们需要考察他如何回答两个传统的认识论问题。

开始探究知识

黑格尔以批判近代认识论来开始他的《精神现象学》。黑格尔挑战了那些根本假设，它们推动了始于笛卡尔和洛克并登峰造极于康德的近代哲学。为对比黑格尔和他的前辈们，我们将给出对几个问题的传统回答，指出黑格尔对他们的回答所抱的疑问，然后展示他的替代解决办法。

1. 我们如何发现知识的标准？黑格尔之前的近代哲学家相信，在我们能开始探索知识之前，我们需要知道证明我们信念的正确标准。但这把我们置于恶性循环，因为，在我们能有知识之前，我们必须先有某种知识！然而，似乎我们在一开始假设的任何标准都将是任意的，自身需要被证明。黑格尔说，执着于发现正确标准或正确方法的哲学家就像在学会游泳之前不敢下水的人。显然，我们只有通过跳入水中扑腾，感受自身身体的浮力，试着划水，发现什么起作用、什么不起作用，然后提炼我们的技术，才能精于游泳。类似地，在哲学中，我们只能从我们开始的地方开始，别无他法。然而，在这个过程中，我们将发现"意识在自身中提出了它自己的标准，使得研究成为意识与它自身的比较"（PS § 84）。

他的意思是，我们可以从任何已提出的知识进路开始。我们同情地进入它，按它自己的条件接受它，试着用它，看它是否实现了它自己的承诺。黑格尔相信，任何不充分的知识观念最终都不能符合它自己的标准。然而，在这幻灭或失败中，我们将找到新的或更充分的知识进路的指针。因此，充分的知识标准产生于一个不断的自我修正过程。

2. 心灵如何与实在关联？从笛卡尔到康德的认识论都在心灵的内容和物自体之间做了一个截然的划分。这样，任务就变成了决定两个领域之间是否存在对应性。然而，根据黑格尔，这个进路不可避免地以怀疑论告终。要理解黑格尔如何克服康德的二元论，我们可以问，"我们如何来区分我们的信念和如其自身所是的实在？"为回答这个问题，黑格尔要我们考察我们修正我们信念的过程。信念与其对象之间的区分完全产生于心灵之中，在我们不断从被证明为简单化和不充分的观念向更完备和更融贯的观念前进的过程中。例如，一个教师起初似乎是苛刻和挑剔的，虽然这些刻画与他似乎也是有爱心的这一事实相冲突。一个更充分的观点可能是，他特别挑剔不是因为他心眼坏，而是因为他

太看重你了，因而他毫不让步地要求你做到最好。但是注意，这个从一个概念化对象到另一个更完备的概念化对象的过程，完全发生在意识中。它不是通过跳出我们的心灵之外去把它的观念和存在于外部世界中的"原始事实"相比较而出现的。因此，对象和观念的二元论是在我们的理解从一个阶段到另一个阶段的发展中不断被克服的二元论。

意识之旅

通过考察《精神现象学》中的某些最初的辩证推理活动，我们可以瞥见这种推理是如何进行的，而《精神现象学》是一本黑格尔称之为他的"发现旅程"的著作。按照黑格尔的理解，**现象学**（phenomenology）是"现象研究"或对经验中出现的东西进行系统考察，以力图理解其必然结构。黑格尔把它描述为"意识经验的科学"（PS § 88）。当黑格尔谈论"经验"时，与英国经验论者不同，他的意思不是感觉的"撞击声"。没有人那样经验世界，包括约翰·洛克。相反，"经验"指的是存在于世界中并与之相联系的各种方式。黑格尔是在与我们谈论"上大学的经验"或"坠入爱河的经验"大体相同的意义上使用"经验"一词的。

当康德分析经验的结构时，他发现了对所有理性心灵都相同的一套范畴。然而，黑格尔发现了经验的各种可能形式。J. 勒文伯格把《精神现象学》的主题描述为：

> 各种不断出现的人生观——感性的和理智的，情感的和反思的，实践的和理论的，神秘的和市侩的，怀疑的和教条的，经验的和思辨的，保守的和激进的，自利的和社会的，宗教的和世俗的。[3]

每一种人生观都声称，自己完全合情合理并且掌握了全部的实在和人类经验。经过辩证之旅，黑格尔探索了看待世界的每一种方式，直到它的不充分性暴露出来，并且一条更丰富、更充分的进路从它的失败中浮现出来。

黑格尔从最简单、最常识性的知识观出发来开始这一过程（然而，由于它的简单性，它也是古典经验主义者的起点）。这个观点就是，知识是对某个对象的直接感觉意识，不需要心灵的任何协助。他称这种观点为感觉确定性。黑格尔请我们尝试采取这种意识形式，来看它是否可能。例如，注意你对某个对象的经验，比如你对一支铅笔的知觉。避免把任何概念或思想带到这一经验中，让你的感觉和理解保持完全的被动。最初，这一通向世界的途径显得是最具体、最丰富、最真实、最不容置疑的知识的形式。既然心灵自身对于经验的内容没有任何贡献，你的意识和你视野中对象的纯粹直接性之间就没有任何障碍。

当没有概念解释时，你的经验内容是什么？你无法意识到你正在经验一支"铅笔"，甚至某个"黄色的、圆柱形的、长的"东西。因为这将把概念夹带进经验中。关于你正在经验的东西，你能说的只是"此时此处的这个"。然而这些词项是普遍的，不管什么对象都适用。明天，在另一个地方，对于你"此时此处的这个"将指一个完全不同的对象。因此，感觉确定性是最空洞、最抽象的意识形式。它的全部内容只是关于"某个东西在那里"的意识，而这也刻画了所有的东西。正当我们认为我们有最具体、特殊和不容置疑的经验形式时，它变成了最抽象、普遍和无用的经验层次。问题就在于，没有概念，你的经验就像牡蛎的经验一样模糊不清。

作为这一分析的结果，我们看到，意识必须是主动的。它不是被动地接受对象，而是主动地解释它们，把它们纳入普遍的概念之下。这引向了第二个阶段，即知觉。在此，你把对象看作具有一般属性的东西。黑格尔再一次把这种意识形式推到它的极限并发现它仍然没有满意地说明经验。问题在于，我们的经验是由统一、持久的对象构成，不只是一束变动和任意的属性。

我们现在发现，我们必须超出作为意识形式的知觉前进到第三阶段，那就是知性。在这里，我们根据法律一样的力量来设想对象，解释对象何以一方面有统一性，另一方面又产生变动的属性。这里的力量是那些牛顿的物理学法则描述的力。虽然这些被假设为描述了超出显象的实在，但对象的这个方面并不真的是康德的物自体，因为心灵能知道它。

迄今为止，感觉确定性、知觉和知性诸阶段是单纯的意识递进的各个阶段。从这里开始，辩证法将带我们到下一个层次，自我意识。当我们处于"知性"的层次，意识假设正在研究的法则是某种完全永恒的东西。然而，当心灵意识到它自己的活动，它发现，这些法则归功于知性自身，因为在这个过程中，我们所使用的概念，诸如"重力""力"，并不是我们在经验中直接遭遇到的东西。因而，它们是我们的知性用以把握我们所经验事物的框架的一部分。当科学家给予我们他们对宇宙最深刻的理解时，这些理解总是使用理论构造和数学公式。但是这些不是在与新的花卉种类被发现的相同的意义上被发现的。相反，科学构造是心灵的产物和经过若干世纪发展的理智框架的产物。《精神现象学》后面的章节以类似的方式，通过自我意识层次的不断提升，继续探索意识和它的世界一起浮现的方式。

历史主义

黑格尔的《精神现象学》可以看作一个非常巨大的"思想实验",它表明心灵如何能从不充分的观念前进到越来越充分的观念。然而,他相信在理智的历史中发生了某种与此相似的事情。黑格尔哲学的一个关键特征是他对历史主义的认同。**历史主义**主张,观念不是永久的对象,而是其时代的产物,任何观念的真假不能离开它的起源和它在历史背景中的角色来理解。肤浅而轻蔑地看哲学史,可能产生这样的印象,它不过是不同意见的集合,许多错误构成的喜剧。哲学家似乎就是不能达到正确。

然而,对于黑格尔,哲学的历史发展是有逻辑和目的的。果实不是完全成形地从地上长出——它来自种子,在完全成形的果实出现之前,要经过许多阶段。对于观念的历史,这同样正确。没有任何阶段能孤立地理解,因为每一个阶段都是下一阶段的必然前奏。假设泰勒斯只要足够聪明,就可以在公元前600年产生康德的体系,就像假设苹果可以一下子完全成形地从地上长出。每一个历史的观念或阶段都是不完全的、片面的,充满张力,只能通过诞育它的后继者来实现其理想。以这种方式,哲学史是一个辩证的发展,当我们的观念中不再有鸿沟、矛盾、不可能的假设、未实现的理想,或者有待进一步探索的方向,它就将达到完备。

> **想一想**
>
> 24.2 把黑格尔思想辩证发展的观点用于你学过的哲学史的某个部分(或者任何其他的历史发展)。说明一个新观念如何从以前的观念中产生并实现其中的趋势。

绝对知识

当黑格尔抛弃了康德那超出知识界限之外的不可知的物自体时,他不是想要暗示,我们的知识和实在之间现在就是完全融贯一致的。相反,意识不断相对于其对象变得充分,并且在这一过程中,我们知识的对象经历了转化,变得越来越合理。这一过程的终极目标是绝对知识。因此,哲学的目标是"知识不再超出其自身,在此,概念符合对象并且对象符合概念"(PS § 80)。这不是心灵与它之外的东西的符合。相反,它是(1)呈现给心灵的对象和(2)心灵将它概念化的方式之间的和谐。黑格尔最终走到了**融贯真理论**(coherence theory of truth)。这一主张是,当每个观念都在一个完全融贯一致的系统中找到了它的位置,我们的观念就将是真的。这个观点基于确信实在自身彻头彻尾是合理的,并且它的合理性为我们的心灵所分享。当理性完成了它的历史任务,不会留下不可理解的奥秘,因为理性的力量洞悉了一切。

我们在谈谁的心灵,谁的意识?

在谈论意识的发展时,一个关键的问题被忽略了:经历这个过程的是谁的意识?对于这个问题有三个同等正确的回答。首先,从一个观念到另一个观念的运动是在哲学家(黑格尔和我们)心中进行的一个逻辑进程。其次,从(感觉确定性理论所描述的)静默地沉浸于经验一直上升到完全的、反思的意识是每个个体从婴儿到理智成熟所进行的旅程。最后,每个个体的理智发展重演了人类这个物种在历史中经历的旅程(PS § 28)。例如,当你学习数学时,你从算术开始,然后继续学习几何、代数、微积分,以及更多。但在这样学习时,你是从古代的希腊人开始,然后追随着"人类心灵"的理智发展。在个体心灵之外，一个普遍的心灵或精神的发展贯穿着历史，这个思想引导我们非常迅速地进入黑格尔的形而上学。

形而上学：理性成为自我意识

黑格尔的唯心主义

黑格尔的认识论可以看作"合理即实在"这个公式的示范。换言之，他是一个相信理性能给我们关于实在的知识的理性主义者。他的形而上学可以看作这个硬币的另一面。即，他的形而上学得自"实在是合乎理性的"这一信念。如果实在具有理性结构，那么辩证法的逻辑不仅适用于我们的概念，而且适用于实在自身。这意味着，在某种意义上，世界自身包含着矛盾和对立，新的存在形式由之而出并塑造它们自己。因此，在查尔斯·达尔文出版他关于生物演化的著名著作之前半个世纪，黑格尔提出所有实在都在演化。黑格尔版本的形而上学唯心主义阐明了这是如何发生的。

黑格尔把世界描画为充满了一种动态的精神力量，这种力量处于自我展开和实现理性目的的过程中。在整个黑格尔的著作中，他把这一生机勃勃的本原称为绝对理念。* 因为这个原因，黑格尔被贴上了唯心主义的标签。传统上，**唯心主义**主张的是一切实在都可还原为或依赖某种精神实在（诸如心灵或精神）。然而，在弄清黑格尔唯心主义的细节时，关于如何刻画他的立场，产生了许多争议。要澄清关于他的唯心主义的混乱，至少有四个关键问题要问：（1）黑格尔相信对象只存在于心灵中吗？（2）心灵与自然的关系是什么？（3）绝对精神和人类精神的关系是什么？和（4）黑格尔是否相信一种超越人类精神的精神，在某种意义上类似于传统的有神论？

对象只存在于心灵中吗？

对于"对象是否只存在于心灵中"这个问题，任何对黑格尔的细心解读都会回答"否"。然而，黑格尔的唯心主义经常与贝克莱或者康德的唯心主义混淆。贝克莱认为，对象只是心灵中的观念的集合。康德认为，心灵通过把它的概念赋予感觉经验的质料创造出我们在经验中遭遇的对象。然而，这些"主观唯心主义"（按照黑格尔对它们的称呼）与他的立场没有相似性，因为黑格尔说得十分清楚，岩石和植物这样的自然对象在具有完全意识的心灵在世界上出现之前，就早已存在。[4] 为了把他的立场与他们的立场区分开来，黑格尔选择了绝对唯心主义这个标签。

当我们理解了黑格尔的"绝对"概念，他用"绝对唯心主义"表示什么意思会变得更清楚。绝对不应该被理解为一个特殊事物，高于世界上的其余事物，并与之形成对照。绝对，正如这个词项本身暗示的，是完全自我包含的东西，不需要任何其他事物就能存在和被设想。对于黑格尔，唯一满足这个定义的东西是作为整体的实在。** 然而，他强调

---

* 有时它被简称为绝对或理念。他也经常称之为精神来让这个概念更有人格的或宗教的色彩。当他讨论历史的流变时，他谈及世界精神。

** 黑格尔受到谢林和斯宾诺莎类似思想的影响。正如他曾经说过的，"当一个人开始做哲学时，他必须首先是一个斯宾诺莎主义者"。引自弗雷德里克·C.贝塞尔，《引论：黑格尔和形而上学问题》，载于《剑桥黑格尔指南》，弗雷德里克·C.贝塞尔 编（Cambridge, England: Cambridge University Press, 1993），第 5 页。

绝对不仅是终极的实体,而且是活生生的主体。*因此,生命、心智、主体性、精神或意识都内在于作为整体的实在的本性中。黑格尔的绝对唯心主义主张,心灵(在一种马上要解释的意义上)内在于世界上的对象中,而不是对象存在于个体的心灵中(主观唯心主义)。黑格尔解释说,心灵与实在自身之间存在密切关系:"理性地看世界的人,世界也理性地回看他"(RH 13)。

心灵与自然的关系是什么?

所有这些听起来都很有启迪性,但缺乏可信度。提出心灵和自然在某种意义上是一个共同事业的一部分,这真的讲得通?大多数人会发现,洛克的立场显得更有理:对象在外面的世界里,而概念在心灵中。然而,洛克从来没有满意地回答我们如何知道这些对象和我们的概念相和谐的问题。贝克莱和康德通过使得对象和概念都依赖心灵来解决这个问题。然而,根据黑格尔,除非概念存在于外,作为实在自身的基本成分,否则我们绝不会有知识。因为这个理由,他说,"概念是真正第一性的;而事物是其所是,是通过内在于它们的概念的活动,在事物中显露自身"。[5]

为了说明这个非常不同的思想,我们需要理解黑格尔从亚里士多德那里借来的作为目的论系统的自然概念。[6]为了展示世界目的性的和理性的本性,请考虑橡果的例子。它不会长成白菜,而总是长成橡树。这之所以可能是因为橡果包含了某种它自己自我实现的"蓝图"。用黑格尔的术语,我们可以说橡果中有它的最终目的——橡树的"理念"。

对于黑格尔,作为整体的实在可以用植物做类比来考虑。当他说到"理念",他是在论及自然的总体理性计划。当他说理念是实在的东西,他不是在说除此之外别无他物。他说的是,一切存在都受理念的结构指引。[7]因此,全体,绝对,是有一个有机的全体,在其中的每个个体,包括化学物质、植物、虫子、人类和(如我们将看到的)伦理共同体、政治国家、艺术作品和哲学运动都有它们的生命。

显然,当植物遵循着它的发展计划时,它不是以有意识的方式这样做的。自然中,心灵在场,但它是"沉睡的心灵"(PR § 258A)。黑格尔追随谢林,称自然是物化的或无意识的理智。但如果自然是无意识的理性,它何时苏醒?它在人类意识兴起时苏醒。伴随着人类,涌现出的一部分自然不仅有意识,而且有自我意识,能够反思、理解、选择,并随着每个新时代的科学和哲学变得越来越理性。

正如笛卡尔发现的,一旦你分离了心灵和物质,就变得很难让它们重新结合。因为这个理由,黑格尔想要避免任何种类的二元论难题。黑格尔的解决是主张,我们所谓的"心灵"和我们所谓的"物质"只是同一连续体的两极,实在一开始青睐物质一端,但是具有通过向精神一端运动以实现自身的趋势。在这点上,黑格尔还有其他人受弗里德里希·谢林这一观点的影响,即"心灵是物质最有组织和最充分发展的形式,而物质是心灵组织化最低和最欠发展的形式"。[8]

绝对精神与人类精神如何相联系?

黑格尔有时用德语词"*Geist*",意思是"精神",来论及绝对的主观方面。"精神"显然笼罩着

---

*按他对此的陈述,"活生生的实体是真正的主体"(PS § 18)。

传统宗教的内涵，正如下一节将要探讨的。*目前，请注意黑格尔以非常主动、拟人的方式来谈精神。**尽管这个词有缥缈、神秘的联想，但黑格尔主要是在与我们通常所说的"校园精神"相同的现实的含义上使用这个词的。校园精神通过个体的追随者和团队成员而存在，没有他们它就不会存在。然而，它大于任何特殊的学生集体，因为即使学校的学生来了又去，学校的特质和同一性保持不变。以与此相同的方式，我们谈论"时代精神"，就像我们用"文艺复兴精神"来论及一个特定时代或民族的集体特征。在每种情况中，个体的人都是一个大于其成员之总和的整体的一分子。***

在19世纪德国唯心主义之前，思想活动通常被认为是个体心灵的产物。然而，德国唯心主义者，特别是黑格尔，发展了心灵的社会理论。根据黑格尔，你的思想不是从你与世隔绝的心灵深处自发产生的。相反，你思考的方式是你的文化和先于你的许多心灵的产物。当你学习几何学时，你就参与了欧几里得的精神生活，当你思考物理世界时，你的思想就是牛顿激起的概念涟漪的一部分。因此，即使在你最具创造性的活动中，你的精神生活也弥漫着西方文明的精神，而它自身是许多心灵的集体产物。在黑格尔的观点中，我们不是许多根分离的精神丝线，而是一个更大的社会、心理和精神织物的一部分，它被称为绝对精神。

黑格尔是有神论者吗？

最后一个问题——黑格尔是一个有神论者吗？——或许是所有问题中最有争议的。黑格尔的解释者倾向于以两种方式之一来回答这个问题：（1）黑格尔的精神在一种会使他成为有神论者的方式上是超越的，（2）精神只是在是人类的集体精神的意义上超越个体心灵。

1. 有神论的黑格尔。许多人把黑格尔解释为有神论者。他们认为，黑格尔把物质世界表现为神圣精神的投射，就像《哈姆雷特》的世界是莎士比亚思想的投射。黑格尔经常使用非常直白的有神论语言，它听起来太直截了当了，因而不只是比喻。例如，他说，"上帝统治世界。他的实际工作，实现它的计划，就是世界的历史"（RH 47）。然而，这表现了一种非常非传统的上帝观，因为他是一个发展中的上帝，一个随着他与变化的世界相联系并与之一起发展而变得更加丰富的是者。

2. 世俗–人文主义的黑格尔。尽管有这些对上帝及其活动的谈论，精神并不明显是一个准有神论的上帝。某些解释者寻求将黑格尔对精神的谈论当作仅仅是形象化的隐喻，用以描述个体不自知地为周遭事件模式的展开做出集体性贡献，来使之去神秘化。例如，以下段落似乎暗示神与人类是同一的：

> 精神之国是由人的产物构成。一个人可

---

* 基督教术语"圣灵"（Holy Ghost，神圣的精神）与"Geist"这个词有联系。害怕不必要的宗教内涵，有些翻译者把黑格尔的术语译为"心灵"。然而，尽管可能发生误解，"精神"可能是更可取的翻译。

** 例如，在谈及他那个时代的历史变革时，黑格尔说，"精神告别了它迄今为止栖居和想象的世界，同意让它淹没在过去，并且努力产生它自己的变化"（PS § 11）。

*** 罗伯特·所罗门做出了一个有趣的观察，"时代精神"的观念是19世纪的一个创新，因为它似乎在黑格尔时代之前的词汇中不存在。参考罗伯特·C. 所罗门，《在黑格尔的精神中》（Oxford, England: Oxford University Press, 1983），第252页。

以有关于上帝王国的所有种类的观念；但是精神之国总是在人那里实现和产生。（RH 20）

而且，黑格尔说"精神与自然统一"之点就是"人类本性"（RH 20—21）。诗人海因里希·海涅，他曾是黑格尔的学生，支持对他以前的老师的人文主义解读：

我那时年轻而骄傲，当我从黑格尔那里学到，上帝不是生活在天上的亲爱的上帝，像我祖母以为的那样，而是这里生活在大地上的我，这让我的虚荣心感到满足。[9]

根据这些评论，许多黑格尔主义者断言，"上帝"在人类察觉其自身的神性中成为了有意识的存在。其他世俗的黑格尔主义者把"上帝"看作仅仅是康德式的调节性观念，一个全知和统一的理念，组织着我们的认知努力。

当把黑格尔的辩证法用于他自己的立场时，这两种看法可能都太局限了，不能把握黑格尔的思想。黑格尔明显是传统宗教世界观和当代世俗世界观之间的过渡人物。一方面，他保留了许多世界的宗教图景：自然是精神的，并且在历史中存在着某种总体意义或目的。另一方面，他在推动一种世俗–人文主义的世界观：没有超自然的东西，人是世界中一切价值的至高无上的来源。或许，归根到底，黑格尔就是黑格尔，宗教哲学家和无神论者都没有权利主张他是自己人。

想一想

24.3　黑格尔哲学在什么方面与传统宗教相容？在什么方面不相容？

伦理学与共同体生活

当理性通过它在人类精神中的实现，达到完全的显现和自我察觉，人类共同体创造了它自己的第二世界，它由伦理的、政治的和法律的制度以及我们所有的其他文化成就构成。在这些制度中，理性变成现实的，并将自己外化。看看你周围的世界。你看到树木、山峦、湖泊和动物。然而，你也看到法庭、大学、实验室、银行、商店、艺术博物馆和教堂。通过人类共同体的文化创造和理智创造的发展，自然得到了丰富。然而，没有将共同体和文化结成一个统一体的社会价值，它们就不能存在。黑格尔故事的下一章将处理伦理意识在历史中的发展方式。

什么是道德原则的根源？黑格尔抱怨17世纪和18世纪作者的做法，好像价值能从真空中产生似的。他们假设每个自治的个体在他们私下的研究中，能在他们自己的理性意识的基础上产生道德规范。相反，黑格尔说，我们生于一个共同体中，并且通过社会化成为一个完全成熟的人。从一开始，我们就根据共同生活来定义我们的自我身份和形成我们关于事物总体模式的概念。因而，在他的伦理学和政治学理论中，黑格尔都一致地应用了他的基本信念，即特殊事物只能根据整体来理解。

黑格尔用来指称伦理的德语词是"*Sittlichkeit*"，它可以被翻译为"习俗伦理"或"共同体伦理生活。"对于黑格尔，伦理并不只是一套道德指令，而是由整体的社会组织构成。共同体的伦理生活包括显见的规则以及隐含的态度、价值和生活形式。因此，黑格尔对伦理学的讨论非常宽泛和具体。伦理关切植根于一个共同体的整个生活，包括它的实践、礼仪、社会角色、责任、风格、亲密关系、家庭生活、闲暇、工作和崇拜的样态。在这里，似乎黑格尔像是把伦理学还原为人类学。然而，尽管黑格尔相信我们不能扯着自己的头发离开地球来逃避我们具体的道德传统，但他说，合理的理想在向着普遍伦理的运动中展开自身。

习俗作为伦理价值的来源

要理解道德意识的发展，黑格尔带着崇敬回顾了古希腊时期。希腊城邦，如雅典，代表了伦理共同体的一种典范，在其中，人们通过参与社会生活，找到了他们的身份、幸福和意义。尽管他怀念古希腊人的共同体生活，但黑格尔相信他们的道路有局限，并注定要被其他形式取代。在他们的世界里，和谐的个体认同他们社会的法律和习俗是基于"直接性"。他们只是沉浸在他们的社会中，而没有意识到他们是反思的、有自我意识的个体。因此，他们的价值被不加批判地接受，并被认为是宇宙结构的一部分。

个体主义道德的兴起

当日益增长的旅行让人们注意到其他的共同体有不同的风俗，希腊伦理世界就发生了崩塌。智者利用了这一事实，并论证说希腊人没有参与到建立在自然之上的普遍秩序中，而只是继承了他们的特殊共同体人为发明的惯例。从盲目遵从社会规范中解放出来，每个个体都成了"他自己的生活真理"（PS § 355）。这一自我意识在苏格拉底那里变得更加理性，他在每个个体的理解中寻求一种普遍的秩序。这一新水平上的意识启动了新的时代，在这个时代中"个体被他自己寻求幸福的精神派遣到世上"（PS § 356）。然而，虽然这表现了超出早期希腊人非批判精神的进步，但它也造成了一种疏离感。随着他们的公共生活和私人生活被分离，个人成了碎片。黑格尔考察了发展个体伦理学的许多努力。在每种情况下，他都论证说，他们赞同的道德所依赖的概念，在一个伦理共同体的共同实践中无法使之有意义。通过考察黑格尔对他所认为的个体自律道德的最高表达——康德理论——的探讨，我们能对他的论证有所了解。

康德：个体伦理学的高峰

黑格尔称康德的进路为"道德"，它被他认为是一个片面的概念，必须根据黑格尔自己的"共同伦理生活（Sittlichkeit）"来补充。康德试图把个人自律和普遍道德法则的概念相统一。然而，黑格尔发现，康德留给我们的是一套没有生命的形式原则，与我们的伦理关切从中获得内容的共同体生活没有关系。而且，尽管康德倾向于在道德责任和欲求之间严格二分，黑格尔却同意亚里士多德的观点，认为有德性的人不仅完成他的责任，而且在这么做时发现他最深的欲求和倾向得到满足。根据康德，决定一种行为的过程是否道德的方式，是问你自己指导行动的准则和规则是否能合理地用作人人遵守的普遍法则。用康德自己的例子，让我们假设我决定要偷另外每个人的财产。如果我试图让这个行动正当，必须在这个规则的基础上："任何时候，只要你选择这样做，你就可以拿另一个人的财产。"康德相信如果让这个规则成为普遍原则，会导致矛盾，因为整个私有财产制度将消失。然而，黑格尔回答说，他在此找不到任何矛盾。康德所表明的只是一个人不能同时拥护（1）一条让偷盗正当的规则和（2）私有财产制度。康德没有表明的是私有财产制度是可欲求的。如果你拒斥（2），你就可以接受（1）。黑格尔的结论是，让偷盗正当的不道德规则和任何其他这类规则并不自相矛盾，并且能一致地普遍化。然而，我们拒斥允许偷盗的规则，因为它与我们所知的有效运转的社会所必不可少的条件相矛盾。因此，尽管康德认为他的形式原则可以凭空产生道德，但其实它们是从那些人类生活的繁荣所要求的社会条件中获得内容。

伦理生活

在辩证法的最后回合中，意识转向了它开始的地方，即社会角色和制度的世界。然而，与最初存在着差别。在这个阶段，文化制度和规范的接受不再是非反思的和理所当然的融入。这些规范也不被看作某种异己的东西强加给我们的。而是，它们被看作一个人自己最深刻的自我的理性表达。道德德性以及幸福和满足的来源，被发现植根于特殊的共同体中：

如果人们要行动，他们必须不仅有善的意图，而且知道这个或那个特殊的做法是善的。一个行动的特殊做法善或不善，正确或错误，对于私人生活的日常环境来说，是由一个国家的法律和习俗决定的。知道它们并不太困难……每个个体有他的立场；总的来说，他知道合法的和体面的行为做法是什么。（RH 37）

乍一看，这种观点似乎是令人反对的。黑格尔似乎是拥护一种社会的守旧主义，它主张每个社会的常规自动是正当的。他似乎不容许给社会改革者、反抗者或者革命者留任何余地。然而，黑格尔并非呼吁天真地接受这样的社会常规（那会是让时钟倒转回古希腊）。相反，他认为，理性在社会中的自我造就能让我们发现我们的道德生活的指导。关键点是，一个社会在它的实践中经常没有完全地实现它的伦理理想。因此，我们的社会理想能作为判断它自身目前状况的参照。一切伟大的改革者，包括旧约的先知、耶稣、马克思、甘地和马丁·路德·金，都是以这个社会在他们心中培养出的价值的名义来批判他们的社会的。

在最终的分析中，黑格尔认为，个人伦理和政治理论的区分是人为的。对于黑格尔，做一个伦理的人包括了履行一个人在合乎理性地组织起来的国家中的责任。因此，我们必须从伦理学转向政治哲学，因为"国家是伦理理念的实现"（PR § 257）。

> **想一想**
>
> 24.4 你是否同意黑格尔的观点，即价值必须植根于共同体的传统？对于这个观点，可以提出一些什么反对意见？

政治哲学：对国家的赞颂

黑格尔的政治哲学始于我们所有人都为自由而奋斗这一常识性断定。然而，他很快走向了个人自由只能在国家中实现这一有争议的论点。这似乎是悖谬的，因为我们倾向于把国家看作一个强制性制度，它的主要活动就是限制我们的自由。那么，国家能是我们的自由之源吗？

为了弄清黑格尔的政治哲学，有必要弄清黑格尔如何理解自由。我们倾向于认为自由是一个消极条件：不受限制地做我们想做的事这种不受阻碍的能力。然而，黑格尔说这种自由是"抽象的"和完全不令人满意的。举例来说，一个孩子可能感到，如果他是完全自由的，就可以待在家里不上学并玩电子游戏。而他的父母强迫他去上学。然而，悖谬的是，以限制他的直接选择的方式，他的父母通过让他受教育，让他将来有能力追求一份事业并做出有意义的选择，实际使他的自由最大化。正如这个孩子的例子，只有克服个人的冲动，并服务于体现在国家的合理组织中的普遍和共同目的，我们才能成为自我实现和有实际自由的个体。例如，作为家庭的成员或者行业的成员总是包含着牺牲某些直接的快乐和利益。而且，法律要求父母抚养他们的孩子，从业者履行他们的合同义务。然而，对这些人中的大多数来说，他们并不感到这些是外来强加给他们的负担，因为他们在完成这些做父母的责任或职业责任时找到了个人的满足。

当黑格尔谈到国家时，他把它看作是实现积极的伦理目的的共同体。的确，政府是由执行法律的官僚机构和部门组成，使得国家像是一个高高在上的强制性权威。他把社会的具有维持秩序的消极功能的这个方面称为"市民社会"或"外在的国家"（PR § 183）。然而，社会的政治经济结构只是支撑国家的真实生命的骨架，国家的真实生命是人们的精神活动，它展现在他们的语言、法律、道德、科学、艺术、音乐、诗歌、建筑、宗教和哲学中：

> 因为国家并非抽象地面对公民；他们是它的一部分，像有机体的成员，在那里，没有哪个成员是目的，也没有哪个是手段。它是自由、绝对的实现，是最终目的、自为的存在。（RH 52）

黑格尔认为，这样一个自由而理性的共同体在现时代存在的国家中已经实现。然而，他对国家中辉煌生活的描绘似乎激起了明显的反对意见。如果当代国家是伦理理想的实现，这不是意味着现状是免于批评的？更糟的是，这不是意味着为极权主义提供基础吗？在一点上，黑格尔既有批评者，也有捍卫者。

批评：黑格尔神化现状

那些把黑格尔批评为保守的反动派或极权主义的捍卫者的人有许多文本作为弹药。例如，考虑以下三个段落：

"国家是存在于大地上的神圣理念"（RH 53）。

"国家是上帝在世上的游行"（PR § 258A）。

"因而人必须把国家作为世俗的神来崇敬"（PR § 272A）。

这些段落的神学语调呼应了布朗宁 1841 年的诗的精神：

> 上帝在天堂——
> 世间一切皆妥当！[10]

看起来，对于黑格尔，不仅世上的每一事物是妥当的，而且特别是他自己的普鲁士国家一切都是妥当的。在他的《历史哲学》中，自由的最高表达存在于德国人的世界。他说，"德国精神是新世界的精神。它的目标是实现绝对真理，即自由的不受限制的自我决定"（PH 341）。不应该感到奇怪，在他的时代，黑格尔哲学被看作普鲁士国家的官方哲学。卡尔·波普尔，黑格尔最尖锐的批评者之一，宣称黑格尔有一个目的："与开放社会战斗，以此服务于他的雇主，普鲁士的（国王）弗里德里希·威廉。"[11]

捍卫：黑格尔没有神化现状

针对黑格尔为极权主义背书的指控，已经做出了许多回应。首先，当黑格尔称赞国家时，他不是在谈论任何国家。他说他赞颂的是"合乎理性的国家"，是个体会选择效忠的国家，因为通过参与其中，他们的自由和满足将得到最大化（RH 30）。其次，黑格尔不认为国家所有的常规都是正当的，即使它是它的时代政治进程的最高水平。如他所说：

> 一条特殊的法律可能被表明整体上以实际条件为根据，与之一致，并且与现存合法建立的制度相一致，然而它可能在它的本质特征上是错误的和不合理的。（PR §3）

最后，黑格尔不企图神话任何特殊的国家（即使是他那个时代的普鲁士国家），因为每个国家都分有"反复无常、运气和错误，以及糟糕的行为"。相反，他崇敬的是理性国家的理念，这个理念就是，使得人的生活是有价值的，在具体的历史实体内得以实现：

> 在考虑国家的理念时，我们绝不能着眼于特殊的国家或特殊的制度。相反，我们必须从其自身来考虑这个理念，这个实际的上帝。（PR §258A）

历史哲学：我们是历史游戏中的棋子吗？

如果我们看看人类数千年的历史，我们发现，诞生、风流韵事、死亡、艺术杰作、理智成就、建筑丰碑、可怕的战争、充满希望的革命、巨大的帝国和灭亡的文明势不可挡地前后相继。但是这一切的目的是什么？历史有任何意义吗？当愤世嫉俗者说人类历史只是"毫无意义的喧嚣和骚动"，或者只是"一件又一件该死的事情"时，他们是正确的吗？即使黑格尔在别的方面一事无成，他也会因为让我们察觉历史这一被大多数哲学家忽视的主题的重要性，而获得应有的名声。

历史是有目的的

乍一看，大部分的历史留给我们的是"无望的悲哀"感。历史似乎是：

> 屠宰台，人民的幸福、国家的智慧和个体的德性是上面的祭品。（RH 27）

尽管这幅历史的画面很阴暗，但黑格尔相信它的一切都有一个目的作为补偿。如果我们去看历史的表面事件背后，我们将看到：

> 它是理性地进行的，它表现了世界精神的理性必然进程，这一精神的本性其实一直都是完全相同的，但它这一相同的本性展开于世界的进程中。（RH 12）

这种展开中的本性是什么？它就是自由，因为"世界历史就是自由意识的进程"（RH 24）。然而，仅仅意识到自由不意味着完全获得自由。所以，世界历史的整个历程就是人类精神意识到它的自由并实现它的自由的过程。

正如我们在黑格尔的国家观中看到的，自由不能定位于个体人的范围内，而必须在民族文化的背景中具体化和得以实现。以三段式观点来看自由的观念如何逐渐在历史中实现,黑格尔说,古代亚洲社会只有一个人是自由的(统治者);在希腊和罗马世界中,有了进步,因为人类精神认识到有些人是自由的(公民而不是奴隶);最终,在近代世界,它认识到所有人都是自由的。

在黑格尔对历史的解释中,存在着某种幽默和讽刺。尽管每个个体和民族都忙于追求他们自己的特殊利益,"他们总是做了在他们之中起作用的世界心灵的无意识的工具和器官"(PR § 344)。因此,在历史场景的背后,"理性的狡黠"利用个体的激情和欲求来完成它自己的目的(RH 44)。不同于启蒙思想家,黑格尔不认为在社会中个体是根本。个体的人就像海面上的波浪。波浪并不是与大海相区分和相分离的,但它们从大海中涌出又回到大海中,只是运行于巨大水体中的力量的表现。例如,在你的个人生活中,你凭借你的教育选择、职业追求、服装选择和周末夜晚的娱乐活动来追求你主观的特殊目的。一方面,在做这些事情时,你是你自己文化的产物。是社会使你能做出的选择成为可能。而且,你的欲求受到时尚、潮流、公众言论和你文化中的主流价值的影响。另一方面,你和其余人的决定塑造了你的民族的生活。像你这样的人做出的决定积累起来,影响了贸易的平衡、企业的生死、就业的市场、民族的政治生活和它的文化制度。我们的集体行为展现了经济学家和社会科学家试图表述的理性法则。

> **想一想**
>
> **24.5** 在何种程度上你是你的文化的产物?如果你生于另一个文化或另一个时代,你的思想会有什么不同?这是否支持了黑格尔的一切观点都有历史相对性的主张?

虽然个体都在事物系统中扮演了他们的角色,但最有效的变革动因是伟大的领袖们,那些黑格尔称为"世界-历史性个体"的人。黑格尔引证亚历山大大帝、凯撒和拿破仑作为例子。他们是被激情驱使去实现他们的政治目标的人。然而,他们无意中做了历史的工具,用以把它的发展带入下一阶段:

这样的个体没有意识到这样的理念。他们是现实的政治人物。但同时他们是思想家,洞察到什么是时代所需要的东西。他们看到了他们的时代和他们的世界的真理,可以说,下一个物种,已经孕育在时代的子宫之中了。认识他们的世界的这一普遍必然状态,把它作为他们的目标并贡献他们全部的精力,是他们的使命。(RH 40)

遵循他们的历史宿命,伟大的历史人物可能造成痛苦。"但如此威力巨大的人物必定踩死许多无辜的花草,在他的道路上把许多事物撞得粉碎"(RH 43)。然而,我们不应该责怪他们,因为在每一个伟大的历史变革中,都有某些人会被伤害。即使是世界-历史性个体也受这一过程的支配,因为当他们为他们的历史角色效劳后:

他们就像谷物的空壳一样飘落。他们像亚历山大那样早亡,像凯撒那样遇刺,像拿破仑那样被流放到圣赫勒拿岛。(RH 41)

世界-历史性个体带来了历史中的决定性变动,但他们的意义必须在民族生活的更大背景中理解。

黑格尔在最终的分析中坚持,民族是历史中的真正的个体。民族根据在历史发展中起作用的节律而兴起和衰落。在任何给定的历史阶段,一个特殊的民族将会被推到突出地位为人类朝着自我意识和自由的进步做出独特贡献：

> 这个民族在这一个纪元中主导世界历史，并且它只能鸣钟报时一次。与它充当世界心灵发展当前阶段的车轮的绝对权利相反，其他民族的心灵没有权利，它们，以及那些已经报过时的民族，在世界历史中不再重要。（PR §347）

历史向我们显示人类成就的伟大时刻，也暴露出极大的残酷，并且在整个世界似乎疯狂的时代，让我们疑惑它到底是不是有任何目的。然而，黑格尔说，历史的任何时刻都至少因为它在整个故事中所起的作用而有部分正当性。即使是那些最痛苦的和貌似邪恶得无药可救的时代，也像痛苦对于母亲生育她自己的后代一样是必要的。如果我们迷失在细节中而不能领会更大的图景，我们将永远不能理解历史：

> ……哲学应该把我们引向的洞察是，实际的世界是它应当是的世界，真正的善，普遍神圣的理性，是能够实现自身的力量。这种善，这种理性，在它最具体的表现中，是上帝。上帝统治着世界。（RH 47）

因此，黑格尔自信地拥护这一惊人的结论，事物业已发展出的样态是事物理性地想要是的样态。

> **想一想**
>
> 24.6 在黑格尔关于历史和你在宏大的事物系统中的地位的观点中，你发现在什么方面它是一种乐观主义的看法？你发现在什么方面它是悲观主义的？

艺术、宗教与哲学

在黑格尔辩证法的最后阶段，绝对精神在人类的艺术活动、宗教崇拜和哲学思辨中得到最充分的展示。艺术、宗教和哲学都有相同的目的，因为它们是领会绝对理念的不同努力。或者更精确地说，黑格尔相信它们是绝对理念在人类精神中越来越明确地成为自我意识的方式。首先，艺术通过诉诸感觉以直接的方式表达理念。艺术家不是言说关于实在的真理，而是显示它。黑格尔的艺术理论追随德国浪漫主义的精神，因为他相信艺术兼有灵性和认知的功能。当艺术家描绘风景画时，他并不只是复制自然。艺术作品和生物课本的插图之间存在着差别。艺术家通过将自然转化来传达一种显露世界的内在意义和精神内容的世界观。

艺术只能通过审美感受来指示事物整体的精神意义；宗教通过使用故事和形象以更加客观和明确的方式来表达它。像往常一样，黑格尔检视宗教的历史来表明，人类关于在世界中发挥作用的理性目的的观念在不断提炼。他认为，基督教是宗教冲动在历史上的最高表达形式，因为它根据逐渐与人性相统一的无限精神来看待实在。然而，尽管宗教具有比艺术更概念化的内容，它仍然不是纯粹理性的，因为它仍停留在"图画思维"的水平上。因此，黑格尔不把神创世界或上帝肉身化这样的基督教教义看作在字面上为真的。相反，它们是预见哲学中更完备的真理的神话。

哲学是人类精神的最高成就。虽然它不否定宗教的洞见，但哲学在一个精致得多的理解层次上，捕捉到宗教中有价值的东西。虽然历史似乎显示出哲学有无可否认的多样性，但黑格尔说，只曾有过一个单一的哲学，它以不同的面相展示自身。一个时代的最后一个哲学总结了哲学过去的所有阶段，并且是精神意识在这个历史时刻达到的最高阶段。

历史的终点？

黑格尔哲学把人类历史描绘为一种精神－理智的发展，理性目的在其中展开和实现。这产生了一个问题，哪里是历史的顶点，而我们何时将达到它？许多人相信黑格尔把他的体系看作哲学的顶峰，哲学在其中最终达到了绝对知识，一个理性经历了许多世纪朝向着奋斗的目标。这不意味着黑格尔主张他达到了关于世界的每个细节的完备知识。相反，绝对知识由一个融贯的概念框架构成，根据它，实在总体能得以被领会，所有过往的哲学仅作为部分的真理在其中占有一席之地。

许多段落暗示，黑格尔认为他的体系是最终的体系。然而，关于他如何设想他的哲学在历史中的角色，仍然有某些问题挥之不去。他是否认为他的哲学是在其所有辉煌中全面显现的绝对？或者他是否认为它只是世界精神自传的下一个阶段，一个后来的哲学洞见最终会超越的阶段？某些评论者在绝对唯心主义者黑格尔和历史相对主义者黑格尔之间看到了张力。他的相对主义出现在他的"每个个体都是他的时代的孩子"和哲学是"在思想中把握它自己的时代"这些陈述中。而且，他说"哲学能超越它同时代的世界就像一个个体能跳出他自己的时代一样是奇谈怪论"（PR，前言）。如果黑格尔真的相信这些话，那么他将不得不同意，尽管他的体系可能把握了对他自己时代的理解，但它不可能是人类理性的最终果实。相反，它注定要成为产生哲学进一步发展的土壤。如果这是他的意思，他当然是

正确的。然而，到底"真的"黑格尔是一个渴望最终定论的形而上学体系建构者还是被观念和事件的千变万化迷住的历史相对主义者，还是一个争论不休的问题。

评价与意义

对黑格尔的评价

黑格尔的思想如此多面，因而对他的最终判定将取决于突出哪一面。归根结底，你对黑格尔的评估将依赖你是否同意他最基本的主张，即历史正向着实现合乎理性的理念而运动。许多人发现自己无法接受这一庞大的信仰，即理性和实在正向着一个单一的、无所不包的系统汇聚，这个系统将在人类的思想和生活中调和所有的冲突和紧张。虽然这个理性的信仰很吸引人，但宇宙可能不符合我们的理智需要和幻想。对于这种怀疑论，黑格尔可能回答说，我们的一切行为都预设了宇宙合乎理性，即使我们试图在口头上否认它。即使我们接受了黑格尔对整体事物系统合乎理性的信仰，我们又怎么知道人类共同体真的在朝着它前进而不是远离它？在此要问的问题是（1）离开了人类经验，黑格尔的体系有意义吗？（2）它是否与理智、经济、政治和文化史的材料相一致？在后面的章节里，我们将看到黑格尔的后继者对这些问题的处理。

黑格尔的影响

许多19世纪的人热情地赞同黑格尔的体系。它在理智上令人满意，因为它提供了一种融贯的方式来把人类经验的各个领域编织在一起。而且，它在情感上令人满意，因为在政治和社会剧变中，它向

人们保证，理性的模式正在展开，并且历史事件有一个最终的目的。因为这些理由，黑格尔主义在学术圈中凯歌高奏。尽管英国和美国哲学家有抵制欧洲的宏大思辨的倾向，但到这个世纪末，英美世界的主要哲学家已经拥抱黑格尔思想了。

当代联系 24：黑格尔

不同于某些影响被时间所淡化的哲学家，黑格尔的重要性没有消失。对于许多人来说，黑格尔的影响都是消极的。他堂皇的思辨形而上学经常被认为是理性飞越它恰当边界的典型例子。例如，19 世纪的存在主义先驱索伦·克尔凯郭尔和弗里德里希·尼采指责黑格尔的体系是云彩里的哲学城堡，忽视了人类存在的具体特征（见第 26 章和第 27 章）。虽然黑格尔的唯心主义在 19 世纪末席卷英国和美国部分地区，大多数英美哲学家在下一个世纪里都转而反对他。例如，英国哲学家伯特兰·罗素和 G. E. 摩尔最开始是黑格尔主义者，但后来拒斥了他的完备体系，代之以零散的、分析的进路（见第 31 章）。美国实用主义者约翰·杜威最开始也是一个黑格尔主义者，并一直保留着这一黑格尔式的观念，即进步是新观念从它们的理智土壤中长出，又反过来改变文化土壤。然而，杜威将黑格尔的形而上学累赘从观点中清除，并代之以生物演化的新兴观点（见第 30 章）。

黑格尔对历史学科和今天的学者理解所有其他学科历史发展的方式的影响，怎么估计都不为过。在本书中，我们上一次遇到历史哲学是在 5 世纪的奥古斯丁那里。直到 19 世纪，很少有人认为历史有多少哲学意义。然而，黑格尔教导我们，我们和我们的观念是历史的一部分，被它所改变，并且不能离开它来理解。而且，在社会理论中，黑格尔对许多思想家的极端个体主义给予了有益的矫正，这些思想家倾向于把社会看作许多分离的、各别的人的集合。相反，黑格尔让我们认识到，我们的生活在一个特殊的社会中被塑造，我们的社会和理智环境是我们的一部分，就像我们呼吸的空气一样。他引起了人们对这一事实的注意，即社会不只是它的个体的总和，因为每个时代都有它自己的使它富有生气的个性。虽然卡尔·马克思拒绝了黑格尔唯心主义的精神方面，但马克思哲学建立在黑格尔的历史辩证法和他对人类生活中社会力量的角色的强调之上（见第 25 章）。

黑格尔之后半个世纪，自由主义神学从他的思想中产生。在被称为"社会福音"的运动中，自由主义神学家们强调上帝在社会舞台上发挥作用，并且那就是他的王国产生之处。而且，黑格尔对宗教如何发展的说明以及他把传统神学教义重新解读为启发性的、图示性的神话，鼓励了对《圣经》的非字面解释。

最后，黑格尔活在今天的欧洲大陆思想中。后现代主义运动强调观念和文化力量具有它们自己的动量，它们对我们的塑造胜于我们对它们的塑造（见第 33 章）。和黑格尔一样，后现代主义者强调真理不断变化着并且是其文化背景的产物。然而，他们抛弃了黑格尔的这一信念，即历史是朝向一个绝对知识的单一的统一观点的客观运动，而是把历史看作一系列社会创造的实在，不遵循任何理性秩序。

理解题

1. 黑格尔哲学的四个关键原则是什么？
2. 什么是黑格尔的辩证法思想？根据黑格尔，这一思想如何解释我们理解的发展？黑格尔如何用这一思想来解释历史的发展方式？
3. 什么历史主义？它以何种方式刻画了黑格尔对历史的解释？
4. 黑格尔为什么认为纯粹的感觉经验（"感觉确定性"）不能给我们值得拥有的知识？
5. 解释在什么意义上黑格尔相信心灵与自然之间有密切关系。
6. 绝对精神与人类精神之间的关系是什么？
7. 黑格尔为什么认为我们的心灵不是与更大的文化历史网络相分离的孤立的个体单位？
8. 黑格尔的绝对以何种方式相似于和不同于传统宗教的上帝？
9. 根据黑格尔的观点描述伦理学演化的阶段。
10. 黑格尔不认同康德伦理学的什么方面？
11. 黑格尔的观点以何种方式给保守分子和革命分子双方都提供了弹药？
12. 黑格尔为什么相信历史是比特殊个体的行动更大的力量？
13. "世界－历史性个体"是什么意思？他们在历史中扮演什么角色？
14. 根据黑格尔，艺术、宗教和哲学有什么相似之处？有什么不同？

思考题

1. 你是否同意黑格尔的观点，即历史是理性模式的展开，抑或它只是没有任何总体意义的事件集合？
2. 思考上一个十年，包括其中的政治事件、经济发展、文化发展、它的时尚、主导价值等。思考黑格尔会怎样把所有这些解释为出自以前的历史阶段。这一黑格尔式的分析在何种程度上是有道理的？
3. 你是否同意黑格尔的观点，即离开共同体生活，一个人不可能找到真正的自由和满足？如果你在此不同意黑格尔的观点，在何种程度上你的观念是对你的时代精神的反思？

注释

[1] 黑格尔著作的标注如下：

PH 《历史哲学》（*The Philosophy of History*），J. 西伯里（J. Sibree）译（New York: Dover, 1956）。标注根据这个版本的页码给出。

PR 《黑格尔的法哲学》，T. M. 诺克斯译（Oxford, England: Oxford University Press, 1964）。标注根据黑格尔的段落编号给出。

PS 《精神现象学》，A. V. 米勒译（Oxford, England: Oxford University Press, 1977）。标注根据黑格尔的段落编号给出。

RH 《历史中的理性：历史哲学通论》（*Reason in History: A General Introduction to the Philosophy of History*），罗伯特·S. 哈特曼（Robert S. Hartman）译（Indianapolis: Bobbs-Merill, Library of Liberal Arts, 1953）。标注根据这个版本的页码给出。

[2] 《历史哲学讲演录》（*Lectures on the History of Philosophy*），第 3 卷，E. B. 施皮尔斯（E. B. Spiers）和伯登·桑德

森（Burdon Sanderson）译（New York: Humanities Press, 1962），第545页，引自罗伯特·C. 所罗门，《在黑格尔的精神中》(*In the Spirit of Hegel*, Oxford, England: Oxford University Press, 1983)，第223页。

3 《黑格尔选集》(*Hegel: Selections*)，J. 勒文伯格编（New York: Scribner's, 1929），第xviii页。

4 黑格尔，《自然哲学》(*Philosophy of Nature*)，A. V. 米勒译（Oxford, England: Oxford University Press, 1970），§338ff。

5 《哲学全书版逻辑学》(*The Logic of Hegel translated from the Encyclopedia of the Philosophical Sciences*)，威廉·华莱士（William Wallace）译（Oxford, England: Oxford University Press, 1873），第163页Z2，引自托马斯·E. 瓦滕贝格（Thomas E. Wartenberg），《黑格尔的唯心主义：概念的逻辑》("Hegel's Idealism: The Logic of Conceptuality")，载于《剑桥黑格尔指南》(*The Cambridge Companion to Hegel*)，弗雷德里克·C. 贝塞尔（Frederick C. Beiser）编（Cambridge, England: Cambridge University Press, 1993），第102页。

6 在这一节中，我受益于托马斯·E. 瓦滕贝格在《黑格尔的唯心主义》第102—129页的讨论。

7 瓦滕贝格，《黑格尔的唯心主义》，第109页。

8 弗雷德里克·C. 贝塞尔，《引论：黑格尔和形而上学问题》("Introduction: Hegel and Problem of Metaphysics")，载于贝塞尔，《剑桥黑格尔指南》，第6页。

9 引自沃尔特·考夫曼（Walter Kaufmann），《黑格尔：重新诠释》(*Hegel: A Reinterpretation*, Garden City, NY: Anchor Books, 1966)，第367页。

10 罗伯特·布朗宁（Robert Browning），《皮帕走过了》(*Pippa Passes*)，第1部分。

11 卡尔·波普尔（Karl Popper），《开放社会及其敌人》(*The Open Society and Its Enemies*)，第2卷（London: Routledge & Kegan Paul, 1966），第32页。

第25章

卡尔·马克思：
为了改变世界的哲学

"一个幽灵——共产主义的幽灵——在欧洲游荡。"这些生动的语词是《共产党宣言》的开头。《共产党宣言》是卡尔·马克思（Karl Marx）和弗里德里希·恩格斯（Friedrich Engels）1848年写的一本政治小册子。它那热情奔放的风格和情感力量是想要让它成为愤怒大军的战斗颂歌，这支大军就是当时受压迫的工人，那时正值欧洲骚乱和革命爆发，君主制和政府的根基动摇。这份文件结尾的话捕捉到了当时的革命精神。"无产阶级失去的只是锁链。他们要赢得的是整个世界。全世界劳动者联合起来！"（CM，T 473，500）[1]

人们争论马克思理论的可信性，但对其影响毫无争议。历史上没有任何哲学家能宣称有这么大比例的、国际性的、有组织的积极追随者。然而，这个哲学家的光环和他的生活之间的差别是一个惊人的讽刺。卡尔·马克思的名字实际上成了革命的符号。然而，马克思很少把时间花在直接的街头政治运动上。相反，构成他的生活的是大英博物馆图书室里无休无止的研究和写作，他每天在那里的同一张书桌前从早上9点工作到晚上7点闭馆。他在家继续这一天的工作达几个小时之久，直到精疲力竭，需要睡觉来结束这一天为止。讽刺的是，虽然他的思想塑造了20世纪的很大一部分，马克思却过着一种相对隐秘和孤独的生活。如果不是因为他的家庭和一小群密友与政治朋友陪伴，隐居在书和手稿世界中的他很难与中世纪僧侣区分开来。更讽刺的是，尽管他经常轻视文字和观念的力量（他称之为"哲学家头脑中的幻影"），他却表明它们可以是多么可怕的武器。作为他理论的结果，政府被推翻，地图被改写，他的名字成了20世纪家喻户晓的词。只有追踪塑造这个非凡头脑的事件和观念，才能开始理解马克思的力量。

马克思生平：一个激进分子的形成过程

卡尔·马克思生于1818年5月5日，德国莱茵兰的特里尔。他的血统，在父亲一方，来自一个悠久的犹太拉比世家。然而，他的父亲，过着舒适生活的一名律师，在马克思6岁时皈依了路德教。这在政治上和经济上都是必要的，因为新的立法把犹太人排除在政府部门之外。17岁时，卡尔·马克思进入波恩大学学习法律。一年后，他转到柏林大学，在那里（让他父亲不安的是），他加入了一个称为青年黑格尔主义者的激进团体。虽然黑格尔已去世5年，德国大学依然充满黑格尔的影响，并且空气中弥漫着哲学争论。这种兴奋攫住了马克思，他为了学习哲学而抛弃了法律。最后，他于1841年毕业于耶拿大学，在那里，他完成了一篇论伊壁鸠鲁和德谟克利特的唯物主义的论文并获得博士学位。虽然马克思把哲学教授的职业作为自己的目标，但是保守的普鲁士政府禁止像马克思这样的激进黑格尔主义分子在大学教学，由此，在大学教书的这个可能性就断绝了。断绝了追求学术职业的一切希望后，马克思转向了新闻业。从1842年到1849年，他编辑了一系列的政治杂志，并撰写自己的手稿。在这几年间，他不断流亡，从科隆搬到巴黎，又搬到布鲁塞尔，再回到科隆。每一次，他的激进杂志都被官方查禁，并且政府勒令他离开该国。最后，他于1849年秋定居伦敦，在那里度过了他的余生。

在他不断动荡的一生中，马克思在两个重要的关系中找到了安稳。第一个是他的夫人燕妮，他和她在1843年结婚。他们有六个孩子，但只有三个长到了成年。根据他的孩子后来的描述，他是一个出色而好玩的父亲和一个好丈夫。燕妮不仅给了他情感上的支持，帮助他整理手稿，而且经常典当个人物品来让家庭摆脱债务。

另一个重要关系是和弗里德里希·恩格斯的关系，他是马克思一生的朋友、合作者，并且经常是马克思经济支持的来源。马克思和恩格斯第一次相遇是在1842年，那时他们都加入了新闻业。他们开始分享他们的观念，并一起在各种工人组织中成为积极分子。恩格斯来自一个在曼彻斯特拥有纺织业的富裕的家庭。恩格斯的政治观点非常激进，不会顾及对他生意的影响。在这两人中，恩格斯被认为是一个更好的作家，凭借这一天赋和他在经济与贸易领域的知识，他对马克思的事业做出了重要贡献。

贫困、慢性病和严酷的生活条件造成的三个孩子的夭折，折磨着马克思的生活。他唯一真正的收入来源是他在1851—1862年作为欧洲通讯员为《纽约论坛报》工作。其余时间，他靠家庭捐赠、贷款和恩格斯给他的经济援助生存。当他的妻子和忠实的合作者燕妮在经过与癌症的长期搏斗于1881年去世后，马克思的精神崩溃了。忍受了几个月的肺病折磨之后，马克思死于1883年3月14日，当时他正在书房里他心爱的扶手椅上睡觉。他被葬在伦敦附近的海格特墓地，他妻子的旁边。

马克思的背景与影响

当马克思在1836年进入伯林大学时，黑格尔的精神支配着整个德国的理智生活。黑格尔体系的复杂性以及它的种种歧义性和内在的张力造成他的追随者分裂成两个冲突的群体。许多人主张对黑格尔的右翼保守诠释，但他们遭到左翼，激进的青年黑格尔分子的反对。这场激烈的争论诱使马克思投身哲学，并成为青年黑格尔运动的领袖之一。

合乎理性的社会：现实的还是潜在的？

造成这两个派别的黑格尔思想的张力之一是，他主张"实在的就是合乎理性的，合乎理性的就是实在的"。他的保守的追随者取这个陈述的前半句"实在就是合乎理性的"。由此他们断言，现状是合理的、没有问题的，因为它是历史辩证法的理性进程的必然结果。而激进分子则追随这个陈述的后半句,并且宣称"合乎理性的就是实在的"。因为他们相信当前的社会不是合乎理性的,所以他们论证说,它还在过程中,不是完全实在的。因此,真正的合乎理性的国家还在地平线的那一边,有待历史的下一个辩证运动去实现它。从黑格尔辩证法的眼光看当前的社会状况,激进分子们把他们社会看作各种矛盾不稳定的集合。在25岁的年纪,并且已经是一个热忱的激进分子,马克思写了一封信,宣称"每个地方的国家都预设理性已经实现。但是正是以这种方式,它到处都遇到它理想的使命和它实在的前提之间的矛盾"(T 14)。[2]需要的是,通过"对一切现存事物的无情批判"来展示矛盾,以达到用一个新的能解决所有张力的社会秩序来否定现存社会秩序。

上帝:绝对精神还是人性?

黑格尔思想的另一个歧义出现在他关于上帝的令人困惑的评论中。一方面,当他说上帝通过历史事件来运动,他的话里渗透着虔诚。另一方面,当他主张绝对精神存于人类精神中,并通过人类精神而存在,他似乎把上帝和人性等同。由于强调黑格尔的有神论方面,保守分子们把他的思想翻译为多少有些传统的基督教神学术语。同时,早期的左翼黑格尔分子提出了一种与基督教不相容的泛神论诠释。然而,激进分子很快完全超出宗教,主张当黑格尔的思想脱去它们的神学和神话装饰,我们会发现,在外表之下,它们是一种自然主义的人本主义和无神论。激进分子们抛弃了保守分子的神在人类精神中显露自身这一信念,宣称人性是唯一值得信仰的神性。

青年黑格尔学派的一个主要人物路德维希·费尔巴哈在1841年出版的《基督教的本质》助长了后一种诠释。根据费尔巴哈,宗教是人类通过无意识的投射过程创造的。费尔巴哈说,我们将我们的完善和无限的可能性投射到一个彼岸的超越的至上者,使我们与自己的人性相异化。黑格尔思想的价值不是描述了一个超越于人类之上的绝对,而是向我们揭示了我们人类的本性和人性的成就。

马克思和其他青年黑格尔分子,热情地拥抱费尔巴哈的思想,因为后者巧妙地把黑格尔的思想翻译为自然主义的人本主义。1842年,马克思诙谐地写道,"通向真理和自由你别无他路,只有通过火流。"[3] ["火流"在德语里是"*Feuer Bach*(费尔巴哈)"。] 然而,不久之后,马克思断言,费尔巴哈在描述人类境遇上不够激进。马克思主张,宗教是我们不适的征兆而不是原因。要完成费尔巴哈的分析,我们必须深挖到表面的背后,去发现对此问题的解释,即为什么人们不能在这个世界中找到幸福和满足,而需要创造一个超出这个世界的天国。在他最著名的段落之一中,马克思将宗教比作一剂麻醉人民的鸦片,以防止他们认识他们痛苦的真正根源。

宗教是被压迫者的叹息,是无情世界的情绪,是无灵魂状态的灵魂,是人民的鸦片。

废弃作为人们虚幻幸福的宗教,是他们真正的幸福所要求的。召唤他们抛弃关于他们状况的幻想,是召唤抛弃这种需要幻想的状况。(CHPR, T 54)

马克思承认费尔巴哈是对的——我们的问题是一个虚假的宗教意识,在其中,我们把自己降格为我们自己创造的偶像的崇拜者。然而,费尔巴哈没有正确地认清这个偶像。根据马克思,我们近代的商业世界创造了一个宗教,其中的神就是金钱:

金钱就是以色列人的嫉妒的神,除它之外,不允许其他神存在。金钱贬低所有人类的神,并把他们变为商品。金钱是一切事物的普遍的、自足的价值。因而,它剥夺了这个世界自身真正的价值,包括人类世界和自然界。金钱是人的工作和存在的异化的本质;这个本质支配着他,而他崇拜它。(T 50)[4]

这个新"宗教"把所有的人类关系还原为"赤裸裸的自我利益"和"无情的现金交易",并且把所有理想淹没在"利己主义计算的冰河"中(CM,T 475)。

任务:达成现世的拯救

在这个背景下,马克思以此为自己的任务:(1)让正义和自由的理想降临大地,创造一个合理的、人道的社会,(2)证明可以在世俗的基础上达到人类精神的解放,和(3)用哲学和科学的资源去达到这些目标。

为了合理的、人道的社会而斗争

启蒙哲学家发现,他们生活的世界非常合意。J. G. 布尔 1796 年的话捕捉到了 18 世纪的精神:"没有哪个世纪可以说像 18 世纪那样拥有如此多真理,它利用了前人的成就使人类达到了身体、理智和道德的更大完善。"[5] 然而,马克思对人类社会的评估非常不同。在《共产党宣言》的第一章,他给出了人类历史作为富人和穷人、剥削者和被剥削者之间不断斗争的恐怖画面。

到目前为止存在的社会的历史是阶级斗争的历史。

自由人和奴隶,贵族和平民,领主和农奴,师傅和学徒,一言蔽之,压迫者和被压迫者,立场永远相互对立,进行着一场不间断的时而隐蔽时而公开的战斗,这场战斗每次要么结束于社会的大规模革命性重构,要么结束于斗争的阶级共同毁灭。(CM,T 474)

在近代,这场斗争在两个阶级之间进行:资产阶级和无产阶级。资产阶级是资本家,或者工业生产资料拥有者和雇佣劳动者的雇主,以及那些从当前经济体系中受益的中间阶级。* 社会的另一半由无产阶级或工人构成,他们没有财产,不得不靠把他们的劳动力当商品出卖来生存。**

资本主义制度的元素是私有财产、逐利动机、雇佣劳动和经济竞争。*** 马克思不是用"私有财产"指消费品,诸如一个人拥有的牙刷或衣服,而是指生产资料的私有制(最初是小的手工作坊,后来是工业化的工厂,今天是巨大的跨国公司)。资本家被逐利动机驱使。他的目标是用他拥有的生产资料生产用来出售的商品以获得利润,利润可以投资到更多的生产资料上以获取更多的利润来再投资,如此周而复始。资本家的信条是"积累,积累!这是摩西和先知!……为了积累而积累,为了生产而生产"(CI 742)。利润赚取是通过剥削雇佣劳动者。付给工人的工资越低,资本家赚取的利润越多。因此,

---

* "资产阶级(bourgeoisie)"最初的意思是"城市人",指的是中世纪末期兴起的由商人、借贷者和手工业者行会的师傅构成的新阶级。

** "无产阶级(proletarian)"来自一个拉丁词,意思是"没有财产"。

*** 我们很难想象,竞争的价值、对利润的追求和财富的积累并不总是被认为是合理的目标。但是这些价值是后中世纪时代所独有的。对此的有趣讨论,见罗伯特·L. 海尔布隆纳(Robert L. Heilbroner),《世俗哲学家》(*The Worldly Philosophers*, New York: Simon&Schuster, 1953),第 2 章。

资本家的利益和劳动者的利益冲突不可避免。最后，资本家不仅陷入与他的工人的斗争，而且卷入与同一阶级的其他资本家的竞争性斗争中。正如我们后面将看到的，马克思坚信，这些内在于资本主义制度的斗争将导致它自我毁灭。

在他的鸿篇巨著《资本论》的第一卷里，马克思花了它 750 页篇幅的几乎一半来论述工人阶级受工厂主压迫和剥削的方式。这些材料很多取自英国政府的文件，其中大多数是工厂检查官的报告。综合这些材料，马克思说，与工业化的英国非人的困苦相比，但丁《神曲·地狱篇》中的地狱景象也相形失色。一个官员这样报告编织工厂：

> 9 岁或 10 岁的孩子在早上 2 点、3 点或 4 点从床上被拖起，为了最低限度的生存被迫工作到夜里 10 点、11 点或 12 点，他们四肢磨破，体格瘦小，脸色苍白，他们的人性沉沦得像石头一般迟钝，看起来简直让人恐惧。（CI，T 367）

工人阶级的小孩、妇女和男人每天都面临着被危险的机器致死或致残，以及过度工作对身体的损害、令人不满的工作和生活条件、营养失调和由此引起的大量疾病。在努力理清马克思的哲学、历史和经济理论的巨大复杂性和关键细节时，需要记住，在它们背后是对他那个时代的男人、女人和孩子的实际痛苦的关切。

想一想

25.1 西方资本主义社会带来了重要的社会改革，消除了 19 世纪存在于马克思所处的工业化英国的许多邪恶。但是，如果像马克思这样的社会批评家，没有通过让我们注意工人的困境来激起我们的社会良知，这些改革会来临吗？企业如果不是必须应对工会、社会抗议者和由马克思对资本主义的批判激发的批评者的压力，它们会考虑变得仁慈一些吗？

人性的拯救

马克思把他的复杂理论看作实现只能称之为精神使命的东西的道路。与放弃、默认和无望的声音相反，马克思坚信，大多数人生活的严酷现实不是命中注定的事情，而是能够改变的。因此，马克思的哲学可以被看作弥尔顿的神学、文学杰作《失乐园》和《复乐园》的世俗版本。*在马克思的唯物主义神学中，原初的天真状态就是原始的部族共产主义，在那里，每件事物都是共同体共有的。随着私有财产和阶级划分的兴起，堕落发生了。从此以后，历史成了战胜邪恶力量的漫长斗争。无产阶级注定要作为世界历史的承担者，因为，通过他们的苦难，他们将导致人性的救赎。共产主义将带来最后的审判，那时私有财产和阶级划分之恶将被消灭，人类将定居于永远的天堂之国中。马克思毫不为难地用神学术语表达他的愿景。例如，他说"为了免除他们的原罪，人类只能宣称他们的现实状态就是他们的本质"（T 15），[6]并且他预言，无产阶级的胜利将导致"人类的彻底救赎"（CHPR，T 64）。

---

* 当恩格斯说"基督教和工人的社会主义都鼓吹即将到来的对奴役和苦难的拯救；基督教将这种拯救置于死后天国的彼岸生活中，而社会主义则将它置于现世，置于社会改造中"，他实际上支持了这种比较。参考弗里德里希·恩格斯，《论早期基督教的历史》，载于《马克思与恩格斯政治学哲学基本著作集》，刘易斯·S. 福伊尔（Lewis S. Feuer）编（Garden City, NY: Anchor Books, 1959），第 168 页。

第 25 章 卡尔·马克思：为了改变世界的哲学

哲学的实现

为了带领走向这一尘世的救赎，马克思说，哲学必须立足于战斗进行的地方。在 19 世纪，德国人对宏伟的思辨哲学的爱好，遭到这种说法的嘲笑：英国用它威武的海军统治着海洋，法国用它强大的陆军统治着陆地，而德国用它大批的形而上学家统治着云端。与黑格尔的历史是世界精神的展开这一朦胧的图画不同，对于马克思，非常清楚的是，物质是能够证明的唯一实在。因此，任何对人类有意义的哲学必须从实在的个体和他们生活于其中的具体经济历史状况出发，而不是从抽象观念出发：

> 与从天下降到地的德国哲学直接相反，我们在此从地上升到天……我们从现实的活动的人出发，在他们实际生活过程的基础上，我们展示这一生活过程的意识形态反映和回响的发展。（GI，T 154）

马克思认为，所需要的是对历史法则的科学研究。在《资本论》第一版的前言中，马克思解释说，"本著作的最终目标是制定现代社会运动的经济法则"（CI，T 297）。类似地，在马克思的葬礼上，恩格斯宣称，"正如达尔文发现了有机自然发展的法则，马克思发现了人类历史发展的法则"（T 681）。[7] 因此，马克思相信，对人类本性和物理宇宙的科学理解将解决我们所有的社会问题（GI，T 166）。正如他在一段著名语录中所说，"哲学家只是以各种方式解释了世界；重要的是改变世界"（T 145）。[8]

早期马克思：人类异化的悲剧

一直到 20 世纪 30 年代，马克思的同情者和批评者都把他的哲学首先看作一种沉闷的经济和社会理论，旨在对人类历史中运转的大尺度力量给出科学分析。我们所知的马克思体系的一大部分，以《资本论》为代表，似乎很少关切个体，并且忽视任何有关生存意义的问题。然而，1932 年，现在称为《1844 年经济学哲学手稿》的马克思早期未刊手稿面世，导致有必要重新评估马克思的思想。在这一他写于 26 岁时的系列论文中，马克思雄辩地谈论了扫荡人性的人类状况和异化感。与存在主义者的关切相类似，马克思主张，对科学、技术和人类进步未加批判的信仰造成的 19 世纪幸福乐观主义，依赖的是腐烂的阴暗面。

作为人意味着什么？

异化是与人的真正自我分离的状态。什么样的条件使我们成为满足的人？马克思说，我们不同于动物是因为我们生产我们生存的工具。人类不仅致力于工作来满足他们的需要，而且，在这样做时，他们是有意识的和创造性的。蜜蜂凭借盲目的本能来构建蜂巢，但建筑师在建房子前在想象中构想他的创造物。而且，我们的创造性不只是满足我们直接的生理需要。人类"按照美学法则来形成事物"（EPM，T 76）。换言之，作为人而存在就是致力于生产工作，并且通过它体验来自自由、自发和创造性活动的满足。

在较早的时代，一个人要长期艰苦地劳作来耕耘土地，构筑家园或建造渔船。他不过奢侈的生活，但他经验到有意义的劳动。他拥有他的工具和物资，并且拥有他的劳动产品。这是他个人创造力的外部体现。但是，随着资本主义的发展，工人与他们的劳动的关系改变了。生产资料逐渐落入少数人手中。大多数人，他们没有财产，唯一的生存方式是把他们的劳动力当商品出卖。这种劳动力出卖伪装成雇主和雇员之间的自由交换。然而，工人缺乏经济权力使它转变为一种奴役形式。如果有意义的工作是人类生活的根本定义性特质，并且如果我们的工作是异己的，那么我们就与我们自己异化了。劳动者的异化有四种方式：

第一，工人与他们的劳动产品相异化。劳动者的创造物被陌生人占据，作为他们的私有财产，转化为他们的利润：

> 劳动的确生产了丰富多彩的事物——但对于工人，它生产贫穷。它生产宫殿——但对于工人，它生产陋室。它生产美——但对于工人，它生产残疾。它用机器代替劳动——但它把某些工人扔回野蛮的劳动，而把其他工人变成机器。它生产智力——但对于工人，它生产愚蠢、白痴。（EPM，T 73）

第二，资本主义制度使工人与他们自己的生产活动相异化。"劳动不仅生产商品；它还把它自己和工人作为商品来生产"（EPM，T 71）。当进入工作场所，我把自己的人性留在家里，因为我被看作属于另外某个人的工厂的 22 号装配线上上夜班的 3 号螺丝工。我只是一个可以替换的零件，就像我正在使用的机器上的零件。

第三，资本主义制度使工人与他们的本质属性相异化。动物为它们的直接需要生产，而人类具有把世界创造性地转化为全人类共享的艺术、科学和技术作品的能力。然而，资本主义制度把工人还原为牛马。讽刺的是，工作环境的非人化影响使得工人在他的业余时间将自己非人化，因为他只有在吃喝和性交这种动物机能的狂欢中才感到生活的自由（EPM，T 71）。

第四，工人彼此之间异化。由于将自己降格，他们也把其他人看作降格的。他们把他们的雇主看作只是金钱的来源，把彼此看作工作和工资的竞争者。"物的世界增值，"马克思评论说，"与人的世界贬值成正比。"（EPM，T 71）

需要注意，马克思不是号召对事物运行的方式进行零星的调整。例如，他并不认为更平等地分配金钱是解决办法。如他指出的，工资的增长只不过是"给奴隶更好的报酬，既不会给工人，也不会给劳动者赢得他们的人类地位和尊严"（EPM，T 80）。因此，彻底重组权力结构和社会经济是必不可少的。

想一想

25.2 如果你能消除贫困、无家可归和文盲，并给你的社会的每一个人提供普遍的医学关怀，但只有通过消除个人财富的积累才能做到这一点，你会选择这样去做吗？为什么会或者不会？

是否存在两个马克思？

《1844年经济学哲学手稿》的发现吸引了有宗教、人文主义和存在关切的学者的注意。这导致知识圈中迸发出前所未有的对马克思的兴趣。马克思对现代社会的异化和孤独的描述，使他的哲学呈现出更多的人道色彩，而这一点被他沉闷的经济学理论和冰冷的科学社会主义弄得晦暗不明。对于许多人来说，对 20 世纪更有说服力的恰恰是早期的马克思。相反，前苏联学者的官方立场是，这些早期著作来自青年马克思未成熟的思想，这些思想注定要被他后期的更专业的著作所超越。他们把对早期马克思的新兴趣看作资产阶级对共产主义理论基础的攻击，是企图用更无伤大雅的、尚未战胜他的黑格尔残余的哲学马克思，来取代科学的、革命的马克思。

或许不必在早期和后期马克思之间做选择。有人把早期对异化的强调和后期对经济理论的强调看作一个巨大计划的互相补充的阶段。在这种诠释中，早期著作在成熟马克思的专业理论中得到了实现，并且后期著作必须根据激发青年马克思的激情来理解。

历史唯物主义

唯物主义

经常给予马克思哲学的名称是历史唯物主义。*基本上，这是一种以实在与因果关系的唯物主义观点为基础的历史哲学和经济理论。在马克思的追随者手中，这个理论发展为一种完备的世界观，对人类关切的每个领域都有哲学意蕴，包括自然、科学、艺术、宗教、语言和文学批评。历史唯物主义主张，人类植根于自然，除了物理规律和人类活动之外，没有任何其他因素在世界中起作用。最特别的是，

---

* 马克思自己从未使用过这个术语，但是它是由恩格斯生造的，作为"科学社会主义"的标签。马克思主义体系也被称为"辩证唯物主义"，这个术语由俄国马克思主义者在 1891 年引入。

它拒绝提及任何实在中的"精神"维度。这种彻底拒绝不仅包括宗教观点，而且包括柏拉图、笛卡尔和黑格尔那样的哲学观点。

马克思的辩证法

为了把历史研究转变为科学，马克思需要一个一般法则，使他能够解释过去的事件并预测未来的事件。黑格尔的遵循辩证发展的历史观念给马克思提供了他所需要的解决办法。虽然他尖锐地批判黑格尔的唯心主义，但马克思从费尔巴哈那里学到，黑格尔是可以被拯救的。黑格尔的唯一问题是，他用世界是理性的精神理念的外在展开这一神秘观点将事情弄颠倒了。反过来才是真的，马克思说，因为理想的世界不过是反映在人类意识中的物质世界：

> 辩证法在黑格尔手中遭到的神秘化，完全没有妨碍他成为以全面和有意识的方式呈现它发生作用的一般形式的第一人。在他手里，它是头脚颠倒的。如果你要发现神秘外壳中的合理内核，它就必须正确地重新颠倒过来。（CI，T 302）

根据历史辩证观点，事件的内在逻辑指导着它们。马克思看到，如果一个人把黑格尔辩证法的精神填充物清除掉，并用阶级斗争与对立代替黑格尔的观念斗争与对立，黑格尔的模式就可以被继承。

在马克思主义辩证法中，最初的事态（称为正题）向着产生它自身矛盾（称为反题）的地方发展。二者处于紧张之中，直到第三个事态（称为合题）取代它们。在辩证法的每个回合中，每个环节的缺陷产生对立力量来平衡缺失的东西。因此，对立与斗争是历史不可缺少的部分。

马克思对历史法则的解释存在歧义。《资本论》

弗拉基米尔·塔特林，《第三国际纪念碑》（1919—1929）。在这座雕塑中，俄国艺术家塔特林形象地表现了马克思的观点。螺旋形的结构展示了历史辩证法在向着它的顶点前进时的蜿蜒曲折。

前言中的一句话非常明显地显示了这个张力，在那里，他把历史法则称为"朝着无可避免的结果，带着不屈的必然性发生作用的趋势"（CI，前言；T 296）。"趋势"这个词，意味着一种粗略的一般方向，当所有情况相同时，事物很可能采取这个方向。然而，"不屈的必然"和"无可避免的结果"的意思相当于历史被严格的决定论法则所设定。马克思总是被夹在他的历史决定论理论和他对政治行动主义的号召之间。一方面，决定论的观点使得能够预测未来结果的历史科学成为可能。而且，它为无产阶级提供了强大的心理激励。被压迫阶级用不着期待一种仅仅是不确定的可能性的正义，因为历史的法则在他们这边，并保证了这种结果。另一方面，需要给人类自由留出地盘，因为人们需要相信他们能用他们的行动影响历史。

马克思倾向于提出一个妥协。首先，历史是所有个体行动的总和：

> 历史什么也不做。它"不拥有庞大的财产"，它"不发动战斗"。做了所有这一切，拥有和战斗的是真实生活着的人。"历史"不是一个分离存在的人格，把人作为实现它特殊目的的手段；历史不过是追求其目的的人的活动。[9]

第二，人类活动往往呈现出它们自己的生命并具有远超出那些有意追求的结果之外的结果。例如，资本家并不希望创造社会主义，但是在追求他们自己的目的时，他们也催生出将会终结他们的力量。第三，在创造历史时，我们也创造我们自己。马克思说"环境创造人—如人创造环境"（GI，T 165）。换言之，一旦我们触发了事件，它们的结果会反过来作用于我们并决定我们的行为。在《共产党宣言》中，马克思说，资本家"就像巫师，他不再能够控制下层社会的力量，而这是他用自己的咒语召唤来的"（CM，T 478）。

虽然历史在广义上是被决定的，但在确定的宽阔边界之内存在着变动与偶然的空间。因此，历史的力量可以被比作某人从山上推下的一块巨石。一旦被推动，它就成了有着自身动量的独立力量。可以在道路上设置障碍来减缓它，或者可以减少障碍加速石头的滚落。然而，因为它的质量和动量，它不能被阻止，当它经过了它下落的每一个阶段，它将最终到达它的目的地。因此，马克思说，社会的必然阶段不能通过立法来跳过或改变，而必须被度过。然而，我们的政治和革命努力能"缩短和减少生育的阵痛"（CI，T 297）。

历史的经济学诠释

与黑格尔以及整个哲学传统相反，马克思说，观念在导致历史变革上至多扮演着辅助角色。他从人不可吃喝观念，而必须靠劳动的物质产品生活这一颠扑不破的真理出发。* 从这一前提，马克思很快得出结论，经济条件是人类全部历史建立的基础。因此，马克思把制定理解历史的唯物主义或"尘世"的进路看作他的任务（GI，T 156）。

在他最著名的段落之一中，马克思勾勒了他的历史观：

在他们生活的社会生产中，人类进入到必不可少并且独立于他们意志的确定关系中，即对他们的物质生产力相对应的生产关系的确定阶段。这些生产关系的总和构成了社会的经济基础的总和，它是在其上建立起法律、政治的上层建筑的实在基础，并且社会意识的确定形式与之相对应。（CCPE，T 4）

在此，马克思引入了他关于历史的经济学理论的三个关键要素。在任何社会中，我们都发现，第一，存在着生产力（或物质生产力）。属于这个标签的是任何能用来创造满足人类需要的产品的东西。生产力可以分成两个范畴：生产资料（自然资源、工具和机械）和人类的劳动力。然而，为了要使用生产力，要求关于权力、权威和所有权的特定社会和经济安排。因此，我们也发现了（第二）生产关系。这些关系由支配生产力的制度和惯例构成。根据马克思，当我们寻求理解一段历史或一个特殊社会时，我们必须问，谁拥有生产资料并控制劳动力？这些生产关系的集成总和称为经济结构。这两个因素在生产中的结合，共同发生作用，被称为基础、生产模式或经济基础等。最后，与经济基础相对应，存在着（第三）上层建筑。它由官方的法律、政治制度，以及社会意识的形式构成。社会的这个层面不是致力于经济生活而是致力于观念、法律政治理论、文化表达、哲学、道德规范、宗教观点和解释模式的生产。一言蔽之，经济基础由我们做什么构成，而上层建筑则或隐或显地反映了我们总体上认为我们的生活是什么。**

---

* 如果这听起来过于油腔滑调，请考虑马克思的这个陈述："中世纪不可靠基督教生存，古代世界也不能靠政治生存。相反，恰恰是他们维持他们的生计的方式解释了为什么在一种情况下政治扮演了主要角色，而在另一种情况下基督扮演了主要角色。"（CI 176n）

** 马克思对这套术语的使用不完全一致和清晰。故此，关于如何定义这些术语，评论者之间存在着稍许不同。

这些要素之间存在着一种非常特殊的关系。在前面的段落中，马克思说上层建筑"兴起"于并"对应"于背后的经济基础。评论者经常称这个论点为"经济决定论"*。使用这个标签是因为马克思主张社会的经济结构决定了它的法律、政治和文化形式。在较低的层面上，生产关系"对应"于生产力的发展阶段。因此，马克思说，"风磨坊给你封建地主的社会；水磨坊给你工业资本家的社会"。[10] 换言之，技术（生产力）变革产生社会组织（生产关系）的变革。这个论点经常被称为技术决定论。这个主张也在后面论革命的一节中得到进一步的讨论。目前的要点是，马克思对任何给定社会的经济诠释是，一个有机整体，其中所有的力量和因果关系都从经济基础流向文化的其余部分。这可以用图 25-1 来表示。

> **想一想**
>
> 25.3 马克思会如何使用经济来解释以下现代生活的特征？在何种程度上马克思的分析在这些问题上是有道理的：(a) 大学体育和职业体育，(b) 电影和音乐产业，(c) 大学和学院的课程，(d) 宗教运动和制度，(e) 电视新闻？

意识形态

社会的顶层或上层建筑表现了人们在特定时代倾向于思考他们自己和他们的活动的所有方式。然而，马克思指出了一个众所周知的事实，即，人们思考和谈论他们自己的方式并不总是与他们是什么和做什么相一致。这种自欺性的歪曲我们通常称之为合理化。然而，个体的人并不只是合理化他们自己的行为，而是作为一个群体合理化他们社会的行为以维持当前社会制度并为之辩护。这种文化的"虚假意识"或自我强加的幻象就是马克思所谓的意识形态。绝大部分情况下，助长一种意识形态的人并非虚伪地进行有意的欺骗，因为他们的确相信他们扭曲的图画精确地表现了关于他们社会的真理。概而言之，意识形态是（1）文化表达，它（2）表现了一种社会理解，但（3）呈现出一种对实在的扭曲观点并且（4）服务于维护权力结构并为之辩护。

既然意识形态是一种权力形式，它就必然是支配性阶级的产物：

> 统治阶级的观念在每个时期都是统治观念……掌握物质生产资料的阶级，同时控制着精神生产资料。（GI，T 172）

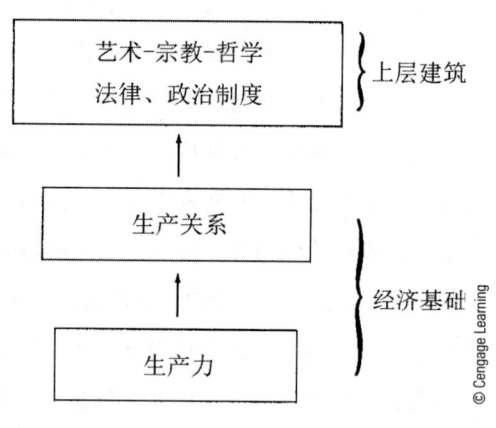

图 25-1 马克思关于社会结构的观点

在马克思的观点中，哲学家不过是支配性权力结构的不知情的工具。他称知识分子为"积极的概

---

* 马克思似乎不相信个体的行为是被决定的。然而，他的确相信许多个体行动的集体效果将构成一个总体模式。

念意识形态家，他们把完善关于阶级的幻象变成他们生计的首要来源"（GI，T 173）。因为阶级划分的社会服务于少数特权者，对于统治阶级，让被剥削的群体和他们自己相信社会制度真的是为所有人利益服务的，在心理上是有用的。例如，在美国奴隶主的意识形态中，奴隶制度实际上有益于"原始和不信基督教"的非洲奴隶，因为它把他们引进到文明和基督教的光辉中。

马克思暗示，"在所有意识形态中，人类和他们的环境看起来是颠倒的"（GI，T 154）。换言之，意识形态呈现颠倒的景象，因为它们扭曲现实并反转了因果关系的真正方向。马克思抱怨说，他那个时代的哲学家喜欢认为社会是由它的观念形成的，并且新观念的兴起在导致社会形式的变革上起主要作用，以此来自我奉承。尽管大多数哲学家会认识到有其他文化因素牵涉在内，但还是坚信，例如从中世纪向文艺复兴的变迁是某些重大理智变迁的产物。这种观念作用力的观点表现在图 25-2 中。

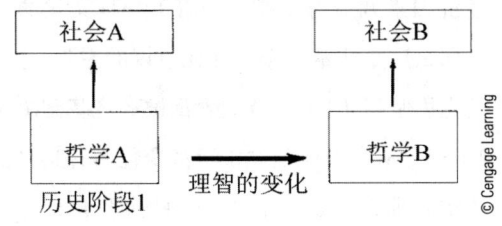

图 25-2　哲学导致社会变化的传统观点

第一条垂直箭头表示社会 A 的形式在很大程度上是哲学 A 的结果。当这个哲学被另一个哲学（B）代替，社会的形式也发生变化。实际上，反过来才是真的，马克思说，因为经济基础的变化产生哲学和其他理智生活的变化。因此，马克思会像图 25-3 那样重绘这幅图。

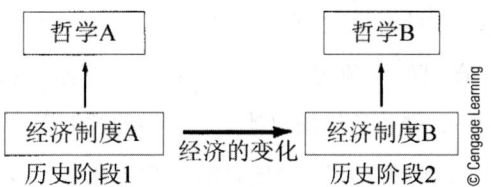

图 25-3　马克思经济力量导致哲学变化理论

在这幅图中，一个阶段的哲学并不带来另一个阶段的哲学。而是经济制度发生变化，导致哲学发生变化。换言之，对于马克思，其实不存在"哲学史"，因为观念的历史只是经济制度的历史的副产品。

道德、宗教和形而上学，所有其余的意识形态和它们对应的意识形式，就不再保留独立的伪装了。它们没有历史，没有发展；但是人，通过发展他们的物质生产和物质交换，随着他们的这一真实的存在，改变了他们的思维和他们思维的产物……

……因而，意识从一开始就是社会的产物，并且只要人存在，它就依然如此。（GI，T118—19，122）

马克思从来没有就经济条件如何控制人的观念给出详细说明。有时他说，艺术、宗教和哲学就像汽水表面的泡沫，是由它下面的力量所产生，并冒到表面。然而，某些马克思主义者说，这个机制实际上类似于达尔文的自然选择的生物理论。[11]达尔文说，只有那些成功地适应环境的物种才会生存下来，而那些不与其物质条件相适应的物种就将灭亡。类似地，马克思主义说，当观念与与主流的经济制度相对应，就将繁荣，将被鼓励，将被听取，将能找到出版者。那些不符合的观念将被"封锁"或"淘汰"。因此，观念必须在一个人造的有限表达领域内找到自己的位置，而这保证了主流的意识形态将总是与社会的经济结构相对应。

意识形态的例子很容易找到。在他们的政治哲学中,统治阶级想象他们对社会的控制以"自然法""上帝的意志""总体意志""社会契约"或"永恒的必然性"为根据。在中世纪固定的经济制度中,骄傲、嫉妒和贪婪是主要的罪恶。然而,随着资本主义的兴起和它对不知足的消费主义及其增长的需要,这些品质被认为是经济生活的主要源泉。许多资本家继承了财富并依靠政府促进他们的经济利益,然而仍然认为他们自己是"自我造就的人"并鼓吹"彻底个人主义"的神话。

根据马克思,宗教是意识形态的有力形式。它建议人们忍受他们在世间的痛苦,并关注他们的来生命运,在那里,他们将走上金光大道。由于这个理由,马克思说,宗教是"人民的鸦片"。宗教经常被用于暗示社会层级是上帝的规定。19世纪基督教圣歌中的一行歌词说,"富人住在城堡中,穷人住在他的门口,上帝让他们高贵或低贱,并安排了他们的财产多寡"。¹²

最后,马克思说,哲学是意识形态的工具。从柏拉图到黑格尔,所有强调精神界的哲学家,都服务于把注意力从物质界的问题引开。在近代,笛卡尔的认识论个体主义和洛克的政治个体主义让人看不清每个人是如何紧密地编制在社会组织中并且不能离开它而生活的。

马克思主义的意识形态学说在20世纪的几乎每个学科都找到了拥护者。它是已经为人所知的"怀疑的解释学"的一种形式。解释学是一种诠释的科学。因此,这种诠释理论说,当分析一种文化表达时,你不能相信人们认为他们在做的事情,你必须在表面背后去寻找产生它的隐含动机和原因。马克思主义者建议,当你寻求理解一本小说、一部电影、一个艺术作品、一种哲学、一个宗教概念、一篇新闻报道、一部法律或任何理论时,要看表面背后隐含的经济动机。*关于任何文化产品要问的关键问题是,它表现谁的利益?它如何扭曲现实来促进某一特殊社会群体的利益并为之辩护?这种诠释方法假设没有价值中立或阶级中立的文化表达,因为经济和政治渗透到文化的每个方面。上层建筑中的每样东西都表现当权群体的观点。

马克思关于意识形态的立场概括在以下段落中:

> 物质生产方式一般地调节着社会、政治和理智生活的进程。不是人类的意识决定着他们的存在,而是相反,他们的社会存在决定着他们的意识。(CCPE,T4)

在这段引文中,我们强调"调节"还是"决定"影响着马克思观点的合理性。如果马克思说(1)人们在他们能思考、崇拜或绘画之前必须吃饭,并且(2)经济因素调节着(或影响着)一种文化的理智生活,那么这是非常有限制和无争议的主张。然而,如果马克思坚持(1)所有观念都被经济基础决定并且(2)观念从来不能独立于经济变化而有其自己独立的历史,那么这是一个非常强的主张,会受到许多的反对。

对强论点的第一个异议是,即使马克思顺利地找到大量的例子支持他的判断,他也似乎忽视了历史上证伪他论点的例子。第二,关于所有的观念都

---

* 其他种类的怀疑的解释学会寻找不同的原因。弗洛伊德会寻找被压抑的性动机。女性主义者会寻找影响表面现象的潜在性别问题。其他人寻找种族主义作为文化作品中被掩饰的议题。

是背后的社会利益产生的意识形态歪曲的任何主张，都总是会让提出这个主张的人自食其果。因此，可以指责马克思主义自身是一种通过歪曲关于社会实在的事实来促进无产阶级利益的意识形态。第三，如果马克思的革命观念要有任何社会效果的话，观念不可能只是反映主流经济结构，必须同时能够批判地反作用于那些条件。如果马克思能够识破意识形态歪曲，清楚地看到事物，为什么他认为其他哲学家不能同样这样做？如果马克思的批判是正确的，那么经济基础和上层的文化之间就有某种程度的交互作用。换言之，图 25-3 从经济基础到哲学的单向箭头应该被双向箭头代替。

> **想一想**
>
> 25.4 你是否同意马克思的观点，即在所有理智和文化的作品中都有对作者和听众双方都隐藏的背后的动机和信息？换言之，你是否同意，"怀疑的解释学"有价值？如果是这样，这些隐藏议题的本性是什么？

革命理论

迄今为止，马克思给我们的图画是，社会是一个有机整体，其中的每个要素都与其他要素相联系。然而，如果社会完全融贯一致，并满意地满足了它所有成员的需要，它就没有改变的理由了。因此，对于马克思，解释历史为何永无休止，并且为何根深蒂固的社会秩序会消失并产生它的后继者，是非常重要的。这个回答存在于技术决定论的论点中。

在一个历史时期的生活里，在相对稳定的时间中，社会秩序与已发展出的技术的阶段相适应。然而，因为人类具有创造和生产的驱动力，他们不断推进和发展生产的方法。例如，手工纺织被机械的织布机代替，小家庭农场让位于大农业联合体。然而，随着生产力的发展，马克思说，以下的历史变革机制将开始发挥作用：

> 在它们发展的一个特定阶段，社会的物质生产力开始与现有生产关系相冲突，或者——同一事物的法律表达——与它们迄今为止在其中起作用的法律关系相冲突。这些关系从生产力发展的形式变为发展的桎梏。因而一个新的社会革命的纪元就开始了。(CCPE，T 4—5)

换言之，当社会组织跟不上它的技术基础变化的步伐，并且这妨碍了生产力的充分使用和进一步发展，就达到了一个临界点。这在社会组织内部引入了一个张力，因为它就像衣服不再合身。

当然，社会不会改变自身。这些改变是由人类行动者带来的。因此，当当前制度的内部压力增大，掌权阶级有保持旧秩序的动机，而争取权力的阶级会寻求变革。以这种方式，阶级冲突由这些无法逃避的经济动力学引起，并在这个临界点上发生社会革命。在某些情况下，它可能是暴力的，在另一些情况下则不是。然而，只有生产力达到现存生产关系内可能的最充分程度，并且所有零散的调整都失败了，革命才会出现。因而，像一只幼虫在它的茧中发育直到它成为破壳而出的蝴蝶，新的社会形式也从旧的壳中涌现。

马克思主张，这个过程在整个人类历史中都起作用。在他的很多著作中，他把历史分为五个时代，根据它们支配性的经济制度来定义。(1) 原始公社时代，(2) 奴隶时代，(3) 封建时代，(4) 资本主义时代和 (5) 社会主义时代。在每种情况下，从一个阶段向下一个阶段过渡遵循着刚才讨论过的经济发展的辩证模式。根据马克思,我们现在处于资本主义统治的第四阶段。我们现在需要看看他为什么认为它正产生它自己的否定和社会主义或共产主义制度如何不可避免地由之产生。

马克思对资本主义的分析

马克思对资本主义的首要批判围绕着他的剩余劳动理论展开。他从所谓"劳动价值论"出发,这种理论被他那个时代的许多经济学家所持有。这种理论说,任何商品的价值是用于生产它的劳动的量的函数。在资本主义社会,工人的劳动力是商品,所以劳动力的价值是由它的花费来决定的。用来生产一个工人的劳动力的东西是用来维持他生活的东西。按照他认为的对资本主义最善意的说明,马克思假设,产品将以它最合理的价格出售。然而,这不会给资本家留下任何利润。因此,资本家必须找到某种办法把利润加到这个场景中。他通过强迫工人工作超出维持他自己生存所必须的时间来做到这一点。马克思论述说,工人的一天可以分成两个部分。首先,是他用于生产与他的工资价值相等的产品的时间(工资等于维持工人生存的东西)。工作日的第二个部分是他用于生产那些价值归资本家所有的商品的时间。因此,资本家靠这个"剩余价值"赚取利润。

因为这些原因,马克思把资本家描述为"渴望劳动者鲜血的吸血鬼"(CI 367)。然而,在他不那么情绪化的段落里,马克思(他喜欢古典文学)把资本家呈现为几乎像希腊戏剧中的角色,他们是命运无助的牺牲品,并且他们不明智地引领他们自己的毁灭。虽然对利润的贪欲驱动着资本家,但这不是因为他是道德上有缺陷的人。而是因为他的经济制度的法则不给他任何余地,不断地在他耳边低语,"继续!继续!"(T 213)[13] 因此,马克思把资本家描述为他们自己制度的牺牲品:

作为资本家,他只被赋予了资本人格。他的灵魂是资本的灵魂。而资本只有单一的生命冲动,创造价值和剩余价值的倾向。成为生产资料永恒的代理人,最大限度地吸收剩余劳动。(CI, T 362)

一个资本家可能具有同情心,但如果他不竞争——如果他不和利润亦步亦趋,因而不剥削工人——他将不能长久地当资本家。

资本主义制度的动力学不会永远延续,因为它在劫难逃。马克思把资本主义描述为不稳定的制度,它的辩证法决定它将不断地在经济繁荣和衰退之间循环往复。然而,每一个循环都进一步弱化这个制度并增加它自己的否定,直到最后,这个制度自我毁灭。按照他对他那个时代的资本主义的观察,马克思说,"一个预兆已经开始出现,当前的社会不是坚固的水晶,而是一个可以改变的有机体,并且不断变化"(CI, T 298)。根据马克思,资本主义将采取的过程会按照以下辩证发展的方式展开,它有着自然法则的全部必然性。

I. 正题:资本主义

资本主义作为一个制度兴起,其中,少数人的阶级拥有和控制大部分生产力作为他们的私有财产,并雇佣除了他们自己的劳动力外没有任何经济来源的工人。

A. 资本主义的矛盾

资本主义的意识形态以个人主义和私有财产为基础。然而,资本主义的生长必将要求一个规模、复杂性和相互依赖性不断增加的更高度组织化和社会化的基础。*

B. 资本主义的辩证发展

（1）在对利润的竞争性争夺中，一个资本家将引进节省劳动的机器并裁减工人。然而，机器不能被剥削，只有工人能被剥削。因此，资本家最终削减了剩余价值和利润的来源。

（2）当所有资本家都获得了新的技术，技术就不再提供竞争的利器。但是，生产手段更有效，作为消费者的雇佣工人却更少，结果生产过度而利润下降。

（3）较小的企业将破产，而它们的资源将成为存活下来的企业的战利品。

C. 资本主义发展的后果

（1）资本主义将变得更加垄断。这来自（a）资本的集中（游戏中留下越来越多的资本，因而存活下来的企业规模增加）和（b）资本的中心化（为维持它们的经济权力，企业合并，生产资料集中到越来越少的人手中）。**

（2）企业倒闭的资本家将不再是资本家，而将被迫加入增长中的失业大军。

（3）更大量的失业工人将导致对工资的更大竞争，给资本家更多的权力。

（4）为寻求更大的权力、更大的市场和更便宜的劳动力，企业将扩展到国际规模（因而增加帝国主义、国际冲突和战争）。

II. 反题：无产阶级

随着资本主义的发展，富人将变得更富，人数更少，同时这个制度在其内部产生它自己的否定：一个痛苦的和贫困的但又统一的无产阶级。"因而，资产阶级生产的首先是它自己的掘墓人。它的覆灭和无产阶级的胜利同样不可避免"（CM，T 483）。因此，资本主义将不自愿地产生以下结果：

A. 无产阶级的兴起

（1）工人将在工厂中集中起巨大的数量，在那里，他们能建立革命联系。

（2）无产阶级的规模将增长。

（3）工人阶级的成员将变得日益悲惨，这将提升他们的意识并团结他们。

（4）通过资本主义的国际扩张，工人阶级将成为一个国际阶级。

B. 革命不可避免

按照辩证法的原则，不断增长的量化将产生质变或革命。就像一个充气的轮胎，它将一直变大，直到达到它爆炸的临界点。以这种方式，资本主义的增长将是它的毁灭："生产资料的集中和劳动的社会化最终达到临界点，在那里，它们变得与它们的资本主义包鞘（外壳）不相容。这个包鞘将分崩离析。资本主义私有制的丧钟就要敲响了，剥夺者将被剥夺。"（CI，第32章；T 438）

III. 合题：社会主义

社会主义的新社会经济制度将出现，解决旧制

---

* 想一想，许多相互依赖的产业和劳动者群体支撑着汽车制造，并且美国经济在多大程度上受这一产业地位的影响。因为这个理由，政府密切地参与到对这样的产业的支持中。

** 想一想，小的街头杂货店如何被大型连锁店吞并。类似地，地方医院、银行和小计算机制造商要么倒闭，要么被更大的企业兼并。

度的张力。最终社会主义国家将消亡，社会主义将孕育出真正的共产主义。

共产主义：新的人类与新的社会

在资本主义成为被扫入辩证法历史垃圾堆的又一个被废弃的制度后，将存在一个被马克思称为"无产阶级专政"的阶段。这将是一个必要的残酷时代，在此期间，无产阶级将利用他们的政治权力清除最后的资本主义残余。接下来，共产主义的第一阶段将来临，这个阶段现在被称为"社会主义"。在此，国家接管了生产资料。然而，这将最终让位于终极共产主义的最后阶段。在这个阶段，人民不仅控制政治决定，而且控制国家的经济生活。

到目前为止，历史被阶级冲突的前后相继推动着向前。在每个时期，它都是同一个球赛，只是参赛队变了。在共产主义下，马克思说，比赛的性质将会完全改变。不再有生产资料的私有制，社会将不再有阶级划分产生的张力和冲突。没有了阶级冲突，历史将从邪恶的竞争性游戏变为相互合作的游戏，其中将不再有胜利者和失败者。因此，历史的辩证斗争将静止下来，因为历史的驱动力，达到合理社会的斗争将已经达到它的目标。人类，一直是恶梦的受害者，将完全清醒过来，第一次掌握他们的命运。正如弗里德里希·恩格斯对它的描述：

迄今为止一直统治着历史的外在客观力量将传递到人自己的控制中，只有从那时起，人自己将越来越有意识地创造他自己的历史——只有从那时起，他所发挥的社会作用，在主要方面并且在不断增长的尺度上，将具有他意图的结果。它是人从必然王国向自由王国的上升。（T 715—716）[14]

异化不再是一个问题，因为工人不再与他们的劳动产品相分离。任何社会经济阶层都将不再存在，因为不再存在主人和雇佣奴隶。人们不在被当作商品对待，而将重新发现他们的真正自我和他们的尊严。氛围将从狗咬狗的竞争性斗争氛围变为家庭氛围，人性的家庭氛围。马克思说，共产主义社会的旗帜上将会写着："各尽所能，各取所需！"（T 531）[15] 这是可能的，他说，因为贪婪和自私这样的品性并不是人类本性固有的。相反，这些品性是由我们的社会在我们身上培养起来的。通过改变社会，我们也改变了我们所知的人类本性。

如果能详细地描述这个社会就好了，但是马克思只提供了一般纲要。具体的政策要等那个时代到来时再制定。根据马克思对人类境遇的分析，共产主义把人性恢复到它真正的本质，一切事物都会井井有条。共产主义是真正的：

对人与自然和人与人冲突的解决……共产主义是对历史之谜的解答，并且它知道自己是对此的解答。（EPM, T 84）

> **想一想**
>
> **25.5** 当代政治哲学家约翰·罗尔斯提出以下思想实验。他要我们想象社会还不存在,但是我们都在一个完全平等的状态下聚集在一起来创造一个新的社会并决定治理它的原则是什么。而且,他要我们假设,关于你在这个社会中是什么样子,你处于"无知之幕"的背后。换言之,你不知道你的性别、种族、年龄、身体条件、个性、教育或社会经济环境将是怎样的。因为不知道你生来会有什么样的有利条件和不利条件,你会不得不设计一个对所有人都公平的社会,会将机会最大化,会保护不利的群体。在无知之幕的背后,你会选择像马克思所预想的社会,还是会选择你现在的社会?或者有你会青睐的其他社会设计吗?

评价与意义

很难否认马克思关于资本主义的评论击中要害。《共产党宣言》出版100年后,悉尼·胡克列出了仍然盛行于今日的那些马克思描述的资本主义特征:

经济集中和垄断,繁荣和衰退的循环,失业和技术变革的影响,阶级的政治经济斗争,过度专业化和劳动分工,物质和金钱的价值战胜我们文化的其他部分。[16]

然而,马克思的许多预测没有中的。特别重要的是,他认为资本主义制度的崩溃就在眼前。但是,资本主义制度似乎有他未曾探测到的弹性。劳工联盟的权力,政府对垄断的起诉,工人的健康和安全管理规章的推广,平权法案项目,工人闲暇的增加,大量的雇员福利,这些只是20世纪工作场所发展的一少部分,马克思从未想象到它们会在资本主义内部得到发展。他似乎假设可供选择的只有完全的自由放任经济或完全的集体主义,而不承认今日世界的混合经济。

更进一步的问题是,马克思关于人类本性有一种浪漫的观点。他相信自利的动机与对权力和控制的渴望是只属于资本主义制度的结果,不会传递给社会主义制度下的人类。然而,历史已经表明,资本主义者并不总是被盲目的利润最大化本能所驱动,并且,不论是好是坏,人类本性的某些特征在任何经济制度中都是一样的。显然,20世纪后半期许多马克思主义政府的倒台是对马克思主义理论最引人注意的指控。然而,那些度过了这一转变的人说,他们看到了四样他们从没有在社会主义制度下看到的东西。一方面,他们体验到旅行的自由和理智的自由;另一方面,不幸的是,失业和无家可归出现了。或许历史对马克思主义的最终裁决还没有到来。清楚的是,马克思没有预见到历史辩证法有进一步的篇章。

非常容易被关于马克思的经济理论和政治提议的争论所吸引,而忘记了,对于他,这些其实是更崇高得多的目标——每一个人在社会中的发展——的手段。马克思的批评者可以正当地指出资本主义继续补救它自己的邪恶的方式。然而,马克思主义者可以正当地回答,资本主义社会的良知得到提升,是马克思揭露工业化时代造成的罪恶的后果。卡尔·波普尔,马克思主义最有力的批判者,如此赞颂他的天才:

(马克思)以许多方式开启和塑造了我们的眼睛。向前马克思的社会科学回归是无法设想的。所有的现代作家都受惠于马克思,即使他们没有认识到。[17]

在21世纪，尽管物质财富增长和普通人生活水平的提升比马克思所能梦想的还要高，但人们感到的异化感并没有降低。这暗示异化可能不是外部条件的函数，而是更深地植根于人类本性中，一种内在不适的症候。替代性的诊断是由存在主义的两位创始人，索伦·克尔凯郭尔和弗里德里希·尼采进行探索的，这是下两章的主题。

> **当代联系 25：马克思**
>
> 卡尔·马克思思想的当代相关性非常明显。在他写他的著作的那个世纪之后，他的思想影响并改变了世界的面貌。然而，随着20世纪后期共产主义制度在东欧的倒台，马克思主义经济学的合理性降低了。资本主义显示出马克思未能预料的弹性和改革的能力。薪酬、健康和安全标准，工作日的长度，还有福利，都好过马克思的时代。仍然可以论证，这些社会变革是马克思对资本主义批判的结果，而不是与之无关。而且，只要社会中的某些人被剥削，并且只要社会公平的问题没有解决，马克思的主题就有某些吸引力。
>
> 即使马克思的理论之光在经济领域已经暗淡，许多文学批评家仍然发现，通过注意文学作品的社会背景和阅读文本的字里行间去发现作者隐藏的意识形态议题，有助于理解文学作品。特别是，后现代主义和女性主义运动质疑客观立场的可能性并主张，尽管一切文化表达都伪装成理性、开明地追求真理，但背后依据的都是特殊利益。因此尽管可以质疑马克思的政治和经济观点是否会实现，但他持久的遗产可能是，使我们认识到经济在人类生活中的重要性和在日常生活表面之下运转的权力与控制机制的作用。

理解题

1. 马克思把什么作为他一生的任务和使命？
2. 什么观念、事件和环境影响了马克思的哲学？
3. 马克思为什么认为在他的时代大多数人都受异化的折磨？
4. 马克思的辩证法在什么方面不同于黑格尔？
5. 马克思试图如何调和他的历史决定论理论和他对政治行动主义的号召？
6. 什么是经济决定论？马克思如何使用这个观念来解释社会和历史的模式？
7. 什么是意识形态以及马克思认为它如何影响历史？
8. 马克思为什么说"宗教是人民的鸦片"？
9. 为什么马克思批判所有之前的哲学？
10. 为什么马克思认为资本主义注定失败？
11. 什么是马克思关于历史顶点的观点？

思考题

1. 你对马克思哲学的理解或预想以什么方式（如果有的话）被这一章所改变？
2. 对于马克思的主张，人类本性并非固定，而是能通过社会条件的改变来改变，你如何认为？
3. 如果你生于完全不同的社会和经济环境（你的家庭极端富有或极端贫困）下，你的政治和社会观点会和现在不同吗？

注释

1 所有对马克思和恩格斯的引用，除了另有说明，都取自罗伯特·C.塔克（Robert C. Tucker）编，《马克思恩格斯读本》(The Marx-Engels Reader)，第 2 版（New York: Norton, 1978）。对这个文集的标注缩写为"T"，出现在圆括号里，并伴有相应页码。因为有许多不同来源的马克思著作可以获得，也将指出该引文最初出现的马克思著作。在某些情况下，这出现在尾注中。然而，当著作被频繁引用时，它的缩写将写在塔克版的标注之前。这些缩写如下：

CCPE 《政治经济学批判》(A Contribution to the Critique of Political Economy) 序言。

CHPR "黑格尔《法哲学》批判导言"（"Contribution to the Critique of Hegel's Philosophy of Right: Introduction"）。

CI 《资本论》(Capital) 第 1 卷，本·福克斯（Ben Fowkes）译（London: Penguin Books, 1990）。

CM 《共产党宣言》(The Communist Manifesto)。

EPM 《1844 年经济学哲学手稿》(Economic and Philosophic Manuscripts of 1844)。

GI 《德意志意识形态》(The German Ideology)。

2 致阿诺德·卢格（Arnold Ruge）的信。

3 引自 A. 詹姆斯·格雷戈尔（A. James Gregor），《马克思主义概览》(A Survey of Marxism, New York: Random House, 1965)，第 6 页。

4 《论犹太人问题》("On the Jewish Question")。

5 引自小约翰·赫尔曼·兰德尔（John Herman Randall, Jr.），《近代心灵的形成》(The Making of the Mordern Mind, Cambridge, MA: Riverside Press, 1940)，第 384 页。

6 致阿诺德·卢格的信。

7 《在马克思墓前的讲话》。

8 《关于费尔巴哈的提纲》("Theses on Feuerbach")，XI。

9 《神圣家族》(The Holy Family)，引自戴维·科特（David Caute）编，《卡尔·马克思基本著作》(Essential Writings of Karl Marx, New York: Collier Books, 1967)，第 50 页。

10 《哲学的贫困》(The Poverty of Philosophy, Chicago: Kerr)，第 119 页。

11 见约翰·麦克默特里（John McMurtry），《马克思世界观的结构》(The Structure of Marx's World-View, Princeton, NJ: Princeton University Press, 1978)，第 7 章。

12 塞西尔·弗朗西斯·亚历山大（Cecil Frances Alexander），《一切光明美丽的事物》("All Things Bright and Beautiful")（1848），第 3 节。

13 《雇佣劳动与资本》(Wage Labour and Capital)，§ 5。

14 弗里德里希·恩格斯，《社会主义：从空想到科学的发展》(Socialism: Utopian and Scientific)，§ 3。

15 《哥达纲领批判》("Critique of Gotha Program")。

16 悉尼·胡克（Sidney Hook），《〈共产党宣言〉百年后》("The Communist Manifesto 100 Years After")，《纽约时代杂志》，1948 年 2 月 1 日，载于《近代思想的铸造者》(Molders of Modern Thought)，本·B. 塞利格曼（Ben B. Seligman）编（Chicago: Quadrangle Books, 1970），第 80 页。

17 卡尔·波普尔，《开放社会及其敌人》，第 2 卷（London: Roudledge & Kegan Paul, 1966），第 82 页。

第26章

索伦·克尔凯郭尔：
宗教存在主义的奠基人

现在称为**存在主义**（existentialism）的20世纪哲学生根于19世纪的索伦·克尔凯郭尔（Søren Kierkegaard）和弗里德里希·尼采（Friedrich Nietzsche）的著作。克尔凯郭尔在本章讨论，尼采在下一章讨论，但是在一开始对二者进行初步比较是有帮助的。这两位思想家极为不同，又非常相似。他们的不同在于，克尔凯郭尔是一个充满激情的基督徒，而尼采是一个充满激情的无神论者。然而，尽管有这一极大的差别，他们共享着某些相同的哲学信念和某些对他们时代的相同批判。在发展后来是存在主义运动特征的主题时，他们都断定激情比理性更重要，主观性比客观性更重要，并且个体的人比抽象的普遍的大众或无个性的大众更重要。

比起20世纪发展起来的围绕他们思想的兴趣和追随，克尔凯郭尔和尼采对他们自己的时代都影响不大。因为这个原因，克尔凯郭尔被称为"丹麦的定时炸弹"，因为他的思想默默地嘀嗒响着，直到它们在几代人后爆发。为了表达他对他的时代还没有准备好理解他的信息的感觉，尼采有一个他虚构出的宣言：

我来得太早了，……还不是我的时代……闪电和雷声需要时间；星光需要时间；事迹虽然已经完成，但仍然需要时间被看到和听到。[1]

19世纪还没有准备好放弃这种思想，即，对人类本性的科学或理性的分析，能告诉我们关于我们自己我们需要知道的一切，包括如何指导我们的生活。然而，20世纪的人们发现，当他们试图应付两次世界大战的恐怖和不人道、大众文化的非个性化效果和即使被最奇妙最华丽的技术包围也感到异化和空虚时，这种乐观主义过于单薄。只有在这些幻灭的经验之后，人们才准备聆听克尔凯郭尔和尼采说明人类本性的黑暗面、深入内心的重要性和他们对近代文化的批判。

克尔凯郭尔和尼采的相似之处不仅在于他们对人类状况的诊断上，而且也在于他们的"疗法"上。因为他们感到真理不能直接通过命题传达，两位哲学家都采用了迷人的文学风格。他们利用了一切可设想的招数来引诱我们的想象，使得真理能从后门溜入我们心中。过去，保险箱盗贼会磨他的手指尖，以让它们在他扭动拨号盘时能在疼痛中敏锐地感觉到锁的内部运动。类似地，克尔凯郭尔和尼采用写作来刺激你，"摩擦你的痛处"，使得你对你自己存在的质地敏感。他们不是提供哲学论证，而是提供存在的可能性并把选择留给你。在他们的分析中发现缺陷很容易。但是，正当你认为你成功地对他们的写作做出判断时，他们的话语有办法激发你，直到你认识到他们的写作正在对你做出判断。通过嘲弄你使你对他们做出反应，克尔凯郭尔和尼采迫使你暴露你自己，以及你的恐惧、你的信念和你神圣的偶像。如果他们成功地唤起了这种自我诚实，他们不会在意你怎么看待他们的文字。

克尔凯郭尔的人生阶段：从充满激情的浪子到充满激情的基督徒

索伦·克尔凯郭尔1813年5月5日生于哥本哈根。天生孱弱的身体、佝偻的脊柱和在说话时经常嘶声的沙哑嗓音让他痛苦。他说他的身体是沉重的负担，拖累着一个追求自由的健康灵魂。17岁时，他进入哥本哈根大学。最初，在他父亲坚持下，他主修神学，但是他后来改为哲学。虽然他的学院学习影响了他的思想，但他著作的精神来自他生命中的四个转折点。它们是两个关系（与他父亲的关系和他唯一的恋爱）和两场战斗（与新闻界和与丹麦教会）。

克尔凯郭尔的父亲是作为一个贫穷的清教徒成长起来的，但通过努力工作和好运，在商业上非常成功，以至能够在40岁退休。他是一个非常虔诚的清教徒，但是一种感到他在道德上完全失败的病态负罪感却折磨着他的生活。结果是他施加给他的儿子一种非常严苛的压迫性宗教养育。克尔凯郭尔后来把它描述为"疯狂"。

作为一个大学生，克尔凯郭尔反叛了他童年的宗教压力。他试图尽其所能挤出他生活中的所有快乐，并努力发展作为一个逍遥、有文化的花花公子的名声。然而，根据他的日记，他正被他无忧无虑面具背后的绝望所吞噬：

> 我刚从一个以我为生命和灵魂的聚会上回来；我口吐莲花，人人都对我嬉笑和钦佩——但我离开了——这破折号应该和地球轨道一样长——并且想开枪打死我自己。（KA 7）[2]

就在他父亲死前，克尔凯郭尔和他和解了。儿子认识到他父亲严厉的宗教训练实际上是一种爱的努力，想让他免受他父亲经历的那种忧郁和负疚的伤害。带着对父亲的爱的这种新认识，克尔凯郭尔开始理解上帝之爱并返回基督教。

他生命中冲击他的哲学的第二个有影响的事件是他与雷吉娜·奥尔森的订婚。这对克尔凯郭尔来说是一段曲折的经历。他热烈地爱上了她，然而觉得他忧郁的个性会像铅一样的重担让她被拖累。而且，他感到他生命中有一项独特的使命，会被婚姻的纠缠和循规蹈矩的中产阶级生活所破坏。在婚约破裂之前和之后，克尔凯郭尔都发现，他对她的爱让他最好的东西显现出来，并鼓舞他内心的文思涌现。然而，他发现，比起她具体地亲身在场，这种抽象的爱的鼓舞更让他陶醉。抽象与具体之间的张力这一主题一直贯穿着他的写作。

对克尔凯郭尔的第三个影响是他与新闻界的终生战争。他担心新闻界使得个体认为他们是被称为"公众"的匿名集体的一员。他与新闻界的紧张关系在他著名的与《海盗报》的争斗中达到白热化。这是一家流行的报纸，喜欢报道当时的流言蜚语以及提供诙谐讽刺的书评。这家报纸早先称赞了克尔凯郭尔用笔名写的两本著作。然而，在1845年12月，它做了关于他的《生命的阶段》的不利评论。克尔凯郭尔认为是时候把这张庸俗报纸打回原形了。在奉还早先的有利评论时，他宣称这家不名誉的报纸的赞扬损害了他的名誉。克尔凯郭尔以他典型的好辩风格，给这家刊物写了一封公开信，请求编辑与他断绝关系来恢复他的名誉。编辑同意了这个要求，并且发起了一系列社论攻击克尔凯郭尔和他的著作，还发表了令人难堪的嘲笑他的漫画。这场讨伐是成功的，因为它让许多哥本哈根人反对克尔凯郭尔，并使他成为嘲笑的对象。在这场争论之前，他本计划退出写作并在乡间教会安静地工作。然而，现在，他感到需要守住他的岗位，继续批判他的文化。

最后，克尔凯郭尔介入了与丹麦教会的争斗。他的控诉是，在丹麦做一个基督徒是理所当然的文化事件。在他看来，教会是一个安逸的机构，早就抛弃了真正的基督教。他讽刺丹麦经常去教堂做礼拜的人是臃肿的鹅，每个礼拜天聚在一起赞颂造物主给了他们翅膀，但是他们长得太胖了，飞不起来，反倒责骂那些真的使用他们翅膀的鹅。虽然他仍然与名义上是基督教的"基督教界"战斗，但他的健康开始恶化，并且死于 1855 年 11 月 5 日。在他的葬礼上，他的兄弟彼得，一个著名教士，为索伦·克尔凯郭尔反对教会道歉。然而，许多大学生，他们钦佩克尔凯郭尔破除偶像的著作，掀起了抗议。这引发了一场小规模骚乱。这非常合适，即使他被埋进坟墓，克尔凯郭尔仍然引起了争论，并迫使人们表明立场。这正是他想要的。

任务：让生活更艰难

通过他虚构的一个人物之口，克尔凯郭尔描述了一个下午坐在咖啡馆的人，思考他一生的使命应该是什么。*当他环顾周遭的社会，似乎每个人都努力工作，试图用新的发明和新的技术让生活更容易。他断言，他必须做的，是给人们他们失去的但又是他们真正需要的东西。因此，他说：

> 出于对人类的爱，出于对我困窘境遇的绝望，看到我一事无成并且不能让已经弄得容易的事情变得更容易，并且被那些使得事事容易的人的真正利益所触动，我把到处制造困难当作我的任务。（CUP 166）

但是努力使生活艰难的意思是什么？克尔凯郭尔或许可能回答，生活最大的回报只给那些愿意经受困难甚至痛苦的人。母亲诞育新生命的阵痛，运动员产生自我克制和运动记录的坚定不移和努力，以及作家创作伟大小说的创造性奋争。对于克尔凯郭尔，生活最重要和最困难的目标是自我理解。我们喜欢采取超然的姿态，作为旁观者来看待生活。我们更安于理性和分析而不是激情和投入。我们有一种自以为是的自满，妨碍我们痛苦而完全地对我们自己诚实。

如果自知是他的全部关切，克尔凯郭尔会是当代自助心理学的 19 世纪先驱。然而，克尔凯郭尔心中有一个更大的目标。他相信，我们对自己越诚实，我们会经验到越多的绝望，直到我们最终认识到离开与上帝的关系我们不可能完全实现自我。正如他在整个《作为作者对我著作的看法》中所表露的，他的首要目的是理解做一个基督徒意味着什么，

---

* 虽然假设克尔凯郭尔虚构角色的话反映了他自己的情感并不总是可靠，但在这个例子中，他们的确重复了克尔凯郭尔多次说过的关于他自己的话。

并且督促他自己和读者在实践中认识这一点。然而，为做到这点，他不得不让我们意识到，我们所有发现生活中心的其他努力都是不充分的。因而，当所有哲学家都寻求回答我们的问题时，克尔凯郭尔却寻求为我们感到舒服的回答提出问题。他的目标是一个一个地毁灭每一个我们珍视的解答，直到我们在绝望中认识到只剩一个解答。

想一想
26.1 克尔凯郭尔为什么想要让生活对人们更艰难？在你的生活中，谁通过让你的生活更艰难来使你成为更好的人？

克尔凯郭尔的方法：间接传达

如果克尔凯郭尔要传达一个宗教信息，人们可能期待他的著作采取宗教论说的形式。然而，他大多数值得注意的作品在题材上看起来都不是宗教的。在考察克尔凯郭尔的著作时，需要注意他以一种苏格拉底的反讽概念来写他的主的论题。和苏格拉底一样，克尔凯郭尔不相信他能把真理传达给任何人。因此，他必须使用间接传达的方式，引诱他的读者发现他们自己的真理。他使用各种有效的文学设计，诸如反讽、幽默、讽刺、寓言，甚至实验。然而，他使用的最有趣的技巧是，把他的作品呈现为各种虚构人物的作品，而他自己只是他们中立的编者。例如，他的角色，有的是忠实的快乐主义者和勾引者，没有自我感，有的是道德主义者，没有发现道德上正直的生活并不导向自我发现，有的是一个基督教作家，他是一个同情的局外人，还有的是一个基督徒，他的信仰超出了克尔凯郭尔自己达到的范围。* 读者被引诱通过这些不同观点的透镜去观看生活并得出他自己的关于它们是否充分的结论。克尔凯郭尔的目标是引诱你相信并引领你走上一条道路，在那里，你会突然发现你凝视着一面镜子，在震惊中进入自我理解。罗杰·希恩很好地描绘了克尔凯郭尔的方法：

> 像一个文学拳击手，克尔凯郭尔直击、佯攻、格挡，让他的读者失去平衡。他把你逼进（因为他的著作总是针对你）墙角，连续击打你，给你一条出路逼你走。当他用他鞭子一样的风趣转向某人时让你发笑，然后反冲撞击你让你痛苦。他倾泻讽刺和谩骂，然后马上变为谦卑和虔诚的祈祷者。[3]

虽然克尔凯郭尔处理了很多标准的哲学问题，但他没有涉及知识、实在或道德的理论。他认为，哲学家对它们的着迷，就像当某人饿得要死并需要立即从真实的餐饭中得到营养时详细地分析菜谱一样荒谬。对于克尔凯郭尔，离开了我们是什么样的人，我们自我诚实的程度，我们如何与真理相联系，以及我们如何参与实在，没有任何理智问题能得到理解。** 他在理智抽象和真实需要之间感到的对比，在1835年的日记条目中得到了陈述：

> 我真正缺乏的是，在我心中弄清我要做什么，而不是我要知道什么，除了在每一行动之前必须理解的东西之外。问题是理解我自己，看到上帝真正

---

* 这些角色分别存在于《非此即彼I》《非此即彼II》《非科学的结语》和《基督教的训练》中。

** 就此而言，克尔凯郭尔非常类似奥古斯丁。奥古斯丁关于宗教植根于一切哲学思辨的思想，通过潜藏在克尔凯郭尔传统的路德神学中的奥古斯丁精神而被获得。

希望我做什么；问题是发现对我为真的真理，发现我能为之生为之死的观念。（KA 4—5）

克尔凯郭尔论知识：真理与主观性

客观知识与主观知识

对于大多数近代哲学家，认识论的重要问题是如何超脱我们的主观性以获得客观真理。然而，克尔凯郭尔把这个问题颠倒过来。对于他，生活中最艰巨的任务是成为主观的。我们的自然倾向，他说，藏在客观性的掩护下，以逃避做出个人决定的痛苦和危机（CUP 115）。当我们开始看到"真理是主观性"，我们将最为全面地理解我们作为认识者的境遇。

克尔凯郭尔大多数关于知识的讨论是试图得出两类知识之间的区分：客观真理和主观真理。为了理解克尔凯郭尔针对的是什么，要注意主观一词有两个意思，一个是贬义的，一个是中性的。坏的主观性出现于人的兴趣利益干扰了他正确地看待和判断事物的能力的时候。在这个意义上的主观一词与"任意的""特异的"或"有偏见的"等词项相联系。如果一个教授给他的"宠儿"高分，而给其他人低分，并且学生的分数和他们的表现之间没有联系，那么他的给分在这个词坏的意义上是主观的。

主观也可以表示"必然与主体相联系"。在这种情况下（一种克尔凯郭尔关心的情况），说一个看法或决定是主观的，意思是它无可避免地与主体的需要、兴趣或价值相联系。你做出的关于追求什么职业、是否要结婚或者要选择什么伦理价值的决定，都必然涉及你是一个人。你可以寻求从其他人那里得到建议，并且考虑所有能得到的客观资料，但归根到底，它要由你来决定。在面对这些问题时，你要决定你作为人在这个时刻的全部发展并且对你现在选择要成为什么样的人表态。当我们谈到逻辑、数学、科学或任何对人的主观存在并非必不可少的知识领域时，克尔凯郭尔对客观真理并不质疑。你拥有还是缺乏这种真理对于你成为一个全面的人并无影响。考虑一下"2 + 2 = 4"这个陈述。这个陈述是谁说的，在什么环境下说的，都无关紧要。因为它是非个人的客观信息。赞同它是真的，对于作为一个人你是谁的问题，并无影响。但是，把这个数学陈述和"我爱你"相比较。现在，这是谁说的，在什么环境下说的，的确关系重大。当你对一个人说"我爱你"，你正把自己卷入一个承诺，并且你被它影响和改变。如果你不是真诚的，你就把自己卷入一场欺骗。不管怎样，你的肯定涉及自我，并影响你作为一个人的发展。

> **想一想**
>
> 26.2 是否有某个时候，你凭理智知道某件事是真的，但它对你的生活没有影响？是否有可能在理智上知道某件事但主观上并不知道？每种认识方式有什么长处和缺点？

知道真理与在真理中

这最后一个例子引出了克尔凯郭尔在知道真理与在真理中之间做的一个重要区分。我们使用"对你自己要真"或"对你的朋友要真"这样的短语。显然，我们在这里不是在谈论具有真信念或言说真命题。相反，我们在谈论的是处于某种关系中。这是克尔凯郭尔在谈论"在真理中"时所针对的。他的"知道"与"是"的区分表达了与苏格拉底伦理学的强烈分歧。在他的伦理观点中，苏格拉底浓墨重彩地强调知道善。然而，在克尔凯郭尔的分析中，一个人可以在理智上赞同非常高尚的道德理论，但在现实实践中是一个恶棍。这样一个人会客观地知道真理，但主观上不生活在这个真理中。相反，一个人可能支持一种落后的道德理论，并且仍然在实践上比他的理论允许的更有道德敏感。

在克尔凯郭尔最著名的段落中，他比较了宗教知识的两种进路：

> 如果一个生活在基督徒中的人，走向上帝的居所，真上帝的居所，在他的知识中具有上帝的真概念，但他以一种虚假的精神祈祷；而一个生活在偶像崇拜社群中的人带着完全的无限激情祈祷，虽然他的眼睛停留在偶像的形象上：最大的真理在哪里？一个人在真理中向上帝祈祷，虽然他崇拜偶像；另一个人虚假地向真上帝祈祷，因而事实上崇拜偶像。（CUP 179—180）

第一个人知道真理，因为他有关于上帝的正确的客观知识。然而，他并未本真地与这一知识相联系。第二个人与真上帝有正确的主观关系，即使他关于上帝的观念是虚假的。根据克尔凯郭尔，唯有第二个人才能被说成在真理中。

结果与过程

客观地知道真理与主观地在真理中之间的区分与克尔凯郭尔做出的另一个结果与过程之间的区分相联系。在某些情况下，我可以依靠他人的努力获得某种结果，而不必自己经历获得它的过程。例如，我能从书上查到从地球到月球的距离。我不需要自己计算，因为某位天文学家已经为我做好了这个工作。然而，在另外的情况下，一个人不经历特定的过程就不能有结果。

例如，我不能让你身体结实。这是只能你自己经历获得它的过程才能得到的事情。对于克尔凯郭尔，这类关系重大的真理（自我知识、一个人应该的生活方式或者宗教理解）更类似于身体结实而不是数学信息。离开通向结果的道路，个体不能获得该结果。你知道什么与你如何知道它联结在一起。自我理解之旅是唯有你才能进行的曲折之旅。因为这个理由，克尔凯郭尔觉得试图直接传达这种理解是无用的。他代之以使用他的间接传达方法，容许读者通过不同角色的眼睛体验生活，以看到每条路径通向哪里。

> **想一想**
>
> 26.3 提供这种情况的其他例子，即你可以从旁人那里获得结果，而不用自己经历获得的过程。提供这种情况的例子，即你自己不经历特定过程，你就不能获得结果。

宗教信念

假如事情像目前所说的这样，你会正确地猜到克尔凯郭尔认为理性与做出宗教选择没有多大关系。事实上，宗教哲学家让基督教合乎思辨理性口味的努力让他沮丧。"因为，如果上帝不存在，就不可能证明它；如果他真的存在，尝试证明是愚蠢的。"（PF 49）

既然克尔凯郭尔相信上帝的确存在，他为什么认为企图向理性证明这一点是愚蠢的？他的第一个抱怨是，有神论的证明在逻辑上是荒谬的。与休谟和康德一样，克尔凯郭尔相信，在数学和逻辑中运转良好的先天类型的推理不能用于证明存在。他的第二个关切是，宗教证明有害于人类自由。例如，一旦我理解毕达哥拉斯定理的证明，除了接受它我就没有合理选择。因为这个理由，说我相信它或信仰它毫无意义。然而，信仰上帝必须被自由选择，它必须来自意志的决定行为。

> 信念不是一种知识而是自由的行为，意志的表达……信念的结论不是一个作为决定的结论。（PF 103—104）

克尔凯郭尔的第三个观点是，客观知识不能为信仰要求的承诺提供根据。客观的进路最多可以给我们一个假设，通过连续的计算和权衡证据，或者克尔凯郭尔所称的"近似过程"，被暂时肯定。我们发现的肯定证据的每个片段让我们对假设越来越有信心。但总是有可能引入否定证据降低它的概然性。我们按证据比例提升或降低对一个科学或历史的假设的承认是适宜的。然而，信仰必须是某种我可以毫无保留地安身立命的东西。克尔凯郭尔滑稽地描述了一个认为他可以通过客观途径获得信仰的人。然而，它只能允许他接近他打算信仰的对象，但不让他达到它：

> 任何几乎可能、很可能或非常和肯定可能的事，是某种他几乎能知道、差不多知道或非常和肯定地几乎知道的事——但不可能相信它。（CUP 189）

因为这个理由，克尔凯郭尔把主观真理和信仰都定义为"在最充满激情的灵性的占有过程中被持有的客观不确定性是真理，存在的个体能获得的最高真理"（CUP 182）。信仰包含着冒险，包含着跳跃——在没有明确无疑的保证、客观的证据的情况下把自己交付出去：

> 没有别的信仰之路；如果一个人想要逃避风险，它就像一个人想在下水之前确定地知道自己会游泳。（PF 103n）

第四点是，宗教选择用整个人格来做出，而不仅是用理智。对于克尔凯郭尔，基督教不是一套要被理解的学说，而是一个要遭遇的神圣位格。"上帝是一个主体，因而只对灵性中的主观性存在"（CUP 178）。因此，哲学家对上帝存在的证明不会引向信仰。它只会留给一个人逻辑三段论和枯燥的理智灰尘，它不会平息任何人的精神渴望。存在着一个人为什么决定相信的理由，但这些理由不会在客观论证中找到。克尔凯郭尔引用了一个古老的说法，"不论知道什么，都是以知道者的方式被知道的"。换言之，要经验某事，你必须在适当的特殊环境（或方式）中。如果你想在树林中经验一头鹿，你必须静静等待。如果你想经验酒的细微滋味，你不能先品尝某种过于浓烈之物。

类似地，只有你在"特殊环境"中——即，如果你感受到没有任何有限事物能平息的精神渴望，并且如果你愿意继续朝着其终极目标的孤独的自我理解之旅，宗教真理才能被发现。

根据他关于主观性所说的一切，很容易获得这样的印象（很多评论者已经有这样的印象），克尔凯郭尔在主张，只要热情地坚持它，任何"真理"都行。如果这就是他的意思，那么相信绿野仙踪就会和献身基督教的上帝一样有效。然而，显然他相信基督教客观上是真的，同时他强调它的真必须被主观地占有。当他说"真理是主观性"，他的意思不是你我绝不能与相同的真理相联系。可以主观地知道某事但它并不是主观的。在信仰中，认识的模式与个人相关，但知识的对象并非如此。"理解的特性恰恰在于，每个个体为他自己而达到理解"（CUP 71）。在前面提到的段落中，当他比较了（1）一个具有上帝的真概念，却以虚假的精神崇拜他的人和（2）一个用他全部的激情崇拜偶像的人，需要注意克尔凯郭尔的确区分了"真的上帝"和偶像。这显示他相信存在着一个客观的绝对的上帝。然而，他也暗示一个有热情的信仰和虚假概念的人，比有正统概念但不真诚地持有它并且没有激情的人，拥有更多的真理。

想一想

26.4 克尔凯郭尔相信，努力证明上帝是（1）不虔诚的，（2）无意义的和（3）不可能的。对其中的每一个观点，你同意还是不同意？为什么？一个支持上帝存在的理性论证的人可以如何回应克尔凯郭尔？

反形而上学者克尔凯郭尔：存在、时间与永恒

克尔凯郭尔经常被描述为一个反形而上学者，因为他和康德一样不相信我们能有关于实在的逻辑思辨知识。虽然他总是表达对黑格尔伟大心灵的尊敬，但克尔凯郭尔断言（带着极大的反讽），黑格尔宏伟的形而上学体系不仅是理智上的错误，而且是谬误的喜剧：

> 如果黑格尔曾写过他的整个逻辑学并在序言中写道，它只是一个思想实验……他无疑会是曾经存在过的最伟大的思想家。就实际情况来看，他是一个喜剧演员。[4]

换言之，黑格尔的体系可以因为它的宏伟和复杂而受钦佩，就像我们会钦佩一个非常聪明的科幻作品，即使它与实在没有关系。克尔凯郭尔从不厌倦对黑格尔这样的思辨形而上学进行攻击。*

克尔凯郭尔对任何形而上学体系的第一个批评，例如黑格尔，是它过于抽象，其中完全不谈个体在生活中面对的具体问题：

> 大多数体系哲学家和他们的体系的关系就像一个建起了巨大城堡的人，他自己却住在它旁边的棚屋里。但是，在心灵和精神的领域，这种外在分离是并且依旧是一个决定性的反对意见。要从精神上被理解，一个人的思想必须是他居住之所——否则整件事是错乱的。[5]

克尔凯郭尔用另一个隐喻说，从这样的哲学寻找指导就像：

> 在一幅欧洲小地图的指引下旅游丹麦，在这幅地图上显示的丹麦还不如钢笔尖大——是的，它甚至更不可能。（CUP 275）

换言之，尽管黑格尔谈论"人类精神"和"人类"，但他不是对作为个体的我谈话，并且不注意我存在的具体特征。我不可能在形而上学的一般性中发现我的独特境遇，就像我不能用高度精简的地图来指导我穿行丹麦的路一样。

---

* 记住，同情黑格尔的哲学家抱怨克尔凯郭尔经常把黑格尔的立场滑稽化。然而，即使这是真的，也很难不同意克尔凯郭尔的主张，即黑格尔使个体从属于历史和文化的力量。

克尔凯郭尔的第二个抱怨是，我们可以有一个无时间的完备的和已完成的逻辑体系，但不可能有一个存在体系，因为我们的存在仍然在进行中。黑格尔认为他的体系能把握和包含根本不能被有限的人类所拥抱的实在，这是荒谬的。既然上帝能看到整体，对于他，存在是一个体系是可能的。然而，对于我们，我们永远达不到终局，而是不断面临新的选择。我们深陷在生活中，不可能让我们自己远离它来抽象地看待它，就像我们看待一个数学体系一样。

对于克尔凯郭尔，存在这个词有特殊意义。它是一个通过个人选择来认识作为自我意味着什么的过程。它是当代的存在主义者所称的"本真存在"。对于黑格尔（至少按克尔凯郭尔对他的诠释），人类生活的目标是超出人的特殊性，朝向更大的普遍性。做到这一点的方式是，把一个人的兴趣和群体精神合并，并最终达到抽象知识的水平，在这种水平上，所有的特殊都被吸收到一个统一普遍的观点中。但是，对于克尔凯郭尔，某个东西越普遍，它就越抽象和空洞。你越接近对人类之一般的描述，你就越失去你独特存在的特色。

克尔凯郭尔相信，深藏于我们心中的是对永恒和无限的渴望，而这永恒和无限与我们尘世的、受限于时间的沉重生命处于张力之中。如果我们体验到这种张力，我们将知道充满激情地存在意味着什么。

不可能没有激情地存在，除非我们在一种所谓存在的不严格意义上理解"存在"这个词……如果一个人要意识到存在，存在恰恰就是这个意思。永恒是飞马，无比迅捷，时间则是筋疲力尽的老马；存在的个体是驭手。这即是说，当他的存在模式不是不严格的所谓存在时，他就是这样一个驭手；否则，那样他就不是一个驭手，而是一个躺在车厢里睡觉，让马自行其是的喝醉的农民。当然，他也在驾驭，并且是一个驭手，而且有很多人也是这样——也存在着。（CUP 276）

睡觉的驭手代表对他的存在无动于衷的人，要么因为他把他自己的存在隐藏到共同体的心灵集合，即黑格尔的普遍历史流程和哲学抽象中，要么因为他毫无反思地被自己的冲动所牵引。只有那些紧握缰绳，为他自己生命中的决定性选择而奋斗的人，

卡斯帕·大卫·弗里德里希，《雾海上的旅人》。根据克尔凯郭尔，生命中最重要的任务是达到本真的个体存在。作为一个年轻人，他在日记中写道："问题是理解我自己，看到上帝真正希望我做什么；问题是发现对我为真的真理，发现我能为之生为之死的观念。"

才能说在这个词的完全的意义上"存在"着。

克尔凯郭尔的自我概念与哲学史上的两个主要立场相冲突。对于一群哲学家，如笛卡尔，自我是一个完全存在的自明实体。它是世间物品的一部分，就像身体那样。对于另一群哲学家，如休谟，没有超出流逝着的经验流之外的自我。克尔凯郭尔的立场是，笛卡尔和休谟各自部分正确。当我们没有积极地为做自我而奋斗，我们的生命就像休谟描述的那样，只是流逝的经验之流，没有统一，没有中心。然而，这不是故事的全部，因为成为自我是可能的。在另一面，与笛卡尔相反，做自我不是既定的，因为成为自我是我们生活的主要事业。"一个存在着的个体自身是一个生成过程……存在的口号是永远向前。"（CUP 368）成就存在是一个要完成的任务，伴随着大量焦虑、恐惧和战栗。我周围的一切（和我之中的一切）都是牵引我脱离本真并使我对我自己的存在麻木的力量。就像上面段落中睡觉的旅人，我一生被动地赶着车而没有有意识地选择我旅行的方向。在克尔凯郭尔对生命阶段的讨论中，将展示成为自我的道路。

生命之路的阶段

根据克尔凯郭尔对人类经验的分析，每个个体都面临三种基本承诺之间的选择：审美的、伦理的和宗教的。在不同的地方，他称它们为"生活观点""存在范畴""存在境界""存在模式"和"生命之路的阶段"。克尔凯郭尔的"存在模式"类似黑格尔《精神现象学》里的"意识形式"，因为它们代表了感知和体验生活的不同方式。对于黑格尔，从一个观点向另一个观点的运动是历史模式的逻辑展开。

文化和历史时代经历不同意识形式的过程展示了背后的理性。对立的生活概念和模式不断在更高的水平上达到和解，就像历史汇聚在一个无所不包的普遍观点上。对于克尔凯郭尔则相反，穿越不同存在境界的运动根本不发生在文化或历史的层面上。它是通过个体的激情选择（或"跳跃"）战胜一个存在境界中的张力而走向另一个可选择的生活形式的个体之旅。这里的目标不是认知上充分的概念，而是当行动者通过成为完整、本真的自我来寻求逃避绝望时，在存在上充分的生活。

根据克尔凯郭尔，从存在的一个阶段向另一个阶段运动不能以逻辑理由为基础，而是以根植于一个人的个人生活的存在理由为基础。选择不再生活于一个存在境界是一种价值选择，因为这个选择是基于回答这样的问题，诸如"我要成为什么？我能让这条生活道路成为我自己的道路吗？"不可能诉诸非个人的理性法庭来评估任何这样的选择，因为所有价值都植根于这个域或那个域，因为它们都是关于生活中哪一个价值重要的竞争性观点。同时，这不意味着选择像抛硬币一样是任意的。一个存在阶段的不充分使得它自身在绝望的经验中被感受到，这驱使我们走上下一个阶段。

克尔凯郭尔相信，当我们通过每个阶段前进时，我们将沿着成为全面发展的自我的方向运动，这是一个只能在宗教阶段发现的目标。然而，因为这些阶段中的选择都是主观的，就不能抽掉一个人能做出错误决定这一事实（可能因为对逃避自知的欲求）。因此，一个为什么不可以留在绝望中，避免选择被迫向一个新的、更严苛的生活方式跳跃，对此没有逻辑理由。克尔凯郭尔关于存在境界的大部分讨论都在他的两卷本著作《非此即彼》中进行。

标题暗示生活就是在两个互相排斥的选项之间进行决定性选择，而不能像黑格尔假设的那样，在一个"亦此亦彼"的综合中解决。*

审美阶段

第一个存在境界是审美阶段。**审美的人生活在感觉、冲动和情绪的层面上，带着一种孩子般的直接性。生活就是不断地寻求满足的瞬间。审美范畴囊括了范围广大的个性类型，包括原始的快乐主义者，他们沉湎于低级的性快乐，以及浪漫主义者，他们陶醉于艺术和文学，甚至包括那些知识分子，他们把观念当美酒一般享受，但却不把自己的生命交托给任何观念。

对于审美的人，唯一重要的两个范畴是无聊和有趣。生活就是疯狂地努力品尝新鲜的经验来避免无聊。笛卡尔说"我思故我在"，而审美主义者说"我有有趣的瞬间，所以我存在"。对于这种类型的人，"无聊是万恶之源"（EO 1.281）。然而，无聊的武库里有两件武器。第一，无聊是一种威胁，因为一切经验的本性都是过渡性的。正当审美主义者认为他的生活充满快乐的时候，花谢香消，曲终人散，瞬间的激情逝去，他又一次陷入内心的空虚。无聊的第二件武器是重复。任何快乐太多，最终都会成为乏味、陈腐和不满。要战胜这个问题，一个人不得不疯狂地寻求新的经验。

为了让我们从内部体验审美生活，克尔凯郭尔创作了一系列据说由一个称为"A"的匿名的年轻人写的文章。这些文章的虚构作者是审美主义者最纯正的例子，因为他试图把追求有趣的瞬间变成一种精致的艺术。在名为"轮作方法"的文章中，A 这个人物推荐说，我们用与农夫轮作庄稼相同的方式来变动我们的快乐：

> 一个人厌倦了乡村生活，就搬到城市；一个人厌倦了他的故乡，就到国外旅行；一个人厌倦欧洲，就去美洲，如此等等。最后，一个人沉迷于对不断开始的无尽旅行的浪漫希望中。（EO 1.287）

根据 A，生活的关键是控制和避免承诺。警惕友谊，只维持各种社交关系。婚姻是危险的，因为你将失去审美生活所必须的自由和超然。然而，用多种多样的艳遇给你的生活调味是非常好的（但是要把它们限制在一个小时之内，最多一个月）。但是，当你开始坠入爱河，要有勇气中断它，因为你将失去一切而一无所获。一般来说，避免负责。把随心所欲变成一种艺术，他说，因为这将导致无穷的娱乐。

虚构人物 A 的文章充斥着《非此即彼》的第一卷，从对虚构人物唐·胡安（他的爱情故事是一个传奇）的赞颂到一篇称为"勾引者日记"的文章。在所有这些文章中，A 快活地把他的生活计划变成对快乐的追求，不论它们是性的、音乐的、文学的还是理智的（一个人必须总是保持快乐的轮换来避免停滞）。然而，当我们注意他的内心生活时，它似

---

* 克尔凯郭尔通过把他的文学技巧发挥到极致，把这本书呈现为好像是某个叫维克多·埃里米塔编的一系列文章。每个部分都是由另一个匿名角色写的第一人称说明。第一部是介绍生活在审美层次上的生活，而第二部是一系列由一个推荐伦理生活道路的人写给第一个作者的信。

** 审美（aesthetic）这个词已经与艺术和美相联系了。这是克尔凯郭尔用法的一部分。然而，克尔凯郭尔的用法还包括了原初的古希腊意义，即"感觉或感知"（我们仍然用"anaesthetic"来指任何感觉上迟钝的东西）。该希腊动词还与理论和剧场这些词有相同的词根。因此，对于克尔凯郭尔，审美的人是以疏离感来对待生活，是一个无牵挂的旁观者。

乎弥漫着空虚感。当他陶醉于一个快乐的瞬间，他似乎迷失在它全部的纯粹直接性中。当他致力于安排和计划他的下一个有趣瞬间，他变得超脱和疏离了他自己的生活。无忧无虑的审美主义者，对于他们，每个瞬间的价值都是相同的，但他们只是一切对他们都无价值的愤世嫉俗者的另一面。对快乐的追求所驱动的生活，即使这些快乐是最高级的理智型和文化型快乐，是这样一种生活，它唯一的中心是一堆碎裂的、反复无常的瞬间。审美人格的问题在于，他没有自我，因为他的选择是由他的环境、心情和冲动决定的。因此，存在着一种自然的辩证趋势，去寻求更多，去寻求某种统一的价值核心，去寻求一个人的自我，一种发现稳定的东西以托付自身的躁动的渴望。如果一个人符合了这一切，他将做出向存在的伦理阶段的跳跃。

伦理阶段

只有在伦理阶段个体才做出选择。存在于这个阶段不意味着人一下子做出了所有的正确选择。让这个阶段成为一个新阶段的是，一个人选择的道德性得到了考虑。在伦理阶段，世界被划分为善恶二分。虽然决定生活在伦理境界中不是一个基于理性的决定，但一旦一个人决定有道德，他就能理性地得出道德原则，就像康德宣称我们能够做的那样。然而，这不只是关于伦理学的理论构建，因为一个人可以像玩钱币收藏一样玩伦理哲学，却仍然过着审美的生活。相反，达到伦理境界意味着一个人的存在受伦理考虑的支配。

《非此即彼》的第二部是在虚构人物贾奇·威廉（有时称为"B"以与他的审美对应者相对照）的名下写的。这部书的大部分是一系列写给A的信，在信中，贾奇向他推荐伦理生活。如果唐·胡安和"勾引者日记"是审美阶段的隐喻，那么伦理阶段的典范要在苏格拉底那里和婚姻制度中找到。婚姻不是被动地被吸入爱的激情中，而是做出重大的承诺。然而，做出承诺要求在我心中有某种从一个瞬间到另一个瞬间的连续性。因此，在做出重大选择时，我正走在成为自我的道路上，自我是持续的，而不是即刻的瞬间。我第一次选择我将成为什么，而不只是构成我们审美生活的零碎冲动的集合。正如克尔凯郭尔在另一地方所说的，在伦理生活中，我达到了"获得历史的可能性"（CUP 227）。伦理人格是由激情（一个对克尔凯郭尔很重要的品质）刻画的。然而，这不是指审美人格的心血来潮的冲动。具有激情是用一个人的全部所是去关心某个事物，是拥抱一个人有意识地用于指导他生活的激发性价值。深深地关心某事物、自我反思和有原则的选择对于审美人格来说是不可能的。

即使伦理人格沿着成为自我之路大大推进，但目标并没有完全达到。我服务于普遍的道德原则并且参与到理性的道德行动者的共同体中，但我还不是一个充分地具有自我意识的个体。克尔凯郭尔这样描述一个生活在伦理境界中的人：

> 表面上他完全是一个"真正的人"。他是一个完整的人，丈夫和父亲，一个非常能胜任民事功能的，甚至是可敬的父亲，对他的妻子很和善，对他的孩子关怀备至。一个基督徒？嗯，是的，他还差得很远。（SD 197）

虽然这样一个人显然远远超出审美阶段，但还是欠缺某种东西。他的身份是一系列他身上的普遍原则之和。他只是一个社会规则的集合：丈夫、父亲、文明的仆人。问题是，前述描述可以符合任何人。问题是，所有这些描述背后的独特的本真自我在哪里？

因为这些理由，伦理人格还没有达到自我实现，这只有在宗教阶段才可能，虽然贾奇·威廉这样的人可能是一个真诚的教堂礼拜者。然而，这样一种宗教姿态仍然在康德《单纯理性限度内的宗教》的层面上，在此层面上，宗教看法是从对道德法则的理性理解中得出的。根据克尔凯郭尔，除了良好的道德行为外，伦理人格和上帝没有任何关系。在这个阶段，罪或道德缺失只是人类的弱点，可以通过加强意志和理智上对道德善更清楚的理解来战胜它。伦理人格，例如苏格拉底，具有道德自足的态度。但是，认识到一个人自己的罪和道德不足，是伦理阶段的反题。安于伦理境界的人努力做道德上要求的事情，但是满足于做得和一般人一样好。让我自己符合普通人的平和、普遍的规范，就是做一个和其他好人一样的人，但这不是通向个体本真性之路。然而，发展得最充分的伦理人格将是清楚地感知到道德理想的人，并且，吊诡地，将是最痛苦地意识到他未能成为完成了伦理发展的人。这种对人的不足的认识撕去了伦理阶段的自足态度，并产生了绝望。因此，追求最大限度的伦理产生了引导我超越它的辩证张力。唯一逃避的方法是向另一个存在阶段跳跃。

宗教阶段

在宗教阶段，一个人发现了做一个自我意味着什么。这个阶段的特征不是采用一套宗教学说，而恰恰是遭遇活生生的上帝。在审美和伦理境界中，我试图凭借我能控制的东西来找到满足。然而，在宗教境界中，我放弃了我对自治和控制的需要，我的姿态只是向我不能控制的东西开放，那就是上帝的主动权。伦理境界的自我感总是由其他有限人格的标准来度量的，它给一个人对自我的有限理解。只有当一个个体站在无限的上帝面前，他才获得对他本真自我的真实感觉：

但是，在自我直视上帝这一事实中，这个自我获得了新的性质或资质……在上帝面前，这个自我获得了多么无限的实在！（SD 210）

因为这个理由，克尔凯郭尔说，"越有对上帝的概念，就越有自我；越有自我，就越有对上帝的概念"（SD 211）。这里的一个重要因素是，只有用最大限度的自我诚实，我的个体性才能被充分认识，而只有面对我自己的不充分性时，这才是可能的。"基督教始于原罪说，因而始于个体"（SD 251）。当我遭遇活生生的上帝，我赤裸裸地站着，没有了我的任何社会定义的角色和我的面具。被剥夺了自欺的任何可能性，我第一次能够认识我自己。

在他的书《恐惧与战栗》中，克尔凯郭尔通过重述旧约中亚伯拉罕的故事，强调伦理境界和宗教境界之间的对比。在这个故事中，亚伯拉罕听到上帝的声音，要求他牺牲他的儿子以撒。在决定怎么做时，亚伯拉罕不能依靠普遍的伦理规范，因为一般人被认为会爱和保护他的孩子。因此，他被夹在服从伦理要求和侍奉上帝之间。他必须认识到的是，克尔凯郭尔所谓"对伦理的目的论悬置"（FT 64—77）。那就是，他与普遍者的关系必须为了更高的目标，即他与上帝的个体关系，而被悬置。通常，伦理和宗教不相冲突。然而，克尔凯郭尔不想让我们认为这二者能像康德假设的那样合而为一。通过给我们二者处于张力之中的例子，他正在指出个体与上帝的关系比以理性为基础的普遍伦理有更高的优先性。

亚伯拉罕生命中的危机显示，"信仰的骑士"（按克尔凯郭尔对他的称呼）和伦理上正直的人之间的差异是，信仰之人不是以道德的方式与上帝相联系，而是他对道德的承诺源自他和上帝的关系（因此能被上帝所取代）。在不那么戏剧化的环境下，处于伦理阶段的人和处于宗教阶段的人从外部表现的观点看是无法区分的。如果我们跟随着一个信仰的骑士，却像伦理上正直的人一样参与他日常生活中的平凡事件和快乐，我们不会发现他的外在生活有什么额外的东西。但是在内部，世界是完全不同的。差别是，他与任何有限和相对的事物的关系，总是由他对绝对的上帝的绝对承诺所支配的相对承诺。克尔凯郭尔把这比作成年人全心全意地和孩子游戏，但他仍然保留着超越孩子的理解和承诺（CUP 370）。

对于克尔凯郭尔，三个存在境界不同于三个没有共同之处的分离的圆。相反，它们像三个同心圆，宗教阶段和本真自我处于中心。当我从生活的外围向内（从审美阶段向伦理阶段）运动，我并没有把生活的快乐抛诸脑后，而是认识到它们不是绝对的而是相对的，并从属于伦理阶段的更高原则。例如，贾奇·威廉从伦理境界捍卫了"婚姻的审美有效性"。当我意识到宗教阶段，当我活在与上帝的关系中时，我可以将生活的快乐瞬间以及伦理原则置于背景之中。以这种方式来看问题，克尔凯郭尔实际上在重述黑格尔的洞见，即辩证法的每一次前进都保留了前一阶段有价值的东西，但把它提升到更高的层次上。

> **想一想**
>
> 26.5 根据克尔凯郭尔的三个阶段，你会把你自己定位在哪里？对于他对每个阶段的优势和劣势的分析，你如何认为？你是否认为他这三个范畴是充分的？它们是否完备地描述了对待一个人生活的可能态度的范围？

作为悖论与谬论的基督教

在前面关于主观性的讨论中，我指出，根据克尔凯郭尔，选择成为基督徒不是一个可以以理性为基础的选择。然而，基督教并不比任何其他承诺更主观。通过近似休谟精神的论证，克尔凯郭尔坚持，有理性根据的资料的总和，是一个过于零散和有限的集合，不能告诉我们要做出什么承诺。因此，所有终极选择都在我们完全个人的价值承诺基础上，要求一种跳跃。实际上，即使选择做有理性的人也不是一个理性可以要求的选择，而是以关于我们想要做什么人的决定为基础。

但是，克尔凯郭尔的兴趣不是让这对于我们来说很轻松，因为他从来不满足于停留在理性是有限的这一温和的主张上。相反，他坚持用可能的最极端措辞来陈述他的立场。因此，他不断谈到基督教不仅超越理性，而且是极端的悖论甚至是谬论。考虑以下典型的段落：

1. "因为荒谬是信仰的对象，并且是唯一能相信的对象"（CUP 189）。
2. "基督教已经宣布它自己是降临到时间中的永恒的本质真理。它已经宣称他自己是悖论，并且它要求个体在与自我践踏的、对理解来说犹如谬论的东西的联系中意识到信仰"（CUP 191）。

3. 克尔凯郭尔要求一个人"取消他的理解和思维，以保持他的灵魂固定在荒谬上"（CUP 495）并说我们必须达到"把理解钉死在十字架上"（CUP 496）。

诠释克尔凯郭尔在这点上的困难说法有两种方式。首先和最明显的解读是，克尔凯郭尔相信，信仰的人必须蔑视理性并且宗教承诺要求理智自杀。根据这个诠释，他的批评者把克尔凯郭尔的主张作为不可理解的东西加以拒绝，并给他贴上了"荒谬使徒"和"非理性主义者"的标签。某些克尔凯郭尔的钦慕者也同意这种诠释，因为他们相信理性和信仰相互敌对。

第二种对克尔凯郭尔更为微妙的诠释使他显得不像最初那样好像完全是个非理性主义者。基本上，这一传统把克尔凯郭尔看作在主张基督教高于理性，但并不与逻辑法则相对立。这个观点强调至少两点。第一，在称基督教是"悖论"时，克尔凯郭尔正在指出理性的限度，就像康德做的那样（而没有人会称康德非理性主义者）。他主张，无限就是不能包含在我们有限理性的范畴中。克尔凯郭尔频繁地将基督教的悖论本性和直截了当的逻辑矛盾相对比。[6]第二，克尔凯郭尔在主张，对于一个人生活中的终极问题，不存在纯粹的、未诠释的客观中立事实。任何事都是从这一套或那一套背景信念来看的。我们经验到这样的概念，如什么很有可能或不大可能，什么有道理或没有道理，什么有价值或没有价值。这些部分是历史条件的结果，部分是我们的态度、承诺和我们对生活的个人姿态的结果。从一个立场看来似乎"合适"和有道理的东西，从另一个立场看来似乎是吊诡和荒谬的。

用一个来自科学的类比，在牛顿物理学范式中工作的20世纪早期的科学家发现，爱因斯坦的革命性观念是疯狂的。作为一个事实，根据牛顿对时空的理解，爱因斯坦的说法没法讲得通。逐渐地，科学家不得不放弃他们先前的假设，并且以新的方式看待宇宙。有人主张，类似地，克尔凯郭尔不是在要求我们完全放弃理性，而是放弃我们当前对事物的理解方式的某些特征，这样的理解方式让我们不可能选择信仰。*当我们这样做时，事情看起来完全不同。"当信仰者有信仰，荒谬就不再荒谬——信仰改变了它。"[7]不论按哪种诠释，克尔凯郭尔显然都不认为基督教的内容能像黑格尔认为的那样翻译为思辨哲学的命题，理性知识也不是有意义的人类生活的充分根据。

评价与意义

克尔凯郭尔的立场总是似乎被引向极端，使他很容易成为哲学批评的靶子。然而，克尔凯郭尔认为，实际上应该指责的是他所处的文化的失衡。因此，有必要把他的重点放在远离中心的另一端来对

---

*几乎每次克尔凯郭尔称基督教"荒谬"时，都是通过虚构人物之口，他通常自己不是基督徒，而是从外部来看基督教。当克尔凯郭尔把文本呈现为自己的著作时，极少这样说话。电脑对克尔凯郭尔的文本分析与此相符合。见阿拉斯泰尔·麦金农（Alastair MacKinnon），《克尔凯郭尔索引》(*The Kierkegaard Indices*, Leiden: Brill, 1970—1975)，特别是第3卷和第4卷。

此进行补偿。他的思想不是打算作为一切时代的标准，而是他的时代所需的标准。那个时代的黑格尔思想专注于客观的、命题性的、抽象的和普遍的东西。作为回应，克尔凯郭尔强调主观的、体验的、具体的和个别的东西。他说，如果饭菜味道太淡，就需要加点调料：

> 就像一位技艺高超的厨师针对混合了许多配料的菜肴说，"它还需要加点桂皮"……
>
> 一点调料！那就是说：这里有一个人必须做出牺牲，需要他给其他人某种特殊的味道。
>
> 这些是正确的。如果一个被用来应用正确东西的人变得不耐烦并会为别人制定正确规范，这是一个可悲的错误。那是混淆一切的诱惑。[8]

然而，做了这些限制之后，在他的讨论中仍然有某些问题。第一，克尔凯郭尔想要区分超越我们概念化理解能力的基督教悖论和其他的纯粹胡说。然而，既然悖论和胡说都违反理性，我们怎么知道哪个是哪个？在接受我们认为是悖论的东西时，我怎么知道我不是在接受胡说？第二，他倾向于认为真理的客观维度（我相信什么）没有主观维度（我如何与真理相联系）重要。然而，基督教显然依赖关于历史事件和宇宙本性的某些主张。任何终极的承诺必定不只是理智上同意一个命题。然而，只有在我的客观信念差不多是正确的这一范围内，终极承诺才有价值。例如，你与你的生活伴侣的关系要求无条件的信任和忠诚，但是他或她是假冒的，这份对另一个人的忠诚就放错了地方。克尔凯郭尔研究者路易斯·P. 波伊曼提出，克尔凯郭尔的主观-客观二分可能被夸大了。"它假定了不可能同时既公正又充满激情，并且它假设客观性和中立性以某种方式紧密相联甚至是近义词。"相反，波伊曼论证说，"理性可以非常有激情"并且"一个人可以通过充满激情的探究寻求最客观的证据"。[9]

当代联系 26：克尔凯郭尔

归根到底，克尔凯郭尔并没有根除分析和思辨思想的潮流，因为这些进路继续刻画着整个剩下的19世纪和20世纪。然而，他的确让人们暂停了一下，并继续在我们的时代喋喋不休地鞭策我们。他影响了那些认为不能用我们用来研究石头和老鼠的相同实验方法来研究人类的心理学家。人是自我创造者的观念、与一个人的自我相疏离是最大的悲剧的观念和人格的本真性是通向精神完整之路的观念，是得以被某些心理学的后来者所接受的克尔凯郭尔的主题。

或许克尔凯郭尔对神学的影响最大。在20世纪初期，主流神学被自由的、理智化的、说教的基督教所充斥，具有关于人类道德进步的毫无限制的乐观主义并且太容易把黑格尔主义化的上帝和流行的社会秩序相等同。当这个世纪暴露了自己的残酷、疯狂和异化，许多神学家抛弃了他们的黑格尔式理性主义而支持克尔凯郭尔的看法。

最后，当然，克尔凯郭尔是存在主义的奠基人之一。在这位热情的基督徒的著作中，即使是像让-保罗·萨特、马丁·海德格尔和阿尔伯特·加缪这样的世俗作家，也发现了与他们自己相呼应的观念。克尔凯郭尔直接和间接地影响了20世纪的小说家、艺术家和诗人，并在我们的世纪中仍然如此。

理解题

1. 克尔凯郭尔把什么作为他一生的使命？他为什么认为它是重要的？
2. 克尔凯郭尔的间接传达方法是什么意思？他为什么使用这样的方法？
3. "主观"这个词的两种意义是什么？这个词的哪个含义是克尔凯郭尔关注的焦点？他在主观真理和客观真理之间做的区分是什么？
4. 解释克尔凯郭尔对知道真理和在真理中的区分。
5. 根据克尔凯郭尔，哪种结果只能通过经历特定过程得到？在何种情况下我可以拥有结果而不用我亲自获取它们？为什么克尔凯郭尔关注我们知道什么和我们如何知道之间的关系？
6. 关于理性地证明上帝存在的努力，克尔凯郭尔会说什么？
7. 克尔凯郭尔对黑格尔体系这样的形而上学体系的批评是什么？
8. 克尔凯郭尔关于自我的观点与笛卡尔和休谟有什么不同？
9. 描述克尔凯郭尔的人生三阶段。什么使得一个人从一个阶段走向下一个阶段？他为什么认为只有在宗教阶段一个人才能完全成为自我？
10. 当克尔凯郭尔把基督教称为"悖论"和"谬论"时，他的意思是什么？为什么对于他来说这些是积极评价而不是消极评价？

思考题

1. 你如何看待克尔凯郭尔关于客观地知道某事和主观地知道某事的区分？在你的生活中是否有某个场合你有客观知识却缺乏主观知识？每个进路的强项和局限是什么？
2. 从虚构（小说、电视、电影）中提供生活在人生的审美阶段、伦理阶段和宗教阶段的人的例子。
3. 你是否同意克尔凯郭尔研究者路易斯·P. 波伊曼的观点，即克尔凯郭尔没有认识到"理性可以非常有激情"和"一个人可以通过充满激情的探究寻求最客观的证据"？在这些问题上支持波伊曼的观点或捍卫克尔凯郭尔的观点。

注释

[1] 弗里德里希·尼采，《快乐的科学》（*The Gay Science*），沃尔特·考夫曼（Walter Kaufmann）译（New York: Vintage Books, 1974），第 182 页。

[2] 克尔凯郭尔著作的标注缩写如下：

CUP 《非科学的结语》（*Concluding Unscientific Postscript*），戴维·F. 斯温森（David F. Swenson）和沃尔特·劳里（Walter Lowrie）译（Princeton, NJ: Princeton University Press, 1941）。

EO 《非此即彼》（*Either/Or*），第 1 卷，戴维·F. 斯温森、莉莲·马文·斯温森（Liliian Marvin Swenson）和霍华德·A. 约翰逊（Howard A. Johnson）译（Princeton, NJ: Princeton University Press, 1971）。

FT 《恐惧与战栗》（*Fear and Trembling*），载于《恐惧与战栗和致死的疾病》（*Fear and Trembling and The Sickness unto Death*），沃尔特·劳里译（Princeton, NJ: Princeton University Press,

KA 《克尔凯郭尔文集》（*A Kierkegaard Anthology*），罗伯特·布雷托（Robert Bretall）编（New York: Mordern Library, 1946）。

PF 《哲学片段》（*Philosophical Fragments or a Fragment of Philosophy*），戴维·F. 斯温森和霍华德·V. 洪（Howard V. Hong）译（Princeton, NJ: Princeton University Press, 1962）。

SD 《致死的疾病》（*The Sickness unto Death*），载于《恐惧与战栗和致死的疾病》，沃尔特·劳里译（Princeton, NJ: Princeton University Press, 1968）。

[3] 罗杰·希恩（Roger Shinn），《存在主义态度》（*The Existentialist Posture*），修订版（New York: Association Press, 1970），第 44 页。

[4] 《索伦·克尔凯郭尔的日记和文章》（*Søren Kierkegaard's Journals and Papers*），第 2 卷，1605 号，霍华德·V. 洪和埃德娜·洪（Edna Hong）翻译和编辑（Bloomington: Indiana University Press, 1967），第 217 页。

[5] 《索伦·克尔凯郭尔的日记和文章》，第 3 卷，3308 号，霍华德·V. 洪和埃德娜·洪翻译和编辑（Bloomington: Indiana University Press, 1975），第 519 页。

[6] 这点是由 C. 史蒂芬·埃文斯（C. Stephen Evans）在《克尔凯郭尔的"片段"和"结语"：约翰尼斯·克利马科斯的宗教哲学》（*Kierkegaard's "Fragment" and "Postscript": The Religious Philosophy of Johannes Climacus*, Atlantic Highlands, NJ: Humanities Press, 1983），第 212—219 页论证的。

[7] 《索伦·克尔凯郭尔的日记和文章》，第 1 卷，10 号，霍华德·V. 洪和埃德娜·洪翻译和编辑（Bloomington: Indiana University Press, 1967），第 7 页。

[8] 来自 1852 年日记条目，引自沃尔特·劳里，《克尔凯郭尔短暂的一生》（*A Short Life of Kierkegaard*, Princeton, NJ: Princeton University Press, 1970），第 259—260 页。

[9] 路易斯·P. 波伊曼（Louis P. Pojman），《主观性的逻辑：克尔凯郭尔的宗教哲学》（*The Logic of Subjectivity: Kierkegaard's Philosophy of Religion*, Tuscaloosa: University of Alabama Press, 1984），第 143 页。

第27章

弗里德里希·尼采：
世俗存在主义的奠基人

随机浏览一下用于描述弗里德里希·尼采的形容词，会得到这样一列词："悲剧的、可怕的、刺耳的、焦虑的和疯狂的"以及"强力的、热情的、迷醉的、魅力超凡的和先知般的"。任何阅读尼采的人都发现他要么让人愤怒，要么让人入迷，但绝不让人厌倦。对于一个说"我不是人，而是炸药"的作家，[1] 怎么会有任何人有平淡的反应呢？尼采在历史上的地位被总结如下：

在1914年前的自满氛围中被当作有才气的疯子遭到广泛拒斥，一个破坏性的狂悖天才，他没有真正严肃地被对待，而今却被作为饱受折磨的20世纪的主要预言者。[2]

他留下的思想烦扰而艰深，正如他的生活是痛苦和沉重的。

尼采生平：孤独的预言家

弗里德里希·尼采于1844年生于普鲁士的萨克森。他的父亲和祖父都是路德教会的牧师。然而，他的父亲在尼采4岁时去世，把他留给他的姐姐、母亲、祖母和两个姑姑抚养。在他学习古典学和语言学的波恩大学和莱比锡大学，他是一个才华横溢的学生，非常杰出。尼采年轻时在宗教上非常虔诚（我们甚至有许多他的祈祷诗为例）。然而，他逐渐脱离了他早年的虔敬，并且从20岁起接受了极端的无神论，这是他的哲学最突出的特征之一。

25岁时，他被任命为巴塞尔大学的古典语言学教授。他还没有完成他的博士学位，但是通过他发表的文章引起了学者们的注意。1879年，因为厌倦了学术生活，又受到困扰他余生的恶劣健康状况的折磨，他退出了教职。他与偏头痛、恶心、失眠和糟糕的视力搏斗着，同时从一个胜地到另一个胜地，在瑞士和意大利到处旅行，试图恢复健康。尽管有这些问题，他在1872年到1888年间写了18本书和篇幅很长的未刊手稿。

他的晚年是一段非常孤独的时光。"一个深刻的人必须有朋友，除非他仍然有他的上帝。但是我既没有上帝也没有朋友！"[3] 终于，一种貌似神经紊乱的病导致他的身体健康和精神健康的恶化。1889年1月，他昏倒在大街上，当时他正保护一匹被主人鞭打的马。在他生命的最后12年里，他身体残废，神志不清。在一个诊所里治疗失败后,他被带回家,先由他的母亲,后由他的妹妹照料。那时候,他的著作受到极大的注意,但他却没有足够清醒的神志来享受他的名声。尼采花费了他的一生来预报刚刚露出地平线的未来文化危机,而那个时候,他那个世纪的大多数人对前方的情况浑然不觉。当20世纪来临时,尼采适时地把火炬传给他的文化后裔,于1900年8月25日死去。

任务:从黑暗到黎明之旅

在19世纪中叶的乐观主义中,尼采看到暴风雨的乌云在地平线上隐现。他认为时候很快就要到了,届时我们会发现我们所有最珍爱的梦想都将破碎。上帝、真理、实在、客观价值和人类进步等的观念将被发现是不再可行的空虚幻象。这会击垮我们吗?没有了我们的幻象,我们如何生活?我们将被**虚无主义**(nihilism)的黑暗吞没,即相信没有作为我们生活基础的持久价值。这要求一种特殊的人来领导我们穿过黑暗到达黎明。所需要的不是我们的哲学和神学传统的巨大安慰,而是用张开的眼睛确认生活的能力。尼采相信,达尔文的进化论已经显示我们不是万物之灵。我们是自然的一部分,和野兽一样,我们必须在一个无情而野蛮的世界里展示强力。然而,我们优于其他动物,因为我们能再造自我。呼唤彻底改造人性是贯穿尼采哲学的持久主题。

像克尔凯郭尔一样,尼采把批判一种他认为达到了前所未有的低点的文化作为自己的使命。他说,哲学家们是外科医生,把他们思想的解剖刀用到"他们时代的德性的胸膛"来理解和消除折磨我们的病理状况(BGE § 212)。[4] 他的大部分著作是破坏性的。他甚至说"用铁锤来研究哲学"。他的哲学铁锤的作用就像调音叉,通过叩击我们文化的偶像来显示他们是空洞的。[5] 然而,无用的偶像必须被打碎,而这要求"铁锤的硬度和破坏的乐趣"。[6]

尼采用一种粗略的、让人恼火和难以捉摸的风格来执行他的使命。他表达自己的典型方式是格言警句,或意在激怒、震撼和挑战他的读者的简短、精练的陈述。根据尼采,好的作者运用:

> 他的语言犹如柔韧的金属片,从手臂到脚趾都感到震颤的剃刀般锋利的刀刃那危险的狂喜,它渴望嘶嘶作响,劈刺切砍……[7]

如果我们寻找对问题的正式回答和尼采观点的直接陈述,我们会感到沮丧。事实上,他认为我们对系统回答的欲求显示了完整性的缺乏。[8] 因为厌恶大多数哲学家笨拙的风格,他寻求用概念、语词和钢笔"跳舞"。[9]

尼采的知识论:视角与本能

极端的视角主义

在一种意义上,尼采的知识论可以非常简单地陈述为:我们没有任何知识。潜藏在这种主张背后的是尼采对**符合真理论**(correspondence theory of truth)的坚持。这是一种被许多哲学家和寻常人接受的观点,它的内容是,实在有某种独立和客观的内容,一个理论的真假取决于它正确陈述这一内容的程度。尼采似乎假定了这一真理的定义,并论证说,既然我们不能有这种与真理的关系,那么就不存在真理这样的东西(在这个意义上,这个概念是按传统来理解的)。针对主张唯有事实存在的哲学家,尼采反驳说:

不，事实恰恰不存在，唯有诠释才存在。我们不能确立任何事实"本身"：或许想要这样一个东西是愚蠢的。（WP § 481）

没有未经诠释的"事实"或"真理"，因为我们遇到的任何事情都是从这个视角或那个视角看到的。这就是尼采所谓的他的"视角主义"理论（WP § 481）。根据尼采，关于视角有三件事情可以说：它们是不可避免的，它们是假的，然而它们是有用的。

首先，尼采主张视角是不可避免的。"只存在一种视角的看，只存在一种视角的'知'。"（GM 3.12）例如，考虑这本书的外形。如果你想要它的标题，你就从封面看它。但如果你想要压住一些纸，你就要从厚度来看它。如果你像一个平面艺术家一样看它，你会对它的设计和色彩感兴趣。如果你是一个编辑，你会关心它的销路。对于一只蚂蚁，它会显得庞大，而对于一只天空中的飞鸟，它会显得犹如一个斑点。婴儿可能会把它看作某种用来咬的东西。不同的观察者对这本书有不同的视角，这依赖他们的生理机能、他们的价值或他们的目的。换言之，"没有'事实本身'，因为一种感觉，在它们成为事实之前，必定总是被解释"（WP § 556）。即使科学也只给我们以特定视角为中介的实在："物理学，也只是对世界的诠释和注解。"（BGE § 14）

视角的第二个特征是，它们是谎言和虚假的实在。"巴门尼德说，'一个人不可能思考不是的东西'——我们处于另一个极端，说'我们能思考的一切必定是虚构'。"（WP § 539）我们的视角体现在我们如何言说和思考事物。我们处于这样的幻觉中，即我们能用我们的语词和概念之网捕捉实在。然而，概念不是网，而是过滤器，它塑造和扭曲它所处理的物质。*

每个概念都来源于我们让不相等的东西相等。没有一片树叶完全等同于另一片树叶，"树叶"这个概念的形成，是通过从这些个体差异中进行任意的抽象，通过忘掉区别。[10]

问题是，世界中的每个事项和每个经验都是独特的，但我们寻求通过把一个经验与相似的东西相联系来保留它，然后把语词标签用于一个群体。这些标签成为普遍概念并添加到我们的理智库存中，使它们能一次又一次地用于指称新的经验。然而，普遍概念遮蔽了实在的每一个运动的独创性和个别性。能动的、连续地流动的实在世界被切割为离散的、貌似同一的单位，被转化为"概念木乃伊"，使得它们可以被安放在理智博物馆中。[11] 以这种方式，语言自己成了一个独立的世界，而被我们错误地当作实在世界（HAH § 11）。

尼采关于视角的第三个（和最重要的）观点是，即使它们并不描绘实在自身，但它们的确为某个目的服务。根据一个视角来诠释世界是"一切生活的基本条件"（BGE 前言）。然而，真理在此不是问题，因为"信念可以是生活的一个条件，虽然是假的"（WP § 483）。这是因为我们的视角通过使得世界的极度混沌比实际更简单而使它能够得到管理（GS § 189, WP § 515）。通过把我们的诠释强加于世界，"我们因而为我们创造了一个世界，它可计算、被简化、可理解，等等"（WP § 521）。由于发

---

* 在整个这一节中，请注意尼采是如何采用康德关于心灵构造能力的思想但又把它极端化的。

现对应理论没有用处，尼采提出了一个新的、吊诡的真理定义：

> 真理是一种错误，没有它，特定的生命种类就无法生存。对生命的价值具有最终的决定性。（WP § 493）

例如，如果某个部落相信有毒的植物是危险的，因为它包藏着魔鬼，他们的信念将是假的。但是如果这一虚构导致他们避免了吃这种植物，它就有助于保存生命的目的。*我们所谓的真理只是那些在我们的整个演化史中最有生存价值的虚构：

> 经过漫长的时段，理智产生的不过是错误。其中少数错误被证明是有用的并且有助于保存物种：那些偶然发现或接受了这些观念人，在为他们自己和他们后裔的奋斗中会更幸运。（GS § 110）**

浪漫的原始主义

通常，视角的发展不在意识层面上进行，因为那样我们会察觉到我们珍视的所有真理都是谎言，大多数人面对这一点都无法承受。取而代之的是，我们的视角产生于人类意识的深处。尼采的立场被称为"浪漫的原始主义"，因为他强调我们对世界的原始反应根据的是感受和本能，而不是观念。所有的判断都出自我们的"本能、喜欢、不喜欢、经验和经验的缺乏"（GS § 335）。知识"实际上不过是某种对彼此的本能行为"（GS § 333）。

通过把本能置于认识论的中心环节，尼采暗示，理性与人类这种动物的行为没有多大关系。事实上，它只是一个名称，我们用它来伪装在背后推动我们认知生活的原始驱动力。从字里行间阅读哲学家们后，他断言"一个哲学家的大多数有意识的思想被他的本能悄悄指导并被强行纳入特定的渠道"（BGE § 3）。因此，哲学背后没有"知识的驱动力"而是另一种伪装的驱动力（BGE § 6）。这是一种征服、支配我的环境，给世界打上我的个人印记，去创造，去表达的驱动力。这就是他所谓的强力意志。

因而，"真理"不是某种可以被找到或发现的东西——而是某种必须被创造的东西，它命名了一个征服那自身无目的者的过程，或者说意志——引入真理，作为无限的活动，主动的决定——不是意识到某种自身坚实的、被决定的东西。它是一个用来代替"强力意志"的词。（WP § 552）

强力意志是生命的本质并且作为"自发的、进取的、扩张的、给予形式的、给予新的诠释和方向的力量的本质优先性"而被显示出来（GM 2.13）。

尼采的主观主义完成并极端化了从康德开始的认识论的逐步发展。对于康德，存在着：

（1）组织经验的单一方式，它
（2）对所有心灵是普遍的，因为
（3）它是心灵自己的理性结构的结果，通过它
（4）我们能获得客观的绝对知识（在人类经验的现象世界范围内）。

黑格尔不同意康德的观点，宣称存在着：

---

* 如果一个观念有作用并让我们能够过成功的生活，它就是真的，尼采的这一思想预演了20世纪威廉·詹姆士的实用主义。
** 在西方思想中，这些保存生命的错误包括相信"存在着事物、实体、物体，事情是它表面的样子，我们的意志是自由的，对我好的东西自身是好的"（GS § 110）。另一种类型的有用错误存在于几何学和科学中，我们在那里假设不存在的东西，诸如"线、面、体、原子、可分的时间跨度、可分的空间"（GS § 112）。

(1) 组织经验的多种方式,它们
(2) 相对于给定历史阶段的发展水平。然而,黑格尔以这样的方式重返康德,即把康德的起点置入历史的目标中,即要发展
(3) 越来越合乎理性的结构,它们
(4) 在客观的绝对知识中达到顶点。

克尔凯郭尔(尼采对他一无所知)以这样的方式使黑格尔的图画更加主观,即主张存在:

(1) 组织经验的多种方式,它们
(2) 相对于每个个人,并且
(3) 以非理性的存在选择为基础,它们
(4) 不给我们客观知识,但能使我们拥有关于一个绝对的上帝的主观知识。

尼采以这样的方式完成了这个发展,即断定存在:

(1) 组织经验的多种方式,它们
(2) 相对于每个个人,并且
(3) 以非理性的本能为基础,它们
(4) 是彻底主观的,并且没有任何绝对价值。

在这点上刚好可以提出一个针对尼采的反对意见。我们可以对他说,"为什么应当接受你的'视角主义'?从你的说法中不是可以得出你的立场不过是你的任意视角或诠释吗?"然而,当尼采说,"假设这也只是诠释——你很想提出这个反对意见?——好的,这样更好"(BGE § 22)时,他已经愉快地预见到了这种攻击。

他因你的反对意见而高兴,因为在寻求反驳尼采时,你只是展示了他的论点,即哲学不过是意志的斗争。你正在寻求把你的形式强加给世界并让尼采服从你的诠释。观念的冲突产生了"骚动、斗争和对强力的欲望"(GS § 110)。在诠释之间的竞争中,暴露出了各自的强项和弱点。尼采总是把球踢回给你。正如他的虚构人物查拉图斯特拉所说,"这是我的路,你的路在哪里?"[12]

对于尼采,诠释和对它们的批评是症候性的。它们显露了说话者的情况,正如它们揭露了谈论的对象一样。如果你从他的结论退缩,他会说,那暴露了你是一个畏惧的人,不能承受不舒服的思想。就像我们马上要看到的,尼采并不假设每个人都会欣赏他的著作。试图和执着于其幻象的读者交流就像教音盲唱歌一样。

> **想一想**
>
> 27.1 如果所有哲学都不过像尼采主张的那样,是作者的"个人自白",这是否瓦解了他隐含的主张,即他的哲学是对生命的最好诠释?他会如何回应这个批评?

评价视角的标准

如果一切事情都是主观诠释的问题,这是否意味着"怎么都行"?显然不是,因为尼采说他内部的语言学家忍不住要指出坏的诠释模式(BGE § 22)。然而,如果没有客观真理,他在什么基础上贬低某些诠释而赞扬另外一些诠释?尼采提出了评价对世界的诠释的两个标准。首先,我们可以根据它们的实用价值来给诠释评级。即使一个观念不是真的,我们可以根据它对完成我们的目的有多大用处来判断它:

> 对于我们,一个判断是假的不必然是对一个判断的异议……问题是在何种程度上它促进生命、保

存生命、保存物种，甚至培养物种。（BGE §4）

当我们面对两个矛盾的判断，我们以它们"对生命的效用更高还是更低"为基础来在它们之间做判断（GS §110）。我们所谓的先天判断——诸如"逻辑的虚构"和"用数来伪造世界"——就不过是没有它们我们就无法生存的那些神话（BGE §4）。其次，我们可以根据它们的审美价值来判断观念。尼采像看待各种艺术作品一样看待哲学。它们是哲学家-艺术家吸引我们注意并给我们新的和有趣的看法的努力。尼采说，当观念没有效用，它们仍然可能引起愉悦并且可能是"理智游戏和冲动的表达"（GS §110）。对于尼采，寻求变化是比笛卡尔寻求确定性更重要的探索：

> 因为极不信任认识论教条，我喜欢一会儿从这扇窗户看出去，一会儿从那扇窗户看出去；我警惕安于这些教条中的任何一个，而把它们看作是有害的。（WP §410）

不幸的是，我们不是乐于不同视角的多种洞见，而是用"真理"这个标签固化我们最喜欢的视角，并不断重复直到它们失去它们的力量：

> 那么，什么是真理？隐喻、换喻和人神同形同性论的机动部队……真理是人们已经忘记了它们是关于什么的幻象；没有产生美感的力量的陈腐的隐喻；失去了图案的硬币，现在只是一块金属，不再是硬币了。[13]

作为病理学的哲学

尼采坚信，传统的哲学不仅是理智错误的结果，而且是根深蒂固的心理疾病的症候，对于这种疾病，我们需要治疗。与克尔凯郭尔一样，尼采发现，主要的问题是缺乏诚实和害怕我们的主观性。哲学家有一个他自己的图像，他只是在他的思想中反映实在，同时欺骗自己，以为他在他的"客观"分析中不受任何他自己的个人承诺的污染（BGE §207）。恰恰相反，尼采说，"渐渐地，我越来越清楚，迄今为止的每个伟大哲学是什么：就是它的作者的个人自白，和某种非自愿和无意识的自传"（BGE §6）。这个发现引领他寻找每个哲学背后的真实动机，"哲学家们的隐藏历史，伟大名人们的心理学"。[14] 实际上，尼采接受了黑格尔的思想，即每个哲学都必须在它产生的背景中去理解。然而，不同于黑格尔，尼采认为，背景不是客观的、历史的，而是个人的、心理的。

> **想一想**
>
> **27.2** 你能设想你试图合理化你的某个信念、决定或行为的时候吗？即你试图为某件事情找到理由，而你其实知道它是基于情感或其他非理性的因素。你自己的个人经验在何种程度上是尼采的人类心理分析的例子？

作为治疗的哲学

我们能靠一个说我们所有最深刻的"真理"都是虚构的并且我们所有的最高理想都是主观计划的哲学生活吗？像休谟一样，尼采想知道他的怀疑论是否不可忍受：

> 它是不是真的，是不是剩下的只有一种思想模式，它的结果在个人层面上是绝望，而在理论层面上是一个破坏哲学？（HAH §34）

尼采接下去对他自己的问题回答"不是！"绝望不是不可避免的，只是一个我们做出或拒绝做出的决定。它完全依赖我们的气质。我们境遇中的事实没有意义,直到我们决定给它们什么意义。所需要的是一种新型的精神,它将让我们直面这一暗淡的画面并战胜它。对于尼采,哲学的希望以及西方文明的希望依赖"新种类的哲学家出现在地平线上"这一事实(BGE§42)。这些思想家不再安于这个幻象,即世界中有等候在那里的价值和真理,准备着被采集。相反,这些个体将具有自己的力量认识到,他们必须各自创造自己的真理和自己的价值。因为这个原因,尼采称他们为"发令者与立法者"(BGE§211)。

因为我们拥有的一切是一大串的人类诠释,故而尼采呼唤"实验主义"。一个有趣的理论不应当被认为是客观实在的图像,而是应当被当作一个以新方式看待生活的邀请。因此,对一个观念的恰当反应不是问,"它是真的吗?"而是宣称,"让我们试试它!"(GS§51)一个伟大的思想家是"把他自己的行为视为实验和询问的人"(GS§41)。尼采用"实验"表示的意思是,生活于一个观点之中并看它提升还是减损一个人的生命,以这种方式来检验它。新哲学家有勇气说,"我们自己希望成为我们的实验者和实验对象"(GS§319)。如果没有任何观点是真正正确的,哲学实验会认识到,捍卫一个唯一的观点剥夺了生活的多样性和可能性:

世界的价值在于我们的诠释……人的每一次提升都伴随着战胜较狭隘的诠释;强力的每一次强化和增长都开启了新视角并且意味着信任新的视野——我的著述充斥着这一观念。(WP§616)

没有形而上学希望的生活

从尼采的认识论明显可以得出,如果我们所有的一切都是诠释,那么我们必须抛弃关于"真实的世界"的理性形而上学知识的任何希望,它超出了现象世界。事实上,他说:

"真实的"世界——一个不再对任何东西有好处的观念……一个已经变得无用和多余的观念——因而,一个被驳倒的观念:让我们取消它![15]

即使谈论实在本身是有意义的,它也与人类境遇无关:

关于它的知识是一切知识中最无用的:比水的化学构成的知识对于处于海难危险中的水手还没有用。(HAH§9)

形而上学是从人类的软弱中,从对确定性或者某种我们可以依靠的外在事物的需要中生长出来的(GS§347)。尼采恰当地称自己为"反形而上学家"(GS§344)。对于古希腊哲学家和中世纪僧侣,以及近代的理性主义者和经验主义者,宇宙像一个温暖舒适的家园,培养和支撑着我们的理智、道德和精神探索,只要我们用正确的方法接近它。然而,我们不再能享受这幅图画的舒适。给予生命意义的价值已经消失。世界已经变冷,黑夜已经临近,人性已经荒芜废弃,没有宇宙家园。尼采不断使用这一"无家可归"隐喻来描述人类境遇,并说我们是必须引退到"精神游牧"中的流浪者。[16]

上帝之死

尼采的认识论围绕着这一思想,即不存在客观真理,没有脱离我们的、可以用来度量我们的观念的标准,因此我们的心灵游弋在个人诠释的海洋中。如果尼采的描绘是准确的,那么它逻辑上可以得出不存在上帝。这是因为如果上帝存在，他将是真理和价值的绝对标准，但尼采否定了任何绝对。因此，正是有神论残存的余影产生了我们最持久的幻象。但是尼采宣称对这一意识形态死亡的认识正不断增长：

> 近来最伟大的事件——"上帝死了"，对基督教上帝的信仰已经变得不可信了——已经开始将它最初的阴影投向欧洲。（GS § 343）

尼采不是在暗示这样一个奇异的思想，即一个全能的永恒是者曾经存在，而后来死了。而是他在描述一个开始变得明显的心理和文化事件。虽然有神论在我们的文明中扮演了一个决定性的角色，但他认为我们已经运动到一个新的世俗阶段，在这个阶段，人们发现上帝观念不再有相关性。然而，大众并未充分认识到这件事发生了，更不用说预见到地平线那边存在着什么。只有那些超然于他们文化的人和"待在山顶的人"能看到这一文化危机正远远地到来：

> 当这一信仰瓦解时，有多少东西必定崩溃，因为它们建立在这一信仰的基础上，靠它支持，逐渐适应于它；例如，我们整个的欧洲道德。（GS § 343）

在宣称信仰时代结束时，尼采没有为无神论提供论证，没有反驳传统的上帝论证。相反，他假设有神论是一个不再可行的假定，因为它曾服务于它的目的，并且，像一层死皮一样，必须被抛弃：

> 以前曾经寻求证明没有上帝——现在，上帝存在的信念如何起源，这一信念以什么手段获得权威和重要性，已经得到说明：以这种方式，关于上帝不存在的反证变得没有必要和多余。[17]

注意，尼采认为，如果他能找到一个观念的心理起源，这就足以使它信誉扫地。按他的说明，上帝的故事产生，是因为我们不能信任自己，因此需要把某种我们可以依靠的东西投射"到那里"。我们一旦认识到这一点，宗教信仰就不再可信。

尽管他有反宗教的结论，但尼采意识到历史上曾有人信奉宗教并且宗教曾有某些有益的效果。他对基督教奠基者的矛盾心理显示了这一点。虽然尼采蔑视"山顶布道"，但他敬佩耶稣的个人力量。根据尼采的解释，耶稣提供给我们的是内部指引人格的榜样，而不是一套教义或个人救赎。耶稣活着"不是为了'救人'，而是为了表明一个人必须怎样活"（AC 1，§ 35）。尼采区分了耶稣的可敬之处和基督教界堆积在他身上的教义和道德。因为这个理由，他说，"其实只有一个基督徒，并且他死在了十字架上"（AC 1，§ 39）。然而，他仍然坚持基督教主要被软弱所推动，现在人性必须变得足够强壮来免除它的支撑。讽刺的是，基督教的道德破坏了它自己。"由基督教高度发展的真理感，已经被基督徒对世界和历史的虚假不实诠释弄得恶心了"（WP § 2）。有趣的是，尼采对基督教的批评非常类似于索伦·克尔凯郭尔对"基督教界"的批评。他们都背叛了舒适的、没有激情的宗教。然而，克尔凯郭尔寻求发现本真的基督教，而尼采相信宗教已经无法挽救。*

在他预告宗教信仰丧失的最著名的一个段落中，尼采用一个流浪到城里的疯子的话表达了他的先见

---

* 一个朋友有一次建议他阅读克尔凯郭尔，但他从来没能抽出时间。看看对这位与他在如此多方面有相似精神的、充满激情的基督教作家他会做何感想，是非常有趣的。

之明：

> 疯子跳到他们中间，用斜眼瞪着他们。"上帝去哪儿了"，他叫道，"我告诉你们，我们杀了他——你和我。我们所有人是杀他的凶手。"（GS §125）

因为这些话出自疯子之口，因而像是暗示失去上帝铺就了一条通往疯狂的道路。但这里有另外的信息。哥白尼、伽利略和其他剥夺了我们的习惯观念的人也被他们的社会认为是疯狂的。一个被贴上疯子标签的人，往往是他的创造性见解与社会习惯的智慧步调不一致。就尼采的精神来言，后一个诠释更正确，因为他把抛弃有神论看作一个庆祝的原因。

实际上，我们哲学家和"自由精神"感到，当我们听到"旧的上帝死了"这个消息时，就像新的曙光照耀着我们，我们的心充溢着感激、惊讶、预感、期待。地平线上自由总算再次对我们出现，即使它不应该是欢快的，我们的船总算可以再次冒险出航，冒险出航去面对任何危险。热爱知识者的勇敢再次得到许可；大海，我们的大海，再次敞开；或许还从来不曾存在过这样一个"敞开的大海"。（GS §343）

想一想

27.3 从我们的当代文化中提供证据，赞同或反对尼采的上帝不再是可行的文化力量这一思想。

强力意志

正如已经提及的，尼采不相信有"知识的驱动力"这种东西。相反，我们所有的认识活动都展现了一种获取控制和对我们的环境施加个人力量的驱动力。尼采把这个原则，强力意志，看作人类生活中的基本心理力量。所有其他驱动力不过是展现了这一个主要的执念。"强力意志"这个词经常被误解为只是物质的或军事的力量。然而，不论是强是弱，所有人都展现出强力意志，虽然它可能以许多隐藏和微妙的方式表达自己。尼采会说，强力意志潜伏在种类各异的人的意义创造活动背后：圣徒通过严格的禁食和冥想来修炼他的身体和心灵，以获得欣喜若狂的神圣经验，画家顶着贫困和批评，把他的世界图景强加于画布和油彩这样的无声质料上，科学家通过把它们化归为一条精致的数学公式来征服范围广泛的物理现象，恋人冒着被拒绝的危险去赢取他爱慕者的情感。所有这些都是强力意志的体现。

通过一个思想实验，尼采提出，强力意志可以不只被看作一个人类心理学的原则。如果我们把它看作自然中一切的根本驱动力，这将使我们能够在一个基本原则——发挥力量的内在驱动力——的基础上解释一切（BGE §36）。他同意达尔文的观点，认为自然是一个奋斗与战争的野蛮竞技场：

> 在此，我们必须谨防肤浅，深入问题的根底，抵制所有的情感软弱：生命自身本质上是占领、伤害、压制异己的和弱小的东西，镇压，强硬，强加一个人自己的形式，吞并，至少在它最温和的程度上，是利用。（BGE §259）

然而，他批评达尔文认为生存是一切生命形式的目标。相反，尼采说，目标是支配和权力。有些人愿意拿自我保存冒险来追求扩张他们的权力，这个事实就说明了这一点（GS §349）。简言之，所有科学的模型，不论是物理学、生物学还是心理学，是"一切驱动力是强力意志，除此之外，没有任何其他物理的、动力的或心灵的力量"（WP§688）。

道德价值与人格类型

对尼采形而上学的批判考察引领我们思考他关于道德的评论。这是因为他相信隐藏在哲学家理性论证外表下面，我们将找到真正的议题，它来自他们的个性和主观偏好：

实际上，如果一个人要解释一个哲学家最深奥的形而上学主张是如何产生的，首先这样问总是好的（和智慧的）：这整个（他）瞄准的是何种道德？（BGE§6）

如果这是好建议，那么道德理论需要仔细地看不同的人格类型是如何产生出历史上出现的道德的。

主人道德与奴隶道德

根据尼采，所有的道德都是强力意志的展现。然而，它通过两种不同的气质来展现自身。一个人受强力意志驱动并酷爱它，另一个人受强力意志驱动但否定这一点。基督教是后一种不诚实方式的最重要的例子。道德的两个主要类型是他所谓的"主人道德"和"奴隶道德"。历史上，它们是从本意上的主奴关系（例如，埃及人对犹太人，或罗马人对早期基督徒）中发展出来的。然而，不考虑它们的历史起源，"主人"和"奴隶"这两个术语表现的是两种理想的人格类型。例如，严格来说，19世纪欧洲社会没有本意上的奴隶，但尼采把它们看作奴隶道德的活生生的例子。

"主人道德"这个术语指心理上强大和意志坚强者的价值。尼采把这些人等同于人类中更高尚的、更高贵的、贵族的或精英的部分。这些形容词不是指他们的实际社会地位，而是他们作为完成创造者的能力，不论他们的成就是艺术的、政治的，还是战争的。高贵的人格类型以强力的自发流溢为特征。在他们决定他们自己的价值并且从不管他人赞同与否的意义上，他们是道德立法者或发令者。不是安于社会常规、权威、形而上学原则或启示，他们的价值所需的唯一裁决是，有信心说"我的判断是我的判断"（BGE§43）。

对于这样的人，"善"指称任何导向自我实现和确认一个人的个人权力感的一切。因此，他们宣布为"善"的是高贵、强大、勇敢、强力和骄傲这样的价值。相反，"坏"的定义相对于他们的善。他们没有"罪愆"的概念（因为这假设了某种他们隶属的更高的东西）。"坏"指可鄙的、寻常的、陈腐的、可怜的、懦弱的、胆小的、琐细的和卑微的。简言之，它是任何限制生长和成就的东西，一切生于软弱的东西。

主人道德的反题是奴隶道德。它是对那些被践踏、对自己不确定和意志软弱的人有吸引力的道德。缺乏创造性肯定能力，他们没有自己的价值。他们的价值产生于对强者价值的恐惧怨恨的反应。既然弱者缺乏高贵之人的心理资源，他们扭转方向，把后者的强大变为邪恶。接着他们又把"善"定义为让生活更容易、更安全和为弱者的存在辩护的东西。因此，耐心、人道、怜悯、慈善、节制、谦逊、同情、服从和顺从这样的品质被当作有德性的。奴隶道德是一种"酸葡萄"道德，一种获得平衡的方式。在一则格言中，尼采总结了藏在大多数传统道德背后的动机：

"我不喜欢他。"——为什么？——"我和他不平等。"（BGE§185）

在奴隶温和的外表背后是对强力的欲求。例如，这些类型的人用"柔顺者将继承土地"这样的思想安慰自己。我们可以想象尼采会回答，"也许如此，但他们不会是创造性的艺术家、领袖、哲学家甚或伟大的恋爱者"。道德价值既不真也不假；我们可以根据它们减损还是提升我们的人性来对它们分类：

它们迄今为止阻碍还是促进了人类的繁荣？它们是不是不幸、贫穷、生命衰退的标志？或者相反，在它们中显露了生命的充盈、力量和意志，生命的勇气、确定性、未来？（GM 前言，§3）

尽管奴隶平庸，但他们有数量优势，由此他们能支配文化，把主人道德留给孤独的个体和被社会排斥者去实行。例如，奴隶道德根植于受压迫的人，诸如古犹太人和早期基督徒。受怨恨的推动，他们把他们的软弱作为德性而把强大的人视为邪恶。随着基督教的传播和君士坦丁统治下的罗马的皈依，弱者反攻倒算并取得了控制。他们在这点如此有技巧以至最终强者接受了奴隶道德，并逐渐认错道歉，鄙弃他们自己的强力和优秀：

当颓废型的人爬上了最高类型人的等级，它的发生的代价只会是牺牲它的相反类型，强大的和对生命有把握的那种类型的人。当群畜被最纯粹德性的光芒所照亮，非凡的人必定被贬低为邪恶。[18]

以这种方式，西方文明接受了"平等"这一尼采当作乏味谎言的东西，并推动平庸者集结成的群体去反对杰出的少数人的优秀和个人成就。为回应他那个时代的民主和社会主义理想，尼采说，"今日欧洲的道德是群畜道德"（BGE § 202）。

需要注意，当尼采提到主人型的人的强大时，谈论物质上的强大并非首要。在历史上，高贵类型的人的确经常用物质征服表达自己，但是尼采说，"他们的优势主要不在于身体的强大而在于灵魂的强大——他们是更完整的人类"（BGE § 257）。首先的和最主要的，做一个主人类型的人意味着发挥超越自己的力量，而不是超越他人。这种力量的例子是艺术家、音乐家或运动员的自我修炼。因而，《善恶的彼岸》中提到的 125 个"更高的人"的例子中有 100 多个是作家而不是以其军事和政治强大而著名的人。[19]

对于尼采，一个行为表现了奴隶道德还是主人道德是由它背后的心理起源决定的。问题不是你做了什么，而是你以什么精神做它。例如，他认为怜悯是一种奴隶道德，因为它包含屈尊俯就和一种隐藏的对接受者的轻蔑。软弱的人可怜地用怜悯某个比他们更不幸的人来确认自己的优越。[20] 高贵的人可以帮助更不幸运的人，但只是因为他们有更多的力量，而不是因为需要觉得自己很好（BGE § 260）。尼采甚至走到这个地步，说"当杰出的人对待普通人比对自己和他的同侪更体贴时，这不只是因为心地的礼貌——它是他的责任"。[21] 尼采说在你"爱邻如己"之前，你必须首先爱你自己（这是普通人难以做到的事）。[22]

尼采在道德理论家中的独特之处在于，他不劝你接受他的道德观。事实上这是不可能的，因为所有人，由于他们的气质，必定要么属于主人类型，要么属于奴隶类型。鹰不能不是鹰，而羊羔不可能立志做鹰。有人不可救药地注定是"绵羊""小人物"和"浅池塘"。[23] 因此，尼采的道德智慧不是讲给所有人类的，而只是给那些能在其心中激起共鸣的人。他在呼唤高贵型的人从禁锢他们的猥琐道德中破窗而出，找到他们的翅膀，让他们的灵魂飞翔。至于弱者，对于让他们安静地过他们暗淡的生活，尼采并无异议，因为只要崇尚平庸者不寻求把优秀型的人拉低到他们自己的水平上，高贵者可以与他们共存。

想一想

27.4 在历史和当代生活中找到伪装的强力意志的例子。在何种程度上你认为尼采这个说法是正确的，即所有人类行为都被强力意志推动，即使貌似利他、仁慈和道德的行为？

价值革命

如果我们的价值在上帝和世界本性中并无根据，而只是植根于我们的心理构成，那么似乎就没有值得接受的价值。然而，尼采相信这一价值危机不是把我们带到虚无主义深渊的边缘，而是新的人类存在形式的门口：

> 现在这些价值的低劣的起源越来越清楚，宇宙似乎失去了价值，似乎"无意义"——但这只是一个过渡阶段。（WP§7）

下一个阶段将涉及他所谓的"价值革命"。然而，这不是发明一套全新的价值。事实上，他赞美的价值，诸如诚实、勇敢、正直和自我修炼，可以在亚里士多德那里找到。因此，他的书《善恶的彼岸》的标题不是暗示我们应该完全不道德。相反，他是在向压迫人性中一切善的事物的想当然的道德宣战。"善和恶"是弱者的范畴，并且代表着世界中存在客观道德事实这种幻象。超越这种道德意味着接受"善和恶"的范畴，这指的是高贵的人和可鄙的人的类型。尼采在传统道德中发现的缺陷不是它的价值，而是产生它的动机。因此，尼采的道德不是聚焦于行为和规则，而是人的品质。它的英雄是那些勇敢的人，他们在自己的品格中发现价值之源，并且他们不躲在超验道德领域的外表背后。

超人

尼采用"Übermensch"或者"超人（overman）"*的形象来概括他的人性理想。他心中想的并不是一个特殊的个体，而是描述一种将要首次实现人性未实现的潜能的人格类型："人把自己设为目标的时候到了。人种下他最高希望的种子的时候到了。"[24] 迄今为止已经出现的更高类型的人接近于实现这个理想，但即使是他们也仍然在受到他们人性的拖累：

> 还从没有一个超人。最伟大者和最渺小者我都看透了：他们还是全都太彼此相似了。的确，我也发现即使是最伟大的人也太人性了。[25]

满足超人理想的那种类型的人将把人性从他自己的心理败坏中拯救出来。当尼采把人性和"污染的河流"相比较时，他说超人像可以吸收细微污染而不会被它败坏的大海。[26]

尼采模仿人在是者等级上处于动物和天使之间这一中世纪观念，说"人是在野兽和超人之间延伸的绳索——悬在深渊上的绳子"。[27] 然而，生物演化进程不会产生这一人性的新种类，因为演化是一个无意识过程，只产生新型的物种，而不会产生尼采预想的独特种类的个体，他将超越畜类。一个人要通过自我培养的过程成为超人，这只能通过意志的

---
* "Übermensch"有时被翻译为"superman"，但是因为这个词误导地暗示尼采指的是让人联想到著名卡通人物的身体强大，因而更字面上的翻译"overman"更可取。

行为来完成。人类本性，如我们所知，是由我们的生物遗传和文化作用形成的。它构成了我们的所是，而尼采谈的是那些关心他们应该成为什么的人。所需要的是通过战胜人类本性的局限，来定义作为人意味着什么："我教你做超人，人是某种要被战胜的东西。你为战胜他做了什么？"[28]

虽然他把超人说成是一个强大的、发号施令的人，但尼采不是在描述一个暴君。超人不是一个征服他人的人，而是征服自己的人，因为他控制了内心的破坏性驱动力、太人性的激情和恐惧。因此，尽管他有反宗教的偏见，但尼采可以说，更高的人总是仰慕圣徒，因为他的自我考验、自我修炼（BGE § 51）。然而，尽管基督教圣徒因为修炼可以得到 A+，但他们却因自我确认的任务不及格而得到 F−。圣徒只通过熄灭他的激情来控制自我，最终消灭他的个体自我的任何意义。而尼采的理想是"精神超越、幸福和无比强大的统一"（WP § 899）。得到实现的人将"罗马的凯撒和基督的灵魂"相结合（WP § 983）。虽然他钦慕历史上的伟大征服者，但他们让他钦慕的那种"强大"不是他们超越他人的军事力量，而是他们的心理力量和内心强大。因为这个原因，尼采的理想更经常在艺术家中找到，而不是军事征服者。

尼采的超人理想也与他的第一本书《悲剧的诞生》所表达的理想一致。在这本书中，他用古希腊神祇阿波罗和狄奥尼索斯来象征在人类人格性中起作用的两种力量。阿波罗是光明之神。他象征秩序、适度、形式和理智。阿波罗精神实现于希腊的雕塑和建筑之美。狄奥尼索斯是酒与迷狂之神。他象征激情、冲动和本能。狄奥尼索斯的力量自身是野蛮和破坏性的。但是，如果没有狄奥尼索斯的活力和驱动力，阿波罗的自我控制精神毫无用处。就像紧绷的弓，人类理想在理性与激情的统一中实现。在健全的个体中（换一个隐喻），洪水般的激情与冲动之力没有被否定和压制，而是被自我主宰的精神所疏导并转化为创造的能量。创造性的艺术家掌握了这种技艺，所以他常常代表尼采的英雄。尼采相信，当希腊人认识到如何获得这两种伟大生命力的张力平衡时，就诞生了希腊悲剧的伟大。*

虽然创造有力的戏剧和美丽的雕塑是好的，但尼采说，真正创造性的人超出了生产外在的艺术对象，而是把自己的生活当作艺术作品来过。[29] 从他早期论悲剧诞生的作品到他的超人图景，一种关于人可能达到的伟大的图景萦绕着尼采。他说，他和德国诗人歌德有人类理想的共同图景。尼采对他们共同范例的描述，简洁地概括了他的那些适用于超人的特征描述：

一个强大的人，有良好的教育，身体的各个方面都技巧精湛，自我控制，自尊，并且敢于为了这样的自由而尽其所能地变得足够自然和强大；一个不是出于软弱而是出于强大而容忍的人，因为他知道如何使用才对他有利，即使是那些会毁灭寻常人性的东西。对他来说不再存在任何禁忌——除非是软弱，不论它被叫作邪恶还是德性。[30]

永恒轮回的神话

尼采最著名的学说之一是永恒轮回学说。在他未发表的笔记中，他给了这个概念一个形而上学表述。他从这一前提出发，即世界是力量单位的某种有限结合，它们随机相互作用，产生各种结合。作

---

* 在尼采后来的著作中，"狄奥尼索斯"变成了两种力量统一的象征。

为一种宇宙的掷骰子游戏，每种可能的结合都会在这个或那个时候实现。最终，只要时间的量是无限的，每一个结合和每一个结合的序列都会一次又一次再次出现（WP § 1066）。批评者已经指出，这个前提包含了许多成问题的假设，并且从数学观点来看，这个结论不是无法避免的。然而，尼采用永恒轮回的观念首先是作为一个思想实验。只是被当作一个心理测试，它仍然有价值，不论它是否真的会出现。尼采要你考虑你对如下境遇的情感反应：

> 你现在过的和曾经过的生活，你将不得不再过一次并且再过无数次；其中将不会有任何新东西，每个痛苦和每个欢乐，每个思想和叹息，你生活中每个不可言喻的小事和大事，都将不得不对你重现，全都以相同的序列和顺序。（GS § 341）

诚实地面对这种可能性要么导致绝望，要么导致庆祝，取决于你是哪种人。因此，它用作一个从较低的人中筛选出较高的人的滤网。斯多亚主义者、基督徒、黑格尔主义者甚至马克思主义者能接受生活的痛苦和斗争，因为他们都有一个目的论的历史观。从长远来看，他们说，所有这些都有意义。因为存在着一个终极意义。然而，尼采不认为生活的意义取决于彩虹之上某个地方的任何历史的或宇宙的救赎。相反，更高类型的人是唯一确认生活的人，因为他们毫无幻想地接受实际的实在。即使宇宙和他们自己的生活没有任何终极目的，这样的人仍然接受它和热爱它。*尼采称这种态度为"*amor fati*"

或热爱命运：

> 我对人类伟大的表述是热爱命运（*amor fati*）：一个人不想要任何不同的东西……永远不要。不仅是承受必然的东西，不躲避它……而是爱它。[31]

这是对当下的爱，把它看作富于价值，即使它没有超越于它的意义。任何能够以这种态度对待生活的人都是超人，因为这样的人战胜了寻找意义的人类的心理需要，并且满足于以他们为自己创造的较小的"意义"来生活。

> **想一想**
>
> 27.5 尝试尼采关于永恒轮回观念的思想实验。你的回答是什么？对于你的回答，尼采会怎么说？

评价与意义

尼采更关心卓越与震撼而不是一致。然而，即使他完全不希望一种"真"的哲学，但他的确主张他的观点在某种意义上"优于"以前出现的任何东西。因此，要试图认真对待他的主张，会伴随四个批判性评论。第一，当尼采说我们所有的一切都是"视角"，一个人可以合理地问，"关于什么的视角？""视角"这个观念似乎在逻辑上要求一个非视角的客观实在观念。而且，把哲学称为"错误""谎言"和"幻象"蕴含着某种与之相比较来度量我们观念的标准。因此，他的所有术语都假设了他想要拒斥的关于客观实在的神话。第二，他区分了人的"较高的"类型和"较低的"类型，并且把赞美之词倾注给第一种类型，用各种负面形容词描述第二种

---

* 需要注意，他的为了存在自身而热爱存在的号召，是在他已经被糟糕的健康、极度的身体痛苦和他的书乏人问津折磨 10 年之后发出的。

类型。然而，这种负载价值的判断似乎恰恰假设了他所拒斥的价值客观性。他只有承认他的判断只是他的个人偏好，类似于他对食物喜不喜欢，才能避免这个结论。但显然他认为他对不同人格类型的评价说出了关于人类本性的某种重要而真实的东西，不只是报告他自己的情感状态。第三，尼采把世界呈现为混乱的和无意义的，但是称赞那些直面这一点却仍然肯定存在价值的人。然而，这一乐观主义的态度岂非实际上否认了世界是我们发现的那个样子，而不是诚实地接受它？或许虚无主义，否认一切价值，才是更诚实的做法。当然，人是无法生活于虚无主义中的，但是，尼采呼唤用赋予我们存在以意义来战胜虚无主义，这难道不就是要我们创造出另一个幻象以便继续生活下去吗？

最后，可以对他的哲学方法做出批评。尼采过于频繁地用这样的方式挥手告别传统的哲学观念，即仅仅展示这些观念有心理起源并且满足了我们内心的需要。这种起源谬误是一种试图根据一个观念的起源来证明它为假的论证类型。通过考察尼采为什么有对力量和强大的心理需要，可以同样容易地（也同样谬误地）打发掉尼采的哲学。即使我们的许多信念产生于深层的心理需要，这并不蕴含满足这些需要的条件不存在。例如，我们有对食物、朋友和性的内在需要，这是真的，同时在实在中存在着满足这些需要的客观条件。难道对合理世界秩序或上帝的信仰不可能既满足了主观需要，又对应着可以满足这些需要的客观实在吗？当然，这并没有证明存在着合理的世界秩序或上帝。但是，它的确表明，一个观念在心理上令人满足这一事实并不构成拒斥它的根据。

尽管有对尼采的哲学假设和论证做出的这些批评，但他非常敏锐地预见到了将要到来的世纪。世俗主义的兴起，我们的文化碎裂成分裂的多元主义，道德交谈转变为权力斗争的趋势，不断增长的异化感，以及价值危机，这些只是尼采预见将要到来的20世纪及20世纪后的趋势中的几个。

而且，没有人能否认他的思想已经对他死后的世纪造成了巨大影响。不幸的是，大量的影响都基于对他思想的错误诠释。在第一次世界大战中，当尼采开始在德国流行时，英国和美国的批评者把他看作德国的残酷无情的意识形态表达。在第二次世界大战期间，希特勒和纳粹实际上把他作为了守护神。希特勒多次造访尼采档案馆，并在这位哲学家的半身像旁留影。纳粹在尼采关于"强力意志"和"主人道德"的段落中看到了自己的身影。他们认为他是将会拯救衰败的欧洲文明的"超人"。他称赞战士、坚强和英雄主义以及贬斥民主、习俗道德和软弱的话，被纳粹奉为圣经。然而，正如许多评论者指出的，纳粹没有看到，不能总按字面去理解尼采，并且他赞美的是精神强大而不是行为残忍。尼采的妹妹伊丽莎白嫁给了一个刻薄的反犹太分子这一事实给这种错误诠释火上浇油。在他哥哥死后，她伪造了以他之名的最初的纳粹手稿，并编辑他的手稿，使他听起来像一个种族主义者和德国民族主义者。然而，尼采实际的典型情感，是他提出的"把反犹太的叫嚣者从这个国家驱逐出去可能是有益的和公平的"（BGE § 251）。而且，他把德国人的"民族主义和种族仇恨"称为"心地的疥疮和有毒的血液"（GS § 377）。

当代联系 27：尼采

受尼采的著作影响的范围很广。许多哲学家写了关于他的书，阿尔伯特·加缪、让－保罗·萨特、马克斯·舍勒和奥斯瓦尔德·斯宾格勒的哲学观点都表现了他的思想的影响。他影响了赖内·马利亚·里尔克和施特凡·格奥尔格这样的诗人，并且在托马斯·曼、赫尔曼·黑塞、安德烈·纪德和安德烈·马尔罗的小说，以及乔治·伯纳·萧和威廉·巴特勒·叶芝的作品中可以感到他的存在。

某些文学理论，如解构主义，建立的基础是尼采对存在脱离多元视角和读者意义投射之外的单一权威性文本诠释的否定。而且，尼采对文本背后作者的隐藏动机的寻求，成为了女性主义者和马克思主义者解读文献的典范。

尼采的观察预示了西格蒙·弗洛伊德对我们心中无意识动机的分析。78岁时，关于尼采，弗洛伊德写道："在我年轻时，他标志着我不可企及的高贵。"

虽然小说家艾茵·兰德贬低尼采的非理性主义，但她的小说《源头》和《阿特拉斯耸耸肩》暴露了她年轻时受到《查拉图斯特拉如是说》的吸引。她对群畜心理和传统基督教德性的强烈蔑视，以及她对自我中心主义和英勇的创造性个体的赞美，都会赢得尼采的钦佩。受尼采的超人形象的启发，理查德·施特劳斯在1896年写下了经常听到的雄壮的《查拉图斯特拉如是说》协奏曲。讽刺的是，尼采还影响了许多神学家，如新教作家保罗·蒂利希和犹太思想家马丁·布伯。

即便自从他搁笔之后一个多世纪过去了，尼采的声音仍未失去他的力量。一个作家这样解释他持久的吸引力：

> 这不是同不同意他的哲学结论的问题，而是经受他的形而上学、道德和心理学怀疑侵蚀的问题。它们留给人伤痕或让人净化；肯定会受到改变。[32]

理解题

1. 尼采如何描述他的使命？
2. 尼采的视角主义是什么意思？
3. 为什么尼采的立场被称为"浪漫的原始主义"？
4. 尼采为视角提供了什么评价标准？
5. 尼采对发现客观真理的企图怎么看？
6. 当尼采说一个伟大的思想家将是"实验者"时，他的意思是什么？
7. 什么是尼采对形而上学的评估？
8. 当尼采提及"上帝之死"时，他的意思是什么？
9. 根据尼采，什么是"强力意志"？为什么它并不一定指物质力量？在人类心理学中它扮演什么角色？在自然中它扮演什么角色？
10. 描述主人道德和奴隶道德的不同。
11. 什么是"超人"？
12. 什么是"永恒轮回"并且为什么尼采相信它？我们应该对它采取什么态度？

思考题

1. 选择一个历史上最伟大的哲学家，想象尼采会如何分析这个思想家的思想。

2. 你是否同意尼采,我们用我们的感受和本能而不是理性来应付这个世界?如果这是真的,它是好是坏?
3. 尼采和克尔凯郭尔在什么方面相似?在什么方面不同?
4. 尼采认为宗教的生活方式是一种软弱的方式,而克尔凯郭尔认为与上帝的关系是通向本真性之路。选择其中一个思想家,想象他在这个问题上会如何回应另一个人。
5. 如果你的社会依照尼采的理想运行,它会在什么方面不同?在什么方面它可能更好?在什么方面会更糟?

注释

[1] 弗里德里希·尼采,《瞧,这个人》(*Ecce Homo*),《我为什么是命运》("Why I Am a Destiny"),§1,沃尔特·考夫曼(Walter Kaufmann)译,载于《论道德的谱系和瞧,这个人》(*On the Genealogy of Morals and Ecce Homo*),沃尔特·考夫曼编(New York: Vintage Books, 1969)。

[2] 罗兰·N. 斯特龙伯格(Roland N. Stromberg),《近代欧洲思想史》(*An Intellectual History of Modern Europe*, New York: Appleton-Century-Crofts, 1966),第333—334页。

[3] 致妹妹的信,1886年7月8日,引自卡尔·贾斯珀斯(Karl Jaspers)《尼采哲学活动理解引论》(*Nietzsche: An Introduction to Undertanding of His Philosophical Activity*),查尔斯·F. 沃尔拉夫(Charles F. Wallraff)和弗雷德里克·J. 施米茨(Frederick J. Schmitz)译(Chicago: Regnery, 1965),第436页。

[4] 此后,最常被引用的尼采著作将在文本和以后的尾注中以如下缩写标注。为了兼顾有其他版本的读者,标注中的数字指节号而不是页码。许多来自单行著作的引文取自《便携版尼采文集》(*The Portable Nietzsche*),沃尔特·考夫曼翻译和编辑(New York: Viking Press, 1968)。

AC 《反基督》(*The Antichrist*),载于《便携版尼采文集》。

BGE 《善恶的彼岸》(*Beyond Good and Evil*),沃尔特·考夫曼译(New York: Viking Press, 1966)。

EH 《瞧,这个人》,沃尔特·考夫曼译,载于《论道德的谱系和瞧,这个人》,沃尔特·考夫曼编(New York: Vintage Books, 1969)。

GM 《论道德的谱系》(*On the Genealogy of Morals*),沃尔特·考夫曼和R.J. 霍林代尔(R.J.Hollingdale)译,载于《论道德的谱系和瞧,这个人》,沃尔特·考夫曼编(New York: Vintage Books, 1969)。这本著作的引文使用带节号的文章编号来标注。

GS 《快乐的科学》(*The Gay Science*),沃尔特·考夫曼译(New York: Vintage Books, 1974)。

HAH 《人性的,太人性的》(*Human, All Too Human*),R. J. 霍林代尔译(*Cambridge*, England: Cambirge University Press, 1986)。

TI 《偶像的黄昏》(*Twilight of the Idols*),载于《便携版尼采文集》。

WP 《强力意志》(*The Will to the Power*),沃尔特·考夫曼和R. J. 霍林代尔译(New York: Vintage Books, 1968)。

Z 《查拉图斯特拉如是说》(*Thus Spoke Zarathustra*),载于《便携版尼采文集》。

[5] TI,前言。

[6] EH,《查拉图斯特拉如是说》,§8。

[7] 弗里德里希·尼采,《善恶的彼岸》,玛丽安娜·考恩(Marianne Cowan)译(Chicago: Henry Regnery, 1955),§246。

[8] TI,《格言与箭》("Maxims and Arrows"),§26。

[9] TI,《德国人缺少什么》("What the Germans Lack"),§7。

[10] 《论超道德感中的真理与谎言》("On Truth and Lie in an Extra-Moral Sense"),载于《便携版尼采文集》,沃尔特·考夫曼翻译和编辑(New York: Viking Press, 1968),第46页。

[11] HAH,《漫游者和他的影子》("The Wanderer and His Shadow"),§11 和 TI,《哲学中的"理性"》("'Reason' in Philosophy"),§1。

[12] Z,第3部,《重力的精神》("On the Spirit of Gravity"),§2。

[13] 《论超道德感中的真理与谎言》,第46—47页。

[14] EH，前言，§3。
[15] TI，《"真实的世界"如何最终成了寓言》("How the 'True World' Finally Became a Fable")。
[16] GS §377；HAH，《各色见解与格言》("Assorted Opinions and Maxims")，§211。
[17] 弗里德里希·尼采，《朝霞》(*The Dawn of Day*)，J. M. 肯尼迪（J. M. Kennedy）译（NewYork: Macmillan, 1913），§95。
[18] EH，《我为什么是命运》，§5。
[19] 罗伯特·C. 所罗门（Robert C. Solomon）《1750年以来的大陆哲学：自我的兴衰，西方哲学史7》(*Continental Philosophy since 1750: The Rise and Fall of the Self, A History of Western Philosophy: 7*, Oxford, England: Oxford University Press, 1988)，第112页。
[20] 尼采，《朝霞》，§224。
[21] 弗里德里希·尼采，《反基督》，§57，载于《便携版尼采文集》。
[22] Z，第3部，《萎缩的德性》("On Virtue That Makes Small")，§3。
[23] Z，第4部，《最丑陋的人》("The Ugliest Man")。
[24] Z，《查拉图斯特拉的序言》("Zarathustra's Prologue")，§5。
[25] Z，第2部，《教士们》("On Priests")。
[26] Z，《查拉图斯特拉的序言》，§3。
[27] Z，同上，§4。
[28] Z，同上，§3。
[29] 《悲剧的诞生和论道德的谱系》(*The Birth of Tragedy and The Genealogy of Morals*)，弗朗西斯·高尔斐（Francis Golffing）译（Garden City, NY: Doubleday Anchor Books, 1956），第24页。
[30] TI，《一个不合时宜者的争论》("Skirmishes of an Untimely Man")，§49。
[31] EH，《我为什么这样聪明》("Why I am So Clever")，§10。
[32] 沃纳·佩尔茨（Werner Pelz），《耶稣与尼采》("Jesus and Nietzsche")，《聆听者》(*Listener*)，1962年5月3日。

第28章

19世纪经验主义：
孔德、边沁与密尔

马克思把知识分子划分为那些试图理解世界的人和那些试图改变世界的人。本章讨论的三位哲学家和马克思一样，相信哲学家的任务是改变世界。19世纪仍然感受着法国革命和工业革命的冲击，二者都开始于伟大的理想，但其后果都造成了巨大的社会问题。厌倦了只是旁观事物的哲学，许多思想家把他们的才智用于激进的社会改良计划。

在这些最重要的社会哲学家中，有法国的奥古斯特·孔德，他发起了称为**实证主义**（positivism）的运动，以及英国的杰里米·边沁和约翰·斯图尔特·密尔，他们产生了称为**功利主义**（utilitarianism）的运动。虽然孔德和杰里米的写作早于马克思，但他们的生活时代是重叠的，而且密尔和马克思在同一个24年的时间里，都在伦敦进行着有关社会哲学的写作。然而，虽然马克思引用了他的三个同时代人的观点，但他自己的工作在他有生之年没有受到广泛的注意，实证主义和功利主义的奠基人也没有注意到他的著作。不过，虽然他们的解决办法不同，但所有这四位作者都试图发展一种能够为一个新的更合理的社会提供基础的人类行为科学。

虽然19世纪的实证主义和功利主义之间有重大差异，但他们有许多共同信念。第一，他们都是严格的经验主义者。追溯他们的理智家系，它绕过康德，植根于霍布斯和休谟这样的经验主义中坚分子的哲学。虽然他们同意康德的观点，认为所有的知识都局限于时空现象的世界，但他们拒斥康德的不可知本体的观念。因而，他们的世界观是科学主义的世界观。这种意识形态远不是仅仅尊重科学。相反，科学主义是这样一种信念，即科学是知识和价值唯一可靠的来源。人类关心的所有领域，不论是心理、道德、政治或宗教，它们的可信度只取决于它们的原则在多大程度上能从科学中导出。因为形而上学主要处理的主张涉及的是不可直接观察的实在，所以实证主义者和功利主义者是直言不讳的反形而上学者。

第二，他们都对发展会导致社会改良的道德和社会理论感兴趣。如果观念不像形而上学者认为的那样是通向终极实在的梯子，那么观念的价值就在于它们有助于我们尽可能成功地存在于此时此地的世界。与他们最初的假设一致，他们相信社会的任何变革都必须以科学为根据。人类是自然的一部分，任何道德和社会主张或建议都必须以人类经验中可观察和可度量的东西为基础。因此，边沁说，伦理学理论的功能应该像"道德温度计"一样来测量什么有价值。孔德说，他想要发展一种"社会物理学"，而密尔谈到了"关于人类本性的科学"。

他们的经验主义使他们在道德理论建构中以有实际头脑为荣。康德说，有道德价值的是意志的纯粹性，而不是我们行为的后果。然而，对实证主义者和功利主义者而言，重要的是人们怎么做。毕竟，工业革命和法国革命的恐怖开始于最美好的意图与动机。因此，我们应该关心的是事情的结果如何，只是在它们倾向产生什么实践结果方面，动机和意图才受关注。

而且，他们的经验主义和对科学的信仰使得他们对社会改良的可能性非常乐观。如果心灵生来是一块白板，那么我们思考的内容和方式将是我们的经验和环境的产物。通过理解物理法则，我们能预测和控制台球的行动。类似地，通过以心理学和社会学的法则为基础，创造一种正确的社会，我们将能够创造一种实现其理想的正确的人。

第三，他们是世俗主义者。他们对形而上学的反感自然地使他们怀疑传统的宗教。然而，尽管他们倾向于上帝存在不可知，但他们认识到宗教理想的社会学价值和实用价值。出于这个理由，孔德试图发展一种世俗形式的宗教来为他的社会理想提供情感支撑，而边沁认识到宗教为鼓励有益的社会行为提供的约束力量。唯有密尔试图走出绝对的不可知论。他愿意承认有某些证明不那么传统的、有限的上帝存在的经验证据。然而，他还是首先从宗教给我们设定的有益于社会的理想这个方面来看待它的价值。尽管这些哲学家对宗教信仰做了让步，但他们在气质上基本上是世俗主义者。

奥古斯特·孔德

孔德生平：科学、社会与宗教的改良者

奥古斯特·孔德（Auguste Comte，1798—1857）生于法国蒙彼利埃。虽然他的父母是虔诚的天主教徒，但他宣称他在14岁时就不再信仰上帝。在1814—1816年间，他就读于巴黎综合技术学院，这所学校的科学研究进路主要关注实践与技术应用。在那期间，他对著名科学家著作的认真研习，激发了他要毕生献身于科学知识。从1817年开始，孔德给著名的社会主义者圣西门当了7年秘书。虽然这段关系以不快争吵告终，但孔德受到了他的导师兼雇主的决定性影响。孔德从来没有实现他获得令人满意的大学职位的梦想，主要靠辅导数学和朋友与仰慕者的捐助为生。然而，从他做的一系列有许多杰出科学家出席的、关于他哲学观念的讲座中，他开始获得相当大的声誉。在1830—1842年间，孔德发表了他的主要作品，6卷本的《实证哲学教程》，这是由他的讲座发展而来。它陈述了一个仅仅建立在可观察的科学事实的坚实基础上的人类知识和人类社会的图景。

在他为科学发现坚实基础而努力的同时，他个

人的生活极不稳定。情感和身体不幸的痛苦贯穿着他的整个生活。在他解除了短命而不幸的婚姻之后两年，他疯狂地爱上了克洛蒂尔德·德·沃克斯夫人。这一罗曼史两年后以她悲剧性的死亡告终，但它教会了他转化爱的力量。他的思想因而发生了一个奇怪而激进的转向，走出了他早年严格的科学哲学，企图发明新的人道教。饱受神经衰弱的折磨，他于1857年在贫困中默默无闻地死去。

孔德的任务：从迷信走向实证科学

孔德的大部分著作都致力于发展一种以科学为基础的哲学，它没有任何思辨，并且牢牢地以实证知识为支撑。出于这个理由，他称他的哲学为"实证主义"（一个他从圣西门那里借来的术语）。实证主义者只会赞同那些人们在经验上证实了的主张。按他对此的表达，"没有任何最终不能化归为对事实的特殊阐述或一般阐述的命题，能提供任何真实的和可理解的意义。"[1] 然而，对于孔德，不是为了知识自身而追求知识。知识的最终目的是让我们能控制我们的环境。为了解决我们的问题，我们需要的不是零散的社会改良，而是对社会的全面检修。虽然科学发生了巨大的进步，但我们还没有恰当地把它应用于真正关系重大的问题，在这些问题上，它可以改进人类存在的社会、政治和道德境界。

孔德提出了一个关于人类历史发展的理论，他称之为"三阶段法则"。他相信种族历史的发展与个体人类的理智发展相类似。人类理智发展的第一个阶段是神学阶段。孔德说，这个阶段代表了婴儿期的人类，因为就像孩子把意向和个性归于他的玩具熊，人类在这个阶段也假设宇宙是由人格神的行为支配的。这个阶段从拜物教和万物有灵论，经过多神论，在一神论中达到顶点。在一神论中，宇宙被看作一个唯一神祇的统一物。刚刚过去的人类的第二个阶段是形而上学阶段。在这个阶段，人们用非人格的隐秘的原因来解释事件，使用力、本质或能力这样的抽象概念。这代表人类处于青春期。第三个和最后一个阶段是实证主义阶段。在这个阶段，人类达到了成年期，因为世界被科学地看待。

不幸的是，孔德的历史解释反映的是他自己的哲学偏见而不是对历史事实的忠实描述。与孔德的图景相反，在古希腊人中，存在着反神学的科学努力，而近代科学的兴起是由像牛顿这样既是物理学家又是神学家的人带来的。而且，"青春"阶段的出现跟在"成年"阶段之后，因为黑格尔的宏大的形而上学思辨出现在牛顿科学理论的几个世纪后。然而，尽管孔德意识到近代科学从牛顿开始，但他仍坚持牛顿理论充斥着不相干的形而上学概念，因此没有达到完全成熟的科学观点。尽管有其肤浅性，但孔德对思想史的解释提供了一个很好的例子，反映了把历史看作朝向理性的、乌托邦理想的进步过程这一19世纪的倾向。

实证主义的科学观把特殊事件理解为自然法则的例子。然而，这些法则不是形而上学的力，而只是经验中可观察到的规律性。因此，科学只是描述观察到的东西，并不假定任何超显象的东西。孔德说，我们必须抛弃拥有绝对知识的梦想。出于这个理由，他认为，科学不应该提及"原因"，而只提及"可观察的序列"。例如，我们不应该问"什么是重力？"，这个问题是在问形而上学的本质。相反，我们使用"重力"这个词项指称物体下落的接续显象之间的关系，而不是用它指称某种现象背后的隐秘原因。因此，孔德同意康德的观点，把科学看作只是对经验现象的说明，而不是通向实在自身的窗口。

为了实行他的将人类知识置于坚实科学基础之上的梦想，孔德按照逻辑顺序来安排科学。他把知识的诸部门排列成一个从最简单和最抽象到最复杂和最具体的连续体，其中的每一个学科都依赖它之前的学科。他给传统科学的次序是，数学、天文学、物理学、化学和心理学。在科学的顶点上，他放置了一个尚未发展的"新部门"。他称这个"新科学"为社会学。因而，从孔德时代以来，这成了对社会的科学研究的标签。在孔德看来，通过让诸科学为人类及其需要服务，社会学会把它们统一起来。按照孔德的说明，人类科学的进步遵循他的历史模式。神学阶段把人类事务看作受神控制。在形而上学阶段，政治哲学家谈到平等、权利、主权、一般意志或自然状态这些抽象概念。然而，随着实证主义的兴起，人类的互动像其他任何自然现象一样被科学地研究。孔德被赞扬为把对社会的研究从形而上学水平提升到科学水平的第一人。这一新科学的目标是，发现将能让我们预测和控制人类行为的一般法则。因此，他提出了一种"社会物理学"，这将给构建一个良好的社会提供操作性原则。

孔德的科学宗教

最初，孔德的社会学包括我们现在所称的社会心理学、经济学、政治理论和历史。后来，孔德把伦理学作为科学层级中的第七门科学。然而，他的伦理学概念非常不同于传统的道德理论家。对于孔德，伦理学只是把人类行为法则应用到有效的社会计划中。为了造就一个有效的社会，他不仅要考虑人类的理智，而且要考虑情感。在实证科学阶段的人们，没有基督教世界观的支持和激励，如何被推动去爱和服务于人类？孔德的回答是，构建一种新的宗教，"人道教"。既然他鄙弃神学和形而上学，对于孔德来说，返回到宗教上似乎很奇怪，宗教以前被他说成是人类婴儿期的一部分。然而，虽然他不认为谈论上帝有意义，但他同时把无神论作为一种独断的形而上学立场加以拒斥。有神论和无神论给予宇宙本性和事物的终极原因不同的解释，但没有经验方式来检验它们的主张。而且，从严格的社会学观点出发，孔德认识到，宗教理想带来优秀的人的力量和作为构建和谐共同体的黏合剂的力量。孔德认为，我们所需要的是一种科学上可接受的宗教，它将有基督教所有的情感吸引力和动机力量，而没有它的神学和形而上学包袱。它的目的是让人们能超越自我中心主义接受**利他主义**（altruism，孔德发明的另一个词）。他的人道教计划最初是在他的《实证政治体系》（1851—1854）中提出的。在他年轻时抛弃了罗马天主教的基督教后，他现在寻求让它摆脱它的神学和形而上学迷信，同时保留其中有益社会的因素。他通过重新定义基督教的核心概念来完成这一点。例如，抛弃了上帝概念，他提出实证主义者的最高是者应该是人道。此外，他增添了大地和天空来完成实证主义的三位一体。历法将被改革，使得重要的日子不再标志宗教事件，而是纪念人类历史上伟大的知识分子。古腾堡、莎士比亚和笛卡尔这样的重要人物被用于命名一年中的月份，而一年现在被扩展到13个月。有9个世俗的圣礼或仪式来庆贺一生中从生到死的 9 个伟大的转变。柏拉图说哲学家应该成为国王；孔德的乌托邦图景是一个社会工程师是统治者的图景（他称之为"科学政治家"）。只有由有才智的技术精英来统治，社会才会高效。孔德像柏拉图一样，相信允许一般公众做出政治决定，就像允许他们在天文学和物理学的技术性问题上做出决定一样荒谬。[2]

> **想一想**
>
> 28.1 构造一个论证来支持孔德关于社会应该由有才智的科学精英来统治的断言。然后再构造一个论证来反对这个结论。你认为哪一个论证更强？

孔德思想的评价与意义

孔德把科学限制于一种狭隘的经验方法论的企图，鼓励了那些想要把科学和任何种类的形而上学基础分离的人。然而，并不清楚科学能否在这种实证主义者的手术中幸存下来。他的宣言，任何"不能最终化归为对事实阐述的"命题都应被拒斥，听起来像是当代天文学和核物理学的丧钟，这些学科中的可观察事实只能借助不可观察的理论实体才成为可理解的。然而，孔德只是嘲笑超出直接可证实的东西的科学家，轻蔑地把他们的理论跟相信天使和魔鬼相类比。[3] 而且，他试图把一个包括价值体系在内的世界观建立在这一极其单薄的经验基础上，这注定是失败的。一个局限在孔德界限内的科学可以开出治疗痛风的药，但不能规定据以生活的价值。即使孔德自己似乎也不能按他推荐的由被证实的事实构成的严格食谱来生活。虽然他主张科学是他的乌托邦图景的来源，他却不断把无保证的价值和情感偏好混入这幅图景。他早期严苛的科学态度被他对克洛蒂尔德的爱和内心崇敬所战胜。他最终说，理智应该完全服从感情。虽然约翰·斯图尔特·密尔尊重孔德实证主义的科学方面，但他遗憾地承认"一种不可遏制的荒谬气氛"萦绕着孔德的宗教，并且哀叹说"对这位伟大知识分子令人悲哀的颓废，其他人可能会嘲笑，我们反而可能会哭泣"。[4]

尽管有这些问题，孔德的实证主义却享有相当大的影响力。例如，密尔受到实证主义科学方面的影响，并且积极地促进它的发展。孔德把人性研究严格科学化的梦想继续是经济学、心理学和社会学这些学科的目标。而且，与黑格尔和马克思一样，孔德关于应该根据概念的历史发展来研究概念和历史的进程遵循一种逻辑必然模式的主张，为 19 世纪的精神做出了贡献。然而，到了 19 世纪末，马克思主义者肆无忌惮的形而上学唯物主义，使得孔德的社会理论的影响黯然失色。

孔德哲学后期较为放纵的特征实际上影响最大。人道教打动了许多人的心弦，因为致力于崇敬历史上的伟大心灵的实证主义社群在英国和法国涌现。实证主义甚至在遥远的拉丁美洲同样受欢迎。实证主义者不仅在巴西建起了教堂，而且把孔德的思想付诸实施，进行革命性的政治改革。直到今天，巴西国旗上写有"秩序与进步（*Ordem e Progreso*）"的格言，那是孔德所有著作的关键词。

杰里米·边沁

边沁生平：一个政治改革者的产生过程

杰里米·边沁（Jeremy Bentham，1748—1832）生于伦敦。他是一名伦敦律师的儿子，他父亲雄心勃勃地计划让杰里米成为法律业界的名人。因而，在12岁时，杰里米被送到牛津大学女王学院。1763年毕业后，他跟随他父亲的脚步，开始学习法律。然而，他发现他对实践法律没有兴趣，有兴趣的是改变它。他既不满意法律的通行理论根据，也不满意它在法庭中的实际应用。对于边沁这样对社会和政治理论感兴趣的人，这是一个关键时代。他经历了美国革命、法国革命、拿破仑战争和议会制政府在英国的兴起。他把那个时代的政治不稳定归结为当时法律体系和政治结构的非理性的和混乱的基础。

边沁的解决办法是发展出一个后来会被称为功利主义的道德和政治哲学。他的著作引起了很大的注意，并激发了一群追随者的形成，他们的政治观念对于他们的时代来说是激进的。在边沁提供的资金帮助下，他们出版了一份刊物来推广他的思想。其中最重要的一个门徒是詹姆斯·密尔，一个作家和商人。作为他们友谊的结果，边沁成了詹姆斯长子约翰·斯图尔特·密尔的教父。这位更年轻的密尔将改进和普及边沁的功利主义，并使之成为历史上最有影响的伦理学理论之一。边沁死于1832年6月6日。他把他的遗产留给了伦敦大学，一所他帮助建立的学校。而且，在他的遗嘱中，他吩咐将他的尸体解剖以帮助科学研究，并且它应当被保存并一直在伦敦大学展出，以提醒人们他的哲学。他制成干尸的尸体，穿着他自己的衣服，今天仍然在那里展出，并且根据遗嘱的条件，每次董事会会议时它都必须在场。

边沁的任务：道德与政治的科学基础

边沁不仅对当时的社会状态极为不满，而且对由之发展出的理论极为不满，这将他引入了哲学。他无情地抨击社会理论的标准支柱，如对自然的道德法则和固有的天赋人权观念的信仰。既然这些是科学上无法观察的，他认为它们是多余的东西。如果你要人们陈述自然法的规定或列出我们的天赋权利，你将获得许多冲突的条目，标志着这些观念并不指称任何客观的东西，而只是主观的偏好。虽然他同情法国革命，但他认为它的哲学基础是混乱的。在他的《道德与立法原理导论》的一个注释中，他谈到了美国独立宣言，"一个根据理性、应该依赖的如此合理的原因，竟然如此适合招致非议，而不是消除非议，对此谁能不悲叹？"在拒斥流行的关于道德、社会和政府的理论之后，边沁提出了一个在更为科学的基础上取代它们的方案。他从一个心理学理论开始，由之得出一个道德理论，接着把它应用于政府和社会政策的问题。

边沁的道德哲学：快乐是唯一的价值之源

边沁以他的基本前提来开始《道德与立法原理导论》：

> 自然将人类置于快乐与痛苦这两个最高主宰的统治之下。这是因为唯有它们指出了我们应当做什么，并且决定了我们将要做什么。正确与错误的标准，原因与结果的链条，都要归因于它们的权力。（PML 1.1）[5]

这段话包含了**心理快乐主义**的论点，它是一个关于人类行为原因的主张，即痛苦和快乐"决定了我们将要做什么"。换言之，当我们深挖每个人类行为的根本动机，我们将发现，最终我们总是试图追求快乐和避免痛苦。这是一个经验主张，可以诉诸人类行为的事实来支持或反驳。似乎很容易发现这个论点的反例，然而，在每种情形下，边沁都主张我们的两个"最高主宰"推动着行为。例如，宗教殉道者为他的信仰而死，因为他相信伟大的意志将在天国给他带来报偿。生活于贫困中的母亲送儿子去大学，因为从他成就中获得了快乐。受虐狂活在受苦的生活中只是为了从我们大多数人都会避免的事情上获取情感上的快乐。除了这一心理学主张之外，上述段落还断言了一种**伦理快乐主义**，主张一个行为的道德正确与错误是它引起的快乐与痛苦的量的函数。因此，唯有快乐与痛苦"指出了我们应当做什么"。

> **想一想**
>
> 28.2 边沁主张痛苦和快乐（身体的或心理的）是我们的两个"最高主宰"是正确的吗？他断言唯有快乐与痛苦"指出了我们应当做什么"是正确的吗？你能想到不利于他的心理快乐主义或伦理快乐主义的某些反例吗？

如果快乐和痛苦是道德的标准，那么行为就必须根据它们的后果来评价。出于这个理由，功利主义是被称为后果论，或更传统地被称为**目的论伦理学***的伦理学理论的一个变种。

功利主义的基础是功利原则。边沁这样定义"功利"：

> 功利用以表示一种属性，任何对象因之而倾向于给利益相关方产生益处、好处、快乐、利益或幸福（所有这些目前都被看作同样的东西）的属性，或防止利益相关方发生伤害、痛苦、灾祸或不幸（它们也是相同的东西）。（PML 1.3）

假定了这个定义，边沁说，一个行为，"当它增大共同体幸福的倾向大于它降低幸福的倾向时"（PML 1.6），就符合功利原则。换言之，功利主义的基本道德规则是"总是为促进最大多数人的最大幸福而行动"。既然功利或产生幸福的能力是用来解释任何其他事物价值的，要求捍卫功利的价值就是愚蠢的。因此，只有功利原则的间接证明是可能的。如果我们拒绝这个原则，边沁相信只有另外两个替代方案。

第一个替代方案是禁欲主义。它主张，如果一个行为否定快乐，那么它是正确的。虽然这不是一个有吸引力的伦理原则，但历史上有它的例子，例

---

* 正如前面章节中提到的，这个词来自古希腊词 "*telos*"，意思是目的或目标。目的论伦理学根据行为的目的或后果来评价行为。

如，古代的斯多亚主义者否定快乐而寻求德性，那些中世纪僧侣，为了征服肉体以让它服务于精神而虐待自己身体的神秘主义者，以及所有形式的怀疑尘世幸福的清教徒，然而，边沁主张，禁欲主义是不一致的。禁欲主义者否定自己的快乐并非因为痛苦自身是好的，而是因为它是道德或宗教启示的快乐和天国报偿的手段。因而，禁欲主义者在否认功利原则的同时假设了这个原则。

第二个替代方案，边沁称为"同情与反感原则"。基本上，这是所有以知觉或某种内在道德感为伦理判断基础的理论提出的原则。然而，这些理论使得伦理学过于主观任意并导向道德混乱。当你和我道德见解冲突时，我不能论证我的道德情感比你的更正确。边沁断言，所有竞争性的道德原则要么不融贯一致，要么可还原为功利原则。与应当快乐相联系是唯一的方式让"'应当'和'正确'与'错误'，以及其他这类语词有意义：否则它们没有任何意义"（PML 1.10）。

边沁始终如一地指出，"更高"或"更低"的快乐的概念没有合乎情理的意义。快乐只有量的差异。边沁在一段值得记住的语录中表达了这一点：

> 排除了偏见，图钉游戏与音乐和诗歌的艺术和技巧有同等价值。如果图钉游戏提供了更多的快乐，它就比其中任何一个更有价值。⁶*

边沁提供了一种科学地量化和计算不同快乐的价值的方法（PML 4.1—4.8）。这通常称为边沁的"快乐计算法"。当考虑任何行为时，我们应该根据以下七个方面来评价它将产生的快乐或痛苦：

1. 强度：快乐有多强？
2. 持久性：快乐将持续多久？
3. 确定或不确定：快乐发生有多大可能或不可能？
4. 接近或遥远：快乐的发生有多快？
5. 衍生性：提议的行为有多大可能产生更多同类感觉（不论快乐还是痛苦）？
6. 纯度：它会伴随着相反种类的感觉吗？（痛苦将伴随着快乐或快乐将伴随痛苦吗？）
7. 范围：有多少人会受影响？

举个例子说明这些规则如何应用，显然得到25美元不会产生和得到30美元一样多的快乐，所以，假定所有因素都相同，你会偏好带来30美元的行为。然而，当你需要它支付学校开销时，25美元现在就给你，而30美元要过40年才能得到，选择导致更少但立竿见影的快乐的行为可能是合理的。用另外一个例子，尽管参加聚会会产生大量的即时快乐，但如果它导致你明天的医学院入学考试失败，它就会是一种不纯的快乐，因为不能追求你的事业的长远痛苦超过了即时快乐。因此，在计算哪个行为最佳时，所有这些因素都要考虑在内。

即使在我们面临更复杂的道德困境的时候，计算过程也是简单的。对于每一个受行为影响的人，把产生的单位快乐的总量加起来，并把那个数字和产生的痛苦的量进行比较。把对每个个体的计算结果加起来就是对共同体产生的快乐和痛苦的总和。对替代性的做法也做同样的计算，这将给你关于哪个行为在道德上更高尚的最终裁决。因此，按边沁

---

* 图钉游戏是18世纪孩子玩的一种相当无聊的游戏。如果边沁在今天写作，他可能会说，"如果它们产生等量的快乐，玩视频游戏会和阅读诗歌同样值得快乐"。

的分析，道德难题被转变为加减问题，决定的做出是通过看最终的余额，就像会计的存入借出账目一样。尽管这个过程看起来笨拙而怪异，但边沁相信它将我们实践中的实际做法形式化了。因为我们经常对我们的行为后果进行加减评估。

注意，在这整个过程中，从来不讨论什么东西有内在的和终极的价值。被某个人欲求或认为有价值，就是对某个东西对某个人有真正价值的理解。不存在价值的绝对标准，它完全是相对和主观的。然而，我们每个受行为影响的人，都有一票来决定一个行为的价值。因此，伦理学不是寻求某种隐藏的、不可观察的、被称为"道德善"的性质。在计划宴会的菜单时，我会考虑客人喜欢什么，不喜欢什么，伦理决定并不比这个更复杂或更崇高。

边沁的快乐主义在它的导向上基本上是个体主义的，因为我们在根本上是被我们自己的快乐和痛苦推动的。那么为什么我应该对这些标准中的最后一个要素，即快乐分配的范围，感兴趣？答案在于，开明的利己。为了关心我自己的福利，要求我也注意他人的利益。例如，1789年法国革命前夜，贵族们自私地只关注他们自己的利益。这是一种愚蠢的利己，因为街头大众的痛苦对贵族的福祉造成了致命的后果。边沁坚信，通过恰当的立法，我们能创造一个这样的社会，在这个社会里，对个人幸福的追求将产生那些会导致"最大多数人的最大善"的行为。

> **想一想**
>
> 28.3 思考一个你最近做出的伦理决定。在这个问题上，边沁给你什么建议？他的伦理学理论在指导行为上有多充分？

边沁的社会哲学：改革的科学指南

边沁的功利原则对社会和法律体系的改革有许多意蕴。对于学校、法律、法庭和监狱的实际改革，他概述了一系列实践方案。关于每个社会政策要问的问题是，"它要达成什么目的？"和"是否可以改进这项政策使得它对最大化总体幸福更有效？"边沁坚持一种冷静的方法，即把社会管理转化为科学。他极力主张社会策划者抛弃政治和法律中的形而上学废话，例如诉诸"自然的道德法则"和"天赋权利"。相反，社会立法机构应该以可度量的人类幸福这一经验根基为基础。遵循的公式是：收集事实，计算每个提议的行为产生的功利，然而据以立法。立法者的工作是，协调社会，使得个体对自己利益的追求符合社会利益。在某些情况下，为确保个体利益符合共同体利益，有必要将惩罚与损害社会利益的行为相联系。边沁提供了一个关于惩罚的广泛理论，它很好地显示了他的功利主义的实际意蕴。既然惩罚总是造成（身体的或精神的）痛苦，它自身是恶的。然而，如果它保证防止某些更大的恶，那么它在道德上是正当的。在以下案例中，根据边沁，惩罚是不正当的：

1. 在它没有根据的情况下。不存在它要防止的恶，或者确定会有对危害的补偿。
2. 在它无效的情况下。在这种情况下，它不能防止恶。这种情况是，处罚确立于行为完成之后，让人们注意法律而采取的步骤不够，或者行为者不能完全意识到他在做什么。
3. 在它无利可图或代价过高的情况下。在这种情况下，它产生的恶超过了它防止的恶。

4. 在它不必要的情况下。在这种情况下，恶自己会终止，或者可以用更经济的手段来防止。

通过许多这类例子，边沁表明，功利原则可以用作社会立法的有效工具。因而，边沁和他的追随者被称为"哲学激进分子"，他们要求国会改革、监狱改革、惩罚算法的改革和其他大规模社会变革。边沁的哲学在他的时代被视为激进，因为它对统治阶级的权力造成了威胁。在功利主义的计算中，每个人"都算作一个人，没有人算更多的人"，因而一个人的财富、阶级和头衔不能获得任何特殊的政治特权。以这种方式，边沁为一个真正的民主社会确立了基础。边沁的观念不仅改变了社会结构，它们还丰富了我们的词汇。为了让他的言论高效和准确，他创造了成百的新词。其中仍然在使用的是"最小化（minimize）"、"最大化（maximize）"、"可省略的（omissible）"、"单边的（unilateral）"、"精明（astuteness）"、"可分离（detachable）"、"合作者（collaborator）"、"国际的（international）"、"详尽无遗的（exhaustive）"和"法典编纂（codification）"。边沁为功利主义奠定了基础；约翰·斯图尔特·密尔改进了它，并使它成为伦理学和社会哲学史上最有影响的理论之一。

约翰·斯图尔特·密尔

密尔生平：公司管理人员与哲学家

约翰·斯图尔特·密尔（John Stuart Mill，1806—1873）生于伦敦。他是詹姆斯·密尔九个孩子中的长子，詹姆斯是东印度公司的高级职员，以及哲学家、经济学家、历史学家和边沁的门徒。詹姆斯·密尔是一个理智而热情的人，有着坚忍的个性，不感情用事。虽然他被训练为一个管理人员，但世界上的痛苦驱使他成为终生的不可知论者。从约翰3岁开始，他的父亲就让他成为严格的教育实验的对象，以表明恰当的教育能使孩子空白的心灵转变为有学识的理性机器。因而，在约翰3岁时，他的父亲开始教他希腊语和算术。当这个早熟的孩子满6岁半时，他写了罗马史，并完成了脚注。在11岁时，他学了拉丁语、几何和代数，并在12岁时开始学习哲学和逻辑。虽然他从没有上过大学，但据说他13岁时受到的教育就已经好于当时的任何大学毕业生。后来，密尔宣称他的智力低于平均值，这使得他成为系统教育方案能到达的成就的鲜活证据。

1823年，密尔开始了35年的东印度公司生涯，这是他父亲受雇的贸易公司。他用他的空闲时间写作和工作来支持各种自由经济和政治活动。然而，当密尔20岁时，缺乏正常的童年和慈父情感让他最终尝到苦果，他受到精神危机和严重抑郁的折磨。他所有的理智和政治目标似乎都引向了内在的空虚。他曾热情支持的边沁和他的父亲的功利主义哲学，现在似乎毫无用处和乏味无趣。他这样描述他的精神危机：

> 分析的习惯有一种让感情消磨殆尽的趋势……因此，就像我对自己说的那样，我在我旅程开始的时候搁浅了，带着装备良好的船和舵，但是没有帆。[7]

尽管这一经验令人不安，但他在几个月后带着一种对生活的新看法从这场崩溃中恢复过来。首先，他发现幸福不可能是生活的直接目标，而是追求其他目标时的自然伴随物。其次，他认识到他的理智发展欠缺的是感情的培养和对艺术的鉴赏。他开始通过学习艺术与阅读华兹华斯、柯勒律治、歌德和卡莱尔（这些作家被视为边沁的反题）的浪漫诗歌来填补他个性和教养的缺陷。在他自己的生活和著作中，他寻求综合在法国哲学家和边沁那里发现的分析理性与英国、德国的浪漫主义者对情感的欣赏。

1830 年，密尔遇到了哈莉耶特·泰勒，一个特别漂亮和睿智的年轻女子。虽然她已婚并且是三个孩子的母亲，密尔还是和她发展了非常亲密的关系。她丈夫死于 1849 年，两年后，密尔和她结了婚。她对他的影响是深刻的。她是他《政治经济原理》和《论自由》这样的重要著作的联合作者。在他的《自传》中，他说，在他们的婚姻期间和 21 年的密友关系期间，"我所有发表的著作是我的作品，同样也是我妻子的作品"。[8] 虽然他是近代史上最有影响的哲学家之一，但他从没有拥有过一个学术职位，相反，他在他的著作和政治活动中倡导他的思想的同时，他仍然是一个商人。1856 年，在他退休前两年，他被晋升为公司的主管官员并获得了丰厚的薪水。1858 年，哈莉耶特在法国阿维尼翁去世。密尔在她的墓地附近买了一所房子，此后，他每年都花半年的时间在阿维尼翁。他深受他妻子思想的影响并对她的才能充满钦佩，这使得他成为女性主义运动的领袖之一。当他在 1865—1868 年在国会任议员时，他试图修正 1867 年改革法案，给妇女投票权，但没有成功。而且，他在 1869 年出版了《妇女的屈从地位》，在书中，他为赋予妇女政治权力进行了论证。1873 年 5 月 8 日，密尔死于阿维尼翁，并葬在哈莉耶特旁边。

密尔对功利主义的改进

在发展他的道德哲学时，密尔接受了边沁快乐主义的主要要点。幸福（快乐和无痛苦的经验）是唯一自身可欲的东西。因而，幸福的总量或最大多数人的最大善是道德标准。他对这种快乐主义的有效性的论证非常简单：

对于一个对象可见，能给予的唯一证明是人们实际看见了它。一个声音可闻的唯一证明是人们听到了它；我们经验的其他来源也是这样。以同样的方式，我领会到，可能产生的任何事物可欲的证据，是人们实际上的确欲求它。（U 4）[9]

换言之，价值不是外部世界中客观存在的东西。它们是人们偏好的表达。这个立场是价值相对主义的一种形式。

虽然密尔像边沁一样，把指出人们总是追求幸福或快乐这一心理学事实作为他的道德哲学的开端，但他在几个问题上与边沁不同。第一个问题是快乐的评价标准。边沁主张量的快乐主义。然而，密尔用质的快乐主义来补充它，因为他坚持快乐可以有质的差别，而不仅是量的差别。他说，我们的理智和更高雅的能力产生的那些快乐，比身体快乐更高级和更好。但是，我们如何决定某个快乐更高级？仍然不存在超出人类经验的标准：

对于两个快乐，如果有一个快乐，所有或几乎所有对二者皆有经验的人，对它有确定的偏好，在

不考虑任何道德义务感的情况下偏好它，它就是更可欲的快乐。（U 2）

在这个段落中，他说，道德义务必须被搁置，因为这是我们正试图决定的东西。像伊壁鸠鲁一样，密尔相信理智快乐优于身体快乐。只有那些有理智生活经验的人才有能力做出这个评估。密尔相信任何能够做出这个比较的人会同意，更高级但更不易获得的快乐优于容易获得和充裕的傻瓜或动物的快乐。在一段经常被引用的话中，他说：

做一个不满足的人好过做一头满足的猪；做不满足的苏格拉底好过做一个满足的傻瓜。如果傻瓜或猪有不同意见，那是因为他们只知道他们自己那一边的问题。而做比较的另一方则两边都了解。（U 2）

想一想

28.4 是否曾经有某个时候你选择做满足的傻瓜而不是不满足的苏格拉底？换言之，你是否曾选择容易获得但较低级的快乐而不是难以获得但更高雅的快乐？密尔说存在高级快乐和低级快乐，这是否正确？他说做像苏格拉底那样的人好过寻求低级快乐，这是否正确？为什么？

密尔批评边沁关于人类本性的观点太局限。密尔坚持，人类不只是寻求快乐的有机体。在寻求快乐时，他们也寻求发展他们的"高级官能"和成为"得到良好发展的人类"（U 2，L 3）。密尔说，按边沁的解释：

人靠自己永远认识不到他是能够把精神完善作为目的来追求的是者；是能够因其自身之故欲求他自己的品格符合优秀的标准，除了他自己的内在意识之外，不希望或恐惧来自任何其他来源的善

与恶。[10]

然而，在说我们努力认识我们作为人类的潜能被当作目的自身时，密尔已经偏离了功利主义的心理快乐主义学说，并且已经令人惊异地接近亚里士多德关于人类本性的观点。

密尔与边沁有分歧的第二个问题，是关于自利是不是我们一切行为的基础这一问题。边沁的确认识到我们有时从使他人幸福中经验到快乐。他称这是"行善的快乐"。他也注意到照顾他人的利益经常是促进我们自己利益的最佳途径。然而，归根到底，边沁倾向于一种自我中心主义的快乐主义，因为他认为行为最普遍的动机总是个体的自利。与此相反，密尔更加强烈得多地强调我们自然地有对人类的社会感情，并且想要与我们的同类一致（U 3）。密尔接着说，在功利主义计算中，你自己的幸福一点也不高于他人的幸福。

作为构成判断行为正确性的功利主义标准的幸福，不是行为者自己的幸福，而是所有相关者的幸福。在他自己的幸福和他人的幸福之间，功利主义要求他严格地不偏不倚，就像一个无私和仁慈的旁观者。（U 2）

他认为，他可以通过以下论证为总体幸福是最大的善提供证明："每个人的幸福对那个人来说是善，因而，总体幸福，对所有人的总和来说是善。"（U 4）他似乎在说的是，如果人们为应该支持谁的善投票，他们会投自己的票。如果我们清点票数，那么每个人都会得到相等的票数（即一票），所以可以得出应该平等地追求所有人的幸福。

康德认为，一个人的动机使一个行为在道德

上是正确或错误，而一个人行为的实际后果对于决定他的道德是不相关的。然而，功利主义者颠倒了这个公式，并且使得我们行为的后果（促进幸福与否）成为关键的伦理学原则。但是，我们的动机不是显然在伦理学中扮演着某种角色吗？密尔同意这一点，但他说，行为者的动机是对行为者的善的检验，而不是对行为的善的检验。密尔主张，我们首先重视道德上有价值的动机、德性或善的品格这样的东西，不是因为它们自身是善的，而是因为它们是达到目的的手段。一个有德性的人是趋向于促进他人幸福的人，我们认为德性有价值仅仅是出于这个理由。如果一种有德性的品格，并不增加有好后果的行为的产生机会，那么它就是多余的和无价值的。

> **想一想**
>
> 28.5 你是否同意康德的观点，即我们的道德责任是绝对的和普遍的，并且不是以行为的后果为基础？你是否同意密尔的观点，即道德上的正确或错误完全由后果决定？如果你追随康德伦理学或追随密尔伦理学，对你的道德判断会造成什么影响？

密尔的社会哲学：自由的重要性

以前的民主思想家如此关注捍卫公民权利不受国王暴政的威胁，以至忽略了民主制度中可能产生的暴政——多数人的暴政。由于认识到这种暴政像任何君主一样具有压迫性，密尔在1859年出版的《论自由》一书中关注了这个问题。按他的立场，检查制度、不宽容和强加的一致，是一个社会可能面对的最大威胁。因为不同于外国侵略，它们产生于社会内部，并伪装成社会利益的捍卫者。然而，密尔坚持，在我们个人生活的范围内，我们应该具有最充分的自由去做我们想做的事，只要我们不伤害他人。因此，一个良好的社会应当遵循的原则是：

> 人类得到授权以个体或集体的方式干预他们的任何成员的行为的唯一目的，是自我保护。权力对一个文明共同体的任何成员进行强制的唯一正当目的是防止伤害他人。（L1）

个体自由的范围包括我们的内在生活，其中存在着思想和表达自由的绝对权利。它也包括我们的外在生活，涉及我们的选择和行为。

密尔对第一个自由领域，即观念的自由表达和讨论的权利的讨论，具有巨大的影响。他说，压制自由言论，不论所涉及的观念是真是假，都是对社会的伤害。首先，被压制的不受欢迎的言论可能事实上是真的。在这种情况下，它没有得到公正的倾听，社会矫正其错误观念的需要得不到满足。伽利略的事例表明，大多数人经常是错的，离经叛道者经常是对的。既然我们不是不会犯错误，那么我们就需要接触到会使我们检查我们信念的有效性的观念。第二，即使一个观念是假的，我们仍然应该让它被听到，让它受到自由讨论，使得它的错误可以被揭露，并使得真实见解的轮廓被看得更清楚。第三，即使他们的观念是假的，偏离现行意识形态者仍然做出了贡献，因为他们防止了理智上的停滞，迫使我们重新检查流行的信念的基础。除非做到了这一点，否则一个真实见解将成为"僵化的教条，而非有生命的真理"。

密尔只允许在有造成直接伤害的危险时,对自由言论加以限制。然而,这不是对他的规则的例外,因为他关于个人自由的整个理论都完全以推进社会的善和防止伤害为基础。他提供的例子是:

> 谷物经销商是饿死穷人的人,这个观点通过新闻界传播时,不应受到干扰,但向聚集在一个谷物经销商家门口的激动的群众口头发表这个观点,就可以正当地给予惩罚。(L3)

这个原则进入了美国最高法院用以判定何时可以限制言论自由的"清楚而即时的危险"这一标准。

自由的第二个领域,随意行动的自由,以功利主义者这一坚定不移的信念为基础,即,总的来说,个体是他们自己利益的最好裁判,但不总是他人利益的最好裁判。当然,在特殊个案中,某人关于他生活方式的个人选择可能不是对此人最好的选择(因为个体的确会做出愚蠢的选择),但是最好允许个体做此选择,因为它是他们自己的选择。因此,个人自治是密尔社会观的最高价值之一。正如他对此的陈述:

> 任何人行为中唯一需要服从社会的部分,是那些关涉他人的行为。在只关涉自己的部分,他的独立性是绝对的权利。个体是他自己,他的身体和心灵的至尊王者。(L1)

这里有两点需要说明。首先,密尔排除了把这一原则用于未成年人,他们绝大多数不可能有足够的经验或成熟来做出关于他们生活的可靠判断。第二,与他的经验主义一致,密尔没有像洛克那样,把这个原则建立在任何固有的天赋"权利"的观念上。所谓的天赋权利是一个抽象观念,它不是经验的,因而不能被证实。相反,他论证说,个体应该自由地实行任何不伤害他人的行为,因为这个原则将最大化共同体的总体"福祉"。因此,这个原则以十足的经验主义方式,借助它的可观察后果得到了证成。

如果我们采用密尔的这一原则,即,社会无权侵犯个体的自由,除非个人的行为伤害了他人,对法律理论将有极其深远的含义。他提供的某些不当干预个人自由的例子是,惩罚非暴力的醉酒,压制摩门教徒的一夫多妻制,禁止消遣性吸毒、赌博和成人之间自愿的性关系(如卖淫),限制礼拜日的娱乐活动,以及限制毒品销售。我们可能就个人而言认为这种行为是可憎的,但参与这些行为的人并没有给他人造成伤害。因而这些都是"无受害者犯罪"的例子,所以应该被宽容。

然而,随着自由参与这些行为的权利而来的,是必须接受它的自然后果。例如,虽然我们不被允许阻止人们喝醉,但讨厌的醉汉会发现人们不愿与之为伍。密尔的批评者问到,我们是否能如此清晰地在只影响参与者的行为和影响社会的行为之间画出界线。私下里在自己家中喝醉的人可能似乎只危害他自己,但如果这种个人恶习让他的家人挨饿怎么办?密尔的回答是,我们可以正当地因他不供养家庭而惩罚他,这是他干的唯一危害社会的行为。我们可以努力劝说醉汉、妓女和赌徒调整他们的生活方式,但社会不能以别的方式干预他们个人生活方式的选择。密尔的观点与康德极为不同,因为后者不认为道德只是防止伤害他人的问题。康德坚持,即使你身处孤岛,你仍然有对你自己的道德责任,并且通过长期游手好闲来伤害自己是不道德的。

> **想一想**
>
> **28.6** 如果我们的立法者采纳了密尔的哲学，什么活动将不再是非法的？你认为把密尔关于自由的观点付诸实施会让社会变得更好还是更坏？为什么？

尽管密尔的著作充斥着政治自由主义的论调，但记住，个人自由不是固有权利，而总是以社会功利为根据的。因此，当有助于共同善时，政府总是可以干预个人自由。在《论自由》中，密尔说，当人口过多威胁到经济，政府可以合法地禁止没有充足财产来维持家庭的人结婚（L 5）。他说政府为保护社会利益而对自由施加的其他限制包括，要求毒药注册（防止被用于犯罪）、执行卫生条件或限制赌场的地点。在他的晚年，密尔开始抛弃他早期著作中的经济个体主义，而看到对政府控制财富分配有更大的需要。谈到他自己和他的妻子，他说，"我们的终极改进理想远不只是民主，而会把我们明确地划分到社会主义这一一般名号之下"。[11]

密尔的其他贡献

约翰·斯图尔特·密尔以他的伦理和社会理论最为知名，它们对20世纪思想产生了异乎寻常的影响。而且，他关于逻辑学、认识论和心理学的著作也有一定的趣味。他发展了一种归纳逻辑理论，我们用这种逻辑从在某些事例中为真的事情推出在其他这类事例中为真的事情。他对归纳逻辑的解释仍然在今天的逻辑教科书中使用。然而，密尔接下来提出了一个非常有争议的主张，即所有推理都属于这种类型。换言之，没有先天的知识，并且即使是逻辑和数学原则也是从经验中概括而来。在认识论方面，他试图认真地对待我们能知道的一切都是现象而非物自体这一康德式主张。这导致密尔断言，当我们论及外部对象时，我们只是论及"某种感觉的恒久可能性"。最后，他发展了一种理论，即，"自由的行动"只是由行动者自己的内在欲求导致的行动。然而，既然没有任何事件是没有原因的，由此可得我们的意志、欲求和愿望都是决定论的因果关系的产物。因此，密尔坚持一种心理决定论。

功利主义的评价与意义

功利主义中的很多东西都很有吸引力。我们都想要幸福，这的确是人类本性的一项基本特征。通过把他们的伦理学理论建立在这个前提上，比起让幸福和道德在本性上相敌对的理论，边沁和密尔给了我们一种和我们最基本的倾向相一致的伦理学理论。而且，因为人们的幸福是某种具体的和可识别的东西，功利主义给了我们一种做出道德决定和裁夺道德冲突的明确方法。如果我们对什么是我们的道德义务有疑问，我们只需要计算一个行为或另一个行为产生的人类幸福的量。最后，有人发现，比起康德的完全不顾后果地绝对服从苛刻的责任的要求，功利主义更合乎情理。功利主义者问，如果尽我们的"义务"会使所有人都不幸并且没有任何积极的后果，这何善之有？他们问，如果一个行为让某人产生快乐并且不伤害任何他人，它怎么可能"不道德"？肯定有很多说法支持在决定行为的可欲性时把后果作为一项重要特征。

尽管功利主义有这些强项，它并没有免于批评。批评者问，"一个人如何能把伦理学理论建基于心理快乐主义？"边沁和密尔主张快乐是价值的标准，因为我们总是自然地被驱使去追求快乐。如果是这样，功利主义者鼓吹"你应当做你欲求的事情"还有何意义？然而，如果我们有时追求快乐之外的价值，就会造成这样一个问题：为什么快乐是最重要的价值？而且，大多数人都会同意密尔，边沁的快乐主义太粗俗了。哪一个有良知的人会同意，活在动物的水平上并只追求身体快乐和发展精神生活一样好？当然，使用边沁的计算，我们可以判定心灵的快乐更富于成果，更有持久性。然而，如果"图钉游戏和诗歌一样好"，那么，当一个钢琴演奏家或伟大的作家自暴自弃，选择流连于海滩嬉戏，而不是经受痛苦和努力来发展他的才华，边沁的伦理学似乎不会发现这有任何道德缺陷。

当然，密尔修正过的快乐主义观点更有吸引力。然而，他如何判定一种快乐比另一种"更好"？要这样做，我们不得不使用某种不同于快乐的标准来判断两种快乐的价值。如果快乐是唯一的价值标准，那么除非根据它们的量，我们无法给快乐分等级，而这恰恰把我们带回了边沁的观点。

另一个问题是，有时"创造最大量的善"和"创造最大多数人的善"这两个功利主义目标之间存在张力。在第一种情况下，假设在一个十人共同体中，我可以通过使让四人无比快乐而另外六人不幸，来创造出快乐超出痛苦的最大总量。在第二种情况下，我能让十人都中等幸福而没有人不幸。然而，快乐的总量没有第一种情况大。如果重要的是快乐超出痛苦的总量，那么第一种情况在道德上更可取。如果创造最大多数人的幸福是重要的，那么第二种情况是最好的。问题在于，（1）创造最大量的幸福和（2）在最大多数人中分配幸福这两个目标之间有冲突。而且，功利主义对幸福最大化的关切似乎没有考虑到正义原则。批评者指出，正义原则和最大幸福经常导致不同的社会政策。当代功利主义者和他们的批评者继续在争论功利主义原则是否有解决这些问题的资源。

除了这些一般问题外，批评者还主张密尔的论证中存在谬误。例如，在本章前面引用的段落中，密尔说"可能产生的任何事物可欲的证据，是人们实际上的确欲求它"。他对此的论证与此有些类似：

（1）看到、听到和欲求，就它们是主体与某对象联系的方式而言，是类似的。

（2）可见、可听和可欲，就它们是对象的相关于主体的属性而言，是类似的。

（3）所以，每对词项（看到和可见，听到和可听，欲求和可欲）之间的关系在每种情形下都是相同的。

（4）一个对象被看到这个事实是它可见的唯一可能证据，一个声音被听到这个事实是它可听的唯一可能证据。

（5）因而，某物被欲求这一事实是它可欲的唯一可能证据。

前提1、2和3没有被直白地陈述出来，但显然是密尔所假设的。这个论证中可质疑的部分是前提3中的类比。"可见"的确意味着"能够被看到"。但对于可欲性，这个类比成立吗？当我们说某物"可欲"时，我们通常的意思不是"它被某人所欲求"，而是它是"应当被欲求的东西"。问题在于，事实主张似乎不能衍推一个价值判断。"人们欲求X"这个事实判断并不能衍推"X是可欲的或善的"这个价值判断。例如，曾经有一个时期许多人都赞同奴隶制（一个事实主张），但我们不会想说这提供了这个制度可欲（一个价值判断）的证据。某个东西不被欲求这个事实，与它应当被欲求这个事实是相容的。存在着专制社会和威权社会，那里没有人认为对观念的自由讨论有价值。然而，尽管它在事实上不被认为有价值，但它在道德上是可欲的和应当被促成的。

另外，正如前面讨论过的，密尔相信一个有理性的人不仅会寻求他自己的幸福，而且会寻求所有人的幸福。他的论证是：

（1）每个人的幸福都对那个人是善的。

（2）因而，总体幸福对所有人的集合是善的。

然而，这个论证似乎是谬误的。用一个类比，赛跑中的每个跑者都想要赢，但不能由此得出他们所有人欲求每个人都赢。*因而，需要其他某个论证从心理快乐主义（"我欲求我自己的快乐"）达至密尔的普遍快乐主义（"我们所有人欲求——或应该欲求——每个人的幸福"）。

> **当代联系 28：孔德与功利主义者**
>
> 孔德的影响活在他开创的社会学学科中。他的把社会研究变成一门科学的愿景在他死后一个半世纪时得以实现。尽管孔德的大多数明白表达的学说没有延续下来，但他哲学中的实证主义精神获得了生命力并产生了持久的影响。这种方法论精神，在那些认为我们应该只注重经验上可证实的东西和那些拒斥任何超现象的形而上学主张的人中，依旧有重要的影响。

---

* 逻辑学家称这是"组合谬误"，因为它从对每个个体为真的事情推出对他们的集合为真的事情。

> 类似地，功利主义理论的发展没有止步于边沁和密尔。20世纪和我们世纪的功利主义者澄清和修正了他们的某些原则并回应了针对这一哲学提出的批评。同样，反功利主义者继续提供反例和论证来揭露他们认为这一理论中存在的问题。因此，尽管充满争议，功利主义仍然是伦理学和社会理论中有生命力的观点。在政治和法律领域，许多人认为功利主义提供了许多好处。立法和公共政策可以由"造福多数，兼顾少数"这一原则指导。因为每个个体都是平等的一部分并且能够用他自己的标准来定义幸福，这种哲学满足了多元主义社会的需要。对于那些相信个体自由最大化能引向对所有人最好的社会的人，密尔关于自由的思想为他们设定了标准。特别是，他对言论自由（即便这些言论是值得反对的）的捍卫，已经影响了在这个问题上的当代思想和法庭裁决。

理解题

1. 19世纪的实证主义与功利主义有哪些相似之处？
2. 孔德作为一个哲学家的使命是什么？
3. 孔德为什么把他的哲学称为"实证主义"？
4. 根据孔德，历史的三个阶段是什么？
5. 什么是孔德的科学观？科学家应该问何种问题以及何种问题位于科学的边界之外？
6. 孔德关于传统宗教的观点是什么以及他提出用什么来取代它？

7. 边沁作为一个哲学家的使命是什么？
8. 边沁对于美国革命的哲学有什么异议？
9. 根据边沁，什么是人类动机中的两个"最高主宰"？
10. 心理快乐主义和伦理快乐主义的区别是什么？
11. 简要定义后果论或目的论伦理学。什么使得功利主义是这种理论的一个例子？
12. 什么是功利主义的基本道德规则？
13. 边沁为什么主张"更高"或"更低"的快乐的概念没有意义？
14. 边沁快乐计算的七个标准是什么？
15. 边沁为什么说关心他人的利益是正确的？
16. 根据边沁，惩罚的正当性是什么？在什么条件下惩罚是不正当的？
17. 根据密尔，我们用什么标准来判定某物是可欲的？
18. 量的快乐主义和质的快乐主义的区别是什么？根据这一区别，密尔如何不同于边沁？
19. 根据密尔，我们如何能判定一个快乐比另一个更高级？
20. 密尔为什么说每个人都应该关心他人的幸福？在这一点上他与边沁的观点有何不同？
21. 根据密尔，在我们的道德评估中，动机的作用是什么？在这一点上他与康德的观点有何不同？
22. 在密尔的社会哲学中，干预个体自由的唯一合法根据是什么？
23. 密尔为保护言论自由提供的三个论证是什么？在什么情况下可以限制言论自由？
24. 根据密尔，为什么即使个体的选择可能对该个体有害，社会干预这些选择也是错误的？什么时候社会限制个人的行为是合法的？密尔说社会不应调节的"无受害者犯罪"的若干例子是什么？

思考题

1. 你是否同意孔德的这一信念，即，科学人道主义能提供宗教的所有情感激励而没有神学的包袱。
2. 你是否同意边沁的心理快乐主义？简要论证以支持你的观点。
3. 论证或反驳边沁关于快乐只能根据它们的量来区别的主张。
4. 功利主义伦理学在什么方面与康德伦理学有分歧？选择某些当代道德争端，先根据康德伦理学进行分析，然而从功利主义的视角分析。在这个特殊的问题上，对于什么是道德上正确的行为，两种立场一致还是不一致？
5. 根据密尔的个体自由理论，他会给淫秽、种族主义或性别歧视言论施加什么限制（如果有的话）？他会怎么论证？陈述你为什么同意或不同意他的立场。
6. 对功利主义做出的某些批评是什么？边沁或密尔会怎么回应？

注释

[1] 奥古斯特·孔德，《实证哲学教程》（*Cours de philosophie positive*），6.13，哈莉雅特·马蒂诺（Harriet Martineau）

译为《奥古斯特·孔德的实证哲学》(*The Positive Philosophy of Auguste Comte*, New York: Gowans, 1868),第 799 页。

[2] 见他的论文《意见与渴望的分离》("Separation of Opinions and Aspirations")和《重组社会所必须的科学操作计划》("Plan of the Scientific Operations Necessary for Reorganizing Society"),载于《奥古斯特·孔德和实证主义基本著作集》(*Auguste Comte and Positivism: The Essential Writings*),格特鲁德·伦策(Gertrud Lenzer)编(New York: Harper & Row, 1975),第 6—8 页,第 14 页。

[3] 《奥古斯特·孔德的实证哲学》,3.1,第 201 页。

[4] 约翰·斯图尔特·密尔,《奥古斯特·孔德与实证主义》(*Auguste Comte and Positivism*, Ann Arbor: University of Michigan Press, 1961),第 153 页,第 199 页。

[5] 边沁的著作《道德与立法原理导论》(*An Introduction to the Principles of Morals and Legislation*)的标注缩写为 PML,标注的数字指引章和节。

[6] 杰里米·边沁,《杰里米·边沁著作中的报偿原理》(*The Rationale of Reward in the Works of Jeremy Bentham*),第 2 卷,约翰·鲍林(John Bowring)编(Edinburgh: Tait, 1843),第 253 页。

[7] 约翰·斯图尔特·密尔,《自传》(*Autobiography*, Boston: Houghton Mifflin, 1969),第 83—84 页。

[8] 同上,第 145 页。

[9] 因为密尔的著作有许多易于获得的版本,并且因为章相对较短,使得段落易于找到,因而标注的数字指引文所在章的编号。以下缩写指密尔的两本主要著作:

L 《论自由》(*On Liberty*)。

U 《功利主义》(*Utilitarianism*)。

[10] 约翰·斯图尔特·密尔,《边沁》("Bentham"),载于《约翰·斯图尔特·密尔著作集第 10 卷:论伦理学、宗教和社会》(*Collected Works of John Stuart Mill, Vol. 10: Essays on Ethics, Religion and Society*),J. M. 罗布森(J. M. Robson)编(Toronto: University of Toronto Press, 1969),第 95 页。

[11] 密尔,《自传》,第 138 页。

第四部分
现代时期

这幅画简洁的几何线条暗示了当代分析哲学的逻辑－科学属性。同时,作品所凸显的个体性、主观性也是与这一时期大陆哲学一致的。

第 29 章

20世纪文化背景：
科学、语言与经验

20世纪被用各种方式加以描述。它被称为"分析的时代""技术时代"和"信息时代"。这些头衔反映了科学和技术对我们的情感和生活方式造成的全球性冲击。然而，这些发展所发出的快乐音符必须由这些刺耳的曲调来平衡：两次世界大战、持续的核威胁、经济危机、环境问题、社会动荡、个人的疏离感以及……这张名单还在继续。因此，20世纪的另一个受关注的头衔是"焦虑的时代"。

虽然这些标签和其他类似的标签都有它们的道理，但或许在哲学史方面做出的最保险的概括是，这个世纪是"多元的时代"。（毫无疑问，这个概念也适用于21世纪。）同时，我们的信息技术已将我们的世界变成了一个地球村，观点的暴增已经使我们的文化像一条有多个舵手和导航员的船，每一个都试图驶向不同的航程。这在哲学上的后果由埃德蒙德·胡塞尔在1931年进行了表达：

> 哲学不再是单一的，取而代之的是，哲学文献无限增长，而互不相容。不再有冲突理论之间的严肃讨论，这种讨论展示了它们有密切的共同归属、共同的底层信念，以及始终不渝地相信有一个真正的哲学；取而代之的是，我们……只是貌似在相互

进行哲学讨论……确实，我们还有哲学大会。哲学家相聚在一起，但不幸的是，哲学并没有相聚在一起。[1]

一个时代处于危机和转变状态的一个征兆是，反复纠结哲学的方法和争论哲学自身的本性。在古希腊，我们在智者和他们的文化之间的冲突中看到过这一点，这导致苏格拉底和柏拉图试图更新哲学。在中世纪哲学衰落期间，关于信仰与理性作用的争论成为了文化转型的力量。类似地，在近代的开端，理性主义和经验主义的冲突显示了一种文化正试图发现它的核心。

每当文化和思想的根基存在危机，就会有一种共同努力去发现让我们走上正轨的哲学方法。因而，这个世纪的所有哲学家的特征不仅在于他们的特殊学说，而且在于这样的事实，即，每个人都有一种要采用的恰当哲学方法的独特观念。

生活在康德的阴影中

要开启20世纪的舞台，一件重要的事情是，要

提醒我们自己这是哲学上的后康德时代。康德引入的主题和问题继续有意无意地为哲学设置议程。回顾一下，康德寻求划出知识的界限。他的结论是，我们知道的只是现象，或者出现于我们以时空方式构造的经验之中并且能科学地加以理解的东西。这一点的推论是，实在自身，本体，不能被理解。然而，康德认为我们无法避免根据"宏大图景"思考。因此，他认为"调节性观念"指引思维，即使它们不可能是知识的对象。这些观念是自我、作为全体的宇宙和上帝的观念。

从这些康德的素材中，我们可以发现三个主题重现并贯穿了 20 世纪哲学。第一，存在着哲学应该专注于对现象的详细分析还是努力获取对自我、宇宙和上帝的全面见解的争论。这包括了我们构造的宏大图景是与实在自身的本性相符合还是只不过描绘了人类境遇的轮廓。第二，存在着关于哲学研究中科学的角色的问题。第三，存在着关于语言和经验在哲学研究中各自扮演的角色的争论。我们将简要讨论这些争议并预览各种哲学立场如何处理它。

哲学：零散分析还是把握宏大图景？

从一个类比开始，一个人有两种方式研究一个地理区域的特殊地带。一个人可以像一个化学家一样接近它，搜集土壤样本，在实验室中分析它，得出这个地带包含的基本化学物质的详细列表。或者一个人可以登上飞机，高高地飞到它的上空，获得整体的感觉，了解这个地带如何组合在一起，其中不同的山丘与平地之间的关系。哲学家应该仿效谁？化学家还是航空勘测员？我们应该搜寻诸部分的详细知识还是全面地理解整体？这显然是反映现代哲学中主要分歧的一个粗略类比：谁对这个地带有更好的理解，是拥有对各部分的知识的人还是拥有整体知识的人？在化学家和航空勘测员的例子中，我们会说，你应该使用哪种方法取决于你的目标。例如，你是想知道要在土壤中种哪种庄稼，还是希望绘制该地带的地图？然而，就哲学而言，关于合适方法的问题不能通过诉诸我们的目标来回答，因为这个问题会在更基本的层次上重申自己：什么是哲学的目标？不幸的是，在这个问题上没有共识。哲学是这样一个学科，它把它自己包含在它的问题域中，使得"什么是哲学"是哲学的核心问题。

那些青睐分析的人想象着，如果我们正确地获得细节，我们就可以从它们构建出更大的概括。因为缺乏更好的术语，我们可以说对立的一方寻求综合。他们论证说细节没有意义，除非它们在更大的框架中得到解释。试想一下人们玩拼图的两种方式。有些人试图找到相互适合的个别的块，并连续构成分离的块的集合。希望它们最终全部连接在一起。另一些人从边缘开始，遵循这样的理论，即，如果他们能获得图形的主要轮廓，那么他们将知道个别的块属于哪个位置。

对宏大图景感兴趣的 20 世纪哲学家试图复活思辨形而上学的传统。他们相信，经验的细节需要放在对实在的完备理解中来看。20 世纪的形而上学家试图把科学发现结合到他们的形而上学体系中，这或许更甚于以往的时代。这种情况的一个原因是，物理学自身变得更加思辨，比以往更加远离直接观察的层次。因此，在我们关于宇宙知识的前沿，很难保持科学与形而上学理论的严格边界。某些 20 世纪形而上学家试图更新一个或更多过去的形而上学体系。另一些则采取了全新的进路。出现在20世纪的思辨形而上学进路的一个很好的例子是过程哲学。这种哲学强调实在是动态的，是由一系列过程和事件构成。它还包括这样的主张，即创造性对事物的本性来说是根本的，真正的新事物在过程中突现。这个运动中的两个突出名字是亨利·柏格森（1859—1941）和阿尔弗雷德·诺斯·怀特海（1861—1947）。柏格森关于终极实在的理论许多都诉诸生物学，而怀特海则既诉诸生物学，也诉诸物理学。对于柏格森，形而上学的方法是直觉。对于怀特海，形而上学家就需要运用经验、想象和理性的结合。虽然我们不能拿出一章来讨论他们的理论，但他们都提供了哲学的"宏大图景"进路的有趣例子。

实用主义代表了折衷的立场。因为它的个体成员涵盖的范围从分析的一极一直到综合的一极。我们将研究的三个实用主义者是 C. S. 皮尔士、威廉·詹姆士和约翰·杜威。C. S. 皮尔士是受过科学训练的哲学家，他寻求我们观念的分析的清晰性。虽然威廉·詹姆士也受过科学训练，但他总是寻找能给予细节最合理说明的宏大图景。詹姆士不认为积累科学事实会向我们提供我们所需要的生活指导。约翰·杜威一直密切注意科学的方法和详细成果，但总是想描绘出它们对我们生活中的宏大问题的意蕴。因为实用主义者相信理性是有限的并且世界是持续变化的，所以他们相信任何关于整体的图像必定总是试验性的，并且像我们关于世界的变化的经验一样恒常变化。

分析哲学家，像他们的名字暗示的那样，他们说，哲学家应该放弃认识终极实在的宏伟希望，应该安全地留在经验的边界内。然而，他们分析的题材不是通过经验发现的事实，因为只有科学能够进行这种尝试。相反，他们相信哲学家的首要角色是分析语言。通过弄清语言的逻辑结构或它的运作方式，我们能避免形而上学家一直为之忙碌的许多混乱。分析哲学家把处理事物终极意义的工作委派给艺术家、诗人和小说家。当然，分析哲学家还相信，艺术家给我们提供的景象只是由激发性的情感表达构成，我们的认知完全无从置喙。伯特兰·罗素一直是分析哲学家最好的发言人。他说，他渴望在哲学中达到伽利略引入物理学的那种进步，它"用零散、详细和可证实的成果代替了未经检验的宏大通则，这些通则受到青睐只是由于对想象有某种吸引力"。[2]

在20世纪前三分之二的时间里，现象学和存在主义是大陆哲学中的主导运动。现象学的创始人埃德蒙德·胡塞尔无疑对分析有兴趣。他提出，现象学作为一个新学科要实行详细的分析，不过不是对科学事实或语言，而是对意识结构及其对象。就像登山者只有安全地找到自己的支撑点并检查了立足点的牢靠性之后才会前进，胡塞尔的方法是一种慢得令人难以忍受的对意识领域的详细分析。然而，他所激发的存在主义者却没有那么有耐心。与胡塞尔相比，他们非常迅速地走向了人类生活中的大问题。然而，他们的"宏大图景"比古典形而上学家的宏大图景适度得多。或许他们与分析哲学家一致的一点是，我们必须接受关于理性界限的康德式观点。与所有其他20世纪哲学家形成对照的是，他们专注于人类生存的结构，并认为人类生存是主观经验的对象。

科学在哲学中的角色

20世纪哲学家之间的一条基本分界线涉及，就显象–实在的区分而言，科学应该如何定位。实用主义者把科学看作我们关于世界的所有知识的基础。然而，他们对科学方法有一个极为宽泛和人文主义的看法，认为它不仅可以告诉我们（例如）氢原子的重量，而且可以告诉我们价值。因此，他们认为，科学与我们最深刻的人类关怀完美地相契合。在20世纪的前半期，分析哲学家（大部分）认为，科学给予我们关于实在的最终定论，我们看待世界的前科学的日常方式必须按照物理学的最新发现加以彻底修订。然而，对于这些哲学家，科学并不像实用主义者认为的那样慷慨。科学不能给我们关于价值的指导。一般而言，分析哲学家相信，伦理判定缺乏事实基础，因为按他们的观点，它们仅仅是情感性言说。相反，过程哲学家（如柏格森和怀特海）和现象学家与存在主义者（如胡塞尔和海德格尔）坚持，科学产生于我们经验世界的日常方式，但他们主张，它给予我们的只是通过我们量化方法的抽象栅格后看到的世界。

语言与经验在哲学中的角色

20世纪哲学家也可以通过他们给予语言和经验在哲学事业中的相对权重来划分。虽然很多人关于哲学的性质存在分歧，但很少有人否认语言对这项事业是至关重要的，因为哲学试图确切和融贯地言说我们最深刻的关切。然而，20世纪降临时，很多人开始确信语言并非全无问题。哲学家和小说家艾丽丝·默多克很好地表达了这一点：

> 我们不能再理所当然地把语言作为交流媒介。它不再是透明的。我们就像长期透过窗外向外看却没有注意到玻璃的人——之后有一天开始注意到这一点。[3]

对于那些受分析哲学吸引的人，它的方法似乎提供了一种富有成效的方式，让我们通过查看我们谈论最抽象概念的具体方式来澄清这些概念。虽然他们是经验主义者，但他们相信，无声地沉浸在经验中不会告诉我们任何东西。只有当经验得到描述，我们才清楚呈现了什么。因此，我们用来做出关于经验的主张的命题是他们关心的焦点。因为这个原因，分析哲学也称为"语言分析哲学"。

考虑一下你会如何回答这个年代久远的哲学问题：什么是知识？这样的问题很可能激起一种无力感，并且让人不确定从何处着手寻找答案。现在考虑这些问题：

1. 我们如何使用"知识"这个词？
2. 在什么情况下我们会说某人有知识？
3. 在什么时候我们会说某人没有知识？

通过这样的问题，我们知道从什么地方开始以及如何继续。有希望的回答可以得到例子的支持，不充分的回答可以通过从语言用法的日常积累中引用反例加以拒斥。并非所有分析哲学家都会严格按这种方式进行研究。然而，这个例子显示了这样的方式，即"什么是X"这种形式的问题可以通过问"当我们说'X'的时候我们是什么意思"很有帮助地转变为语言问题。当罗素受挑战去解释一个不可知论者能过什么样的有意义的生活时，他展示了分析哲学家的进路。罗素回答："我觉得想要回答另一个问题：什么是'生活意义'的意义？"[4]

一旦进入对经验陈述的分析，早期的分析哲学家如伯特兰·罗素和逻辑实证主义者会在大卫·休谟的传统中工作，把经验视为感觉材料的集合。因此，他们寻求一种无须解释的经验分析。然而，最终的结果是，可以确定地加以断言的唯一一种陈述是像"现在这里是红的"这样的陈述。说"我正经验到一本红色的书"，引入了成问题的实体如自我，以及成问题的关于外部世界的推论。分析哲学家方案的这个部分从来没有成功过，因为他们要么留下毫无用处的确凿信念，要么不得不违反他们的方法论原则。后来的分析哲学家通过发展语言和经验的更宽泛的观念矫正了这种情况。

虽然实用主义者不认为分析语言是哲学唯一的任务，但他们的确认为澄清我们的概念是第一步。他们发展了所谓"实用主义的意义理论"，它坚持一个词项或概念的意义的解释要凭借与那个概念的对象相联系的实践后果。大体来说，实用主义者期望经验而不是语言作为哲学洞见的源泉。然而，他们对经验的理解比早期分析哲学家宽泛得多。例如，约翰·杜威否认我们曾经验分离的感觉材料甚至单个的对象和事件。相反，我们经验的是他称为"境遇"的整体背景。经验不是由一片片轰击被动心灵的材料组成，而是我们面对实践问题，寻求解决并实现我们的计划和目的的行动舞台。

过程哲学家、现象学家和存在主义者对于语言能提供给我们的洞见最为悲观，并且他们把优先性赋予广义理解的经验。柏格森例示了过程哲学采取的进路。他论证说，概念和承载它们的语词是碎裂、扭曲的工具。通过对我们的概念范畴和语言范畴的过度信仰，我们试图将流动、统一的经验强塞到不能容纳它的预制容器中。类似地，怀特海抱怨语言只容纳那些过去被思索过的思想。新创的思想在我们的语言中还没有位置，所以我们的旧语言必须被拓展，或者创造新语言来容纳新颖的观念。他批评分析哲学家犯了"完美词典谬误"，他们假定可以通过分析现成的语言来获得哲学洞见。[5]

既然胡塞尔把他的现象学呈现为摆脱我们接近世界的日常方式的一种方式，故而他把他的哲学方法视为对事物存在方式的一种诚实的"看"。除了到达最后阶段要表述和分享哲学家的发现，语言在这个过程中不起任何作用。当胡塞尔考察我们前理论层次的经验时，他没有发现它是像分析哲学家所主张的由独立的感觉材料的集合构成。相反，他坚持，除了感觉性质的陈列之外，对经验的忠实研究还揭示了普遍性、意义、价值、道德责任和美学性质等内容。而且，根据胡塞尔，分析哲学家的离散的感觉材料是理论性抽象，遮蔽了活生生的经验的丰富、多层的维度。

存在主义者同意胡塞尔把焦点放在与科学解释的经验相对的"活生生的经验"。但是，当胡塞尔倾向于强调经验内容从认知上被理解的方面时，存在主义者却探索它的主观维度。像他们19世纪的先驱克尔凯郭尔和尼采一样，对20世纪的存在主义者真正重要的经验是那些与人类境遇相关的经验。这些经验包括我们自己的无限自由的经验，一切存在所具有的偶然性的经验，和关于责任、焦虑、内疚以及我们面对我们死亡的可能性的深刻的生存经验。

而且，在描写语言在我们与世界的交往中所起的作用时，存在主义者走得比胡塞尔更远。例如，马丁·海德格尔把日常语言与诗歌的语言相对照。

当我们沉浸在我们的日常生活中时（他称之为"日常"模式），我们倾向于允许本真的对话退化为"闲谈"。闲谈是松散、不思考的"叽叽喳喳"，它刻画了我们在非本真状态下过的生活。人云亦云的平庸观点固化在闲谈中并从一个人传到另一个人，像一枚被磨去棱角的敝旧硬币。然而，诗的语言却让我们面向实在，揭开被我们世俗安逸的眼光掩盖的东西。

对于让－保罗·萨特，另一个存在主义者，世界自身没有内在的意义。它仅仅是存在在那里。我们在世界里面发现的任何意义都是我们创造并投射给它的。因此，语言只是一种我们把世界分解成可理解的单位并按我们自己的意象塑造它的方式。然而，这能造成一种假象，即，当我们使用语言描述某物时，我们抓住了它的本质。在他的小说《恶心》中，他描写的一个人物洛根丁，在乘坐有轨电车时令人惊恐地认识到语词与实在是分离的。语词被他强加给世界的意义定形，而世界自身不过是存在而已，只是一块静默的画布，他在上面描画他自己的主观解释：

> 我坐在上面用手扶着的这个东西叫作座椅……我咕哝着："它是一把座椅。"有点像一个魔咒。但语词留在我的唇上：它拒绝离开并把自己附在这个东西上……事物和它们的名称是分离的。它们在那里，奇形怪状，冥顽不灵，硕大无比，称它们是座椅或说关于它们的任何话都是荒谬的：我在事物中间，无名的事物。孤独，无语，无助，它们包围着我，在我之下，在我之后，在我之上。它们一无所求，它们不把自己强加于人：它们在那里。[6]

当代联系 29：20 世纪

谈论 20 世纪思想与当代的相关性来结束本章对 20 世纪哲学的概览没有意义，因为它们构成了我们在 21 世纪的思考方式生长的直接土壤。然而，请你为余下的章做准备，决定在刚才讨论的三个问题上何种立场最有道理。三个问题如下：(1) 哲学应该通过零散分析来进行还是应该给我们宏大图景？(2) 对于发展我们的哲学理论，科学应扮演怎样的角色？(3) 在哲学研究中，语言分析扮演什么角色？

理解题

1. 康德哲学以何种方式影响 20 世纪哲学的议程？20 世纪的三大哲学主题是什么？
2. 什么是 20 世纪哲学中的分析与综合之争？哪些哲学家或运动代表了这一争议的各方立场？
3. 对于科学在哲学中的角色，各种哲学运动的立场是什么？
4. 关于语言和经验在 20 世纪哲学中的各自的角色，有哪些各式各样的立场？代表每种立场的哲学家和运动是什么？

思考题

1. 考虑本章讨论的三个争议，为以下两个论点之一进行论证：（a）三个争议不是独立的。你就这些争议中的任何一个做的选择都会令你在另外两个争议上采取特定立场。（b）三个争议是独立的。你可以在一个争议上与比如分析哲学家结盟，而在另外的争议上与比如存在主义者站在一边。

2. 从前三个历史时期（古代、中世纪、近代）的每一个时期中挑出一位哲学家。努力想象每位哲学家在本章讨论的三个争议上会采取的立场。

注释

[1] 埃德蒙德·胡塞尔，《笛卡尔式的沉思：现象学引论》(*Cartesian Meditations: An Introduction to Phenomenology*)，多里昂·凯恩斯（Dorion Cairns）译（The Hague: Nijhoff, 1960），第5页。

[2] 伯特兰·罗素，《我们关于外部世界的知识》(*Our Knowledge of the External World*, New York: New American Library, 1956)，第12页。

[3] 艾丽丝·默多克，《萨特》(*Sartre*, New Haven, CT: Yale University Press, 1953)，第27页。

[4] 伯特兰·罗素，《什么是不可知论者？》("What is an Agnostic?")，《看》(*Look Magazine*)（1953），重印于《罗素文集》(*The Basic Writings of Bertrand Russell*)，R. E. 恩格尔（R. E. Enger）和 I. E. 德农（I. E. Dennon）编（New York: Simon & Schuster, 1961），第582页。

[5] 阿尔弗雷德·诺斯·怀特海，《思维方式》(*Modes of Thought*, New York: The Free Press, 1966)，第173页。

[6] 让-保罗·萨特，《恶心》(*Nausea*)，劳埃德·亚历山大（Lloyd Alexander）译（New York: New Directions, 1964），第168—169页。

第30章

实用主义：思想与行动的统一

实用主义的起源

法国作家德·托克维尔在他1835年的《论美国的民主》一书中抱怨说，文明世界中，没有哪个国家比美国更不认真对待哲学。这不完全为真，因为从殖民时期开始，哲学就在美国人的理智生活中起着积极作用。在这个国家的历史中，一批美国作家对哲学做出了原创性的贡献，范围从政治理论到宗教哲学和形而上学。然而，可以论证的是，直到19世纪后半期，大量的美国哲学主要反映了兴起于英国和欧洲的哲学运动。然而，随着称为**实用主义**（pragmatism）的哲学运动的发展，美国思想家对世界哲学做出了他们最特别的贡献。

人们常说实用主义反映了美国文化的精神。它讲求实际，避免没有"兑现"价值的深奥抽象。它面向经验、行动和实践问题，这种特征使得一个新兴国家后来居上，迅速成为世界上的主要文化力量。实用主义把观念看作完成工作的工具，并且只有它们成功地发挥作用时才被认为有价值。而且，许多人说，实用主义与美国人所示范的科学技术精神和解决问题的热情非常适合。然而，尽管这种说法很大程度上是正确的，但最好记住，不是所有美国哲学家都是实用主义者，也不是所有实用主义者都是美国人。而且，实用主义不仅对美国文化，而且对整个现代世界都有非常深刻的影响。例如，杜威在中国和日本的讲座受到了热情欢迎。

在日常语境中，人们说一项政策是对一个问题的"实用主义"解决，并且政客们喜欢标榜他们是"实用主义者"。因此，实用主义与犬儒主义、伊壁鸠鲁主义、斯多亚主义和存在主义并列，是一种如此吸引公众想象以至进入了流行话语的哲学。然而，名声既是祝福也是诅咒。和最流行的哲学一样，像实用主义这样的哲学，由哲学家提出的原始版本，要比它们的时髦改编版更复杂和精致。例如，在流行用法中，"实用主义"与"实践的"相联系，而这被视为与"理论的"相反。然而，没有比这与实用主义哲学家的教导相去更远的了，因为他们相信最好的理论将是实践的，并且除非受到可靠理论的指导，否则没有什么是实践的。

虽然通常被当作20世纪的运动，但实用主义实际诞生于19世纪晚期。它开始于19世纪70年代一群聚集在马萨诸塞州坝布里奇市阅读和争论哲学论文的思想家。既有反讽意味，又有挑战意味，他们称自己为"形而上学俱乐部"，因为他们中的大多数都怀疑黑格尔的理性主义和教条主义形而上学。这个圈子最著名的成员有查尔斯·桑德斯·皮尔士、威廉·詹姆士和奥利弗·温德尔·霍姆斯，一个后来成为美国最高法院大法官的法学理论家。这个群体的成员基本上是经验主义者，并且很多人受边沁和密尔的著作以及达尔文进化论的影响。

1878年，对于哲学中的这个新观点，皮尔士引入了"实用主义"这一术语。他的这个术语得自康德的"实用（ pragmatisch ）"概念，指的是经验的或实验的原则，与先天的相对。因而，皮尔士对发展一种首先应用于我们的科学观念的探究理论和意义理论感兴趣。在19世纪末，威廉·詹姆士将这种理论通俗化，把它阐述为一种真理论，并应用于心理学、道德和宗教。与这些兴趣相一致，詹姆士把他自己对这个词的使用追溯到它的希腊语词源，意思是"行动""作为"或"实践"。约翰·杜威进一步发展了实用主义，使它成为一种完备性哲学，对我们理解自然、知识、教育、价值、艺术、社会问题、宗教和人类关切的方方面面都意味深远。

实用主义者的观念兴起于不满他们那个时代能获得的哲学中的所有其他意见：理性主义、经验主义、康德主义和黑格尔主义。他们反对理性主义者的思想，即终极真理是永恒和必然的，存在着一种世界的必然存在方式，我们能通过纯粹逻辑辨识它。相反，实用主义者以开放的意识和实验的精神来研究世界。他们说，最恒定不变的真理，也是最抽象的真理，不会给我们关于一个具体而变动的世界的知识。

虽然拒绝理性主义明显让他们与经验主义处于一条战线上，但实用主义者并不认为传统的经验主义观点是充分的。约翰·洛克和大卫·休谟这样的经验主义者寻求通过把我们的观念追溯到原初的感觉印象来证实它们。而实用主义者却说，不是我们观念的起源，而是它们未来的后果决定了它们的真和意义。在批评古典经验主义者时，约翰·杜威说，我们一般观念的作用不是"报告和记录过去的经验"，而是用于作为"组织未来的观察和经验的基础"。[1]而且，经验主义者将经验当作孤立的感觉材料的集合。然而，根据实用主义者，感觉材料是来自丰富完整的经验场域的人为选择性抽象。杜威说，我们并不是首先经验到感觉印象，甚至也不是对象，我们经验的是特殊事物在其中找到其意义的"境遇"或整体背景。

实用主义者指责理性主义者和经验主义者都把心灵设想为一种容纳观念的容器。他们不是把心灵看作一个静态的东西，而是把心灵说成许多认知活动的名称，我们通过它们和世界相适应。同样，观念也不只是精神物品，而是我们积极地利用来解决实际问题的工具。他们批评他们所谓的知识的"旁观者观点"，这种观点把心灵描绘为被动地远观世界。相反，实用主义者坚持，过一种精神生活意味着积极地参与到经验由之产生的生物和文化母体中。他们同意康德的观点，认为心灵是积极的和创造性的，但是拒绝他的这一观点：我们的精神结构是天生的和固有的。相反，实用主义者说，我们的概念性范畴通过经验产生，并被经验所改变。

实用主义者同意黑格尔的观点，认为我们的观念和世界是持续发展的，但拒斥这一过程只是一套设定的逻辑模式的展开的观点。我们不是历史的棋子，因为我们的决定和行为影响事情的结局。因此，他们强调未来，并且，用约翰·杜威的话说，拥抱"这样一种宇宙观，宇宙的演化尚未完成，用詹姆士的话说，宇宙仍然'在创造中'，'在形成过程中'，宇宙到任何特定时刻都仍然是可塑的"（QC 25）。

查尔斯·桑德斯·皮尔士

著名哲学的不知名创始人

查尔斯·桑德斯·皮尔士（Charles Sanders Peirce，1839—1914）是本杰明·皮尔士的儿子，后者是著名的哈佛大学数学家。从哈佛大学毕业并获得化学学位后，1861—1891 年，皮尔士作为科学家为美国大地和海岸测量局工作。在此期间，他断断续续地在哈佛大学和约翰·霍普金斯大学教书。然而，尽管他富有的朋友威廉·詹姆士帮他做过努力，他不循规蹈矩的个性妨碍了他获取永久的学术职位。他被迫花大量的时间写书评并发表在流行杂志上来支持他日渐缩水的财产。皮尔士的最后岁月在贫穷中度过，只是靠詹姆士的慷慨解囊才没有陷入完全赤贫。尽管皮尔士一生撰写了数卷论文，但除了少数几篇文章外，他的作品不见天日，直到他死后很长时间才编辑出版。因而，对于他的同时代人，他依旧是一个相对不知名的人，在他的有生之年，他的思想影响非常小。受糟糕的健康状况困扰，过着只有他忠实的法国妻子朱丽叶关心的寂寞生活，皮尔士死于 1914 年。虽然在他有生之年相对默默无闻，但他的哲学在 20 世纪后半期得到了应有的大量注意。他已经在逻辑学、认识论和科学哲学领域产生了影响。而且，他对符号理论的高度原创性贡献，已经吸引了那些在语言分析哲学、信息论和文学诠释领域工作的人的注意。

探究的本性

19 世纪 70 年代后期，皮尔士在《通俗科学月刊》上发表了一系列文章，在其中，他提出了他的某些独创性思想。发表在这个地方对一个哲学家来说有些奇怪，但这让他的思想得到广泛的传播，并展示了他的信念，即哲学应该从云端上下来，应用于实际的科学问题。在其中一篇文章《信念的确定》（1877）中，皮尔士抨击传统认识论把思想解释为超然地获取知识。相反，皮尔士强调思想的工作是产生信念。信念并不只是居住在心中的精神物品，它们也不是瞬间的精神状态。相反，"我们的信念指导我们的欲求并塑造我们的行动"（FB § 371）。[2] 它们影响行为，因为信念实际上是在特定环境下以特定方式行为的习惯或倾向。例如，如果我相信喝水的玻璃杯是昂贵的纯净水晶，我会预期它是脆的，并轻柔地甚至小心翼翼地对待它。然而，如果我相信它是便宜的、可以替代的和不会打碎的，我会预期它不会损坏，并会不那么小心地对待它。支撑每个行为的是一系列信念。相反，对行为无所影响的信念是空洞和僵死的。例如，我曾经看到一队警察检查一栋教学楼,来应对一个声称有一个炸弹被设定在下午2点爆炸的电话。断定它是一个虚假警报之后,他们用无线电告知总部这栋楼是安全的,并且教学楼里的人不需要疏散。然而,下午2点前1分钟,炸弹小队跑出建筑,站在安全距离外的一个位置上。皮尔士会说,如果他们真的相信这栋楼是安全的,他们的行为会大为不同。

只要我们的信念是成功的,我们就不需要致力于探究。我们日常生活的大部分是常规性的,我们可以依靠习惯性信念,并且它们相应的行为模式已经证明了它们。例如,当我每天早上打开我的电脑时,我正按照这个隐含的信念行事,即,既然昨天我的电脑处于良好的工作状态,它今天也将为我工作。然而,假设一天早上我打开我的电脑,就像我一直以来那样,但屏幕依旧是黑的。我的常规被打破了,我不可能像我通常那样继续下去;现在我必须搜寻某种方法解决这个新问题。当一个信念以这种方式招致问题,我们就疑虑不安,我们不确定怎么行动。皮尔士把这描述为怀疑状态。怀疑是一种"我们力求把自己从中解脱出来的不安和不满的状态"。怀疑刺激我们行动,通过探究寻求消除它,探究是一个设法达到新的和更充分信念的过程。

正如可能存在空洞的信念一样,也可能存在空洞的怀疑。皮尔士完全蔑视笛卡尔在《沉思》中排演的怀疑。除非行动被真实的和活生生的怀疑所中断,否则探究就没有目的。这样的怀疑必须包含不确定,这种不确定以旧信念和新经验的冲突为基础。笛卡尔在他的《沉思》开始处,宣称他怀疑物理世界是否存在,甚至他的身体是否存在。然而,他还是停下他的写作去生炉子,并且避免碰触火焰。皮尔士把他的怀疑当作"装模作样的"怀疑撇在一旁(WPI § 416)。皮尔士的目标不是获得超出一切可能怀疑的确定性(某种我们永远找不到的东西),而是获得免受一切实际怀疑的信念。"我们不要在哲学中假装怀疑那些我们心中并不怀疑的东西。"(SCFI § 265)

逃避怀疑并获得信念有许多方式。只要我们感到满意,我们用哪种方式获得信念有关系吗?皮尔士认为有,因为目的不能和我们用以达到它们的手段分离。他列举了四种获得信念的方式,其中只有一种被证明是令人满意的。第一种排除怀疑的方式,皮尔士称之为固执的方法:

如果达到定见是探究的唯一目的,并且如果信念的本性是习惯,我们为什么不应该这样来达到我们想要的目的,即,把我们任意的幻想当作一个问题的答案,并且一直向我们自己重复它,详述一切有利于它的东西,学会带着轻蔑和憎恶回避任何会干扰它的东西?(FB § 377)

这种方法包含搁置理性和坚决地固执己见。这种方法属于某个说"我知道我相信什么,不要用事实来迷惑我"的人。皮尔士承认,拥有如此坚定不移的信念导致心灵的平静。问题是,它与我们心中的"社会冲动"产生冲突。我们最终将发现,通情达理的人与我们不一致,而这会导致产生怀疑。虽然对从来不必与他人讨论其信念的隐士,固执的方法会有作用,但对于我们大多数人,我们必须参照共同体来固定我们的信念。

固定信念的第二种方法是权威的方法。采用这种方法的是信徒的共同体,这些信徒允许一个权威或一个机构来指挥他们的信念。它矫正了第一种方法的问题,因为这个方法确保了我的信念与我共同体一致。皮尔士说，伟大的文明，如古埃及和中世纪的欧洲，是建立在这种方法上的。它产生了令人舒适的信念体系，但只对那些满足于做"理智奴隶"的人是这样。实际上，它是提升到整个文化层面上的固执的方法。以这个原则为基础的文化不能容忍不同意见或与其他信念体系相接触。然而，在这样一个体系中，潜伏着怀疑的幽灵，因为，如果某些人看到其他文化拥有与他们自己的文化相反的意见，他们将发现他们的意见是有社会条件的。

第三，存在着先天的方法。它优于前两种方法，因为人达到信念是在一个反思过程之后。皮尔士不是用先天的方法表示将信念建立在逻辑必然性的基础上，而是因为"与理性一致"而接受信念。然而，什么是"与理性一致"是非常主观的，因为它基于个人的偏好和情感。皮尔士认为，在形而上学中没有定见，因为每个使用先天方法的思想家，关于他认为什么无可怀疑有不同的偏好。因而，基于这种方法的信念体系最终不过是根深蒂固的理智偏见。

前面三种方法的问题表明，重要的不只是发现一个信念，而是以特定方式发现信念。所需要的固定信念的方法不是依赖我们人类的癖好，而是依赖"外部恒久的东西……这种方法必须使得每个人都有相同的最终结论"（FB § 384）。为满足这种需要，皮尔士提出了第四种也是最后一种方法，科学的方法。皮尔士用这个词并不必然表示用试管来做的事情，而是可以宽泛地当作经验程序的事情。这种方法背后的基本假设是：

存在着实在的事物，它们的特征完全独立于我们关于它们的见解；那些实在根据有规律的法则影响着我们的感官，并且……利用知觉法则，我们可以通过推理弄清事物实际上真正是怎么样的。（FB § 384）

虽然科学的方法不能证明这个假设，但皮尔士说，这个方法永远不会导致关于它的基本原则的怀疑。而且，这个方法已经成功地帮助我们解决了怀疑。因而，如果这个方法得到应用，它将导致对它自身的确认。虽然其他方法使得维持一个内部融贯的体系是可能的，但它们这样做的代价是不能得到任何矫正。相反，科学的方法暴露错误并自我矫正，因为它依靠独立于我们珍爱的信念和愿望的东西来检验。

意义理论

我们通过探究来寻求的信念，只有当它们是清晰的，才是有意义和有用的。因而，在1878年的一篇文章《如何使我们的观念清晰》中，皮尔士提出了一种通过使表达观念的词项清晰来使观念清晰的技术。他从批判笛卡尔对意义的解释开始。笛卡尔认为，在精神知觉中，我们可以直接掌握心灵深处的概念的意义。其他理论把意义当作一种萦绕在一个词或一个观念周围的幽灵般的"晕圈"。但这些观点使得意义太不可捉摸或太私人化，使得它们不能得到澄清。

为回应这个问题，皮尔士想要凭借我们与世界的互动和世界的可公开地观察到的回应方式来解释意义。因而，他提供了以下方法来澄清我们观念的理智内容：

考虑一下，我们设想我们概念的对象具有什么可以令人信服地产生实践关联的效果。我们关

于这些效果的概念就是关于该对象的全部概念。（HMIC § 402）

把他的标准应用到一个具体的事例中，皮尔士考察了当我们说某物硬时，我们的意思是什么。我们说某物（例如钻石）是硬的，如果有许多东西不能刮伤它。"不会被刮伤"的意思指的是一种可以实施的、带有特定预期结果的操作。然而，我们不必实际实施这个行动来理解这个词项的意义；我们只是需要设想它会是什么。

如果一个观念的全部意义在于它可设想的效果，那么，如果两个观念或理论不能翻译为实践上的差别，不论是我们预期世界会如何运转，还是我们会如何对之做出反应，它们就根本不是两个不同的概念。用一个众所周知的例子，"杯子是半满的"这个主张和"杯子是半空的"这个主张其实是用不同语词表达的相同主张，因为每个主张都引导我们预期关于这个杯子的一组相同的状态。如果我们把皮尔士的实用意义论应用于贝克莱主教的唯心主义和霍布斯的唯物主义，我们将发现它们之间没有实在的差别，即使它们似乎做出了关于世界的极为不同的主张。贝克莱说我们感知的对象不过是我们心中的观念，它的来源是上帝。霍布斯相信我们的经验是物质实体引起的。不论我是一个唯心主义者还是一个唯物主义者，当我经验到一个运动的锤子撞击我的拇指时，我将经验到疼痛。接受对立形而上学体系中的这个或那个，既不增加也不减少所经验的东西。因此，如果贝克莱理论的实践效果与唯物主义没有差别，那么它们之间就没有分歧。这是因为"除了实践差别之外，没有任何东西构成意义的区分"（HMIC § 400）。

> **想一想**
>
> 30.1 拿几个概念或观念，用皮尔士的意义理论来分析它们。在何种程度上这是或者不是使我们的观念清晰的充分方式？

真理与实在

到目前为止，皮尔士给了我们一种达到信念的方式和一种澄清我们概念意义的方法。然而，似乎只有清晰和满意的信念是不够的。我们还想知道我们的信念是不是真的和它们是否与实在相关联。在致力于这个问题时，值得注意的是，皮尔士谈论信念远超过谈论知识或真理。他强调信念的理由很简单。如果我们列出我们的所有信念，然后另外列出我们认为什么为真，它们将是相同的。用实践的术语来说，一旦我们达到了一种满意的信念状态，探究就达到了终点。我们不能跳出我们的信念，就像不能跳出我们的皮肤一样。不仅真理的概念与信念的概念不能分离，而且真理与实在的概念也是相互缠绕的。思考关于 X 的真观念和把 X 思考为实在的，不过是"从两种不同视点看待完全相同的事情；因为在一个真判断中，思想的对象就是实在"（CP 8.16）。

起初，这个观点似乎是成问题的。真信念与实在一致，但我们总是根据我们关于实在的信念来理解实在。我们如何能逃出这个循环？在用我们信念的终极对象来定义实在时，皮尔士并不想接受这样一种主观主义，即"实在就是一切我相信是这样的东西"。这一观点使实在完全依赖我们的观念，从而坍塌为固执的方法。同样，皮尔士拒绝康德主义，因为这使得实在（在实在自身的意义上）如此独立于我们，以至我们永远不能知道它。皮尔士既避开主观主义又避开康德立场的方式，是说实在独立于任何特殊思想者的信念，但不是彻底地完全超出人类思想的界限。"实在"概念是一种定位于未来的理念，因而它是"最终意见"的对象，如果期限不定地长期应用科学方法，探究者的共同体就会汇聚于这种见解。以这种方式，皮尔士给了我们一个真理与实在的联合定义：

> 我们用真理表示的是所有研究者注定会最终达成一致的意见，这一意见所表象的对象是实在的。这就是我解释实在的方式。（HMIC § 407）

借助共同体的意见来定义真理，皮尔士这样做并不是在说，真理完全是个约定问题。相反，他假设科学方法是揭示错误和自我矫正的，因此，如果不断地应用它，它会成功地接近完善的真理和实在完善的观念。不可能存在原则上绝不会被察觉的错误。按照他的意义理论，一个错误，不论探究持续多久，都可能没有任何可设想的实践后果，这是个没有意义的概念。因此，尽管你或我在我们的信念上会犯错误，但无法设想从长远来看整个人类不能接近真理。以这种方式，皮尔士拒绝了这一康德式的概念：我们永远无法掌握的物自体。*

可错论

从皮尔士对真理的定义，可以得出我们没有任何信念可以保证不需要修正。这一立场称为可错论（fallibilism）。皮尔士曾提出过一个悖论式的主张，唯一不可错的陈述是一切陈述都可错（CP 2.75）。他不得不强调这一点，因为如果我们一旦认为我们已经达到不可错的真理，这就会给探究画上句号，而探究对科学方法的自我矫正的本性至关重要。皮尔士的认识论导致的结局不是完善的确定性，而是保证在任何给定时间，我们能发现（1）目前为止在实践中起作用的临时信念，以及（2）一种向更好的信念前进的方法。因此，不再寻求"绝对真理"，人类的认知追求所需要的目标不过是"怀疑无法动摇的信念状态"（WPI § 416）。在此，皮尔士用"怀疑"表示实在的怀疑，而不是笛卡尔的想象的怀疑。虽然我们永远不会达到完善知识这一终点，但我们至少可以知道我们将走在正确的路上。

> **想一想**
>
> 30.2　勒内·笛卡尔寻求关于实在自身本性的绝对确定性（见第15章）。然而，弗里德里希·尼采说，我们能知道的一切不过是事物从我们的特殊视角看起来是怎么样的（第27章）。皮尔士如何避免这些极端？你是否认为他的尝试是成功的？

---

* 皮尔士意识到了黑格尔对他的影响。二者都把思维看作一个从部分真理向全面真理前进的过程，并且二者都认为探究的终点汇聚于某个真理与实在相统一的终极全体。然而，皮尔士以值得注意的方式背离了黑格尔。皮尔士的方法是经验的而非理性主义的。而且，他用行为术语来定义思想，并把它植根于具体的生物环境中。

威廉·詹姆士

从生理学家到哲学家

威廉·詹姆士（William James，1842—1910）生于纽约，在他的家里，思想和文化的争论是餐桌对话的一部分。他的父亲是一个古怪、神秘的神学家，他的哥哥是著名的小说家亨利·詹姆士。从他十几岁起，一直贯穿他的大学岁月，詹姆士到处旅行。他在英国、法国、瑞士、德国和美国学习科学、绘画和医学，最终在1869年从哈佛大学获得了医学学位。詹姆士一开始在哈佛大学做生理学讲师，但他的兴趣扩大到了心理学，这门学科作为一门实验科学还处于它的婴儿期。1890年，他出版了《心理学原理》，实验心理学最早的教科书之一。最后，他把哲学作为了自己的全职工作，并在哈佛大学哲学系教书，与这样一些著名人物为伍，如乔西亚·罗伊斯（Josiah Royce）、乔治·桑塔亚纳（George Santayana），并且短暂地和 C. S. 皮尔士共事。

詹姆士与皮尔士

虽然詹姆士和皮尔士都投身于相同的哲学的一般进路，但在他们对实用主义的表达上有重要的差别。尽管詹姆士和皮尔士都受过科学训练，但前者的兴趣取向首先围绕的是道德和实践生活这样更广泛的问题。正如约翰·杜威对此的表达，"皮尔士像逻辑学家那样写作，而詹姆士像人文主义者那样写作"。[3] 詹姆士几乎完全从对实际生活的贡献来看哲学的价值：

> 哲学的全部价值应该是去发现，如果这种或那种世界公式是真的，它会在我们生活中的确定时刻给你我造成什么明确的影响。（P 50）[4]

这种实践的、人文主义的强调，使得詹姆士作为演讲人非常受欢迎。实际上，在詹姆士在一系列讲座中把它通俗化之前，皮尔士的实用主义从未得到多少重视。虽然詹姆士认为他在帮助皮尔士，但这位实用主义的创始人却惊骇于詹姆士对他思想的严重歪曲。因而，皮尔士抛弃了这个术语，称他自己的立场为"实效主义（pragmaticism）"，并评论说这个标签"足够丑陋，不会有被劫持的危险"。

两位实用主义者之间的差异不只是风格上的差异。当皮尔士谈论我们信念的"实践后果"和"有用性"时，他谈论的首先是那种适合于科学分析的公共的经验观察。然而，对于詹姆士，信念的后果要根据它对个体生活的个人的和实践的影响来理解。这趋向于一种较为多元主义甚至相对主义的观点，因为一个信念可以就某个人的需要、兴趣和生活境遇而言是"有效的"，但对另一个人则不是。

真理的现金价值

有时，当詹姆士坚持实用主义只是澄清我们概念意义的方法时，他的阐释非常忠实于皮尔士的立场。然而，当詹姆士又把实用主义介绍为一种真理论时，他极大地偏离了皮尔士（让后者非常不舒服）。詹姆士最知名的是他用以阐明他的真理论的夸张隐喻。他说理论是让我们能"应付"实在的"工具"。真信念的特征是"它们划算"或有"实践的现金价值"。他用"有效的东西""令人满意的"东西或我们信念的"实践后果"来定义真理。如果詹姆士只是提出一种对真理的实用主义检验，一种发现何种立场为真的方式，许多非实用主义者会把它全盘接受。但是詹姆士并不满足于说"有效性"是一个信念为真的指示性标志。相反，他似乎在说"有用性"是一个信念为真的意思的实用主义定义。一个信念有用（为真），如果它让我们满意地与我们的经验相联系，正如一个锤子是有用的，如果它让我们以某种方式与世界相联系（钉钉子）。真理不是世界中的一个事实，而是当我们把一个信念用于我们与事实的互动时它所具有的令人满意的性质。"'事实'自身……不是真的。它们只是存在。真理是起源于事实并作用于事实的信念的功能。"（P 225）詹姆士观点的一个关键方面是理性的东西和情感的东西、认识和评价、成功的信念和成功的生活不能截然划分。他明确地把我们的认知和道德努力联系起来：

> 真理是一种善，而不是像通常假设的那样，是一个区别于善而与之并列的范畴。真理是一切证明自己在信念方面为善的东西。（P 75—76）

> "真的"……只是我们思维方面的权宜之计，就像"对的"只是我们行为方面的权宜之计……长远的和整体上的……权宜之计。（P 222）

在他最惊人的陈述中，詹姆士说，"真理发生于一个观念。它成为真的，事件使得它为真"（P 201）。对于这个观念，他举了许多例子。在某些事例中，一个信念不是真的，除非我的行动使它为真。如果我试图打破一个运动记录，集结我的政治力量去赢得一场选举，或者赢得某个人的爱，所希望的结局还不是真的，但是我自信的行动可以使得它为真。在科学中，一个假设只是一个猜测，直到付诸检验，如果成功了，检验就使得假设成为被证实的真理。

詹姆士阐述他学说的模糊和时常变化的方式给了他的批评者批评的弹药。根据詹姆士，我们可以说一个观念，"它是有用的因为它是真的"，或者我们可以说，"它是真的因为它是有用的"。成问题的是，他主张"这些话的意思完全是一回事"（P 204）。但是，这两个表达真的相等吗？第一个陈述似乎无可争议，因为如果一个信念是真的，那么在帮助我们应付实在的意义上，通常它是有用的。问题是他公式的后一半好像并不合理。因为与詹姆士的假设相反，一个信念有用并不意味着它是真的。例如，在一个严重的紧急事件中，可能有必要向一个小孩保证一切正常，没有危险，这样他就会跟随我们的指引而不惊慌。如果他的一切都在控制之中这一错误信念使他平静地走到安全的地方，那么，在这种情况下，他的信念是有用的，但不是真的。

詹姆士一直因为把真还原为主观满足而受到批评者的攻击。的确，在许多段落中，他让自己容易受到这种指责。然而，他不断抱怨这些攻击无的放矢，因为它们曲解了他的要旨。当詹姆士说真信念是一个"带来满足"或"有效"的信念时，他并不是指短期内直接的情感满足。我可以觉得相信我的账户有余额在情感上是令人满意的，但在实际行为中进行检验时，这个信念不会被证明为令人满意。类似地，任何似乎有效的假信念最终会被发现是行不通的。正如詹姆士对此的表达，"如我们所知，经验总会超出现有边界，并让我们矫正现有的公式"（P 222）。

詹姆士同意皮尔士的可错论，即，除了作为探究的理想目标，不存在"绝对真理"，而我们能期望的最多是，在经验促使我们修正它们之前，真理目前能继续有效。詹姆士会说，反实用主义者观念中的真理，是一种他不具有也永远不可能具有的真理，所以对于实用主义者的真理观，它不是一个可行的替代品。詹姆士说，托勒密天文学这样的被抛弃的理论，就它在那个时代解决的问题而言，它在那时是"有效的"。在我们目前的境遇中，我们现在认为这个理论是假的，虽然我们可以说它"相对而言为真"或在它自己的时代确定的"经验边界内为真"（P 223）。

在回应他的观点太主观这一指责时，詹姆士试图给真理提供客观标准。"真观念是我们能够认同、验证、确认和证实的观念。假观念则是不能如此的观念。"（MT v—vi）而且，虽然当詹姆士把寻求真理说成是对在个体生活中有效用的观念的个人探索时，他比皮尔士更主观，但是他从未忽视我们的信念和生活植根于其中的更大背景。"就我们人类的实际构成来看，我们发现，相信他人的心灵，相信独立的物理实在，相信过去的事件，相信永恒的逻辑关系，是令人满意的。"（MT 192）

> **想一想**
>
> 30.3 皮尔士关于我们概念的"实践关联"的观念，与詹姆士所称的我们信念的"实践后果"之间，有什么相似和不同？你接受这种还是那种实用主义观念，对你的生活会有什么影响？

信念的主观正当性

关于他们把实用主义方法应用于哪些问题，皮尔士和詹姆士之间有一个很重要的对比。皮尔士感兴趣的是，通过给"硬"和"可溶性"这类词项提供操作定义来澄清科学语言。而詹姆士感兴趣的是，渗透到人类主观生活内核的范围广泛的问题。通过考察他如何解决他早年生活中的个人危机，我们能对詹姆士关于哲学观念的个人特质和实践特质的思想有所领悟。作为他多年学习科学和医学的结果，詹姆士被这一思想弄得极度抑郁：人类不过是被决定的机器，注定要生活在一个任何东西都逃不过物理法则决定的封闭宇宙中。

詹姆士在1870年写的一本日记中记录了他的挣扎，那时他28岁，刚离开医学院一年。他明显地发现，在投身于一种无疑会受到克尔凯郭尔、尼采和陀思妥耶夫斯基欣赏的哲学时，他的痛苦得到了缓解。詹姆士得出结论，如果他要继续生活并在生活中发现某种意义，他不得不承认自由意志并非虚幻并且把这个信念作为行动的基础：

> 我的自由意志的第一个行为就是相信自由意志……我将让我的意志更进一步，不仅以它行动，而且相信它；相信我的个体实在性和创造力……生活要被置于行动、承受和创造之中。[5]

虽然这是他生活中的一个转折点，但如果假设詹姆士只是说"相信你乐于相信的东西"而不加任何进一步的限制，这将是一个错误（有人犯了这样的错误）。当然，当逻辑和经验的考虑能决定性地解决一个问题时，詹姆士会说，我们的信念必须服从理性和事实。然而，他说，在某些至关重要的问题上，逻辑和科学没有给我们清楚地指出这条或那条道路，因为不同的解释都与客观事实一致。在这些情况下，詹姆士给我们提供了以下规则：

> 两个关于宇宙的竞争性观点，其他方面全都一样，但其中第一个观点否定了某个重大的人类需要，而第二个观点则满足了它。头脑健全的人将青睐第二个观点，理由很简单，它使得世界显得更加合理。（MT 序言）

在詹姆士的整个著作中使用的一般论证可以表述如下：

（1）中立观点的不可能性：生活中存在着重大的问题，我们被迫对关于它的这个或那个假设做出决定。

（2）理性的不充分性：生活中的大多数重要决定，其中的竞争性选项都不能依据理性得到决定性的证明。

（3）主观正当的合理性：既然我们不能避免做出关于终极问题的决定，并且得不到客观标准的指引，由此可得，我们在主观考虑的基础上做出决定是正当的。

这种推理是詹姆士大多数讨论的基础，诸如对自由意志、道德和宗教信念的讨论。

> **想一想**
>
> 30.4 根据詹姆士，什么样的条件使得诉诸主观考虑来认为信念正当是合理的？什么条件会使因为主观理由而相信某事是不合理的？

自由意志与决定论

正像日记中所表明的，詹姆士关注的一个哲学问题是自由意志问题。在他的论文《决定论的两难》（1884）中，詹姆士把这个问题呈现为两个大尺度的宇宙观之间的选择：**决定论**（determinism）和非决定论。

> 决定论宣扬什么？它宣扬的是宇宙的一些部分业已绝对地颁布了宇宙的其他部分应该是什么样子的指令和法令……
>
> 非决定论则相反，说诸部分之间有一定量的松散的相互作用，规定了其中的一个部分并不必然决定其他部分应该是什么样子。（DD 40—41）

设定了选项之后，詹姆士首先论证了中立观点是不可能的。两个可能性明显是矛盾的："真理必定在这一方或那一方，这一方为真就使得另一方为假"（DD 41）。因此，因为这个问题是一个根本问题，我们发现，自己在生活中不是把这个信念当作真的就是把那个信念当作真的。第二，他论证了理性在这个问题上是不充分的。例如，考虑一个特殊的决定，科学只处理事实，处理发生了什么——它不能告诉我们是否一定要这样决定，或另一个决定是否原本是可能的（DD 42）。

最后，詹姆士表明了为什么决定论在主观上令人不满。他的冗长讨论可以提炼为以下论证：

（1）世界上有许多我们或他人实行的让我们悔恨的行动（诸如谋杀或残忍行为）。

（2）决定论把宇宙定义为这样一个场所，其中的任何东西都不可能不同于它实际的状况。

（3）如果每件事都是过去原因的无可避免的结

果，那么决定论意味着悔恨的判断是错误的，因为悔恨暗示着事情原本可以与实际情况不同。

（4）然而，这导致完全悲观的立场，即，谋杀这样的邪恶行为是必然的、不可避免的，不应该后悔，而应该接受。

（5）一个决定论者可以用说谋杀行为实际是善的（因为从永恒的角度来看，这些行为在理性上是必要的，并且服务于某个更大的善）来避免这种完全的悲观主义。但只有以说悔恨是坏的（因为它是非理性的）为代价才能避免悲观主义。另一方面，如果悔恨是善的，那么谋杀是坏的。但是两种类型的事件都被假设为被决定的。所以这个世界"必定要么以罪愆，要么以错误，作为它的必然组成部分"。

（6）因而，如果决定论是真的，那么"这个世界上必定有某种极其不合理、荒唐和错误的东西"。（DD 50）

陈述了相信决定论的后果后，詹姆士对非决定论做了同样的事情。如果我们选择相信宇宙中存在着自由或非决定论，那么存在着真正的可能性，并且我们的行为对善恶谁将获得胜利将产生决定性影响：

> 那是给予我们的道德生活生机勃勃的实在性的东西，并且让它躁动……伴随着如此奇怪和复杂的兴奋感。这种实在，这种兴奋，是被（各种形式的）决定论……通过否定有任何东西在此时此地被决定，通过它们关于一切事情都早已被预定和安排的教条，加以压制的东西。（DD 64）

需要认识到，詹姆士从来没有宣称他驳倒了决定论或证明了非决定论。他只是陈述了相信这个观点或那个观点的实践后果。就像在他自己生活中发生的那样，我们有权利选择，我们觉得假设哪种宇宙观最合情合理和令人满意。

信仰的意志

在他的论文《信仰的意志》（1896）中，詹姆士把同样的推理用于宗教信念问题。许多人错误地认为谈论"信仰的意志"时，詹姆士的意思是我们可以相信任何我们想要相信的东西。他后来说他本应该把他的原则表达为"信仰的权利"。詹姆士是在回应 W. K. 克利福德的一篇题为"信仰的伦理学"的文章，在这篇文章中，这位哲学家讨论了让我们有权相信某事的条件以及什么时候这样做是不道德的。克利福德论证说，"在任何地方，对任何人，根据不充分的证据相信任何事总是错误的"。[6] 詹姆士对宗教信念的解释依赖这样的假设，即没有强有力的证据证明或否证宗教假设。因此，我们采取哪种立场不会以坚实的证据为基础。詹姆士试图通过论证，即使没有充足的证据，我们也必须在这个问题上选择这条或那条道路，并且选择宗教信仰是合乎情理的，来反对克利福德的结论。

詹姆士写道，"让我们称两个假设之间的决定是一个选择"。选择可以是活的或死的，被迫的或可避免的，重大的或微不足道的。一个活的选择，其中的对立选项都"对你的信念有某种吸引力，不管有多小"。被迫的选择"基于完全的逻辑析取，不可能不选择"。一个重大的选择对指导生活有重要的后果，这与微不足道的选择相反，微不足道的选择没有重大的利害关系，或者是可逆的。对于大多数人来说，金字塔是不是由来自另一个行星的生物修建的，是一个死的选择。我不需要认真地考虑这个假设，因为关于它似乎没有什么东西是显得有理的。它不是一个被迫的选择，因为我可以在这个问题上悬置判断，拒绝承认这个或那个观点。最后，它不是一个重大的选择，因为我相信这个选项还是那个选项对我的生活似乎没有影响。

然而，对于宗教选择，主观正当性是适宜的。既然哲学家一直在争论上帝的存在，显然对很多人来说它是一个活的选择。第二，我要么带着一个关于世界的宗教观点过我的生活，要么我将不言而喻地像没有上帝一样生活。最后，它是一个重大的选择，因为我选择哪条道路将影响我如何过我的生活。当一个选择满足了这三条标准，它就是一个真正的选择。与克利福德相反，在证据不充分时，我有权相信主观上和实用性上有吸引力的东西。"一旦它是一个不能在理智基础上决定的真正的选择，我们富于激情的本性不仅可以合法地在两个立场之间做出选择，而且必须做出选择。"（WB 95）既然詹姆士像大卫·休谟一样，不认为赞同或反对上帝存在的理性论证是有说服力的，那么信念的根据就要以实践后果为基础。"按照实用主义的原则，如果关于上帝的假设在这个词最宽泛的意义上是令人满意的，它就是'真的'。"（P 209）

尽管他热情洋溢地捍卫宗教信念，但詹姆士从未为任何特殊的宗教观点做论证。他满足于说，证据表明"我们可以同意某种形式的不为我们所知的超人类生命"（APU 309）。然而，当涉及到这种超人类生命的本性，他采取了非正统的立场，世界上的众多邪恶和不完善暗示"存在着一个上帝，但他是有限的，要么在能力上有限，要么在知识上有限，要么二者都有限"（APU 311）。关于善是否将战胜世界上的恶的问题，詹姆士既不是一个乐观主义者也不是一个悲观主义者。相反，他采取了社会向善论这一中间立场。这种立场把世界的"拯救"看作既不是必然的也不是不可能的，而是一个结合神和人的努力可以达到的可能性（P 285—286）。因此，我们不是一个预先设定的巨大计划中的棋子，而是世界最终结局如何部分地取决于我们。

> **想一想**
>
> 30.5　笛卡尔主张，除非一个信念免于任何可能的怀疑，否则我们不应该接受它。詹姆士会如何回应这个信念可接受性的标准？他会对他的立场给出什么理由？

约翰·杜威

实用主义的巡回大使

约翰·杜威（John Dewey，1859—1952）生于佛蒙特州的伯灵顿。他在佛蒙特大学接受了他的本科教育，并在新组建的约翰·霍普金斯大学（在那里，皮尔士是他的教授之一）完成了哲学博士学位。在密歇根大学教授哲学10年后，他接受了芝加哥大学的职位，作为哲学、心理学和教育学系的主任。在芝加哥大学，他把他的思想发展为进步主义教育理论，并创建了一所实验小学作为检验他教育理论的实验场。他的教育理论被广泛采用并改变了美国的学校系统。1904年，关于实验学校，杜威和大学行政部门发生了冲突。结果他辞去职务去了哥伦比亚大学，并留在那里直到1929年退休。他不满足于仅仅在书本上表达他的思想，而是作为他的自由教育方法的传播者，走遍整个世界去获取最大可能的听众。他在日本、中国、土耳其、墨西哥和前苏联演讲。而且，他的著作被翻译成了所有的主要语言。

杜威的任务

浏览杜威繁多的著作，会觉得好像有两个杜威。第一个杜威对知识论中的技术问题感兴趣，他的工具主义理论致力于这个问题。第二个杜威对人文科学感兴趣，处理关于教育、艺术、价值理论和社会哲学的问题。然而，在杜威心中，这些不同领域是联结在一起的，因为实用主义处理我们观念的后果，它对人类关心的每个领域都有影响。以这种方式，杜威把皮尔士的逻辑和科学关切与詹姆士的道德和人文主义理想综合起来。杜威在他整个一生中都相信科学和人类价值的分割是"现在压迫人性的最大二元论"（RP 173）。[7]因为这个理由，他写了《哲学的改造》一书，提出了解决旧哲学问题的一种新进路。他综合前人精华的能力和他处理的问题的广泛性，使得杜威成为所有实用主义者中影响最大的人。

杜威思想所受的影响

杜威的哲学生涯是在黑格尔的唯心主义和新康德主义的影响下开始的。虽然他最终抛弃了两种哲学明确的学说，但他的所有著作到处保留着它们的某些精神。对杜威思想影响最大的是生物演化论。杜威的哲学建立在这一思想上，即我们植根于我们的生物环境，我们的理智生活是我们努力适应充满挑战的周围世界的结果。杜威的演化模型使杜威能保留黑格尔思想的发展视角而抛弃它的形而上学外壳。同样，就像演化从来没有达到过完美的完成状态，杜威也认为我们不断地在我们的观念被证明为不充分时修正它们，并且用更全面、更丰富的观念取代它们——但不以某种黑格尔式的绝对知识告终。在远远超出新康德主义之后，杜威仍然坚持，认识不是简单地被动反映世界，而是主动地构造概念使我们的经验能够被理解。

工具主义

杜威称他的知识论为"工具主义（instrumentalism）"，以区别于其他版本的实用主义。这个词捕捉到了杜威所强调的，观念是解决问题的工具和为我们的目的而塑造环境的工具。在他的所有著作中，他都与知识的旁观者观点斗争，这种观点把心灵呈现为一个超然于世界的封闭场所，像博物馆容纳画作一样容纳观念。这一心灵及其内容独立于外部世界而存在的图像令笛卡尔这样的哲学家感到疑惑，这些图画（观念）是否正确地表象了外部的东西，甚至在心灵之外到底有没有东西存在。

根据杜威，笛卡尔式的解释完全曲解了我们的境遇。在物种的历史演化以及个人从婴儿到成年的发展中，我们发展着认知技能，来应对对我们提出严峻考验的世界。因此，当我们开始理性思考时，我们是作为已经在与环境进行搏斗的生物有机体来理性思考的：

因而，理智的功能不是复制环境中的对象，而是考虑以什么方式在未来与这些对象建立更有效和更有益的关系。（DAP 30）

注意，杜威对使用"心灵"这个词非常谨慎。很多时候，他使用它来指他拒斥的立场，如笛卡尔的立场。在经常会出现心灵这个词的认识论中讨论问题时，杜威偏好使用"理智"，因为这个词指的是在处理具体问题时展现出的一种能力，而不是形而上学实体。

杜威的工具主义的核心出现在他的探究理论中。根据杜威，所有的探究都发生在我们成功应对环境的能力失效的特殊境遇中。探究是两个阶段之间的过渡过程："最初困惑的、麻烦的或混乱的境遇，和最终明了的、有序的、得到解决的境遇"（HWT 106）。这个解释与皮尔士的推理把我们从怀疑带向相信的观点非常相似。然而，皮尔士倾向于把怀疑当作心理状态，而杜威更多地受生物演化理论的影响，因而赋予环境更重要的角色。他说，不仅是我们的心灵状态是未定的、不确定的、不安的或纷扰的，而且境遇也具有这样的性质。"我们疑惑是因为境遇自身是疑惑的"（LTI 105—106）。

杜威给出了困惑的境遇如何引起探究和实验的一个相当简单的例子，它值得在这里全文引述：

假设你正走在一个没有规则路径的地方。只要一切顺利，你不必思考你的行走；你业已形成的习惯会照料你的行走。突然你发现你的路上有一条沟。你认为你会跳过它（假设、计划）；但为了确保无虞，你用你的眼睛测量它（观察），并且你发现它相对较宽，对岸很滑（事实、数据）。因而你想知道这条沟是否在另外某个地方比较窄（观念），并沿着水流上下查看（观察）来知道事情是怎样的（用观察检验观念）。你没有发现任何合适的地方，因而被迫去形成一个新的计划。当你思索的时候，你发现了一根木头（新事实）。你问自己你是否能把它拖到沟边，让它横跨沟上作为桥梁（新观念）。你判断这个主意值得一试，因此你拖起木头设法把它安放好，并且走过去（用公开的行动检验和确证）。（HWT 105）

所有这些听起来都非常明显和过分简化。然而，杜威的故事被用于支撑一个庞大的哲学主张。他相信所有的人类探究都遵循与此相同的模式。这个主张不仅包括最先进的现代物理学理论，而且包括我们与伦理和政治问题的所有争斗。因此，所有的思考都是对问题的解决，科学、常识和道德中的探究模式之间没有绝对的区别。在每种情形中，思考都包括了问题、假设、行动计划、观察、事实、检验和确证。

真理概念

到目前为止，杜威表明了理性是一种工具或解决问题的行动。问题是，"这里合适的真理概念是怎样的？"杜威做了相当的努力来避免在他的知识论讨论中使用真理这个词。例如，与我们的预期相反，在关于探究的整本书（《逻辑：探究的理论》）中，真理这个词只出现在一个脚注中。他避免使用这个词可以用这一事实来解释,即真理观念有其历史的负担,在这一历史中,它在传统上被用来指一个命题的静态属性。然而,这一知识进路与杜威关于认识者和充满挑战、问题的世界之间积极动态关系的思想相去甚远。当他的确谈到真理的时候,他经常求助于皮尔士和詹姆士的"成功地指导行为""满足由一个问题招致的需要和条件""在行动中有效"等诸如此类的观念(RP 156—157)。

杜威通常借助"得到保证的可断言性"(LTI 9)概念来解释知识这一观念。这个概念捕捉到了杜威的这一信念,即没有一个探究的最后终点,在这个终点上,我们的观念是完全充分的,不再有修正的需要。我们的知识是否完备和充分总是一个相对的问题。我们总是可以问,"对于什么目标,我们的知识是完备和充分的?"而问"锤子是否充分?"是没有意义的,因为锤子对某些工作是充分的,但对另一些工作则不充分。类似地,牛顿物理学在19世纪末之前被认为是充分的和几乎完备的。对于计算钟摆、炮弹和行星的路线,它是充分的。但它被证明对其他情况无效,诸如预测某种亚原子事件和天文学事件。探究是一个调整达到目的的手段的持续过程。但是随着新目的在一个充满挑战的世界中产生,我们需要新的手段、新的观念和新的理论。理论,像计算尺一样,不是被反驳,而是当我们要求新的和更充分的工具来满足我们的需要时被抛弃。

解决问题的伦理学

一个萦绕着近代哲学的问题是事实和价值的二分。一个经常被接受的立场说,科学研究事实,而伦理学研究价值。但是,如果事实处于时空世界之中,那么价值位于何处?一个回答是,它们只是位于我们情感和生存选择中的主观偏好。那些拒斥这种主观主义的人经常认为,唯一的替代是指派给价值某种神秘的、超越的地位,使得它们高高地悬浮在经验事实的世界之上(对于中世纪的人来说,位于上帝的心中,对于康德来说,位于纯粹理性中)。然而,杜威相信这种关于事实与价值的"两个世界"的观点行不通:

> 恢复人关于他生活的世界的观点和关于指导他行动的价值与目的的观点之间的统一和协调的问题,是任何不与生活相分离的哲学的最深刻的问题。(QC 255)

如果分析我们的经验,我们将发现,事实和价值显得是分离的,只是因为我们自己通过抽象加工撕裂了它们,造成了它们之间的鸿沟。真相是,在我们把世界作为探究对象之前,我们最初是从把它当作一个价值的世界开始的:

> 事物是被处理、使用、施加行动和用以行动、享受和忍受的对象,而不只是被认识的事物。在它们是被认识的东西之前,它们首先是被操持的东西。(EN 21)

如果我们不能分离事实和价值,那么在自然科学中使用一种方法,在道德中又使用另一种方法就是一个错误,因为人类生活是一个成功地适应环境的统一计划。"道德是人与他的社会环境的互动,就像走路是腿和物理环境的互动一样。"(HNC 318)伦理推理和其他任何探究一样以相同的方式开始和进行：

> 在道德境遇中，在公开行动之前，要求判断和选择。……存在着冲突的欲求和可选择的初步看来的善。所需要的是发现正确的行为方针和正确的善。因此，探究是必须的。（RP 163—164）

虽然坚持价值的经验理论是必要的，但杜威批评功利主义的方法是天真的。密尔相信，我们说一个东西是可欲的，意思就是它是被欲求的。然而，杜威质疑这一轻佻的等同，因为他说，"某物被欲求这一事实仅仅提出了关于它的可欲性的问题；并没有解决它"（QC 260）。因为这个理由，他截然区分了"被享受的和值得享受的，被欲求的和可欲的，感到满意的和令人满意的"（QC 260）。

我们如何区分只是感到满意的东西（一个主观事实）和令人满意的东西（真正有价值的东西）？杜威采取他通常的做法，比较了做出价值判断的任务和做出科学判断的任务。首先，尽管科学开始于观察，但它不满足于依靠朴素的知觉最初给予的东西。没有进一步的探究，地球看起来是扁平的，运动的物体似乎总是会停下来。然而，科学寻求在一组观察和整个观察网络之间发展融贯的联系。类似地，道德推理是超越初看起来善的东西，迈向符合整个人类经验的价值判断。

第二，科学家通过提出指导未来行动并让我们做出预测的经验假设来达成他们的目标。在被应用的所有境遇中都被证明为成功的假设，是那些我们会继续使用的假设。类似地，杜威说，当理智探究辨别出那些有助于人类长远的繁荣的态度和行为方式时，单纯的享乐才成为价值。如果我们对价值采用实验方法，那么：

> 所有关于善的原则和信条，都会被认识到是假设。它们不是严格不变的，而是会被当作理智工具，要通过按照它们行动所导致的后果来检验和确证——以及修改。（QC 277）

因此，在某种意义上，我们可以在经验的熔炉里检验道德信念。在做出道德决定时，我们像在树林中试着迈过一条沟一样行进。我们分析境遇，在想象中计划可能的行动路线，以及评估这些行动的后果。

如果价值判断像得到良好的确证但总是试验性的和可修正的科学假设一样，道德教条主义和寻求永恒不变的先天伦理原则就是错误的：

> 道德法则，像物理法则一样，不是某种不惜一切代价也要信赖和坚守的东西；它是当出现具体情况时如何做出回应的准则。（QC 278）

值得注意的是，杜威关于他道德哲学的最重要的陈述出现在题为"善的建构"的一章中（QC 第10章）。他说"善"不是自主的实体，独立于人类的境遇而存在，像一颗未被发现的行星一样等着我们找到它。相反，说"X 是善的"或"一个人应当做 X"是为了应对具体特定境遇来达到特定目的的建构性提议。

借助这个主题，我们又回到了杜威的演化论。价值只是我们生活中的一个调节机制，让我们指导我们的行为以达成最好的结果。而且，正像演化论表明的，有机体生活中的所有模式都是可以改变的，所以，不存在具有无尽价值的固定目的，它们只是满足我们偶然具有的具体需要的方式而已。既然我们生活在一个变化的世界中，并且随之而变化，因而总是有可能在未来的某个时候我们将不得不修正我们的价值评估。

这导致了杜威的手段目的连续体的思想。任何手段自身都可以被评价为目的，我们达到的任何目的都可以成为未来目的的手段。归根到底，不存在目的自身；除了寻求更好的手段以达到不断增长的目的这一正在进行的过程之外，没有任何东西有内在价值：

> 诚实、勤奋、节制、正义，像健康、财富和学识一样，它们是要获得的善，不是因为它们仿佛表达了要达到的恒定目的。它们是经验性质变化的方向。成长自身是唯一的道德"目的"。（RP 177）

想一想

30.6 康德道德理论强调我们的道德责任是普遍、绝对和不变的（见第22章）。杜威的伦理学理论与这一进路有何不同？一个人遵循两种伦理学理论中的这一种或哪一种会给道德造成什么实践影响？

教育、社会哲学与宗教

像所有伟大的思想体系（例如，柏拉图的、亚里士多德的和黑格尔的）一样，杜威的哲学有吸引力是因为它有能力阐明人类经验的所有领域。例如，杜威的观点对美国教育有巨大影响。在他的时代，构成教育的是对大量的事实信息和历史经典的死记硬背。然而，杜威说，教育应当是帮助学生发展有效的解决问题的方法和社会互动的技能。因此，重点在于过程而不是内容，在于通过做去学。像苏格拉底一样，杜威说，教师的角色不是提供信息，而是把学生带向自己发现真理。

杜威的实用主义对社会哲学也有很大影响。和皮尔士一样，他相信探究不可能是个体的、主观的计划，而是主要作为共同体的努力而成功。科学只有在自由交流、自由行动和包容尽可能多观点的相互对话的背景下才能成功。在一个建立在最广义的科学原则之上的社会中，这种结构将是有价值的。因而，对美国的由自由、参与和包容主导的民主理想，杜威给出了一个实用主义辩护。而且，指导着他全部思想的生物有机体模型蕴含着，整个有机体的健康与它各部分的健康密切相关。因此，他的教育哲学支持着他的社会哲学，因为社会需要并且有责任帮助每个成员成为一个变化世界中的有效的决定者。

最后，在1934年的一本名为"共同的信仰"的书中，对于人类经验中的宗教维度，杜威发展了一种实用主义进路。他说，我们的时代由两个敌对阵营构成——那些接受某种传统宗教的人（每个人都宣称他们的宗教是"真"宗教），和那些反宗教的世俗主义者。二者共同相信宗教等同于超自然主义。然而，杜威论证了经验的宗教性质的重要性，同时主张它可以摆脱一切超自然主义的累赘。"宗教的"这个形容词可以应用于任何这样的经验，自我在其中被引向超越个人狭隘关切的理想。因此，我们可以在审美、科学和道德经验以及友谊和爱等关系中，遭遇生活的宗教维度。杜威的自然主义信仰保留了上帝这个词，用以指实际世界和我们寻求在其中实现的理想之间的积极关系。以这种方式，他希望跳出狭隘的宗派主义划分，迈向一种既保留了宗教精神，又与科学协调，并且是所有人共有的"共同的信仰"的观点。

实用主义的意义

皮尔士、詹姆士和杜威,忠实于实用主义精神,不会主张他们的著作完成了哲学的任务,而是会主张他们只是提供了迈向这一目标的方法。那么根据实用主义,什么是哲学的目标?在表达评估他的哲学和任何其他哲学的决定性检验方法时,杜威对它做了很好的总结:

> 对于任何提供给我们的哲学的价值,有……一个最好的检验:它是否得出这样的结论,当这些结论被付诸日常经验及其困境中时,使得这些经验和困境更有意义,对于我们更明晰,并且使我们对它们的处理更有成果?(EN 9—10)

当代联系 30:实用主义

当代思想的各个领域都能感受到实用主义的影响。在许多哲学后来者中,它仍然是一个活跃的运动。在本书讨论的哲学家中,与实用主义联系密切的有 W. V. O. 蒯因和理查德·罗蒂(见第 33 章)。其他还有苏珊·哈克、希拉里·普特南和科内尔·韦斯特。某些非常接近这一传统但把他们自己和古典实用主义区分开来的哲学家喜欢"新实用主义"这个标签。

后现代主义被认为与真理是不断变化的并且是相对于特殊历史和社会背景的这一实用主义思想关系密切。他们还接受这一实用主义思想,即观念的生命不超出我们的特殊计划,它们的目的是指导行动而不是给我们一个关于世界的真实报道。

特别是,实用主义已经对科学哲学产生了影响。因为认识论上的理由,某些哲学家已经质疑,科学是否能给我们关于世界的能被精确地证实的理论。因此,取代对科学理论是否为真的讨论,他们偏好杜威的"得到保证的可断言性"思想的某种版本。因而,科学被看作对符合数据资料、内在具有一致性、导致进一步成功研究的概念模式或理论的寻求。然而,根据这一实用主义解释,在科学中经常存在达成我们目标的若干竞争性理论。即使对那些不把自己看作实用主义者的哲学家,实用主义的主要洞见也被整合进很多当代哲学之中,特别是在北美和英国。

理解题

1. 实用主义者和理性主义者分歧的要点是什么?实用主义者与传统经验主义者的差异是什么?
2. 实用主义者在什么方面同意又在什么方面不同意康德的观点?他们在什么方面同意又在什么方面不同意黑格尔的观点?
3. 根据皮尔士,信念和行动之间的关系是什么?
4. 皮尔士为什么拒斥笛卡尔的怀疑方法?
5. 根据皮尔士,什么是达到信念的四种方法?他认为我们应该用哪种方法?为什么?他分别怎样批评另外三种方法?
6. 什么是皮尔士的意义理论?
7. 皮尔士的真理论是怎样的?它以何种方式同时提供了一种实在论?

8. 什么是可错论？为什么皮尔士认为我们对它的信奉是很重要的？
9. 詹姆士和皮尔士的实用主义之间有何不同？
10. 真理的实用主义检验和真理的实用主义定义之间有何不同？什么是詹姆士的真理论？
11. 詹姆士对一个人的信念的主观正当性的论证是什么？
12. 詹姆士如何根据实用主义进行论证？
13. 詹姆士与 W. K. 克利福德关于信仰的进路的争论是什么？
14. 根据詹姆士，在什么条件下一个人的宗教信仰是正当的？
15. 杜威把什么作为他的哲学任务？
16. 杜威为什么把他的哲学称为"工具主义"？
17. 什么是杜威的探究理论？
18. 杜威为什么要避开"真理"这个词？他用什么措辞来取代它？
19. 根据杜威，事实与价值的关系是什么？这对伦理学有何影响？
20. 在杜威的哲学中，实用主义对教育、社会哲学和宗教分别意味着什么？
21. 根据杜威，评价一个哲学的标准是什么？

思考题

1. 在皮尔士实在论的前提下，他为什么会拒斥以下两种主张？（a）"实在是任何我相信如此的东西"和（b）"我们永远不可能认识实在"。
2. 有人假设詹姆士主张我们有权相信任何我们乐于相信的东西。你认为这是正确的吗？詹姆士会如何认为这一对他立场的陈述？
3. 杜威为什么认为做出一个伦理决定与一个科学家检验一个假设的方法类似？这种伦理进路的强项和弱点是什么？

注释

[1] 约翰·杜威，《美国实用主义的发展》（"The Development of American Pragmatism"），载于《哲学与文明》（*Philosophy and Civilization*, New York: Putnam's, 1931），第 24—25 页。

[2] 皮尔士著作的标注根据的是以下版本的节号：

CP 《皮尔士文集》（*The Collected Papers of Charles Sanders Peirce*），8 卷本，第 1—6 卷，查尔斯·哈茨霍恩（Charles Hartshorne）和保罗·韦斯（Paul Weiss）编；第 7 卷和第 8 卷，阿瑟·W. 伯克斯（Arthur W. Burks）编（Cambridge, MA: Harvard University Press, 1931—1958）。

FB 《信念的确定》（"The Fixation of Belief"），载于《皮尔士文集》，第 5 卷。

HMIC 《如何使我们的观念清晰》（"How to Make Our Ideas Clear"），载于《皮尔士文集》，第 5 卷。

SCFI 《四种不能的某些后果》（"Some Consequences of Four Incapacities"），载于《皮尔士文集》，第 5 卷。

WPI 《实用主义是什么》（"What Pragmatism Is"），载于《皮尔士文集》，第 5 卷。

[3] 杜威，《美国实用主义的发展》，第 21 页。

[4] 威廉·詹姆士著作的标注根据页码。文中使用的缩写如下：

APU 《多元的宇宙》（*A Pluralistic Universe*, New York: Longmans, Green, 1916）。

DD 《决定论的两难》（"The Dilemma of Determinism"），载于威廉·詹姆士，《实用主义论文集》（*Essays in Pragmatism*），奥尔伯里·卡斯特尔（Alburey Castell）编（New York: Hafner Press, Macmillan, 1948）。

MT 《意义与真理："实用主义"续编》（*Meaning*

and Truth: A Sequel to "Pragmatism", New York: McKay, 1909; 重印，Westport, CT: Greenwood Press, 1968）。

P 《实用主义：一些旧思想方法的新名称》（Pragmatism: A New Name for Some Old Ways of Thinking, New York: Longmans, Green, 1947）。

WB 《信仰的意志》（"The will to Believe"），载于《实用主义论文集》。

[5] 《威廉·詹姆士书信集》（The Letters of William James），亨利·詹姆士（Henry James）编（Boston: Atlantic Monthly Press, 1920），1: 147—148。

[6] W. K. 克利福德（W. K. Clifford），《信仰的伦理学》（"The Ethics of Belief"），引自威廉·詹姆士，《信仰的意志》，第 93 页。

[7] 约翰·杜威的书的标注根据它们的页码并使用以下缩写：

DAP 《美国实用主义的发展》，载于《哲学与文明》（New York: Putnam's, 1931）。

EN 《经验与自然》（Experience and Nature），第 2 版（LaSalle, IL: Open Court, 1929）。

HNC 《人性与行为》（Human Nature and Conduct, New York: The Modern Library, 1922）。

HWT 《我们怎样思维》（How We Think, Boston: Heath, 1933）。

LTI 《逻辑：探究的理论》（Logic: The Theory of Inquiry, New York: Holt, Rinehart & Winston, 1938）。

QC 《追求确定性》（The Quest for Certainty, New York: Capricorn Books，1929）。

RP 《哲学的改造》（Reconstruction in Philosophy），增补版（Boston: Beacon Press, 1948）。

第 31 章

分析哲学与语言学转向

转向语言与分析

从 20 世纪前期并一直持续至今,一群哲学家围绕着这样一个信念联合起来,即澄清语言即使不是哲学唯一的任务,也是最迫切的任务。这个运动被称为**分析哲学**(analytic philosophy)或**语言分析哲学**(linguistic philosophy)。这些标签标志着这样一个事实,这个运动中的这些哲学家尽管有分歧,但都相信分析是哲学的正确方法,而语言是哲学的首要主题。哲学中的这一"语言学转向"至少有两个理由。首先,这些哲学家感到科学接管了前期被哲学占据的许多领域。他们说,形而上学的问题被物理学所继承,而那些认识论和心灵哲学问题现在由生理学和心理学来回答,对社会哲学和政治哲学的关切,最好留给社会学和政治科学。如果获取关于我们世界的知识的任务被科学所接管,那么留给哲学的工作就只有澄清语言的意义。就像分析运动的一个早期成员莫里茨·石里克所表达的:"科学应该被定义为'追寻真理',而哲学应该被定义为'追寻意义'。"[1] 第二,新的、更有力的逻辑方法在 20 世纪已经得到发展,有望给某些老的哲学陈述以新的阐明。利用这些逻辑技术,貌似有意义的命题但实际是模糊的、歧义的、误导的或无意义的表达式,可以通过仔细的分析加以揭示和消除。

虽然分析哲学家提出了很多不同的语言理论和攻克哲学问题的方法,但他们都信奉三个基本学说:(1)哲学谜团、问题和矛盾不是存在于世界中,而是存在于我们关于世界的言说中;(2)可以通过分析或者改变语言工作的方式,来澄清并进而解决或消解哲学问题;(3)如果任何问题用这种方法仍未解决,那么它们是伪问题,因而不值得操心。

分析哲学可以划分为五个阶段或五个运动。[2] 第一个阶段是早期实在论和分析哲学,由 G. E. 摩尔和早期的伯特兰·罗素引入。他们反对黑格尔主义的宏大形而上学,并把英国哲学带回到通过对特殊命题的逐个分析来寻求明晰性。

第二个阶段,逻辑原子主义哲学,它通过罗素 1914 年到 1919 年的工作和路德维希·维特根斯坦以《逻辑哲学论》(1921)为代表的早期工作得以发展。在这期间,罗素和维特根斯坦认为,哲学的任务是构造一种逻辑上完善的语言,它的句法将反映世界的形而上学结构。通过将新的技术应用于逻辑,他们希望发现基本的、"原子主义的"语言单位，这些单位对应于世界的组成单位。

第三个阶段，是兴起于20世纪20年代和20世纪30年代早期的逻辑实证主义。这一广泛盛行的运动囊括了许多重要的思想家。像逻辑原子主义一样，这些哲学家力图构造逻辑上完善的语言。然而，在这两个运动中，虽然逻辑原子论把形而上学作为他们的关切之一，逻辑实证主义者却主张形而上学陈述没有意义。因此，他们理想的语言是能够清楚地表述科学和逻辑真理，而不能表达任何形而上学主张。

分析哲学的第四个阶段可以叫作日常语言分析哲学：维特根斯坦模式。这个运动产生于维特根斯坦在他的后期采取的激烈转向。因为否认第二阶段和第三阶段的假设，包括他自己的工作，他现在认为不存在逻辑上完善的语言这种东西。日常语言现在被说成是事实上完全充分的。而哲学问题产生于哲学家对语言如何起作用发生混淆并因而陷入伪问题的纠缠之中的时候。分析哲学这一阶段的独特特征是，维特根斯坦认为，语言分析家，像治疗师一样，仅仅是"治愈"哲学家的失常。哲学问题不是被解决了，而是借助更加仔细地查看语言如何工作而被消解。一旦做到这一点，就不再需要哲学。

第五个阶段，我们将称为日常语言分析哲学：概念分析。它由吉尔伯特·赖尔和约翰·奥斯汀这样的思想家开创。他们和其他分析运动的继承者把维特根斯坦的语言"疗法"转变为一种研究哲学的积极方法。与维特根斯坦不同，他们不把语言分析看作仅仅是治疗哲学家的哲学病症的方法。相反，他们致力于系统探索传统的哲学主题，把日常语言用作绘制我们语言概念地形图的指南。

伯特兰·罗素

罗素生平：数学家、哲学家与变革者

伯特兰·罗素（Bertrand Russell，1872—1970）出生于一个英国贵族家庭。（他在1931年继承了罗素伯爵的头衔。）按罗素的表达，他"在尽可能非宗教的意义上"是约翰·斯图尔特·密尔的教子。他的父母在他3岁时去世，尽管他们是思想自由的人，但罗素最终是由他强烈信仰宗教的祖母抚养大的。当他十几岁的时候，对于有神论在理智上是否可信，他产生了强烈的困惑，并且在18岁时抛弃了它。在他的余生中，他直言不讳地批评一切形式的宗教信仰。他在剑桥大学学习数学和哲学，接着成了三一学院的哲学讲师。罗素毫不隐晦地表达他的思想，他离经叛道的、自由主义的观点在他所到之处都引起纷扰。由于他在政治和性道德上充满争议的观点，他从两个学术职位上被解雇。他的对抗性政治抗议也使他几次入狱。甚至在89岁高龄时，他依旧精力旺盛，并且因为在伦敦领导了一场反对核武器的抗议活动而入狱。

尽管遭遇了这些麻烦，因为他在逻辑和哲学上的开创工作，罗素依旧是一个受尊敬的国际性人物。虽然他在英国和美国短暂地占有学术职位，但在一生中的大部分时间，他都靠写作和公开讲座支持他的生活。在他漫长的一生中，罗素获得了很多显耀的荣誉，其中包括 1950 年的诺贝尔文学奖。除了数量众多的文章外，他写了超过 9 本书，既有学术的，也有通俗的，主题非常广泛。罗素死于 1970 年，差两年就活了一个世纪。

背景：背叛黑格尔主义

英国唯心主义

在罗素的学生时代，黑格尔主义的一种形式，名为英国唯心主义，是当时盛行的正统学说。这种观点最著名的两个代言人是 F. H. 布拉德雷（F. H. Bradley）和 J. M. E. 麦克塔格特（J. M. E. McTaggart）。在剑桥大学读书时，罗素热情地阅读了布拉德雷的书，听了麦克塔格特的讲座。他们的哲学的迷人图景使得罗素本人成了一位黑格尔主义者。这些唯心主义者教授一种形式的一元论，其中，实在被看作一个单一、永恒、无所不包的体验性在者（一种黑格尔绝对精神的世俗形式）。故此，没有殊相自身可以单独被理解，因为任何东西都不过是整体的一个方面。最终，罗素认识到这与数学原则相矛盾，在数学中，我们首先研究分离的基本单位，然后研究它们与其他单位的关系。因而，他叛离了黑格尔哲学并断言实在是根本上独立的特殊东西的多元复合体。

G. E. 摩尔

在他对黑格尔的反叛中，得到了他的同学 G. E. 摩尔（G. E. Moore，1873—1958）的支持。摩尔被英国唯心主义者背离常识的方式所烦扰。他们主张，特殊的物理对象不是实在的，而只是显象，没有任何东西不与心灵相联系而存在，时间是不实在的。在反抗唯心主义者时，摩尔和罗素赞同一种形式的**实在论**（realism），它断言，实在的组成部分自身存在，独立于它们与心灵的关系，时间是实在的，并且事物可以不依赖它们与任何其他东西的关系而被认识。在他们的早期，他们的实在论某种程度上是柏拉图主义的，因为他们相信在整个实在中不仅有诸如心灵对象和物质对象这样的特殊事物，也有红性、数和相等性这样的共相。

在回应唯心主义者时，摩尔发展了一种新方法来分析哲学问题和回答的意义。基本概念和表达这些概念的语言意义产生于常识和日常语言，这一信念指导着他的方法。他相信，大多数哲学困惑是哲学家以怪异的方式使用概念和词项的结果。

他的著名分析之一，已经成为伦理学理论的一个重要立场，在其中，他考察了善性这一概念。他论证说，善是不可定义的概念（在与"黄"不能给予纯粹语词定义相同的意义上）。善是一个属性，不能还原为任何诸如快乐或可欲性这类非伦理的自然属性，而只能通过理智直觉才能认识。他论证说，试图把伦理学主张还原为事实的、经验的主张是犯了一个逻辑错误，他称之为**自然主义谬误**（naturalistic fallacy）。

摩尔坚持寻求清晰性和他对哲学命题意义的详细解剖和分析，为他之后的分析哲学提供了一个模型。特别是，摩尔对日常语言的诉求对分析哲学后期阶段的发展产生了重大影响。尽管摩尔和罗素一开始都是黑格尔主义者，后来转向反黑格尔主义实在论，但他们的哲学兴趣逐渐分道扬镳。摩尔继续致力于逐一分析令人困惑的哲学陈述，而罗素则试图大规模地改造我们言说和思考实在的方式。

罗素的任务：发展逻辑上完善的语言

罗素告诉我们，在他的生命中"一直全心关注的事"是，"发现有多少事我们可以说自己知道，以及在多大程度上确定无疑。"[3] "我想要确定性的程度就如同人们想要宗教信仰。"[4] 相应地，罗素并不看重在他的思考中达成定局，而是看重正确。因此，他是他自己最尖锐的批评者，在他的整个一生中，他不断修正和抛弃他先前大力捍卫的立场。

在逻辑和数学上，罗素是20世纪最伟大的心灵之一，而他的整个哲学都反映了他在这些学科中所做的工作。对罗素来说特别重要的是，他和阿尔弗雷德·诺斯·怀特海一起在数学基础和逻辑方面所做的开创性工作。他们一起写了3卷本的现代逻辑经典《数学原理》，出版于1910年至1913年。这部著作展示了整个数学可以还原为一组基本的逻辑陈述，这组陈述中，数并不出现。这一卓越的发现充当了罗素的整个哲学方案的关键，因为他不断试图表明，复杂的东西可以还原为基本单位的集合。

贯穿罗素一生大部分时间的核心假设是语言的本性和形而上学真理之间存在必然联系。既然语言能描述世界和表达关于世界的真命题，那么，他论证说，一定存在着语言的逻辑结构和实在的必然结构之间的某种对应。虽然后来的分析家会坚决地反形而上学，但是罗素热切地相信他提出的新的、强有力的现代逻辑工具会让我们最终把形而上学置于一个健全的基础之上。

罗素的逻辑原子主义

罗素称他的哲学观点为**逻辑原子主义**（logical atomism）。这个标签表达了他这样的信念，即语言的逻辑分析将会表明它是由数量相对较小的诸多不可还原的"原子式的"语言单位构成，这些单位必然地对应着世界中的单位。和所有分析哲学家一样，他最初确信许多哲学混乱来自对我们日常语言的混淆。

罗素的考虑可以用一个例子来说明。考虑如下论证：

(1a) 我的厨房里有一团火。
(2a) 我的厨房在我的房子里。
(3a) 因而，我的房子里有一团火。

现在把上述论证和这个相比较：
(1b) 我的脚上有一点疼。
(2b) 我的脚在我的鞋子里。
(3b) 因而，我的鞋子里有一点疼。[5]

第一个例子中似乎没有问题。但在第二个论证中，有什么东西出错了。虽然第二个论证是有效的，并且它的前提也相对没有问题，但结论(3b)按字面解释是荒谬的。既然两个论证中对应的陈述似乎语法相同，那么问题的根源是什么？罗素会说，问题在于，日常语言的句法不代表陈述真正的逻辑形式。虽然(1a)和(1b)在语法上相似，但它们在逻辑上非常不同。火在厨房"中"是明显的空间概念，导致了(3a)中的结论。然而，疼在我的脚"上"并不把这个属性转移给我的鞋这个更大的空间背景。

根据罗素，任务是用一种理想语言重述日常语言陈述，这种理想语言的句法在逻辑上是精确的。这种理想语言服务于两个目的：

首先，防止从语言的本性到世界的本性的荒谬推导，它们的荒谬是因为它们依赖语言的逻辑缺陷；第二，通过探究为了避免矛盾逻辑对语言有何要求，来间接表明我们可以合理地假设世界具有何种结构。[6]

以这种方式，一种逻辑上的理想语言将在形而上学中既防止问题又解决问题。

在罗素语言理论的开始，他假设语言的首要功能是表现事实。因此，一个命题如果与事实相对应就是真的，否则就是假的。需要的是一种改进的语言，它能清楚地展示这种对应关系。

在一种逻辑上完善的语言中，命题中的语词与事实的组成部分一一对应，"或者""不""如果""那么"这样的语词除外，它们有不同的功能。[7]

这种对应关系通过两个平行的活动揭示出来：把复合命题分析为最简单的成分（称为"原子命题"）和类似地把事实分析为它们最简单的成分（他称为"原子事实"）。[*]

一个原子命题把一个简单属性归于一个个体，或断言两个或更多的个体之间有某种关系。这两种情形的例子是"这是红的"和"这个比那个高"。原子命题可以被结合起来形成复合命题，称为分子命题。这些复合体是通过使用诸如"并且""或者""并非""如果……那么"这样的逻辑算子产生的。分子命题的一个例子是："这是红的而那是蓝的。"然而，罗素相信没有复合事实或分子事实，使得这个陈述为真的条件是两个原子事实，即第一个东西是红的和第二个东西是蓝的。罗素认为，这种分析给我们提供了任何有意义的语言的逻辑骨架。英语、德语和任何其他日常语言都是这种逻辑上精确的语言的不完善和混沌的版本。

这整个似乎非常简单明了。然而，罗素的语言理论包裹着很多形而上学意蕴。既然原子命题的真假相互独立，那么它们所描述的世界必然由完全独立、离散的实体构成。因此，我们不能从一个事实逻辑地推出另一个事实。而且，既然世界的内容没有逻辑必然性，一个特殊陈述是否有对应的事实就完全是由科学观察来决定的经验问题。所以，尽管语言的逻辑结构给我们提供了世界的逻辑形式，这种形而上学却不能告诉我们什么特殊事物是存在的。这只能通过诉诸经验才能达成。如我们将看到的，罗素越是试图弄清我们实际能知道何种事实，他的立场就变得越激进。

语言如何与世界相联系

目前，对于罗素认为语言和世界如何构成，我们有了一个总体概观。然而，关于如何决定一个命题的意义，我们还需要更多说明。罗素的意义理论遵循两个基本原则。第一，罗素相信每个语词都有意义：它所指称的实体。这常常被称为"意义的指

---

[*] 在提及"原子事实"时，罗素不是在谈论任何与核物理有关的事情。相反，他谈论一切在逻辑上和形而上学上基本的东西。正如我们将看到的，罗素的立场蕴含着，即使物理学提出的基本粒子概念（电子、原子核等）实际上也是从我们经验中的元素构造出来的，这些元素在逻辑上、认识论上和形而上学上更为原始。

称论"或"意义命名论"。*第二，意义的这种定义蕴含着"如果我们能理解一个语句的意思是什么，那么它必定由这样的语词构成，这些语词指称着我们亲知的，或者可以用这样的语词来定义的事物"。[8] 直接指称我们亲知的特殊实体的语词是"逻辑专名"。既然我们不能进一步分析一个原子命题，那么它必定描述了世界中的一个特殊事实，因而一个原子命题的主词一定是一个逻辑专名。你可能假设你最好的朋友的名字是一个专名，因为你亲知这个人。然而，罗素提出了一个惊人的主张，即在严格的逻辑含义上，你并不直接亲知你最好的朋友，也不亲知你熟悉的物理对象，例如你最喜欢的椅子。你用来指称你的朋友和你的椅子的那些词项，实际上不是专名或指谓词项，而是对感觉材料的复杂系统的描述。为了澄清这个令人迷惑的概念，让我们看看罗素对逻辑构造的解释。

罗素的逻辑构造论

罗素信奉被称为奥卡姆剃刀（得名于那个14世纪的逻辑学家）的方法论原则。这个原则建议我们，"如无必要，不要增加解释性实体"。换言之，"让你的解释尽可能简单"。如罗素所说：

> 我总是希望进行哲学研究时使用尽可能小的装置，部分理由是……你假设的实体越少，你出错的风险就越小。[9]

罗素的哲学发展就是不断努力寻找世界的元素，它们绝对简单和根本，并且可以在对它们的直接亲知的基础上确定地认识。这些我们直接亲知的殊相是罗素所称的"硬材料（hard data）"。问题是，我们的大量信念都关涉"软材料（soft data）"，即推断出的实体。罗素的任务就是，表明大量的软材料可以重新解释为由不可还原的硬材料构造而成。为达到这个目标，他表述了另一个方法论原则："在一切可能的情况下，用逻辑构造代替推断的实体。"[10]

考虑你对椅子的经验。一把椅子作为一系列色块出现在你的视域中，它们的大小和形状随着你观看椅子的角度和距离而变化。每一个你在特定时刻经验到的个别的、特殊的感觉材料是一个硬材料，因为你不能怀疑直接向你显现的是一系列某种颜色的方形块。然而，由于心理习惯并且为了特定目的，你把这些特定的色块组合在一起，当作你称为"椅子"的一个类的一部分。这并不是你有意识地做的事，但是，如果罗素的原子经验主义是正确的，那么这就是你实际上做的事。

罗素认为，以这种方式，科学和日常经验可以设置在坚实的基础上。不像17世纪经验主义者约翰·洛克那样，让椅子这个词用来指称外在于经验的推断出的实体，相反，罗素把椅子这个词还原为一个指称"硬材料"（即我们直接经验的感觉材料）集合的类别词项。罗素并不否认可以存在一个在一切显象背后的"椅子实体"，他只是下结论说，我们不可能知道它，也不需要提出它来使得椅子这个词有意义。如果"椅子"的观念是我们直接经验材料的逻辑构造，那么诸如电子和质子这样的科学对象是逻辑构造就更加显然。当然，同样的分析适用于你对你朋友的经验。朋友的名字实际上是你联系到他的感觉材料集合的类别词项。

---

* 虽然这个意义理论诉诸常识，但它是有争议的。我们在本章后面要遇到的日常语言分析哲学家主张，对意义的这种说明不充分。

当最初开始构建这些思想的时候，罗素认为，我们直接经验三类事物：特殊的感觉材料、共相和我们自己。然而，他渐渐怀疑我们有自我的直接知识，并且主张，它也是经验的特殊感觉材料的逻辑构造。在他的后期著作中，罗素承认的唯一逻辑专名是"这"这个词。因此，像"这是红色的"这样的命题，当说出它时指称特定的感觉材料，就是我们关于世界可以做出的唯一一种可靠的主张。为了防止有人认为"这"指称某种形而上学实体，他喜欢把"这是红色的"陈述为"红色在这里"。

对经验的这种解释——聚合起来归于像"椅子"这种类名词之下的感觉材料之流——不像是日常生活或科学的充分基础。如果我们没有断言存在持续的物理对象或相信因果关系的基础，我们如何能从感觉材料做出推断和预测？既然逻辑原子主义否认事实之间存在必然联系，我们将不能做出关于世界中任何事物的演绎推论。然而，罗素说，我们可以从我们的经验做出谨慎的非演绎推论。因而，他试验性地提出了五个公设，为科学和实践生活提供最低限度的根基。可以通过引用其中一条公设，"准恒久公设"来显示他这些公设的性质。他说，我们可以用这条公设"以一种不涉及'实体'概念的方式，来代替'事物'或'人'的日常观念"。这条公设说：

> 对任何事件A，它的发生非常频繁，以至在任何相邻的时间，在某个相邻地点存在一个与A非常相似的事件。[11]

因此，如果某一时刻一个椅子般的或人一般的显象呈现给我，我可以合理地期待下一个时刻出现"非常相似"的经验而不必诉诸一个物理实体。但我们仍然可以问，这些公设如何证成？罗素给出的唯一回答是，它们是植根于我们的生物本性中的获得性习惯或"动物推论"。[12]

这表明，尽管他的概念装置很复杂，但当我们认真考虑罗素的立场的基础时，他并没有做出多少超出休谟怀疑论的进展。甚至更糟的是，在最终的分析中，他好像说一切都依靠主观选择：

> 如果我们要主张我们知道外部世界的任何事情，我们必须接受科学知识的标准……一个个人是否决定接受或拒绝这些标准，是纯粹的个人事务，不能给予论证。[13]

这里存在一个巨大的讽刺。罗素以对绝对确定性的笛卡尔式寻求开始，但最终我们关于世界所能知道的不过是像"红色在这里"这样贫乏的真理。要超出这个层次，我们必须信任科学知识的标准，但这要求一种克尔凯郭尔式的信仰跳跃，"接受或拒绝这些标准的个人决定"。

罗素说，在他生涯的开端，他曾希望在哲学中发现一种在理智上和情感上都令人满意的东西来代替宗教。然而，在他71岁时，他下结论说："我的理智之旅，在某些方面，已经令人失望。"[14] 即使罗素的哲学没有达成他希望它们达成的一切，他的贡献仍然是巨大的。特别是在逻辑领域，罗素扩展和磨利了我们最重要的哲学工具之一。

逻辑原子主义者把形而上学理论建基于语言分析的努力存在的困难，使得后来的分析哲学家放低了他们的眼光，不再期待哲学告诉我们任何关于终极实在的内容或提供生命的意义。取而代之的是，他们让哲学致力于一个谦卑得多的任务，即澄清我们用来谈论世界的表达式。逻辑实证主义，分析哲学的第三阶段，代表了哲学中的这一接受了教训之后的反形而上学转向。

> **想一想**
> 31.1　你认为可能构造出一种像罗素假定的那样逻辑完善的语言吗？为什么可能或为什么不可能？逻辑完善的语言会像什么样子？你是否认为罗素的逻辑构造论是达成这一目标的最佳方式？

在20世纪20年代和20世纪30年代早期，一群哲学家把寻求科学基础上的实证知识作为自己的使命，这很像奥古斯特·孔德在一个世纪之前的作为。他们称自己的立场为**逻辑实证主义**（或者也叫逻辑经验主义），以把他们的具体哲学计划区别于早期的实证主义。他们同时表明逻辑分析是他们方法的核心。这一运动起源于一个叫维也纳学派的群体。其中最有影响的成员是鲁道夫·卡尔纳普、奥托·纽拉特、赫伯特·费格尔、弗里德里希·魏斯曼和库尔特·哥德尔。A. J. 艾耶尔参加了他们的很多会议，并在他的经典著作《语言、真理与逻辑》中把逻辑实证主义介绍到英国。汉斯·赖欣巴哈在柏林领导了一个相似的团体。他们在一个健全的逻辑和科学的基础上重建哲学的目标非常有吸引力。因为他们在国际会议上和通过出版物大力推进他们的哲学，使得逻辑实证主义成为了一个遍及欧洲大部分地区的国际运动并且在英语国家中变得十分强大。

逻辑实证主义受到伯特兰·罗素和路德维希·维特根斯坦的逻辑原子主义的强烈影响。虽然不同意逻辑原子主义的某些细节，但实证主义者推进了关于逻辑上完善的语言的见解，并试图将词项的意义固定在不可还原的感觉材料上。他们还受大卫·休谟经验主义的影响并寻求提供它的升级版。虽然他们与他们的许多同时代人一道抨击形而上学体系，诸如黑格尔的体系，但是他们认为，哲学需要更强大的逻辑炮火来一劳永逸地消灭形而上学。

逻辑实证主义者有三大目标：（1）发展逻辑上充分的可以提供语言意义标准的语言理论，（2）使用这一标准筛选出有意义的科学陈述和无意义的形而上学陈述，以及（3）使用这一语言理论着手建立科学的认识论和逻辑基础。

逻辑实证主义的精神体现在休谟的著名陈述中：

如果这些原则说服了我们，当我们巡视图书馆时，我们必定会造成怎样的浩劫？如果我们拿起任何一本书——例如，神学的或经院形而上学的书——让我们问，它包含着任何关于数或量的抽象推理吗？没有。它包含着任何关于实际的事情或存在的经验推理吗？没有。那么把它付之一炬吧：因为除了诡辩和幻想，它不会包含任何东西。[15]

像休谟一样，逻辑实证主义者相信真正的知识都归属于科学的两个领地：（1）逻辑和数学这些形式科学和（2）经验科学。第一种知识表达在所谓分析命题中。这种陈述的真假建立在语言的逻辑形式或语词定义的基础上。"所有柠檬都是柠檬"，"2＋2＝4"，以及"所有单身汉都是未婚的"是真的分析命题的例子。维特根斯坦称这样的陈述是**重言式**（tautology）。*一个假的分析陈述，诸如"约翰是个已婚的单身汉"，由它包含矛盾这一点来确认。既然重言式总是为真，矛盾式总是为假，不论实际情形如何，分析陈述都不给我们任何关于世界是怎么样的

---

* 这样的陈述表达了休谟所称的"观念的关系"和康德所称的"先天分析判断"。然而，康德对数学的陈述有不同的处理，主张它们属于"先天综合判断"这个类别。休谟和逻辑实证主义者都不承认存在这样一个范畴。

实际知识。

陈述的第二个范畴是经验陈述。*诸如"柠檬是黄的"或"太阳从东方升起"这样的陈述是真的经验陈述。相反,"月亮是用绿色奶油做的"是一个有意义的经验陈述,尽管它是假的。当然,不像分析陈述,关于世界是怎样的,真的和假的经验陈述都提出了主张。既然唯有分析陈述和经验陈述是有意义的陈述,那么,任何不属于这个范畴的陈述就不只是假的,也不仅仅是不可知的,它是无意义的。柏拉图的形而上学主张"在个体的人之外存在着非物理的人性之相"就像以下的胡言乱语一样没有意义:"7这个数是圣洁的吗?"或"偶数和奇数哪一个更美?"

可证实性原则

逻辑和语言的规则给了我们清晰明确的方法来决定分析陈述的意义。然而,要实行他们的方案,逻辑实证主义者还需要一个确定的方法将有意义的经验陈述和无意义的伪陈述分离开来。因而,他们提出了**可证实性原则**(verifiability principle),并且这一意义标准成了他们方案的核心标志。注意,他们并没有试图决定一个给定的关于世界的陈述是真是假,因为这是科学的任务。哲学的角色是决定说一个陈述有认知意义是什么意思。一个认知上有意义的陈述是提供了关于世界的信息的陈述。(如我们将看到的,他们承认可能存在非认知意义。)

可证实性原则可以这样陈述:一个事实陈述如果可以在经验中被证实,那么它是有意义的。这个原则的推论是,一个事实陈述的意义是它的证实方法。例如,假设某人宣称"外面在下雨"。这个宣称(无论真假)是有意义的,因为我可以指明证实它的具体经验。这个宣称的整个意义可以被翻译为一系列直接指称可能感觉经验的语句。这些语句有时被称为"记录语句"。在我们的例子中,这个宣称的意思可以用这样的语句表达:"如果我向窗外看,我将看到水落下来"或"如果我站在外面,我将感觉到小水滴"。

逻辑实证主义者发现在试图解决不断出现的问题时,他们自己在不断修正可证实性原则。第一,他们说,我们可能不能实际证实一个陈述,但是它要有意义就必须原则上可证实。换言之,我们必须能陈述哪种经验可算作支持或反对那个主张,即使我们不能将它提交检验。这允许历史陈述有意义,即使我们不能证实或证伪它们。例如,"尤利乌斯·凯撒在他死的那天吃了早饭"。而且,原则上可证实允许由于我们缺乏技术而不能实际证实的陈述有意义。关于未探测到的行星的陈述就是这样的例子。

第二,实证主义者最初要求,一个陈述要有事实意义,它必须能够被经验最终证实。这后来被称为"强证实"。然而,大量科学上重要的陈述不能通过这个检验。表达大范围的科学理论的陈述只得到特殊观察的间接和不完全的支持。例如,像"这块岩石正落向地球"这样的观察陈述的集合并不能证实牛顿的重力理论。还有,像"所有氧气都可燃"这样的全称陈述也不能最终证实,因为总是有可能下一个经验会造成反例。因而,逻辑证实主义者决定一个陈述能够被"弱证实"就够了。大致上,弱证实原则主张,如果经验能使一个陈述有概然性,

---

* 休谟说这些陈述表达了"实际的事情",而康德说它们表达了"后天综合判断"。

那么它在认知上有意义。逻辑实证主义者相信这一修正的版本会划出认知意义的界线,使得科学陈述被包括进来,而排除他们希望拒斥的形而上学陈述。

形而上学与神学的终结

使得逻辑实证主义者在哲学史上独具一格的地方在于,不同于形而上学先前的批评者,他们并不简单地说形而上学陈述是假的或无根据的。他们坚持,所有的形而上学陈述在原则上都是完全无意义的胡说。考虑"蓝色的观念狂怒地沉睡"这个陈述。它没有违反任何英语语法规则,但它显然是无意义的胡说。形而上学陈述是无意义的胡说没有这么明显。然而,在逻辑实证主义者的分析之下,这些陈述是无意义胡说的一种伪装形式,和关于蓝色的观念的那个陈述一样没有认知意义。为说明这一点,A. J. 艾耶尔从新黑格尔主义者 F. H. 布拉德雷那里引用了一个陈述:"绝对参与进化和发展,但自身不能进化和发展。"应用可证实性原则,艾耶尔评论说,"人们无法设想一个可以决定绝对参与还是不参与进化和发展的观察"。[16] 同样,像"一切实在都是物质的"这样的陈述超出了经验的范围,因而不真不假,只不过是伪命题。*

既然神学陈述做出关于终极实在的主张,逻辑实证主义者会说,它们也是不可证实和无意义的。例如,"存在着慈爱的上帝"这个陈述不能被翻译为任何观察陈述。宗教信徒会坚持存在慈爱的上帝,即使他们的生活充满痛苦和不可预测的悲惨不幸。这显示关于上帝的主张与我们会或不会经验什么没有任何关系。当然,可以推出,任何形而上学陈述的否定也没有经验内容。所以,"上帝不存在"这一无神论断言也是不可证实和没有意义的主张的一个例子。形而上学和神学陈述至多表达了我们对世界的一种感情。按照鲁道夫·卡尔纳普的表达,形而上学命题"像笑、抒情诗和音乐,是表达性的"。[17]

伦理学的地位

传统上,伦理学是哲学的一个重要分支。伦理学陈述做出关于人们应当做什么和何种事物具有内在价值的主张。然而,逻辑实证主义者给予了它们新的说明。实证主义者对伦理学的回应不一。莫里茨·石里克说,伦理学陈述是关于人们如何使用善这个词和一个人为什么赞同这个或那个行为的事实陈述。因此,伦理学可以被理解为心理学的一个部分。当然,如果伦理学只是一种行为科学,它就不能做出"善"应该意谓着什么的规范性宣言,也不能提供伦理规范的绝对证成。

鲁道夫·卡尔纳普和 A. J. 艾耶尔代表了实证主义阵营内关于伦理学的主流意见。他们的伦理学理论后来被称为情感主义。在他们的分析中,伦理学陈述不是能够被证实的事实主张,因而它们没有认知意义。然而,伦理学陈述的确有情感意义。它们最好被理解为以言辞的方式表达某种赞同或不赞同的态度。因此,当某人说"你偷钱是错的",这并没有做出关于偷盗的事实主张,因为没有与"道德错误"的性质相应的感觉材料。而是,当人们在道德上谴责一种偷盗行为,他们实际做的

---

* 就罗素的逻辑原子主义做出关于实在结构的主张而言,这些主张会被逻辑经验主义者的标准作为无意义的理智赘物加以拒斥。

是（1）陈述了一个事实，外加（2）表达了对它的一个情感或态度，就像"你偷了钱！——呸，嘘，哼！"卡尔纳普和艾耶尔还相信，道德主张可以被用来影响他人的态度和行为。在这种情形下，"说真话是你的道德义务"这个陈述不过意谓着"我劝你说真话。"[18]

逻辑实证主义做出的最终裁决是，哲学不可能是真理的来源。我们获得知识只能通过数学和逻辑的形式命题或者通过经验上被证实的科学观察。如卡尔纳普所说，"我们不回答哲学问题，而是拒斥一切哲学问题，不论是形而上学问题、伦理学问题，还是认识论问题。因为我们关心的只是逻辑分析"。[19]然而，哲学是澄清语言的活动，逻辑实证主义者相信，作为语言的看护者，哲学家仍然可以做出三个贡献。第一，可以让哲学家负责理智王国的"环境质量"。他们可以用可证实性检验清除理智谈论中无意义陈述的言辞污染。第二，哲学家可以做"效率专家"，通过把复杂晦涩的科学陈述分析为干净利落的直接观察陈述，使它们得到澄清。第三，哲学家可以做"组织管理者"，努力实现科学统一之梦。在此，哲学家可以使用逻辑技术表明一切科学如何可以还原为物理学这一发展最全面、基础最牢固的科学。

> **想一想**
>
> 31.2 为什么逻辑实证主义者认为使用"上帝"这个词的语句和企图做出伦理判断的语句既不真也不假，而是在认知上无意义？如何能努力让一个逻辑实证主义者相信使用"上帝""道德上善"或"道德上错误"这些词项的语句在认知上有意义并且能有真假？

逻辑实证主义的问题

如同海上漏水的船，逻辑实证主义的问题层出不穷，它的鼓吹者花了大量时间修补它的漏洞而不是实行他们的实证主义方案。首先，正如已经提到的，可证实性原则经历了许多修正。如果使得这个原则非常狭义（强证实），它将排除很大一部分科学。表达一般规律或者指称电子这类不可观察的实体的陈述无法得到最终和直接的证实。根据强证实原则，这些陈述将归类为无意义。换言之，像罗素一样，逻辑实证主义者发现，像"现在这里是红色的"这样可以最终证实的命题提供的基础过于薄弱，无法在上面建立知识。为了补救这个问题，逻辑实证主义者让这个原则比较宽泛（弱证实）。在这种版本下，关于不可观察的亚原子实体的陈述是有意义的，因为观察与评估它们的真假相关。问题是，为了保留更多的科学理论领域，弱证实原则允许某些形而上学陈述溜回来。例如，很多自然神学的论证使用关于世界的观察作为上帝可能存在的证据。因此，根据弱证实原则的标准，关于上帝、柏拉图的相和黑格尔的绝对的陈述是认知上有意义的。

第二，批评者很快让逻辑实证主义者的可证实性原则接受它自己的审判。让我们考虑可证实性原则的陈述："一个有意义的陈述要么是分析的，要么是经验上可证实的。"我们可以问，这个陈述自身是个有意义的陈述吗？它不像是一个以逻辑规则或定义为基础的分析陈述，然而，它也不像一个经验陈述。何种感觉材料可能证实它？无法逾越这个障碍，许多逻辑实证主义者被迫承认这个原则只是他们给出的关于如何使用"有意义"和"无意义"等词项的推荐。但这个回应把他们的语言理论降低为不过是个人主观偏好问题。

大约在20世纪30年代到20世纪40年代之间，逻辑实证主义失去了它的势头。作为一个运动，它已经衰亡了，虽然某些哲学家还保留着这一哲学的某些精神。他们对科学哲学的兴趣使得这一哲学领域声名鹊起。讽刺的是，他们提出的科学语言模式只是一种理想，对科学实际如何发展这一经验事实的仔细观察证伪了它。*最终，分析哲学家发现，逻辑实证主义的主要缺点是，它假定了一切有意义的语言都必须符合科学语言的模式。1959年，A. J. 艾耶尔，逻辑实证主义最著名的代表人物之一，在谈到逻辑实证主义者完成了什么时，他说：

得到最多证明的是，形而上学陈述与逻辑法则、科学假设、历史叙述、知觉判断或者其他关于"自然"界的常识描述不属于同一个范畴。当然，这得不出它们不真不假，遑论它们是无意义的胡说了。[20]

类似地，路德维希·维特根斯坦，逻辑原子主义和逻辑实证主义的指路灯，发现他原先的立场受到了误导，并且需要一种看待语言的新方式。维特根斯坦把分析哲学带入了下一个发展阶段。然而，在我们看他如何改变分析哲学进程之前，我们必须沿着他早期的思想路径，看看为什么这些思想走进了死胡同。

路德维希·维特根斯坦

维特根斯坦生平：从工程师到哲学家

路德维希·维特根斯坦（Ludwig Wittgenstein, 1889—1951）出生于维也纳一个不仅经济富有而且颇具理智和艺术才能的家庭。作曲家约翰内斯·勃拉姆斯与维特根斯坦家族是亲密的朋友并且是其家中的常客。维特根斯坦的父亲是改信新教的犹太人，但维特根斯坦本人是按他母亲信仰的罗马天主教抚养长大的。

维特根斯坦的大学教育是从曼彻斯特大学开始

的，他在那里学习工程学，并研究航空设计。当他开始对纯粹数学进而对数学的哲学基础感兴趣时，他通向工程师的工作生涯结束了。在追求这一目标时，他发现了罗素的工作，并于1912年入读剑桥大学三一学院，师从罗素。很快，罗素认识到维特根斯坦的伟大天赋，并告诉维特根斯坦的姐姐，他相信哲学的下一个伟大进步将由她弟弟造成。罗素成为维特根斯坦最亲密的朋友之一，并对他的生涯有重要影响，尽管他们在若干议题上产生了分歧。像许多伟大的天才一样，维特根斯坦是一个充满张力的人，这种张力，加上他对人格的和理智的诚实的渴求，在他一生中都折磨着他。他姐姐说，当他追求工程师的生涯时：

他突然被哲学，即对哲学问题的反思，紧紧抓

---

*见托马斯·库恩，《科学革命的结构》第二版，增补版（Chicago: University of Chicago Press, 1970）。这部经典的科学史著作，在1962年第一次出版时，就瓦解了逻辑实证主义者的科学观。

住，完全不由自主，他极其痛苦……他一生中经历的几个转折之一不期而至，撼动了他的整个生命。[21]

罗素预言的实现就来自这种张力，因为在20世纪20年代，维特根斯坦的思想响彻哲学的厅堂。然而，罗素低估了他学生的天才，因为维特根斯坦开启了不是一场而是两场哲学革命。大约在他造成对哲学的第一次冲击10年后，维特根斯坦对理智诚实的强烈要求迫使他批判那些已经使他出名的思想，并导致他绘制了一段新的哲学进程。

维特根斯坦理智生活中的这两个时期以他的两本主要著作为中心。他的早期哲学以1921年出版的《逻辑哲学论》为代表。他的后期哲学表述于1953年出版的《哲学研究》。这两本书在风格上以及哲学观和语言观上截然不同。在他的后期，当他抨击他的前期理论时，提到"《逻辑哲学论》作者的错误"就好像他在说完全不同的另一个人。虽然关于维特根斯坦早期的语言的一般进路在我们讨论逻辑原子主义时已经涉及，但是为了理解他的激进转向，我们还是必须勾勒出《逻辑哲学论》的若干特征。

早期维特根斯坦：从逻辑到神秘主义

《逻辑哲学论》的任务

《逻辑哲学论》写于维特根斯坦30岁之前。它的篇幅不到80页，由一系列简短、带编号的陈述构成。这本书的构成和主题范围极不寻常。虽然这本书的大部分是关于逻辑本性的精确陈述的集合，但最后四页却奇怪地改变了方向，由诗歌般的神秘话语构成。维特根斯坦在这个时期提出的语言分析哲学联结着罗素的逻辑原子主义和逻辑实证主义。尽管它们有差别，但所有这些哲学都围绕着三个共同方案联合在一起：（1）批判传统形而上学，（2）企图把语言还原为一系列对应于可观察事实的基本命题，和（3）企图提出一种能为语言意义划界的语言理论。就维特根斯坦而言，他的方案采取了"语言康德主义"的形式。康德试图通过将原则上可知的东西和不可知的东西区别开来为理性划界。既然维特根斯坦认为凡是可以思维的都可以言说，由此可得，可以通过决定语言的界线来设立思想的界限。这将给予我们可理解的东西的界限。

语言图像论

罗素相信，世界是原子事实的集合。用"事态"替换"原子事实"，维特根斯坦给了我们对世界的类似解释。

（1）世界是一切实然情形。
（1.1）世界是事实的总和，不是事物的总和。
　·
　·
　·
（2）实然情形——事实——是事态的存在。
（2.01）事态（事物的状态）是对象（物）的结合。[22]

与罗素的逻辑原子主义相似，维特根斯坦将语言的功能是表现世界中的事态视为当然。这被称为他的"语言图像论"：

（4.01）命题是实在的图像。命题是我们想象的实在的模型。

显然，一个命题并不给我们一种情况的空间表象。而是命题要素之间的逻辑关系表现了世界中的对象之间的逻辑关系。一个命题如果描述了世界中的一个具体的可能情况，它就有意义，否则，它就无意义。逻辑实证主义者认为，这是他们的可证实性原则的一种陈述。因而，他们错误地假定了维特根斯坦是他们的一员。然而，维特根斯坦的确至少在三点上与他们一致。第一，他主张，唯一有意义的语言是陈述事实的自然科学语言。"真命题的总和是整个自然科学"（T 4.11）。第二，维特根斯坦也同意对语言逻辑的正确理解将会排除大部分传统哲学。

> （4.003）哲学著作中存在的大部分命题和问题不是假的而是无意义的。因而，我们不能给这种问题任何回答，而只能确定它们无意义。哲学家的大部分命题和问题产生于我们未能理解我们语言的逻辑。

第三，像逻辑实证主义者一样，维特根斯坦相信，哲学并不给予我们关于实在的信息。它的工作只是消除误解，理顺我们的思想和语言。"哲学不是一堆学说，而是一种活动……哲学的结果不是哲学命题，而是命题的澄清。"（T 4.112）

维特根斯坦的神秘主义

到目前为止，《逻辑哲学论》的学说仅仅像是重复了逻辑原子主义和逻辑实证主义的主要观点，并加上一些独特的润饰。然而，使得这本著作如此迷人的是，维特根斯坦从他的立场引出的一组惊人的意蕴，以及他极端地偏离他同时代人的程度。再次追随康德的榜样，维特根斯坦说，如果我们能划一个界线，那么界线的两边都有东西存在。在有意义的语言的边界之内，只有科学语言。但是什么存在于语言的界限之外？当然，它肯定是某种不可表达的东西。实证主义者认为，不可表达的东西只能是无意义的胡说。然而，维特根斯坦相信某种超越语言界限的东西，他称之为神秘之物。"实际上，存在着不能付诸话语的东西。它们显示自身。它们是神秘的东西。"（T 6.522）

吊诡的是，《逻辑哲学论》的命题本身也是不可表达的东西。维特根斯坦得出这一结论的推理如下。他和罗素都赞同的学说是"一个命题是有意义的仅当它可以被分析为一个或多个基本命题，它们每一个都指称一个原子事实"。根据这个理论，命题和世界的关系是"指称"和"图示"关系，可以用图解如下：

命题 ⟶ 原子事实

但假定这个图是正确的，罗素和维特根斯坦的命题的地位是什么？显然，它没有做出关于世界中的特殊事实的论断。这个命题和维特根斯坦的其他表达描述的是命题和事实的关系，或更一般地说，它们主张的是语言与世界的关系。这可以图示如下：

维特根斯坦的命题
↓
语言 ⟶ 世界

问题是，根据他自己的语言理论，维特根斯坦的命题处于有意义的语言领域之外。维特根斯坦"咬紧牙关"接受了这个结论。因此，他承认：

> （6.54）我的命题以如下方式起阐明作用：任何理解我的人，当他们用它们——作为台

阶——爬到它们之上后，都最终会认识到它们是无意义的。（可以说，他爬上梯子之后就必须扔掉梯子。）

换言之，维特根斯坦的命题是试图说不可说的东西（而这也适用于罗素的理论和逻辑实证主义者的理论）。然而，这些命题是"阐明"，因为它们能触发对世界本性的洞见，即使这些洞见不可被表达。

另一个神秘的方面是伦理价值和精神价值领域。维特根斯坦说，我们不能在世界的事实中找到价值。因为世界中的一切事情都是实然的（T 6.41）。因而，对世界的感受，构成其价值的东西，必定外在于世界。它不可能是世界中的科学上可观察事实之中的又一个平凡的事实。因而，"伦理学不可言说。伦理学是超验的"（T 6.421）。稍后一点，他说：

（6.432）对更高者来说，事情是怎样的是完全无关紧要的问题。上帝不在世界中现身。

维特根斯坦用命题7终结了对神秘之物的讨论，并结束了《逻辑哲学论》，这是他最后的神谕般的陈述：

（7）对不可说的东西，我们必须保持沉默。

乍看起来，这似乎是自明之理，并且逻辑实证主义者就是这样看的。但是维特根斯坦实际上提出了一个意味深长的观点，即存在着要沉默以待的某种东西。他曾经写信给朋友论及《逻辑哲学论》："我的著作由两部分构成：呈现出的部分和我根本没有写的部分。而重要的恰恰是第二部分。"[23] 最终，通过与维特根斯坦相会，逻辑实证主义者惊骇地发现，激发了他们的反形而上学论辩的人其实不是他们的同道。维特根斯坦同意他们"冲撞语言的界限"是没有希望的，但同时他坚持"这种趋向，这种冲撞，指向了某种东西"。[24]

> **想一想**
>
> 31.3 为什么逻辑实证主义者认为在他的《逻辑哲学论》中维特根斯坦与他们的观点一致？换言之，他们有何相似之处？在何种程度上维特根斯坦不同于逻辑实证主义者？

后期维特根斯坦：转向日常语言

在《逻辑哲学论》的序言中，维特根斯坦宣称，他的结论是"无懈可击和确定的"并且他找到了"这些问题的最终解决方法"（T 5）。在表明科学陈述构成了我们可以思想和言说的一切之后——而其余的，只可显示而不可言说的东西，被留给了神秘主义——维特根斯坦下结论说，哲学的任务已经完成了。以召唤哲学沉默作为他著作的结束语后，他遵循自己的建议停止研究哲学。一开始，从1920年到1926年，他成了一个奥地利乡村小学的教师；接着，他在一个修道院当了几个月的园丁助手。之后，他花了两年时间用他的建筑技术为他的一个姐姐设计了一座房子。渐渐地，维特根斯坦开始再次思考哲学。他有一个令人烦恼的怀疑，即他的早期著作中有什么地方弄错了，他需要重新思考他的整个哲学进路。

维特根斯坦于1929年重返剑桥大学研究哲学并最终成为三一学院讲师。1930年，他开始给一群经过仔细挑选的高水平学生开非正式讲座。实际上，它们很难称为讲座，因为维特根斯坦其实是在他的学生面前出声地思考各种哲学问题，而不加注释。在这些即兴的哲学思考中，他频繁地和他的学生进行热烈的问答对话，很像苏格拉底。在他的两年教学时间里，他在他学生的内部圈子里展示他的思想，这些学生又把这些聚会的抄本在剑桥大学流传。维特根斯坦死后，这些笔记以"蓝皮书和褐皮书"（指这些打字抄本最初的封面）的名字出版。最后，维特根斯坦于1947年从教学岗位上退休，以将他的时间和精力贡献给研究。一段时间的健康状况恶化之后，他死于1951年4月29日。维特根斯坦死后两年，他后期最重要的著作《哲学研究》出版。通过维特根斯坦讲座的影响和他后期的写作，分析哲学向着一个全新的方向起飞了。

《逻辑哲学论》和《哲学研究》之间有许多引人注目的差异。首先，《逻辑哲学论》采用了一种先天的逻辑方法。早期的维特根斯坦认为，他的分析结果表明，语言必然肯定符合逻辑学家的理想。相反，《哲学研究》使用了一种经验的描述方法。他现在警告，"人们不能猜测语词如何起作用。人们必须看它如何起作用并从中学习"（PI § 340）。[25]《逻辑哲学论》有一个线性的逻辑格式，每一个命题都整齐地安放在它指定的位置上。然而，后一本书，既没有开头，也没有结尾。当你开始读它，你就被推入了一部以意识流风格展开的散乱语录中，里面是各种速写、评论、问题、描述、对话、笑话、故事和忏悔。

很容易发现维特根斯坦早期和后期著作的对立。然而，两个时期的他仍然在某种意义上与相同的问题角力，尽管是以不同的方法和前提。*在两本书中，他都关注发现合法语言的界限，并且都面对逾越这些边界而产生的问题。然而，与早期著作相比，维特根斯坦如何构想澄清语言的方法以及他关于语言界限和边界的概念都发生了很大的变化。

语言游戏

维特根斯坦在他的后一本书中做出的最重要的类比之一是语言与游戏的类比。他把这一比较表述在"语言游戏"这一概念中。他对语言游戏的隐喻做了大量运用，这里将讨论三个。第一，"语言游戏"这个词项被用来强调我们言说方式的多样性。为了让这个类比发挥作用，考虑一下许许多多的游戏种类和方式。它们的目的、规则和回应互动的行为种类各不相同。我们可能被诱惑说一切被称为"游戏"的东西一定有某种共同的东西，本质或某种定义性特质。然而，维特根斯坦说，不同种类的游戏可以在各种各样的方面相联系和相似，却没有一个它们都具有的共同特征（PI § 66）。

就像原本意义上的游戏是多样的，我们的多种言说方式（语言游戏）也并不符合一个单一的模式。维特根斯坦对这一点的反复坚持意味着对"《逻辑

---

* 据说，维特根斯坦曾说，"《逻辑哲学论》不是完全错误的。它不像一袋冒充时钟的废物，而是一个没有告诉你正确时间的时钟"。参见 G. E. M. 安斯康姆，《维特根斯坦〈逻辑哲学论〉导论》，第二版，修订版（New York: Harper & Row, Harper Torchbooks, 1959），第78页。

哲学论》作者"（维特根斯坦有时对他的早期阶段的称呼）的驳斥。早期理论假设一个词的唯一功能是命名一个对象。回应这种理论时，维特根斯坦说，我们的确在某些语言游戏中以这种方式使用语言，但是这并不是对整个语言的描述。语言的名称－对象模式和说"游戏就是在棋盘上以特定方式移动棋子"犯的错误相同。这适用于某些游戏（象棋、跳棋等），然而它显然不能描述所有的游戏（PI §3）。

与《逻辑哲学论》一维的"命名"理论相反，维特根斯坦随意给出了一个语言游戏的名单来展示它们的差异性。他包括了下命令和服从命令；描述对象的出现；猜测一个事件；讲笑话；把一种语言翻译成另一种语言；提问、道谢、诅咒、问候、祈祷（PI §23）。为了说明语言游戏相互之间的关系，维特根斯坦还使用了另一个类比。他说语言的不同使用就像"家族相似"（PI §67）。家族聚会上的成员会分享许多相似的特征，例如，眼睛的颜色、脾气、头发、面部构造和体格。然而，没有一个特征是他们所有人共同具有的。一个女儿可能有他父亲的眼睛，她母亲的头发，她姑姑的微笑。借助这个类比，维特根斯坦抨击了本质主义理论，这是柏拉图式的论点，认为事物要归为一类必须共有某种本质。然而，维特根斯坦的观点是，虽然我们的言谈方式都是语言的例子，但是，它们属于同一范畴这个事实并不意味着有一个单一的本质是它们全都具有的。相反，不同的语言游戏"以许多不同的方式相互联系"（PI §65）。

维特根斯坦把语言的使用和玩不同的游戏相类比的第二个理由是，强调说语言是一种活动。如他所说，"语言和它与之交织的活动构成的整体，（是）'语言游戏'"（PI §7）。比如，语言"命名理论"的问题不仅在于，除了命名对象外，语言还有其他用处，而且在于，除非命名对象的行为是在特定的语言游戏的背景下，否则这种行为不起任何作用（PI §49）。假设我指着一件家具说"椅子"。就此来说，我不过是发出了一个声音。然而，在恰当的环境中，它会是语言游戏的一个步骤。例如，如果我在教你英语，你将指着这个对象重复"椅子"。如果我在让你演练你的德语，你会努力用正确的德语对应词来回答。如果我在重新布置居室，你的回应可能是把椅子搬给我。离开了构成这种语言游戏的语言回应和活动，我说"椅子"将没有任何意义。我们并非简单地言说——我们通过言说做事。

第三，维特根斯坦使用语言游戏概念展示，当我们没有意识到不同的语言游戏之间语言起作用的方式不同时，我们会陷入混乱。例如，在原本意义的游戏中，把球接在手里在篮球运动中非常重要，但是在足球运动中，如果一个不是守门员的人用手接球就是一个犯规动作。就语言而言，逻辑实证主义者把科学话语当作唯一的语言游戏，并判定其他的言说方式（宗教和伦理的话语）无意义。但是这就像假设鸭子是唯一存在的家禽，因而就像判定天鹅是有缺陷的、畸形的鸭子。根据维特根斯坦，语言游戏（像鸭子和天鹅）必须按它们自身的条件，用它们自身的标准来判定。

没有注意语言起作用的不同方式，是许多哲学问题产生的原因。维特根斯坦认为，哲学家的恰当角色不是提出新奇的理论，而是消除"关于语词使用的误解，这些误解部分是因为不同语言领域的表达形式的某种类似"（PI §90）。为了展示维特根斯坦的观点，考虑一下"它丢在哪里？"和"我能帮你找到它吗？"这两个问题能否对应以下每个陈述：（1）我丢失了我的隐形眼镜。（2）他失去了意识。（3）我丢失了我的思路。（4）我失去了我的工作。（5）我失去了我的信仰。前述问题显然适用于其中某些情形，而不适用于另一些情形；在某些情形中，问题是否有意义依赖语境。即使在这个或那个问题的确适用的情形中，在不同的语境下，问题也有不同的含义。显然，丢失隐形眼镜不同于失去意识。虽然我们能努力找到眼镜，但努力找到意识是无意义的。这一不同的原因，肯定不是因为发现意识比发现眼镜难。这个例子的要点是，与我们谈论精神状态、能力、关系、宗教承诺等的语言游戏相比，我们言说物理对象的语言游戏遵循着不同的规则（用维特根斯坦的话说，有不同的语法）。用维特根斯坦自己的一个例子，如果你知道勃朗峰有多高，你就知道一个可以被陈述的命题。但是你可以知道单簧管听起来如何，却不能说出来（PI § 78）。这还是因为知道这个词起作用的方式不一样。

如果留下的印象是维特根斯坦说语言游戏的边界是截然分明和固定不变的，那将是误导。边界是为了特殊的目的而划出的，它们可能随着我们的目的而变化（PI § 499）。语言游戏隐喻的一般目的不是列出语言的用法，而是消除混乱。维特根斯坦说，语言游戏用作：

比较的对象，它们不仅通过相似性而且通过不相似性揭示我们的语言事实。（PI § 130）

《逻辑哲学论》的错误是把"逻辑水晶般纯粹的"标准强加给语言，就好像人类语言是某种演算（PI § 107）。然而，假设我们语言的不严格性是一种缺陷，会像假设阅读灯的光不是真正的光，因为它没有清楚的边界（BB 27）。

意义与使用

在他的早期著作中，维特根斯坦用名称和它的对象之间或者命题和事实之间的逻辑关系来解释意义。然而，他逐渐开始理解语词和语句并不全然由于它们自身而具有意义，因为它们具有的意义是我们给予的。它们与人类的目的和活动密切相联，并且在这样的语境中它们具有它们的生命。有人猜测维特根斯坦从他的小学教师经历中获得了对语言如何起作用的新领会。小孩并非通过学习形式的严格的定义，而是通过学习语词如何在特殊的语境中进行工作来习得新语词。为了让我们意识到意义和使用之间的紧密关系，维特根斯坦给出了如下尝试性定义："对于我们利用'意义'这个词的一大类情况而言——虽然不是所有情况，它可以被这样定义：语词的意义就是在语言中的使用。"（PI § 43）为了强调"使用"可以意谓许多种东西，维特根斯坦将语词与工具进行比较，每件工具都有各自的功能。

生活形式

《逻辑哲学论》的解释把语言看作是一个自发的符号系统，在这个系统中，人类说话者神秘地消失了。形成鲜明对比的是，现在维特根斯坦强调，言说是发生在更广阔的具体人类生活环境中的活动。维特根斯坦使用"生活形式"这个概念来表述这一洞见：

想象一种语言意味着想象一种生活形式。（PI § 19）

在此，"语言游戏"这个词项意味着突出这个事实，即说语言是一种活动或一种生活形式的一部分。

（PI§23）

语言学家已经能够解码早已消亡的古代语言是因为人类生活中有某种共同的东西。

人类的共同行为是我们借以解释未知语言的参照系。（PI§206）

与早期观点形成对照的是，维特根斯坦不认为关于我们语言的构成方式有什么东西是逻辑必然的。同时，我们的言说方式也并非完全任意。它们与共同的人类实践、需要、兴趣、目标和我们似乎具有的理解密切联系。只有在这个更广阔的语境中语言才有意义意味着，只是发出有意义的英语语音（就像鹦鹉学舌）还不是在说我们的语言。在他的一句著名经典警句中，维特根斯坦说："即使狮子会说话，我们也不会理解"（PI II, p. 223）。如果狮子说，"我要见律师"，同时行为还是像一只典型的狮子，晒着太阳，它的话的目的与这些话在对我们有意义的那些活动或语境中的目的不同。

像笛卡尔这样的哲学家认为，我们所具有的每一个信念都必须给予哲学辩护。然而，维特根斯坦认为，这是一个没有希望和没有用处的工作。辩护存在着终点：

如果我穷尽了辩护，我就达到了基岩，我的铲子被碰弯了。我就会倾向于说："我就是这么做的。"（PI§217）

必须接受的东西，假设就是——人们可以这样说——生活形式。（PI II, p. 226）

什么使我们有可能就我们的语言和实践的形式达成一致？除了使我们会达成一致的实践之外，似乎没有别的基础。正如斯坦利·卡维尔所说的：

总的来说我们是一致，是由于我们共享以下东西：兴趣和情感的路径，反应模式，对幽默、重要以及满足的感觉，对什么是过分、什么是与其他东西相似、什么是指责、什么是宽恕的感觉，对一句话什么时候是断言、什么时候是请求、什么时候是解释的感觉——一切维特根斯坦称为"生活形式"的有机体活动。人类的言语和行为，个体心智与团体，依赖的不多不少，就是这个。[26]

对于我们最基本的概念和看待世界的方式不可能有辩护，因为"人们把什么当作一个正当的理由——是由他们如何思考和生活来表明的"（PI§325）。

日常语言对哲学语言

维特根斯坦后期哲学的一个重要特征是，他在语言的日常使用和哲学使用之间做的区分。以前哲学家曾认为我们对"知识""善""心灵""时间"和"实在"这类词项的理解是混乱的。因此，他们力图发展新的定义和理论来取代我们的日常观念。然而，能设想人们从来不知道他们用这些词意谓什么吗？除了我们的日常实践，我们能用什么标准来评判我们对这些词项的使用？说一代又一代的人都不知道当他们说"我知道X"时他们意谓什么，就好像说我们所使用的篮球规则从这个运动诞生开始就是错的。哲学家可能形成新的知识观，但它会改进我们对知识的前哲学理解吗？当我们在日常言语中使用"知道"这个词项时，我们似乎在相互交流和理解。说到我们的日常言说方式，维特根斯坦说：

对于我们想说的东西来说，这种语言或多或少太粗糙或太物质化了吗？那么如何构造另一种语言呢？（PI§120）

罗素这样的哲学家创造了一种理想语言来评价我们的日常语言。根据维特根斯坦，评价和辩护应该颠倒过来。哲学家分析和使用日常词项的技术方式造成了伪问题，因为语言被抽离了它正常起作用的实际语境：

当语言休假时，哲学问题就产生了。（PI§38）
我们所关心的混乱产生于语言像空转的引擎的时候，而不是它工作的时候。（PI§132）
说在哲学中我们考虑的是与日常语言相对立的理想语言，是错误的。因为这使得看起来好像我们能改进我们的日常语言。但日常语言完全没有问题。（BB 28）

作为治疗的哲学

如果传统哲学问题来自对日常语言的误用，那么维特根斯坦式哲学家的角色就是表明困惑的根源：

当哲学家使用一个词——"知识""存在""对象""我""命题""名称"——并力图把握事物的本质时，人们必须总是问自己：这个词在作为它原初家园的语言游戏中实际上曾经这样使用过吗？（PI§116）

如果答案为否，那么补救方法就是"把语词从它们的形而上学使用带回它们的日常使用"（PI§116）。维特根斯坦说及传统哲学时，好像它们是一种病状。例如，他把哲学家对本质的寻求描述为"我们对一般性的渴求"（BB 17）。因而，为了治愈这一深度的不适，需要的是另一种语言"治疗"（PI§133）。维特根斯坦工作的目的正是完成这一治疗。当我们在这个日常生活与交流的含混世界中有家园之感，不再渴求柏拉图式的完满，我们就将知道我们被治愈了。

正如《逻辑哲学论》以哲学的沉默结尾，而维特根斯坦继续追求别的东西，在他的后期，他也一样希望，一旦我们看清了事情，就不再需要哲学理论和解释，我们将再次复归于哲学的静默：

哲学只是把所有事情摆在我们面前，既不解释也不演绎任何事情——既然一切事情都敞开摆放在眼前，就没有任何事情需要解释了。（PI§126）

真正的发现是，使我在想停止做哲学时能够停下来的那种发现。——那种给予哲学宁静的发现，使它不再受问题折磨，这种问题自身就成问题。（PI§133）

维特根斯坦在他的个人生活以及他的文化中都没有完成这一目标，其他人利用他的方法继续进行哲学工作，这留下一种萦绕不去的感觉，即哲学追问可能是我们人类生活形式的一个无法摆脱的部分。当维特根斯坦说哲学问题是"深刻的不安；它们和我们的语言形式有同样深刻的根源，它们的意义和我们语言的重要性一样大"（PI§111），或许他不由自主地认识到了这一点。

维特根斯坦后期哲学的影响

维特根斯坦曾写道："我们的语言一直在我们的思考中打着新的结，研究哲学从来离不开解它们。"[27]这段引文显示，维特根斯坦确信哲学只具有消极的、治疗性的使命。它也显示了这样的事实，即他不认为有任何系统地研究哲学的方式。当试图解开鱼线上的结时,一个人可以从任何地方开始,先在这一点上处理问题,然后又在另一点上处理问题。因此,维特根斯坦的后期著作是一个散漫评论的合集,处理多种多样的哲学纷乱。然而,许多受维特根斯坦榜样激发的哲学家相信,他的技术可以用来对传统哲学主题进行持续和系统的分析。因此,许多后来的日常语言分析哲学家不同意他所认为的,哲学只是处理混乱。他们把他的语言分析方法看作一个研究心灵哲学、认识论、宗教哲学、伦理学等的积极方法。

这种研究哲学的新方法受益于维特根斯坦提供的看待语言的新方式。先前,逻辑实证主义者把宗教、伦理和美学语言从有意义言谈的领域中驱逐了。然而,维特根斯坦表明,在科学报告和感觉材料描述之外,还有其他种类的言谈。哲学家不能改进我们的言说方式,更不用说取消有功能的语言游戏。最基本的规则是,"哲学绝不能干预语言的实际使用,归根到底,它只能对之进行描述"(PI § 124)。虽然维特根斯坦的确激发了向某些传统哲学主题的回归,那些使用他方法的人仍然避免产生详细的理论,并且仍然怀疑思辨形而上学。相反,维特根斯坦传统的分析哲学致力于更加谦卑的任务,即"绘制"我们语言概念的地形图。描述这一语言和哲学的新进路的最好方式是,看看某些忙于概念分析工作的后维特根斯坦分析哲学的代表人物。

概念分析

吉尔伯特·赖尔

吉尔伯特·赖尔(Gilbert Ryle,1900—1976)在牛津大学上学并在那里任教直到退休。他对英语世界的哲学有重大影响。1949 年,维特根斯坦的《哲学研究》出版前四年,赖尔出版了《心的概念》。他的很多同时代人称它的出版是战后哲学的重大事件之一。它是第一次使用日常语言分析技术对经典哲学问题(身心问题)进行研究。赖尔与维特根斯坦有共同的信念,即哲学问题不是要被解决,而是要被消解。换言之,对一个哲学问题域中术语的恰当分析将表明,最初貌似一个问题的,实际只是一个伪问题。故此,赖尔宣称,他不是在推进任何哲学理论,而是在试图让我们注意被我们误解的语言地带的特征:

> 构成本书的哲学论证不是打算增加我们关于心灵的知识,而是为了矫正我们已有知识的逻辑地形图。(CM 7)[28]

范畴错误

赖尔用以绘制我们的概念地形图的纲领性原则是"范畴"原则。他说,"一个概念所属的逻辑类型或范畴是用它逻辑合法地进行操作的一系列方式"(CM 8)。根据赖尔,哲学困惑的一个典型来源是,哲学家在他们的思维和语言中趋向于混淆范畴之间的差别。赖尔给出了以下一个范畴错误的例子(CM 16)。假设一个牛津大学校园的访问者被带领参观了图书馆、运动场、博物馆、实验室、宿舍、行政楼等。

在完成游览之后，他现在说，"我已经看了所有的教学楼、研究中心和宿舍，但你什么时候带我参观大学？"这个人就犯了赖尔所称的范畴错误。他把大学置于错误的范畴，假设大学是与校园里其他建筑并列的另一个特殊事物。然而，大学不是整体中的另一个部分，而是所有部分组织成一个整体的方式。赖尔宣称，这种错误在哲学中频繁发生，例如，当我们假设我们用"心灵"和"身体"这样的词指称的东西属于同一个概念范畴，而它们实际上行使不同逻辑功能的时候。

笛卡尔的神话

赖尔相信，笛卡尔分析身心问题时犯了一个类似的错误。笛卡尔说，伽利略的机械论适用于物体但不适用于心灵。因而，既然心灵不是受机械规律支配的物理的东西，他断言心灵一定是非物理、非空间种类的事物，它的活动是神秘的非机械过程。由笛卡尔的观点可得，每一个人都是分裂的存在。一个人的某些活动是空间中的、可被公共观察的身体事件。与此平行运行的是内部的和私人的精神事件。赖尔把笛卡尔关于心灵的观点描述为"关于机器中的幽灵的教条"。这一图景困住了笛卡尔，使他问出这样的问题，即非物理的心灵如何以及在何处能和物体相互作用。这幅图景如此有影响，以至赖尔说它是关于心灵本性的"官方学说"。

赖尔的解决方式是，主张精神行为语词和物理事物语词属于不同的范畴，因此试图弄清精神事件和身体事件之间的关系，就跟问牛津大学在化学楼的东面还是西面一样荒唐。问题是，当我们遇到一个名词（比如"心灵"），我们就倾向于假设它指称某种独特的事物，即使是幽灵般的事物。举例来说（这不是赖尔的例子），如果你说，"他带给我毛骨悚然"，我问"他带给你多少毛骨悚然"将是一个错误。我们知道第一个陈述的意思是什么，它的意思里并不暗含存在某种称为"毛骨悚然"的可传递的东西。

赖尔的书的论点是，"心灵"是个误导的词项，它最好可以翻译成多重精神行为词项，我们用以描述相互公开的行为的某些方面。因此，他力图澄清当我们谈及思考、理解和意欲，或当我们说某件事做得理智、粗心、有目的之类时，我们在做什么。注意到这一点是重要的，即，作为一个日常语言分析哲学家，赖尔并不打算剥夺我们通常的言说方式：

> 我不……否认存在着精神过程。做长除法是精神过程，编笑话也是。但我说的是，"存在精神过程"这个短语并不意谓某种和"有物理过程"同类的东西，因而使二者结合或分离毫无意义。（CM 22）

换言之，他想要描述语言如何起作用，而不是改革它。他的问题不是关于我们如何使用精神词项，而是哲学家关于精神活动的理论。

赖尔对精神词项的分析

赖尔的典型方法是他对理智观念的分析。官方学说认为，理智地行动由两个活动构成：（1）做某事和（2）做它的同时思考正在做的事情。的确，我们经常在做某事之前深思熟虑，例如下棋时，但深思熟虑并不是理智表现的必要特征。当我们开车、在谈话中做出一个幽默的回答或写信的时候，我们通常并不在精神上排练我们意图做的行为。而且，如果理智由一个发生在场景背后的隐藏的私人性过程来定义，那么我们将永远不能知道某人是否理智，因为我们永远无法进入心灵的私人剧场。类似地，我们不能知道其他许多我们知道的关于人的事情，例如，他们是自负的、有创造性的、有良知的或敏锐的。赖尔相信，正确的分析是把理智这样的属性看作一种能力或技能，类似于知道如何解开绳结或演奏乐器。因此，"外显的理智表现并不是心灵活动的线索；它们就是那些活动"（CM 58）。赖尔指出，倾向性属性是不同于颜色、形状这类属性的属性。例如，易碎就是倾向性属性。当我们说玻璃易碎时，我们在说，在特定环境下玻璃将会碎裂。类似地，当我们说史密斯是理智的（或狡诈的、谨慎的，诸如此类），我们的意思是，在特定种类的环境下，他将以特定种类的方式做出回应。

身体活动由精神行为指导这个观点的一个问题是，它导致无穷倒退。如果理智地行为要求身体行为有某种理智运作为先导，那么这些精神活动自身是理智的，它们的执行必须由在先的另一个理智行为为先导，等等。类似地，如果我们说，当一个身体行为起源于意志行为，它就是有意的，那么，如果意志的精神行动是有意的，它必须让自己以另一个意志为先导，如此等等以至无穷。赖尔论证说，"有意的"不是指一个先于或伴随一个行为的精神行为，而是表述做这种行为的方式。

笛卡尔和其他二元论者用来捍卫他们立场的一个论证以自知现象为基础。他们主张，我们有进入我们心灵的私人剧场的特许方式，其他人没有这种方式。批评这一论点时，赖尔指出，我们并没有进入我们自己精神生活的独特的特许通道，因为（1）在解释我们自己的动机和情感状态时，我们经常出错，并且（2）有时人们比我们自己更理解我们。然而，更主要的是，"我发现的关于我自己的那类事情和我可以发现的关于他人的那类事情是相同的"（CM 155）。为了说明这一点，他要我们考虑对以下这类问题的回答：

我如何发现我比你更无私；我可以很好地做长除法，但解微分方程却很糟；你被某种恐惧症折磨，不敢面对某种事实；我比大多数人更容易被激怒，但更不容易恐慌、眩晕或病态地谨慎？（CM 169）

为回答这样的问题，我不用"借助一种非常特殊的照明来窥视没有窗户的房间"（CM 168—169）。为知道如何回答这些关于我自己和他人的问题，我观察所谈论的人的活动，他的趋向、倾向或特定环境下的行为方式。最后，二元论者问，如果心灵不是精神状态的私人领域，伪君子如何能表面上懊悔而内心依旧毫不悔过？赖尔说，我们从一个人的手势、腔调、话语和行动来判断他是懊悔的。如果我们在从这样的行为做出推断方面不是通常都正确，伪君子就不能通过模仿这种行为来欺骗我们。总之，赖尔或许会说，不论你认为他的哲学才智杰出还是普通，都不能通过窥视他心灵的隐藏角落来发现这一点。你做出的任何关于哲学家理智能力的判断，都必须以关于他的学术成就的公开资料为基础。

约翰·奥斯汀

约翰·奥斯汀（John Austin，1911—1960）从1952年到他1960年去世一直是牛津大学道德哲学教授。他曾说过，在他生涯的早期，他不得不在尽可能多地发表著述和把他的大部分时间贡献给教学之间做出选择。他选择专注于用他所发展的哲学方法训练学生，所以发表的著述没有他同辈人那么多。然而，在他有生之年发表的几篇期刊文章却因为他发展的概念分析新技术而造成了轰动。幸运的是，在他死后，他的若干著作得以出版，使得哲学共同体能从这位伟大思想家的劳动中受益。他写的论文收录在《哲学论文集》（1961）中。他关于知觉理论的讲座和笔记被重新组织后出版，即《感觉与可感物》（1964）。最后，他在哈佛大学做的一系列讲座得以出版，即《如何以言行事》（1962）。这三本书已经成为分析哲学中的经典著作。

奥斯汀的哲学方法

不同于维特根斯坦，奥斯汀相信，哲学可以对理解我们的语言和概念做出积极的贡献，而不仅是用于治疗我们的语言病症。在回答"存在多少种语句"这个问题时，维特根斯坦给出了一个不精确的回答"有无数种"（PI § 23）。然而，奥斯汀认为，我们可以对各种表达形式进行归类，就像植物学家对各种花进行归类，产生有序的排列。他认为，分析和编目丰富多样的语言现象自身就有价值，这并不依赖清除概念混淆的实践后果。奥斯汀并不主张日常语言分析是哲学中应该使用的唯一方法，但他坚持它是一个有用的方法。如他所说，"日常语言并不是最终的话语：原则上，它到处都可以被补充、改进和取代。只是要记住，它是最初的话语"（PE 386）。[29]

奥斯汀列出了分析日常语言对哲学具有重要性的几条理由。第一，"语词是我们的工具，最起码，我们应该用规整的工具：我们应该知道我们的意思是什么，不是什么，并且我们必须预先准备防范语言给我们设置的陷阱"。第二，既然我们的言说方式（就像生物物种）经过了长期的演化，那些持久存在的方式很可能是最有效的方式。按奥斯汀的表达：

我们的日常词库体现了在很多世代的生活时间里，人们认为值得做出的所有区分，以及他们认为值得标注的联系：比起任何你我在某个下午坐在扶手椅上想出来的东西——是最受青睐的替代方法，这些肯定很可能是数量更多的，更有效的，因为它们经受住了适者生存的长期考验，也是更微妙的，至少在一切日常和合理的实践事务上。（PE 383—384）

最后，语言分析并不只是用语词分析语词，尽管语词和事物不能混淆。仔细注意语词可以给我们提供关于经验世界的洞见：

当我们考察的时候我们那时应该说什么，在什么情况下我们该用什么词，我们看的不仅仅是语词（或"意义"，不论它们是什么），而且是我们用语词谈论的实在：我们在使用被磨利的关于语词的意识来磨利我们关于现象的知觉，尽管知觉并不是现象的最终裁判。（PE 384）

奥斯汀对辩解的分析

奥斯汀影响重大的论文《为辩解辩》给了我们一个概念分析方法的典型例子。奥斯汀并没有给我们一个全面的伦理学理论，而是使用他的概念显微镜聚焦于伦理学言谈的一个易于处理的领域，即，我们为我们的行为找借口的那些情况。然而，他确信这种细微分析将对伦理学有用，因为它将帮助澄清行为的性质，可准许的行为和被禁止的行为之间的差异，以及负责、责备和自由这些概念。当我们想要为我们施行的在某方面不可接受的行为提供一个借口时，我们使用"无意""不小心""碰巧""不情愿""非故意"之类的词。他注意到，某些词是以肯定和否定的形式成对出现的，例如"有意"和"无意"，但某些词并没有这种双重形式，例如，我在递黄油时不小心撞翻了茶杯,但如果我没有打翻奶油罐,我并非小心地避开了它。而且,他论证说,与表面相反,"有意"和"无意"并不真的对立。当我们并不自愿做某事时,我们也不是非自愿地做它,而是在强制下,在强迫下,或者以其他方式被强加于我们的因素所迫使去做它。然而,无意行为的对立面是深思熟虑地做,有目的地做,或喜欢去做的行为。而且,这些词项并没有穷尽各种可能性,因为当我做某种常规行为,例如吃早饭,我们并不说我做它要么是有意的,要么是无意的,除非在某种要求做出其中一个描述的特殊环境中。以这种方式,奥斯汀表明了我们道德词汇中的重要语词之间的联系、区别和微妙的细微差异。

> **想一想**
>
> **31.4** 请你自己尝试做一下日常语言分析。"信念(belief)"[或"相信(believe)"]和"知识(knowledge)"[或"知道(know)"]这两个词项有什么区别?在什么情形下我们用这个词而不用那个词?在什么环境下"我相信(I believe)……"表达强烈的确信,在什么环境下它表达假定?说"我相信(I believe that)……"和说"我信仰(I believe in)……"有什么区别?当我们使用词项"相信(believe)"或"知道(know)"时,这些语言行为的特殊对象对于所说的话的意思有影响吗?这种语言分析为这些认识论词项提供了任何哲学澄清吗?

如何以言行事

维特根斯坦采用了"语言游戏"这个概念表示言说并不仅仅是发出声音,而且是一种活动类型。类似地,奥斯汀在他的重要著作《如何以言行事》中引入了"言语行为"这个概念。当某人说某事时,就施行了许多可以区分的行为。第一,语谓行为(locutionary act)只是说出(或写出)一串有特定意义的语词。第二,语内行为(illocutionary act)是一个人在施行语谓行为中意图去做的事(例如,报告、警告、忏悔、建议、命令)。第三,语介行为(perlocutionary act)在于说话者希望通过施行语内行为带给听话者一方的实际反应(例如,说服、欺骗、恐吓、启发等)。

为说明奥斯汀的分析,我可以说,"外面在下雨"(语谓行为),说这话时,对于我实际施行了什么行为(语内行为)有几种可能性:报告事实,表达对天气的失望,建议你留下来,说谎,等等。让我们假设我只是在报告事实。通过这一行为,有几种我意图带给听话者一方的效果(语介行为)。例如,我可能试图让听话者正确地相信天在下雨,让听话者从自怜中转移开,使得听话者认识到开车是危险的,等等。作为奥斯汀研究的结果,言语行为理论已经发展成一个非常复杂但富有成果的语言理解进路。从这一简明解说中,可以清楚看到,从罗素的语言的功能就是指称世界中的事实这一观点出发,语言理论已经走了很长的路程。

> **想一想**
>
> **31.5** 找一个你以前遇到的哲学问题。然后,选择一种在本章讨论的语言分析哲学。想想那派分析哲学家会怎样(a)把那个问题翻译为关于我们的词项的意义和使用的问题,或者(b)证明它其实是一个伪问题。在何种程度上你认为借助语言分析研究哲学是有用的?

分析哲学的意义

分析运动给哲学提供了新的方法、新的工具和哲学探索的新版图。它使哲学家意识到语言的重要性，既可以作为哲学资源，又可以成为澄清理解的障碍。"哲学中的语言学转向"和"哲学革命"这些曾被用来描述其影响的口号表征出它的影响。分析哲学，通过它的所有不同变种，在英语世界中占有支配地位，并且产生了这种方法的许多杰出实践者，以及很多有启发性的 20 世纪哲学经典。今天，如果不对这一运动的成就详加注意，没有人能成为一个严肃的哲学学者。

然而，尽管分析哲学影响巨大，仍然有人对它提出了批评。其中最主要的，马克思主义者从来不喜欢它。赫伯特·马尔库塞，一个当代马克思主义理论家，把它描述为"单向度的哲学"。[30] 他主张日常语言包含着占优势的权力结构的意识形态沉淀。因此，维特根斯坦的断言"哲学让一切照旧"妨碍了任何对现状的激烈批判和改变。在 20 世纪的前半期，大陆（欧洲）现象学和存在主义运动的成员倾向于相信语言分析是不相干的，因为我们当前的说话方式遮蔽而不是揭示了我们生活经验的丰富维度，他们认为生活经验才是哲学探索的恰当主题。

> **当代联系 31：分析哲学**
>
> 半个多世纪以来，分析哲学和语言分析一直支配着英美哲学。虽然今天的分析哲学家不再那么狭隘地专注于语言，但他们仍然确信哲学应该通过对具体主张的零碎分析来进行，并且精确性和清晰性比动人的宏大概括更重要。分析哲学今天仍然继续肯定甚至更加强调科学对哲学理论工作的重要性。例如，今天的心灵哲学家不像吉尔伯特·赖尔那样专注于对我们如何使用我们的精神词项进行语言分析。取而代之的是，他们试图理解日常精神词汇与关于认知的大脑研究的发现之间如何相关或不相关。
>
> 即使在传统上反对分析哲学的哲学家中，例如大陆哲学家，也越来越多地认识到语言对我们看待世界的方式有巨大影响，不能被忽视。因此，在过去的几十年中，已经存在着从分析哲学和大陆哲学的鸿沟两边架设桥梁的努力，以便从两个对立阵营的洞见中学习。

理解题

1. 分析哲学家之间的三个基本的一致之点是什么？
2. 分析哲学的五个阶段是什么？
3. 为什么罗素把他的哲学称为"逻辑原子主义"？
4. 为什么罗素认为需要构造一种理想语言？
5. 在罗素的理想语言中，什么是原子命题和分子命题？这些命题如何与原子事实相联系？
6. 根据罗素，什么样的东西是逻辑构造？
7. 根据罗素，什么是逻辑专名的本性？在他的后期著作中，他认可的逻辑专名的唯一表达式是什么？
8. 什么是逻辑实证主义的三个主要目标？
9. 根据逻辑实证主义，两类真正的知识是什么？
10. 什么是重言式？
11. 什么是可证实性原则？它为什么几经修正？是怎样修正的？
12. 为什么逻辑实证主义者说形而上学陈述不是假的而是无意义的？
13. 逻辑实证主义者解释伦理学命题的两种不同方式是什么？
14. 维特根斯坦的《逻辑哲学论》的任务是什么？
15. 什么是早期维特根斯坦的语言图像论？
16. 维特根斯坦的《逻辑哲学论》对传统哲学意味着什么？
17. 维特根斯坦为什么称他在《逻辑哲学论》中的命题"无意义"？
18. 在《逻辑哲学论》中，维特根斯坦为什么提到"神秘之物"？
19. 维特根斯坦的哲学在后期阶段有什么样的不同？
20. 抛开所有的不同不论，维特根斯坦前期工作和后期工作都关注的是什么？
21. 维特根斯坦使用"语言游戏"这个表达式是要我们注意语言的什么特征？
22. 维特根斯坦关于"家族相似"的观点是什么？
23. 维特根斯坦建议的看待语词意义的最好方式是什么？
24. 维特根斯坦用"生活形式"表示什么？关于它们的辩护，他是怎样说的？
25. 为什么后期的维特根斯坦认为不需要特殊的哲学语言或理想语言？
26. 为什么维特根斯坦在他的后期阶段说哲学是一种治疗？
27. 吉尔伯特·赖尔用"范畴错误"表示什么？有什么例子？
28. 根据赖尔，什么是笛卡尔的"神话"？针对笛卡尔谈论心灵的方式，赖尔是如何修正的？
29. 对于以下各问题，赖尔给出的解释是什么：理智地行为、有意地行为、自知？他的解释以何种方式试图瓦解笛卡尔的观念，即，心灵是一个单独的实体，它是特殊精神活动发生的场所？

30. 什么是约翰·奥斯汀的哲学方法？
31. 奥斯汀在语谓行为、语内行为和语介行为之间做出了怎样的区分？他对语言的解释与语言的目的仅仅是指称世界中的事实这一观点有怎样的不同？

思考题

1. 浏览前面的章节，找到会被逻辑实证主义作为无意义而加以拒斥的哲学主张。你是否同意他们对这些主张的判定？
2. 可证实性原则的强项和弱点是什么？
3. 采用后期维特根斯坦、赖尔和奥斯汀的立场，反驳语言的目的只是命名世界中的对象这一论点。
4. 想出例子说明维特根斯坦和赖尔的主张，即哲学的伪问题可能产生于对语词使用的误解。

注释

[1] 莫里茨·石里克（Moritz Schlick），《哲学的未来》（"The Future of Philosophy"），载于《语言学转向：哲学方法的新近论文集》（*The Linguistic Turn: Recent Essays in Philosophical Method*），理查德·罗蒂（Richard Rorty）编（Chicago: University of Chicago Press, 1967），第48页。

[2] 这种组织各种立场的方法是采用自巴里·R. 格罗斯（Barry R. Gross），《分析哲学史导论》（*Analytic Philosophy: An Historical Introduction*, New York: Pegasus, 1970），第13—14页。

[3] 伯特兰·罗素，《我的哲学发展》（*My Philosophical Development*, New York: Simon & Schuster, 1959），第11页。

[4] 伯特兰·罗素，《来自记忆的肖像与其他论文集》（*Portraits from Memory and Other Essays*, London: Allen & Unwin, 1956），第53页。

[5] 这个例子引自杰罗尔德·J. 卡茨（Jerrold J. Katz），《语言背后的实在及其哲学意义》（*The Underlying Reality of Language and Its Philosophical Import*, New York: Harper Torchbooks, Harper & Row, 1971），第6页。

[6] 伯特兰·罗素，《逻辑原子主义》（"Logical Atomism"），载于《当代英国哲学》（*Contemporary British Philosophy*），第1卷，J. H. 缪尔黑德（J. H. Muirhead）编（London: Allen & Unwin, 1924），第377页。

[7] 伯特兰·罗素，《逻辑原子主义哲学》（*The Philosophy of Logical Atomism*），戴维·皮尔斯（David Pears）编（La Salle, IL: Open Court, 1985），第58页。

[8] 罗素，《我的哲学发展》，第169页。

[9] 罗素，《逻辑原子主义哲学》，第86页。

[10] 伯特兰·罗素，《感觉材料与物理学的关系》（"The Relation of Sense-Data to Physics"），载于《神秘主义与逻辑》（*Mysticism and Logic*），伯特兰·罗素编（Garden City, NY: Doubleday Anchor Books, 1957），第150页。

[11] 伯特兰·罗素，《人类的知识：其范围与限度》（*Human Knowledge, Its Scope and Limits*, New York: Simon & Schuster, 1948），第488页。

[12] 同上，第495页。

[13] 伯特兰·罗素，《对批评的回答》（"Reply to Criticisms"），载于《伯特兰·罗素的哲学：在世哲学家文库第五卷》（*The Philosophy of Bertrand Russell, Vol. 5: The Library of Living Philosophers*），保罗·A. 谢尔普（Paul A. Schilpp）编（Evanston IL: Northwestern University, 1944），第719页。

[14] 伯特兰·罗素，《我的精神历程》（"My Mental Development"），载于《伯特兰·罗素的哲学》，第19页。

[15] 大卫·休谟，《人类理解研究》，§12，第3部分。

[16] A. J. 艾耶尔（A. J. Ayer），《语言、真理与逻辑》（*Language, Truth and Logic*, New York: Dover, n. d.），第36页。

[17] 鲁道夫·卡尔纳普（Rudolf Carnap），《哲学与逻辑句法》（"Philosophy and Logical Syntax"），载于《20世纪哲学读本》（*Readings in Twentieth-Century Philosophy*），威廉·P. 奥尔斯顿（William P. Alston）和乔治·纳克里凯安（George Nakhnikian）编（New York: The Free Press of Glencoe, Macmillan, 1963），第432页。

[18] A. J. 艾耶尔，《语言、真理与逻辑》，第107—108页。

19 鲁道夫·卡尔纳普,《作为普遍科学语言的物理语言》("The Physical Language as the Universal Language of Science"),载于《20世纪哲学读本》,第393—394页。

20 A. J. 艾耶尔,《编者导言》("Editor's Introduction"),载于《逻辑实证主义》(Logical Positivism),A. J. 艾耶尔编(New York: The Free Press, 1959),第15—16页。

21 赫尔梅娜·维特根斯坦(Hermine Wittgenstein),《我的弟弟路德维希》("My Brother Ludwig"),伯恩哈德·莱特纳(Bernhard Leitner)译,载于《路德维希·维特根斯坦:个人回忆》(Ludwig Wittgenstein: Personal Recollections),拉什·里斯(Rush Rhees)编(Totowa, NJ: Rowman & Littlefield, 1981),第2页。

22 路德维希·维特根斯坦,《逻辑哲学论》(Tractatus Logico-Philosophicus),D. F. 皮尔斯(D. F. Pears)和B. F. 麦吉尼斯(B. F. McGuinness)译(London: Routledge & Kegan Paul, 1961)。来自这一著作的引语段把段落编号放在左边,就像原著那样。文中的短引语把段落编号放在末尾的圆括号中,缩写"T"表示《逻辑哲学论》。

23 引自保罗·恩格尔曼(Paul Engelmann),《来自路德维希·维特根斯坦的信件,附回忆录》(Letters from Ludwig Wittgenstein, with a Memoir),B. F. 麦吉尼斯编,L. 福特缪勒(L. Furtmüller)译(New York: Horizon Press, 1974),第144页。

24 路德维希·维特根斯坦,"维特根斯坦伦理学讲座"("Wittgenstein's Lecture on Ethics"),《哲学评论》(The Philosophical Review),74卷,第1期(1965年1月),第13页。

25 以下缩写用来指代维特根斯坦后期著作:
   BB 《蓝皮书》("The Blue Book"),载于《蓝皮书和褐皮书》(The Blue and Brown Books, New York: Harper & Row, Harper Torchbooks, 1958)。引用标注中的数字指页码。
   PI 《哲学研究》(Philosophical Investigations),G. E. M. 安斯康姆(G. E. M. Anscombe)译(New York: Macmillan, 1953)。引用标注中的数字指节号,当段落来自书的第II部分时除外,这种情况下数字指页码。

26 斯坦利·卡维尔(Stanley Cavell),《维特根斯坦后期哲学的实效性》("The Availability of Wittgenstein's Later Philosophy")《哲学评论》,71(1962),重印于《维特根斯坦:哲学研究》(Wittgenstein: The Philosophical Investigations),乔治·皮切尔(George Pitcher)编(New York: Anchor Books, Doubleday, 1966),第160—161页。

27 引自加思·哈利特(Garth Hallett),《维特根斯坦〈哲学研究〉指南》(A Companion to Wittgenstein's "Philosophical Investigations", Ithaca, NY: Cornell University Press, 1977),第195页。

28 吉尔伯特·赖尔,《心的概念》(The Concept of Mind, New York: Barnes & Noble, 1949),用缩写"CM"指代这本书,数字表示页码。

29 约翰·奥斯汀,《为辩解辩》("A Plea for Excuses"),《亚里士多德学会增刊》(Proceedings of Aristotelian Society),57, n. s. (1956—1957),1—30,重印于《分析哲学经典》(Classics of Analytic Philosophy),罗伯特·R. 安默曼(Robert R. Ammerman)编(New York: McGraw-Hill, 1965)。用缩写"PE"指代这篇著作。

30 赫伯特·马尔库塞(Herbert Marcuse),《单向度的人》(One-Dimensional Man, Boston: Beacon Press, 1964),第7章。

第32章

现象学与存在主义

当我们从繁荣于英美地区的分析哲学转向在20世纪欧洲土壤上发展的哲学时，我们发现自己处于完全不同的世界里。大陆的现象学和存在主义运动关心的是"什么是意识"和"作为一个人意味着什么"这样的问题。然而，现象学家和存在主义者认为，分析我们如何使用"意识"或"人"等词没有用处，因为这只会给我们未经澄清的假设和我们的哲学传统的残余。相反，他们相信，我们必须留意作为有意识的人的经验来回答这些问题。然而，我们将会明白，他们研究背后的"经验"这个概念与古典经验主义的分析的、科学的模式有天壤之别。

虽然他们的根基要回溯到索伦·克尔凯郭尔、弗里德里希·尼采和费奥多尔·陀思妥耶夫斯基这样的19世纪的人物，但离开了现象学创始人埃德蒙德·胡塞尔的著作，大多数20世纪大陆思想家都无法被理解。20世纪大陆思想的许多开创性人物要么跟随胡塞尔学习，要么学习他的著作。然而，胡塞尔的影响存在着巨大的反讽，因为他的哲学后裔既受到他的哲学洞见的影响，也同样多地受到被这些洞见视为大错特错的那些特征的影响。例如，存在主义者通过聚焦于人类存在的阴暗面和分析焦虑、恐惧、内疚及死亡这样的现象，给予了哲学新的议题。他们既精通用诗歌、小说和戏剧表达他们的哲学，也同样精通写措辞沉闷的哲学论文。形成引人注目的对照的是，他们的理智导师胡塞尔，接受的是数学训练，并且把使哲学成为"严格的科学"作为他的目标。因而，这是一个研究哲学"遗传性"的有趣案例，去发现胡塞尔哲学和方法中产生出如此不同后裔的那个种子。

埃德蒙德·胡塞尔

一个永远的初学者的生平

埃德蒙德·胡塞尔（Edmund Husserl，1859—1938）与柏格森和杜威出生于同一年。他在莱比锡大学学习物理学、天文学和数学，在柏林继续他的教育，最后于1883年在维也纳大学以一篇关于数学理论的论文获得博士学位。他生命中的转折点发生在1884年到1886年他参加德国哲学家和心理学家弗朗兹·布伦塔诺在维也纳的讲座时。在布伦塔诺的影响下，胡塞尔发现，他的真正事业是哲学。经历若干教职之后，他最终于1916年在弗赖堡大学安定下来，他留在那里任教直到1928年退休。

虽然胡塞尔是犹太人，但他在他20多岁时皈依新教。然而，当纳粹上台时，这并没有使他免遭他们的反犹主义的迫害。1933年后，胡塞尔被禁止参与学术。他出版了几部主要著作和大量的长篇文章。此外，他还留下45000页用速写记录的庞大手稿，保存在比利时卢汶的胡塞尔档案馆中。他的工作笔记量如此之大是因为他把自己描述为"永远的初学者"，他必须不断重新思考他以前思考过的每件事情。1938年，胡塞尔在79岁时去世，使他免于即将到来的最严重的纳粹恐怖的伤害。

胡塞尔的任务：把哲学发展为严格的科学

贯穿胡塞尔整个生涯的驱动力是追求确定性。正如他在他的日记中写下的：

> 缺乏清晰性和翻来覆去的怀疑已经让我受尽了折磨……吸引我的只有一个需要：我必须赢得清晰性，否则我无法生存；除非我相信我会获得它，否则我无法忍受生活。[1]

胡塞尔相信西方文化处于危机状态，因为我们丧失了我们能获得理性确定性的信念。这导致的后果之一是社会和政治领域的非理性主义，一种最终产生出纳粹主义苦果的非理性主义。而且，由于忽视我们知识的基础，理论科学飘浮无据，忽视了它们的根在产生它们的意识活动中。随着他思想的发展，胡塞尔认识到，理性确定性的危机也是意义的危机。科学把自己和前理论的经验（被称为"生活世界"）割裂开来，而那里是一切意义构成之处。

按照胡塞尔的看法，现代世界危机的主要原因是一种称之为自然主义的观点。**自然主义**（naturalism）主张，物理自然包括了一切实在之物，而自然科学可以彻底无遗地解释所有实在。* 但是，这意味着意识自身只是自然中的另一个可以被物理、化学和生物学法则解释的事项。然而，胡塞尔论证说，如果意识和我们的信念只是盲目和非理性的原

---

* 在他生涯的早年，胡塞尔自己接受了某种形式的自然主义，它被称为心理主义。他的第一本书，《算术哲学》，试图把算术基础建立在关于人类心理的某种概括之上。然而，通过数学家和逻辑学家弗雷格的批评，胡塞尔认识到逻辑和数学包含着先天必然的真理，不能被还原为心理学的经验真理。

因产生的,那么我们就不能拥有理性的、正当的信念(包括对自然主义的信念)。打发掉这些瓦解知识基础的理论之后,胡塞尔开始寻找理性确定性,他寻找的地方,笛卡尔在他之前也曾在那里寻找,就是观察意识内部。因而,他把他的一本书取名为"笛卡尔的沉思"并且以奥古斯丁的一行话作为它的结尾:"不要想着走出去;返回到你自身中。真理栖居在人心中。"但是,如果意识给我们提供了知识的基础,胡塞尔认为必须以一种特殊的方式来研究它。因此,他花费了他的一生来绘制一幅新的哲学路线图。

作为经验之科学的现象学

胡塞尔提出了一种方法,现象学方法,它不仅指导我们发现新的真理,而且让我们能够检验任何真理主张的理性充分性。胡塞尔对现象学的理解与黑格尔的巨著《精神现象学》有密切关系。对于黑格尔和胡塞尔,现象学都是对现象或者对显现于经验之中的东西的系统研究。通过断定理性原则上无法通达的实在这一个观念没有任何有意义的内容,二者都希望避免康德在假定不可知的"物自体"时落入的陷阱。他们都论证说,一旦我们假设存在这样一道现象和实在之间的鸿沟,怀疑论就不可避免。

胡塞尔的目标是发现一条无预设的通向哲学真理之路。胡塞尔的这个主张至少意味着,哲学家不应该在他们的研究中使用任何未经彻底考察、澄清和证明的假设。基本的哲学规则是,只接受直接显明的东西。按照胡塞尔对此的表达,对于一个表达的真理性,没有比"我看到事情是这样"更高的辩护(I 76)。[2]

现象学的独特性可以被这一事实显示出来,即它可以被刻画为既是一种理性主义又是一种激进的经验主义。它是一种理性主义,因为它寻求先天原则和本质,这些先天原则和本质不只是归纳概括并且通过理性直观被认识。然而它也是某种形式的经验主义,因为它通过诉诸经验来证明它的主张。它是"激进的"经验主义,因为现象学家主张他们比传统所称的经验主义者更加依据经验,更加忠实于经验。现象学有一个比英国经验主义者和大多数20世纪分析哲学家更丰富、更深广的经验概念。根据现象学,经验的内容包括的不只是通过五种感官而来的感觉经验。例如,胡塞尔主张,我们也能"经验到"数、几何图形、理想实体、共相、命题的意义、价值、道德责任、审美性质,和(或许)宗教现象。[*]
而且,胡塞尔主张,感知经验不是休谟谈论的离散的、无联系的感觉。根据胡塞尔,这幅图画不是经验呈现给我们的东西,而是经验主义者关于经验必须像什么样子的理论强加于经验的结果。没有人经验过休谟的红色-球形-甜的感觉材料单位。相反,我们经验到苹果、番茄和樱桃这样的东西。这种感觉材料最多是经验的复合统一体中人为提取出的抽象物。

现象学方法

自然立场的论点

根据胡塞尔,现象学方法包含着对经验的特定

---

[*] 胡塞尔自己从来没有把现象学方法用于宗教经验。然而,除了他成为了一个新教徒这一事实外,他的哲学观点也是一种可以容纳宗教现象的观点,就像可以容纳其他任何真正的经验一样。某些追随他的思想者的确试图发展一种宗教现象学。

态度。所以先于现象学研究的经验活动都被用胡塞尔所称的"自然立场"或"自然态度"来刻画。这是一种看待世界的特殊方式,它以许多未受质疑的隐含假设为基础。最基本的假设是,外部世界是一个独立于我们的意识而存在的时空领域,并且由经验显露给我们的对象(椅子、咖啡杯、书、树等)组成。心灵是这个世界中的诸物项中的一个:我的心灵,你的心灵,以及我们邻居的心灵。在日常生活中,我们沉浸于我们的实际关切,并且根据这种立场与人和物打交道。为了让我们摆脱这种理所当然的立场,胡塞尔发展了许多让我们回到纯粹经验的技术,以让它摆脱哲学家强加于经验的矫饰和理论。

给世界加括号

现象学方法的出发点是给世界"加括号"。做法是通过开启注意的转向,在转向中,我们采取一种与我们对世界的日常处理不同的态度,来澄清我们对世界的感觉、世界的结构和我们参与世界的方式。胡塞尔也称这一过程为现象学还原或悬置。*这意味着世界和它的对象,以及我们关于它们的信念,都被放入精神括号中,使得我们能客观和超然地看待这一整体现象。除了开启注意的转向之外,加括号还包括悬置关于世界存在的判断以及任何关于出现于其中的现象之原因的理论。

胡塞尔的收回或中断我们关于世界的信念的技术受到了笛卡尔怀疑方法的启发。然而,与笛卡尔不同,胡塞尔不是叫我们怀疑我们前哲学的关于世界的信念。而是,现象学还原让自然立场中的一切东西都原封不动,只是让我们的信念"失去作用"并且不用它们来描述经验。换言之,我并不停止对世界的信仰,但是我现在把它视为"一个被信仰的世界"。以前的哲学家关于经验的理论研究,导致许多歪曲,而胡塞尔提出了一种纯粹描述的严格方法。现象学描述通过使操作性的东西专题化,使隐含的东西显白,而不增减现象,来解释经验中的层次:

> 对此经常怎么强调都不够——现象解释只是说明这个世界在一切哲学考虑之前具有的含义,并且完全来自我们的经验——一种哲学只能揭示而绝不能改变的含义。(CM 151)

胡塞尔整个哲学的基本要旨可以用他的著名口号"面向事情本身!"来概括。

作为意向性的意识

从世界后退并把它放入括号的一个重要后果是,意识不再淹没于经验的背景中,而是成为我反思认识的前沿。通常,当我以自然态度与世界打交道,我有相对少的自我意识,因为我主要注意经验对象。然而,当世界被放入括号,当我不再直接参与它,我发现意识在我的一切经验中都发生着作用。现象学的下一步就是揭示,当我们把意识带到我们研究的舞台中心时,我们发现了什么。

与笛卡尔不同,胡塞尔发现,当我们考察意识时,我们并没有发现某种形而上学实体。意识并不具有一个事物的性质——哪怕是幽灵般的事物。同时,休谟和经验主义者错误地假设我们发现的不过是一个感觉流。胡塞尔坚持,我们真正发现的,是某种我们能独立于其内容而加以描述的结构。转向

---

* "悬置(*Epoche*)"是希腊怀疑论者劝告我们收回我们的认可或中止关于我们不确定的事情的判断时使用的术语。

意识发现的不是一个实体,而是一系列总是与某个对象相联系的意识行为。因而,这就是意识的本质特征。意识总是关于这个或那个对象的意识。这被称为胡塞尔的"意向性学说"。这里,"意向性"的意思并不是一个行为的目的,就像我们问"你有伤害你对手的意向吗?"时那样。而是,"意向性"指意识的特征,它被刻画为朝向、指向或针对一个对象。既然经验的这两极总是关联着,故而意向行为(经验活动)被称为意向行为方,而这一行为的对象(被经验者)称为意向对象方。

要理解胡塞尔的意向性概念,有两个条件是必要的。第一,虽然意识本质上是指示性的,但它的对象不必存在;例如,我可以想象一个独角兽或一个完美社会。第二,意识对象并不总是物理对象(现实的或想象的)。例如,我可以怀疑一个命题,思考一个素数,担心一个会议的情绪气氛,仰慕另一种文化的价值,欲求道德善,或认识到红色的共相是某种不同于红色对象的东西。

本质的发现

胡塞尔并非对各种经验的单纯经验性心理学描述感兴趣。追求确定性要求我们发现现象的本质特征。因此,胡塞尔现象学方法的下一步是他所称的本质还原。这是一个把现象还原为本质的过程。某物的本质是它的定义性特征,使它是它所是的那类事物。本质不是通过经验概括或抽象的方式从殊相中发现的,而是通过直接的直观。例如,假设我正在考察的现象是知觉,并且我从考虑我看到一个苹果这个特殊事例开始。对于现象学家,根本的焦点不是在这个具体经验的特殊特征上,而是在这一经验的所有三要素的本质上。换言之,现象学家用这一经验来考察作为(1)意识,对于它可以存在被感知的对象,(2)感知行为,和(3)感知对象,意味着什么。通过一系列彻底的现象学研究,胡塞尔希望发现对于我们来说现象所具有的意义,现象由之而显露的行为,以及一切意义和人类的意识参与的根据。

> **想一想**
>
> 32.1 尝试采取胡塞尔的加括号方法。不再朴素地卷入世界,并尝试注意世界由之被给予你或由之被你构造出来的意识行为。你从你与你经验中诸事项的关系中学到了什么?

先验现象学

随着他更多地强调经验中意识的作用,胡塞尔在后期著作中变得越来越激进。从谈论作为活动的意识,转变到谈论在它整个行为中同一不变的"先验自我"。胡塞尔希望发现实在论和唯心论之间的中间道路。然而,在胡塞尔的现象学中总是存在他不能解决的一种歧义性或张力,某些诠释者认为,这驱使他加入唯心主义者的行列。

胡塞尔立场中的张力在以下段落中显示出来:

> 对象对我来说存在,对于我来说是它们所是的东西,只是作为实际意识或可能意识的对象。(CM 65)

对此的温和解释是,只有通过意识,事物才作为有意义的东西呈现给我们。更为激进的解释是,事物的存在完全依赖意识。问题是,一旦我们给世界加上括号来研究显现给意识的是什么,我们能发现某种基础来断言世界的客观性和对心灵的独立性，而不溜回到自然态度吗？

随着胡塞尔对意识和对象关系的理解的发展，这个问题浮现出来。在他的早期著作中，他说，我们经验的对象是在直观（经验）中被给予的。这里，意识作为现象显现给我们的各种面向和结构，部分地扮演着被动的角色。在他的后期著作中，胡塞尔把现象说成是意识所构成的。正是通过构成性意识的活动，我对某人的经验开始成形，从原初的知觉材料，到我对他行为的观察，然后进一步到他的说话风格和内容，等等。随着意识在经验中构成对象，意义"积淀"一层一层地形成。这个现象的许多维度由之形成和在意识中被构成的过程，是通过胡塞尔所称的"发生现象学"来研究的。留下的贯穿所有这些的问题，关涉着意识活动主动或被动的程度，和对象是自我构成的还是由意识构成的。

即使胡塞尔的某些仰慕者也担心，他后期的立场把先验自我的积极作用提升到了向唯心主义屈服的地步。在意识构成经验对象的思想和先验自我构成它们之间，似乎存在着一条纤细而模糊的界线。以下例子说明了这个问题是如何产生的。在我打这些字的时候，我感知着附近的一只咖啡杯。然而，它似乎不依赖我的心灵，而似乎是一个房间那边放在靠窗的桌上的咖啡杯。然而，对于胡塞尔，我们不能逃避这个事实，即，当我们称某物是"客观独立存在的对象"时，我们在指称一个意向对象，它的出现具有依赖我的方面，这个方面不过是它对意识所具有的含义和意义。我们关于与意识相分离的实在的所有谈论，总是在谈对象能够向意识显现的一种方式。归根结底，意识似乎是整个世界的最高统治者。

转向生活世界

在迈向他生命的终点时，胡塞尔从谈论先验的个体自我，走向注重个体的主体间共同体，以及一种社会性的认知观。虽然对这一转变的原因我们只能猜测，但我们可以论证，这是从他自己关于意识的观点中得出的。我并不只是简单地经验到咖啡杯，我把它经验为在桌子上，而桌子在窗边，位于我的办公室，等等。任何经验视域的这种不断扩展的过程，最终引向一种全局感，或一切视域的视域。这一包容一切的日常经验域，一切意义都必须出自于它，这就是生活世界（Lebenswelt）。它是我们前理论经验的全部背景。然而，胡塞尔发现，即使是日常生活经验的世界也有需要现象学家发现和解释的先天结构。

自启蒙时代以来，人们日益坚信向我们揭示实在的是科学，一切其他领会我们经验的方法必须服从科学的观点。然而，胡塞尔说，在构想他们的理论之前，科学家首先是生活于日常经验世界中的人。在对世界的客观科学解释背后，科学家是一个主观意识的中心，他致力于观察、计数、演算、假设、构造理论和解释。自然主义要么忽视这一事实，要么通过假设科学家自身的这些意识行为只是世界中的另一组客观事件来把它解释掉。

请注意，在科学期刊上，实验报告的主体神秘地失踪了。一个实验报告会说："试管被加热了，并且出现了白色沉淀。"然而，一个更精确的说明会说，"我加热了试管，并怀着期待等待，直到我观察到白色沉淀形成，那一刻我欢欣鼓舞，因为我认识到我的理论已经得到确证"。出于这个理由，科学家是胡塞尔所称的"自我遗忘的理论者"。一个科学家做的每一件事，不论是查看他的仪器读数，提出假设，还是构想理论，都是一种抽象，它来自在生活世界中的具体经验中首先给出的东西。许多哲学家（例如，伯特兰·罗素）相信科学观点取代了或废除了生活世界的观点。然而，在胡塞尔的解释中，生活世界现在被揭示是科学家由之开始其工作的一切意义和概念的来源：

> 然而，自然的研究者没有弄清楚，周遭的生活世界是他明白无误地具有主观性的思考活动的恒常基础。前者被恒常地预设为基本的工作领域，唯有在其中，他的问题和他的方法论才有意义。（PCEM 185）

根据胡塞尔，科学给我们一种"理想化和朴素地客观化的自然"。他并不低估这种对世界的抽象的、数学重构的成效，因为他说科学是"人类精神的胜利"。相反，胡塞尔只是坚持，我们必须记住科学呈现给我们的世界是一个人为构造的世界，只有通过以科学家为主体的意识活动，这样一个世界才能被建构。

胡塞尔的意义

现象学的影响

胡塞尔为理解经验结构而发展的方法已经在哲学和其他学科中产生了持久的影响。在那些相信人类主体不可能用跟其他科学对象一样的术语来理解的人中，胡塞尔帮助发动了一场社会科学范围内的运动。受现象学影响的心理学家和社会学家主张，人类主体过着由内而外的生活。他们说，只是聚焦于经验事实、物理刺激和外部原因将不能解释人类行为。相反，人类科学必须理解经验如何被主体构造，必须绘制出生活世界的结构，只有借助生活世界，经验着的主体才能诠释材料和使之有意义。

向存在现象学过渡

受胡塞尔影响的存在主义者，如马丁·海德格尔和让–保罗·萨特，修改了他的方法的关键特征。胡塞尔的现象学观念和它的存在主义版本之间出现了两个主要分歧点。第一，存在主义者宣称，胡塞尔对意识的关注点过于理智化。我们并不只是认知性的旁观者，把世界作为沉思的对象远远地注视。因此，海德格尔说，我们首先通过关切和操心来参与世界，只是后来才把它理智化。存在主义者关注焦虑、恐惧、内疚、孤独、选择这样的经验，和面对我们自身死亡的可能性的经验，把它们作为对人类境遇的启示。把这些经验翻译为胡塞尔关于凝视着其意向对象的意识自我的术语，并不能把握人类经验的实在性。因此，胡塞尔的"意向性"概念被扩大为一种更一般的对世界的前认知参与。

第二，受教于胡塞尔的存在主义者抛弃了他的给世界加括号的方法。他们说，我们沉浸于世界中，不能割断我们与它的联系，好像它是展现在心灵的电脑屏幕上的虚拟现实。就像威廉·巴雷特对这个问题（它导致海德格尔拒绝胡塞尔版本的现象学）的表达：

> 胡塞尔告诉我们，我们要把一切被给予的东西绝对地加上括号；但是，被给予的目的，被假设的世界实在性及其显象，在哪里被给予？……括号被胀破了，世界太巨大，括号无法容纳。[3]

马丁·海德格尔

海德格尔生平

马丁·海德格尔（Martin Heidegger，1889—1976）生于德国西南部黑森林地区的一个小镇。在他教育的早期，他学习天主教神学，准备加入神职。然而，当他在弗赖堡大学学习时，海德格尔对哲学越来越感兴趣，在后来的弗赖堡大学教授埃德蒙德·胡塞尔影响下，他关注点的这种改变得到了强化。在获得博士学位后，海德格尔作为胡塞尔的助手工作了5年。1923年，他去了马尔堡大学填补一个哲学教席。1927年，他格外有影响力的著作《是与时》出版，并题献给胡塞尔。在胡塞尔的推荐下，1929年，海德格尔被选为他老师在弗赖堡大学的哲学教席的继任人。

当希特勒于1933年上台后，海德格尔参加了纳粹党。希特勒建立他的新政权后不久，海德格尔被任命为弗赖堡大学的校长，但在1934年初辞去了这个职务。虽然海德格尔做了很多支持纳粹运动的声明，但学者们一直争论他热情支持这一意识形态有多长时间，到什么程度。而且，关于他的哲学观念是否能与他的政治观点相分离以及一个是否能自然地引向另一个，学者们也一直有分歧。

战后，海德格尔从来没有完成他许诺的《是与时》第二卷。相反，他的思想似乎发生了转变，他发表了很多较短的著作，在其中，他转向了诗歌，把它作为一种将被我们日常言说和接近世界的方式所遮蔽的东西揭示出来的方式。虽然他结了婚，有三个孩子，但他天性喜欢隐遁。他把他的晚年用于在黑森林一个山中静居所内沉思，只是偶尔出来做公开讲座。马丁·海德格尔死于1976年。

海德格尔的任务：理解"是"的意义

海德格尔承认他受惠于胡塞尔，他在《是与时》扉页上写道，把这本书献给他的老师"以示友谊与敬意"。然而，这本书的内容与胡塞尔的哲学有巨大分歧。差异由胡塞尔认为"一切惊异中之惊异是纯粹自我和纯粹意识"[4]这一事实显示出来。对比一下，海德格尔说，"人不同于所有的存在物……经验着惊异中之惊异：存在着'是着的事物（things-in-being）'"。[5]当胡塞尔给世界加括号以专注于意识时，海德格尔却回应说没有"纯粹意识"。结果，他转而对世界感到惊奇。海德格尔对他的老师的背离和他的新进路导致的轰动标志着存在主义作为一个特定哲学运动的开端。

不同于胡塞尔，海德格尔致力于**本体论**（ontology），关于"是（Being）"的科学。要理解这点，我们必须认识到海德格尔在"是者"（或特殊对象）和"是"（一切实在中展现的东西）之间做出的区分。作为前者的例子，我们可以说一只狗是一个是者。关于后者的例子，当想自杀的哈姆雷特说，"是这样，还是不是这样——这是个问题"，他试图在是和不是之间做出决定。*我们生活在一个多事物的世界里——人、树、车、萝卜、星星、小动物——这个名单无穷无尽。特殊的是者产生又消失。因为这个理由，海德格尔否认"是"等同于上帝。他相信传统神学的上帝只是被当作是者中的最高者。他借助隐喻说，"是"是照亮其他一切事物的光。[6]

我们可以在这一经验中瞥见"是"，即那引起我们问如下问题的惊异："为什么毕竟有东西存在，而不是没有任何东西？"（IM 1）[7]这个问题的广泛吸引力表现在如下事实中，即，莱布尼茨这样的专业哲学家以及4岁的孩子都问过这个问题。对"是"感到惊异就是意识到"是"的在场。但是，我们迅速失去了这种惊异感，返回到对日常生活的迷恋中，包裹在我们周遭的对象和事务中。

海德格尔认为，早期希腊人知道如何对"是"感到惊异。但随着希腊科学和哲学的兴起，他们迅速把事物和它们周围的背景分隔开，以便用理性对它们进行分析。这产生了许多奇妙和务实的结果。但西方思想遗忘了"是"。因而，海德格尔的任务就是解构整个西方形而上学的历史，恢复一种响应"是"的思考。

海德格尔的激进现象学观

追随他的老师，海德格尔用现象学方法来开展他的计划。因而，我们在海德格尔的著作中很少发现像是论证的东西。相反，他试图把我们的注意力引向我们经验的特征，揭示我们错过的、被遮蔽的或被忽视的。他唯一说服我们的方法是触发我们心中的一种敞现经验，使得他的结论不证自明。**像胡塞尔一样，海德格尔把现象学描述为"关于现象的科学"。然而，海德格尔不同意胡塞尔的企图，即给世界加括号并且一层层剥离经验直到留给我们纯粹意识的直观。正如我们将看到的，海德格尔主张"是"不能被加括号或被怀疑，而只能被遗忘，因为它是根本的现象，其他一切（包括我们自己的存在）都以之为根据并由之获得它们的意义。海德格尔对胡塞尔方法的修改如此之大，以至把现象学运动一分为二。现在有必要区分胡塞尔现象学和海德格尔的存在现象学，后者产生了20世纪的存在主义。

我们的生存是"是"的窗口

研究"是"的难题不在于资料匮乏，而在于资料充裕。我们遭遇的每个事物都是"是"的展现。那么，如果我们想要研究"是"，我们要从哪里开始？海德格尔的回答是，挑选出一个"是"的特殊敞现，它能最好地说明"是"。因而，他提出从研究我们自己的存在来开始本体论研究。为了让他的哲学与过去对这个主题的研究脱钩，海德格尔使用"*Dasein*"作为一个专门术语来代表我们这种是者。"*Dasein*"这个德语词的字面意思是"在这里"。***

---

* 其他语言，如希腊语、拉丁语、法语和德语都在"是者"和"是者之是"之间做出了英语中没有的区分。

** 海德格尔的方法可以与后期维特根斯坦的方法相比较，他说"哲学家的工作就是收集纪念品"并且"哲学家只是把一切摆在我们面前，既不解释也不推演任何东西"。路德维希·维特根斯坦，《哲学研究》，G. E. M. 安斯康姆译（New York: Macmillan, 1953），§ 127, § 126。

*** 为了保留海德格尔概念的独特内容，"*Dasein*"在大多数海德格尔文本的英文版中都不翻译。本文遵循这一惯例，因而我们将把这个词作为一个英语的专门术语。

在我们总是处于世界中或与世界以某种方式相联系的意义上,我们被刻画为"*Dasein*"。不同于其他东西(并且不同于过去对人类"本性"的讨论),"*Dasein*"不能用一系列固定的属性来定义。相反,我们每个人都被刻画为一系列可能性,并且我们要负责选择我们将是什么。因为这个理由,海德格尔说对象"是(is)",但只有人生存。

我们生存的什么方面使得它对于研究"是"具有优先性?我们的独特在于我们是世界上唯一一种能提出"去是(to be)"是什么意思的东西。因而,海德格尔说,"*Dasein*"不是诸对象中的一个,而是林间的空地,没有它,"是"就是一座密不透光的森林。空地是光能够流入的空隙。因此,"*Dasein*"代表了"是"的领地,在这里,"是"得到最全面的揭示。虽然海德格尔给了人类生存以观察入微的分析,但需要理解,这不是他的终极目标。他始终希望,对是我们所是的那种是者意味着什么的分析,将开启了解更大问题的窗口。"对'*Dasein*'的分析……是为尚未解决的基本本体论问题——一般而言的'是'的意义问题——铺路。"(BT 227)

海德格尔把人类生存的先天基本特征称为生存结构或"*existentialia*"(我们将翻译为生存论规定)。既然海德格尔正试图把我们的注意力引向已经被遗忘的东西,那么我们的寻常语言是不充分的。因此,他不得不构造一套独特的词汇来谈论不寻常的东西。因而,他所谈论的层次有两个。是态层次指的是日常生活中特殊的普通事实。"去年,我开始更多地关心环境"是一个是态的事实。然而,本体论层次指的是人类生存的基本结构,它为平凡的是态事实在其中出现提供了框架。因此,当海德格尔谈及操心、焦虑、内疚或死亡这样的事情时,他不是在谈论普通的是态事件,而是在本体论上谈论。例如,海德格尔并不把操心说成一个特殊个体的特殊态度。相反,它是我们与自己生存的基本关系。

海德格尔的"*Dasein*"分析开始于人类生存的最一般层次,寻常的领域,日常经验。这是我们所有人在任何哲学思辨之前就生活于其中的世界。然而,即使在这个层次上,我们也隐含地理解"是"。经由通过诠释展开这一理解(解释学现象学),我们能从朴素地沉浸于世界走向对什么是一切事物的根据和意义的一个全面的本体论领会。在这样做时,海德格尔引入了一套复杂的刻画我们生存模式的、相互联系的生存论规定。对于我们的目的而言,我们需要讨论的生存论规定是,"在-世界-中-是(Being-in-the-world)"、操劳(concern)、现实性、"先行-而-是(Being-ahead)"和沉沦(fallenness)。

在-世界-中-是

海德格尔激烈地与这样一种哲学传统划清界线,即倾向于将认识主体与客体相分离,并且把它们当作不同的实体。例如,笛卡尔把自己等同于意识,然后担心他如何能知道这个意识是与一个外部世界相联系的。类似地,胡塞尔给世界加括号,以便专注于纯粹意识的本性。然而,海德格尔把这看作通向怀疑论的第一步,因为一旦我们假设能有意义地设想意识与世界相分离,再把它们统一起来就很困难。在近代哲学中,这有时被称为"主客二分问题"。

海德格尔用一个基本概念将整个问题排除了出去。他称"*Dasein*"为"在-世界-中-是"。这个短语中的连字符显示,"*Dasein*"不能与世界分离,因为我们的生存是嵌入在世界中的生存。*因此,"在世界中是"是人类生存的基本结构。为了澄清这个短语,我们将依次讨论"在–之中–是(Being-in)"和"世界",然后解释海德格尔的基本认识论范畴"操劳"。

在–之中–是

"在–之中–是"这个概念用于人类生存时,不同于"包含在之中(being contained in)"这个概念。我们在世界中的意思不同于水在杯子中的意思。"*Dasein*"不是一个与其他对象并列的事物般的东西。相反,我们沉浸于世界,我们与它交融,我们被它吸收。"在–世界–中–是"不是一个空间概念,因为它的意思接近于我们谈"在恋爱中"或"在上大学"时的意思。在这些事例中,我在谈一种我参与其中的境遇,它与我的兴趣、愿望和计划相联系。因此,世界最重要的特征不是是什么(对象的集合),而是如何(事物将自身呈现给我们的方式)。

世界

接下来,我们需要现象学地解释"世界"概念。笛卡尔从他可以怀疑任何特殊对象存在这个事实,得出他可以怀疑世界自身的结论。然而,只有根据整个世界背景我们才能解决关于一个特殊对象存在或不存在的问题。根据海德格尔,我们不是隔离在私人内部空间中窥视异己的外部实在的笛卡尔式心灵(BT 89)。相反,我们"在那边(out there)"与一个熟悉而有意义的世界打交道。

当海德格尔说我们"属于世界(belong to a world)"时,他不是指行星、树木、建筑或椅子这样的对象的集合。而是,他使用这个词,就像我们谈论"莎士比亚的世界""19世纪的世界""艺术家的世界"或"公司主管的世界"一样。我们说人(比如,一个艺术家或一个主管)是"如同隔世(worlds apart)",或说"他们生活在一个不同的世界",即使他们可能生活和工作在同一条街上。当然,我们感到这些局域世界与一个更大的公共世界重叠。当以这种方式理解世界,那么它不可能被怀疑,因为它是我们生存的基本特征。

虽然世界不是对象的集合,但我们的确与世界中的特殊事物相联系。关于我们经验中的对象,现象学分析会揭示什么?首先,它解释我们并不遭遇"物(things)"。物是一个空间上广延的对象,我们可以用它的几何属性来描述它。当一个对象呈现为意识中以超然方式被分析的明确对象时,海德格尔说他是"在手的(present-at-hand)"。然而,这种关系是从我们与世界更基本的遭遇中导出的一种理智化的领悟模式。我们首先遭遇的不是在手之物而是有意义的"上手的(ready-at-hand)"物项。海德格尔把上手之物用一个术语(*Zeug*)来称呼,它的意思是"装备""器具""用具""设备"或"工具"。当某物的在场模式是在我的实践行动中被使用,它就是装备。

为说明对象作为上手之物呈现于我们的方式,海德格尔分析了使用一个锤子来工作的经验,对比于把它作为认知性检视的对象来对待。然而,我们

---

*在阅读海德格尔的英译本时,你可能有这样的印象,如果他的打字机没有连字符,他就没法表述哲学。这种对连字符的超量使用有两个理由。第一,德语有把许多单词联结起来创造一个长单词的技巧。把这样的词翻译为没有连字符的若干英语单词,会失去这个德语词表达的是一个统一概念的意味。第二,因为海德格尔正试图发现被我们日常思维方式忽视的现象,他有时必须以这种方式制造词来表达没有通用术语的原创观念。

在日常生活中与一个"工具"（诸如钢笔、乐器、眼镜、球拍或汽车）打交道的千万个瞬间中的任何一个，都能说明他的观点。例如，当你发动你的汽车时，你不必明确地想到，"这是我的车——这是方向盘——我现在将转动钥匙发动引擎"。相反，这辆车就像是我身体的延伸。发动引擎开出车道的熟悉套路像你伸手拿附近的咖啡杯一样不假思索。汽车是"装备"（在海德格尔的专门意义上）。它不在你注意力的最前沿，相反，你很可能专注于你意图去的目的地。

与古典经验主义相反，海德格尔认为，我们遭遇的事物首先不是作为感觉的集合或者作为逻辑范畴的成员，而是作为在我们的生活空间中可以得到的用于我们的计划和需要的工具。通常，对象自身对我们是"透明的"，因为它们完全是通过它们的功能被经验到的。换言之，我们与作为"某个为了⋯⋯的东西（something-in-order-to）"或者"为了⋯⋯的缘故的东西（for-the-sake-of-which）"的对象相联系。只有当我们通常的前认知的"在－世界－中－是"出现了中断或故障（车没有发动），我们才有意识地注意我们的装备，把它们转化为被检视在手的对象，并根据它们的属性来思考它们。

> **想一想**
>
> **32.2** 海德格尔关于经验和我们与周遭对象的关系的观点与英国经验主义者有怎样的不同？

操劳

贯穿这一讨论的隐含主题现在可以进入舞台中心了。海德格尔抱怨说，对我们与世界的源初关系，我们的哲学传统给了我们一个片面和造作的解释。"'在－之中－是'现象绝大部分被一个单一的样板——认识世界所代表"（BT 86）。如果认识不是我们与世界相联系的源始方式，那么什么是源始方式？海德格尔在我们与事物的日常打交道中发现了替代传统认识论的线索。

> 与我们最切近的这种打交道⋯⋯不是单纯的知觉认知，而是一种操作事物并付诸使用的操劳；它有它自己的"认识"。（BT 95）

因此，操劳是我们"在－世界－中－是"的特征。认识则相反，是从我们与世界的最初遭遇中导出的次级活动。这种与世界的原初关系存在于这样的实践关系中：

> 与某个东西关联，生产某个东西，陪伴和照料某个东西，使用某个东西，放弃和放任某个东西，承担、完成、表明、询问、考虑、讨论、决定。（BT 83）

我可以通过以"置之不理、忽略、放弃"的方式与事物相关来将操劳的态度降到最低。但即使在这些情况下，我绝不会达到完全中立的认知状态，摆脱操劳，因为我仍然在表达对我遭遇的事物的一种态度。

海德格尔的"操劳"概念可以被看作对胡塞尔"意向性"概念的代替。两个术语都寻求描述我们如何与世界相关联。然而，胡塞尔倾向于强调感知、相信、断言、判断、回忆或思维这样的认知行为。然而，对于海德格尔，这些更加理智的活动产生于前认知水平上的操劳。当笛卡尔说"我思故我在"时，他完全错了。如果海德格尔是正确的，这个口号应该是"我在故我思"。它的意思是，我们质朴地投身世界先于一切认知活动。

"Dasein"的样态

实际性与被抛性

海德格尔说，我们的生存的特征是"实际性（facticity）"。他用这个词表示，我们总是发现我们身处这样的境遇中，某些"给定的东西"在其中安排着我们的生存。有些是过去选择的结果（例如，选择做一个学生把你置于一套特定结构中）。其他给定者是由你并未选择的个人历史的特征强加给你的，诸如你生活的时代与你的出生地、种族、性别、智力和性格。你的实际性使得你是你所是的你。与实际性相关的是"被抛性（thrownness）"概念。因为你存在并且作为这个人存在于这个境遇中这个事实没有理由和目的，这简直就像你被抛到了这个世界里。

海德格尔说，这种异化感是一种揭示我们的实际性和被抛性的情绪（mood）。情绪是敞现的形式，因为我们并不是只带着大脑皮层来到世界上，而是带着我们的全部所是。我们并不是先看到世界然后赋予它一个价值。相反，我们遭遇的世界是某种"适合"我们情绪的东西。一个我们正在约会的人是迷人的，一部电影是乏味的，结冰的道路是危险的，巧克力甜点是诱人的，沉闷的天气是让人沮丧的。这些情绪并不是作为心中的主观状态被经验到，而是作为我们与世界自身的关系的一个方面。"情绪侵袭我们。它既不来自'外面'也不来自'里面'，而是从'在－世界－中－是'产生，作为这种'是'的方式"（BT 176）。因此，认知和我们的情感状态不能分离，因为我们的情绪向我们揭示着世界的特征。正如我们后面将看到的，最重要的情绪是畏（anxiety）或怕。

"先行于－自己－是"

人类不同于台球，不是只与存在于他们现存环境中的东西相关联。在此时此地的我们朝向着未来可能性的意义上，我们总是先行生活着。一个未来的可能性把自己呈现为"我－能－是的－某物（something-I-can-be）"，但是这一可能性的实现行动构成了我现在所是的东西的一部分。你当前的生活的目标可能围绕着完成学位，而我的目标围绕着完成这本书。海德格尔称"Dasein"生存的这个特征为"先行于－自己－是（Being-ahead-of-itself）"。这就是为什么海德格尔和受他影响的存在主义不相信人类本性这样的东西。我们没有一个静态的本质，因为我们总是"在路上"，通过实现这个而不是那个可能性来创造我们自己。正如克尔凯郭尔发现的，要问的问题不是"我是谁？"而是"我将成为什么？"

沉沦

我们的"在－世界－中－是"的另一个方面是沉沦。海德格尔有时把它说成"伴随－世界中的－事物－是（Being-along-with-the-entities-in-the-world）"。* 虽然这倾向于导致与存在的一种非本真的联系方式，但海德格尔似乎暗示它也可以只是我们日常性的一个中性的方面。在这个意义上，我们必然并且一直"沉溺于"世界中引起我们关切的事物。海德格尔还说这种对世界的融入包括了与其他人的共在。"世界总是我和他人共有的世界。'Dasein'的世界是一个

---

* 我用"伴随……是（Being-along-with）"来表达亲密性的含义，这是已出版英文译本所用的"在……旁边是（Being-alongside）"所缺失了的。

共同世界。'在 – 之中 – 是' 就是与他人 '一起 – 是（Being-with）'。"（BT 155）海德格尔再一次拒斥了笛卡尔的这一思想，即我们是私人的、分隔的心灵，对于它们，世界和他人的存在都成了一个哲学问题。与此相反，只有在与其他心灵的互动中，我们才能成为自我。

虽然沉溺和牵连到我境遇中的人和物是我 "在 – 世界 – 中 – 是" 的无可逃避的特征，但我可能在我的境遇中迷失自我并且背离我本真的自我。在这种沉沦中，我们专注于对象的世界，但在无穷无尽的纷乱活动中迷失了我们自己。而且，取代了与他人的本真关系，我们把自己等同于匿名的、非个人的实体，海德格尔称之为 "众人" 或 "常人"。"常人" 成为权威，事物的标准由闲谈和社会压力来创造，就像这样的陈述，"你知道众人怎么说她……" 或 "常人在这儿不会这么做"。在这种非本真形式的公共世界中，"每个人都是他人，没有人是自己"（BT 165）。当我们把自己认同为匿名的 "他者" 世界，我们就是在用寓于我们社会中的预先给定的理解来诠释我们的经验：

常人怎样取乐我们就怎样取乐和消遣，常人怎样看待和判断文学艺术，我们就怎样阅读、看待和判断；同样，常人怎样从 "大众" 那里抽身而退，我们就怎样抽身而退。常人发现什么令人震惊，我们也就发现什么令人震惊。（BT 164）

我的可能性被 "拉平" 或 "抹平" "为熟悉的、可及的、体面的范围内的东西——合适的和恰当的东西"（BT 239）。因为这个理由，"日常 'Dasein' 的自我是 '常人 – 自我（they-self）'"。海德格尔说它不同于 "本真自我"——即不同于以自己方式被把握的自我"（BT 167）。

基本划分：本真的生存与非本真的生存

在日常性模式中分析了我们的 "在 – 世界 – 中 – 是" 之后，海德格尔现在考虑我们能与之相联系的可能方式。将他的发现进行概括和重组如下：

1. "Dasein" "已经 – 在 – 一个 – 世界 – 中（already-in-a-world）"。我们发现自己被抛入一个特殊的境遇。这指我们的实际性，构成每个人过去的既定事实积淀。
2. "Dasein" "伴随 – 世界 – 是（Being-along-with-the-world）"。我们与世界中的上手之物以及其他人打交道。然而，我们倾向于融入我们的境遇，在一个非个人的、匿名的 "常人" 世界中迷失我们自己。我们在我们的当下境遇中经验到这种沉沦。
3. "Dasein" "先行于 – 自己 – 是"。我们的过去和现在并不能概括我们是什么，因为我们是一个可能性之域，在我们生存的每个瞬间都给我们提供选择。这一生存的可能性结构包括了这一事实，即，我们朝向未来的导向为我们现在是谁提供了部分结构。

这一分析显示时间性对 "Dasein" 的重要性。我与时间的关系不同于，比如说，一支铅笔和时间的关系，在每个时间片段中，它仅仅是它所是的东西而已。然而，离开了我曾经是什么，我现在是什么，和我将要是什么，我就不能理解我的生存。海德格尔说，我生存的这三个面向相互联系，因而形成了一个单一的统一现象，被刻画为操心（care）（BT 237）。这个词既用在（1）"我真的为他操心" 的意义上，也用在（2）"操心地行动"的意义上。换言之，操心现象既表明（1）我密切地牵连到我的"是"，也表明（2）我应答它的方式承担着意义重大的后果。

先前，海德格尔说"操劳"是一个生存论规定。但在日常性范围内，操劳体现为对这个或那个特殊事物的操劳（我的健康、我的事业、我的爱情生活）。与之相反，操心是"源始性的结构总体"，存在于所有特殊的态度与境遇之前。*它不是某种我选择的东西，因为它是一切选择的先天根据。我们的实践活动和理论活动都产生于操心。

作为人类，我们做出选择是因为我们操心我们的生存。与忙碌的蚂蚁遵循它生物程序的指令不同，我们是由可能性构成并且其生存必定包含选择的是者。困难在于有两种选择方式：

"Dasein"总是凭借它的生存理解自身——凭借它自己的可能性：是它自己或不是它自己。"Dasein"或者自己选择了这些可能性，或者陷入了这些可能性中，或者已经从这些可能性中成长起来了。唯有特殊的"Dasein"决定它的生存，不论是以积极掌控的方式，还是无所作为的方式。（BT 33）

如果我认为我的选择已经被预先给定，完全接受了我被卷入的或由以成长的境遇，我将非本真地生活。在这种生存样态中，我陷入了我的沉沦。相反，本真的生存意味着，面对我的被抛性，我认识到我是必须做出选择的人，并认识到我的可能性。本真性是以我自己的方式掌控我自己（BT 167）。

在许多有争议的段落中，海德格尔反复坚持他不是对伦理学感兴趣。他宣称，他对生存的本真和非本真样态的讨论，只是提供对"Dasein"的本体论描述，而不是提供道德建议。**然而，"本真"和"非本真"这两个术语不承载价值吗？似乎本真性是某种要争取的东西，而非本真性是某种要避免的东西。海德格尔的回答是，沉沦及其伴随的非本真性是"Dasein"的境况不可避免的特征。因此，这个层次的生存不被谴责为道德缺陷，因为它不是某种我们能选择或完全避免的东西。

如果这是我们的自然境况，那么，我们以本真的方式生存如何能成为可能？回答是，这种新生存样态"出乎一切意料并且违背我们意愿"地以一种"从未计划、准备或由我们有意地完成"的方式降临于我们（BT 320）。海德格尔说，通过畏或焦虑的经验，本真生存的门径向我们敞开。海德格尔对畏的讨论发扬了克尔凯郭尔的洞见，使之在20世纪存在主义者对人类境况的理解中占有中心地位。

畏

根据海德格尔，畏不同于怕的经验。怕总是有具体的对象。我害怕即将来临的测验，我害怕去看牙医，等等。然而，畏具有本体论的维度。畏不是关于这个或那个特殊事实的，对它的经验关系到作为人的意义是什么。"那让面对它的人畏的正是'在－世界－中－是'本身。"（BT 230）当我们认识到我们的整个意义体系和我们的价值，除了我们的传统就是这样发展的之外，没有任何其他终极根

---

* 值得注意的是，约翰·杜威对海德格尔的思想很感兴趣，特别是"操心（care）"这个概念。参见赫伯特·施皮格尔贝格，《现象学运动》，第2版（The Hague, Netherlands: Nijoff, 1965), 1: 272。

** 让－保罗·萨特采用了"本真"和"非本真"这两个术语，但与海德格尔相反，他把它们用于明显的伦理学目的。

据，畏就产生了。这使我们认识到，我们是什么不是我们能选择去是的东西。我们环顾四周，寻找指引我们的路标，发现我们必须发明这样的路标。我们没有可以求助的绝对价值，没有方向，没有界限，前方没有展现出来的路径让我们遵循。我们必须做出选择，因为我们是有限的，不能认识到我们的所有可能性。因此，在畏的经验中，我们被迫与我们的有限性照面。我们的有限性最具体地展现在某一天我们会死这一事实中。我们的有死性，我们的"向-死-而-是（Being-towards-death）"，是刻画"Dasein"的最重要的生存论规定。

"向-死-而-是"

海德格尔发现，直面死亡的不可逃避是通向本真性的关键。对于克尔凯郭尔，将我个体化的是宗教经验，让我意识到我的"我性"。然而，对于海德格尔，认识到我"向-死-而-是"开启了这个意识。保有"所有人都有一死"这个一般观点和具体地认识到"我将要死"之间有巨大差别。*在这种经验中，我逐渐意识到我的众多可能性之一是一切可能性的终结。但面对这种可能性，通过认识到我自己生存的边界和独特性，使我深切地了解了我的生存。

生活中的其他一切事情（我的工作、我的关系），其他某个人都可以代替我。但是，没有人能接手"我的死亡"这个职位。这是生活中一个专门保留给我的角色。这个观点让我不再沉溺于我生活中的那些诱惑我的平凡琐事，把我从"舒适、逃避和轻佻地对待事

情"的罗网中拉出来，使得我能够开始充分地生存（BT 435）。由于这个理由，海德格尔把它称为"向死的自由"（BT 311）。许多受欢迎的文学作品探究了如果一个人能在死后回看他的生活，生活对他会像什么样子。另一些作品描述了人和死亡擦肩而过，带着一种对他们是谁的新感觉重返生活。**

良知

既然我们能否定我们自己的有死性并继续让我们的心灵不理睬它，那么即使是我们对我们自己的死亡的态度也可能是非本真的。什么呼唤我们走向本真？海德格尔说，那是良知（conscience）的声音。显然，良知可以是一个是态上的事件，就像当我不愿意把我的时间给某个需要我的人时，我感到挥之不去的内疚。然而，现在需要明白，在海德格尔的分析中，这些短暂的是态经验只是某个更深刻东西的表象。因此，海德格尔所指出的良知的呼唤是人类生存的一个本体论特征。同样，它既不是我们社会训教的产物，也不是上帝的声音，因为内疚的日常经验的可能性以良知这一基本生存论规定为根据。这一呼唤的根源是什么？"'Dasein'在良知中呼唤它自身"（BT 320）。良知是使自身意识到它自己的潜能的自我。

通过使我认识到既不是我的社会也不是我当前的身份（学生、教师、作者）必然地决定了我要做什么和成为什么，良知使我能得到自己的自由。我必须为我的选择负责。海德格尔把本真性总结为决

---

* 在一个脚注中，海德格尔提到了托尔斯泰的小说《伊凡·伊里奇之死》。通过伊凡这个人物，托尔斯泰强有力地描述了一个普遍平庸的人如何从抽象地对待死亡走向以生存论方式对待死亡。

** 桑顿·怀尔德（Thornton Wilder）的戏剧《我们的小镇》和让-保罗·萨特的戏剧《禁闭》探究了第一种境遇。查尔斯·狄更斯（Charles Dickens）的经典之作《圣诞颂歌》和弗兰克·卡普拉（Frank Capra）多情的电影《生活多美好》描述了第二种境遇。

心。"当良知的呼唤被理解，常人中的迷失就被揭露出来。决心把'Dasein'带回到'它最本己的 – 是 – 它 – 自己的 – 潜能（its own-most potentiality-for-Being-its-self）'"（BT 354）。需要认识到，本真性的获得不是通过退出生活做一个居住在荒原中的神秘隐者。海德格尔说，"本真的生存不是飘浮在沉沦的日常性之上的某种东西。在生存论上，它只是以一种修正了的方式去抓住这种日常性"（BT 224）。海德格尔的哲学可能似乎是不堪重负地、病态地萦绕于畏、死亡、内疚的妄想，但是它有一个乐观主义的调子。"伴随着这种清醒的畏，它带我们与我们'个体化的 – 是 – 之 – 潜能（individualized potentiality-for-Being）'照面，产生的是对这种可能性不可动摇的喜悦"（BT 358）。

"是"的呼唤

对于许多读者，《是与时》的核心是海德格尔对人类生存极其敏锐的现象学描述。他对做一个本真的人意味着什么的说明对让 – 保罗·萨特这样的存在主义者产生了巨大的影响。然而，海德格尔不断坚持他不是一个存在主义者，他早期对人类生存的分析只是揭示"是"自身本性之路上的一块垫脚石。他从未完成所承诺的他计划的第二部分，而是把他的后半生用于发表关于许多主题的论文和讲座。在他后期有着明确的风格转变，因为他变得更加隐晦和神秘。他思想的转折点似乎发生在20世纪30年代早期，当他开始把诗歌看作"是"在人类经验中显露自身的领域时。在他后期，对"Dasein"的注重成了第二位，"是"成了中心。

关于海德格尔是开始发展一种全新的哲学还是前后期海德格尔形成了一个融贯的整体，存在着相当多不同的分析。有人把后期作品看作一个"转向"，方向的改变，而另一些人把后期作品看作是执行原初的计划。海德格尔宣称他自己从未抛弃《是与时》的计划，只是发现他必须以不同的进路来研究问题。尽管他尽了全力，但他认识到他早期的工作太形而上学、主观主义和人文主义。它力图清理通向"是"的道路，但与我们人类对"是"的理解纠缠在一起。在他后期的工作中，他不再把"是"看作某种必须通达的东西，而是某种要聆听的东西。

真理问题

海德格尔后期工作的一个本质部分是他对真理的讨论。我们将首先看他在早期工作中如何讨论它，然后追踪它在他后期对语言和诗歌的讨论中出现时，他是如何理解真理的。在《是与时》中，海德格尔从考察传统的**符合真理论**开始。根据这种理论，如果一个断言与自己的对象相对应，那么它是真的。例如，"这个球是红的"这个陈述是真的，如果这个球真的是红的。然而，当我们说形成前面那个陈述的那串词与某个世界中的物理实体（例如一个球）联系着，我们的意思是什么并不清楚。* 把真理定位于心灵还产生了精神内容怎么能与种类完全不同的东西"相似"的问题。

为解决这个问题，海德格尔将整个真理概念改变如下："说一个断言'是真的'，表示它像在其自身中那样揭示一个东西，这样，这个断言断定了这个东西，指出了这个东西，'让'它'被看到'"

---

* 在第31章讨论的伯特兰·罗素和路德维希·维特根斯坦的逻辑原子主义是这种对应理论的一个极好的例子。当维特根斯坦在《逻辑哲学论》中说思想或命题"图示"事实时，这个隐喻使得这个问题向我们突显出来，而不是做了某种解释。

（BT 261）。海德格尔指出，表示真理的古希腊词是"aletheia"，他按字面把它翻译为"无蔽"（BT 265）。*这暗示，仅当某个在场但被遮蔽的东西被发现、揭示或显露，真理才可能存在。**

语言问题

如果真理是无蔽，什么导致"是"原先被遮蔽？一个回答是，在我们的沉沦中我们背离了"是"。一个推论是，语言与我们共谋遮蔽了"是"。当本真地活动时，语言揭示事物，使事物展现。然而，当我们迷失于日常性时，我们的言说变成非本真的，并且成了只是我们视为当然的观点的载体：

> 语词和语言并不是为了让那些书写和言说的人交往而包裹事物的包装。正是在语词和语言中，事物第一次成为是者并且是着。因为这个理由，语言在闲谈中、在口号和习语中的误用扭曲了我们和事物的本真关系。（IM 11）

即使当我们试图哲学地言说的时候，正如海德格尔在写作《是与时》时发现的，我们必须使用一种过多地负载了25个世纪的形而上学思想积淀下来的观念的语言。我们所需要的是一种让我通达"是"的言说，而不是追随惯常的传统道路。海德格尔在诗歌的语言中发现了这种言说。

诗歌的任务

海德格尔拒斥这样的观念，即诗歌是使用华丽的方式说人所周知的事情。相反，诗歌是将如此切近于我们以至我们不加注意的东西带入语言并显示出来：

> 诗歌是是者和一切事物本质的首次命名——不是任何言说，而是一种特殊的言说，它第一次把我们后来在日常语言中讨论和涉及的一切敞现出来。（HEP 283）

因此，言说的诗歌样态是语言最基本的形式，并且是把我们和我们被遗忘的生存基础重新统一起来的形式。由此可得，非诗歌语言是派生性的。它是通过这样的方式创造出的工具，即封锁语言的可能性，使得语言规整，也使得语言必然乏味。海德格尔说，我们应该看到语言是我们栖居的场所，是某种我们对之负有特别责任的东西，而不应当作我们操作的工具来对待。"语言是'是'的家。人栖居在它的家园里。任何用它思考和创作的人都是这一栖居地的守卫者"（LH 193）。***

想一想

32.3 你是否同意海德格尔的观点，即诗歌比任何其他言说形式更有启示性？为什么？

---

* 在古希腊神话中，遗忘之河是"Lethe"。因此，"aletheia"中的否定前缀暗示，真理是不忘记被遮蔽的东西。

** 注意，在英语中我们有以下词：（1）"discover（发现）"，（2）"disclose（揭示）"，（3）"reveal（显露）"。依次考察这些词，它们的字面意思（大致）是：（1）"把覆盖（cover）的过程倒过来"，（2）"打开［取消关闭（close）]"，（3）"撤去遮盖（veil）"。

*** 在维特根斯坦和海德格尔之间能够做出的比较是有趣的。维特根斯坦以"神秘之物"和对能显示但不能言说东西保持沉默结束了他的第一本书。在他的后期，他认为我们能够通过重返日常性和日常语言来恢复我们的人性。海德格尔则相反，发现恰恰是日常语言支撑着非本真性，并且在后期说我们必须转向神秘不寻常的诗歌语言，在不能说只能显示的东西的领域内来重新发现我们的本真性。

"顺-其-自-然"

在整个哲学史中，哲学家的任务经常被看作一场神圣的十字军东征，使用理性的锐利武器攻击真理的城堡来夺回它的财宝。一个特别好的例子存在于黑格尔在柏林大学的就职演说中：

> 大学的本性，一开始就被隐藏和封存，没有力量承受人们寻求知识的勇气；它必须在人们面前敞开自身，让人们看到它的丰富和深度，并给人们带来满足。[8]

海德格尔自己在《是与时》中曾说过，占有真理是一种"劫夺"，是从事物那里"夺取"真理，然而，海德格尔在20世纪30年代后期对尼采的研究使他发现，尼采的强力意志只是一种对待真理的态度的虚无主义版本，这种态度在柏拉图以降的西方传统中驱动着形而上学。然而他现在领悟到，这一直都是问题。发现通向"是"的入口不是我们凭意愿去做的事情，而是我们得到的赠礼。

在他的后期，海德格尔认为栖居于真理的呈现中要求"'顺-其-自-然'的自由（freedom to let-be）"（ET 305—312）。这里，他用"自由"表示的意思类似于摆脱会干预我们开放能力的东西。所谓去蔽的真理不是来自我们所做的事，而是来自我们不做的事。它是一种"顺-其-自-然（letting-be of what-is）"。诗人不能命令灵感降临于他，而只能等待它发生。西方的知识进路则相反，是一种占有、控制和操纵，企图强迫世界臣服。海德格尔提出了一种围绕通达、聆听、放弃、服从等观念的思想方式，来取代西方的认识论传统。"顺从'是'的声音，思想寻求'是'之真理可能由之表达的话语。"（WM 360）与开始于希腊并重生于文艺复兴的人文主义断绝关系后，海德格尔说，"人不是是者的主人，人是'是'的看护人"（LH 210）。在统治和看护的差别中，我们有技术和诗歌的差别。

重新发现神圣者

在海德格尔的后期工作中，"是"被以非常拟人化的方式说成某种"呼唤"我们的东西。同时，海德格尔拒绝把"是"等同于任何一种传统的神圣位格概念。海德格尔思想的歧义性由如下事实显示出来，那就是，无神论存在主义者和基督教神学家都在他的著述中为他们的思想找到了资源。[*]海德格尔当然不是一个在信仰超验的、超自然是者意义上的神学家。同时，如果他的看法是世俗的，那么它是一个围绕着宗教氛围的观点，并且由对既隐匿于可见世界又显露于可见世界的"是"之神秘的欣赏所激发。因为这个理由，有人称海德格尔哲学是"没有上帝的神学"。

我们的时代是2500年来企图形而上学地概念化世界的历史的顶峰。然而，根据海德格尔，在使得技术可能后，哲学已经走完了它的历程。我们的时代现在是一个给了我们占有实在的科学技术方式的时代。我们不选择事物如何显现给我们，就像中世纪人并非志愿决定把一切事物看作上帝的展现一样。然而，在我们的时代，敬畏感、神秘感、神圣感和敬重感已经被对原子、夸克、黑洞和智能计算机的痴迷代替了。海德格尔相信，对于我们，上帝

---

[*] 我们在诠释海德格尔时碰到的困难与我们在第24章诠释黑格尔的精神概念时遭遇的困难相同。两个思想家都既可以以世俗眼光又可以用宗教眼光来解读。

是沉默的。

最大的错误是假设我们的看法是看待世界的唯一方式，或者我们看待世界的方式会一直保留。我们的时代是"诸神退散并且一神来临的时代"（HEP 289）。海德格尔真的相信一个新的神圣启示是可能的吗？他说，除非我们能首先重新发现问这个问题的一个新维度，否则问这个问题没有意义，那就是：

神圣的维度，即使作为维度，它也是封闭的，除非"是"的入口被澄明，并且它的澄明与人关系紧密。或许这个时代的特点在于优雅的维度已经被封闭。或许这是它独有的耻辱。（LH 216）

虽然技术能对我们遮蔽了"是"，但"是"从未远离。海德格尔相信，在我们沉迷技术时，我们看不到其中正在现身的东西。为了修正这一点，海德格尔呼唤我们停止技术地看待世界。一旦我们把技术理解为技术只是今天世界呈现给我们的一种方法，它就会放松对我们的控制。"因此，技术的现身自身隐藏着一种我们至少猜测的东西，即产生救赎力量的可能性"（QCT 32）。我们是否将经验到技术时代中兴起的新的整体感和神圣感，"是"的声音是否将通过海德格尔的著作召唤我们，只有未来才能告诉我们。

> **想一想**
>
> 32.4　你认为海德格尔思想的什么特征使得他对某些神学家有吸引力？对于他的观点，传统神学家会有什么问题？

海德格尔的意义

对于海德格尔很难给出哲学批评，因为在没有给出论证的地方，没有什么可以反驳。一个现象学家相信，通过分析语言或从自身需要根据的前提中演绎结论，不能揭示他看到的根本真理。因此，他能使用的唯一说服手段，是尽可能有启发性地描述经验，希望这个现象也将同样向你显露。自然，许多人注视海德格尔告诉我们去看的经验，并已经发现他的洞见是有启发性的。另一些人，特别是分析哲学家，根本否认他在研究哲学。从他后期思想的立场出发，海德格尔不会否认这个指控。"未来的思想不再是哲学，因为它的思考比形而上学更源始。"（LH 224）他认为哲学有如此沉重的无法解决的形而上学负担。（他会补充说，反形而上学的分析哲学家并未避开形而上学。）这假设了西方哲学走到了它的尽头，唯一的补救方式是摆脱让我们和"是"疏离的结构。当然，这个结论非常激进，许多人都不愿接受。

如果一个哲学家的意义能用他所影响的不同学科的数量来衡量，海德格尔无疑配得上他作为20世纪最重要的思想家的名声。存在主义现象学家，如让－保罗·萨特和莫里斯·梅洛－庞蒂在他的启发下发展了他们的思想。而且，海德格尔对存在主义神学的发展做出了贡献。最重要的存在主义神学家鲁道夫·布尔特曼和保罗·蒂利希是海德格尔在马尔堡大学的同事。他们的神学纲领是，通过将基督教讯息从最初呈现它们的古代形而上学范畴中抽取出来，以便翻译为海德格尔的生存范畴，来使它与我们的时代发生联系。海德格尔的思想也影响了在精神病学和心理学领域内反抗科学主义和行为主义的存在主义者。精神病学家路德维希·宾斯万格和 R. D. 莱恩特别受到海德格尔的影响。最后，海德格尔依然盛行于文学理论家中。他关于诗歌、语言、文化的著作和他关于人类经验是一个需要诠释的文本的思想，在称为解构主义的文学理论中发挥了重要作用。

让－保罗·萨特

与书相伴的生活

让－保罗·萨特（Jean-Paul Sartre，1905—1980）生于巴黎。他的父亲在萨特15个月的时候就去世了，年幼的萨特和他的母亲搬去和他的外祖父母同住。在他名为"词语"的自传中，萨特说他恨他的童年，因为他外祖父母家的氛围令人窒息。因为在家受教育，他被隔离，剥夺了与同龄孩子的交往。萨特唯一的朋友是塞满外祖父书房的书。"我开始了我的生活"，萨特说，"就像我肯定会终结它一样：与书相伴。"在他的哲学中，萨特描述了一种展开我们生活的方式，通过选择计划来定义我们是谁。他说他自己，"我不断创造我自己；我既是赠予者又是赠品"。正如他自传的题目暗示的，萨特决定他的生活计划要围绕文字。他对此这样表达，"我在早年就准备把教育当作神职，把文学当作使命"。

追随他的召唤，萨特在声名显赫的巴黎高等师范学院接受大学教育，之后他在许多公立高级中学开始他的哲学教学生涯。在 1933—1934 学年，他在德国做研修学者，在那里，他学习了胡塞尔和海德格尔的现象学。1938 年，他出版了他第一本小说《恶心》。它出人意外地成了畅销书。从他后来著作的眼光来读它，它是萨特余生中的文学和哲学著作中随处可见的许多存在主义主题的早期陈述。随着第二次世界大战爆发，萨特被征召入伍，但被纳粹俘虏并囚禁约一年。以健康不好为由，他被允许作为市民重回巴黎生活。然而，他成为法国地下抵抗运动的积极分子。在那里，他结识了阿尔伯特·加缪。加缪后来成为与存在主义关系密切的著名小说家和作家。萨特的知识分子抵抗小组的另一个成员是莫里斯·梅洛－庞蒂，他成为了著名的存在主义现象学家。这两个朋友都与萨特不愉快地闹翻了，因为他们都对共产党的幻想破灭，而萨特却继续同情它。

萨特的哲学杰作，《存在与虚无：论现象学本体论》于 1943 年问世。这部著作显然受海德格尔思想的影响，尽管海德格尔不乐于萨特把他的思想用于阐述一种存在主义的人道主义。随着他名声的传播，萨特能够单靠文字收入生活。在他的哲学文章、小说、戏剧和短篇故事中，他用文字表达了刻画 20 世纪的异化（alienation）和希望的经验。他的虚构作品既有它们自身的文学价值，又卓越地阐明了他对人类境遇的哲学和心理学洞见。1964 年，萨特被授予诺贝尔文学奖，但他拒绝接受这个荣誉和 53000 美元的奖金，因为他不愿成为现存制度的工具。

与他哲学的极端个人主义相一致，萨特过着一种非常不合习俗的生活。他成年后在旅馆房间里生活，并且几乎没有个人财产。当一个记者要求看看他最近出版的一本书，他坦白说他自己一本也没有。当他是一个大学生的时候，他遇到了西蒙娜·德·波伏娃。他们成为了终生伴侣，但避免了"资产阶级的婚姻陷阱"。德·波伏娃自己成了世界闻名的作家并且通过她的短篇故事、小说和论文对法国存在主义和政治思想做出了贡献。萨特和德·波伏娃在巴黎左岸路边的咖啡馆里进行了大量写作，特别是花神咖啡馆和双叟咖啡馆。巴黎咖啡馆传统上向来是艺术家、知识分子和各种派系的政治激进分子的聚集地。坐在他喜爱的桌子旁，当沉浸在巴黎人行道上的喧嚣中时，萨特能够是一个人类境遇的超然观察者。

在他人生的后期，萨特的兴趣转向了社会和政治思想，并且试图在存在主义和马克思主义之间搭起一座桥梁。因为贯穿他一生的糟糕健康状况，他在晚年持续衰弱。1980年4月15日，让-保罗·萨特死于急性心力衰竭。当载着他遗体的灵车开往墓地时，大约50000名群众，大部分是学生，在巴黎的街道上一直伴随着灵车。

萨特的任务：人类中心本体论

萨特的任务，以他主要著作的副标题为证，是发展一种现象学本体论。正如我们已经看到的，现象学研究的是通过意识结构揭示世界的方式。萨特相信，这也会给我们提供一种本体论，或者关于经验要如其所是，世界必须是什么样子的说明。然而，尽管本体论可以描述是者的结构，但它不能回答形而上学问题，诸如为什么这个特殊的世界会存在。因此，

萨特试图从人类意识的范围对"怎样"和"什么"的问题提供描述性回答，但和康德一样，他说问"为什么"的问题是无意义的，这个问题超越了被我们所经验的实在的界限。我们能够说的一切是"是者没有理由、没有原因，也没有必然性"（BN 788）。[9]

萨特哲学从海德格尔那里比从其他哲学家那里获益更多。然而，二者之间有重大的差异。* 对于萨特，人类主体的立场是他哲学的起点和目的。关于海德格尔的通过诗歌呼唤我们并凭借它我们发现一种"救赎力量"的"是"，没有任何暗示。相反，对于萨特，人类意识面对着一个异己和无意义的是者的总体。萨特的著作回到强调人的意愿和行动。伴随它的是海德格尔如此努力地试图避免的主观主义。根据萨特，我们必须通过主观地创造意义来闯入世界，而不是海德格尔提出的那样，通过"顺-其-自-然"令它涌向我们。

两种实在：对象与人

萨特说，当我们分析显现于我们的东西时，我们发现两种是者的模式。首先，一种是展现于对象中。这被称为自在（*l'en-soi*）。"自在"这个术语表示对象是自我包含或自我同一的。它们中没有任何东西超出它们当下的所是。桌子仅仅是它所是的东西。第二种是者是对人类意识的刻画。萨特称是者的这种形式为自为（*le pour-soi*）。"自为"这个术语表示这种是者有意义和自我意识。我们不是被外部原因所决定，而是充满了自发的自由，靠着未来的

---

* 回忆一下，海德格尔一直试图把他和萨特的存在主义的人道主义区隔开。

可能性过我们的生活。与桌子不一样，我们没有静态的同一性，因为我们是持续自我设计的是者。我们是未完成的、正在进行的、永远不会结束的设计，总是被我们自己的选择再次重新创造出来。

笛卡尔假设人的意识行为根植于某种精神实体。但萨特说意识是虚无。他用意识的"虚无性"来指意识不是一个东西这一事实。相反，它是完全透明的，只是作为某对象的意识而存在。通过觉察我们自己和因果上被决定的对象所组成的世界之间的鸿沟，我们觉察到我们自己的意识。像液体中运动的气泡一样，意识把虚无引入世界。自在之是仅仅是在那里，没有缝隙，没有可能性，没有任何不足，没有任何否定在场。然而，当意识在场时，"虚无"被引入世界。萨特谈到，进入一个咖啡馆，发现他的朋友皮埃尔不在那儿。在这一觉察中，意识把一个否定，"皮埃尔不在场"，引入到咖啡馆及其对象的连续、充实的是者中。类似地，意识看着它周遭的世界，看到的并不只是那里有什么，而是也看到缺失什么，或者能够实现但尚未成为现实的可能性。只有自为能以这样的方式与因果秩序中的事物的单纯存在相分离。正如我们将看到，作为意识的虚无，它与事物分离和生活在"不存在者（what-is-not）"（可能性的领域）中的能力，使得我们完全自由。因为现象学只研究显现给意识的东西，萨特从来不问世界如何划分为这两个是者的范畴，或意识如何出现在物理事物的中间。像康德一样，萨特相信，在人的境遇中，这种形而上学问题无法回答。

空虚的宇宙

萨特哲学的基本特征是他直言不讳的无神论。正如他对他哲学的描述，"存在主义不是别的，就是试图从一个前后一致的无神论立场描绘全部意识"（EH 310）。对于他为什么拒斥有神论立场，他至少提供了两个理由。第一个理由采取了三段论的形式：

（1）如果一个至高的上帝存在，那么人不会是自由的行动者。

（2）人是自由的行动者。

（3）因而，一个至高的上帝不存在。

为什么他断言第一个前提？显然，他同意莱布尼茨的观点，认为创造世界的上帝会让世界充满具有确定的既定本性的事物。如果是这样，一个人做的每件事就只是由上帝作为其计划的一部分而给予的那种本性决定的。至于第二个主张，我们是自由的，萨特相信，当我们必须做出关键选择时所面对的焦虑，表明这个决定并非已经设定在我们的神创本性中，或者我们的基因中，或者我们的社会条件中。而且，萨特说，即使上帝可以创造出有别于他的真正自由的造物，具有这种自由意味着我们不会依赖上帝或被他所决定。因此，我们选择成为的东西是我们自己的自主选择的结果，并且对于任何实践目的来说，这对人的存在结构、我们如何来到世界上，没有影响（BN 26—27）。

他的第二个无神论论证以上帝概念是矛盾的这一主张为基础，因为它融合了两个不相容的是者类型。一方面，萨特同意中世纪人的观点，认为上帝这样的是者必须是一个完全实现的、完备的、不变的绝对的是者。他不能有计划和欲求，因为这些意味着他有未实现的潜能。但这意味着他是一个自在的是者，这种是者是对象的特征。同时上帝的宗教概念是一个人格概念。而根据萨特的分析，人格是一个有目标、价值和计划的是者。是一个人格就是未完成的,因为我们不断通过自我设计超越我们的当下进入一个尚未完成的未来。实际上,《圣经》中大量的宗教语言以这种方式描述上帝。而且,作为一个人格就是有自我意识的。但在自我意识中,我们从我们的是者中后退,既成为我们自己的主体,又成为客体。因此,与桌子不同,如果我有意识,我绝不会与我的所是完全符合。因而,每个事物要么是完全完成的是者(自在),要么是不断超越自身的是者(自为)——但没有任何东西(包括上帝)能二者都是。因此,作为自在兼自为的上帝概念是自相矛盾的。

> **想一想**
>
> 32.5 分别考察萨特对以下两个主张的论证:(1)如果上帝存在,那么人类不会是自由的,和(2)上帝不可能是完备和不变的同时又具有计划和欲求。论证或反驳两个主张中的每一个。

存在先于本质

在他最著名的文章《存在主义是一种人道主义》(1946)中,萨特引入了一个著名的陈述,"存在先于本质"。某物的本质是它的一系列定义性属性,使得它是它所是的那种东西。萨特说,一个东西的本质先于它的存在,当且仅当它是一个人造物件。对于一个人造物件,我们可以问,"它是什么?"或"它所为的目的是什么?"雕像在艺术家心灵中的原始观念和建筑师的蓝图,是受造物的本质先于其实际存在的例子。然而,如果我们不是神的创造物,就不存在意图我们是什么的计划或蓝图。"人首先存在,遭遇他自己,出现于世界——然后才定义他自己"(EH 290)。萨特指责以前的无神论者,以为他们可以从他们的体系中去除上帝概念并仍然可以继续谈论人类本性和客观价值。相反,"不存在人类本性,因为没有上帝来创造它的观念……人不过是他把自己造成的东西"(EH 290—291)。

一个人可能会好奇,如果不存在共同的人类本性,萨特如何能继续做出关于人类存在的哲学阐述。萨特的回答是,在人格的核心中不存在任何东西来定义他们是什么。我们不能把人类描述为天生自私的、有侵略性的、善的、社会性的、理性的,我们也不能诉诸定义性本质的其他种类。比如说,只有选择参与社会活动,我们才是社会性的,但这不定义我们是什么。然而,尽管没有普遍的人类本性,但存在着共同的人类状况。我们面对相同的挑战、相同的问题和相同的限制。人类存在的生存论结构是相同的,但在这些结构之内,每个人都以他自己独特的方式做出回应。

被判为自由

关于我们是否有自由,哲学家们争论了若干世纪。然而,萨特拥有思想史上曾经提出过的最激进、最绝对主义的人类自由观。他说,不是拥有自由,我们就是自由。自由不是许多属性中的一个属性,而是内在于我们所是的那种是者,因为在我们存在的每一个时刻,我们都重新创造着自己。大多数人都假设拥有自由是一种受欢迎的状况,但在他最引人注目的一个陈述中,萨特说,"我们是被判为自由的"(EH 295)。他想给我们这样的印象,我们不能逃避我们的自由,是一个多么无法承受的负担。他引用陀思妥耶夫斯基的声明,"如果上帝不存在,一切都是被允许的"（EH 294）。我们想要某种做出决定的指导，我们想要依靠某种价值的客观领域保证我们做出正确的选择。然而，事实是：

> 不论在我们的过去还是未来，我们都不在一个清楚的价值世界中，没有任何辩解的手段或借口。留下孤零零的我们，没有借口。（EH 295）

萨特讲述了他遇到的一个耶稣会教士，那时他们都在纳粹监狱中。起初，这个人的生活是一个完全的失败。他是个孤儿，没受过教育，他的恋爱很不幸，而且被拒绝参军，因为没通过考试。他把所有这些事件看作一个标志，他被预定不能获得世俗的成功，而是受召唤去侍奉上帝。萨特说，这是这个个体选择赋予这些经历的意义。然而，他本可以同样容易地决定它们意味着他应该成为一个革命者（EH 298）。萨特立场的关键点在于，单纯的事实没有意义，除非一个个体赋予它们一个意义。

想一想

32.6 你是否同意萨特的观点，认为"我们是被判为自由的"？在你自己的生活中或者在你观察到的生活中，找出一个关于一个人企图逃避或否认他的自由的负担的例子。

现实性

你可能认为存在许多明显的对自由的限制，它们由我们无法控制的过去的事件所造成。例如，我生为一个美国男性，并且在一个中产阶级家庭长大。这种我们生存不可逃避的特征，萨特称为我们的现实性（facticity）。但是，如果事实没有内在意义，而是我们要赋予意义的东西，陈述像这样的我们的现实性特征，并没有说出什么。在我们回应我们的现实性的方式中，我们的自由变得清晰。我生为一个美国人，今天这对我意味着什么？我把这看作民族自豪感的源泉吗？还是对比世界上的其他国家时，为我的国家的富足感到歉疚？我应该放弃我的国籍甚至当一个叛国者吗？这些都是我必须做出的选择。我的性别也同样如此。在20世纪后半期，关于做一个女性或男性意味着什么有大量的讨论和争论。一个男人应该表露他的情感吗？一个女人应该果断吗？是一个女性或是一个男性，作为一个生物学事实，对于是这个性别或那个性别意味着什么，并没有告诉我们任何东西。因此，对于如何过我们的生活，科学事实告诉我们的非常之少。当我们面对单单由我们的实际性所给定的东西，在决定这些对我们有何意义时，我们有无比巨大的自由。

人类存在的悖论

在他的一句典型地具有神秘性的警句中，萨特说，人存在的一个特征是，我是我所不是，我不是我所是（BN 196，798；EP 65）。初看起来，这个断言即使不是完全不可理解，也似乎是矛盾的。然而，萨特的大部分哲学都能由这个简洁的公式展开。陈述的前一半（"我是我所不是"）指的是超越性（与现实性相对）。这意味着我们总是以未来为导向的。* 我们的可能性、我们的自由、我们为之奋斗但尚未实现的东西塑造了我们的当下生活。我当前的生活以完成这本书这个目标为导向。因此，我是（某个人试图是）我所不是（一个出版物的作者）。作为一

---

* 注意我们在萨特对人类存在的描述中，有多么经常听到海德格尔的回响。

个"自为"的是者就总是要奋斗，总是在路上。我们进行中的计划，那些我们寻求超越我们现在所是的行动，不断地定义着我们。"我们要说的是，一个人不过是一系列的事业，他是构成那些事业的总和、组织和一系列关系。"（EH 301）

这个公式的另一半（"我不是我所是"）指的是我们扮演的角色不能完全定义我们。某个给我贴标签的人可能说我是一个丈夫、一个父亲、一个哲学家和一个教授。然而，这些身份并没被编入我的是者中。在一个意义上，我并不是一个全面和完备的教师，但我努力去做一个这样的教师（伴随不同程度的成功）。而且，是一个教授（或任何其他标签）并不是我本质的一部分，因为它是某种我一直选择去是或者能够选择不去是的东西。一张桌子与是一张桌子完全同一，因为它对此并无选择。然而，我选择把自己和这个或那个角色相同一。有人可能会认为，我是一个父亲是关于我的过去的一个生物学事实，我不能改变。但是，我如何看待这个角色对我如何过我的生活和我与家庭的关系有巨大影响。而且，我能选择把我自己同一于作为一个父亲所意味的东西，或者我可以拒绝接受这个角色是我所是的人的一部分。因此，我不是（本质上或不可改变地同一于）我所是（我接受的我自己的角色或标签）。

坏的信仰对本真性

萨特警告我们不要落入自己给自己贴标签的陷阱，因为这只是试图否定我们的自由。我可能说，"我是个失败者"或"我无法改变，因为我就是这样的"。标签成为我们的身份只是因为我们让它们成为我们的身份。在他给剧作家让·热内写的传记中，萨特告诉我们，热内在他是个孩子的时候偷过东西。当他被抓住时，他被告知，"让，你是个小偷"。他幼稚地把它当作自己的身份加以接受，并且在他成年的早期成了一个职业小偷。以许多这种方式，我们非本真地把自己同一于这个或那个角色，并且认为我们没有是别的东西的自由。与他自己的哲学相一致，萨特拒绝把他自由、自发的自我同一于公众努力锁定于他的著名作家的身份。在回应一个采访者的问题时，萨特说：

> 你知道，名声似乎发生在其他人的生活中，它发生在另一个人身上。我存在着，然后，另一个人存在着。另一个人写了书，并且被阅读……他存在着，我知道，但是他并不干扰我：我利用他，但我不认为他就是我。[10]

萨特用坏信仰指称这样的努力，即否定我们的自由，把我们自己看作我们的环境的产物，或者把我们自己同一于我们过去的选择，同时锁闭我们未来的可能性。我们感觉需要做一个"自在"，一个被定义了的、具有一个身份的是者。但是，像海德格尔指出的，这是因为和我们的自由照面，带来了责任的重担与焦虑、烦恼和绝望的经验。一切都取决于我们，因为除了我们创造的意义之外，没有给世界或我们的生活的意义。当一个年轻人来找萨特寻求伦理建议时，萨特给他的唯一建议是"你是自由的，所以你选择吧——也就是说，发明吧"（EH 297—298）。只有当我们为我们过去和现在的意义承担责任，并且自觉地选择我们的未来，我们才将获得本真性，一种在一个别无价值的宇宙中萨特似乎接受的价值。

> **想一想**
>
> 32.7 列出你的某些会被萨特描述为你的"现实性"的存在特征。然后,对于每一个特征,列出为了决定这个事实的意义你所做出的某些选择。

异化与他人

对于我们与他人的关系,萨特的哲学意味着什么?尝试一下这个思想实验:看你的上边、下边、左边、右边、前边和后边。你刚刚演示了你是你所生活的世界的中心。宇宙中所有的方向都从你辐射出去。萨特说,在赋予我们的世界以意义和价值方面,我们不可避免地扮演着上帝般的角色,如果这是正确的,那么我们每个人都是我们所生活的世界的至高君主。问题是,有多少个体,就有多少生活的世界。然而,只可能存在一个宇宙,一个上帝,一个中心。人与人之间不可避免地存在冲突。

我决定了你在我的世界中有何意义。你有趣吗?乏味吗?漂亮吗?平凡吗?有威胁吗?无害吗?我决定了你有什么价值和意义,因为你不过是我的世界中的一个项目。当然,他人对我也同样如此。因此,我们被卷入一场"世界的战争"。萨特谈到当他人注视我们时我们感到的不舒服。你独自在公园中享受时光,认为你是一个人。你感到你控制着你的空间。但是你开始不舒服地觉察到有人注视着你。另一个意识的在场意味着你不过是另一个人世界中的一个项目。就像塞子拔掉时,水涌入浴缸的排水管中,我的世界似乎流向另一个意识中心。他如何看待我?他会对我做出什么判断?他人的注视令你不安,因为它意味着你不再完全控制你的心理空间。你不断争取做一个完全的主体意识,给予你的世界中的诸项目以意义。但这意味着他人只能是你意识的客体。当然,反之亦然,他也试图把你吸收到他的意识经验中。

因为这样的理由,萨特不相信我们可以真的和另一个人分享我们的经验,因为个体自治是我们经验这个世界的无可避免的特征。友谊最多能像两条在相同方向上移动的分离的船。正如萨特创作的一个角色在他的戏剧《禁闭》结尾时所说的,"他人就是地狱"。

异化中的乐观主义

根据萨特的分析,关于人的存在有着某种根本荒谬的东西。生活在一个没有上帝的宇宙中,回答关于价值和意义的问题取决于我们自己。同时,我们不能依靠任何种类的理性秩序,因为我们的生活建基于纯粹、主观的自由之上。因为这个理由,萨特说,"存在主义者……发现上帝不存在是极端尴尬的,因为,随着他而消失的是在一个可理解的天堂里发现价值的一切可能性"(EH 294)。用实践的术语说,我们每个人必须填补在过去的哲学体系中由上帝占据的位置。在发现某种稳定的身份的努力中,我们也力图像个上帝。总是在做决定,总是在路上的烦恼折磨着我们,我们渴望完成和实现。因此,萨特说,"设想人类实在的根本计划的最好方式是说,人是计划成为上帝的是者"(EP 66)。然而,萨特已经论证上帝的观念是矛盾的。因而,由此可得"人是无用的激情"(EP 199)。

尽管萨特哲学有所有这些消极特征,他仍然认为他的哲学是可能的看法中最乐观的。不像有神论或者决定论的科学哲学,根据萨特式的存在主义,未来尚未被决定。我们面对着真正的可能性,我们是自由的,我们可以选择,我们在控制。这种哲学给我们尊严,以及我们能使自己成为我们决定去是的东西的希望。无论是自然,还是上帝,或者社会,都没有最终决定权,因为每个个体都撰写着他们自传的下一章。

萨特的马克思主义转向

迄今为止概述的观念说明了萨特对存在主义、文学和心理学的巨大影响。然而,在他生命的后期,他试图把存在主义和**马克思主义**(Marxism)结合起来。萨特一生都为自己是一个思想者而不是行动者而遗憾。虽然他绝不否定自由是不可避免的,但他开始关注社会限制人们表达他们自由的能力的方式。他希望存在主义能使马克思主义少一些教条主义和决定论。

萨特的马克思主义转向表现在他 1960 年的书《辩证理性批判》中。在这本书的开头,他说,"马克思主义是我们的时代不可避免的哲学"。与正统的马克思主义以及它赖以建立的黑格尔主义不同,萨特相信,马克思主义不可避免不是因为历史是被决定的。相反,他提出了一种更为适度的主张,即马克思主义最好地表达了我们时代的人类境遇。萨特讨论了若干个体能够联系在一起的两种方式。一种是"群集",它可以刻画为站成一排等公交车的分离个体的集合。他们没有任何意义上的统一性,因为每个人都致力于他自己的计划,对他人关切的东西毫无所知。复多性的第二种类型是"融合集团(group-in-fusion)"。在这种情况下,人们发现他们面对着共同的境遇并且他们的个人计划可以结合起来,使得他们能进行一致的历史行动,如法国大革命。在资本主义制度下,个体的工人们是一个群集,在其中,他们把他们自己看作无力的、受压迫的和异化的个体。认识到他们共有的异化,以及他们只是被他们的老板看作剥削对象的事实,他们开始把他们自己看作"我们-对象"。压迫者继而成为"他们"。凭借这一新的意识水平,工人能把他们自己从一个对象集合转变为"我们-主体"。在此,他们用集体解放定义了他们对个体自由的渴望,并且能为一个更人道的社会而共同工作。

萨特从来不是一个真正的马克思主义者。因为他总是抵制内在于马克思主义的历史决定论观点。同时,很多人相信,通过强调社会结构的力量和引入集体身份的概念,萨特抛弃了他的存在主义。但无论如何,萨特希望存在主义会把马克思主义人道化,进而导致人类境况的转变:

只要对每个人都存在一个真正自由的空场,不只是生活的产物,马克思哲学就将走到它的尽头;一种自由哲学将接替它的位置。但是我们没有手段,没有理智的工具,没有具体的经验允许我们设想这种自由或这种哲学。[11]

存在主义的意义

存在主义的批评者偏好一种更具分析性和科学性的研究进路，抱怨存在主义只是对人类存在的黑暗面的情绪反应，没有提供任何有认知价值的东西。正如一位分析哲学家对我说的，"任何人在一个无眠之夜的凌晨3点都是一个存在主义者"。然而，作为对待人类境况的一种方式，存在主义影响巨大并且在涉及人类不同关切的任何领域都有其拥护者，诸如艺术、文学、心理学、神学领域。虽然存在主义作为一种运动在今天不像在萨特的鼎盛期时那么强大，但存在主义精神将会一直活着。它是一种反抗理性自负，反抗现代生活的反人道境况，以及反抗科学企图把人还原为不过是与自然中其他对象并列的另一种对象类型的精神。

哲学中的女性：西蒙娜·德·波伏娃（Simone de Beauvoir，1908—1986）

西蒙娜·德·波伏娃是法国作家、知识分子、存在主义哲学家和女性主义者。她因她的小说，特别是《女客》和《名士风流》以及她1949年的书《第二性》而著名，《第二性》已经成为当代女性主义的奠基性文献之一。波伏娃生于巴黎，是两个女儿中的老大。她的母亲是虔诚的天主教徒，而波伏娃非常虔信宗教，直到14岁，那时，一场信仰危机使她的余生转向了无神论。大学期间，她学习数学和哲学。1927年，她到著名的索邦神学院继续学习哲学。她完成了一篇与博士论文相当的论莱布尼茨的论文。然后，波伏娃参加了竞争激烈的哲学学科教师资格考试，该考试授予人在公立教育系统中教学的资格。她获得了第二名，只输给了让-保罗·萨特，而他是第二次参加考试。21岁时，她是通过哲学考试的最年轻的学生，并且是法国最年轻的哲学教师。然而，她的教学生涯很短，一旦她从她的出版物中获得的名声给了她财务上的独立后，她就不再把教书当作永久的事业了。

1929年，她和萨特开始了会长达一生的关系，他们是未婚伴侣、情人和哲学同事。尽管他们在思想上有许多差异，但他们也发展出了某些相同的主题。这导致了某些学术争论，这些争论针对的是某个萨特的特殊观念是否是波伏娃的，或者在波伏娃著作中发现的观念是否最初来自萨特。然而，因为他们的关系如此密切，故而很可能他们的思考是共同发展的。

波伏娃的第一本书《女客》是一本小说，出版于1943年。很多人把它看作一本哲学著作。接下来，她的第一本明确的哲学著作《皮洛斯与西尼阿斯》（1943）问世，在书中，她开始以存在主义的伦理学进路致力于某些问题，它们是贯穿她一生的主要主题。

1947年，波伏娃出版了她的第二本非虚构著作《模棱两可的伦理学》。它被很多人看作存在主义伦理学最好的阐述之一，甚至超过了萨特。在《存在与虚无》的末尾，让-保罗·萨特许诺写一本伦理学的书。然而，虽然他写了许多笔记，但他从未完成这个计划。所以，波伏娃决定自己来实现这个目标。在波伏娃的计划中，她试图克服萨特工作的局限和它作为发展伦理学计划基础的不充分性。尽管波伏娃的许多思想显示了萨特对她的影响和她对萨特的影响，但在她的存在伦理学研究进路中，她背离了她的朋友。这本书开始于对人类境遇的分析，或多或少与萨特的立场是相容的。标题中的"模棱两可"这个词指的是我们由自由和现实性两者共同构成这一事实。作为主观意识，我们自由地做出选择。然而，我们也是他人的对象。所以，我们既是主体又是客体。而且，尽管我们渴望绝对自由，但我们的自由总是被我们的境遇所限制。我们面对着物理的限制，以及我们的自由要面对的社会和政治局限。但波伏娃说得很清楚，我们被限制，而不是被决定。

遵循标准的存在主义主题，她论证说，意义不是预先授予或写进宇宙的经络之中的。相反，必须通过每个个体运用自由，选择验证他们的自由的计划，把它创造出来。问题是，如果每个个体寻求他们自己的意义，我们如何与做同样事情的其他意识中心相联系？萨特的回答是，当我寻求把你融入我的世界而你也对我做同样的事情，冲突就不可避免。因此，萨特在他的戏剧《禁闭》中以"他人就是地狱"结尾。与此相反，波伏娃说，"意欲一个人自己自由，就是同时意欲其他人自由"。我必须和他人建立一个共同体来支持我的计划，而不是做一个我自己的自由领地内的孤立个体。换言之，我们相互支持对方的自由。

西蒙娜·德·波伏娃最有影响的书是《第二性》，最初在1949年出版于法国。它是一本极有争议的书，并且光谱的两极都攻击它。这本书的关键是存在主义的公式，存在先于本质。波伏娃强有力地提出没有预先给予的本质来定义做一个女人意味着什么。因此，在已经成为她的标志的引文中，波伏娃说，"女人不是天生的，而是成为的"。借助这句被引用的话，她提出了这样的思想，即，一个人除了有作为生物学特征的性征（sex）之外，还有社会性别（gender），它不是固有的，而是社会塑造的。这对女性主义运动的影响将会在第33章讨论。

西蒙娜·德·波伏娃文学生涯的最后著作之一是《告别：再见萨特》，1981年在法国出版。它是对围绕萨特生命尽头的事件的一个伤感而感人的说明和对她的理智伴侣与搭档的颂词。

当代联系 32：现象学与存在主义

本章中讨论的三个欧洲思想家种下的种子在称为大陆传统的当代思想中发展出了各种各样的运动。对于许多思想家来说，胡塞尔、海德格尔和萨特对意识结构、主观性和自我性的强调，具有其他传统无法比拟的启发性。除了他们提供了新的哲学观点这一事实之外，他们的影响还在广泛的领域内被感受到，如心理学、神学和艺术领域。

因为他的理论极有技术性，胡塞尔的影响不像后两位受他影响的哲学家那样广泛。然而，仍然存在着那些今天自称为胡塞尔主义者的人。他的追随者中包括重视古希腊人和中世纪人对本质的强调的哲学家，他们认为胡塞尔在这一主题上极有洞见。许多同情胡塞尔的人认为，他把哲学变为"严格的科学"的计划失败了。然而，他对第一人称视角的强调，对于那些过于还原主义和把意识处理为只是科学研究的自然界的又一特征的心灵哲学家，是一副健康的解毒剂。

公平地说，萨特今天的影响不如他在20世纪中期的时候，在新方向上发展了他的洞见的后起大陆哲学家使他的光芒减退。然而，他富有启发性的现象学和心理学研究已经有了持久的影响力。很少有人能与他对自由、责任和本真等主题的吸引人的解释相竞争。

三位哲学家中，今天仍然具有相当大的影响力的是海德格尔。他的思想范围广泛，涵盖的主题包括了哲学史、本体论、形而上学、神学、技术哲学、文化、语言、诗歌和艺术。他对我们用以诠释我们经验的历史方式的关注，影响了范围广泛的学科和思想家。因而，他在文学理论和文学批评领域的影响是最深刻的。

西蒙娜·德·波伏娃作为一个哲学家和小说家受到欣赏。然而，她最持久的传奇或许是在20世纪女性主义思想形成早期阶段对这种思想的贡献。

理解题

1. 在本章的语境中，什么是自然主义？胡塞尔为什么拒斥它？
2. 胡塞尔用"现象学"表示什么意思？
3. 在什么意义上胡塞尔现象学是一种理性主义？在什么意义上它是一种激进的经验主义？
4. 根据胡塞尔，什么是自然立场？
5. 胡塞尔用"加括号"或悬置表示什么意思？它与笛卡尔的怀疑方法有什么不同？为什么胡塞尔认为这样做很重要？
6. 什么是胡塞尔的意识观？他用"意向性"表示什么意思？
7. 根据胡塞尔，什么是生活世界？它与科学对世界的解释是什么关系？
8. 海德格尔和萨特这样的哲学如何修改了胡塞尔的哲学，把它转化为存在现象学？
9. 在海德格尔的哲学中，"本体论"的意思是什么？
10. 海德格尔在"是"和是者之间做出的区分是什么？根据海德格尔，西方思想如何忽视了"是"？
11. 德语词"*Dasein*"是什么意思？海德格尔为什么用它来指人的存在？海德格尔为什

么认为本体论研究要从对我们生存的分析开始？

12. 海德格尔的"在－世界－中－是"的概念与笛卡尔研究人类的途径有何不同？
13. 海德格尔给"世界"概念的独特意义是什么？
14. 海德格尔在"上手"对象和"在手"对象之间观察到的区别是什么？
15. 海德格尔为什么说认识不是我们与世界的最基本关系？他认为我们与世界相联系的更为基本的方式是什么？
16. 海德格尔哲学中的以下表达式的意思是什么："实际性""被抛性""先行于－自己－是""沉沦""畏""向－死－而－是""良知"？
17. 根据海德格尔，什么构成了本真生存和非本真生存之间的差别？
18. 在他的后期著作中，海德格尔如何定义"真理"？
19. 根据海德格尔，什么是语言问题？它的修正办法是什么？
20. 根据海德格尔，技术造成了我们与世界关系的什么问题？它的解决办法是什么？
21. 根据萨特，两种实在是什么？他分别怎样描述它们？
22. 萨特用来捍卫他的无神论的两个论证是什么？
23. 萨特用"存在先于本质"这种说法表示什么意思？为什么它蕴含着不存在人类本性？
24. 萨特用"现实性"和"超越性"表示什么意思？这些概念如何说明他的口号"我是我所不是并且我不是我所是"？
25. 萨特用"坏的信仰"表示什么意思？它如何与他的"本真性"概念形成对比？
26. 对于我们与他人的关系，萨特的哲学蕴含着什么？
27. 萨特为什么说人类的存在是"无用的激情"？既然如此，萨特为什么认为他自己是一个乐观主义者？
28. 萨特转向马克思主义的意义是什么？这与他的早期哲学一致吗？

思考题

1. 你是否认为胡塞尔的这个观点有道理，即意识不可能被当作世界中的另一个自然对象？
2. 论证或反驳胡塞尔的主张，即科学呈现给我们的世界不是实在本身，而是"理想化和朴素地客观化的自然"。
3. 在你自己的经验中发现海德格尔的"上手之物"和"在手之物"的例子。
4. 你是否同意海德格尔的观点，即技术只是我们具有的看待世界的方式之一，而不是唯一的方式？
5. 你是否认为萨特主张"存在先于本质"是正确的？接受这个原则对一个人的生活有何影响？
6. 为什么萨特看上去对人类的关系如此悲观？在与他人打交道时，你是否有他描述的那种经验？萨特与女性主义作家西蒙娜·德·波伏娃保持着终身伴侣的关系。你是否认为这与他关于人类关系的观点不一致，或者一个人能否既是一个萨特主义者又仍然有亲密的伴侣？

注释

[1] 引自赫伯特·施皮格尔伯格（Herbert Spiegelberg），《现象学运动》(*The Phenomenological Movement*)，第2版（The Hague, Netherlands: Nijhoff, 1965），1: 82。

[2] 在整个这一章中，埃德蒙德·胡塞尔的著作引文根据它们的页码来标注，并使用以下缩写：

CM　《笛卡尔的沉思》(*Cartesian Meditations*)，多里昂·凯恩斯（Dorion Cairns）译（The Hague, Netherlands: Nijhoff, 1960）。

I　《观念：纯粹现象学通论》(*Ideas: General Introduction to Pure Phenomenology*)，W. R. 博伊斯·吉布森（W. R. Boyce Gibson）译（New York: Collier Books, 1962）。

PCEM　《哲学与欧洲人的危机》("Philosophy and the Crisis of European Man")，载于《现象学与哲学的危机》(*Phenomenology and the Crisis of Philosophy*)，昆廷·劳尔（Quentin Lauer）译（New York: Harper & Row, 1965）。

[3] 威廉·巴雷特（William Barrett），《什么是存在主义？》(*What is Existentialism?*, New York: Grove Press, 1964)，第82页。

[4] 引自施皮格尔伯格，《现象学运动》，1: 284。

[5] 同上。

[6] 马丁·海德格尔，《回到形而上学基础之路》("The Way Back into the Ground of Metaphysics")，载于《从陀思妥耶夫斯基到萨特的存在主义》(*Existentialism from Dostoevsky to Sartre*)，沃尔特·考夫曼（Walter Kaufmann）翻译和编辑（New York: Meridian Books, New American Library, 1956），第207页。

[7] 马丁·海德格尔的著作引文根据它们的英译本页码标注，并使用以下缩写：

BT　《是与时》(*Being and Time*)，约翰·麦夸里（John Macquarrie）和爱德华·罗宾森（Edward Robinson）译（London: SCM Press, 1962）。

ET　《论真理的本质》("On the Essence of Truth")，R. F. C. 赫尔（R. F. C. Hull）和艾伦·克里克（Alan Crick）译，载于马丁·海德格尔，《生存与是》(*Existence and Being*)，沃纳·布罗克（Werner Brock）编（Chicago: Regnery, 1949）。

HEP　《荷尔德林与诗歌的本质》("Hölderlin and the Essence of Poetry")，道格拉斯·斯科特（Douglas Scott）译，载于马丁·海德格尔，《生存与是》。

IM　《形而上学导论》(*Introduction to Metaphysics*)，拉尔夫·曼海姆（Ralph Manheim）译（Garden City, NY: Anchor Books, Doubleday, 1959）。

LH　《关于人道主义的书信》("Letter on Humanism")，埃德加·洛纳（Edgar Lohner）译，载于《20世纪哲学　第3卷：当代欧洲思想》(*Philosophy in the Twentieth Century, Vol.3: Contemporary European Thought*)，威廉·巴雷特和亨利·D. 艾肯（Herry D. Aiken）编（New York: Harper & Row, 1962）。

QCT　《技术问题》("The Question Concerning Technology")，威廉·洛维特（William Lovitt）译，载于马丁·海德格尔《技术问题和其他论文》(*The Question Concerning Technology and Other Essays*, New York: Harper & Row, 1977）。

WM　《什么是形而上学？》("What Is Metaphysics?")，R. F. C. 赫尔和艾伦·克里克译，载于马丁·海德格尔，《生存与是》。

[8] 引自J. L. 梅塔（J. L. Mehta），《马丁·海德格尔：道路与视野》(*Martin Heidegger: The Way and the Vision*, Honolulu: University Press of Hawaii, 1976)，第336页。

[9] 让－保罗·萨特的著作引文用它们的页码标注，并使用以下缩写：

BN　《存在与虚无》(*Being and Nothingness*)，黑兹尔·E. 巴恩斯（Hazel E. Barnes）译（New York: Washington Square Press, 1956）。

EH　《存在主义是一种人道主义》("Existentialism Is a Humanism")，菲利普·梅雷（Philip Mairet）译，载于《从陀思妥耶夫斯基到萨特的存在主义》，沃尔特·考夫曼编（New York: Meridian Books, New American Library, 1956）。

EP　《存在主义心理分析》(*Existential Psychoanalysis*)，黑兹尔·E. 巴恩斯译（New York: Philosophical

[10] 《让-保罗·萨特近来在思考什么?：皮埃尔·贝尼舒所做的访谈》("What's Jean-Paul Satre Thinking Lately? An Interview by Pierre Bénichou")，帕特里夏·索思盖特（Patricia Southgate）译，《时尚先生》(*Esquire*)，1972年12月，第286页。

[11] 让-保罗·萨特，《寻找方法》(*Search for a Method*)，黑兹尔·E. 巴恩斯译（New York: Vintage Books, Random House, 1963），第34页。

第33章

新近哲学问题

哲学现在处于何处，它将要去哪里？如果哲学史教给了我们什么的话，那就是过于详细地回答这个问题非常冒险。多年前，当我是一个主修哲学的大学生时，没有人预见到哲学家今天在关注的某些问题。同样，很难预测我们时代的哪个哲学家会在未来的几十年和若干世纪有最持久的影响。不被同时代人欣赏的哲学家经常在数百年后被重新发现。

或许让-保罗·萨特是对的——过去从未结束，而是通过当下的时刻继续获得意义。而且，萨特以及实用主义者和过程哲学家强调，未来总是开放的。从我们当下的看法出发，我们不断决定着什么样的未来将要来临。因而，在本章中我最想做的，是说一说当前哪些新问题和新运动正引起喧嚣，以及简要提及一些名字，给想要更详细地研究当下哲学的读者提供指引。

重新思考经验主义

20世纪后期的一个重要发展是，激进地重新评估近代经验主义的基本假设。虽然这不是现在才发生的事情，但它影响了产生我们当前许多哲学运动的哲学环境。从弗朗西斯·培根以来，经验主义者的主张已经为科学提供了哲学基础。后来，当科学家若干世纪以来发展他们的方法和理论时，他们接受了经验主义者关于科学家在做什么的描述。当古典经验主义遇到问题时，要求重新思考科学知识到底是关于什么的。而且，许多仍然处于经验主义传统中的哲学家必须从根本上修正经验主义的性质。

W. V. O. 蒯因

引领对传统经验主义指控的最有影响的哲学家之一是威拉德·冯·奥曼·蒯因（Willard Van Orman Quine，1908—2000）。*他的经典论文《经验主义的两个教条》（1953）动摇了经验主义的基础。[1] 他抨击的第一个经验主义教条是**分析陈述**（analytic statement）和**综合陈述**（synthetic statement）之间的

---

*蒯因是一位重要的美国哲学家，他在哈佛大学教学多年。他对逻辑理论及其在认识论和形而上学上的应用做出了很多贡献，这些贡献在哲学共同体中造成了相当的震荡。他的研究既受分析传统的影响，又受实用主义传统的影响。

传统区分。*我们能做出这种截然区分的这一假设，是从约翰·洛克直到逻辑经验主义的近代经验主义的基本支柱。然而，蒯因做出了这个惊人的陈述，分析陈述和综合陈述之间的区分是"经验主义者中的一个非经验的教条，一个形而上学的信条"。他通过系统地逐步瓦解构建起分析陈述和综合陈述之间差别的所有努力来说明他的理由。

一个定义"分析性"的传统方式是，只要一个陈述能被还原为一个基于逻辑同一律"A 是 A"的逻辑真理，就说它是分析的。以"所有单身汉都是未婚的"为例。我们假设，如果我们能通过把一个词替换为另一个同义词把它转化为逻辑真理，这个陈述的分析性质就能得到证明。既然"未婚的男人"是"单身汉"的同义词，我们就能把原来的语句翻译为"所有未婚的男人都是未婚的"这个逻辑真理。

蒯因首先论证说，这里的问题是，这个分析陈述的定义假设了当我们说一个词是另一个词的同义词时，我们能解释我们的意思。为了表明这是成问题的，他首先考虑了这样的提议，即，通过说这就是我们如何定义这些词项的或人们通常可以互换地使用这些词，"单身汉"和"未婚的男人"的同一性就可以得到解释。蒯因回答说，这样诉诸人们的语言行为是一种社会观察，无助于解释为什么分析－综合区分被认为是一个逻辑区分。

第二，在一系列我不打算在这里重述的论证中，蒯因论证说，所有定义分析陈述的努力，最终是用"同义性"定义"分析性"，又用"分析性"定义"同义性"。因此，没有一个清晰并且不循环的定义标准，经验主义不能维持分析陈述和综合陈述的区分。

蒯因抨击的经验主义的第二个教条是"还原主义"。这种信念认为，一个陈述有意义当且仅当它能被完全翻译为关于直接经验的陈述。这个假设被包含在逻辑实证主义者的**可证实性原则**中。即使在它最弱的形式中，还原主义也假定单个陈述能脱离其他陈述单独被确证或反驳。这个假设存在于分析哲学的基础中，因为只有我们有可能一个一个地考虑我们的信念，我们才能对它们进行零散的分析。

与还原主义相反，蒯因论证说，"我们关于外部世界的陈述不是单独面对感觉经验的裁判的，而是作为一个整体"。换言之，我们是否认为单个陈述被证明或被否证依赖我们的整个信念系统，包括什么经验应该被接受或无视，我们应该如何诠释经验，以及我们认为它们蕴含着什么等有关假设。**而且，蒯因说，这两个教条其实是相同的。潜伏在分析－综合区分中的思想是，综合陈述的真理依赖经验，而分析陈述在逻辑上不同，因为它们的真与我们在经验中的发现无关。

与传统经验主义的区分相反，蒯因说，"如果不论出现什么情况，任何陈述都能被视为真的"并且"没有陈述是不可修正的"。这意味着我们把一个陈述当作分析陈述还是综合陈述将依赖（1）不论出现什么反例我们都接受它的程度，相对于

---

* 回顾一下，分析真理是那些它们的真以词项意义为基础的真理，例如"所有的母亲都是双亲之一"。综合陈述是其谓项增添的信息不能从主项中通过分析演绎出来的陈述，例如"所有母亲都不到 6 米高"。

** 这个论点是对伟大的法国历史学家和科学哲学家皮埃尔·杜恒立场的发展。因此，它有时被称为"杜恒－蒯因论点"。

(2) 如果它与新经验相冲突时我们修正它的意愿。而且，这个选择是实践的选择而不是逻辑规定的选择。

蒯因说，我们知识的总体，从我们的常识信念到逻辑法则，是"只在边缘上与经验相碰撞的人造结构"。换言之，处于我们信念系统外围的信念是，如果经验与它们相冲突时我们最愿意放弃的信念。这是因为我们能抛弃边缘的信念而不对我们的其余信念做出重大改变。其他信念，特别是科学法则、数学和逻辑，深深地植根于我们信念系统的内部。某一日常经验将它们置于可疑境地的概率极低。而且，因为它们与我们的其余信念有如此多的联系，我们会倾向于怀疑我们的观察而不是抛弃这些核心信念。

尽管我们的科学、数学和逻辑信念具有核心性，蒯因相信，有可能存在这样的情况，即使是这些信念，我们也不得不修改其中之一以保持我们其余信念的融贯。例如，被称为"排中律"的陈述：要么 P 为真，要么非 P 为真——不存在第三种情况。因为这个逻辑法则，不论关于约翰的事实是什么，我们都认为"要么约翰结了婚，要么他没有结婚"是真的。但是，量子力学这一物理学领域中的实验结果已经导致某些物理学家怀疑排中律。另一些人认为抛弃这个原则是灾难性的，他们重新诠释实验结果来保留这个逻辑法则。蒯因说，科学史向我们表明，即使我们信念系统中最核心的假设也是可以被修正的。例如，托勒密的假设被开普勒代替了，牛顿的假设被爱因斯坦代替了，而亚里士多德的假设被达尔文推翻了。

总之，蒯因已经把经验主义者在分析陈述和综合陈述之间做出的严格逻辑区分改变为基于实用主义考虑做出的区分。他也挑战了单个陈述可以直接被经验证实或证伪的思想。蒯因说，抛弃这两个教条的根本后果包括"模糊了思辨形而上学和自然科学之间的假设界线"。近代物理学家相信物理对象和古希腊人相信荷马的神只是在不同种类的信念体系中有其位置的两个信念。蒯因说，"就认识论的立足点而言，物理对象和神只是程度不同，而非种类不同"。然而，他避开了相对主义而接受了实用主义，因为他认为我们能论证一个信念和它的支持性假设比另一个信念在实践上更优越。正如蒯因所说：

> 物理对象的神话在认识论上比大多数神话优越是因为已经证明，作为把一种可管理的结构引入到经验之流的策略，它比其他神话更有效。

托马斯·S. 库恩

对经验主义的另一个打击是由托马斯·S. 库恩（Thomas S. Kuhn，1922—1996）的工作造成的，他是麻省理工学院非常有影响的科学哲学家。他开创性的著作《科学革命的结构》，造成了我们对科学理解的根本改变。[2] 库恩的认识论思想受到维特根斯坦和蒯因这样的哲学家的影响，但他的理论的形成也来自关于科学史的丰富知识。他拒斥传统的观点，即科学是通过添加到已有知识储备中的新发现的积累而前进的。相反，库恩论证说，科学是"被理智上的激烈革命所打断的一系列平静的修整期"。当科学革命发生时，"一个概念性世界观被另一个概念性世界观代替"。

库恩铸造"常规科学"这个术语来指称科学中持续时间较长、较为平静的时期。在这些阶段，科学工作由一个单一的范式指导。虽然库恩以许多不同的方式来描述**范式**（paradigm），但范式基本上是科学家共同体的共识，它关涉到要接受什么基本法则和理论假设，需要解决什么问题，这些问题应该如何被概念化，什么现象与它们的解决方式相关，如此等等。在常规科学时期，任务是解谜或努力解决由范式产生的问题和应用范式解释所有新数据材料。然而，不久之后，将会出现结果不符合范式的实验。最初，这些不合常规的数据材料将会被标记为"异常的"，或者只是需要花更多工作来让它们符合理论图景的谜题。因此，它们可以证伪流行理论的想法被拒斥。然而，随着异常的增长，常规科学将进入危机。最后有人将提出新的范式，如果它在获得追随者方面获得成功，将推翻现有的范式，科学革命就将发生。根据库恩，科学革命的著名例子是伽利略的科学代替亚里士多德的科学，爱因斯坦的相对论代替牛顿的科学。

除了库恩科学观的这些基本特征之外，他的解释还有很多更具争议的特征。争论得很热烈的一点是，他主张所有的观察都是具有"理论负载"的。这意味着我们感知对象时，我们并不单单是看见它们，我们通过某种诠释框架把它们看成这种或那种事物。例如，一个亚里士多德式的科学家认为静止是一个地上对象的"正常"状况。因此，当他看到一个挂在绳子上的重物摆动时，他会把它概念化为一个寻求静止于地上，但正和阻止它下落到它的正常固定位置上的绳子做斗争的对象。对于他，运动恰恰是不正常的和需要解释的。对于有不同范式的伽利略，一个运动对象"自然地"保持运动。需要解释的是它运动状态的任何变化。因此，他对摆动的重物的看法非常不同。它现在被看成一个奋力在空间中永远沿直线继续运动的对象，但是它受到绳子牵引的限制，迫使它一遍又一遍地重复运动，直到重力战胜了它保持运动状态的自然倾向。在一个科学家看来正常而不神秘的东西，被另一个科学家认为是一个需要解释的现象，反之亦然。

这导致了库恩解释的另一个有争议的特征，它令人想起蒯因对古典经验主义的批评。如果所有观察都有理论负载，那么就不能诉诸理论中立的观察来在两个竞争的理论之间判定谁是胜者。每个理论都会给经验材料一个使它与特定理论主张一致的诠释。仅仅观察一个摆动的钟摆既不会确证亚里士多德的运动物理学解释，也不会确证伽利略的解释。因而，库恩主张，从旧范式到新范式没有一条完全理性客观的路径，因为什么算是理性和科学证据的可接受标准是通过范式来定义的。因此，根据库恩对科学史的描述，科学革命（像政治革命一样），更多的是社会力量的结果，而不是任何以不偏不倚的证据为基础的东西。他甚至到了把观点变化描述为"改宗"的地步。这已经导致批评者指责库恩否定科学的客观性和科学真实地解释实在的目标。1992年，在他的哈佛大学罗斯柴尔德讲座中，库恩说，他无法想象说科学理论使我们"更接近真理"是什么意思，这给它的批评者提供了弹药。像蒯因和库恩这样的思想家引起的争端已经对传统的经验论观点——人可以通过把一个命题纳入证实或证伪过程来判断其真假——提出了质疑。

自苏格拉底和智者时代以来，哲学家们一直争论，在多大程度上我们的知识以对客观实在的遭遇为基础，在多大程度上主要是一种精神构造。当代科学哲学中，争论主要是在各种版本的科学实在论和反实在论之间。**科学实在论**（scientific realism）是传统的观点，主张科学谈论的事物独立于我们的概念框架而实际存在，并且科学能够给我们关于世界的知识。**科学反实在论**（scientific antirealism）是相反的主张，即科学并不给我们关于世界的精确的真实解释。科学理论被说成是给我们提供了富有成果的模型、演算手段、有用的虚构和将我们的经验系统化的方式。这样的问题自然会产生："科学理论怎么可能是如此有用的指导，如果它们不告诉我们世界实际是什么？"作为回答，反实在论者指出，许多过去的理论在因为范式转换而被抛弃之前不断做出成功的预测。因此，真实对于成功不是必不可少的。而且，一个理论事物可以是有用的，即使它不指称任何实在的东西。例如，我们经常听到统计数据"每个美国平均家庭有 2.4 个孩子"。显然，没有"美国平均家庭"这样的东西，因为没有哪个家庭有 2.4 个孩子。"美国平均家庭"这个构造对经济学家和社会计划制定者是有用的。类似地，反实在论者主张，电子、基因和 DNA 分子是为科学目的服务的理论构造，而不必然是真的。最后，反实在论者论证说，科学模型的实用主义有用性并不要求它给我们关于世界的统一真实的描述。例如，在某些物理学实验中，把电子概念化为像粒子一样行为是有用的。而在另一些实验中，它们的行为像波。虽然实在论者做了很多不同的回应，但大多数人提供的是某种形式的希拉里·普特南的"非奇迹论证"，在这个论证中，普特南说，"实在论的肯定论证是，它是唯一不使科学的成功成为一个奇迹的哲学"。

实在论和反实在论的争论还在进行。不论一个人支持哪一方，有一件事是清楚的：早期英国哲学的经验主义正经受相当程度的修正，以应付它的当代批评者的挑战。实在论最激进的批评者被粗略地归类到"后现代主义"标签之下。下一章我们将简要考察这一运动。

> **想一想**
>
> 33.1　你是否同意反实在论者的主张，即一个理论可以成功地指导我们与世界互动，它却不是真的？我们关于世界的信念为真有多重要？我们拥有它们为真的证据有多重要？假定蒯因和库恩的分析是正确的，有可能提供证据证明一个理论给了我们关于世界的正确解释吗？

重新思考哲学：后现代主义

哲学中一个相对新近的事件是**后现代主义**的兴起。后现代主义是一个联系松散的思想家群体，他们围绕着这样的信念联合在一起，即他们是起源于启蒙运动的现代传统的送葬人。他们拒斥的现代主义传统包括以下信念：(1) 有一个关于实在的真实图景，(2) 有可能获得普遍客观的知识，(3) 科学是知识的高级形式，(4) 现代思想的历史是一个关于实在的越来越好的理论的积累过程，并且 (5) 自治的认识主体是一切观念之源。

后现代主义者和尼采与海德格尔一道，揭露理性的自负和形而上学的幻象。这些思想家认为，发现一个核心主题或一套范畴来理解实在的梦想现在已经破灭了。没有我们可以寄托希望的本质或确定性。我们现在必须第一次面对我们严酷的、茫然不明的清醒经验。我们是历史的产物，而历史不过是变幻无常的社会力量的无目的的玩乐。留给我们去做的是分析或"解构"理性之梦，去看清它是如何产生的，它为什么看起来如此真实，或者在诠释和观点的无尽玩乐中狂欢，认识到它是一个没有最终目的的游戏。因为这些理由，后现代主义者经常暗指认识论之死、形而上学之死，甚至哲学之死，至少在它被传统理解的意义上。在当前哲学中被讨论得最频繁的后现代主义者是米歇尔·福柯、雅克·德里达和理查德·罗蒂。

米歇尔·福柯

米歇尔·福柯（Michel Foucault，1926—1984）经常被说成是萨特之后最重要的哲学家，他已经是后现代主义中的中心人物之一。*福柯第一时期的著作是《癫狂与文明》《临床医学的诞生：医学知觉考古学》《词与物：人文科学考古学》和《知识考古学》，所有这些著作最初都在20世纪60年代出版。大多数标题中的"考古学"一词显示他在那时是如何设想他的任务的。他在我们的社会－理智传统的表面之下进行挖掘，以发现各个历史纪元的地层。他考察的地层称为知识型（epistemes）。**一个知识型是一个特定历史时期的主导性概念框架。问哪一个知识型是"真的"没有意义，因为任何一个真理概念都是特殊知识型的产物。正如福柯对此的表达，"'真理'要被理解为陈述的产生、调节、分配、流通、操作的有序程序体系"。³ 福柯接受某种形式的相对主义，他相信统一普遍的真理概念不再可行，因为它属于一个较早时代的知识型。

一个知识型由许多话语惯例（或有结构的语言模式）构成。福柯感兴趣的的话语惯例是被社会授予真理地位并由此有效控制社会的话语惯例。因此，他观察医学、心理学、法律和道德的规范性话语来给他提供材料。一个时代的支配性话语惯例定义了说什么是有意义的，什么被从话语中排除出去，什么问题是有意义的，以及如何描述行为。通过（或隐或显地）指示世界应该如何根据真－假、疯狂－清醒、理性－非理性、道德－不道德或正常－悖谬等范畴来划分，它们以它们自己的形象创造了一个社会实在。

福柯拒斥语言的指称论观点，这种理论认为，语词的意义是它指称的对象。相反，他主张，语词从它们在整个话语和实践网络中的角色中获得它们的意义。福柯采用了某种像是语言学康德主义的观点，指出语词不是指称对象，而是构成对象。虽然显然语词并不能真的创造一棵树，但我们把事物（包括树）认识为这种或那种事物——也就是说，借助于这种或那种描述。***

福柯颠覆了哲学家的观念创造社会的启蒙假设，他坚持知识型是决定我们观念的外部社会结构的系统。因此，启蒙知识型创造了启蒙知识分子，而知识分子并没有创造他们的时代。虽然福柯谈到支配一个社会的话语惯例的"产生规则"，但这些规则并非被有意识地发明出来的，也未被它们的参与者明确地表述出来。每个历史时期都是诸力量的无意识

---

* 在整个学术生涯中，米歇尔·福柯在世界各地的大学做讲座，包括很多美国大学。在他死时，他在法国享有盛名的法兰西学院拥有著名的思想体系史教席。

** "episteme（知识型）"是"knowledge（知识）"的希腊词。然而，福柯把这个词变成复数，表明他相信存在着多样的"knowledges（知识）"。

*** 为了大致说明福柯的观点，思考一下信用、妻子、罪、成功这样的词。它们的意义不是通过指向某个对象或行为来澄清的。相反，要理解被描述的是什么，你必须理解语词和创造出经济、社会制度、宗教和社会理想的世界的实践的复杂网络。

戏剧，福柯试图通过"解码"这些力量的模式来理解它们。人类制度和历史展现了合理性与连续性的思想被攻击为是一个幻象。相反，历史是一系列无目的的断裂、裂隙、转变和替换，是以社会方式创造的实在，没有任何秩序和理由。

在1968年5月席卷巴黎的"红五月"学生运动之后，福柯变得更加欣赏权力结构的作用。话语在社会实在的建制中不再是首要的，他现在把它看作只是一个不断扩张的建制化社会权力的结果。在他工作的这个阶段，"谱系学"这个术语频繁出现。这是尼采讨论"强力意志"如何以隐蔽的方式表达自身时使用的术语。福柯频繁使用"权力/知识"这个短语来表明二者总是共存的。他说，我们必须认识到：

权力和知识直接相互蕴含；没有任何权力关系没有某个知识领域的相关建制，也没有任何知识不预设并同时建构权力关系。[4]

对于福柯，思想史不过是展示"真理"观念被利用来掩饰在表面之下运行的强力意志的方式。注意他在以下陈述中如何用政治用语来包装"真理"观念："每个社会都有它自己的真理制度，它的真理的'一般政治学'，即它所接受的并且使其功能为真的话语类型。"[5]

福柯1975年的作品《规训与惩罚》是他这一阶段研究的最好例子。这本书讨论了19世纪历史地进化的建筑、政治和监狱实践如何例示了权力和控制的机制。虽然对"控制技术"的关切可能像是监狱系统的必要特征，但是福柯引用历史文献表明，相同的机制和意识形态可以应用于军队、学校、医院和工厂。在所有这些建制中，权力和控制都在科学的、启蒙的和人道的社会改革的伪装下发挥作用。通过它的"真理"制度，社会把它具有历史相对性的理想强加于个体，不论它们是罪犯、学生、患者还是工人。

福柯前后一致地认识到，他的相对主义观点蕴含着他自己的工作也不是通向普遍真理的客观进程。他把他的话语不是一个自治主体的产物而是反映时代的知识型的主张用于他自己。谈到他的书《词与物》时，他说：

我的书是一个纯粹而简单的"虚构"：……不是我发明了它；而是我们时代和它与整个言说集合的认识论配置的关系。所以，虽然在这本书的整体中主体实际上是在场的，但其实今天是一个匿名的"某人"在一切被说出的东西中言说。[6]

雅克·德里达

法国后现代主义者的另一个领军人物是雅克·德里达（Jacques Derrida，1930—2004）。*德里达的著作影响很大，它们的难度也同样高。他工作的主要计划是挫败贯穿思想史的理性自负。根据德里达，整个哲学史是一系列"在场的神话"的变种。换言之，每种哲学都从假设某个中心的在场者开始，整个体系都以它为轴旋转。这个中心可能是柏拉图的相、亚里士多德的实体、中世纪的上帝、笛卡尔的自我、牛顿的物质粒子、康德的道德法则，如此

---

* 雅克·德里达先是胡塞尔和海德格尔的学生，后来是他们的批评者。1960—1964年，他在巴黎的索邦神学院教书；1965—1984年，他在法国的巴黎高等师范学院教哲学。从20世纪70年代早期直到他去世，很多时候，他都一部分时间在巴黎，一部分时间在美国。在美国时，他在约翰·霍普金斯大学、耶鲁大学、康奈尔大学和加利福尼亚大学欧文分校等做讲座。

等等。在每个体系中，这个核心的实在（不论它是什么）被认为确定无疑，是用以解开一切实在之谜的钥匙。正如德里达所说：

> 这一中心的功能不仅是定向、平衡和组织结构……而且首先是确保该组织原则限制我们所说的结构的游戏。[7]

德里达用"游戏"这个词表示一种面向未经勘查的可能性和新进路的开放性。在寻求把思想和语言锚定在一个"中心"上时，哲学家限制和冻结了我们的诠释模式，寻求在一个不会让我们落空的基础中获得安定。德里达的策略不是拒绝这些主张，而是通过揭露在背后激励所有这些主张的动机和幻象来脱去它们的伪装。他呼唤一种进路，"它不再被转向本源，而是肯定游戏"，并且它抛弃"对圆满的在场、可靠的基础和游戏的本源与终点的梦想"。[8] 德里达称这个过程为"解构"，而它的结果是我们思想体系的"去中心化"。

和尼采与福柯一样，德里达拒斥"逻辑中心主义"或如下思想：语言代表着意义与真理的秩序，而这种秩序以实在为基础，实在独立于我们的具有历史相对性的观点。然而，没有确定性，没有发现该中心的可能性，没有外在于我们发明的语言的意义或一般概念，那么一切事情都是诠释。这一立场的逻辑结论是，我们曾经获得的一切都是对诠释的再诠释。正如德里达对此的陈述：

> 阅读……不能合法地超出文本迈向某种不同于文本的东西，迈向指称对象（形而上学的实在、历史的实在、精神生物学的实在，等等）或者迈向外在于文本的能指，它的内容能外在于文本而发生或曾经在语言外发生，那就是说，在我们在此给予这个词的那种意义上，一般地外在于书写……没有什么东西外在于文本。[9]

因为假设语言不能指称超出自身的东西，德里达断言，一个词项的意义是它在一个语言概念体系中所占位置的功能。*更特别的是，词项通过它们在区分一个事物范畴和另一范畴中所起的作用来获得它们的意义。**例如，自然并没有给我们呈现与"温"和"热"这两个词项相对应的绝对区分，对于雄性-雌性或正常-不正常这样的相反词项同样如此。因此，德里达说，所有这些词项都从在语言之内创造的区分中获得意义。从语言没有外部的、绝对的参照点这个前提，德里达得出结论，语言是任意的，对于读者可以在文本中发现的意义和诠释的游戏没有施加任何限制。***解构主义寻求揭示文本中的不一致性，因为从多重诠释的冲突中将产生新的诠释的可能性。

为了给前述观点提供一个形象的总结，德里达创造了一个法语双关词 "*différance*（延异）"。这个词具有"差异"和"延迟"的双重含义。因为词没有固定的、绝对的意义，意义是从它们差异的方

---

* 有人支持德里达的观点，指出字典通过把一个词与其他词联系或对比来解释它。

** 德里达的论点是对称为"结构主义"的立场的一种激进解释，这种立场的基础是语言学家费迪南·德·索绪尔和人类学家克洛德·列维-施特劳斯的思想。

*** 批评者经常指出，当解构主义者相信他们自己文本的"真正"意义被错误地诠释时，他们的反对是不一致的。见德里达的论文《签名、事件和语境》，载于《象形文字》1977年第1期，第172—197页；以及约翰·塞尔的回应《重申差异：答德里达》，发表在同一期，第198—208页。德里达的回击《有限公司 abc》载于《象形文字》1977年第2期，第162—254页，德里达抱怨塞尔误解了他的立场。

式中涌现出来，因而我们不得不不断延迟任何最终的诠释和赋义。为了瓦解语言的严肃性和强调"游戏"要素，德里达用双关语、文字游戏、不太可能的隐喻、有趣的典故和语音语形把戏来点缀他的著作。*

德里达认识到，即使是他自己的语言也受到形而上学自负的传染。"本质""存在""经验""意识""主体""客体"这些词背负着数千年哲学思辨的包袱，不可避免地反映着在场的形而上学。德里达发现，不可能不使用传统哲学术语来批判哲学，因而，如他所说，他是"在擦除中"使用它们的。因此，当他写物这样的词时，他在字面上把它划掉，表示在使用它时他并没有认真对待它。

对德里达思想的这种概览足以体味他那瓦解一切关于真理、逻辑、理性、客观性、语言和诠释的传统观点的思想风味。他的解构主义主要在文学领域产生了影响，至少在20世纪的最后几十年，它成为文学理论中最重要的运动。

理查德·罗蒂

在美国哲学范围内，理查德·罗蒂（Richard Rorty，1931—2007）是后现代主义最有影响的倡导者。**罗蒂一开始是一个教条的分析哲学家，但最终他幻灭了，断言分析哲学远不是它立志要成为的革命哲学。他说，虽然分析哲学家在使用语言学方法上是革新的，但他们仍然在追求发现知识的普遍基础这一推动了笛卡尔-洛克-康德传统的旧时代纲领。罗蒂质疑这一纲领的有效性，他以拒斥这一传统而转向杜威的实用主义震惊了他的研究分析哲学的同事。随着罗蒂的实用主义变得越来越激进，他通过发展他的非传统哲学图景继续引起轰动，这种哲学图景来自将杜威、维特根斯坦和海德格尔奇特地结合起来的思想。结果，罗蒂成了在英美哲学和欧陆哲学之间架建桥梁的主要力量。

在他的书《哲学和自然之境》中，罗蒂抨击了传统认识论及其阐明使我们把握"事情实际是怎样的"的条件的企图。[10]正如他的书的标题暗示的，罗蒂主张传统哲学把心灵看作"反映"外部实在的镜子。因为认为镜子的表面是模糊的、不平的，传统哲学家试图通过"检查、修复和磨光镜子"（PMN 12）来产生更精确的表象。借助杜威的洞见，罗蒂用四个论点来反对传统哲学：心灵并不映照实在；陈述只是完成特定任务的工具；如果一个观念有作用，它就是真的；无论在哲学中还是在生活中都没有最终目的。

罗蒂哲学的激进性体现在他要求抛弃认识论。认识论以这样的思想为基础，即我们能获得将给予我们统一真实地描述实在的观念或陈述。然而，借助蒯因和科学哲学家库恩的洞见，罗蒂论证说，我们的信念和陈述总是大范围的实践系统的组成部分，选择这些系统是出于实践理由。如果像杜威说的那样，信念和陈述是工具，那么它们对我们任务的有效性才是关键，与实在的对应则不是关键。关于维特根斯坦和海德格尔，罗蒂说：

他们并不认为，当我们有所言说时我们必定必

---

* 德里达语言观中的"游戏"要素（既指缺乏限制，也指缺乏严肃性）已经成了批评者的目标。某些马克思主义者和女性主义者指责他是缺乏任何严肃政治议程的逃避主义。类似地，保守主义者和传统主义者指责他是虚无主义。

** 理查德·罗蒂哲学生涯的大部分时间是作为普林斯顿大学哲学系的老师。从1983年起，他在弗吉尼亚大学拥有人文学教授职位。在那里退休后，1998年，他成为斯坦福大学比较文学教授。

然地在表达关于某个主题的观点。我们可能只是在有所言说——参与一个对话而不是致力于一个探究。或许有所言说并不总是在说事情是怎样的。（PMN 371）

如果哲学话语的目的不是"说事情是怎样的"，那么它的目的是什么？罗蒂的回答是，哲学是"陶冶言谈"。陶冶哲学的目的是"发现新的、更好的、更有趣的、更富成果的言说方式"和"保持对话的进行而不是发现客观真理"（PMN 360，377）。罗蒂同意让-保罗·萨特的观点，即人类不像对象一样固定，我们总是在路上，不断重新塑造我们自己：

> 把保持对话的进行看作哲学的充分目的，把智慧看作由维持对话的能力构成，就是把人类看作新描述的创造者而不是希望能够精确地描述的人。（PMN 378）

如果我们的心灵不反映实在，并且我们的陈述不对应外部存在的事物，到底还有没有"真理"观念的位置？在他的论文《团结还是客观性》中，罗蒂重复了威廉·詹姆士的陈述，即真理是"相信它对我们有好处的东西"（SO 22）。[11] 但是，这一真理观念意味着它绝不能被设想为某种最终目的，因为它不断被重新发明。罗蒂建议我们用"主体间一致"或"团结"这种实用主义目标代替"客观性"这一认识论的静态目标。问题是，如果没有我们能够就其意见一致的客观实在，我们如何能意见一致？从罗蒂的观点看，唯一可能的回答是，我们的生活是重叠的，我们致力于共同的计划，并且我们有相似的需要和情感。出于这些共同纽带，我们创造出有凝聚力的共同体和一种团结感。因此，"真理"和"理性"不可避免地是社会概念，因为离开了"对特定社会——我们的社会——用于这个或那个探究领域的相似证成程序的描述"（SO 23），不可能讨论它们。* 罗蒂说，有人反感这种观点是因为他们很难承认我们存在于"孤独的偏狭观念中"和"我们只是我们所处的历史时刻"（SO 30）。不过，即使我们抛弃了可能存在最终的哲学或客观、普遍的世界图景的信念，我们仍然可以奋力打破共同体之间的壁垒。

对于实用主义者，对客观性的欲求不是欲求逃避一个人的共同体的限制，而只是欲求尽可能多的主体间一致，欲求尽我们所能扩展"我们"的指称的范围。（SO 23）

> **想一想**
>
> 33.2 既然罗蒂相信哲学不反映实在，他为什么仍然认为哲学是重要的？你是否同意他的观点，即寻求客观真理是不可能和不必要的？某些传统哲学家会如何回应他对认识论的批判？

重新思考哲学：女性主义

女性主义（feminism）是寻求重新思考哲学的另

---

* 罗蒂哲学与后期的维特根斯坦有相似性。维特根斯坦主张，我们的信念和言说方式不是基于逻辑而是我们的"生活形式"。"人们把什么当作一个正当理由——是由他们如何思考和生活来表明的"，维特根斯坦说。

一当代运动。* 既然这是一个运动而不是一个负载着学说的思想派别，对于什么构成了女性主义哲学，它的拥护者就有许多设想。一般而言，女性主义哲学家强调性别对塑造思想、社会和历史模式的作用。而且，女性主义者关注男性支配的历史传统将女性从思想和政治领域排除出去的方式。因而，女性主义者的目标不仅是描述世界，而且是改造世界，产生一个认识到女性和男性既不同又平等的社会。

显然，哲学的历史，像我们的大多数学科一样，是由男性塑造的。这不意味着不曾存在女性哲学家。实际上，一直回溯到古希腊，我们都能发现女性哲学家的身影。** 然而，这的确意味着，女性让自己的声音被听到的机会是有限的。关于哲学史的著作，例如本书，必然专注于那些在过去最有影响的思想家。一本书如果专门致力于那些其观念最合理或最值得倾听的哲学家，它就会包括没有包括在通常历史书中的男性和女性，而另一些人会被从他们的历史显赫地位上去除。

哲学史上，对于把女性排除在外，有少数男性哲学家曾经批评过。柏拉图在他的《国家篇》中，约翰·斯图尔特·密尔在他的《妇女的屈从地位》中，都论证说，拥有优越的智力和才能的女性在提供思想和政治的领导上，应该与她们的男性同侪有一样的地位。然而，极为常见的是，亚里士多德的态度占上风。他断言，只有自由的成年男子有资格统治社会，因为只有他们才被自然赋予了完全的理性能力。[12] 而且，某些女性主义者论证说，当康德这样的哲学家谈论政治权利和所有"人"的平等时，并不是一般地谈论人类，而是专门谈论男性。[13] 因为这样的理由，女性主义者倾向于同意马克思、尼采和福柯这样的思想家的观点，即"客观思想"常常掩饰着背后的利益和权力结构。

除了发展关于思想史上性别和权力的作用的理论，女性主义哲学家还把注意力集中于与女性特别相关的主题，如平等、权利、性别角色、家庭和社会机构等问题。因为这个理由，女性主义者做了大量伦理学和社会哲学方面的工作。

女性主义者被划分为两个类别。第一类由（有各种称呼的）"平等""自由"或"第一波"女性主义者构成。平等女性主义者想要保持当前的社会结构和启蒙时期的理智传统。她们关切的是让女性在思想和政治上全面地参与社会。因此，他们希望社会更开放，纠正传统中的歪曲，并修正我们的理智学科。第二类女性主义者称为"性别""激进"或"第二波"女性主义者。性别女性主义者主张，西方人继承的基本结构、假设、方法和话语反映了社会是由男性控制的这个事实。用他们自己的术语说，性别女性主义者的进路更具"颠覆性"，因为他们不是对西方传统进行零星的纠正，而是想要质疑整个传统的有效性并想要设计替代方案。

"性别（gender）"这个观念自身是女性主义运动中最受争议的主题之一。性征（sex）与性别（gender）经常被区分。性征是生物学范畴，指男性和女性之间的明显的生理区别。而性别是一个

---

* 除了现在可以得到的许多书和文集外，对于这个运动是关于什么的，《希帕提娅：女性主义哲学杂志》提供了很多例子。（希帕提娅是5世纪新柏拉图主义运动的领导者，她被作为一个异教徒判处死刑，并被基督教狂热分子残忍地杀死，见第6章的讨论。）

** 对于哲学史上的女性的一个全面调查，见《女性哲学家的历史》，玛丽·埃伦·怀策（Mary Ellen Waithe）编，4卷本（Dordrecht, Netherlands: Kluwer Academic, 1987—1994）。这一个系列涵盖了从古希腊到20世纪的女性哲学家。

社会－心理范畴。它包括（但不限于）男性－女性观念、社会角色、性（sexuality）和男女之间明显的心理学差别。某些女性主义者是本质主义者，主张有一个独特而本质的女性本性。某些本质主义者是生物决定论者，认为女性本性根植于女性独特的生物性。不那么严格的本质主义主张，构成女性性别的属性是较为稳定的，尽管这些属性是由女性经验专有的共同特征造成的。非本质主义或唯名论的女性主义者根本否认性别特征以某种方式是固定的，把它们看作纯粹的社会构造，是可以改变和重新定义的。既拒斥极端的本质主义，又拒斥极端的唯名论，西蒙娜·德·波伏娃在她著名的格言"女人不是天生的，而是成为的"中表达了一种中间立场。[14] 简言之，她的观点是，性别特征不是在生物学上被决定的，而是能够被社会强加或被个人选择。性别在女性主义思想中起的作用，可以通过对女性主义者努力重构认识论和伦理学的方式做一个简要的和选择性的观察来说明。

认识论的女性主义进路

性别女性主义者认为，传统的知识论是以以下假设为基础的：

1. 存在一个统一的、普遍的人类本性。因此，认识论是描述一般人类基本认知结构的努力。
2. 认知者的特殊身份（包括性别、种族、阶级和社会－政治－历史环境）与此人的知识主张的产生和评估不相关。
3. 获得客观、无涉价值、政治中立的知识是可能的。

与这些假设相反，性别女性主义者主张，（1）不存在普遍的人类本性，（2）知识总是与特殊认识者的立场相关，和（3）知识主张反映了社会的主导价值和知识结构。女性主义者主张，一般人性的图景实际上是以男性的经验和兴趣作为范本的。其他的观点和特征，特别是偏离标准图式的女性的观点和特征，因为太主观、特异或不合常规而被排斥或边缘化。传统的认识论者寻求理性的普遍标准；女性主义者问："谁的标准和理性？"这一关切表达在桑德拉·哈丁的书《谁的科学？谁的知识？》的标题中。[15] 类似地，在批评一本新近的崇尚传统理性观念的关于理性的书时，洛兰·科德断言，"批评者必须问，这种认识论对谁存在；它为谁的利益服务；在这个过程中它忽略或压制谁的利益"。[16]

大多数女性主义作家主张，女性的经验和思维方式不同于作为传统（男性）认识论基础的那些经验和思维方式。正如用于评价橘子的标准不适用于苹果、葡萄和柠檬，因而认识论不可能只有一个范式。女性主义者诉诸关于孩子的经验研究，这种研究为性别特有的认识方式提供了有趣的资料。男孩倾向于用独立的、可操作的、离散的单位来组织世界。女孩与此相反，借助功能性、关系性特征和相互依赖的联系来感知世界。如果存在这种差别，那么不可能有统一的一般知识论。

女性主义认识论中的一个主要主题是，理性的本质和它与情感的关系。女性主义者指责西方传统中的主导立场以一种贬低情感的方式定义理性。吉纳维芙·劳埃德在一篇名为"理性的男人"的论文中研究了这一问题，她讨论了理性这一传统理念。[17] 她轻松地证明，贯穿历史的等式是"男性=理性"和"女性=非理性"。笛卡尔的二元论通过创造理智对情感、理性对想象、心灵对身体等的划分,恶化了这一问题。笛卡尔划分的后果是,情感、想象和感性的维度被指派给女性作为她们负责的特殊领域,而把她们从理性的领域中排除出去。

根据劳埃德的分析,"如果女人的心灵不如男人理性,那是因为理性界限的设定方式将指派给女人的素质排除在外"。[18]而且,这种理性的理念具有政治后果。"从理性中排除出去意味着从权力中排除出去。"[19]在拒斥传统的理性定义时,劳埃德也拒斥浪漫主义者的解决方式,因为他们接受前述的理智对情感这类两极划分,然而继续排他性地拥护每个二分法的后一半。而她呼吁一种更广义的理性概念,寻求这些划分背后的统一性,这些划分已经成为不合法的两性刻板印象的基础。

艾莉森·贾加尔采用了与劳埃德不同的进路,她打算接受女性比男性有更丰富的情感生活,但论证这使得女性是更好的认识者。[20]尽管认识到爱和恨这样的情感可能破坏批判性反思,但她仍然坚持情感对于知识构造是有助益的甚至必要的。关于科学认识论,贾加尔论证说,所有的观察都是选择性的。作为这一选择过程的一部分,我们的价值、动机和利益指导我们的认知追求,塑造我们的认识,并帮助决定它的意义。而这些影响认知的主观因素深深地浸透着情感维度。*贾加尔论证说,边缘化的人(例如女性)的情感使他们在认识论上具有优势,

例如,女性对于隐蔽的性骚扰和不公平感受到的痛苦和愤怒,让她们感知到男人看不见的现行社会结构的特征。

> **想一想**
>
> 33.3　我们关于世界的看法或我们的哲学是否受我们的性别影响?如何受影响?你的回答对于研究哲学意味着什么?

伦理学的女性主义进路

女性主义者把他们在认识论中所做的同一种分析应用于伦理学。传统上,伦理学理论被呈现为似乎主题是客观中立的。女性主义者指责说,事实上,这些理论充斥着性别偏见。1982年,哈佛大学心理学家卡罗尔·吉利根出版了《不同的声音:心理学理论与妇女发展》。[21]这本书最终成了女性主义伦理学中最有影响的书之一。**吉利根写道,关于道德推理发展的经验研究首先由男性开展,并且大部分以男性为研究对象。结果是关于这个主题的心理学研究把男性的推理作为了范本。

根据吉利根的研究,男性和女性以不同的标准解决伦理学困境。男性倾向于采用"法律"模式,强调平等、正义、权利、公正性、客观性、普遍原则和逻辑。与此相反,女性倾向于以更加

---

* 例如,贾加尔提出,只有凭借对黑猩猩的爱和共情,才使简·古多尔在我们对这些动物行为的理解方面做出重大科学贡献成为可能。

** 至少自康德以来,许多传统哲学家倾向于说经验心理学与认识论和伦理学中关于标准和基础的问题无关。因此,他们会认为吉利根关于心理学的书与哲学无关。然而,许多女性主义者把学科界线看作一种人为结构,用以碎片化人类经验,以及维持对可能产生的各种问题的控制。他们主张,我们的心理学结构、性别、价值、政治、社会模式、权力关系、知识和实在观,在形成我们现有经验方式的过程中,全都相互缠绕着。

以人为中心的方式对待伦理学，强调关怀、同情、信任、怜悯、宽恕、防止伤害和感情。吉利根断言说，这两种分离的伦理学观点是男性和女性不同社会化方式的产物。问题是，传统的道德发展理论把法律（男性）进路刻画为最高的阶段，而把更关系性（女性）的进路作为发展不够成熟的阶段。*然而，吉利根说，这两种进路不能以同一尺度排高低，因为它们是达到道德成熟的不同方式。而且，她说，每一进路都有它自己的长处和弱点，并提出需要一种包括两个维度的更充分的伦理学观点。

另一位女性主义者从男性伦理学进路的不充分性出发，并由此进一步论证女性主义伦理学优于传统的（男性）道德。**然而，很多人不确定这是一个好的策略。女性主义批评者说，把女性主义伦理学限定为"关怀伦理学"强化了性别的刻板印象，并且支持了女性适合做母亲和护士而不适合做律师和管理人员的传统教条。而且，批评者指责说，贬低传统道德理论中发现的公正、自律和正义原则，瓦解了女性追求平等的动力。

总之，女性主义者已经提出了重要问题，例如，权力结构和社会状况如何塑造和限制观念的发展？在何种程度上我们的个人身份是由生物因素形成，在何种程度上它们由社会因素建构，在何种程度上我们确实自由地选择它们？在何种程度上知识与认识者的状况相关？在我们的个人生活中和在我们的理论中，我们如何在理性与情感或正义与关怀之间找到平衡？虽然这些问题产生于女性重新思考历史和她们自己的经验和身份的努力，但这些问题的影响已经远超出只与女性有关的问题。

---

* 吉利根通过分析劳伦斯·柯尔伯格（Lawrence Kohlberg）的研究来说明她的观点，柯尔伯格是道德发展领域领先的研究者之一。

** 参见安妮特·拜尔（Annette Baier）《心灵的姿态：心灵与道德论文集》（Minneapolis: University of Minnesota Press, 1985）；内尔·诺丁斯（Nel Noddings）《关心：伦理和道德教育女性路径》（Berkeley: University of California Press, 1984）；萨拉·鲁迪克（Sara Ruddick），《母性思维：迈向和平政治》（Boston: Beacon Press,1989）；以及玛格丽特·沃克（Margaret Walker），《道德理解：女性主义伦理学的可选择"认识论"》，《希帕提娅：女性主义哲学杂志》4，第2期（1989年夏）。

哲学中的女性：玛莎·娜斯鲍姆（Martha Nussbaum，1947—至今）

玛莎·娜斯鲍姆是一位美国哲学家，她的兴趣包括古希腊罗马哲学、政治哲学、伦理学、法学理论、教育哲学和性别研究等不同主题。她在芝加哥大学拥有法律和伦理学教席，并且受聘任教于古典学、神学和政治学等学科。大学时期，她在纽约大学学习戏剧和古典学，然后在哈佛大学获得了她的哲学博士学位。她是一个如此多产的作家，因而任何关于她的成就的已出版的陈述很快就会过时。她已经写了超过19本书，编辑了15本书,还发表了大量的专业论文、书评和流行杂志上的社论。娜斯鲍姆已经在世界上超过50个学院和大学获得了荣誉学位。

娜斯鲍姆是典型的公共知识分子,即超出学术谈论的专业领域,就所在社会当前的问题向公众发言的人。对于哲学家的角色有许多构想。有人把哲学家看作处于高山之巅俯看人类境遇的超然观察者。对于中世纪的人,哲学是神学的婢女;而对于逻辑经验主义者,哲学是科学家的管家,为他们整理语言。然而,对于娜斯鲍姆,哲学家应该是"人类的律师"。[22]这个短语来自塞涅卡,她最喜欢的斯多亚学派思想家。她是一个有争议、好争辩的人物,不害怕良性的理智争斗。虽然她本人可以被描述为自由主义者和女性主义者,但当她认为他们错了,她会毫不犹豫地批评作为同路人的自由主义者和女性主义者。她对于不致力于人类问题和过于超然的、理论化的或者精英主义和贵族化的学界人士特别没有耐心。

她的第一本书是一本关于亚里士多德的学术著作。然而,是她的第二本书,《善的脆弱性:古希腊悲剧和哲学中的运气与伦理》,确立了她在人文学科中的声誉。这本书出版于1986年,修订版出版于2001年。它在学术评论和公共媒体中获得了广泛赞誉。这本书聚焦于希腊人所称的好生活,这里指的是人类的繁荣。我们愿意认为我们的伦理成就,我们的德性和品格的获得,完全是我们自己努力的结果,并且好生活只应该降临于配享之人。例如,苏格拉底提出了人类自足的理想,用他的话说,"伤害一个好人是不可能的"。他的要旨是,一个过得好的生活的唯一标准是一个人灵魂的状况。既然我控制着我的灵魂是有德性还是败坏,那么就没有什么外部变量能影响我的精神福祉。与这种观点相反,娜斯鲍姆试图将运气在人类生活中所起的无法回避的作用纳入考虑。

类似地,虽然她是犹太教皈依者,但她反对任何一种把世界看作出于神意或在目的论上有序地去达成最高的善的观点(不论动机是宗教的还是形而上学的)。用娜斯鲍姆的话说,苏格拉底的观点和目的论的观点都不正确地试图拥有"没有脆弱性的善"。她相信,我们生活在一个对我们的奋斗无动于衷的世界中。然而,善可以获得,但它总是脆弱的。具有讽刺意味的是,这种我们无法控制的力量造成的脆弱性,实际上增强了我们的人性而不是成为好生活的障碍。娜斯鲍姆认为,在所有哲学家中,亚里士多德抓住了人类生活的这一复杂特征。

除了关于古典作者的研究,"人类的律师"娜斯鲍姆还广泛地致力于与全球正义有关的问题。她与获得诺贝尔奖的经济学家阿玛蒂亚·森在有关发展中的伦理学问题上合作,并合作编辑了《生命之质》。森邀请她和他一起在联合国世界发展经济学研究院工作。他们的立场不同于一个国家的发展就是经济发展和国民生产总值(GNP)增长的一般观点。相反,她和森在国际发展领域提倡他们所称的"能力进路"。这种进路把"基本自由"的建设视为发展最基本的部分。他们用"基本自由"表示特定的能力,诸如预期寿命、自由地致力于经济事务的能力,以及全面的政治参与。

娜斯鲍姆在《正义的前沿》(2006)中扩展了能力进路。在这本著作中,她寻求超越诸如罗尔斯的《正义论》提出的社会契约理论进路。她认为,社会契约理论的问题是,它们努力争取一种正义程序来决定社会的目标和政策。然而,正义的程序并不总是保障正义的结果。正义的程序观念和社会契约理论不处理参与者之间存在的力量分配不均问题。因而,她寻求用她的结果导向进路处理的"三个正义的前沿"是弱者的正义、国际正义和非人类的动物的正义。

娜斯鲍姆的一个同样重要的贡献是她关于情感在人类生活中所扮演的角色的研究。她相信，在哲学中，情感要么被忽略、被边缘化了，要么被带着怀疑的眼光看待。几乎她的所有著作，甚至关于国际发展的著作，都是从一种修正的亚里士多德式观点来写的。然而，她关于情感的研究超出了亚里士多德，而大大地倚重斯多亚学派。她关于这个主题的某些思考发表在《思想的剧变：情感智力》(2001)中。

玛莎·娜斯鲍姆的关切包括从对柏拉图、亚里士多德和斯多亚学派的学术诠释到在整个世界中人类权利的地位。然而，她贯穿这一广大主题范围的基本关切由这些文字最好地表达出来："对于你提出的任何观点，下一个问题显然必须是，'如果这个观念被实际接受了，世界会是什么样子？'"[23]

地球村中的哲学

女性主义者重新思考我们的传统的尝试，与一种对非西方哲学传统的新兴趣同时发生。正如女性主义者寻求为以女性经验为代表的"不同的声音"获取空间，也存在着一种不断增长的关切，要让西方哲学开放以包括其他文化的观点。多元文化进路得到越来越多的探索，以拓宽我们关于传统哲学问题的看法。由于篇幅限制，本书只涉及西方哲学。然而，如果觉察到西方历史中凝结的隐藏假设使我们在与其他传统的对话中更加有洞察力，它就可以是一种拓展性经验而不是限制性经验。

心灵哲学中的新问题

电脑技术的发展，特别是人工智能研究的发展，已经在心灵哲学领域产生了新问题，并提出了新方法和新方向。事实上，一个新的被称为认知科学的交叉学科领域已经出现，它是人工智能、哲学、心理学、神经科学和语言学等学科的杂交。这种新进路的基本特征是"心灵的计算模型"，它假设电脑和人类认知的类比将是富有成果的。这是一种实现拉美特利（La Mettrie）在他1747年的著作《人是机器》中提出的图景的尝试。

认知科学的一个分支是人工智能领域，即企图让电脑复制人的智能。在人工智能（AI）领域中，有两种主要哲学立场。**弱 AI 论点**（weak AI thesis）是相对不惹争议的主张，即人工智能研究可以帮助我们探索各种人类精神过程的理论模型，同时承认电脑只模仿精神活动。更激进的立场是**强 AI 论点**（strong AI thesis），主张一个恰当编程的电脑真的有理解和相信这样的精神状态。业已提出的代表强 AI 论点的测试之一是图灵测试，它用以判断一台电脑是否有智能。它由艾伦·图灵（Alan Turing, 1912—1954），一个为我们现代电脑的设计打下了理论基础的数学家所发明。图灵的基本设想是，几个评判者正在他们的电脑上与其他应答者交流。有时他们在与一个真的活人交流，有时他们在与具有分析问题和给出貌似智能回答的语言能力的人工智能程序交流。图灵的主张是，如果电脑能愚弄评判者，让他们认为在与人类交流，达到有显著意义的次数百分比，这就证明电脑能思维。换言之，如果电脑的应答满足了我们判断一个人有智能的标准，我们就承认电脑有智能。

心灵的计算模型和强 AI 论点的一个主要批判者是当代哲学家约翰·塞尔（John Searle, 1932—

至今）。塞尔试图用他著名的1980年"中文屋"思想实验来反驳强AI论点。大体上，他的思想实验像这样进行：我们将从设想你没有关于中文的语言知识开始。现在，想象你在一个房间里，房间里有一本足够大的规则说明书，（用英语）指导你如何用恰当的中文回答来回应中文的措辞。这本手册包括了在句法上分析一串中文符号和构造另一串中文符号的形式规则，构造出的中文符号会被讲中文母语者认为是恰当的应答。然而，手册不向你解释这些符号的意义。说中文者从门缝里塞入用中文写的信息纸片。这些纸片包含了各种由直线和曲线构成的标记，你一个都不理解。你在说明书上查找这些图形。接着，按照指导，你写下另一串符号并把这一信息传回给外面的说中文者，他们认为这是清晰的中文应答，但对你来说毫无意义。

在此，塞尔诉诸我们的直觉。通过愚弄外面的人，让他们认为你中文很流利，你通过了中文版的图灵测试。然而，尽管如此，你仍然连一个中文词也不认识。显然，当你操作中文符号时，发生的事情不同于你用你的确理解的英语接收和应答信息的情形。塞尔主张，这种符号的形式操作可以与电脑的AI程序中进行的事情相提并论。他的要点是，不论电脑程序可以多么有效地模仿对话，它也绝不会产生真正的理解。因此，电脑程序可以模仿智能，但它不能复制它。与强AI论点相反，塞尔主张，电脑程序一点也不像心灵，因为它的状态不同于我们的认知状态。

虽然这个领域的许多研究者不同意塞尔的观点，他们认为信息处理心理学将回答关于我们精神生活的哲学问题，但其他哲学家坚持我们必须深入到一个更基本的层次来探索思想的生物基础。他们说，如果我们理解大脑怎样工作的细节，我们将解决人类认知之谜。这一运动中的两个重要哲学家是帕特里夏·丘奇兰德（Patricia Churchland），著有《神经哲学》（1986）一书，以及她的丈夫保罗·丘奇兰德（Paul Churchland），著有影响很大的书《物质与意识》（1984）。如果他们的进路是正确的，一种关于大脑的充分科学的理解将排除对"心灵""自我""信念""思想""欲求"或"意向"这类术语的需要。取而代之的是，将来一切关于人类认知的谈论将用大脑状态的术语来说。如果这种情况发生了，那么使用这些认识论术语的传统心灵哲学学科将作为"民间心理学"被抛在一边，就像医学已经取消了很多民间医学理论的地位。目前，哲学心理学的神经生物学进路是心灵哲学中一个非常强劲的运动。

对用大脑状态来解释我们的精神生活这一企图的一个有力的批评者是大卫·查默斯，一位卓越的心灵哲学家。在他的书《有意识的心灵》[24]（和许多其他著作）中，他把意识的神经科学进路划分为容易的问题和困难的问题。神经科学中容易的问题的例子，是已经取得了很大进展的问题，查默斯列出了如下例子：对环境刺激进行辨别、分类和反应的能力，通过一个认知系统整合信息的能力，一个系统查询它的内部状态的能力，有意地控制行为，诸如此类。然而，查默斯说，当神经科学家解决了所有这类问题之后，仍然存在着意识的困难的问题。

什么是神经科学中的"困难的问题"？困难的问题是解释作为意识特征的主观觉察经验。有意识意味着一个人有内在生活。意识是经验的主观性质。当你看着一个柠檬的时候，你的眼睛和大脑受着该对象反射的光的影响。然而，显然，比起光电管对同一个对象做出反应并记录颜色时发生的事情，在你内部有更多的事情发生。你有黄色性质的主观经验，但是机器没有。查默斯主张，大脑科学的进步都依靠容易的问题。他们没有做，也不会有能力做的事情是解决解释意识这个困难的问题。

虽然查默斯包容许多替代选项，但他的怀疑是，意识将被证明是实在中的一个基本的和不可还原的特征，它根据它自己的法则运转。例如，在19世纪，科学家引入电磁电荷作为一种新的实体，因为当时物理学不能解释某些现象。类似地，他认为对我们精神生活的科学解释中存在着解释的裂隙，将要求一种新的、非还原性的意识理论。

有人会主张塞尔反对强 AI 观点的论证和查默斯反对用大脑状态解释意识这一企图的论证指向了身心二元论的方向。然而，无论是塞尔还是查默斯都不认为我们能回到笛卡尔对该问题的解决。相反，塞尔相信，意识是一种从大脑过程中突现出的生物现象。作为突现属性的一个例子，思考一下萤火虫尾部的光，它是由本身不包含光的化学物质产生的。另一方面，查默斯认为，第一人称的、主观的意识觉察是世界的一个有朝一日可能被科学所解释的特征，但不能像丘奇兰德夫妇假设的那样被还原为大脑的物理属性。那些想要用物理解释来解释或消解心灵的人和那些认为需要另一个层次的解释的人之间存在的争论，贯穿着哲学史。在公元前5世纪，这个争论是德谟克利特的立场和柏拉图的立场之间的争论。在17世纪，这个争论是托马斯·霍布斯和勒内·笛卡尔之间的争论。今天，这场争论围绕着一个人对电脑智能和大脑科学所采取的哲学立场。

> **想一想**
>
> 33.5 每一年，脑科学家都在解释我们心理状态和过程的各个方面上取得进步。你认为有朝一日科学将能够完全地解释你的精神生活，包括你的思想、你的价值和你的情感吗？为什么能或为什么不能？

伦理学中的新问题

除了女性主义伦理学，在新近的伦理学理论中已经有若干其他的发展。首先是德性伦理学的复兴。**德性伦理学**（virtue ethics）是这样一种伦理学理论，它关注使某人是一个好人或值得敬佩的人的那些品格特质，而不仅是人施行的行为。这种伦理学理论可以追溯到苏格拉底、柏拉图、斯多亚学派和孔子。然而，亚里士多德在这种观点的发展方面影响最大。

根据大多数之前的伦理学理论，伦理学的首要问题是："我应该做什么？"与此相反，对于德性伦理学，伦理学的基本问题是："我应该成为哪种人？"因此，康德主义和功利主义，近代哲学中的两种主要伦理学理论，是以规则或原则为基础并关注行为伦理学的理论。虽然这些立场并不忽视有德性的品格特质的重要性，但这些特质之所以有价值是因为它们倾向于引导我们做正确的行为。在这些进路中，伦理学理论很明显类似于法律。另一方面，德性伦理学认为，这种强调是错位的，并想要把伦理学的焦点转回到品格和情感。如果以规则为基础的理论背后是法学隐喻，那么园艺就是德性伦理学的隐喻。德性是那些人类成长、兴盛和繁荣的本质条件。继续用园艺隐喻，我们每个人既是园丁又是花。因此，对于德性理论家，关于一个被提议的行为，要问的问题不是"我能将我行为所依据的原则普遍化吗？"（康德）或"后果是什么？"（功利主义）。相反，德性理论家会问："对于我成为一个可敬和有价值的人，这个被提议的行为会有什么影响？"对于人的优秀必不可少的道德德性的典型例子（但不是完全列举）是慷慨、同情、诚实、忠诚、正直、正义、良知和勇敢。

> **想一想**
>
> 33.6 某人（a）为了最大化世界上的幸福总量，（b）为了履行他的道德责任，和（c）因为他赋有仁慈、同情、慷慨、忠诚的德性而出于个人的友情，不辞辛劳地帮助你，在这三者之间有什么不同？在何种程度上德性伦理学的观点为道德理论增加了有意义的新观点？

在最近的争论中成为哲学前沿的另一个发展是应用伦理学。不同于本章之前提到的运动，应用伦理学不是一种特殊的哲学或观点。相反，它是伦理学理论在实践问题上的新应用。这一新主题最知名的例子是医学伦理学。成为头条（和闹上法庭）的典型问题是，堕胎、安乐死、受医学帮助的自杀、代孕、干细胞研究和遗传工程。在医学中有许多更微妙的伦理学争端，涉及自治－家长主义、医患关系、知情同意、公开和关于隐私与保密的争端。虽然其中某些争端在50年前闻所未闻，但是，伊曼努尔·康德和约翰·斯图尔特·密尔这样的名字不断出现在对当前问题的当代讨论中，这个事实表明了它们与哲学史的相关性。除了医学伦理学外，对于商务、会计、新闻和工程等职业，以及我们的环境关切所引起的争端，要哲学家澄清它们的伦理维度的要求也在增长。

结束语

不应该根据在最后五章中所有这些对哲学中的新运动的强调，就认为传统的立场被抛弃了。大量的思想者仍然相信，柏拉图、亚里士多德、奥古斯丁、阿奎那，从笛卡尔到黑格尔的近代哲学家中的一个或更多人，至少是正确图景的一部分。例如，我有一个法学同事和一个数学同事，他们是黑格尔主义者。我还认识认为形而上学唯心主义很有道理的物理学家。哲学是一个独特的学科，它的独特在于它的理论比其他领域的理论有更持久的价值。若干世纪前的立场中仍有许多东西值得学习。

我认为，回到引自海德格尔的一句话是结束本书的最好方式。他回答了"你不能用哲学做任何事"这一指责。海德格尔承认这个主张是真的。的确（细述一下他的话），哲学不会让我们到达最远的行星，不会导致任何致命疾病的治愈，也不会让我们在股市中大赚一笔。然而，海德格尔提醒说，这不是对哲学的盖棺论定。"就算我们不能用哲学做任何事情，但如果我们关心哲学，哲学难道不可能用我们做任何事吗？"[25] 我希望你们已经发现这是阅读这本书的结果。

> **当代联系33：新近哲学问题**
>
> 现在是时候让你们自己来把你们与你们考察过的从古至今的哲学联系起来了。(1) 你认为哪一种过去的哲学仍然与你和当代世界相关？(2) 什么新的、有助益的洞见出现在20世纪和21世纪的哲学中？(3) 是否有任何来自过去的重要洞见已经不幸地在当代哲学中被抛弃或忽略了？(4) 在哲学的历史中有可能存在进步，还是它只是一系列竞争性的个人观点？

理解题

1. 蒯因攻击哪两个"经验主义的教条"？在他的攻击中，他使用了什么论证？
2. "现代主义"的意思是什么？它如何受到后现代主义的攻击？
3. 知识型是什么意思？在福柯的认识论中，他为什么用知识型的复数词来代替它？
4. 根据福柯，权力和知识之间的关系是什么？
5. 德里达用以下术语表示什么意思：在场的神话、解构和逻辑中心主义？
6. 德里达对语词意义的说明是什么？
7. 在罗蒂对传统哲学的批评中，他断定的四个论点是什么？
8. 根据罗蒂，什么是哲学话语的目的？
9. 罗蒂用什么目标代替了传统认识论中的"客观性"目标？
10. "第一波"女性主义者和"第二波"女性主义者有何不同？
11. 女性主义者在性征（sex）和性别（gender）之间所做的区分是什么？
12. 作为本质主义者的女性主义者和作为非本质主义的女性主义者有何不同？
13. 性别女性主义者认为传统知识论的三个假设是什么并且他们为什么拒斥它们？
14. 吉纳维芙·劳埃德关于理性的论点是什么？
15. 关于情感在知识中的作用，艾莉森·贾加尔是怎样说的？
16. 关于性别在道德推理发展中的作用，卡罗尔·吉利根是怎样说的？
17. 什么是认知科学？
18. "心灵的计算模型"是什么意思？
19. 为什么帕特里夏·丘奇兰德和保罗·丘奇兰德这样的哲学家认为"心灵"或"信念"这样的概念应该被排除掉？他们将用什么概念代替它们？
20. 为什么应用伦理学最近成为如此重要的主题？

思考题

1. 根据蒯因，近代物理学和希腊神话在认识论上有怎样的相似之处？如果它们以这种方式相似，为什么他偏好近代物理学作为理解世界的方式？他的这一偏好合理吗？
2. 你在何种程度上同意或不同意福柯的观点，即权力决定了什么将作为知识被接受？思考一些他可以用来说明这个观点的过去或现在的例子。
3. 如果每个人都接受罗蒂的主张，团结而不是客观性是思想的目标，那么这会如何改变哲学活动？社会会有什么不同？这一观点会解决什么问题？可能会造成什么问题？

4. 如果女性思想家支配了整个哲学史，它的发展会有所不同吗？怎么才能这样？

5. 我们对世界的看法或我们的哲学是否受性别影响？怎样受影响？你的回答对从事哲学有什么影响？

6. 是否真的存在一种正确的哲学，或必然只是有许多哲学？如果不可能有任何特殊的观点是正确的观点，从事哲学的价值是什么？罗蒂或一个女性主义者会怎样回应？

7. 女性主义者在哪些问题上有分歧？在每一事例中，你认为哪个女性主义者的观点最有道理？

8. 你是否认为研究大脑将会解决我们的认识论问题？为什么会或为什么不会？你认为什么哲学问题（如果有的话）不会被进一步的科学研究所说明，更不用说解决？

注释

1 威拉德·冯·奥曼·蒯因，《经验主义的两个教条》（"Two Dogmas of Empiricism"），载于《从逻辑的观点看》（*From a Logical Point of View*），修订版（New York: Harper Torchbooks, Harper & Row, 1961）。

2 托马斯·S.库恩，《科学革命的结构》（*The Structure of Scientific Revolutions*），第二版，增补版（Chicago: University of Chicago Press, 1970）。

3 米歇尔·福柯，《权力/知识：访谈选和其他著作，1972—1977》（*Power/Knowledge: Selected Interviews and Other Writings, 1972—1977*），科林·戈登（Colin Gordon）编，科林·戈登、利奥·马歇尔（Leo Marshall）和凯特·索珀（Kate Soper）译（New York: Pantheon Books, 1980），第133页。

4 米歇尔·福柯，《规训与惩罚：监狱的诞生》（*Discipline and Punish: The Birth of the Prison*），艾伦·谢里登（Alan Sheridan）译（New York: Vintage Books, Random House, 1977），第27页。

5 福柯，《真理与权力》（"Truth and Power"），载于《权力/知识》，第131页。

6 引自帕梅拉·梅杰-波茨尔（Pamela Major-Poetzl）《米歇尔·福柯的西方文化考古学》（*Michel Foucault's Archaeology of Western Culture*, Chapel Hill: University of California Press, 1983），第19页。

7 雅克·德里达，《人类科学话语中的结构、符号和游戏》（"Structure, Sign, and Play in the Discourse of the Human Sciences"），他的《书写与差异》（*Writing and Difference*）中的一章，艾伦·巴斯（Alan Bass）译（Chicago: University of Chicago Press, 1978），第278页。

8 同上，第292页。

9 雅克·德里达，《论文字学》（*Of Grammatology*），伽亚特里·查克拉佛提·斯皮瓦克（Gayatri Chakravorty Spivak）译（Baltimore: Johns Hopkins University Press, 1976），第158页。

10 理查德·罗蒂，《哲学和自然之镜》（*Philosophy and the Mirror of Nature*）（Princeton NJ: Princeton University Press, 1979）。这本著作在文中的引用使用缩写PMN。

11 理查德·罗蒂，《团结还是客观性》（"Solidarity or Objectivity"），他的《哲学文集》第1卷《客观性、相对主义与真理》（*Objectivity, Relativism, and Truth*）中的一章（Cambridge, England: Cambridge University Press, 1991）。这篇论文在文中的引用使用缩写SO。

12 亚里士多德，《政治学》（*Politics*），第1卷。

13 苏珊·曼德斯（Susan Mendus），《康德：一个诚实但心灵狭窄的资产阶级？》（"Kant: An Honest But Narrow-Minded Bourgeois?"）载于《西方政治哲学中的女性：从康德到尼采》（*Women in Western Political Philosophy: Kant to Nietzsche*），埃伦·肯尼迪（Ellen Kennedy）和苏珊·曼德斯编（New York: St. Martin's Press, 1987）。

14 西蒙娜·德·波伏娃，《第二性》（*The Second Sex*），H. M. 帕什利（H. M. Parshley）译（New York: Knopf, 1975），第267页。

15 桑德拉·哈丁（Sandra Harding），《谁的科学？谁的知识？》(*Whose Science? Whose Knowledge?*, Ithaca, NY: Cornell University Press, 1991)。

[16] 洛兰·科德（Lorraine Code），《将主观性纳入考虑》（"Taking Subjectivity into Account"），载于《女性主义认识论》(*Feminist Epistemologies*)，琳达·阿尔科夫（Linda Alcoff）和伊丽莎白·波特（Elizabeth Potter）编（New York: Routledge, 1993），第 23 页。

[17] 吉纳维芙·劳埃德（Genevieve Lloyd），《理性的男人》（"The Man of Reason"），载于《妇女、知识和实在：女性主义哲学中的探索》(*Women, Knowledge, and Reality: Explorations in Feminist Philosophy*)，安·加里（Ann Garry）和玛丽莲·皮尔索尔（Marilyn Pearsall）编（Boston: Unwin Hyman, 1989），第 111—128 页。最初发表于《元哲学》(*Metaphilosophy*)，第 10 卷，第 1 期（1979 年 1 月）：第 18—37 页。也见单行本，吉纳维芙·劳埃德，《理性的男人：西方哲学中的"男性"和"女性"》(*The Man of Reason: "Male" and "Female" in Western Philosophy*, Minneapolis: University of Minnesota Press, 1984）。

[18] 同上，第 124 页。

[19] 同上，第 127 页。

[20] 艾莉森·贾加尔（Alison Jaggar），《爱与知识：女性主义认识论中的情感》（"Love and Knowledge: Emotion in Feminist Epistemology"），载于《妇女、知识和实在：女性主义哲学中的探索》，安·加里和玛丽莲·皮尔索尔编（Boston: Unwin Hyman, 1989），第 129—155 页。之前发表于《探究：哲学交叉学科杂志》(*Inquiry: An Interdisciplinary Journal of Philosophy*)（1989 年 6 月）和《性别/身体/知识：对是与知的女性主义重构》(*Gender/Body/Knowledge: Feminist Reconstructions of Being and Knowing*)，艾莉森·贾加尔和苏珊·R. 博尔多（Susan R. Bordo）编（New Brunswick, NJ: Rutgers University Press, 1989）。

[21] 卡罗尔·吉利根（Carol Gilligan），《不同的声音：心理学理论与妇女发展》(*In a Different Voice: Psychological Theory and Women's Development*, Cambridge, MA: Harvard University Press, 1982）。

[22] 罗伯特·博伊顿（Robert Boyton），《谁需要哲学？：玛莎·娜斯鲍姆剪影》（"Who Needs Philosophy?": A Profile of Martha Nussbaum），载于《新时代杂志》(*The New Times Magazine*)（1999 年 11 月 21 日）。

[23] 同上。

[24] 大卫·查默斯（David Chalmers），《有意识的心灵》(*The Conscious Mind*, Oxford: Oxford University Press, 1996）。也见大卫·查默斯，《勇敢面对意识问题》（"Facing up to the Problem of Consciousness"），载于《解释意识："困难的问题"》(*Explaining Consciousness: The "Hard Problem"*)，乔纳森·希尔（Jonathan Shear）编（Cambridge, MA: Bradford, MIT Press, 1998）。

[25] 马丁·海德格尔，《形而上学导论》，拉尔夫·曼海姆（Ralph Manheim）译（Garden City, NY: Anchor Books, Doubleday, 1959），第 10 页。

术 语 表

本术语表包括前面章节中所有用粗体字排版的术语。在定义中用粗体字排版的术语在术语表的其他地方定义。术语所在的章以及它在其中起核心作用的章在括号中标明。

不可知论（agnosticism）——主张对于某个特殊问题，不可能以这种或那种方式知道任何东西，因为证据被认为不足以给我们提供任何知识。因此，不可知论主张我们必须悬置对这个问题的判断。通常，不可知论指这一立场：上帝的存在既不能被确证也不能被反驳。（第21章）

利他主义（altruism）——主张人们要么有动机，要么应当有动机，去为他人的利益服务。这是利己主义的反面。（第28章）

分析判断（analytic judgment）——一种由**分析陈述**表达的知识主张。（第22章）

分析哲学（analytic philosophy）——一种20世纪的哲学运动，在美国和英国发展特别强大，它主要通过分析语言来研究哲学问题。也称为语言分析哲学（linguistic philosophy）。（第31章）

分析陈述（analytic statement）——谓项包含在主项中的陈述（它的真值基于它的词项的意义和关系）并且它的否定导致逻辑矛盾。例如，"所有母亲都是双亲之一"。与综合陈述相反。（第22、31章）

二律背反（antinomy）——一对貌似合理的结论但相互之间截然矛盾，并因此不可能都为真。康德用二律背反来论证，当理性超出它的恰当界限企图回答关于实在本性的传统形而上学问题时，它就自相矛盾。（第22章）

后天（a posteriori）——一种知识、陈述、概念的类型，它的内容和真值都来自经验。例如，"水在0℃结冰"是一个后天真理。与**先天**相反。（第13、22章）

先天（a priori）——一种知识、陈述、概念的类型，它的内容和真值可以先于或独立于经验被认识。例如，某些哲学家相信"2+2=4"和"每个事件都有原因"是不能被经验证明的先天真理。与**后天**相反。（第13、22章）

论证（argument）——一种确立一个陈述（结论）为真的努力，它的方式是表明该陈述得自一个或多个其他陈述（前提）的真，或受其支持。（引论，第5章）

自律原则（autonomy, principle of）——是一个人自己的权威或立法者，与受制于外部权威相反。在康德伦理学中，它是理性道德的本质条件。（第22章）

定言命令（categorical imperative）——根据康德，它是一个在一切时间约束一切理性的人的命令，它产生普遍道德法则。它命令我们总是以这样的方式行为，即我们可以理性地希望所有人都遵循支配这个行为的原则。与假言命令相反，假言命令只适用于特定条件。（第22章）

有说服力的论证（cogent argument）——一个

（a）归纳强的并且（b）所有前提都为真的**归纳论证**。（引论）

融贯真理论（coherence theory of truth）——这种理论认为，一个真的断言或信念是与我们整个相互联系和相互支持的信念体系相融贯的断言或信念。（第24章）

相容论（compatibilism）——这种理论认为，人类既是被决定的，又是自由的，只要他们的行动源自他们自己内部的选择，而不是由外部原因强迫。（第17章）

概念论（conceptualism）——主张**共相**是通过抽象出相似的特殊对象中的共同性质而得到的精神概念。见**唯名论**和**实在论**。（第10章）

后果论（consequentialism）——见**目的论伦理学**。

偶然的（contingent）——一个偶然事件是并非逻辑必然的事件，因为它是否发生依赖其他事件。类似地，一个偶然陈述是并非逻辑上必然真的陈述。它可以被否定而不导致矛盾的断定。（第12、13、16、17章）

符合真理论（correspondence theory of truth）——这种理论主张，真的断定或信念是与它所指称实在中的事实或事态相符合的断定或信念。（第27、32章）

宇宙论论证（cosmological argument）——一种论证上帝存在的论证，它所基于的主张是宇宙的存在需要一个原因。（第11章）

演绎（deduction）——当我们试图从一个命题或命题集合推导出一个必然从这些命题得出的结论时所使用的推理形式。（引论）

演绎有效的（deductively valid）——见**有效论证**。

自然神论（deism）——一种宗教观点，以理性为基础，承认上帝存在并创造了世界，但否定上帝以奇迹或启示的方式干预世界。自然神论者论证说，神所制定的自然法则和理性使得自然和人性都是自足的。（第19章）

道义论伦理学（deontological ethics）——来自古希腊词"*deon*"，意思是"责任"或"义务"。道义论伦理学用行为的内在价值来定义一个行为的对与错。根据这种理论，我们施行某一行为（或不去做它）的责任是基于该行为自身的本性而不是它的后果。康德是这种理论的一个最主要的拥护者。与**目的论伦理学**相反。（第22章）

决定论（determinism）——这种形而上学立场主张，每个事件（包括人类行为）都必然地跟随之前的事件发生。（第15、17、30章）

辩证法（dialectic）——（1）对于苏格拉底，它是一种通过不断考察对问题做出的回答，一再用更精致和充分的回答代替不充分的回答而向真理前进的对话法。（2）对于柏拉图，它是一种超越特殊者和假设以达到最高形式的知识的哲学方法。（3）对于黑格尔，它是一个历史的过程，在这个过程中，思想和实在随着对立和张力在更高的阶段被解决而发展。（4）马克思采用了黑格尔的历史辩证法，但把它改为物质力量的冲突和发展。（第3、4、24、25章）

二元论（dualism）——这种理论断定，有两种不可还原的实在，例如，心灵和物体，精神和物质，或者善和恶。（第2、4、15章）

经验的（empirical）——与感觉经验相联系。见**经验主义**。

经验主义（empiricism）——这种理论认为，知识完全通过感觉经验获得。（第 2、13、19、20、21、28、31 章）

伊壁鸠鲁主义（Epicureanism）——**快乐主义**的一种形式，以伊壁鸠鲁（公元前 341—270 年）哲学为基础，主张（1）只有快乐是内在善的，并且（2）并非所有快乐都同等地被欲求，更审慎和更平静的快乐是导致真正幸福的快乐。（第 1、6、7、30 章）

本质（essence）——某物的定义性特征。没有这个属性或属性集合，该事物就不是它所是的那种东西。（第 5、11 章）

伦理快乐主义（ethical hedonism）——见**快乐主义**。

存在主义（existentialism）——一种 19 世纪和 20 世纪的哲学，它专注于从主体的主观立场理解的人之存在的本性和意义。存在主义者拒斥人类有固定本性的思想，主张我们不断地创造着自我。他们强调，主观选择优先于客观推理，具体经验优先于理智抽象，个体性优先于大众文化，人类自由优先于决定论，本真地生活优先于非本真性。（第 23、26、27、29、32 章）

女性主义（feminism）——一种哲学和其他学科中的运动，它（1）强调性别对塑造思想、社会和历史的作用，（2）关注女性在整个历史中被赋予角色的方式，这种方式将她们从理智和政治领域排除出去，和（3）努力创造一个认识到女性和男性既不同又平等的社会。（第 33 章）

相（Forms）——根据柏拉图，相是终极实在和真正知识的对象。相是非物理的和永恒的，只能通过理性被认识，并且赋予物理世界中模仿它们的事物可理解性和实在性。例如，柏拉图相信，所有圆的事物（指环、铁圈、花环）都是圆这个相的不完善的表现。（第 4 章）

快乐主义（hedonism）——这种立场主张，快乐是唯一有内在价值的东西。（1）心理快乐主义主张，人们总是奋力追求快乐、避免痛苦，这是一个心理事实。（2）伦理快乐主义主张，快乐是人们应当追求的东西。（第 2、6、14、28 章）

历史主义（historicism）——这种理论认为，每个事物和人都受历史过程的影响，使得任何观念都不能离开它的历史背景被理解，并且只能相对于特定时间、地点和共同体来评价。（第 23、24 章）

观念（idea）——（1）一般而言，它是任何思想的对象。（2）对于柏拉图，观念（理念）是**相**的另一个说法（例如正义的理念、圆的理念）。（3）对于笛卡尔和洛克，观念是任意的精神内容，它可以包括感觉（红、甜、热）或心灵的精神状态（怀疑、想象、相信）。（4）对于贝克莱，观念和包含它们的心灵是整个实在。（5）对于休谟，观念是原初感觉（称为印象）在记忆和想象中被唤起的副本。（第 4、15、19、20、22 章）

唯心主义（idealism）——这种理论认为，实在最终是精神的或具有心灵的本性。唯心主义是莱布尼茨、贝克莱和黑格尔哲学的特征。与**唯物主义**和当代形式的**实在论**相反。（第 17、20、23、24 章）

归纳（induction）——当我们从一组事实的真论证未来的同类事实有可能为真时使用的推理形式。一个归纳论证要么做出关于新情况的某种结论，其根据是类似的情况为真，要么达到一个关于与已观察到的情况相似的所有情况的概括。（引论，第 21 章）

归纳强的论证（inductively strong argument）——

一种成功的归纳论证，如果其中的前提为真，将使结论的概然性很高。（引论）

天赋观念或知识（innate ideas or knowledge）——生来就有的精神内容，或者是人类心灵天然内容的一部分，不是来自经验。它们的存在被大部分理性主义者捍卫，而被经验主义者攻击。（第3、4、15、17、19章）

理智主义（intellectualism）——这种理论认为，理智先于或优于意志。因而，主张理智或理性感知到某些目的或目标是值得欲求的，然后指导意志去达成它们。神学理智主义主张，上帝的理智先认识到某些行为是内在善的或恶的，然后他意欲这些行为被实施或避免。与**意志主义**相反。（第10章）

直观（intuition）——（1）心灵直接认识的知识，而不是由推理或推论产生的；或者（2）这种知识的对象。根据康德，人类只能有感性直观。（第22章）

语言分析哲学（linguistic philosophy）——见**分析哲学**。

逻辑原子主义（logical atomism）——罗素和早期维特根斯坦的哲学，它主张，语言和实在的结构相同，因为语言可以被还原为与构成事实世界的基本单位对应的基本单位。（第31章）

逻辑实证主义（logical positivism）——一种20世纪版本的**经验主义**和**分析哲学**的一种形式，它认为（1）逻辑和数学陈述是逻辑必然的陈述（**重言式**），不提供关于世界的信息，并且（2）事实陈述有意义仅当它们能用感觉经验证实（**可证实性原则**）。（第31章）

逻各斯（Logos）——一个含义特别丰富希腊词项，具有大量相联系的意义：言说、交谈、语词、解释、理性、秩序。它是许多英语单词的词源，例如，"逻辑（logic）"、"标识（logo）"、"生物学（biology）"、"心理学（psychology）"。赫拉克利特相信，逻各斯是充斥一切事物的理性原则。斯多亚学派把它等同于上帝、天命、自然或命运。基督教作家把它等同于上帝或基督。（第2、6、7章）

马克思主义（Marxism）——以卡尔·马克思的著作为基础的哲学，它断言（1）实在是物质的，（2）历史按辩证的模式受经济力量的控制，（3）每一个历史时代都由对立的经济阶级之间的冲突来刻画，（4）历史是一种**辩证法**，其中的每个阶段都产生它自己的矛盾，让位于它的后继者，并且（5）当前的资本主义阶段将被社会主义战胜，导向纯粹共产主义的最终阶段，阶级冲突将在其中被取消。（第25章）

唯物主义（materialism）——这种形而上学立场主张，物质是唯一的实在。也称为物质一元论。唯物主义是德谟克利特、原子主义者、霍布斯和马克思哲学的特征。（第2、14、25章）

物质一元论（material monism）——见**唯物主义**。

形而上学二元论（metaphysical dualism）——见**二元论**。

一元论（monism）——任何断定只有一种实在的形而上学立场。**唯物主义**声称物质是唯一的实在，而**唯心主义**声称唯一的实在是精神。

道德相对主义（moral relativism）——见**相对主义**。

朴素实在论（naive realism）——这种信念认为，我们感知到的对象所具有的属性是它们在外部世界中真实具有的属性。（第20章）

自然主义（naturalism）——这种形而上学立场主张，物理自然包括了一切实在事物，并且所有实在都可以被自然科学解释。（第 32 章）

自然主义谬误（naturalistic fallacy）——这种谬误是企图从事实主张（什么是真实的）得出伦理主张（什么是我们应当做的）。（第 31 章）

自然法（natural law）——在伦理学中，这种主张认为，存在客观的道德法则，超越人类的约定，可以通过考察自然来发现它。（第 3、6、10、11 章）

自然神学（natural theology）——哲学中的这一学科试图通过我们的自然理性和经验，而不求助于启示，来证明关于上帝的结论。（第 11 章）

虚无主义（nihilism）——来自拉丁文中表示无的词；该信念认为，没有知识和真理，特别是，没有东西有真正的价值、意义或目的。（第 27 章）

唯名论（nominalism）——主张没有真实、独立存在的**共相**，并且普遍词项只是指特殊事物的集合。见**概念论**、**实在论**。（第 10、12、14、20 章）

本体（noumena）——自身真实存在的事物，与它们在经验中的显现方式相反。康德主张本体不可知。它们与**显象**或**现象**相反。（第 22、23 章）

偶因论（occasionalism）——主张精神事件和物理事件之间没有因果关系，但是某些精神事件似乎总是与某些物理事件同时发生，因为一个事件的发生正好是上帝产生另一个事件的时机。（第 15 章）

奥卡姆剃刀（Ockham's razor）——这个原则认为，我们的解释应该总是尽可能简单，避免假定不必要的实体。得名于奥卡姆的威廉（约 1280—1349），他对这个原则的表述非常有影响，特别是在科学方法论中。（第 12 章）

本体论论证（ontological argument）——一种对上帝存在的论证，基于上帝的完善和无以复加的伟大这一概念。这个论证受到安瑟尔谟、笛卡尔、斯宾诺莎和黑格尔的捍卫，受到康德和其他人的攻击。（第 10、15、16、22 章）

本体论（ontology）——对是者的一般特征的研究，与对特殊存在事物的研究相反。本体论关注这样的问题，"什么是最根本的实在？""存在意味着什么？"和"实在的结构是什么？"有些作家实际上把本体论等同于形而上学，而另一些人把它看作形而上学的一个分支。有些哲学家，如海德格尔和萨特，把他们的本体论和形而上学区分开，以避免后者与关于上帝、实体和宇宙起源等问题的联系。（第 32 章）

泛灵论（panpsychism）——**唯心主义**的一种形式，主张所有的实在都由多个经验中心构成，如心灵或灵魂，它们有不同程度的意识，莱布尼茨称它们为"单子"。（第 17 章）

泛神论（pantheism）——相信上帝与世界是同一的。（第 16 章）

范式（paradigm）——托马斯·库恩在他的科学哲学中使用的术语，指科学共同体关于以下问题的共识：要接受什么基本法则和理论假设，什么问题需要被解决，它们应当如何概念化，以及什么现象与它们的解决相关。根据库恩，科学的特定阶段的范式影响着科学家如何看待事物，直到它在科学革命中被推翻。因此，他说，所有观察都有"理论负载"。（第 33 章）

平行论（parallelism）——主张精神和物理事件之间没有直接的因果关系，但这两个序列允许相互平行。本质上与莱布尼茨的**前定和谐**学说相同。（第 15 章）

现象（phenomena）——事物在经验中的显现，与它们在实在中是怎样的相反。康德说，这就是我们关于世界所能知道的一切。它们与**本体**相反。（第22、23章）

现象主义（phenomenalism）——这种学说认为，所有关于物质对象的陈述都能完全地分析为关于感觉材料的陈述而不指称任何外在于感觉的实在。这一立场与**表象实在论**相反。（第20章）

现象学（phenomenology）——企图用没有预设和不超出呈现于意识的东西的方式描述意识的结构和内容。黑格尔、胡塞尔和海德格尔提出了不同的版本。（第24、32章）

实证主义（positivism）——该观点认为，所有的知识主张必须限制在可观察事实的范围内，只有科学提供了真正的知识，并且哲学的作用是把科学的发现应用于人类行为和社会组织问题。实证主义拒绝所有形而上学主张和任何不能还原为科学方法的探究。这个运动得到奥古斯特·孔德和约翰·斯图尔特·密尔的提倡，是**逻辑实证主义**的先驱。（第28章）

后现代主义（postmodernism）——兴起于20世纪后期的运动，受到尼采和海德格尔的影响，并且拥护**相对主义**和**历史主义**。后现代主义者寻求揭露理性的自负和形而上学的幻象。他们拒斥寻求客观理性真理的启蒙理想，并且用多样的、持续的诠释代替实在的统一真实图景的观念。后现代主义在文学研究中特别有影响。（第33章）

实用主义（pragmatism）——这种哲学强调思想与行动的密切联系。例如，实用主义者主张，概念的意义等同于我们概念的对象的实际效果。同样，真信念被定义为从长远来看有效地指导行动的信念。（第30章）

前定和谐（pre-established harmony）——该学说认为，世界中的事件，特别是心灵和身体的活动，没有因果上的相互作用，但是自时间的开端起就已经受上帝安排，像两个保持相同时间的独立钟表一样协调地活动。莱布尼茨是它最重要的支持者。（第17章）

第一性质（primary qualities）——一个对象的那些可以数学地表现的性质，例如，大小、形状、数目、数量、运动和位置。根据伽利略和早期近代哲学家，例如笛卡尔和洛克，第一性质表现了世界实际是怎样的。与第二性质相反。（第13、15、19章）

心理快乐主义（psychological hedonism）——见**快乐主义**。

理性主义（rationalism）——该理论认为，至少某些知识是由心灵独立于经验获得的。（第2、4、13、15、16、17章）

实在论（realism）——（1）在它的当代运用中，指实在独立于我们对它的意识而存在这一论点，与**唯心主义**相反。见**科学实在论**。（2）在古代和中世纪思想中，（a）柏拉图式的或极端的实在论指，主张共相有客观独立的存在，与认识它们的心灵或例示它们的个体相分离；（b）温和实在论主张，共相是由心灵从个体的客观特征中抽象出来的，但离开了心灵和个体，它们没有任何实在性。（这有时称为亚里士多德式的实在论或等同于**概念论**。）实在论的所有中世纪版本都与**唯名论**相反。（第10、31章）

相对主义（relativism）——（1）在认识论中，所指的主张是，不存在绝对知识，因为不同的个体、文化或历史时期有对真理的不同见解，而所有见解都同等有效。（2）同样，在伦理学中，所指的主张是，不存在客观道德真理，因为所有道德判断都是相对于认识主体的，并且同样正确。（第 3、4 章）

表象实在论（representative realism）——这种认识论主张认为，心灵直接获得的只是它自己的观念，但是这些观念是由外在于心灵的对象引起的，并且表象着对象。（第 19 章）

经院哲学（scholasticism）——中世纪时期的主导哲学，在其中使用逻辑来证明哲学和宗教传统权威著作的和谐。（第 10 章）

科学反实在论（scientific antirealism）——主张科学理论并不给我们关于世界的精确的真实解释。科学理论被说成是给我们提供了富有成果的模型、演算手段、有用的虚构和将我们的经验系统化的方式。与**科学实在论**相反。（第 33 章）

科学实在论（scientific realism）——该观点认为，科学家谈论的事物独立于我们的概念框架而实际存在，并且科学能够给我们关于世界的知识。与**科学反实在论**相反。（第 33 章）

第二性质（secondary qualities）——根据早期近代哲学家，这些性质（颜色、味道、气味、声音、温度）是对象的**第一性质**在我们内部产生的主观经验。（第 13、15、19 章）

怀疑论 / 怀疑主义（skepticism）——主张不可能认识到任何事情是绝对真的。（第 2、3、6、21 章）

社会契约论（social contract theory）——该理论认为，政府的正当性是基于个体自身之间的或与一个最高权力的或隐或显的协议（霍布斯、洛克和卢梭）。（第 3、14、19 章）

唯我论（solipsism）——该观点认为，除了我自己和我的意识经验的内容之外，没有任何东西能被认识，通常导致"只有我存在"的结论。因为发现唯我论不合情理，笛卡尔这样的哲学家被激发去发现外部世界或其他心灵的证明。（第 15、20 章）

智者（Sophists）——公元前 5 世纪雅典的一群教育者，他们教授修辞和辩论的技术，通常为了让人们为政治生涯做准备。大多数智者提倡**怀疑论**和**相对主义**。（第 3 章）

可靠论证（sound argument）——（1）**有效的**并且（2）所有前提为真的演绎论证。（引论）

斯多亚主义（Stoicism）——该观点认为，仅当我们让自己接受生活中可能发生的一切，我们才会发现幸福。历史上，这种观点是基于宇宙是神圣天意的仁慈目的实现并且一切事件都不可避免这一信念。（第 6 章）

强 AI 论点（strong AI thesis）——主张一个恰当编程的电脑真的有理解和相信这样的精神状态。与**弱 AI 论点**相对。（见第 33 章）

实体（substance）——基本的和独立存在的实在，支撑着我们感知的各种性质或属性，或者是它们的基础。相信实体的哲学家对于存在多少种实体和什么事物算作实体有分歧。这个概念对前苏格拉底、亚里士多德、笛卡尔、斯宾诺莎、莱布尼茨和洛克的哲学特别重要。（第 2、5、15、16、17、19、21、22 章）

综合判断（synthetic judgement）——由**综合陈述**表达的知识主张。（第 22 章）

综合陈述（synthetic statement）——一个谓词把未逻辑地包含于主词中的信息增加到主词上的陈述，对它的否定（即使是假的）并不导致逻辑矛盾。例如，"所有母亲都不到 6 米高"是一个综合陈述。

与**分析陈述**相反。（第 22 章）

重言式（tautology）——因其逻辑形式而为真的陈述，例如，"X 与 X 同一"。（第 31 章）

目的论伦理学（teleological ethics）——任何用行为结果的可欲性和不可欲性来定义道德对与错的伦理学理论。与**道义论伦理学**相反。（第 11、22、28 章）

目的论解释（teleological explanation）——根据倾向于达到的结果、目的、目标来解释一个事件或事物。（第 4、13 章）

目的论或目的论的（teleology or teleological）——来自古希腊词"telos"，意思是"目标"或"目的"。目的论形而上学主张自然展现目的；即，世界中的事件被指引去实现某种目的。（第 4、5、11 章）

先验方法（transcendental method）——指认识者内部使知识或行动得以可能的条件。康德的批判哲学试图展示使我们能够成为认识者和行动者的先验条件。（第 22 章）

共相/普遍的（universal）——（1）指称属于同一组群成员的许多特殊事物的一般词项或概念；例如，"人"是应用于人类种族每个成员的共相。自柏拉图时代以来，就存在着关于共相是存在于实在中，抑或仅仅是概念或语词的争论。见**概念论**、**唯名论和实在论**。（第 4、10 章）（2）作为形容词，它标示应用于所有人、所有时间、所有环境下的东西，例如，普遍真理、普遍道德规则。（第 4、22 章）

功利主义（utilitarianism）——一种伦理学理论和政治哲学，它的构建围绕着如下主张，即一个好的行为是为最大多数的人创造最大量的善，超过了任何其他任何备选的行为。（第 28 章）

有效论证（valid argument）——成功的演绎论证，它的形式使得如果前提为真，则结论必然为真。（引论）

可证实性原则（verifiability principle）——逻辑实证主义者发展出的意义标准，它规定（1）一个事实有认知意义仅当感觉经验能为它的真提供证据，并且（2）能够证明它为真的经验就是它的意义。（第 31、33 章）

德性伦理学（virtue ethics）——它关注使某人是一个好人或值得敬佩的人的那些品格特质，而不仅是人施行的行为。虽然它是一种当代伦理学理论，但它的根源可回溯到古希腊哲学（特别是亚里士多德）和孔子。（第 33 章）

意志主义（voluntarism）——该理论认为，意志先于或优于理智或理性。因而理性被看作只是达成意志有意选择的目的或目标的工具。神学意志主义主张，上帝宣布一个行为是善的或恶的仅仅基于他的自由选择，因为他并非因为行为自身的任何内在性质而被迫这样做。与**理智主义**相反。（第 10、12 章）

弱 AI 论点（weak AI thesis）——主张人工智能研究可以帮助我们探索各种人类精神过程的理论模型，同时承认电脑只模仿精神活动。与**强 AI 论点**相对。（第 33 章）